Das neue Schuldrecht

Anwendung und Auswirkungen in der Praxis

Von

Dr. Jürgen Schmidt-Räntsch

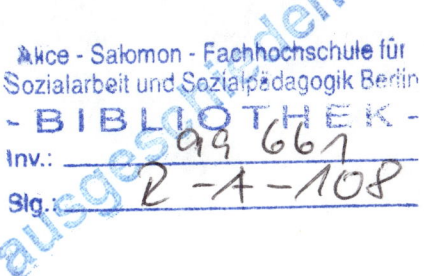

Carl Heymanns Verlag KG · Köln · Berlin · Bonn · München

Die Deutsche Bibliothek – CIP-Einheitsaufnahme

Schmidt-Räntsch, Jürgen:
Das neue Schuldrecht – Anwendung und Auswirkungen in der Praxis / von Jürgen Schmidt-Räntsch
Köln; Berlin; Bonn; München: Heymanns, 2002
ISBN 3-452-25103-9

NE:

Das Werk ist urheberrechtlich geschützt. Die dadurch begründeten Rechte, insbesondere die der Übersetzung, des Nachdrucks, der Entnahme von Abbildungen, der Funksendung, der Wiedergabe auf fotomechanischem oder ähnlichem Weg und der Speicherung in Datenverarbeitungsanlagen, bleiben vorbehalten.

Keine Gewähr
Die Angaben in diesem Werk wurden mit größter Sorgfalt zusammengestellt. Dennoch kann für den Inhalt keine Gewähr übernommen werden.

© Carl Heymanns Verlag KG · Köln · Berlin · Bonn · München 2002
50926 Köln
E-Mail: service@heymanns.com
http://www.heymanns.com
ISBN 3-452-25103-9
Gesamtherstellung: Grafik + Druck GmbH, München
Gedruckt auf säurefreiem und alterungsbeständigem Papier.

Vorwort

Die Verbrauchsgüterkaufrichtlinie der EU und die aufkommende Diskussion um ein Europäisches Vertragsrecht haben den deutschen Gesetzgeber vor eine große Herausforderung gestellt. Der Gesetzgeber hat diese Herausforderung angenommen und die Umsetzung dieser und der anderen jetzt umzusetzenden Richtlinien zum Anlass genommen, unser Schuldrecht umfassend zu modernisieren und auf den internationalen Standard zu bringen. Dies war nur möglich, weil die vom Bundesministerium der Justiz eingesetzte Kommission zur Überarbeitung des Schuldrechts Vorschläge unterbreitet hat, die auf der Linie der Verbrauchsgüterkaufrichtlinie liegen und weil die am Gesetzgebungsverfahren Beteiligten sich genauso wie der Gesetzgeber selbst auf die Modernisierung des Schuldrechts eingelassen haben.

Das Ergebnis dieser Arbeiten ist eine sehr umfassende Überarbeitung unseres Verjährungs- und Schuldrechts. Sie führt zu wichtigen Änderungen, baut aber auch auf dem Bewährten auf. Das vorliegende Werk hat zum Ziel, den Rechtsanwendern anhand der Materialien die neuen Regelungen und die Absichten vorzustellen, die der Gesetzgeber mit ihnen verbunden hat. Die Darstellung konzentriert sich auf die in der Praxis wichtigen Elemente der Neuregelung und ihre Grundstrukturen.

Der Autor verbindet damit die Hoffnung, dass sich dem Rechtsanwender die Vorteile der neuen Regelungen schnell erschließen und sie alsbald zum juristischen Alltag werden.

Berlin, im November 2001 *Jürgen Schmidt-Räntsch*

Inhalt

Vorwort		V
A.	**Allgemeine Einführung**	1
I.	*Umsetzung von EG-Richtlinien*	1
	1. Verbrauchsgüterkaufrichtlinie	1
	2. Zahlungsverzugsrichtlinie	1
	3. E-Commerce-Richtlinie	2
II.	*Modernisierungsbedarf*	2
	1. Verjährungsrecht	3
	2. Leistungsstörungsrecht	3
	3. Kauf- und Werkvertragsrecht	4
	4. Integration der Verbraucherschutzgesetze	4
B.	**Verjährungsrecht**	7
I.	*Wichtigste Änderungen im Überblick*	7
	1. Regelmäßige Verjährungsfrist	7
	2. Ausnahmeregelungen	7
	3. Hemmung und Unterbrechung	8
II.	*Konkordanzliste Verjährungsrecht*	8
III.	*Texte und Erläuterung der neuen Vorschriften*	12
	1. Verjährungsfristen	12
	2. Beginn der Verjährungsfrist	29
	3. Vereinbarungen über die Verjährung	36
	4. Hemmung und Neubeginn der Verjährung	39
	5. Wirkungen der Verjährung	69
C.	**Leistungsstörungs- und Rücktrittsrecht**	79
I.	*Wichtigste Änderungen im Überblick*	79
	1. Kodifikation des Leistungsstörungsrechts	79
	2. Einheitlicher Pflichtverletzungstatbestand	79
	3. Struktur der Vorschriften	80
II.	*Konkordanzliste Leistungsstörungs- und Rücktrittsrecht*	81
III.	*Texte und Erläuterung der neuen Vorschriften*	92
	1. Befreiung von der Primärleistungspflicht	92
	2. Verpflichtung zum Schadensersatz (statt der Leistung), Vertretenmüssen	102
	3. Rücktritt und Befreiung von der Gegenleistungspflicht	159
	4. Rücktrittsfolgen	180
	5. Wegfall der Geschäftsgrundlage, Kündigung aus wichtigem Grund	200

D. Kauf- und Werkvertragsrecht 213

I. Wichtigste Änderungen im Überblick 213
1. Vereinheitlichung des Kaufrechts 213
2. Erfüllungsanspruch und Sachmängel beim Kauf 213
3. Struktur der Mängelhaftung beim Kauf 214
4. Anwendungsbereich des Werkvertragsrechts 214
5. Leistungsstörungsrecht beim Werkvertrag 214

II. Konkordanzliste Kauf- und Werkvertragsrecht 215

III. Texte und Erläuterung der neuen Vorschriften 226
1. Erfüllungsanspruch und Begriff des Mangels beim Kauf 226
2. Rechtsbehelfe des Käufers 250
3. Rückgriffsansprüche des Händlers beim Verbrauchsgüterkauf 303
4. Änderungen im Werkvertragsrecht 312

E. Elektronischer Geschäftsverkehr, Integration der Verbraucherschutzgesetze 331

I. Wichtigste Änderungen im Überblick 331
1. AGB-Gesetz 331
2. Verbraucherkreditgesetz 331
3. Fernabsatz und Haustürwiderruf 332
4. E-Commerce 332
5. Teilzeitwohnrechtegesetz 332

II. Konkordanzlisten 332

III. Texte und Erläuterung der neuen Vorschriften 348
1. Einzelheiten zu Fernabsatz und E-Commerce 348
2. Integration des AGB-Gesetzes 369

F. Überleitungsregelungen 428

G. Praxishilfen 439

I. Praktische Hinweise zu wesentlichen neuen Vorschriften 439

II. Hinweise 444

III. Übersichten 448

Gesetzestexte 451

Abkürzungen und Literatur 595

Sachregister 597

A. Allgemeine Einführung

I. Umsetzung von EG-Richtlinien

Der äußere Anlass für den Neuentwurf ist die Verpflichtung Deutschlands, drei EU-Richtlinien umzusetzen, die zentrale Punkte des Vertragsrechts betreffen. 1

1. Verbrauchsgüterkaufrichtlinie

Den größten Änderungsbedarf löst die Richtlinie 1999/44/EG des europäischen Parlaments und des Rates vom 25. Mai 1999 zu bestimmten Aspekten des Verbrauchsgüterkaufs und der Garantien für Verbrauchsgüter (ABl. EG Nr. 171 S. 12) aus. Nach der Richtlinie ist nicht das Kaufrecht insgesamt neu zu ordnen, wohl aber folgende wesentliche Bereiche: 2
– Inhalt des Erfüllungsanspruchs des Käufers
– Mangelbegriff
– Mängelansprüche des Käufers
– Verjährungsfrist für Mängelansprüche
– Inhaltliche Ausgestaltung von (freiwilligen) Garantien
– Beschränkung der Dispositionsfreiheit der Parteien zu Gunsten des Verbrauchers.

Die markanteste Änderung ist die **Verpflichtung**, die **Verjährungsfrist beim Kauf von** 6 Monaten **auf 2 Jahre festzulegen** und die Möglichkeit, **kürzere Verjährungsfristen** zu vereinbaren, zu **beschränken**. Außerdem muss der vertragliche Ausschluss von Mängelrechten des Käufers künftig generell, auch bei gebrauchten Gütern, untersagt werden. In den übrigen Punkten müssen oft weniger die praktischen Ergebnisse als vielmehr die gesetzlichen Strukturen geändert werden. Das hat seinen Grund vor allem darin, dass die Richtlinie etwa durch Gewährung eines Nacherfüllungsanspruchs des Käufers näher an der tatsächlichen Vertragspraxis ist als das geschriebene deutsche Recht. 3

2. Zahlungsverzugsrichtlinie

Umzusetzen ist sodann die Richtlinie 2000/35/EG des europäischen Parlaments und des Rates vom 29. Juni 2000 zur Bekämpfung von Zahlungsverzug im Geschäftsverkehr (ABl. EG Nr. L 200 S. 35). Diese Richtlinie zielt darauf ab, die Durchsetzungsmöglichkeiten von Geldforderungen im Geschäftsverkehr in dreierlei Hinsicht zu verbessern: 4
– Beschleunigter Verzugseintritt
– Anerkennung des Eigentumsvorbehalts

A. Allgemeine Einführung

– Einführung oder Beibehaltung eines Schnellverfahrens zur Durchsetzung unstreitiger Forderungen.

5 Die letzten beiden Forderungen sind seit langem im deutschen Recht verwirklicht. Der Eigentumsvorbehalt wird in Deutschland in wesentlich größerem Umfang anerkannt und praktiziert, als dies die Richtlinie verlangt. Mit dem Mahnverfahren und dem Säumnisverfahren kennt das deutsche Zivilprozessrecht Verfahrensformen, die eine sehr effiziente Durchsetzung unstreitiger Forderungen erlauben und die Vorgaben der Richtlinie erfüllen. Nach der Einführung der sog. 30-Tages-Regelung durch das Gesetz zur Beschleunigung fälliger Zahlungen vom 30. März 2000 (BGBl. I S. 330) in § 284 Abs. 3 BGB fehlen im deutschen Recht daher zur Umsetzung der Zahlungsverzugsrichtlinie im Wesentlichen nur noch zwei Punkte:
– Erleichterungen beim Verzugseintritt
– weitere Anhebung des Verzugszinssatzes im Geschäftsverkehr.

3. E-Commerce-Richtlinie

6 Umzusetzen sind schließlich auch die Artikel 10, 11 und 18 der Richtlinie 2000/31/EG des europäischen Parlamentes und des Rates vom 8. Juni 2000 über den elektronischen Geschäftsverkehr (ABl. EG Nr. L 178 S. 1). Der wesentliche Teil dieser Richtlinie wird durch das elektronische Geschäftsverkehgesetz umgesetzt, das im Deutschen Bundestag eingebracht ist und in Kürze verabschiedet werden soll. Die Vorschrift des Artikels 9 soll durch den Entwurf eines Gesetzes zur Anpassung der Formvorschriften des Privatrechts und anderer Vorschriften an den modernen Rechtsgeschäftsverkehr (BT-Drs. 14/4987) umgesetzt werden, der sich gegenwärtig im Vermittlungsverfahren befindet. Mit dem Entwurf eines Gesetzes zur Modernisierung des Schuldrechts sollen die eigentlichen vertragsrechtlichen Bestimmungen dieser Richtlinie, die die Artikel 10 und 11 enthalten, sowie der Artikel 18 umgesetzt werden. Im deutschen Recht sind dazu folgende Maßnahmen notwendig:
– Einführung gesetzlicher Informationspflichten im Zusammenhang mit dem Vertragsschluss und mit Bestellungen
– Erweiterung der Verbandsklagemöglichkeiten im bisherigen § 22 des AGB-Gesetzes.

II. Modernisierungsbedarf

7 Die Neuregelung verbindet die Umsetzung der vorgenannten Richtlinien mit einer Modernisierung des Schuldrechts, da die Richtlinien gerade die Bereiche berühren, in denen schon seit langem dringender Modernisierungsbedarf im deutschen Recht anerkannt ist. Im Einzelnen stellt sich dieser Bedarf wie folgt dar:

1. Verjährungsrecht

Das deutsche Verjährungsrecht ist überarbeitungsbedürftig und hat in den letzten Jahrzehnten auch völlig seine Struktur verloren. Im Wesentlichen sind folgende Defizite festzustellen:
- Wichtige Fristen, vor allem Gewährleistungsfristen, sind viel zu kurz.
- Die allgemeine Verjährungsfrist von 30 Jahren ist in vielen Fällen unangemessen lang.
- Die Länge oder Kürze der Fristen folgt keinem nachvollziehbaren System mehr, was Wertungswidersprüche und Ungerechtigkeiten erzeugt. Die in den etwa 130 verschiedenen Paragraphen bestimmten Verjährungsfristen sind ein beredtes Beispiel hierfür.

Die Rechtsprechung hat in den letzten Jahren versucht, die ungerechtfertigten Härten vor allem der kurzen Verjährungsfristen abzumildern. Dazu hat sie Rechtskonstruktionen entwickelt, für die die allgemeine Verjährungsfrist von 30 Jahren Anwendung findet. Dies führte zwar im Einzelfall zu gerechten Ergebnissen, andererseits aber auch dazu, dass die Kürze oder Länge von Verjährungsfristen jetzt von der Zufälligkeit der Fallgestaltung im Einzelfall abhängt und keinem in sich schlüssigen Wertungskonzept folgt.

2. Leistungsstörungsrecht

Das Leistungsstörungsrecht des BGB, also das bei Vertragsverletzungen anzuwendende Recht, ist vor allem deshalb überarbeitungsbedürftig, weil sich aus dem Gesetz der tatsächliche Rechtszustand nicht mehr ergibt. Es ist vielmehr zwischenzeitlich durch zahlreiche Rechtsinstitute ergänzt worden, die Lehre und Rechtsprechung im Wege der Rechtsfortbildung entwickelt haben und weiter entwickeln. Im Einzelnen ist Folgendes festzustellen:
- Die heute wichtigste Leistungsstörung, die Schlechterfüllung eines Vertrags, ist im BGB nur für einzelne Vertragsverhältnisse, nicht aber allgemein geregelt.
- Die im Zentrum des Leistungsstörungsrechts des BGB stehenden Vorschriften über die Unmöglichkeit sind in einigen Bereichen nicht sachgerecht.
- Die Ausgestaltung vor allem des Verzugs benachteiligt den Gläubiger.
- Der Ausschluss des Schadensersatzes im Falle des Rücktritts ist ungerecht.

Diese Schwächen haben dazu geführt, dass sich die Rechtsvoraussetzungen und Rechtsfolgen einer Vertragsverletzung weitgehend nicht aus dem geschriebenen Recht ergeben, sondern einer sich am Einzelfall orientierenden Rechtsprechung entnommen werden müssen. Die vorhandenen Regelungen entsprechen auch nicht den modernen internationalen Maßstäben, die durch das UN-Kaufrecht vorgeprägt werden. Dies führt dazu, dass für die Unternehmen unterschiedliches Recht gilt, je nach dem, ob es sich um einen internationalen Handelskauf oder ein anderes Geschäft handelt. Sachliche Gründe für diese Unterschiede bestehen nicht.

A. *Allgemeine Einführung*

3. Kauf- und Werkvertragsrecht

12 Das deutsche Kaufrecht und Teile des deutschen Werkvertragsrechts müssen nach der Verbrauchsgüterkaufrichtlinie in ihren Strukturen verändert werden. Im Einzelnen sind folgende Änderungen erforderlich:
- Die Mängelfreiheit der Sache muss zum Gegenstand des Erfüllungsanspruchs des Käufers werden.
- Der Käufer muss einen gesetzlichen Anspruch auf Nachbesserung oder Nachlieferung erhalten.
- Unterschiedliche Regelungen für die einzelnen Arten von Verbrauchsgüterkäufen sind nicht mehr zulässig.
- Die Verjährungsfrist beim Kauf muss von 6 Monaten auf 2 Jahre verlängert werden.
- Die Rechtsposition des Verbrauchers darf nicht durch vertragliche Vereinbarung verschlechtert werden.
- Der Unternehmer muss einen Rückgriffsanspruch gegen seinen Lieferanten haben.

13 Diese Vorgaben sind zwingend für Kauf- und bestimmte Werkverträge, bei denen der Käufer bzw. der Besteller ein Verbraucher ist. Verbraucher ist derjenige, der den konkreten Vertrag außerhalb seiner gewerblichen oder selbständigen beruflichen Tätigkeit abschließt. Wann dies der Fall ist, kann ein Verkäufer in der Regel nicht erkennen. Zudem würde es zu einer weiteren Rechtszersplitterung führen, wenn für Kaufverträge zwischen Unternehmern und Verbrauchern ein gänzlich anderes Rechtsregime eingriffe als bei Kaufverträgen zwischen Unternehmern oder Verbrauchern untereinander. Diese Erwägungen gebieten es daher, bei der Umsetzung der Richtlinienvorschriften ein möglichst einheitliches Rechtsregime für alle Kauf- und Werkverträge zu erzielen.

4. Integration der Verbraucherschutzgesetze

14 Die Verbrauchsgüterkaufrichtlinie zwingt nicht nur zur Änderung des Kauf- und Werkvertragsrechts des BGB. Vielmehr müssen auch die Vorschriften des AGB-Gesetzes angepasst und mit den neuen Vorschriften und des Kauf- und Werkvertragsrechts verzahnt werden. Bei der Umsetzung der Artikel 10 und 11 der E-Commerce-Richtlinie müssen auch die Vorschriften über den Fernabsatz angepasst werden, weil die neuen Vorschriften und die Vorschriften über den Fernabsatz teilweise deckungsgleich sind. Im Übrigen sind durch die Richtlinien keine Änderungen der Verbraucherschutzgesetze veranlasst.

15 Diese haben freilich inzwischen eine derartige Masse erreicht, dass der Rang des BGB als zentraler Zivilrechtskodifikation ernsthaft in Frage gestellt ist:
- Zentrale Bereiche des Zivilrechts über die Dispositionsfreiheit der Parteien (Stichwort: AGB-Gesetz), über den Darlehensvertrag (Stichwort: Verbraucherkreditgesetz) oder über die Verbindlichkeit abgeschlossener Verträge (Stichworte: Haustürwiderrufs- und Fernabsatzgesetz) sind nicht mehr im BGB, sondern in Sondergesetzen geregelt.

- Die Sondergesetze sind nicht nur unübersichtlich geworden. Sie führen auch ein Eigenleben, das letztlich die einheitliche Auslegung der Vorschriften gefährdet.

Aus diesem Grund hat der Gesetzgeber bereits mit dem Gesetz über Fernabsatzverträge und andere Fragen des Verbraucherrechts sowie zur Umstellung von Vorschriften auf Euro vom 27. Juni 2000 (BGBl. I S. 897) und dem Mietrechtsreformgesetz (BR-Drs. 282/01) begonnen, die aus dem BGB ausgegliederten Vorschriften wieder in das BGB zurückzuführen. Der Entwurf schlägt vor, diesen Ansatz aus Anlass der jetzt anstehenden umfassenden Änderung des Vertragsrechts fortzuführen und die Nebengesetze auf dem Gebiet des Vertragsrechts in das BGB zu integrieren. Hierbei sollen die Sondergesetze inhaltlich geglättet und von überholten Bestimmungen befreit werden.

B. Verjährungsrecht

I. Wichtigste Änderungen im Überblick

Das Verjährungsrecht wird völlig neu geordnet. 17

1. Regelmäßige Verjährungsfrist

Die bisherige regelmäßige Verjährungsfrist soll durch eine neue abgelöst werden. Diese soll nicht mehr 30, sondern 3 Jahre betragen (§ 195 BGB n.F.). Dafür soll sie aber nicht schon mit der Entstehung des Anspruchs, sondern erst mit dem Ablauf des Jahres zu laufen beginnen, in dem der Gläubiger Kenntnis von den anspruchsbegründenden Umständen hat oder ihm diese infolge grober Fahrlässigkeit unbekannt geblieben sind (§ 199 Abs. 1 BGB n.F.). Die Anknüpfung an das Kenntnis- oder Erkennbarkeitskriterium verlangt indes nach einer absoluten Verjährungsfrist, damit der Schuldner nach einer bestimmten Zeit Rechtssicherheit erlangt. Auch ohne Kenntnis des Gläubigers sollen daher Ansprüche in zehn Jahren von der Fälligkeit an verjähren (§ 199 Abs. 3 Satz 1 Nr. 1 Abs. 4 BGB n.F.) ausgenommen sind die Ansprüche wegen Verletzung des Lebens, des Körpers, der Gesundheit oder der Freiheit. Für diese Ansprüche und für den Fall eines außergewöhnlich verzögerten Eintritts der Fälligkeit gilt eine aus den bisherigen Verjährungsvorschriften für das Recht der unerlaubten Handlung entlehnte weitere absolute Verjährungsfrist von 30 Jahren ab Begehung der schädigenden Handlung (§ 199 Abs. 2 BGB n.F.). Die neue regelmäßige Verjährungsfrist hat im Ergebnis einen breiteren Anwendungsbereich als die bisherige. Das liegt darin begründet, dass die neue Verjährungsfrist besser auf die tatsächlichen Bedürfnisse zugeschnitten ist und viele besondere Verjährungsfristen deshalb entbehrlich werden. 18

2. Ausnahmeregelungen

Auch die neue regelmäßige Verjährungsfrist von 3 Jahren kann nicht ohne Ausnahme gelten. In einigen wenigen Fällen ist eine Verjährungsfrist von 30 Jahren angezeigt, etwa bei titulierten Forderungen (§ 197 Abs. 1 Nr. 3 BGB n.F.) Herausgabeansprüchen (§ 197 Abs. 1 Nr. 1 BGB n.F.). Dem Vorschlag diese anders als bisher (BGH, LM Nr. 2 zu § 989; RG, Warneyer 1929 Nr. 27) auch bei beweglichen Sachen für unverjährbar zu stellen (Siehr, ZRP 2001, 346), ist der Gesetzgeber nicht gefolgt (BT-Dr. 14/7052 S. 179). In anderen Fällen sind kürzere oder anders strukturierte Fristen angezeigt wie z.B. für Mängelansprüche beim Kauf- und Werkvertrag (§§ 438, 634a BGB n.F.). 19

3. Hemmung und Unterbrechung

20 Das Verjährungsrecht wird sich auch künftig nicht auf die Festlegung von Verjährungsfristen und des Beginns des Fristenlaufs beschränken können. Es soll daher auch künftig Vorschriften darüber geben, ob und welche Ereignisse den Lauf der Verjährungsfristen anhalten (Hemmung) oder die Verjährungsfrist erneut in Gang setzen (früher Unterbrechung, heute Neubeginn). Die bisherigen Vorschriften für derartige Tatbestände sehen zumeist einen Neubeginn der Verjährung vor, obwohl eine Hemmung völlig ausgereicht hätte. Die Folge davon ist nach alter Rechtslage einerseits eine Überbelastung des Schuldners und andererseits eine zu starke Zurückhaltung des Gesetzgebers bei der Anerkennung entsprechender Umstände. Beides soll geändert werden: Die Unterbrechung der Verjährung soll nur bei Anerkenntnis- und Vollstreckungshandlungen eintreten. Alle anderen Tatbestände sollen zu einer Hemmung der Verjährung führen, die die Frist für die Dauer des betreffenden Umstandes, z.B. eines Rechtsstreits, anhält und dem Gläubiger auch eine Nachfrist nach Ende dieses Zustandes lässt. Die Tatbestände ähneln im Wesentlichen den sonstigen Unterbrechungstatbeständen des geltenden Rechts. Neu hinzugekommen ist insbesondere eine Hemmung bei Verhandlungen (§ 203 BGB n.F.), die es bisher nur vereinzelt gab. Außerdem sollen Ansprüche von Minderjährigen wegen Verletzung ihrer sexuellen Selbstbestimmung bis zur Erlangung der Volljährigkeit gehemmt sein (§ 208 BGB n.F.).

II. Konkordanzliste Verjährungsrecht

21

BGB bisher	BGB neu	Inhalt
§ 194	§ 194	Ohne inhaltliche Änderungen.
§ 195	§§ 195, 196 und 197 Abs. 1 Nr. 1 und 2	An die Stelle der Regelverjährungsfrist von 30 Jahren, beginnend mit der Entstehung des Anspruchs (bisheriger § 198 BGB) tritt die regelmäßige Verjährungsfrist von drei Jahren (§ 195 BGB-neu), beginnend mit der Entstehung des Anspruchs und Kenntnis oder grob fahrlässiger Unkenntnis von den anspruchsbegründenden Umständen und der Person des Schuldners (§ 199 Abs. 1 BGB-neu). Absolute Verjährungshöchstfristen: Bei Schadensersatzansprüchen, die auf der Verletzung des Lebens, des Körpers, der Gesundheit oder der Freiheit beruhen, 30 Jahre (§ 199 Abs. 2 BGB-neu). Sonstige Schadensersatzansprüche verjähren ohne Rücksicht auf Kenntnis oder grob fahrlässige Unkenntnis in zehn Jahren (§ 199 Abs. 3 Nr. 1 BGB-neu), und ohne Rücksicht auf das Entstehen des Anspruchs in 30 Jahren ab Begehung der Handlung, der Pflichtverletzung oder dem sonstigen, den Schaden auslösenden Ereignis an (§ 199 Abs. 3 Nr. 2 BGB-neu). Bei ande-

II. Konkordanzliste Verjährungsrecht

BGB bisher	BGB neu	Inhalt
		ren Ansprüchen als Schadensersatzansprüchen beträgt die Verjährungshöchstfrist immer 10 Jahre. Die 30-Jahres-Frist bleibt für Herausgabeansprüche aus dinglichen Rechten und für familien- und erbrechtliche Ansprüchen bestehen (§ 197 Abs. 1 Nr. 1 und 2 BGB-neu). Bei Rechten an einem Grundstück und den entsprechenden Gegenleistungsansprüchen beträgt die Verjährungsfrist 10 Jahre (§ 196 BGB-neu).
§ 196	Entfällt	Die bisherigen Sonderfälle der zweijährigen Verjährungsfrist unterfallen künftig der regelmäßigen Verjährungsfrist von drei Jahren.
§ 197	Entfällt grundsätzlich, aber Teilregelung in § 197 Abs. 2 Alternative 1.	Die bisherigen Sonderfälle der vierjährigen Verjährungsfrist unterfallen künftig der regelmäßigen Verjährungsfrist von drei Jahren. Bei familien- und erbrechtlichen Ansprüchen wird die Anwendung der kurzen Verjährungsfrist erweitert auf sämtliche Unterhaltsleistungen.
§ 198	§ 199 Abs. 1 Nr. 1 und Abs. 5 und § 200	Der Grundsatz, dass die Verjährung grundsätzlich erst mit der Entstehung des Anspruchs beginnt, bleibt aufrechterhalten.
§ 199	Entfällt	Abschaffung des Verjährungsbeginns bei von einer Kündigung abhängigen Ansprüchen bereits mit Kündigungszulässigkeit.
§ 200	Entfällt	Abschaffung des Verjährungsbeginns bei von einer Anfechtung abhängigen Ansprüchen bereits mit Anfechtungszulässigkeit.
§ 201	§ 199 Abs. 1 Halbsatz 1	Die Jahresschlussverjährung gilt jetzt grundsätzlich für alle Ansprüche, die der regelmäßigen Verjährungsfrist von 3 Jahren unterliegen. Dies bedeutet eine Ausweitung gegenüber dem geltenden § 201 BGB, der sich nur auf die in den §§ 196, 197 BGB bezeichneten Erfüllungsansprüche bezog.
§ 202	§ 205	Konzentration auf vereinbarte Leistungsverweigerungsrechte.
§ 203	§ 206	Stillstand der Rechtspflege (bisheriger § 203 Abs. 1 BGB) ist ein Unterfall der höheren Gewalt.
§ 204	§ 207	Erweiterung auf Lebenspartnerschaften, Betreuungs-, Pflegschafts- und Beistandschaftsverhältnisse.

B. Verjährungsrecht

BGB bisher	BGB neu	Inhalt
/.../	§ 208	Verjährungshemmung von Ansprüchen Minderjähriger wegen Verletzung der sexuellen Selbstbestimmung bis zur Vollendung des 21. Lebensjahres des Gläubigers oder bis zur Beendigung der häuslichen Lebensgemeinschaft.
§ 205	§ 209	Ohne inhaltliche Änderungen.
§ 206	§ 210	Ohne inhaltliche Änderungen.
§ 207	§ 211	Ohne inhaltliche Änderungen.
§ 208	§ 212 Abs. 1 Nr. 1	Ohne inhaltliche Änderungen; der bisherige Begriff der Unterbrechung der Verjährung wird durch den Begriff des Neubeginns der Verjährung ersetzt.
/.../	§ 203	Das Schweben von Verhandlungen hemmt die Verjährung bis zur Verweigerung der Fortsetzung der Verhandlungen (vgl. bisheriger § 852 Abs. 2 BGB); Verjährungseintritt frühestens drei Monate nach Hemmungsende.
§ 209	§§ 204 und 212 Abs. 1 Nr. 2	Die Verjährungswirkung der Rechtsverfolgungsmaßnahmen wird von der Unterbrechung auf die Hemmung der Verjährung umgestellt; einzige Ausnahme sind die Vollstreckungshandlungen, die auch künftig den Neubeginn der Verjährung auslösen.
§ 209 Abs. 1	§ 204 Abs. 1 Nr. 1	Hemmung durch Klageerhebung
§ 209 Abs. 2 Nr. 1	§ 204 Abs. 1 Nr. 3	Hemmung durch Mahnbescheid
§ 209 Abs. 2 Nr. 1a	§ 204 Abs. 1 Nr. 4	Hemmung durch Güteantrag § 15a EGZPO; Erweiterung auf Verfahren vor sonstigen Gütestellen
§ 209 Abs. 2 Nr. 1b	§ 204 Abs. 1 Nr. 2	Hemmung durch vereinfachtes Verfahren über den Unterhalt Minderjähriger
§ 209 Abs. 2 Nr. 2	§ 204 Abs. 1 Nr. 10	Hemmung durch Insolvenzverfahren u. Schifffahrtsrechtliches Verteilungsverfahren
§ 209 Abs. 2 Nr. 3	§ 204 Abs. 1 Nr. 5	Hemmung durch Aufrechnung
§ 209 Abs. 2 Nr. 4	§ 204 Abs. 1 Nr. 6	Hemmung durch Streitverkündung
§ 209 Abs. 2 Nr. 5	§ 212 Abs. 1 Nr. 2	Hemmung durch Vollstreckungshandlungen
/.../	§ 204 Abs. 1 Nr. 7	Hemmung durch selbständiges Beweisverfahren; Verallgemeinerung des bisherigen § 477 Abs. 2 BGB.

II. Konkordanzliste Verjährungsrecht

BGB bisher	BGB neu	Inhalt
/.../	§ 204 Abs. 1 Nr. 8	Hemmung durch vereinbartes Begutachtungsverfahren und Fertigstellungsbescheinigungsverfahren
/.../	§ 204 Abs. 1 Nr. 9	Hemmung durch Verfahren auf Erlass eines Arrestes, einer einstweiligen Verfügung oder einer einstweiligen Anordnung
/.../	§ 204 Abs. 1 Nr. 14	Hemmung durch PKH-Antrag
§ 210	§ 204 Abs. 1 Nr. 12 und 13	Umstellung von Unterbrechungs- auf Hemmungswirkung
§ 211	§ 204 Abs. 2	Anpassung an Hemmungswirkung. Die Hemmung endet sechs Monate nach der rechtskräftigen Entscheidung oder anderweitigen Erledigung des Verfahrens.
§ 212	Entfällt	Hemmung ist künftig unabhängig vom Ausgang des Prozesses.
§ 212a	§ 204 Abs. 2	Anpassung an Hemmungswirkung; bisheriger § 212 Satz 3 BGB entfällt.
§ 213	§ 204 Abs. 2	Anpassung an Hemmungswirkung; bisheriger § 213 Satz 2 BGB entfällt.
§ 214	§ 204 Abs. 2	Anpassung an Hemmungswirkung; bisheriger § 214 Abs. 2 und 3 BGB entfällt.
§ 215	§ 204 Abs. 2	Anpassung an Hemmungswirkung; bisheriger § 215 Abs. 2 BGB entfällt.
§ 216	§ 212 Abs. 2 und 3	Ohne inhaltliche Änderungen.
§ 217	§ 212 Abs. 1 Halbsatz 1	Mit dem neuen Begriff des Neubeginns der Verjährung wird die Verjährungswirkung gleich mitgeregelt.
/.../	§ 213	Verallgemeinerung des Rechtsgedankens des bisherigen § 477 Abs. 3 BGB: Die Hemmungswirkung soll auch für solche Ansprüche gelten, die auf dasselbe Interesse gerichtet sind und die von vornherein wahlweise neben dem geltend gemachten Anspruch gegeben sind oder auf die der Gläubiger stattdessen übergehen kann.
§ 218	§ 197 Abs. 1 Nr. 3 bis 5 und Abs. 2 Alternative 2 und § 201	Der bisherige § 218 BGB wird in § 197 BGB-neu ohne inhaltliche Änderungen übernommen; ergänzend wird in § 201 BGB-neu der bislang nicht ausdrücklich geregelte Verjährungsbeginn bestimmt.

B. *Verjährungsrecht*

III. Texte und Erläuterung der neuen Vorschriften

1. Verjährungsfristen

Texte

22 Die neuen Vorschriften zu den allgemeinen Verjährungsfristen lauten:

Abschnitt 5 Verjährung

Titel 1 Gegenstand und Dauer der Verjährung

§ 194 Gegenstand der Verjährung

(1) Das Recht, von einem anderen ein Tun oder Unterlassen zu verlangen (Anspruch), unterliegt der Verjährung.

(2) Ansprüche aus einem familienrechtlichen Verhältnis unterliegen der Verjährung nicht, soweit sie auf die Herstellung des dem Verhältnis entsprechenden Zustandes für die Zukunft gerichtet sind.

§ 195 Regelmäßige Verjährungsfrist

Die regelmäßige Verjährungsfrist beträgt drei Jahre.

§ 196 Verjährungsfrist bei Rechten an einem Grundstück

Ansprüche auf Übertragung des Eigentums an einem Grundstück sowie auf Begründung, Übertragung oder Aufhebung eines Rechts an einem Grundstück oder auf Änderung des Inhalts eines solchen Rechts sowie die Ansprüche auf die Gegenleistung verjähren in zehn Jahren.

§ 197 Dreißigjährige Verjährungsfrist

(1) In 30 Jahren verjähren, soweit nicht ein anderes bestimmt ist,
1. Herausgabeansprüche aus Eigentum und anderen dinglichen Rechten,
2. familien- und erbrechtliche Ansprüche,
3. rechtskräftig festgestellte Ansprüche,
4. Ansprüche aus vollstreckbaren Vergleichen oder vollstreckbaren Urkunden und
5. Ansprüche, die durch die im Insolvenzverfahren erfolgte Feststellung vollstreckbar geworden sind.

(2) Soweit Ansprüche nach Absatz 1 Nr. 2 regelmäßig wiederkehrende Leistungen oder Unterhaltsleistungen und Ansprüche nach Absatz 1 Nr. 3 bis 5 künftig fällig werdende regelmäßig wiederkehrende Leistungen zum Inhalt haben, tritt an die Stelle der Verjährungsfrist von 30 Jahren die regelmäßige Verjährungsfrist.

§ 198 Verjährung bei Rechtsnachfolge

Gelangt eine Sache, hinsichtlich derer ein dinglicher Anspruch besteht, durch Rechtsnachfolge in den Besitz eines Dritten, so kommt die während des Besitzes des Rechtsvorgängers verstrichene Verjährungszeit dem Rechtsnachfolger zugute.

Erläuterung der Vorschriften zu Fristen

§ 194 – Gegenstand der Verjährung

(1) Das Recht, von einem anderen ein Tun oder Unterlassen zu verlangen (Anspruch), unterliegt der Verjährung.
(2) Ansprüche aus einem familienrechtlichen Verhältnis unterliegen der Verjährung nicht, soweit sie auf die Herstellung des dem Verhältnis entsprechenden Zustandes für die Zukunft gerichtet sind.

Absatz 1 entspricht dem bisherigen Inhalt der Vorschrift. Dies gilt auch für Absatz 2 – abgesehen von einer kleinen sprachlichen Anpassung (Ersetzung der Singularform »Anspruch« durch die Pluralform »Ansprüche«). 23

Vorbemerkung zu §§ 195 bis 197
Zweck der Verjährung

Die **Verjährung** dient insbesondere bei vertraglichen Ansprüchen der **Sicherheit** des **Rechtsverkehrs** und dem **Rechtsfrieden** (BGHZ 59, 72, 74). Nach einer bestimmten Zeit soll die Ungewissheit über das Bestehen und die Durchsetzbarkeit eines Anspruchs beendet sein. Danach kann die Durchsetzung von Ansprüchen, gleich welcher rechtlichen Natur sie sind, verhindert werden. Dabei kommt die tatsächliche Auswirkung der Verjährung in ihrer rechtlichen Ausgestaltung als rechtshemmende Einrede nicht voll zum Ausdruck: Sie führt de facto zu einem Forderungsverlust und steht so in ihrer Einwirkung auf die Forderung der Erfüllung oder dem Erlass gleich. 24

Angesichts dieser **gravierenden Wirkungen** hat die Festlegung der Dauer der Verjährungsfristen besonderes Gewicht. Eng verbunden mit der Frage der Länge der Verjährungsfristen sind Probleme des Beginns, der Unterbrechung und der Hemmung der Verjährungsfristen. Trotz dieses Zusammenhangs bleibt in rechtssystematischer Hinsicht die Dauer der Verjährung eine Einzelfrage, auf die zunächst und für sich genommen eine Antwort gefunden werden muss. 25

Es müssen dabei verschiedene Gesichtspunkte und Ziele, die miteinander durchaus in Konflikt geraten können, berücksichtigt werden. Neben der grundsätzlichen Entscheidung über die Dauer der Verjährungsfrist ist besonderes Gewicht darauf zu legen, dass die Regelung von Verjährungsfristen möglichst einheitlich und dementsprechend klar ist. Größtes Gewicht kommt der Bemühung um Einheitlichkeit und Klarheit bei der Dauer der Verjährungsfristen zu. Besteht zwischen zwei Parteien eine schuldrechtliche Sonderbeziehung, ist es erwünscht, dass der Eintritt der Verjährung zeitlich klar bestimmbar ist. Die Parteien sollen von vornherein wissen, wie lange sie gegeneinander Ansprüche geltend machen können. Eine Neubestimmung der Länge der Verjährungsfristen muss daher insbesondere, aber nicht nur bei vertraglichen Ansprüchen von dem Bestreben geleitet sein, die Dauer der Fristen möglichst einheitlich festzulegen. Eine schematisierende Gleichbehandlung aller Ansprüche kann aber zu Wer- 26 tungswidersprüchen und ungerechtfertigten Gleichstellungen verschiedenster Ansprüche führen. Die Dauer der Fristen hat deshalb neben Einheitlichkeit und Klarheit die verschiedenen Interessenlagen zu berücksichtigen. Sie muss sich am Zweck der Verjährung orientieren. Schutzwürdige Interessen des Schuldners, insbesondere drohende Beweisnot durch Zeitablauf, Verlust zunächst bestehender Regressmöglichkeiten gegen Dritte, sprechen für kurze Verjährungsfristen; Verjährungsrecht ist zunächst ein Anwendungsfall des Schuldnerschutzes. Auf der anderen Seite bedrohen zu kurze Verjährungsfristen das Recht des Gläubigers (vgl. zur sechsmonatigen Frist des derzeit geltenden § 477 insbesondere BGHZ 77, 215, 223). Zu kurze Fristen können verstrichen sein, bevor der Gläubiger von seinem Anspruch wusste oder hätte wissen können. Der Gläubiger muss ausreichend Zeit haben, um Ansprüche wirksam und rechtzeitig geltend machen zu können. Schließlich muss bei der Festlegung der Dauer einer Frist auch berücksichtigt werden, dass die Parteien eines Vertrags zunächst versuchen sollen, sich über die Berechtigung der Ansprüche zu einigen, ohne dass der Gläubiger durch eine zu kurze Verjährungsfrist unter Zeitdruck gerät, was ihn zwingt, seinen Anspruch gerichtlich geltend zu machen.

Mängel des bisherigen Rechts

27 Das bisherige Recht bestimmt in dem alten § 195 eine Verjährungsfrist von 30 Jahren. Wenn auch diese Frist vom Gesetz als »regelmäßig« bezeichnet wird, so lassen schon die in zahlreichen gesetzlichen Vorschriften vorgesehenen kürzeren Verjährungsfristen diese lange Verjährungsfrist zur Ausnahme werden, so dass der bisherige § 195 praktisch einen Auffangtatbestand bildet, der immer dann zur Anwendung kommt, wenn keine kürzere Verjährungsfrist einschlägig ist. So enthält der bisherige § 196 derzeit einen umfangreichen Katalog von Ansprüchen aus nach der Vorstellung des Gesetzgebers Geschäften des täglichen Lebens, die entweder in zwei oder in vier Jahren (bisheriger § 196 Abs. 2) verjähren. Ergänzend sieht der bisherige § 197 eine vierjährige Verjährungsfrist für Ansprüche auf regelmäßig wiederkehrende Leistungen vor. Über den Wortlaut hinaus hat die Rechtsprechung diese kürzeren Verjährungsfristen nicht nur auf die vertraglichen Erfüllungsansprüche, sondern auch auf alle Ansprüche angewandt, soweit diese wirtschaftlich an die Stelle der entsprechenden Erfüllungsansprüche getreten sind. Da für derartige Ansprüche entscheidend ist, dass sie einen »Ersatzwert des ursprünglich Bedungenen« (so schon RGZ 61, 390) zum Inhalt haben, also einen Ausgleich dafür bieten, »dass der Vertrag gescheitert ist« (BGHZ 57, 191, 195 ff.), können sie auch gesetzlicher Natur sein. Fallen somit hierunter auch Ansprüche aus Geschäftsführung ohne Auftrag sowie aus ungerechtfertigter Bereicherung (BGHZ 32, 13, 15; 48, 125, 127), so wird daran deutlich, wie weit die Verkürzung der Verjährungsfristen auf zwei oder vier Jahre zu Lasten der Regelfrist von 30 Jahren heute geltendes Recht ist.

28 Das Bürgerliche Gesetzbuch a. F. behandelt bisher im Grundsatz sowohl hinsichtlich der Verjährungsfrist als auch des Verjährungsbeginns vertragliche und gesetzliche Ansprüche gleich (vgl. die bisherigen §§ 195, 198), macht davon dann aber jeweils eine Fülle von Ausnahmen. Danach beträgt die Verjährungs-

frist für gesetzliche Ansprüche im Prinzip dreißig Jahre; sie beginnt mit der Entstehung des Anspruchs. Aber die Verjährungsfristen werden für einzelne gesetzliche Ansprüche erheblich verkürzt: deliktische Ansprüche ggf. auf drei Jahre (bisheriger § 852 Abs. 1), Bereicherungsansprüche wegen Leistungen, die unter die bisherigen §§ 196, 197 fallen, auf zwei bzw. vier Jahre (vgl. Palandt/ Thomas, Rdn. 24 vor § 812). Nicht weniger drastisch als bei der Verjährungsfrist rückt das Gesetz bisweilen von der Entstehung des Anspruchs als Zeitpunkt des Verjährungsbeginns ab. Im Deliktsrecht etwa wird für die Verkürzung der Verjährungsfrist Kenntnis des Verletzten von dem Schaden und der Person des Ersatzpflichtigen vorausgesetzt. Außerhalb des Bürgerlichen Gesetzbuchs finden sich auch ganz andere Anknüpfungen für den Verjährungsbeginn (vgl. beispielsweise § 9 Abs. 2 GmbHG; § 62 Abs. 6 Satz 2 GenG).

Kennzeichnend für die Verjährung von Gewährleistungsansprüchen ist die **Abkürzung der Frist** auf **sechs Monate** im Kauf- und Werkvertragsrecht, sofern der Mangel vom Verkäufer bzw. Hersteller nicht arglistig verschwiegen worden ist. Da Ansprüche aus positiver Forderungsverletzung und aus Verschulden bei Vertragsanbahnung im Wege richterlicher Rechtsfortbildung entwickelt wurden, gilt für sie grundsätzlich die bisherige regelmäßige Verjährungsfrist von 30 Jahren. Rechtsprechung und Lehre sind in teilweise unterschiedlicher Weise bemüht, die kürzeren Fristen für Erfüllungsansprüche nach dem bisherigen § 196 sowie für Gewährleistungsansprüche auch auf diese Ansprüche anzuwenden. Beispielhaft für die daraus resultierende Problematik soll hier nur darauf hingewiesen werden, dass nach der Rechtsprechung auch auf positiver Forderungsverletzung beruhende Schadensersatzansprüche, sofern der Schaden auf einem Mangel der Kaufsache beruht, der kürzeren Verjährung des bisherigen § 477 unterliegen (vgl. BGHZ 60, 9, 12; 66, 315, 317; BGH, NJW 1973, 276), während im Werkvertragsrecht die kürzere Verjährung des bisherigen § 638 für Ansprüche aus positiver Forderungsverletzung nicht gilt (vgl. BGHZ 35, 130, 132; 87, 239; BGH, NJW 1983, 2439). Für Ansprüche, die nach dem Entwurf einheitlich als Ansprüche aus Pflichtverletzung behandelt werden sollen, gelten demnach im geltenden Recht unterschiedliche Verjährungsfristen von sechs Monaten bis 30 Jahren, wenn man einmal von der kürzeren Verjährungsfrist von nur sechs Wochen für die Gewährleistungsansprüche aus Viehkauf absieht. 29

Ansprüche aus der **Rückabwicklung** von **Verträgen** sind bisher nicht einheitlich geregelt. Maßgebend ist auch hier die Anspruchsgrundlage. Für schuldrechtliche Ansprüche aus planmäßiger Rückabwicklung, insbesondere bei Dauerschuldverhältnissen, gilt die 30-jährige Verjährungsfrist. Die Verjährungsfrist des bisherigen § 197 greift für verzinsliche, ratenweise zu tilgende Darlehen ein. Eine Sonderregelung stellt die Verjährungsfrist von sechs Monaten für Ersatzansprüche des Vermieters nach dem früheren § 558 dar, die auch für das Pacht- (§ 581 Abs. 2) und das Leihverhältnis (§ 606) gilt. Sie wird in dem neuen § 548 beibehalten. 30

Für Ansprüche aus **unplanmäßiger Rückabwicklung**, etwa wegen Unwirksamkeit des Vertrags oder nach Ausübung eines Rücktrittsrechts, gilt ebenfalls grundsätzlich die dreißigjährige Verjährungsfrist, da es sich hierbei vorzugsweise 31 um Ansprüche aus §§ 812ff. oder aus §§ 346ff. handelt. Hier wird jedoch, ebenso wie oben dargestellt, die kürzere Verjährungsfrist des bisherigen § 196 angewandt, wenn ein Anspruch aus Rückabwicklung nur an die Stelle des ursprünglichen Erfüllungsanspruchs tritt.

32 Auch für die Verjährung von Ansprüchen auf **Wert-, Verwendungs-** und **Aufwendungsersatz** ist jeweils die Anspruchsgrundlage maßgebend. Stellen sie sich als Nebenansprüche für den Erfüllungsanspruch dar, so gilt die für den Erfüllungsanspruch geltende Verjährungsfrist. Beruhen sie auf einer Pflichtverletzung, so gilt für die Verjährung jeweils die Frist, die für den daraus resultierenden Anspruch maßgebend ist, z.B. aus Geschäftsführung ohne Auftrag.

33 Unabhängig von der Verjährung der sich aus der Rückabwicklung ergebenden obligatorischen Ansprüche gilt für den Herausgabeanspruch, soweit er nach § 985 auf Eigentum gestützt wird, die dreißigjährige Verjährungsfrist des bisherigen § 195.

34 Der ebenso unvollständige wie heute teilweise veraltete (»Lohnkutscher«, »Tagelöhner«) Katalog vertraglicher Vergütungsansprüche in dem bisherigen § 196 knüpft an die berufliche Tätigkeit des Gläubigers an. Für Gegenansprüche des Geschäftspartners fehlt es somit, abgesehen von den Gewährleistungsansprüchen, an einer Regelung der Verjährung seiner Ansprüche, so dass der bisherige § 195 zur Anwendung kommt. So verjährt der Kaufpreisanspruch eines Kaufmannes entweder in zwei oder, wenn die Ware für den Gewerbebetrieb des Käufers geliefert wurde, in vier Jahren, während der Anspruch des Käufers auf Lieferung und auf Schadensersatz wegen Nichtlieferung in 30 Jahren verjährt.

35 Wenn auch der Gesetzgeber in dem bisherigen § 196 auf Erfüllungsansprüche abstellte, so hat zwar die Rechtsprechung, wie bereits hervorgehoben, durch die Ausdehnung dieser Vorschrift auf die an die Stelle der Erfüllungsansprüche getretenen Ersatzansprüche eine gewisse Vereinheitlichung bewirken können, ohne dadurch jedoch eine systematisch durchgängig geltende einheitliche Verjährungsfrist für Ansprüche der in dem bisherigen § 196 genannten Gläubiger zu erreichen.

36 Das alte Recht weist deutliche Mängel auf. Gerade im Bereich der vertraglichen Ansprüche tritt der »fast barock zu nennende Formenreichtum« (Peters/Zimmermann, S. 187) der unterschiedlichen Verjährungsfristen in einer auch für den Fachmann, geschweige denn für den Laien, kaum überschaubaren Weise zutage. Die mit der Sechswochenfrist der Ansprüche aus Viehmängelhaftung beginnende und mit den in 30 Jahren verjährenden Ansprüchen endende Aufzählung bei MünchKomm/Feldmann, § 195 Rdn. 2-13, macht dies nur allzu deutlich. Dabei erscheint bezeichnend, dass namentlich die unter die 30-Jahres-Frist fallenden Ansprüche lediglich nebeneinander, meist nur belegt mit einem Hinweis auf die einschlägige Rechtsprechung, aufgeführt werden, da eine systematische Einordnung auch nur in groben Umrissen unmöglich ist.

37 Die **allgemeine Verjährungsfrist** von 30 Jahren wird auch für gesetzliche Ansprüche **als zu lang angesehen.** Eine Frist solcher Länge setzt voraus, dass Gläubiger und vor allem der Schuldner die einschlägigen Unterlagen entspre-

chend lange aufbewahren. Das ist heute schlechthin nicht zu leisten. Als Mangel des alten Rechts gilt ferner auch insoweit die nicht hinreichend begründete Vielfalt unterschiedlicher Fristen und Anknüpfungspunkte für den Verjährungsbeginn. Insbesondere wird bemängelt, dass die Beeinträchtigung der Möglichkeit der Rechtsverfolgung durch Unkenntnis des Gläubigers von den Anspruchsvoraussetzungen bei den verschiedenen Ansprüchen ganz unterschiedliche Bedeutung hat. Im Deliktsrecht gibt es eine auf die Kenntnis des Gläubigers abstellende kurze Verjährung, während sie bei der Geschäftsführung ohne Auftrag und bei der ungerechtfertigten Bereicherung fehlt, obwohl der Gläubiger auch hier über die Anspruchsvoraussetzungen im Unklaren sein kann.

Zusammenfassend sind daher folgende entscheidende Mängel des bisherigen Rechts zu konstatieren: 38

- Die Vielfalt der unterschiedlichen Verjährungsfristen zwischen 6 Wochen und 30 Jahren macht das bisherige Recht undurchschaubar.
- Den geltenden Verjährungsfristen mangelt es an einer systematischen Regelung, die sich auf einheitlich tragende Gesichtspunkte zurückführen ließe.
- Die bisherigen Fristen führen zu nicht vertretbaren Widersprüchen und zwingen die Rechtsprechung dazu, Aus- und Umwege zu erschließen, um zu gerechten Lösungen zu gelangen.

Modell der Schuldrechtskommission

Die Schuldrechtskommission hatte vorgeschlagen, das bisherige System unterschiedlicher Verjährungsfristen gänzlich aufzugeben, weil es unübersichtlich, nicht mehr aktuell und zu einem erheblichen Teil in seiner unterschiedlichen Behandlung der einzelnen Ansprüche auch sachlich nicht mehr vertretbar ist. Die Unterbrechung der Verjährung sollte weitgehend abgeschafft und durch die Hemmung ersetzt werden. Dies sollte insbesondere für die Klageerhebung gelten. Das Verjährungsmodell der Schuldrechtskommission basierte auf unterschiedlichen Verjährungsfristen für die folgenden drei Arten von Ansprüchen: 39

- Verjährung vertraglicher Ansprüche
- Verjährung gesetzlicher Ansprüche
- Verjährung deliktischer Ansprüche

Verjährung vertraglicher Ansprüche

Nach den Vorschlägen der Schuldrechtskommission sollten alle vertraglichen Ansprüche einheitlich nach drei Jahren verjähren. Die Verjährungsfrist sollte bis auf ein Jahr verkürzt werden können. Die Verjährungsfrist sollte grundsätzlich mit der Fälligkeit des Anspruchs beginnen; für Ansprüche auf Zahlung der vereinbarten Vergütung sollte es – wie in den meisten Fällen bereits heute – auf den Schluss des Rechnungsjahres ankommen, in dem sie fällig werden. 40

Verjährung gesetzlicher Ansprüche

Gesetzliche Ansprüche (Geschäftsführung ohne Auftrag, ungerechtfertigte Bereicherung, Eigentümer-Besitzer-Verhältnis u.ä.) sollten in 10 Jahren verjähren. 41

17

Verjährung deliktischer Ansprüche

42 Ansprüche aus Delikt sollten bei Personenschäden wie bisher in drei Jahren ab Kenntnis vom Schaden und von der Person des Ersatzpflichtigen, spätestens aber in 30 Jahren verjähren. Für Sachschäden sollte die absolute Verjährungsfrist nicht 30, sondern 10 Jahre betragen, soweit es sich nicht um Ansprüche wegen Amtshaftung handelt.

Herausgabeansprüche wegen absoluter Rechte

43 Für Herausgabeansprüche aus absoluten Rechten sowie für familien- und erbrechtliche Ansprüche sollte vorbehaltlich anderer Bestimmungen eine Verjährungsfrist von 30 Jahren gelten.

Ausnahmen

44 – Abweichend von der allgemeinen Regel sollten Mängelansprüche bei Werk- oder Kaufverträgen über ein Bauwerk ebenso wie bei Kaufverträgen über Baumaterial nicht in drei, sondern in fünf Jahren verjähren.
 – Abweichend von der allgemeinen Regel sollten gesetzliche Ansprüche und Ansprüche aus Delikt innerhalb der vertraglichen Verjährungsfrist verjähren, wenn sie im Zusammenhang mit dem Vertragsverhältnis entstanden sind.
 – Ebenfalls abweichend von der allgemeinen Regel sollten Schadensersatzansprüche wegen Personenverletzungen immer der deliktischen Verjährung unterliegen, auch wenn sie vertraglicher Natur sind.
 – Die vertragliche Verjährung sollte sich bei Arglist von drei auf zehn Jahre verlängern.

Modell der Neuregelung

45 Die vorgenannten Vorschläge der Schuldrechtskommission sind auf Kritik gestoßen. Diese Kritik greift der Entwurf mit dem folgenden Modell auf:
 – Die Neuregelung übernimmt nicht die Unterscheidung zwischen vertraglichen und nicht vertraglichen Ansprüchen. Sie bleibt, wie in der Kritik gefordert (z.B. Haug, S. 32 ff., 36 f.; Mansel in: Ernst/Zimmermann S. 333, 403), vielmehr bei dem bisherigen Ansatz des Bürgerlichen Gesetzbuchs: Es gibt eine regelmäßige Verjährungsfrist, die für alle Ansprüche gilt und von der in bestimmten Bereichen Abweichungen vorgesehen sind.
 – Die regelmäßige Verjährungsfrist soll wie im Vorschlag der Schuldrechtskommission drei Jahre betragen (§ 195). Anders als im Vorschlag der Schuldrechtskommission wird sie aber an die deliktische Verjährung im bisherigen § 852 Abs. 1 (vgl. §§ 199, 201 KE) angeglichen. Sie beginnt also nicht mit Pflichtverletzung, wie von der Schuldrechtskommission vorgeschlagen, sondern, wie von Peters/Zimmermann (S. 320 [§ 199]) befürwortet, mit Kenntnis oder, insoweit von § 852 Abs. 1 etwas abweichend, grob fahrlässiger Unkenntnis von den anspruchsbegründenden Tatsachen (§ 199 Abs. 1 Nr. 2). Dies entspricht den Forderungen der Kritik an dem Modell der Schuldrechtskommission (Mansel aaO S. 404; Haug, S. 59 ff.; Eidenmüller, JZ 2001, 283, 285).

– Auch für die Mängelansprüche hatte die Schuldrechtskommission eine Frist von drei Jahren vorgeschlagen, die zwar nicht mit Pflichtverletzung, wohl aber mit dem sehr nahe dabei liegenden Zeitpunkt der Zurverfügungstellung der Sache beginnen sollte (§§ 195 Abs. 1, 196 Abs. 4 KE). Diese Frist erscheint bei Ansprüchen aus Sachmängeln als zu lang und soll auf 2 Jahre verkürzt werden (§ 438 Abs. 1 Nr. 3). Dies betrifft aber nicht nur die verschuldensunabhängigen (so die Forderung von Eidenmüller, JZ 2001, 283, 285), sondern alle Mängelansprüche.
– Wie die Schuldrechtskommission (§ 195 Abs. 3 KE) schlägt der Entwurf für fehlerhafte Einbauteile eine Verjährungsfrist von fünf Jahren vor. Bauhandwerker haften stets innerhalb der fünf Jahre dauernden Verjährungsfrist für ein mangelhaftes Bauwerk, können aber von ihren Verkäufern nur 6 Monate Gewährleistung beanspruchen. Der Entwurf vermeidet diese Falle, indem für solche fehlerhaften Bauteile eine Verjährungsfrist von fünf Jahren vorgesehen wird (§ 438 Abs. 1 Nr. 2). Dieser Vorschlag wird von der Praxis und dem Schrifttum befürwortet. Handwerker und Bauindustrie befürworten ihn ebenfalls. Dagegen würden die Händler es zwar vorziehen, auf eine solche Regelung zu verzichten; sie akzeptieren diese aber wegen ihres unbestreitbaren Gerechtigkeitsgehalts.

Principles of European Contract Law

Das Modell des Entwurfs knüpft damit an das Verjährungsmodell der Principles of European Contract Law an, die die Kommission für Europäisches Vertragsrecht – nach ihrem Vorsitzenden auch als Lando-Kommission bezeichnet – im Februar 2001 verabschiedet hat (deutsche Übersetzung abgedruckt ZEuP 2001 S. 400 ff.). Das darin vorgeschlagene Modell sieht eine regelmäßige Verjährungsfrist von drei Jahren vor, die gehemmt ist, solange der Gläubiger die Person des Schuldners oder die Umstände, auf denen sein Anspruch beruht nicht kennt und vernünftigerweise nicht kennen kann (Artikel 17:102 und 17:105). Sie werden von Zimmermann wie folgt bewertet (ZEuP 2001, 217, 220): 46

»Die Grundregeln des Europäischen Verjährungsrechts (die sich übrigens nicht auf das Vertragsrecht beschränken, sondern das Schuldrecht insgesamt erfassen) gehen von der Erkenntnis aus, dass ein möglichst einheitlicher Verjährungsbeginn der Schlüssel zu einem möglichst einheitlichen Verjährungsrecht ist. Eine derartige Einheitlichkeit kann nur auf der Basis des Kenntnis- oder Erkennbarkeitskriteriums erreicht werden (unabhängig davon, ob dieses Kriterium tatsächlich den Verjährungsbeginn bestimmt oder – so die Europäischen Grundregeln – eine Anlaufhemmung darstellt ...). Dann (und nur dann) ist auch eine weitgehend einheitliche Frist von drei Jahren sinnvoll. Dies entspricht auch der internationalen Entwicklung, die, berücksichtigt man die Neuregelungen und Reformvorschläge der vergangenen einhundert Jahre, im Wesentlichen durch drei Trends gekennzeichnet ist: Verkürzung der Fristen, Vereinheitlichung der Fristen und Aufstieg des Erkennbarkeitskriteriums für den Verjährungsbeginn.«

Dieser Analyse folgt der Entwurf. Peters/Zimmermann hatten in ihrem Gutachten zur Überarbeitung des Schuldrechts aus dem Jahre 1981 eine regelmäßige 47

B. Verjährungsrecht

Verjährungsfrist von zwei Jahren – gleichfalls in Kombination mit dem Kenntnis- oder Erkennbarkeitskriterium – vorgeschlagen (S. 315 f. dort: § 195 Abs. 1 und § 199 Satz 1). Sie hatten aber schon dort eine dreijährige Verjährungsfrist als Alternative zur zweijährigen Verjährungsfrist anerkannt (S. 298). Das wird heute allgemein so gesehen.

§ 195 – Regelmäßige Verjährungsfrist

Die regelmäßige Verjährungsfrist beträgt drei Jahre.

48 § 195 enthält mit der Bestimmung einer regelmäßigen Verjährungsfrist denselben Ansatz wie der bisherige § 195. Er unterscheidet sich insoweit grundlegend von dem Vorschlag der Schuldrechtskommission, die in § 195 Abs. 1 und § 198 Satz 1 KE für die Verjährung nach dem Entstehungsgrund der Ansprüche unterschieden hat.

49 Hierzu hatte die Schuldrechtskommission u. a. ausgeführt (Bericht, S. 66):
»Die Rechtsordnung unterscheidet je nach dem Entstehungsgrund eines Anspruchs zwischen vertraglichen und gesetzlichen Ansprüchen. Entsprechend lässt sich hinsichtlich der Gestaltung der Verjährungsfristen und des Verjährungsbeginns auf eine möglichst große Einheitlichkeit hinarbeiten oder umgekehrt den Verschiedenheiten der Anspruchsvoraussetzungen und -inhalte auch bei der Verjährungsfrist und ihrem Lauf Rechnung tragen. Verjährungsrechtlich spielt auch die Kenntnis des Gläubigers vom Bestehen seines Anspruchs bei gesetzlichen Schuldverhältnissen eine andere Rolle als bei vertraglichen Ansprüchen. Anders als innerhalb von schuldrechtlichen Vereinbarungen, bei denen sich die Parteien regelmäßig kennen, weiß der Gläubiger bei gesetzlichen Ansprüchen nicht immer, wer sein Schuldner ist. Das gilt insbesondere für Schadensersatzansprüche; aber auch bei Geschäftsführungen ohne Auftrag oder bei Bereicherungsvorgängen kommt es nicht selten vor, dass der Berechtigte davon und von den sich daraus ergebenden Ansprüchen keine Kenntnis hat.«

50 Die Schuldrechtskommission hatte – wie oben ausgeführt – die rechtspolitisch erhobene Forderung nach einer deutlichen Verkürzung der derzeitigen 30-jährigen Verjährungsfrist aufgegriffen und für vertragliche Ansprüche eine Frist von drei Jahren (§ 195 KE), für gesetzliche Ansprüche eine solche von zehn Jahren (§ 198 Satz 1 KE) vorgeschlagen. Die unterschiedlichen Fristen sah sie auf Grund der oben angedeuteten Überlegungen gerechtfertigt.

51 Die Neuregelung **sieht** indes davon **ab**, diese **Unterscheidung** zwischen **gesetzlichen** und **vertraglichen Ansprüchen** zu übernehmen. Auch im bisherigen Recht knüpft die Verjährung hieran nicht an. Die erwähnten Schwierigkeiten des Gläubigers bei der Durchsetzung seines gesetzlichen Anspruchs können zwar gegeben sein, sind jedoch keineswegs zwingend mit der systematischen Einordnung eines Anspruchs als »gesetzlich« oder »vertraglich« verbunden. Auch ein gesetzlicher Anspruch wird durch einen tatsächlichen Umstand ausgelöst, der dem Gläubiger in aller Regel sofort bekannt wird: So z. B. Vorgänge,

die auf seine Kosten zur Bereicherung eines anderen führen und dadurch einen Bereicherungsanspruch gemäß §§ 812 ff. begründen. Umgekehrt kann es auch verworrene Vertragsverhältnisse geben, bei denen der Anspruchsinhalt und – etwa bei einer Vielzahl von Vertragspartnern möglicherweise auch der Anspruchsgegner nicht ohne Schwierigkeiten erkennbar sind. Kommt noch hinzu, dass einer oder mehrere der Vertragspartner mit unbekanntem Aufenthalt verziehen, so können sich auch hieraus rein tatsächliche Schwierigkeiten bei der Durchsetzung eines Anspruchs ergeben, wie sie die Schuldrechtskommission als prägend für die gesetzlichen Ansprüche angenommen hat.

Die Problematik der von der Schuldrechtskommission vorgenommenen Unterscheidung zeigt sich auch an ihren folgenden Ausführungen (Bericht, S. 47): 52

»Hierunter (d. h. unter Ansprüche, die auf Vertrag beruhen) fallen zunächst alle Ansprüche auf Erfüllung eines Vertrags. Die Rechtsprechung hat jedoch auch Ersatz- und Nebenansprüche, die wirtschaftlich an die Stelle eines Primäranspruchs »als Ersatzwert des ursprünglich Bedungenen« treten oder diesen ergänzen, der Verjährungsfrist des Vergütungsanspruchs unterworfen und zwar auch dann, wenn es sich um einen gesetzlichen Anspruch handelt. Jedenfalls in den Fällen, in denen zwischen den Parteien ein Vertrag bestand, beruhen derartige Ansprüche auf dem Vertrag im Sinne des § 195 Abs. 1 (vgl. z. B. BGHZ 50, 25 zum Anspruch des Auftragnehmers gemäß § 6 Nr. 5 Abs. 2 VOB/B; BGH, NJW 1984, 793: Schadensersatz wegen Nichterfüllung aus § 325). Wird ein derartiger Anspruch auf ungerechtfertigte Bereicherung oder Geschäftsführung ohne Auftrag gestützt, etwa wegen Fehlens einer vertraglichen Grundlage (BGHZ 48, 125: Anspruch auf Vergütung eines KZ-Häftlings gegen eine ehemalige Rüstungsfirma) oder wegen Nichtigkeit eines Vertrags auf Grund Formmangels (BGHZ 72, 229, 233), so unterliegt dieser Anspruch ebenfalls der kurzen vertraglichen Verjährungsfrist. Besteht die Bereicherung in der Befreiung von einer Verbindlichkeit, so gilt für den Anspruch aus § 812 dieselbe Verjährungsfrist wie für die Verbindlichkeit, da der Anspruch aus ungerechtfertigter Bereicherung den Verpflichteten nicht stärker belasten soll als die ursprüngliche Schuld (BGHZ 70, 389, 395; 89, 82, 87). Schließlich gilt nach OLG Hamburg, MDR 1971, 141 für den Erfüllungsanspruch sowie nach BGHZ 73, 266 für den Schadensersatzanspruch gegen den vollmachtlosen Vertreter die Verjährungsfrist, die für die entsprechenden Ansprüche aus dem Vertrag gegolten hätte, der mangels Vollmacht und Genehmigung durch den Vertretenen nicht wirksam zustande gekommen ist. Ob und inwieweit derartige gesetzliche Ansprüche als »auf Vertrag beruhende Ansprüche« angesehen werden, wenn die Verjährungsfristen für die gesetzlichen Ansprüche von dreißig auf zehn Jahre herabgesetzt sind, muss der Rechtsprechung überlassen bleiben.«

Die Ausführungen betreffen die Einordnung von »Ersatz- und Nebenansprüchen«, die wirtschaftlich an die Stelle eines vertraglichen Anspruchs treten, insbesondere Ansprüche aus ungerechtfertigter Bereicherung oder Geschäftsführung ohne Auftrag. Angeführt ist die Rechtsprechung zum geltenden Recht, die in den genannten Fällen die kurze Verjährung angenommen hat, die für den vertraglichen Anspruch gesetzlich vorgesehen war. Sie bezieht sich allerdings in erster Linie auf den geltenden § 196: Die Formulierung dieser Vorschrift lässt 53 die oben beschriebene Auslegung durch die Rechtsprechung zu, weil dort die Forderungen nur allgemein umschrieben sind, z.B. in Nr. 1 »Ansprüche der Kaufleute ... für Lieferung von Waren«. Der von der Schuldrechtskommission vorgeschlagene § 195 Abs. 1 KE sollte jedoch einen »auf Vertrag beruhenden Anspruch« betreffen. Das ist ein Bereicherungsanspruch aber auch dann nicht, wenn er der Rückabwicklung eines Vertragsverhältnisses dient. Er beruht dann gerade darauf, dass ein Vertrag **nicht** besteht. Ebenso beruht ein Anspruch aus § 179 Abs. 1 gegen den vollmachtlosen Vertreter gerade darauf, dass ein Vertrag mangels Genehmigung des Vertretenen **nicht** zustande gekommen ist. Eine Anwendung des vorgeschlagenen § 195 Abs. 1 KE auf diese Fälle wäre also nicht ohne erheblichen Argumentationsaufwand möglich, wenn auch in der Sache der Schuldrechtskommission darin Recht zu geben ist, dass derartige Ansprüche der kurzen Verjährung vertraglicher Ansprüche unterliegen sollten.

54   Die Lösung dieser **bereits jetzt erkennbaren Probleme** sollte auch nicht einfach der Rechtsprechung überlassen werden. Vielmehr muss gerade bei einer vollständigen Neuregelung des Verjährungsrechts der Gesetzgeber selbst darauf bedacht sein, von vornherein erkennbare Anwendungsschwierigkeiten zu vermeiden. Die Neuregelung verzichtet deshalb für das Verjährungsrecht auf die Unterscheidung zwischen gesetzlichen und vertraglichen Ansprüchen und behält in § 195 eine Bestimmung bei, die eine »regelmäßige Verjährungsfrist« festlegt. Dies dient nicht zuletzt auch der Entlastung der Justiz, da die Anwendung des Verjährungsrechts dadurch erheblich vereinfacht wird. Eine solche Regelung kann im Übrigen auch erheblich leichter in anderen Rechtsgebieten als eine Art Auffangvorschrift herangezogen werden, wenn die Verjährung bestimmter Ansprüche dort nicht speziell geregelt ist.

55   Ausgangspunkt der Überlegungen zur Länge der Verjährungsfrist ist, dass im Gegensatz zum bestehenden Recht die Länge der Verjährungsfristen für alle Ansprüche in möglichst weitgehendem Umfang einheitlich geregelt werden muss. Nur dies kann dazu führen, das Verjährungsrecht in einer Weise zu vereinfachen, dass es für die Praxis leichter durchschaubar und anwendbar wird. Zu berücksichtigen ist in diesem Zusammenhang auch, dass viele Fragen zur Auslegung etwa des Gewährleistungs- und Vertragsverletzungsrechts letztlich in der Unzulänglichkeit und auch Ungerechtigkeit des geltenden Verjährungsrechts ihren Ursprung haben. Ein einfaches und in sich schlüssiges Verjährungsrecht würde solchen Fragen die Grundlage entziehen. Folge eines einfachen und damit leicht anzuwendenden Verjährungsrechts wäre daher auch eine deutliche Entlastung der Justiz.

56   Bei der Bestimmung der regelmäßigen Verjährungsfrist folgt die Neuregelung der Überlegung von Peters/Zimmermann, dass sich durch eine Verjährungsfrist nach dem Vorbild der deliktischen Verjährung im alten § 852 Abs. 1 der größtmögliche Vereinfachungseffekt erzielen lässt. Sie lehnt sich indessen, anders als Peters/Zimmermann dies seinerzeit vorgeschlagen hatten, stärker an den bisherigen § 852 Abs. 1 an und sieht davon ab, die dort vorgesehene Frist von drei Jahren zu verkürzen. Eine kürzere Verjährungsfrist erscheint nicht angezeigt. Dafür spricht zunächst, dass Ansprüche nach dem Produkthaftungsgesetz gemäß des-

sen § 12 Abs. 1 in drei Jahren von dem Zeitpunkt an verjähren, in dem der Ersatzberechtigte von dem Schaden, dem Fehler und von der Person des Ersatzpflichtigen Kenntnis erlangt hat oder hätte erlangen müssen. Diese Regelung ist durch Artikel 10 Abs. 1 der Richtlinie des Rates vom 25. Juli 1985 zur Angleichung der Rechts- und Verwaltungsvorschriften der Mitgliedstaaten über die Haftung für fehlerhafte Produkte (85/374/EWG; ABl. L 210 S. 29) vorgegeben und nicht verkürzbar. Diese Frist engt den Gestaltungsspielraum des Gesetzgebers wertungsmäßig sehr ein. Wenn schon für einen Bereich der verschuldensunabhängigen Haftung eine Frist von drei Jahren vorgegeben ist, kann die Frist bei schuldhaftem Verhalten nicht kürzer sein. Diese bisher schon in § 852 Abs. 1 vorgesehene Frist ist auch sachlich angemessen. Im Bereich der unerlaubten Handlungen wird eine Frist von weniger als drei Jahren oft nicht zur effektiven Rechtsverfolgung ausreichen. Dies gilt etwa für den Bereich der Arzthaftung. Hier ist regelmäßig nicht einfach festzustellen, worauf zu beobachtende Schäden zurückgehen und wer hierfür verantwortlich ist. Bei schweren Personenschäden kommt hinzu, dass der Geschädigte vielfach längere Zeit zu einer Rechtsverfolgung schon deshalb nicht in der Lage ist, weil er zuerst genesen muss. Die Frist von drei Jahren erweist sich aber auch in anderen Bereichen als notwendig. Zu nennen wäre der Bereich der gewerblichen Schutzrechte. Hier wird die Verletzung oft erst spät entdeckt. Deshalb muss die Zeit ausreichend lang bemessen sein.

Diese im Bereich der unerlaubten Handlungen entwickelte Regelung ist auch für andere gesetzliche und in der Regel auch für vertragliche Ansprüche angemessen. Dies gilt für Ansprüche aus ungerechtfertigter Bereicherung oder Geschäftsbesorgung, aber auch z. B. für Ansprüche aus Vertragsverletzung, bei denen die Aufklärungsmöglichkeiten des Geschädigten meist genauso beschaffen sind wie bei den Ansprüchen aus unerlaubter Handlung. Da solche Ansprüche nicht selten konkurrieren, soll die Frist des geltenden § 852 Abs. 1 auch für sie gelten. Sie erlaubt es gleichzeitig, die verschiedenen überholten Verjährungsfristen für Entgeltansprüche zu harmonisieren. 57

Für Mängelansprüche ist diese Frist indessen nicht geeignet, weshalb hierfür eine kürzere Frist von zwei Jahren vorgesehen werden soll, die auch nicht erst mit Kenntnis bzw. grob fahrlässiger Unkenntnis beginnen soll, sondern schon mit Lieferung der Sache oder Abnahme des Werks. Dies schränkt den Vereinheitlichungseffekt der neuen Regelungen ein. Die Neuregelung erreicht aber dennoch das gesteckte Ziel: 58

- Für die **meisten Ansprüche** gilt jetzt **einheitlich** die **regelmäßige Verjährungsfrist**.
- Diese ist so gestaltet, dass sie es auch erlaubt, in Zukunft auf Sonderverjährungsvorschriften in den verschiedensten Bereichen zu verzichten.
- Die regelmäßige Verjährungsfrist ist den neuen besonderen Verjährungsfristen so nahe gerückt, dass die unterschiedliche Verjährung künftig keine Veranlassung mehr bietet, systematisch weniger naheliegende Konstruktionen zu entwickeln, um die – so nicht mehr bestehenden – Nachteile der unterschiedlichen Verjährungsfristen auszugleichen.

59 Dem bisherigen § 852 nachgebildet ist die Frist insgesamt. Konstruktiv regelt § 195 nur die eigentliche Frist, während § 199 ihren Beginn regelt. Beide Vorschriften müssen zusammengelesen werden. Die eine ist ohne die andere nicht verständlich.

§ 196 – Verjährungsfrist bei Rechten an einem Grundstück

Ansprüche auf Übertragung des Eigentums an einem Grundstück sowie auf Begründung, Übertragung oder Aufhebung eines Rechts an einem Grundstück oder auf Änderung des Inhalts eines solchen Rechts sowie die Ansprüche auf die Gegenleistung verjähren in zehn Jahren.

60 Nach § 196 gilt eine Verjährungsfrist von zehn Jahren für Ansprüche auf Begründung, Übertragung oder Aufhebung eines Rechts an einem Grundstück, sowie für die Ansprüche auf die Gegenleistung hierfür. Mit der Zehnjahresfrist soll insbesondere den Besonderheiten von Verträgen Rechnung getragen werden, die Grundstücke und/oder Rechte an Grundstücken zum Inhalt haben.

61 Diese bestehen darin, dass die Durchsetzbarkeit von Ansprüchen, die sich auf Grundstücksrechte beziehen, nicht allein von dem Willen und dem Handlungsspielraum der Parteien abhängen. Der Leistungserfolg, der zur Erfüllung führt, ist jedenfalls nicht ausschließlich von der Leistungshandlung des Schuldners abhängig, und zwar insbesondere deshalb, weil Veränderungen von Rechten an Grundstücken der Eintragung ins Grundbuch bedürfen. Hier können Zeitverzögerungen von erheblicher Dauer eintreten, die den Gläubiger nicht dazu zwingen sollen, voreilig gegen den Schuldner vorzugehen, der selbst leistungsbereit ist und auch alles zur Erfüllung Erforderliche getan hat. So kann insbesondere beim Kauf eines noch nicht vermessenen Grundstücks eine erhebliche Zeit verstreichen, bis das Grundstück vermessen und das Vermessungsergebnis in das Kataster eingetragen worden ist. Verzögerungen können sich auch im Zusammenhang mit der vom Finanzamt zu erteilenden Unbedenklichkeitsbescheinigung ergeben, wenn der Käufer über die Höhe der Grunderwerbssteuer mit dem zuständigen Finanzamt streitet und deshalb die Unbedenklichkeitsbescheinigung nicht erteilt wird. Hinzu kommen oft Verzögerungen, die sich aus der Belastung der Gerichte ergeben.

62 Ein weiterer Anwendungsfall ist die »stehengelassene« Grundschuld. Ist zur Sicherung eines Darlehens zu Gunsten des Kreditinstituts eine Grundschuld eingetragen, wird mit der Tilgung des Darlehens in der Regel der Rückgewähranspruch hinsichtlich der Grundschuld aus dem Sicherungsvertrag fällig. In der Praxis verzichtet der Sicherungsgeber oftmals darauf, seinen Übertragungs-, Verzichts- oder Aufhebungsanspruch geltend zu machen. Der Grund liegt regelmäßig darin, dass das Pfandrecht für einen erneuten Kreditbedarf verwendet und dann unmittelbar auf den neuen Kreditgeber übertragen werden kann. Dies spart die Kosten einer Abtretung. Mit der zehnjährigen Verjährungsfrist hat der Sicherungsgeber eine ausreichende Zeitspanne zur Verfügung, innerhalb der er

sich entscheiden kann, ob er eine vorsorglich »stehengelassene« Grundschuld letztlich doch zurückfordert.

Der Rechtsausschuss des Deutschen Bundestags hat in die 10-jährige Verjährung auch die Ansprüche auf die Gegenleistung mit einbezogen. Würde man es nämlich mit dem Entwurf dabei belassen, würde dies dazu führen, dass die Ansprüche auf die für solche Ansprüche vereinbarte Gegenleistung der regelmäßigen Verjährungsfrist unterliegen. Dies würde zwar nicht dazu führen, dass die in § 196 bezeichneten Ansprüche nach Verjährung der Ansprüche auf die Gegenleistung noch erfüllt werden müssten. Dem stünde § 320 BGB entgegen. Indessen könnten solche Verträge nicht beendet werden. Dieses in der Sache nicht gerechtfertigte Ergebnis läßt sich nur vermeiden, wenn die Ansprüche auf die Gegenleistung in § 196 BGB n.F. einbezogen werden. 63

§ 197 – Verjährung bei Herausgabeansprüchen, familien- und erbrechtlichen Ansprüchen und festgestellten Ansprüchen

(1) In 30 Jahren verjähren, soweit nicht ein anderes bestimmt ist,
1. Herausgabeansprüche aus Eigentum und anderen dinglichen Rechten,
2. familien- und erbrechtliche Ansprüche,
3. rechtskräftig festgestellte Ansprüche,
4. Ansprüche aus vollstreckbaren Vergleichen oder vollstreckbaren Urkunden und
5. Ansprüche, die durch die im Insolvenzverfahren erfolgte Feststellung vollstreckbar geworden sind.

(2) Soweit Ansprüche nach Absatz 1 Nr. 2 regelmäßig wiederkehrende Leistungen oder Unterhaltsleistungen und Ansprüche nach Absatz 1 Nr. 3 bis 5 künftig fällig werdende regelmäßig wiederkehrende Leistungen zum Inhalt haben, tritt an die Stelle der Verjährungsfrist von 30 Jahren die regelmäßige Verjährungsfrist.

Zu Absatz 1

Die lange Verjährungsfrist von 30 Jahren soll in einigen Fällen erhalten bleiben. 64

Zu Nummer 1

Herausgabeansprüche aus dinglichen Rechten, worunter insbesondere das Eigentum fällt, sollen **in 30 Jahren** verjähren. Derartige Ansprüche zielen auf die Verwirklichung des dinglichen Rechts ab. Die Verjährung dieser Ansprüche in kurzen Fristen würde die Verwirklichung des Stammrechts in Frage stellen. Dem trägt die Neuregelung dadurch Rechnung, dass die bisherige Verjährungsfrist von 30 Jahren für diese aus dem dinglichen Recht fließenden Herausgabeansprüche erhalten bleiben soll. Dies soll jedoch nicht für Unterlassungs- und Beseitigungsansprüche aus absoluten Rechten gelten. Es besteht kein praktisches Bedürfnis, die Verjährungsfrist für Unterlassungsansprüche bei 30 Jahren zu be- 65 lassen, weil sie bei jeder Zuwiderhandlung neu entstehen. Von einer Einbeziehung der Beseitigungsansprüche in die 30-jährige Verjährungsfrist wurde ebenfalls abgesehen. Sie würde regelmäßig zu Abgrenzungsschwierigkeiten zum deliktischen Beseitigungsanspruch führen, der in der regelmäßigen Verjährungsfrist von drei Jahren verjährt. Außerdem wird der Gläubiger solcher Ansprüche bereits durch den auch für Unterlassungsansprüche geltenden kenntnisabhängigen Beginn der regelmäßigen Verjährungsfrist nach § 199 ausreichend vor einem unerwarteten Rechtsverlust geschützt.

Zu Nummer 2

66 Auch für **Ansprüche** aus dem **Erb-** und aus dem **Familienrecht** soll es bei der bisher geltenden Verjährungsfrist **von 30 Jahren** bleiben. Dieser Entscheidung des Entwurfs liegt zugrunde, dass sich die maßgeblichen Verhältnisse mitunter erst lange Zeit nach der Anspruchsentstehung klären lassen (z. B. im Erbrecht infolge späten Auffindens eines Testaments). Wie der Eingangshalbsatz »soweit nicht ein anderes bestimmt ist« von Absatz 1 klarstellt, bleiben die im vierten und fünften Buch enthaltenen besonderen Verjährungsbestimmungen oder auch die Unverjährbarkeit nach § 194 Abs. 2 unberührt.

Zu Nummern 3 bis 5

67 Ist ein **Anspruch rechtskräftig festgestellt**, kann es sowohl für den Gläubiger – insbesondere wenn der Schuldner zunächst nicht zahlungsfähig ist als auch für den Schuldner von großer Bedeutung sein, wie lange aus dem Titel vollstreckt werden kann. Die Nummern 3 bis 5 sehen deshalb entsprechend dem bisherigen § 218 Abs. 1 für rechtskräftig festgestellte Ansprüche, Ansprüche aus vollstreckbaren Vergleichen oder vollstreckbaren Urkunden und Ansprüche, die durch die im Insolvenzverfahren erfolgte Feststellung vollstreckbar geworden sind, eine 30-jährige Verjährungsfrist vor.

68 Von den betroffenen Schuldnern wird teilweise beklagt, die Verjährungsfrist für rechtskräftig festgestellte **Ansprüche von 30 Jahren sei zu lang**, da es – möglicherweise unverschuldet in finanzielle Not geratenen Schuldnern durch eine derart lange Vollstreckungsverjährung zeitlebens unmöglich gemacht werde, sich von Altschulden freizumachen und eine neue Existenz zu gründen. In diesem Zusammenhang wird die in § 212 Abs. 1 Nr. 2 beibehaltene Regelung des bisherigen § 209 Abs. 2 Nr. 5 erwähnt, wonach Vollstreckungshandlungen zur Unterbrechung der Verjährung – in der Terminologie der Neuregelung zum Neubeginn der Verjährung – führen. Deshalb ist in der Vergangenheit vorgeschlagen worden, die Verjährungsfrist für vollstreckungsfähige Titel herabzusetzen.

69 Die Neuregelung sieht dennoch in den Nummern 3 bis 5 die unveränderte Übernahme des bisherigen § 218 Abs. 1 vor. Die Durchsetzung einer rechtskräftig festgestellten Forderung durch den Gläubiger ist nicht von ihm allein beherrschbar. Sie hängt entscheidend von den Möglichkeiten ab, die das vollstreckbare Vermögen des Schuldners ihm bietet. Die Verjährungsfrist muss deshalb so bemessen sein, dass der Gläubiger auch dann eine effektive Chance hat, seine Forderung durchzusetzen, wenn der Schuldner kein oder kein ausreichendes vollstreckungs-

fähiges Vermögen hat. Dazu reicht die neue Regelverjährung von drei Jahren keineswegs aus. Hinzu kommt, dass ein Gläubiger, dem z.B. durch einen Unfall, eine Straftat oder wegen Hingabe eines Darlehens Ansprüche entstanden sind, ein berechtigtes Interesse daran haben kann, seine rechtskräftig festgestellten Ansprüche noch nach zehn oder 20 Jahren durchzusetzen, wenn sich die finanziellen Verhältnisse des Schuldners gebessert haben. Es wäre zwar denkbar, die Verjährung für rechtskräftig festgestellte Ansprüche z.B. nach dem Vorbild des Schweizer Rechts (Art. 127 OR) bei zehn Jahren anzusetzen. Das aber würde den Gläubiger dazu zwingen, intensiver auf den Schuldner durch Vollstreckungshandlungen einzuwirken. Dies liegt weder im Interesse des Schuldners noch im Interesse des Gläubigers und würde letztlich auch nur dazu führen, dass die ohnehin und in den neuen Ländern besonders knappen Vollstreckungsressourcen der Justiz unnötig intensiv in Anspruch genommen werden. Eine kürzere Verjährungsfrist würde deshalb auch dazu führen, dass der Gläubiger möglicherweise aussichtslose Vollstreckungsversuche zur Herbeiführung des Neubeginns der Verjährung unternimmt, deren Kosten letztlich wiederum dem Schuldner zur Last fielen.

Das Interesse eines finanziell in Not geratenen Schuldners, nach einer gewissen Zeit von Altschulden frei zu sein, um eine neue Existenz aufbauen zu können, kann nicht durch eine Verkürzung der Verjährungsfrist für rechtskräftig festgestellte Ansprüche gelöst werden. Dies ist vielmehr Aufgabe des Insolvenzrechts, das dem Schuldner die Möglichkeit einer Restschuldbefreiung einräumt und ihm damit einen Neuanfang eröffnet.

Auch der Umstand, dass der Schuldner, der Teilleistungen auf den rechtskräftigen Titel erbracht hat, in Beweisschwierigkeiten geraten kann, wenn 30 Jahre lang vollstreckt werden darf, gebietet keine Verkürzung der Verjährung. Denn es muss dem Schuldner zugemutet werden, insoweit für die Sicherung der Beweise zu sorgen.

Rechtskräftig festgestellt ist ein Anspruch wie bisher, wenn ein Urteil oder ein anderer Titel vorliegt, der ihn rechtskräftig feststellt. Es kommt nicht darauf an, im welchem Verfahren das Urteil ergangen ist. Endurteile reichen ebenso aus wie Vorbehaltsurteile nach §§ 302, 599 ZPO. Dabei ist auf die formelle Rechtskraft abzustellen.

Zu Absatz 2

Wie oben zur Aufhebung des bisherigen § 197 bereits erwähnt, ist durch die Einführung der **regelmäßigen Verjährungsfrist von drei Jahren** die Sonderregelung des bisherigen § 197 über die kurze Verjährungsfrist für Ansprüche auf Rückstände von regelmäßig wiederkehrenden Leistungen grundsätzlich überflüssig.

Da aber nach Absatz 1 Nr. 2 allgemein familien- und erbrechtliche Ansprüche erst in 30 Jahren verjähren, muss hierfür eine Ausnahme entsprechend dem Regelungsinhalt des bisherigen § 197 vorgesehen werden. Nach der ersten Alternative des Absatzes 2 tritt deshalb für familien- und erbrechtliche Ansprüche nach Absatz 1 Nr. 2 an die Stelle der 30-jährigen Verjährungsfrist die regelmäßige Verjährungsfrist von drei Jahren, soweit die Ansprüche regelmäßig wiederkehrende Leistungen oder Unterhaltsleistungen zum Inhalt haben. Wie bislang sind auch künftig nur Rückstände erfasst, da die Verjährung nach § 199 Abs. 1 nicht vor der Fälligkeit des Anspruchs beginnt.

75 Eine Erweiterung gegenüber dem bisherigen § 197 wird dahingehend vorgenommen, dass nunmehr allgemein Unterhaltsleistungen einbezogen werden, obwohl Unterhalt nicht notwendigerweise als regelmäßig wiederkehrende Leistung geschuldet wird; aber die Interessenlage ist vergleichbar, da auch Unterhaltsleistungen gewöhnlich aus dem laufenden Einkommen des Schuldners zu tilgen sind. Es ist daher sachgerecht, die Regelung der ersten Alternative auch auf solche Unterhaltsleistungen zu erstrecken, die nicht regelmäßig wiederkehrend sind, z.B. Sonderbedarf. Insoweit gilt bisher: Nach einer Entscheidung des BGH vom 27. Januar 1988 (BGHZ 103, 160) unterliegt der Anspruch auf unterhaltsrechtlichen Sonderbedarf gemäß § 1613 Abs. 2 nicht der vierjährigen Verjährung von Unterhaltsansprüchen nach dem bisherigen § 197, sondern vielmehr der allgemeinen Verjährung in dreißig Jahren gemäß dem bisherigen § 195. Der BGH begründet diese Entscheidung insbesondere damit, dass es sich bei einem Anspruch auf Unterhalt wegen Sonderbedarfs nicht um den Anspruch auf eine wiederkehrende Leistung handelt, der für die verkürzte Verjährungsfrist in dem bisherigen § 197 vorausgesetzt wird.

76 Auch wenn die Entscheidung des BGH für das geltende Recht aus den dort bezeichneten Gründen für zutreffend erachtet wird, soll dieser Unterhaltsanspruch wegen Sonderbedarfs künftig nicht länger einer dreißigjährigen Verjährung unterliegen. Unterhalt – und dies gilt auch für den Sonderbedarf – stellt stets die Befriedigung aktueller Bedürfnisse dar. Eine jahrzehntelange Verjährungsfrist wirkt hier wenig sachgerecht. Daneben stellt § 1613 Abs. 2 ohnehin eine Ausnahmevorschrift dar, deren Sonderfall-Charakter nicht durch die mit 30 Jahren überlange Verjährung noch unterstrichen werden sollte.

77 Nach der zweiten Alternative des Absatzes 2 tritt bei rechtskräftig festgestellten Ansprüchen, Ansprüchen aus vollstreckbaren Vergleichen oder vollstreckbaren Urkunden und Ansprüchen, die durch die im Insolvenzverfahren erfolgte Feststellung vollstreckbar geworden sind, an die Stelle der 30-jährigen Verjährungsfrist die regelmäßige Verjährungsfrist von drei Jahren, soweit die Ansprüche künftig fällig werdende regelmäßig wiederkehrende Leistungen zum Inhalt haben. Die zweite Alternative entspricht damit dem bisherigen § 218 Abs. 2. Eine Sonderregelung enthält § 497 Abs. 3.

§ 198 – Verjährung bei Rechtsnachfolge

Gelangt eine Sache, hinsichtlich derer ein dinglicher Anspruch besteht, durch Rechtsnachfolge in den Besitz eines Dritten, so kommt die während des Besitzes des Rechtsvorgängers verstrichene Verjährungszeit dem Rechtsnachfolger zugute.

78 Die Vorschrift entspricht inhaltlich dem bisherigen § 221 und wird nur leicht an den heutigen Sprachgebrauch angepasst.

2. Beginn der Verjährungsfrist

Texte

Der Beginn der Verjährungsfrist ist in den neuen §§ 199 bis 210 BGB n. F. geregelt. Diese lauten:

§ 199 Beginn der regelmäßigen Verjährungsfrist und Höchstfristen

(1) Die regelmäßige Verjährungsfrist beginnt mit dem Schluss des Jahres, in dem
1. der Anspruch entstanden ist und
2. der Gläubiger von den den Anspruch begründenden Umständen und der Person des Schuldners Kenntnis erlangt oder ohne grobe Fahrlässigkeit erlangen müsste.

(2) Schadensersatzansprüche, die auf der Verletzung des Lebens, des Körpers, der Gesundheit oder der Freiheit beruhen, verjähren ohne Rücksicht auf ihre Entstehung und die Kenntnis oder grob fahrlässige Unkenntnis in 30 Jahren von der Begehung der Handlung, der Pflichtverletzung oder dem sonstigen, den Schaden auslösenden Ereignis an.

(3) Sonstige Schadensersatzansprüche verjähren
1. ohne Rücksicht auf die Kenntnis oder grob fahrlässige Unkenntnis in zehn Jahren von ihrer Entstehung an und
2. ohne Rücksicht auf ihre Entstehung und die Kenntnis oder grob fahrlässige Unkenntnis in 30 Jahren von der Begehung der Handlung, der Pflichtverletzung oder dem sonstigen, den Schaden auslösenden Ereignis an.

Maßgeblich ist die früher endende Frist.

(4) Andere Ansprüche als Schadensersatzansprüche verjähren ohne Rücksicht auf die Kenntnis oder grob fahrlässige Unkenntnis in zehn Jahren von ihrer Entstehung an.

(5) Geht der Anspruch auf ein Unterlassen, so tritt an die Stelle der Entstehung die Zuwiderhandlung.

§ 200 Beginn anderer Verjährungsfristen

Die Verjährungsfrist von Ansprüchen, die nicht der regelmäßigen Verjährungsfrist unterliegen, beginnt mit der Entstehung des Anspruchs, soweit nicht ein anderer Verjährungsbeginn bestimmt ist. § 199 Abs. 5 findet entsprechende Anwendung.

§ 201 Beginn der Verjährungsfrist von festgestellten Ansprüchen

Die Verjährung von Ansprüchen der in § 197 Abs. 1 Nr. 3 bis 5 bezeichneten Art beginnt mit der Rechtskraft der Entscheidung, der Errichtung des vollstreckbaren Titels oder der Feststellung im Insolvenzverfahren, nicht jedoch vor der Entstehung des Anspruchs. § 199 Abs. 5 findet entsprechende Anwendung.

Erläuterung der Vorschriften zum Beginn der Verjährungsfrist

Neben der Länge der Verjährungsfrist ist deren **Beginn** von entscheidender Bedeutung dafür, ob ein Anspruch infolge Zeitablaufs außer Kraft gesetzt wird. Eine kurze Verjährungsfrist kann für den Gläubiger ungefährlich sein, wenn die Frist erst spät zu laufen beginnt. Umgekehrt kann sich trotz einer langen Verjährungsfrist der Verjährungsbeginn als absolute Sperre für die Durchsetzung des Anspruchs auswirken, wenn die Verjährungsfrist unabhängig von der Kenntnis des Gläubigers, dass ihm der Anspruch zusteht, zu laufen beginnt.

81 Das Gesetz muss einen **allgemeinen Anknüpfungspunkt** für den **Verjährungsbeginn** festlegen. Fraglich ist dann, inwieweit für bestimmte Anspruchsinhalte abweichende tatbestandliche Anknüpfungen vorzusehen sind. Insbesondere Ansprüche wegen Verletzung vertraglicher Pflichten müssen hinsichtlich des Verjährungsbeginns von den Erfüllungsansprüchen abgekoppelt werden, weil die Vertragspflichtverletzung keinen Bezug zum Lauf der Verjährungsfrist für den Anspruch auf die Primärleistung zu haben braucht (z. B. bei Verletzung einer Schutzpflicht). Aber selbst wo dies der Fall ist, kann sich ein unterschiedlicher Verjährungsbeginn je nach dem empfehlen, ob sich die Leistungsstörung gegenständlich niederschlägt (z. B. Mangelhaftigkeit der Kaufsache) oder nicht.

82 Das bisherige Recht enthält in § 198 eine grundsätzliche Regelung des Verjährungsbeginns, macht davon aber in den folgenden Bestimmungen und anderswo zahlreiche Ausnahmen. Die Verjährung beginnt regelmäßig mit der Entstehung des Anspruchs. Hängt dieser von einer Kündigung oder Anfechtung ab, beginnt die Verjährung derzeit schon mit dem Zeitpunkt, von welchem ab das Gestaltungsrecht ausgeübt werden konnte (bisherige §§ 199, 200 Satz 1). Bei Ansprüchen auf bestimmte Leistungen des täglichen Lebens, für die eine kurze Verjährungsfrist von zwei bzw. vier Jahren angeordnet ist, beginnt die Verjährung erst mit dem Schluss des Jahres (geltender § 201 Satz 1). Sondervorschriften zum Verjährungsbeginn finden sich derzeit sodann für die verschiedenartigsten Leistungsansprüche über das ganze Bürgerliche Gesetzbuch verstreut (z. B. §§ 425, 558 Abs. 2, 801 Abs. 1 Satz 2, 1057, 1226, 2332 Abs. 1), besonders konzentriert im Mängelgewährleistungsrecht (bisherige §§ 477 Abs. 1 Satz 1, 638 Abs. 1 Satz 2, 651g Abs. 2) und auch außerhalb des Bürgerlichen Gesetzbuchs (z. B. §§ 88, 439 HGB; § 4 ErbbauVO; § 51b BRAO; § 68 StBerG; § 51a WiPO).

83 Die **bisherige Regelung** des Verjährungsbeginns **wird als unklar, ungerecht, inkonsequent, präzisierungs- und ergänzungsbedürftig** sowie als prozessrechtlich fragwürdig bemängelt (Peters/Zimmermann, S. 244 ff.). Im Mängelgewährleistungsrecht wird der Verjährungsbeginn an objektive Umstände (wie die Übergabe) geknüpft, so dass bei verborgenen Mängeln auf Grund der geltenden kurzen Verjährungsfristen etwaige Ansprüche des Gläubigers bereits verjährt sein können, ehe der Mangel überhaupt entdeckt worden ist. Das Hauptdefizit der geltenden Regelung sieht man in der Beliebigkeit, mit der die Gerichte in andere Verjährungssysteme ausweichen und damit der Voraussehbarkeit der gerichtlichen Entscheidungsergebnisse jede Sicherheit nehmen (Peters/Zimmermann, S. 248 f.; Weyers, S. 1170).

84 Dieses Defizit will die Neuregelung dadurch ausgleichen, dass er für die regelmäßige Verjährungsfrist einen einheitlichen Beginn festlegt, der dem bisherigen § 852 Abs. 1 nachgebildet ist. Dieser Beginn ist das entscheidende Merkmal der neuen regelmäßigen Verjährungsfrist. Die Neuregelung enthält mit § 200 einen Auffangtatbestand für Verjährungsfristen, die ohne Beginn bestimmt werden. Einen besonderen Beginn gibt es nur noch für festgestellte Ansprüche und Sachmängelansprüche.

§ 199 – Beginn der regelmäßigen Verjährungsfrist

(1) Die regelmäßige Verjährungsfrist beginnt mit dem Schluss des Jahres, in dem
1. der Anspruch entstanden ist und
2. der Gläubiger von den den Anspruch begründenden Umständen und der Person des Schuldners Kenntnis erlangt oder ohne grobe Fahrlässigkeit erlangen müsste.
(2) Schadensersatzansprüche, die auf der Verletzung des Lebens, des Körpers, der Gesundheit oder der Freiheit beruhen, verjähren ohne Rücksicht auf ihre Entstehung und die Kenntnis oder grob fahrlässige Unkenntnis in 30 Jahren von der Begehung der Handlung, der Pflichtverletzung oder dem sonstigen, den Schaden auslösenden Ereignis an.
(3) Sonstige Schadensersatzansprüche verjähren
1. ohne Rücksicht auf die Kenntnis oder grob fahrlässige Unkenntnis in zehn Jahren von ihrer Entstehung an und
2. ohne Rücksicht auf ihre Entstehung und die Kenntnis oder grob fahrlässige Unkenntnis in 30 Jahren von der Begehung der Handlung, der Pflichtverletzung oder dem sonstigen, den Schaden auslösenden Ereignis an.
Maßgeblich ist die früher endende Frist.
(4) Andere Ansprüche als Schadensersatzansprüche verjähren ohne Rücksicht auf die Kenntnis oder grob fahrlässige Unkenntnis in zehn Jahren von ihrer Entstehung an.
(5) Geht der Anspruch auf ein Unterlassen, so tritt an die Stelle der Entstehung die Zuwiderhandlung.

§ 199 regelt den Beginn der regelmäßigen Verjährungsfrist. Er betrifft damit nur Ansprüche, die der regelmäßigen Verjährungsfrist von drei Jahren unterliegen. Ist für Ansprüche eine Verjährungsfrist von drei Jahren ausdrücklich bestimmt, unterliegen sie gleichwohl einer besonderen Frist und nicht der allgemeinen Verjährungsfrist. Der Verjährungsbeginn richtet sich dann auch nicht nach § 199, sondern nach § 200.

Zu Absatz 1

Nach Absatz 1 beginnt die Verjährung mit dem **Ablauf** des **(Kalender-)Jahres**, in dem – kumulativ – die Voraussetzungen der Nummern 1 und 2 erfüllt sind. Der Rechtsausschuss des deutschen Bundestags kehrt damit im Gegensatz zu dem Entwurf (Drucksache 14/6040 S. 99) zur sog. Ultimoverjährung zurück. In der vor dem Ausschuss stattgefundenen Sachverständigenanhörung hat sich indes gezeigt, dass sie nicht unerhebliche praktische Erleichterungen bietet. Ein solcher Verjährungsbeginn ist im bisherigen § 199 BGB für die bisher in 2 und in 4 Jahren verjährenden Vergütungsansprüche vorgesehen. Diese Einschränkung übernimmt die Neuregelung nicht. Die Regelung soll vielmehr für alle

Ansprüche gelten, die der regelmäßigen Verjährung unterliegen. Denn die Sachlage ist bei allen diesen Ansprüchen die gleiche.

87 Nach der **Nummer 1** muss der **Anspruchs entstanden** sein.

88 Demgegenüber hatte der Entwurf noch von Fälligkeit gesprochen. Dies hatte indessen in der Sache dem bisherigen § 198 Satz 1 mit der Maßgabe entsprochen. Eine sachliche Änderung gegenüber der bisherigen Rechtslage war damit nicht verbunden, weil das Tatbestandsmerkmal der »Entstehung des Anspruchs« in dem bisherigen § 198 Satz 1 ebenfalls im Sinne der Fälligkeit verstanden wird (vgl. BGHZ 53, 222, 225; 55, 340, 341 f.; Palandt/Heinrichs, § 198 Rdn. 1). Der Rechtsausschuss kehrt zur alten Terminologie zurück. Der bisher in § 198 Satz 1 BGB verwandte Begriff der Entstehung des Anspruchs ist zwar gleichbedeutend mit der Fälligkeit des Anspruchs. Soweit indes künftig auch die deliktischen Ansprüche der regelmäßigen Verjährungsfrist unterfallen, ist zweifelhaft, ob die Rechtsprechung zum namentlich im Deliktsrecht angewandten Grundsatz der Schadenseinheit, die der Entwurf unangetastet lassen möchte, fortgesetzt werden kann. Der BGH geht nämlich davon aus, dass ein Schaden im Sinne des bisherigen § 198 Satz 1 entstanden ist, wenn die Vermögenslage des Geschädigten sich durch eine unerlaubte Handlung verschlechtert und sich diese Verschlechterung »wenigstens dem Grunde nach verwirklicht hat« (BGH, NJW 1993, 648, 650). Die Verjährung von Schadensersatzansprüche kann nach dem Grundsatz der Schadenseinheit auch für nachträglich auftretende, zunächst also nur drohende, aber nicht unvorhersehbare Folgen beginnen, sobald irgendein (Teil-)Schaden entstanden ist (BGH wie vor). Daran soll sich nichts ändern. Ob sich das aber mit dem bisher verwendeten Begriff Fälligkeit erreichen lässt, erschien dem Ausschuss zweifelhaft. Wenn jemand heute körperlich geschädigt wird, lässt sich sagen, dass sein Anspruch auf Ersatz jener Heilungskosten, die in 5 Jahren anfallen werden, schon heute »entstanden« ist; als »fällig« kann er dagegen wohl nicht bezeichnet werden. Wenn jene Schäden zwar vorhersehbar sind, in ihrer konkreten Ausprägung aber noch nicht feststehen, können sie nicht mit der – mit dem Begriff der Fälligkeit untrennbar verbundenen – Leistungsklage verfolgt werden, sondern allein mit der Feststellungsklage. Daher kehrt der Ausschuss generell wieder zu dem Begriff der Entstehung des Anspruchs zurück.

89 Nach der **Nummer 2** ist weitere Voraussetzung, dass der Gläubiger von den den **Anspruch begründenden Umständen** und der **Person** des Schuldners **Kenntnis erlangt** hat oder ohne grobe Fahrlässigkeit hätte erlangen müssen. Damit wird das aus dem bisherigen § 852 Abs. 1 bekannte Merkmal der Kenntniserlangung erweitert um die grob fahrlässige Unkenntnis. Grobe Fahrlässigkeit liegt vor, wenn die im Verkehr erforderliche Sorgfalt in ungewöhnlich großem Maße verletzt worden ist, ganz naheliegende Überlegungen nicht angestellt oder beiseitegeschoben wurden und dasjenige unbeachtet geblieben ist, was im gegebenen Fall jedem hätte einleuchten müssen (BGHZ 10, 14, 16; 89, 153, 161; NJW-RR 1994, 1469, 1471; NJW 1992, 3235, 3236). Davon ist Kenntnis, wie sie im bisherigen § 852 Abs. 1 verlangt wird, nicht weit entfernt. So werden von der Rechtsprechung schon bislang der positiven Kenntnis die Fälle gleichgestellt, in denen der Gläubiger es versäumt, eine gleichsam auf der Hand liegende

Erkenntnismöglichkeit wahrzunehmen und deshalb letztlich das Sichberufen auf Unkenntnis als Förmelei erscheint, weil jeder andere in der Lage des Gläubigers unter denselben konkreten Umständen die Kenntnis gehabt hätte (BGHZ 133, 192, 199; BGH, NJW 2000, 953; NJW 1999, 423, 425; NJW 1994, 3092, 3094). Auch im Rahmen der vorstehend erwähnten Rechtsprechung zur Schadenseinheit werden bereits die als möglich voraussehbaren Schadensfolgen erfasst, obwohl das bloß Voraussehbare gerade nicht bekannt ist, so dass auch hier im Ergebnis Kennenmüssen und Kenntnis gleichgestellt werden. Diese Auflockerungstendenzen haben Peters/Zimmermann in ihrem Gutachten zu dem Vorschlag bewogen, die grob fahrlässige Unkenntnis der Kenntnis gleichzustellen (vgl. den von Peters/Zimmermann vorgeschlagenen § 199 – Hemmung durch Unkenntnis des Berechtigten, S. 316). In § 12 des ProdHaftG hat der Gesetzgeber diese Angleichung auch schon vollzogen.

Die Einbeziehung der grob fahrlässigen Unkenntnis entspricht schließlich auch dem Rechtsgedanken des § 277, wonach grobe Fahrlässigkeit stets auch dann schadet, wenn man in eigenen Angelegenheiten handelt. Von der Existenz eines Anspruchs sowie der Person des Schuldners Kenntnis zu nehmen, ist eine eigene Angelegenheit des Gläubigers. Daher soll bereits bei Vorliegen grober Fahrlässigkeit die Verjährung zu laufen beginnen. 90

Zu Absatz 2

Das Abstellen auf die Fälligkeit einerseits und dem von subjektiven Umständen abhängigen Verjährungsbeginn andererseits führen zu **Unsicherheiten** über den **Lauf** der **Verjährungsfrist**. Das ist im Interesse des Gläubigers notwendig. Der Schuldner andererseits muss aber zu einem bestimmten Zeitpunkt auch Gewissheit haben, ob er noch in Anspruch genommen werden kann oder nicht. Um dies zu vermeiden, lässt auch der bisherige § 852 Abs. 1 die 30-jährige absolute Verjährungsfrist nicht mit der Entstehung des Schadens beginnen, sondern schon mit der Begehung der Handlung, d.h. mit der Setzung der Schadensursache (Palandt/Thomas, § 852 Rdn. 15). Dem folgt Absatz 2. Die Vorschrift regelt ausschließlich Schadensersatzansprüche wegen der Verletzung des Lebens, des Körpers, der Gesundheit oder der Freiheit. Die Vorschrift gilt nicht ausdrücklich für die nicht in § 823 Abs. 1 BGB genannten höchstpersönlichen Rechtsgüter, insbesondere das allgemeine Persönlichkeitsrecht. Dies hat aber den formalen Grund, dass diese Rechtsgüter von der Rechtsprechung entwickelt worden sind und schlecht in einer Verjährungsvorschrift geregelt werden könne, in dem eigentlichen Haftungstatbestand aber nicht. Nach dem Sinn und Zweck des Absatz 2 wäre es aber sachgerecht, diesen auch auf solche höchstpersönlichen Rechtsgüter anzuwenden. 91

Die Verjährungsfrist von 30 Jahren beginnt bei Schadensersatzansprüchen aus unerlaubter Handlung mit der Begehung der Handlung, was dem bisherigen § 852 Abs. 1 entspricht. 92

Bei Schadensersatzansprüchen aus Gefährdungshaftung beginnt die Verjährung mit der Verwirklichung der Gefahr. Der Entwurf hatte entsprechend dem Vorschlag der Schuldrechtskommission (vgl. § 199 Abs. 1 KE) dies ausdrücklich 93 so bestimmt, um zu einer Vereinfachung zu gelangen. Dies greift das Gesetz nicht auf. Hir liegt indessen keine Änderung in der Sache. Es gibt nämlich außer den im Entwurf genannten drei Anknüpfungspunkten noch weitere, z.B. bei Unterlassungsansprüchen den Zeitpunkt, in dem eine Handlung geboten gewesen wäre. Deshalb soll neben der Begehung der Handlung und der Pflichtverletzung das den Schaden auslösende Ereignis als Auffangtatbestand genannt werden.

94 Bei Schadensersatzansprüchen wegen Verletzung einer Pflicht aus einem vertraglichen oder vorvertraglichen (§ 311 Abs. 2 und 3) Schuldverhältnis (§ 280) beginnt die Verjährungsfrist mit der Pflichtverletzung.

95 Die Schuldrechtskommission hatte darüber hinaus vorgeschlagen, eine Frist von 30 Jahren für die absolute Verjährung von Ansprüchen wegen Verletzung einer Amtspflicht vorzusehen. Eine derartige Privilegierung der Ansprüche aus Amtspflichtverletzung erscheint indes nicht gerechtfertigt. Die von der Schuldrechtskommission zur Begründung angeführte Möglichkeit von Spätschäden ergibt sich auch bei sonstigen Schadensersatzansprüchen aus unerlaubter Handlung.

Zu Absatz 3

96 Absatz 3 regelt die **Verjährung** von **Ansprüchen** auf **Schadensersatz wegen anderer Rechtsgüter** als der Verletzung des Lebens, des Körpers, der Gesundheit oder der Freiheit sowie diesen Rechtsgütern gleich zustellender höchstpersönlicher Rechtsgüter.

97 Der **Grund** für diese **Regelung** liegt auch hier darin, dass die Anknüpfung des Beginns der Verjährung an das Entstehen des Anspruchs und die Kenntniserlangung oder grob fahrlässige Unkenntnis in Absatz 1 Nr. 2 dazu führen würde, dass sich der Eintritt der Verjährung bei Nichtvorliegen des Kenntnismerkmals auf unabsehbare Zeit hinausschieben könnte. Dem will der Entwurf auch bei den Sach- und Vermögensschäden entgegenwirken.

Zu Nummer 1

98 Nach Absatz 3 Satz 1 Nr. 1 **verjährt** der **Anspruch ohne Rücksicht** auf die **Kenntnis** oder grob fahrlässige Unkenntnis **in zehn Jahren** von der Fälligkeit an.

99 Entsprechend dem von der Schuldrechtskommission vorgeschlagenen Weg, den Anwendungsbereich der 30-jährigen Verjährungsfrist nach Möglichkeit zurückzudrängen und stattdessen eine 10-jährige Frist vorzusehen (vgl. §§ 198 und 199 KE) wird die absolute Verjährungsfrist auf zehn Jahre festgelegt. Diese Frist erscheint angemessen und ist in der wissenschaftlichen Kritik auch nicht beanstandet worden. Die Absage an die 30-jährige Frist kommt einerseits dem Schuldner entgegen, andererseits ist die Zehn-Jahres-Frist so lang, dass die Gefahr, dass Ansprüche verjähren, bevor der Gläubiger von ihnen Kenntnis erlangt, auf ein hinnehmbares Maß reduziert ist. Diese Begrenzungsmodalitäten entsprechen der Verjährungsregelung des Produkthaftungsgesetzes. Dieses sieht bereits jetzt ein Erlöschen der Ansprüche zehn Jahre nach dem Zeitpunkt vor,

in dem das fehlerhafte Produkt in den Verkehr gebracht worden ist (§ 13 Abs. 1 ProdHaftG).

Zu Nummer 2

Bei Schadensersatzansprüche setzt der Beginn der Verjährung auch den **Eintritt des Schadens** voraus, wenn nicht ausnahmsweise die Grundsätze der Schadenseinheit greifen. Der Schaden kann mitunter sehr spät eintreten. In diesem Fall würde auch die Höchstfrist nach Nummer 1 nichts nützen, weil sie nur das zweite Element des Verjährungsbeginns erfasst. Nummer setzt deshalb eine zweite Höchstfrist fest. Sie soll 30 Jahre betragen und mit der Begehung der Handlung der Pflichtverletzung oder dem sonstigen den auslösenden Ereignis beginnen. 100

Bei Höchstfristen sind eigenständige Verjährungsfristen und bestehen nebeneinander. Ihr Konkurrenzverhältnis bestimmt Absatz 3 Satz 2. Danach ist die Frist maßgeblich, die als erste (effektiv) endet. 101

Damit kann sich allerdings die Situation ergeben, dass aus derselben unerlaubten Handlung, z.B. aus demselben Verkehrsunfall, resultierende Ansprüche je nach Art des verletzten Rechtsguts zu unterschiedlichen Zeitpunkten verjähren. Dieses Ergebnis muss aber hingenommen werden. Es hängt mit der dem Absatz 2 zugrundeliegenden Wertung zusammen, die den dort genannten Rechtsgütern einen besonders hohen Stellenwert zumisst. 102

Zu Absatz 4

Absatz 4 regelt die Höchstfrist für alle anderen Ansprüche. Sie beträgt 10 Jahre ab Entstehen. Sie wird etwa für Ansprüche auf Erfüllung, aus ungerechtfertigter Bereicherung oder aus Geschäftsführung ohne Auftrag gelten. 103

Zu Absatz 5

Soweit der Anspruch auf ein Unterlassen gerichtet ist, ist in den vorstehenden Absätzen statt auf die Fälligkeit auf die Zuwiderhandlung abzustellen. Dies entspricht dem bisherigen § 198 Satz 2. 104

§ 200 – Beginn anderer Verjährungsfristen

Die Verjährungsfrist von Ansprüchen, die nicht der regelmäßigen Verjährungsfrist unterliegen, beginnt mit der Entstehung des Anspruchs, soweit nicht ein anderer Verjährungsbeginn bestimmt ist. § 199 Abs. 5 findet entsprechende Anwendung.

§ 200 ist eine Auffangvorschrift für den Verjährungsbeginn von Ansprüchen, die nicht der regelmäßigen Verjährungsfrist unterliegen. Soweit nicht ein anderer Verjährungsbeginn bestimmt ist, wie dies beispielsweise in § 201 der Fall ist, beginnt die jeweilige Verjährungsfrist nach Satz 1 mit der Fälligkeit des An- 105 spruchs. Geht der Anspruch auf ein Unterlassen, beginnt die Verjährungsfrist nach Satz 2 in Verbindung mit § 199 Abs. 4 mit der Zuwiderhandlung.

§ 201 – Beginn der Verjährungsfrist von festgestellten Ansprüchen

Die Verjährung von Ansprüchen der in § 197 Abs. 1 Nr. 3 bis 5 bezeichneten Art beginnt mit der Rechtskraft der Entscheidung, der Errichtung des vollstreckbaren Titels oder der Feststellung im Insolvenzverfahren, nicht jedoch vor der Entstehung des Anspruchs. § 199 Abs. 5 findet entsprechende Anwendung.

106 Die Regelung legt den Zeitpunkt des Beginns der Verjährung in den Fällen des § 197 Abs. 1 Nr. 3 bis 5 fest. Dabei handelt es sich um rechtskräftig festgestellte bzw. in ähnlicher Weise titulierte Ansprüche. Die Verjährungsfrist beginnt mit der Rechtskraft der Entscheidung, der Feststellung im Insolvenzverfahren oder der Errichtung des vollstreckbaren Titels. Die Fälligkeit des Anspruchs (bzw. die Zuwiderhandlung bei Unterlassungsansprüchen) ist nur dann maßgeblich, wenn sie später eintritt. § 201 entspricht damit der bisherigen Rechtsprechung zu dem Beginn der Verjährung nach § 218 (vgl. nur Palandt/Heinrichs, § 218 Rdn. 5).

3. Vereinbarungen über die Verjährung

107 Auch in der Frage, inwieweit Vereinbarungen über die Verjährung zulässig sind, vollzieht die Neuregelung eine deutliche Abkehr von dem bisherigen § 225 BGB. Der einschlägige § 202 BGB n.F. lautet:

§ 202 Unzulässigkeit von Vereinbarungen über die Verjährung

(1) Die Verjährung kann bei Haftung wegen Vorsatzes nicht im Voraus durch Rechtsgeschäft erleichtert werden.

(2) Die Verjährung kann durch Rechtsgeschäft nicht über eine Verjährungsfrist von 30 Jahren ab dem gesetzlichen Verjährungsbeginn hinaus erschwert werden.

Vorbemerkung

108 Die **Länge** der gesetzlichen **Verjährungsfristen entspricht nicht** immer **den Interessen** der Parteien. Es ist deshalb zu fragen, ob und ggf. in welchem Umfang die gesetzlichen Verjährungsfristen zur Disposition der Parteien gestellt werden können oder ob zwingende Gründe für ein Verbot einer Änderung der gesetzlichen Verjährungsvorschriften sprechen. Im geltenden Recht erlaubt der bisherige § 225 Vereinbarungen zur Erleichterung der Verjährung, verbietet aber den Ausschluss oder die Erschwerung der Verjährung durch Rechtsgeschäft.

Verjährungserleichterungen sind uneingeschränkt zulässig. Soweit sie in Allgemeinen Geschäftsbedingungen enthalten sind, unterliegen sie den Grenzen der bisherigen §§ 9, 11 Nr. 10 Buchstabe e und f AGBG (jetzt: §§ 307, 309 Nr. 8 Buchstabe c Doppelbuchstaben ee und ff). Der bisherige § 225 bezieht sich allerdings nur auf verjährbare Ansprüche. Ist ein Anspruch gesetzlich unverjährbar ausgestaltet, so kann er auch nicht durch Parteivereinbarung der Verjährung unterworfen werden. Konkurrieren mehrere Ansprüche, so ist es zur Zeit eine Auslegungsfrage, ob die rechtsgeschäftliche Erleichterung der für einen Anspruch geltenden Verjährung sich auch auf die konkurrierenden Ansprüche bezieht (MünchKomm/v. Feldmann, § 225 Rdn. 6).

109

Vereinbarungen, die die Verjährung unmittelbar ausschließen oder erschweren, sind nach dem bisherigen § 225 verboten und deshalb gemäß § 134 nichtig (BGH, NJW 1984, 289, 290). Unter dieses Verbot fällt insbesondere die ausdrückliche Verlängerung der Verjährungsfrist, daneben aber auch beispielsweise die Vereinbarung gesetzlich nicht vorgesehener Hemmungs- oder Unterbrechungsgründe. Nicht von dem bisherigen § 225 erfasst werden dagegen solche Vereinbarungen, welche die Verjährung lediglich mittelbar erschweren (BGH aaO). Hierzu gehören beispielsweise die Stundung, ferner aber auch Vereinbarungen, welche die Fälligkeit eines Anspruchs und damit den Beginn der Verjährung hinausschieben (BGH aaO), oder das sog. »pactum de non petendo«. Ausgenommen von dem Verbot der Verjährungsverlängerung sind nach geltendem Recht die kurzen Gewährleistungsfristen im Kauf- und Werkvertragsrecht (bisherige §§ 477 Abs. 1 Satz 2, 480 Abs. 1, 490 Abs. 1 Satz 2, 638 Abs. 2). Bei ihnen ist eine vertragliche Verlängerung der Verjährungsfrist bis zu 30 Jahren zulässig.

110

Das **starre Verbot** einer **rechtsgeschäftlichen Verjährungserschwerung** hat sich in der Praxis als **wenig praktikabel** erwiesen. Zwar liegt es nicht nur im Schuldnerinteresse, sondern auch im Interesse des Rechtsfriedens, die Verjährungsfristen nicht beliebig zu verlängern. Andererseits können vor allem bei kurzen Verjährungsfristen Vereinbarungen, die den Eintritt der Verjährung erschweren oder verlängern, durchaus im Interesse beider Parteien liegen. Bereits das geltende Bürgerliche Gesetzbuch berücksichtigt dies durch die in den bisherigen §§ 477, 638 vorgesehene Möglichkeit einer Verjährungsverlängerung bei den kurzen Gewährleistungsfristen im Kauf- und Werkvertrag. Aber auch darüber hinaus gibt es Fälle, bei denen es im Interesse beider Parteien liegt, den Eintritt der Verjährung hinauszuschieben, beispielsweise um erfolgversprechende Verhandlungen nicht durch verjährungshemmende oder -unterbrechende Maßnahmen gefährden zu müssen. Das geltende Recht verbietet auch in solchen Fällen ausdrücklich Verlängerungsvereinbarungen. Die Parteien werden hierdurch gezwungen, dieses Verbot dadurch zu umgehen, dass sie sich auf Maßnahmen einigen, die den Eintritt der Verjährung nur mittelbar erschweren.

111

Zu Absatz 1

Absatz 1 regelt die **Unzulässigkeit** von **verjährungserleichternden Vereinbarungen**. Danach kann bei Haftung wegen Vorsatzes die Verjährung nicht im

112

Voraus durch Rechtsgeschäft erleichtert werden sind. Wenn gemäß § 276 Abs. 3 die Haftung wegen Vorsatzes selbst dem Schuldner nicht im Voraus erlassen werden kann, muss auch der Weg verschlossen sein, die Wertungsaussage des § 276 Abs. 3 durch verjährungserleichternde Vereinbarungen auszuhöhlen.

113 Die Grundaussage des bisherigen § 225 Satz 2, wonach solche Vereinbarungen, die eine Verkürzung der Verjährungsfrist oder andere Erleichterungen zum Gegenstand haben, grundsätzlich zulässig sind, kann entfallen, da dies Bestandteil der allgemeinen Vertragsfreiheit ist. Diese Freiheit wird durch Sondervorschriften zum Teil allgemein (z. B. § 475), zum Teil bei Allgemeinen Geschäftsbedingungen (§ 309) eingeschränkt.

Zu Absatz 2

114 Absatz 2 regelt die **Unzulässigkeit** von **verjährungserschwerenden Vereinbarungen**. Während das geltende Recht in dem bisherigen § 225 Satz 1 solche Vereinbarungen ausschloss, sind sie nach Absatz 2 nur noch dann unzulässig, wenn sie zu einer 30 Jahre übersteigenden Verjährungsfrist ab dem gesetzlichen Verjährungsbeginn führen. Ansonsten sind verjährungserschwerende Vereinbarungen entsprechend der allgemeinen Vertragsfreiheit grundsätzlich zulässig. Damit folgt die Neuregelung dem Vorschlag der Schuldrechtskommission (§ 220 Satz 2 KE).

115 Die Neuregelung übernimmt damit praktisch die bereits jetzt in dem bisherigen § 477 Abs. 1 und dem bisherigen § 638 Abs. 2 vorgesehenen Verlängerungsmöglichkeiten bei den kurzen Gewährleistungsfristen und dehnt sie auf alle Verjährungsfristen aus. Hierdurch wird die Länge der gesetzlichen Verjährungsfristen in beiden Richtungen zur Disposition der Parteien gestellt und damit dem Grundsatz der Vertragsfreiheit besser als bisher Rechnung getragen.

116 Die vielfach geübte Praxis, das Verbot verjährungsverlängernder Vereinbarungen durch Abreden zu umgehen, die den Eintritt der Verjährung nur mittelbar erschweren, macht deutlich, dass ein Bedürfnis für die Zulassung verjährungserschwerender Vereinbarungen besteht. Angesichts der im vorliegenden Entwurf vielfach verkürzten Verjährungsfristen sollen die Parteien die Möglichkeit erhalten, die Länge der Verjährungsfristen in angemessenem Rahmen selbst einverständlich bestimmen zu können. Die Zulassung verjährungserschwerender Vereinbarungen dient darüber hinaus auch der Rechtsklarheit, da hierdurch Umgehungsvereinbarungen überflüssig werden, die den Eintritt der Verjährung nur mittelbar erschweren.

117 Vereinbarungen zur Verjährungserschwerung sind nicht an einen bestimmten Zeitpunkt gebunden. Die allgemeine Vertragsfreiheit gestattet es, sowohl vor Entstehung des Anspruchs eine noch nicht laufende als auch nachträglich eine bereits laufende Verjährungsfrist zu verlängern, wenn die Parteien dies im konkreten Einzelfall für zweckmäßig halten.

118 Nicht zweckmäßig erscheint es, verjährungsverlängernde Vereinbarungen grundsätzlich nur für bereits laufende Verjährungsfristen zuzulassen und nur bei Ansprüchen wegen Verletzung vertraglicher Pflichten derartige Vereinbarungen schon bei Vertragsschluss zu gestatten, da jedenfalls hierfür ein wirtschaftli-

ches Bedürfnis bestehen kann. Indes ist eine Abgrenzung zwischen Erfüllungsansprüchen und Ansprüchen wegen Pflichtverletzung im Einzelfall problematisch, wie das Beispiel des Nacherfüllungsanspruchs zeigt. Eine Differenzierung wäre nur dann geboten, wenn dies aus Gründen des Schuldnerschutzes zwingend erforderlich wäre. Das aber ist zu verneinen. Der Schuldner ist bereits dadurch hinreichend geschützt, dass verjährungserschwerende Vereinbarungen nur mit seinem Einverständnis getroffen werden können.

Vereinbaren die Parteien eine Erleichterung oder Erschwerung der Verjährung für einen Anspruch, so wird sich diese regelmäßig auch auf solche Ansprüche erstrecken, die hiermit konkurrieren oder alternativ an deren Stelle treten. Wie schon nach geltendem Recht bezieht sich die Regelung allerdings nur auf verjährbare Ansprüche. Ist ein Anspruch kraft Gesetzes unverjährbar, so kann er auch in Zukunft nicht durch Vereinbarung der Verjährung unterworfen werden. Eine derartige Vereinbarung wäre unwirksam. 119

4. Hemmung und Neubeginn der Verjährung

Texte

Hemmung und Neubeginn der Verjährung sind in den §§ 203 bis 213 BGB n. F. geregelt. Diese lauten: 120

Titel 2 Hemmung, Ablaufhemmung und Neubeginn der Verjährung

§ 203 Hemmung der Verjährung bei Verhandlungen

Schweben zwischen dem Schuldner und dem Gläubiger Verhandlungen über den Anspruch oder die den Anspruch begründenden Umstände, so ist die Verjährung gehemmt, bis der eine oder der andere Teil die Fortsetzung der Verhandlungen verweigert. Die Verjährung tritt frühestens drei Monate nach dem Ende der Hemmung ein.

§ 204 Hemmung der Verjährung durch Rechtsverfolgung

(1) Die Verjährung wird gehemmt durch
1. die Erhebung der Klage auf Leistung oder auf Feststellung des Anspruchs, auf Erteilung der Vollstreckungsklausel oder auf Erlass des Vollstreckungsurteils,
2. die Zustellung des Antrags im vereinfachten Verfahren über den Unterhalt Minderjähriger,
3. die Zustellung des Mahnbescheids im Mahnverfahren,
4. die Veranlassung der Bekanntgabe des Güteantrags, der bei einer durch die Landesjustizverwaltung eingerichteten oder anerkannten Gütestelle oder, wenn die Parteien den Einigungsversuch einvernehmlich unternehmen, bei einer sonstigen Gütestelle, die Streitbeilegungen betreibt, eingereicht ist; wird die Bekanntgabe demnächst nach der Einreichung des Antrags veranlasst, so tritt die Hemmung der Verjährung bereits mit der Einreichung ein,
5. die Geltendmachung der Aufrechnung des Anspruchs im Prozess,
6. die Zustellung der Streitverkündung,
7. die Zustellung des Antrags auf Durchführung eines selbständigen Beweisverfahrens,
8. den Beginn eines vereinbarten Begutachtungsverfahrens oder die Beauftragung des Gutachters in dem Verfahren nach § 641a,

9. die Zustellung des Antrags auf Erlass eines Arrestes, einer einstweiligen Verfügung oder einer einstweiligen Anordnung, oder, wenn der Antrag nicht zugestellt wird, dessen Einreichung, wenn der Arrestbefehl, die einstweilige Verfügung oder die einstweilige Anordnung innerhalb eines Monats seit Verkündung oder Zustellung an den Gläubiger dem Schuldner zugestellt wird,
10. die Anmeldung des Anspruchs im Insolvenzverfahren oder im Schifffahrtsrechtlichen Verteilungsverfahren,
11. den Beginn des schiedsrichterlichen Verfahrens,
12. die Einreichung des Antrags bei einer Behörde, wenn die Zulässigkeit der Klage von der Vorentscheidung dieser Behörde abhängt und innerhalb von drei Monaten nach Erledigung des Gesuchs die Klage erhoben wird; dies gilt entsprechend für bei einem Gericht oder bei einer in Nummer 4 bezeichneten Gütestelle zu stellende Anträge, deren Zulässigkeit von der Vorentscheidung einer Behörde abhängt,
13. die Einreichung des Antrags bei dem höheren Gericht, wenn dieses das zuständige Gericht zu bestimmen hat und innerhalb von drei Monaten nach Erledigung des Gesuchs die Klage erhoben oder der Antrag, für den die Gerichtsstandsbestimmung zu erfolgen hat, gestellt wird, und
14. die Veranlassung der Bekanntgabe des erstmaligen Antrags auf Gewährung von Prozesskostenhilfe; wird die Bekanntgabe demnächst nach der Einreichung des Antrags veranlasst, so tritt die Hemmung der Verjährung bereits mit der Einreichung ein.

(2) Die Hemmung nach Absatz 1 endet sechs Monate nach der rechtskräftigen Entscheidung oder anderweitigen Beendigung des eingeleiteten Verfahrens. Gerät das Verfahren dadurch in Stillstand, dass die Parteien es nicht betreiben, so tritt an die Stelle der Beendigung des Verfahrens die letzte Verfahrenshandlung der Parteien, des Gerichts oder der sonst mit dem Verfahren befassten Stelle. Die Hemmung beginnt erneut, wenn eine der Parteien das Verfahren weiter betreibt.

(3) Auf die Frist nach Absatz 1 Nr. 9, 12 und 13 finden die §§ 206, 210 und 211 entsprechende Anwendung.

§ 205 Hemmung der Verjährung bei Leistungsverweigerungsrecht

Die Verjährung ist gehemmt, solange der Schuldner auf Grund einer Vereinbarung mit dem Gläubiger vorübergehend zur Verweigerung der Leistung berechtigt ist.

§ 206 Hemmung der Verjährung bei höherer Gewalt

Die Verjährung ist gehemmt, solange der Gläubiger innerhalb der letzten sechs Monate der Verjährungsfrist durch höhere Gewalt an der Rechtsverfolgung gehindert ist.

§ 207 Hemmung der Verjährung aus familiären und ähnlichen Gründen

(1) Die Verjährung von Ansprüchen zwischen Ehegatten ist gehemmt, solange die Ehe besteht. Das Gleiche gilt für Ansprüche zwischen
1. Lebenspartnern, solange die Lebenspartnerschaft besteht,
2. Eltern und Kindern und dem Ehegatten eines Elternteils und dessen Kindern während der Minderjährigkeit der Kinder,
3. dem Vormund und dem Mündel während der Dauer des Vormundschaftsverhältnisses,
4. dem Betreuten und dem Betreuer während der Dauer des Betreuungsverhältnisses und
5. dem Pflegling und dem Pfleger während der Dauer der Pflegschaft.

Die Verjährung von Ansprüchen des Kindes gegen den Beistand ist während der Dauer der Beistandschaft gehemmt.
(2) § 208 bleibt unberührt.

§ 208 Hemmung der Verjährung bei Ansprüchen wegen Verletzung der sexuellen Selbstbestimmung

Die Verjährung von Ansprüchen wegen Verletzung der sexuellen Selbstbestimmung ist bis zur Vollendung des 21. Lebensjahres des Gläubigers gehemmt. Lebt der Gläubiger von Ansprüchen wegen Verletzung der sexuellen Selbstbestimmung bei Beginn der Verjährung mit dem Schuldner in häuslicher Gemeinschaft, so ist die Verjährung auch bis zur Beendigung der häuslichen Gemeinschaft gehemmt.

§ 209 Wirkung der Hemmung

Der Zeitraum, während dessen die Verjährung gehemmt ist, wird in die Verjährungsfrist nicht eingerechnet.

§ 210 Ablaufhemmung bei nicht voll Geschäftsfähigen

(1) Ist eine geschäftsunfähige oder in der Geschäftsfähigkeit beschränkte Person ohne gesetzlichen Vertreter, so tritt eine für oder gegen sie laufende Verjährung nicht vor dem Ablauf von sechs Monaten nach dem Zeitpunkt ein, in dem die Person unbeschränkt geschäftsfähig oder der Mangel der Vertretung behoben wird. Ist die Verjährungsfrist kürzer als sechs Monate, so tritt der für die Verjährung bestimmte Zeitraum an die Stelle der sechs Monate.

(2) Absatz 1 findet keine Anwendung, soweit eine in der Geschäftsfähigkeit beschränkte Person prozessfähig ist.

§ 211 Ablaufhemmung in Nachlassfällen

Die Verjährung eines Anspruchs, der zu einem Nachlass gehört oder sich gegen einen Nachlass richtet, tritt nicht vor dem Ablauf von sechs Monaten nach dem Zeitpunkt ein, in dem die Erbschaft von dem Erben angenommen oder das Insolvenzverfahren über den Nachlass eröffnet wird oder von dem an der Anspruch von einem oder gegen einen Vertreter geltend gemacht werden kann. Ist die Verjährungsfrist kürzer als sechs Monate, so tritt der für die Verjährung bestimmte Zeitraum an die Stelle der sechs Monate.

§ 212 Neubeginn der Verjährung

(1) Die Verjährung beginnt erneut, wenn
1. der Schuldner dem Gläubiger gegenüber den Anspruch durch Abschlagszahlung, Zinszahlung, Sicherheitsleistung oder in anderer Weise anerkennt oder
2. eine gerichtliche oder behördliche Vollstreckungshandlung vorgenommen oder beantragt wird.

(2) Der erneute Beginn der Verjährung infolge einer Vollstreckungshandlung gilt als nicht eingetreten, wenn die Vollstreckungshandlung auf Antrag des Gläubigers oder wegen Mangels der gesetzlichen Voraussetzungen aufgehoben wird.

(3) Der erneute Beginn der Verjährung durch den Antrag auf Vornahme einer Vollstreckungshandlung gilt als nicht eingetreten, wenn dem Antrag nicht stattgegeben oder der Antrag vor der Vollstreckungshandlung zurückgenommen oder die erwirkte Vollstreckungshandlung nach Absatz 2 aufgehoben wird.

B. *Verjährungsrecht*

§ 213 Hemmung, Ablaufhemmung und erneuter Beginn der Verjährung bei anderen Ansprüchen

Die Hemmung, die Ablaufhemmung und der erneute Beginn der Verjährung gelten auch für Ansprüche, die aus demselben Grund wahlweise neben dem Anspruch oder an seiner Stelle gegeben sind.

Erläuterung der Vorschriften zu Hemmung und Neubeginn der Verjährung

Vorbemerkung

121 Es gibt **Ereignisse**, die den **Ablauf** einer **Verjährungsfrist beeinflussen** müssen. Dies ist dann der Fall, wenn der Schuldner durch sein eigenes Verhalten zu erkennen gibt, dass er den Anspruch als bestehend ansieht und nicht bestreiten will. Die Verjährung darf auch dann nicht weiterlaufen, wenn der Gläubiger aus anerkennenswerten Gründen gehindert ist, den Anspruch geltend zu machen. Schließlich muss sichergestellt werden, dass ein Anspruch nicht verjährt, nachdem der Gläubiger angemessene und unmissverständliche Schritte zur Durchsetzung des Anspruchs ergriffen hat. Das bisherige Recht berücksichtigt dies in Fällen dieser Art entweder durch eine Hemmung (die Nichteinrechnung bestimmter Zeiten in die Verjährungsfrist: bisherige §§ 202 bis 205) und ihren Unterfall der Ablaufhemmung (die Verjährungsfrist läuft frühestens eine bestimmte Zeit nach Wegfall von Gründen ab, die der Geltendmachung des Anspruchs entgegenstehen: bisherige §§ 206, 207) oder durch eine Unterbrechung der Verjährung (ein Neubeginn der Verjährung: bisherige §§ 208 bis 217). Diese gesetzliche Systematik soll beibehalten werden. Gegen sie werden, soweit ersichtlich, keine grundsätzlichen Bedenken erhoben; sie findet sich in ähnlicher Form in anderen verwandten Rechtsordnungen.

§ 203 – Hemmung der Verjährung bei Verhandlungen

Schweben zwischen dem Schuldner und dem Gläubiger Verhandlungen über den Anspruch oder die den Anspruch begründenden Umstände, so ist die Verjährung gehemmt, bis der eine oder der andere Teil die Fortsetzung der Verhandlungen verweigert. Die Verjährung tritt frühestens drei Monate nach dem Ende der Hemmung ein.

Vorbemerkung

Es stellt sich die Frage, wie sich der Umstand auf den Ablauf der Verjährungsfrist auswirkt, dass die Parteien in Verhandlungen über einen streitigen oder zweifelhaften Anspruch oder über Umstände eintreten, aus denen sich ein Anspruch ergeben kann. Solche Verhandlungen haben den rechtspolitisch erwünschten Zweck, Rechtsstreitigkeiten zu vermeiden. Es erscheint daher angebracht, die Verhandlungen nicht unter den zeitlichen Druck einer ablaufenden Verjährungsfrist zu stellen. Dies entspricht auch der Billigkeit; denn der Schuldner, der sich in Verhandlungen mit dem Gläubiger einlässt und diesen damit zunächst von der Klageerhebung abhält, darf nicht nachher die Erfüllung des Anspruchs unter Hinweis auf die auch während der Verhandlungen verstrichene Zeit ablehnen.

Die gleichen Fragen stellen sich, wenn die Parteien für Streit- oder Zweifelsfälle ein Begutachtungs- oder Schlichtungsverfahren vereinbart haben und der Gläubiger diesen Weg beschreitet. Auch hier fragt sich, ob der Schuldner, selbst wenn er sich auf das früher vereinbarte Verfahren nicht einlässt, später unter Hinweis auf die auch im Verfahren verstrichene Frist die Leistung verweigern darf.

Im alten Recht sieht der bisherige § 852 Abs. 2 eine Hemmung der Verjährung vor, solange zwischen dem Ersatzberechtigten und dem Ersatzpflichtigen Verhandlungen über den zu leistenden Schadensersatz schweben. Nach der Rechtsprechung gilt der bisherige § 852 Abs. 2 nicht nur für den deliktischen Anspruch, sondern auch für konkurrierende vertragliche Ansprüche und Ansprüche aus § 558 (BGHZ 93, 64 ff.). Nach dem bisherigen § 651g Abs. 2 Satz 3 ist, wenn der Reisende Ansprüche geltend gemacht hat, die Verjährung gehemmt, bis der Veranstalter die Ansprüche schriftlich zurückweist.

Die Rechtsprechung hat über den Geltungsbereich des bisherigen § 852 Abs. 2 hinaus die Einrede der Verjährung als treuwidrig (§ 242) nicht gelten lassen, wenn der Gläubiger durch Verhandlungen mit dem Schuldner – oder dessen Versicherung (BGH, VersR 1971, 439 f.) – davon abgehalten worden war, rechtzeitig Klage zu erheben (BGH, VersR 1977, 617 ff., 619 für einen Anspruch aus Verletzung eines Anwaltsvertrags). Mit diesem Einwand der unzulässigen Rechtsausübung sind aber andere Probleme verbunden (vgl. BGHZ 93, 64, 69). Die Gewährung des Einwandes der unzulässigen Rechtsausübung bringt den Nachteil mit sich, jeweils die Frage entscheiden zu müssen, innerhalb welchen Zeitraums vom Ende der Verhandlungen an der Ersatzberechtigte Klage zu erheben hat.

Dem bisherigen § 852 Abs. 2 steht die Regelung des § 639 Abs. 2 nahe, wonach die Verjährung gehemmt ist, wenn sich der Unternehmer im Einverständnis mit dem Besteller der Prüfung des Vorhandenseins des Mangels oder der Beseitigung des Mangels unterzieht. Die Rechtsprechung wendet diese Vorschrift auch im Kaufvertragsrecht an, wenn die Nachbesserung vertraglich vorgesehen ist (BGHZ 39, 287 ff., 293).

Einen etwas anderen Ansatz enthält § 439 Abs. 3 HGB, der mit dem Transportrechtsreformgesetz vom 25. Juni 1998 (BGBl. I S. 1588) in das HGB einge-

43

fügt worden ist, beim Frachtgeschäft für die Ansprüche aus einer Beförderung. Danach wird die Verjährung nur durch eine schriftliche Erklärung des Berechtigten, mit der dieser Ersatzansprüche erhebt, dann aber so lange gehemmt, bis der Frachtführer die Erfüllung des Anspruchs schriftlich ablehnt. Eine vergleichbare Lösung gibt es auch im Reiserecht (§ 651g Abs. 2 Satz 3).

128 Das bisherige Verjährungsrecht des Allgemeinen Teils des Bürgerlichen Gesetzbuchs erkennt im Rahmen des bisherigen § 209 Abs. 2 Nr. 1 Buchstabe a eine Unterbrechung der Verjährung nur durch Anbringung eines Güteantrags bei einer nach § 794 Abs. 1 Nr. 1 ZPO anerkannten Gütestelle an. Die Rechtsprechung (BGH, NJW 1983, 2075, 2076) sieht aber auch das Verfahren vor einer Gütestelle als »Verhandlung« im Sinne des bisherigen § 852 Abs. 2 an und meint, dass ein Schuldner, der sich auf die Verhandlungen vor der Gütestelle eingelassen hat, gegen Treu und Glauben verstößt, wenn er sich auf die während des Verfahrens eingetretene Verjährung beruft.

Zu Satz 1

129 Mit Satz 1 wird – in Entsprechung zu dem von der Schuldrechtskommission vorgeschlagenen § 216 Abs. 1 KE – der Rechtsgedanke des bisherigen § 852 Abs. 2 als allgemeine Regelung übernommen. Wie der BGH (BGHZ 93, 64, 69) mit Recht ausgeführt hat, handelt es sich um einen **allgemeinen Rechtsgedanken**. Aus Gründen der Rechtsklarheit ist, wie der BGH (aaO) ebenfalls ausführt, eine Hemmungsregelung entsprechend dem geltenden § 852 Abs. 2 einer Regelung vorzuziehen, die nach Verhandlungen die Einrede der Verjährung als unzulässige Rechtsausübung zurückweist.

130 Der Begriff »Anspruch« ist hier nicht im Sinne einer materiell-rechtlichen Anspruchsgrundlage, sondern weiter im Sinne eines aus einem Sachverhalt hergeleiteten Begehrens **auf Befriedigung eines Interesses** zu verstehen. In der Regel wird man auch unter Berücksichtigung von § 213 davon ausgehen können, dass bei Verhandlungen über einen vertraglichen Anspruch auch möglicherweise konkurrierend oder alternativ gegebene Ansprüche aus Delikt oder absolutem Recht erfasst werden. Dabei braucht das Begehren nicht besonders beziffert oder konkretisiert zu sein, wie ebenfalls aus der Formulierung »oder die den Anspruch begründenden Umstände« folgt.

131 Es wird davon **abgesehen, Beginn** und **Ende** der **Verhandlungen besonders zu beschreiben** oder eine Schriftform festzulegen. Die Art und Weise, wie über streitige oder zweifelhafte Ansprüche verhandelt werden kann, ist so vielgestaltig, daß sie sich einer weitergehenden Regelung entzieht. In § 210 des DE des BMI vom 4.8.2000 war noch vorgesehen worden, durch Anlehnung an das Modell des § 439 HGB größere Klarheit zu schaffen. Dieser Gedanke ist aber auf breite Kritik gestoßen. Im Vordergrund stand der Gesichtspunkt, dass sich Verhandlungen nicht in ein Schema von schriftlichen Erklärungen pressen ließen (Mansel in: Ernst/Zimmermann, S. 333, 398).

132 In der Diskussion der verschiedenen Modelle hat sich gezeigt, dass insbesondere das Ende von Verhandlungen bei einem schlichten »Einschlafen« der Gespräche ohne eindeutige Erklärung eines Beteiligten über das Ende seiner Ver-

handlungsbereitschaft als problematisch angesehen wird (z.B. Mansel wie vor). Auch diesbezüglich wird von einer gesetzlichen Festschreibung abgesehen und die Lösung im Einzelfall der Rechtsprechung überlassen, so wie es auch bei dem bisherigen § 852 Abs. 2 der Fall ist. Diese hat auch für den Fall des Einschlafens eine befriedigende Lösung gefunden: Schlafen die Verhandlungen ein, so endet die Hemmung nach dem bisherigen § 852 Abs. 2 in dem Zeitpunkt, in dem der nächste Schritt nach Treu und Glauben zu erwarten gewesen wäre (BGH, NJW 1986, 1337, 1338). Das gilt auch hier.

Zu Satz 2

Da das Ende der Verhandlungen für den Gläubiger überraschend eintreten kann, ist in Satz 2 eine besondere Ablaufhemmung vorgesehen: Die Verjährung tritt frühestens drei Monate nach dem Ende der Verhandlungen ein. Diese kurze Mindestfrist bis zum Eintritt der Verjährung genügt, da der Gläubiger bereits mit der Durchsetzung des Anspruchs befasst ist. Auch insoweit wird dem Vorschlag der Schuldrechtskommission gefolgt (§ 217 Abs. 1 Satz 2 KE).

133

§ 204 – Hemmung der Verjährung durch Rechtsverfolgung

(1) Die Verjährung wird gehemmt durch
1. die Erhebung der Klage auf Leistung oder auf Feststellung des Anspruchs, auf Erteilung der Vollstreckungsklausel oder auf Erlass des Vollstreckungsurteils,
2. die Zustellung des Antrags im vereinfachten Verfahren über den Unterhalt Minderjähriger,
3. die Zustellung des Mahnbescheids im Mahnverfahren,
4. die Veranlassung der Bekanntgabe des Güteantrags, der bei einer durch die Landesjustizverwaltung eingerichteten oder anerkannten Gütestelle oder, wenn die Parteien den Einigungsversuch einvernehmlich unternehmen, bei einer sonstigen Gütestelle, die Streitbeilegungen betreibt, eingereicht ist; wird die Bekanntgabe demnächst nach der Einreichung des Antrags veranlasst, so tritt die Hemmung der Verjährung bereits mit der Einreichung ein,
5. die Geltendmachung der Aufrechnung des Anspruchs im Prozess,
6. die Zustellung der Streitverkündung,
7. die Zustellung des Antrags auf Durchführung eines selbständigen Beweisverfahrens,
8. den Beginn eines vereinbarten Begutachtungsverfahrens oder die Beauftragung des Gutachters in dem Verfahren nach § 641a,
9. die Zustellung des Antrags auf Erlass eines Arrestes, einer einstweiligen Verfügung oder einer einstweiligen Anordnung, oder, wenn der Antrag nicht zugestellt wird, dessen Einreichung, wenn der Arrestbefehl, die einstweilige Verfügung oder die einstweilige Anordnung innerhalb eines

Monats seit Verkündung oder Zustellung an den Gläubiger dem Schuldner zugestellt wird,
10. die Anmeldung des Anspruchs im Insolvenzverfahren oder im Schifffahrtsrechtlichen Verteilungsverfahren,
11. den Beginn des schiedsrichterlichen Verfahrens,
12. die Einreichung des Antrags bei einer Behörde, wenn die Zulässigkeit der Klage von der Vorentscheidung dieser Behörde abhängt und innerhalb von drei Monaten nach Erledigung des Gesuchs die Klage erhoben wird; dies gilt entsprechend für bei einem Gericht oder bei einer in Nummer 4 bezeichneten Gütestelle zu stellende Anträge, deren Zulässigkeit von der Vorentscheidung einer Behörde abhängt,
13. die Einreichung des Antrags bei dem höheren Gericht, wenn dieses das zuständige Gericht zu bestimmen hat und innerhalb von drei Monaten nach Erledigung des Gesuchs die Klage erhoben oder der Antrag, für den die Gerichtsstandsbestimmung zu erfolgen hat, gestellt wird, und
14. die Veranlassung der Bekanntgabe des erstmaligen Antrags auf Gewährung von Prozesskostenhilfe; wird die Bekanntgabe demnächst nach der Einreichung des Antrags veranlasst, so tritt die Hemmung der Verjährung bereits mit der Einreichung ein.

(2) Die Hemmung nach Absatz 1 endet sechs Monate nach der rechtskräftigen Entscheidung oder anderweitigen Beendigung des eingeleiteten Verfahrens. Gerät das Verfahren dadurch in Stillstand, dass die Parteien es nicht betreiben, so tritt an die Stelle der Beendigung des Verfahrens die letzte Verfahrenshandlung der Parteien, des Gerichts oder der sonst mit dem Verfahren befassten Stelle. Die Hemmung beginnt erneut, wenn eine der Parteien das Verfahren weiter betreibt.

(3) Auf die Frist nach Absatz 1 Nr. 9, 12 und 13 finden die §§ 206, 210 und 211 entsprechende Anwendung.

Vorbemerkung

134 Der Gläubiger muss davor geschützt werden, dass sein Anspruch verjährt, nachdem er ein förmliches Verfahren mit dem Ziel der Durchsetzung des Anspruchs eingeleitet hat oder nachdem er den Anspruch mit der Möglichkeit, dass über ihn rechtskräftig entschieden wird, in das Verfahren über einen anderen Anspruch eingeführt hat (Prozessaufrechnung, § 322 Abs. 2 ZPO).

135 Im alten Recht sieht der bisherige § 209 für den Fall der Klageerhebung und die in Absatz 2 der Vorschrift besonders genannten Fälle der Geltendmachung eines Anspruchs vor, dass sie die Verjährung unterbrechen. Der bisherige § 210 sieht ferner die Unterbrechung der Verjährung durch einen Antrag auf Vorentscheidung einer Behörde oder auf Bestimmung des zuständigen Gerichts vor, wenn die Zulässigkeit des Rechtswegs von der Vorentscheidung abhängt oder das zuständige Gericht zu bestimmen ist, dies allerdings unter der Vorausset-

zung, dass die Klage oder der Güteantrag binnen drei Monaten nach Erledigung des Vorverfahrens angebracht wird.

Nicht gesetzlich geregelt war bislang die **Frage,** wie sich der **Antrag auf Prozesskostenhilfe** für eine Klage zur Geltendmachung des Anspruchs **auf die Verjährung auswirkt.** Nach der Rechtsprechung hemmt der Antrag nach dem bisherigen § 203 Abs. 2 die Verjährung, wenn er rechtzeitig – letzter Tag genügt – vor Ablauf der Verjährung gestellt wird. Allerdings muss der Antrag ordnungsgemäß begründet und vollständig sein (BGHZ 70, 235, 239). Die erforderlichen Unterlagen müssen beigefügt (BGH, VersR 1985, 287) und die Partei zumindest subjektiv der Ansicht sein, sie sei bedürftig (BGH, VersR 1982, 41). Die Hemmung dauert nur so lange, wie der Gläubiger unter Anwendung der ihm zuzumutenden Sorgfalt die zur Förderung des Verfahrens zumutbaren Maßnahmen trifft (BGH, NJW 1981, 1550). Dem Gläubiger steht in Anlehnung an § 234 Abs. 1 ZPO für die Klageerhebung eine Frist von zwei Wochen nach Bewilligung der Prozesskostenhilfe zu (BGHZ 70, 235, 240). 136

Der Antrag auf Durchführung eines selbständigen Beweisverfahrens unterbricht die Verjährung nach dem bisherigen § 477 Abs. 2 und dem bisherigen § 639 nur für die Gewährleistungsansprüche des Käufers oder Bestellers, nicht jedoch für die Ansprüche des Verkäufers oder Unternehmers oder für die Ansprüche aus sonstigen Verträgen. 137

Keine Hemmung oder Unterbrechung bewirken dagegen im geltenden Recht die Anträge auf Erlass einer einstweiligen Verfügung oder eines Arrestes (BGH, NJW 1979, 217). Dagegen unterbricht bei der einstweiligen Verfügung auf Unterlassung die nachträgliche Strafandrohung (§ 890 Abs. 2 ZPO) als Vollstreckungsmaßnahme die Verjährung (bisheriger § 209 Abs. 2 Nr. 5); ob dies auch bei der mit in die einstweilige Verfügung aufgenommenen Strafandrohung der Fall ist, ist umstritten (verneinend BGH, NJW 1979, 217; bejahend OLG Hamm, NJW 1977, 2319). 138

Peters/Zimmermann (S. 260 ff., 308) halten die Unterbrechung der Verjährung durch Klage für unsystematisch. In den Fällen, in denen die Klage zu einem rechtskräftigen Titel oder doch zur Abweisung der Klage in der Sache selbst führe, sei die nach Abschluss des Verfahrens (bisheriger § 211 Abs. 1 und bisheriger § 217 Halbsatz 2) erneut laufende alte Verjährungsfrist nicht von Interesse, da entweder nun die lange Verjährungsfrist für titulierte Ansprüche laufe oder rechtskräftig feststehe, dass der Anspruch nicht gegeben sei. Bedeutsam sei die geltende Regelung, wenn der Prozess in Stillstand gerate. Hier sei nicht einzusehen, weshalb die Verjährung dann zwingend erneut beginne. Es könne gute Gründe (z.B. Vergleichsverhandlungen) dafür geben, die Sache einschließlich der Verjährung in der Schwebe zu halten. Bedeutsam sei die geltende Regelung ferner in den Fällen der Klagerücknahme oder der Abweisung der Klage durch Prozessurteil. Hier lasse das geltende Recht (bisheriger § 212) die Unterbrechung rückwirkend entfallen und sie wieder eintreten, wenn der Gläubiger binnen sechs Monaten nach Rücknahme oder Klageabweisung erneut Klage erhebe. Der Sache nach sei das eine bloße Hemmung der Verjährung. Für die Unterbrechung der Verjährung durch Maßnahmen nach dem bisherigen § 209 Abs. 2 139 seien weitgehend die gleichen Erwägungen anzustellen. Dort wo die Unterbrechung praktische Wirkungen habe, wirke sie sich im Ergebnis wie eine Hemmung aus.

140 Peters/Zimmermann (S. 307 ff., 316 f. zu §§ 205 ff. des dortigen Entwurfs) schlagen daher vor, in den Fällen der geltenden §§ 209, 210 mit Ausnahme des Falles des § 209 Abs. 2 Nr. 5 statt der Unterbrechung eine Hemmung der Verjährung vorzusehen. Maßnahmen, die auf Erlangung eines rechtskräftigen Titels gerichtet seien, sollten allgemein die Verjährung hemmen. Die Fälle des geltenden § 209 Abs. 2 Nr. 1, 2, 3, des geltenden § 220 sowie der Antrag auf Gewährung von Prozesskostenhilfe sollten im Anschluss daran als Beispiele (»insbesondere«) genannt werden. Die nicht auf Erlangung eines rechtskräftigen Titels gerichteten Maßnahmen wie Streitverkündung und Einleitung des selbständigen Beweisverfahrens sollten ebenfalls die Verjährung hemmen, aber in einer besonderen Vorschrift berücksichtigt werden (Peters/Zimmermann, S. 317 zu § 207 ihres Entwurfs). Dabei schlagen Peters/Zimmermann vor, dies für das Beweissicherungsverfahren allgemein als Hemmungsgrund und nicht nur für die Gewährleistungsansprüche des Käufers oder Bestellers als Unterbrechungsgrund vorzusehen.

Zu Nummer 1

141 Die Neuregelung sieht in Nummer 1 vor, die **Klageerhebung als Hemmungsgrund auszugestalten.** Die im bisherigen Recht in § 209 Abs. 1 vorgesehene Unterbrechung der Verjährung ist unsystematisch, wie Peters/Zimmermann überzeugend ausführen. Der Gläubiger muss und soll dagegen geschützt werden, dass der Anspruch während des Verfahrens zu seiner Durchsetzung verjährt. Dafür ist es aber nicht ausreichend, die Verjährung mit der Einleitung des Verfahrens zu unterbrechen; denn die neue Verjährungsfrist kann ebenfalls ablaufen, bevor das Verfahren beendet ist. Das geltende Recht sieht daher vor, dass die Unterbrechung durch Geltendmachung im Verfahren »fortdauert« (§ 211 Abs. 1, § 212a Satz 1; § 213 Satz 1; § 214 Abs. 1; § 215 Abs. 1). Der Sache nach ist das eine Hemmung.

142 Das eingeleitete Verfahren kann zur Befriedigung des Berechtigten führen (z. B. durchgreifende Aufrechnung in dem Prozess) oder zur rechtskräftigen Feststellung des Anspruchs mit der Folge, dass nun die 30-jährige Verjährung eingreift (§ 197 Abs. 1 Nr. 3). Soweit das nicht geschieht (Beispiele: Das Mahnverfahren wird nach Widerspruch nicht weiter betrieben. Der Gegner lässt sich auf das Güteverfahren nicht ein. Die Hilfsaufrechnung im Prozess greift nicht durch), besteht kein Grund, dem Gläubiger nach dem Ende der »Fortdauer der Unterbrechung« eine neue Verjährungsfrist zu gewähren. Vielmehr genügt es, dass ihm nach dem Ende der »Fortdauer« der Rest einer gehemmten Verjährungsfrist zur Verfügung steht, ergänzt um eine sechsmonatige Nachfrist nach Absatz 2.

143 Aus diesem Grunde ist die bei Klageerhebung bisher geregelte Unterbrechung der Verjährung in eine Hemmung umgewandelt worden.

Soweit der bisherige § 209 Abs. 1 von der »Klage auf Befriedigung« spricht, wird in der Nummer 1 durch den Begriff »Klage auf Leistung« der Einklang mit der Terminologie der ZPO hergestellt. Eine sachliche Änderung ist damit nicht verbunden.

Abgesehen von diesen Änderungen entspricht die Nummer 1 dem bisherigen § 209 Abs. 1. Wie bisher gilt ergänzend § 270 Abs. 3 ZPO. Danach genügt die Einrichtung der Klage, wenn die Zustellung demnächst erfolgt. § 204 Abs. 1 regelt eine solche Folge teilweise unmittelbar selbst. Das geschieht aber nur dort, wo die ZPO keine entsprechende Regelung bereithält.

Zu Nummer 2

Nummer 2 (**Zustellung eines Antrags im vereinfachten Verfahren über den Unterhalt Minderjähriger**) entspricht mit der Maßgabe der zuvor erläuterten Umstellung auf den Hemmungstatbestand dem bisherigen § 209 Abs. 2 Nr. 1b. Die vom Entwurf gewählte rechtssystematische Stellung direkt nach der Klageerhebung ergibt sich daraus, dass das vereinfachte Verfahren dem Klageverfahren nach der Nummer 1 unter den Alternativen des § 204 am ähnlichsten ist. Sprachlich wird in Einklang mit der Überschrift des Titels 2 des Abschnitts 6 des Buches 6 der ZPO von dem »vereinfachten Verfahren über den Unterhalt Minderjähriger« und nicht von dem »vereinfachten Verfahren zur Festsetzung von Unterhalt« gesprochen.

Zu Nummer 3

Nummer 3 (**Zustellung des Mahnbescheids**) entspricht mit der Maßgabe der zuvor erläuterten Umstellung auf den Hemmungstatbestand dem bisherigen § 209 Abs. 2 Nr. 1.

Zu Nummer 4

Mit der Nummer 4 (**Bekanntgabe des Güteantrags**, der bei einer durch die Landesjustizverwaltung eingerichteten oder anerkannten Gütestelle oder, wenn die Parteien den Einigungsversuch einvernehmlich unternehmen, bei einer sonstigen Gütestelle, die Streitbeilegungen betreibt, eingereicht ist; erfolgt die Bekanntgabe demnächst nach der Einreichung des Antrags, so tritt die Hemmung der Verjährung bereits mit der Einreichung ein) wird der bisherige § 209 Abs. 2 Nr. 1a neben der Umstellung auf den Hemmungstatbestand noch weiteren Änderungen unterzogen. Auf den überflüssigen Passus, dass der Güteantrag eine Form der Geltendmachung eines Anspruchs ist, wird verzichtet. Anders als bisher soll es aber nicht auf den Eingang des Antrags beim Gegner, sondern auf die Veranlassung der Zuleitung durch die Gütestelle ankommen.

Nach dem bisherigen § 209 Abs. 2 Nr. 1a unterbricht bereits die Einreichung des Güteantrags – dort noch mit dem veralteten Begriff seiner »Anbringung« umschrieben – die Verjährung. Dies begegnet Bedenken, weil grundsätzlich nur solche Rechtsverfolgungsmaßnahmen verjährungsrechtliche Wirkung entfalten, die dem Schuldner bekannt werden. So erfolgt, um nur den wichtigsten Fall zu nennen, die Hemmung nach der Nummer 1 durch die Erhebung der Klage gemäß § 253 Abs. 1 ZPO mit der Zustellung der Klageschrift. Die Rückwirkung auf den Zeitpunkt der Einreichung der Klage setzt nach § 270 Abs. 3 ZPO voraus, dass die Zustellung »demnächst« erfolgt. Diese Schwäche der bisherigen Regelung erkennend wird schon heute die Wirkung der Anbringung des Güteantrags unter die Bedingung gestellt, dass der Antrag »demnächst« mitgeteilt wird (OLG Hamburg, MDR 1965, 130; Palandt/Heinrichs, § 209 Rdn. 17). Diese Problematik wird mit der Nummer 4 jetzt gelöst. Grundsätzlich hemmt nur die Veranlassung der »Bekanntgabe« des Güteantrags die Verjährung. An die Zustellung als die förmliche Art der Bekanntgabe anzuknüpfen kommt nicht in Betracht, da § 15a Abs. 5 EGZPO die nähere Ausgestaltung des Güteverfahrens dem Landesrecht überlässt und dieses nicht notwendigerweise die Zustellung des Güteantrags verlangen muss. In Entsprechung zu § 270 Abs. 3 ZPO, der auf das Güteverfahren nach § 15a EGZPO keine Anwendung findet, wird bestimmt, dass die Hemmungswirkung auf die Einreichung des Güteantrags zurückwirkt, wenn die Bekanntgabe »demnächst« nach der Einreichung veranlasst wird.

150 Ferner wird in Einklang mit der Formulierung des § 794 Abs. 1 Nr. 1a ZPO vereinfacht von einer »durch die Landesjustizverwaltung eingerichteten oder anerkannten Gütestelle« gesprochen. So kann die im bisherigen § 209 Abs. 2 Nr. 1a enthaltene Verweisung auf § 794 Abs. 1 Nr. 1 ZPO entfallen.

151 Schließlich wird der Anwendungsbereich auch auf die Verfahren vor einer »sonstigen Gütestelle, die Streitbeilegung betreibt« i.S.v. § 15a Abs. 3 EGZPO erweitert. Zusätzliche Voraussetzung der Hemmungswirkung ist in Übereinstimmung mit § 15a Abs. 3 Satz 1 EGZPO, dass der Einigungsversuch von den Parteien einvernehmlich unternommen wird, wobei diese Einvernehmen nach § 15a Abs. 3 Satz 2 EGZPO bei branchengebundenen Gütestellen oder den Gütestellen der Industrie- und Handelskammern, der Handwerkskammern oder der Innungen unwiderleglich vermutet wird. Damit wird die bislang bestehende verjährungsrechtliche Benachteiligung der Verfahren vor solchen Gütestellen beseitigt.

Zu Nummer 5

152 Nummer 5 (**Geltendmachung der Aufrechnung im Prozess**) entspricht mit der Maßgabe der zuvor erläuterten Umstellung auf den Hemmungstatbestand dem bisherigen § 209 Abs. 2 Nr. 3. Hier kann weder auf die Zustellung noch auf die Bekanntgabe abgestellt werden. Ist die Aufrechnungserklärung in einem Schriftsatz enthalten, so bedarf dieser nach § 270 Abs. 2 ZPO nicht der Zustellung, da die Aufrechnung kein Sachantrag ist. Bei schriftsätzlicher Aufrechnung käme dann zwar eine Bekanntgabe in Betracht, jedoch kann die Aufrechnung auch mündlich in der mündlichen Verhandlung erklärt werden.

Zu Nummer 6

153 Mit der Nummer 6 (**Zustellung der Streitverkündung**) wird an den bisherigen § 209 Abs. 2 Nr. 4 angeknüpft. Wie in den übrigen Fällen wird auch hier auf den Hemmungstatbestand umgestellt. Außerdem wird zur Klarstellung aus-

drücklich auf die nach § 73 Satz 2 ZPO erforderliche Zustellung der Streitverkündung abgestellt. Weggelassen wird gegenüber dem bisherigen § 209 Abs. 2 Nr. 4 die irreführende Einschränkung auf die Streitverkündung »in dem Prozesse, von dessen Ausgange der Anspruch abhängt«. Entgegen dem Wortlaut ist nämlich die Verjährungswirkung der Streitverkündung gerade nicht davon abhängig, dass die tatsächlichen Feststellungen des Vorprozesses für den späteren Prozess maßgebend sein müssen (BGHZ 36, 212, 214). Die schon bislang praktizierte Gleichstellung der Streitverkündung im selbständigen Beweisverfahren mit der Streitverkündung im Prozess (BGHZ 134, 190) ist durch die bloße Anknüpfung an die Streitverkündung künftig zwanglos möglich.

Zu Nummer 7

Nummer 7 (**Zustellung des Antrags auf Durchführung des selbständigen Beweisverfahrens**) übernimmt die bisher in § 477 Abs. 2 und § 639 Abs. 1 für Gewährleistungsansprüche aus Kauf- und Werkvertrag vorgesehene Regelung als allgemeine Regelung. Es ist schon nach geltendem Recht kein tragender Grund ersichtlich, weshalb der Antrag auf Beweissicherung bei Gewährleistungsansprüchen aus Kauf- und Werkvertrag und nicht bei anderen Ansprüchen Einfluss auf den Lauf der Verjährung haben soll. Das gilt erst recht nach dem vorliegenden Entwurf, der die Sonderbehandlung der Gewährleistungsansprüche aus Kauf- und Werkvertrag einschränkt. Es ist daher vorgesehen, die in § 477 Abs. 2 und § 639 Abs. 1 enthaltene Regelung als allgemeine zu übernehmen – wieder mit der Maßgabe, dass statt der Unterbrechung die Hemmung der Verjährung vorgesehen wird. Außerdem wird zur Klarstellung ausdrücklich auf die nach § 270 Abs. 1 Satz 1 ZPO erforderliche Zustellung des Antrags abgestellt.

154

Zu Nummer 8

Mit der Nummer 8 (**Beginn eines vereinbarten Begutachtungsverfahrens oder die Beauftragung des Gutachters in dem Verfahren nach § 641a**) werden von den Parteien vereinbarte Begutachtungsverfahren und das spezielle Begutachtungsverfahren nach § 641a zur Erwirkung der werkvertraglichen Fertigstellungsbescheinigung dem selbständigen Beweisverfahren, das nach § 485 ZPO gleichfalls die Begutachtung durch einen Sachverständigen zum Gegenstand haben kann, in ihrer verjährungsrechtlichen Wirkung gleichgestellt. Bei vereinbarten Begutachtungsverfahren wird allgemein auf ihren Beginn abgestellt, um der Vielfältigkeit der Parteivereinbarungen Rechnung zu tragen. Die Kenntnis des Schuldners von der Hemmung ist unproblematisch, da nur vereinbarte und damit unter Mitwirkung des Schuldners erfolgende Begutachtungsverfahren die Hemmungswirkung auslösen. Bei dem Verfahren nach § 641a wird auf die nach § 641a Abs. 2 Satz 2 erforderliche Beauftragung des Gutachters durch den Unternehmer abgestellt. Die Kenntnis des Bestellers von der Hemmung durch die Beauftragung des Gutachters ist durch die Einladung zum Besichtigungstermin nach § 641a Abs. 3 Satz 1 sichergestellt. Dieser Hemmungsgrund substituiert neben § 203 den weggefallenen Tatbestand des § 639 Abs. 2.

155

Zu Nummer 9

156 Die Nummer 9 (**Zustellung des Antrags auf Erlass eines Arrestes**, einer **einstweiligen Verfügung** oder einer **einstweiligen Anordnung**, oder, wenn der Antrag nicht zugestellt wird, dessen Einreichung, wenn der Arrestbefehl, die einstweilige Verfügung oder einstweilige Anordnung innerhalb eines Monats nach Erlass dem Antragsgegner zugestellt wird) sieht als Novum gegenüber dem bisherigen Recht vor, dass auch der Antrag auf Erlass eines Arrestes, einer einstweiligen Verfügung oder einer einstweiligen Anordnung die Verjährung hemmt.

157 Bislang fehlten diese Fälle bei der Aufzählung der gerichtlichen Maßnahmen in dem bisherigen § 209, da mit einem solchen Antrag nicht der Anspruch selbst, sondern dessen Sicherung geltend gemacht wird.

158 Gleichwohl sind auf Grund eines praktischen Bedürfnisses Fälle anerkannt worden, in denen mit der einstweiligen Verfügung eine – wenn auch nur vorläufige – Befriedigung wegen eines Anspruchs erreicht werden kann. Dies sind die Fälle der sog. Leistungsverfügung. Betroffen sind in erster Linie (wettbewerbsrechtliche) Unterlassungsansprüche. Soweit in diesen Fällen der Anspruch selbst im Wege eines Antrags auf Erlass einer einstweiligen Verfügung geltend gemacht werden kann, wird in diesem Verfahren nicht nur über die Sicherung des Anspruchs, sondern über die vorläufige Befriedigung des Gläubigers entschieden. Der Gläubiger hat dann häufig kein Interesse mehr an dem Hauptsacheverfahren. Da jedoch die Unterlassungsansprüche nach § 21 Abs. 1 UWG einer sechsmonatigen Verjährungsfrist unterliegen, ist der Gläubiger mitunter gezwungen, ein Hauptsacheverfahren allein zur Verjährungsunterbrechung anhängig zu machen, um zu verhindern, dass während eines sich hinziehenden Verfahrens auf Erlass einer einstweiligen Verfügung die Verjährung eintritt und er mit leeren Händen dasteht. Entsprechendes gilt für den presserechtlichen Gegendarstellungsanspruch, der innerhalb der in den Landespressegesetzen bestimmten Aktualitätsgrenze geltend gemacht sein muss.

159 Der Arrest, die einstweilige Verfügung und die einstweilige Anordnung stehen in ihrer Rechtsschutzfunktion dem in der Nummer 7 geregelten selbständigen Beweisverfahren und den in der Nummer 8 geregelten Begutachtungsverfahren nicht nach. Auch dort ist der Anspruch selbst nicht unmittelbarer Verfahrensgegenstand. Auf eine unterschiedliche Behandlung der einzelnen Arten der einstweiligen Verfügung, der einstweiligen Anordnung und des Arrestes kann auch deshalb verzichtet werden, weil sie künftig nur eine Hemmung, nicht aber die Unterbrechung bewirken. Diese Wirkung ist weit weniger einschneidend.

160 Die Hemmung beginnt grundsätzlich mit der Zustellung des jeweiligen Antrags. Dies stellt sicher, dass die Hemmung nicht eintritt, ohne dass der Schuldner hiervon Kenntnis erlangt. Die Rückwirkung der Hemmungswirkung auf den Zeitpunkt der Einreichung des Antrags ergibt sich aus § 270 Abs. 3 ZPO. Vielfach wird jedoch über das Gesuch ohne mündliche Verhandlung entschieden und der Antrag daher nicht zugestellt. Für diesen Fall sieht die Nummer 9 vor, dass die Hemmungswirkung bereits mit der Einreichung des Antrags eintritt, jedoch unter der Bedingung steht, dass der Arrestbefehl, die einstweilige

Verfügung oder einstweilige Anordnung innerhalb eines Monats nach Erlass dem Antragsgegner zugestellt wird. Diese (auflösende) Bedingung vermeidet eine »heimliche« Hemmung, die beispielsweise zu besorgen wäre, wenn der Gläubiger von einem ohne Kenntnis des Schuldners ergangenen Sicherungsmittel keinen Gebrauch macht. Tritt die Bedingung nicht ein, weil das Gericht einen nicht zugestellten Antrag ablehnt und es daher überhaupt nicht zu einem Arrestbefehl usw. kommt, der zugestellt werden könnte, ist die fehlende Hemmungswirkung unschädlich.

Zu Nummer 10

Die Nummer 10 (**Anmeldung des Anspruchs im Insolvenzverfahren oder im Schifffahrtsrechtlichen Verteilungsverfahren**) entspricht mit der Maßgabe der zuvor erläuterten Umstellung auf den Hemmungstatbestand dem bisherigen § 209 Abs. 2 Nr. 2. **161**

Zu Nummer 11

Die Nummer 11 (**Beginn des schiedsgerichtlichen Verfahrens**) greift hinsichtlich des schiedsrichterlichen Verfahrens gemäß §§ 1025 ff. ZPO den Gedanken des bisherigen § 220 Abs. 1 auf, der die Unterbrechung der Verjährung von Ansprüchen, die vor einem Schiedsgericht geltend zu machen sind, durch Verweisung auf die für gerichtliche Maßnahmen geltenden Vorschriften regelt. Allerdings wird nicht lediglich die entsprechende Anwendung der für die Klageerhebung geltenden Vorschriften angeordnet. Dadurch ergäbe sich die Unklarheit, wann man im Schiedsverfahren von einer der Klageerhebung vergleichbaren Situation sprechen kann. Der Entwurf hatte auf den Empfang des Antrags, die Streitigkeit einem Schiedsgericht vorzulegen, angeknüpft. Dieser Tatbestand führt nach § 1044 Satz 1 ZPO zum Beginn des Schiedsrichterlichen Verfahrens und damit zur Schiedshängigkeit (Baumbach/Lauterbach/Albers/Hartmann, § 1044 Rdn. 3). Mit Rücksicht hier auf stellt das Gesetz, anders als der Entwurf nicht auf den »Empfang des Antrags«, sondern auf den Beginn des schiedsrichterlichen Verfahrens ab. Das Gesetz verzichtet entgegen früheren Überlegungen auch darauf, § 1044 Abs. 1 ZPO zu erwähnen. Dies hätte nämlich zu dem Missverständnis führen können, dass ausländische Schiedsverfahren die Hemmung nicht auslösen. **162**

Der Übernahme des bisherigen § 220 Abs. 2 bedarf es dann – anders als nach dem Vorschlag der Schuldrechtskommission nicht mehr. Diese Vorschrift betrifft den Fall, dass zur Durchführung des Schiedsverfahrens noch die Ernennung des oder der Schiedsrichter oder die Erfüllung sonstiger Voraussetzungen erforderlich ist. Die Unterbrechung der Verjährung tritt in diesen Fällen nach geltendem Recht bereits dann ein, wenn der Berechtigte alles zur Erledigung der Sache seinerseits Erforderliche vornimmt. Damit soll verhindert werden, **163** dass die Unterbrechung der Verjährung durch Umstände verzögert wird, auf die der Berechtigte keinen Einfluss hat. Auf die Ernennung eines Schiedsrichters kommt es aber nach dem neuen § 1044 ZPO nicht an. Auch auf die Erfüllung sonstiger Voraussetzungen kommt es für die Hemmung der Verjährung nicht an. Vielmehr liegt es allein in der Hand des Anspruchsberechtigten, den Empfang des Antrags, die Streitigkeit einem Schiedsgericht vorzulegen, zu bewirken.

164   Der bisherige § 220 Abs. 1 regelt auch den Fall, dass ein Anspruch vor einem besonderen Gericht, einem Verwaltungsgericht oder einer Verwaltungsbehörde geltend zu machen ist. Die Erwähnung anderer Gerichtszweige als solcher der ordentlichen Gerichtsbarkeit ist entbehrlich und entfällt. Die Erwähnung der Verwaltungsbehörden ist schon nach geltendem Recht obsolet (vgl. Palandt/Heinrichs § 220 Rdn. 1).

Zu Nummer 12

165   Mit der Nummer 12 (**Einreichung** des **Antrags** bei einer **Behörde**, wenn die Zulässigkeit der Klage von der Vorentscheidung dieser Behörde abhängt und innerhalb von drei Monaten nach Erledigung des Gesuchs die Klage erhoben wird; dies gilt entsprechend für bei einem Gericht oder bei einer in Nummer 4 bezeichneten Gütestelle zu stellende Anträge, deren Zulässigkeit von der Vorentscheidung einer Behörde abhängt) wird die erste Alternative des bisherigen § 210 Satz 1 übernommen.

166   Wie in den übrigen Fällen wird auch hier auf den Hemmungstatbestand umgestellt. Ferner wird nicht mehr an die Zulässigkeit des Rechtswegs, sondern an die der Klage geknüpft. Schon bislang wurde über den zu engen Wortlaut hinaus der bisherige § 210 immer dann angewendet, wenn eine behördliche Entscheidung oder ein behördliches Vorverfahren Zulässigkeitsvoraussetzung für die Erhebung der Klage ist (MünchKomm/v. Feldmann, § 210 Rdn. 2). Um auch hier einer »heimlichen« Hemmung vorzubeugen, wird aus dem bisherigen § 210 die Bedingung übernommen, dass innerhalb von drei Monaten nach Erledigung des Gesuchs die Klage erhoben wird. Zudem erscheint es bei einem Verfahren zur Herbeiführung der Zulässigkeit der Klage sachgerecht, die Hemmung nur dann vorzusehen, wenn der Gläubiger die Angelegenheit anschließend weiterbetreibt. Der zweite Halbsatz der Nummer 12 sieht die entsprechende Anwendung für bei einem Gericht oder bei einer Gütestelle im Sinne der Nummer 4 zu stellende Anträge, deren Zulässigkeit von der Vorentscheidung einer Behörde abhängt, vor. Schon in dem bisherigen § 210 war als Alternative zur Klage der Güteantrag genannt. Hinzu kommen bei Gericht zu stellende Anträge wie der Prozesskostenhilfeantrag nach der Nummer 14, dessen Zulässigkeit genauso von einer behördlichen Entscheidung abhängen kann wie die Klage, für die Prozesskostenhilfe begehrt wird.

Zu Nummer 13

167   Mit der Nummer 13 (**Einreichung** des **Antrags** bei dem **höheren Gericht**, wenn dieses das zuständige Gericht zu bestimmen hat und innerhalb von drei Monaten nach Erledigung des Gesuchs die Klage erhoben oder der Antrag, für

den die Gerichtsstandsbestimmung zu erfolgen hat, gestellt wird) wird die zweite Alternative des bisherigen § 210 Satz 1 übernommen.

Wie in den übrigen Fällen wird auch hier auf den Hemmungstatbestand umgestellt. Um auch hier einer »heimlichen« Hemmung vorzubeugen, wird aus dem bisherigen § 210 die Bedingung übernommen, dass innerhalb von drei Monaten nach Erledigung des Gesuchs die Klage erhoben wird. Als Alternative zur Klageerhebung wird allgemein auf Anträge, für die die Gerichtsstandsbestimmung zu erfolgen hat, abgestellt. Die Gerichtsstandsbestimmung nach § 36 ZPO ist nämlich nicht nur auf den Fall der Klageerhebung anzuwenden, sondern beispielsweise auch für den Fall, dass das für einen Mahnantrag zuständige Gericht bestimmt werden soll.

Zu Nummer 14

Die Nummer 14 (Veranlassung der **Bekanntgabe** des **erstmaligen Antrags** auf **Gewährung von Prozesskostenhilfe**; wird die Bekanntgabe demnächst nach der Einreichung des Antrags veranlasst, so tritt die Hemmung der Verjährung bereits mit der Einreichung ein) stellt sicher, dass die bedürftige Partei zur Rechtsverfolgung ebensoviel Zeit hat wie diejenige, die das Verfahren selbst finanzieren muss.

Die Vorschrift ist neu im Gesetzestext, wird von der Rechtsprechung aber bereits heute – wie schon erwähnt – unter bestimmten Voraussetzungen als Hemmungstatbestand anerkannt. Nicht erforderlich ist, – wie nach der gegenwärtigen Rechtsprechung – die Hemmung außer von dem bloßen Prozesskostenhilfeantrag davon abhängig zu machen, dass der Antrag ordnungsgemäß begründet, vollständig, von den erforderlichen Unterlagen begleitet und von der subjektiven Ansicht der Bedürftigkeit getragen ist. Diese Einschränkungen sind erforderlich, wenn man die Hemmung durch Antrag auf Prozesskostenhilfe aus dem geltenden § 203 Abs. 2 herleitet und die Unfähigkeit, die erforderlichen Vorschüsse zu leisten, als höhere Gewalt ansieht, die auch durch zumutbare Maßnahmen nicht überwunden werden kann. Im Rahmen einer gesetzlichen Neuregelung erscheint es nicht angebracht, zum Nachteil des Bedürftigen für den Prozesskostenhilfeantrag besondere Anforderungen gesetzlich vorzugeben. Auf solche Vorgaben wird auch bei den in den übrigen Nummern genannten Hemmungstatbeständen verzichtet. Sie sind hier entbehrlich.

Der insbesondere aus der Kostenfreiheit des Prozesskostenhilfeverfahrens resultierenden Missbrauchsgefahr begegnet das Gesetz dadurch, dass nur dem erstmaligen Antrag Hemmungswirkung zuerkannt wird. So ist ausgeschlossen, dass sich der Gläubiger hinsichtlich eines Anspruchs durch gestaffelte Prozesskostenhilfeanträge eine mehrfache Verjährungshemmung verschafft. Allerdings würde auch ein solcher Antrag die »Dachlauffrist« von 6 Monaten nach Abs. 2 auslösen. Das nimmt der Gesetzgeber im Interesse einer übersichtlichen Lösung in Kauf. Die Fälle werden – wegen des möglichen Verbrauchs der Hemmung – nicht so häufig sein und ihre Wirkungen durch eine rasche Zurückweisung des Antrags zu begrenzen sein.

172   Die Hemmung beginnt grundsätzlich mit der Bekanntgabe des Antrags, wodurch sichergestellt ist, dass der Schuldner Kenntnis von der Hemmung erlangt. Um Streit um die erfolgte Bekanntgabe zu vermeiden, stellt das Gesetz auf die Veranlassung der Bekanntgabe ab. Auch sie gibt die Gewähr für den Zugang beim Gegner. An die Zustellung als die förmliche Art der Bekanntgabe anzuknüpfen, kommt nicht in Betracht, da sie zivilprozessual nicht vorgeschrieben ist. In Entsprechung zu § 270 Abs. 3 ZPO, der mangels Zustellung keine Anwendung findet, wird bestimmt, dass die Hemmungswirkung auf die Einreichung des Prozesskostenhilfeantrags zurückwirkt, wenn die Bekanntgabe »demnächst« nach der Einreichung erfolgt. Anträge, die vom Gericht dem Schuldner nicht bekanntgegeben werden, bewirken keine Hemmung. Dies ist sachgerecht, denn dann handelt es sich entweder um von vornherein aussichtslose Gesuche oder um solche, bei denen zugleich der Antrag auf Erlass eines Arrestes, einer einstweiligen Verfügung oder einer einstweiligen Anordnung gestellt wird und die Hemmung bereits durch die Nummer 9 sichergestellt ist.

Zu Absatz 2

173   Absatz 2 enthält die Regelungen über die **Beendigung** der **Hemmung** in den in Absatz 1 genannten Fällen.

Zu Satz 1

174   Gemäß Satz 1 endet die **Hemmung sechs Monate** nach der **rechtskräftigen Entscheidung oder anderweitigen Erledigung** des eingeleiteten Verfahrens.

175   Damit dauert die durch die in Absatz 1 genannten Rechtsverfolgungsmaßnahmen ausgelöste Hemmung zum einen während des gesamten jeweiligen Verfahrens an. Diese Regelung ersetzt den bisherigen § 211 Abs. 1 und die vergleichbaren oder auf den bisherigen § 211 Abs. 1 verweisenden Bestimmungen der bisherigen §§ 212a bis 215 und 220 mit dem Unterschied, dass nun nicht mehr die Fortdauer der Unterbrechung der Verjährung, sondern die Dauer der Hemmung geregelt wird.

176   Zum anderen dauert die Hemmung auch über die Erledigung des Verfahrens hinaus noch weitere sechs Monate an. Die **Gewährung** einer solchen **Nachfrist** ist durch die Umstellung von der Unterbrechungs- auf die Hemmungswirkung und die dadurch bewirkte geringere Intensität der Einwirkung auf den Lauf der Verjährung angezeigt. Insbesondere bei Verfahren, die nicht mit einer Sachentscheidung enden, muss dem Gläubiger noch eine Frist bleiben, in der er – verschont von dem Lauf der Verjährung – weitere Rechtsverfolgungsmaßnahmen einleiten kann. Dies ist beispielsweise der Fall bei der Geltendmachung der Aufrechnung, wenn über die Aufrechnungsforderung nicht entschieden wurde, bei einem selbständigen Beweisverfahren oder bei einem Prozesskostenhilfeverfahren. Die 6-Monats-Frist ist in diesem Zusammenhang bereits eingeführt. Nach dem bisherigen § 211 Abs. 2 Satz 1 gilt für den Fall, dass der Berechtigte binnen sechs Monaten von neuem Klage erhebt, die Verjährung als durch die Erhebung der ersten Klage unterbrochen. Eine Verweisung hierauf oder vergleichbare Regelungen finden sich des Weiteren in den bisherigen §§ 212a bis 215 und 220.

Die 6-Monats-Frist ist auch ausreichend. Vom Gläubiger kann erwartet werden, dass er bei der Handlung, die hier die Hemmung auslöst, den Anspruch prüft und seine Verfolgung bedenkt, so dass es beim Ende der Hemmung keiner längeren Überlegungs- und Vorbereitungsfrist mehr bedarf.

Bei den neuen Tatbeständen des Katalogs des Absatzes 1 ergeben sich durch das Abstellen auf die »Erledigung« des eingeleiteten Verfahrens keine Probleme. 177

Beim selbständigen Beweisverfahren (Absatz 1 Nr. 7) – ohnehin schon durch den bisherigen § 477 Abs. 2 und den bisherigen § 639 Abs. 1 als Unterbrechungstatbestand eingeführt – ist abzustellen auf die Verlesung der mündlichen Aussage des Zeugen oder Sachverständigen im Termin (BGH, NJW 1973, 698, 699) bzw. auf die Zustellung des schriftlichen Gutachtens, wenn eine mündliche Erläuterung nicht stattfindet (BGH, MDR 1993, 979), sonst mit Zurückweisung oder Zurücknahme des Gesuchs (Zöller/Herget, § 492 Rdn. 4). 178

Bei dem in Absatz 1 Nr. 8 genannten Verfahren nach § 641a ist das Verfahren erledigt, wenn die erteilte Fertigstellungsbescheinigung dem Besteller zugeht (§ 641a Abs. 5 Satz 2), wenn der Gutachter die Erteilung der Bescheinigung wegen Nichtvorliegens der Voraussetzungen ablehnt, sonst mit Zurücknahme des Auftrags durch den Unternehmer. Bei dem gleichfalls in Absatz 1 Nr. 8 genannten vereinbarten Begutachtungsverfahren richtet sich die Erledigung primär nach der Parteivereinbarung und den Vorgaben des § 641a. Danach ist der Gutachter verpflichtet, eine Bescheinigung zu erteilen, wenn er die Freiheit von Mängeln festgestellt hat. Liegen Mängel vor, wird sich in der Regel aus der Beauftragung ergeben, dass er den Unternehmer über das Ergebnis zu unterrichten hat. Dieses ist dann die Erledigung. 179

Bei dem Verfahren auf Erlass eines Arrestes, einer einstweiligen Verfügung oder einer einstweiligen Anordnung (Absatz 1 Nr. 9) richtet sich das Vorliegen einer rechtskräftigen Entscheidung oder einer sonstigen Erledigung nach den prozessordnungsrechtlichen Vorschriften. 180

Letzteres gilt auch für das Prozesskostenhilfeverfahren (Absatz 1 Nr. 14). Diesbezüglich wird auf eine ergänzende Regelung, die näher bestimmen soll, wann das zur Bewilligung von Prozesskostenhilfe eingeleitete Verfahren als erledigt anzusehen ist, verzichtet. Probleme können sich hier etwa aus dem Umstand ergeben, dass eine die Bewilligung ablehnende Entscheidung von dem Antragsteller gemäß § 127 Abs. 2 Satz 2 ZPO mit der unbefristeten Beschwerde angefochten werden kann. Auch die Bewilligung der Prozesskostenhilfe kann nach Maßgabe des § 127 Abs. 3 ZPO von der Staatskasse angefochten werden. Eine ähnliche, wenn auch nicht allzu häufige Situation, kann sich bei dem selbständigen Beweisverfahren (Absatz 1 Nr. 7) ergeben: Dort ist der Beschluss, mit dem die Durchführung des beantragten Verfahrens abgelehnt wird, ebenfalls mit der unbefristeten Beschwerde anfechtbar. Indes sehen schon der bisherige § 477 Abs. 2 und der bisherige § 639 Abs. 1 eine Verjährungsunterbrechung durch das selbständige Beweisverfahren vor, die mit »Beendigung« des Verfahrens endet. Nennenswerte praktische Probleme mit der Anwendung dieser Bestimmung sind nicht bekannt geworden. Im Übrigen wird darauf hingewiesen, dass das 181

Gesetz zur Reform des Zivilprozesses vom 27. Juli 2001 (BGBl. I, S. 1887 ff.) eine Abschaffung der unbefristeten Beschwerde vorsieht, § 567 Abs. 1 ZPO n. F.

182 Keiner Übernahme in die Neuregelung bedurfte der bisherige § 214 Abs. 3. Dieser betrifft bei der Unterbrechung der Verjährung durch Anmeldung im Insolvenzverfahren oder im Schifffahrtsrechtlichen Verteilungsverfahren den Fall, dass für eine Forderung, die infolge eines bei der Prüfung erhobenen Widerspruchs in Prozess befangen ist, ein Betrag zurückgehalten wird. Hierbei handelt es sich um den Fall des § 189 InsO bzw. des § 26 der Schifffahrtrechtlichen Verteilungsordnung in der Fassung vom 23. März 1999 (BGBl. I S. 530, ber. 2000 I 149): Der Gläubiger einer bestrittenen Forderung hat dem Insolvenzverwalter bzw. dem Gericht fristgerecht nachgewiesen, dass er eine Feststellungsklage erhoben hat oder in einem schon früher anhängigen Rechtsstreit diese Forderung verfolgt. Dann wird der auf die Forderung entfallende Anteil bei der Verteilung zurückbehalten, solange der Rechtsstreit anhängig ist. Die Unterbrechung hinsichtlich dieser Forderung dauert dann nach dem bisherigen § 214 Abs. 3 in Verbindung mit dem bisherigen § 211 so lange fort, bis der Rechtsstreit über die bestrittene Forderung rechtskräftig entschieden oder anderweitig erledigt ist. Diese Fortdauer der Unterbrechung ist jedoch überflüssig, da parallel zu der Unterbrechung durch die Anmeldung die Verjährung des Anspruchs auch durch den früher anhängigen Rechtsstreit oder die nachträglich erhobene Feststellungsklage unterbrochen ist. Wenn mithin das Insolvenzverfahren bzw. das schifffahrtsrechtliche Verteilungsverfahren endet und für die bestrittene Forderung ein Betrag zurückgehalten wird, kann durchaus nach der Grundregel des bisherigen § 214 Abs. 1 die durch die Anmeldung bewirkte Unterbrechung der Verjährung enden. Dies schadet dem Gläubiger nämlich nicht, da zu seinen Gunsten weiterhin die durch die Klage bewirkte Unterbrechung läuft. Nichts anderes gilt für das Recht des Entwurfs: Das Ende der Hemmung durch die Beendigung des Insolvenzverfahrens bzw. des schifffahrtsrechtlichen Verteilungsverfahrens schadet dem Gläubiger nicht, denn weiterhin ist die Verjährung seines Anspruchs durch die erhobene Klage gehemmt.

183 In allen Fällen wird davon abgesehen, entsprechend dem bisherigen § 212 Abs. 1 und den vergleichbaren oder auf den bisherigen § 212 Abs. 1 verweisenden Bestimmungen der bisherigen §§ 212a bis 215 und 220 rückwirkend die Hemmung entfallen zu lassen, wenn die Klage oder der sonstige Antrag zurückgenommen oder durch Prozessurteil abgewiesen wird. Durch die Umstellung von der Unterbrechungs- auf die Hemmungswirkung wird in deutlich geringerem Maße als bisher auf den Lauf der Verjährung eingewirkt. Der bloße Aufschub für die Dauer des Verfahrens und der sechsmonatigen Nachfrist sollte unabhängig von dessen Ausgang sein. Missbräuche lassen sich zwar theoretisch nicht ausschließen. Sie werden aber in der Praxis selten sein. Nach § 269 Abs. 3 ZPO setzt die Rücknahme der Klage nach dem Beginn der mündlichen Verhandlung die Zustimmung des Beklagten voraus. Auch kann der Beklagte eine Widerklage erheben.

Zu Satz 2 und 3

Nach Satz 2 tritt an die Stelle der Erledigung des Verfahrens die letzte Verfahrenshandlung der Parteien, des Gerichts oder der sonst mit dem Verfahren befassten Stelle, wenn das Verfahren dadurch in Stillstand gerät, dass es von den Parteien nicht betrieben wird. Welche Gründe die Parteien hier für haben, ist unerheblich. Wollen sie z. B. einen Musterprozess abwarten, müssen sie entweder das Gericht dazu veranlassen, das Ruhen des Verfahrens anzuordnen oder sich über die Hemmung gemäß § 202 zu verständigen. Nach Satz 3 beginnt die Hemmung erneut, wenn eine der Parteien das Verfahren weiterbetreibt. Diese Vorschriften lehnen sich an den bisherigen § 211 Abs. 2 an, der nach geltendem Recht auch für die Fälle der bisherigen §§ 212a bis 215 und 220 anzuwenden ist. Angesichts der großen Zahl der rechtshängig gemachten, aber anschließend nicht weiter betriebenen Prozesse entspricht die Regelung einem praktischen Bedürfnis, da sonst wohl zu viele Forderungen nie verjähren würden. Es ist auch nicht ersichtlich, dass die Anwendung der Vorschrift unüberwindliche Schwierigkeiten bereitet hat.

184

Da nach der Formulierung des Satzes 2 die letzte Verfahrenshandlung »an die Stelle der Erledigung des Verfahrens« nach Satz 1 tritt, endet auch in diesem Fall die Hemmung erst sechs Monate später. Dadurch erhalten die Parteien ausreichend Gelegenheit, sich zu vergewissern, ob der Prozess tatsächlich in Stillstand geraten ist.

185

Zu Absatz 3

Nach Absatz 3 finden auf die 3-Monatsfrist des Absatzes 1 Nr. 9, 12 und 13 die Vorschriften über die Hemmung bei höherer Gewalt (§ 206), die Ablaufhemmung bei nicht voll Geschäftsfähigen (§ 210) und die Ablaufhemmung in Nachlassfällen (§ 211) entsprechende Anwendung. Hinsichtlich der Fälle des Absatzes 1 Nr. 12 und 13 entspricht dies dem bisherigen § 210 Satz 2; erweitert wird die Anwendung auf den neuen Tatbestand des Absatzes 1 Nr. 9.

186

§ 205 – Hemmung der Verjährung bei Leistungsverweigerungsrecht

Die Verjährung ist gehemmt, solange der Schuldner auf Grund einer Vereinbarung mit dem Gläubiger vorübergehend zur Verweigerung der Leistung berechtigt ist.

Die Vorschrift greift einen Gedanken des bisherigen § 202 auf. Peters/Zimmermann (S. 253) meinen allerdings, dass der bisherige § 202 mehr Verwirrung erzeugt als Nutzen bringt. Die anfängliche Stundung führe zu den gleichen Ergebnissen wie ein von vornherein vereinbarter späterer Fälligkeitstermin, so dass der bisherige § 202 neben dem bisherigen § 198 Satz 1 keine selbständige Bedeutung habe. Das nachträgliche Stundungsbegehren enthalte fast immer ein Anerkenntnis des Schuldners, so dass die gewährte Stundung wie die Vereinbarung eines späteren Fälligkeitstermins wirke. Fälle, in denen der Schuldner die Forde-

187

rung bestreite und gleichzeitig um Stundung bitte, seien wohl so selten, dass sie die Regelung nicht rechtfertigten. Weiter in der Kommentarliteratur erörterte Fälle (z. B. Einstellung der Forderung in ein Kontokorrent, Einrede aus § 1100 Satz 2) könnten über § 198 Satz 1 erfasst werden. Auch das pactum de non petendo könne im Rahmen der derzeitigen §§ 208, 852 Abs. 2, 225 erfasst werden. Der bisherige § 202 habe Bedeutung eigentlich nur für Ausweichversuche dort, wo strenger formulierte Unterbrechungs- oder Hemmungstatbestände nicht eingriffen.

188 Diese Auffassung ist überzeugend. Es erscheint allerdings zweifelhaft, ob alle nachträglichen Vereinbarungen, die dem Schuldner einen Aufschub gewähren, als Anerkenntnis gewertet werden können. § 205 sieht daher eine Regelung vor, die sich auf vereinbarte vorübergehende Leistungsverweigerungsrechte beschränkt. Die Fassung wird dadurch entsprechend der geringen Bedeutung der Vorschrift erheblich vereinfacht. Damit bietet sie sich auch weniger für Umgehungsversuche an.

189 Soweit der BGH nach neuester Rechtsprechung (BGH, NJW 1999, 3705) die Ansicht vertritt, bei Zinsen aus Sicherungsgrundschulden sei die Verjährung nicht in entsprechender Anwendung des bisherigen § 202 Abs. 1 bis zum Eintritt des Sicherungsfalls gehemmt, hindert ihn der Wortlaut des neuen § 205 nicht, diese Rechtsprechung fortzusetzen.

Zu § 206 – Hemmung der Verjährung bei höherer Gewalt

Die Verjährung ist gehemmt, solange der Gläubiger innerhalb der letzten sechs Monate der Verjährungsfrist durch höhere Gewalt an der Rechtsverfolgung gehindert ist.

190 Die Vorschrift übernimmt den bisherigen § 203 Abs. 2 zur Hemmung der Verjährung, wenn der Gläubiger durch höhere Gewalt an der Rechtsverfolgung gehindert ist. Peters/Zimmermann (S. 252, 308) weisen allerdings darauf hin, dass der bisherige § 203 Abs. 2 mit dem Erfordernis der »höheren Gewalt« früher mit dem auf die Wiedereinsetzung in den vorigen Stand wegen Versäumung einer Frist bezogenen § 233 Abs. 1 ZPO übereingestimmt habe, bei dessen Neufassung – nur noch: »ohne ihr Verschulden« – aber nicht angepasst worden sei. Sie sprechen sich dafür aus, diese Anpassung nachzuholen, da die Fälle der Versäumung einer Notfrist und einer Verjährungsfrist durchaus vergleichbar seien. Dafür spreche auch die Regelung in § 651g Abs. 1 Satz 2 und die Rechtsprechung zu § 270 Abs. 3 ZPO, wonach die Zustellung »demnächst« erfolgt sei, wenn sie nicht durch schuldhaftes Verhalten des Klägers verzögert worden sei. Es erscheine auch unbillig, dass Ansprüche verjährten, denen zunächst ein später für verfassungswidrig erklärtes Gesetz entgegengestanden habe, bei denen der Gläubiger schwer erkrankt sei oder bei deren Durchsetzung die Post verzögerlich gearbeitet habe.

Die Neuregelung folgt dem nicht. Einmal sind die Fälle des § 233 ZPO und 191
die des bisherigen § 203 nicht ohne weiteres vergleichbar: Zunächst geht es bei
§ 233 ZPO darum, ob ein Träger öffentlicher Gewalt einen Rechtsbehelf wegen
Versäumung einer regelmäßig sehr kurzen Frist a limine zurückweist. Bei dem
bisherigen § 203 geht es darum, ob ein Schuldner einem Gläubiger deshalb, weil
dieser eine regelmäßig viel längere Frist versäumt hat, eine an sich geschuldete
Leistung verweigern kann. Wenn auch die bei § 233 ZPO einschlägigen Fälle im
Einzelfall recht unterschiedlich sind, so verengt sich in der großen Mehrzahl der
Fälle die Frage doch dahin, weshalb eine bestimmte Erklärung in einem bereits
anhängigen Verfahren nicht vor Ablauf einer Frist eingegangen ist.

Wollte man den bisherigen § 203 an § 233 angleichen, wäre die **Bandbreite** 192
der einschlägigen Fälle erheblich größer. Das beginnt mit der Frage, wie die
Unkenntnis des Gläubigers vom Anspruch einzuordnen ist. Was ist mit dem
Gläubiger, der sich wegen Krankheit nicht umfassend um seine Geschäfte kümmern, aber einzelne Maßnahmen noch veranlassen kann? Die Gründe, einen
Anspruch nicht rechtzeitig einzuklagen, können sehr vielfältig sein: Ein Beweismittel wird zu spät aufgefunden. Das dem Anspruch entgegenstehende Gesetz
ist noch nicht für verfassungswidrig erklärt worden. Die dem Anspruch entgegenstehende Rechtsprechung hat sich noch nicht geändert. Der Gläubiger, dem
Prozesskostenhilfe zu Unrecht versagt worden ist, ist noch nicht wieder zu
Geld gekommen.

Die bisherige Rechtsprechung in diesem Bereich, die die Hemmung der Ver- 193
jährung verneint hat, ist sachgerecht (zu spät behobene Beweisschwierigkeiten:
BGH, NJW 1975, 1466, verfassungswidriges Gesetz: KG und OLG Hamm,
NJW 1980, 242 ff., 244, 246; geänderte Rechtsprechung: BAG, NJW 1962,
1077 f. gegen BGH, DB 1961, 1257).

Der bisherige § 203 soll daher der Sache nach beibehalten, aber aus sprachli- 194
chen Gründen in einem Absatz zusammengefasst werden. Der in Absatz 1 des
bisherigen § 203 geregelte Stillstand der Rechtspflege lässt sich zwanglos als Unterfall der höheren Gewalt auffassen.

§ 207 – Hemmung der Verjährung aus familiären und ähnlichen Gründen

(1) Die Verjährung von Ansprüchen zwischen Ehegatten ist gehemmt, solange die Ehe besteht. Das Gleiche gilt für Ansprüche zwischen
1. Lebenspartnern, solange die Lebenspartnerschaft besteht,
2. Eltern und Kindern und dem Ehegatten eines Elternteils und dessen Kindern während der Minderjährigkeit der Kinder,
3. dem Vormund und dem Mündel während der Dauer des Vormundschaftsverhältnisses,
4. dem Betreuten und dem Betreuer während der Dauer des Betreuungsverhältnisses und
5. dem Pflegling und dem Pfleger während der Dauer der Pflegschaft.

B. Verjährungsrecht

Die Verjährung von Ansprüchen des Kindes gegen den Beistand ist während der Dauer der Beistandschaft gehemmt.
(2) § 208 bleibt unberührt.

195 Die Vorschrift greift die Regelung des bisherigen § 204 zur Hemmung der Verjährung aus familiären Gründen auf. Neu in Satz 2 Nr. 1 ist, dass nun auch Ansprüche zwischen Lebenspartnern für die Dauer der Lebenspartnerschaft gehemmt sind. Gleichfalls neu sind Satz 2 Nr. 3 und 4 sowie Satz 3, wonach die Verjährung von Ansprüchen

– des Betreuten gegen den Betreuer und umgekehrt während der Dauer des Betreuungsverhältnisses,
– des Pfleglings gegen den Pfleger und umgekehrt während der Dauer der Pflegschaft und
– des Kindes gegen den Beistand während der Dauer der Beistandschaft

196 gehemmt ist. Damit wird der in der Regel vorhandenen strukturellen Überlegenheit des Betreuers, Pflegers oder Beistands Rechnung getragen, die dazu führen kann, dass Ansprüche nicht geltend gemacht werden. Ähnlich wie im Verhältnis zwischen Eltern und Kindern und dem Vormund zu dem Mündel wird die Hemmung entgegen dem Entwurf insoweit beidseitig ausgestaltet. Anders soll es nur bei der Beistandschaft sein (Satz 3). Dort gibt es normalerweise kein dem Verhältnis zwischen Eltern und Kindern und dem Vormund und dem Mündel vergleichbares Näheverhältnis, das der Gläubiger vor Störungen durch die klageweise Geltendmachung von Ansprüchen gegen den Schuldner bewahren möchte oder das zu einer Unterlegenheit des Gläubigers führt, die ihn an der rechtzeitigen Geltendmachung seiner Ansprüche hindert.

§ 208 – Hemmung der Verjährung bei Ansprüchen wegen Verletzung der sexuellen Selbstbestimmung

Die Verjährung von Ansprüchen wegen Verletzung der sexuellen Selbstbestimmung ist bis zur Vollendung des 21. Lebensjahres des Gläubigers gehemmt. Lebt der Gläubiger von Ansprüchen wegen Verletzung der sexuellen Selbstbestimmung bei Beginn der Verjährung mit dem Schuldner in häuslicher Gemeinschaft, so ist die Verjährung auch bis zur Beendigung der häuslichen Gemeinschaft gehemmt.

197 Nach dieser – inhaltlich neuen – Vorschrift soll die **Verjährung von Ansprüchen wegen Verletzung** der **sexuellen Selbstbestimmung bis zur Vollendung des 21. Lebensjahres des Gläubigers gehemmt** sein. Damit wird ein breiter Opferschutz bei Verletzungen der sexuellen Selbstbestimmung angestrebt. Die Vorschrift ist der parallelen Vorschrift für das Strafrecht, dem § 78b Abs. 1 Nr. 1 StGB, nachgebildet. Die gegenwärtigen zivilrechtlichen Regelungen erweisen sich oft als unzureichend. Es geht dabei vor allem um Fälle, in denen die zur Vertretung der Kinder berufenen Eltern auf die Verfolgung der zivilrechtlichen

Ansprüche der Kinder verzichten. Die Motive hierfür sind vielfältig; sie reichen von einer Beschützung der Kinder vor den mit der Rechtsverfolgung einhergehenden, insbesondere seelischen Belastungen, bis hin zu den eher zweifelhaften Motiven der »Rücksichtnahme« auf den Täter oder der Angst vor einem »Skandal«. Die deliktischen Ansprüche aus § 823 wegen Verletzung der sexuellen Selbstbestimmung eines Kindes verjähren – bisher nach § 852 Abs. 1, künftig nach den §§ 195, 197 Abs. 1 – in drei Jahren von der Kenntniserlangung an, wobei es auf die Kenntnis des gesetzlichen Vertreters ankommt (Palandt/Thomas, § 852 Rdn. 5). So können bislang Ansprüche noch während der Minderjährigkeit des Opfers verjähren. Mit § 208 ist dies künftig ausgeschlossen. Mit Erreichen des 21. Lebensjahrs kann das Opfer selbst entscheiden, ob es seine unverjährten Ansprüche verfolgen will oder nicht.

Der Entwurf hatte noch eine Grenze von 18 Jahren vorgesehen, die sich an der Erlangung der Geschäftsfähigkeit ausrichtete. Außerdem wollte der Entwurf einen Widerspruch zu § 78b Abs. 1 Nr. 1 StGB vermeiden. Danach ruht bei einer Reihe von Straftaten gegen die sexuelle Selbstbestimmung die Verfolgungsverjährung bis zur Vollendung des 18. Lebensjahres des Opfers.

Der Ausschuss war demgegenüber mit Recht der Ansicht, dass die im Entwurf vorgeschlagene Altersgrenze zu kurz greift. Minderjährige Opfer von Verletzungen der sexuellen Selbstbestimmung sind häufig auch nach Erlangung der vollen Geschäftsfähigkeit mit 18 Jahren emotional nicht in der Lage, ihre Ansprüche wegen solcher Taten selbst zur verfolgen. Im Interesse des Opferschutzes wird deshalb nicht auf die Volljährigkeit, sondern auf das 21. Lebensjahr abgestellt. Diese Grenze ist den Grenzen des § 105 JGG entlehnt. Die Hemmung nach Satz 1 kommt sowohl zum Zuge, wenn die Tat an einem minderjährigen Opfer verübt wird, als auch, wenn die Tat zwischen der Vollendung des 18. und des 21. Lebensjahres des Opfers geschieht.

Diese Hemmung ist im Gesetzbeschluss ergänzt worden. Mit dem neuen Satz 2 soll eine **Hemmung** der Verjährung **während der Zeit** vorgesehen werden, **in der Gläubiger** und **Schuldner zusammen** in **häuslicher Gemeinschaft** leben. Das Opfer von Ansprüchen wegen Verletzung der sexuellen Selbstbestimmung ist oftmals wegen der Rücksichtnahme auf eine häusliche Gemeinschaft mit dem Täter nicht in der Lage, seine Ansprüche zu verfolgen. Es ist daher sachgerecht, dass seine Ansprüche so lange gehemmt sind, bis die häusliche Gemeinschaft beendet ist und er die für eine Verfolgung seiner Ansprüche notwendige Ungebundenheit von den Zwängen der Hausgemeinschaft erlangt. Die Hemmung nach dem neuen Satz 2 ist zum einen eine Anschlussregelung zu der Verjährungshemmung nach Satz 1: Lebt der Gläubiger auch über die Vollendung des 21. Lebensjahres hinaus in häuslicher Gemeinschaft mit dem Schuldner, dauert die Hemmung fort. Zum anderen wirkt die Hemmung nach dem neuen Satz 2 aber auch in anderen Fällen: Kommt es beispielsweise zu Verletzungen der sexuellen Selbstbestimmung innerhalb einer nichtehelichen Lebensgemeinschaft von zwei volljährigen Partnern, so ist auch dann die Verjährung gehemmt, bis die häusliche Gemeinschaft endet, also einer der Partner aus der gemeinsamen Wohnung auszieht. Sie ergänzt insofern § 207 BGB n. F.

§ 209 – Wirkung der Hemmung

Der Zeitraum, während dessen die Verjährung gehemmt ist, wird in die Verjährungsfrist nicht eingerechnet.

201 Die Vorschrift regelt die Wirkung der Verjährungshemmung und übernimmt unverändert den bisherigen § 205.

§ 210 – Ablaufhemmung bei nicht voll Geschäftsfähigen

(1) Ist eine geschäftsunfähige oder in der Geschäftsfähigkeit beschränkte Person ohne gesetzlichen Vertreter, so tritt eine für oder gegen sie laufende Verjährung nicht vor dem Ablauf von sechs Monaten nach dem Zeitpunkt ein, in dem die Person unbeschränkt geschäftsfähig oder der Mangel der Vertretung behoben wird. Ist die Verjährungsfrist kürzer als sechs Monate, so tritt der für die Verjährung bestimmte Zeitraum an die Stelle der sechs Monate.
(2) Absatz 1 findet keine Anwendung, soweit eine in der Geschäftsfähigkeit beschränkte Person prozessfähig ist.

Zu Absatz 1

202 Die Regelung übernimmt den bisherigen § 206 Absatz 1, wenn auch mit einigen Änderungen.

203 Nach dem bisherigen § 206 wird der Ablauf der Verjährung der Ansprüche des nicht voll Geschäftsfähigen gehemmt, wenn dieser ohne gesetzlichen Vertreter ist. Nicht erfasst ist die Verjährung von Ansprüchen gegen ihn (BGH, NJW 1979, 1983 f.). Einen gewissen Ausgleich hierfür bietet § 57 ZPO, wonach der Vorsitzende des Prozessgerichts unter den dort näher geregelten Voraussetzungen auf Antrag des Klägers dem nicht prozessfähigen Gegner, der ohne gesetzlichen Vertreter ist, einen besonderen Vertreter bestellen kann.

204 Die Lösung über § 57 ZPO ist jedoch mit Problemen verbunden, insbesondere in den nicht seltenen Fällen, in denen die Geschäftsfähigkeit des Gegners zwar zweifelhaft ist, dieser aber Bedenken gegen seine Geschäftsfähigkeit weit von sich weist und sich nicht untersuchen lässt. Nach BGH, NJW 1962, 1510 kann zwar in diesen Fällen in analoger Anwendung des § 57 ZPO ein besonderer Vertreter bestellt werden, wenn sich auch nach Erschöpfung aller erschließbaren Erkenntnisquellen die Geschäfts- und damit die Prozessfähigkeit nicht klären lässt und die Voraussetzungen für die Bestellung eines Vertreters außerhalb des Rechtsstreits nicht dargetan wurden (für diese Voraussetzung auch OLG Saarbrücken, OLGZ 1967, 423). Die Schwierigkeiten dieses Verfahrens für den Gläubiger werden in der Rechtsprechung erkannt (BGH aaO).

205 Die Neuregelung sieht daher vor, die Ablaufhemmung beidseitig auszugestalten. Zugunsten des Gläubigers eines geschäftsunfähigen Schuldners soll die Re-

gelung auch dann eingreifen, wenn er sich nicht darum bemüht hat, den Mangel der Vertretung zu beseitigen. Er soll nicht gezwungen werden, möglicherweise sehr zum Nachteil des Schuldners, Maßnahmen zur Klärung der Geschäftsfähigkeit nur deswegen zu ergreifen, um die drohende Verjährung abzuwenden. Die Ablaufhemmung kann selbst dann eintreten, wenn der Gläubiger die Geschäftsunfähigkeit seines Schuldners nicht erkannt hat.

Satz 2 übernimmt die Regelung des bisherigen § 206 Abs. 1 Satz 2. 206

Zu Absatz 2

Absatz 2 übernimmt die Regelung des bisherigen § 206 Abs. 2 trotz ihrer geringen Bedeutung. Sie betrifft den Fall des trotz der Beschränkung seiner Geschäftsfähigkeit Prozessfähigen. 207

§ 211 – Ablaufhemmung in Nachlassfällen

Die Verjährung eines Anspruchs, der zu einem Nachlass gehört oder sich gegen einen Nachlass richtet, tritt nicht vor dem Ablauf von sechs Monaten nach dem Zeitpunkt ein, in dem die Erbschaft von dem Erben angenommen oder das Insolvenzverfahren über den Nachlass eröffnet wird oder von dem an der Anspruch von einem oder gegen einen Vertreter geltend gemacht werden kann. Ist die Verjährungsfrist kürzer als sechs Monate, so tritt der für die Verjährung bestimmte Zeitraum an die Stelle der sechs Monate.

Die Vorschrift entspricht sachlich dem bisherigen § 207 zur Ablaufhemmung der Verjährung von Ansprüchen, die zu einem Nachlass gehören oder sich gegen einen Nachlass richten. Bedenken gegen diese Vorschrift oder besondere Probleme bei ihrer Anwendung sind nicht ersichtlich. Sie soll daher beibehalten werden. 208

§ 212 – Neubeginn der Verjährung

(1) Die Verjährung beginnt erneut, wenn
1. der Schuldner dem Gläubiger gegenüber den Anspruch durch Abschlagszahlung, Zinszahlung, Sicherheitsleistung oder in anderer Weise anerkennt oder
2. eine gerichtliche oder behördliche Vollstreckungshandlung vorgenommen oder beantragt wird.

(2) Der erneute Beginn der Verjährung infolge einer Vollstreckungshandlung gilt als nicht eingetreten, wenn die Vollstreckungshandlung auf Antrag des Gläubigers oder wegen Mangels der gesetzlichen Voraussetzungen aufgehoben wird.

(3) Der erneute Beginn der Verjährung durch den Antrag auf Vornahme einer Vollstreckungshandlung gilt als nicht eingetreten, wenn dem Antrag

nicht stattgegeben oder der Antrag vor der Vollstreckungshandlung zurückgenommen oder die erwirkte Vollstreckungshandlung nach Absatz 2 aufgehoben wird.

Zu Absatz 1

Zu Nummer 1

209 Wenn der **Schuldner** durch eigene Handlungen unmissverständlich **klarstellt**, dass er den **Anspruch als bestehend ansieht**, bedarf er des Schutzes der Verjährung nicht. Schutzbedürftig ist dagegen der Gläubiger, der möglicherweise im Vertrauen auf das Verhalten des Schuldners davon absieht, den Anspruch geltend zu machen.

210 Dem kann dadurch Rechnung getragen werden, dass die Verjährung mit dem Anerkenntnis neu zu laufen beginnt. Für eine Hemmung der Verjährung eignet sich der Fall nicht, da die maßgebende Handlung des Schuldners häufig nur ganz geringe Zeit in Anspruch nimmt, so dass ein Zeitraum, für den der Ablauf der Verjährung gehemmt sein könnte, fehlt. Der bisherige § 208 bestimmt deshalb für diesen Fall eine Unterbrechung der Verjährung.

211 Die Neuregelung sieht vor, es insoweit in der Sache beim geltenden Recht zu belassen. Absatz 1 Nr. 1 übernimmt deshalb den bisherigen § 208 mit zwei Änderungen: Da nur das Anerkenntnis und in Absatz 1 Nr. 2 die Zwangsvollstreckung als Unterbrechungstatbestände geregelt werden, soll die Wirkung der Unterbrechung unter Einbeziehung des bisherigen § 217 in beiden Bestimmungen gleich mitgeregelt werden (»Die Verjährung beginnt erneut ...«). Zum anderen wird zur Vereinheitlichung anstelle von Verpflichteten und Berechtigten von Schuldnern und Gläubigern gesprochen.

212 Ausdrücklich nicht übernimmt die Neuregelung einen in der Reformdiskussion geäußerten Vorschlag, die Aufrechnung als Unterfall des Anerkenntnisses zu behandeln. Wer gegen einen gegen ihn geltend gemachten Anspruch aufrechnet, erkennt diesen in der Regel gerade nicht an, sondern bestreitet ihn (so OLG Celle, OLGZ 1970, 5, 6; im Ergebnis ebenso: BGHZ 58, 103, 105; OLG Koblenz, VersR 1981, 167, 168; MünchKomm/v. Feldmann, § 208 Rdn. 11 f.). Teilweise wird die einschränkende Ansicht vertreten, nur die Aufrechnung mit einer bestrittenen Forderung gegen eine unbestrittene sei kein Anerkenntnis der letzteren (Staudinger/Dilcher § 208 Rdn. 6; Palandt/Heinrichs, § 208 Rdn. 2; a. A. BGHZ 107, 395, 397). Auch nach dieser Ansicht wäre es nicht gerechtfertigt, die Aufrechnung allgemein als Fall des Anerkenntnisses zu werten. Die Frage, ob im Einzelfall einmal eine Aufrechnung als Anerkenntnis zu werten ist, kann der Rechtsprechung überlassen bleiben.

Zu Nummer 2

213 Dem Gläubiger muss es weiter möglich sein, die **Verjährung eines titulierten Anspruchs zu verhindern**. Hier bietet es sich an, die Verjährung im Falle der Zwangsvollstreckung neu laufen zu lassen, da der Gläubiger in einem förmlichen Verfahren zum Ausdruck bringt, dass er auf dem Anspruch besteht. Da

dies der maßgebliche Gesichtspunkt ist und nicht die Dauer eines Zwangsvollstreckungsverfahrens, eignet sich der Fall ebenfalls nicht für die Hemmung. Der bisherige § 209 Abs. 2 Nr. 5 sieht deshalb eine Unterbrechung der Verjährung durch Vornahme einer Vollstreckungshandlung oder einen Antrag auf Zwangsvollstreckung bei einem Gericht oder einer Behörde vor. Allerdings beruht die Formulierung des bisherigen § 209 Abs. 2 Nr. 5 auf dem überholten Verständnis, dass bei der Vollstreckung durch den Gerichtsvollzieher der Gläubiger selbst – und privatrechtlich – handelt, sonstige Vollstreckungsorgane aber hoheitlich handeln. Auch der Gerichtsvollzieher ist Vollstreckungsorgan und handelt hoheitlich. Daher bestimmt Absatz 1 Nr. 2, dass die Verjährung neu beginnt, wenn »eine gerichtliche oder behördliche Vollstreckungshandlung vorgenommen oder beantragt wird«, ohne dass damit eine sachliche Änderung gegenüber dem bisherigen § 209 Abs. 2 Nr. 5 verbunden ist. Des Weiteren wird wiederum die derzeit in § 217 enthaltene Wirkung der Unterbrechung gleich mit geregelt (»Die Verjährung beginnt erneut ...«).

Der Übernahme des zweiten Halbsatzes des § 217 (»...; eine neue Verjährung kann erst nach der Beendigung der Unterbrechung beginnen.«) bedarf es nicht, da schon hier ebenso wenig wie in § 204, da die Fälle der »gestreckten« Unterbrechung als Hemmungstatbestände ausgestaltet werden sollen. Hierzu gehört der Antrag auf Zwangsvollstreckung nicht. Er unterbricht schon nach geltendem Recht nur für den Augenblick der Anbringung des Antrags und nicht für die Dauer des sich etwa anschließenden Verfahrens (RGZ 128, 76, 80; BGH, NJW 1979, 217; MünchKomm/v. Feldmann, § 216 Rdn. 1).

214

Zu den Absätzen 2 und 3

Zur Regelung der Frage, wann die nach Absatz 1 Nr. 2 eingetretene Unterbrechung der Verjährung wegen Mängeln der Zwangsvollstreckung oder Rücknahme des Antrags entfällt, sieht der Entwurf die Übernahme der beiden Absätze des bisherigen § 216 als § 207 Abs. 2 und 3 vor. Änderungen bestehen lediglich darin, dass es entsprechend dem bereits erwähnten Vereinheitlichungsansatz »Gläubiger« und nicht »Berechtigter« heißt. Zum anderen wird zur sprachlichen Vereinheitlichung durchgehend der Begriff »Vollstreckungshandlung« verwendet und nicht daneben auch der Begriff »Vollstreckungsmaßregel«. Die dem geltenden Recht eigene Unterscheidung, dass die Unterbrechung nur entfällt, wenn die Voraussetzungen für die Zwangsvollstreckung schlechthin fehlen und nicht schon dann, wenn die Vollstreckungsmaßnahme etwa wegen Unpfändbarkeit der Sache oder auf Grund einer Drittwiderspruchsklage aufgehoben wird (MünchKomm/ v. Feldmann, § 216 Rdn. 3; Palandt/Heinrichs, § 216 Rdn. 1), bleibt erhalten.

215

§ 213 – Hemmung und erneuter Beginn der Verjährung bei anderen Ansprüchen

Die Hemmung, die Ablaufhemmung und der erneute Beginn der Verjährung gelten auch für Ansprüche, die aus demselben Grund wahlweise neben dem Anspruch oder an seiner Stelle gegeben sind.

216　Soweit Maßnahmen in Bezug auf einen bestimmten Anspruch die Verjährung neu beginnen oder hemmen lassen, fragt es sich, wie weit der erneute Beginn oder die Hemmung reicht: Gilt sie nur für den Anspruch im Sinne des Prozessrechts oder weitergehend für alle Ansprüche, die aus dem gleichen Grunde auf das gleiche Interesse gehen? Hemmt beispielsweise die Erfüllungsklage, die der Gläubiger nach erfolglosem Ablauf einer gesetzten Nachfrist erhebt, auch die Verjährung für den Anspruch auf Schadensersatz wegen Nichterfüllung oder auf Rückzahlung des Kaufpreises, wenn der Gläubiger im Laufe des Prozesses zurücktritt und auf einen dieser Ansprüche übergeht?

217　Im alten Recht bewirkt nach dem bisherigen § 477 Abs. 3 die Hemmung oder Unterbrechung eines der im dortigen Absatz 1 bezeichneten Ansprüche (Anspruch auf Wandelung, Minderung oder Schadensersatz) auch die Hemmung oder Unterbrechung der anderen Ansprüche. In dem bisherigen § 639 Abs. 1 wird für die in dem bisherigen § 638 genannten Ansprüche (Nachbesserung, Wandelung, Minderung, Schadensersatz) auf den bisherigen § 477 Abs. 3 verwiesen. Die Rechtsprechung hat darüber hinaus für einige Fälle angenommen, dass die auf einen bestimmten Gegenstand gerichtete Klage auch die Verjährung eines auf das gleiche Interesse gerichteten Anspruchs unterbricht (RGZ 77, 213 ff. mit umstrittener Begründung – vgl. Henckel, JZ 1962, 335, 337 – für den Anspruch auf Kapitalabfindung im Verhältnis zum Anspruch auf Geldrente; RGZ 109, 234 ff. für den Anspruch auf Herausgabe einer Sache im Verhältnis zum Anspruch auf Schadensersatz wegen Unmöglichkeit der Herausgabe; RGZ 134, 272 für die Klage auf Schadensersatz wegen Verschweigens eines Mangels hinsichtlich des Minderungsanspruchs; BGHZ 58, 30 für die Klage auf Ersatz der Mängelbeseitigungskosten hinsichtlich des Anspruchs auf Schadensersatz; BGH, NJW 1985, 1152 für die Zahlungsklage auf Schadensersatz wegen Belastung mit einer Verbindlichkeit im Verhältnis zum Freistellungsanspruch). Die Abgrenzung im einzelnen ist zweifelhaft (verneinend zum Beispiel BGHZ 104, 6, 12 für die – mangels Vorliegen der Voraussetzung des bisherigen § 326 unbegründete – Klage auf Schadensersatz hinsichtlich des Anspruchs auf Erfüllung; BGH, VersR 1959, 701 und OLG Hamm, VersR 1981, 947 für die Klage auf Leistung hinsichtlich des Schadensersatzanspruchs wegen Verzögerung der Leistung; BGH, NJW 1983, 388 für die Klage auf den großen Pflichtteil hinsichtlich des Anspruchs auf Zugewinnausgleich).

218　Die Neuregelung sieht in § 213 vor, die Erstreckung der Unterbrechung und der Hemmung der Verjährung nicht wie bisher nur für Gewährleistungsansprüche des Kauf- und Werkvertragsrechts zu regeln, sondern allgemein für alle Ansprüche, so wie es jetzt bereits in der Rechtsprechung durch Ausdehnung des

Rechtsgedankens des § 477 Abs. 3 geschieht. Ein Gläubiger, der ein bestimmtes Interesse mit einem bestimmten Anspruch verfolgt, muss davor geschützt werden, dass inzwischen andere Ansprüche auf dasselbe Interesse verjähren, die von vornherein wahlweise neben dem geltend gemachten Anspruch gegeben sind oder auf die er stattdessen übergehen kann. Der Gläubiger soll nicht gezwungen werden, sich etwa durch Hilfsanträge im Prozess vor der Verjährung dieser weiteren Ansprüche zu schützen. Der Schuldner ist insoweit nicht schutzbedürftig, da er durch die Unterbrechung oder Hemmung hinsichtlich des einen Anspruchs hinreichend gewarnt ist und sich auf die Rechtsverfolgung des Gläubigers hinsichtlich der übrigen Ansprüche einstellen kann.

Durch die neue Regelung ändert sich zunächst nichts daran, dass der Neubeginn oder die Hemmung der Verjährung den Anspruch im Sinne des Prozessrechts erfasst, unabhängig davon, ob er aus einer oder mehreren Anspruchsgrundlagen des materiellen Rechts hergeleitet wird (vgl. Palandt/Heinrichs, § 209 Rdn. 13). Die Vorschrift greift erst, wenn diese Grenze durch Änderung des Antrags oder des zugrundeliegenden Sachverhalts überschritten wird. 219

Durch die gewählte Formulierung kommt zum Ausdruck, dass es sich um einen anderen Anspruch gegen den gleichen Schuldner handeln muss, dass der Anspruch auf das gleiche Interesse gehen muss und dass es sich um einen der Fälle handeln muss, in denen das Gesetz von vornherein mehrere Ansprüche dem Gläubiger zur Wahl stellt oder es ihm ermöglicht, in Verfolgung des gleichen wirtschaftlichen Interesses von einem zum anderen Anspruch überzugehen. Ein Beispiel ist die elektive Konkurrenz zwischen Erfüllung, Rücktritt, Minderung und Schadensersatz statt der Leistung infolge von Sachmängeln. Dieses Verhältnis ist beispielsweise nicht gegeben zwischen dem Erfüllungsanspruch und dem Anspruch auf Ersatz des Verzögerungsschadens, denn es handelt sich um Ansprüche, die von vornherein nebeneinander und nicht wahlweise gegeben sind. 220

Gewisse **Abgrenzungsschwierigkeiten** werden **nicht zu vermeiden sein.** Diese gibt es jedoch bereits im geltenden Recht. Sie sind mit vertretbarem Regelungsaufwand nicht zu beheben. 221

5. Wirkungen der Verjährung

Texte

Die Wirkungen der Verjährung sind im wesentlichen in den §§ 214 bis 218 BGB n. F. geregelt. Diese lauten: 222

Titel 3 Rechtsfolgen der Verjährung

§ 214 Wirkung der Verjährung

(1) Nach Eintritt der Verjährung ist der Schuldner berechtigt, die Leistung zu verweigern.

(2) Das zur Befriedigung eines verjährten Anspruchs Geleistete kann nicht zurückgefordert werden, auch wenn in Unkenntnis der Verjährung geleistet worden ist. Das Gleiche gilt von einem vertragsmäßigen Anerkenntnis sowie einer Sicherheitsleistung des Schuldners.

§ 215 Aufrechnung und Zurückbehaltungsrecht nach Eintritt der Verjährung

Die Verjährung schließt die Aufrechnung und die Geltendmachung eines Zurückbehaltungsrechts nicht aus, wenn der Anspruch in dem Zeitpunkt noch nicht verjährt war, in dem erstmals aufgerechnet oder die Leistung verweigert werden konnte.

§ 216 Wirkung der Verjährung bei gesicherten Ansprüchen

(1) Die Verjährung eines Anspruchs, für den eine Hypothek, eine Schiffshypothek oder ein Pfandrecht besteht, hindert den Gläubiger nicht, seine Befriedigung aus dem belasteten Gegenstand zu suchen.

(2) Ist zur Sicherung eines Anspruchs ein Recht verschafft worden, so kann die Rückübertragung nicht auf Grund der Verjährung des Anspruchs gefordert werden. Ist das Eigentum vorbehalten, so kann der Rücktritt vom Vertrag auch erfolgen, wenn der gesicherte Anspruch verjährt ist.

(3) Die Absätze 1 und 2 finden keine Anwendung auf die Verjährung von Ansprüchen auf Zinsen und andere wiederkehrende Leistungen.

§ 217 Verjährung von Nebenleistungen

Mit dem Hauptanspruch verjährt der Anspruch auf die von ihm abhängenden Nebenleistungen, auch wenn die für diesen Anspruch geltende besondere Verjährung noch nicht eingetreten ist.

§ 218 Unwirksamkeit des Rücktritts

(1) Der Rücktritt wegen nicht oder nicht vertragsgemäß erbrachter Leistung ist unwirksam, wenn der Anspruch auf die Leistung oder der Nacherfüllungsanspruch verjährt ist und der Schuldner sich hierauf beruft. Dies gilt auch, wenn der Schuldner nach § 275 Abs. 1 bis 3, § 439 Abs. 3 oder § 635 Abs. 3 nicht zu leisten braucht und der Anspruch auf die Leistung oder der Nacherfüllungsanspruch verjährt wäre. § 216 Abs. 2 Satz 2 bleibt unberührt.

(2) § 214 Abs. 2 findet entsprechende Anwendung.

Erläuterung der Vorschriften zu den Wirkungen der Verjährung

§ 214 – Wirkung der Verjährung

(1) Nach Eintritt der Verjährung ist der Schuldner berechtigt, die Leistung zu verweigern.

(2) Das zur Befriedigung eines verjährten Anspruchs Geleistete kann nicht zurückgefordert werden, auch wenn in Unkenntnis der Verjährung geleistet worden ist. Das Gleiche gilt von einem vertragsmäßigen Anerkenntnis sowie einer Sicherheitsleistung des Schuldners.

223 § 214 entspricht in beiden Absätzen dem alten § 222. Geregelt ist die Wirkung der Verjährung. Die Vorschrift hat sich in der Praxis bewährt. Sie ist, soweit er-

sichtlich, in ihrem sachlichen Gehalt nicht umstritten. Der Entwurf sieht deshalb keinen Anlass zu Änderungen, von geringen Anpassungen an den heutigen Sprachgebrauch abgesehen.

§ 215 – Aufrechnung und Zurückbehaltungsrecht nach Eintritt der Verjährung

Die Verjährung schließt die Aufrechnung und die Geltendmachung eines Zurückbehaltungsrechts nicht aus, wenn der Anspruch in dem Zeitpunkt noch nicht verjährt war, in dem erstmals aufgerechnet oder die Leistung verweigert werden konnte.

§ 390 Satz 1 verbietet die **Aufrechnung** mit einer **einredebehafteten Forderung**. 224
Die Regelung ist Ausdruck des allgemeinen Gedankens, dass nur eine vollwirksame Forderung zur Aufrechnung gestellt werden soll, die der Aufrechnende auch selbständig durchsetzen könnte. § 389 ordnet die Rückwirkung der Aufrechnung an. Diese Vorschrift bewirkt, dass eine einmal geschaffene Aufrechnungslage nicht durch bloßen Zeitablauf beseitigt werden kann. Wendet man § 390 Satz 1 ohne jede Ausnahme auch auf die verjährte Forderung an, so setzt man sich in einen gewissen Widerspruch zu dem Grundgedanken des § 389, wenn beide Forderungen in unverjährter Zeit sich aufrechenbar gegenüberstanden.

Im alten Recht folgt der bisherige § 390 Satz 2 dem in § 389 enthaltenen 225
Grundsatz der Rückwirkung der **Aufrechnung**. Er lässt die Aufrechnung auch mit verjährten Ansprüchen zu, wenn nur die Aufrechnungslage noch in unverjährter Zeit bestanden hat. Darin liegt eine Ausnahme zu dem allgemeinen Grundsatz in § 390 Satz 1, wonach eine Forderung nicht aufgerechnet werden kann, der eine Einrede entgegensieht. Die Aufrechnungsmöglichkeit bleibt selbst dann erhalten, wenn die zur Aufrechnung gestellte Forderung bereits zuvor wegen Verjährung rechtskräftig abgewiesen worden ist (BGH, WM 1971, 1366, 1367).

Eine Einschränkung der nach dem bisherigen § 390 Satz 2 zulässigen Aufrech- 226
nung mit einer verjährten Forderung enthalten die bisherigen §§ 479, 639 im Kauf- und Werkvertragsrecht sowie verschiedene Vorschriften außerhalb des Bürgerlichen Gesetzbuchs.

Analog angewandt wird der bisher geltende § 390 Satz 2 auf Nachforderungen 227
eines Auftragnehmers, die wegen vorbehaltloser Entgegennahme der Schlusszahlung gemäß § 16 Nr. 3 Abs. 2 Satz 1 VOB/B nicht mehr geltend gemacht werden können (BGH, NJW 1982, 2250, 2251). Nicht entsprechend anwendbar ist die Vorschrift dagegen auf Ausschlussfristen (h.M. vgl. Palandt/Heinrichs § 390 Rdn. 3; Staudinger/Kaduk § 390 Rdn. 40; MünchKomm/v. Feldmann § 390 Rdn. 2; BGH, DB 1974, 585, 586 unter Aufgabe von BGHZ 26, 304, 308ff.).

Anerkannt ist in Rechtsprechung und Literatur, dass ein Zurückbehaltungs- 228
recht auch auf einen verjährten Anspruch gestützt werden kann, wenn die Ver-

jährung noch nicht vollendet war, als der Anspruch des Gläubigers entstand. Zur Begründung wird teilweise der bisherige § 390 Satz 2 herangezogen (BGHZ 53, 122, 125), teilweise wird diese Rechtsfolge auch aus dem Grundsatz des § 223 Abs. 1 hergeleitet (MünchKomm/v. Feldmann § 223 Rdn. 2).

229 Der bisherige § 390 Satz 2 hat sich in der Praxis bewährt. Die Neuregelung sieht daher keinen Anlass, Änderungen des bestehenden Rechts vorzunehmen. Die Neuregelung übernimmt deshalb den Regelungsinhalt dieser Vorschrift in den neuen § 218 und dehnt lediglich den Anwendungsbereich der Vorschrift ausdrücklich auf das Zurückbehaltungsrecht mit einer verjährten Forderung aus. Auch damit wird aber keine Änderung des geltenden Rechts vorgesehen. Der Entwurf übernimmt nur, was in Rechtsprechung und Literatur bereits anerkannt ist. Da die Regelung die Wirkungen der Verjährung betrifft, soll sie in die hierauf bezogenen allgemeinen Vorschriften eingestellt werden.

§ 216 – Wirkung der Verjährung bei dinglich gesicherten Ansprüchen

(1) Die Verjährung eines Anspruchs, für den eine Hypothek, eine Schiffshypothek oder ein Pfandrecht besteht, hindert den Gläubiger nicht, seine Befriedigung aus dem belasteten Gegenstand zu suchen.

(2) Ist zur Sicherung eines Anspruchs ein Recht verschafft worden, so kann die Rückübertragung nicht auf Grund der Verjährung des Anspruchs gefordert werden. Ist das Eigentum vorbehalten, so kann der Rücktritt vom Vertrag auch erfolgen, wenn der gesicherte Anspruch verjährt ist.

(3) Die Absätze 1 und 2 finden keine Anwendung auf die Verjährung von Ansprüchen auf Zinsen und andere wiederkehrende Leistungen.

Vorbemerkung

230 Die Verjährung lässt einen Anspruch nicht erlöschen, begründet zugunsten des Schuldners aber ein **dauerndes Leistungsverweigerungsrecht**. Ist für den Anspruch ein akzessorisches Sicherungsrecht bestellt, so stellt sich die Frage, ob auch der Befriedigung aus dem Sicherungsrecht die Einrede der Verjährung entgegengehalten werden kann.

231 Gemäß dem bisherigen § 223 Abs. 1 ist ein Gläubiger, für dessen Anspruch eine Hypothek oder ein Pfandrecht bestellt ist, auch nach Verjährung der gesicherten Forderung nicht gehindert, sich aus der Sicherheit zu befriedigen. Da die **verjährte Forderung** trotz Verjährung **fortbesteht** und **erfüllbar** bleibt, bestehen auch diese **akzessorischen Sicherungsrechte** weiter und erlöschen nicht automatisch. Der bisherige § 223 Abs. 1 durchbricht insoweit den Grundsatz der Akzessorietät von Hypothek und Pfandrecht, als hier im Gegensatz zu anderen Einreden (vgl. §§ 1137, 1169, 1211, 1254) die Einrede der Verjährung des gesicherten Anspruchs dem dinglichen Verwertungsrecht nicht entgegengesetzt werden kann. Sie begründet weder einen Anspruch auf Löschung der Hypothek

noch auf Rückgabe des Pfandes. Der bisherige § 223 Abs. 1 wird nicht nur auf das vertragliche, sondern auch auf das gesetzliche Pfandrecht angewandt, ferner auf das Pfändungspfandrecht sowie auf das auf Grund eines Arrestes erworbene Pfandrecht. Der bisherige § 223 Abs. 2 betrifft die Sicherungsübertragung eines Rechts. Er beruht gleichfalls auf der Überlegung, dass eine zur Sicherung der persönlichen Forderung geschaffene Rechtsstellung von der Verjährung der Forderung nicht berührt werden soll. Er findet Anwendung auf die Sicherungsübereignung und die Siche-rungsabtretung. Der geltende § 223 Abs. 3 verwehrt es dem Gläubiger, nach Verjährung des gesicherten Anspruchs auf Sicherheiten im Sinne der Absätze 1 und 2 zurückzugreifen, wenn es sich bei dem Anspruch um Zinsrückstände oder andere wiederkehrende Leistungen handelt. Hierunter fallen nicht Tilgungs- oder Amortisationsbeiträge.

Die h. M. wendet den **bisherigen § 223 analog** auf den Eigentumsvorbehalt an, weil die aufschiebend bedingte Eigentumsübertragung ebenfalls einem Sicherungszweck dient (Palandt/ Heinrichs § 223 Rdn. 3). Nach dieser Meinung kann der Verkäufer auch nach Verjährung der Kaufpreisforderung die unter Eigentumsvorbehalt gelieferte Sache herausverlangen (vgl. BGHZ 70, 96, 99 m.w.N.). Das gilt auch dann, wenn es sich um ein Abzahlungsgeschäft handelt (BGH, NJW 1979, 2195, 2196). Unanwendbar ist der bisherige § 223 dagegen auf Grund- und Rentenschulden. Da sie nicht akzessorisch sind, werden sie von der Verjährung des gesicherten Anspruchs ohnehin nicht berührt. **232**

Gleichfalls keine Anwendung findet der bisherige § 223 auf die Bürgschaft und die Vormerkung. § 768 bestimmt ausdrücklich, dass sich der Bürge auf die Verjährung der Hauptforderung berufen kann. Ist ein durch eine Vormerkung gesicherter Anspruch verjährt, so besteht gemäß § 886 ein Anspruch auf Löschung der Vormerkung (Staudinger/Dilcher § 223 Rdn. 5). **233**

Peters/Zimmermann (S. 264ff., 310f.) kritisieren mit beachtlichen Gründen den derzeitigen Rechtszustand. Sie beanstanden, dass durch den derzeitigen § 223 Abs. 1 der ansonsten für dingliche Sicherungsrechte geltende Grundsatz der Akzessorietät ohne einleuchtenden Grund durchbrochen werde. Fallen Sicherungsgeber und persönlicher Schuldner auseinander, so hafte der Sicherungsgeber, der doch nur sekundär in Anspruch genommen werden soll, im Ergebnis länger als der Hauptschuldner. Andererseits werde der Sicherungsgeber häufig Regress nehmen können und entziehe damit dem Hauptschuldner nachträglich wieder die Vorteile der Verjährung. Seien persönlicher Schuldner und Sicherungsgeber identisch, so zwinge bei Inanspruchnahme der Sicherheit der Grundsatz der Akzessorietät dazu, das Bestehen der verjährten Forderung zu überprüfen, obwohl gerade diese Prüfung durch das Rechtsinstitut der Verjährung vermieden werden solle. Peters/Zimmermann schlagen deshalb eine Regelung vor, wonach mit dem Eintritt der Verjährung sämtliche für den verjährten Anspruch bestellten akzessorischen Sicherheiten erlöschen. Abgelehnt wird von Peters/ Zimmermann auch eine analoge Anwendung des bisherigen § 223 auf den Eigentumsvorbehalt, da der Verkäufer es ansonsten in der Hand habe, sich dadurch ein Rücknahmerecht zu schaffen, dass er entgegen seinen Interessen die Kaufpreisforderung verjähren lasse. **234**

Zu Absatz 1

235 Absatz 1 entspricht – abgesehen von einer kleinen sprachlichen Anpassung an den heutigen Sprachgebrauch (»belasteter« statt »verhafteter« Gegenstand) – wörtlich dem bisherigen § 223 Abs. 1. Die Vorschrift hat sich bewährt.

236 Dem Änderungsvorschlag von Peters/Zimmermann, der praktisch auf eine **Differenzierung zwischen akzessorischen** und **nicht akzessorischen** Sicherungsrechten hinausläuft, wird nicht gefolgt. Durch diesen Vorschlag würden in verjährungsrechtlicher Hinsicht Sicherungsrechte unterschiedlicher Qualität geschaffen. Ansprüche aus Grundschulden, Sicherungsabtretungen und Sicherungsübereignungen blieben bestehen, während Ansprüche aus Hypotheken und Pfandrechten erlöschen würden. Vom Sicherungszweck her lässt sich eine derartige Differenzierung nicht begründen. Im Übrigen würde sich die Praxis ohnehin auf die geänderte Rechtslage einstellen und dann das Sicherungsmittel wählen, auf das die Verjährung keinen Einfluss hat. Bedenkenswert ist allerdings die Überlegung von Peters/Zimmermann, dass durch den Fortbestand der Verwertungsmöglichkeit die für den persönlichen Schuldner positive Rechtsfolge der Verjährung unterlaufen und vor allem bei Auseinanderfallen von persönlichem Schuldner und Sicherungsgeber der Sicherungsgeber benachteiligt wird. Das Risiko, trotz Verjährung der persönlichen Schuld weiter haften zu müssen, besteht jedoch von Anfang an und ist damit für den Sicherungsgeber wie für den Schuldner kalkulierbar.

Zu Absatz 2

237 Satz 1 entspricht dem alten § 223 Abs. 2 mit der Maßgabe, dass statt von der Übertragung eines Rechts von dessen Verschaffung gesprochen wird. Der bisherige Wortlaut weist in dem Bereich der Sicherungsgrundschuld – die wichtigste Form der Immobiliarsicherheit – eine Lücke auf: Erfasst ist nur der Fall, dass dem Sicherungsnehmer eine bereits bestehende Grundschuld »übertragen« worden ist, nicht jedoch die Variante, dass ihm eine Grundschuld erstmals bestellt, mithin »verschafft« worden ist.

238 Satz 2 betrifft den bislang in diesem Zusammenhang nicht geregelten Eigentumsvorbehalt und bestimmt, dass in diesem Fall der Rücktritt vom Vertrag auch dann noch verlangt werden kann, wenn der gesicherte Anspruch verjährt ist. Es besteht kein Anlass, dieses Ergebnis, das die h. M. bislang aus einer analogen Anwendung des § 223 auf den Eigentumsvorbehalt gewonnen hat, zu ändern. Vielmehr ist der Standpunkt der h. M. sinnvoll. Deshalb regelt Satz 2 diesen Fall ausdrücklich in diesem Sinne.

239 Von seinem Sicherungszweck her ist der Eigentumsvorbehalt durchaus mit den anderen in Absatz 2 genannten Sicherungsrechten vergleichbar. Es empfiehlt sich deshalb, ihn auch hinsichtlich der Verjährung gleich zu behandeln. Ohne eine ausdrückliche Regelung wäre dies nicht möglich. Nach § 449 Abs. 2 kann nämlich der Verkäufer die Sache auf Grund seines Eigentumsvorbehalts nur herausverlangen, wenn er vom Vertrag zurückgetreten ist. Ein Rücktritt wegen Nichtzahlung des Kaufpreises ist aber unwirksam, wenn der Kaufpreisanspruch verjährt ist und der Schuldner sich hierauf beruft (§ 218 Abs. 1 Satz 1). Um dem

Verkäufer dennoch die Rücknahme zu ermöglichen, bestimmt Satz 2, dass die Verjährung der Kaufpreisforderung den Verkäufer nicht hindert, vom Vertrag zurückzutreten. Die Vorschrift bildet somit eine Ausnahme zur Grundregelung des § 218 Abs. 1 Satz 1, wie § 218 Abs. 1 Satz 1 auch klarstellt.

Zu Absatz 3

Absatz 3 entspricht inhaltlich bei geringen sprachlichen Korrekturen dem alten § 223 Abs. 3.

§ 217 – Verjährung von Nebenleistungen

Mit dem Hauptanspruch verjährt der Anspruch auf die von ihm abhängenden Nebenleistungen, auch wenn die für diesen Anspruch geltende besondere Verjährung noch nicht eingetreten ist.

Der Anspruch auf eine unselbständige Nebenleistung setzt voraus, dass der ihm zugrundeliegende Hauptanspruch besteht. Nebenleistungen in diesem Sinne sind vor allem die Zinsen, daneben aber auch beispielsweise Ansprüche auf Früchte, Nutzungen und Kosten. Wird der Hauptanspruch geltend gemacht und die Verjährungseinrede erhoben, so unterbleibt eine Prüfung, ob der Anspruch tatsächlich besteht. Ob die Begründetheit des verjährten Hauptanspruchs dennoch bei der Prüfung des Anspruchs auf eine unselbständige Nebenleistung incidenter mitgeprüft werden muss, hängt davon ab, wann Ansprüche auf unselbständige Nebenleistungen verjähren.

Hier übernimmt § 217 den alten § 224 mit einer nur geringen, der Anpassung an den Sprachgebrauch im Übrigen dienenden, rein sprachlichen Änderung. Das **geltende Recht** hat sich **in der Praxis bewährt**. Die Frage der Verjährung von Ansprüchen auf Ersatz von Verzugsschäden (bisheriger § 286 Abs. 1) wurde nicht ausdrücklich geregelt. Auch auf diese Fälle ist der bisherige § 224 anwendbar (vgl. BGH, NJW 1995, 252).

Der alte § 224 bezweckte, den Verpflichteten davor zu schützen, sich zur Verteidigung gegen Ansprüche auf unselbständige Nebenleistungen zu dem verjährten Hauptanspruch einlassen zu müssen, was dem Rechtsgedanken der Verjährung zuwiderliefe (MünchKomm/v. Feldmann, § 224 Rdn. 1). Er bestimmt, dass Ansprüche auf Nebenleistungen mit dem Hauptanspruch verjähren, auch wenn die für sie geltende besondere Verjährung noch nicht vollendet ist. Dadurch ist gewährleistet, dass Ansprüche auf Nebenleistungen spätestens mit dem Hauptanspruch verjähren.

Unterliegt ein Anspruch auf eine unselbständige Nebenleistung dagegen einer kürzeren Verjährungsfrist als der Hauptanspruch, so bleibt es bei dieser Verjährung. Dass der bisherige § 224 ebenso wie der neue § 217 hieran nichts ändern will, ergibt sich daraus, dass diese Vorschrift sich ausdrücklich nur auf solche Nebenleistungen bezieht, bei denen die für sie geltende Verjährung »noch« nicht eingetreten ist.

245　Unterschiedlich lange Verjährungsfristen für Haupt- und Nebenanspruch können sich auch bei gleich langer Verjährung wegen Unterschieden im Fristablauf ergeben, beispielsweise durch den späteren Beginn der Verjährungsfrist oder durch eine selbständige Hemmung der Verjährung des Anspruchs auf die Nebenleistung.

§ 218 – Unwirksamkeit des Rücktritts

(1) Der Rücktritt wegen nicht oder nicht vertragsgemäß erbrachter Leistung ist unwirksam, wenn der Anspruch auf die Leistung oder der Nacherfüllungsanspruch verjährt ist und der Schuldner sich hierauf beruft. Dies gilt auch, wenn der Schuldner nach § 275 Abs. 1 bis 3, § 439 Abs. 3 oder § 635 Abs. 3 nicht zu leisten braucht und der Anspruch auf die Leistung oder der Nacherfüllungsanspruch verjährt wäre. § 216 Abs. 2 Satz 2 bleibt unberührt.
(2) § 214 Abs. 2 findet entsprechende Anwendung.

Zu Absatz 1

Zu Satz 1

246　Nach Absatz 1 Satz 1 ist der Rücktritt wegen nicht oder nicht vertragsgemäß erbrachter Leistung unwirksam, wenn der Anspruch auf die Leistung oder der Nacherfüllungsanspruch verjährt ist und der Schuldner sich hierauf beruft.

247　**Voraussetzung** des in § 323 geregelten Rücktritts ist nach § 323 Abs. 1 der fruchtlose Ablauf einer dem Schuldner gesetzten Frist zur Leistung oder Nacherfüllung. Kann indes der (Nach-)Erfüllungsanspruch wegen Eintritts der Verjährung nicht mehr durchgesetzt werden, so ist es gerechtfertigt, dass der Gläubiger auch nicht mehr sein Rücktrittsrecht durchsetzen kann. Die Anspruchsverjährung hat damit auch Auswirkungen auf das Rücktrittsrecht, obwohl Gestaltungsrechte als solche der Verjährung nicht unterliegen (vgl. § 194 Abs. 1).

248　Hinsichtlich des verjährten Anspruchs ist **grundsätzlich** der **Leistungsanspruch maßgeblich**, es sei denn, dieser konkretisiert sich in einem besonderen Nacherfüllungsanspruch, dann kommt es auf dessen Verjährung an. Bedeutung hat dies etwa für den Anspruch des Käufers aus § 433 Abs. 1 Satz 2, der auf die Verschaffung der Kaufsache frei von Rechts- und Sachmängeln gerichtet ist. Ist die gelieferte Sache mangelhaft, hat der Käufer nach § 437 Nr. 1 in Verbindung mit § 439 einen Nacherfüllungsanspruch, dessen Verjährung sich nach § 438 bestimmt. Ist der Nacherfüllungsanspruch verjährt, kann sich der Verkäufer auch hinsichtlich des Rücktrittsrechts des Käufers aus § 437 Nr. 2 in Verbindung mit §§ 440 und 323 auf den Eintritt der Verjährung berufen. Entsprechendes gilt beim Werkvertrag für das Rücktrittsrecht des Bestellers gemäß § 633 Nr. 3 in Verbindung mit §§ 636 und 323. Auf das kauf- und werkvertragsrechtliche Minderungsrecht, das gleichfalls als Gestaltungsrecht der Verjährung nicht unterliegt, findet § 218 durch die Verweisung in § 441 Abs. 5 und § 638 Abs. 5 ebenfalls Anwendung.

Die Unwirksamkeit nach Absatz 1 Satz 1 setzt voraus, dass sich der Schuldner auf die Verjährung beruft. Diese Einredekonstruktion entspricht der der Verjährung, die auch nur beachtlich ist, wenn der Schuldner sich hierauf beruft. Auf zeitliche Schranken wird bewusst verzichtet. Die Konstruktion soll einen Gleichlauf zur Verjährung schaffen, die nur auf Einrede zu berücksichtigen ist. Für die Erhebung der Einrede der Verjährung gibt es auch keine bürgerlich-rechtlichen Fristen. Dann aber können sie auch nicht für die Berufung auf die Unwirksamkeit des Rücktritts (und der Minderung) gelten. Im Prozess kann sich der Schuldner – wie bei der Verjährung – noch bis zum Schluss der mündlichen Verhandlung auf die Unwirksamkeit berufen.

Zu Satz 2

Satz 2 regelt den Sonderfall, dass die Nachbesserung nicht möglich ist. Es wurde darauf Aufmerksam gemacht, dass hier Satz 1 nicht Greift, weil die Nachbesserung nach § 275 nicht verlangt werden kann (NJW 2001, 2519). Dem trägt Satz 2 Rechnung, indem er diesen Fall dem Fall des verjährten Anspruchs gleichstellt.

Zu Satz 2

Nach Satz 3 bleibt § 216 Abs. 2 Satz 2 unberührt, so dass im Falle des Eigentumsvorbehalts der Rücktritt trotz Verjährung des gesicherten Anspruchs nicht unwirksam ist (siehe die Begründung zu § 216 Abs. 2 Satz 2).

Zu Absatz 2

Nach Absatz 2 findet § 214 Abs. 2 entsprechende Anwendung. Das zur Befriedigung der sich aus einem Rücktritt ergebenden Ansprüche Geleistete kann daher nicht zurückgefordert werden, auch wenn in Unkenntnis der Unwirksamkeit des Rücktritts nach Absatz 1 geleistet worden ist. Das gleiche gilt von einem vertragsmäßigen Anerkenntnis sowie einer Sicherheitsleistung des Schuldners.

§ 214 Abs. 2 ist in dem Fall des unwirksamen Rücktritts bedeutender als in dem Fall des verjährten Anspruchs, wo die Vorschrift im Wesentlichen nur klarstellende Funktion hat. Ein verjährter Anspruch nämlich bleibt erfüllbar, so dass die Leistung nicht ohne Rechtsgrund im Sinne von § 812 Abs. 1 erfolgt und daher die Kondiktion ausscheidet. Ist der Rücktritt unwirksam, gibt es auch keine sich aus dem Rücktritt ergebenden Ansprüche, die der Schuldner erfüllen könnte. Daher erfolgt in diesem Fall die Leistung ohne Rechtsgrund und könnte kondiziert werden, was Absatz 2 in Verbindung mit § 214 Abs. 2 aber gerade verhindert.

Auf das kauf- und werkvertragsrechtliche Minderungsrecht findet auch Absatz 2 durch die Verweisung in § 438 Abs. 4 Satz 1 und § 634a Abs. 4 Satz 1 Anwendung.

C. Leistungsstörungs- und Rücktrittsrecht

I. Wichtigste Änderungen im Überblick

1. Kodifikation des Leistungsstörungsrechts

Die **zentralen Fallgruppen** des **Leistungsstörungsrechts** werden nach altem Recht durch **Anwendung von Rechtsinstituten** bewältigt, die Rechtsprechung und Lehre entwickelt haben. Diese Rechtsinstitute sind
- culpa in contrahendo
- positive Forderungsverletzung
- Wegfall der Geschäftsgrundlage
- Kündigung aus wichtigem Grund.

Diese unverzichtbaren Rechtsgrundsätze sind jetzt im BGB geregelt. Die Regelung baut auf der Entwicklung in der Rechtsprechung auf, ohne ihr allerdings Grenzen setzen zu wollen. Für die Auslegung kann künftig daher auf die bisherige Rechtsprechung zurückgegriffen werden. Im Einzelnen handelt es sich um folgende Vorschriften:
- culpa in contrahendo: § 311 Abs. 2 und 3 BGB n.F. mit der Haftungsnorm in § 280 Abs. 1 BGB n.F.,
- positive Forderungsverletzung: § 280 Abs. 1 BGB n.F., ggf. i.V.m. §§ 281, 282 BGB n.F.
- Wegfall der Geschäftsgrundlage: § 313 BGB n.F.
- Kündigung aus wichtigem Grund: § 314 BGB n.F..

Sowohl cic als auch pVV setzen voraus, dass es Schutzpflichten gibt. Wann dies der Fall ist, regelt jetzt § 241 Abs. 2, der in der jetzt beschlossenen Fassung deshalb auch nicht mehr – wie der Entwurf – von der Pflicht zur besonderen Rücksichtnahme spricht.

Speziell die beiden zuletzt genannten Rechtsinstitute werden als allgemeine Regelungen konzipiert, denen spezielle Ausformungen in anderen Vorschriften vorgehen. Die Neuregelung ist allerdings zugleich bemüht, entsprechende Sondervorschriften aufzuheben.

2. Einheitlicher Pflichtverletzungstatbestand

Das alte Recht sieht keine einheitliche Norm für den Schadensersatz bei Leistungsstörungen vor. Vielmehr werden die einzelnen Fallsituationen durch spezielle Schadensersatztatbestände geregelt, die zum Teil erst durch die Rechtsprechung entwickelt worden sind. Das soll künftig anders werden. Die Grundnorm für jeden Schadensersatzanspruch aus der Verletzung von Pflichten aus einem

Schuldverhältnis soll § 280 BGB n.F. sein. Er genügt als Schadensersatznorm dann, wenn »einfacher« Schadensersatz verlangt wird. Musterbeispiel ist der Ersatz des Schadens, den sich ein potentieller Käufer beim Betreten eines Warenhauses zuzieht, wenn er auf einer Bananenschale ausrutscht. Soll dagegen nicht nur einfacher Schadensersatz, sondern Schadensersatz statt der Leistung (früher: Schadensersatz wegen Nichterfüllung) verlangt werden, müssen zusätzliche Voraussetzungen hinzutreten, die in den §§ 281 bis 283 BGB n.F. geregelt sind. Diese zusätzlichen Bedingungen unterscheiden nach den jeweils einschlägigen Fallsituationen: So ist Schadensersatz statt der Leistung bei den praktisch wichtigsten Leistungsstörungen wie Verzug und Schlechterfüllung in § 281 BGB n.F., bei Unmöglichkeit in § 283 BGB n.F. und bei Verletzung einer sonstigen, nicht leistungsbezogenen Nebenpflicht in § 282 BGB n.F. geregelt. Schadensersatz statt der Leistung setzt in den Fällen des Verzugs und Schlechtleistung gemäß § 281 BGB n.F. in der Regel voraus, dass dem Schuldner zuvor vergeblich eine angemessene Frist zur Leistung bzw. Nacherfüllung gesetzt worden ist. Daneben ist Verschulden erforderlich. Generell gilt allerdings, dass das Verschulden des Schuldners bei feststehender Pflichtverletzung (widerleglich) vermutet wird.

258 § 280 Abs. 1 BGB n.F. knüpft als Schadensgrundnorm an die Pflichtverletzung an. Eine Pflichtverletzung bedeutet, dass der Schuldner eine Haupt- oder Nebenpflicht aus dem Vertrag oder aus einem sonstigen Schuldverhältnis nicht eingehalten hat. Ob er diese Pflichtverletzung zu vertreten hat, ob ihn insbesondere ein Verschulden trifft, ist für die Erfüllung des Tatbestands einer Pflichtverletzung unerheblich. Entscheidend ist allein die objektive Sachlage. Der Schuldner ist allerdings zur Leistung von Schadensersatz nicht verpflichtet, wenn er nachweisen kann, dass ihn an der Pflichtverletzung kein Verschulden trifft und dass er sie auch sonst nicht zu vertreten hat (§ 280 Abs. 1 Satz 2 BGB n.F.).

3. Struktur der Vorschriften

259 Wie bisher beginnt das Leistungsstörungsrecht mit der Vorschrift des § 275 BGB über die **Befreiung** von der **Primärleistung** im Falle der Unmöglichkeit. Ebenfalls in der Sache unverändert bleiben die bisherigen §§ 276 bis 278 BGB, die das Vertretenmüssen regeln. Der bisherige § 279 BGB besteht als eigenständige Vorschrift nicht mehr. Er geht in § 276 BGB n.F. ohne inhaltliche Verluste auf.

260 Die §§ 280 bis 288 BGB n.F. regeln **sämtliche** Fälle des **Schadensersatzes**. Es gibt also keine besonderen Vorschriften mehr über den Schadensersatz wegen Nichterfüllung bei gegenseitigen im Vergleich zu einseitig verpflichtenden Verträgen.

261 Der **Rücktritt** vom **Vertrag** und die **Befreiung** von der **Gegenleistung** kraft Gesetzes im Fall der Unmöglichkeit sollen in §§ 323, 324 und 326 BGB n.F. geregelt werden. Anders als bisher soll der Rücktritt nicht mehr von einem Verschulden des Schuldners abhängig sein und die Geltendmachung von Schadensersatz nicht mehr ausschließen, § 325 BGB n.F.

II. Konkordanzliste Leistungsstörungs- und Rücktrittsrecht

BGB bisher	BGB neu	Inhalt
Zweites Buch Recht der Schuldverhältnisse	Buch 2 Recht der Schuldverhältnisse	
Erster Abschnitt Inhalt der Schuldverhältnisse	Abschnitt 1 Inhalt der Schuldverhältnisse	
Erster Titel Verpflichtung zur Leistung	Titel 1 Verpflichtung zur Leistung	
§ 241	§ 241 Abs. 1	Ohne inhaltliche Änderungen
/.../	§ 241 Abs. 2	Kodifizierung des durch die Rechtsprechung entwickelten Grundsatzes, dass sich aus dem Schuldverhältnis bestimmte Schutz- und Rücksichtnahmepflichten ergeben können, die neben die Leistungspflichten treten und deren Verletzung den anderen Teil zur Geltendmachung von Schadensersatz, oder auch in besonderen Fällen zum Rücktritt berechtigen kann. § 241 Abs. 2 BGB-neu ist damit die Basis für die Kodifizierung der bekannten Rechtsinstitute der c. i. c. und eines wichtigen Anwendungsbereichs der pVV, indem er den Pflichtenkatalog vorgibt. Wichtig auch für die Bestimmung der Pflicht im Sinne von § 282 und § 324 BGB-neu. Siehe im Übrigen wegen der Einzelheiten die Erläuterungen unten zur Kodifizierung von pVV und c. i. c.
§§ 241a bis 243	§§ 241a bis 243	unverändert
§ 244	§ 244	Anpassung des Absatzes 1 an die Umstellung auf Euro; ansonsten inhaltlich unverändert.
§§ 245, 246	§§ 245, 246	unverändert
/.../	§ 247	Übernimmt den derzeitigen § 1 des Diskont-Überleitungsgesetzes sowie die Basiszinssatz-Bezugsgrößen-Verordnung und regelt nunmehr den Basiszinssatz im BGB.

262

C. Leistungsstörungs- und Rücktrittsrecht

BGB bisher	BGB neu	Inhalt
§§ 248 bis 274	§§ 248 bis 274	unverändert
§ 275	§ 275 Abs. 1 bis 3	Inhaltliche Änderungen: § 275 Abs. 1 BGB-neu erfasst alle Fälle der subjektiven und objektiven Unmöglichkeit, unabhängig davon, ob diese anfänglich oder nachträglich eingetreten ist oder ob der Schuldner die Unmöglichkeit zu vertreten hat. In § 275 Abs. 2 BGB-neu sind die bislang nur in der Rechtsprechung entschiedenen Fälle der sog. faktischen Unmöglichkeit (Leistung theoretisch möglich, aber faktisch nur mit unverhältnismäßigem Aufwand) geregelt; insoweit Leistungsverweigerungsrecht des Schuldners. § 275 Abs. 3 BGB-neu trifft eine Sonderregelung für den Fall einer Leistung, die der Schuldner persönlich zu erbringen hat, die ihm aber auf Grund der Umstände des Einzelfalls nicht mehr zuzumuten ist; auch insoweit Leistungsverweigerungsrecht des Schuldners.
§ 276	§ 276	
§ 276 Abs. 1 Satz 1	§ 276 Abs. 1 Satz 1	Der Halbsatz »sofern nicht ein anderes bestimmt ist«, wird in § 276 Abs. 1 Satz 1 BGB-neu konkretisiert: Abweichender Haftungsmaßstab bei Garantie (darunter fällt auch die heutige Zusicherung einer Eigenschaft) und bei Übernahme eines Beschaffungsrisikos (Gattungsschulden); hier Haftung in der Regel verschuldensunabhängig. Gleiches gilt auch für Geld(zahlungs)schulden, die in § 276 nicht ausdrücklich genannt werden, aber wie nach derzeitiger Rechtslage wie Gattungsschulden zu behandeln sind, bei denen der Schuldner das »Beschaffungsrisiko übernommen« hat, so dass er unabhängig von einem Vertretenmüssen dafür haftet, dass er über die für die Erfüllung erforderlichen finanziellen Mittel verfügt.
§ 276 Abs. 1 Satz 2	§ 276 Abs. 2	unverändert.
§ 276 Abs. 1 Satz 3	§ 276 Abs. 1 Satz 2	unverändert.
§ 276 Abs. 2	§ 276 Abs. 3	unverändert.
§ 277	§ 277	unverändert.
§ 278	§ 278	Ohne inhaltliche Änderungen.

II. Konkordanzliste Leistungsstörungs- und Rücktrittsrecht

BGB bisher	BGB neu	Inhalt
§ 279	Geht in § 276 Abs. 1 Satz 1 auf	Der Inhalt des bisherigen § 279 BGB geht in der Neufassung des § 276 Abs. 1 Satz 1 BGB-neu auf; vgl. dort »Übernahme ... eines Beschaffungsrisikos«.
§ 280	§§ 281, 283	Statt »Schadensersatz wegen Nichterfüllung« heißt es nunmehr »Schadensersatz statt der Leistung«; die Begriffe entsprechen sich inhaltlich weitestgehend, wobei allerdings »Schadensersatz statt der Leistung« nur den Schaden meint, der dem Gläubiger daraus entsteht, dass er die Leistung nicht erhält, so dass er sie ersetzen muss; darunter fällt nicht der Verzögerungsschaden, der dem Gläubiger daraus entsteht, dass die Leistung verspätet erbracht wird (insoweit Schadensersatz nach §§ 280 Abs. 2, 286 BGB-neu) und auch nicht ein Mangelfolgeschaden (insoweit nur § 280 BGB-neu), da dieser nicht »statt der Leistung«, sondern neben der Leistung zu ersetzen ist. Als Grundsatz gilt: Schadensersatz statt der Leistung kann nur nach Fristsetzung verlangt werden (§ 281 BGB-neu); braucht der Schuldner allerdings nach § 275 Abs. 1 bis 3 BGB-neu nicht zu leisten; kann der Gläubiger sogleich ohne Fristsetzung Schadensersatz statt der Leistung verlangen (§ 283 BGB-neu). § 283 BGB-neu gilt gleichermaßen für einseitig wie zweiseitig verpflichtende Schuldverhältnisse; der bisherige »Vorrang« der §§ 324, 325 BGB für die im Synallagma stehenden Leistungspflichten entfällt.
§ 281	§ 285	§ 285 BGB-neu erfasst auch die Fälle der sog. faktischen Unmöglichkeit, sofern der Schuldner die Einrede gemäß § 275 Abs. 2 BGB-neu erhebt; im Übrigen ohne inhaltliche Änderungen.
§ 282	§ 280 Abs. 1 Satz 2	Der bisherige § 282 BGB geht in verallgemeinerter Form in der Beweislastregel des § 280 Abs. 1 Satz 2 BGB-neu auf; die bisherige Beweislastumkehr gilt nunmehr hinsichtlich aller Pflichtverletzungen des Schuldners aus einem Schuldverhältnis. Eine Ausnahme besteht für Ansprüche wegen einer Pflichtverletzung eines Arbeitnehmers: siehe hierzu § 619a BGB-neu.
§ 283	Geht in § 281 auf	Wegen der Neukonzeption des Leistungsstörungsrechts, wonach der Gläubiger vom Schuldner bei Schlecht- oder Nichtleistung Schadensersatz statt der Leistung nach Fristsetzung grundsätzlich verlangen kann, ist der bisherige § 283 BGB entbehrlich; er geht in § 281 BGB-neu vollständig auf.

C. Leistungsstörungs- und Rücktrittsrecht

BGB bisher	BGB neu	Inhalt
§ 284	§ 286	
§ 284 Abs. 1	§ 286 Abs. 1	Ohne inhaltliche Änderungen.
§ 284 Abs. 2	§ 286 Abs. 2	Erweiterung der derzeitigen gesetzlichen Ausnahmen (z.B. kalendermäßig bestimmte Leistung) durch in der Rechtsprechung entwickelte Ausnahmen von dem Mahnungserfordernis: Z.B. im Fall der ernsthaften und endgültigen Leistungsverweigerung, oder in Fällen, wo nach der vertraglichen Vereinbarung der Leistung ein Ereignis vorauszugehen hat und sich die Leistung nach dem Kalender berechnen lässt (etwa Zahlung 2 Wochen nach Lieferung) sowie bei sonstigen besonderen Umständen.
§ 284 Abs. 3	§ 286 Abs. 3	Änderung dahin, dass auch für Entgeltforderungen grundsätzlich das Mahnungssystem des bisherigen § 284 BGB gilt, dass der Schuldner aber unabhängig von einer Mahnung spätestens 30 Tage nach Fälligkeit und Rechnungserhalt oder – wenn der Zeitpunkt des Zugangs der Rechnung unsicher ist – 30 Tage nach Fälligkeit und Empfang der Gegenleistung in Verzug gerät; Ausnahmeregelung für Verbraucher als Schuldner: Besonderer Hinweis durch den Gläubiger erforderlich.
/.../	§ 284	Neu kodifizierter Anspruch auf Ersatz vergeblicher Aufwendungen im Fall eines nicht durchgeführten Vertrags. Die derzeit von der Rechtsprechung im Rahmen eines Schadensersatzanspruchs vorgenommene »Rentabilitätsprüfung« ist nicht mehr erforderlich. Vielmehr soll künftig derjenige, der das Scheitern des Vertrags zu vertreten hat, auch die im Hinblick auf die vermeintliche Durchführung des Vertrags gemachten Aufwendungen des anderen Teils tragen müssen.
§ 285	§ 286 Abs. 4	Ohne inhaltliche Änderungen.
§ 286	§§ 280, 281, 286	Wegen der Neukonzeption des Leistungsstörungsrechts, mit der in § 280 BGB-neu ein einheitlicher Haftungstatbestand für Pflichtverletzungen (insbesondere Schlechterfüllung, Verzug) geschaffen wird, können die bisherigen Sonderregelungen für den Schadensersatz bei Verzug entfallen; der bisherige § 286 Abs. 1 BGB geht in § 280 Abs. 1 und 2 i.V.m. § 286 BGB-neu und der bisherige § 286 Abs. 2 BGB in § 280 Abs. 1 und 3 i.V.m. § 281 BGB-neu auf.

BGB bisher	BGB neu	Inhalt
§ 287	§ 287	Ohne inhaltliche Änderungen.
§ 288	§ 288	
§ 288 Abs. 1 Satz 1	§ 288 Abs. 1	Ohne inhaltliche Änderungen.
§ 288 Abs. 1 Satz 2	§ 288 Abs. 3	Lediglich »umformuliert«, um den Sinn der Vorschrift deutlicher zu machen; keine inhaltliche Änderung.
§ 288 Abs. 2	§ 288 Abs. 4	Ohne inhaltliche Änderungen.
/.../	§ 288 Abs. 2	Durch Umsetzung der Zahlungsverzugsrichtlinie neuer Verzugszinssatz von 8 % über Basiszinssatz im Geschäftsverkehr für Entgeltforderungen, also für Geldleistungen, die als Gegenleistung zu erbringen sind.
§§ 289, 290	§§ 289, 290	unverändert
§ 291	§ 291	Ohne inhaltliche Änderungen.
§ 292	§ 292	unverändert.
Zweiter Titel Verzug des Gläubigers	Titel 2 Verzug des Gläubigers	
§§ 293 bis 295	§§ 293 bis 295	unverändert
§ 296	§ 296	Anpassung an die Erweiterung beim Schuldnerverzug in § 286 Abs. 2 Nr. 2 (Ersetzen der »Kündigung« durch jedes »Ereignis«).
§§ 297 bis 304	§§ 297 bis 304	unverändert

C. Leistungsstörungs- und Rücktrittsrecht

BGB bisher	BGB neu	Inhalt
Zweiter Abschnitt Schuldverhältnisse aus Verträgen	Abschnitt 3 Schuldverhältnisse aus Verträgen	
Erster Titel Begründung. Inhalt des Vertrags	Titel 1 Begründung, Inhalt und Beendigung	
	Untertitel 1 Begründung	
§ 305	§ 311 Abs. 1	Ohne inhaltliche Änderungen.
§§ 306 bis 309	Entfallen, vgl. aber § 311a	An deren Stelle tritt § 311a BGB-neu. Damit verbundene Änderungen: Abkehr von der Nichtigkeitsfolge des § 306 BGB. Stattdessen in § 311a Abs. 1 BGB-neu ausdrücklich Klarstellung, dass Vertrag trotz anfänglicher subjektiver oder objektiver Unmöglichkeit wirksam bleibt; Schadensersatzanspruch auf das positive Interesse (oder alternativ auf den Aufwendungsersatz) statt wie bisher auf das negative Interesse; Schadensersatzanspruch setzt Kenntnis oder zu vertretende Unkenntnis des Schuldners von dem Leistungshindernis bei Vertragsschluss voraus. Beachte: § 311a Abs. 2 BGB-neu ist eigene Anspruchsgrundlage im Fall anfänglicher objektiver oder subjektiver Unmöglichkeit.
§ 310	§ 311b Abs. 2	Ohne inhaltliche Änderungen.
§ 311	§ 311b Abs. 3	Ohne inhaltliche Änderungen.
§ 312	§ 311b Abs. 4 und 5	Ohne inhaltliche Änderungen.
§ 313	§ 311b Abs. 1	Ohne inhaltliche Änderungen.
§ 314	§ 311c	Ohne inhaltliche Änderungen.
	Untertitel 4	Einseitige Leistungs**bestimmungs**rechte
§§ 315 bis 319	§§ 315 bis 319	unverändert.

BGB bisher	BGB neu	Inhalt
Zweiter Titel Gegenseitiger Vertrag	**Titel 2 Gegenseitiger Vertrag**	
§ 320	§ 320	unverändert
§ 321	§ 321	Erweiterung in § 321 Abs. 1 BGB-neu auf alle Fälle drohender Leistungshindernisse (bisher nur Vermögensverfall); § 321 Abs. 2 BGB-neu sieht nunmehr ein Rücktrittsrecht des Vorleistungspflichtigen nach Fristsetzung vor.
§ 322	§ 322	unverändert
§ 323	§ 326	
§ 323 Abs. 1	§ 326 Abs. 1 Satz 1	Die Anwendung der Vorschrift ist unabhängig von der Frage, ob die Unmöglichkeit zu vertreten ist; § 326 Abs. 1 BGB-neu erfasst auch die Fälle der faktischen Unmöglichkeit, soweit der Schuldner die Einrede des § 275 Abs. 2 BGB-neu erhoben hat.
§ 323 Abs. 2	§ 326 Abs. 3	Ohne inhaltliche Änderungen.
§ 323 Abs. 3	§ 326 Abs. 4	Statt Verweis auf das Bereicherungsrecht nunmehr Verweis auf Rücktrittsvorschriften; im Übrigen ohne inhaltliche Änderungen.
§ 324	§ 326 Abs. 2	Erfasst auch die Fälle der faktischen Unmöglichkeit, soweit der Schuldner die Einrede des § 275 Abs. 2 BGB-neu erhoben hat; im Übrigen ohne inhaltliche Änderungen.
§ 325	§§ 283, 326	Der bisherige § 325 BGB geht durch die Neukonzeption des Leistungsstörungsrechts in den Vorschriften der §§ 283, 326 BGB-neu auf: Das bisher in § 325 BGB geregelte Rücktrittsrecht findet sich in § 326 Abs. 5 BGB-neu wieder. Der bisherige Schadensersatzanspruch wegen Nichterfüllung (auch bei teilweiser Unmöglichkeit) findet sich jetzt in § 283 BGB-neu (Schadensersatz statt der Leistung bei Unmöglichkeit). Der Rücktritt bei Teilunmöglichkeit ist in § 326 Abs. 5 i.V.m. § 323 Abs. 4 Satz 1 BGB-neu geregelt. Die Alternativität von Schadensersatz und Rücktritt ist aufgegeben (§ 325 BGB-neu).
§ 326	§§ 281, 323	Durch die Neukonzeption des Leistungsstörungsrechts wird die bisherige Regelung des § 326 BGB auf die Fälle der Schlechterfüllung erweitert. Außerdem wird die Alternativität zwischen Rücktritt und

C. Leistungsstörungs- und Rücktrittsrecht

BGB bisher	BGB neu	Inhalt
		Schadensersatz zugunsten eines verschuldensabhängigen Schadensersatzanspruchs neben einem verschuldensunabhängigen Rücktrittsrecht aufgehoben; die bisher in § 326 Abs. 1 BGB vorgesehene sog. »Ablehnungsandrohung« entfällt; stattdessen muss der Gläubiger dem Schuldner grundsätzlich gemäß § 281 Abs. 1 BGB-neu nur noch eine angemessene Nachfrist setzen und kann danach – bei verschuldeter Pflichtverletzung – Schadensersatz statt der Leistung verlangen und/oder – unabhängig vom Verschulden – gemäß § 323 Abs. 1 BGB-neu vom Vertrag zurücktreten.
§ 327	entfällt	Da die Regelungen über den Rücktritt gemäß den §§ 346 ff. BGB nach dem BGB-neu sowohl auf ein vertragliches als auch auf ein gesetzliches Rücktrittsrecht Anwendung finden sollen und entsprechend vereinheitlicht werden, kann der Verweis in § 327 BGB auf die §§ 346 ff. BGB entfallen.
Bisher lediglich von Rechtsprechung und Lehre entwikkelte Rechtsinstitute auf dem Gebiet des Allgemeinen Leistungsstörungsrechts		
Positive Vertragsverletzung	§ 280, ggf. i.V.m. §§ 281, 282; 324; vgl. auch § 241 Abs. 2	In § 280 BGB-neu wird ein einheitlicher Haftungstatbestand für alle Fälle der Pflichtverletzung, egal ob Verletzung von Haupt- oder Nebenleistungspflichten oder von nicht leistungsbezogenen Nebenpflichten, aus einem Schuldverhältnis geschaffen. § 280 BGB-neu allein erfasst damit alle die Fälle der positiven Forderungsverletzung, bei denen es um die Haftung auf »einfachen« Schadensersatz geht. Soweit der Gläubiger wegen einer Pflichtverletzung Schadensersatz wegen Nichterfüllung (bzw. jetzt »statt der Leistung«) verlangt, müssen die zusätzlichen Voraussetzungen der §§ 281, 282 BGB-neu, auf die § 280 BGB-neu verweist, gegeben sein. Dabei greift § 281 ein bei Schlecht- und Teilerfüllung sowie bei Ausbleiben der Leistung, also bei der Verletzung von Haupt- und Nebenleistungspflichten, während § 282 BGB-neu den Schadensersatz statt der Leistung bei

II. Konkordanzliste Leistungsstörungs- und Rücktrittsrecht

BGB bisher	BGB neu	Inhalt
		Verletzung einer Pflicht nach § 241 Abs. 2 BGB-neu, also einer nicht leistungsbezogenen Nebenpflicht regelt. Der letztere Fall wird derzeit typischerweise vom Institut der positiven Forderungsverletzung erfasst. § 324 BGB-neu gewährt dem Gläubiger bei der Verletzung einer Pflicht nach § 241 Abs. 2 BGB-neu im Übrigen ein Rücktrittsrecht, sofern dem Gläubiger ein Festhalten am Vertrag nicht mehr zuzumuten ist; auch dieser Fall wird derzeit aus pVV abgeleitet. Sämtliche Anwendungsbereiche der pVV sind damit gesetzlich geregelt.
Culpa in contrahendo	§ 311 Abs. 2 und 3, § 241 Abs. 2 und § 280	§ 311 Abs. 2 BGB-neu regelt entsprechend der Rechtsprechung zu culpa in contrahendo, wann ein vorvertragliches Schuldverhältnis mit Pflichten nach § 241 Abs. 2 BGB-neu entsteht; über den Inhalt und die Reichweite der dadurch entstehenden Pflichten ergibt sich aus § 311 Abs. 2 und 3 BGB-neu direkt nichts; § 311 Abs. 2 verweist aber insoweit auf § 241 Abs. 2 BGB-neu, aus dem sich ergibt, dass das Schuldverhältnis jeden Teil zu besonderer Rücksicht auf die Rechte, Rechtsgüter und Interessen des anderen Teils verpflichtet. Eine Verletzung dieser Pflichten führt dann zu einem Schadensersatzanspruch aus § 280 BGB-neu. § 311 Abs. 2 BGB-neu erfasst die von der Rechtsprechung zu culpa in contrahendo entwickelten Fälle der Aufnahme von Vertragsverhandlungen (Nr. 1), der Vertragsanbahnung (Nr. 2) und ähnlicher geschäftlicher Kontakte (Nr. 3). Des Weiteren erfasst § 311 Abs. 3 BGB-neu die von der Rechtsprechung ebenfalls zu culpa in contrahendo entwickelten Fälle der sog. »Vertreter- oder Sachwalterhaftung«, also die Fälle, in denen ein nicht direkt am Vertrag beteiligter Dritter besonderes Vertrauen (Vertreter, Sachverständiger etc.) in Anspruch nimmt.
Wegfall der Geschäftsgrundlage	§ 313	§ 313 BGB-neu enthält eine gesetzliche Regelung der von der Rechtsprechung entwickelten Fallgruppen des Wegfalls der Geschäftsgrundlage; dabei ist das Fehlen der objektiven Geschäftsgrundlage in § 313 Abs. 1 BGB-neu und das Fehlen der subjektiven Geschäftsgrundlage in § 313 Abs. 2 BGB-neu geregelt.
Kündigung von Dauerschuldverhältnissen	§ 314	§ 314 BGB-neu enthält ein gesetzliches Kündigungsrecht aus wichtigem Grund bei Dauerschuldverhältnissen für den Fall, dass dem kündigenden Teil die Fortsetzung des Vertragsverhältnisses nicht zugemutet werden kann. Diese Regelung kodifiziert damit

C. *Leistungsstörungs- und Rücktrittsrecht*

BGB bisher	BGB neu	Inhalt
		das in der Rechtsprechung entwickelte Kündigungsrecht von Dauerschuldverhältnissen; § 314 Abs. 2 BGB-neu sieht für den Fall, dass der wichtige Grund aus einer Pflichtverletzung herrührt, vor, dass eine Kündigung grundsätzlich nur nach erfolglosem Abhilfeverlangen oder erfolgloser Abmahnung zulässig ist.
Dritter Titel Versprechen der Leistung an einen Dritten	Titel 3 Versprechen der Leistung an einen Dritten	
§§ 328 bis 335	§§ 328 bis 335	unverändert.
Vierter Titel Draufgabe. Vertragsstrafe	Titel 4 Draufgabe. Vertragsstrafe	
§§ 336 bis 345	§§ 336 bis 345	unverändert.
Fünfter Titel Rücktritt	Titel 5 Rücktritt; Widerrufs- und Rückgaberecht bei Verbraucherverträgen	
	Untertitel 1 Rücktritt	
§ 346	§ 346 Abs. 1	Zwei Neuerungen: Die §§ 346 ff. BGB-neu finden nunmehr direkt auch auf ein gesetzliches Rücktrittsrecht Anwendung; die Herausgabepflicht von gezogenen Nutzungen, die sich derzeit aus den §§ 347 Satz 2, 987 BGB ergibt, wird in § 346 Abs. 1 BGB-neu integriert.
§ 347	§ 346 Abs. 1 und 2 Nr. 3, 347	Der bisherige § 347 Satz 1 BGB geht im Wesentlichen im neuen § 346 Abs. 2 Nr. 3 BGB-neu auf; der bisherige § 347 Satz 2 BGB findet sich hinsichtlich der Nutzungen in § 346 Abs. 1 BGB-neu (allgemeines Prinzip der Herausgabe gezogener Nutzungen) sowie in § 347 Abs. 1 BGB-neu; Verzinsungspflicht entfällt; der Rücktrittsberechtigte hat nur für diligentia quam in suis einzustehen; der bisherige § 347 Satz 2 hinsichtlich Verwendungen geht in § 347 Abs. 2 BGB-neu auf. Der Verweis auf die Bestimmungen des Eigentümer-Besitzer-Verhältnisses kann

II. Konkordanzliste Leistungsstörungs- und Rücktrittsrecht

BGB bisher	BGB neu	Inhalt
		angesichts der »direkten« Regelung in §§ 346, 347 BGB-neu selbst entfallen.
§§ 350 bis 354	§§ 346, 347	Das Rücktrittsrecht wird neu gestaltet; die bisherigen §§ 350 bis 354 BGB, die die Rechtsfolgen bei Untergang oder Verschlechterung des zurückzugewährenden Gegenstandes regeln, gehen dabei in den neuen §§ 346, 347 BGB-neu auf. Prinzip der Neuregelung: Bei Störungen der Rückabwicklung Wertersatzpflicht statt Ausschluss des Rücktrittsrechts.
§ 350	Entfällt	Die neue Rücktrittskonzeption sieht vor, dass der Rücktrittsberechtigte nicht nur im Fall des zufälligen Untergangs des zurückzugewährenden Gegenstandes, sondern in jedem Fall seiner Rückgewährunfähigkeit zum Rücktritt berechtigt bleibt; er muss allerdings Wertersatz leisten, soweit die Rückgewähr ausgeschlossen ist; die bisherigen §§ 350 bis 353 BGB werden daher durch ein Modell der Rückabwicklung nach dem Werte ersetzt, bei dem der Rücktritt unabhängig vom Untergang oder der Verschlechterung des Gegenstandes möglich ist; die Regelung des § 350 BGB kann daher entfallen.
§ 351	Entfällt, vgl. aber § 346 Abs. 2 Nr. 3	Durch die Umgestaltung des Rücktrittsrechts kann der bisherige § 351 BGB nicht aufrechterhalten werden; er geht aber von seiner Wertung in § 346 Abs. 2 Nr. 3 BGB-neu auf.
§§ 352, 353	Entfallen, vgl. aber § 346 Abs. 2 Nr. 2	Durch die Umgestaltung des Rücktrittsrechts können die bisherigen §§ 352, 353 BGB nicht aufrechterhalten werden; sie gehen aber von ihrer Wertung her in § 346 Abs. 2 Nr. 2 BGB-neu auf.
§ 354	Entfällt; vgl. aber § 346 Abs. 4	Ersatz der bisherigen Regelung der Verweisung in § 354 BGB durch die Klarstellung, dass für Schadensersatzansprüche die Vorschriften des allgemeinen Leistungsstörungsrechts maßgebend sind.
§ 355	§ 350	Ohne inhaltliche Änderungen.
§ 356	§ 351	Ohne inhaltliche Änderungen.
§ 357	§ 352	Ohne inhaltliche Änderungen.
§ 358	Entfällt	Ohne Relevanz.
§ 359	§ 353	Ohne inhaltliche Änderungen.

BGB bisher	BGB neu	Inhalt
§ 360	§ 354	Ohne inhaltliche Änderungen.
§ 361	§ 323 Abs. 2 Nr. 2	Der bisherige § 361 BGB geht in § 323 Abs. 2 Nr. 2 BGB-neu auf.

III. Texte und Erläuterung der neuen Vorschriften

1. Befreiung von der Primärleistungspflicht

Texte

Die Befreiung von der Primärleistungspflicht ist in § 275 BGB n.F. geregelt. Die Vorschrift lautet:

§ 275 Ausschluss der Leistungspflicht

(1) Der Anspruch auf Leistung ist ausgeschlossen, soweit diese für den Schuldner oder für jedermann unmöglich ist.

(2) Der Schuldner kann die Leistung verweigern, soweit diese einen Aufwand erfordert, der unter Beachtung des Inhalts des Schuldverhältnisses und der Gebote von Treu und Glauben in einem groben Missverhältnis zu dem Leistungsinteresse des Gläubigers steht. Bei der Bestimmung der dem Schuldner zuzumutenden Anstrengungen ist auch zu berücksichtigen, ob der Schuldner das Leistungshindernis zu vertreten hat.

(3) Der Schuldner kann die Leistung ferner verweigern, wenn er die Leistung persönlich zu erbringen hat und sie ihm unter Abwägung des seiner Leistung entgegenstehenden Hindernisses mit dem Leistungsinteresse des Gläubigers nicht zugemutet werden kann.

(4) Die Rechte des Gläubigers bestimmen sich nach den §§ 280, 283 bis 285, 311a und 326.

Erläuterung des § 275 BGB n.F.

(1) Der Anspruch auf Leistung ist ausgeschlossen, soweit diese für den Schuldner oder für jedermann unmöglich ist.

(2) Der Schuldner kann die Leistung verweigern, soweit diese einen Aufwand erfordert, der unter Beachtung des Inhalts des Schuldverhältnisses und der Gebote von Treu und Glauben in einem groben Missverhältnis zu dem Leistungsinteresse des Gläubigers steht. Bei der Bestimmung der dem Schuldner zuzumutenden Anstrengungen ist auch zu berücksichtigen, ob der Schuldner das Leistungshindernis zu vertreten hat.

(3) Der Schuldner kann die Leistung ferner verweigern, wenn er die Leistung persönlich zu erbringen hat und sie ihm unter Abwägung des seiner

Leistung entgegenstehenden Hindernisses mit dem Leistungsinteresse des Gläubigers nicht zugemutet werden kann.
(4) Die Rechte des Gläubigers bestimmen sich nach den §§ 280, 283 bis 285, 311a und 326.

Vorbemerkung

Mängel des bisherigen Rechts

Nach dem bisherigen § 241 Satz 1 verpflichtet ein Schuldverhältnis den Schuldner, eine Leistung zu bewirken. Die Erfüllung seiner Pflicht kann für den Schuldner mit Schwierigkeiten verbunden sein, die zu der Frage führen, ob es gerechtfertigt ist, den Schuldner an der Verpflichtung festzuhalten. Dabei ergeben sich zunächst zwei Probleme: 263
1. Welche Erschwernisse muss der Schuldner hinnehmen, so dass er noch an seine Primärleistungspflicht gebunden bleibt? Wann wird er von dieser Pflicht befreit?
2. Wird der Schuldner von der Primärleistungspflicht ohne weiteres (ipso iure) frei oder bedarf es dazu einer Handlung des Schuldners (insbesondere der Erhebung einer Einrede)?

Ist der Schuldner von seiner Primärleistungspflicht befreit, so stellt sich die weitere Frage, ob dies ersatzlos geschieht oder ob an die Stelle der Primärleistungspflicht die Sekundärleistungspflicht tritt, dem Gläubiger Schadensersatz wegen Nichterfüllung zu leisten. Schließlich kann fraglich sein, ob der Gläubiger auch von sich aus den Übergang auf eine Sekundärleistungspflicht bewirken kann, ohne dass die Voraussetzungen für eine Befreiung des Schuldners von der Primärleistungspflicht vorliegen. 264

Im alten Recht beantwortet § 275 diese Fragen unter 1. und 2: Die Primärleistungspflicht des Schuldners endet erst beim nachträglichen Eintritt von (objektiver oder subjektiver) Unmöglichkeit. Diese selbst wird damit zu einem Zentralbegriff des Rechts der Leistungsstörungen. Auch soll die Primärleistungspflicht ipso iure enden; es bedarf dazu also keiner Berufung des Schuldners auf die Unmöglichkeit. Die sich an § 275 anschließenden Vorschriften über Leistungsstörungen – ein Kernstück des Schuldrechts – beschäftigen sich zu einem Gutteil damit, unter welchen Voraussetzungen die Primärleistungspflicht in eine Sekundärleistungspflicht übergeht. 265

Der Hauptmangel des alten Rechts besteht in der Heraushebung der Unmöglichkeit (neben dem Schuldnerverzug) als eine der beiden Säulen des Rechts der Leistungsstörungen. Hierdurch ist insbesondere die von der h. M. angenommene Regelungslücke entstanden, die üblicherweise durch die im allgemeinen Schuldrecht nicht vorgesehene positive Forderungsverletzung gefüllt wird. Die Fragwürdigkeit der zentralen Rolle der Unmöglichkeit im Bürgerlichen Gesetzbuch ist schon 1907 von Ernst Rabel hervorgehoben worden (Die Unmöglichkeit der Leistung). 266

C. Leistungsstörungs- und Rücktrittsrecht

267 Speziell der bisherige § 275 ist insofern missglückt, als er die Frage nach der Befreiung des Schuldners mit dem Vertretenmüssen verknüpft. Richtigerweise ist das Vertretenmüssen für den Fortbestand der Primärleistungspflicht ohne Bedeutung: Was der Schuldner nicht leisten kann, das schuldet er auch nicht, und zwar unabhängig von dem Grund seiner Unfähigkeit.

268 Man kann § 275 auch nicht in dem Sinn verstehen (und dann für richtig halten wollen), als regele er das vollständige Freiwerden des Schuldners auch von sekundären Leistungspflichten. Denn ein solches Verständnis trifft ebenfalls nicht zu: Etwa erlangte Surrogate für die primär geschuldete Leistung hat der Schuldner auch ohne Vertretenmüssen an den Gläubiger abzuführen (bisheriger § 281).

269 Verbesserungswürdig ist die Beschränkung des bisherigen § 275 auf die (objektive und subjektive) Unmöglichkeit. Denn diese Beschränkung bringt den wirklichen Anwendungsbereich der Entlastungsregel nur unvollständig zum Ausdruck: Das Vorliegen von echter (physischer) Unmöglichkeit ist durch die Fortschritte der Technik wesentlich eingeengt worden. So kann man heute gesunkene Schiffe auffinden und heben oder Berge versetzen.

270 Dass solche Maßnahmen technisch möglich sind, sagt aber noch nicht, dass sie auch geschuldet werden, wo sie eine Voraussetzung für die Leistung bilden. Vielmehr ist hierüber unter rechtlichen Gesichtspunkten durch Auslegung des Versprechens zu entscheiden: Wer bloß eine Maschine zu liefern versprochen hat, braucht zur Erfüllung dieser Lieferungspflicht regelmäßig nicht das Schiff zu heben, mit dem die Maschine versunken ist. Wer dagegen das Schiff zu heben versprochen hat, wird regelmäßig nicht durch Schwierigkeiten entlastet, die dieser Hebung entgegenstellen. Tatsächlich haben sich Praxis und Lehre über die Beschränkung des § 275 (und seiner Folgevorschriften) auf wirkliche Unmöglichkeit längst hinweggesetzt: Die Vorschrift wird auch auf die sog. faktische Unmöglichkeit angewendet; eine weitere Ausdehnung auf die sog. wirtschaftliche Unmöglichkeit oder das Überschreiten der Opfergrenze ist umstritten. Andere ähnliche Entlastungsgründe, etwa wegen einer Unzumutbarkeit aus Gewissensgründen oder wegen Mängeln der Geschäftsgrundlage, haben sich bei § 242 angesiedelt.

271 Fraglich ist weiter die Beschränkung des § 275 auf die nachträgliche Unmöglichkeit. Denn auch eine Leistung, der schon anfänglich ein unüberwindliches Hindernis entgegensteht, braucht der Schuldner nicht zu erbringen. Das alte Recht erklärt freilich den auf eine anfänglich objektiv unmögliche Leistung gerichteten Vertrag für nichtig, § 306; das bedeutet zugleich eine Befreiung des Schuldners von seiner Leistungspflicht. Da aber diese Vorschrift durch § 311a Abs. 1 gestrichen wird, muss die Befreiung des Schuldners von schon anfänglich unmöglichen Primärleistungspflichten in § 275 geregelt werden. Die Erweiterung der Vorschrift sollte dann aber nicht wie derzeit § 306 auf die anfängliche Unmöglichkeit beschränkt bleiben. Ob die Leistung noch einem Dritten möglich ist, kann sinnvollerweise nicht darüber entscheiden, ob gerade der Schuldner sie erbringen muss: Dessen Befreiung sollte vielmehr nur davon abhängen, ob er selbst die Leistung zu erbringen vermag.

Lösungsansatz der Schuldrechtskommission

Die Unmöglichkeit sollte nach dem Vorschlag der Schuldrechtskommission ihre zentrale Position im Recht der Leistungsstörungen verlieren. Stattdessen sollte als Oberbegriff, der alle Arten der Leistungsstörungen umfasst, der Begriff der »Pflichtverletzung« eingeführt werden (vgl. § 280 KE BGB n. F.). Zugleich war die Schuldrechtskommission der Ansicht, dass es auch in Zukunft einer Grenze für die Primärleistungspflicht des Schuldners bedürfe. Die Regelung dieser Grenze sah sie – in Anlehnung an die gewohnte Reihenfolge der Paragraphen – in § 275 KE vor. Dabei stellte die Schuldrechtskommission aber nicht auf die Unmöglichkeit ab. Vielmehr sollte das Schuldverhältnis maßgeblich sein: Dieses müsse die Anstrengungen bestimmen, die der Schuldner zur Erbringung der Leistung zu unternehmen habe. Als Maßstab hierfür sollte wiederum wie schon in § 241 Abs. 2 Satz 1 KE »Inhalt und Natur des Schuldverhältnisses« dienen. Die als Maßstab auch vorstellbare Unzumutbarkeit sollte aber nach den Vorschlägen der Schuldrechtskommission über die Beachtlichkeit einer Störung der Geschäftsgrundlage (§ 307 KE = § 313 BGB n. F.) und über ein Recht zur Kündigung aus wichtigem Grund bei Dauerschuldverhältnissen (§ 308 KE = § 314 BGB n. F.) entscheiden.

272

Modell der Neuregelung

Der Ausschluss des primären Leistungsanspruchs nach § 275 Abs. 1

Die **Unmöglichkeit** sollte nach § 275 Satz 1 KE nicht mehr wie nach dem bisherigen § 275 zu einer Leistungsbefreiung kraft Gesetzes führen, sondern eine **Einrede begründen**. Außerdem sollte die Unmöglichkeit nicht mehr besonders erwähnt werden, um den neuen einheitlichen Pflichtverletzungstatbestand auch sprachlich zu betonen. Die Neuregelung folgt der Schuldrechtskommission in ihrer Einschätzung, dass die im Bürgerlichen Gesetzbuch sehr stark betonte Unmöglichkeit im Laufe der Jahre ihre anfangs vorhandene praktische Bedeutung verloren hat. Die bisher typischen Leistungsstörungen sind der Verzug, besser: die Verzögerung der Leistung, und die Schlechterfüllung, denen das Bürgerliche Gesetzbuch keineswegs die ihrer praktischen Bedeutung entsprechende Aufmerksamkeit widmet. Die Unmöglichkeit spielt in der Rechtswirklichkeit bisher eine völlig untergeordnete Rolle, der die im Entwurf vorgeschlagene Neuordnung des Leistungsstörungsrechts auch durchweg Rechnung trägt.

273

Im Gegensatz zur Schuldrechtskommission hält es die Neuregelung aber nicht für zweckmäßig, die Unmöglichkeit auch dort nicht gewissermaßen namentlich anzusprechen, wo dies sachlich angebracht ist. Dies erscheint im Gegenteil vielmehr notwendig, um die Sachaussagen des Gesetzes verständlich zu machen. Deshalb soll die Unmöglichkeit im § 275 angesprochen werden. Dort geht es um die Befreiung von der Primärleistung wegen ihrer Unmöglichkeit. Anders als die Schuldrechtskommission hält der Entwurf es auch für richtig, im Fall der physischen Unmöglichkeit eine Leistungsbefreiung kraft Gesetzes anzuordnen, wie dies auch im bisherigen § 275 der Fall ist, von dem sich § 275 BGB n. F. aber im Übrigen grundlegend unterscheidet.

274

Gleichstellung von objektiver und subjektiver Unmöglichkeit

275 Wie der bisherige § 275 und der von der Schuldrechtskommission vorgeschlagene § 275 KE stellt § 275 objektive und subjektive Unmöglichkeit gleich. Dies wird dadurch deutlich, dass § 275 Abs. 1 (ebenso in § 311a) davon spricht, dass die Leistung »für den Schuldner oder für jedermann unmöglich ist«. § 275 Abs. 1 ist daher z.B. auch dann anwendbar, wenn die geschuldete Sache einem Dritten gehört, der zu ihrer Veräußerung nicht bereit ist, oder wenn sie gestohlen und die Suche nach dem Dieb aussichtslos ist.

Gleichstellung von nachträglicher und anfänglicher Unmöglichkeit

276 Anders als der bisherige § 275 gilt § 275 Abs. 1 nicht nur für die nachträgliche, sondern auch für die anfängliche (objektive oder subjektive) Unmöglichkeit. Dies wird dadurch zum Ausdruck gebracht, dass § 275 Abs. 1 davon spricht, dass die Leistung unmöglich »ist«. Demgegenüber heißt es im geltenden § 275 Abs. 1, dass die Leistung unmöglich »wird«. Diese Gleichstellung war auch einer der wesentlichen Änderungsvorschläge der Schuldrechtskommission.

Gleichstellung von nicht zu vertretender und zu vertretender Unmöglichkeit

277 Im Gegensatz zum Wortlaut der bisherigen §§ 275, 280, aber im Einklang mit der Interpretation dieser Vorschriften durch die herrschende Lehre (BGHZ 68, 377; 97, 181; NJW 1999, 2034; RGZ 160, 263; Staudinger/Löwisch, § 275 Rdn. 56; MünchKomm/Emmerich, § 275 Rdn. 109; Palandt/Heinrichs, § 275 Rdn. 24; a. M. Jakobs, Unmöglichkeit und Nichterfüllung, S. 230 ff.; Ulrich Huber, Festschrift für Gaul 1997 S. 238; ders., Leistungsstörungen, Bd. I, S. 120) unterscheidet § 275 Abs. 1 nicht zwischen nicht zu vertretender und zu vertretender Unmöglichkeit. Das entspricht auch dem Vorschlag der Schuldrechtskommission und ist als sachgerecht begrüßt worden (Canaris in: Schulze/Schulte-Nölke, S. 42 ff., 54). Denn auch dann, wenn der Schuldner die Unmöglichkeit zu vertreten hat – z.B. weil er die verkaufte Sache vor deren Übereignung fahrlässig zerstört hat – ist es sinnlos, dem Gläubiger einen Anspruch zu geben, den der Schuldner nicht erfüllen kann und der sich demgemäss nicht einmal theoretisch im Wege der Zwangsvollstreckung durchsetzen ließe.

278 Dass zweifelhaft und streitig sein kann, ob Unmöglichkeit vorliegt (Wilhelm/Deeg, JZ 2001, 225 f.), ändert daran nichts. Dies ist ein reines Beweislastproblem, das nach den für diese geltenden allgemeinen Regeln zu lösen ist. Es stattdessen dadurch bewältigen zu wollen, dass man dem Schuldner zusätzlich zu dem Beweis der Unmöglichkeit hier auch noch den Beweis fehlenden Vertretenmüssens auferlegt, vermengt zu Unrecht eine Frage, die ihren Platz im Rahmen der Schadensersatzproblematik hat, mit der Frage nach dem Bestand der primären Leistungspflicht des Schuldners. Zwar mag man versuchen, die Unterscheidung zwischen nicht zu vertretender und zu vertretender Unmöglichkeit in den bisherigen §§ 275 und 280 de lege lata mit Überlegungen über Beweisschwierigkeiten zu legitimieren, weil diese Unterscheidung sich nun einmal aus dem bisherigen Text des Gesetzes zu ergeben scheint, doch gibt das keine Veranlassung,

die Unterscheidung nun auch noch de lege ferenda als ein generelles Abgrenzungskriterium aufrechtzuerhalten.

Einbeziehung der teilweisen und der zeitweiligen Unmöglichkeit

Wie der alte § 275 erfasst auch § 275 Abs. 1 die Teilunmöglichkeit. Das entspricht der derzeitigen Fassung von § 275 und bedarf daher keiner weiteren Erläuterung. 279

Erfasst werden sollte nach dem Entwurf auch die **zeitweilige Unmöglichkeit**, wie sie etwa in Embargofällen auftreten kann. Der Bundesrat hat in den Nummern 19, 23, 32 und 52 seiner Stellungnahme die mit der gesetzlichen Regelung der vorübergehenden Unmöglichkeit in § 275 BGB n. F. (»und solange«) zusammenhängenden Schwierigkeiten angesprochen. Die Bundesregierung hat bereits in der Gegenäußerung zu Nummer 19 der Stellungnahme des Bundesrates darauf hingewiesen, dass die vorübergehende Unmöglichkeit noch nicht befriedigend geregelt ist. Dem Vorschlag der von der Bundesministerin der Justiz eingesetzten »Kommission Leistungsstörungsrecht« folgend sind deshalb im Gesetzesbeschluss die Worte »und solange« in § 275 Abs. 1 und 2 BGB n. F. gestrichen worden. Damit bleibt die Einordnung vorübergehender Leistungshindernisse wie bisher auch Rechtsprechung und Wissenschaft überlassen. Nennenswerte Probleme, die eine gesetzliche Regelung erfordern würden, sind hierbei in den praktisch nicht sehr bedeutsamen Fällen der vorübergehenden Unmöglichkeit, namentlich in den Embargo-Fällen, bislang nicht aufgetreten. Die Vorschriften über den Schadensersatz statt der Leistung und auch über den Rücktritt bei Pflichtverletzung sind jedenfalls im Gesetz jetzt so ausgestaltet, dass der Gläubiger auch bei vorübergehender Unmöglichkeit der Leistung die Möglichkeit hat, dem anderen Teil eine angemessene Frist zur Leistung zu setzen und nach deren erfolglosem Ablauf Schadensersatz statt der Leistung zu verlangen oder den Rücktritt vom Vertrag zu erklären, soweit die vorübergehende Unmöglichkeit im Einzelfall nicht ohnehin der dauerhaften Unmöglichkeit gleichsteht und der Gläubiger deshalb nach den §§ 283 bzw. 326 Abs. 5 BGB-BE vorgehen kann, ohne eine Frist setzen zu müssen. Die in der Praxis für den Gläubiger häufig bestehende Unsicherheit, aus welchen einzelnen Gründen der Schuldner nicht leistet bzw. ob von diesem vorgebrachte Gründe zutreffen, kann der Gläubiger durch das Setzen einer angemessenen Frist beseitigen: Nach erfolglosem Fristablauf kann er sicher sein, bei Vorliegen der weiteren Voraussetzungen Schadensersatz statt der Leistung verlangen oder zurücktreten zu können. Sollte das Ausbleiben der Leistung auf deren Unmöglichkeit beruhen, so wäre die Fristsetzung ungünstigstenfalls überflüssig gewesen. 280

Vergleich mit den Europäischen Vertragsrechtsprinzipien

Die Principles of European Contract Law und die Principles of International Commercial Contracts enthalten in Art. 9:102 Abs. 2 lit. a bzw. Art. 7.2.2 lit. a ausdrücklich die Kategorie der Unmöglichkeit als Grund für die Befreiung von der primären Leistungspflicht. 281

282 Nach lit. b der genannten Artikel entfällt die primäre Leistungspflicht ferner dann, wenn deren Erfüllung dem Schuldner »unreasonable effort or expense« verursachen würde bzw. für ihn »unreasonably burdensome or expensive« wäre. Diese Regelungen stellen zwar funktionell eine Parallele zu § 275 Abs. 2 BGB n. F. dar, bilden aber im Übrigen in jeder Hinsicht ein negatives Gegenbeispiel: Das Verhältnismäßigkeitsprinzip wird nicht einmal andeutungsweise angesprochen, geschweige denn, dass der maßgebliche Bezugspunkt – das Gläubigerinteresse – oder der Grad des Missverhältnisses benannt würde. Dennoch ist eine ähnliche Problematik wie in § 275 Abs. 2 BGB n. F. gemeint, wie die Beispiele in den »Comments« belegen: Das Heben einer gesunkenen Yacht durch deren Verkäufer, wenn die Kosten hierfür vierzig mal so hoch wie ihr Wert wären (Lando/Beale, aaO, S. 396), bzw. eines gesunkenen Öltankers durch dessen Eigentümer, wenn die Kosten hierfür den Wert des Öls weit übersteigen (UNIDROIT aaO, S. 174).

Zu Absatz 1

283 Nach Absatz 1 ist der **Anspruch** auf die **Leistung ausgeschlossen**, wenn die **Leistung** dem Schuldner (subjektive Unmöglichkeit) oder jedermann (objektive Unmöglichkeit) **unmöglich** ist. Unmöglich meint, wie sich aus Absatz 2 ergibt, nur die objektive oder subjektive »wirkliche« Unmöglichkeit, nicht dagegen die faktische Unmöglichkeit, die Regelungsgegenstand des § 275 Abs. 2 ist. Eine Leistung ist in diesem Sinne objektiv unmöglich, wenn sie von niemandem erbracht werden kann. Dies kann auf Grund von tatsächlichen Umständen der Fall sein. Möglich ist aber auch die rechtliche Unmöglichkeit, etwa bei einem Arbeitsverbot (BAG, NJW 1995, 1774, 1775). Ist die Durchführbarkeit der Leistung theoretisch, aber nur mit einem völlig unverhältnismäßigen Aufwand möglich, liegt kein Fall des Absatzes 1, sondern ein Fall des Absatzes 2 vor. Entsprechendes gilt für das Unvermögen. Dem Schuldner ist die Leistung nur unmöglich, wenn er die Leistung auch durch Beschaffung oder Wiederbeschaffung nicht erbringen kann. Ist er nicht leistungsfähig, könnte er seine Leistungsfähigkeit aber durch Wiederbeschaffung wiederherstellen, liegt kein Unvermögen vor (vgl. BGH, NJW 1988, 699, 700). Ist dem Schuldner die Wiederbeschaffung der Leistung zwar theoretisch möglich, aber nur mit völlig indiskutablem Aufwand, liegt kein Fall des Absatzes 1, sondern ein Fall des Absatzes 2 vor. Der Unterschied liegt lediglich darin, dass der Schuldner im ersten Fall kraft Gesetzes von der Leistung befreit ist, im zweiten dagegen eine Einrede erheben muss. Weitere Unterschiede ergeben sich nicht.

Zu Absatz 2

284 Der Regelung von § 275 Abs. 1, die als Einwendung ausgestaltet ist, wird in Absatz 2 (und Absatz 3) ein Leistungsverweigerungsrecht, das seiner Rechtsnatur nach eine bloße Einrede darstellt, an die Seite gestellt.

Zu Satz 1

Tatbestandlich und funktionell werden mit Absatz 2 **zwei unterschiedliche Fallgruppen** erfasst. Zunächst bezieht sich die Vorschrift auf die sogenannte **faktische** oder auch **praktische Unmöglichkeit**. Mit diesem Begriff bezeichnet man Fälle, in denen die Behebung des Leistungshindernisses zwar theoretisch möglich wäre, die aber kein vernünftiger Gläubiger ernsthaft erwarten kann. Das immer wieder zitierte Schulbeispiel ist der geschuldete Ring auf dem Grund des Sees (Beispiel nach Heck, Grundriss des Schuldrechts, § 28). 285

Nicht erfasst werden von Absatz 2 Satz 1 dagegen die Fälle der sogenannten »**wirtschaftlichen**« oder »**sittlichen**« **Unmöglichkeit** oder der »**Unerschwinglichkeit**« im Sinne der bloßen Leistungserschwerung für den Schuldner. Diese Fallgruppen sind im geltenden Recht nicht gesetzlich geregelt und nach den Grundsätzen des Wegfalls der Geschäftsgrundlage (vgl. jetzt § 313) zu behandeln. Das ist zwar nicht immer so gesehen worden (anders z.B. RGZ 100, 129; 100, 134; 101, 74; 101, 79), aber seit den zwanziger Jahren des vorigen Jahrhunderts herrschende Meinung (RGZ 103, 3; 168, 65, 73; MünchKomm/Emmerich, § 275 Rdn. 33; Palandt/Heinrichs, § 275 Rdn. 12; U. Huber, Leistungsstörungen, Bd. I, 1999, § 3 III 4 S. 118). Daran ändert Absatz 2 Satz 1 nichts. Dies folgt daraus, dass Absatz 2 Satz 1 allein auf das **Leistungsinteresse des Gläubigers** abstellt und die eigenen Interessen des Schuldners, um deren Berücksichtigung es in diesen Fällen typischerweise geht, nicht in den Blick nimmt. Das ist auch nicht Zweck des § 275 Abs. 2 Satz 1, der das Entfallen der Primärleistungspflicht zum Gegenstand hat. Dies ist vielmehr Gegenstand des § 313 über den Wegfall der Geschäftsgrundlage. Auch Fälle der Leistungsverweigerung aus Gewissensgründen lassen sich nicht mit § 275 Abs. 2 Satz 1, sondern nur über § 313 oder über die Anwendung von Treu und Glauben lösen. 286

Nach Absatz 2 Satz 1 darf der Schuldner die Primärleistung verweigern, wenn deren Erbringung einen unverhältnismäßigen Aufwand verlangt. Mit Aufwand werden sowohl Aufwendungen in Geld als auch Tätigkeiten und ähnliche persönliche Anstrengungen erfasst. Dies folgt daraus, dass Absatz 2 Satz 3, der für den Fall des Vertretenmüssens eine Verschärfung des Maßstabs bestimmt, bewusst, um gerade dies deutlich zu machen, von »Anstrengungen« spricht. Der Aufwand ist allein an dem Leistungsinteresse des Gläubigers zu messen, nicht am Verhältnis dieses Aufwands zu den eigenen Interessen des Schuldners, also etwa zu dem Vertragspreis oder eben auch zu persönlichen Belangen wie Gewissensbedenken, familiären Belastungen usw. Die eigenen Interessen des Schuldners bleiben allerdings, vorbehaltlich des Absatzes 3, nicht immer völlig unberücksichtigt. Sie können vielmehr, wie dargelegt, nach anderen Vorschriften, insbesondere nach § 313, zu berücksichtigen sein. 287

Die Regelung des § 275 Abs. 2 Satz 1 findet eine gewisse Parallele in den Vorschriften der geltenden §§ 251 Abs. 2, 633 Abs. 2 Satz 3, 651c Abs. 2 Satz 2. Diese Vorschriften stellen Ausprägungen eines allgemeinen Rechtsgedankens dar (BGHZ 62, 388, 393 f.; NJW 1988, 699, 700), den § 275 Abs. 2 Satz 1 hier zur Geltung bringt. Von den genannten Vorschriften unterscheidet sich § 275 Abs. 2 Satz 1 indes dadurch, dass er die beiden Kriterien bezeichnet, die bei je- 288 der Verhältnismäßigkeitsprüfung von ausschlaggebender Bedeutung sind: Die Bezugsgröße zum ersten, die hier im Interesse des Gläubigers an der Leistung besteht, und den Grad des Missverhältnisses zum zweiten, das »grob« sein muss. Dass es auf das Gläubigerinteresse ankommt, entspricht auch der Rechtsprechung des BGH und der herrschenden Lehre (BGH NJW 1995, 1836f.; NJW 1996, 3269f.; NJW-RR 1997, 1450, 1451; Lange, Schadensersatz, 2. Aufl. 1990, § 5 VII 1; MünchKomm/Grunsky, § 251 Rdn. 15). Das Missverhältnis muss also ein besonders krasses, nach Treu und Glauben untragbares Ausmaß erreichen. Das legitimiert sich vor allem daraus, dass der Gläubiger bei vom Schuldner nicht zu vertretender Unmöglichkeit seinen Anspruch ersatzlos verliert. Demgegenüber muss er im Falle des § 251 Abs. 2 grundsätzlich, d.h. abgesehen von den Fällen des § 253, lediglich hinnehmen, dass er statt Naturalersatz eine – den Wertverlust voll ausgleichende – Entschädigung in Geld erhält. In den Fällen des bisherigen § 633 Abs. 2 Satz 3 verliert er nur den Anspruch auf Beseitigung des Mangels, nicht aber die Ansprüche auf Wandelung und Minderung nach dem bisherigen § 634, mit deren Hilfe er sein finanzielles Interesse an einer ordnungsgemäßen Vertragserfüllung regelmäßig im wesentlichen wahren kann. Bei vom Schuldner zu vertretender Unmöglichkeit erhält der Gläubiger zwar einen Anspruch auf Schadensersatz nach §§ 280, 283, doch wäre es paradox, wenn er deshalb leichter von seinem Primäranspruch auf Erfüllung befreit würde.

Zu Satz 2

289 Absatz 2 Satz 2 bestimmt, dass bei der **Konkretisierung** des **Missverhältnisses** zu berücksichtigen ist, ob der Schuldner das Leistungshindernis zu vertreten hat. Daraus folgt, dass von ihm erhöhte Anstrengungen zu dessen Überwindung zu erwarten sind, wenn er es zu vertreten hat. Hat der Schuldner also z.B. auf Grund eines schuldhaften Irrtums oder gar in Kenntnis der Rechtslage den Vertragsgegenstand an einen Dritten übereignet, so muss er diesem für dessen Rückerwerb in aller Regel wesentlich mehr als den Marktpreis bieten, um in den Genuss der Befreiung von seiner primären Leistungspflicht zu gelangen. Ähnlich liegt es im geltenden Recht bei der Auslegung von § 633 Abs. 2 Satz 3 (BGH, NJW 1995, 1836, 1837; 1996, 3269, 3270) und zu dem von dem BGH aus den §§ 251 Abs. 2, 633 Abs. 2 Satz 3 entwickelten allgemeinen Rechtsgedanken (NJW 1988, 699, 700; vgl. auch BGHZ 62, 388, 393f.).

290 Den Umkehrschluss, dass der Schuldner überhaupt keine Anstrengungen zur Überwindung des Leistungshindernisses zu unternehmen braucht, wenn er dieses *nicht* zu vertreten hat – wie das von manchen Autoren für den geltenden § 275 postuliert wird (z.B. U. Huber, Leistungsstörungen Bd. I, § 3 I 6 S. 74, 75) – erlaubt § 275 Abs. 2 Satz 2 dagegen nicht. Vielmehr ist diese Frage, wie es in der Vorschrift heißt, nach dem Inhalt des Schuldverhältnisses und den Erfordernissen von Treu und Glauben zu beantworten. So muss der Schuldner sich in dem erwähnten Beispiel auch dann, wenn ihn kein Verschulden trifft, immerhin bemühen, den Vertragsgegenstand von dem Dritten zurückzuerwerben, und diesem zumindest den Marktpreis, u.U. aber auch einen darüber liegenden

Preis bieten. Denn auch wenn er sich in einem unverschuldeten Irrtum befunden und daher die verkehrserforderliche Sorgfalt nicht außer Acht gelassen hat, hat er doch objektiv seine Pflicht aus dem Schuldverhältnis nicht erfüllt, so dass das Leistungshindernis auf einem in seiner Sphäre liegenden Mangel beruht. Indes sind die Bemühungen und Aufwendungen, die von ihm zu erwarten sind, regelmäßig geringer, als wenn er das Leistungshindernis zu vertreten hat, so dass die Unterscheidung jedenfalls sinnvoll ist.

Die Grundsätze gelten sowohl in den Fälle des Absatzes 2 Satz 1 als auch in den Fällen des Absatzes 3. 291

Zu Absatz 3

Absatz 3 trifft eine Sonderregelung für den Fall einer Leistung, die in der Person des Schuldners zu erbringen ist. Dies betrifft vor allem Arbeits- und Dienstverträge. Hierzu können aber auch Werkverträge oder Geschäftsbesorgungsverträge gehören. In diesen Fällen sollen nicht nur objektive, sondern auch auf die Leistung bezogene persönliche Umstände des Schuldners berücksichtigt werden und zur Unmöglichkeit führen können. Dies ist geboten, weil die Leistung selbst auf die Person des Schuldners ausgerichtet ist. Solche Umstände sind also, anders als in den Fällen des Absatz 2 Satz 1, nicht nur unter dem Gesichtspunkt des Wegfalls der Geschäftsgrundlage zu berücksichtigen, sondern schon unter dem Gesichtspunkt eines Wegfalls der Primärleistungspflicht nach § 275. 292

Schulbeispiel ist der Fall der Sängerin, die sich weigert aufzutreten, weil ihr Kind lebensgefährlich erkrankt ist. In diesem Fall geht es um die Rücksichtnahme auf das Schuldnerinteresse, das in Absatz 3 in bewusster Abgrenzung zu Absatz 1 Satz 1 und zu § 313 gerade auch maßgeblich sein soll. In diesem Fall liegt kein Wegfall der Geschäftsgrundlage, sondern Unmöglichkeit vor (für diesen Fall auch: MünchKomm/Emmerich, § 275 Rdn. 39). Ebenfalls nach Absatz 3 zu lösen ist schließlich auch der Fall des Arbeitnehmers, der seine Arbeit nicht verrichten möchte, weil er in der Türkei zum Wehrdienst einberufen ist und bei Nichtbefolgung des Einberufungsbefehls mit der Todesstrafe rechnen muss. Das BAG hat diesen Fall »analog § 323 BGB« behandelt und der subjektiven Unmöglichkeit »gleichgestellt« (NJW 1983, 2782, 2784). Nach Absatz 3 ist das weiterhin möglich, weil es hier um die Berücksichtigung des Schuldnerinteresses bei einer in der Person des Schuldners zu erbringenden Leistung geht. Genauso liegt es in anderen Fällen, in denen dem Schuldner die Leistungspflicht unter Beachtung des Leistungsinteresses des Gläubigers nicht zugemutet werden kann. Beispiele sind während der Arbeitszeit notwendige Arztbesuche, notwendige Versorgung schwerwiegend erkrankter Angehöriger, Ladung zu Behörden und Gerichtsterminen. Absatz 3 lässt allerdings die bestehenden Vorschriften, Vereinbarungen und Rechtsgrundsätze zur Befreiung von der Arbeitspflicht im Krankheitsfall unberührt. Dies ergibt sich aus dem Inhalt der Arbeitsverhältnisse, wie er von der Rechtsprechung definiert wird. 293

Zu Absatz 4

294 § 275 bestimmt in beiden Varianten, also sowohl bei der Befreiung kraft Gesetzes nach Absatz 1 als auch bei der Einrede nach Absätzen 2 und 3, nur die Folge der Unmöglichkeit für die Primärleistung. Dies kann und soll aber nicht bedeuten, dass der Fortfall der Primärleistungspflicht die einzige Rechtsfolge ist. Wenn der Umstand, der zur Leistungsbefreiung führt, vom Schuldner zu vertreten ist, so ist dieser zum Schadensersatz verpflichtet. Dies regeln die §§ 280, 283 bis 285 und 311a E. Auf diesen Zusammenhang weist Absatz 4 zur Klarstellung hin, ohne dies aber selbst unmittelbar zu regeln.

2. Verpflichtung zum Schadensersatz (statt der Leistung), Vertretenmüssen

Texte

295 Die Verpflichtung zum Schadensersatz auch statt der Leistung ist einheitlich in den §§ 280 ff. BGB n. F. geregelt. Es gibt keine besonderen Tatbestände für den Schadenersatz wegen Nichterfüllung bei gegenseitigen Verträgen. Die §§ 280 ff. BGB n. F. gelten auch für die bisher nicht geregelten Ansprüche auf Schadensersatz wegen Culpa in Contrahendo und wegen positiver Forderungsverletzung. Allerdings kommen nicht in jedem Fall sämtliche Vorschriften der §§ 280 bis 283 zum Tragen. Aus cic lässt sich mangels Leistungspflicht kein Schadensersatz statt der Leistung ableiten. Das Vertretenmüssen ist einheitlich in §§ 276 BGB n. F. und den unverändert bleibenden §§ 277, 278 BGB geregelt. Der bisherige § 279 BGB geht in dem neuen § 276 BGB n. F. auf. Die Vorschriften lauten:

§ 241 Pflichten aus dem Schuldverhältnis

(1) ...
(2) Das Schuldverhältnis kann nach seinem Inhalt jeden Teil zu besonderer Rücksicht auf die Rechte, Rechtsgüter und Interessen des anderen Teils verpflichten.

§ 276 Verantwortlichkeit des Schuldners

(1) Der Schuldner hat Vorsatz und Fahrlässigkeit zu vertreten, wenn eine strengere oder mildere Haftung weder bestimmt noch aus dem sonstigen Inhalt des Schuldverhältnisses, insbesondere aus der Übernahme einer Garantie oder eines Beschaffungsrisikos zu entnehmen ist. Die Vorschriften der §§ 827 und 828 finden entsprechende Anwendung.
(2) Fahrlässig handelt, wer die im Verkehr erforderliche Sorgfalt außer Acht lässt.
(3) Die Haftung wegen Vorsatzes kann dem Schuldner nicht im Voraus erlassen werden.

§ 280 Schadensersatz wegen Pflichtverletzung

(1) Verletzt der Schuldner eine Pflicht aus dem Schuldverhältnis, so kann der Gläubiger Ersatz des hierdurch entstehenden Schadens verlangen. Dies gilt nicht, wenn der Schuldner die Pflichtverletzung nicht zu vertreten hat.
(2) Schadensersatz wegen Verzögerung der Leistung kann der Gläubiger nur unter der zusätzlichen Voraussetzung des § 286 verlangen.
(3) Schadensersatz statt der Leistung kann der Gläubiger nur unter den zusätzlichen Voraussetzungen des § 281, des § 282 oder des § 283 verlangen.

§ 281 Schadensersatz statt der Leistung wegen nicht oder nicht wie geschuldet erbrachter Leistung

(1) Soweit der Schuldner die fällige Leistung nicht oder nicht wie geschuldet erbringt, kann der Gläubiger unter den Voraussetzungen des § 280 Abs. 1 Schadensersatz statt der Leistung verlangen, wenn er dem Schuldner erfolglos eine angemessene Frist zur Leistung oder Nacherfüllung bestimmt hat. Hat der Schuldner eine Teilleistung bewirkt, so kann der Gläubiger Schadensersatz statt der ganzen Leistung nur verlangen, wenn er an der Teilleistung kein Interesse hat. Hat der Schuldner die Leistung nicht wie geschuldet bewirkt, so kann der Gläubiger Schadensersatz statt der ganzen Leistung nicht verlangen, wenn die Pflichtverletzung unerheblich ist.

(2) Die Fristsetzung ist entbehrlich, wenn der Schuldner die Leistung ernsthaft und endgültig verweigert oder wenn besondere Umstände vorliegen, die unter Abwägung der beiderseitigen Interessen die sofortige Geltendmachung des Schadensersatzanspruchs rechtfertigen.

(3) Kommt nach der Art der Pflichtverletzung eine Fristsetzung nicht in Betracht, so tritt an deren Stelle eine Abmahnung.

(4) Der Anspruch auf die Leistung ist ausgeschlossen, sobald der Gläubiger statt der Leistung Schadensersatz verlangt hat.

(5) Verlangt der Gläubiger Schadensersatz statt der ganzen Leistung, so ist der Schuldner zur Rückforderung des Geleisteten nach den §§ 346 bis 348 berechtigt.

§ 282 Schadensersatz statt der Leistung wegen Verletzung einer Pflicht nach § 241 Abs. 2

Verletzt der Schuldner eine Pflicht nach § 241 Abs. 2, kann der Gläubiger unter den Voraussetzungen des § 280 Abs. 1 Schadensersatz statt der Leistung verlangen, wenn ihm die Leistung durch den Schuldner nicht mehr zuzumuten ist.

§ 283 Schadensersatz statt der Leistung bei Ausschluss der Leistungspflicht

Braucht der Schuldner nach § 275 Abs. 1 bis 3 nicht zu leisten, kann der Gläubiger unter den Voraussetzungen des § 280 Abs. 1 Schadensersatz statt der Leistung verlangen. § 281 Abs. 1 Satz 2 und 3 und Abs. 5 finden entsprechende Anwendung.

§ 284 Ersatz vergeblicher Aufwendungen

Anstelle des Schadensersatzes statt der Leistung kann der Gläubiger Ersatz der Aufwendungen verlangen, die er im Vertrauen auf den Erhalt der Leistung gemacht hat und billigerweise machen durfte, es sei denn, deren Zweck wäre auch ohne die Pflichtverletzung des Schuldners nicht erreicht worden.

§ 285 Herausgabe des Ersatzes

(1) Erlangt der Schuldner infolge des Umstandes, auf Grund dessen er die Leistung nach § 275 Abs. 1 bis 3 nicht zu erbringen braucht, für den geschuldeten Gegenstand einen Ersatz oder einen Ersatzanspruch, so kann der Gläubiger Herausgabe des als Ersatz Empfangenen oder Abtretung des Ersatzanspruchs verlangen.

(2) Kann der Gläubiger statt der Leistung Schadensersatz verlangen, so mindert sich dieser, wenn er von dem in Absatz 1 bestimmten Recht Gebrauch macht, um den Wert des erlangten Ersatzes oder Ersatzanspruchs.

§ 286 Verzug des Schuldners

(1) Leistet der Schuldner auf eine Mahnung des Gläubigers nicht, die nach dem Eintritt der Fälligkeit erfolgt, so kommt er durch die Mahnung in Verzug. Der Mahnung stehen die Erhebung der Klage auf die Leistung sowie die Zustellung eines Mahnbescheids im Mahnverfahren gleich.

(2) Der Mahnung bedarf es nicht, wenn
1. für die Leistung eine Zeit nach dem Kalender bestimmt ist,
2. der Leistung ein Ereignis vorauszugehen hat und eine angemessene Zeit für die Leistung in der Weise bestimmt ist, dass sie sich von dem Ereignis an nach dem Kalender berechnen lässt,
3. der Schuldner die Leistung ernsthaft und endgültig verweigert,
4. aus besonderen Gründen unter Abwägung der beiderseitigen Interessen der sofortige Eintritt des Verzugs gerechtfertigt ist.

(3) Der Schuldner einer Entgeltforderung kommt spätestens in Verzug, wenn er nicht innerhalb von 30 Tagen nach Fälligkeit und Zugang einer Rechnung oder gleichwertigen Zahlungsaufstellung leistet; dies gilt gegenüber einem Schuldner, der Verbraucher ist, nur, wenn auf diese Folgen in der Rechnung oder Zahlungsaufstellung besonders hingewiesen worden ist. Wenn der Zeitpunkt des Zugangs der Rechnung oder Zahlungsaufstellung unsicher ist, kommt der Schuldner, der nicht Verbraucher ist, spätestens 30 Tage nach Fälligkeit und Empfang der Gegenleistung in Verzug.

(4) Der Schuldner kommt nicht in Verzug, solange die Leistung infolge eines Umstandes unterbleibt, den er nicht zu vertreten hat.

§ 287 Verantwortlichkeit während des Verzugs

Der Schuldner hat während des Verzugs jede Fahrlässigkeit zu vertreten. Er haftet wegen der Leistung auch für Zufall, es sei denn, dass der Schaden auch bei rechtzeitiger Leistung eingetreten sein würde.

§ 288 Verzugszinsen

(1) Eine Geldschuld ist während des Verzugs zu verzinsen. Der Verzugszinssatz beträgt für das Jahr fünf Prozentpunkte über dem Basiszinssatz.

(2) Bei Rechtsgeschäften, an denen ein Verbraucher nicht beteiligt ist, beträgt der Zinssatz für Entgeltforderungen acht Prozentpunkte über dem Basiszinssatz.

(3) Der Gläubiger kann aus einem anderen Rechtsgrund höhere Zinsen verlangen.

(4) Die Geltendmachung eines weiteren Schadens ist nicht ausgeschlossen.

§ 311 Rechtsgeschäftliche und rechtsgeschäftsähnliche Schuldverhältnisse

(1) Zur Begründung eines Schuldverhältnisses durch Rechtsgeschäft sowie zur Änderung des Inhalts eines Schuldverhältnisses ist ein Vertrag zwischen den Beteiligten erforderlich, soweit nicht das Gesetz ein anderes vorschreibt.

(2) Ein Schuldverhältnis mit Pflichten nach § 241 Abs. 2 entsteht auch durch
1. die Aufnahme von Vertragsverhandlungen,
2. die Anbahnung eines Vertrags, bei welcher der eine Teil im Hinblick auf eine etwaige rechtsgeschäftliche Beziehung dem anderen Teil die Möglichkeit zur Einwirkung auf seine Rechte, Rechtsgüter und Interessen gewährt oder ihm diese anvertraut, oder
3. ähnliche geschäftliche Kontakte.

(3) Ein Schuldverhältnis mit Pflichten nach § 241 Abs. 2 kann auch zu Personen entstehen, die nicht selbst Vertragspartei werden sollen. Ein solches Schuldverhältnis entsteht insbesondere, wenn der Dritte in besonderem Maße Vertrauen für sich in Anspruch nimmt und dadurch die Vertragsverhandlungen oder den Vertragsschluss erheblich beeinflusst.

§ 311a Leistungshindernis bei Vertragsschluss

(1) Der Wirksamkeit eines Vertrags steht es nicht entgegen, dass der Schuldner nach § 275 Abs. 1 bis 3 nicht zu leisten braucht und das Leistungshindernis schon bei Vertragsschluss vorliegt.

(2) Der Gläubiger kann nach seiner Wahl Schadensersatz statt der Leistung oder Ersatz seiner Aufwendungen in dem in § 284 bestimmten Umfang verlangen. Dies gilt nicht, wenn der Schuldner das Leistungshindernis bei Vertragsschluss nicht kannte und seine Unkenntnis auch nicht zu vertreten hat. § 281 Abs. 1 Satz 2 und 3 und Abs. 5 finden entsprechende Anwendung.

§ 619a Beweislast bei Haftung des Arbeitnehmers

Abweichend von § 280 Abs. 1 hat der Arbeitnehmer dem Arbeitgeber Ersatz für den aus der Verletzung einer Pflicht aus dem Arbeitsverhältnis entstehenden Schaden nur zu leisten, wenn er die Pflichtverletzung zu vertreten hat.

Erläuterung der Vorschriften zum Schadensersatz und zum Vertretenmüssen

Vorbemerkung

Mängel des bisherigen Rechts

Bewirkt der Schuldner eine geschuldete Leistung nicht oder verletzt er sonst eine Pflicht aus dem Schuldverhältnis, so können an die Stelle eines gestörten Primärleistungsanspruchs oder neben diesen Schadensersatzansprüche treten. Die Regelungsaufgabe besteht darin zu bestimmen, unter welchen Voraussetzungen dies geschehen soll.

Die bisherigen §§ 275 bis 292 unterscheiden zwei Arten der Leistungsstörung: die den primären Erfüllungsanspruch aufhebende Unmöglichkeit und die ihn zunächst bestehen lassende Leistungsverzögerung. Ein beide Arten umfassender Oberbegriff kommt im allgemeinen Schuldrecht nicht vor. Schon bald nach dem Inkrafttreten des Bürgerlichen Gesetzbuchs hat sich jedoch die Meinung gebildet, manche Leistungsstörungen ließen sich weder als Unmöglichkeit noch als Leistungsverzögerung erfassen: Es liefert etwa der Schuldner das verkaufte Viehfutter zwar rechtzeitig, doch ist dieses giftig; oder eine geschuldete Bilanz wird zwar sogar vorzeitig aufgestellt, doch ist sie unrichtig; in beiden Fällen entsteht dem Gläubiger durch die Verwendung der mangelhaften Schuldnerleistung Schaden an seinem Vermögen außerhalb des Leistungsgegenstandes. Für solche Fälle hat sich als dritte Art der Leistungsstörung die positive Forderungsverletzung (oder auch: positive Vertragsverletzung) in der Rechtsprechung vollständig und in der Literatur weitgehend durchgesetzt. Sie kann inzwischen als gewohnheitsrechtlich anerkannt gelten. Infolge dieser Lückenfüllung durch Gewohnheitsrecht könnte man das Problem für sachlich erledigt halten. Nötig wäre dann lediglich eine Vervollständigung des Bürgerlichen Gesetzbuchs durch Aufnahme des ohnehin Anerkannten, also etwa durch die Einführung eines dritten Tatbestandes der Leistungsstörung.

298 Dem ist zunächst schon entgegenzuhalten, dass dann Unmöglichkeit und Verzug als weitere Leistungsstörungtatbestände erhalten bleiben und von dem dritten Tatbestand der Leistungsstörung abgegrenzt werden müssen. Doch liegt das Problem im Blick auf das besondere Schuldrecht noch komplizierter. Denn dort sind an vielen wichtigen Stellen (etwa in den derzeit geltenden §§ 463, 480 Abs. 2, 538 Abs. 1, 635) Schadensersatzansprüche geregelt, die in den Anwendungsbereich der positiven Forderungsverletzung zumindest hineinragen. Einige dieser Ansprüche sind vom Tatbestand her oder durch eine kurze Verjährung beschränkt. Daher wird hier fraglich, ob mit dem speziell geregelten Anspruch noch der allgemeinere aus positiver Forderungsverletzung konkurriert und ob für diesen etwa die gleichen Beschränkungen gelten. Wird (wie früher bei den §§ 635, 638) die zweite Frage verneint, so erlangt die Abgrenzung zwischen dem (beschränkten) speziellen Anspruch und dem unbeschränkten Anspruch aus positiver Forderungsverletzung Bedeutung. Das hat zu erheblichen Unterscheidungsschwierigkeiten geführt, deren Lösung mit den Begriffspaaren »unmittelbar« und »mittelbar« oder »Mangelschaden« und »Mangelfolgeschaden« versucht worden ist. Die hieraus entstandenen vielfachen Unsicherheiten zu beseitigen, ist eines der wesentlichen Ziele der Schuldrechtsmodernisierung. Dieses soll nicht bloß durch eine Vereinheitlichung der Verjährungsfristen erreicht werden, sondern schon durch eine Neuordnung der Normen über die Anspruchsbegründung.

Reformdiskussion

299 Huber hatte seinerzeit in seinem Gutachten (dort S. 699 ff.) vorgeschlagen, den Begriff der Nichterfüllung als »Grundkategorie des Leistungsstörungsrechts« einzuführen. Er lehnte sich damit an die – freilich nicht einheitliche – Terminologie des nicht mehr geltenden EKG an: Das EKG spricht teils von Forderungsverletzung (z. B. Art. 10, 83, 86) und teils von Nichterfüllung einer Pflicht (z. B. Art. 74, 75). Ähnliches gilt für das UN-Kaufrecht (vgl. etwa Art. 45, 48, 49 Abs. 1 Buchstabe a, 61, 64 Abs. 1 Buchstabe a). Als Grundlage hatte Huber seinerzeit (Gutachten S. 671 ff.) folgenden § 275 Abs. 1 vorgeschlagen:

»Erfüllt der Schuldner seine Verbindlichkeit nicht, insbesondere indem er die geschuldete Leistung nicht zur bestimmten Zeit oder nicht in der nach dem Inhalt des Schuldverhältnisses geschuldeten Art und Weise bewirkt oder indem er einer Unterlassungspflicht zuwiderhandelt (Nichterfüllung), so kann der Gläubiger Erfüllung und Ersatz des ihm entstandenen Schadens verlangen.«

300 Die weiteren Absätze dieser Vorschrift enthalten dann die übrigen Rechte des Schuldners sowie das Erfordernis des Vertretenmüssens. Andere Vorschriften

des Vorschlages von Huber (§§ 280, 281 a, 287, 288) betreffen Einzelheiten der Ersatzleistung. Diese Vorschläge lehnen sich weithin an das EKG an. Terminologische Abweichungen beruhen vor allem darauf, dass das EKG nur den Kauf betrifft und nicht auch einseitige Schuldverhältnisse.

In ihren Vorschlägen zur Überarbeitung des Schuldrechts hatte sich die Schuldrechtskommission in der Sache Huber angeschlossen und die Schaffung eines einheitlichen alle Leistungsstörungen umfassenden Schadensersatztatbestandes vorgeschlagen. Er findet seinen Platz allerdings nicht an dem Standort des bisherigen § 275, sondern an dem Standort des bisherigen § 280. Der von der Schuldrechtskommission vorgesehene § 280 Abs. 1 Satz 1 knüpft allerdings auf der objektiven Tatbestandsebene nicht – wie der von Huber vorgeschlagene § 275 Abs. 1 – an die Nichterfüllung, sondern an die Verletzung einer »Pflicht aus dem Schuldverhältnis« an. Hierin liegt kein Unterschied in der Sache, sondern ein Unterschied in der Terminologie. Der Begriff Nichterfüllung ist nämlich durch das Bürgerliche Gesetzbuch in einem anderen engeren Sinne besetzt. Das Bürgerliche Gesetzbuch spricht von Nichterfüllung nur, wenn die Leistung ganz oder teilweise auf Dauer ausbleibt. Kommt die Leistung zu spät, spricht das Bürgerliche Gesetzbuch von Verzug. Ein qualitatives Zurückbleiben der Leistung hinter dem Pflichtenprogramm des Schuldverhältnisses wird im Bürgerlichen Gesetzbuch allgemein nicht geregelt und auch nicht als Nichterfüllung begriffen. Wegen dieser andersartigen engeren Begrifflichkeit befürchtete die Schuldrechtskommission Missverständnisse und Anwendungsirrtümer bei Verwendung des Merkmals der »Nichterfüllung«.

301

Sie hat sich deshalb zur Verwendung eines neutraleren Begriffs entschieden. Gewählt wurde der von Diederichsen (AcP 182, 1982, 101, 117 ff.) entwickelte Begriff der Pflichtverletzung. Er knüpft an den international und auch in der deutschen Rechtssprache sehr geläufigen Begriff der Vertragsverletzung (breach of contract) an, überträgt diese aber auf die Systematik des Bürgerlichen Gesetzbuchs. Dieses beschreibt das allgemeine Leistungsstörungsrecht für einseitige und mehrseitige Schuldverhältnisse in gleicher Weise, so dass dort nicht von Vertragsverletzung, sondern nur von der Verletzung von Pflichten aus einem Schuldverhältnis gesprochen werden kann.

302

Kritik an dem Begriff der »Pflichtverletzung«

Die Pflichtverletzungsterminologie war schon in der Schuldrechtskommission nicht unumstritten. Sie hat auch in der Folgezeit nicht nur Zustimmung, sondern auch Kritik erfahren. Die Kritik hat zwei völlig unterschiedliche Zielrichtungen: Ein Teil der Kritik wendet sich gegen die sprachliche Konnotation des Begriffs Pflichtverletzung. Ein anderer Teil wendet sich gegen das mit dem Begriff Pflichtverletzung verfolgte inhaltliche Ziel.

303

Mit dem Begriff Pflichtverletzung beschreibt die Schuldrechtskommission das gleiche wie Huber im Vorschlag aus seinem Gutachten (S. 699 ff., § 275 Abs. 1) mit dem Begriff Nichterfüllung. In beiden Fällen ist Voraussetzung für eine Schadensersatzhaftung des Schuldners, dass er hinter dem Pflichtenprogramm des Schuldverhältnisses zurückgeblieben ist (Schlechtriem, IHR 2001, 12 ff., 16;

304

Anders, Die Pflichtverletzung S. 190 ff., 216; ders. ZIP 2001, 184, 185; vgl. auch Huber in: Ernst/Zimmermann, S. 31 ff., 103 ff.). In beiden Fällen ist gleichgültig, ob die Leistung ganz oder teilweise auf Dauer ausbleibt oder in zeitlicher oder qualitativer Hinsicht Defizite aufweist. Pflichtverletzung und Nichterfüllung umfassen auch die Verletzung von Schutz- und anderen Nebenpflichten. Dieser rein objektive Inhalt des Tatbestandes der Pflichtverletzung erschließt sich vielen Rechtsanwendern nicht, weil sie vor allem mit dem Wortteil »Verletzung« des Begriffs Pflichtverletzung unwillkürlich einen Verschuldensvorwurf verbinden, der damit aber nicht angesprochen wird. Es wurde deshalb gelegentlich vorgeschlagen, zu dem von Huber gewählten Begriff der Nichterfüllung zurückzukehren, der diese Assoziation nicht weckt. Dies hätte allerdings den Nachteil gehabt, dass damit der Verzug, die Schlechtleistung und die Verletzung von Nebenpflichten auch sprachlich nur schwer als Nichterfüllung qualifiziert werden können, da zumindest Teile der Leistung in vielen Fällen doch erbracht werden.

305 Neben dieser eher semantischen Kritik gibt es auch Kritik am Inhalt, die sich in der Sache auch gegen den damaligen Vorschlag von Huber richtet. Mit beiden Vorschlägen wird nämlich das gleiche sachliche Ziel verfolgt. Es besteht darin, die drei verschiedenen Leistungsstörungstypen der Unmöglichkeit, des Verzugs und der Schlechterfüllung zu Gunsten eines einheitlichen Haftungs- und Rücktrittstatbestandes zu vereinheitlichen. Hiergegen wird nicht nur eingewandt, dass diese drei Typen der Leistungsstörungen im Bewusstsein der Rechtsanwender fest verankert seien (U. Huber in: Ernst/Zimmermann S. 31 ff., 145). Diese würden auch als »Archetypen« verstanden, die der Gesetzgeber vorfinde und nicht gewissermaßen »wegregeln« könne.

Lösungsansatz der Neuregelung

306 Das Gesetz folgt dem Ansatz der Schuldrechtskommission und sieht die Schaffung eines einheitlichen Haftungstatbestandes vor. Der Entwurf verkennt dabei nicht, dass Unmöglichkeit, Verzug und Schlechterfüllung die typischen Erscheinungsformen einer Verletzung des Schuldverhältnisses beschreiben. Zu berücksichtigen ist aber auch, dass diese drei Erscheinungsformen nicht unversöhnlich nebeneinander stehen. Sie haben vielmehr große Gemeinsamkeiten und vor allem auch fließende Übergänge. Die Gemeinsamkeit besteht darin, dass der Schuldner in den drei genannten Hauptfallgruppen, aber auch sonst bei einer Leistungsstörung mit seinem Leistungsergebnis hinter den Anforderungen zurückbleibt, die das Schuldverhältnis stellt. Dies bietet den Ansatzpunkt für ein in sich geschlossenes lückenloses Leistungsstörungsrecht, das auch die Potenziale für eine Vereinfachung nutzt (Anders, Die Pflichtverletzung S. 233 ff., ders. ZIP 2001, 184, 85; Krebs, DB Beilage 14/2000 S. 10).

307 Dies haben die Schöpfer des früheren EKG und des heutigen UN-Kaufrechts erkannt. Sie sind deshalb in beiden Regelwerken nicht von den Erscheinungsformen der Leistungsstörungen ausgegangen, sondern von ihrer gemeinsamen Basis: dem Zurückbleiben der erbrachten Leistung hinter dem geschuldeten Soll des Vertrags oder sonstigen Schuldverhältnisses (Schlechtriem, wie vor; Schlechtriem/U. Huber, Art. 45 Rdn. 2). Dieser Anknüpfungspunkt gibt auch die Mög-

lichkeit, das Leistungsstörungsrecht des Bürgerlichen Gesetzbuchs an die gewandelten Realitäten anzupassen. Bei dessen Schaffung stand die Unmöglichkeit der Leistung im Vordergrund des Interesses; die Regelungen des Bürgerlichen Gesetzbuchs sind insbesondere auf diese Leistungsstörung zugeschnitten. Dies entspricht schon lange nicht mehr den tatsächlichen Gegebenheiten. Die Unmöglichkeit ist ein Randfall der Leistungsstörungen geworden. Die heute typischen und vor allem regelungsbedürftigen Fälle der Leistungsstörungen sind die Verzögerung der Leistung und die Schlechterfüllung, die im Bürgerlichen Gesetzbuch keinen Platz gefunden hat. Eine den Erfordernissen der Praxis gerecht werdende Neuordnung des Leistungsstörungsrechts wird deshalb gerade auf diese Leistungsstörungstatbestände zugeschnitten. Dafür bot ein einheitlicher Haftungstatbestand die besseren Möglichkeiten.

Bei der Beschreibung des objektiven Tatbestandes der einheitlichen Haftungsregelung folgt die Neuregelung im Ergebnis der Schuldrechtskommission und der dort gewählten Pflichtverletzungsterminologie. Es ist allerdings erwogen worden, dies aufzugeben und stattdessen zu der von Huber vorgeschlagenen Nichterfüllungsbegrifflichkeit überzugehen. Anlass für diese Überlegung war der bereits erwähnte Umstand, dass der Begriff Pflichtverletzung sehr leicht einer Assoziation zu einem Verschuldenserfordernis weckt. 308

Ausschlaggebend für die grundsätzliche Entscheidung für die Pflichtverletzungsterminologie waren allerdings zwei Umstände. Zum einen ist – wie bereits erwähnt – der Begriff der Nichterfüllung im bürgerlichen Recht sprachlich in einem anderen als dem hier erforderlichen Sinne besetzt. Das Bürgerliche Gesetzbuch verwendet die Nichterfüllung zur Bezeichnung des ganzen oder teilweisen Ausbleibens der Leistung. Dementsprechend bildet der bei Nichterfüllung geschuldete Schadensersatz »wegen Nichterfüllung« das Surrogat der zur Erfüllung führenden Leistung. So beziehen sich etwa auch die §§ 362 ff. auf die »Erfüllung« von Leistungspflichten. Gerade die Schlechterfüllung ließe sich deshalb mit einem an die Nichterfüllung anknüpfenden allgemeinen Leistungsstörungstatbestand kaum angemessen erfassen, insbesondere soweit die positive Forderungsverletzung auch die Verletzung von Nebenpflichten betrifft, die nicht leistungsbezogen sein können. 309

Zum anderen nimmt der Begriff Pflichtverletzung die inhaltlichen Anlässe für die Neuordnung besser auf. Der eine Anlass hierfür ist der Umstand, dass das Leistungsstörungsrecht des Bürgerlichen Gesetzbuchs die wichtigste Leistungsstörungsform gar nicht regelt, für die sich in Deutschland die Bezeichnung positive Vertragsverletzung oder positive Forderungsverletzung eingebürgert hat. Dieser Begriff entspricht – und das ist der zweite inhaltliche Gesichtspunkt – auch dem Begriff der Vertragsverletzung (»breach of contract«), die international als die eigentliche Grundlage der Haftung des Schuldners angesehen wird. 310

Die Neuregelung folgt der Schuldrechtskommission sowohl in der inhaltlichen Ausgestaltung der Regelungen als auch in der Terminologie aber nicht uneingeschränkt. Die Schuldrechtskommission hatte den Ansatz, dem die Neuregelung folgt, in zwei Haftungstatbeständen (§§ 280, 283 KE) und einem einheitlichen Rücktrittstatbestand (§ 323 KE) zusammengefasst. Diese Regelungstech- 311 nik führt zwar zu einem sehr dichten, aber hoch abstrakten Text. Es ist zu erwarten, dass sich vor allem beim Schadensersatz statt der Leistung einzelne Fallgruppen herausbilden werden, die im Großen und Ganzen den bisher bekannten Arten der Leistungsstörungen entsprechen. Es erscheint deshalb angezeigt, bei den Anforderungen für den Schadensersatz statt der Leistung stärker zu differenzieren und Regelungen vorzusehen, die dem Rechtsanwender die Anforderungen fallgruppenspezifisch und konkreter deutlich machen.

Struktur der Schadensersatzregelungen

312 Die Schadensersatzregelungen der Neuregelung bauen – insoweit in Übereinstimmung mit dem Vorschlag der Schuldrechtskommission – auf einem **einheitlichen Haftungstatbestand** auf. Er wird in § 280 Abs. 1 BGB n.F. geregelt und ist neben § 311a Abs. 2 BGB n.F. die einzige Anspruchsgrundlage für den Anspruch auf Schadensersatz. § 280 greift unmittelbar und allein ein, wenn es um die Haftung auf einfachen Schadensersatz wegen der Verletzung einer Pflicht aus dem Schuldverhältnis geht. Hiervon gibt es zwei Gruppen von Ausnahmen. In beiden Fallgruppen müssen zusätzliche Anforderungen vorliegen, die in den §§ 281 bis 286 geregelt werden.

313 Die eine dieser **Fallgruppen** ist der **Verzögerungsschaden**. Grundlage auch für den Verzögerungsschaden ist § 280 BGB n.F.. Für den Verzögerungsschaden müssen aber zusätzlich die Voraussetzungen des Verzugs gemäß § 286 vorliegen, was § 280 Abs. 2 BGB n.F. ausdrücklich bestimmt.

314 Die zweite **Fallgruppe** betrifft den **Schadensersatz statt der Leistung**. Dieser kann gemäß § 280 Abs. 3 BGB n.F. nur verlangt werden, wenn zusätzliche Voraussetzungen vorliegen, die nach den typischen Leistungsstörungen unterschiedlich gestaltet sind. Bei Verzug und Schlechtleistung müssen die Anforderungen des § 281 erfüllt werden. Tatbestandlicher Anknüpfungspunkt ist gemäß § 281 Abs. 1 Satz 1, dass die geschuldete Leistung nicht oder nicht wie geschuldet erbracht wird. Da hiermit die Erfüllung von Leistungspflichten angesprochen ist, die dem Schuldverhältnis nicht entspricht, muss vor Geltendmachung eines den Leistungsanspruch ersetzenden Schadensersatzanspruchs der Schuldner eine weitere Gelegenheit zur Erfüllung erhalten. Wesentliche Voraussetzung ist deshalb gemäß § 281 Abs. 1 Satz 1 BGB n.F. der erfolglose Ablauf einer dem Schuldner zur Leistung gesetzten Nachfrist.

315 Bei **Unmöglichkeit** müssen die **Voraussetzungen des § 283** erfüllt sein. Eine Fristsetzung ist hier im Ansatz sinnlos, da die Leistung nicht nachholbar ist. Allerdings kann für den Gläubiger schwer zu erkennen sein, weshalb der Schuldner nicht leistet. In einem solchen Fall kann es durchaus sinnvoll sein, nach Maßgabe von § 281 vorzugehen. Das lässt der Entwurf zu. Unnötig ist eine Fristsetzung auch beim Schadensersatz statt der Leistung wegen Verletzung einer sonstigen Pflicht, worunter in Abgrenzung zu § 281 Abs. 1 Satz 1 nur die nicht leistungsbezogenen Nebenpflichten zu verstehen sind. Auch hier macht die Fristsetzung grundsätzlich keinen Sinn, weil kein Leistungsanspruch zu erfüllen ist. Es müssen aber die zusätzlichen Voraussetzungen des § 282 gegeben sein.

§ 280 – Schadensersatz wegen Pflichtverletzung

(1) Verletzt der Schuldner eine Pflicht aus dem Schuldverhältnis, so kann der Gläubiger Ersatz des hierdurch entstehenden Schadens verlangen. Dies gilt nicht, wenn der Schuldner die Pflichtverletzung nicht zu vertreten hat.
(2) Schadensersatz wegen Verzögerung der Leistung kann der Gläubiger nur unter der zusätzlichen Voraussetzung des § 286 verlangen.
(3) Schadensersatz statt der Leistung kann der Gläubiger nur unter den zusätzlichen Voraussetzungen des § 281, des § 282 oder des § 283 verlangen.

Zu Absatz 1

§ 280 Abs. 1 soll künftig – von § 311a Abs. 2 als **Sonderregel** für die **anfängliche Unmöglichkeit abgesehen** – die **einzige Anspruchsgrundlage für Schadensersatz auf** Grund **eines Vertrags** oder eines anderen Schuldverhältnisses sein. Er löst damit die bisherigen Vorschriften der §§ 280 und 286 ab und stellt auch in Verbindung mit den §§ 281 bis 283 die Anspruchsgrundlage für die sich bisher aus den §§ 325, 326 sowie den in der Rechtsprechung entwickelten Grundsätzen über die Haftung aus culpa in contrahendo oder positiver Forderungsverletzung dar. Hiermit greift § 280 einen der zentralen Grundgedanken des UN-Kaufrechts und der modernen Vertragsrechtsprinzipien auf, die ebenfalls auf einem zentralen Haftungstatbestand aufbauen (Schlechtriem, IHR 2001, S. 12 ff., 16; Lando in: Grundmann/Medicus/Rolland, S. 61 ff., 70 f.).

316

Zu Satz 1

Nach Absatz 1 Satz 1 kann der Gläubiger von dem Schuldner **Schadensersatz** verlangen, wenn dieser eine **Pflicht** aus dem **Schuldverhältnis verletzt** hat. Mit Schuldverhältnis meint die Vorschrift in erster Linie Verträge, es sind aber auch andere Schuldverhältnisse angesprochen. Einbezogen ist auch die **culpa in contrahendo**; insoweit folgt aus § 311 Abs. 2 und 3, dass auch die mit diesem Rechtsinstitut erfassten vorvertraglichen Pflichten solche aus einem Schuldverhältnis sind. § 280 Abs. 1 Satz 1 erfasst darüber hinaus auch einseitige Schuldverhältnisse, wie den Anspruch aus einem Vermächtnis. Schließlich gehören auch gesetzliche Schuldverhältnisse zum Anwendungsbereich des § 280 Abs. 1 Satz 1.

317

§ 280 Abs. 1 Satz 1 spricht jegliche Art der Verletzung von Pflichten aus einem Schuldverhältnis an. Mit Pflichtverletzung meint die Vorschrift nur ein objektiv nicht dem Schuldverhältnis entsprechendes Verhalten des Schuldners, nicht die Frage, ob der Schuldner dieses Verhalten auch zu vertreten hat. Dies wird erst im Rahmen von Satz 2 bedeutsam. Die Trennung von Pflichtverletzung und Vertretenmüssen läßt sich gut an den klassischen Tatbeständen der Unmöglichkeit und des Verzugs verdeutlichen: Die »Pflichtverletzung« im Sinne von § 280 Abs. 1 Satz 1 besteht hier ganz einfach darin, dass die geschuldete Leistung nicht bzw. nicht pünktlich erbracht wird; die Verletzung der verkehrserforderlichen Sorgfalt liegt demgegenüber darin, dass der Schuldner z.B.

318

den Vertragsgegenstand unsorgfältig behandelt und so die Unmöglichkeit herbeigeführt hat, oder etwa darin, dass er die geschuldete Ware nicht frühzeitig genug auf den Weg gebracht hat, obgleich mit einem Eisenbahnerstreik oder dgl. zu rechnen war.

319 Zu den Pflichten, um deren Verletzung es in Satz 1 geht, gehören **auch** die **Fälle** der **bisher sog. positiven Forderungsverletzung.** Der Schuldner verletzt deshalb eine derartige Pflicht, wenn er die geschuldete Leistung nicht, verzögert oder schlecht erbringt. Er verletzt seine Pflichten auch, wenn er Schutz- und Obhutspflichten verletzt, vgl. § 241 Abs. 2. Entsteht dem Gläubiger hieraus ein Schaden, so ist er ihm nach Absatz 1 Satz 1 zu ersetzen.

320 Pflicht aus einem Schuldverhältnis umfasst sowohl die (echten) vertraglichen Nebenpflichten, die der Erfüllung des spezifisch vertraglichen Leistungsinteresses des Gläubigers dienen, als auch die (bloßen) Schutzpflichten, die die Bewahrung seiner sonstigen Rechte und Güter vor Schäden zum Ziel haben. Bei den Nebenpflichten bereitet das Pflichtverletzungskonzept keine Schwierigkeiten. Wird z. B. die notwendige Bedienungsanleitung für eine Maschine nicht ausgehändigt, so liegt in dem Unterbleiben der Aushändigung, die sich ja geradezu als unvollständige oder mangelhafte Erfüllung der Hauptleistungspflicht qualifizieren läßt, die Pflichtverletzung nach Satz 1. Der Schuldner kann nach Satz 2 unter Beweis stellen, dass er dieses nicht zu vertreten hat – z. B. weil alle Bedienungsanleitungen durch eine ihm nicht zuzurechnende Brandkatastrophe vernichtet worden sind und ein Nachdruck bis zum Fälligkeitstermin nicht möglich war.

321 Bei der Verletzung von Schutzpflichtverletzungen im Sinne von § 241 Abs. 2 muss demgegenüber positiv festgestellt werden, worin die Pflichtverletzung an sich besteht. Die Beweislast dafür trägt der Gläubiger, weil es sich um den Tatbestand der Pflichtverletzung handelt. Dem Gläubiger kommen hier allerdings unter dem Gesichtspunkt der Sphärentheorie (Palandt/Heinrichs, § 282 Rdn. 8 ff.) Beweiserleichterungen zugute. Ohne die Darlegung und ggf. den Nachweis des Tatbestandes der Pflichtverletzung kann sich der Gläubiger aber auf die Vermutung des Vertretenmüssens in Satz 2 nicht berufen.

322 Von diesem Ansatz aus ist auch das von Löwisch bei der Tagung der Vereinigung der deutschen Zivilrechtslehrer am 30./31. März 2001 in Berlin in die Diskussion gebrachte Beispiel der sogenannten Mankohaftung des Arbeitnehmers (NZA 2001, 465) zu lösen. Es geht dabei um Fälle, in denen der Arbeitnehmer nicht den Besitz an dem Kassen- oder Warenbestand hat, sondern nur Besitzdiener ist. Dann haftet er nach Ansicht des BAG für einen Fehlbestand nicht aus § 667 in Verbindung mit dem geltenden § 280, so dass die Beweislastumkehrung des geltenden § 282 insoweit nicht zum Zuge kommt (AP Nr. 2 zu § 611 BGB Mankohaftung). Folglich bleibt allenfalls ein Anspruch aus Schutzpflichtverletzung mit der Begründung, der Arbeitnehmer habe Geld oder Gut des Arbeitgebers nicht mit hinreichender Sorgfalt vor einer Minderung bewahrt. Für dessen Voraussetzungen trägt jedoch grundsätzlich der Arbeitgeber die Darlegungs- und Beweislast, wie das BAG entschieden hat (AP Nr. 3 zu § 611 Mankohaftung). Daran soll sich nichts ändern. Das ist allerdings nach § 280 Abs. 1 Satz 1

BGB nicht sicher. Deshalb hat der Gesetzgeber hier mit § 619a eine Ausnahmeregelung geschaffen.

Zu Satz 2

An die Person des Schuldners anknüpfende Voraussetzung für eine Schadensersatzpflicht soll das Vertretenmüssen sein, wie Satz 2 bestimmt. Die strenge Folge der Schadensersatzpflicht soll nur denjenigen Schuldner treffen, der für die Pflichtverletzung im Sinne der §§ 276 bis 278 verantwortlich ist. Dabei soll der Schuldner behaupten und beweisen müssen, dass er die Verletzung nicht zu vertreten hat; das ergibt sich aus der Fassung des Satzes 2. Diese Verteilung der Behauptungs- und Beweislast entspricht den bisherigen §§ 282, 285. Danach trifft den Schuldner die Beweislast dafür, dass die Unmöglichkeit bzw. der Verzug nicht Folge eines von ihm zu vertretenden Umstandes ist. Der bisherige § 282 ist von der Rechtsprechung auf eine Vielzahl weiterer Fälle von Leistungsstörungen entsprechend angewandt worden. Dies greift die Neuregelung auf, indem er durch die Formulierung des § 280 im allgemeinen Haftungstatbestand bereits eine für alle Leistungsstörungen geltende Beweislastregelung schafft. Dies macht die bisherigen §§ 282 und 285 entbehrlich, wenn auch für den Verzug in § 286 Abs. 4 die Verantwortlichkeit des Schuldners nochmals erwähnt werden muss, weil an den Schuldnerverzug neben dem Schadensersatzanspruch auch andere Rechtsfolgen angeknüpft werden (z.B. Pflicht zur Zahlung von Verzugszinsen, § 288), die ein Vertretenmüssen des Schuldners nicht gesondert vorsehen.

323

Zu Absatz 2

Einer **Pflichtverletzung**, die nach Absatz 1 Satz 1 zum Schadensersatz verpflichtet, liegt auch vor, wenn der Schuldner in **zeitlicher Hinsicht** hinter den **Pflichten** aus dem Schuldverhältnis **zurückbleibt**. Bei dieser Form der Leistungsstörung ist aber eine Präzisierung notwendig. Denn nicht jede Verzögerung der Leistung rechtfertigt es, den Schuldner für den daraus entstehenden Schaden haften zu lassen. Deshalb bestimmt Absatz 2, dass der Verzögerungsschaden nach § 280 Abs. 1 nur zu ersetzen ist, wenn die zusätzlichen Voraussetzungen des § 286 über den Schuldnerverzug gegeben sind.

324

Zu Absatz 3

Nach Absatz 1 Satz 1 erhält der Gläubiger bei einer Pflichtverletzung durch den Schuldner **grundsätzlich** seinen **gesamten Schaden** ersetzt. Dazu würde auch der Schaden gehören, der im Bürgerlichen Gesetzbuch Schadensersatz wegen Nichterfüllung genannt wird. Dabei geht es um die Situation, dass der Anspruch auf Schadensersatz an die Stelle des Anspruchs auf die Leistung tritt. So sprechen im geltenden Recht die §§ 280 und 286 in dem für alle Schuldverhältnisse geltenden Teil des allgemeinen Leistungsstörungsrecht davon, dass die Leistung bzw. der noch mögliche Teil »abgelehnt« werden kann. Ebenso besteht dann, wenn nach dem bisherigen § 326 oder § 325 Schadensersatz wegen Nichterfüllung verlangt werden kann, ein Anspruch auf die Leistung nicht mehr, der Scha-

325

densersatzanspruch tritt an seine Stelle. Da in diesen Fällen der Vertrag nicht mehr so, wie ursprünglich vereinbart, durchgeführt wird, müssen für diese Form des Schadensersatzanspruchs zusätzliche Voraussetzungen aufgestellt werden, die in den §§ 281 bis 283 enthalten sind. Diese Form des Schadensersatzanspruchs soll nicht mehr wie im Bürgerlichen Gesetzbuch Schadensersatz wegen Nichterfüllung genannt werden. Denn dieser Schadensersatzanspruch tritt nicht an die Stelle der Erfüllung, sondern an die Stelle der primär geschuldeten Leistung, die nicht mehr verlangt werden kann; vielmehr bedeutet auch die Leistung von Schadensersatz Erfüllung (nämlich der auf Schadensersatz gerichteten Verbindlichkeit).

326 Bei der Definition der zusätzlichen Voraussetzungen für den Schadensersatz statt der Leistung unterscheidet sich der Entwurf in struktureller Hinsicht von den Vorschlägen der Schuldrechtskommission. Während diese die Anforderungen für den Schadensersatz statt der Leistung in einer einzigen Norm, nämlich § 283 KE zusammengefasst hatte, schlägt der Entwurf hier drei verschiedene Normen vor, die die Voraussetzungen für die typischen Formen der Leistungsstörung regeln. Der praktisch wichtigste Fall der Verzögerung der Leistung und der Schlechterfüllung wird in § 281 vorangestellt. Ihm folgen § 282 für Schadensersatz statt der Leistung wegen der Verletzung einer sonstigen (Neben-) Pflicht sowie entsprechend der untergeordneten praktischen Bedeutung § 283 für den Fall der Unmöglichkeit der Leistung.

Vorbemerkung zu den §§ 281 bis 283

327 Der Übergang vom Anspruch auf die Primärleistung zu einem diese Leistung ersetzenden Schadensersatzanspruch kann einem dringenden Interesse des Gläubigers entsprechen:

328 Häufig wird dieser sich die ausgebliebene Primärleistung anderswo besorgen müssen; auch lässt sich ein auf Geld gerichteter Schadensersatzanspruch regelmäßig leichter vollstrecken als der Anspruch auf eine bestimmte Primärleistung. Andererseits aber kann der Übergang zum Schadensersatzanspruch den Schuldner schwer belasten: Dieser mag schon erhebliche Anstrengungen gemacht haben, um den Gegenstand seiner Primärleistungspflicht herzustellen oder zu beschaffen; solche Anstrengungen können nutzlos werden. Zudem kann der Schadensersatzanspruch lästiger sein als der Anspruch auf die Primärleistung. Daher muss der Übergang auf den Schadensersatzanspruch an besondere Voraussetzungen geknüpft werden.

329 **Detailprobleme** ergeben sich zusätzlich, **wenn** der Schuldner schon eine **Teilleistung erbracht hat**: Soll der Gläubiger dann nur wegen des Restes Schadensersatz verlangen oder soll er die Teilleistung zurückweisen können? Weitere Probleme ergeben sich hinsichtlich der Bindung des Gläubigers an seine Erklärung, auf den Schadensersatzanspruch übergehen zu wollen: Soll dem Gläubiger noch eine Rückkehr zum Primärleistungsanspruch offen stehen?

Das bisherige Recht kennt für den Übergang zum Schadensersatz unterschiedliche Regelungen je nach dem, ob es sich bei der Primärleistung um eine einseitige Verbindlichkeit handelt oder um eine Verbindlichkeit, die im Gegenseitigkeitsverhältnis eines Vertrags steht. Den allgemeinen Vorschriften in den derzeitigen §§ 280, 286 Abs. 2, 283 gehen für gegenseitige Verträge die Regelungen in §§ 325, 326 vor. Aus allen genannten Vorschriften kann man nach geltendem Recht für den Übergang zum Schadensersatzanspruch drei Lösungswege entnehmen:

330

- In §§ 280 Abs. 1, 325 Abs. 1 wird der Primärleistungsanspruch regelmäßig bei Unmöglichkeit der Leistung ohne weiteres durch den Anspruch auf Schadensersatz wegen Nichterfüllung ersetzt. Das ist auch unproblematisch, weil der Schuldner die Primärleistung ohnehin nicht mehr erbringen kann.
- In den §§ 280 Abs. 2, 325 Abs. 1 Satz 2 (Teilunmöglichkeit) und in §§ 286 Abs. 2, 326 Abs. 2 (Schuldnerverzug) wird der Übergang zum Schadensersatzanspruch daran geknüpft, dass das Interesse des Gläubigers an der noch möglichen Primärleistung nicht oder nicht mehr besteht.
- Ohne Unmöglichkeit oder Interessewegfall dagegen kommt der Gläubiger zu einem Anspruch auf Schadensersatz wegen Nichterfüllung allgemein nur nach § 283: Er muss zunächst ein rechtskräftiges Urteil auf die Primärleistung erwirken und dann dem Schuldner eine Nachfrist mit Ablehnungsandrohung setzen; erst deren fruchtloser Ablauf erzeugt den Anspruch auf Schadensersatz wegen Nichterfüllung, wenn sich der Schuldner nicht exkulpieren kann. Im Rahmen gegenseitiger Verträge führt beim Verzug mit einer Hauptleistungspflicht ebenfalls der erfolglose Ablauf einer Nachfrist mit Ablehnungsandrohung zum Schadensersatz wegen Nichterfüllung (§ 326 Abs. 1).

Das bisherige Recht ist mit seinen vielen Differenzierungen unübersichtlich. Abgesehen von den Fällen der Unmöglichkeit bringt es eine einfache Lösung nur für die allerdings praktisch weitaus wichtigsten Fälle des Verzugs mit einer im vertraglichen Gegenseitigkeitsverhältnis stehenden Hauptpflicht. Im Übrigen ist das geltende Recht für den Gläubiger verhältnismäßig ungünstig. Denn der Weg über den bisherigen § 283 ist regelmäßig umständlich, langwierig und kostspielig, zudem mit den Mängeln der Ablehnungsandrohung belastet (vgl. dazu noch weiter unten). Der Weg über den bisherigen § 286 Abs. 2 ist für den Gläubiger riskant: Darüber, ob die Primärleistung infolge des Verzugs für ihn wirklich kein Interesse mehr hat, wird sich oft streiten lassen. Der Gläubiger geht also ein erhebliches Risiko ein, wenn er sich auf den Standpunkt eines solchen Interessewegfalls stellt. Dazu steht in Widerspruch, dass § 326 Abs. 1 dem Gläubiger einen weitaus einfacheren Weg bietet.

331

§ 281 – Schadensersatz statt der Leistung wegen nicht oder nicht wie geschuldet erbrachter Leistung

(1) Soweit der Schuldner die fällige Leistung nicht oder nicht wie geschuldet erbringt, kann der Gläubiger unter den Voraussetzungen des § 280 Abs. 1 Schadensersatz statt der Leistung verlangen, wenn er dem Schuldner erfolglos eine angemessene Frist zur Leistung oder Nacherfüllung bestimmt hat. Hat der Schuldner eine Teilleistung bewirkt, so kann der Gläubiger Schadensersatz statt der ganzen Leistung nur verlangen, wenn er an der Teilleistung kein Interesse hat. Hat der Schuldner die Leistung nicht wie geschuldet bewirkt, so kann der Gläubiger Schadensersatz statt der ganzen Leistung nicht verlangen, wenn die Pflichtverletzung unerheblich ist.

(2) Die Fristsetzung ist entbehrlich, wenn der Schuldner die Leistung ernsthaft und endgültig verweigert oder wenn besondere Umstände vorliegen, die unter Abwägung der beiderseitigen Interessen die sofortige Geltendmachung des Schadensersatzanspruchs rechtfertigen.

(3) Kommt nach der Art der Pflichtverletzung eine Fristsetzung nicht in Betracht, so tritt an deren Stelle eine Abmahnung.

(4) Der Anspruch auf die Leistung ist ausgeschlossen, sobald der Gläubiger statt der Leistung Schadensersatz verlangt hat.

(5) Verlangt der Gläubiger Schadensersatz statt der ganzen Leistung, so ist der Schuldner zur Rückforderung des Geleisteten nach den §§ 346 bis 348 berechtigt.

Zu Absatz 1

Zu Satz 1

332 Absatz 1 bestimmt, dass der Gläubiger **Schadensersatz statt** der **Leistung** verlangen kann, wenn die Leistung nicht oder nicht wie geschuldet erbracht wird. Der Anspruch selbst folgt nicht unmittelbar aus § 281 Abs. 1 Satz 1, sondern aus § 280 Abs. 1. § 281 bestimmt lediglich zusätzliche Voraussetzungen, die für den Anspruch auf Schadensersatz statt der Leistung gegeben sein müssen. Dies bringt die Vorschrift dadurch zum Ausdruck, dass sie sich auf § 280 Abs. 1 bezieht und dieser wegen der zusätzlichen Voraussetzungen auf § 281 verweist. Die Bezugnahme bringt zum Ausdruck, dass Schadensersatz statt der Leistung auch im Fall des § 281 nur geschuldet ist, wenn der Schuldner die Leistungsstörung zu vertreten hat. Was er zu vertreten hat, richtet sich wie bisher nach den §§ 276 bis 278. Auch im Fall des § 281 gilt die Beweislastumkehr nach § 280 Abs. 1 Satz 2.

333 Anders als § 283 Abs. 1 KE regelt § 281 Abs. 1 Satz 1 den Schadensersatz statt der Leistung nicht in jedem Fall einer Leistungsstörung, sondern in den praktisch häufigsten Leistungsstörungen, die darin bestehen, dass die Leistung sich verzögert oder dass sie schlecht erbracht wird. Die Verzögerung der Leistung beschreibt Abs. 1 Satz 1 mit den Worten »…nicht…erbracht«. Diese Formulierung würde rein sprachlich auch den Fall der Unmöglichkeit erfassen. Hierfür

enthält § 283 aber eine spezielle Regelung, die besondere Voraussetzungen aufstellt und § 281 verdrängt. Im Übrigen ergibt sich aus dem Wort »fällig« in § 281 Abs. 1 Satz 1, dass diese Vorschrift nur Leistungsstörungen erfasst, die noch behebbar sind. Nur dann ergibt die Fristsetzung einen Sinn. Nicht behebbare Leistungsstörungen liegen bei einer Unmöglichkeit der Leistung und bei der Verletzung einer nicht leistungsbezogenen Nebenpflicht vor, für die deshalb die §§ 283 und 282 Sonderregelungen enthalten, die sich vor allem durch das fehlende Erfordernis einer Fristsetzung von § 281 Abs. 1 Satz 1 unterscheiden.

Für den Fall des Verzugs ersetzt § 281 Abs. 1 Satz 1 seiner Funktion nach die bisherigen Regelungen über den Schadensersatzanspruch wegen Nichterfüllung bei Verzug, insbesondere also den bisherigen § 326. Anders als dieser verlangt § 281 Abs. 1 Satz 1 aber nicht förmlich die Voraussetzungen des Schuldnerverzugs, wie sie in § 286 aufgestellt werden. Davon wurde bewusst abgesehen. Für den Gläubiger ist in aller Regel zunächst nur das Ausbleiben der Leistung selbst, nicht aber der Grund hierfür erkennbar. So kann die Leistung unmöglich geworden sein, was ihn zur sofortigen Geltendmachung von Schadensersatz statt der Leistung gemäß § 283 berechtigen würde. Es kann aber auch sein, dass zugunsten des Schuldners lediglich die Voraussetzungen der Einrede aus § 275 Abs. 2 erfüllt sind; solange der Schuldner diese Einrede nicht erhebt, braucht der Gläubiger die zugrundeliegenden Umstände nicht zu kennen. Schließlich – und in der Praxis weitaus häufiger – mag der Schuldner auch keinen Grund haben, der ihn zur Verweigerung der Leistung berechtigen würde. 334

Hier verfolgt die Neuregelung das Ziel, dem Gläubiger eine Möglichkeit an die Hand zu geben, mit der er in möglichst einfacher Weise Klarheit über den Fortbestand des Leistungsanspruchs bzw. über die Substituierung des Primäranspruchs durch einen Schadensersatzanspruch erlangen kann. Das kann er durch das Setzen einer angemessenen Frist, auf die weiter unten noch einzugehen sein wird, erreichen. Diese Fristsetzung enthält inhaltlich eine Leistungsaufforderung, in der man stets auch eine Mahnung im Sinne des § 286 Abs. 1 sehen wird, so dass der Fall nicht eintreten kann, dass der Schuldner zwar Schadensersatz statt der Leistung nach § 281 Abs. 1 Satz 1 verlangen (und dann auch nach § 323 Abs. 1 zurücktreten) kann, sich aber noch nicht nach § 286 in Verzug befindet. 335

Außer der Leistungsverzögerung erfasst § 281 Abs. 1 Satz 1 auch die Schlechterfüllung. Sie wird mit den Worten »... nicht wie geschuldet erbringt« beschrieben. Worin die Schlechterfüllung besteht, ist für die Anwendung von § 281 Abs. 1 Satz 1 grundsätzlich unerheblich. Es wird anders als bisher nicht zwischen Haupt- und Nebenpflichten unterschieden. Zu berücksichtigen ist indessen, dass § 282 einen speziellen Fall der Schlechterfüllung besonders regelt und in seinem Anwendungsbereich § 281 Abs. 1 Satz 1 vorgeht. Es handelt sich um den Fall, dass Schadensersatz statt der Leistung nicht wegen einer Verletzung des Leistungsinteresses, sondern ausschließlich deshalb verlangt werden soll, dass Nebenpflichten (»Pflichten nach § 241 Abs. 2«), die nicht leistungsbezogen sind, verletzt werden. 336

337 Nach § 281 Abs. 1 Satz 1 kann der Gläubiger vom Schuldner bei Verzögerung der Leistung oder bei Schlechtleistung Schadensersatz statt der Leistung verlangen, wenn er dem Schuldner eine angemessene Frist zur Leistung oder Nacherfüllung bestimmt hat und diese Frist erfolglos abgelaufen ist. Die Frist muss so lang sein, dass der Schuldner die Leistung tatsächlich auch erbringen kann. Allerdings muss sie dem Schuldner, der noch nichts zur Erbringung der Leistung unternommen hat, nicht ermöglichen, die Leistung erst anzufangen und zu erbringen (BGH, NJW 1995, 323, 857; OLG Düsseldorf, NJW-RR 1992, 951). Da der Schuldner seiner ursprünglichen Leistungspflicht nicht hinreichend entsprochen hat, können von ihm allerdings jetzt auch größere Anstrengungen und damit schnelleres Handeln erwartet werden. Erweist sich die Frist als unangemessen kurz, so ist sie damit nicht völlig unwirksam. Vielmehr setzt sie die angemessene Frist in Lauf, wenn nicht der Gläubiger deutlich gemacht hat, dass es ihm gerade auf die Kürze der Frist ankommt. Insoweit kann auf die Auslegung des bisherigen § 326 in Rechtsprechung und Wissenschaft zurückgegriffen werden.

338 § 281 Abs. 1 Satz 1 nennt als Gegenstand der mit der Fristsetzung verbundenen Aufforderung neben der Leistung noch die Nacherfüllung. Letztere stellt einen Unterfall der Leistung dar, die im Falle des Satzes 1 eben gar nicht oder noch nicht vollständig erbracht ist. Die Nacherfüllung hätte deshalb an sich nicht ausdrücklich erwähnt werden müssen; gleichwohl erschien dies zweckmäßig, um deutlich zu machen, dass der ausgebliebene »Leistungsrest«, zu dessen Erbringung aufgefordert wird, einen etwas unterschiedlichen Inhalt haben kann, je nachdem, ob der Schuldner überhaupt nicht geleistet oder zwar einen Teil der geschuldeten Leistung erbracht hat. Auf letzten Fall bezieht sich der Ausdruck »Nacherfüllung«. So enthält für das Kaufrecht § 439 eine Konkretisierung dessen, was der Käufer, dem eine mangelhafte Sache geliefert worden ist, von dem Verkäufer im Rahmen der Nacherfüllung verlangen kann. Deren Erwähnung in § 281 Abs. 1 Satz 1 dient damit der Verdeutlichung, dass in diesem Fall Gegenstand der Fristsetzung die Erfüllung des in § 439 beschriebenen Nacherfüllungsanspruchs des Käufers ist.

339 Die Schuldrechtskommission hatte noch einen Satz 2 in § 283 Abs. 1 KE vorgeschlagen, von dessen Aufnahme in den Entwurf abgesehen wurde. Danach sollte dann, wenn die Leistung in der Rückgewähr eines bestimmten Gegenstandes besteht, die Fristsetzung allein nicht genügen. Vielmehr sollte weiter erforderlich sein, dass der Gläubiger das Interesse an der Rückgewähr verloren hat. Damit sollte vor allem an den Rückgabeanspruch des Vermieters nach § 556 gedacht werden. Es sollte vermieden werden, dass der Mieter, der die Mietsache auch nach einer angemessenen Frist nicht zurückgibt, dem Vermieter Schadensersatz statt der Rückgabe leisten muss, was auf einen Ersatz des Wertes der Mietsache (gegen deren Übereignung), also eine Art »Zwangsverkauf« hinausliefe. Ähnliche Fälle lassen sich etwa bei Ansprüchen aus § 812 denken. Mit der von der Schuldrechtskommission vorgeschlagenen Formulierung ergeben sich jedoch Probleme in Fällen, in denen von einem fortbestehenden Interesse des Gläubigers an der Rückgewähr auszugehen ist und dennoch die Möglichkeit ge-

geben sein muss, zu einem Schadensersatzanspruch zu gelangen. Zum Beispiel kann der Verleiher eines Buches an dessen Rückgabe in höchstem Maße interessiert sein. Auch wenn er wegen dieses Interesses mehrere Versuche, vielleicht auch im Wege der Zwangsvollstreckung, unternimmt, das Buch zurückzubekommen, und damit erfolglos bleibt, kann weiter von einem fortbestehenden Interesse an der Rückgabe ausgegangen werden. Dennoch muss dem Verleiher schließlich die Möglichkeit gegeben werden, zum Schadensersatz überzugehen. Nach dem Vorschlag der Schuldrechtskommission für einen Satz 2 wäre ihm dies unmöglich. Die Fälle eines »Zwangsverkaufs« einer zurückzugebenden Sache an den Schuldner, an welche die Schuldrechtskommission gedacht hatte, sollten zwar tatsächlich vermieden werden. Es dürfte sich aber zum einen um recht theoretische Fallgestaltungen handeln. Zum anderen dürften seltene Missbrauchsfälle mit § 242 zu bewältigen sein.

340 Der bisherige § 326 lässt die Fristsetzung allein für den Schadensersatz statt der Leistung nicht genügen. Er verlangt vielmehr zusätzlich, dass der Gläubiger mit der Fristsetzung dem Schuldner zugleich androht, nach Verstreichen der Frist die Leistung abzulehnen. Die Anforderungen, die die Rechtsprechung an diese Ablehnungsandrohung stellt, sind sehr hoch und können praktisch nur von der rechtskundig beratenden Vertragspartei wahrgenommen werden, die die feinen Formulierungsunterschiede überblickt, die die Rechtsprechung herausgearbeitet hat (Überblick hierzu bei Palandt/Heinrichs, § 326 Rdn. 18). Dies hat zu einer Überforderung der Gläubiger geführt und ist unzweckmäßig.

341 Die Schuldrechtskommission hatte mit Rücksicht auf diese Schwierigkeiten des Gläubigers vorgeschlagen, auf die sich als unpraktikabel erwiesene »Ablehnungsandrohung« zu verzichten und die Möglichkeit des Schadensersatzes statt der Leistung allein davon abhängig zu machen, dass der Gläubiger dem Schuldner eine angemessene Frist zur (Nach)Erfüllung gesetzt hat. Dem folgt die Neuregelung in § 281 Abs. 1 Satz 1. Danach reicht der erfolglose Ablauf einer dem Schuldner zur Leistung (Nacherfüllung) gesetzten Frist aus, um den Anspruch auf Schadensersatz statt der Leistung zu begründen. Weitere Erfordernisse, insbesondere auch nicht eine Art »kleine Ablehnungsandrohung«, werden nicht verlangt. Vielmehr soll es regelmäßig mit der Fristsetzung sein Bewenden haben, so dass ein Schuldner, der nicht rechtzeitig oder schlecht geleistet hat, eine solche Fristsetzung grundsätzlich und von vornherein ernst zu nehmen und grundsätzlich nach deren Ablaufen damit zu rechnen hat, dass der Gläubiger nunmehr statt der Leistung Schadensersatz verlangt.

342 Gegen dieses »reine« Fristenmodell ist eingewandt worden, dass es Fallkonstellationen geben könne, in denen der Schuldner trotz der Fristsetzung nicht sogleich mit der Geltendmachung eines Schadensersatzanspruchs zu rechnen brauche; etwa dann, wenn der Gläubiger durch sein sonstiges Verhalten gegenüber dem Schuldner Zweifel an der Ernsthaftigkeit seiner Fristsetzung begründet habe. Als Lösung ist in Anlehnung an den Vorschlag der Schuldrechtskommission zum Rücktritt in § 323 Abs. 1 KE vorgeschlagen worden, die Fristsetzung nur dann ausreichen zu lassen, wenn der Schuldner auf Grund der Fristsetzung mit der Schadensersatzforderung rechnen musste.

C. Leistungsstörungs- und Rücktrittsrecht

343 Diesem Vorschlag folgen Entwurf und Gesetzesbeschluss indes bewusst nicht, weil eine solche konditionale Verknüpfung ebenfalls – wie beim jetzigen Erfordernis der Ablehnungsandrohung im § 326 BGB – den Gläubiger ungerechtfertigt benachteiligen und auch zu einer erheblichen Unsicherheit auf Seiten des Gläubigers führen würde. Der Gläubiger könnte sich nämlich dann nicht mit einer klaren Fristsetzung begnügen. Er müsste seiner Erklärung vielmehr Erklärungen hinzufügen, die dem Schuldner deutlich machen, dass die Fristsetzung auch tatsächlich ernst gemeint ist. Was das konkret bedeutet, würde sich aber ähnlich schwer wie bei der jetzt erforderlichen Ablehnungsandrohung vorhersehen lassen. Diese Unsicherheit ist dem Gläubiger auch unter Berücksichtigung der Belange des Schuldners nicht zuzumuten. Die Fristsetzung setzt nämlich voraus, dass die Leistung fällig ist und der Schuldner sie nicht in der verabredeten Zeit oder schlecht erbracht hat. Schadensersatz statt der Leistung schuldet der Schuldner im Übrigen auch nur, wenn er die Fristsetzung schuldhaft nicht zur Nacherfüllung genutzt hat. Den insoweit »doppelt« vertragswidrig handelnden Schuldner darüber hinaus zu begünstigen, ist nicht einzusehen.

344 Der Entwurf wollte der Kritik des »reinen« Fristenmodells und den von diesen genannten Ausnahmefällen indessen gleichwohl Rechnung tragen, indem er in einem Satz 2 des § 281 Abs. 1 bestimmte, dass Satz 1 nicht gelte, wenn der Schuldner trotz der Fristsetzung mit dem Verlangen von Schadensersatz nicht rechnen musste. Diese Regelung ist im Gesetzbeschluss gestrichen worden. Die Regelung hätte nur einen eher seltenen Sonderfall geregelt, weil eine Fristsetzung dem Schuldner in aller Regel deutlich macht, dass weiteres Nichtleisten Folgen haben wird. Der Schuldner muss deshalb regelmäßig auch mit dem Verlangen von Schadensersatz statt der Leistung durch den Gläubiger rechnen. Die Ausnahmefälle, an die in Satz 2 gedacht war, können mit § 242 BGB angemessen gelöst werden. In der öffentlichen Diskussion und auch in der Anhörung der Sachverständigen hatte sich zudem ergeben, dass die in Satz 2 getroffene Regelung auch nicht als Ausfluss von Treu und Glauben, sondern als eine sachliche Erschwerung der Rechtswahrnehmung durch den Gläubiger verstanden worden ist. Die Vorschrift wurde oft als »kleine Ablehnungsandrohung« verstanden, als Regelung also, die dem Gläubiger außer einer Fristsetzung noch etwas Zusätzliches abverlangt, was nicht zu definieren ist. Dies lässt sich weder aus dem Wortlaut noch aus dem Zweck der Vorschrift ableiten. Da dieses Missverständnis aber schon vor dem Gesetzbeschluss auftrat, ist diese Regelung ganz gestrichen worden. Die neue Regelung ist damit einfacher und aus der Sicht des Schuldners auch strenger als die bisherige Regelung: Die Fristsetzung allein reicht. Der Schuldner hat im Fall des § 281 BGB-BE seine Pflicht zur vertragsgemäßen Leistung verletzt. Er kann und muss sich nach der Fristsetzung des Gläubigers darauf einstellen, dass dieser Schadensersatz statt der Leistung verlangt und/oder den Rücktritt vom Vertrag erklärt. Diese Konsequenzen kann er vermeiden, indem er nunmehr leistet.

Zu Satz 2 und 3

Nach § 281 Abs. 1 Satz 1 ist Schadensersatz statt der Leistung bei **erfolgloser Fristsetzung** stets **nur insoweit** geschuldet, als die **Leistung ausgeblieben** ist. Das bedeutet, dass man bei einer teilweisen oder bei einer mangelhaften Leistung Schadensersatz statt der Leistung nur für den ausgebliebenen oder mangelhaften Teil der Leistung beanspruchen kann. Sind also statt 100 Flaschen Wein nur 90 geliefert worden, kann der Gläubiger als Schadensersatz statt der Leistung nur die Ersatzbeschaffungskosten für die ausgebliebenen 10 Flaschen beanspruchen. Entsprechendes gilt für Mängel. Ist bei einem neuen Fahrzeug etwa nur die Navigationsanlage defekt, kann der Gläubiger als Schadensersatz statt der Leistung grundsätzlich nach § 281 Abs. 1 Satz 1 nur die Ersatzbeschaffungskosten für das defekte Navigationsgerät beanspruchen.

345

Dies wird den Interessen des Gläubigers aber nicht in jedem Fall gerecht. Der Gläubiger muss auch die Möglichkeit haben, in solchen Fällen Schadensersatz statt der **ganzen Leistung** zu verlangen. Die Anforderungen hierfür müssen aber höher sein, weil die Belastung des Schuldners durch diese gesteigerte Schadensersatzverpflichtung höher ist und weil dies zum Scheitern des gesamten Vertrags führt. Diese Voraussetzungen regelt § 281 Abs. 1 BGB n.F. in den Sätzen 2 und 3, aber im Gesetzesbeschluss anders als im Entwurf. § 281 Abs. 1 Satz 3 BGB-RE. regelte die Voraussetzungen für den »großen Schadensersatz« (»Schadensersatz statt der ganzen Leistung«) bei Teil- und Schlechtleistung einheitlich. In beiden Fällen sollte Schadensersatz statt der ganzen Leistung verlangt werden können, wenn das Interesse des Gläubigers dies erfordert. Beim Rücktritt wurden und werden beide Fälle aber verschieden behandelt. Nach § 323 Abs. 5 Satz 1 BGB n.F. kommt es auf das Interesse des Gläubigers nur an, wenn es sich um eine Teilleistung handelt. Liegt dagegen eine Schlechtleistung vor, so entscheidet nach § 323 Abs. 5 Satz 2 BGB n.F. die Erheblichkeit bzw. Unerheblichkeit des Mangels. Letzteres geht auf Artikel 3 Abs. 6 der Verbrauchsgüterkaufrichtlinie zurück, wonach die Möglichkeit einer Vertragsauflösung (= Rücktritt) nur bei unerheblichen Mängeln ausgeschlossen werden darf. Der Entwurf ist davon ausgegangen, diese Unterscheidung vertreten zu können, weil die einschneidenderen Rechtsfolgen des Schadensersatzes die strengeren Anforderungen beim Schadensersatz statt der ganzen Leistungen im Fall der Schlechtleistung rechtfertigt. Hierbei wurde aber übersehen, dass sich diese unterschiedlichen Voraussetzungen leicht umgehen lassen, indem zunächst der Rücktritt erklärt wird und dann im Übrigen Schadensersatz verlangt wird, was künftig möglich sein soll, § 325 BGB n.F. Deshalb können keine unterschiedlichen Voraussetzungen für den Rücktritt einerseits und den Anspruch auf Schadensersatz statt der Leistung andererseits aufgestellt werden. Da die Kriterien für den Rücktritt im Fall der Schlechtleistung durch die Verbrauchsgüterkaufrichtlinie zwingend vorgegeben sind, müssen sie auch in § 281 Abs. 1 BGB n.F. zur Anwendung kommen. Dies entspricht auch einem Vorschlag der Vorschlag der Kommission »Leistungsstörungsrecht«. Damit wird der wünschenswerte Gleichlauf zwischen den Rechtsbehelfen erreicht, die zu einer Liquidation des Vertrags führen.

346

347 Der Rechtsausschuss hat sich in diesem Zusammenhang auch mit der Sonderregelung des § 434 Abs. 3 BGB n.F. befasst. Danach stehen Mengenabweichungen einem Mangel gleich. Würde man diese Regelung auch im Rahmen von § 281 Abs. 1 Satz 3 und 4 BGB-BE anwenden, würde beim Kauf Schadensersatz statt der ganzen Leistung im Fall der Teillieferung zu den gleichen Bedingungen zu leisten sein wie bei der Schlechtleistung, also bei Erheblichkeit und nicht erst bei Interessefortfall. Zwingend ist eine solche Anwendung des § 434 Abs. 3 BGB n.F. im Rahmen von § 281 Abs. 1 Satz 3 und 4 BGB-BE nicht. Man kann § 434 Abs. 3 BGB n.F. auch eng in dem Sinne auslegen, dass dort nur geregelt werden soll, dass die Teillieferung ein Mangel ist, nicht aber auch, welche Bedingungen für den Schadensersatz statt der ganzen Leistung gelten sollen. Fälle, in denen diese Unterscheidung relevant wird, werden sehr selten sein. Die Unterschiede im Ergebnis bestehen auch nur in Nuancen. Die Klärung dieser Frage ist daher der Rechtsprechung überlassen worden.

Zu Absatz 2

348 § 281 Abs. 1 macht den Anspruch auf Schadensersatz statt der Leistung **von einer Fristsetzung durch** den **Gläubiger sowie** davon abhängig, **dass der Schuldner schuldhaft** nicht **leistet** oder **nicht nacherfüllt**. Das geschieht deshalb, weil grundsätzlich von einer Erfüllungsbereitschaft des Schuldners ausgegangen werden kann. Hat der Schuldner allerdings die Leistung ernsthaft und endgültig verweigert, wäre eine Fristsetzung sinnlos. Deshalb erklärt sie Absatz 2 für entbehrlich.

349 Eine Fristsetzung muss aber auch dann entbehrlich sein, wenn Umstände vorliegen, die unter Abwägung der beiderseitigen Interessen eine sofortige Geltendmachung des Schadensersatzes statt der Leistung erforderlich machen. Einen solchen Fall stellen etwa sogenannte »Just-in-time-Verträge« dar, bei denen der eine Teil dem anderen Teil zu einem bestimmten Zeitpunkt liefern muss, wenn dessen Produktion ordnungsgemäß betrieben werden soll. Bleibt die Leistung ganz oder teilweise aus, muss der Gläubiger die Möglichkeit haben, sofort Ersatzbeschaffung einzufordern, weil sein Schaden sonst viel größer würde.

Zu Absatz 3

350 Der im Gesetzgebungsverfahren eingefügte Absatz 3 entspricht mit einer redaktionellen Verbesserung der Gegenäußerung der Bundesregierung zu Nummer 31 der Stellungnahme des Bundesrates. Die Bundesregierung hat diesen Absatz zwar als Ausgleich für den von ihr erwogenen Fortfall des § 282 BGB n.F. vorgeschlagen. Diesem Vorschlag folgt der Gesetzgeber indes nicht. Er ist aber der Ansicht, dass die neue Regelung für Unterlassungspflichten auch ohne die Streichung von § 282 BGB n.F. zweckmäßig ist, weil § 281 BGB n.F. auch für Unterlassungspflichten gilt, die Gegenstand der Leistungspflicht sind. Hier bereitet die Anwendung der Fristsetzung praktische Schwierigkeiten, die nur in dem von Absatz 3 beschriebenen Sinne gelöst werden können. Dies sollte das Gesetz auch ausdrücklich bestimmen. Genauso sieht es auch die Kommission Leistungsstörungsrecht. Eine ähnliche Regelung hatte seinerzeit auch die Schuld-

rechtskommission vorgeschlagen, indessen nur für den gleichliegenden § 323 KE, nicht auch für § 283 Abs. 1 KE, der § 281 BGB n. F. entspricht (vgl. Bericht S. 162, 176). Sie ist in beiden Fällen angebracht und jetzt auch vorgesehen.

Zu Absatz 4

Nach dem bisherigen § 326 Abs. 1 Satz 2 kann der Gläubiger nach erfolglosem Ablauf der gesetzten Frist nicht mehr Erfüllung, sondern nur noch Schadensersatz verlangen. Das ist unzweckmäßig und benachteiligt auch den Gläubiger. Im Zeitpunkt der Fristsetzung ist der Gläubiger nämlich noch an dem Erhalt der Leistung interessiert. Das muss sich nach erfolglosem Ablauf dieser Frist nicht ändern. Wenn nämlich der Schuldner insolvent ist, würde ihm ein Schadensersatzanspruch wenig nützen. Es wäre zweckmäßiger, wenn er seinen Leistungsanspruch durchsetzen würde. Genau daran hindert ihn aber die bisherige Regelung. Sie soll deshalb aufgegeben werden. 351

Das hat allerdings auch zur Folge, dass der Schuldner **nach erfolgter Fristsetzung** nicht ohne weiteres damit rechnen kann, dass er dem Gläubiger nur noch Schadensersatz zu leisten hat. Er muss vielmehr auch mit einem **Erfüllungsbegehren** rechnen und sich deshalb auch **erfüllungsbereit** halten. Es ist erwogen worden, diese Unsicherheit des Schuldners dadurch zu überbrücken, dass ihm die Möglichkeit eingeräumt wird, den Gläubiger zu einer Entscheidung zu zwingen. Eine solche Lösung hätte allerdings den Nachteil, dass ausgerechnet der vertragsbrüchige Schuldner dem Gläubiger eine ihm ungünstige Entscheidung aufzwingen kann. Dies erscheint nicht gerechtfertigt. Außerdem kann der Schuldner die Ungewissheit jederzeit dadurch beenden, dass er die nach dem Schuldverhältnis geschuldete Leistung erbringt. 352

Andererseits ist es auch dem Schuldner nicht zuzumuten, sich über einen unter Umständen erheblichen Zeitraum sowohl auf Erfüllung als auch auf Schadensersatzleistung einrichten zu müssen. Deshalb bestimmt Absatz 3, dass der Gläubiger den Erfüllungsanspruch nicht mehr geltend machen kann, wenn er Schadensersatz **verlangt**. Es kommt hierfür nicht darauf an, ob er tatsächlich Schadensersatz auch erhält. Entscheidend ist nur, dass er sich mit der Beanspruchung von Schadensersatz letztlich hierfür entschieden hat. Damit wird eine Parallele zum Rücktritt nach § 323 Abs. 1 gezogen. Da der Rücktritt ein Gestaltungsrecht ist, wird mit der Rücktrittserklärung gemäß § 349 das Schuldverhältnis in ein Rückabwicklungsverhältnis umgestaltet, was den Anspruch auf die Leistung ausschließt. Deshalb erscheint es gerechtfertigt, entsprechendes für das Verlangen von Schadensersatz statt der Leistung vorzusehen. 353

Ein Verlangen von Schadensersatz liegt mit Sicherheit in einer Klage. Ein solches Verlangen kann aber auch in vorprozessualen Erklärungen gesehen werden. Eine entsprechende Äußerung des Gläubigers muss aber den eindeutigen Willen erkennen lassen, sich auf das Schadensersatzbegehren beschränken zu wollen. Eine allgemeine Ankündigung etwa, weitere Rechte »bis hin zum Schadensersatz« geltend machen zu wollen, reicht dafür nicht aus. Es kann daher notwendig sein, die Erklärung des Gläubigers auszulegen. Dies kann zu einer praktischen Unsicherheit gerade auch für den Gläubiger selbst führen. Es ist erwogen 354 worden, wegen dieser Unsicherheiten darauf abzustellen, ob der Gläubiger Klage auf Schadensersatz erhoben hat. Dies ist aber wegen der Nachteile dieser Lösung nicht geschehen. Der Schuldner bleibt hier wesentlich länger im Unklaren darüber, was der Gläubiger letztlich von ihm erwartet. Auch wäre es schwer zu vertreten, weshalb sich der Gläubiger auch dann noch für die Erfüllung soll entscheiden können, wenn er z.B. längere Zeit über Schadensersatz mit dem Schuldner verhandelt hat. Dies lässt sich mit einem Abstellen auf das Verlangen vermeiden. Man darf auch davon ausgehen, dass der durchschnittliche Gläubiger seine Entscheidung für den einen oder anderen Rechtsbehelf in ihrer Tragweite richtig bewerten wird.

355 Die Schuldrechtskommission hatte vorgeschlagen, den Anspruch auf die Leistung erst in dem Zeitpunkt auszuschließen, in dem der Gläubiger den Schadensersatz erhalten hat. Ihr ist die in die Neuregelung aufgenommene Regelung unnötig hart erschienen: Es könne – so die Kommission – ja ungewiss sein, ob es dem Gläubiger gelingt, die Leistung anderswo zu beschaffen. Doch sollte nach diesem Vorschlag der Schuldner, der ja an einer Klärung der Rechtslage interessiert sein kann, dem Gläubiger eine Frist für die Ausübung des Wahlrechts setzen können. Nach erfolglosem Ablauf dieser Frist sollte der Schuldner noch die Möglichkeit zur Primärleistung haben; will der Gläubiger dann doch noch den Schadensersatz, sollte er dem Schuldner erneut eine Frist setzen müssen.

356 Die Schuldrechtskommission hat selbst eingeräumt, dass die Regelung der wechselseitigen Fristsetzungen recht kompliziert klingt. Das ist sie jedenfalls für den geschäftlich nicht erfahrenen Vertragspartner auch. Sie erscheint deshalb kaum handhabbar. Auf sie ist verzichtet worden, weil nicht auf den Erhalt des Schadensersatzes, sondern auf das Schadensersatzverlangen des Gläubigers abgestellt wird. Das ist auch nicht unnötig hart: Der Gläubiger mag sich vor der Geltendmachung eines Anspruchs überlegen, was er will bzw. was seinen Interessen am ehesten entspricht. Auf die Parallele zum Rücktritt wurde bereits hingewiesen.

Zu Absatz 5

357 **Schadensersatz statt** der **Leistung** kann wie bisher auch sowohl in der Form des **kleinen** als auch in der Form des **großen Schadensersatzes** (»Schadensersatz statt der **ganzen** Leistung«) berechnet werden. Wählt der Gläubiger den großen Schadensersatz, muss er dem Schuldner den erbrachten Teil der Leistung zur Verfügung stellen. Nach bisherigem Recht ist unklar, welche Vorschriften hierfür maßgeblich sind und wie insbesondere Beschädigungen und Nutzungen auszugleichen sind. Die hierfür zweckmäßigen Regelungen enthält das Rücktrittsrecht, das die maßgeblichen Bestimmungen für die Rückabwicklung fehlgeschlagener Verträge bereitstellt. Die §§ 346 ff. sind jedoch nicht unmittelbar einschlägig, wenn der Gläubiger Schadensersatz verlangt. Zudem betrifft § 281 nicht nur Verträge, sondern auch andere Schuldverhältnisse. Deshalb bestimmt Absatz 4, dass sich der Anspruch des Schuldners auf Rückgewähr des Geleisteten nach den Vorschriften des Rücktrittsrechts richtet, wenn der Gläubiger zwar nicht zurücktritt, aber großen Schadensersatz verlangt und dadurch indirekt Rücktrittswirkungen erzielt.

§ 282 – Schadensersatz statt der Leistung wegen Verletzung einer Pflicht nach § 241 Abs. 2

Verletzt der Schuldner eine Pflicht nach § 241 Abs. 2, kann der Gläubiger unter den Voraussetzungen des § 280 Abs. 1 Schadensersatz statt der Leistung verlangen, wenn ihm die Leistung durch den Schuldner nicht mehr zuzumuten ist.

Schadensersatz statt der Leistung wird nicht nur geschuldet, **wenn Haupt-** oder **Nebenleistungsleistungspflichten verletzt** werden. Schadensersatz statt der Leistung kann auch geschuldet sein, wenn lediglich nicht leistungsbezogene Nebenpflichten, also die in § 241 Abs. 2 genannten Pflichten, verletzt werden. Soweit sich die Verletzung dieser Pflichten auf die Hauptleistung auswirkt und zur Folge hat, dass die Leistung nicht vertragsgemäß erbracht wird, ist § 281 einschlägig. 358

Es kann aber sein, dass die Verletzung der Neben- und Schutzpflichten das eigentliche Leistungsinteresse des Gläubigers unberührt lässt. Gleichwohl kann sich auch in solchen Fällen die Notwendigkeit ergeben, Schadensersatz statt der ganzen Leistung zu wählen. Zu denken ist etwa an den Fall, dass der Schuldner die von ihm versprochene Leistung zwar an sich ordnungsgemäß erbringt, aber unter Begleitumständen, die für den Gläubiger nicht erträglich sind. In solchen Fällen soll Schadensersatz statt der Leistung nicht allgemein von einer Fristsetzung abhängig gemacht werden. Diese muss sich nämlich schon deshalb als sinnlos erweisen, weil es nicht um die Verletzung eines Anspruchs auf eine Leistung geht, deren Nachholung der Gläubiger von dem Schuldner verlangen könnte. 359

Das kann anhand eines Beispiels verdeutlicht werden: Ein Maler führt zwar die von ihm übernommenen Malerarbeiten ordentlich aus, beschädigt jedoch immer wieder schuldhaft während der einige Zeit in Anspruch nehmenden Arbeiten auf dem Weg in den von ihm zu streichenden Teil der Wohnung die Eingangstür und Einrichtungsgegenstände. Schadensersatz wegen der Sachschäden kann der Gläubiger unmittelbar aus § 280 Abs. 1 verlangen. Darüber hinaus kann sich aber auch die Frage stellen, wann das Verhalten des Malers ein solches Ausmaß angenommen hat, dass dessen Weiterbeschäftigung dem Gläubiger nicht mehr zuzumuten ist. Daraus ergibt sich das Problem, ob der Gläubiger noch vor Abschluss der Arbeiten einen anderen Maler mit der Beendigung der Arbeiten beauftragen und die hierfür entstandenen Mehrkosten dem ersten unsorgfältigen Maler in Rechnung stellen kann. Diese Frage regelt § 282, indem dort die Voraussetzungen für den Schadensersatz statt der Leistung enthalten sind. Die Vorschrift wird ergänzt durch das Rücktrittsrecht nach § 324, das dieselben Voraussetzungen aufstellt. 360

Schadensersatz statt der Leistung soll in diesen Fällen nur geschuldet sein, wenn die Erbringung der Leistung durch den Schuldner gerade wegen dieser Umstände für den Gläubiger **unzumutbar** geworden ist. Wann dies der Fall ist, stellt eine Wertungsfrage dar. Dabei müssen die Interessen des Gläubigers und 361 des Schuldners Berücksichtigung finden. In diesem Zusammenhang kann auch zu berücksichtigen sein, ob der Gläubiger dem Schuldner eine Abmahnung geschickt hat. So wird in der ersten Variante des obigen Beispiels ein sofortiges Verlangen von Schadensersatz statt der Leistung ohne vorherige Abmahnung jedenfalls dann nicht gerechtfertigt sein, wenn die Beschädigungen durch den Maler (zunächst) kein besonderes Gewicht haben. Dies entspricht im Übrigen der ständigen Rechtsprechung zu den Auswirkungen der positiven Vertragsverletzung. Bei einem gegenseitigen Vertrag kann die positive Vertragsverletzung einen Rücktritt oder einen Schadensersatz wegen Nichterfüllung des ganzen Vertrags dann begründen, wenn der Vertragszweck derart gefährdet ist, dass dem anderen Teil das Festhalten an dem Vertrag nach Treu und Glauben nicht zugemutet werden kann (vgl. nur Palandt/Heinrichs, § 276 Rdn. 124).

362 Der Entwurf hatte als zusätzliche Voraussetzung noch vorgesehen, dass die Pflichtverletzung »wesentlich« ist. Sie sollte also ein gewisses Gewicht haben, um die Folge des § 282 zu rechtfertigen, weil danach der Vertrag nicht mehr so wie vereinbart durchgeführt wird. Davon hat der Gesetzgeber aber Abstand genommen, weil dies ein Element der Zumutbarkeitsabwägung ist.

§ 283 – Schadensersatz statt der Leistung bei Ausschluss der Leistungspflicht

Braucht der Schuldner nach § 275 Abs. 1 bis 3 nicht zu leisten, kann der Gläubiger unter den Voraussetzungen des § 280 Abs. 1 Schadensersatz statt der Leistung verlangen. § 281 Abs. 1 Satz 2 und 3 und Abs. 5 finden entsprechende Anwendung.

Zu Satz 1

363 § 283 bestimmt die **Voraussetzungen** für den **Schadensersatz** statt der Leistung im Fall der Unmöglichkeit. Die Schuldrechtskommission hatte diesen Fall in den einheitlichen Schadensersatztatbestand des § 283 Abs. 1 KE mit aufgenommen. Das erscheint aber nicht zweckmäßig, weil im Falle der Unmöglichkeit eine Aufforderung zur Nacherfüllung sinnlos ist.

364 Voraussetzung für den Anspruch ist, dass der Schuldner nach § 275 Abs. 1 oder 2 nicht zu leisten braucht, also insbesondere ein Fall der Unmöglichkeit nach § 275 Abs. 1 vorliegt. Im Falle des § 275 Abs. 2 »braucht« der Schuldner nur dann nicht zu leisten, wenn zum einen die Voraussetzungen dieser Vorschrift vorliegen, und zum anderen der Schuldner sich auf die Einrede, die ihm § 275 Abs. 2 gibt, beruft.

365 § 283 Satz 1 verweist sodann auf die Voraussetzungen des § 280 Abs. 1. Dies ist damit die eigentliche, durch § 283 ergänzte Anspruchsgrundlage. Auch wenn man die Auffassung vertreten könnte, dass die in § 280 Abs. 1 Satz 1 vorausgesetzte Pflichtverletzung dann nicht vorliegen kann, wenn der Schuldner wegen § 275 Abs. 1 oder 2 gerade keine Pflicht zur Leistung hat, so stellt die Verweisung doch jedenfalls klar, dass die Unmöglichkeit bzw. die Einrede nach § 275

Abs. 2 doch zu einem Schadensersatzanspruch führt, wenn der Schuldner sich hinsichtlich seines Vertretenmüssens nicht entlasten kann, § 280 Abs. 1 Satz 2.

Zu Satz 2

Zu berücksichtigen ist, dass eine Leistung **nicht immer in vollem Umfang unmöglich** wird. § 283 Satz 2 regelt deshalb die Teilunmöglichkeit und die Unmöglichkeit der Nacherfüllung bei einer Schlechtleistung. Das ergibt sich aus der Verweisung auf § 281 Abs. 1 Satz 3. Die dort genannten Kriterien sollen auch bei Unmöglichkeit eines Teils der Leistung oder der Nacherfüllung anzuwenden sein. Auch hier unterscheidet sich der an die Stelle der ganzen Leistung tretende Schadensersatzanspruch von demjenigen aus § 281 Abs. 1 Satz 1 allein durch die Entbehrlichkeit der (sinnlosen) Fristsetzung.

Wählt der Gläubiger auch hier Schadensersatz statt der Leistung in der Form des großen Schadensersatzes, soll er ebenso wie im Falle des § 281 die empfangenen Leistungen nach Maßgabe des Rücktrittsrechts zurückzugewähren haben, wie sich aus der Verweisung auf § 281 Abs. 4 ergibt.

§ 284 – Ersatz vergeblicher Aufwendungen

Anstelle des Schadensersatzes statt der Leistung kann der Gläubiger Ersatz der Aufwendungen verlangen, die er im Vertrauen auf den Erhalt der Leistung gemacht hat und billigerweise machen durfte, es sei denn, deren Zweck wäre auch ohne die Pflichtverletzung des Schuldners nicht erreicht worden.

Problem

Der **Ersatz vergeblicher Aufwendungen** für einen nicht ausgeführten Vertrag kann im geltenden Recht **Schwierigkeiten bereiten**, da diese Aufwendungen an sich nicht durch die Pflichtverletzung des Schuldners verursacht worden sind, die einen Schadenersatzanspruch des Gläubigers nach den bisherigen § 325 oder § 326 auslöst. Denn diese Kosten wären unabhängig von der Vertragsverletzung und auch bei ordnungsgemäßer Erfüllung entstanden. Die Rechtsprechung behilft sich mit der Unterstellung, dass solche Aufwendungen als Kostenfaktor in die Kalkulation des Gläubigers eingegangen seien und jedenfalls bei einem Geschäft, bei dem die Kosten durch den Erlös gedeckt werden, mitvergütet worden wären. Wird das Geschäft nicht durchgeführt, dann sind sie deshalb, jedenfalls bei einem rentablen Geschäft, eine Art Mindestschaden. Für eine solche Deckung der Kosten durch die Gegenleistung und die daraus möglichen Erträge spreche eine – widerlegbare – Vermutung (sog. Rentabilitätsvermutung; vgl. Staudinger/Medicus § 249 Rdn. 129 f.; BGH, ZIP 1991, 798 ff.). Folgerichtig wird Ersatz frustrierter Aufwendungen versagt, wenn der Gläubiger aus dem Geschäft keine materielle, kostendeckende Gegenleistung, sondern immaterielle Gewinne erhofft hatte (vgl. BGHZ 99, 182, 196 ff. und dazu Stoll, JZ 1987, 517 ff.)

369　Nach bisherigem Recht kann sich die Frage, ob vergebliche Aufwendungen als Schadensersatz wegen Nichterfüllung geltend gemacht werden können, nur stellen, wenn der Gläubiger Schadensersatz wegen Nichterfüllung nach den bisherigen §§ 325, 326 verlangt. Auf Grund der nun durch § 325 eröffneten Möglichkeit einer Kumulierung von Rücktritt und Schadensersatz können die Fälle, in denen frustrierte Aufwendungen als Schaden ersetzt verlangt werden, häufiger auftreten. Die Neuregelung geht davon aus, dass – über die Ergebnisse der Rechtsprechung hinausgehend – dem betroffenen Gläubiger stets die Möglichkeit zustehen soll, Ersatz seiner Aufwendungen unabhängig davon zu erlangen, ob sie auf Grund einer – vermuteten – »Rentabilität« des Vertrags jedenfalls als der kostendeckende Teil des entgangenen materiellen Ertrags aus dem Geschäft qualifiziert werden können oder nicht. Unsicherheiten und Zufälligkeiten in der Rentabilitätsberechnung und der Bewertung von Vorteilen aus dem Geschäft als materiell oder immateriell werden so vermieden. Auch erscheint es gerecht, dass diese Kosten von dem Teil zu tragen sind, der das Scheitern des Vertrags zu vertreten hat.

Lösungsansatz der Schuldrechtskommission

370　Die Schuldrechtskommission ist dieses Problem mit einem zweispurigen Ansatz angegangen. Bei gegenseitigen Verträge sollte der Gläubiger nach § 327 Abs. 1 Satz 2 KE anstelle des Schadensersatzes wegen Nichtausführung des Vertrags auch Ersatz des Schadens verlangen können, der ihm dadurch entsteht, dass er auf die Ausführung des Vertrags vertraut hat. Für einen Teil dieses Schadens, nämlich die Vertragskosten, sollte in den §§ 439 Abs. 3 und § 637 Abs. 3 KE eine verschuldensunabhängige Pflicht zum Ersatz vorgesehen werden. Diese letztere Regelung entspricht dem geltenden § 467 Satz 1, für das Werkvertragsrecht in Verbindung mit dem bisherigen § 634 Abs. 4, wohingegen die erstere Regelung im bisherigen Recht keine Parallele hat.

Einwände gegen diesen Ansatz

371　Gegen diese Lösung ist eingewandt worden, sie begünstige einseitig den Gläubiger, was insbesondere daraus abgeleitet wird, dass § 327 Abs. 1 Satz 2 KE den Ersatz des Vertrauensschadens ohne eine Begrenzung auf das positive Interesse vorsieht, wie er etwa in § 122 Abs. 1 oder § 179 Abs. 2 vorgesehen ist. Dies könne dazu führen, dass die Leistungsstörung auf Seiten des Schuldners für den Gläubiger zum »Glücksfall« gerate (Wolfgang Ernst). Dies gelte vor allem dann, wenn er ein schlechtes Geschäft abgeschlossen habe.

372　Dieses Argument ist aber im Ergebnis nicht überzeugend: Bei dem »Glücksfallargument« geht es in erster Linie darum zu verhindern, dass der Gläubiger einen Anspruch auf Ersatz seines »Vertrauensschadens« auch dann erhält, wenn die Rentabilitätsvermutung bei auf Gewinnerzielung gerichteten Geschäften widerlegt ist, d. h. wenn feststeht, dass er die für das Geschäft gemachten Aufwendungen auch bei dessen ordnungsgemäßer Durchführung nicht wieder »hereingeholt« hätte. Dieser – in der Sache berechtigte – Gesichtspunkt ist aufgegriffen worden. Er gab aber keineswegs Veranlassung, die Regelung insgesamt zu verwerfen.

Der insoweit exemplarische Fall BGHZ 99, 182 belegt eindrucksvoll, dass 373
eine Regelung nach dem Ansatz des § 327 Abs. 1 Satz 2 KE zumindest in solchen Fällen geboten ist, in denen der Gläubiger einen **ideellen Zweck** verfolgt. In derartigen Konstellationen greift das erwähnte Glücksfallargument nicht. Bei der Verfolgung eines ideellen Zwecks kann ein materieller Nichterfüllungsschaden gar nicht entstehen; es kommt von vornherein nur die Frustration der gemachten Aufwendungen in Betracht. Hier ist eine Ersatzpflicht geboten und sachgerecht.

Eine Regelung nach dem Vorbild von § 327 Abs. 1 Satz 2 KE ist auch in vie- 374
len Fällen, in denen der Gläubiger primär einen **Konsumzweck** verfolgt, notwendig. Kauft jemand z.B. ein Haus, um darin zu wohnen, so wird man jedenfalls nicht durchweg sagen können, dass sich die Aufwendungen dafür im wirtschaftlichen Sinne rechnen. Es wird vielfach wirtschaftlich günstiger sein, zur Miete zu wohnen, als ein Haus zu kaufen. Hier die Rentabilitätsvermutung anzuwenden und anzunehmen, dass durch den Wert des Hauses die Aufwendungen wie z.B. die Zinsen für ein zur Finanzierung aufgenommenes Darlehen abgedeckt werden, ist auch bei einer langfristigen Betrachtungsweise jedenfalls dann nicht mehr vertretbar, wenn bei Immobilien kein Wertzuwachs erwartet werden kann (was vielfach der Fall ist). Zumindest zeigt sich hier sehr deutlich, dass die Rentabilitätsvermutung der Gefahr ausgesetzt ist, zu methodenunehrlichen Fiktionen Zuflucht nehmen zu müssen.

Vollends versagt sie, wenn jemand einen weit überhöhten **Liebhaberpreis** 375
zahlt, etwa für den Erwerb eines Kunstwerks. Warum soll er nicht seine frustrierten Aufwendungen wie zwecklos gewordene Darlehenszinsen und dgl. zurückerhalten, wenn der Vertrag wegen einer schuldhaften Pflichtverletzung des Schuldners nicht durchgeführt wird? Schließlich erscheint die Rentabilitätsvermutung auch nicht in allen Fällen, in denen der Gläubiger einen **wirtschaftlichen Zweck** verfolgt, ohne weiteres befriedigend. So mag ein Unternehmer z.B. aus marktstrategischen oder spekulativen Gründen für einen Gegenstand einen weit überhöhten Preis zahlen, von dem im Zeitpunkt der letzten mündlichen Verhandlung niemand wissen kann, ob er sich in einer fernen Zukunft vielleicht »rechnen« wird. Zwar könnte man in solchen Fällen die Rentabilitätsvermutung als unwiderlegt ansehen, doch zeigt sich insgesamt, dass die Rentabilitätsvermutung ein Ausweg ist, mit der die Rechtsprechung die im Bürgerlichen Gesetzbuch nicht gelöste Problematik der frustrierten Aufwendungen bei Vertragsverletzungen zu lösen versucht. Eine sachgerechte gesetzliche Lösung erscheint geboten, zumal der Gesetzgeber freier ist als die Rechtsprechung, die insbesondere die Grenzen des § 253 zu beachten hat.

Der zweite Einwand gegen den Lösungsansatz der Schuldrechtskommission 376
betrifft die Begrenzung des Anspruchs auf gegenseitige Verträge. Diese Begrenzung erscheint nicht sachgerecht. Erfüllt z.B. ein Erbe schuldhaft ein Vermächtnis zur Übereignung eines (materiell geringwertigen oder gar wertlosen) Gegenstandes nicht und hat der Vermächtnisnehmer in berechtigtem Vertrauen auf die Erfüllung Aufwendungen vorgenommen, z.B. Umbaumaßnahmen zur Integrierung eines vermachten Kunstwerks in sein Haus oder dergleichen, so hat er das

C. *Leistungsstörungs- und Rücktrittsrecht*

gleiche Bedürfnis nach Ersatz wie derjenige, der ein solches Kunstwerk gekauft hat. Weshalb zwischen beiden Fällen unterschieden werden sollte, ist nicht ersichtlich. Denn durch die Aufwendungen hat der Gläubiger in beiden Fällen gezeigt, dass die vermachte Sache ihm diesen Geldbetrag »wert« ist. Der Schuldner ist im einen wie im anderen Falle nicht schutzwürdig, weil er schuldhaft seine Leistungspflicht verletzt hat und daher weitaus »näher daran« ist als der Gläubiger, die nunmehr nutzlosen Aufwendungen zu tragen. Dann aber ist der systematisch richtige gesetzliche Standort einer solchen Regelung nicht § 327 KE, sondern eine Vorschrift im Rahmen der §§ 280 ff. Dort soll sie auch angesiedelt werden.

377 Schließlich stellt sich die Frage nach dem Verhältnis einer solchen Regelung zu den Sondervorschriften über den Ersatz der Vertragskosten. Vertragskosten sind ein typischerweise entstehender Vertrauensschaden. Die Schuldrechtskommission hat, wie erwähnt, für ihn nach dem Vorbild des bisherigen § 467 Satz 1 zwei Sondervorschriften vorgesehen (§§ 439 Abs. 3, 637 Abs. 3 KE), denen zufolge die Vertragskosten nicht als verschuldensabhängiger Schadens- oder Aufwendungsersatz, sondern ohne Verschulden als Rückabwicklungsfolge zu erstatten sind.

378 Diese Vorschriften sind nach ihrem Wortlaut nur im Fall des Rücktritts vom Kauf- oder vom Werkvertrag anwendbar. Sie würden auch nicht gelten, wenn der Gläubiger wegen Unmöglichkeit der Primärleistung nach § 326 von der Gegenleistung frei wird. Diese Begrenzung ist nicht einsichtig. Vertragskosten können auch bei anderen Verträgen und naturgemäß auch bei Unmöglichkeit der Leistung entstehen. Ein solcher Anspruch muss auch in solchen Fällen bestehen. Das ließe sich erreichen, indem dieser Anspruch als Rücktrittsfolge generell in § 346 und als Folge der Unmöglichkeit bestimmt würde. Das Nebeneinander eines verschuldensabhängigen Aufwendungsersatzanspruchs und eines verschuldensabhängigen Rücktrittsfolgenrechts überzeugt nicht. Es handelt sich im Grunde um dasselbe Problem, nämlich die Frustrierung von Aufwendungen. Diese sollten nach Möglichkeit einheitlich gelöst werden. Das ist aber nur durch die Schaffung eines einheitlichen Tatbestandes im Schadenersatzrecht der §§ 280 ff. E möglich. Diese Regelung enthält § 284.

Ersatzanspruch

379 § 327 Abs. 1 Satz 2 KE wollte dem Gläubiger einen Anspruch auf Ersatz seiner frustrierten Aufwendungen dadurch verschaffen, dass er Ersatz seines Vertrauensschaden soll beanspruchen können. Dieser schadenersatzrechtliche Ansatz erweist sich als hinderlich. Der Ersatz des Vertrauensschadens kann zu viel einschneidenderen Folgen führen als der Ersatz des Erfüllungsinteresses, auf das der Anspruch nach § 327 Abs. 1 Satz 2 KE aber nicht begrenzt werden sollte. Führt man eine solche Begrenzung indessen ein, kann das auch zu verzerrten Ergebnissen führen, da die Aufwendungen, für die dem Gläubiger Ersatz verschafft werden sollte, nicht sachgerecht anhand des Erfüllungsinteresses bemessen werden können. Andererseits würde eine solche Regelung dem Gläubiger auch die Liquidation eines entgangenen Vorteils aus einem Alternativgeschäft

mit einem Dritten erlauben, das er nicht abgeschlossen hat, weil er sich bereits durch den Vertrag mit dem Schuldner gebunden wusste. Zu denken ist etwa an den Fall, dass der Gläubiger einen gleichartigen Gegenstand wie den gekauften zwischenzeitlich billiger bei einem Dritten hätte beziehen können und dies unterlassen hat, weil er an die – später gescheiterte – Erfüllung durch seinen Vertragspartner glaubte. Dass er dann diesen entgangenen Vorteil liquidieren kann, wäre nicht zu vertreten. In der Sache geht es bei dem Ersatz frustrierter Aufwendungen nicht eigentlich um ein Schadensersatzproblem, sondern um eine Frage des Aufwendungsersatzes. Mit diesem Ansatz lässt sich das anzustrebende Ergebnis zielgenauer erreichen. Deshalb gewährt § 284 dem Gläubiger die Möglichkeit, anstelle des Schadensersatzes statt der Leistung auch Aufwendungsersatz zu verlangen. Da dieser an die Stelle des Schadensersatzes tritt, gilt auch für diesen Ersatzanspruch § 280 Abs. 1, also das Verschuldensprinzip.

Auch ein Anspruch auf Aufwendungsersatz kann über das Ziel hinausschießen. Die im Vertrauen auf die Erfüllung des Schuldverhältnisses gemachten Aufwendungen können auch bei ordnungsgemäßer Erfüllung verfehlt sein. Wer etwa zum Verkauf letztlich unverkäuflicher Kunstwerke ein Ladenlokal anmietet, macht in jedem Fall einen Verlust. Solche auch bei ordnungsgemäßer Erfüllung vergeblichen Aufwendungen können nicht ersatzfähig sein. Deshalb schließt der letzte Halbsatz der Vorschrift den Ersatz von Aufwendungen aus, die ihren Zweck auch ohne die Pflichtverletzung des Schuldners verfehlt hätten. Dies fügt sich vom Ergebnis her in die bisherige Rechtsprechung zur Rentabilitätsvermutung, auf die es künftig nicht mehr ankommt, ein: Der Gläubiger kann Ersatz seiner Aufwendungen nicht in Situationen verlangen, in denen nach bisheriger Rechtsprechung die Rentabilitätsvermutung als widerlegt anzusehen wäre. Andererseits kann man dem Gläubiger bei ideeller, konsumptiver, spekulativer, marktstrategischer Zielsetzung und in ähnlichen Fällen nicht mehr entgegenhalten, sein Geschäft sei »unrentabel« gewesen. Denn darauf kommt es hier wegen der Besonderheit der Zwecksetzung nicht an. Wäre dagegen der ideelle usw. Zweck aus anderen Gründen verfehlt worden, z.B. weil sich nach Bruch des Mietvertrags über eine Halle für eine Parteiveranstaltung herausstellt, dass die vorgesehene Veranstaltung ohnehin mangels Mitgliederinteresses abgesagt worden wäre, greift die Ausnahme ein. Ein Ersatzanspruch scheidet aus.

380

§ 285 – Herausgabe des Ersatzes

(1) Erlangt der Schuldner infolge des Umstandes, auf Grund dessen er die Leistung nach § 275 Abs. 1 bis 3 nicht zu erbringen braucht, für den geschuldeten Gegenstand einen Ersatz oder einen Ersatzanspruch, so kann der Gläubiger Herausgabe des als Ersatz Empfangenen oder Abtretung des Ersatzanspruchs verlangen.

(2) Kann der Gläubiger statt der Leistung Schadensersatz verlangen, so mindert sich dieser, wenn er von dem in Absatz 1 bestimmten Recht Gebrauch macht, um den Wert des erlangten Ersatzes oder Ersatzanspruchs.

C. Leistungsstörungs- und Rücktrittsrecht

Zu Absatz 1

381 Der Schuldner kann durch einen Umstand, der seine Befreiung bewirkt hat, einen Ersatz oder Ersatzanspruch erlangt haben (z.B. einen Anspruch auf eine Versicherungsleistung oder gegen einen Dritten auf Schadensersatz). Dann soll nach geltendem Recht (bisher § 281) der Gläubiger statt der Leistung dieses Surrogat verlangen können; das Surrogat tritt also an die Stelle der primär geschuldeten Leistung.

382 Diese Vorschrift soll wegen ihres offenkundigen Gerechtigkeitsgehaltes beibehalten werden. Allerdings scheitert eine unveränderte Übernahme des bisherigen § 281 aus zwei Gründen: Erstens stellt § 281 bislang auf die Unmöglichkeit der Leistung ab, während § 275 nunmehr auch weitere Befreiungsgründe umfasst. Und zweitens führen die nach § 275 beachtlichen Leistungshindernisse nicht ohne weiteres zur Befreiung des Schuldners, sondern erst durch Erhebung einer Einrede. Dieser neuen Rechtslage muss der bisherige § 281 angepasst werden.

383 Eine solche Anpassung ist zunächst insofern vorzunehmen, als die Vorschrift von der »Unmöglichkeit« auf den »Umstand, auf Grund dessen er [der Schuldner] die Leistung nach § 275 Abs. 1 oder 2 nicht zu erbringen braucht«, zu erweitern ist. Absatz 1 macht damit in den Fällen des § 275 Abs. 2 und 3 den Anspruch auf Herausgabe des Surrogats davon abhängig, dass der Schuldner die ihm nach dieser Vorschrift zustehende Einrede auch tatsächlich erhoben hat.

384 Die Schuldrechtskommission hatte dagegen vorgeschlagen, das bloße Bestehen der Voraussetzungen des § 275 KE, der insgesamt eine Einrede vorsah, ausreichen zu lassen, ohne dass es darauf ankäme, ob die Einrede tatsächlich erhoben worden ist. Diese Lösung passt allerdings nicht zu dem neuen Konzept des § 275: Wenn der Schuldner die Einrede nicht erhebt, kann er wenigstens regelmäßig weiter in die Leistung verurteilt werden, er kann also daneben nicht auch noch das Surrogat schulden; deshalb liegt es nahe, den Anspruch des Gläubigers auf das Surrogat von der Erhebung der (begründeten) Einrede durch den Schuldner abhängig zu machen. Wenn die in § 275 Abs. 2, 3 genannten Umstände nur noch auf Einrede des Schuldners zu berücksichtigen sind, so bedeutet dies, dass es allein in der Entscheidung des Schuldners liegt, ob er leisten oder sich auf sein Leistungsverweigerungsrecht berufen möchte. Dann ist es nur konsequent, dies auch in Rahmen des bisherigen § 281, jetzt § 285, zu berücksichtigen und die Entscheidung nicht auf den Gläubiger zu verlagern. Letzteres wäre die Folge, wenn der Gläubiger das Surrogat auch ohne Erhebung der Einrede durch den Schuldner verlangen könnte, da dann der Anspruch auf die Leistung ausgeschlossen sein muss. Allerdings führt dies dazu, dass der Schuldner sich das Surrogat dadurch sichern kann, dass er die Einrede nach § 275 Abs. 2, 3 nicht erhebt. Ein Interesse an diesem Vorgehen kann er dann haben, wenn das Surrogat ausnahmsweise wertvoller als die Leistung ist. Nach bisherigem Recht könnte auch in diesem Fall der Gläubiger den Anspruch aus dem bisherigen § 281 geltend machen. Dafür würde der Schuldner aber ohne weiteres von seiner Primärleistungspflicht frei. Insoweit tritt eine sachliche Änderung der Rechtslage ein.

Zu Absatz 2

Absatz 2 entspricht inhaltlich dem bisherigen § 281 Abs. 2; dieser ist lediglich an den neuen Sprachgebrauch des Gesetzes anzupassen: »Schadensersatz statt der Leistung« anstelle von »Schadensersatz wegen Nichterfüllung«.

385

§ 286 – Verzug des Schuldners

(1) Leistet der Schuldner auf eine Mahnung des Gläubigers nicht, die nach dem Eintritt der Fälligkeit erfolgt, so kommt er durch die Mahnung in Verzug. Der Mahnung stehen die Erhebung der Klage auf die Leistung sowie die Zustellung eines Mahnbescheids im Mahnverfahren gleich.

(2) Der Mahnung bedarf es nicht, wenn
1. für die Leistung eine Zeit nach dem Kalender bestimmt ist,
2. der Leistung ein Ereignis vorauszugehen hat und eine angemessene Zeit für die Leistung in der Weise bestimmt ist, dass sie sich von dem Ereignis an nach dem Kalender berechnen lässt,
3. der Schuldner die Leistung ernsthaft und endgültig verweigert,
4. aus besonderen Gründen unter Abwägung der beiderseitigen Interessen der sofortige Eintritt des Verzugs gerechtfertigt ist.

(3) Der Schuldner einer Entgeltforderung kommt spätestens in Verzug, wenn er nicht innerhalb von 30 Tagen nach Fälligkeit und Zugang einer Rechnung oder gleichwertigen Zahlungsaufstellung leistet; dies gilt gegenüber einem Schuldner, der Verbraucher ist, nur, wenn auf diese Folgen in der Rechnung oder Zahlungsaufstellung besonders hingewiesen worden ist. Wenn der Zeitpunkt des Zugangs der Rechnung oder Zahlungsaufstellung unsicher ist, kommt der Schuldner, der nicht Verbraucher ist, spätestens 30 Tage nach Fälligkeit und Empfang der Gegenleistung in Verzug.

(4) Der Schuldner kommt nicht in Verzug, solange die Leistung infolge eines Umstandes unterbleibt, den er nicht zu vertreten hat.

Vorbemerkung

Eine **bloße Verzögerung** der Leistung über die Fälligkeit hinaus soll für den Schuldner noch keine wesentlichen Rechtsnachteile erzeugen. Vielmehr entspricht es der beizubehaltenden Rechtstradition, dass solche Nachteile erst im Schuldnerverzug (bisher in § 284 geregelt) eintreten. Dieser setzt Vertretenmüssen des Schuldners sowie eine Mahnung oder einen gleichgestellten Umstand voraus. Bei diesen Mahnungssurrogaten besteht auch nach dem Inkrafttreten des Gesetzes zur Beschleunigung fälliger Zahlungen vom 30. März 2000 (BGBl. I S. 330), das den Verzugseintritt bei Geldforderungen vereinfacht hat, das wesentliche Reformbedürfnis.

386

Nach altem Recht steht gemäß § 284 Abs. 2 der für den Verzug erforderlichen Mahnung zunächst eine Zeitbestimmung für die Leistung gleich. Genügen soll

387

aber auch, dass sich die Zeit für die Leistung von einer Kündigung an nach dem Kalender berechnen lässt. Andere Tatsachen (z.B. die Lieferung oder die Rechnungserteilung) stellt das Gesetz der Kündigung nicht gleich. Auch nennt es keine weiteren Umstände, derentwegen die Mahnung oder ein Surrogat ausnahmsweise entbehrlich sein sollen.

388 Als Mangel des alten Rechts kann man es vor allem verstehen, dass nur die kalendermäßige Berechenbarkeit seit der Kündigung eine Mahnung entbehrlich machen soll, § 284 Abs. 2 Satz 2. Die Rechtsprechung hat eine Ausdehnung auf andere Tatsachen abgelehnt. Diese Sonderstellung der Kündigung ist aber kaum gerechtfertigt. Andererseits hat die Rechtsprechung mehrere Fallgruppen entwickelt, bei denen die Mahnung oder ein Surrogat nicht für nötig gehalten werden. Wenigstens ein Teil dieser derzeit bloß nach § 242 zu behandelnden Fallgruppen kann und soll gesetzlich geregelt werden.

Zu Absatz 1

Zu Satz 1

389 Die Neuregelung trennt in Übereinstimmung mit dem Bürgerlichen Gesetzbuch die Regelung der Verzugsvoraussetzungen von der Regelung der Verzugsfolgen. Satz 1 entspricht dabei dem bisherigen § 284 Abs. 1 S. 1.

Zu Satz 2

390 Satz 2 übernimmt den bisherigen § 284 Abs. 1 S. 2. Die Schuldrechtskommission hatte vorgeschlagen, den schon bislang geregelten Mahnungssurrogaten die Fristbestimmung gleichzustellen. Gemeint war damit die Frist nach § 283 Abs. 1 Satz 1 und § 323 Abs. 1 Satz 1 KE, die den Übergang vom Primärleistungsanspruch auf die Sekundäransprüche einleitet. Die in § 284 Abs. 1 Satz 2 KE vorgeschlagene Formulierung »Bestimmung einer Frist« kann jedoch zu Missverständnissen Anlass geben und den Eindruck erwecken, dass jede einseitige Fristsetzung, auch eine solche vor Fälligkeit geeignet sein soll, den Verzug zu begründen. Auch kann es Unklarheiten mit der Einordnung bloßer Fälligkeitsvereinbarungen geben. Der beabsichtigte Gleichlauf mit den Vorschriften über die aus dem Verzug folgenden Sekundäransprüche (§§ 281, 323) ist aber schon deshalb erreicht, weil eine Fristbestimmung im Sinne des § 281 Abs. 1 und des § 323 Abs. 1, der gegenüber der Schuldner auch nicht einwenden kann, er habe mit weiteren Folgen nicht rechnen müssen (§ 281 Abs. 1 Satz 2 und § 323 Abs. 1 a. E.), stets eine Mahnung im Sinne des § 286 Abs. 1 Satz 1 darstellen wird.

Zu Absatz 2

391 Absatz 2 Nr. 1 stellt nur eine Umformulierung des bisherigen § 284 Abs. 2 Satz 1 ohne sachliche Änderung dar.

392 Dagegen ist in Absatz 2 Nr. 2 gegenüber dem alten § 284 Abs. 2 S. 2 die »Kündigung« durch ein »**Ereignis**« ersetzt. Damit können jetzt auch andere Ereignisse als die Kündigung, nämlich etwa Lieferung oder Rechnungserteilung, zum Ausgangspunkt einer kalendermäßigen Berechnung gemacht werden. Der Zugang einer Rechnung zuzüglich Ablauf einer Frist von 30 Tagen führt aller-

dings auch gemäß Absatz 3 zum Verzug des Schuldners. Der Unterschied zu Absatz 2 Nr. 2 besteht darin, dass hier – wie auch im Übrigen nach Nummer 1 – die Leistungszeit nicht nur wie in Absatz 3 durch Gesetz, sondern auch in anderer Weise »bestimmt« sein kann. Wie bisher auch genügt allerdings eine einseitige Bestimmung nicht; in Betracht kommen vielmehr eine Bestimmung durch Gesetz, durch Urteil und vor allem durch Vertrag. Damit und mit Absatz 2 Nummer 1 wird Artikel 3 Abs. 1 Buchstabe a der Zahlungsverzugsrichtlinie umgesetzt. Danach muss eine Verpflichtung zur Zahlung von Verzugszinsen nach nationalem Recht vorgesehen sein, die mit dem ergebnislosen Ablauf des vertraglich vereinbarten Zahlungstermins oder der vereinbarten Zahlungsfrist einsetzt. § 286 Abs. 2 Nr. 1 und 2 enthält mit der Bezugnahme auf den Kalender ein Merkmal, das auch in Artikel 3 Abs. 1 Buchstabe a der Zahlungsverzugsrichtlinie anklingt, wenn dort von einem »Termin« oder einer »Frist« die Rede ist. Termine und Fristen lassen sich aber nur anhand des Kalenders zuverlässig in einer Weise feststellen, die es rechtfertigt, Verzugsfolgen an ihre Nichtbeachtung durch den Schuldner zu knüpfen. Allerdings wäre der bisherige § 284 Abs. 2 Satz 1 für eine Umsetzung der Zahlungsverzugsrichtlinie allein nicht ausreichend, weil dafür nach bisherigem Verständnis die bloße Berechenbarkeit nach dem Kalender in der Weise, wie sie jetzt § 286 Abs. 2 Nr. 2 vorsieht, nicht ausreicht. Wenn danach eine Berechenbarkeit »nach dem Kalender« erforderlich ist, so bedeutet dies deshalb nicht eine nach der Zahlungsverzugsrichtlinie unzulässige Erschwerung des Verzugseintritts.

Hinsichtlich Nummer 2 kann sich die Frage stellen, **ob** die mit dem **Ereignis beginnende Frist** eine **bestimmte, angemessene Länge** haben muss oder ob sie auch auf Null schrumpfen kann (»Zahlung sofort nach Lieferung«). Eine solche Klausel genügt indes für Absatz 2 Nr. 2 nicht. Denn sie bedeutet keine Fristsetzung, sondern lediglich eine für § 271 erhebliche Fälligkeitsbestimmung. Auch stellt sie keine Mahnung dar, da sie vor Eintritt der Fälligkeit erfolgt (§ 286 Abs. 1 Satz 1). Daher reicht sie zur Verzugsbegründung unter keinem Gesichtspunkt aus. Dies wird durch den Zusatz deutlich, dass es sich um eine angemessene Frist handeln muss. Auch diese bedeutet keinen Verstoß gegen die Umsetzungsverpflichtung aus Artikel 3 Abs. 1 Buchstabe a der Zahlungsverzugsrichtlinie. Vielmehr stellt § 286 Abs. 2 Nr. 2 auch insoweit lediglich eine Konkretisierung des von der Richtlinie genannten »Zahlungstermins« dar, der wegen der nicht unerheblichen Folgen seiner Nichteinhaltung im Interesse der Klarheit und Transparenz für den Schuldner wenigstens kalendermäßig bestimmbar im Sinne des § 286 Abs. 2 Nr. 2 sein muss. Auch die Richtlinie geht davon aus, dass dem Schuldner wenigstens eine angemessene Zeit zur Verfügung stehen muss, um eine erhaltene Ware zu prüfen und die Zahlung zu bewirken. Das ergibt sich nicht zuletzt aus der Einführung der dreißigtägigen Frist in den Fällen des Artikels 3 Abs. 1 Buchstabe b der Zahlungsverzugsrichtlinie. Eine Klausel »Zahlung sofort nach Lieferung« kann nach ihrem Wortsinn vom Schuldner gerade bei Distanzgeschäften kaum erfüllt werden, da er zumindest einen wenn auch kurzen Zeitraum braucht, um etwa eine Überweisung in Auftrag zu geben. »Sofort« wäre also in jedem Fall auslegungsbedürftig in dem Sinne, dass dem

393

Schuldner hierfür eine gewisse Zeit zur Verfügung steht. Damit stellt dies aber gerade keinen eindeutig vereinbarten »Zahlungstermin« im Sinne des Artikels 3 Abs. 1 Buchstabe a der Zahlungsverzugsrichtlinie dar, der den Eintritt der Verzinsungspflicht rechtfertigen könnte.

394 Neu gegenüber dem bisherigen Recht ist Absatz 2 Nr. 3. Damit soll in Parallelität zu § 281 Abs. 2 und § 323 Abs. 2 – ebenso wie mit § 286 Absatz 2 Nr. 4 – die Rechtsprechung zur Entbehrlichkeit der Mahnung oder eines Mahnungssurrogats eingefangen werden. Es handelt sich um den allgemein anerkannten, derzeit aus § 242 hergeleiteten Fall einer ernsthaften und endgültigen Erfüllungsverweigerung durch den Schuldner.

395 Schließlich ist auch Absatz 2 Nr. 4 neu. Diese Bestimmung nennt besondere Umstände, die bei Abwägung der beiderseitigen Interessen den sofortigen Verzugseintritt rechtfertigen. Auch diese Fallgruppe ist bereits in der Rechtsprechung anerkannt. Sie soll nicht über den bisherigen Zuschnitt hinaus ausgedehnt werden. Hier ist einmal an ein die Mahnung verhinderndes Verhalten des Schuldners zu denken, insbesondere wenn dieser sich einer Mahnung entzieht (OLG Köln, NJW-RR 1999, 4 zu § 1632 Abs. 2) oder wenn er die Leistung zu einem bestimmten Termin selbst angekündigt hat und damit einer Mahnung zuvorgekommen ist. Zum anderen geht es aber auch um Pflichten, deren Erfüllung offensichtlich besonders eilig ist (Reparatur des Wasserrohrbruchs, BGH, NJW 1963, 1823) oder die überhaupt spontan zu erfüllen sind (so bei Aufklärungs- und Warnungspflichten).

Zu Absatz 3

Zu Satz 1

396 Absatz 3 baut auf dem bisherigen § 284 Abs. 3 auf, dem zufolge Verzug bei Geldforderungen nach fruchtlosem Ablauf einer Frist von 30 Tagen nach Zugang einer Rechnung eintritt. Das soll den **Eintritt des Verzugs** in den praktisch häufigen Fällen **vereinfachen**, in denen bei einer Geldschuld der Zahlung des Schuldners eine Rechnungserstellung durch den Gläubiger vorausgeht. Bis zur Schaffung dieser Vorschrift kam der Schuldner nicht schon allein dadurch in Verzug, dass er auf diese Rechnung nicht bezahlt. Vielmehr war zusätzlich noch eine Mahnung an den Schuldner zu richten. Das ist aber in aller Regel überflüssig, weil der Schuldner schon aus der Rechnung ersehen kann, wie viel er wofür zahlen soll. Es reicht deshalb aus, ihm eine Frist zur Überprüfung der Rechnung zuzubilligen, nach deren Ablauf er ohne weitere Mahnung in Verzug gerät.

397 Absatz 3 unterscheidet sich allerdings in einem wesentlichen Punkt vom bisherigen Recht: Während das geltende Recht die 30-Tages-Regelung als eine Sonderregelung ausgestaltet hat, gilt nach Absatz 3 auch für Geldforderungen wieder das Mahnungssystem, das durch die 30-Tages-Regelung lediglich ergänzt wird. Verzug kann also bei Geldforderungen wieder **auch** durch Mahnung eintreten. Er tritt aber **spätestens** 30 Tage nach Fälligkeit und Erhalt einer Rechnung ein. Für diese Änderung sind im wesentlichen drei Gründe maßgeblich:

- Die Änderung entspricht der Zahlungsverzugsrichtlinie mehr als das bisherige Recht. Die Richtlinie geht davon aus, dass die Parteien kürzere Fristen frei vereinbaren können. Das ist zwar auch nach dem geltenden Recht grundsätzlich möglich, soweit es um den von der Richtlinie erfassten Geschäftsverkehr geht. Die Parteien müssen in diesem Fall aber § 307 (bisher § 9 AGBG) beachten, der Verkürzungen tendenziell erschwert. Dies setzt Artikel 3 Abs. 3 der Zahlungsverzugsrichtlinie um und ist so auszulegen, dass das Ziel dieser Regelung erreicht wird. Das besteht darin zu verhindern, dass dem Gläubiger eine unangemessene lange Frist aufgezwungen wird. Mit der Neuregelung hat der Gläubiger die von der Richtlinie erwartete Sicherheit, dass er den Verzug wirklich früher herbeiführen kann. Diese Änderung entspricht im Übrigen auch einer weit verbreiteten Forderung nicht nur aus den Kreisen der Wirtschaft.
- Die Beibehaltung von § 284 Abs. 3 in seiner bisherigen Konstruktion würde dem Gläubiger die Durchsetzung seiner Rechte im Verzugsfall auch ansonsten erschweren. Der Schadensersatz statt der Leistung hängt sowohl nach geltendem als auch nach künftigem Recht davon ab, dass der Gläubiger den Schuldner zur Leistung auffordert und ihm eine angemessene Frist setzt. Hängt der Verzugseintritt bei Geldforderungen aber schon an sich von einer starren 30-Tages-Frist ab, führt das tendenziell dazu, dass das Gesetz den vertragsbrüchigen Schuldner begünstigt. Das kann aber nicht Ziel der Modernisierung sein.
- Die bisherige Verzugsregelung des § 284 Abs. 3 führt zu Brüchen bei der Anwendung anderer zivilrechtlicher Vorschriften. So kann Geschiedenenunterhalt gemäß § 1585b grundsätzlich nur für die Zukunft und nicht für die Vergangenheit verlangt werden. Rückwirkend kann der Unterhalt nur beansprucht werden, wenn der Unterhaltsschuldner in Verzug geraten ist. Bisher war dies durch Mahnung möglich. Seit dem 1. Mai 2000 tritt Verzug aber erst 30 Tage nach einer Zahlungsaufforderung ein. Der Unterhaltsgläubiger würde damit stets einen vollen Monat Unterhalt verlieren.

Die Neuregelung schlägt deshalb vor, die 30-Tages-Regelung so umzugestalten, dass sie diesen Einwänden gerecht wird.

Der Entwurf hatte erwogen, die Regelung über Geldforderungen hinaus auf alle Forderungen auszudehnen. Diese Absicht verfolgt der Gesetzesbeschluss nicht weiter. Er schränkt die Regelungen ganz im Gegenteil gegenüber dem geltenden § 284 Abs. 3 BGB ein. Die neue Regelung soll **nur für Entgelt-**, nicht dagegen für andere Geldforderungen gelten. Hierauf ist der Anknüpfungspunkt dieser Frist, die Rechnung oder gleichwertige Zahlungsaufstellung, zugeschnitten. Für andere als Geldforderungen passt diese Regelung dagegen nach Ansicht des federführenden Rechtsausschusses nicht. Sie wird von der Zahlungsverzugsrichtlinie für solche Forderungen auch nicht vorgegeben. Im Interesse einer möglichst einheitlichen Verzugsregelung hätte sich der Ausschuss zwar die Beibehaltung der bisherigen Regelung, die für alle Geldleistungen gilt, vorstellen können. Nachdem aber der hohe Verzugszins auch im Geschäftsverkehr nur für

Entgeltforderungen zu rechtfertigen ist, sollte auch die korrespondierende 30-Tages-Regelung auch nur für solche Forderungen gelten.

400 Die 30-Tages-Regelung ist auch im Verhältnis zu Verbrauchern sachgerecht. Allerdings ist zu berücksichtigen, dass an Verbraucher nicht die gleichen Anforderungen gestellt werden können wie an den Geschäftsverkehr. Deshalb bestimmt Satz 1 Halbsatz 2, dass ihnen die Folgen auf der Rechnung mitgeteilt werden müssen.

Zu Satz 2

401 Mit Satz 2 wird eine bislang **nicht umgesetzte Vorschrift** der **Zahlungsverzugsrichtlinie** umgesetzt. Es handelt sich um Artikel 3 Abs. 1 Buchstabe b Unterbuchstab ii. Die Vorschrift bestimmt, dass bei einer Unsicherheit über den Zeitpunkt des Eingangs der Rechnung die Frist von 30 Tagen mit dem Zugang der Güter oder Dienstleistungen, also der Gegenleistung, beginnt. Die Neuregelung glaubte, auf die Umsetzung dieser Vorschrift verzichten zu können, weil sie einen praktisch nicht vorkommenden Fall regele. Der Gesetzgeber teilt diese Einschätzung nicht und setzt die Richtlinienbestimmung durch den neuen Satz 2 um. Die Lieferung der Ware ist ein durchaus nicht unzweckmäßiger Anknüpfungspunkt, wenn der Zugang der Rechnung als solcher bestritten oder die Ware zwischen den unter den Parteien streitigen Daten eingegangen ist. § 286 Abs. 3 Satz 2 BGB-BE übernimmt deshalb die Regelung aus der Richtlinie inhaltlich unverändert. Soweit danach daran angeknüpft wird, dass der »Zeitpunkt des Zugangs« der Rechnung unsicher ist, umfasst dies nach Ansicht des Ausschusses auch den Fall, dass unklar bleibt, ob überhaupt eine Rechnung zugegangen ist, und nicht nur die Konstellation, dass bei unstreitigem Zugang nur dessen genauer Zeitpunkt unsicher ist (Schulte-Brandes, NJW 2001, 103, 105). In beiden Fällen muss von einem unsicheren Zeitpunkt des Zugangs der Rechnung gesprochen werden.

402 Die Bundesregierung hatte diese Regelung auch für Verbraucher anwenden wollen. Dem ist der Gesetzgeber nicht gefolgt. Eine solche Regelung erschien ihm nur im Geschäftsverkehr angebracht. Ihre Einführung soll aber nichts daran ändern, dass sie in Fällen der in der Entwurfsbegründung beschriebenen Art nicht zur Anwendung kommt. Denn es wäre nicht zu rechtfertigen, auf den Eingang der Ware abzustellen, wenn sich die Parteien über zwei bestimmte Daten des Zugangs der Rechnung streiten und der Eingang der Ware außerhalb dieses Zeitraums liegt. In diesem Fall dürfte es im Sinne der Zahlungsverzugsrichtlinie nicht »unsicher« sein, dass die Rechnung jedenfalls nicht bei Eingang der Ware zugegangen ist.

Zu Absatz 4

403 In Absatz 4 wird die Verantwortlichkeit des Schuldners für den Verzug besonders genannt, für dessen Fehlen durch die Wortfassung ausgedrückt der Schuldner die Behauptungs- und Beweislast tragen soll. Die Vorschrift lehnt sich an den bisherigen § 285 an. Für den Schadensersatzanspruch steht das Erfordernis des Vertretenmüssens zwar schon in § 280 Abs. 1 Satz 2. Trotzdem

muss auch § 286 ein entsprechendes Erfordernis enthalten: Dort sind ja auch die Voraussetzungen für die anderen Verzugsfolgen (Haftungsverschärfung, Verzugszinsen) geregelt.

Das entspricht auch der Zahlungsverzugsrichtlinie, die für die Verzinsungspflicht in Artikel 3 Abs. 1 Buchstabe c lit. ii die Verantwortlichkeit des Schuldners dafür voraussetzt, dass der Gläubiger den geschuldeten Geldbetrag nicht rechtzeitig erhalten hat.

404

§ 287 – Verantwortlichkeit während des Verzugs

Der Schuldner hat während des Verzugs jede Fahrlässigkeit zu vertreten. Er haftet wegen der Leistung auch für Zufall, es sei denn, dass der Schaden auch bei rechtzeitiger Leistung eingetreten sein würde.

Vorbemerkung

Möglicherweise unterliegt der Schuldner – etwa nach § 346 Abs. 3 Satz 1 Nr. 3, nach den §§ 521, 599, 708 oder auch kraft Vereinbarung – zunächst nur einer gemilderten Haftung. Dann kann man zweifeln, ob diese Haftungsmilderung auch im Schuldnerverzug noch gerechtfertigt ist. Darüber hinaus kann man konsequenterweise sogar zu einer verschuldensunabhängigen Haftung gelangen. Denn hätte der Schuldner rechtzeitig geleistet, so wäre der Leistungsgegenstand sogar den unverschuldeten Gefahren aus der Sphäre des Schuldners nicht mehr ausgesetzt gewesen (allerdings dann den Gefahren aus der Sphäre des Gläubigers). Das Bürgerliche Gesetzbuch enthält die beiden eben angedeuteten Haftungsverschärfungen derzeit in den beiden Sätzen des § 287. Dabei wird in Satz 2 berücksichtigt, dass es auch Gefahren gibt, die den Leistungsgegenstand sowohl beim Schuldner als auch beim Gläubiger erreichen können (z.B. eine behördliche Beschlagnahme). Die beiden Prinzipien des bisherigen Rechts sind in der Sache einleuchtend und sollen übernommen werden.

405

Zu Satz 1

Satz 1 entspricht ohne Änderungen dem bisherigen § 287 Satz 1. Die Neuregelung folgt auch nicht der in der Reformdiskussion gelegentlich geäußerten Ansicht, die Vorschrift passe nur, wenn der Schuldner etwas Bestimmtes herauszugeben habe; vielmehr eignet sich Satz 1 etwa **auch** für **Dienstleistungspflichten**. Daher wird der derzeitige § 287 Satz 1 unverändert übernommen.

406

Zu Satz 2

Der Satz 2 des geltenden § 287 ist umformuliert worden: Die ungenaue Beschränkung auf die Unmöglichkeit ist fallengelassen. Der Vorschrift unterstehen z.B. auch Beschädigungen des Leistungsgegenstandes. Dann muss freilich zum Ausdruck gebracht werden, dass die verschuldensunabhängige Haftung nur hin-

407

C. Leistungsstörungs- und Rücktrittsrecht

sichtlich der eigentlichen Leistungspflichten gelten soll (das bezwecken die Worte »wegen der Leistung«). Dagegen soll es hinsichtlich der Schutzpflichten (§ 241 Abs. 2) bei der Verschuldenshaftung bleiben: Es darf z.B. auch im Schuldnerverzug keine verschuldensunabhängige Haftung für Beeinträchtigungen der Integrität des Gläubigers eintreten: Für sie gilt die oben dargestellte Kausalitätserwägung nicht.

§ 288 – Verzugszinsen

(1) Eine Geldschuld ist während des Verzugs zu verzinsen. Der Verzugszinssatz beträgt für das Jahr fünf Prozentpunkte über dem Basiszinssatz.
(2) Bei Rechtsgeschäften, an denen ein Verbraucher nicht beteiligt ist, beträgt der Zinssatz für Entgeltforderungen acht Prozentpunkte über dem Basiszinssatz.
(3) Der Gläubiger kann aus einem anderen Rechtsgrund höhere Zinsen verlangen.
(4) Die Geltendmachung eines weiteren Schadens ist nicht ausgeschlossen.

Zu Absatz 1

408 § 288 bleibt von dem der Umsetzung der Zahlungsverzugsrichtlinie dienenden neuen Absatz 2 abgesehen im Wesentlichen unverändert. Der inhaltlich unveränderte Absatz 1 ist nun wegen der Einfügung eines weiteren Verzugszinssatzes in Absatz 2 in zwei Sätze aufgeteilt.

409 Es ist erwogen worden, angesichts der bereits in der Vergangenheit mit dem Gesetz zur Beschleunigung fälliger Zahlungen vom 30. März 2000 vorgenommenen Erhöhung der Verzugszinsen für den Schuldner die Möglichkeit eines Nachweises vorzusehen, dass dem Gläubiger ein geringerer Schaden entstanden ist. Das hätte sich aber einseitig zu Lasten insbesondere von Verbrauchern ausgewirkt. Soweit ein Verbraucher Schuldner gegenüber einem Unternehmer ist, wäre ihm dieser Nachweis kaum gelungen, weil Unternehmer in aller Regel mit Krediten arbeiten, die mit entsprechenden Zinsen zurückzuführen sind. Ist umgekehrt ein Verbraucher Gläubiger, wie zum Beispiel der Käufer hinsichtlich des Anspruchs auf Rückzahlung des Kaufpreises nach Lieferung einer mangelhaften Sache durch den Verkäufer, so hätte er den höheren Zinssatz kaum je verlangen können, da dem Unternehmer der Nachweis, dass dem Verbraucher ein geringerer Schaden entstanden ist, sehr viel häufiger gelingen wird. § 288 Abs. 1 belässt es deshalb bei der bisherigen Regelung, die diese Möglichkeit auch nicht vorsah.

Zu Absatz 2

410 Absatz 2 dient der Umsetzung des Artikels 3 Abs. 1 Buchstabe d der **Zahlungsverzugsrichtlinie**. Dazu ist es erforderlich, den gesetzlichen Verzugszins für den Geschäftsverkehr anzuheben. Die Richtlinie fordert einen Zinssatz von 7 Prozentpunkten über dem Zinssatz für Hauptrefinanzierungsgeschäfte der

Europäischen Zentralbank am jeweils ersten Bankgeschäftstag eines jeden Kalenderhalbjahres. Diese Regelung verwendet nicht nur eine um zwei Prozentpunkte höhere Marge als Absatz 1 Satz 2, sondern auch eine um etwa einen Prozentpunkt über dem Basiszinssatz liegende Bezugsgröße.

Nachdem § 247 die Anpassung der künftigen Veränderungen des Basiszinssatzes in zeitlicher und inhaltlicher Hinsicht an den von der Zahlungsverzugsrichtlinie vorgegebenen Zinssatz der EZB geknüpft hat, kann § 288 Abs. 2 sich darauf beschränken, den derzeitigen Unterschied bei der Bezugsgröße aufzunehmen. Da – wie erwähnt – der EZB-Zinssatz um einen Prozentpunkt über dem derzeitigen Basiszinssatz liegt, muss in § 288 Abs. 2 für den Geschäftsverkehr unter Unternehmern ein Zinssatz von 8 Prozentpunkten über dem Basiszinssatz gewählt werden. 411

Eine Einstellung der Regelung in das Handelsgesetzbuch kommt nicht in Betracht. Dieses sah zwar bis zum Inkrafttreten des Gesetzes zur Beschleunigung fälliger Zahlungen vom 30. März 2000 (BGBl. I S. 330) einen besonderen Zinssatz für den Verzug bei Handelsgeschäften vor (§ 352 HGB). Diese Regelung ist aber seitdem aufgegeben worden. Sie lässt sich auch nicht wieder einführen, weil sie auch für andere Unternehmer als Kaufleute gelten muss. Dies wird auch nicht durch den mit dem Handelsrechtsreformgesetz vom 22. Juni 1998 (BGBl. I S. 1474) erleichterten Zugang zum Kaufmannsstand ermöglicht. Die Richtlinie gilt auch für die freien Berufe, die nicht Kaufmann sein können. Zum Geschäftsverkehr gehören nach der Richtlinie auch alle Geschäfte, an denen auf beiden Seiten Unternehmer und/oder juristische Personen des öffentlichen Rechts beteiligt sind. Eine solche Regelung hat im Bürgerlichen Gesetzbuch ihren Platz. Sie bildet den Inhalt des neuen Absatzes 2. 412

Der Gesetzgeber hat für angebracht gehalten, den hohen stets zu zahlenden Verzugszins nach Absatz 2 auf Entgeltforderungen zu beschränken, wie es der Bundesrat in Nummer 36 seiner Stellungnahme vorgeschlagen und die Bundesregierung in ihrer Gegenäußerung bestätigt hat. 413

Zu den Absätzen 3 und 4

Die Absätze 3 und 4 übernehmen aus dem bisherigen Recht wörtlich § 288 Abs. 1 Satz 2 und § 288 Abs. 2. 414

§ 311a – Ausschluss der Leistungspflicht bei Vertragsschluss

(1) Der Wirksamkeit eines Vertrags steht es nicht entgegen, dass der Schuldner nach § 275 Abs. 1 bis 3 nicht zu leisten braucht und das Leistungshindernis schon bei Vertragsschluss vorliegt.

(2) Der Gläubiger kann nach seiner Wahl Schadensersatz statt der Leistung oder Ersatz seiner Aufwendungen in dem in § 284 bestimmten Umfang verlangen. Dies gilt nicht, wenn der Schuldner das Leistungshindernis bei Vertragsschluss nicht kannte und seine Unkenntnis auch nicht zu vertreten hat. § 281 Abs. 1 Satz 2 und 3 und Abs. 5 finden entsprechende Anwendung.

C. Leistungsstörungs- und Rücktrittsrecht

Vorbemerkung

Aufhebung der bisherigen §§ 306 bis 308

415 Bisher regelten die §§ 306 bis 308 den Fall der anfänglichen Unmöglichkeit einer Leistung: § 306 bestimmt, dass ein auf eine unmögliche Leistung gerichteter Vertrag nichtig ist; nach § 307 kann eine Vertragspartei der anderen Vertragspartei zum Ersatz des negativen Interesses (Vertrauensschadens) verpflichtet sein; § 308 macht für den Fall der nur vorübergehenden Unmöglichkeit Ausnahmen von der Nichtigkeitsfolge des § 306. § 309 erweitert die Anwendbarkeit der §§ 306 bis 308 auf Fälle, in denen ein Vertrag gegen ein gesetzliches Verbot verstößt.

416 Die Vorschriften der §§ 306 bis 308 werden allgemein als unsachgemäß angesehen. Dies gilt sowohl im Hinblick auf die Nichtigkeitsfolge als auch in Bezug auf die Begrenzung des Ersatzanspruchs auf das negative Interesse (§ 307). Huber (Gutachten, S. 692, 813 ff.) hat ihre Aufhebung vorgeschlagen. Dem war die Schuldrechtskommission in ihren Vorschlägen gefolgt. Der Entwurf sieht – dem folgend – die Aufhebung der bisherigen §§ 306 bis 309 vor. Die anfängliche objektive Unmöglichkeit soll künftig als Fall der Leistungsstörung nach den allgemeinen Regeln behandelt werden. Von der Rechtsprechung in Anwendung des bisherigen § 306 gelöste Fälle des Versprechens einer Leistung, die nur Aberglaube für möglich halten kann (vgl. LG Kassel, NJW 1985, 1642, LG Kassel, NJW-RR 1988, 1517), rechtfertigen die Beibehaltung dieser Vorschrift nicht; sie dürften (häufig) als sittenwidrig und deshalb nach § 138 als nichtig behandelt werden können.

417 Nach den neuen Regeln (§ 311a Abs. 2) kann über das nach bisherigen Recht im Falle des alten § 306 allein mögliche negative Interesse hinaus Schadensersatz beansprucht werden. Auch hat der Vorwurf gegen den Schuldner nach dem geltenden § 307 Abs. 1 nicht dessen Leistungsunvermögen zum Gegenstand, sondern die unterbliebene Vergewisserung über seine Leistungsmöglichkeit. Gleichwohl sind die Gründe, die gegen eine Beibehaltung der bisherigen Regelung in den §§ 306 bis 309 sprechen, gewichtiger: Der Eintritt der Unmöglichkeit vor oder nach Vertragsschluss kann zufällig und sein genauer Zeitpunkt zuweilen auch schwer beweisbar sein; im Übrigen kennt das geltende Recht bereits eine Haftung auf das volle Interesse in Fällen anfänglich objektiver Unmöglichkeit. Tatsächlich kann die Neuregelung zu Ansprüchen auf Ersatz des positiven Interesses führen, obwohl der Schuldner eigentlich eine vorvertragliche Pflicht zur Prüfung seines Leistungsvermögens verletzt hat. Das ist aber auch schon gegenwärtig nach den §§ 437, 463 und nach der Rechtsprechung in den Fällen der Haftung wegen des Verkaufs technisch unmöglicher Verfahren der Fall.

Vorschlag der Schuldrechtskommission

418 Für die Haftung des Schuldners bei anfänglich objektiver Unmöglichkeit sollte nach dem Vorschlag der Schuldrechtskommission in Fällen, in denen die Verantwortung des Schuldners allein auf Grund der fehlenden Vergewisserung über

seine Leistungsfähigkeit begründet ist, nach §§ 305 Abs. 1 Satz 2, 280 KE gelten, was der BGH (NJW 1988, 2234, 2236) für einen Fall der culpa in contrahendo durch Verletzung der Aufklärungspflicht ausgeführt hat: Der Geschädigte ist so zu stellen, wie er ohne die Pflichtwidrigkeit des anderen Teils stehen würde. Welcher Schaden dabei erstattungsfähig ist, richtet sich angesichts der Vielgestaltigkeit, in der ein Verschulden bei Vertragsanbahnung in Betracht kommen kann, nach der Ursächlichkeit des schadensstiftenden Verhaltens für den eingetretenen Schaden im Einzelfall. Der Anspruch geht in aller Regel auf Ersatz des sog. negativen Interesses, das allerdings nicht durch das Erfüllungsinteresse begrenzt wird, dieses vielmehr im Einzelfall auch übersteigen kann. Der Gläubiger ist deshalb so zu stellen, wie er bei Erfüllung der den Schuldner treffenden Pflichten zur Vergewisserung und Information gestanden hätte. Hätte er dann statt des undurchführbaren Geschäfts ein anderes abgeschlossen, so kann er ersetzt verlangen, was ihm aus diesem Geschäft zugeflossen wäre.

Die Regelung des bisherigen § 309 in Verbindung mit § 307 würde danach überflüssig. Kenntnis oder Kennenmüssen des Gläubigers von einer anfänglichen Leistungsunmöglichkeit des Schuldners oder Gesetzwidrigkeit des Vertrags – derzeit § 307 Abs. 1 Satz 2 – begründet ein Mitverschulden an einem Schaden, der aus dem Ausbleiben der Leistung entsteht. Der bisherige § 308 würde auch im Anwendungsbereich des bisherigen § 309 – der ohnehin nur klarstellende Funktion hat (Palandt/Heinrichs, § 309 Rdn. 1) – entbehrlich.

419

Modell des Entwurfs

Die Neuregelung folgt der Schuldrechtskommission im Ansatz. Im Unterschied zu deren Vorschlag hält er eine gesetzliche Klarstellung, dass der bisherige § 306 nicht mehr gilt, für angezeigt. Außerdem soll gesetzlich geregelt werden, dass der Schuldner auf das positive Interesse haftet, wenn er den Vertrag abschließt, obwohl er weiß oder fahrlässig nicht weiß, dass die Leistung objektiv unmöglich ist.

420

Zu Absatz 1

Nach § 311a Abs. 1 steht es der **Gültigkeit** eines **Vertrags nicht entgegen**, dass die **Leistung für den Schuldner** oder für jedermann **schon bei Vertragsschluss unmöglich** ist. Diese Bestimmung, deren Formulierung bewusst an Art. 4.102 der Principles of European Contract Law angelehnt ist, hat lediglich klarstellenden Charakter. Die Schuldrechtskommission hat, wie ausgeführt, die schlichte Aufhebung für ausreichend erachtet. Der Gesetzgeber hält die Aufnahme einer klarstellenden Regelung in das Gesetz für zweckmäßig, weil sich die Abkehr von dem bisherigen § 306 nicht von selbst versteht und die Rechtslage daher ausdrücklich aus dem Gesetz hervorgehen sollte (so auch U. Huber, ZIP 2000, 2149; Canaris in: Schulze/Schulte-Nölke, S. 45 ff. 63 bei Fn. 68).

421

Die Anordnung der Wirksamkeit des Vertrags in § 311a Abs. 1 steht nicht in Widerspruch zu § 275 Abs. 1. Allerdings gilt diese Vorschrift auch für die anfängliche Unmöglichkeit. Ein Anspruch auf die Primärleistung kommt daher hier von vornherein nicht in Betracht. Das ist jedoch keineswegs dogmatisch

422

unvereinbar mit der Wirksamkeit des Vertrags, sondern bedeutet lediglich, dass hier ein Vertrag ohne primäre Leistungspflicht entsteht, was seit langem eine anerkannte dogmatische Kategorie darstellt. Dieser bildet die Grundlage für einen etwaigen Surrogationsanspruch nach § 285 und vor allem für die Ersatzansprüche nach § 311a Abs. 2.

423 Dass der Vertrag aus einem anderen Grund als wegen der Unmöglichkeit als solcher nichtig oder anfechtbar ist, schließt § 311a Abs. 1 nicht aus. Verstößt der Vertrag also z. B. gegen ein gesetzliches Verbot im Sinne von § 134, so ändert § 311a Abs. 1 nichts an seiner Nichtigkeit. Es ist erwogen worden, in noch engerer Anlehnung an Art. 4.102 Principles of European Contract Law zu formulieren: »Ein Vertrag ist nicht *allein* deshalb ungültig, weil ...«. Davon ist aber abgesehen worden, weil die hier gewählte Formulierung den im deutschen Recht üblichen Heilungsregelungen entspricht, die insoweit dasselbe aussagen und stets in diesem Sinne verstanden worden sind (vgl. z. B. Artikel 231 § 7 Abs. 1 EGBGB). Was die Schadensersatzpflicht für den Fall, dass eine Partei den Verstoß gegen § 134 zu vertreten hat, angeht, so entfällt zwar zugleich mit dem bisherigen § 306 zwangsläufig die Anspruchsgrundlage des bisherigen § 309. Das ändert aber im Ergebnis wenig, weil an deren Stelle ein Anspruch aus culpa in contrahendo (§ 311 Abs. 2 und 3, § 280) tritt. Zweifelhaft ist lediglich, ob dieser ebenso wie nach dem bisherigen § 309 in Verbindung mit dem bisherigen § 307 Abs. 1 Halbsatz 2 der Höhe nach durch das positive Interesse begrenzt wird. Die rigide Regelung des bisherigen § 309 in Verbindung mit dem bisherigen § 307 Abs. 1 Satz 2, wonach die Ersatzpflicht entfällt, wenn der andere Teil die Gesetzeswidrigkeit kennen muss, wird durch die flexiblere Regelung des § 254 BGB ersetzt.

424 Anders liegt es freilich hinsichtlich der Frage, ob der Schuldner nach § 119 Abs. 2 mit der Begründung anfechten kann, das Leistungshindernis sei ihm unbekannt gewesen und stelle eine verkehrswesentliche Eigenschaft im Sinne dieser Vorschrift dar. Tatbestandlich ist das keineswegs von vornherein ausgeschlossen, weil z. B. die Tatsache, dass eine Sache nicht dem Verkäufer, sondern einem Dritten gehört, durchaus als verkehrswesentliche Eigenschaft qualifiziert werden kann. Es ist erwogen worden, klarzustellen, dass die Unkenntnis eines anfänglichen Leistungshindernisses den Schuldner nicht zur Anfechtung nach § 119 Abs. 2 berechtigt. Davon ist jedoch abgesehen worden. Eine solche Klarstellung ist unnötig. Anerkanntermaßen ist eine Anfechtung durch den Schuldner unzulässig, wenn sie nur das Ziel haben kann, sich etwaigen Schadensersatz- oder Gewährleistungsansprüchen zu entziehen (BGH, NJW 1988, 2598).

Zu Absatz 2

Zu Satz 1

425 Welche Rechtsfolge es hat, wenn ein **Vertrag** auf eine **von vornherein unmögliche Leistung gerichtet** ist, regelt § 311a Abs. 2. Dabei wird ausdrücklich ein Anspruch auf Schadensersatz statt der Leistung, also auf das positive Interesse gewährt. Das ist erforderlich, weil sich aus der Verletzung einer vorvertraglichen Informationspflicht nach den allgemeinen Regeln des Schadensersatzrechts

nun einmal grundsätzlich nur ein Anspruch auf das negative Interesse ergibt, wohingegen die Neuregelung einen Anspruch auf das positive Interesse als die angemessene Rechtsfolge ansieht. Eine solche Klarstellung erscheint angezeigt, zumal die Schuldrechtskommission in ihrem Bericht (S. 146) nur den Ersatz des negativen Interesses für möglich gehalten hat, wie oben ausgeführt.

Dogmatisch gesehen folgt der Anspruch auf das positive Interesse aus der Nichterfüllung des – nach § 311a Abs. 1 wirksamen – Leistungsversprechens und nicht etwa aus der Verletzung der – nach § 275 ausgeschlossenen – Leistungspflicht. Aus diesem Grund werden die Rechtsfolgen in § 311a auch eigenständig geregelt. Gegen diese Lösung ist eingewandt worden, dass sich das positive Interesse mitunter nicht bestimmen lasse (Dauner-Lieb/Arnold/Dötsch/Kitz, Anmerkungen und Fragen zur konsolidierten Fassung des Diskussionsentwurfs eines Schuldrechtsmodernisierungsgesetzes, 2001, S. 52). Das ist indes eher selten und keine Besonderheit des § 311a. Jedenfalls spricht das nicht dagegen, einen solchen Anspruch zu gewähren, zumal die Ermittlung des Schadens in der Mehrzahl der Fälle keine Schwierigkeiten bereitet. 426

Alternativ erhält der Gläubiger einen Anspruch auf Aufwendungsersatz nach Maßgabe von § 284. Das entspricht dem Bestreben, die anfängliche Unmöglichkeit hinsichtlich der Rechtsfolgen genauso zu behandeln wie die nachträgliche. Ist dem Gläubiger indes z.B. wegen seines Vertrauens auf den Vertrag, dessen Erfüllung sich als unmöglich erweist, ein anderes lukrativeres Geschäft entgangen, so erhält er den darin liegenden Verlust nach § 311a Abs. 2 nicht ersetzt. Dies entspricht der geltenden Regelung in § 307. Danach erhält er das negative Interesse nur bis zur Grenze des positiven ersetzt, wobei er letzteres nach § 311a Abs. 2 ohnehin verlangen kann. 427

Sowohl der **Anspruch** auf **Schadensersatz** als auch der **Anspruch** auf **Aufwendungsersatz** sind **verschuldensabhängig**. Daran ist vor allem von U. Huber Kritik geübt worden (Leistungsstörungen Bd. I S. 122; ders., in: Ernst/Zimmermann, S. 31, 87, 104 und ZIP 2000, 2273, 2278). Diese Kritik überzeugt nicht. Das Garantieprinzip führt zu Ergebnissen, die unter Gerechtigkeitsgesichtspunkten keinesfalls zu überzeugen vermögen, während sich das Verschuldensprinzip sowohl durch höhere rechtsethische Überzeugungskraft als auch durch größere Flexibilität auszeichnet. So ist es z.B. nicht einzusehen, warum der Verkäufer eines abhanden gekommenen Kunstwerks dem Käufer auch dann auf das positive Interesse haften soll, wenn das Abhandenkommen für ihn schlechterdings unerkennbar war. Auch nach dem neuen § 536a Abs. 1 hat der Verpächter eines Grundstücks, der als solcher im Grundbuch eingetragen ist, dem Pächter vielleicht für Jahrzehnte Schadensersatz statt der Leistung zu zahlen, wenn sich herausstellt, dass auf Grund eines jüngeren Testaments in Wahrheit nicht er, sondern ein anderer der Erbe und damit Eigentümer des Grundstücks ist. Das zeigt aber, dass eine solche Regelung nicht das allgemeine Prinzip sein kann. 428

Anders als die Schuldrechtskommission geht die Neuregelung davon aus, dass sich das Pflichtenprogramm des Schuldners vor Vertragsschluss anders gestaltet als nach Vertragsschluss. Vorher geht es nämlich im Wesentlichen um Informa- 429 tionspflichten, nachher dagegen um Pflichten bezüglich des Leistungsgegenstandes selbst. Deshalb wird die Schadensersatzpflicht für anfängliche Unmöglichkeit jetzt nicht mehr als bloßer Unterfall eines allgemeinen Tatbestandes der Pflichtverletzung behandelt wie in den Vorschlägen der Schuldrechtskommission. Sie beruht vielmehr auf eigenständigen Anspruchsvoraussetzungen, die der Eigentümlichkeit dieser Konstellation als Informations- und Irrtumsproblematik Rechnung tragen. Demgemäss stellt § 311a Abs. 2 darauf ab, ob der Schuldner die Unmöglichkeit kannte oder kennen musste.

430 Daraus folgt, dass es sich bei § 311a Abs. 2 um eine eigene Anspruchsgrundlage und nicht etwa lediglich um einen Unterfall des allgemeinen Pflichtverletzungstatbestandes des § 280 handelt. Das wird mittelbar dadurch bestätigt, dass in § 311a Abs. 2 – anders als in den §§ 281 bis 283 – nicht auf § 280 Bezug genommen wird.

431 Es ist erwogen worden, auch den Fall zu regeln, dass der Schuldner seine Unkenntnis von der Unmöglichkeit nicht zu vertreten hat. Für solche Fälle hatte Canaris (in: Schulz/Schulte-Nölke, S. 44 ff., 66 ff.) eine entsprechende Anwendung von § 122 befürwortet. Die Neuregelung hält das für einen gangbaren Lösungsansatz. Dieser soll aber nicht gesetzlich festgeschrieben werden, weil dazu auch die Regelung des § 119 Abs. 2 überprüft werden müsste, was den Rahmen dieses Gesetzgebungsvorhabens sprengen würde. Diese Frage soll deshalb der Rechtsprechung überlassen bleiben, die sie aber im Sinne von Canaris lösen könnte.

Zu Satz 2

Die Beweislast soll wie in § 280 Abs. 1 Satz 2 insoweit umgekehrt sein. Das entspricht dem allgemeinen Prinzip, wonach bei Schadensersatzansprüchen aus Schuldverhältnissen grundsätzlich vermutet wird, dass der Schuldner den Grund für die aus seinem Bereich stammende Störung zu vertreten hat.

Zu Satz 3

432 § 311a Abs. 2 Satz 3 verweist zunächst auf § 281 Abs. 1 Satz 3. Auch die anfängliche Unmöglichkeit kann sich auf einen Teil der Leistung beschränken. Dann stellt sich für den Umfang des Schadensersatzanspruchs die bereits in § 281 Abs. 1 Satz 3 geregelte Frage, unter welchen Voraussetzungen Schadensersatz statt der ganzen Leistung verlangt werden kann. Auch bei der Schlechtleistung kann ein Fall einer bereits bei Vertragsschluss vorliegenden Unmöglichkeit der Nacherfüllung gegeben sein. Auch in diesen Fällen ist gemäß § 311a Abs. 2 Satz 3 in Verbindung mit § 281 Abs. 1 Satz 3 der Interessefortfall auf Seiten des Gläubigers maßgeblich dafür, ob Schadensersatz statt der ganzen Leistung verlangt werden kann. Schließlich ist aus denselben Gründen, wie zu § 283 Satz 2 erläutert, auch § 281 Abs. 4 in Bezug zu nehmen.

Zu § 619a – Beweislast bei Haftung des Arbeitnehmers

Abweichend von § 280 Abs. 1 hat der Arbeitnehmer dem Arbeitgeber Ersatz für den aus der Verletzung einer Pflicht aus dem Arbeitsverhältnis entstehenden Schaden nur zu leisten, wenn er die Pflichtverletzung zu vertreten hat.

Der Gesetzgeber der Ansicht, dass der § 619a BGB n. F. als Sonderregelung für die Beweislast bei Haftung des Arbeitnehmers zur Aufrechterhaltung der derzeitigen Rechtsprechung des BAG geboten ist. Nach § 280 Abs. 1 Satz 2 BGB n. F. begründet die Verletzung einer Pflicht aus einem Schuldverhältnis die – widerlegliche – Vermutung dafür, dass der Schuldner diese Pflichtverletzung auch zu vertreten hat. Dies entspricht der Rechtsprechung des BGH, die § 282 BGB, der diesen Grundsatz für die Unmöglichkeit der Leistung schon im bisherigen Recht normiert, immer weiter gehend analog anwendet. Im Arbeitsrecht gilt dieser Grundsatz dagegen nicht, wie das BAG jüngst entschieden hat (NJW 1999, 1049, 1052). Daran wie überhaupt an den arbeitsrechtlichen Grundsätzen über die Haftung des Arbeitnehmers will der Regierungsentwurf nichts ändern. Das erfordert dann aber aus Sicht des Gesetzgebers eine Sonderregelung im Arbeitsrecht. Diese soll ihrerseits aber auch nichts an der vom BAG entwickelten sog. gestuften Darlegungslast des Arbeitnehmers (dazu BAG aaO.) ändern. § 619a BGB n. F. bestimmt deshalb, dass der Arbeitnehmer wegen der Verletzung einer Pflicht aus dem Arbeitsverhältnis nur haftet, wenn er die Pflichtverletzung zu vertreten hat. Der Arbeitgeber muss also nicht nur die Pflichtverletzung, sondern auch das Vertretenmüssen des Arbeitnehmers beweisen. Die Beweislastumkehr des § 280 Abs. 1 Satz 2 BGB n. F. gilt mithin im Arbeitsrecht nicht. Dagegen sagt die Vorschrift des § 619a BGB n. F. nichts über die Frage des **Haftungsmaßstabs** aus. Dieser bestimmt sich vielmehr – wie bisher auch – nach § 276 BGB n. F.

433

Zu § 276 – Verantwortlichkeit für eigenes Verschulden

(1) Der Schuldner hat Vorsatz und Fahrlässigkeit zu vertreten, wenn eine strengere oder mildere Haftung weder bestimmt noch aus dem sonstigen Inhalt des Schuldverhältnisses, insbesondere aus der Übernahme einer Garantie oder eines Beschaffungsrisikos zu entnehmen ist. Die Vorschriften der §§ 827 und 828 finden entsprechende Anwendung.

(2) Fahrlässig handelt, wer die im Verkehr erforderliche Sorgfalt außer Acht lässt.

(3) Die Haftung wegen Vorsatzes kann dem Schuldner nicht im Voraus erlassen werden.

C. Leistungsstörungs- und Rücktrittsrecht

Vorbemerkung

434 Das Vertretenmüssen ist ein zentraler Begriff des Leistungsstörungsrechts. Bewirkt der Schuldner die geschuldete Leistung nicht oder verletzt er sonst eine vertragliche Pflicht, so kommen Rechte des Gläubigers in Betracht, die den Schuldner erheblich belasten können. Dies gilt insbesondere für den Übergang von der Primärleistungspflicht auf eine Sekundärleistungspflicht; vor allem eine Pflicht zum Ersatz des Nichterfüllungsschadens kann weit schwerer wiegen als die Primärleistungspflicht. Ähnliche Belastungen können sich aus einer Pflicht zum Ersatz von Verzögerungsschäden und aus einer Haftungsverschärfung ergeben, wie sie bisher in den §§ 276, 287 geregelt sind. Auch Schadensersatzansprüche wegen Schutzpflichtverletzungen können den Schuldner erheblich belasten. Daher liegt es nahe, diese Rechtsfolgen an eine besondere Verantwortlichkeit des Schuldners zu knüpfen, nämlich an das Vertretenmüssen.

435 Der bisherige § 276 Abs. 1 Satz 1 sieht unter dem Vorbehalt einer abweichenden Bestimmung vor, dass der Schuldner Vorsatz und Fahrlässigkeit zu vertreten hat. Die Vorschrift drückt mit dieser Einschränkung das Verschuldensprinzip aus. Die übrigen Teile des § 276 ergänzen dieses Prinzip in Einzelheiten; Ausnahmen finden sich erst in anderen Vorschriften. Diese übrigen Teile des bisherigen § 276 sollen unverändert bleiben. Ergänzungen werden mit dem Entwurf lediglich in § 276 Abs. 1 Satz 1 vorgesehen.

436 Derzeit stehen sich für die Vertragshaftung zwei Systeme gegenüber (vgl. Zweigert/Kötz, S. 484 ff., 501 ff.): Das angloamerikanische Recht geht von einer Garantiehaftung des Versprechenden aus, so dass es auf dessen Verschulden prinzipiell nicht ankommt; doch können bestimmte Leistungshindernisse als außerhalb dieser Garantie liegend angenommen werden. Dagegen legen die kontinentalen Rechte – unter ihnen auch das Bürgerliche Gesetzbuch – regelmäßig das Verschuldensprinzip zugrunde; ausnahmsweise lassen sie aber eine verschuldensunabhängige Garantiehaftung eintreten. Insbesondere das Einheitliche Kaufgesetz (EKG) ging in Art. 74 vom angloamerikanischen System einer durch Verschuldenselemente gemilderten Garantiehaftung aus. Gleiches gilt jetzt für Art. 79 des UN-Kaufrechts. Auch die Principles of European Contract Law gehen in 9.501 (1) von einer »obligation de résultat« aus (Lando in: Grundmann/Medicus/Rolland, S. 61 ff., 74 f.). Im Ergebnis bleiben die beiden Systeme freilich nicht weit voneinander entfernt (Zweigert/Kötz aaO S. 510 f.; Schlechtriem/Stoll, Art. 79 Rdn. 9).

Zu Absatz 1

Zu Satz 1

437 Die Neuregelung behält das **bewährte Verschuldensprinzip** des bisherigen § 276 bei. Die vorgenommenen Änderungen beziehen sich allein auf eine ausführlichere Formulierung der Abweichungen, die in dem bisherigen Wortlaut nur durch den Halbsatz »sofern nicht ein anderes bestimmt ist« angedeutet werden. Neben der »anderen Bestimmung« soll auch »der sonstige Inhalt des

Schuldverhältnisses« einen anderen Haftungsmaßstab ergeben können. Damit soll der Rechtsanwender außer auf »Bestimmungen« (durch Gesetz oder Rechtsgeschäft) auch auf andere Umstände hingewiesen werden, die im Einzelfall für einen abweichenden Haftungsmaßstab sprechen können.

Durch »insbesondere« **ergänzt** werden **zwei Fallgruppen**, in denen ein sich aus dem Schuldverhältnis ergebender abweichender Haftungsmaßstab eine Rolle spielen kann. 438

Zunächst ist die **Übernahme einer Garantie** angesprochen. Gedacht ist dabei etwa an die Eigenschaftszusicherungen bei Kauf, Miete, Werkvertrag und ähnlichen sich auf eine Sache beziehenden Verträgen. Insbesondere im Kaufrecht soll die Eigenschaftszusicherung künftig keine eigenständige Bedeutung mehr haben. Der bisherige § 463 Satz 1 soll als überflüssig und womöglich sogar irreführend gestrichen werden. Inhaltlich bedeutet die Zusicherung einer Eigenschaft die Übernahme einer Garantie für das Vorhandensein dieser Eigenschaft verbunden mit dem Versprechen, für alle Folgen ihres Fehlens (ohne weiteres Verschulden) einzustehen. Eine auf die Übernahme einer Garantie abstellende Formulierung enthalten deshalb jetzt auch die §§ 442 Abs. 1 und 444. Dass der Schadensersatzanspruch des Käufers wegen der Lieferung einer mangelhaften Sache durch den Verkäufer jetzt gemäß § 437 Nr. 3 in Verbindung mit § 280 stets von einem Vertretenmüssen des Verkäufers abhängig ist, bedeutet aber nicht, dass der Zusicherung von Eigenschaften künftig keine Bedeutung mehr zukäme. Vielmehr wird nur die den Schadensersatzanspruch – neben dem Fall der Arglist – auf diesen Fall beschränkende Vorschrift des § 463 aufgegeben und die Haftung des Verkäufers nach allgemeinem Leistungsstörungsrecht vorgesehen. Damit stellt sich die Frage nach Zusicherungen nur an anderer Stelle, nämlich bei dem Vertretenmüssen des Schuldners (Verkäufers). Im Rahmen von § 276 Abs. 1 Satz 1 wird also künftig auch für das Kaufrecht zu prüfen sein, ob der Schuldner eine Garantie übernommen hat, also zum Beispiel ob ein Verkäufer das Vorhandensein bestimmter Eigenschaften der von ihm verkauften Sache zugesichert hat. Mit der Neuregelung ist also im Kaufrecht keineswegs die Haftung für zugesicherte Eigenschaften abgeschafft, sondern nur an anderer, besser passender Stelle geregelt. 439

Die zweite in § 276 Abs. 1 Satz 1 besonders herausgehobene Fallgruppe ist die **Übernahme eines Beschaffungsrisikos**. Das hängt zusammen mit der Aufhebung des bisherigen § 279. Wegen der näheren Gründe für die Aufhebung kann auf die Erläuterung zu dieser Vorschrift Bezug genommen werden. Sie betrifft derzeit den Fall der Gattungsschuld, also einen der Fälle, in denen der Schuldner regelmäßig die Beschaffung des versprochenen Leistungsgegenstandes verspricht. Die nun vorgesehene Ergänzung in § 276 Abs. 1 Satz 1 verallgemeinert dies auf andere Beschaffungsrisiken und macht gleichzeitig deutlich, worauf es im Einzelfall nur ankommen kann, nämlich auf den Inhalt einer entsprechenden vertraglichen Vereinbarung. 440

Aufgegeben wird auch die (schon im geltenden Recht in § 279 zu enge) Bezugnahme auf das Unvermögen; das Vertretenmüssen bei Übernahme eines Beschaffungsrisikos erfasst deshalb auch Verzögerungen bei der Beschaffung. Im 441

Übrigen führt dies aber nicht schlechthin zu einer Garantiehaftung des Schuldners, sondern nur zu einer Haftung für die Überwindung von Beschaffungshindernissen.

442 Das Gesetz erwähnt anders als der Entwurf die Natur der Schuld nicht mehr. Mit der Erwähnung einer Haftungsmilderung oder -verschärfung aus der »Natur der Schuld« hatte der Entwurf die Möglichkeit andeuten wollen, dass die Haftung des Schuldners bei Geld(zahlungs-)schulden schärfer ist und der Schuldner deren Unmöglichkeit auch ohne Vorsatz oder Fahrlässigkeit zu vertreten hat. Auf diese sehr subtile Andeutung sollte nach Meinung des Rechtsausschusses verzichtet werden. Dass mit »Natur der Schuld« die Geldschuld angesprochen werden soll, geht, worauf die Kommission »Leistungsstörungsrecht« mit Recht hingewiesen hat, aus der Formulierung nicht ohne weiteres hervor. Sie lädt vielmehr zu Versuchen ein, ihr einen über das Gewollte erheblich hinausgehenden Inhalt beizulegen. Die Kommission hat deshalb die Streichung dieses Hinweises vorgeschlagen. Dem schließt sich der Ausschuss an.

443 Die **Geldschuld** soll in § 276 BGB n. F. auch nicht mit einer anderen, deutlicheren Formulierung angesprochen werden, sondern, wie die Kommission »Leistungsstörungsrecht« vorgeschlagen hat, auch hier gänzlich ungeregelt bleiben. Hierfür sind die gleichen Gründe maßgeblich wie bei § 275 BGB n. F.. Eine Änderung der derzeitigen Rechtslage hat dies nicht zur Folge: Auch der bisherige § 276 Abs. 1 BGB erwähnt die Geldschuld nicht ausdrücklich. Soweit im bisherigen Recht in diesem Zusammenhang der die Gattungsschulden betreffende § 279 BGB herangezogen wird, findet sich dessen Inhalt nunmehr in § 276 Abs. 1 Satz 1 BGB-BE wieder (»Übernahme eines Beschaffungsrisikos«). Derjenige, der eine Leistung verspricht, übernimmt regelmäßig das Risiko dafür, dass er sich die zur Erfüllung erforderlichen finanziellen Mittel beschaffen kann.

Zu Satz 2

444 Satz 2 entspricht dem bisherigen § 276 Abs. 1 Satz 2.

Zu den Absätzen 2 und 3

445 Absatz 2 entspricht dem bisherigen § 276 Abs. 1 Satz 2. Die Fahrlässigkeitsdefinition soll in einem eigenen Absatz verselbständigt werden. Absatz 3 entspricht dem bisherigen § 276 Absatz 2.

§ 241 – Pflichten aus dem Schuldverhältnis

(1) ...

(2) Das Schuldverhältnis kann nach seinem Inhalt jeden Teil zu besonderer Rücksicht auf die Rechte, Rechtsgüter und Interessen des anderen Teils verpflichten.

Zu Absatzes 1

446 Der bisherige Inhalt wird Absatz 1.

Zu Absatz 2

Vorbemerkung

Die moderne Schuldrechtslehre unterscheidet zwischen Leistungs- und Schutzpflichten (oder auch weiteren Verhaltenspflichten). Davon zielen die Leistungspflichten regelmäßig auf eine Veränderung der Güterlage des Gläubigers ab. Dagegen sollen die Schutzpflichten nur die gegenwärtige Güterlage jedes an dem Schuldverhältnis Beteiligten vor Beeinträchtigungen bewahren: Dieser soll etwa vor Körperverletzungen oder Vermögensfehldispositionen geschützt werden. Hinsichtlich der Intensität gehen diese Schutzpflichten über die allgemeinen deliktischen Verhaltenspflichten hinaus. Sie verpflichten die Beteiligten zu einem gesteigerten Schutz der Rechtsgüter des jeweils anderen. Die Verletzung von Schutzpflichten erzeugt daher Ansprüche nach dem Recht der Sonderverbindung, verbunden insbesondere mit der Anwendbarkeit von § 278, d. h. einer Haftung für das Verschulden von Erfüllungsgehilfen. Diese Rechtslage wird auch von der Rechtsprechung uneingeschränkt anerkannt.

447

Solche Schutzpflichten begleiten regelmäßig wirksame Schuldverträge. Die Pflichtverletzung bedeutet dann nach bisherigen Recht eine positive Forderungsverletzung. Inhaltlich teils gleiche Schutzpflichten können aber auch unabhängig von Leistungspflichten vorkommen. So liegt es insbesondere beim Verschulden bei Vertragsanbahnung, bei der vertraglichen Schutzwirkung für einen Dritten und bei der Schutzwirkung eines nichtigen Vertrags.

448

Dabei gibt es freilich zwischen den Leistungs- und den Schutzpflichten nicht überall eine klare Grenze. So kann (etwa bei Bewachungs- oder Beratungsverträgen) der gesteigerte Schutz der Rechtsgüter des anderen Teils Inhalt einer Leistungspflicht sein, oder eine Aufklärungspflicht kann sowohl dem Leistungsinteresse als auch dem Schutzinteresse dienen. Ein Beispiel hierfür bildet die Anleitung über die richtige Bedienung einer Motorsäge: Zweck dieser Aufklärung kann sowohl das Funktionieren der Säge sein als auch Verletzungen des Benutzers (oder auch bloß das Zerstören der Säge) zu verhindern.

449

Das allgemeine Schuldrecht erwähnt derzeit die Schutzpflichten nicht. Insbesondere beschränkt sich der geltende § 241 ganz auf die Leistungspflichten. Nur vereinzelt werden im besonderen Schuldrecht (etwa in § 618) Schutzpflichten geregelt.

450

Die von der Schuldrechtskommission vorgeschlagene Kodifizierung der Schutz- und Rücksichtnahmepflichten im Vorfeld eines Vertrags und während des Vertrags ist unterschiedlich aufgenommen worden. Dies ist teilweise abgelehnt worden (Dauner-Lieb, in: Ernst/Zimmermann, S. 303 ff., 316 ff.; Huber ibid. S, 31, 36, 159; skeptisch Köndgen in: Schulze/Schulte-Nölke, S. 244 ff., 256). Teilweise ist dieser Gedanke aber aus den Gründen begrüßt worden, die die Schuldrechtskommission vorgetragen hat (Fleischer in: Schulze/Schulte-Nölke, aaO, S. 258 ff., 265 ff.; Grigoleit ibid. S. 285 ff., 293 f., 301 mit zum Teil anderen Regelungsvorstellungen). Die Kritik entzündete sich vor allem daran, dass die Regelung zur culpa in contrahendo in § 305 Abs. 2 KE wenig konturenscharf ist.

451

452 Das Gesetz hält es für angezeigt, die culpa in contrahendo und die vertraglichen Nebenpflichten im Bürgerlichen Gesetzbuch gesetzlich zu regeln. Sie gehören zum Kernbestand des deutschen Zivilrechts und müssen ihren Platz in der zentralen Kodifikation finden. Allerdings sollte die culpa in contrahendo deutlicher ausdifferenziert werden. Das geschieht in § 311 Abs. 2 und 3.

Zu Absatz 2

453 Die oben kurz umschriebene Lehre von den **Schutzpflichten** hat sich **allgemein durchgesetzt**. Daran soll nichts geändert werden. Dieses bisherige Recht soll in einer Ergänzung des § 241 in einem neuen Absatz 2 auch im Gesetzestext klargestellt werden. Dafür spricht zudem, dass ein Sonderfall der isolierten Schutzpflichten nämlich diejenigen aus Vertragsanbahnung in § 311 Abs. 2 und 3 gesetzlich erwähnt werden soll.

454 In dem neuen Absatz 2 sollte nach dem Entwurf von »besondere Rücksicht« gesprochen werden. Dies gibt das Gesetz auf. Die Streichung des Adjektivs »besondere« dient der Vermeidung von Missverständnissen. § 241 Abs. 2 BGB n.F. ist über § 311 Abs. 2 BGB n.F. insbesondere Grundlage der bisher so genannten Haftung aus culpa in contrahendo mit der neuen Anspruchsgrundlage in § 280 Abs. 1 BGB n.F. § 241 Abs. 2 BGB n.F. beschreibt darüber hinaus aber auch vertragsbegleitende nicht leistungsbezogene Nebenpflichten. Hieran knüpfen etwa § 282 BGB n.F. oder § 324 BGB n.F. an. Die Erwähnung einer Verpflichtung zu »besonderer« Rücksicht diente an sich zur Abgrenzung von den allgemeinen, jedermann treffenden Rücksichtnahmepflichten. Daraus kann sich aber das Missverständnis ergeben, dass innerhalb der sich aus einem Schuldverhältnis ergebenden Pflichten zu unterscheiden ist zwischen einigen, die zu »besonderer« Rücksicht verpflichten und deren Verletzung deshalb eine Haftung etwa aus culpa in contrahendo auslösen kann, und anderen, deren Verletzung schlicht unbeachtlich ist, weil sie eben nur zu »einfacher« Rücksicht verpflichten. Dieses Missverständnis könnte noch dadurch gefördert werden, dass § 311 Abs. 3 Satz 2 BGB n.F. die Begründung eines Schuldverhältnisses mit Pflichten nach § 241 Abs. 2 BGB n.F. zu Dritten insbesondere dann vorsieht, wenn Dritte in »besonderem« Maße Vertrauen für sich in Anspruch nehmen. In diesem Zusammenhang ist letzteres aber durchaus einschränkend gemeint. Der Gesetzgeber ist deshalb der Ansicht, dass das Adjektiv »besondere« in § 241 Abs. 2 BGB n.F. entfallen sollte. Das verdeutlicht dann, dass § 241 Abs. 2 BGB n.F. Rücksichtnahmepflichten nur noch als besondere Pflichtenkategorie regelt, die als solche aber bei jedem Schuldverhältnis auftreten kann, ohne dass diese Rücksichtnahmepflichten auf »besondere« Pflichten reduziert werden könnten.

455 Durch die uneingeschränkte Erwähnung der »Rechtsgüter« neben den »Rechten« wird deutlich, dass über den insoweit begrenzten Schutzbereich von § 823 Abs. 1 hinaus auch das bloße Vermögen geschützt sein kann. Bedeutung hat das insbesondere, wenn jemand durch falsche Beratung oder in sonstiger Weise durch die Erzeugung eines unbegründeten Vertrauens zu schädlichen Vermögensdispositionen veranlasst worden ist.

Durch die Bezeichnung »jeder Teil« oder »der andere Teil« (statt »Gläubiger« und »Schuldner«) wird klargestellt, dass da, wo zugleich Leistungspflichten bestehen, die für diese geltende Rollenverteilung zwischen Gläubiger und Schuldner nicht mit derjenigen bei den Schutzpflichten überein zu stimmen braucht. Insbesondere kann auch der Gläubiger einer Leistungspflicht zugleich Schuldner einer Schutzpflicht sein. 456

Die Bezugnahme auf »Inhalt und Natur« des Schuldverhältnisses im Vorschlag der Schuldrechtskommission sollte bedeuten, dass die Schutzpflichten letztlich nach der konkreten Situation zu bestimmen sind. Dabei meint die Bezugnahme auf den »Inhalt« vor allem das konkret Geregelte, ohne dass eine klare Abgrenzung möglich wäre. Der Begriff »Natur des Schuldverhältnisses« kommt derzeit schon im Gesetz vor, nämlich etwa in § 269 Abs. 1 BGB und in § 9 Abs. 2 Nr. 2 AGBG (»Natur des Vertrags«). Er soll eher dasjenige bezeichnen, was unausgesprochen durch den Zweck des Schuldverhältnisses erfordert wird. Die Neuregelung meint darauf verzichten können. Der Begriff »Inhalt« des Schuldverhältnisses sagt alles, was maßgeblich ist. Allerdings sollte in Ergänzung des Vorschlags der Schuldrechtskommission nicht nur von »Rechten und Rechtsgütern«, sondern zusätzlich auch von den »Interessen« des anderen Teils gesprochen werden, um deutlich zu machen, dass neben Vermögensinteressen auch andere Interessen wie zum Beispiel die Entscheidungsfreiheit zu schützen sein können. 457

Der neue Absatz 2 verzichtet bewusst auf eine Regelung der Frage, ob das die Schutzpflichten erzeugende Schuldverhältnis in jedem Fall auf Gesetz beruht oder auch auf einem wirksamen Rechtsgeschäft beruhen kann. Das ist eine Frage der von der Rechtswissenschaft zu leistenden systematischen Einordnung. 458

§ 311 – Rechtsgeschäftliche Schuldverhältnisse

(1) Zur Begründung eines Schuldverhältnisses durch Rechtsgeschäft sowie zur Änderung des Inhalts eines Schuldverhältnisses ist ein Vertrag zwischen den Beteiligten erforderlich, soweit nicht das Gesetz ein anderes vorschreibt.

(2) Ein Schuldverhältnis mit Pflichten nach § 241 Abs. 2 entsteht auch durch
1. die Aufnahme von Vertragsverhandlungen,
2. die Anbahnung eines Vertrags, bei welcher der eine Teil im Hinblick auf eine etwaige rechtsgeschäftliche Beziehung dem anderen Teil die Möglichkeit zur Einwirkung auf seine Rechte, Rechtsgüter und Interessen gewährt oder ihm diese anvertraut, oder
3. ähnliche geschäftliche Kontakte.

(3) Ein Schuldverhältnis mit Pflichten nach § 241 Abs. 2 kann auch zu Personen entstehen, die nicht selbst Vertragspartei werden sollen. Ein solches Schuldverhältnis entsteht insbesondere, wenn der Dritte in besonderem Maße Vertrauen für sich in Anspruch nimmt und dadurch die Vertragsverhandlungen oder den Vertragsschluss erheblich beeinflusst.

459 Der neue § 311 fasst den Inhalt des bisherigen § 305 (jetzt Absatz 1) und die neuen Vorschriften über die culpa in contrahendo zu einer Vorschrift zusammen. Die bisherigen Inhalte werden wörtlich übernommen und nicht geändert.

Vorbemerkung

Culpa in contrahendo im bisherigen Recht

460 Bereits vor Vertragsschluss kann eine Beziehung zwischen den Beteiligten entstehen, die es nahe legt, diese wie Vertragspartner einer vertragsähnlichen Haftung zu unterwerfen. Dem trägt das Institut der »culpa in contrahendo« Rechnung. Angesichts der Vielfalt der im vorvertraglichen Stadium entstehenden Pflichten und der großen Unterschiede in den durch diese Pflichten geschützten Interessen stellt sich zunächst die Frage, ob eine Kodifikation des Instituts der »culpa in contrahendo« möglich und sinnvoll ist. Weiter ist zu entscheiden, wo im Falle einer Normierung eine entsprechende Vorschrift eingestellt werden sollte. Schließlich muss für ihren Inhalt entschieden werden, ob man eine generalklauselartige Fassung als solche formulieren oder die wichtigsten Anwendungsfälle der culpa in contrahendo normieren oder eine Generalklausel durch Einzelbeispiele konkretisieren sollte.

461 Im bisherigen Recht gibt es eine Reihe von Einzelvorschriften, die auf den Grundgedanken vorvertraglicher Pflichten, deren Verletzung Schadensersatzansprüche auslösen kann, zurückgeführt werden können, doch fehlt eine umfassende Regelung. Gleichwohl ist das Verschulden bei Vertragsanbahnung als Rechtsinstitut anerkannt. So setzt z. B. der bisherige § 11 Nr. 7 AGBG die Haftung für culpa in contrahendo voraus, ohne allerdings den Inhalt dieses Rechtsinstituts zu regeln. Literatur und Rechtsprechung sind bemüht, durch Qualifizierung bestimmter Pflichten im vorvertraglichen Stadium und (oder) Konkretisierung von Fallgruppen die culpa in contrahendo in der Anwendung sicherer zu machen. Freilich hat sich ein gesicherter und abgeschlossener Kanon von Einzelregeln noch nicht herausgebildet, so dass hier allenfalls generalklauselartige Umschreibungen der Haftung für vorvertragliches Verschulden oder Lösungen bestimmter Einzelfälle als generell akzeptiert angesehen werden könnten.

462 Die culpa in contrahendo ist in ihrer über Jahrzehnte fortentwickelten Ausgestaltung gekennzeichnet durch eine große Flexibilität, die es verhindert, dass das Institut als solches erkennbare und reformbedürftige Mängel hat; zweifelhaft und vielleicht kritikwürdig sind stets nur konkrete Anwendungsfälle des Prinzips. Schwierigkeiten bereiten die generalklauselartigen Voraussetzungen der Haftung aus culpa in contrahendo vor allem in ihrer Konkurrenz zu anderen Rechtsbehelfen, etwa zu Gewährleistungsregeln oder zur Täuschungsanfechtung, wobei (auch) die Unterschiede in der Verjährung und im Verhältnis zu § 124 stören können. Auch kann unterlassene Aufklärung oder falsche Information durch Prospekte unter bestimmten weiteren Voraussetzungen zur allgemeinen Haftung aus culpa in contrahendo, aber auch zu einer – kürzer verjährenden – Haftung in Analogie zu Vorschriften des Börsengesetzes führen. Schließlich

kann eine Haftung für Verletzung der in § 823 Abs. 1 geschützten Rechtsgüter, wenn sie im vorvertraglichen Raum geschehen ist, ebenfalls auf culpa in contrahendo gestützt werden und zu groben Divergenzen bei der Verjährung führen.

Das Preußische Allgemeine Landrecht enthielt in §§ 284 ff. I 5 eine Regelung der Haftung wegen Verletzung der »bei Abschließung des Vertrags ihm (d. h. einer Partei) obliegenden Pflichten«. Nach der (Wieder-)Entdeckung der culpa in contrahendo durch Ihering wurde das Institut auch in der französischen Theorie durch Salleilles bekannt (De la responsabilité précontractuelle, Rev. trim. dr. civ. 1907, 697 ff.; zum heutigen Stand s. Viney, Traité de droit civil, Paris 1982, S. 196-200). Beeinflusst vom deutschen Recht, aber auch von der französischen Doktrin hat der italienische Gesetzgeber in der Neufassung des Codice civile im Jahre 1942 die vorvertragliche Verantwortlichkeit »nach Treu und Glauben« in Artikel 1337 geregelt. Als begriffliche Umschreibung bestimmter Sachfragen findet sich die »Precontractual Liability« auch in der amerikanischen Literatur (vgl. Kessler, Festschrift von Caemmerer 1978, S. 873 ff.). **463**

Aber diese weitgehende Verbreitung der culpa in contrahendo bietet nur geringe Hilfe bei der Beantwortung der Frage, welche Sachfragen im Einzelnen mit einem solchen Institut befriedigend gelöst werden können. Denn die Bedeutung des Instituts weicht vielfach von der im deutschen Recht ab: Zumeist ist sie nur ein theoretisches Konzept, während die Lösung praktischer Fälle mit anderen rechtstechnischen Instrumenten bewältigt wird, etwa deliktischen Haftungsnormen, wo eine deliktische Generalklausel grundsätzlich auch die Verletzung von Vermögensinteressen erfasst, oder durch eine Haftung wegen »misrepresentation« usw.. Bezeichnend ist deshalb die Feststellung von Bucher (S. 279), dass die culpa in contrahendo eine seltsame Eigendynamik in dem Sinne entfaltet habe, dass eine Berufung auf culpa in contrahendo sogar dann noch erfolge, wenn dazu im Bereich gesetzlicher Sondernormen kein Anlass bestehe. Im Übrigen gleichen die Lösungen und Sachargumente im Schweizer Recht weitgehend denen des deutschen Rechts (vgl. Bucher, S. 281 ff .), während über die begrifflich-systematische Einordnung (ebenso) Unsicherheit besteht. **464**

Integration in das Bürgerliche Gesetzbuch

Die culpa in contrahendo hat sich zu einem der zentralen Rechtsinstitute des deutschen Zivilrechts entwickelt. Die Grundsätze dieses Rechtsinstituts sollen deshalb auch im Bürgerlichen Gesetzbuch als der zentralen deutschen Zivilrechtskodifikation ihren textlichen Ausdruck finden. Damit soll das Bürgerliche Gesetzbuch selbst auch wieder über den wirklichen Bestand des deutschen allgemeinen Schuldrechts Auskunft geben. Dass dies derzeit nicht möglich ist, erweist sich auch in der praktischen Abwicklung des Europäischen Übereinkommens über Auskünfte über ausländisches Recht vom 7. Juni 1968 (BGBl. 1974 II S. 937) als nachteilig. In diesem Zusammenhang muss ausländischen Gerichten auf Anfrage mitgeteilt werden, dass das Bürgerliche Gesetzbuch keine Regelungen zur culpa in contrahendo enthält, diese aber dennoch als Rechtsinstitut durch die Rechtsprechung entwickelt worden ist. Dies macht es auch nicht leicht, zukunftsweisende Entwicklungen des deutschen Rechts interessierten **465** ausländischen Staaten zur Nachahmung zu empfehlen oder in die Europäische Rechtsentwicklung einzuführen.

466 Die Neuregelung will das Institut der culpa in contrahendo nicht in allen Einzelheiten regeln. Dies wäre angesichts der großen Bandbreite und Vielfalt der zu berücksichtigenden Pflichten und die Unterschiede in den durch diese Pflichten geschützten Interessen nicht zu leisten, aber auch nicht erstrebenswert. Es soll vielmehr – der Regelungstradition des Bürgerlichen Gesetzbuchs entsprechend – eine abstrakte Regelung vorgesehen werden, die der Ausdifferenzierung und Fortentwicklung durch die Rechtsprechung zugänglich ist. Allerdings soll der Regelung die Konturenschärfe erhalten bleiben, die verschiedentlich angemahnt worden ist (Dauner-Lieb in: Ernst/Zimmermann, S. 305 ff. 313; Köndgen in: Schulze/Schulte-Nölke, S. 244 f., 255 f.; Krebs, DB Beilage 14/2000 S. 9).

467 Für die Einordnung der Regelung in § 311 ist maßgebend, dass das für diese Haftungskategorie vorausgesetzte gesetzliche Schuldverhältnis im Vorfeld eines Vertrags entsteht. Deshalb wurde der Standort der vorgeschlagenen Vorschrift unmittelbar im Anschluss an das in § 311 angesprochene Vertragsprinzip gewählt. Für die möglichen Inhalte der Pflichten aus einem vor Vertragsschluss entstehenden gesetzlichen Schuldverhältnis kann dagegen auf § 241 Abs. 2 verwiesen werden.

Zu Absatz 1

468 Absatz 1 entspricht – wie bereits erwähnt – dem bisherigen § 305.

Zu Absatz 2

Allgemeines

469 Absatz 2 regelt – aufbauend auf einer gefestigten Rechtsprechung – die Voraussetzungen für das **Entstehen** eines vorvertraglichen Schuldverhältnisses. Über den **Inhalt** und die Reichweite der hierdurch begründeten Pflichten enthält die Vorschrift keine Aussage. Das führt dazu, dass z. B. die Frage, unter welchen Umständen der Abbruch von Vertragsverhandlungen oder das Zustandekommens eines inhaltlich nachteiligen Vertrags zur Haftung führen, bewusst ausgeklammert bleiben. Dass allerdings eine Haftung greift, wenn die dafür erforderlichen Umstände vorliegen, folgt aus dem Verweis auf § 241 Abs. 2. Dieser wiederum bildet einen der Fälle, in denen der Schuldner nach § 280 auf Schadensersatz haftet.

470 Im bisherigen Recht ist das Verhältnis von Ansprüchen aus culpa in contrahendo zu Ansprüchen auf Erfüllung des Vertrags oder wegen Verletzung von vertraglichen Hauptpflichten sehr differenziert und auch nicht vollständig geklärt. Culpa in contrahendo wird oft Fälle erfassen, in denen es später nicht zu dem (in Aussicht genommenen) Vertragsschluss kommt. Anders liegt es im Fall der Verletzung von Verhaltens-, insbesondere von Informationspflichten im vorvertraglichen Stadium, die zu einem für den späteren Vertragspartner nachteiligen Vertragsinhalt führt. Auch hier kann man von einer haftungsbegründenden Funktion der Aufnahme von Vertragsverhandlungen sprechen. Der Schaden realisiert sich aber gerade im formal gültigen Vertragsabschluss. Es ist erwogen

worden, diese Bereiche gesetzestechnisch zu trennen. Dies erwies sich als unzweckmäßig. Die Haftung folgt in allen Fällen stets aus § 280. Danach besteht in jedem Fall eine Haftung auf Schadensersatz. Ob es genügt, wenn der Geschädigte auf dieser Grundlage unter Anwendung von § 249 die Lösung von dem Vertrag als Naturalrestitution zu verlangen, oder ob auch eine Modifikation der eingegangenen vertraglichen Verpflichtungen in Betracht kommt, soll offen und der Rechtsprechung überlassen bleiben.

Zu Nummer 1 – Aufnahme von Vertragsverhandlungen

Culpa in contrahendo setzt ein **vertragsähnliches Vertrauensverhältnis** voraus (BGH, NJW 1981, 1035). Das erste und klassische Vertrauensverhältnis dieser Art ist das »Rechtsverhältnis der Vertragsverhandlungen« (Stoll), das dem Rechtsinstitut seinen Namen gegeben hat und das deshalb auch in Nummer 1 angesprochen wird. Das Schuldverhältnis entsteht durch den Beginn der Vertragsverhandlungen. Es endet, wenn es zur Beendigung der Verhandlungen kommt oder wenn der Vertrag, über den verhandelt worden ist, zustande kommt. Dann bestehen vertragliche Pflichten. Das durch die Aufnahme von Vertragsverhandlungen entstehende Schuldverhältnis ist – wie bisher – dadurch gekennzeichnet, dass es keine primären Leistungspflichten begründet. Es bestehen lediglich Pflichten zur Rücksicht, Fürsorge und Loyalität. Wie weit diese Pflichten reichen, bestimmt sich nach den Umständen des Einzelfalls. Diese entziehen sich ebenso wie ihre nähere Ausprägung einer gesetzlichen Regelung; dies muss auch weiterhin der Rechtsprechung überlassen bleiben. Dabei kann und sollte auf die Ergebnisse der bisherigen Rechtsprechung zurückgegriffen werden, die auch für die jetzt getroffene Regelung zutreffen. 471

Dies gilt auch für die Rechtsfolgen, deren Grundlage jetzt allerdings § 241 Abs. 2 in Verbindung mit § 280 sind. Danach ist Schadenersatz zu leisten, wenn dem anderen Teil durch die Verletzung vorvertraglicher Pflichten bei den Vertragsverhandlungen ein Schaden entstanden ist und der Schuldner dies zu vertreten hat. Eine Änderung der bisherigen Rechtsprechung zu den denkbaren Fallgruppen, etwa zum grundlosen Abbruch der Vertragsverhandlungen, ist nicht beabsichtigt. 472

Zu Nummer 2 – Anbahnung eines Vertrags

Der **zweite klassische Fall** der culpa in contrahendo ist die **Anbahnung des Vertrags**. Sie wird in Nummer 2 angesprochen. Hier bestehen keine Verhandlungen. Vielmehr geht es um Fälle wie den Linoleumrollenfall des RG (RZG, 78, 239) oder den Salatblattfall des BGH (BGHZ 66, 4). In diesen Fällen öffnet ein Unternehmer sein Geschäftslokal dem Verkehr, um potenziellen Kunden die Möglichkeit der Kontaktaufnahme und zum Vertragsschluss zu geben. Es geht also um eine potenzielle rechtsgeschäftliche Beziehung. Wenn der eine Teil dem anderen Teil im Hinblick auf eine solche rechtsgeschäftliche Beziehung die Einwirkung auf seine Rechte, Rechtsgüter und Interessen ermöglicht, entstehen ähnliche Obhutspflichten wie in der Fallgruppe 1. Rechte und Rechtsgüter sind die in § 823 Abs. 1 angesprochenen. Interessen sind insbesondere die Vermö- 473 gensinteressen des anderen Teils, aber auch zum Beispiel die Entscheidungsfreiheit.

474 Auch in den Fällen der Nummer 2 ergeben sich die Rechtsfolgen aus § 280.

Zu Nummer 3 – ähnliche geschäftliche Kontakte

475 In der Rechtsprechung ist anerkannt, dass Ansprüche aus culpa in contrahendo nicht nur bei Vertragsverhandlungen oder bei der Anbahnung von Verträgen entstehen, sondern auch bei **ähnlichen geschäftlichen Kontakten**. Dies sind Kontakte, bei denen z. B. noch kein Vertrag angebahnt, ein solcher aber vorbereitet werden soll. Voraussetzung für eine Haftung ist, dass es sich um die an dem potenziellen Vertrag Beteiligten handelt. Nicht ohne weiteres erfasst werden Dritte, die in einem Näheverhältnis zu einer der Vertragsparteien stehen. Diese werden allerdings geschützt, wenn sie in den Schutzbereich des Schuldverhältnisses einbezogen sind. Das ist nach den Grundsätzen über den Vertrag mit Schutzwirkung zugunsten Dritter zu entscheiden, die auch weiterhin auf vorvertragliche Schuldverhältnisses anzuwenden sind.

Zu Absatz 3

Zu Satz 1

476 Absatz 3 Satz 1 bestimmt, dass ein **vertragsähnliches Schuldverhältnis** auch mit Personen entstehen kann, die gar nicht selbst Vertragspartei werden sollen. Das sind insbesondere die Fälle der Eigenhaftung des Vertreters oder Verhandlungsgehilfen. Gerade in diesem Bereich der Haftung aus culpa in contrahendo ist die Entwicklung derzeit noch nicht abgeschlossen. Deshalb gilt auch für Absatz 3, dass im Gesetz zwar die Möglichkeit einer Haftung auch von Dritten angesprochen, aber in einer Weise geregelt werden soll, die eine Wieterentwicklung dieses Rechtsinstituts durch Praxis und Wissenschaft erlaubt.

Zu Satz 2

477 Die wichtigste Fallgruppe sind Fälle, in denen jemand **besonderes Vertrauen** für sich selbst in Anspruch nimmt. Diese Fallgruppe spricht Satz 2 exemplarisch an. Das besondere Vertrauen muss über das normale Verhandlungsvertrauen hinausgehen (BGH, NJW-RR 1991, 1242). Dafür genügt es nicht, wenn jemand auf eigene Sachkunde verweist oder der Wortführer ist. Ausreichen kann aber z. B. die Erklärung, man verbürge sich für den Vertragspartner oder ähnliches.

478 Angesprochen ist damit auch die **Sachwalterhaftung**. Es handelt sich um die Haftung von Sachverständigen oder anderer »Auskunftspersonen«, die nicht selbst ein Eigeninteresse an einem Abschluss des Vertrags haben, dennoch aber durch ihre Äußerungen entscheidend zum Vertragsabschluss beitragen, weil sich ein Verhandlungspartner auf ihre Objektivität und Neutralität verlässt. Hierfür hat sich der Begriff Sachwalter eingebürgert. Solche Fälle werden derzeit nicht durchgängig als Anwendungsfälle des Rechtsinstituts der culpa in contrahendo begriffen. Teilweise wird eine Haftung nur angenommen, wenn zwischen dem Sachverständigen oder der Auskunftsperson und einem der Verhandlungspartner (oder beiden) ein Auskunfts- oder Beratungsvertrag zustande gekommen ist,

was auch durch schlüssiges Verhalten geschehen sein kann (dazu Sutschet, Der Schutzanspruch zugunsten Dritter, 1999, S. 134f. und 137f.). Teilweise werden diese Fälle aber auch als Anwendungsfälle der culpa in contrahendo angesehen. Diese setzt eine vertragliche Bindung gerade nicht voraus, die in diesen Fällen oft nicht einfach zu bejahen ist. Bei Anwendung der culpa in contrahendo kommt es entscheidend darauf an, ob Vertrauen in Anspruch genommen worden ist oder nicht. Die Vorschrift soll der Rechtsprechung aufzeigen, dass diese Fälle auch auf diesem Wege zu lösen sind.

3. Rücktritt und Befreiung von der Gegenleistungspflicht

Texte

Der Rücktritt ist einheitlich in den §§ 323 bis 325 BGB n.F. geregelt. Für den Fall der Unmöglichkeit sieht § 326 BGB n.F. eine Befreiung kraft Gesetzes von der Gegenleistung und ein Rücktrittsrecht vor. Die Vorschriften lauten: 479

§ 323   Rücktritt wegen nicht oder nicht vertragsgemäß erbrachter Leistung

(1) Erbringt bei einem gegenseitigen Vertrag der Schuldner eine fällige Leistung nicht oder nicht vertragsgemäß, so kann der Gläubiger, wenn er dem Schuldner erfolglos eine angemessene Frist zur Leistung oder Nacherfüllung bestimmt hat, vom Vertrag zurücktreten.
(2) Die Fristsetzung ist entbehrlich, wenn
1. der Schuldner die Leistung ernsthaft und endgültig verweigert,
2. der Schuldner die Leistung zu einem im Vertrag bestimmten Termin oder innerhalb einer bestimmten Frist nicht bewirkt und der Gläubiger im Vertrag den Fortbestand seines Leistungsinteresses an die Rechtzeitigkeit der Leistung gebunden hat oder
3. besondere Umstände vorliegen, die unter Abwägung der beiderseitigen Interessen den sofortigen Rücktritt rechtfertigen.
(3) Kommt nach der Art der Pflichtverletzung eine Fristsetzung nicht in Betracht, so tritt an deren Stelle eine Abmahnung.
(4) Der Gläubiger kann bereits vor dem Eintritt der Fälligkeit der Leistung zurücktreten, wenn offensichtlich ist, dass die Voraussetzungen des Rücktritts eintreten werden.
(5) Hat der Schuldner eine Teilleistung bewirkt, so kann der Gläubiger vom ganzen Vertrag nur zurücktreten, wenn er an der Teilleistung kein Interesse hat. Hat der Schuldner die Leistung nicht vertragsgemäß bewirkt, so kann der Gläubiger vom Vertrag nicht zurücktreten, wenn die Pflichtverletzung unerheblich ist.
(6) Der Rücktritt ist ausgeschlossen, wenn der Gläubiger für den Umstand, der ihn zum Rücktritt berechtigen würde, allein oder weit überwiegend verantwortlich ist oder wenn der vom Schuldner nicht zu vertretende Umstand zu einer Zeit eintritt, zu welcher der Gläubiger im Verzug der Annahme ist.

§ 324   Rücktritt wegen Verletzung einer Pflicht nach § 241 Abs. 2

Verletzt der Schuldner bei einem gegenseitigen Vertrag eine Pflicht nach § 241 Abs. 2, so kann der Gläubiger zurücktreten, wenn ihm ein Festhalten am Vertrag nicht mehr zuzumuten ist.

C. Leistungsstörungs- und Rücktrittsrecht

§ 325 Schadensersatz und Rücktritt

Das Recht, bei einem gegenseitigen Vertrag Schadensersatz zu verlangen, wird durch den Rücktritt nicht ausgeschlossen.

§ 326 Befreiung von der Gegenleistung und Rücktritt beim Ausschluss der Leistungspflicht

(1) Braucht der Schuldner nach § 275 Abs. 1 bis 3 nicht zu leisten, entfällt der Anspruch auf die Gegenleistung; bei einer Teilleistung findet § 441 Abs. 3 entsprechende Anwendung. Satz 1 gilt nicht, wenn der Schuldner im Fall der nicht vertragsgemäßen Leistung die Nacherfüllung nach § 275 Abs. 1 bis 3 nicht zu erbringen braucht.

(2) Ist der Gläubiger für den Umstand, auf Grund dessen der Schuldner nach § 275 Abs. 1 bis 3 nicht zu leisten braucht, allein oder weit überwiegend verantwortlich oder tritt dieser vom Schuldner nicht zu vertretende Umstand zu einer Zeit ein, zu welcher der Gläubiger im Verzug der Annahme ist, so behält der Schuldner den Anspruch auf die Gegenleistung. Er muss sich jedoch dasjenige anrechnen lassen, was er infolge der Befreiung von der Leistung erspart oder durch anderweitige Verwendung seiner Arbeitskraft erwirbt oder zu erwerben böswillig unterlässt.

(3) Verlangt der Gläubiger nach § 285 Herausgabe des für den geschuldeten Gegenstand erlangten Ersatzes oder Abtretung des Ersatzanspruchs, so bleibt er zur Gegenleistung verpflichtet. Diese mindert sich jedoch nach Maßgabe des § 441 Abs. 3 insoweit, als der Wert des Ersatzes oder des Ersatzanspruchs hinter dem Wert der geschuldeten Leistung zurückbleibt.

(4) Soweit die nach dieser Vorschrift nicht geschuldete Gegenleistung bewirkt ist, kann das Geleistete nach den §§ 346 bis 348 zurückgefordert werden.

(5) Braucht der Schuldner nach § 275 Abs. 1 bis 3 nicht zu leisten, kann der Gläubiger zurücktreten; auf den Rücktritt findet § 323 mit der Maßgabe entsprechende Anwendung, dass die Fristsetzung entbehrlich ist.

§ 615 Vergütung bei Annahmeverzug und bei Betriebsrisiko

(Sätze 1 und 2 unverändert)
Die Sätze 1 und 2 gelten entsprechend in den Fällen, in denen der Arbeitgeber das Risiko des Arbeitsausfalls trägt.

Erläuterung der Vorschriften über den Rücktritt und die Befreiung von der Gegenleistungspflicht

Vorbemerkung

Mängel des bisherigen Rechts

480 Vom Grundsatz, dass Verträge einzuhalten sind, müssen Ausnahmen gelten, wo die Durchführung des Vertrags wegen einer Pflichtverletzung beeinträchtigt oder verhindert wird. Dabei ist allerdings zu beachten, dass die Lösung vom Vertrag den jeweiligen Vertragspartner hart treffen kann. Deshalb kann nicht

jede Pflichtverletzung ausreichend sein, sondern es ist die Schwere der Pflichtverletzung unter Abwägung der beiderseitigen Interessen der Parteien zu berücksichtigen. Regelungsbedürftig ist auch die Frage, ob die Aufhebung des Vertrags davon abhängig sein soll, dass die Pflichtverletzung vom Schuldner zu vertreten ist.

Das bisherige Recht enthält keine einheitliche Regelung des Rechtsbehelfs »Rücktritt wegen Pflichtverletzung«, sondern regelt in Voraussetzungen, Durchführung und Folgen unterschiedlich ausgestaltete Fälle der Vertragsaufhebung. Für die wichtigsten Störungen steht dabei die Kategorie »Unmöglichkeit« im Mittelpunkt: Bei anfänglicher objektiver Unmöglichkeit ist der Vertrag nach dem bisherigen § 306 ipso iure nichtig. Bei nicht zu vertretender Unmöglichkeit einer synallagmatischen Hauptpflicht wird nicht nur der Schuldner, sondern auch der Gläubiger als Schuldner der Gegenleistungspflicht frei, bisher § 323 Abs. 1, so dass hinsichtlich der Hauptleistungspflichten eine Art ipso iure Auflösung eintritt. Für den Fall zu vertretender Unmöglichkeit eröffnet bisher § 325 Abs. 1 Satz 1 den Weg zum Rücktritt, wobei nicht nur die in der Praxis seltenen Fälle der naturgesetzlichen Unmöglichkeit hier eingeordnet worden sind.

481

Bei Verzug mit einer Hauptpflicht eröffnet bisher § 326 Abs. 1 den Weg zum Rücktritt. Ergänzt werden die bisherigen Rücktrittsmöglichkeiten wegen vollständiger Unmöglichkeit durch Regeln zur teilweisen Unmöglichkeit, die dann zum Rücktritt vom ganzen Vertrag führen kann, wenn die teilweise Erfüllung für den Gläubiger kein Interesse hat, § 325 Abs. 1 Satz 2, § 326 Abs. 1 Satz 3. Rechtsprechung und Wissenschaft haben diese Regelung ergänzt um die Fälle der positiven Forderungsverletzung des Schuldners, die das Festhalten am Vertrag für den Gläubiger unzumutbar macht, die ernsthafte Erfüllungsverweigerung vor Fälligkeit (dogmatisch überwiegend ebenfalls als positive Forderungsverletzung eingeordnet) und die Störung der Erbringung einzelner Raten beim Sukzessivlieferungsvertrag. Zu diesem Kernbestand an Rücktrittsregeln treten Sonderfälle wie der Rücktritt bei Fristüberschreitung im Falle eines relativen Fixgeschäftes, bisher § 361 BGB sowie § 376 Abs. 1 Satz 1 HGB und bei bloßer Terminüberschreitung nach dem bisherigen § 636 Abs. 1 Satz 1, ferner die Aufhebungsmöglichkeiten wegen Mängeln, die als Wandelungsvertrag (auf dessen Abschluss der verletzte Teil Anspruch hat) geregelt, §§ 459, 462, 634 Abs. 1 Satz 3, oder als Kündigung ausgestaltet sind, §§ 651e, 651j.

482

Die Aufhebungsmöglichkeiten nach geltendem Recht unterscheiden sich zunächst in den Voraussetzungen: Teilweise muss die Störung im Sinne der §§ 276 ff. zu vertreten sein (insbesondere §§ 325, 326 und im Falle positiver Forderungsverletzung), teilweise reicht die Störung als solche (§ 323, Wandelung bei Kauf- und Werkvertrag, Kündigung wegen Mängeln oder nicht voraussehbarer höherer Gewalt beim Reisevertrag sowie im Falle der Aufhebung wegen Wegfalls der Geschäftsgrundlage). Auch hinsichtlich der Schwere der Leistungsstörungen bestehen Unterschiede: Unmöglichkeit wird stets als schwerer Leistungsstörungsfall gesehen, bei positiver Forderungsverletzung kommt es auf die »Zumutbarkeit« der Fortführung des Vertrags für den anderen Teil an, bei Tei-

483

lunmöglichkeit auf Fortbestand oder Wegfall seines Interesses, bei Fristüberschreitung auf die Bedeutung des Termins für den Vertrag, die eine Nachfrist erforderlich – § 326 Abs. 1 – oder entbehrlich – § 361 – sein lässt. Aber auch geringfügige Leistungsstörungen können – so die Mangelhaftigkeit der Kaufsache oder Werkleistung – zur Aufhebung führen.

484   Schließlich sind auch die Folgen einer Vertragsauflösung wegen Leistungsstörungen derzeit verschieden geregelt und teilweise umstritten: Bei ipso facto eintretendem Erlöschen der Hauptpflichten ist nach Bereicherungsrecht abzuwikkeln, bei Erlöschen durch Rücktrittserklärung oder Wandelungsvertrag nach den für ein vertragliches Rücktrittsrecht geltenden Vorschriften der §§ 346 ff.. Streitig ist in der Auslegung des bisherigen § 327 Satz 2, ob die haftungserleichternde Verweisung auf Bereicherungsrecht wörtlich zu nehmen ist oder den allgemeinen Rechtsgedanken enthält, dass derjenige, der den Rücktrittsgrund nicht zu vertreten hat, stets (nur) nach Bereicherungsgrundsätzen haftet. Hinzu kommen für bestimmte Aufhebungsfälle Sonderregelungen, etwa bei der Wandelung der Ersatz der Vertragskosten nach § 467 Satz 2.

485   Die Mängel des bisherigen Rechts sind in der außerordentlichen Vielfalt der Voraussetzungen der Vertragsaufhebung, der sie bewirkenden Faktoren und der Unterschiede in den Abwicklungsregeln zu sehen. Die Verschiedenheiten lassen sich kaum durch sachliche Gesichtspunkte rechtfertigen, sondern sind nur durch die historischen Entstehungsbedingungen zu erklären (dazu grundlegend Leser, Der Rücktritt vom Vertrag, 1975, S. 26 ff., 54 ff. mit eingehender Darstellung der Entstehung des gesetzlichen Rücktrittsrechts). Sie führen immer wieder zu Überschneidungen, die Abgrenzungen erforderlich machen, oder zu Konkurrenzen, für die dann Hilfsregeln entwickelt werden müssen, die im konkreten Fall plausibel sein mögen, bei Anwendung auf den nächsten Fall aber schon zu Bedenken Anlass geben. Ob bei Abweichungen von der vertragsmäßigen Beschaffenheit Nichtleistung – und deshalb Aufhebung über § 326 Abs. 1 – oder mangelhafte Leistung – mit Wandelungsmöglichkeit – gegeben ist, ob Nutzungsbeschränkungen auf Grund öffentlich-rechtlicher Bauplanung zur Wandelung berechtigender Sachmangel oder Rücktritt ermöglichender Rechtsmangel sind, kann die Beurteilung konkreter Fälle ebenso erschweren wie die Frage, ob der Schuldner im Falle grundlegender Veränderungen der wirtschaftlichen Rahmenbedingungen ein Leistungsungsvermögen zu vertreten hat oder nicht. Hinzu kommt, dass die bisher im Gesetz vorgesehene Ablehnungsandrohung (§§ 283 Abs. 1 Satz 1, 326 Abs. 1 Satz 1) wenig praktikabel ist und häufig unwirksame Fristsetzungen vorkommen (vgl. die Begründung zu § 281).

486   Eine rechtsvergleichende Umschau bestätigt das bereits zum deutschen Recht wiedergegebene Bild einer großen Vielzahl rechtstechnischer Instrumente zur Lösung des Spannungsverhältnisses von Vertragstreue und Notwendigkeit der Auflösung wegen gravierender Störungen. Am ähnlichsten sind dem deutschen Recht verständlicherweise das schweizerische und österreichische Recht: Das schweizerische Recht kennt die Nichtigkeit auf Grund anfänglicher objektiver Unmöglichkeit, Artikel 20 Abs. 1 des schweizerischen OR, unterscheidet weiter zwischen zu vertretender und nicht zu vertretender Unmöglichkeit, kennt die

Vertragsauflösung nach Nachfristen, Artikel 107 Abs. 1 des schweizerischen OR und die Erfüllungsweigerung als positive Forderungsverletzung (vgl. schw. Bundesgericht, BGE 69 II 243, 244). Wie im deutschen Recht gibt es ein besonderes Regime für Sachmängel. Im österreichischen Recht finden sich entsprechende Bestimmungen in den §§ 878, 879, 922, 930, 932, 933, 934 und 1167 des österreichischen ABGB. Das französische Recht regelt in Artikel 1184 Code Civil den Grundtatbestand der Aufhebung synallagmatischer Verträge durch gerichtliche Entscheidung und bedient sich dazu des dogmatischen Hilfsmittels einer als vereinbart unterstellten auflösenden Bedingung für den Fall der Pflichtverletzung des anderen Teils (inexécution); erfasst werden Nichterfüllung, verzögerte Erfüllung und Schlechterfüllung. Zu dem Sonderregime der Haftung für Sachmängel besteht ein schwer überschaubares Konkurrenzverhältnis. Die Rechtsprechung neigt zunehmend dazu, vertragswidrige Beschaffenheit als »inexécution« zu behandeln. Im englischen Recht entscheidet sich die Aufhebungsmöglichkeit zunächst danach, ob die verletzte Pflicht als »condition« des Vertrags oder nur als »warranty« gewertet werden kann. Daneben gibt es die sog. »innominate terms« (vgl. Hongkong Fir Shipping Company Co. Ltd. v. Kawasaki Kisen Kaisha Ltd [1962] 2 Q. B. 26, 70), für deren Verletzung es darauf ankommt, ob der betroffenen Partei damit im Wesentlichen entzogen wird, was ihr als Vorteil aus dem Vertrag zukommen sollte. Das amerikanische Recht hat sich von der als archaisch empfundenen Unterstellung, die Erfüllung bestimmter Pflichten sei eine »condition« des Vertrags, zu lösen begonnen und gestattet Vertragsauflösung in Fällen der Unmöglichkeit, aber auch der Undurchführbarkeit, sofern nicht eine Partei für die Durchführbarkeit das Risiko übernommen hat.

Das UN-Kaufrecht geht von einem einheitlichen Aufhebungsgrund des »wesentlichen Vertragsbruchs« aus, der unabhängig von Vertretenmüssen oder Verschulden des Vertragsteils, der seine Leistung nicht oder nicht richtig erbringen kann, Aufhebung durch gestaltende Erklärung des anderen Teils ermöglicht. Ist zweifelhaft, ob die in Artikel 25 UN-Kaufrecht definierte Schwelle des »wesentlichen Vertragsbruchs« erreicht ist, kann für die wichtigsten Störungsfälle Nichtzahlung, Nichtleistung der Kaufsache oder Nichtabnahme durch Nachfristsetzung geklärt werden, ob die jeweilige Störung als Aufhebungsgrund ausreicht. Auch die von Unidroit formulierten »Principles for international commercial contracts« sehen in Artikel 5.2.1 zunächst die Grundregel vor, dass Erschwernisse für den Schuldner nicht von der Bindung an den Vertrag befreien, dass jedoch im Falle einer »fundamental non-performance« die davon betroffene Partei den Vertrag auflösen könne, Artikel 6.3.1. Die Definition der »fundamental non-performance« in Artikel 6.3.1 (II) (a) gleicht dabei nahezu völlig Artikel 25 UN-Kaufrecht. Für verzögerte Erfüllung wird das Nachfristsystem vorgesehen, Artikel 6.3.2.

Im Ganzen hat die rechtsvergleichende Analyse von Treitel (in: Encyclopedia of Comparative Law, Vol. VII, Cap. 16, Remedies for Breach of Contract, dort vor allem no. 147 ff., 155 ff.) nachgewiesen, »the most important principle« sei, dass »the default attains a certain minimum degree of seriousness« (aaO no. 161) – ein Grundgedanke, der in den einheitlichen Kaufrechten als die Voraussetzung eines »wesentlichen Vertragsbruchs« für die Vertragsauflösung festgehalten worden ist (vgl. Artikel 25 UN-Kaufrecht). Durchgangsstation ist dabei in allen Rechtsordnungen die Hilfsvorstellung einer für den Fall der schweren Pflichtverletzung durch den anderen Teil unterstellten auflösenden Bedingung, die im 19. Jahrhundert allein die Vereinbarkeit der Vertragsauflösung mit dem Prinzip »pacta sunt servanda« als möglich erscheinen ließ (vgl. dazu von Caemmerer, Festschrift Coing, Bd. 2, S. 39: »Musste vom Satz pacta sunt servanda abgewichen werden, so sollte das auf den vermutlichen Parteiwillen gestützt werden können«).

489 Huber hat in seinem Gutachten »Leistungsstörungen« vorgeschlagen, die Auflösung des Vertrags durch Rücktritt im Falle von Leistungsstörungen am einheitlichen Kaufrecht zu orientieren. Ein Rücktritt soll nach seinen Vorschlägen stets bei wesentlicher Vertragsverletzung möglich sein, im Übrigen nach Ablauf einer erfolglos gesetzten Nachfrist; der Nachfristfall steht jedoch am Beginn seiner Vorschläge (§§ 326, 326a, ferner § 326c Abs. 1 Satz 3 für Fälle der teilweisen Nichterfüllung, § 326d für Sukzessivlieferungsverträge usw., s. Gutachten S. 677f., 832ff.). Auch in der sonstigen Literatur finden sich Versuche, die den verstreuten und divergierenden Regelungen des Bürgerlichen Gesetzbuchs zugrundeliegenden Vorstellungen und Wertungen auf ein einheitliches Prinzip zurückzuführen (vgl. Schlechtriem, Aufhebung des Vertrags als Rechtsbehelf bei Leistungsstörungen, Festschrift Müller-Freienfels 1986, S. 525ff.).

Lösungsansatz der Schuldrechtskommission

490 Die Schuldrechtskommission hatte parallel zur Regelung im Schadensersatz in § 323 KE einen einheitlichen Tatbestand für die Vertragsauflösung von gegenseitigen Verträgen bei Pflichtverletzung vorgeschlagen. § 323 Abs. 1 KE knüpft an den zentralen Begriff der Pflichtverletzung an. Er stellt anders als das bisherige Recht nicht darauf ab, ob eine synallagmatische oder eine andere Pflicht verletzt worden ist, ob die Pflichtverletzung durch Nichtleistung wegen Unmöglichkeit oder auf Grund einer Leistungsverweigerung geschieht, ob Unmöglichkeit oder Verzug vorliegen oder ob eine sonstige Vertragsstörung durch Schlechterbringung der Hauptleistung oder Verletzung von Nebenpflichten zu beurteilen ist. Der von der Schuldrechtskommission vorgeschlagene § 323 erfasste deshalb die im geltenden Recht in §§ 325, 326 geregelten Fälle, aber auch die bisher als Wandelung geregelte Auflösung von Verträgen wegen Mängeln eines Leistungsgegenstandes oder den von der Rechtsprechung entwickelten Rücktritt wegen positiver Forderungsverletzung.

491 Neben dieser Vereinheitlichung des Rücktrittstatbestandes liegt die wesentliche Änderung des Kommissionsvorschlags gegenüber dem geltenden Recht darin, dass es für den Rücktritt wegen Pflichtverletzung nicht mehr darauf ankommen soll, ob der vertragsbrüchige Teil die Pflichtverletzung zu vertreten hat. Der Gläubiger soll den Vertrag auch auflösen können, wenn die Pflichtverletzung vom Schuldner nicht zu vertreten ist. § 323 KE deckt damit auch den im bisherigen § 323 geregelten Fall der vom Schuldner nicht zu vertretenden Möglichkeit ab. Voraussetzung für den Rücktritt ist nach § 323 Abs. 1 KE, dass der

Gläubiger dem Schuldner eine Frist zur Nacherfüllung gesetzt und dieser mit dem Rücktritt rechnen musste. In bestimmten Fällen soll von dem Erfordernis der Fristsetzung abgesehen werden, § 323 Abs. 2 KE. Ein Rücktritt soll gemäß § 323 Abs. 3 KE in bestimmten Fällen, insbesondere gemäß § 323 Abs. 3 Nr. 1 KE dann ausgeschlossen sein, wenn die Pflichtverletzung unerheblich ist.

Die dritte wesentliche Veränderung gegenüber dem geltenden Recht, die die Schuldrechtskommission vorgeschlagen hat, ist die Beseitigung der Alternativität von Rücktritt und Schadensersatz, die in § 327 KE ihren Niederschlag fand. Schadensersatz soll danach neben dem Rücktritt verlangt werden können. Schadensersatz wegen Nichtausführung des Vertrags soll der Gläubiger nach dieser vorgeschlagenen Vorschrift nur verlangen können, wenn er zuvor vom Vertrag zurückgetreten ist. 492

Lösungsansatz der Neuregelung

Diesen Grundansatz der Schuldrechtskommission übernimmt die Neuregelung weitgehend. Er enthält allerdings auch einige nicht unerhebliche Abweichungen. 493

Das betrifft zunächst die objektive Unmöglichkeit. Ähnlich wie bei der Befreiung von der Primärleistung in § 275 KE sieht § 323 KE für den Fall der unmöglichen Leistung keine Leistungsbefreiung kraft Gesetzes vor, wie dies im geltenden § 323 der Fall ist. Der Gläubiger wird nach dem Kommissionsentwurf von der Gegenleistung vielmehr nur befreit, wenn er von dem Vertrag zurücktritt, wofür in diesem Fall allerdings keine Fristsetzung erforderlich wäre, § 323 Abs. 2 Nr. 1 KE. Im Schrifttum ist kritisiert worden, dass der Weg des Rücktritts und das Absehen von der Fristsetzung technisch zu kompliziert sei, wenn von vornherein feststehe, dass die Leistung nicht erbracht werden könne. § 323 Abs. 1 KE stellte mit dem Erfordernis der Fristsetzung eine Voraussetzung auf, die in den Fällen der Unmöglichkeit von vornherein keinen Sinn mache. Es ist deshalb vorgeschlagen worden, es insoweit bei dem geltenden Recht zu belassen. Dieses Anliegen greift die Neuregelung auf, indem er in § 326 für den Fall der Unmöglichkeit eine Befreiung kraft Gesetzes von der Verpflichtung zur Erbringung der Gegenleistung zu einer unmöglich gewordenen Leistung vorsieht. § 326 fasst dabei die geltenden §§ 323 und 324 zusammen. 494

§ 323 KE fasst alle Rücktrittssituationen in einer einheitlichen Norm zusammen. Dieser Ansatz hat im Schrifttum wegen seines hohen Abstraktionsgrades Kritik erfahren, weil die Norm über die Ausnahmen in ihren Absätzen 2 und 3 doch wieder unterschiedliche Regelungen für einzelne Leistungsstörungssituationen über Ausnahmeregelungen von dem Prinzip in Absatz 1 bereitstellen müsse. Damit – so die Kritik – werde die mit der Norm auf einem hohen Abstraktionsniveau angestrebte Vereinheitlichung der Leistungsstörungstatbestände letztlich in der Sache doch nicht erreicht. § 323 Abs. 1 KE enthalte deshalb nur scheinbar ein allgemeines, auf alle Arten von Leistungsstörungen gleichermaßen anwendbares Prinzip. Für den Rechtsanwender sei es zweckmäßiger, wenn er die Voraussetzungen für den Rücktritt in den typischen Leistungsstörungssituationen unmittelbar aus den gesetzlichen Rücktrittstatbeständen ablesen könne. Diesem Anliegen trägt die Neuregelung Rechnung. Er sieht anders als der Kom- 495 missionsentwurf nicht mehr nur einen einzigen Rücktrittstatbestand, sondern je einen Rücktrittstatbestand für den Fall der Leistungsverzögerung und der Schlechterfüllung (§ 323) und den Rücktritt wegen Verletzung einer Pflicht im Sinne des § 241 Abs. 2 (§ 324) sowie einen Tatbestand für die Befreiung von der Gegenleistung kraft Gesetzes im Fall der Unmöglichkeit der Leistung (§ 326) vor.

496 Allerdings sei an dieser Stelle betont, dass aus dem einheitlichen Rücktrittstatbestand des § 323 KE lediglich die soeben genannten Fälle von Nebenpflichtverletzungen (§ 324) und von Unmöglichkeit der Leistung (§ 326) herausgenommen und tatbestandlich verselbständigt werden. Diese Fälle stellen auch nach dem Kommissionsentwurf Ausnahmen von dem Grundsatz des § 323 Abs. 1 KE dar: Die Nebenpflichtverletzung, weil auch nach dem Kommissionsentwurf ein hierauf gestützter Rücktritt ganz parallel zu § 324 an die zusätzliche Voraussetzung der Unzumutbarkeit geknüpft sein soll (§ 323 Abs. 3 Nr. 2 KE), und die Unmöglichkeit, weil auch nach dem KE ein Rücktritt dann ganz parallel zu § 326 sofort und ohne Fristsetzung möglich sein sollte (§ 323 Abs. 2 Nr. 1 KE). Im Übrigen bleibt der in einer starken Vereinheitlichung der Rücktrittsvoraussetzungen liegende Effekt des § 323 Abs. 1 KE in diesem Entwurf erhalten. Insbesondere wird der Rücktritt künftig in allen Fällen möglich sein, ohne dass es darauf ankommt, ob der Schuldner den Rücktrittsgrund zu vertreten hat.

497 Die Neuregelung folgt dem Kommissionsentwurf auch in dem Grundanliegen, die Alternativität zwischen Rücktritt und Schadensersatz zu beseitigen. Der Kommissionsentwurf macht allerdings den Schadensersatz »wegen Nichtausführung des Vertrags« (»großer Schadensersatz«) in § 327 KE davon abhängig, dass der Gläubiger vorher vom Vertrag zurücktritt. Das hätte zu einem nicht ganz einfach zu durchschauenden Nebeneinander von Schadensersatz statt der ausgebliebenen Leistung und Schadensersatz »wegen Nichtausführung des Vertrags« mit jeweils unterschiedlichen Voraussetzungen geführt. Ursache hierfür war der Umstand, dass die Voraussetzungen für den Rücktritt etwas anders ausgestaltet waren als die Voraussetzungen für den Schadensersatz statt der Leistung. Hätte man den Schadensersatz statt der Leistung in jedem Fall des Rücktritts zugelassen, hätten die Rücktrittsausschlüsse des § 323 Abs. 3 KE leicht dadurch umgangen werden können, dass der Gläubiger – anstatt zurückzutreten – wie bisher Schadensersatz statt der Leistung in der Form des großen Schadensersatzes wählt, bei dem traditionell die Schadensersatz- und Rücktrittsfolgen kombiniert werden können. Dies veranlasste die Schuldrechtskommission dazu, den Schadensersatz wegen Nichtausführung des Vertrags in ihren Vorschlägen von dem vorherigen Rücktritt abhängig zu machen.

498 In der Wissenschaft, vor allem aber auch in der Praxis ist dieses Modell als schwer durchschaubar und kompliziert abgelehnt worden. Die Neuregelung greift diese Kritik auf und sieht deshalb vor, dass grundsätzlich immer neben dem Rücktritt Schadensersatz statt der Leistung verlangt werden kann und dass das Verlangen von Schadensersatz statt der ganzen Leistung (»großer Schadensersatz«) nicht von der vorherigen Erklärung des Rücktritts abhängig ist. Um diese Lösung zu erreichen, mussten die Voraussetzungen für den Rücktritt und

die Voraussetzungen für den Schadensersatz statt der Leistung inhaltlich angeglichen und aufeinander abgestimmt werden. Sie sind jetzt im Wesentlichen identisch. Es gibt lediglich einen Unterschied, und zwar beim Fixgeschäft. Dieses erlaubt nach § 323 Abs. 2 Nr. 2 (der inhaltlich § 323 Abs. 2 Nr. 2 KE entspricht) den Rücktritt ohne Fristsetzung. Schadensersatz ist nach § 281 Abs. 1 nur möglich, wenn zusätzlich eine Frist gesetzt worden ist. Dies entspricht in der Sache dem alten § 361 und ist unter dem Gesichtspunkt eines Zwangs zum vorherigen Rücktritt unproblematisch, weil die Voraussetzungen für den Schadensersatz statt der Leistung in diesem Fall strenger sind als die Voraussetzungen für den Rücktritt vom Vertrag. Damit können die Voraussetzungen für den Rücktritt jedenfalls nicht durch das Verlangen von Schadensersatz statt der Leistung umgangen werden.

§ 323 – Rücktritt wegen nicht oder vertragsgemäß erbrachter Leistung

(1) Erbringt bei einem gegenseitigen Vertrag der Schuldner eine fällige Leistung nicht oder nicht vertragsgemäß, so kann der Gläubiger, wenn er dem Schuldner erfolglos eine angemessene Frist zur Leistung oder Nacherfüllung bestimmt hat, vom Vertrag zurücktreten.

(2) Die Fristsetzung ist entbehrlich, wenn
1. der Schuldner die Leistung ernsthaft und endgültig verweigert,
2. der Schuldner die Leistung zu einem im Vertrag bestimmten Termin oder innerhalb einer bestimmten Frist nicht bewirkt und der Gläubiger im Vertrag den Fortbestand seines Leistungsinteresses an die Rechtzeitigkeit der Leistung gebunden hat oder
3. besondere Umstände vorliegen, die unter Abwägung der beiderseitigen Interessen den sofortigen Rücktritt rechtfertigen.

(3) Kommt nach der Art der Pflichtverletzung eine Fristsetzung nicht in Betracht, so tritt an deren Stelle eine Abmahnung.

(4) Der Gläubiger kann bereits vor dem Eintritt der Fälligkeit der Leistung zurücktreten, wenn offensichtlich ist, dass die Voraussetzungen des Rücktritts eintreten werden.

(5) Hat der Schuldner eine Teilleistung bewirkt, so kann der Gläubiger vom ganzen Vertrag nur zurücktreten, wenn er an der Teilleistung kein Interesse hat. Hat der Schuldner die Leistung nicht vertragsgemäß bewirkt, so kann der Gläubiger vom Vertrag nicht zurücktreten, wenn die Pflichtverletzung unerheblich ist.

(6) Der Rücktritt ist ausgeschlossen, wenn der Gläubiger für den Umstand, der ihn zum Rücktritt berechtigen würde, allein oder weit überwiegend verantwortlich ist oder wenn der vom Schuldner nicht zu vertretende Umstand zu einer Zeit eintritt, zu welcher der Gläubiger im Verzug der Annahme ist.

Zu Absatz 1

499 § 323 regelt den Rücktritt nur **wegen bestimmter Verletzungen** von **Pflichten** aus einem gegenseitigen Vertrag. Es muss sich also um Verträge handeln, bei denen die wechselseitigen Leistungen in einem Gegenseitigkeitsverhältnis stehen. Für Bürgschaften, Aufträge und andere Verträge, bei denen ein solches Gegenseitigkeitsverhältnis nicht besteht, gilt § 323 nicht. Hier greifen nur die §§ 275 ff. ein. Nicht erforderlich ist, dass die verletzte Pflicht im Synallagma steht. Damit geht § 323 wie § 323 KE über die alten §§ 325, 326 hinaus, doch hat die Rechtsprechung durch großzügige Auslegung des alten § 326 (vgl. BGH, NJW 1988, 1778 ff., s. aber auch BGH, NJW 1990, 2376) und die Zulassung eines Rücktritts wegen positiver Forderungsverletzung die Rücktrittsmöglichkeiten bereits erheblich erweitert und stellt nicht mehr entscheidend auf den synallagmatischen Charakter der verletzten Pflicht ab.

500 Anders als § 323 KE erfasst § 323 nicht jede Pflichtverletzung aus einem gegenseitigen Vertrag. Vielmehr wird hier nur der Rücktritt wegen Verzögerung der Leistung und wegen Schlechtleistung erfasst. Das entspricht hinsichtlich der verletzten Pflicht den Voraussetzungen des § 281 Abs. 1 Satz 1 für den Schadensersatz statt der Leistung.

501 Absatz 1 erfasst zunächst den Fall, dass die **Leistung nicht erbracht** worden ist. Nichterbringung der Leistung ist hier in gleichem Sinne zu verstehen wie in der parallelen Schadensersatznorm des § 281 Abs. 1 Satz 1. Erfasst ist hier nur die **Verzögerung der Leistung**. Rein sprachlich könnte der Begriff Nichterbringung der Leistung auch das auf einem der Fälle des § 275 Abs. 1 oder 2 beruhende dauernde Ausbleiben der Leistung erfassen. Dies wird hier aber nicht angesprochen. Das folgt daraus, dass § 326 diesen Fall speziell und in einigen Punkten abweichend regelt. § 323 Abs. 1 setzt deshalb die Nachholbarkeit der Leistung voraus, weil er eine Fristsetzung verlangt, die bei einer nicht nachholbaren Leistung sinnlos wäre.

502 § 323 Abs. 1 verzichtet darauf, den Verzug des Schuldners als Voraussetzung für das Rücktrittsrecht des Gläubigers ausdrücklich zu nennen. Es kommt deshalb nach dem Wortlaut der Vorschrift nicht darauf an, ob die Voraussetzungen des § 286 vorliegen. Die **Leistung muss lediglich fällig** und zum **vertraglich versprochenen Zeitpunkt nicht erbracht** worden sein. Hierzu gelten dieselben Erwägungen, die bereits in der Begründung zu § 281 Abs. 1 Satz 1 ausgeführt wurden. Auf die weiteren Merkmale des Verzugs kann verzichtet werden, weil der Rücktritt erst möglich wird, wenn dem Schuldner eine Frist zur Nacherfüllung gesetzt und diese erfolglos verstrichen ist.

503 Es ist erwogen worden, in § 323 Abs. 1 ähnlich wie im geltenden § 326 die förmlichen Voraussetzungen des Verzugs zu verlangen. Es würde sich dann aber die Frage stellen, wie sich die regelmäßige Voraussetzung des Verzugs, nämlich die Mahnung (§ 286 Abs. 1) und die nach § 323 Abs. 1 erforderliche Fristsetzung zueinander verhalten. Ähnlich wie im bisherigen § 326 müsste die Mahnung mit der Fristsetzung verbunden werden können. Anderenfalls wäre der Gläubiger gehalten, dem vertragsbrüchigen Schuldner zwei Mal Gelegenheit zur Nacherfüllung zu geben, zunächst durch Mahnung und nachfolgend bei deren Erfolglosigkeit nochmals im Rahmen einer Fristsetzung. Hierfür gibt es keinen sachlichen Grund. Können aber Mahnung und Fristsetzung ohnehin miteinander verbunden werden, dann kann auf das Erfordernis der Mahnung für den Rücktritt verzichtet werden. Eine eigenständige Bedeutung der Mahnung wäre nämlich nicht erkennbar. Vielmehr ist ohnehin – wie in der Begründung zu § 281 Abs. 1 Satz 1 bereits ausgeführt – eine Fristsetzung, die einerseits so deutlich ist, dass der Schuldner sich nicht auf die Ausnahmen in § 281 Abs. 1 Satz 2 oder in § 323 Abs. 1 a. BGB n. F. berufen kann, andererseits aber keine, auch nicht eine »befristete« Mahnung darstellt, kaum vorstellbar. Es kommt hinzu, dass auf das Verschulden des Schuldners, das nach § 286 Abs. 4 wie bisher Voraussetzung für den Eintritt ist, im Rahmen des § 323 Abs. 1 ohnehin nicht abgestellt werden könnte, weil der Rücktritt unabhängig davon möglich sein soll, ob der Schuldner das Ausbleiben der ihm obliegenden Leistung zu vertreten hat. Die sachliche Rechtfertigung für die Rücktrittsmöglichkeit des Gläubigers gemäß § 323 Abs. 1 liegt darin, dass der Schuldner die von ihm geschuldete Leistung nicht oder jedenfalls nicht so wie geschuldet erbringt, welchen Grund auch immer dies haben mag. Das rechtfertigt es, allein darauf abzustellen, dass eine dem Schuldner gesetzte angemessene Frist ergebnislos abgelaufen ist.

§ 323 Abs. 1 regelt den Rücktritt nicht nur im Fall der Leistungsverzögerung, sondern **auch im Fall** der **Schlechterfüllung**. Die Schlechterfüllung bringt die Vorschrift – wie schon § 281 Abs. 1 Satz 1 – mit den Worten »nicht vertragsgemäß erbracht« zum Ausdruck. Aus welchen Gründen die Leistung nicht vertragsgemäß ist, ist für die Anwendung von § 323 Abs. 1 ebenso wie bei § 323 Abs. 1 KE unerheblich. Die Schlechtleistung kann auf der Verletzung einer Haupt-, sie kann aber auch auf der Verletzung einer Nebenleistungspflicht beruhen. Beides wird gleich behandelt. Maßgeblich ist allein der erfolglose Ablauf einer vom Gläubiger dem Schuldner gesetzten angemessenen Nachfrist.

504

Dem Wortlaut nach würde § 323 Abs. 1 auch den Fall erfassen, dass schlecht geleistet, die Nacherfüllung aber von Anfang an unmöglich ist oder im weiteren Verlauf der Vertragsabwicklung unmöglich wird. Das entspricht aber nicht der Struktur der §§ 323 ff. § 323 setzt, wie sich aus dem Erfordernis der Fristsetzung ergibt, voraus, dass die Leistung nachholbar ist. Eine Fristsetzung ist aber sinnlos, wenn die Nacherfüllung vom Schuldner aus einem der in § 275 genannten Gründe nicht erbracht werden kann. Dasselbe gilt, wenn sich während des Laufs einer zunächst gesetzten Nachfrist die Unmöglichkeit herausstellt. Dann kann es für das Rücktrittsrecht des Gläubigers nicht darauf ankommen, dass er aus »formalen« Gründen den Ablauf der gesetzten Frist abwartet. Die Fälle der Unmöglichkeit sind nach der Struktur der §§ 323 ff. in § 326 erfasst. Aus diesem Grund ist der Fall, dass die Nacherfüllung von Anfang an unmöglich ist oder später unmöglich wird, in § 326 Abs. 1 Satz 2 speziell geregelt. Diese Regelung geht als spezieller der allgemeinen Regelung des § 323 Abs. 1 vor, verweist allerdings in Absatz 5 auf die Rücktrittsmöglichkeit aus § 323, der aber nur entsprechend anwendbar ist. § 326 Abs. 1 Satz 2, Abs. 5 dient deshalb in erster Linie der Klarstellung, dass auch bei Schlechtleistung im Falle der Unmöglichkeit der

505

506　Nach § 323 Abs. 1 setzt der Rücktritt voraus, dass der Gläubiger dem Schuldner eine angemessene Frist zur Nacherfüllung gesetzt hat und diese Frist erfolglos verstrichen ist. Die Vorschrift unterscheidet sich deshalb in einem wesentlichen Punkt von dem geltenden § 326. Danach ist neben der Fristsetzung auch eine Ablehnungsandrohung erforderlich. Auf diese zusätzliche Ablehnungsandrohung soll ebenso wie im Zusammenhang mit dem Schadensersatz aus § 281 Abs. 1 Satz 1 verzichtet werden. Die Motive sind dieselben, weshalb zunächst auf die zu § 281 Abs. 1 erfolgte Begründung Bezug genommen werden kann. Die Ablehnungsandrohung hat sich immer wieder als unberechtigtes Hindernis für den vertragstreuen Gläubiger erwiesen, wie bereits zu § 281 Abs. 1 näher ausgeführt.

507　Es ist die Frage aufgeworfen worden, ob das **Absehen** von einer **Ablehnungsandrohung** und das bloße Bestehen auf einer Fristsetzung die **Schwelle für den Rücktritt nicht zu sehr absenkt**. Hierbei ist insbesondere zu berücksichtigen, dass der Rücktritt anders als früher nicht mehr davon abhängt, dass der Schuldner den Rücktrittsgrund zu vertreten hat. Im Ergebnis ist diese Frage aber zu verneinen. Der Schuldner hat nämlich in der Situation des § 323 Abs. 1 eine fällige Leistung zum versprochenen Zeitpunkt **nicht** erbracht. Wenn er in dieser Lage von dem Gläubiger unter Setzung einer angemessenen Frist zur Leistung aufgefordert wird, muss er damit rechnen, dass diese Aufforderung auch Folgen hat. Es verhält sich hier ganz ähnlich wie mit der Mahnung, die jeder Schuldner auch ohne besonderen Zusatz ernst zu nehmen hat.

508　Das Verhalten des Gläubigers kann allerdings durchaus Zweifel an der Ernsthaftigkeit einer Fristsetzung aufkommen lassen. Das ist aber nicht die Regel, sondern seltene Ausnahme. Deshalb verzichtet der Gesetzgeber hier wie auch schon bei § 281 BGB auf die in der Neuregelung noch vorgesehene Ausnahme für den Fall, dass der Schuldner nicht mit dem Rücktritt rechnen musste.

509　Diese Gestaltung fügt sich auch in die Verbrauchsgüterkaufrichtlinie ein. Diese gibt dem Käufer das Recht, vom Vertrag zurückzutreten, wenn der Verkäufer nicht innerhalb einer angemessenen Frist nachbessert bzw. Ersatz liefert. Das erlaubt es zwar, von dem Käufer die Setzung einer Frist zu verlangen. Diese Fristsetzung darf und soll nach dem Entwurf aber nicht zu einer Hürde werden, an der er aus formalen Gründen scheitert. Hieran wird sich die Auslegung und Anwendung der Vorschrift ausrichten müssen.

510　Nach dem bisherigen § 326 kann der Gläubiger nach erfolgter Fristsetzung mit Ablehnungsandrohung bei Ausbleiben der Leistung nur noch Sekundäransprüche geltend machen, aber nicht mehr Erfüllung verlangen, § 326 Abs. 1 Satz 2 a. E.. Diese Regelung ist für den Gläubiger ungerecht. Er muss sich in der Sache bereits mit der Fristsetzung für die Sekundäransprüche und gegen den Leistungsanspruch entscheiden, ohne die dafür erforderliche Entscheidungsgrundlage zu haben. Er weiß nicht, wie es nach Ablauf der Frist um die Leistungsfähigkeit des Schuldners bestellt ist. Er kann nicht beurteilen, ob es nach Ablauf der Frist sinnvoll ist, den Schuldner auf Schadensersatz oder auf Erfüllung in Anspruch zu nehmen oder ob es geraten wäre, in diesem Fall vom Vertrag zurückzutreten. Deshalb sieht § 323 Abs. 1 hier eine Änderung vor. Der Gläubiger kann auch nach ergebnislosem Ablauf der Frist weiterhin Erfüllung verlangen. Erst mit der gestaltenden Wirkung der Rücktrittserklärung, die das Schuldverhältnis in ein Rückgewährschuldverhältnis umwandelt, erlischt der Anspruch auf die Leistung. Damit besteht auch insoweit – wie bereits zu § 281 Abs. 4 erörtert – eine Parallele zwischen dem Anspruch auf Schadensersatz statt der Leistung und dem Rücktritt.

Das bedeutet für den Schuldner eine **gewisse Unsicherheit**. Bis sich der Gläubiger entschieden hat, muss er sich sowohl auf Erfüllung als auch auf Sekundäransprüche einstellen. Um diese Unsicherheit etwas zu mildern, hatte die Schuldrechtskommission in § 323 Abs. 5 KE vorgeschlagen, dem Schuldner die Möglichkeit zu geben, den Gläubiger eine Frist zur Ausübung seiner Wahl zu setzen. Diese Frist würde allerdings nach den Vorstellungen der Schuldrechtskommission nicht zu einer Beschränkung der Wahlmöglichkeiten des Gläubigers, sondern lediglich dazu führen, dass der Gläubiger, der sein Wahlrecht nicht ausgeübt hat, nur zurücktreten kann, wenn er dem Schuldner eine erneute Frist zur Nacherfüllung gesetzt hat. Die Neuregelung übernimmt dieses Modell wie auch schon den § 283 Abs. 4 KE zum Schadensersatz statt der Leistung nicht. Es führt letztlich nicht zu einer Entscheidung. Im Übrigen ist die Unsicherheit dem Schuldner auch zuzumuten. Er ist immerhin vertragsbrüchig und hat in der Rücktrittssituation auch regelmäßig eine Frist zur Nacherfüllung ergebnislos verstreichen lassen. Er muss es deshalb hinnehmen, dass der Gläubiger innerhalb eines gewissen Zeitraums zwischen den verschiedenen Rechtsbehelfen wählen kann. Ähnlich wie beim Schadensersatz ist diese Unsicherheit aber begrenzt. Ist der Gläubiger zurückgetreten, dann ist er – wie ausgeführt – an diese Wahl gebunden. Schließlich kann der Schuldner die Unsicherheit jederzeit dadurch beenden, dass er die geschuldete Leistung erbringt.

Zu Absatz 2

Die Fristsetzung ist sachlich gerechtfertigt und deshalb von § 323 Abs. 1 vorgesehen, wenn die Nacherfüllung möglich und der Schuldner grundsätzlich nacherfüllungsbereit ist. Es gibt allerdings Sondersituationen, in denen eine Fristsetzung trotz Nachholbarkeit der Leistung keinen Sinn macht. Diese Fälle werden in § 323 Abs. 2 aufgeführt. Sie decken sich im wesentlichen mit den Fällen, in denen nach § 281 Abs. 2 eine Fristsetzung auch beim Schadensersatz entbehrlich ist. Eine Abweichung liegt allein in § 323 Abs. 2 Nr. 2, der beim Schadensersatz statt der Leistung gemäß § 281 keine Entsprechung hat.

Nach **Nummer 1** ist eine **Fristsetzung entbehrlich**, wenn der **Schuldner** die **Leistung ernsthaft** und **endgültig verweigert** hat. Die ernsthafte und endgültige Erfüllungsverweigerung ist auch in der Auslegung des bisherigen § 326 als Tatbestand anerkannt, in denen eine Fristsetzung entbehrlich ist. Für die Qualifikation eines Verhaltens als ernsthafte und endgültige Erfüllungsverweigerung kann weiterhin auf die zu § 326 bzw. zur positiven Forderungsverletzung im Zusammenhang mit § 326 entwickelten Grundsätze zurückgegriffen werden.

Die Einordnung der Erfüllungsverweigerung als positive Forderungsverletzung oder als Fall des geltenden § 326 wird künftig entbehrlich. Entsprechende Fälle sind auch bislang schon bei der Entbehrlichkeit der Mahnung anerkannt. Der Nummer 1 entspricht deshalb auch § 286 Abs. 2 Nr. 3.

514 **Nummer 2** regelt den Fall des **einfachen Fixgeschäftes**. Abweichend von dem bisherigen § 361, aber entsprechend § 376 HGB, wird jedoch nicht nur eine Auslegungsregel – »im Zweifel« – formuliert, sondern ein gesetzliches Rücktrittsrecht wegen Pflichtverletzung durch Terminüberschreitung. Die Abweichung von der Regelung des Bürgerlichen Gesetzbuchs dürfte freilich gering sein, da auch das sofortige Rücktrittsrecht aus § 323 Abs. 2 Nr. 2 abdingbar ist, jedenfalls in Individualvereinbarungen. Die von der Rechtsprechung zur Bewertung einer Terminangabe als »fix« im Sinne des bisherigen § 361 verwendete Formel, dass der Vertrag auf Grund der Terminvereinbarung mit der Einhaltung des Leistungstermins »stehen oder fallen« sollte (RGZ 51, 347 ff.), wird in der Neuregelung mit der Formulierung festgeschrieben, dass »der andere Teil im Vertrag den Fortbestand seines Erfüllungsinteresses an die Rechtzeitigkeit der Erfüllung gebunden hat«. Nach der Rechtsprechung zu den geltenden §§ 361 BGB, 376 HGB muss sich diese Bindung des Erfüllungsinteresses an die Einhaltung eines bestimmten Termins aus dem Vertrag oder aus den objektiven Umständen ergeben (vgl. RGZ aaO »Eine ausdrückliche dahin gehende Vereinbarung ... (oder) aus den Umständen ein Wille in diesem Sinne ...«; vgl. auch BGH, NJW-RR 1989, 1373; BGH, NJW 1990, 2065, 2067). Bei dieser Vorschrift wird davon ausgegangen, dass durch die Bindung des Leistungsinteresses an die Rechtzeitigkeit der Leistung »im Vertrag« auch hinreichend deutlich ist, dass die entscheidenden Umstände für den Schuldner bekannt sein müssen.

515 **Nummer 3** ist als **Auffangtatbestand** für die in Nr. 1 und 2 nicht erfassten Fälle konzipiert und soll den Gerichten **entsprechende Bewertungsspielräume geben**. Er deckt auch die bisher in § 326 Abs. 2 geregelten Fälle, soweit nicht das besondere Interesse durch Bestimmung eines Liefertermins oder einer Lieferfrist bereits im Vertrag so herausgehoben worden ist, dass von einem Fixgeschäft ausgegangen werden kann. Allerdings dürfte in den Fällen der bisherigen § 326 Abs. 2 und § 634 Abs. 2 das Interesse des verletzten Gläubigers im Vordergrund stehen. Wird der verspätet gelieferte Dünger für die Feldbestellung unverwendbar (vgl. RG, JW 1920, 47), Saisonware unverkäuflich (BGH LM § 326 (Ed) Nr. 3), ein Exportgeschäft undurchführbar, weil der ausländische Käufer wegen des Lieferverzugs keine Importlizenz mehr bekommen kann (BGH, WM 1957, 1342, 1343 f.), dann wird der Interessewegfall wohl ohne Rücksicht auf die Interessen des säumigen Teils festzustellen sein.

516 Gewöhnlich werden die Umstände, die eine Fristsetzung nach Abs. 2 entbehrlich machen, gegeben sein, bevor der Gläubiger eine Frist setzt. Es ist allerdings auch möglich, dass der Gläubiger zunächst eine Frist setzt, dann aber beispielsweise der Schuldner die Leistung endgültig und ernsthaft verweigert. Es ist erwogen worden, dies ausdrücklich in dem Sinne zu regeln, dass der Gläubiger dann ungeachtet der noch laufenden Frist sofort zurücktreten kann. In der Neu-

fassung wird von einer Regelung indes abgesehen, weil diese Rechtsfolge selbstverständlich ist.

Zu Absatz 3

Der im Entwurf noch nicht enthaltene neue Absatz 3 entspricht der Gegenäußerung der Bundesregierung zu Nummer 67 der Stellungnahme des Bundesrates mit der bereits zu § 281 Abs. 3 BGB n.F. erwähnten redaktionellen Änderung. Entsprechend den Ausführungen zu § 281 Abs. 3 BGB n.F. waren die Kommission »Leistungsstörungsrecht« und mit ihr der Rechtsausschuss der Ansicht, dass der neue Absatz 3 für Unterlassungsansprüche, bei denen eine Fristsetzung nicht in Betracht kommt, auch bei Beibehaltung des § 324 BGB n.F. sinnvoll ist.

Zu Absatz 4

Nach dem Wortlaut des bisherigen Rechts hätte der Gläubiger in dem Fall, dass vor Fälligkeit eine unbehebbare Leistungshinderung droht oder der Schuldner unmissverständlich und endgültig Leistungsweigerung ankündigt, an sich keine Möglichkeit zum Rücktritt, da eine zu vertretende Verletzung der fraglichen Leistungspflicht noch nicht vorliegt. Um ein unzumutbares Abwarten des Fälligkeitszeitpunktes in solchen Situationen vermeiden zu können, gestatten Rechtsprechung und Literatur seit langem den Rücktritt auch schon vor Fälligkeit. Die dogmatische Grundlage der Rechtsbehelfe bei diesem sog. vorweggenommenen Vertragsbruch ist streitig; überwiegend wird – vor allem im Fall der ernsthaften Erfüllungsweigerung – darin eine positive Forderungsverletzung gesehen. Das Ergebnis entspricht der Regelung in den einheitlichen Kaufrechten – früher Artikel 76 EKG, jetzt Artikel 72 Abs. 1 UN-Kaufrecht.

Zu Absatz 5

Zu Satz 1

Absatz 5 Satz 1 regelt den Fall, dass der Schuldner einer teilbaren Leistung nicht mit der ganzen Leistung, sondern lediglich mit einzelnen Teilen säumig geblieben ist. In einem solchen Fall kann der Gläubiger nicht auf die Alternative beschränkt sein, entweder den Vertrag ganz aufzuheben oder den Vertrag ganz durchzuführen. Oft ist es die sinnvollere Lösung, den Vertrag auf die durchführbaren oder durchgeführten Teile zu beschränken. Bei Sukzessivlieferungsverträgen ist eine solche Beschränkung bzw. Beschränkbarkeit des Rücktritts anerkannte Regel. Andererseits kann es auch Fälle geben, in denen dem Gläubiger eine Beschränkung auf die teilweise Durchführung des Vertrags nicht zugemutet werden kann.

Der Regelung dieser Fälle dient § 323 Abs. 5 Satz 1. Dabei stellt sich die Frage, ob die Leistung von einzelnen Teilen einer teilbaren Leistung zu einer Minderung der Gegenleistung führen oder ob die Möglichkeit eines Teilrücktritts eröffnet werden soll. Minderung wegen einer nur teilweisen Leistungsstörung hätte der Regelung des § 323 Abs. 1 Halbsatz 2 des geltenden Rechts, Rücktritt vom ganzen Vertrag oder nur vom gestörten Teil je nach Ausmaß der Interesseverletzung hätte der Regelung der §§ 325 Abs. 1 Satz 2, 326 Abs. 1 Satz 3 des geltenden Rechts sowie der grundsätzlichen Wertung bei der Störung einzelner Raten in Sukzessivlieferungsverträgen entsprochen. Die Neuregelung hat sich für den Grundsatz des Teilrücktritts entschieden, wobei durch die Einführung des Wortes »nur« deutlich gemacht wird, dass grundsätzlich bei Teilstörungen auch nur Teilrücktritt möglich sein soll. Wenn der Gläubiger an der möglichen bzw. bereits erbrachten Teilleistung auf Grund der Störung einer oder mehrerer anderer Teilleistungen oder Leistungsteile kein Interesse mehr hat, kann er vom ganzen Vertrag zurücktreten. Das entspricht den bisherigen §§ 325 Abs. 1 Satz 2, 326 Abs. 1 Satz 3.

Zu Satz 2

521 Während Absatz 4 Satz 1 sich auf die teilweise Nichterfüllung bezieht, damit die Teilbarkeit der Leistung und die Begrenzung der Leistungsstörung auf einen bestimmten Leistungsteil voraussetzt, betrifft Absatz 4 Satz 2 die **Schlechtleistung**. Hier ergibt sich eine vergleichbare Fragestellung. Auch in diesem Fall ist die Leistung nicht vollständig ausgeblieben. Sie ist aber auch nicht vertragsgemäß. Es stellt sich daher die Frage, welche Rechte dem Gläubiger zustehen sollen, wenn die Leistung schlecht, also zum Beispiel die gekaufte und gelieferte Sache mangelhaft ist und der Verkäufer nicht nacherfüllt. Die Schuldrechtskommission hatte für solche Fälle eine unterschiedliche Behandlung je nach dem vorgeschlagen, ob der Mangel die ganze Leistung erfasst oder nur einzelne Teile hiervon. Im ersteren Fall sollte nach § 323 Abs. 1 Satz 1 KE der Rücktritt vom ganzen Vertrag ohne Weiteres nach erfolgloser Fristsetzung möglich sein. Im zweiten Fall hingegen nach § 323 Abs. 1 Satz 3 KE nur, wenn der Gläubiger an der teilweise mangelhaften Leistung kein Interesse mehr hat. Diesem Modell folgt die Neuregelung nicht. Man wird zwar gelegentlich unterscheiden können, ob ein Mangel die ganze Leistung erfasst oder nur einzelne Teile hiervon. In aller Regel wird aber die teilweise von der vollständig schlechten Leistung kaum abgrenzbar sein.

522 Es besteht in diesen Fällen gewöhnlich auch kein Grund, den Gläubiger am Vertrag teilweise festzuhalten, wenn die Leistung Mängel aufweist. Dies ist nur gerechtfertigt, wenn die Pflichtverletzung unerheblich und damit das Leistungsinteresse des Gläubigers im Grunde nicht gestört ist. § 323 Abs. 1 in Verbindung mit Absatz 4 Satz 2 schreibt deshalb vor, dass der Gläubiger bei Schlechtleistung des Schuldners nach erfolgloser Fristsetzung grundsätzlich auch vom ganzen Vertrag soll zurücktreten können. Dies gilt nur dann nicht, wenn die Pflichtverletzung unerheblich ist. Bei einer unerheblichen Pflichtverletzung kann der Gläubiger dann gar nicht vom Vertrag zurücktreten, also weder vom ganzen Vertrag noch von Teilen desselben.

523 Gerade in dem praktisch wichtigen Fall des Kaufvertrags kann eine hinreichend klare Abgrenzung zwischen § 323 Abs. 5 Satz 1 und 2 allerdings auf Schwierigkeiten stoßen, weil sich gerade hier die Leistungsdefizite ähneln. So macht es für den Käufer kaum einen Unterschied, ob ihm von den gekauften 100 Flaschen Wein nur 90 geliefert werden, oder ob er zwar 100 Flaschen er-

hält, von denen aber in 10 Flaschen sich statt des erwarteten Weins nur noch eine Art Essig befindet, weil der Korkverschluss undicht war. In beiden Fällen erhält er nur 90 brauchbare Flaschen. Deshalb enthält im Kaufrecht § 434 Abs. 3 eine Sonderregelung, die den Begriff des Sachmangels auch auf die Lieferung einer anderen als die gekaufte oder einer zu geringen Menge erstreckt. Das hat auch Auswirkungen auf das Rücktrittsrecht: Wegen der einheitlichen Behandlung derartiger Fälle im Kaufrecht richtet sich die Rücktrittsmöglichkeit des Käufers wegen eines Sachmangels stets nach § 437 Nr. 2 Fall 1 in Verbindung mit § 323 Abs. 5 Satz 2. § 323 Abs. 5 Satz 1 ist beim Kaufvertrag deshalb insoweit nicht anwendbar, als ein Sachmangel im Sinne des § 434 vorliegt.

Zu Absatz 6

Absatz 6 betrifft die **Verantwortung** des Gläubigers für die **Pflichtverletzung**. Im bisherigen Recht bleibt der von einer Leistungsstörung des Schuldners betroffene Gläubiger an den Vertrag gebunden – und zur Erbringung seiner eigenen Leistung verpflichtet –, wenn er die Unmöglichkeit der Leistung durch den Schuldner zu vertreten hat, bisheriger § 324 Abs. 1 Satz 1. Die Neuregelung verallgemeinert und erweitert diese Lösung, die für den Sonderfall der Unmöglichkeit in § 326 Abs. 2 Satz 1 übernommen wird. Die Gläubigerverantwortung sollte auch dann, wenn die Nichtleistung des Schuldners auf anderen Umständen als den in § 275 genannten beruht, nicht unberücksichtigt bleiben.

524

§ 323 Abs. 6 nimmt dem Gläubiger das Rücktrittsrecht in den Fällen, in denen er für den Rücktrittsgrund allein oder doch jedenfalls weit überwiegend verantwortlich ist sowie dann, wenn der Gläubiger sich in Annahmeverzug befindet und ihm deshalb das Risiko einer ausbleibenden Leistung zugewiesen werden muss. Bei dem Schadensersatzanspruch statt der Leistung kann die Mitverantwortung des Gläubigers über eine Kürzung des Anspruchs gemäß § 254 angemessen berücksichtigt werden. Bei dem Gestaltungsrecht »Rücktritt« ist dies nicht ohne Weiteres möglich. Hier gibt es nur die Möglichkeit, das Rücktrittsrecht insgesamt auszuschließen und den Gläubiger so an dem Vertrag und auch an der Verpflichtung zur Erbringung der Gegenleistung festzuhalten. Diese Folge sieht die Neuregelung, anders als die Vorschläge der Schuldrechtskommission in § 323 Abs. 3 Nr. 3 KE, allerdings nicht schon bei einer »überwiegenden« Mitverantwortung des Gläubigers als gerechtfertigt an. Vielmehr muss der Gläubiger zumindest »weit« überwiegend für die Entstehung des Rücktrittsgrundes mit verantwortlich sein. Damit soll ein Grad der Mitverantwortung umschrieben werden, der über § 254 auch einen Schadensersatzanspruch ausschließen würde. Damit werden auch insoweit der Anspruch auf Schadensersatz statt der Leistung und das Rücktrittsrecht gleich behandelt.

525

Absatz 6 bezieht sodann den Fall mit ein, dass der nicht vom Schuldner zu vertretende, den Gläubiger an sich **zum Rücktritt berechtigende Umstand im Annahmeverzug** des Gläubigers eingetreten ist. Damit wird der Gedanke des bisherigen § 324 Abs. 2 auch für die Fälle außerhalb der Unmöglichkeit übernommen und mit dem Annahmeverzug dem Gläubiger die Gegenleistungsgefahr auch insoweit auferlegt.

526

§ 324 – Rücktritt wegen Verletzung einer Pflicht nach § 241 Abs. 2

Verletzt der Schuldner bei einem gegenseitigen Vertrag eine Pflicht nach § 241 Abs. 2, so kann der Gläubiger zurücktreten, wenn ihm ein Festhalten am Vertrag nicht mehr zuzumuten ist.

527 § 324 regelt den Fall, dass zwar nicht die Leistung nicht oder schlecht erbracht wird, der Schuldner aber sonstige Pflichten verletzt. Dabei handelt es sich um dieselben Pflichten, die § 282 für den Schadensersatz statt der Leistung anspricht und die in der Begründung zu dieser Vorschrift bereits erläutert wurden. Auch für den Rücktritt wegen der Verletzung einer Nebenpflicht sollen dieselben gesteigerten Voraussetzungen gelten wie für den Anspruch auf Schadensersatz statt der Leistung. § 324 entspricht deshalb § 282. Auch die Schuldrechtskommission hatte bereits in ganz ähnlicher Weise für Nebenpflichtverletzungen einen Ausschlussgrund für den Rücktritt in § 323 Abs. 3 Nr. 2 KE vorgesehen.

528 Auch hier war zu berücksichtigen, dass derartige Pflichtverletzungen durch den Schuldner auch vom Gläubiger weit oder überwiegend zu vertreten sein können. In einer solchen Lage muss auch der Rücktritt nach § 324 ausgeschlossen sein. Dem hatte der Entwurf mit einem Satz 2 Rechnung tragen wollen, der § 323 Abs. 5 (jetzt § 323 Abs. 6) in Bezug nahm. Darauf verzichtet das Gesetz, weil dieser Umstand bei der Beurkundung berücksichtigt werden muss, ob dem Gläubiger ein Festhalten am Vertrag zuzumuten ist.

§ 325 – Schadensersatz und Rücktritt

Das Recht, bei einem gegenseitigen Vertrag Schadensersatz zu verlangen, wird durch den Rücktritt nicht ausgeschlossen.

529 Nach geltendem Recht muss der Gläubiger nach den §§ 325, 326, aber auch beim Fehlen zugesicherter Eigenschaften oder bei Werkmängeln zwischen Aufhebung des Vertrags (Rücktritt, Wandelung) und Schadensersatz wählen. Im Reisevertragsrecht kann dagegen wegen eines zu vertretenden Reisemangels neben der Aufhebung durch Kündigung Schadensersatz wegen Nichterfüllung verlangt werden, § 651f Abs. 1. Die Alternativität von Schadensersatz und Rücktritt wird überwiegend als unbefriedigend bewertet, wenngleich eine Kombination der Rücktrittsfolgen mit Schadensersatz wegen Nichterfüllung in den Fällen der derzeitigen §§ 325, 326 im Ergebnis immer dann eintritt, wenn der Gläubiger sich für den Schadensersatzanspruch entscheidet und seinen Schaden nach der Differenzmethode berechnet. Er kann das jedenfalls dann tun, wenn er seine eigene Leistung noch nicht erbracht hat (s. MünchKomm/Emmerich § 325 Rdn. 40 ff., 45).

530 Eine Kombination von Vertragsaufhebung und Schadensersatz wird im praktischen Ergebnis aber auch dann erreicht, wenn der Gläubiger vorgeleistet hat und seine Leistungen in einer Geldzahlung bestanden sowie nach h. A. auch

dann, wenn der Gläubiger eine Sachleistung erbracht hat, die noch nicht in das Eigentum des Schuldners übergegangen ist und deshalb ohne Rücktritt zurückverlangt werden kann (vgl. zu diesen Kombinationsfällen Huber, Gutachten S. 714 m.w.N.). Auch die neben der Wandelung zu ersetzenden »Vertragskosten« bedeuten eine teilweise Kumulierung von Rücktritt und Schadensersatz. Verlangt der Käufer nach den bisherigen §§ 463, 480 Abs. 2 den großen Schadensersatz und gibt dazu die Sache zurück, dann werden ebenfalls effektiv Wandelung und Schadensersatz kombiniert.

Schwierigkeiten bereiten deshalb vor allem die Fälle, in denen der **Gläubiger voreilig Rücktritt** erklärt hat. Die Rechtsprechung hilft, indem sie großzügig solche Erklärungen als Schadensersatzverlangen deutet (vgl. BGH, NJW 1988, 2878). Die einheitlichen Kaufrechte lassen Kumulierung von Vertragsaufhebung und Schadensersatz uneingeschränkt zu (vgl. z.B. Artikel 75, 76 UN-Kaufrecht). Auch die meisten ausländischen Rechte sehen insoweit keine Schwierigkeiten (vgl. Treitel, International Encyclopedia of Comparative Law, Vol. VII, Chap. 16 No. 183 ff., 184); im amerikanischen Recht, wo die angenommene logische Unvereinbarkeit von Vertragsauflösung und Schadensersatz einen gewissen Einfluss hatte, darf sie heute als aufgegeben gelten (vgl. Treitel aaO sowie Artikel 2 §§ 703, 711 (1), 721 des amerikanischen Uniform Commercial Code).

531

Dieses Ergebnis des bisherigen Rechts ist nicht sachgemäß. Es ist nicht einsichtig, weshalb der Gläubiger nur bei der Wahl des Schadensersatzes die Rechtsfolgen beider Rechtsbehelfe soll kombinieren können, weshalb das aber nicht auch bei der Wahl von Rücktritt möglich sein soll. Entsprechend einem Vorschlag der Schuldrechtskommission in §§ 280 Abs. 2, 327 KE soll deshalb die sog. Alternativität zwischen Rücktritt und Schadensersatz aufgegeben werden. Auf diese Aussage beschränkt sich § 325 im Gegensatz zu § 327 KE. Dieser hatte demgegenüber zusätzlich vorgeschrieben, dass der Gläubiger ohne Weiteres nur einfachen Schadensersatz und Schadensersatz statt der ausgebliebenen Leistung mit dem Rücktritt sollte verbinden können. Schadensersatz »wegen Nichtausführung des Vertrags« sollte der Gläubiger demgegenüber nur verlangen können, wenn er zuvor zurückgetreten war. Diese Regelungstechnik lag darin begründet, dass die Tatbestände für den Schadensersatz statt der Leistung einerseits und den Rücktritt vom Vertrag andererseits nicht deckungsgleich waren. Mit den §§ 281 und 282 einerseits und den §§ 323 und 324 andererseits wird dieser Gleichklang aber hergestellt, so dass es nicht mehr erforderlich ist, für den Schadensersatz statt der ganzen Leistung den vorherigen Rücktritt zu verlangen.

532

§ 326 – Gegenleistung beim Ausschluss der Leistungspflicht

(1) Braucht der Schuldner nach § 275 Abs. 1 bis 3 nicht zu leisten, entfällt der Anspruch auf die Gegenleistung; bei einer Teilleistung findet § 441 Abs. 3 entsprechende Anwendung. Satz 1 gilt nicht, wenn der Schuldner im Fall der nicht vertragsgemäßen Leistung die Nacherfüllung nach § 275 Abs. 1 bis 3 nicht zu erbringen braucht.

(2) Ist der Gläubiger für den Umstand, auf Grund dessen der Schuldner nach § 275 Abs. 1 bis 3 nicht zu leisten braucht, allein oder weit überwiegend verantwortlich oder tritt dieser vom Schuldner nicht zu vertretende Umstand zu einer Zeit ein, zu welcher der Gläubiger im Verzug der Annahme ist, so behält der Schuldner den Anspruch auf die Gegenleistung. Er muss sich jedoch dasjenige anrechnen lassen, was er infolge der Befreiung von der Leistung erspart oder durch anderweitige Verwendung seiner Arbeitskraft erwirbt oder zu erwerben böswillig unterlässt.

(3) Verlangt der Gläubiger nach § 285 Herausgabe des für den geschuldeten Gegenstand erlangten Ersatzes oder Abtretung des Ersatzanspruchs, so bleibt er zur Gegenleistung verpflichtet. Diese mindert sich jedoch nach Maßgabe des § 441 Abs. 3 insoweit, als der Wert des Ersatzes oder des Ersatzanspruchs hinter dem Wert der geschuldeten Leistung zurückbleibt.

(4) Soweit die nach dieser Vorschrift nicht geschuldete Gegenleistung bewirkt ist, kann das Geleistete nach den §§ 346 bis 348 zurückgefordert werden.

(5) Braucht der Schuldner nach § 275 Abs. 1 bis 3 nicht zu leisten, kann der Gläubiger zurücktreten; auf den Rücktritt findet § 323 mit der Maßgabe entsprechende Anwendung, dass die Fristsetzung entbehrlich ist.

Zu Absatz 1

Zu Satz 1

533 Absatz 1 regelt das **Schicksal der Gegenleistung**, wenn der Schuldner nach § 275 nicht zu leisten braucht. Die Schuldrechtskommission hatte diesen Fall nicht besonders behandelt und dem allgemeinen Tatbestand des § 323 KE unterstellt. Der Gläubiger sollte danach zwar keine Frist setzen müssen, weil bei Unmöglichkeit offensichtlich ist, dass sie nicht zum Erfolg führt, § 323 Abs. 2 Nr. 1 KE. Er sollte aber nach diesem Vorschlag nicht kraft Gesetzes von der Gegenleistung befreit sein, sondern sollte nur vom Vertrag zurücktreten können.

534 Diese Konstruktion ist vielfach als zu umständlich und nicht sachgerecht kritisiert worden. Es soll deshalb in dem Fall, in dem der Schuldner nach § 275 entweder wegen Unmöglichkeit nach Absatz 1 oder wegen Erhebens der Einrede nach Absatz 2 nicht zu leisten braucht, die Gegenleistung nach § 326 kraft Gesetzes entfallen. § 326 entspricht mit leichten Anpassungen an die veränderte Konzeption des § 275 dem bisherigen § 323 unter Einbeziehung des bisherigen § 324. Damit entfällt kraft Gesetzes die Pflicht zur Gegenleistung zwar auch dann, wenn dem Anspruch nur eine Einrede aus § 275 Abs. 2 entgegensteht. Voraussetzung ist aber jedenfalls, dass der Schuldner diese Einrede auch erhoben hat. Nur dann »braucht« der Schuldner nicht zu leisten. In diesem Fall steht fest, dass der Anspruch auf die Leistung nicht durchsetzbar ist; der Unterschied zu den Wirkungen der Einwendung aus § 275 Abs. 1 ist nur theoretischer Natur. Deshalb ist auch in diesem Fall ein Entfallen der Gegenleistungspflicht kraft Gesetzes und nicht etwa nur auf Einrede des Gläubigers gerechtfertigt.

535 Absatz 1 Satz 1 gilt nicht nur dann, wenn der **Schuldner** von der **ganzen Primärleistung** befreit ist und der Gläubiger deshalb die ganze Gegenleistung

nicht zu erbringen braucht. Absatz 1 Satz 1 gilt vielmehr auch dann, wenn sich das Leistungshindernis nur auf einen Teil der geschuldeten Leistung bezieht. In diesem Fall wird der Gläubiger teilweise von der Gegenleistung frei. Absatz 1 Satz 1 Halbsatz 2 behandelt diesen Fall ähnlich wie die Minderung im Kauf und verweist deshalb für die Berechnung des Umfangs, in dem der Gläubiger nach Abs. 1 Satz 1 teilweise von der Gegenleistung frei wird, auf die Vorschriften über die Berechnung der Minderung in § 441 Abs. 3. Das entspricht dem bisherigen § 323 Abs. 1 letzter Halbsatz. Erfasst ist – ebenso wie in dem bisherigen § 323 Abs. 1 und wie in § 323 Abs. 4 Satz 1 – nur die teilbare Leistung.

Zu Satz 2

Diese Überlegung lässt sich nicht ohne weiteres auf den Fall der Schlechtleistung übertragen, wenn die Nacherfüllung unmöglich ist. Dem Wortlaut des § 326 Abs. 1 Satz 1 könnte zu entnehmen sein, dass sich auch in diesem Fall der Wert der Gegenleistung im Umfang der Unmöglichkeit kraft Gesetzes mindert. § 326 Abs. 1 Satz 2 BGB schließt dies aus. **536**

Andernfalls ergäbe sich die Folge, dass ein Minderungsrecht zwar allgemein nicht geregelt wird, sich dieselben Rechtsfolgen aber aus § 326 herleiten ließen. Das soll vermieden werden. Bei der Schlechtleistung käme es sonst für die Frage einer Minderung kraft Gesetzes auf den für den Gläubiger nicht ohne Weiteres erkennbaren und für die Befriedigung seines Leistungsinteresses unerheblichen Umstand an, ob das Leistungsdefizit bei einer Schlechtleistung noch behoben werden kann oder nicht. Es würden sich dann auch Wertungswidersprüche zu den Vertragstypen ergeben, bei denen ein Minderungsrecht ausdrücklich vorgesehen ist, wie vor allem beim Kauf. Hier ist die Minderung ein Gestaltungsrecht und kann nur anstelle des Rücktritts ausgeübt werden, tritt aber nicht kraft Gesetzes neben ein Rücktrittsrecht. Es kann aber für die Rechte des Käufers keinen Unterschied machen, ob eine Nacherfüllung deshalb fehlschlägt, weil der Verkäufer aus Nachlässigkeit eine ordnungsgemäße Reparatur des verkauften PKW nicht erreicht oder ob das Ausbleiben des Leistungserfolgs daran liegt, dass eine Reparatur von vornherein nicht möglich ist. **537**

Zu Absatz 2

§ 326 Abs. 2 übernimmt mit leichten Umformulierungen den bisherigen § 324. **538**

Zu Absatz 3

Absatz 3 entspricht inhaltlich dem bisherigen § 323 Abs. 2. **539**

Zu Absatz 4

Ist die Gegenleistung bewirkt, obwohl der Gläubiger von der Gegenleistung frei geworden ist, so muss diese erstattet werden. Hierfür soll – anders als nach dem bisherigen § 323 Abs. 3 –nicht das Bereicherungsrecht, sondern das Rücktrittsrecht maßgeblich sein, das generell besser auf die Rückabwicklung fehlgeschlagener Verträge zugeschnitten ist. **540**

C. Leistungsstörungs- und Rücktrittsrecht

Zu Absatz 5

541 Absatz 5 knüpft zunächst an Absatz 1 Satz 2 an. Nach Absatz 5 kann der Gläubiger kann bei einer Schlechtleistung stets nur nach § 326 Abs. 1 Satz 3 in Verbindung mit § 323 zurücktreten; eine Minderung der Gegenleistung kraft Gesetzes tritt nach § 326 Abs. 1 Satz 1 nicht ein. Für dieses Rücktrittsrecht gilt dann auch die Erheblichkeitsschwelle des § 323 Abs. 4 Satz 2. Die Fristsetzung ist entbehrlich, weil ja von vornherein feststeht, dass eine Nacherfüllung keinen Erfolg haben kann. Das bedeutet, dass der Gläubiger bei einer irreparablen Schlechtleistung nicht kraft Gesetzes von der Leistung frei wird, sondern das Recht erhält, vom Vertrag zurückzutreten.

542 Absatz 5 gilt aber auch für die Teilunmöglichkeit. Hier kann es Fälle geben, in denen der Gläubiger wegen der teilweisen Befreiung des Schuldners von der Primärleistung an der ganzen Leistung kein Interesse mehr hat. Für diesen Fall bestimmt § 326 Abs. 5, dass der Gläubiger vom ganzen Vertrag zurücktreten kann, wenn er an der Leistung kein Interesse mehr hat. Dieser Fall ist von § 323 Abs. 4 Satz 1 nicht erfasst, weil dort die Möglichkeit der Leistung vorausgesetzt wird.

§ 615 Vergütung bei Annahmeverzug und bei Betriebsrisiko

543 Der Gesetzgeber folgt hier der Gegenäußerung der Bundesregierung zu Nummer 21 der Stellungnahme des Bundesrates und hält aus denselben Gründen die Klarstellung für angezeigt, dass der Arbeitslohn trotz nicht möglicher Arbeitsleistung zu zahlen ist, wenn der Arbeitgeber das Betriebsrisiko trägt. Dies sichert den status quo; Änderungen ergeben sich nicht.

4. Rücktrittsfolgen

Texte

544 Die Folgen des Rücktritts werden jetzt einheitlich in §§ 346 ff. BGB n. F. geregelt. Die Vorschriften lauten:

§ 346 Wirkungen des Rücktritts

(1) Hat sich eine Vertragspartei vertraglich den Rücktritt vorbehalten oder steht ihr ein gesetzliches Rücktrittsrecht zu, so sind im Fall des Rücktritts die empfangenen Leistungen zurückzugewähren und die gezogenen Nutzungen herauszugeben.

(2) Statt der Rückgewähr hat der Schuldner Wertersatz zu leisten, soweit
1. die Rückgewähr oder die Herausgabe nach der Natur des Erlangten ausgeschlossen ist,
2. er den empfangenen Gegenstand verbraucht, veräußert, belastet, verarbeitet oder umgestaltet hat,
3. der empfangene Gegenstand sich verschlechtert hat oder untergegangen ist; jedoch bleibt die durch die bestimmungsgemäße Ingebrauchnahme entstandene Verschlechterung außer Betracht.

Ist im Vertrag eine Gegenleistung bestimmt, ist sie bei der Berechnung des Wertersatzes zugrunde zu legen.

(3) Die Pflicht zum Wertersatz entfällt,
1. wenn sich der zum Rücktritt berechtigende Mangel erst während der Verarbeitung oder Umgestaltung des Gegenstandes gezeigt hat,
2. soweit der Gläubiger die Verschlechterung oder den Untergang zu vertreten hat oder der Schaden bei ihm gleichfalls eingetreten wäre,
3. wenn im Fall eines gesetzlichen Rücktrittsrechts die Verschlechterung oder der Untergang beim Berechtigten eingetreten ist, obwohl dieser diejenige Sorgfalt beobachtet hat, die er in eigenen Angelegenheiten anzuwenden pflegt.

Eine verbleibende Bereicherung ist herauszugeben.

(4) Der Gläubiger kann wegen Verletzung einer Pflicht aus Absatz 1 nach Maßgabe der §§ 280 bis 283 Schadensersatz verlangen.

§ 347 Nutzungen und Verwendungen nach Rücktritt

(1) Zieht der Schuldner Nutzungen entgegen den Regeln einer ordnungsmäßigen Wirtschaft nicht, obwohl ihm das möglich gewesen wäre, so ist er dem Gläubiger zum Wertersatz verpflichtet. Im Fall eines gesetzlichen Rücktrittsrechts hat der Berechtigte hinsichtlich der Nutzungen nur für diejenige Sorgfalt einzustehen, die er in eigenen Angelegenheiten anzuwenden pflegt.

(2) Gibt der Schuldner den Gegenstand zurück, leistet er Wertersatz oder ist seine Wertersatzpflicht gemäß § 346 Abs. 3 Nr. 1 oder 2 ausgeschlossen, so sind ihm notwendige Verwendungen zu ersetzen. Andere Aufwendungen sind zu ersetzen, soweit der Gläubiger durch diese bereichert wird.

§ 348 Erfüllung Zug-um-Zug

(unverändert)

§ 349 Erklärung des Rücktritts

(unverändert)

§ 350 Erlöschen des Rücktrittsrechts nach Fristsetzung

Ist für die Ausübung des vertraglichen Rücktrittsrechts eine Frist nicht vereinbart, so kann dem Berechtigten von dem anderen Teil für die Ausübung eine angemessene Frist bestimmt werden. Das Rücktrittsrecht erlischt, wenn nicht der Rücktritt vor dem Ablauf der Frist erklärt wird.

§ 351 Unteilbarkeit des Rücktrittsrechts

(entspricht dem bisherigen § 356).

§ 352 Aufrechnung nach Nichterfüllung

Der Rücktritt wegen Nichterfüllung einer Verbindlichkeit wird unwirksam, wenn der Schuldner sich von der Verbindlichkeit durch Aufrechnung befreien konnte und unverzüglich nach dem Rücktritt die Aufrechnung erklärt.

§ 353 Rücktritt gegen Reugeld

(entspricht dem bisherigen § 359)

§ 354 Verwirkungsklausel

(entspricht dem bisherigen § 360)

Erläuterung der Änderungen im Rücktrittsfolgenrecht

§ 346 – Wirkungen des Rücktritts

(1) Hat sich eine Vertragspartei vertraglich den Rücktritt vorbehalten oder steht ihr ein gesetzliches Rücktrittsrecht zu, so sind im Fall des Rücktritts die empfangenen Leistungen zurückzugewähren und die gezogenen Nutzungen herauszugeben.
(2) Statt der Rückgewähr hat der Schuldner Wertersatz zu leisten, soweit
1. die Rückgewähr oder die Herausgabe nach der Natur des Erlangten ausgeschlossen ist,
2. er den empfangenen Gegenstand verbraucht, veräußert, belastet, verarbeitet oder umgestaltet hat,
3. der empfangene Gegenstand sich verschlechtert hat oder untergegangen ist; jedoch bleibt die durch die bestimmungsgemäße Ingebrauchnahme entstandene Verschlechterung außer Betracht.
Ist im Vertrag eine Gegenleistung bestimmt, ist sie bei der Berechnung des Wertersatzes zugrunde zu legen.
(3) Die Pflicht zum Wertersatz entfällt,
1. wenn sich der zum Rücktritt berechtigende Mangel erst während der Verarbeitung oder Umgestaltung des Gegenstandes gezeigt hat,
2. soweit der Gläubiger die Verschlechterung oder den Untergang zu vertreten hat oder der Schaden bei ihm gleichfalls eingetreten wäre,
3. wenn im Fall eines gesetzlichen Rücktrittsrechts die Verschlechterung oder der Untergang beim Berechtigten eingetreten ist, obwohl dieser diejenige Sorgfalt beobachtet hat, die er in eigenen Angelegenheiten anzuwenden pflegt.
Eine verbleibende Bereicherung ist herauszugeben.
(4) Der Gläubiger kann wegen Verletzung einer Pflicht aus Absatz 1 nach Maßgabe der §§ 280 bis 283 Schadensersatz verlangen.

Vorbemerkung

545   Der Rücktritt hat das Ziel, die vor dem Vertragsschluss bestehende Rechtslage wiederherzustellen. Er lässt die durch den Vertrag begründeten primären Leistungspflichten, soweit sie nicht erfüllt sind, erlöschen (Befreiungswirkung) und begründet zugleich für beide Vertragsteile eine Pflicht zur Rückgewähr der

empfangenen Leistungen. Einer näheren Regelung bedürfen insbesondere vier Problemkreise:

Das Rücktrittsrecht kann sich aus vertraglicher Abrede oder aus einer Pflichtverletzung der Parteien ergeben. Für letzteres hat sich trotz der vertraglichen Grundlage die Bezeichnung gesetzliches Rücktrittsrecht in Rechtsprechung und Literatur durchgesetzt. Problematisch ist, ob für beide Fälle des Rücktritts eine – für Differenzierungen offene – Einheitsregelung sachgerecht ist oder ob eine Lösung den Vorzug verdient, die die Durchführung des Rücktritts für beide Fälle eigenständig konzipiert und ordnet. 546

Das Ziel des Rücktritts, die vor dem Vertragsschluss bestehende Rechtslage wiederherzustellen, kann nicht erreicht werden, wenn die empfangene Sache untergegangen, wesentlich verschlechtert, verbraucht, verarbeitet oder veräußert worden ist. Fraglich ist, wie sich diese Unmöglichkeit der Rückgewähr der empfangenen Leistung auf das Rücktrittsrecht auswirken soll. Soll das Rücktrittsrecht schlechthin entfallen oder soll es in allen Fällen weiterbestehen? Oder soll nach dem Grund der Unmöglichkeit der Rückgewähr unterschieden werden? Wo ist, wenn man eine differenzierte Lösung befürwortet, die Grenze zwischen Rücktrittsausschluss und Weiterbestehen des Rücktrittsrechts zu ziehen? 547

Zu entscheiden ist weiter, unter welchen Voraussetzungen der Rückgewährschuldner, der die empfangene Sache nicht oder nur verschlechtert herausgeben kann, Schadens- oder Wertersatz zu leisten hat. Soweit ein derartiger Sachverhalt zum Ausschluss des Rücktrittsrechts führt, bedarf es allerdings keiner Regelung über eine Schadensersatz- oder Wertersatzpflicht. Sie ist aber erforderlich, wenn die Störung der Rückabwicklung beim Rücktrittsgegner auftritt, darüber hinaus auch für Störungen beim Rücktrittsberechtigten, soweit eine das Rücktrittsrecht ausschließende Regelung fehlt. 548

Die Regelung des Rücktrittsausschlusses und der Schadens- und Wertersatzpflicht betrifft zugleich die Grundsatzfrage der Gefahrtragung. Störungen in der Rückabwicklung der beiderseitigen Leistungen beruhen in der Regel auf Ereignissen, die zu einer Zeit eintreten, zu der die Gefahr des zufälligen Untergangs oder der zufälligen Verschlechterung bereits nach den bisherigen § 446 oder § 644 auf den Rückgewährschuldner übergegangen war. Soll dieser Gefahrübergang auch im Fall des Rücktritts Bestand haben? Oder soll die Gefahr zum anderen Teil, in der Regel zu dem Verkäufer oder Unternehmer, zurückspringen? 549

Die Befreiungswirkung des Rücktritts ist bislang im Gesetz nicht geregelt; eine Regelung der Rückgewährpflicht nach erklärtem Rücktritt findet sich derzeit in § 346 Satz 1. Im Übrigen gilt zu den vier genannten Problemkreisen nach geltendem Recht Folgendes: 550

Das bisherige Recht unterscheidet zwischen vertraglich vereinbartem und gesetzlichem Rücktrittsrecht. Die bisherigen §§ 346 bis 359 gelten unmittelbar nur für das vertragliche Rücktrittsrecht. Auf die gesetzlichen Rücktrittsrechte und die Wandelung finden die bisherigen §§ 346 ff. entsprechende Anwendung (vgl. bisher §§ 327, 636, 467, 634 Abs. 4). Dies wird aber bisher durch §§ 327 Satz 2 und 467 modifiziert. Der bisherige § 327 Satz 2 bestimmt nach seinem Wortlaut, 551 dass der Rücktrittsgegner nur nach den Vorschriften über die Herausgabe einer ungerechtfertigten Bereicherung haftet, wenn er den Rücktrittsgrund nicht zu vertreten hat. Der bisherige § 467 legt fest, dass die Verarbeitung oder Umbildung der Sache die Wandelung nicht ausschließt, wenn sich der Sachmangel erst während der Umgestaltung zeigt, er räumt dem Käufer außerdem einen Anspruch auf Ersatz der Vertragskosten ein. Soweit das Gesetz derzeit Rücktrittsrechte vorsieht, ohne auf die §§ 346 ff. zu verweisen, wendet die Rechtsprechung in der Regel auf die Rückabwicklung Bereicherungsrecht an (vgl. RGZ 116, 377, 379 zu einer Verordnung vom 29. Oktober 1923; BGHZ 6, 227, 230 zu § 20 UmstG).

552 Der Rücktritt wird bisher nach § 350 nicht dadurch ausgeschlossen, dass der vom Rücktrittsberechtigten empfangene Gegenstand durch Zufall untergegangen ist. Dabei stehen wesentliche Verschlechterungen oder eine auf Zufall beruhende sonstige Unmöglichkeit der Rückgewähr dem Untergang gleich (Palandt/Heinrichs, § 350 Rdn. 1 f.). Dagegen ist der Rücktritt nach dem bisherigen § 351 ausgeschlossen, wenn der Rücktrittsberechtigte den Untergang, eine wesentliche Verschlechterung oder eine sonstige Unmöglichkeit der Rückgewähr des empfangenen Gegenstandes verschuldet hat. Dem steht es nach den bisherigen §§ 352 und 353 gleich, wenn die Rückgewähr der empfangenen Sache daran scheitert, dass der Rücktrittsberechtigte sie verarbeitet, umgebildet, veräußert oder belastet hat. Die Wandelung ist im Fall des bisherigen § 352 jedoch nicht ausgeschlossen, wenn sich der Mangel erst bei der Umgestaltung gezeigt hat (§ 467). Eine von den bisherigen §§ 350 bis 353 abweichende Regelung hatte der Gesetzgeber in § 7 Abs. 4 VerbrKrG, § 3 Abs. 1 Satz 2 HTWG und § 13a Abs. 3 UWG getroffen, die inzwischen durch das Fernabsatzgesetz vom 27. Juni 2000 (BGBl. I S. 897) aufgehoben und durch eine Sonderregelung in § 361a ersetzt worden sind. Seit dem Inkrafttreten dieses Gesetzes am 30. Juni 2000 und in Ansehung des Verbraucherkreditgesetzes und des Gesetzes über den Widerruf von Haustürgeschäften und ähnlichen Geschäften am 1. Oktober 2000 finden sich die Regelungen für die Rückabwicklung von Verbraucherverträgen nach Widerruf bzw. Rückgabe in den §§ 361a und 361b (= jetzt §§ 355 ff. E). Danach bleibt ein einem Verbraucher gesetzlich eingeräumtes Widerrufsrecht auch dann bestehen, wenn die Unmöglichkeit, den empfangenen Gegenstand zurückzugewähren, vom Berechtigten zu vertreten ist. Das Gesetz legt ihm dafür eine Wertersatzpflicht auf.

553 Der bisherige § 346 Satz 2 sieht eine Wertersatzpflicht für geleistete Dienste und die Überlassung der Benutzung einer Sache vor. Die Wertersatzpflicht besteht ebenso wie die Rückgewährpflicht nach dem bisherigen § 346 Satz 1 auch dann, wenn der Rückgewährschuldner nicht mehr bereichert ist (BGHZ 77, 310, 320; 85, 50, 59). Für den Fall des gesetzlichen Rücktrittsrechts wird – wie bereits dargelegt – abweichend hiervon in dem bisherigen § 327 Satz 2 bestimmt, dass der Rücktrittsgegner, der den Rücktrittsgrund nicht zu vertreten hat, nur nach Bereicherungsrecht haftet. Die in ihrem Anwendungsbereich enge Wertersatzregelung des derzeitigen § 346 Satz 2 wird ergänzt durch die Schadensersatzregelung des derzeitigen § 347 Satz 1. Diese Vorschrift bestimmt, dass sich die

Haftung des Rückgewährschuldners für die Unmöglichkeit der Rückgewähr und für Verschlechterungen der zurückzugewährenden Sache vom Empfang der Leistung an nach den Vorschriften richten, die im Eigentümer-Besitzer-Verhältnis für die Zeit ab Rechtshängigkeit gelten. Der bisher in § 347 Satz 1 in Bezug genommene § 989 macht die Schadensersatzpflicht von einem Verschulden abhängig. Zu berücksichtigen ist im Übrigen, dass im Anwendungsbereich des derzeitigen § 347 Satz 1 zwischen dem Rücktrittsgegner und dem Rücktrittsberechtigten unterschieden werden muss. Ist der Rücktrittsgegner zur Rückgewähr außerstande oder kann er den empfangenen Gegenstand nur verschlechtert herausgeben, richtet sich seine Haftung derzeit immer nach §§ 347 Satz 1, 989. Für den Rücktrittsberechtigten gilt dagegen bis zum Rücktritt in erster Linie die Regelung der bisherigen §§ 351 bis 353, die bei verschuldeter Unmöglichkeit der Rückgewähr oder verschuldeter wesentlicher Verschlechterung des zurückzugewährenden Gegenstandes das Rücktrittsrecht ausschließt. Erst nach der Rücktrittserklärung wird § 347 Satz 1 auf den Rücktrittsberechtigten anwendbar, vorher gilt er beim Rücktrittsberechtigten nur für unwesentliche Verschlechterungen.

Eine vom bisherigen § 347 Satz 1 abweichende Regelung gilt, wenn der Widerrufsberechtigte von seinem Widerrufsrecht aus den bisherigen §§ 7 VerbrKrG, 1 HTWG Gebrauch macht. Der Berechtigte hat in Fällen, in denen er die Unmöglichkeit der Rückgewähr oder die Verschlechterung der zurückzugewährenden Sache zu vertreten hat, keinen Schadensersatz, sondern Wertersatz zu leisten (bisheriger § 361a Abs. 2 Satz 4). Ist er nicht über das Widerrufsrecht belehrt worden und hat er von diesem Recht auch nicht anderweitig Kenntnis erlangt, so ist er nur bei Vorsatz und grober Fahrlässigkeit ersatzpflichtig (bisheriger § 361a Abs. 2 Satz 5).

554

Den derzeitigen §§ 347, 350 liegt unausgesprochen eine Gefahrtragungsregel zugrunde. Wenn die zurückzugewährende Sache beim Rückgewährschuldner durch Zufall untergegangen oder wesentlich verschlechtert worden ist, geht das im Falle des Rücktritts zu Lasten des Rückgewährgläubigers: Dieser hat die von ihm empfangene Gegenleistung nach dem bisherigen § 346 Satz 1 zurückzugewähren, erhält aber seine Leistung nicht oder nur wesentlich verschlechtert zurück und hat auch keinen Anspruch auf Schadens- oder Wertersatz. Beim Kaufvertrag, dem Hauptanwendungsfall der §§ 346 ff., bedeutet dies, dass bei einem Rücktritt des Verkäufers die auf den Käufer übergegangene Gefahr des zufälligen Untergangs oder der zufälligen Verschlechterung (bisher § 446) zum Verkäufer zurückspringt.

555

Über die sich aus der Natur des Rücktritts ergebenden grundsätzlichen Rechtsfolgen (Befreiungswirkung und Rückgewährpflicht) gibt es de lege lata und de lege ferenda keinen Streit. Erörterungsbedürftig ist insoweit allenfalls, ob die Befreiungswirkung des Rücktritts abweichend vom bisherigen Recht im § 346 ausdrücklich erwähnt werden soll. Einverständnis besteht auch darüber, dass der Rücktritt den Vertrag nicht im Ganzen aufhebt, sondern ihn in ein Abwicklungsverhältnis mit vertraglicher Grundlage umwandelt (BGHZ 88, 46, 48; MünchKomm/Janßen Rdn. 36 vor § 346); die früher h.M. (RGZ 61, 128, 132;

556

136, 33; Planck, 1./2. Aufl., 1900, Anm. 2 a vor § 346), die annahm, dass durch den Rücktritt unter Wegfall des Vertrags ein gesetzliches Schuldverhältnis entstehe, und zwar ein modifiziertes Bereicherungsverhältnis, ist überholt.

557 Trotz dieser Übereinstimmung über die wesentlichen Rechtsfolgen des Rücktritts und der rechtsdogmatischen Einordnung des durch den Rücktritt entstehenden Rückgewährschuldverhältnisses gehören die Vorschriften des Bürgerlichen Gesetzbuchs über die Durchführung des Rücktritts zu den schwächeren Partien der Kodifikation. Sie sind »gesetzestechnisch so missglückt und in zentralen Fragen auch rechtspolitisch so fragwürdig und umstritten, dass ein für Theorie und Praxis kaum noch zu durchdringendes Dickicht von Streitfragen und Thesen entstanden ist« (von Caemmerer, Festschrift für Larenz 1973, S. 625).

Im Einzelnen geht es um folgende Kritikpunkte:
Anwendungsbereich der bisherigen §§ 346 ff.

558 Ein wesentlicher Mangel besteht darin, dass die Regelung des gesetzlichen Rücktritts in dem bisherigen § 327 Satz 2 in seiner Bedeutung und Tragweite unklar ist und zu einem nicht enden wollenden Auslegungsstreit geführt hat. § 327 Satz 2 ersetzt im geltenden Recht die in § 347 bestimmte strenge Haftung nach den §§ 987 ff. durch eine Haftung nach Bereicherungsrecht und gibt dem Rückgewährschuldner damit die Möglichkeit, sich auf den Wegfall der Bereicherung (§ 818 Abs. 3) zu berufen. Begünstigt wird nach dem Gesetzeswortlaut der Rücktrittsgegner, sofern er den Rücktrittsgrund nicht zu vertreten hat. Das ergibt offensichtlich keinen vernünftigen Sinn, denn in den Fällen der bisherigen §§ 325, 326, auf die sich der bisherige § 327 Satz 2 systematisch bezieht, hat der Rücktrittsgegner den Rücktrittsgrund immer zu vertreten.

559 Nur im Anwendungsbereich des bisherigen § 636 kann es ausnahmsweise so liegen, dass der Rücktrittsgegner den Rücktrittsgrund nicht zu vertreten hat. Das ändert aber nichts am Ergebnis, dass der bisherige § 327 Satz 2 bei wörtlicher Auslegung praktisch leerlaufend ist und allenfalls als § 636 Abs. 1 Satz 3 eine Existenzberechtigung hätte. Heftig umstritten ist, welche Konsequenzen aus dem misslungenen § 327 Satz 2 zu ziehen sind.

560 Die Rechtsprechung (allerdings überwiegend in obiter dicta) und ein Teil des Schrifttums sind der Auffassung, dass sich die Auslegung des derzeitigen § 327 Satz 2 vom Gesetzeswortlaut lösen und auf die in ihm zum Ausdruck kommende grundsätzliche Aussage abstellen müsse: § 327 Satz 2 enthalte den allgemeinen Rechtsgedanken, dass derjenige, der den Rücktritt nicht zu vertreten habe, nur nach Bereicherungsrecht hafte (BGHZ 6, 227, 230; 53, 144, 148; BGH, JZ 1987, 675, 676; E. Wolf, AcP 153 (1954), 97; Medicus, Schuldrecht I § 49 II 1). Dieser Grundsatz wird auch auf die Wandelung übertragen (OLG Köln, OLGZ 1970, 454, 455), zum Teil wird jedoch für den Eintritt der strengeren Haftung abweichend von § 819 nicht auf die Kenntnis, sondern auf das Kennenmüssen abgestellt, d.h. auf den Zeitpunkt, in dem der Berechtigte mit dem Rücktritt rechnen musste (MünchKomm/Janßen, § 347 Rdn. 15a).

561 Die Gegenansicht tritt für eine wörtliche Auslegung des bisherigen § 327 Satz 2 ein (Huber, JZ 1987, 650; MünchKomm/Emmerich § 327 Rdn. 13; Soer-

gel/ Wiedemann § 327 Rdn. 34). Sie legt im Anschluss an die Untersuchungen von Glaß (Gefahrtragung und Haftung beim gesetzlichen Rücktritt, 1959) und Leser (Der Rücktritt vom Vertrag, 1975) dar, dass § 327 Satz 2, der auf § 279 Satz 2 des zweiten Entwurfes zurückgeht, nach seiner Entstehungsgeschichte nur für den Rücktrittsgegner gelten solle. Er sei für eine nicht Gesetz gewordene Regelung des Rücktritts beim Fixgeschäft konzipiert worden und habe vor allem den Fall erfassen sollen, dass der Schuldner beim Fixgeschäft die Verzögerung der Leistung nicht zu vertreten habe. Angesichts dieser Übereinstimmung von Wortlaut und Entstehungsgeschichte der Norm sei es ausgeschlossen, § 327 Satz 2 auch auf den Rücktrittsberechtigten anzuwenden.

Ausschluss des Rücktrittsrechts

Die Frage, wie sich der Untergang des vom Rücktrittsberechtigten zurückzugewährenden Gegenstandes auf sein Rücktrittsrecht auswirkt, gehört zu den »dornenvollsten des Vertragsrechts« (Dölle/Weitnauer, Einheitliches Kaufrecht 1976, Rdn. 39 vor Artikel 78-81). Vor dem Inkrafttreten des Bürgerlichen Gesetzbuchs galten im Deutschen Reich für die Wandelung, bei der das Problem vor allem auftritt, zwei unterschiedliche Regelungsmodelle: Das Preußische Allgemeine Landrecht (ALR) gestattete dem Käufer die Wandelung nur, wenn er den Gegenstand in dem Zustand, in dem er ihn empfangen hatte, zurückgeben konnte (ALR §§ 327, 328 I 5). Anders war es dagegen nach gemeinem Recht. Der Untergang des zurückzugewährenden Gegenstandes schloss das Wandelungsrecht des Käufers nicht aus. Soweit die Unmöglichkeit der Rückgewähr auf Zufall beruhte, konnte der Käufer ohne eine Verpflichtung zum Wertersatz die Rückzahlung des Kaufpreises verlangen; hatte der Käufer die Unmöglichkeit der Rückgewähr oder die Verschlechterung des Gegenstandes verschuldet, konnte er die Rückerstattung des Kaufpreises nur fordern, wenn er zugleich Wertersatz anbot (Windscheid, Pandekten II, 7. Aufl. 1891, § 394 Note 2 bei Fn. 5 u. 12; Leser, Der Rücktritt vom Vertrag 1975, S. 46f.). Das Bürgerliche Gesetzbuch versucht, zwischen diesen beiden Regelungen eine mittlere Lösung zu entwickeln. Die Entscheidung des Bürgerlichen Gesetzbuchs, im Falle des bisherigen § 350 den Rücktritt zuzulassen und ihn nur unter den Voraussetzungen der bisherigen §§ 351 bis 353 auszuschließen, wird unter zwei Gesichtspunkten kritisiert:

Eine weit verbreitete Auffassung hält den bisherigen § 350 für rechtspolitisch verfehlt (Leser aaO S. 191; E. Wolf aaO S. 140; von Caemmerer aaO S. 627ff.; Larenz, SchuldR I § 26 b S. 407). Beim Kaufvertrag, dem wichtigsten Anwendungsfall des § 350, gehe die Gefahr des zufälligen Untergangs mit der Übergabe der verkauften Sache auf den Käufer über (bisher § 446). Es gebe keinen überzeugenden Sachgrund dafür, den Gefahrübergang im Fall des Rücktritts oder der Wandelung rückgängig zu machen. Zu rechtfertigen sei ein Rückspringen der Gefahr zum Verkäufer nur dann, wenn der Untergang oder die wesentliche Verschlechterung des Gegenstandes auf einem Sachmangel oder einem sonstigen vom Verkäufer zu vertretenden Grund beruhe.

564 Kritisiert wird außerdem, dass der Begriff des Verschuldens (bisher § 351) beim gesetzlichen Rücktritt nicht passe (Emmerich, Recht der Leistungsstörungen, S. 110; Leser aaO S. 180 ff.). Vor Kenntnis vom Rücktrittsrecht könne der Rücktrittsberechtigte mit dem Gegenstand nach seinem Belieben verfahren (§ 903). Bei einem Untergang oder einer wesentlichen Verschlechterung des Gegenstandes könne daher von einem »Verschulden« des Berechtigten keine Rede sein.

565 Aus dieser grundsätzlichen Kritik und zahlreichen Gegenstimmen hat sich zur Auslegung der bisherigen §§ 350 ff. eine verwirrende Vielzahl von unterschiedlichen Standpunkten entwickelt. Dabei lassen sich im Wesentlichen drei Richtungen unterscheiden:

– Ein Teil des Schrifttums (Soergel/Hadding, § 350 Rdn. 1; MünchKomm/Janßen, § 350 Rdn. 3 f.; Medicus, SchuldR I § 49 II 2) und die Rechtsprechung (BGH, DB 1974, 2295) akzeptiert die Entscheidung des Gesetzgebers, dass die Gefahr des zufälligen Untergangs der Sache durch den Rücktritt zum Rücktrittsgegner zurückfällt. Diese Auffassung versteht den Verschuldensbegriff im bisherigen § 351, soweit es um das gesetzliche Rücktrittsrecht geht, im untechnischen Sinn. Entscheidend sei, ob der Untergang oder die wesentliche Verschlechterung des Gegenstandes auf einer Unachtsamkeit in eigenen Angelegenheiten (Verletzung der in eigenen Angelegenheiten gebotenen Sorgfalt) beruhe oder nicht. Nur im ersten Fall sei das Rücktrittsrecht ausgeschlossen, im zweiten Fall dagegen nicht.

– Andere Autoren wollen den Anwendungsbereich des nach ihrer Ansicht verfehlten § 350 durch Auslegung oder teleologische Reduktion einschränken. Dabei werden hinsichtlich der Begründung und des Umfangs der Reduktion unterschiedliche Auffassungen vertreten: E. Wolf (AcP 153 [1954], 120 ff.) und Leser (aaO S. 213 ff.) wollen, wenn auch mit unterschiedlichen Nuancierungen, den bisherigen § 323 entsprechend anwenden. Wenn durch den Untergang der Sache der Anspruch des Rücktrittsgegners auf Rückgewähr entfalle, verliere auch der Rücktrittsberechtigte grundsätzlich seinen Rückgewähranspruch. Schwenn (AcP 152 [1952/1953], 138, 153 ff.) will den bisherigen § 350 nur anwenden, wenn die Sache auch beim Rücktrittsgegner untergegangen wäre. Andere halten § 350 nur für anwendbar, wenn der Untergang der Sache auf einem Sachmangel beruht oder wenn er aus sonstigen Gründen vom Rücktrittsgegner zu vertreten ist (Honsell, MDR 1970, 717, 719; Wieling, JuS 1973, 397, 399).

– Ein anderer Lösungsvorschlag geht dahin, den Anwendungsbereich des bisherigen § 350 durch eine Ausweitung des Verschuldensbegriffs des bisherigen § 351 einzuschränken. Auch bei diesem Ansatz gibt es unterschiedliche Nuancierungen: Von Caemmerer (aaO S. 627) und Larenz (SchuldR I § 26 b) halten § 351 für anwendbar, wenn der Untergang oder die wesentliche Verschlechterung auf einem zurechenbar risikoerhöhenden Verhalten des Rücktrittsberechtigten beruht. Nach E. Wolf (AcP 153 [1954] 129 ff.; ähnlich Leser aaO S. 198) soll das Rücktrittsrecht bereits ausgeschlossen sein, wenn die

Unmöglichkeit der Rückgewähr auf eine freie Handlung des Rücktrittsberechtigten zurückzuführen ist.

Wert- oder Schadensersatz bei Unmöglichkeit der Rückgewähr

Es überzeugt nicht, dass bisher § 347 Satz 1 die Verpflichtung des Rückgewährschuldners zum Schadensersatz durch einen Verweis auf § 989 regelt. In § 989 geht es um den Besitzer, dem die Klage auf Herausgabe der Sache bereits zugestellt worden ist und der daher von seiner Herausgabepflicht weiß. Damit vergleichbar ist die Lage des Rückgewährschuldners allenfalls nach Ausübung des Rücktrittsrechts. § 347 Satz 1 verweist aber bisher auch für die vorhergehende Zeit vom Empfang der Leistung bis zur Rücktrittserklärung auf § 989; er unterstellt damit dieser Vorschrift Sachverhalte, die gänzlich anders liegen als die Fälle, auf die § 989 unmittelbar anzuwenden ist. Schwierigkeiten ergeben sich dabei, ähnlich wie bisher bei § 351, vor allem beim Tatbestandsmerkmal Verschulden. Dessen Anwendung ist schon beim vertraglichen Rücktrittsrecht nicht unproblematisch, so etwa, wenn der redliche Erbe des Käufers die unter einem Rücktrittsvorbehalt gekaufte Sache verbraucht. Das gilt verstärkt beim gesetzlichen Rücktrittsrecht, bei dem typischerweise beide Vertragsparteien von einem endgültigen Rechtserwerb ausgehen und daher annehmen, sie könnten mit dem empfangenen Gegenstand nach ihrem Belieben verfahren.

566

Wegen dieser grundlegenden Mängel hat sich zur Auslegung des bisherigen § 347 Satz 1 eine Vielzahl von unterschiedlichen Auffassungen entwickelt. Das Meinungsbild ist hier ähnlich vielfältig wie bei der Auslegung der bisherigen §§ 350 ff. Dabei lassen sich, bei vielen Nuancierungen im Einzelnen, im Wesentlichen zwei Hauptrichtungen unterscheiden:

567

– Ein Teil des Schrifttums und die Rechtsprechung ist der Auffassung, dass beim gesetzlichen Rücktrittsrecht die Haftung des Rücktrittsberechtigten aus § 347 Satz 1 durch § 327 Satz 2 eingeschränkt werde. Für den Rücktrittsberechtigten setze die Haftung aus § 347 Satz 1 entsprechend § 819 erst mit der Kenntnis von den Rücktrittsvoraussetzungen ein (BGHZ 53, 144, 148f.; Soergel/Hadding, § 347 BGB Rdn. 10; Medicus, § 49 II Nr. 1 und 2). Vorher soll er für unwesentliche Verschlechterungen auch dann nicht haften, wenn diese auf einem unsorgsamen Verhalten beruhen, obwohl andererseits Einverständnis darüber besteht, dass der Rücktrittsberechtigte bei einer wesentlichen Verschlechterung durch ein unsorgsames Verhalten nach § 351 sein Rücktrittsrecht verliert. Beim vertraglichen Rücktritt haften beide Parteien für jede unsorgfältige Behandlung des zurückzugebenden Gegenstandes. Das wird in Anwendung eines untechnischen Verschuldensbegriffs auch für den Rücktrittsgegner im Fall des gesetzlichen Rücktritts angenommen.
– Die Gegenansicht versagt dem Rücktrittsberechtigten im Fall des gesetzlichen Rücktritts den Schutz des § 327 Satz 2. Ihre Anhänger wollen überwiegend den zu § 351 entwickelten Verschuldensbegriff auf § 347 Satz 1 übertragen und den Rücktrittsberechtigten und den Rücktrittsgegner auch im Fall des gesetzlichen Rücktritts gleichbehandeln. Sie bejahen eine Ersatzpflicht aus § 347 Satz 1, wenn der Untergang oder die Verschlechterung auf einem

zurechenbar risikoerhöhenden Verhalten des Rückgewährschuldners beruht (so Larenz, SchuldR I § 26 b S. 409 ff.) oder noch weitergehender – wenn sie auf eine freie Handlung des Rückgewährschuldners zurückzuführen ist (so Leser, aaO S. 198).

568 Kritik wird aber auch daran geübt, dass bisher § 347 Satz 1 bei einem Verschulden im untechnischen Sinn eine Schadensersatzpflicht begründet. Nur bei einem Verschulden im Rechtssinn, so wird ausgeführt, sei Schadensersatz die richtige Rechtsfolge; bei einem Verschulden im untechnischen Sinn sei eine Wertersatzpflicht, die sich nicht auf entgangenen Gewinn und Folgeschäden erstrecke, die angemessene Regelung. Von einigen Autoren wird eine entsprechende Ersatzpflicht aus § 347 Satz 1 schon de lege lata befürwortet (Leser, aaO S. 199 ff.; Larenz, SchuldR I § 26 b S. 412).

Gefahrtragung und Rücktritt

569 Die sich bisher aus § 347 ergebende Gefahrtragungsregel überzeugt nicht. Das Zurückspringen der Gefahr hinsichtlich einer zurückzugewährenden Sache ist schon beim vertraglichen Rücktrittsrecht problematisch. Offensichtlich unangemessen ist es beim gesetzlichen Rücktrittsrecht. Wenn der Verkäufer wegen Nichtzahlung der letzten Kaufpreisrate vom Vertrag zurücktritt, kann es nicht richtig sein, dass er die auf den Kaufpreis geleisteten Raten an den Käufer zurückzugewähren hat, selbst aber leer ausgeht, weil die verkaufte Sache durch Zufall beim Käufer untergegangen ist. Um dieses Ergebnis zu vermeiden, billigt man dem Verkäufer das Recht zu, die Rücktrittserklärung rückgängig zu machen, sei es durch Einräumung eines Anfechtungsrechts analog § 119 Abs. 2 (Esser/Schmidt, SchuldR § 19 II 3) oder eines Widerrufsrechts wegen Fehlens der Geschäftsgrundlage (Palandt/Heinrichs, § 347 Rdn. 2). Dadurch wird es möglich, den Einzelfall sachgerecht zu entscheiden. Der eigentliche Mangel, die unrichtige Gefahrtragungsregel, bleibt aber bestehen.

Zu Absatz 1

570 Absatz 1 ist an den bisherigen § 346 Satz 1 angelehnt. Er enthält gegenüber dem geltenden Recht zwei Neuerungen, nämlich einmal die Entscheidung, dass die §§ 346 ff. unmittelbar auch auf das gesetzliche Rücktrittsrecht Anwendung finden, zum anderen eine im wesentlichen redaktionelle Änderung. Die de lege lata und de lege ferenda unumstrittene Pflicht zur Herausgabe gezogener Nutzungen, die sich nach geltendem Recht aus §§ 347 Satz 2, 987 Abs. 1 ergibt, wird in die Regelung des § 346 Abs. 1 einbezogen. Nach der Ausübung des Rücktritts sind auch nach der Neuregelung die empfangenen Leistungen zurückzugewähren und die gezogenen Nutzungen herauszugeben. Zu den Nutzungen gehören auch die Gebrauchsvorteile, § 100. Der Käufer beispielsweise, der nach einem Jahr wegen eines Mangels des gekauften PKW vom Kaufvertrag gemäß §§ 437 Nr. 2, 323 zurücktritt, hat dem Verkäufer auch die Vorteile herauszugeben, die er durch die Benutzung des PKW gezogen hat. Dasselbe gilt für den Käufer, der als Nachlieferung gemäß § 439 Abs. 1 Fall 2 einen neuen PKW erhält und seinen mangelhaften Wagen gemäß §§ 439 Abs. 4, 346 zurückzugeben hat.

An dem Prinzip des Nutzungsersatzanspruchs und an der Berechnung der Gebrauchsvorteile will das Gesetz nichts ändern. Maßgeblich für den Inhalt des Anspruchs ist der Umfang der Nutzung durch den Käufer im Verhältnis zu der voraussichtlichen Gesamtnutzungsdauer (vgl. für das bisherige Recht Palandt/Heinrichs, § 347 Rdn. 9). Mit einem in Absatz 1 aufgenommenen Zusatz soll dies klargestellt werden: Es kommt auf das Maß der Abnutzung an, die durch den bestimmungsgemäßen Gebrauch der Sache eingetreten ist. Die hierdurch eingetretene Wertminderung fließt in jedem Fall gemäß Absatz 1 in die Berechnung der herauszugebenden Gebrauchsvorteile ein. Eine »Verschlechterung« im Sinne des § 346 Abs. 2 Nr. 3 stellt diese Abnutzung nicht dar. 571

Im Beispielsfall des Kaufvertrags erhält der Verkäufer seine Nachteile durch eine infolge der Benutzung des PKW eingetretene Wertminderung allerdings nicht stets in vollem Umfang, sondern nur in dem Umfang ersetzt, in dem der Käufer Gebrauchsvorteile erlangt hat. Damit bleibt zum Beispiel die Wertminderung unberücksichtigt, die unabhängig von einer Nutzung des Wagens allein dadurch eintritt, dass der PKW zum Straßenverkehr zugelassen wird und deshalb nicht mehr als »neu« angesehen werden kann. Dasselbe gilt für einen eventl. Wertverlust infolge eines Preisverfalls auf dem Markt. Diese Formen des Wertverlustes dem Verkäufer aufzuerlegen ist sachgerecht, da er entweder durch die Lieferung einer mangelhaften Sache die Ursache für den Rücktritt des Käufers gesetzt hat oder sich bei einem vertraglichen Rücktrittsrecht auf das Risiko einer Rückabwicklung des Vertrags eingelassen hat. Tritt umgekehrt der Verkäufer etwa wegen eines Zahlungsverzugs des Käufers zurück, so besteht jedenfalls ein umfassender Schadensersatzanspruch gemäß § 281. 572

Gesehen worden ist auch die Gefahr einer missbräuchlichen Ausnutzung der Rechte des Käufers. Dieser könnte versucht sein, bei geringfügigen Mängeln die Sache trotzdem zunächst weiterzubenutzen, um dann kurz vor Ablauf der Verjährungsfrist Nachlieferung eines Neuwagens zu verlangen und so seinen »alten« PKW »umzutauschen«. Der Käufer wird aber zum Ersatz der Gebrauchsvorteile verpflichtet. Außerdem ist er auf Grund des Vertrags verpflichtet, auch im Rücktrittsfall auf die Interessen des Verkäufers, z.B. auch an der Erhaltung der zurückzugewährenden Kaufsache, Rücksicht zu nehmen. Läßt er es daran fehlen, stellt das indes eine Pflichtverletzung dar, die ggf. auch zum Schadensersatz gemäß § 280 Abs. 1 verpflichtet. 573

Der Rücktritt hat zugleich die Wirkung, dass die durch den Vertrag begründeten primären Leistungspflichten, soweit sie nicht erfüllt sind, erlöschen. Es erschien allerdings in Übereinstimmung mit dem bisherigen Recht nicht erforderlich, diese Befreiungswirkung im Gesetzeswortlaut ausdrücklich auszusprechen. Der Rücktrittsberechtigte, der erst nach Ausübung seines Rücktrittsrechts erfährt, dass die von ihm gelieferte Sache beim Rücktrittsgegner untergegangen ist, hat nach § 346 Abs. 2 in der Regel einen Anspruch auf Wertersatz. Ob ihm gleichwohl das Recht zuzubilligen ist, die Rücktrittserklärung rückgängig zu machen, kann wie bisher Rechtsprechung und Lehre überlassen bleiben. 574

Es ist allgemein anerkannt, dass der bisherige § 281 (jetzt § 285) auf Ansprüche aus dem durch den Rücktritt begründeten Rückgewährschuldverhältnis an- 575 wendbar ist (RG JW 1911, 321; BGH NJW 1983, 929, 930, MünchKomm/Janßen, § 347 Rdn. 7; Soergel/Hadding, § 347 Rdn. 2). Der Entwurf geht davon aus, dass die Neufassung des § 346 hieran nichts ändert.

Näher einzugehen ist auf Folgendes:

576 Die Neuregelung sieht vor, dass die §§ 346 ff. sowohl auf das vertragliche als auch auf das gesetzliche Rücktrittsrecht anzuwenden sind. Das stimmt weitgehend, aber nicht völlig mit dem geltenden Recht überein. Während das geltende Recht eine »entsprechende« Anwendung der §§ 346 ff. auf das gesetzliche Rücktrittsrecht anordnet (bisherige §§ 327 Satz 1, 467 Satz 1), entscheidet sich die Neuregelung dafür, den gesetzlichen Rücktritt in den unmittelbaren Anwendungsbereich der §§ 346 ff. einzubeziehen. Er vermeidet dadurch die bei einer »entsprechenden« Anwendung mögliche Unsicherheit und Unklarheit. Ein Bedürfnis, für den gesetzlichen Rücktritt eine eigenständige Regelung zu entwickeln, besteht nicht. Soweit für den gesetzlichen Rücktritt Sondervorschriften erforderlich sind, können sie in den Zusammenhang der §§ 346 ff. eingeordnet werden.

577 Die Neuregelung sieht vor, auf den derzeit geltenden § 327 Satz 2 zu verzichten. Die Streichung der Vorschrift beendet einen lang andauernden Auslegungsstreit. Eine Regelung im Sinne der überwiegend vertretenen Auslegungsalternative, nach der der Rücktrittsberechtigte stets nur nach Bereicherungsrecht haftet, erscheint nicht sachgerecht. Vielmehr ist der in § 346 Abs. 3 Nr. 3 für den Rücktrittsberechtigten vorgesehene Schutz erforderlich, aber auch ausreichend.

578 Soweit Sonderregelungen bestehen, wie etwa bei der Wohnungsmiete (§ 572 Abs. 1), beim Reisevertrag (§§ 651 i, 651 l), beim Verlöbnis (§§ 1298 ff.), beim Erbvertrag (§§ 2293 ff.) und beim Versicherungsvertrag (§§ 16 ff. VVG), gehen diese den §§ 346 ff. vor. Für das Rücktrittsrecht wegen Fehlens oder Wegfalls der Geschäftsgrundlage (§ 313 Abs. 3) enthält das Gesetz keine Sondervorschriften. Es gelten daher grundsätzlich die §§ 346 ff.

Zu Absatz 2

Zu Satz 1

579 Die Neuregelung sieht vor, die bisherigen §§ 350 bis 353 zu streichen. Der **Rücktrittsberechtigte** soll auch dann **zum Rücktritt berechtigt** sein, wenn er zur **Rückgewähr** der empfangenden **Leistung außerstande** ist. Die Gefahr des Untergangs und eines sonstigen Unvermögens zur Rückgewähr wird dem Rückgewährschuldner durch Begründung einer Pflicht zum Wertersatz zugewiesen.

580 Die Neuregelung will damit die bisherigen §§ 350 bis 353 durch ein Modell der Rückabwicklung dem Werte nach ersetzen. Der Rücktrittsberechtigte soll auch dann zum Rücktritt berechtigt sein, wenn er die Unmöglichkeit der Rückgewähr zu vertreten hat. Das Gesetz übernimmt auf diese Weise die Regelung der früheren §§ 7 Abs. 4 VerbrKrG, 3 Abs. 1 HTWG, 13a UWG und § 5 Abs. 6 TzWRG, die im Zusammenhang mit dem Gesetz über Fernabsatzverträge und andere Fragen des Verbraucherrechts sowie zur Umstellung von Vorschriften auf Euro in dem bisherigen § 361a Abs. 2 Satz 4 zusammengefasst worden sind, und folgt damit im Ergebnis zugleich dem Standpunkt des gemeinen Rechts.

Berechtigte Interessen des Rücktrittsgegners stehen dieser Lösung nicht entgegen, da der Rücktrittsberechtigte, soweit sein Rücktrittsrecht nach bisherigem Recht ausgeschlossen war, Wert- oder Schadensersatz zu leisten hat. Für die Entscheidung, auf die bisherigen §§ 350 bis 353 generell zu verzichten, sind im wesentlichen drei Gründe maßgebend:

– Wenn die zurückzugewährende Sache infolge eines Verschuldens des Rücktrittsberechtigten untergeht, kommt es nach geltendem Recht entscheidend darauf an, ob dieses Ereignis vor oder nach Abgabe der Rücktrittserklärung eintritt. Bei einem Untergang vor Abgabe der Rücktrittserklärung erlischt das Rücktrittsrecht, bei einem Untergang nach diesem Zeitpunkt bleibt das Rücktrittsrecht bestehen, der Rücktrittsberechtigte muss aber nach dem bisherigen § 347 Schadensersatz leisten. Diese Unterscheidung überzeugt nicht. Wenn der mit einem Sach- oder Rechtsmangel behaftete Pkw während einer Fahrt des Käufers durch einen Verkehrsunfall erheblich beschädigt wird, sollte es für die Rechtsfolgen gleichgültig sein, ob sich der Unfall kurz vor oder nach der Rücktrittserklärung ereignet hat.

– Für die Regelung der Neuregelung spricht weiter der Gedanke, dass für die Rückabwicklung nach Rücktritts- und Bereicherungsrecht, soweit möglich, gleiche Prinzipien gelten sollten. Die Leistungskondiktion bleibt auch dann zulässig, wenn der zurückzugewährende Gegenstand beim Gläubiger untergegangen ist; dieser muss sich jedoch im Rahmen der Saldotheorie und ihrer Einschränkungen den Wert der untergegangenen Sache anrechnen lassen. Es erscheint sachgerecht, dieses Modell der »Rückabwicklung dem Werte nach« auf das Rücktrittsrecht zu übertragen. Der Wegfall der §§ 350 bis 353 vereinfacht die Rechtsanwendung. Der Streit darüber, wann eine Verschlechterung wesentlich (bisher § 350) oder unwesentlich (bisher § 347) ist, entfällt. Die vielen Streitfragen um die Auslegung und Anwendung der bisherigen §§ 350 und 351 werden gegenstandslos. Soweit sie auch die bisherigen §§ 346 und 347 betreffen, musste bei deren Neufassung für die notwendige Klarstellung gesorgt werden.

– Nach dem Gesetz bleibt das Rücktrittsrecht grundsätzlich auch dann bestehen, wenn der Rücktrittsberechtigte die zurückzugewährende Sache vorsätzlich zerstört. Dieses Ergebnis ist vertretbar. Wenn die vorsätzliche Zerstörung der Rücktrittserklärung zeitlich nachfolgt, ist es auch nach geltendem Recht so, dass der Rücktrittsberechtigte zwar Schadensersatz leisten muss, aber seinen Rückgewähranspruch aus § 346 behält. Im Übrigen kann dem Anspruch des Berechtigten in krass liegenden Fällen der Einwand des Rechtsmissbrauches entgegengehalten werden (OLG Düsseldorf, NJW 1989, 3163).

581 Wenn der Wert der vom Rücktrittsberechtigten empfangenen, durch sein Verschulden untergegangenen Sache und seiner Gegenleistung gleich groß ist, kann der Rücktrittsberechtigte trotz des Weiterbestehens seines Rücktrittsrechts im Ergebnis vom Rücktrittsgegner nichts verlangen. Das spricht nicht gegen die Lösung des Entwurfs. Wenn sich bei einem Abwicklungsverhältnis äquivalente und gleichartige Leistungen gegenüberstehen, versteht es sich von selbst, dass

C. Leistungsstörungs- und Rücktrittsrecht

die Beteiligten zumindest nach Erklärung der Aufrechnung nichts mehr voneinander zu beanspruchen haben.

582 Soweit das Rücktrittsrecht auf einer vertraglichen Abrede beruht, können die Parteien bestimmen, dass der Rücktritt ausgeschlossen sein soll, wenn der Berechtigte die empfangene Sache nicht zurückgewähren kann. Eine Vereinbarung dieses Inhalts kann auch in Zukunft konkludent getroffen oder einer ergänzenden Vertragsauslegung entnommen werden.

583 Der Rückgewährschuldner soll nicht berechtigt sein, gegenüber Wertersatzansprüchen aus dem Rückgewährschuldverhältnis die Einrede der Entreicherung zu erheben. Das entspricht beim vertraglichen Rücktritt dem geltenden Recht und versteht sich bei diesem im Grunde von selbst, da beide Parteien sich auf den möglichen Rücktritt einrichten können und müssen. Aber auch beim gesetzlichen Rücktritt, für den derzeit § 327 Satz 2 gilt, ist die Zulassung der Einrede der Entreicherung nicht sachgerecht. Sie geht davon aus, dass die für den gegenseitigen Vertrag geltende Abhängigkeit von Leistung und Gegenleistung als faktisches Synallagma grundsätzlich auch bei der Rückabwicklung der beiderseitigen Leistung beachtet werden muss; sie berücksichtigt zugleich, dass der Anwendungsbereich des § 818 Abs. 3 durch die Saldotheorie auch im Bereicherungsrecht wesentlich eingeengt wird und dass die Aufhebung des § 350 dazu beitragen könnte, die Begründung der Saldotheorie zu erleichtern. Der Rücktrittsgegner hat durch die Verletzung einer vertraglichen Pflicht den Grund für den Rücktritt gesetzt. Es erscheint daher nicht angemessen, für ihn von der synallagmatischen Rückabwicklung der empfangenen Leistungen eine Ausnahme zuzulassen.

584 Schwieriger ist es, für den Rücktrittsberechtigten eine konsensfähige Lösung zu finden. Soweit er Sachleistungen zurückzugewähren hat, erscheint es richtig, die für den Rückgewährschuldner geltende strenge Haftung durch § 346 Abs. 3 aufzulockern. Eine weitergehende Regelung ist nicht erforderlich. Soweit der Rücktrittsberechtigte Geld zurückzugewähren hat – dabei wird es sich in der Regel um Anzahlungen an den Verkäufer oder Unternehmer handeln – besteht kein Grund, ihm die Berufung auf den Wegfall der Bereicherung zu gestatten. Soweit er die Anzahlung verbraucht hat, um die von ihm zu erbringende Leistung vorzubereiten, wird er durch § 284 ausreichend geschützt.

585 Die Neuregelung geht davon aus, dass die Auferlegung einer Schadensersatzpflicht nur dann angemessen ist, wenn der Schuldner eine Pflicht aus dem Schuldverhältnis verletzt und er die Pflichtverletzung zu vertreten hat. Die §§ 346 ff. brauchen deshalb keine Schadensersatzregelung zu enthalten. Wann im Fall des Rücktritts Schadensersatz geschuldet wird, ergibt sich bereits aus den Vorschriften des allgemeinen Leistungsstörungsrechts.

586 Beim vertraglichen Rücktrittsvorbehalt ist die Partei, die eine Leistung empfangen hat, gegenüber dem anderen Teil verpflichtet, mit dem Leistungsgegenstand sorgfältig umzugehen. Diese Pflicht besteht, bis das Rücktrittsrecht erloschen ist. Wird sie verletzt, steht dem anderen Teil ein Schadensersatzanspruch aus § 280 Abs. 1 zu.

587 Beim gesetzlichen Rücktrittsrecht können die Parteien zunächst davon ausgehen, dass der ihnen übertragene Gegenstand endgültig Bestandteil ihres Vermö-

gens geworden ist. Eine Rechtspflicht zur sorgsamen Behandlung entsteht erst, wenn die Partei weiß oder wissen muss, dass die Rücktrittsvoraussetzungen vorliegen. Sie setzt spätestens ein, wenn der Rücktritt erklärt wird. Auch hier ergibt sich die Schadensersatzpflicht für Pflichtverletzungen des Rückgewährschuldners bereits aus § 280 Abs. 1. Hat der Schuldner beim gesetzlichen Rücktritt den Rücktrittsgrund zu vertreten, steht dem anderen Teil nach §§ 325, 281 ein Schadensersatzanspruch zu.

Kommt der Schuldner seiner Rückgewährpflicht nicht nach, kann der Gläubiger unter den Voraussetzungen der §§ 281, 283 statt der Leistung Schadensersatz verlangen oder unter den Voraussetzungen des Verzuges (§§ 280 Abs. 2, 286) den Ersatz seines Verspätungsschadens fordern. Auch insoweit besteht für eine Schadensersatzregelung in den §§ 346 f. E kein Bedürfnis. 588

Es bleiben die Fälle, in denen der Schuldner zur Rückgewähr außerstande ist, ohne dass ihm die Verletzung einer Pflicht aus dem Schuldverhältnis zur Last fällt. Soweit in diesen Fällen dem Gläubiger ein Ausgleich zu gewähren ist, ist nicht ein Schadensersatzanspruch, sondern ein Anspruch auf Wertersatz der richtige Rechtsbehelf. 589

Absatz 2 benennt die drei Fälle, in denen der Schuldner Wertersatz zu leisten hat: 590

Nach **Nummer 1** besteht eine **Wertersatzpflicht**, wenn die **Rückgewähr** oder die **Herausgabe** nach der Natur des **Erlangten ausgeschlossen** ist. Diese Vorschrift erweitert die Regel des bisherigen § 346 Satz 2 zu einem allgemeinen Prinzip. 591

Nummer 2 begründet eine Wertersatzpflicht, soweit der Schuldner den **empfangenen Gegenstand verbraucht, veräußert, belastet, verarbeitet** oder **umgestaltet** hat. Das entspricht den bisherigen §§ 352, 353, wandelt aber die Ausschlussregelung in eine Wertersatzpflicht um und erstreckt sie auch auf den Rücktrittsgegner. 592

Nummer 3 tritt an die Stelle der bisherigen §§ 347, 350 und 351. Mit »Verschlechterung« ist, wie oben bereits zu Absatz 1 angedeutet, nicht die Abnutzung durch den bestimmungsgemäßen Gebrauch gemeint, sondern nur **weitergehendere Beeinträchtigungen** des herauszugebenden Gegenstandes, insbesondere Substanzverletzungen oder auch Abnutzungen infolge eines übermäßigen Gebrauchs. Halbsatz 2 stellt klar, dass dabei Wertminderungen durch die bestimmungsgemäße Ingebrauchnahme (Zulassung eines PKW) außer Betracht bleiben. Hierzu wurde bereits oben zu Absatz 1 ausgeführt, dass diese Wertverluste – unabhängig von einem Schadensersatzanspruch gemäß § 281 – stets der Gläubiger des Rückgewähranspruchs zu tragen hat. 593

Zu Satz 2

Die Wertersatzpflicht des Schuldners soll sich in erster Linie **nach der im Vertrag bestimmten Gegenleistung** ausrichten. Im Unterschied zum Entwurf tritt die Gegenleistung nicht uneingeschränkt an die Stelle des Werts. Sie ist vielmehr nur Berechnungsgrundlage. Soweit eine solche Bestimmung fehlt, sollen wie in § 818 Abs. 2 die objektiven Wertverhältnisse maßgebend sein. Das grundsätzli- 594 che Festhalten an den vertraglichen Bewertungen erscheint interessengerecht, da die aufgetretene Störung allein die Rückabwicklung, nicht aber die von den Parteien privatautonom ausgehandelte Entgeltabrede betrifft. Soweit auch diese beeinträchtigt ist, etwa weil die Voraussetzungen der §§ 119 Abs. 2, 123 vorliegen, hat der Gläubiger die Möglichkeit, den Vertrag anzufechten und den Anspruch aus §§ 812 ff. geltend zu machen.

Zu Absatz 3

Zu Satz 1

595 Absatz 3 Satz 1 bestimmt, wann die Pflicht zum Wertersatz ausgeschlossen ist:

596 **Nummer 1** übernimmt den dem bisherigen § 467 Satz 1 Halbsatz 2 zugrundeliegenden Rechtsgedanken. Die Pflicht zum Wertersatz entfällt, wenn sich der zum Rücktritt berechtigende Mangel erst während der Verarbeitung der Sache gezeigt hat.

597 **Nummer 2** knüpft an das geltende Recht an. Der Untergang oder die Verschlechterung der Sache darf nicht zu Lasten des Rückgewährschuldners gehen, wenn sie der andere Teil zu vertreten hat (BGHZ 78, 216). Entsprechendes gilt, wenn der Schaden beim anderen Teil ebenso eingetreten wäre.

598 **Nummer 3** modifiziert die § 346 Abs. 2 zugrundeliegende Gefahrtragungsregelung zugunsten des Rückgewährschuldners, der kraft Gesetzes vom Vertrag zurückgetreten ist.

599 Die Neuregelung sieht damit vor, die den bisherigen §§ 350 f. und 347 zugrundeliegende **Gefahrtragungsregel** zu **korrigieren**. Den Kritikern (jüngst aber gegensätzlich: einerseits Hager in: Ernst/Zimmermann, S. 429 ff., 437 ff.; andererseits Lorenz in: Schulze/Schulte-Nölke, S. 346 ff., 365) ist zuzugeben, dass das Zurückspringen der Gefahr vom Käufer (Besteller) auf den Verkäufer (Werkunternehmer) in der Mehrzahl der Rücktrittsfälle nicht überzeugt. Wenn die gelieferte Sache durch Zufall beim Käufer (Besteller) untergeht, muss dieser den hierdurch entstehenden Nachteil auch dann tragen, wenn ihm ein vertragliches Rücktrittsrecht zusteht oder wenn der andere Teil auf Grund einer vertraglichen oder gesetzlichen Befugnis vom Vertrag zurücktritt. Indes bedarf der Grundsatz, dass die Gefahr des zufälligen Untergangs auch im Fall des Rücktritts beim Käufer (Besteller) bleibt, einer Einschränkung.

600 Nicht zu überzeugen vermag die Lösung des Einheitlichen Kaufrechts (Artikel 82 UN-Kaufrecht), die entscheidend darauf abstellt, ob der Untergang der Sache auf einer Handlung, einem freien Handeln, einem risikoerhöhenden Verhalten des Schuldners oder einem sonstigen Ereignis beruht. Diese Differenzierung führt zu schwierigen Abgrenzungsproblemen. Sie überzeugt aber auch in der Sache nicht. Es leuchtet nicht ein, dass die Zerstörung des gekauften Pkw durch einen Verkehrsunfall, an dem der Käufer schuldlos ist, anders beurteilt werden soll als die Zerstörung durch einen Brand in der Garage des Käufers.

601 Sachgerecht ist das Rückspringen der Gefahr zum Verkäufer (Werkunternehmer) nur dann, wenn der Käufer (Besteller) auf Grund eines **gesetzlichen Rücktrittsrechts** vom Vertrag zurücktritt. Der Rücktritt erfolgt hier deshalb, weil der Verkäufer (Werkunternehmer) seine Pflichten nicht vollständig erfüllt hat.

Wer nicht ordnungsgemäß geleistet hat, darf nicht darauf vertrauen, dass der Gefahrübergang auf den anderen Teil endgültig ist. Eine nicht ordnungsgemäße Leistung liegt insoweit nicht schon vor, wenn lediglich ein Verstoß gegen Schutzpflichten (z.B. Verletzung einer Aufklärungspflicht) gegeben ist. Das Dilemma, von zwei schuldlosen Beteiligten einem den Verlust auferlegen zu müssen (Flessner, NJW 1972, 1777, 1780), muss hier, wie es auch der h.M. im geltenden Recht entspricht, zugunsten des Rücktrittsberechtigten gelöst werden.

Zu Satz 2

Satz 2 legt fest, dass der Schuldner die etwa verbleibende Bereicherung herauszugeben hat. Er ist als Rechtsfolgenverweisung auf die §§ 812ff. zu verstehen. 602

Zu Absatz 4

Absatz 4 enthält die Klarstellung, dass für Schadensersatzansprüche ausschließlich die Vorschriften des allgemeinen Leistungsstörungsrechts maßgebend sind. 603

§ 347 – Nutzungen und Verwendungen nach Rücktritt

(1) Zieht der Schuldner Nutzungen entgegen den Regeln einer ordnungsmäßigen Wirtschaft nicht, obwohl ihm das möglich gewesen wäre, so ist er dem Gläubiger zum Wertersatz verpflichtet. Im Fall eines gesetzlichen Rücktrittsrechts hat der Berechtigte hinsichtlich der Nutzungen nur für diejenige Sorgfalt einzustehen, die er in eigenen Angelegenheiten anzuwenden pflegt.
(2) Gibt der Schuldner den Gegenstand zurück, leistet er Wertersatz oder ist seine Wertersatzpflicht gemäß § 346 Abs. 3 Nr. 1 oder 2 ausgeschlossen, so sind ihm notwendige Verwendungen zu ersetzen. Andere Aufwendungen sind zu ersetzen, soweit der Gläubiger durch diese bereichert wird.

Vorbemerkung

Wenn ein Vertragsverhältnis, wie im Fall des Rücktritts, rückabgewickelt werden muss, bedarf die Herausgabe und Vergütung von Nutzungen einer Regelung, zugleich aber auch die Frage, inwieweit dem Rückgewährschuldner ein Anspruch auf Ersatz von Verwendungen zustehen soll. Das bisherige Recht regelt diese Problematik in § 347 Satz 2 und 3. Die Vorschrift verweist ebenso wie bei der Schadensersatzregelung auf die Vorschriften, die im Eigentümer-Besitzer-Verhältnis für die Zeit ab Rechtshängigkeit gelten. Der Rückgewährschuldner hat daher die von ihm gezogenen Nutzungen herauszugeben (§ 987 Abs. 1). Zieht er Nutzungen nicht, die er nach den Regeln einer ordnungsgemäßen Wirtschaft ziehen könnte, ist er ersatzpflichtig, soweit ihn ein Verschulden trifft (§ 987 Abs. 2). Hat er eine Geldsumme erhalten, schuldet er vom Empfang der Leistung an als Mindestnutzungsentschädigung den gesetzlichen Zinssatz (bisher 604

§ 347 Satz 3). Eine Ersatzpflicht für Verwendungen besteht nur bei notwendigen Verwendungen (§§ 994 Abs. 2, 995, 998). Da die Verweisung in dem derzeitigen § 347 Satz 2 den § 996 nicht erfasst, kann der Schuldner für nützliche Verwendungen auch dann keinen Ersatz verlangen, wenn der andere Teil durch sie bereichert ist. Umstritten ist, ob im Falle des gesetzlichen Rücktrittsrechts nach geltendem Recht für den Rücktrittsberechtigten abweichende Grundsätze gelten. Das wird von dem Teil des Schrifttums bejaht, der den Rechtsgedanken des bisherigen § 327 Satz 2 auf den Rücktrittsberechtigten anwenden will. Diese Autoren beschränken die Vergütungspflicht des Rücktrittsberechtigten bis zur Kenntnis oder zum Kennenmüssen des Rücktrittsgrundes auf die noch bestehende Bereicherung und beurteilen bis zu diesem Zeitpunkt auch seine Ersatzansprüche für Aufwendungen nach Bereicherungsrecht (MünchKomm/Janßen, § 347 Rdn. 24, 25, 28; Soergel/Hadding, § 347 Rdn. 10).

605 Das alte Recht ist vor allem drei Einwendungen ausgesetzt:
- Es überzeugt nicht, dass die Ersatzpflicht für Nutzungen und Verwendungen durch eine wenig transparente Verweisung auf Vorschriften über das Eigentümer-Besitzer-Verhältnis geregelt ist.
- Es ist nicht einzusehen, dass der Rückgewährschuldner für nützliche Verwendungen auch dann keinen Ersatz beanspruchen kann, wenn der andere Teil durch die Verwendung bereichert wird.
- Der bis in den § 347 Satz 2 hineinwirkende Streit um die Auslegung des § 327 Satz 2 erschwert die Rechtsanwendung.

Zu Absatz 1

Zu Satz 1

606 Die Verpflichtung des Rückgewährschuldners, die **gezogenen Nutzungen herauszugebe**, ergibt sich bereits aus § 346 Abs. 1. Sie entspricht einem grundsätzlich für alle Abwicklungsverhältnisse geltenden Prinzip.

607 Absatz 1 Satz 1 erlegt dem Rückgewährschuldner eine **Vergütungspflicht** für nicht gezogene Nutzungen auf, sofern er diese nach den Regeln einer ordnungsgemäßen Wirtschaft hätte ziehen können. Die Regelung entspricht mit gewissen Modifikationen dem geltenden Recht:
- Das Gesetz wird den Begriff des Vertretenmüssens grundsätzlich nur im technischen Sinn verwenden. Satz 1 stellt daher darauf ab, ob es dem Schuldner möglich gewesen wäre, die Nutzungen zu ziehen.
- Eine Zinspflicht nach dem Vorbild des bisherigen § 347 Satz 3 sieht § 347 Abs. 1 nicht vor. Der Schuldner ist vielfach – vor allem bei kleineren Beträgen und bei kürzerer Nutzungsdauer – nicht in der Lage, für das empfangene Geld eine Verzinsung in Höhe des gesetzlichen Zinssatzes zu erzielen. Es ist daher interessengerecht, auf eine besondere Zinspflicht zu verzichten und nach § 347 Abs. 1 Satz 1 darauf abzustellen, welche Verzinsung nach den Regeln einer ordnungsmäßigen Wirtschaft dem Schuldner als Nutzung zu erzielen möglich gewesen wäre.

Zu Satz 2

Soweit es sich im Falle des gesetzlichen Rücktritts um den Berechtigten handelt, sind die Regeln der ordnungsmäßigen Wirtschaft für die Begründung einer Wertersatzpflicht kein geeignetes Kriterium. Der Berechtigte soll entsprechend dem § 346 Abs. 3 Nr. 3 zugrundeliegenden Rechtsgedanken vielmehr nur dann zum **Wertersatz** verpflichtet sein, wenn er diejenige Sorgfalt nicht beachtet, die er in eigenen Angelegenheiten anzuwenden pflegt.

Zu Absatz 2

Zu Satz 1

Absatz 2 gibt dem Rückgewährschuldner in Übereinstimmung mit dem geltenden Recht einen **Anspruch** auf **Ersatz notwendiger Verwendungen**. Er erstreckt sich auch auf gewöhnliche Erhaltungskosten. Der Rechtsgedanke des § 994 Abs. 1 Satz 2 trifft nicht zu, da der Rückgewährschuldner die Nutzungen herausgeben oder vergüten muss. Ein besonderer Ersatz der Verwendungen kommt aber dann nicht in Betracht, wenn diese bei der Ermittlung der Nutzungsentschädigung bereits als Minderungsposten berücksichtigt worden sind.

Zu Satz 2

Satz 2 bestimmt, dass der Schuldner andere Aufwendungen ersetzt verlangen kann, soweit der andere Teil durch sie bereichert wird. Diese im geltenden Recht fehlende Ausgleichsregelung ist sachgerecht. Absatz 2 ist als abschließende Regelung zu verstehen. Auch soweit der Schuldner statt der Rückgewähr nach § 346 Abs. 2 Wertersatz schuldet, darf er andere Aufwendungen nicht in Abzug bringen.

§ 350 Erlöschen des Rücktrittsrecht nach Fristsetzung

Ist für die Ausübung des vertraglichen Rücktrittsrechts eine Frist nicht vereinbart, so kann dem Berechtigten von dem anderen Teil für die Ausübung eine angemessene Frist bestimmt werden. Das Rücktrittsrecht erlischt, wenn nicht der Rücktritt vor dem Ablauf der Frist erklärt wird.

§ 355 BGB soll als § 350 BGB n. F. übernommen werden. Er soll in dieser Form aber nur für das vertragliche, nicht für das gesetzliche Rücktrittsrecht gelten.

§ 351 Unteilbarkeit des Rücktrittsrechts

(entspricht dem bisherigen § 356).

Der bisherige § 356 BGB soll inhaltlich unverändert bleiben und als § 351 BGB n. F. übernommen werden. Probleme, die eine Änderung der Vorschrift rechtfertigen könnten, sind bei ihrer Anwendung nicht hervorgetreten. Entsprechende Vorschriften für die Minderung enthalten §§ 441 Abs. 2 und 638 Abs. 2. Lediglich die Paragraphenzählung wurde im Interesse einer auch äußerlich geschlossenen Regelung des Rücktrittsrechts geändert.

§ 352 Aufrechnung nach Nichterfüllung

Der Rücktritt wegen Nichterfüllung einer Verbindlichkeit wird unwirksam, wenn der Schuldner sich von der Verbindlichkeit durch Aufrechnung befreien konnte und unverzüglich nach dem Rücktritt die Aufrechnung erklärt.

613 Die Neuregelung übernimmt den bisherigen § 357 als neuen § 352, ändert aber seinen Anwendungsbereich. Die Vorschrift gilt nach ihrem bisherigen Wortlaut nur für das vertragliche Rücktrittsrecht. Der zugrundeliegende Rechtsgedanke – wer sich durch Aufrechnung befreien kann, braucht sich nicht als Schuldner zu fühlen – gilt aber für das gesetzliche Rücktrittsrecht genauso. Es ist daher sachgerecht, den bisherigen § 357 auf das gesetzliche Rücktrittsrecht auszudehnen. Im Schrifttum wird schon jetzt vereinzelt eine analoge Anwendung der Vorschrift befürwortet (Palandt/Heinrichs, § 357 Rdn. 1). Die Änderung der Paragraphenzählung erfolgt wiederum im Sinne einer geschlossenen Neuregelung des Rücktrittsrechts.

5. Wegfall der Geschäftsgrundlage, Kündigung aus wichtigem Grund

Texte

614 Die bisherigen ungeschriebenen Regel zum Wegfall der Geschäftsgrundlage und zur Kündigung aus wichtigem Grund werden in den §§ 313 und 314 BGB n. F. kodifiziert. Diese lauten:

§ 313 Störung der Geschäftsgrundlage

(1) Haben sich Umstände, die zur Grundlage des Vertrags geworden sind, nach Vertragsschluss schwerwiegend verändert und hätten die Parteien den Vertrag nicht oder mit anderem Inhalt geschlossen, wenn sie diese Veränderung vorausgesehen hätten, so kann Anpassung des Vertrags verlangt werden, soweit einem Teil unter Berücksichtigung aller Umstände des Einzelfalles, insbesondere der vertraglichen oder gesetzlichen Risikoverteilung, das Festhalten am unveränderten Vertrag nicht zugemutet werden kann.

(2) Einer Veränderung der Umstände steht es gleich, wenn wesentliche Vorstellungen, die zur Grundlage des Vertrags geworden sind, sich als falsch herausstellen.

(3) Ist eine Anpassung des Vertrags nicht möglich oder einem Teil nicht zumutbar, so kann der benachteiligte Teil vom Vertrag zurücktreten. An die Stelle des Rücktrittsrechts tritt für Dauerschuldverhältnisse das Recht zur Kündigung.

§ 314 Kündigung von Dauerschuldverhältnissen aus wichtigem Grund

(1) Dauerschuldverhältnisse kann jeder Vertragsteil aus wichtigem Grund ohne Einhaltung einer Kündigungsfrist kündigen. Ein wichtiger Grund liegt vor, wenn dem kündigenden Teil unter Berücksichtigung aller Umstände des Einzelfalls und unter Abwägung der beiderseitigen Interessen die Fortsetzung des Vertragsverhältnisses bis zur vereinbarten Beendigung oder bis zum Ablauf einer Kündigungsfrist nicht zugemutet werden kann.

(2) Besteht der wichtige Grund in der Verletzung einer Pflicht aus dem Vertrag, ist die Kündigung erst nach erfolglosem Ablauf einer zur Abhilfe bestimmten Frist oder nach erfolgloser Abmahnung zulässig. § 323 Abs. 2 findet entsprechende Anwendung.

(3) Der Berechtigte kann nur innerhalb einer angemessenen Frist kündigen, nachdem er vom Kündigungsgrund Kenntnis erlangt hat.

(4) Die Berechtigung, Schadensersatz zu verlangen, wird durch die Kündigung nicht ausgeschlossen.

Erläuterung der Vorschriften zum Wegfall der Geschäftsgrundlage und zur Kündigung aus wichtigem Grund

§ 313 – Störung der Geschäftsgrundlage

(1) Haben sich Umstände, die zur Grundlage des Vertrags geworden sind, nach Vertragsschluss schwerwiegend verändert und hätten die Parteien den Vertrag nicht oder mit anderem Inhalt geschlossen, wenn sie diese Veränderung vorausgesehen hätten, so kann Anpassung des Vertrags verlangt werden, soweit einem Teil unter Berücksichtigung aller Umstände des Einzelfalles, insbesondere der vertraglichen oder gesetzlichen Risikoverteilung, das Festhalten am unveränderten Vertrag nicht zugemutet werden kann.

(2) Einer Veränderung der Umstände steht es gleich, wenn wesentliche Vorstellungen, die zur Grundlage des Vertrags geworden sind, sich als falsch herausstellen.

(3) Ist eine Anpassung des Vertrags nicht möglich oder einem Teil nicht zumutbar, so kann der benachteiligte Teil vom Vertrag zurücktreten. An die Stelle des Rücktrittsrechts tritt für Dauerschuldverhältnisse das Recht zur Kündigung.

Vorbemerkung

Verträge können durch nachträglich eingetretene oder bekannt gewordene Umstände in ihren Grundlagen so schwerwiegend gestört sein, dass ihre unveränderte Durchführung unter Berücksichtigung aller Umstände des Einzelfalles, insbesondere der vertraglichen oder gesetzlichen Risikoverteilung, nicht mehr zumutbar erscheint. Die Gründe hierfür können Sozialkatastrophen wie Krieg,

Währungsverfall oder Umweltkatastrophen sein und sich dann auf eine Vielzahl von Verträgen auswirken; sie können aber auch nur einen Vertrag oder eine begrenzte Zahl von Verträgen betreffen. Liegen solche Umstände vor, so stellen sich folgende Fragen:
1. Wie weit reicht der Grundsatz »pacta sunt servanda«?
2. Welche Rechtsfolgen sollen eintreten? Soll der Vertrag an die veränderte Lage angepasst oder soll er aufgehoben werden?
3. Auf welche Weise sollen Rechtsfolgen herbeigeführt werden, kraft Gesetzes oder Richterspruch oder durch Erklärung einer oder beider Parteien?

616 Im alten Recht gibt es eine Reihe von Einzelbestimmungen (z.B. § 32 D-Markbilanzgesetz), aber keine allgemeine Vorschrift, die Voraussetzungen und Rechtsfolgen dieser Vertragsstörungen regelt. Für diese Fälle des Fehlens oder des Wegfalls der Geschäftsgrundlage ist das Rechtsinstitut entwickelt worden. Folgende Voraussetzungen sind für eine Berücksichtigung des Fehlens oder des Wegfalls der Geschäftsgrundlage allgemein anerkannt: Nur eine schwerwiegende Veränderung von Umständen rechtfertigt eine Vertragsänderung; die Veränderung der Umstände hat außerdem die Grenzen der Risikozuweisung an die betroffene Vertragspartei zu überschreiten; das Festhalten am unveränderten Vertrag muss für die betroffene Partei unzumutbar sein.

617 In der Rechtslehre sind zum Fehlen und zum Wegfall der Geschäftsgrundlage zahlreiche Theorien entwickelt worden, und es bestehen weitgehend unterschiedliche Auffassungen, die jedoch weniger die Ergebnisse als deren Begründung betreffen. Nach der Rechtsprechung, vor allem der des BGH, wird die Geschäftsgrundlage gebildet durch die nicht zum eigentlichen Vertragsinhalt gewordenen, bei Vertragsschluss aber zutage getretenen gemeinsamen Vorstellungen der Vertragsparteien oder die dem anderen Teil erkennbaren und von ihm nicht beanstandeten Vorstellungen der anderen Partei von dem Vorhandensein oder dem künftigen Eintritt bestimmter Umstände, auf denen sich der Geschäftswille der Parteien aufbaut (RGZ 103, 328, 332; BGHZ 25, 390, 392; BGHZ 89, 226, 231). Diese Formel geht letztlich auf Oertmann, Die Geschäftsgrundlage 1923, zurück.

618 In der Rechtslehre und Rechtsprechung wird zwischen der objektiven und der subjektiven, der großen und der kleinen Geschäftsgrundlage unterschieden. Beim ersten Begriffspaar geht es um die Frage, ob nur objektive Gesichtspunkte die Geschäftsgrundlage eines Vertrags in Frage stellen können (z.B. Äquivalenzstörungen oder Zweckstörungen) oder auch subjektive, also die Vorstellungen der Parteien (Fall des gemeinschaftlichen Irrtums). Die **große Geschäftsgrundlage** betrifft die Einwirkungen allgemeiner Katastrophen (Krieg, kriegsähnliche Verhältnisse, erheblicher Währungsverfall, Natur- und Umweltkatastrophen), die kleine Geschäftsgrundlage alle übrigen Fälle, also solche mit begrenzteren Einwirkungen.

619 Letztlich handelt es sich beim Problem des Fehlens oder des Wegfalls der Geschäftsgrundlage um einen besonderen Anwendungsbereich des Grundsatzes von Treu und Glauben, also des § 242. Ein Wegfall der Geschäftsgrundlage wird insbesondere für folgende Fallgruppen diskutiert:

Äquivalenzstörungen

Zur Grundlage eines gegenseitigen Vertrags gehört der Gedanke der Gleichwertigkeit (Äquivalenz) von Leistung und Gegenleistung. Durch unvorhergesehene Umstände – z. B. Geldentwertung – kann es zu einer Störung der Äquivalenz kommen. 620

Leistungserschwernisse

Die Grundlage eines Vertrags kann dadurch gestört sein, dass nach Vertragsschluss Umstände – z. B. Beschaffungshindernisse – eintreten, die es einer Partei erschweren, die von ihr geschuldete Leistung zu erbringen. 621

Zweckstörungen

Zur Grundlage eines Vertrags kann es gehören, dass eine Partei mit der von ihr zu beanspruchenden Leistung einen bestimmten Zweck erreichen will; insbesondere kann sie eine bestimmte Verwendung des Leistungsgegenstandes beabsichtigen. Die Erreichung dieses Leistungszwecks kann sinnlos werden. 622

Hinzuweisen ist ferner darauf, dass nach allgemeiner gerichtlicher Praxis für Unterhaltsverträge und andere Verträge mit Versorgungscharakter geringere Voraussetzungen genügen, um eine Anpassung verlangen zu können. Für den Bereich der betrieblichen Altersversorgung gibt es hierzu bereits eine Anpassungsvorschrift in § 16 des Gesetzes über die betriebliche Altersversorgung. Dort ist in Absatz 1 bestimmt, dass der Arbeitgeber alle drei Jahre eine Anpassung der laufenden Leistungen zu prüfen und sodann nach billigem Ermessen unter Berücksichtigung der Belange des Versorgungsberechtigten und der wirtschaftlichen Lage des Arbeitgebers zu entscheiden hat. 623

Die beim Fehlen oder einem Wegfall der Geschäftsgrundlage unter den genannten Voraussetzungen gebotene Vertragsänderung besteht nach allgemeiner Auffassung grundsätzlich in einer Anpassung an die veränderten Umstände; eine Auflösung des Vertrags kommt nur in Betracht, wenn eine Anpassung nicht möglich ist. Die gebotene Anpassung eines Vertrags wird nicht auf einen entsprechenden Anspruch auf Vornahme der Anpassung gestützt, und nach inzwischen herrschender Auffassung ist sie auch kein Akt der Rechtsgestaltung, sondern der Rechtsfeststellung (Palandt/Heinrichs, § 242 Rdn. 130); die Rechtsänderung vollzieht sich danach beim Vorliegen der Voraussetzungen kraft Gesetzes. Zweifelsfrei ist diese Auffassung indessen nicht, und sie wird auch in der Rechtsprechung nicht uneingeschränkt vertreten. So hat der BGH (NJW 1952, 137) es nach § 242 nicht für ausgeschlossen gehalten, dass Volkswagensparer auf Grund der alten Sparverträge die Lieferung eines Volkswagens »um einen im Urteil festzusetzenden Betrag oder Prozentsatz unter dem jeweiligen normalen Verkaufspreis« verlangen könnten und hat hierbei ausdrücklich von einer »rechtsgestaltenden Veränderung der Verträge« gesprochen. Diese Beurteilung wird von Medicus geteilt (Festschrift Flume, 1978, Band 1 S. 643). Gleichliegend ist der Fall eines Hofübergabevertrags, in dem der BGH 1953 zur Möglichkeit der Aufteilung eines Hofes zwischen Übergeber und Übernehmer gelangt, für 624

C. Leistungsstörungs- und Rücktrittsrecht

die es nach dem Vertrag keinerlei Grundlage gab (BGH LM Nr. 18 zu § 242 BGB).

625 Da die Grundsätze über das Fehlen oder den Wegfall der Geschäftsgrundlage ein anerkanntes Rechtsinstitut darstellen und ihre Anwendung in aller Regel zu übereinstimmenden und befriedigenden Ergebnissen führt, kann als Mangel des geltenden Rechts im Grunde nur das Fehlen einer allgemeinen Regelung im Bürgerlichen Gesetzbuch angeführt werden. Dieser Mangel wirkt sich zwar nicht auf die Rechtspraxis aus, jedoch muss es als unbefriedigend angesehen werden, wenn wichtige, seit vielen Jahrzehnten erprobte und bewährte Rechtsinstitute auf Dauer von einer Kodifikation ausgeschlossen bleiben. Im Falle des Instituts des Wegfalls der Geschäftsgrundlage würde dies besonders dann gelten, wenn es auch bei einer weitreichenden Umgestaltung des Leistungsstörungsrechts des Bürgerlichen Gesetzbuchs nicht in das Gesetz aufgenommen würde. Der Umstand, dass die Neuregelung nur das ohnehin schon Anerkannte wiedergeben will, spricht deshalb nicht gegen eine Aufnahme in das Bürgerliche Gesetzbuch.

626 In einigen ausländischen Rechtsordnungen sind die Voraussetzungen und Rechtsfolgen des Wegfalls der Geschäftsgrundlage ausdrücklich geregelt. Das gilt insbesondere für Italien (Artikel 1467 ff. des Codice civile), Griechenland (Artikel 388 des Zivilgesetzbuchs von 1940) und die Niederlande (Buch 6 Artikel 258 des Nieuw Burgerlijk Wetboek). Alle drei Rechtsordnungen sehen unter ähnlichen Voraussetzungen, wie sie von der Rechtsprechung der Bundesrepublik aufgestellt worden sind, eine Anpassung oder Aufhebung des Vertrags vor. Auch im Zivilgesetzbuch der DDR vom 19. Juni 1975 waren die Voraussetzungen und Rechtsfolgen des Wegfalls der Geschäftsgrundlage in den §§ 78 und 79 geregelt. Die gleiche Regelung enthielt § 78 des Vertragsgesetzes für Unternehmensverträge. Eine vergleichbare Regelung wurde in § 32 Abs. 2 des D-Markbilanzgesetzes aufgenommen. Andere Rechtsordnungen gelangen ebenso wie die Bundesrepublik zu grundsätzlich vergleichbaren Ergebnissen über die Rechtsprechung, so vor allem die englische und die der USA (Zweigert/ Kötz, aaO S. 528 ff.). Dasselbe gilt für die Schweiz (Zweigert/Kötz, S. 411 f.). Wesentlich anders stellt sich die Rechtslage in Frankreich dar, wo die Rechtsprechung als Voraussetzung für eine Änderung nur den Fall der höheren Gewalt (force majeure) anerkennt (Zweigert/Kötz, aaO S. 412 ff., 525 ff.). Dies hat nach dem Ersten und dem Zweiten Weltkrieg Eingriffe des Gesetzgebers notwendig gemacht (Zweigert/Kötz, S. 527).

Zu Absatz 1

627 Der Entwurf sieht in § 313 die Aufnahme einer **Vorschrift über** das **Fehlen** und den **Wegfall der Geschäftsgrundlage** in das Bürgerliche Gesetzbuch vor. Ihre Bedeutung soll allein darin liegen, die zum Rechtsinstitut gewordenen Grundsätze zum Fehlen und zum Wegfall der Geschäftsgrundlage wegen ihrer erheblichen Bedeutung im Bürgerlichen Gesetzbuch zu verankern. Dabei wird zur Frage, ob es sich bei der Geschäftsgrundlage um einen von Amts wegen

oder nur auf Einrede zu berücksichtigenden Umstand handelt, eine vom bisherigen Meinungsstand teilweise abweichende Regelung vorgesehen.

Als Regelungsort für die Vorschrift wäre neben § 313 auch eine Einfügung im Anschluss an § 242 in Betracht gekommen, weil der Wegfall der Geschäftsgrundlage einen Anwendungsfall dieser Bestimmung bildet und nicht nur für Verträge von Bedeutung ist. Da das Problem der Geschäftsgrundlage in der Regel aber bei Verträgen auftritt, erschien § 313 als geeigneterer Standort. 628

In Absatz 1 werden die an das Fehlen oder den Wegfall der Geschäftsgrundlage zu stellenden Anforderungen festgelegt; zugleich wird als vorrangige Rechtsfolge die Anpassung an die veränderten Umstände bestimmt. Nur wenn eine Anpassung nicht möglich oder nicht zumutbar ist, soll eine Aufhebung des Vertrags in Betracht kommen. 629

Bei den Voraussetzungen werden mehrere Merkmale aufgeführt, die kumulativ vorliegen müssen: 630

– Es müssen sich nach Vertragsschluss Umstände entscheidend verändert haben.
– Diese Umstände dürfen nicht Inhalt des Vertrags geworden sein.
– Die Parteien müssten, wenn sie die Änderung vorausgesehen hätten, den Vertrag nicht oder mit anderem Inhalt geschlossen haben.
– Das Festhalten am unveränderten Vertrag muss für den einen Teil unter Berücksichtigung aller Umstände des Einzelfalls, insbesondere der vertraglichen oder gesetzlichen Risikoverteilung, unzumutbar sein.

Keine Bestimmung ist für den Fall getroffen, dass die Vertragsparteien die eingetretene Änderung als möglich vorausgesehen haben oder hätten voraussehen können. Hier wird zwar regelmäßig ein Wegfall der Geschäftsgrundlage zu verneinen sein, jedoch gilt dies – auch nach der Rechtsprechung – nicht ausnahmslos (vgl. Palandt/ Heinrichs, § 242 Rdn. 128). Bei zumindest voraussehbarer Änderung wird ein Festhalten am Vertrag aber oft zumutbar sein, etwa dann, wenn Vorkehrungen hätten getroffen werden können. 631

Insgesamt werden die **strengen Anforderungen**, die bisher an einen **Wegfall der Geschäftsgrundlage** gestellt werden, unverändert **aufrechterhalten**. Liegen die Voraussetzungen für einen Wegfall der Geschäftsgrundlage vor, so soll die benachteiligte Vertragspartei die Anpassung des Vertrags verlangen können. Mit dieser Formulierung ist weder eine Änderung der materiellrechtlichen noch der prozessualen Behandlung der Geschäftsgrundlage verbunden, obwohl die Anpassung bisher nicht auf einen entsprechenden Anspruch auf Vornahme der Anpassung gestützt wird. 632

Es wurde davon abgesehen, die rechtliche Ausgestaltung der Anpassung weitgehend offen zu lassen, etwa durch die Formulierung »so ist der Vertrag ... anzupassen«. Gründe der Rechtssicherheit sprechen aber dafür, als Rechtsfolge einen Anspruch auf Anpassung festzuschreiben. Insbesondere sollen die Parteien zunächst selbst über die Anpassung verhandeln. Im Falle eines Prozesses wäre dann, wie nach der von der Rechtsprechung zur Wandelung beim Kaufvertrag entwickelten Herstellungstheorie, eine Klage unmittelbar auf die angepasste Leistung möglich (so für die Geschäftsgrundlage schon jetzt BGHZ 91, 32, 36). 633

Die konstruktiven Schwierigkeiten bei einer Anspruchslösung erscheinen deshalb lösbar. Im Übrigen ist auch in § 60 Abs. 1 Satz 1 des Verwaltungsverfahrensgesetzes ein Anspruch auf Anpassung normiert.

634 In Absatz 1 werden **alle Fallgruppen** des **Wegfalls der Geschäftsgrundlage erfasst mit Ausnahme** der in Absatz 2 in gleicher Weise geregelten Fälle der **subjektiven Geschäftsgrundlage**. Der Wortlaut der Vorschrift deckt sich allerdings nicht mit der von der Rechtsprechung nach wie vor verwendeten, auf Oertmann zurückgehenden Formel, wonach zur Geschäftsgrundlage alle Vorstellungen gehören, auf denen der Geschäftswille der Parteien aufbaut. Diese Formel ist stärker subjektiv geprägt. Die hier vorgesehene und mehr auf objektive Merkmale abstellende Formulierung bringt die Ergebnisse der Rechtsprechung – an denen nichts zu ändern ist – zutreffender zum Ausdruck. Im Übrigen sind die Fälle des Wegfalls der rein subjektiven Geschäftsgrundlage in § 313 Abs. 2 geregelt. Durch die Formulierung des Absatzes 1 ist jedoch eine Änderung der Rechtsprechung nicht beabsichtigt und auch nicht veranlasst.

635 Es wurde davon abgesehen, Regelbeispiele für die oben genannten, besonders wichtigen Fallgruppen anzuführen. Mögliche Formulierungen müssten ziemlich allgemein bleiben und könnten deshalb zum Verständnis des Rechtsinstituts der Geschäftsgrundlage und für die Rechtsanwendung kaum zusätzliche Verbesserungen bringen.

636 Nicht aufgenommen wurde ferner eine Regelung für Unterhaltsverträge und andere Verträge mit Versorgungscharakter. Maßgebend hierfür war die Erwägung, dass für den Bereich der betrieblichen Altersversorgung bereits eine besondere gesetzliche Regelung besteht, die Anpassung von Unterhaltsansprüchen eher im Familienrecht geregelt werden sollte und der dann noch verbleibende Regelungsbedarf gering ist.

637 Schwerwiegende Leistungsstörungen können auch dazu führen, dass eine Vertragspartei die von ihr geschuldete Leistung nur mit Anstrengungen zu erbringen vermag, die unter Beachtung des Inhalts des Schuldverhältnisses und der Gebote von Treu und Glauben in einem groben Missverhältnis zu dem Leistungsinteresse des Gläubigers stehen. Auch kann man die Möglichkeit der Leistung als Geschäftsgrundlage für eine vertragliche Verpflichtung verstehen. Dann stellt sich die Frage nach einer Abgrenzung zwischen § 275 einerseits und § 313 andererseits. In seinem Anwendungsbereich geht § 275 dem § 313 grundsätzlich vor, weil § 275 die Grenzen der Leistungspflicht regelt. Die Frage nach einer Anpassung des Vertrags kann sich nur dann stellen, wenn der Schuldner nicht schon nach § 275 frei geworden ist. Im Übrigen kann für die Abgrenzung der beiden Vorschriften auf die ergänzenden Ausführungen zu § 275 Bezug genommen werden.

Zu Absatz 2

638 Absatz 2 betrifft das **ursprüngliche Fehlen** der **subjektiven Geschäftsgrundlage**. Dabei geht es um die Fälle des gemeinschaftlichen Motivirrtums sowie solche Fälle, in denen sich nur eine Partei falsche Vorstellungen macht, die andere Partei diesen Irrtum aber ohne eigene Vorstellungen hingenommen hat. Damit wer-

den diese Fälle, deren Zuordnung zum Teil umstritten ist, ausdrücklich als Anwendungsfall des Wegfalls der Geschäftsgrundlage eingeordnet.

Zu Absatz 3

In Absatz 3 ist in Übereinstimmung mit der allgemeinen Auffassung in Rechtslehre und Rechtsprechung bestimmt, dass eine **Aufhebung** des **Vertrags** dann und nur dann verlangt werden kann, **wenn eine Anpassung nicht möglich** oder nicht zumutbar ist. Die Aufhebung kommt also nur subsidiär in Betracht. Notwendig für eine Auflösung des Vertrags ist eine Rücktrittserklärung der benachteiligten Partei. Bei Dauerschuldverhältnissen tritt an die Stelle des Rücktrittsrechts das Recht zur Kündigung aus wichtigem Grund nach § 314. Damit wird die bereits jetzt bestehende allgemeine Auffassung in das Gesetz übernommen (vgl. Palandt/Heinrichs, § 242 Rdn. 132; BGHZ 101, 143, 150).

639

§ 314 – Kündigung von Dauerschuldverhältnissen

(1) Dauerschuldverhältnisse kann jeder Vertragsteil aus wichtigem Grund ohne Einhaltung einer Kündigungsfrist kündigen. Ein wichtiger Grund liegt vor, wenn dem kündigenden Teil unter Berücksichtigung aller Umstände des Einzelfalls und unter Abwägung der beiderseitigen Interessen die Fortsetzung des Vertragsverhältnisses bis zur vereinbarten Beendigung oder bis zum Ablauf einer Kündigungsfrist nicht zugemutet werden kann.

(2) Besteht der wichtige Grund in der Verletzung einer Pflicht aus dem Vertrag, ist die Kündigung erst nach erfolglosem Ablauf einer zur Abhilfe bestimmten Frist oder nach erfolgloser Abmahnung zulässig. § 323 Abs. 2 findet entsprechende Anwendung.

(3) Der Berechtigte kann nur innerhalb einer angemessenen Frist kündigen, nachdem er vom Kündigungsgrund Kenntnis erlangt hat.

(4) Die Berechtigung, Schadensersatz zu verlangen, wird durch die Kündigung nicht ausgeschlossen.

Vorbemerkung

Bei bestimmten auf Dauer oder jedenfalls für einen längeren Zeitraum angelegten und allgemein als Dauerschuldverhältnisse bezeichneten Rechtsbeziehungen besteht das Bedürfnis, unter gewissen Voraussetzungen eine vorzeitige Auflösung zu ermöglichen.

640

Im geltenden Recht gibt es Vorschriften über die Kündigung aus wichtigem Grund bei Dauerschuldverhältnissen vor allem in § 554a für die Miete, in § 626 für den Dienstvertrag und in § 723 für die Gesellschaft. In Rechtsprechung und Rechtslehre ist aber seit langem allgemein anerkannt, dass Dauerschuldverhältnisse auch dann aus wichtigem Grund gekündigt werden können, wenn dies weder gesetzlich noch vertraglich vorgesehen ist. Dieser Rechtsgrundsatz ist in

641

seinem Kern zwingendes Recht; auch durch Allgemeine Geschäftsbedingungen kann er nicht eingeschränkt werden (BGH, NJW 1986, 3134).

642 Dauerschuldverhältnisse unterscheiden sich von den auf eine einmalige Leistung gerichteten Schuldverhältnissen dadurch, dass aus ihnen während der Laufzeit ständig neue Leistungs- und Schutzpflichten entstehen und dem Zeitelement eine wesentliche Bedeutung zukommt. Der Begriff des Dauerschuldverhältnisses ist im Anschluss an v. Gierke (Iherings Jahrbücher Bd. 64, S. 355) von Rechtsprechung und Rechtslehre herausgearbeitet worden, seit langem allgemein anerkannt und durch § 10 Nr. 3 sowie § 11 Nr. 1 und Nr. 12 AGBG inzwischen auch in die Gesetzessprache eingegangen. Außer den bereits erwähnten Miet-, Dienst- und Gesellschaftsverträgen zählen zu den gesetzlich geregelten Dauerschuldverhältnissen insbesondere Pacht-, Leih-, Verwahrungs- und Versicherungsverträge. Hinzu kommen atypische Vertragsverhältnisse wie Leasing- und Belegarztverträge sowie weitere nicht normierte Vertragsverhältnisse mit häufig kaufrechtlicher Funktion, darunter als Unterfall die Bezugsverträge. Auch außerhalb von gegenseitigen Verträgen kommen Dauerschuldverhältnisse in Betracht, beispielsweise bei Unterwerfungserklärungen aus Wettbewerbsverhältnissen.

643 Der für die Kündigung erforderliche wichtige Grund besteht nach der Rechtsprechung, wenn Tatsachen vorliegen, die unter Berücksichtigung aller Umstände und unter Abwägung der beiderseitigen Interessen die Fortsetzung des Vertrags für den Kündigenden unzumutbar machen. Ein Verschulden des anderen Teils ist weder erforderlich noch ausreichend, und ein eigenes Verschulden schließt das Kündigungsrecht nicht unbedingt aus. In der Regel hat der Kündigung eine Abmahnung vorauszugehen, die jedoch entbehrlich ist, wenn ein Erfolg nicht zu erwarten oder das Vertrauensverhältnis so nachhaltig gestört ist, dass eine sofortige Beendigung des Vertrags gerechtfertigt erscheint. Insgesamt hat sich die Kündigung aus wichtigem Grund bei Dauerschuldverhältnissen auf der Grundlage von Rechtsprechung und Rechtslehre zu einem allgemein anerkannten Rechtsinstitut entwickelt. Insbesondere hat der nicht eindeutige Begriff des Dauerschuldverhältnisses eine für die Verwendung in der Rechtspraxis hinreichende Strukturierung erfahren.

644 Nachdem bei Dauerschuldverhältnissen die Kündigung aus wichtigem Grund ein allgemein anerkannter Rechtsgrundsatz ist und es vor allem zum Anwendungsbereich dieses Grundsatzes und den Voraussetzungen der Kündigung eine im Wesentlichen einheitliche Rechtsprechung gibt, stellt das Fehlen einer allgemeinen gesetzlichen Regelung für die Rechtspraxis keinen nennenswerten Mangel dar. Wie bei den vergleichbar wichtigen, aber nicht kodifizierten Rechtsgrundsätzen und Rechtsinstituten des Wegfalls der Geschäftsgrundlage, des Verschuldens bei Vertragsanbahnung und der positiven Forderungsverletzung müsste es jedoch als unbefriedigend angesehen werden, wenn für Dauerschuldverhältnisse das Recht der Kündigung aus wichtigem Grund bei einer allgemeinen Überarbeitung und Änderung des Leistungsstörungsrechts des Bürgerlichen Gesetzbuchs nicht in das Gesetz aufgenommen würde.

Das italienische Recht enthält in den Artikeln 1559 bis 1570 des Codice civile eine Regelung des Dauerlieferungsvertrags, die sich auf Verträge über »regelmäßig wiederkehrende oder fortgesetzte Leistungen von Sachen gegen Entgelt« bezieht. Die Dauerlieferungsverträge sind als besonderer Vertragstyp behandelt, können aber zugleich anderen Vertragstypen wie dem Kaufvertrag angehören, deren Vorschriften dann nach Artikel 1570 ergänzend heranzuziehen sind. Da nur Leistungsaustauschverträge mit wiederholter Leistung von Sachen erfasst sind, gelten die Vorschriften der Artikel 1559 ff. für manche wichtige Dauerschuldverhältnisse nicht, insbesondere nicht für Gesellschafts-, Miet-, Dienst- und Arbeitsverträge. Für die Rechtsfolgen bei Störungen des Vertragsverhältnisses sind vor allem Artikel 1564 und 1569 von Bedeutung. Artikel 1564 sieht bei einer nicht unbedeutenden Vertragsverletzung und darauf beruhender Zerstörung des Vertrauensverhältnisses eine Auflösung des Vertrags vor und entspricht der Kündigung aus wichtigem Grund nach deutschem Recht. Demgegenüber betrifft Artikel 1569 die Kündigung unbefristeter Lieferverträge, wobei das Gesetz nur eine sehr allgemein formulierte Rahmenregelung für die Kündigungsmöglichkeit und die Kündigungsfristen zur Verfügung stellt.

645

Hinzuweisen ist in diesem Zusammenhang auch auf Artikel 73 UN-Kaufrecht, der bei einer schwerwiegenden Störung von Sukzessivlieferungsverträgen ein Aufhebungsrecht des beeinträchtigten Teils auch hinsichtlich der noch ausstehenden Leistungen (Artikel 73 Abs. 2) vorsieht, das damit wie eine Kündigung wirkt.

646

Die Neuregelung sieht mit § 314 eine allgemeine Vorschrift über die außerordentliche Kündigung von Dauerschuldverhältnissen vor. Es erscheint geboten, bei einer allgemeinen Überarbeitung des Leistungsstörungsrechts die Kündigung aus wichtigem Grund bei Dauerschuldverhältnissen in das Bürgerliche Gesetzbuch aufzunehmen. Dafür spricht sowohl die erhebliche praktische Bedeutung dieses Rechtsinstituts als auch die seit langem gefestigte Rechtsprechung zu seinem Anwendungsbereich. Die Neuregelung übernimmt im Wesentlichen die bisherige Rechtsprechung.

647

§ 314 steht damit in einem Konkurrenzverhältnis zu zahlreichen Vorschriften des Bürgerlichen Gesetzbuchs und anderer Gesetze, in denen die Kündigung aus wichtigem Grund bei einzelnen Dauerschuldverhältnissen besonders geregelt ist. Diese Einzelbestimmungen sollen nicht aufgehoben oder geändert werden, sondern als leges speciales Vorrang vor § 314 haben.

648

Eine Konkurrenz kann ferner zwischen § 313 und § 314 bestehen. Hierzu ergibt sich aus § 313 Abs. 3, dass in diesen Fällen die Anpassung des Vertrags Vorrang vor der Kündigung aus wichtigem Grund hat; insoweit geht die Regelung über den Wegfall der Geschäftsgrundlage in § 313 der Regelung der Kündigung aus wichtigem Grund in § 314 vor.

649

Schließlich können § 314 und § 323 konkurrieren. Insoweit verdrängt § 314 in seinem Anwendungsbereich den § 323.

650

Zu Absatz 1

Zu Satz 1

651 Absatz 1 Satz 1 sieht vor, dass jeder Vertragsteil **ein Dauerschuldverhältnis aus wichtigem Grund** ohne Einhaltung einer Kündigungsfrist **kündigen** kann. Das entspricht § 626 Abs. 1, 1. Halbsatz. Auf eine Definition des Begriffs »Dauerschuldverhältnis« wird verzichtet, weil dies zwangsläufig zu Abgrenzungsschwierigkeiten führen und möglicherweise künftige Entwicklungen beeinträchtigen würde. Der Begriff kann – wie bisher im AGB-Gesetz – auch ohne eine solche Definition verwendet werden, weil über seinen Inhalt in Rechtsprechung und Rechtslehre seit langem hinreichende Einigkeit besteht. Unterschiedliche Meinungen gibt es im wesentlichen nur zur Behandlung der Ratenlieferungsverträge und zum Darlehensvertrag. Auch die genaue Einordnung und Abgrenzung von Langzeitverträgen ist noch offen. Die Entscheidung hierüber, vor allem zu Verträgen über aufeinanderfolgende gleichartige Leistungen, sowie zu anderen Abgrenzungsfragen soll jedoch weiterhin der Rechtsprechung überlassen bleiben. Das gilt auch für die neuerdings erörterte Frage, ob der Bürge oder Schuldmitübernehmer, der nach der getroffenen Abrede auch für künftig entstehende Verbindlichkeiten einzustehen hat, ein weiteres Anwachsen seiner Schuld durch eine Kündigung aus wichtigem Grund verhindern kann (vgl. Palandt/Heinrichs, Einführung vor § 241 Rdn. 20).

Zu Satz 2

652 Nur allgemein formuliert ist auch – wie in § 626 Abs. 1 – der für eine Kündigung erforderliche wichtige Grund. Regelmäßig wird es sich hier um die Verletzung von Pflichten aus dem Vertrag handeln, einschließlich der Verletzung von Schutzpflichten, jedoch kann der Kündigungsgrund auch in anderen Umständen liegen. Ein Verschulden des anderen Teils ist wie bisher weder erforderlich noch ausreichend. Ebenso soll es dabei verbleiben, dass Störungen aus dem eigenen Risikobereich grundsätzlich kein Kündigungsrecht begründen. Entscheidend für die Kündigungsberechtigung ist letztlich, ob dem kündigenden Teil unter Berücksichtigung aller Umstände des Einzelfalls eine sofortige Beendigung des Vertrags zugebilligt werden muss. Dabei wird in Übereinstimmung mit § 626 Abs. 1 darauf abgestellt, dass eine Abwägung der Interessen beider Vertragsteile notwendig ist, die Unzumutbarkeit der Fortsetzung des Vertrags für den Kündigenden also für sich allein nicht genügt.

653 Das ermöglicht es auch, den Besonderheiten des jeweiligen Vertragstyps in ausreichendem Umfang Rechnung zu tragen. So werden z.B. im Bereich des Versicherungsvertragsrechts für verschiedene Vertragstypen unterschiedliche Anforderungen an das Gewicht des »wichtigen Grundes« gestellt. Vor allem im Bereich der substitutiven Krankenversicherung, für die § 178i Abs. 1 VVG die ordentliche Kündigung durch den Versicherer ausschließt, sind strenge Anforderungen an eine außerordentliche Kündigung zu stellen. Insoweit soll eine Änderung der derzeitigen Rechtslage nicht eintreten.

Zu Absatz 2

Ebenso wie der Rücktritt nach § 323 soll die **Kündigung aus wichtigem Grund** bei **Verletzung von Pflichten** aus **einem Vertrag** und damit auch bei Schutzpflichtverletzungen grundsätzlich erst nach Ablauf einer zur Abhilfe bestimmten angemessenen **Frist** oder nach **Abmahnung** zulässig sein. Auch für die Voraussetzungen, unter denen es einer Fristbestimmung oder Abmahnung nicht bedarf, wird durch die Bezugnahme auf § 323 Abs. 2 die gleiche Regelung wie beim Rücktritt getroffen. Damit wird insoweit ebenfalls die bisherige Rechtsprechung in das Gesetz übernommen.

654

Zu Absatz 3

Absatz 3 sieht vor, dass die Kündigung innerhalb einer angemessenen Zeit seit Kenntnis vom Kündigungsgrund zu erfolgen hat und folgt damit ebenfalls der bisherigen Rechtsprechung. Maßgebend sind zwei Erwägungen: Zum einen soll der andere Teil in angemessener Zeit Klarheit darüber erhalten, ob von der Kündigungsmöglichkeit Gebrauch gemacht wird, und zum anderen kann nach längerem Abwarten nicht mehr angenommen werden, dass die Fortsetzung des Vertragsverhältnisses wirklich unzumutbar ist. Abgelehnt ist damit eine Regelung, die in Anlehnung an § 626 Abs. 2 sowie §§ 6, 24 und 70 VVG und weitere Spezialvorschriften eine bestimmte Kündigungsfrist vorsieht; Dauerschuldverhältnisse sind zu vielgestaltig, als dass für alle Arten die gleiche Frist vorgeschrieben werden könnte. Soweit ein Bedürfnis für bestimmte Fristen besteht, soll dies weiterhin Spezialregelungen für einzelne Dauerschuldverhältnisse vorbehalten bleiben.

655

Zu Absatz 4

Absatz 4 stellt – ähnlich wie § 325 für den Rücktritt – klar, dass die Kündigung die nach –anderen Vorschriften (insbesondere nach den §§ 280, 281) bestehenden Möglichkeiten, Schadensersatz (statt der Leistung) zu verlangen, unberührt lässt.

656

D. Kauf- und Werkvertragsrecht

I. Wichtigste Änderungen im Überblick

1. Vereinheitlichung des Kaufrechts

Einheitliche Regeln für Sach- und Rechtsmängel

Das alte Kaufrecht behandelt die Rechtsmängel nach den Erfüllungsvorschriften der bisherigen §§ 280 ff. bzw. 323 ff. BGB und sieht für die Sachmängel ein besonderes Gewährleistungsrecht vor, das im allgemeinen Teil keine Parallele hat. Beides soll mit dem Entwurf aufgegeben werden. Sach- und Rechtsmängel werden danach einheitlich behandelt, und zwar nach dem allgemeinen Leistungsstörungsrecht.

657

Aufgabe von Sondergewährleistungsrecht

Im alten Kaufrecht gibt es nicht nur die allgemeinen Gewährleistungsregelungen, sondern auch besondere Gewährleistungsregelungen für Vieh und für Saatgut (letztere sind allerdings im Saatgutverkehrsgesetz enthalten). Diese Sondergewährleistungsrechte werden aufgegeben. An ihre Stelle tritt das allgemeine Leistungsstörungsrecht, das auf die Sach- und Rechtsmängel im Kauf Anwendung finden soll. Unverändert erhalten bleiben dagegen die Sondervorschriften über den Kauf auf Probe, den Wiederkauf und den Vorkauf, die keinen Bezug zum Leistungsstörungsrecht haben. Unverändert erhalten bleibt auch das UN-Kaufrecht, an das allerdings das jetzige Kaufrecht angenähert wird.

658

2. Erfüllungsanspruch und Sachmängel beim Kauf

Bei der Beschreibung der Pflichten des Verkäufers ergeben sich zwei wesentliche Änderungen:
- Die Lieferung einer mangelfreien Sache wird zum Inhalt des Erfüllungsanspruchs des Käufers (§ 433 Abs. 1 Satz 2 BGB n.F.). Das ist die Grundlage dafür, das allgemeine Leistungsstörungsrecht auch im Kauf zur Geltung zu bringen.
- Wenn die Parteien die Beschaffenheit der verkauften Sache nicht besonders vereinbart haben, muss diese wie bisher den allgemein an die Sache zu stellenden Anforderungen genügen. Dazu gehört, anders als dies bisher geregelt ist, auch, dass sie den Anforderungen genügt, die der Käufer nach den öffentlichen Äußerungen des Herstellers, insbesondere aus der Werbung und Etikettierung, erwarten kann (§ 434 Abs. 1 Satz 3 BGB n.F.).

659

D. Kauf- und Werkvertragsrecht

3. Struktur der Mängelhaftung beim Kauf

660 Die **gravierendste Änderung** betrifft die **Struktur der Leistungsstörungsvorschriften** beim Kauf. Bisher sind sie durch eine Dreiteilung gekennzeichnet: Für Rechtsmängel gilt das allgemeine Erfüllungsrecht. Für Sachmängel gelten die besonderen Gewährleistungsvorschriften im Kauf. Die allgemeinen Leistungsstörungsvorschriften, insbesondere die Rechtsgrundsätze über die positive Forderungsverletzung, gelten im Kauf nur, soweit sie nicht durch diese beiden Sondervorschriftengruppen verdrängt werden. Diese Dreiteilung soll es künftig nicht mehr geben. Vielmehr soll künftig auch im Kauf das allgemeine Leistungsstörungsrecht gelten, und zwar unabhängig davon, ob es sich um einen Sach- oder um einen Rechtsmangel handelt. Die Folge hiervon ist, dass der Verkäufer sowohl bei Rechts- als auch bei Sachmängeln nach den §§ 280 ff. BGB n. F. auf Schadensersatz haftet, wenn er den Mangel zu vertreten hat, was – siehe oben – widerleglich vermutet wird. § 276 BGB n. F. nennt darüber hinaus Fälle, in denen der Schuldner (Verkäufer) eine Pflichtverletzung (einen Mangel) auch ohne Verschulden zu vertreten hat. Das ist im Kaufrecht insbesondere dann der Fall, wenn der Verkäufer das Vorliegen bestimmter Eigenschaften oder die Freiheit von Rechten zugesichert oder eine sonstige »Garantie« übernommen hat.

661 Die neuen Vorschriften des Kaufrechts gelten generell für alle Kaufverträge. Es wird also nicht danach unterschieden, ob der Käufer Verbraucher ist oder nicht. Bei einigen Vorschriften ist dies indessen nicht sachgerecht, so dass diese nur für Verbraucher gelten sollen:

– Bestimmungen über die Transparenz bei Garantien (§ 477 BGB n. F.)
– die Beweislastregelung für den Zeitpunkt eines nachgewiesenen Mangels (§ 476 BGB n. F.)
– die Einschränkung von abweichenden Vereinbarungen (§ 475 BGB n. F.).

4. Anwendungsbereich des Werkvertragsrechts

662 Die Vorschriften des Werkvertragsrechts werden nach dem bisherigen § 651 BGB bei der Herstellung neuer vertretbarer beweglicher Sachen weitgehend durch die Vorschriften des Kaufrechts verdrängt. Diese Ausnahme wird ausgedehnt, weil die Vorschriften der Verbrauchsgüterkaufrechtsrichtlinie auch für Werkverträge über nicht vertretbare bewegliche Sachen gelten.

5. Leistungsstörungsrecht beim Werkvertrag

663 Die zweite Änderung betrifft das Leistungsstörungsrecht. Auch im Werkvertragsrecht sollen nicht mehr besondere Gewährleistungsregelungen gelten, sondern die neuen Vorschriften des allgemeinen Leistungsstörungsrechts. Für die Situation des Bestellers vor der Abnahme bedeutet das keinen Unterschied. Die Rechtsstellung verbessert sich aber geringfügig nach der Abnahme. Auch dann stehen ihm die allgemeinen Erfüllungsansprüche zu, von denen der Besteller bei einem mangelhaften Werk unter den im allgemeinen Leistungsstörungsrecht ge-

nannten Voraussetzungen zum Schadensersatz übergehen oder zurücktreten kann.

II. Konkordanzliste Kauf- und Werkvertragsrecht

BGB bisher	BGB neu	Inhalt	664
Siebenter Abschnitt Einzelne Schuldverhältnisse	Abschnitt 8 Einzelne Schuldverhältnisse		
Erster Titel Kauf. Tausch	Titel 1 Kauf, Tausch		
I. Allgemeine Vorschriften	Untertitel 1 Allgemeine Vorschriften		
§ 433	§ 433	Gemäß § 433 Abs. 1 Satz 2 BGB-neu hat der Verkäufer dem Käufer die Sache frei von Sach- und Rechtsmängeln zu verschaffen; im Übrigen keine inhaltlichen Änderungen.	
§ 434	§ 433 Abs. 1 Satz 2, § 435 Satz 1	Rechts- und Sachmängel werden gleichgestellt, daher ist die Pflicht zur Rechtsmängelfreiheit nun in § 433 Abs. 1 BGB-neu enthalten.	
§ 435	§ 435 Satz 2, §§ 452, 453 Abs. 1	Die bisherige auf bloße Buchbelastungen zugeschnittene Norm des § 435 BGB wird in § 435 Satz 2 i.V.m. den §§ 452, 453 Abs. 1 BGB-neu übernommen.	
§ 436	§ 436	In § 436 Abs. 1 BGB-neu ist eine Kostenteilung hinsichtlich der Erschließungs- und Anliegerbeiträge eines Grundstücks vorgesehen; hinsichtlich anderer öffentlicher Lasten bleibt es bei der derzeitigen Regelung des § 436 BGB (jetzt § 436 Abs. 2 BGB-neu).	
§ 437	Entfällt; vgl. aber §§ 453 Abs. 1, 433 Abs. 1	Nach der Streichung des § 306 BGB und der Neukonzeption des Kaufrechts bedarf es einer Sondervorschrift für die Gewährleistung beim Rechtskauf nicht mehr; die Verpflichtung zur Verschaffung des verkauften Rechts folgt jetzt aus §§ 453 Abs. 1 i.V.m. § 433 Abs. 1 BGB-neu.	
§ 438	Entfällt	Ohne praktische Relevanz.	

215

D. *Kauf- und Werkvertragsrecht*

BGB bisher	BGB neu	Inhalt
§ 439	§ 442	§ 442 BGB-neu fasst die bisherigen §§ 439 Abs. 1 und 460 Satz 1 BGB in einer einheitlichen Vorschrift für Sach- und Rechtsmängel zusammen; dadurch Ausweitung auf grobe Fahrlässigkeit auch bei Rechtsmängeln; § 442 Abs. 2 BGB-neu erweitert den bisherigen § 439 Abs. 2 auf alle im Grundbuch eingetragenen Rechte.
§§ 440, 441	Entfallen	Durch die Neukonzeption des Kaufrechts, das Sach- und Rechtsmängel gleichstellt und das derzeitige besondere Gewährleistungsrecht der §§ 459 ff. BGB zugunsten eines Verweises auf das Allgemeine Leistungsstörungsrecht abschafft, sind die bisherigen Vorschriften der §§ 440, 441 BGB überflüssig.
§ 442	Entfällt	Dadurch Änderung der Beweislast: Diese richtet sich nunmehr wie bei Sachmängeln nach § 363 BGB; danach hat der Verkäufer bis zur Annahme des Kaufgegenstandes durch den Käufer die Mängelfreiheit zu beweisen.
§ 443	§ 444	§ 444 BGB-neu fasst die bisherigen §§ 443, 476 in einer einheitlichen Vorschrift zusammen; zugleich wird in die Vorschrift der sich aus § 242 BGB und dem bisherigen § 11 Nr. 11 AGB-Gesetz ergebende Gedanke integriert, dass ein Haftungsausschluss auch dann unzulässig ist, wenn der Verkäufer zuvor eine bestimmte Eigenschaft zugesichert bzw. in der neuen Terminologie »eine Garantie für die Beschaffenheit der Sache« übernommen hat.
§ 444	Entfällt	Ohne Relevanz; Auskunftspflichten ergeben sich aus allgemeinem Rechtsgedanken und stellen nur einen Ausschnitt aus den möglichen Nebenpflichten dar, die auch im Übrigen nicht gesetzlich geregelt sind..
§ 445	Entfällt	Ohne Relevanz; bisheriger Regelungsinhalt »selbstverständlich«.
§ 446	§ 446	§ 446 Abs. 1 BGB entspricht § 446 BGB-neu; § 446 Abs. 2 BGB entfällt ersatzlos.
§ 447	§ 447	Inhaltlich unverändert; § 447 BGB-neu gilt nicht beim Verbrauchsgüterkauf, vgl. § 474 Abs. 2 BGB-neu.
§§ 448, 449	§§ 448, 452	Die bisherigen §§ 448, 449 werden in einer Vorschrift (§ 448 BGB-neu) zusammengefasst; hinsichtlich des Kaufs eines eingetragenen Schiffs oder Schiffsbauwerks enthält § 452 BGB-neu eine Verweisung.

BGB bisher	BGB neu	Inhalt
§ 450	Entfällt	Ohne praktische Relevanz.
§ 451	Entfällt, vgl. aber § 453 Abs. 1	§ 451 BGB geht in dem neuen § 453 Abs. 1 BGB-neu auf.
§ 452	Entfällt	Derzeitige Verzinsungspflicht des Kaufpreises ab Übergabe der Kaufsache entfällt dadurch; Verzinsung nach den allgemeinen Regeln (§ 288 BGB).
§ 453	Entfällt	Ohne praktische Relevanz; dasselbe ergibt sich aus den allgemeinen Auslegungsregelungen der §§ 133, 157 BGB.
§ 454	Entfällt	Der derzeitige Ausschluss des Rücktrittsrechts des Verkäufers, der vorgeleistet hat, entfällt dadurch.
§ 455	§ 449	§ 455 Abs. 1 letzter Teil BGB (Auslegungsregelung im Falle des Zahlungsverzugs des Käufers) entfällt; daher muss Verkäufer auch dann vor Rücktritt Frist gemäß § 323 BGB-neu setzen; in § 449 Abs. 2 BGB-neu Klarstellung, dass Verkäufer die Vorbehaltsware nur nach Rücktritt herausverlangen kann; im Übrigen keine inhaltlichen Änderungen.
§ 456	§ 450 Abs. 1	Ohne inhaltliche Änderungen.
§ 457	§ 450 Abs. 2	Ohne inhaltliche Änderungen.
§ 458	§ 451	Ohne inhaltliche Änderungen.
II. Gewährleistung wegen Mängel der Sache		
§ 459	§ 434	Der Sachmangelbegriff ist jetzt neu in § 434 BGB-neu geregelt: Danach subjektiver Fehlerbegriff, so dass es in erster Linie darauf ankommt, ob die Sache die vereinbarte Beschaffenheit hat; auf die Unterscheidung zwischen Fehlern und zugesicherten Eigenschaften wird verzichtet; ist nichts vereinbart, ist in Anlehnung an den bisherigen § 459 Abs. 1 BGB auf die Verwendungseignung der Sache abzustellen; neu ist § 434 Abs. 1 Satz 3: Haftung für Werbung des Herstellers; neu sind auch die Absätze 2 und 3: Haftung bei Montage; Falschlieferung und Zuweniglieferung werden Sachmangel gleichgestellt. Die derzeit problematische Abgrenzung zwischen einem »geneh-

D. Kauf- und Werkvertragsrecht

BGB bisher	BGB neu	Inhalt
		migungsfähigen Aliud« (= Gewährleistung) und einem »nicht genehmigungsfähigen Aliud« (= Nichterfüllung) entfällt daher. Neu ist auch: Zukünftig stellt auch ein unerheblicher Mangel einen Sachmangel im Sinne von § 434 BGB-neu mit den daraus folgenden Rechten dar; in diesem Fall kann der Käufer allerdings nicht zurücktreten (§ 323 Abs. 4 Satz 2 BGB-neu), da der Rücktritt bei einer unerheblichen Pflichtverletzung ausgeschlossen ist.
§ 460	§ 442	Ohne inhaltliche Änderungen.
/.../	§ 443	§ 443 BGB-neu enthält erstmals eine Regelung für die Hersteller/Verkäufergarantie und deren Rechtsfolgen. § 443 BGB-neu unterscheidet dabei zwischen der Beschaffenheitsgarantie (§ 443 Abs. 1, 1. Alt. BGB-neu) und Haltbarkeitsgarantie (§ 443 Abs. 1, 2. Alt. BGB-neu). § 443 Abs. 2 BGB-neu bestimmt, dass im Fall einer Haltbarkeitsgarantie und einem während der Garantiedauer eingetretenen Sachmangel vermutet wird, dass der Mangel bereits bei Gefahrübergang vorlag.
§ 461	§ 445	Privilegierung des Pfandgläubigers entfällt – wie derzeit auch – bei Arglist und Garantieübernahme. § 445 findet keine Anwendung beim Verbrauchsgüterkauf (vgl. § 474 Abs. 2 BGB-neu).
§ 462	§§ 437 ff.	Die Rechte und Ansprüche des Käufers im Fall eines Mangels werden neu geregelt und in § 437 BGB-neu bezeichnet und unmittelbar mit dem Allgemeinen Leistungsstörungsrecht verknüpft. Die Abgrenzung zwischen Gewährleistungsansprüchen ab Gefahrübergang und Allgemeinem Leistungsstörungsrecht vor Gefahrübergang entfällt daher. Gemäß § 437 BGB-neu kann der Käufer unabhängig vom Verschulden des Verkäufers bei einem Mangel nunmehr Nacherfüllung (= Nachbesserung oder Ersatzlieferung) verlangen (§ 439 BGB-neu) oder – wenn er erfolglos eine Frist zur Nacherfüllung gesetzt hat – vom Vertrag zurücktreten (§§ 440, 323, 326 Abs. 5 BGB-neu) oder mindern (§ 441 BGB-neu) oder – bei verschuldetem Mangel – Schadensersatz nach den §§ 280, 281, 283, 284, 311a BGB-neu verlangen. Grundsätzlich gilt: Zunächst muss der Käufer dem Verkäufer die Gelegenheit zur Nacherfüllung geben und kann erst nach erfolgloser Fristsetzung zurücktreten, mindern oder Schadensersatz statt der Lei-

BGB bisher	BGB neu	Inhalt
		stung verlangen;die Fristsetzung ist allerdings in den in § 440 BGB-neu genannten Fällen entbehrlich.
§ 463	Entfällt; vgl. aber § 437 sowie § 276 Abs. 1	Die bisherige Schadensersatzhaftung wegen Fehlens einer zugesicherten Eigenschaft oder arglistigen Verschweigens eines Fehlers geht in der Neuregelung der Käuferrechte in § 437 BGB-neu auf: Danach kann der Käufer nunmehr grundsätzlich bei jedem verschuldeten Mangel Schadensersatz verlangen; hat der Verkäufer eine Garantie für die Beschaffenheit der Sache übernommen (vgl. § 276 Abs. 1 BGB-neu), hat er ihr Fehlen auch ohne Verschulden zu vertreten.
§ 464	Entfällt	Das Erfordernis des Annahmevorbehalts bei Kenntnis des Mangels entfällt daher; beachte aber § 442 Abs. 1 Satz 1 BGB-neu: Danach Ausschluss der Käuferrechte, wenn die Kenntnis bereits bei Vertragsschluss vorlag.
§§ 465 bis 471	Entfallen; vgl. aber § 437 Nr. 2	Die bisherigen Regelungen über die Wandelung (§§ 465 bis 467, 469 bis 471 BGB) können angesichts der Neugestaltung der Käuferrechte in § 437 BGB-neu entfallen: Danach kann der Käufer bei einem Mangel vom Vertrag zurücktreten; ein Wandelungsanspruch ist daher entbehrlich. Der bisherige § 468 (Zusicherung der Grundstücksgröße) entfällt angesichts des neuen subjektiven Fehlerbegriffs, der nicht mehr zwischen Fehlern und zugesicherten Eigenschaften unterscheidet.
§§ 472 bis 475	Ersetzt durch § 441	Die Minderung wird in § 441 BGB-neu neu geregelt. Damit verbundene Änderungen: Minderung auch bei Rechtsmangel möglich; Minderung erst nach erfolgloser Fristsetzung; Minderung ist Gestaltungsrecht; der bisherige § 472 Abs. 2 BGB entfällt ersatzlos.
§ 476	§ 444	Ohne inhaltliche Änderungen.
§ 476a	§§ 437 Nr. 1, 439 Abs. 2	Nunmehr gesetzlicher Anspruch auf Nachbesserung; der bisherige § 476a Satz 1 BGB ist in § 439 Abs. 2 BGB-neu übernommen; § 476a Satz 2 BGB entfällt; nicht mehr erforderlich wegen des Rechts des Verkäufers aus § 439 Abs. 3 BGB-neu.
§ 477	§ 438	Verjährungsverlängerung für alle Ansprüche aus § 437 BGB-neu von sechs Monaten auf zwei Jahre; bei Mangelhaftigkeit eines Bauwerks und eines Bau-

D. Kauf- und Werkvertragsrecht

BGB bisher	BGB neu	Inhalt
		stoffs auf fünf Jahre, bei sog. »Eviktionsfällen« (Mangel besteht in dem dinglichen Herausgabeanspruch eines Dritten) und bei Mängeln, die in einem im Grundbuch eingetragenen Recht bestehen, auf 30 Jahre. Bei arglistigem Verschweigen eines Mangels gilt gemäß § 438 Abs. 3 BGB-neu die neue Regelverjährungsfrist von 3 Jahren ab Kenntnis, die jedoch nicht vor Ablauf der zuvorgenannten »kurzen« Frist von 5 Jahren eintritt. Beachte: Minderung und Rücktritt sind Gestaltungsrechte und können daher nach der Konzeption des BGB, wonach nur Ansprüche der Verjährung unterliegen (vgl. § 194 BGB-neu), nicht verjähren. Damit ein Gleichlauf in der Geltendmachung dieser Rechte und der in § 437 BGB-neu genannten Ansprüche auf Nacherfüllung und Schadensersatz gewährleistet ist, verweist § 438 Abs. 4 BGB-neu für das Rücktrittsrecht auf § 218 BGB-neu und § 438 Abs. 5 BGB-neu erklärt bei der Minderung § 218 BGB-neu für entsprechend anwendbar. Aus § 218 BGB-neu ergibt sich, dass der Rücktritt wegen nicht oder nicht vertragsgemäß erbrachter Leistung unwirksam ist, wenn der Anspruch auf die Leistung oder der Nacherfüllungsanspruch verjährt ist und der Schuldner sich hierauf beruft. Im Ergebnis ergibt sich also, dass sämtliche in § 437 BGB-neu genannten Ansprüche und Rechte nur innerhalb der Fristen des § 438 BGB-neu geltend gemacht werden können.
§ 478	§ 438 Abs. 4 Satz 2	Der bisherige § 478 BGB wird in veränderter Form in § 438 Abs. 4 Satz 2 BGB-neu übernommen: Kein Anzeigeerfordernis mehr; der Käufer soll aber im Fall von Mängeln auch nach Ablauf der zweijährigen Verjährungsfrist berechtigt sein, dem Kaufpreisanspruch des Verkäufers (dieser verjährt erst in drei Jahren ab Kenntnis, also i. Erg. ab Vertragsschluss) entgegenzutreten.
§ 479	Entfällt	Aufrechnung mit verjährter Forderung nach § 215 BGB-neu möglich; Einschränkung des § 479 BGB entfällt, nachdem auch nach § 438 Abs. 4 BGB-neu Anzeige nicht mehr erforderlich ist.
§ 480	Geht in den §§ 437 ff. auf.	Die bisherige Sonderregelung der Gewährleistung beim Gattungskauf entfällt angesichts der Neukonzeption der Käuferrechte beim Mangel, die nicht mehr zwischen Stück- und Gattungsschuld unterscheidet und dem Käufer auch bei einer Stückschuld

BGB bisher	BGB neu	Inhalt
		– wie bisher in § 480 BGB für die Gattungsschuld geregelt – einen Nacherfüllungsanspruch in Form der Ersatzlieferung (§ 439 BGB-neu) gewährt; der Regelungsinhalt des § 480 BGB geht daher in den §§ 437 ff. BGB-neu auf.
§§ 481 bis 492	Entfallen	Die Sonderregelungen über den Viehkauf entfallen ersatzlos; stattdessen gelten insoweit jetzt die allgemeinen Regelungen.
§ 493	Entfällt	Ohne Relevanz.
III. Besondere Arten des Kaufes	Untertitel 2 Besondere Arten des Kaufs	
1. Kauf nach Probe. Kauf auf Probe	Kapitel 1 Kauf auf Probe	
§ 494	Entfällt	Entfällt angesichts der Neuregelung des Fehlerbegriffs, der nicht mehr zwischen Fehlern und zugesicherten Eigenschaften unterscheidet.
§ 495	§ 454	Ohne inhaltliche Änderungen.
§ 496	§ 455	Ohne inhaltliche Änderungen.
2. Wiederkauf	Kapitel 2 Wiederkauf	
§ 497	§ 456	Ohne inhaltliche Änderungen.
§ 498	§ 457	Ohne inhaltliche Änderungen.
§ 499	§ 458	Ohne inhaltliche Änderungen.
§ 500	§ 459	Ohne inhaltliche Änderungen.
§ 501	§ 460	Ohne inhaltliche Änderungen.
§ 502	§ 461	Ohne inhaltliche Änderungen.
§ 503	§ 462	Ohne inhaltliche Änderungen.
3. Vorkauf	Kapitel 3 Vorkauf	
§ 504	§ 463	Ohne inhaltliche Änderungen.

D. Kauf- und Werkvertragsrecht

BGB bisher	BGB neu	Inhalt
§ 505	§ 464	Ohne inhaltliche Änderungen.
§ 506	§ 465	Ohne inhaltliche Änderungen.
§ 507	§ 466	Ohne inhaltliche Änderungen.
§ 508	§ 467	Ohne inhaltliche Änderungen.
§ 509	§ 468	Ohne inhaltliche Änderungen.
§ 510	§ 469	Ohne inhaltliche Änderungen.
§ 511	§ 470	Ohne inhaltliche Änderungen.
§ 512	§ 471	Ohne inhaltliche Änderungen.
§ 513	§ 472	Ohne inhaltliche Änderungen.
§ 514	§ 473	Ohne inhaltliche Änderungen.
/.../	**Untertitel 3 Verbrauchsgüterkauf**	
	§ 474	In den §§ 474 ff. BGB-neu finden sich Spezialregelungen für den »Verbrauchsgüterkauf«, der in § 474 Abs. 1 BGB definiert wird als Kauf einer beweglichen Sache durch einen Verbraucher von einem Unternehmer.
	§ 475	§ 475 BGB-neu bestimmt, dass grundsätzlich von den kaufrechtlichen Vorschriften der §§ 433 bis 435, 437, 439 bis 443 BGB-neu sowie den ergänzenden Bestimmungen über den Verbrauchsgüterkauf nicht zu Lasten des Verbrauchers abgewichen werden darf. Ausnahmen hiervon: Bei gebrauchten Sachen für die Verjährung: hier darf die Verjährungsfrist auf ein Jahr verkürzt werden (§ 475 Abs. 2 BGB-neu); bei Schadensersatzansprüchen sind abweichende Regelungen möglich (§ 475 Abs. 3 BGB-neu).
	§ 476	§ 476 BGB-neu enthält eine Beweislastumkehr zugunsten des Verbrauchers in den ersten sechs Monaten nach Gefahrübergang: In dieser Zeit wird bei Auftreten eines Sachmangels vermutet, dass dieser bereits bei Gefahrübergang vorgelegen hat.
	§ 477	§ 477 BGB-neu enthält Anforderungen an die Form und Ausgestaltung von Garantien, die einem Verbraucher gewährt werden.

BGB bisher	BGB neu	Inhalt
	§ 478	§ 478 BGB-neu regelt den Rückgriff von Unternehmern in einer Lieferkette für den Fall, dass der Letztverkäufer eine neue Sache an einen Verbraucher verkauft und der Verbraucher ihn wegen Mangelhaftigkeit der Sache in Anspruch genommen hat. Grundsätzlich gilt: Der Verkäufer hat jeweils einen Rückgriffsanspruch gegen seinen Vorlieferanten, wenn der vom Verbraucher geltend gemachte Mangel bereits in diesem Verhältnis bei Gefahrübergang auf den (Weiter)Verkäufer vorlag. Der Lieferant kann hiervon nur abweichen, wenn er dem Rückgriffsgläubiger einen gleichwertigen Ausgleich für dessen Rückgriffsrechte eingeräumt hat (§ 478 Abs. 4 BGB-neu).
	§ 479	§ 479 BGB-neu bestimmt für die Verjährung des Rückgriffsanspruchs eine Ablaufhemmung dahingehend, dass die Verjährung frühestens zwei Monate nach dem Zeitpunkt eintritt, in dem der Letztverkäufer die Ansprüche des Verbrauchers erfüllt hat. Diese Ablaufhemmung endet spätestens 5 Jahre nach Lieferung der Sache an den Letztverkäufer. Davon darf nur in den Grenzen des § 478 Abs. 4 BGB-neu abgewichen werden.
IV. Tausch	Untertitel 4 Tausch	
§ 515	§ 480	Ohne inhaltliche Änderungen.
Siebenter Titel Werkvertrag und ähnliche Verträge	Titel 9 Werkvertrag und ähnliche Verträge	
I. Werkvertrag	Untertitel 1 Werkvertrag	
§ 631	§ 631	unverändert
§ 632	§ 632	§ 632 Abs. 1 und 2 unverändert; neu ist Absatz 3: Danach ist ein Kostenanschlag im Zweifel nicht zu vergüten.
§ 633	§§ 633 bis 635, 637	
§ 633 Abs. 1	§ 633	Der bisherige Mangelbegriff wird an den neuen Mangelbegriff im Kaufrecht (§ 434 BGB-neu) angegli-

D. Kauf- und Werkvertragsrecht

BGB bisher	BGB neu	Inhalt
		chen; es gilt daher auch hier der subjektive Fehlerbegriff; die Unterscheidung zwischen Fehler und zugesicherter Eigenschaft entfällt.
§ 633 Abs. 2	§ 634 Nr. 1, § 635	Die Ansprüche und Rechte des Bestellers bei einem Mangel werden weitgehend parallel zu den Käuferrechten geregelt; der Besteller kann daher – wie der Käufer – Nacherfüllung (Beseitigung des Mangels oder Neuherstellung, § 635 BGB-neu) verlangen.
§ 633 Abs. 3	§ 634 Nr. 2, § 637	Wie bisher ist der Besteller auch zur Selbstvornahme berechtigt; seine Berechtigung ist jetzt nicht mehr vom Verzug abhängig, sondern setzt lediglich Fristsetzung voraus; der aus der Rechtsprechung bekannte Vorschussanspruch ist nunmehr in § 637 Abs. 3 BGB-neu ausdrücklich geregelt.
§§ 634 bis 636	Ersetzt durch die §§ 634, 635, 636, 638	Die Rechte und Ansprüche des Bestellers im Fall eines Werkmangels sind weitgehend parallel zu den Käuferrechten gestaltet. Der Besteller kann danach – unabhängig vom Verschulden des Unternehmers – gemäß § 634 Nr. 1 BGB-neu Nacherfüllung (§ 635 BGB-neu) verlangen (Unterschied zum Kauf: Unternehmerwahlrecht zwischen Mangelbeseitigung und Herstellung eines neuen Werks) oder gemäß §§ 634 Nr. 2, 637 BGB-neu den Mangel selbst beseitigen und hierfür Aufwendungsersatz verlangen oder gemäß §§ 636, 323, 326 Abs. 5 vom Vertrag zurücktreten oder gemäß § 638 BGB-neu die Vergütung mindern; bei einem verschuldeten Mangel kann der Besteller gemäß § 634 Nr. 3 BGB-neu Schadensersatz nach den §§ 636, 280, 281, 283, 284, 311a BGB-neu verlangen. In dieser Neuregelung gehen die bisherigen Gewährleistungsrechte des Bestellers (§§ 634 bis 636 BGB) auf.
§ 637	§ 639	Ohne inhaltliche Änderungen. Wie bei § 444 BGB-neu Erweiterung auf die Fälle der Garantieübernahme.
§§ 638 und 639	§ 634a	Bei Bauwerken beträgt die Verjährungsfrist für die Ansprüche aus § 634 BGB-neu wie bisher fünf Jahre (§ 634a Abs. 1 Nr. 2 BGB-neu) ab Abnahme. Zusätzlich sind in die fünfjährige Verjährungsfrist ausdrücklich aufgenommen die Werke, deren Erfolg in der Erbringung von Planungs- oder Überwachungsleistungen für ein Bauwerk besteht. Bei sonstigen Werken, deren Erfolg in der Herstellung, Wartung oder Veränderung einer Sache oder in der Erbringung von

BGB bisher	BGB neu	Inhalt
		Planungs- oder Überwachungsleistungen hierfür besteht, verjähren die Ansprüche aus § 634 BGB-neu in zwei Jahren ab Abnahme(§ 634a Abs. 1 Nr. 1 BGB-neu), bislang betrug die Verjährungsfrist sechs Monate und bei Arbeiten an einem Grundstück ein Jahr. Bei Werken mit »unkörperlichen Arbeitsergebnissen« gilt gemäß § 634a Abs. 1 Nr. 3 BGB-neu die neue Regelverjährungsfrist von drei Jahren ab Kenntnis. Bei arglistigem Verschweigen eines Mangels gilt stets die regelmäßige Verjährungsfrist von drei Jahren ab Kenntnis, die jedoch nicht vor Ablauf der zuvor genannten »kurzen« Frist von fünf Jahren eintritt. Beachte: Minderung und Rücktritt sind Gestaltungsrechte und können daher nach der Konzeption des BGB, wonach nur Ansprüche der Verjährung unterliegen (vgl. § 194 BGB-neu), nicht verjähren. Damit ein Gleichlauf in der Geltendmachung dieser Rechte und der in § 634 BGB-neu genannten Ansprüche auf Nacherfüllung, Schadensersatz und Aufwendungsersatz gewährleistet ist, verweist § 634a Abs. 4 BGB-neu für das Rücktrittsrecht auf § 218 BGB-neu und § 634a Abs. 5 BGB-neu erklärt bei der Minderung § 218 BGB-neu für entsprechend anwendbar. Aus § 218 BGB-neu ergibt sich, dass der Rücktritt wegen nicht oder nicht vertragsgemäß erbrachter Leistung unwirksam ist, wenn der Anspruch auf die Leistung oder der Nacherfüllungsanspruch verjährt ist und der Schuldner sich hierauf beruft. Im Ergebnis ergibt sich also, dass sämtliche in § 634 BGB-neu genannten Ansprüche und Rechte nur innerhalb der Fristen des § 634a BGB-neu geltend gemacht werden können. Soweit der bisherige § 639 Abs. 1 auf den bisherigen § 478 BGB verweist, wird dies in veränderter Form in § 634a Abs. 4 Satz 2 BGB-neu übernommen: Kein Anzeigeerfordernis mehr; der Besteller soll aber im Fall von Mängeln auch nach Ablauf der zweijährigen Verjährungsfrist berechtigt sein, dem Werklohnanspruch des Unternehmers (dieser verjährt erst in drei Jahren ab Kenntnis, also i. Erg. ab Vertragsschluss) entgegenzutreten.
§ 640	§ 640	Ohne inhaltliche Änderungen.
§§ 641 bis 645	§§ 641 bis 645	unverändert
§ 646	§ 646	Ohne inhaltliche Änderungen.
§§ 647 bis 650	§§ 647 bis 650	unverändert

BGB bisher	BGB neu	Inhalt
§ 651	§ 651	Nach § 651 BGB-neu finden auf Verträge, die die Lieferung herzustellender beweglicher Sachen zum Gegenstand haben, die Vorschriften des Kaufrechts Anwendung; im Unterschied zur bisherigen Regelung des Werklieferungsvertrags kommt es nicht mehr darauf an, wer den Stoff für die Herstellung des Werks zu beschaffen hat. Zusätzlich sind die in § 651 BGB-neu genannten werkvertraglichen Vorschriften anzuwenden, soweit Vertragsgegenstand nicht vertretbare Sachen sind. Der Anwendungsbereich der Vorschrift ist auf bewegliche Sachen beschränkt; für die Herstellung von Bauwerken oder die Herstellung nicht-körperlicher Sachen gilt daher Werkvertragsrecht.

III. Texte und Erläuterung der neuen Vorschriften

1. Erfüllungsanspruch und Begriff des Mangels beim Kauf

Texte

665 Der Erfüllungsanspruch des Käufers beim Kauf sowie der Begriff des Mangels werden im Entwurf neu geordnet. Die einschlägigen §§ 433 bis 435 BGB n. F. lauten:

§ 433 Vertragstypische Pflichten beim Kaufvertrag

(1) Durch den Kaufvertrag wird der Verkäufer einer Sache verpflichtet, dem Käufer die Sache zu übergeben und das Eigentum an der Sache zu verschaffen. Der Verkäufer hat dem Käufer die Sache frei von Sach- und Rechtsmängeln zu verschaffen.

(2) Der Käufer ist verpflichtet, dem Verkäufer den vereinbarten Kaufpreis zu zahlen und die gekaufte Sache abzunehmen.

§ 434 Sachmangel

(1) Die Sache ist frei von Sachmängeln, wenn sie bei Gefahrübergang die vereinbarte Beschaffenheit hat. Soweit die Beschaffenheit nicht vereinbart ist, ist die Sache frei von Sachmängeln,
1. wenn sie sich für die nach dem Vertrag vorausgesetzte Verwendung eignet, sonst
2. wenn sie sich für die gewöhnliche Verwendung eignet und eine Beschaffenheit aufweist, die bei Sachen der gleichen Art üblich ist und die der Käufer nach der Art der Sache erwarten kann.

Zu der Beschaffenheit nach Satz 2 Nr. 2 gehören auch Eigenschaften, die der Käufer nach den öffentlichen Äußerungen des Verkäufers, des Herstellers (§ 4 Abs. 1 und 2 des Produkthaftungsgesetzes) oder seines Gehilfen insbesondere in der Werbung oder bei der Kennzeichnung über bestimmte Eigenschaften der Sache erwarten kann, es sei denn, dass der Verkäufer die Äußerung nicht kannte und auch nicht kennen musste, dass sie im

Zeitpunkt des Vertragsschlusses in gleichwertiger Weise berichtigt war oder dass sie die Kaufentscheidung nicht beeinflussen konnte.

(2) Ein Sachmangel ist auch dann gegeben, wenn die vereinbarte Montage durch den Verkäufer oder dessen Erfüllungsgehilfen unsachgemäß durchgeführt worden ist. Ein Sachmangel liegt bei einer zur Montage bestimmten Sache ferner vor, wenn die Montageanleitung mangelhaft ist, es sei denn, die Sache ist fehlerfrei montiert worden.

(3) Einem Sachmangel steht es gleich, wenn der Verkäufer eine andere Sache oder eine zu geringe Menge liefert.

§ 435 Rechtsmangel

Die Sache ist frei von Rechtsmängeln, wenn Dritte in Bezug auf die Sache keine oder nur die im Kaufvertrag übernommenen Rechte gegen den Käufer geltend machen können. Einem Rechtsmangel steht es gleich, wenn im Grundbuch ein Recht eingetragen ist, das nicht besteht.

Erläuterung der Vorschriften zum Erfüllungsanspruch und zum Mangel beim Kauf

§ 433 – Vertragstypische Pflichten beim Kaufvertrag

(1) Durch den Kaufvertrag wird der Verkäufer einer Sache verpflichtet, dem Käufer die Sache zu übergeben und das Eigentum an der Sache zu verschaffen. Der Verkäufer hat dem Käufer die Sache frei von Sach- und Rechtsmängeln zu verschaffen.

(2) Der Käufer ist verpflichtet, dem Verkäufer den vereinbarten Kaufpreis zu zahlen und die gekaufte Sache abzunehmen.

Vorbemerkung

In der einleitenden Vorschrift des Kaufrechts sind zur Kennzeichnung des Wesens des Kaufvertrags die grundlegenden Pflichten des Verkäufers und des Käufers festzulegen. § 433 enthält in Absatz 1 Satz 1 die Verpflichtung des Verkäufers einer Sache zur Übergabe und Eigentumsverschaffung sowie in Absatz 2 die Verpflichtung des Käufers zur Zahlung des Kaufpreises und Abnahme der Sache. Absatz 1 Satz 2 nennt derzeit für den Fall des Rechtskaufs die besondere Ausprägung der Verkäuferpflichten: Rechtsverschaffung und Übergabe, wenn das Recht zum Besitz einer Sache berechtigt.

Die bisherige Regelung hat sich als grundsätzlich gut geeignet erwiesen. Sie erfasst allerdings in Absatz 1 mit Sachen und Rechten die möglichen Vertragsgegenstände nicht vollständig. Der Kaufvertrag ist ein geeigneter Vertragstyp auch für die entgeltliche dauerhafte Übertragung anderer Vermögenswerte, z. B. von Sach- und Rechtsgesamtheiten, insbesondere von Unternehmen und Unternehmensteilen sowie freiberuflichen Praxen; Elektrizität und Fernwärme; (noch) ungeschützten Erfindungen, technischem Know-how, urheberrechtlich nicht geschützter Software; Werbeideen; Adressen. Auf solche Gegenstände werden bisher die Vorschriften über den Kauf von Sachen und Rechten entsprechend angewendet, wobei die Abgrenzung im einzelnen allerdings Schwierigkeiten bereitet.

Zu Absatz 1 Satz 1 und Absatz 2

668 Die Neuregelung übernimmt die bisherigen Vorschriften des Absatzes 1 Satz 1 und des Absatzes 2 unverändert. Sie enthalten eine sachgerechte und bewährte Regelung.

Zu Absatz 1 Satz 2

669 In § 433 Abs. 1 S. 2 sollen **weitere Verkäuferpflichten** geregelt werden: Das Leistungsstörungsrecht soll nun die **Verletzung** einer **Pflicht als zentralen Anknüpfungspunkt** enthalten (vgl. § 280 Abs. 1). Es ergibt sich für den Kaufvertrag deshalb die Frage, was von der Leistungspflicht des Verkäufers erfasst wird. Dies gilt auch insoweit, als der Anspruch auf Schadensersatz statt der Leistung gemäß § 281 Abs. 1 oder das Rücktrittsrecht aus § 323 Abs. 1 eine nicht vertragsgemäße Leistung voraussetzt, denn auch hier stellt der Umfang der vertraglichen Leistungspflichten den Maßstab für die Vertragsgemäßheit der Leistung dar. Erschöpft sich beim Stückkauf die Pflicht des Verkäufers in der Übergabe und Übereignung der gekauften Sache und umfasst sie nicht auch die tatsächlichen und rechtlichen Eigenschaften, so können tatsächliche und rechtliche Mängel keine Rechtsfolgen nach sich ziehen, die eine Pflichtverletzung bzw. eine nicht vertragsgemäße Leistung zur Voraussetzung haben.

670 Aus **Sach-** und **Rechtsmängeln** müssen sich **Rechtsfolgen** zum **Ausgleich des gestörten Äquivalenzverhältnisses ergeben**. Wenn sie sich nicht aus dem Tatbestand der Pflichtverletzung ableiten lassen, muss eine andere Anknüpfung gewählt werden, etwa als gesetzliche oder (auch stillschweigend) vereinbarte Garantie oder als Gewährleistungshaftung auf Grund der objektiv gegebenen Abweichung vom Soll-Zustand.

671 Sofern die Mangelfreiheit der Kaufsache nicht zu den Leistungspflichten des Verkäufers gerechnet wird, können sich Probleme aus der Abgrenzung der besonderen Mängelhaftung von den Vorschriften des allgemeinen Leistungsstörungsrecht ergeben.

672 Für den Bereich der Rechtsmängel bestimmt der alte § 434, dass der Verkäufer verpflichtet ist, den Kaufgegenstand frei von Rechten Dritter zu verschaffen. Eine vergleichbare Regelung fehlt im Bürgerlichen Gesetzbuch für Sachmängel. Beim Gattungskauf liegt dem derzeitigen § 480 Abs. 1 zwar die Vorstellung zugrunde, dass der Käufer einen Anspruch auf Lieferung einer mangelfreien Sache hat. Für den Stückkauf findet sich jedoch keine derartige Bestimmung. Die bisherigen §§ 459 ff. knüpfen die Gewährleistungsansprüche des Käufers nicht an die Verletzung einer Pflicht zur Lieferung einer mangelfreien Sache, sondern an das Vorhandensein eines Mangels und – beim Schadensersatzanspruch – zusätzlich an die Arglist des Verkäufers oder an das Fehlen einer zugesicherten Eigen-

schaft. Ob dies den Schluss zulässt, das Fehlen von Sachmängeln gehöre nicht zur Leistungspflicht des Verkäufers oder ob sie sich auch hierauf erstreckt und nur die Rechtsfolgen abweichend vom allgemeinen Leistungsstörungsrecht geregelt sind, ist umstritten (vgl. Staudinger/ Honsell, Rdn. 5 ff. vor § 459; Münch-Komm/Westermann, § 459 Rdn. 2 ff., jeweils m. w. N.).

Das bisherige Gewährleistungsrecht für Sachmängel hängt eng zusammen mit dem Umstand, dass das Bürgerliche Gesetzbuch die Fehlerfreiheit der Kaufsache nicht zum Inhalt der Leistungspflicht des Käufers erklärt hat. Die Pflichtverletzung, die schon im allgemeinen Leistungsstörungsrecht des Bürgerlichen Gesetzbuchs eine wichtige Rolle spielt und die nach dem Entwurf insoweit noch an Bedeutung gewinnen soll, ist für die geltende Sachmängelgewährleistung nicht von Belang. Sachmängelhaftung und allgemeines Leistungsstörungsrecht stellen damit derzeit voneinander unabhängige und nicht aufeinander abgestimmte Haftungssysteme dar. 673

Die Rechtsmängelhaftung weist zwar geringere Unterschiede gegenüber dem allgemeinen Leistungsstörungsrecht auf, ist aber doch nicht voll integriert: Da der Verkäufer anfängliches Unvermögen auch ohne Verschulden zu vertreten hat, handelt es sich im Ergebnis zumeist um eine verschuldensunabhängige Garantiehaftung. 674

Das **Nebeneinander unterschiedlicher Haftungssysteme** im allgemeinen Teil des Rechts der Schuldverhältnisse und im Recht der Gewährleistung beim Kauf **führt zu nicht geringen Problemen** in der **Rechtsanwendung**. Die Beschränkung des Schadensersatzanspruchs nach dem bisherigen § 463 auf das Fehlen zugesicherter Eigenschaften und auf arglistiges Verhalten des Verkäufers führt zu der Frage, ob die nicht kodifizierten Rechtsinstitute des Verschuldens bei Vertragsanbahnung und der positiven Forderungsverletzung neben den Gewährleistungsvorschriften anwendbar sind. Während die Rechtsprechung Schadensersatzansprüche aus Verschulden bei Vertragsanbahnung wegen fahrlässig falscher Angaben zur Beschaffenheit der Kaufsache als durch die Gewährleistungsvorschriften ausgeschlossen ansieht (BGHZ 60, 319, 320; BGH NJW 1992, 2564), lässt sie solche Ansprüche bei falschen Angaben über Umsatzzahlen und Bilanzbestandteile beim Unternehmenskauf zu, indem sie derartige Tatsachen nicht als Eigenschaften des Unternehmens behandelt (BGH NJW 1970, 653; 1977, 1536 und 1538; ferner in NJW 1990, 1659; NJW-RR 1989, 307). Schadensersatzansprüche auf Grund positiver Forderungsverletzung billigt die Rechtsprechung zwar auch insoweit zu, als Eigenschaften der Kaufsache die Schadensursache bilden, jedoch nur für den Mangelfolgeschaden, nicht für den eigentlichen Mangelschaden (BGH, NJW 1965, 532; BGHZ 77, 215, 217). Das führt zu der Notwendigkeit, Mangelschaden und Mangelfolgeschaden gegeneinander abzugrenzen, was nicht in überzeugender Weise gelingen kann. 675

Das Nebeneinander von Schadensersatzansprüchen wegen Fehlens zugesicherter Eigenschaften und wegen positiver Vertragsverletzung führt außerdem zu Problemen bei der Verjährung. Wenngleich Ansprüche aus positiver Forderungsverletzung grundsätzlich der dreißigjährigen Verjährung des bisherigen § 195 unterliegen, wendet die Rechtsprechung auf Schadensersatzansprüche aus 676 positiver Forderungsverletzung die kurze Verjährung des § 477 entsprechend an, soweit sie mit Sachmängeln zusammenhängen (BGHZ 60, 9, 11; 77, 215, 219; 87, 88, 93). Die kurze sechsmonatige Verjährungsfrist führt nicht selten zu dem Nachteil, dass Schadensersatzansprüche bereits verjährt sind, ehe ein Mangel zutage getreten ist oder sogar bevor überhaupt ein Schaden entstanden ist. Der BGH hat deshalb eine Rechtsfortbildung in dem Sinne erwogen, in solchen Fällen die kurze Verjährungsfrist erst zu einem späteren Zeitpunkt beginnen zu lassen (BGHZ 60, 9, 13 f.; WM 1978, 328; NJW 1978, 2241), hat jedoch schließlich entschieden, eine solche Lösung sei nur dem Gesetzgeber möglich (BGHZ 77, 215, 222).

677 Die **einheitlichen Kaufrechte** sehen den Verkäufer als verpflichtet an, mangelfreie Ware zu liefern (Artikel 19 Abs. 1, Artikel 33 EKG; Artikel 35 Abs. 1 UN-Kaufrecht). Sie können daran ohne dogmatische Schwierigkeiten das Prinzip der Verpflichtung zur Nacherfüllung anschließen (Artikel 42 Abs. 1 EKG, Artikel 46 Abs. 2 und 3 UN-Kaufrecht).

678 Die Probleme des bisherigen Rechts, die nicht nur dogmatischer Art sind, sondern in der Rechtsprechung zum Teil zu äußerst bedenklichen Ergebnissen führen, lassen sich nur lösen, wenn die **Haftung für Sachmängel grundsätzlich in das System des allgemeinen Leistungsstörungsrechts einbezogen** wird. Dies macht es notwendig, auch beim Stückkauf die Pflichten des Verkäufers auf die Sachmängelfreiheit zu erstrecken. Diese Lösung wird allgemein begrüßt (Ehmann/Rust, JZ 1999, 83, 856; Rust, Das kaufrechtliche Gewährleistungsrecht, 1997 S. 47 ff., 53; Zimmer in: Ernst/Zimmermann, 191 ff., 197, Westermann in: Schulze/Schulte-Nölke, S. 115 ff., 17 f.; auch Ernst/Gsell, ZIP 2000, 1410, 1414 gehen hiervon aus). Dadurch wird die Lieferung einer mangelhaften Sache zu einer Verletzung einer vertraglichen Pflicht, an die sich nicht anders als im allgemeinen Leistungsstörungsrecht die Rechtsfolgen Rücktritt (anstelle der Wandelung) und Schadensersatz anschließen, außerdem als kaufrechtliche Besonderheit die Minderung.

679 Wenn die Lieferung einer mit Sachmängeln behafteten Sache als Verletzung einer Vertragspflicht eingeordnet wird, lassen sich hieraus ohne dogmatische Hindernisse ein Recht des Verkäufers auf Nachbesserung oder Ersatzlieferung und ein Anspruch des Käufers auf Nacherfüllung herleiten.

680 Nacherfüllung ist nicht bei jedem Stückkauf möglich. Ein als unfallfreies Fahrzeug verkaufter Unfallwagen ist durch keine Anstrengung unfallfrei zu machen. Bei nicht vertretbaren Kaufsachen scheidet auch die Ersatzlieferung aus. Ein gefälschtes Gemälde, das als echt verkauft worden ist, kann weder nachgebessert noch durch ein echtes Bild ersetzt werden. Dieser Umstand schließt aber nicht aus, beim Stückkauf die Freiheit von Sachmängeln ausnahmslos zur Leistungspflicht des Verkäufers zu rechnen. Der Verkäufer verpflichtet sich dann zwar u. U. zu einer objektiv unmöglichen Leistung. Das ist aber, wenn – wie vorgesehen – der bisherige § 306 gestrichen wird, für den Vertrag unschädlich. Der Ausgleich findet dann auf der Ebene der Rechtsbehelfe statt, wie dies schon heute bei der selbständigen Garantie der Fall ist, die inhaltlich von vornherein ein bedingtes Schadensersatzversprechen darstellt. Ferner werden die unter-

schiedlichen Vorschriften für den Stückkauf und den Gattungskauf entbehrlich, wenn für beide Arten des Kaufvertrags die Sachmängelfreiheit zur Leistungspflicht des Verkäufers gehört. Der bisherige § 480 kann deshalb gestrichen werden.

Des Weiteren führt eine solche Regelung zu einer Verringerung der Unterschiede zwischen Kauf- und Werkvertrag. Für beide Vertragstypen gilt dann übereinstimmend: Es besteht eine Verpflichtung zur sachmängelfreien Leistung; Nacherfüllung ist möglich und kann verlangt werden. 681

Schließlich wird auf diese Weise ein grundlegender Unterschied zwischen Sach- und Rechtsmängeln beseitigt, da der bisherige § 434 schon jetzt die Verpflichtung enthält, dem Käufer den Kaufgegenstand frei von Rechten Dritter zu verschaffen. Diese Pflicht soll unverändert beibehalten werden. Durch die grundsätzliche Gleichstellung kann die häufig problematische Unterscheidung zwischen beiden Arten von Mängeln in einem Großteil der Fälle vermieden werden. 682

Soweit in den Einzelvorschriften die Begriffe »Mangel«, »mangelfrei« und »mangelhaft« verwendet werden, umfassen sie sowohl Sachmängel als auch Rechtsmängel. 683

Die Verpflichtung des Verkäufers, dem Käufer die Sache frei von Sachmängeln zu verschaffen, führt nicht zu einer unangemessenen Verschärfung der Haftung des Verkäufers. Dabei ist insbesondere zu beachten, dass der Schadensersatzanspruch gemäß § 437 Nr. 3, § 440 in Verbindung mit den allgemeinen Vorschriften dann nicht entsteht, wenn der Verkäufer den Sachmangel im Sinne der §§ 276, 278 nicht zu vertreten hat. Vertreten muss der Verkäufer den Mangel nicht schon deshalb, weil in der mangelhaften Lieferung die Verletzung einer Vertragspflicht liegt. Der Verkäufer muss vielmehr auch eine Pflicht zur Prüfung verletzt haben. Zum einen kann im Vertrag – ausdrücklich oder konkludent – bestimmt sein, dass der Verkäufer für eine bestimmte Beschaffenheit ohne weiteres einzustehen hat. Das entspricht der bisherigen Schadensersatzpflicht für das Fehlen einer zugesicherten Eigenschaft gemäß dem geltenden § 463 Satz 1. Sowohl § 276 Abs. 1 Satz 1 als auch § 442 Abs. 1 Satz 2 und § 444 umschreiben diese nach bisheriger Terminologie von der »Zusicherung einer Eigenschaft« erfassten Fälle damit, dass der Schuldner (beim Kaufvertrag in dem hier interessierenden Zusammenhang der Verkäufer) eine Garantie übernommen hat. Wenn der Verkäufer den Sachmangel kennt und damit seinen Vorsatz gemäß § 276 Abs. 1 Satz 1 zu vertreten hat, so entspricht die dadurch begründete Haftung der Schadensersatzpflicht für das arglistige Verschweigen eines Fehlers dem bisherigen § 463 Satz 2. Der Verkäufer hat zwar nach der neuen Regelung einen Mangel auch dann zu vertreten, wenn er insoweit fahrlässig gehandelt hat. Entscheidend ist aber, wie weit die in dieser Hinsicht im Verkehr erforderliche Sorgfalt reicht. 684

Diese Frage kann nicht für alle Arten von Kaufverträgen in gleicher Weise beantwortet werden. Von demjenigen, der als gewerblicher Verkäufer mit industriell hergestellten Massenartikeln handelt, kann nicht stets erwartet werden, seine Waren auf Konstruktions- und Fertigungsmängel zu untersuchen. Zumeist 685 werden ihm dafür die Möglichkeiten fehlen. Das gleiche muss für den privaten Verkäufer gelten. Anders kann die Frage zu beurteilen sein bei besonders hochwertigen oder fehleranfälligen Produkten oder dann, wenn der Verkäufer eine besondere Sachkunde besitzt. Beim gewerblichen Verkauf gebrauchter Gegenstände, insbesondere beim Verkauf gebrauchter Kraftfahrzeuge, wird zu differenzieren sein. Hat der Händler keine eigene Werkstatt, kann der Käufer regelmäßig nur eine Überprüfung auf leicht erkennbare Mängel erwarten. Betreibt der Verkäufer eine Werkstatt, wird zu seinen Sorgfaltspflichten eine eingehendere Untersuchung gehören.

686 So gesehen tritt hinsichtlich einer Schadensersatzpflicht keine grundlegende Änderung gegenüber der bisherigen Rechtslage ein. Nur soweit es um den eigentlichen Mangelschaden geht und den Verkäufer insofern Fahrlässigkeit trifft, führt die Neuregelung erstmals zu einer Schadensersatzpflicht. Diese Änderung ist jedoch sachgerecht und schließt eine bislang vorhandene Lücke, die aus der Eigenart der Dogmatik des bisherigen Gewährleistungsrechts resultiert. Aber auch insoweit ist die Neuregelung für den Verkäufer weniger belastend, als es auf den ersten Blick erscheinen mag, weil Schadensersatz gemäß § 437 Nr. 3, § 439 i.V.m. § 281 grundsätzlich nur dann verlangt werden kann, wenn der Verkäufer eine Frist zur Nacherfüllung ungenutzt hat verstreichen lassen.

687 Die Verpflichtung zur mangelfreien Verschaffung der Sache führt auch nicht etwa auf dem Umweg über die Gehilfenhaftung zu einer grundlegenden Ausweitung von Schadensersatzpflichten des Verkäufers. Eine solche Ausweitung ergäbe sich, wenn der Warenhersteller Erfüllungsgehilfe des Verkäufers wäre. Die Verpflichtung zur mangelfreien Lieferung hat jedoch nicht diese Rechtsfolge. Die Verpflichtung des Verkäufers soll sich auf die mangelfreie Verschaffung der Sache beschränken, soll hingegen nicht die Herstellung der Sache umfassen. Bei der Erfüllung der Verschaffungspflicht bedient sich der Verkäufer nicht des Herstellers, die Herstellung der Sache ist nicht in den Pflichtenkreis des Verkäufers einbezogen. Der Warenhersteller ist deshalb ebenso wenig Erfüllungsgehilfe des Verkäufers, wie nach bisherigem Recht der Hersteller von Baumaterialien Erfüllungsgehilfe des Werkunternehmers ist, der solche Materialien bei der Herstellung des geschuldeten Werks verwendet (BGH, NJW 1978,1157).

688 Auf der Grundlage des alten Rechts ist für den Käufer die Anfechtung des Kaufvertrags gemäß § 119 Abs. 2 wegen Fehlens einer verkehrswesentlichen Eigenschaft ausgeschlossen, soweit die Sachmängelhaftung eingreift, jedenfalls ab Gefahrübergang (BGHZ 34, 32, 37). Das hat den Grund, dass der Käufer sich nicht den Sonderregelungen der Sachmängelhaftung soll entziehen können. Dieses Konkurrenzverhältnis ändert sich durch die vorgeschlagene Neuregelung nicht. Dabei kann die Frage, ob die Anfechtung erst ab Gefahrübergang ausgeschlossen ist, der Rechtsprechung überlassen bleiben. Angesichts der Veränderung der Rechtsbehelfe des Käufers wird es allerdings nahe liegen, die Anfechtung wegen Eigenschaftsirrtums als von vornherein ausgeschlossen anzusehen.

689 § 119 Abs. 2 wird dagegen bislang für den Bereich der Rechtsmängelhaftung nicht als ausgeschlossen betrachtet (vgl. Palandt/Heinrichs, § 119 Rdn. 28; RG, JW 1909, 132 = SeuffA Bd. 65 S. 223). Dies erscheint nicht mehr gerechtfertigt,

wenn für Rechts- und Sachmängel grundsätzlich in gleicher Weise gehaftet wird und die daraus erwachsenen Ansprüche des Käufers derselben Verjährungsregelung unterliegen. Eine ausdrückliche gesetzliche Regelung ist jedoch nicht erforderlich. Auch diese Frage soll der Rechtsprechung überlassen bleiben.

§ 434 – Sachmangel

(1) Die Sache ist frei von Sachmängeln, wenn sie bei Gefahrübergang die vereinbarte Beschaffenheit hat. Soweit die Beschaffenheit nicht vereinbart ist, ist die Sache frei von Sachmängeln,
1. wenn sie sich für die nach dem Vertrag vorausgesetzte Verwendung eignet, sonst
2. wenn sie sich für die gewöhnliche Verwendung eignet und eine Beschaffenheit aufweist, die bei Sachen der gleichen Art üblich ist und die der Käufer nach der Art der Sache erwarten kann.

Zu der Beschaffenheit nach Satz 2 Nr. 2 gehören auch Eigenschaften, die der Käufer nach den öffentlichen Äußerungen des Verkäufers, des Herstellers (§ 4 Abs. 1 und 2 des Produkthaftungsgesetzes) oder seines Gehilfen insbesondere in der Werbung oder bei der Kennzeichnung über bestimmte Eigenschaften der Sache erwarten kann, es sei denn, dass der Verkäufer die Äußerung nicht kannte und auch nicht kennen musste, dass sie im Zeitpunkt des Vertragsschlusses in gleichwertiger Weise berichtigt war oder dass sie die Kaufentscheidung nicht beeinflussen konnte.

(2) Ein Sachmangel ist auch dann gegeben, wenn die vereinbarte Montage durch den Verkäufer oder dessen Erfüllungsgehilfen unsachgemäß durchgeführt worden ist. Ein Sachmangel liegt bei einer zur Montage bestimmten Sache ferner vor, wenn die Montageanleitung mangelhaft ist, es sei denn, die Sache ist fehlerfrei montiert worden.

(3) Einem Sachmangel steht es gleich, wenn der Verkäufer eine andere Sache oder eine zu geringe Menge liefert.

Vorbemerkung

Wenn der Verkäufer gemäß § 433 Abs. 1 Satz 2 verpflichtet ist, dem Käufer die Sache frei von Sachmängeln zu verschaffen, so muss im Gesetz geklärt werden, wann ein Sachmangel vorliegt. Bei jeder gesetzlichen Verpflichtung ist es zweckmäßig, dass sich der Inhalt der Pflicht möglichst klar aus dem Gesetz ablesen lässt. Für den Sachmangel gilt das in besonderer Weise. Zwar will die Neuregelung die Rechtsfolgen für Sachmängel in das allgemeine Leistungsstörungsrecht einfügen, es sind jedoch einige Sonderregelungen vonnöten. Die Abgrenzung der Lieferung einer mangelhaften Sache von anderen Verletzungen vertraglicher Pflichten ist deshalb von Bedeutung.

690

691 Nach bisherigen Recht ist die Beschreibung des Sachmangels in § 459 durch eine Zweiteilung gekennzeichnet. Absatz 1 Satz 1 knüpft zunächst die Gewährleistung an Fehler, »die den Wert oder die Tauglichkeit zu dem gewöhnlichen oder dem nach dem Vertrag vorausgesetzten Gebrauch aufheben oder mindern«. Darüber, ob der Begriff »Fehler« einen objektiven oder subjektiven Maßstab erfordert, enthält die Vorschrift keine ausdrückliche Aussage. Die Bedeutung von Parteivereinbarungen für den Sachmangel schlägt sich im Wortlaut nur in dem Merkmal »nach dem Vertrag vorausgesetzter Gebrauch« nieder. Als zweiten Anknüpfungspunkt für die Sachmängelgewährleistung nennt Absatz 2 die zugesicherten Eigenschaften. Bei diesem Merkmal ist zweifelsfrei, dass ein objektiver Maßstab nicht in Betracht kommt und allein die Parteivereinbarungen maßgeblich sind.

692 Die **Unterscheidung** zwischen **Fehlern** und dem **Fehlen zugesicherter Eigenschaften** ist vor allem für die Rechtsfolgen von Bedeutung. Während ein Fehler nur das Recht auf Wandelung und Minderung gibt (§ 462 alt), führt das Fehlen einer zugesicherten Eigenschaft auch zum Schadensersatz (§ 463 Satz 1 alt). Außerdem ist ein in Allgemeinen Geschäftsbedingungen enthaltener Gewährleistungsausschluss für zugesicherte Eigenschaften unwirksam (bisheriger § 11 Nr. 11 AGBG).

693 Eine weitere Unterscheidung zwischen Fehlern und dem Fehlen zugesicherter Eigenschaften ergibt sich aus dem bisherigen § 459 Abs. 1 Satz 2. Für den **Fehler gilt eine Bagatellgrenze**. Ist der Wert oder die Tauglichkeit nur unerheblich gemindert, so führt das nicht zum Anspruch auf Wandelung oder Minderung.

694 Artikel 2 Abs. 1 der Verbrauchsgüterkaufrichtlinie erfordert eine **Neufassung des Sachmangelbegriffs**. Die Bestimmung enthält mit der Bezugnahme auf die Vertragsmäßigkeit der Kaufsache den subjektiven Fehlerbegriff. Die Vorschrift unterscheidet auch nicht zwischen Fehlern und dem Fehlen zugesicherter Eigenschaften. Es kommt allein darauf an, ob die gelieferte Kaufsache »dem Kaufvertrag gemäß« ist. Zwar gilt auch diese Vorschrift der Richtlinie nur für den Verbrauchsgüterkauf. Dies sollte bei der Umsetzung jedoch nicht zu einem gespaltenen Fehlerbegriff je nach der Einordnung eines Geschäfts als Verbrauchsgüterkauf oder als sonstiger Kauf führen. Die Frage, wann eine Kaufsache einen Sachmangel aufweist, sollte eine Rechtsordnung vielmehr allgemein beantworten. Im Übrigen können sich andernfalls Probleme bei dem Regress ergeben, den Artikel 4 der Verbrauchsgüterkaufrichtlinie vorsieht, wenn in einer Absatzkette im Verhältnis zwischen Händler und Verbraucher eine Sache als mangelhaft, im Verhältnis Hersteller und Händler dagegen hinsichtlich desselben Umstandes wegen eines anderen Fehlerbegriffs als mangelfrei anzusehen ist.

695 Es kommt hinzu, dass das geltende Recht in mehrfacher Hinsicht Mängel aufweist: Der Wortlaut des bisherigen § 459 Abs. 1 Satz 1 scheint dafür zu sprechen, dass unter »Fehler« ein Merkmal der Kaufsache verstanden werden soll, das an objektiven, von den Vereinbarungen der Parteien unabhängigen Kriterien gemessen werden kann. Eine solche Auslegung würde objektiv feststellbare, gegeneinander abgegrenzte Gattungen von Sachen voraussetzen. Da eine solche Abgrenzung in der Realität nicht möglich ist, wendet die Rechtsprechung in

Übereinstimmung mit der ganz h. L. einen subjektiven Fehlerbegriff an (Nachweise bei Staudinger/Honsell, § 459 Rdn. 10 ff. und Soergel/Huber, Rdn. 39 ff. vor § 459): Danach kommt es in erster Linie auf die Vereinbarungen der Parteien über die Beschaffenheit der Kaufsache an. Nur wenn solche Vereinbarungen, auch konkludente, nicht feststellbar sind, ist die gewöhnliche Beschaffenheit maßgebend.

Der **subjektive Fehlerbegriff** mit seinen von der Praxis angewendeten Ausformungen im Einzelnen bereitet zwar für sich genommen keine Probleme. Um so größere Schwierigkeiten ergeben sich aber bei der **Abgrenzung zwischen** der **(einfachen) Beschaffenheitsvereinbarung** im Sinne des bisherigen § 459 Abs. 1 Satz 1 und der Zusicherung von Eigenschaften gemäß Absatz 2 dieser Vorschrift. Die Unterschiede in den Rechtsfolgen sind gravierend, während die Sachverhalte, die zu derart unterschiedlichen Rechtsfolgen führen, nicht in nachvollziehbarer Weise unterscheidbar sind. Die Anwendung des geltenden § 459 Abs. 2 wird dadurch weithin zum Wertungsvorgang im Hinblick auf die Rechtsfolge. Darunter leidet die Vorhersehbarkeit gerichtlicher Entscheidungsergebnisse in nur schwer erträglichem Maße. 696

Ein weiteres **Problem** stellen die **Falschlieferung (aliud)** und die **Zuweniglieferung** dar. Beide Formen der nicht vertragsmäßigen Lieferung fasst die höchstrichterliche Rechtsprechung gegenwärtig nicht unter den Begriff des Fehlers. Das hat zur Konsequenz, dass sie nicht der Sachmängelgewährleistung unterfallen (BGH, NJW 1968, 640), sondern nach den Bestimmungen der bisherigen §§ 323 ff. zu lösen sind, so dass insbesondere die kurze Verjährung des bisherigen § 477 nicht eingreift. In der Literatur ist die Behandlung der aliud-Lieferung streitig (ausführliche Darstellung bei Soergel/Huber, Rdn. 86 ff. vor § 459). Auch die Zuweniglieferung wird in der Regel nicht als Sachmangel eingeordnet, sondern als teilweise Nichterfüllung. 697

Anders ist gegenwärtig die Situation beim beiderseitigen Handelskauf. Falsch- und Zuweniglieferung lösen nicht nur gemäß § 378 HGB die Untersuchungs- und Rügeobliegenheit des § 377 HGB aus, sondern unterliegen nach der Rechtsprechung – jedenfalls beim Gattungskauf – auch dem Gewährleistungsrecht (BGHZ 115, 294; RGZ 86, 90). 698

Insbesondere die Unterscheidung zwischen mangelhafter Lieferung und aliud-Lieferung, die wegen der Konsequenzen für die Verjährungsfrist von erheblicher Bedeutung ist, bereitet in der Praxis die größten Schwierigkeiten. Es fehlt an einem überzeugenden Maßstab, und die Entscheidung wird häufig im Hinblick auf die Angemessenheit der Rechtsfolgen für den konkreten Fall getroffen, wobei es oft geradezu beliebig erscheint, ob eine Abweichung von der Sollbeschaffenheit als Qualitätsabweichung oder als Gattungsunterschied definiert wird. Beim Handelskauf ist durch § 378 HGB das Problem auf die Abgrenzung zwischen genehmigungsfähigem und nicht genehmigungsfähigem aliud verlagert, ist hier aber ebenso schwer zu lösen. Wegen der Parallelregelung von aliud und Zuweniglieferung in § 378 HGB erstreckt sich die Schwierigkeit der Abgrenzung dort auch auf die Zuweniglieferung. 699

700 Falsch- und **Zuweniglieferung** treten nicht nur beim Handelskauf in Erscheinung, sondern ebenso bei Kaufverträgen, die ausschließlich nach den Vorschriften des Bürgerlichen Gesetzbuchs zu beurteilen sind (Versandgeschäfte; BGH, NJW 1989, 218 – glykolhaltiger Wein).

701 Wenn die Rechtsprechung die Falsch- und die Zuweniglieferung nicht in die Sachmängelhaftung einbezieht, so ist das nicht nur auf das Verständnis des Begriffs »Fehler« zurückzuführen. Ein nicht minder wichtiger Grund ist darin zu sehen, dass mit dieser Auslegung die als zu kurz empfundene Verjährungsfrist des derzeitigen § 477 vermieden wird.

702 Ein weiteres Problem bereitet die Frage, ob Fehler nur solche Eigenschaften sein können, die der Kaufsache unmittelbar anhaften oder ob auch außerhalb der Sache liegende Umstände in Betracht kommen. Der BGH hat auch Beziehungen der Sache zur Umwelt in den Fehlerbegriff einbezogen, die in der Beschaffenheit der Sache selbst ihren Grund haben, von ihr ausgehen, ihr für eine gewisse Dauer anhaften und nicht lediglich durch außerhalb der Sache liegende Umstände in Erscheinung treten; Voraussetzung soll jeweils sein, dass die Umstände nach der Verkehrsanschauung für die Brauchbarkeit und den Wert der Sache von Bedeutung sind (z.B. BGH, NJW 1985, 2472f.). Die Frage spielt u.a. für Umsatz- und Ertragsangaben beim Unternehmenskauf eine Rolle (BGH, NJW 1995, 1547; 1977, 1538). Die Abgrenzung im einzelnen ist schwierig und unsicher. Nicht selten dürfte die Kürze der Verjährungsfristen Einfluss auf die Entscheidung im Einzelfall haben. Problematisch erscheint es auch, wenn der BGH außerhalb der Sache liegende Umstände, die er nicht zum Fehlerbegriff rechnet, als zusicherungsfähige Eigenschaften ansieht.

703 Wenn auch der Sachmangel in anderen Rechtsordnungen im einzelnen recht verschieden behandelt wird, so stimmen doch alle darin überein, dass es letztlich auf die **Beschaffenheitsvereinbarung im Vertrag** ankommt und dass objektive Kriterien nur insoweit heranzuziehen sind, als Vereinbarungen fehlen. Dieser gemeinsamen Basis der Rechtsordnungen folgend hat Artikel 1 der Verbrauchsgüterkaufrichtlinie die Vertragsmäßigkeit des Verbrauchsguts und damit den subjektiven Fehlerbegriff als maßgeblichen Gesichtspunkt für die Mängelhaftung des Verkäufers gewählt. Dass neben die Haftung für Fehler eine Haftung für das Fehlen zugesicherter Eigenschaften tritt, hat das Bürgerliche Gesetzbuch ebenfalls mit vielen anderen Rechtsordnungen gemein (Einzelheiten bei Basedow, Die Reform des deutschen Kaufrechts, S. 44 ff.). Bei der Falschlieferung und Zuweniglieferung gibt es auch in anderen Rechtsordnungen vergleichbare Probleme (vgl. Basedow aaO S. 26 ff.).

704 Die einheitlichen Kaufrechte (Artikel 33 EKG, Artikel 35 UN-Kaufrecht) verwenden den **subjektiven Fehlerbegriff** und beziehen dabei die **Falschlieferung** und die **Zuweniglieferung** mit ein. Eine gesonderte Regelung für zugesicherte Eigenschaften enthalten sie nicht. Der in Artikel 33 Abs. 2 EKG vorgesehene Ausschluss der Haftung für unerhebliche Mängel ist in das UN-Kaufrecht nicht übernommen worden.

705 Das Gesetz über Wirtschaftsverträge (GW) der DDR stellte in den §§ 45 und 281 Abs. 1, die alle in dem Gesetz geregelten Vertragstypen, nicht nur den Kauf,

betrafen, auf den Bestimmungszweck bzw. die festgelegten Merkmale ab und legte damit ebenfalls den subjektiven Fehlerbegriff zugrunde. Für die Erreichung des Vertragszwecks unerhebliche Abweichungen gaben dem Käufer keine Rechte wegen nicht qualitätsgerechter Leistung (§ 281 Abs. 1 Halbsatz 2). Eine Zuweniglieferung gab nach § 280 dem Gläubiger das Recht auf Minderung, Schadensersatz und – nach erfolgloser Fristsetzung – auf Rücktritt.

Das ZGB der DDR, das in den §§ 148 ff. die Sachmängelhaftung mit der Haltbarkeitsgarantie zusammengefasst hatte, stellte zwar in erster Linie auf die staatlichen Güte-, Sicherheits- und Schutzvorschriften ab, nannte aber daneben auch die vom Hersteller zugesicherten oder für den vorgesehenen Verwendungszweck erforderliche Gebrauchsfähigkeit und Beschaffenheit sowie vom Verkäufer oder Hersteller zugesicherte Eigenschaften und für einen vereinbarten besonderen Verwendungszweck vorausgesetzte Eigenschaften (§ 148 Abs. 1 und 2). Eine Regelung über die Zuweniglieferung fehlte.

706

Zu Absatz 1

Zu Satz 1

Die Neuregelung legt den **subjektiven Fehlerbegriff** zugrunde, indem in erster Linie darauf abgestellt wird, dass die Sache die **vereinbarte Beschaffenheit** hat. Es kommt also zunächst auf den Inhalt der getroffenen Vereinbarung an. Das entspricht Artikel 2 Abs. 1 der Verbrauchsgüterkaufrichtlinie, dem zufolge die Kaufsache vertragsgemäß sein muss. Auch Erwägungsgrund (8) der Verbrauchsgüterkaufrichtlinie verdeutlicht, dass primär die vertragliche Vereinbarung maßgeblich sein soll. Artikel 2 Abs. 2 der Verbrauchsgüterkaufrichtlinie enthält darüber hinaus widerlegliche Vermutungen der Vertragsmäßigkeit in bestimmten, dort näher beschriebenen Fällen.

707

Artikel 2 Abs. 2 Buchstabe a der Verbrauchsgüterkaufrichtlinie enthält eine **Vermutung** der **Vertragsmäßigkeit** für den Fall, dass das Verbrauchsgut mit der vom Verkäufer gegebenen Beschreibung übereinstimmt und die Eigenschaften des Gutes besitzt, das der Verkäufer dem Verbraucher (Käufer) als Probe oder Muster vorgelegt hat. Dies wird durch § 434 Abs. 1 Satz 1 umgesetzt. Beschreibt der Verkäufer bei Vertragsschluss die Eigenschaften der verkauften Sache in einer bestimmten Weise, so werden, wenn der Käufer vor diesem Hintergrund seine Kaufentscheidung trifft, die Erklärungen des Verkäufers ohne Weiteres zum Inhalt des Vertrags und damit zum Inhalt einer Beschaffenheitsvereinbarung im Sinne des Satzes 1. Entspricht die später gelieferte Sache dem nicht, so ist sie nicht vertragsgemäß.

708

Dasselbe gilt im zweiten Fall des Artikels 2 Abs. 2 Buchstabe a: Wenn ein Muster oder eine Probe vor oder bei dem Vertragsschluss nicht nur zu Werbezwecken vorgelegen hat, sondern zur Darstellung und Festlegung der Eigenschaften der Kaufsache, kann es nicht zweifelhaft sein, dass die Beschaffenheit des Musters oder der Probe als Beschaffenheit der verkauften Sache vereinbart worden ist und dass dementsprechend eine Abweichung von dem Muster oder der Probe in der Beschaffenheit einen Sachmangel darstellt. Die Neuregelung enthält zwar nicht die Vermutungskonstruktion des Artikels 2 Abs. 2 der Ver-

709

brauchsgüterkaufrichtlinie. Die dort genannten Kriterien können jedoch auch dazu verwendet werden, die Anforderungen an die Vertragsmäßigkeit der Kaufsache zu bestimmen, wie sich aus Erwägungsgrund (8) ergibt. Eine wörtliche Übernahme dieser Vermutung in das deutsche Recht ist nicht erforderlich (so auch Jorden, Verbrauchsgütergarantien, 2001, S. 162). Die Richtlinie sieht diese Vermutung als eine – wenn auch eher unbedeutende – technische Erleichterung für den Verkäufer vor. Sie würde sich aber konstruktiv nur schwer in das deutsche Kaufrecht einfügen lassen, das solche Vermutungen nicht kennt. Der Verzicht hierauf ist eher käufergünstig und schon deshalb zulässig.

710 Im Übrigen kann für die Umschreibung des Sachmangels auf eine Unterscheidung zwischen Fehlern und dem Fehlen zugesicherter Eigenschaften verzichtet werden, wenn maßgeblich auf die Vereinbarung der Parteien abgestellt wird und nicht auf außerhalb des Willens der Vertragsparteien liegende »objektive« Merkmale.

711 Der Begriff »**Beschaffenheit« soll nicht definiert werden**. Insbesondere soll nicht entschieden werden, ob er nur Eigenschaften umfasst, die der Kaufsache unmittelbar physisch anhaften oder ob auch Umstände heranzuziehen sind, die außerhalb der Sache selbst liegen. Die Einbeziehung der Sachmängelhaftung in das allgemeine Leistungsstörungsrecht mit der weitgehenden Übereinstimmung in den Rechtsfolgen und die Neuregelung des Verjährungsrechts nehmen der bisherigen Rechtsprechung einen Großteil ihrer Bedeutung.

712 Die Vorschrift nennt als **Zeitpunkt**, in dem die **Mangelfreiheit** gegeben sein muss, den **Gefahrübergang**. Das entspricht geltendem Gewährleistungsrecht, vgl. den bisherigen § 459 Abs. 1 Satz 1. Die Schuldrechtskommission hatte dagegen auf eine Festlegung des maßgeblichen Zeitpunktes verzichten wollen und zur Begründung ausgeführt, die Festlegung des Zeitpunktes in dem bisherigen § 459 Abs. 1 Satz 1 sei im Hinblick darauf notwendig, dass die Mangelfreiheit nicht als Bestandteil der Leistungspflicht ausgestaltet sei, weil sich andernfalls der maßgebliche Zeitpunkt nicht feststellen lasse. Wenn dagegen eine Pflicht zur mangelfreien Leistung geschaffen werde, sei in Zukunft eine solche Festlegung für Sachmängel der Kaufsache ebenso wenig notwendig wie gegenwärtig für den Rechtsmangel in dem bisherigen § 434 und den Sachmangel beim Werkvertrag in dem bisherigen § 633 Abs. 1. Der Verzicht auf eine Festlegung, so die Schuldrechtskommission weiter, werde nicht zu anderen Ergebnissen führen, als sie aus der früheren Regelung folgen: Vor dem Gefahrübergang habe der Verkäufer seine Leistungspflicht noch nicht erfüllt; gehe die Gefahr vor der Übergabe auf den Käufer über und sei die Sache beim Gefahrübergang frei von Sachmängeln, entstehe aber später ein Sachmangel, ohne dass der Verkäufer dies zu vertreten habe, so habe sich damit eine Gefahr verwirklicht, die der Käufer auf Grund der Bestimmung über den vorzeitigen Gefahrübergang zu tragen habe. Der schon in dem derzeitigen § 434 verwendete Begriff »verschaffen«, der nicht auf einen bestimmten Zeitpunkt oder auf eine bestimmte Handlung des Verkäufers Bezug nehme, eigne sich ebenso im Hinblick auf die Freiheit von Sachmängeln.

Trotz dieser überzeugenden Ausführungen soll der Gesetzgeber allein aus Klarstellungsgründen auf die **ausdrückliche Nennung** des **maßgeblichen Zeitpunktes** jedenfalls bei Sachmängeln nicht verzichten. Andernfalls könnte dies als eine nicht gewollte sachliche Änderung missverstanden werden. Mit Artikel 3 Abs. 1 der Verbrauchsgüterkaufrichtlinie, der die »Lieferung des Verbrauchsguts« als maßgeblichen Zeitpunkt für die Beurteilung der Vertragswidrigkeit und damit der Mängelhaftung des Verkäufers vorsieht, ist dies vereinbar. Der Gefahrübergang tritt in aller Regel gemäß § 446 Satz 1 mit der Übergabe der Sache ein. Das ist der Zeitpunkt, in dem auch die »Lieferung« der Sache anzunehmen ist. Allerdings lässt § 446 Satz 3 die Gefahr auch mit dem Annahmeverzug des Käufers auf diesen übergehen, ohne dass die Sache übergeben wurde. Aber zum einen bedeutet die Verwendung des Begriffs »Lieferung« in der Verbrauchsgüterkaufrichtlinie nicht, dass nicht mehr an den Gefahrübergang angeknüpft werden könnte, wie aus dem Erwägungsgrund (14) folgt. Vielmehr müssen die Mitgliedstaaten ihre Vorschriften über den Gefahrübergang nicht deshalb ändern, weil die Richtlinie auf die »Lieferung« abstellt. Schon deshalb kann es bei dem bisherigen Rechtszustand bleiben. Zum anderen regelt die Verbrauchsgüterkaufrichtlinie die Rechtsfolgen des Annahmeverzuges nicht, sondern überlässt dies den Mitgliedstaaten, die deshalb insoweit nicht gebunden sind. Damit sind innerstaatliche Regelungen weiter möglich, die in Sonderfällen einen Gefahrübergang auch ohne Übergabe bzw. Lieferung der Sache eintreten lassen, wie zum Beispiel § 446 S. 3 (Gefahrübergang auch mit Annahmeverzug).

Zu Satz 2

Nach Absatz 1 soll es in erster Linie auf die **getroffenen Vereinbarungen** über die **Beschaffenheit** ankommen. In der Vertragspraxis wird jedoch keineswegs in jedem Kaufvertrag die Beschaffenheit vereinbart. Je alltäglicher ein Geschäft ist, um so häufiger fehlt es an einer Vereinbarung oder gar einer vollständigen Vereinbarung über die Beschaffenheit der Sache im einzelnen. Häufig richten sich die Vorstellungen der Parteien nicht auf einzelne Merkmale der Beschaffenheit, sondern darauf, dass die Sache für einen bestimmten Verwendungszweck tauglich sein soll. Dies wird in Satz 2 Nr. 1 mit der »nach dem Vertrag vorausgesetzten Verwendung« umschrieben. Diese Formulierung lehnt sich ohne inhaltliche Veränderung an die Fassung des derzeitigen § 459 Abs. 1 Satz 1 an.

Ob es sich dabei um eine **vertragliche Vereinbarung** handelt oder ob es um **Vorstellungen** der Parteien im Vorfeld des Vertrags geht, will der Entwurf nicht entscheiden. Die Formulierung macht jedenfalls deutlich, dass eine konkludente Übereinstimmung der Parteien ausreicht. Dies dient auch der Umsetzung von Artikel 2 Abs. 2 Buchstabe b der Verbrauchsgüterkaufrichtlinie. Danach wird die Vertragsmäßigkeit vermutet, wenn das Verbrauchsgut sich für einen bestimmten vom Verbraucher angestrebten Zweck eignet, den der Verbraucher dem Käufer bei Vertragsschluss zur Kenntnis gebracht und dem der Verkäufer zugestimmt hat. In diesen Fällen wird zwar häufig eine »vereinbarte Beschaffenheit« der Kaufsache im Sinne des § 434 Abs. 1 Satz 1 anzunehmen sein. Für die eventuell verbleibenden Fallkonstellationen, in denen von einer vertraglich vereinbarten Beschaffenheit nicht ausgegangen werden kann, die Parteien aber dennoch eine bestimmte Verwendung der Kaufsache bei Vertragsschluss vorausgesetzt haben, kann auf § 434 Abs. 1 Satz 2 Nr. 1 zurückgegriffen werden.

716 Nur wenn weder die **Beschaffenheit vereinbart** ist noch die Parteien eine **bestimmte Verwendung vorausgesetzt** haben, kommt es darauf an, ob sich die Sache für die gewöhnliche Verwendung eignet, Absatz 1 Satz 2 Nr. 2. Damit wird Artikel 2 Abs. 2 Buchstabe c der Verbrauchsgüterkaufrichtlinie umgesetzt, dem zufolge Vertragsmäßigkeit der Kaufsache anzunehmen ist, wenn sie sich für Zwecke eignet, für die Güter der gleichen Art gewöhnlich gebraucht werden.

717 Darüber hinaus bestimmt Absatz 2 Satz 2 Nr. 2, dass die Sache in diesen Fällen eines Fehlens bestimmter Vorstellungen der Parteien über die Verwendung der Sache eine Beschaffenheit aufweisen muss, die bei Sachen der gleichen Art üblich ist und die der Käufer nach der Art der Sache erwarten kann. Damit wird der erste Teil des Artikels 2 Abs. 2 Buchstabe d der Verbrauchsgüterkaufrichtlinie umgesetzt. Dabei fasst der Begriff der »Beschaffenheit« als maßgeblicher Anknüpfungspunkt die Ausdrücke »Qualität und Leistungen« zusammen, die die Richtlinie verwendet. Satz 2 Nr. 2 enthält nicht die zusätzliche Beschränkung auf solche Beschaffenheitsmerkmale, die der Käufer »vernünftigerweise« erwarten kann. Dies erscheint nicht erforderlich: Welche Beschaffenheit erwartet werden kann, bestimmt sich nach dem Erwartungshorizont eines Durchschnittskäufers. Der dem Bürgerlichen Gesetzbuch fremde Begriff »vernünftigerweise« soll nicht verwendet werden. Er umschreibt nur, was ohnehin zu prüfen ist, nämlich wie ein durchschnittlicher »vernünftiger« Käufer die Äußerungen von Verkäufer bzw. Hersteller zum Beispiel in Werbeaussagen in Bezug auf das Vorhandensein konkreter Eigenschaften auffassen durfte. In diesem Sinne wird der Begriff jedenfalls in Artikel 1.302. »Reasonableness« der Principles of European Contract Law verwendet.

718 Der **Vergleichsmaßstab sind »Sachen der gleichen Art«**. Dies wird vor allem bei gebrauchten Sachen zu berücksichtigen sein. Ein gebrauchter PKW etwa ist nicht von »der gleichen Art« wie ein Neuwagen desselben Typs, darf mit diesem also nicht verglichen werden. Vielmehr kommt es darauf an, welche Eigenschaften der Durchschnittskäufer anhand der »Art der Sache« erwarten kann. Das ist z.B. bei einem Neuwagen naturgemäß anders als bei einem gebrauchten Fahrzeug. Bei letzterem wird etwa das Alter und die Laufleistung die berechtigten Erwartungen des Käufers wesentlich beeinflussen, Umstände, die bei einem Neuwagen keine Rolle spielen können.

Zu Satz 3

719 Satz 3 dient als Ergänzung des Satzes 2 Nr. 2 der Umsetzung des Teils von Artikel 2 Abs. 2 Buchstabe d der Verbrauchsgüterkaufrichtlinie, der in Satz 2 Nr. 2 noch nicht enthalten ist. Dies bezieht sich auf die Umstände, die die Erwartungen des Käufers beeinflussen können. Artikel 2 Abs. 2 Buchstabe d sieht insoweit mit bestimmten Einschränkungen eine Haftung des Verkäufers für öffentli-

che Äußerungen, insbesondere Werbeaussagen, über konkrete Eigenschaften der Kaufsache vor.

Werbeaussagen des Verkäufers selbst werden in aller Regel im Rahmen des Verkaufsgesprächs **jedenfalls dann in Bezug** genommen, wenn sie **konkrete Eigenschaften** der **Kaufsache betreffen**, die die Kaufentscheidung beeinflussen können. In diesen Fällen wird regelmäßig eine entsprechende Beschaffenheitsvereinbarung anzunehmen sein. Eine Abweichung der tatsächlichen Beschaffenheit der gelieferten Sache begründet dann schon einen Sachmangel gemäß Satz 1. 720

Die von der Verbrauchsgüterkaufrichtlinie und der Neuregelung vorgesehene Bezugnahme auf Werbeaussagen und andere öffentliche Äußerungen hat deshalb Bedeutung vor allem bei Erklärungen Dritter, insbesondere des Herstellers. Diese können zwar auch zu einer entsprechenden Beschaffenheitsvereinbarung im Verhältnis Verkäufer – Käufer führen. Derartiges wird man jedoch nicht immer ohne Weiteres annehmen können. Dennoch muss derjenige, der seiner Kaufentscheidung derartige öffentliche Äußerungen zugrundelegt, auf die inhaltliche Richtigkeit vertrauen können. Deshalb hat der BGH z.B. die fehlerhafte Angabe des Herstellers eines neuen PKW über den Kraftstoffverbrauch als Sachmangel (wenn auch nicht als Zusicherung) gewertet (BGHZ 132, 55, NJW 1997, 2590). Der Verkäufer wird durch die Bindung an öffentliche Aussagen des Herstellers über konkrete Eigenschaften der Kaufsache nicht in unzumutbarer Weise in seiner Rechtsposition beeinträchtigt (Ehmann/Rust, JZ 1999, 853, 856; Jorden, Verbrauchergarantien 2001, S. 163 ff.) : Zum einen profitiert auch er von der Werbung durch Dritte, weil sie auch seinen Absatz fördert und Werbeaussagen kaufentscheidend sein können. Zum anderen sind nur öffentliche Äußerungen über »konkrete Eigenschaften« der Kaufsache rechtlich von Bedeutung, also nicht reißerische Anpreisungen allgemeiner Art ohne Bezugnahme auf nachprüfbare Aussagen über die Beschaffenheit der Sache. 721

Der **Schutz vor unzutreffenden Werbeaussagen** ist zwar in erster Linie ein Anliegen des Verbraucherschutzes. Dennoch sieht die Neuregelung davon ab, den Fehlerbegriff insoweit auf den Verbrauchsgüterkauf zu beschränken. Bereits oben wurde ausgeführt, dass ein einheitlicher Fehlerbegriff wünschenswert ist. Im Übrigen sind auch außerhalb des Verbrauchsgüterkaufs Fälle denkbar, in denen die Kaufentscheidung durch unzutreffende Werbeaussagen beeinflusst wird. Dann ist eine Haftung des Verkäufers aus denselben Gründen wie beim Verbraucherkauf gerechtfertigt. 722

Im Einzelnen übernimmt Satz 3 mit geringen Umformulierungen den Wortlaut des Artikels 2 Abs. 2 Buchstabe d der Verbrauchsgüterkaufrichtlinie, unter Einbeziehung der Ausnahmen in Artikel 2 Abs. 4. Ein Sachmangel liegt nach Satz 2 Nr. 2 in Verbindung mit Satz 3 deshalb auch dann vor, wenn die Sache nicht die Beschaffenheit aufweist, die bei Sachen der gleichen Art üblich ist und die der Käufer nach den öffentlichen Äußerungen des Verkäufers oder des Herstellers oder seines Gehilfen insbesondere in der Werbung oder bei der Kennzeichnung über konkrete Eigenschaften der Sache erwarten kann. 723

724 Die Richtlinie spricht von **Äußerungen** des **Verkäufers**, des **Herstellers** oder dessen **Vertreters**. Der Herstellerbegriff der Verbrauchsgüterkaufrichtlinie ist in Artikel 1 Abs. 2 Buchstabe d umschrieben. Danach wird neben dem Hersteller von Verbrauchsgütern auch deren Importeur für das Gebiet der Gemeinschaft sowie jede andere Person erfasst, die sich dadurch, dass sie ihren Namen, ihre Marke oder ein anderes Kennzeichen an dem Verbrauchsgut anbringt, als Hersteller bezeichnet. § 434 Abs. 1 Satz 3 nimmt deshalb auf § 4 Abs. 1 und 2 ProdHaftG Bezug, wo der Herstellerbegriff in entsprechender Weise umschrieben wird.

725 Die Neuregelung übernimmt nicht die Bezeichnung des »**Vertreters**« des Herstellers aus der Verbrauchsgüterkaufrichtlinie. Diese entspricht nicht der Terminologie des Bürgerlichen Gesetzbuchs. Es geht im Zusammenhang mit der Herstellerwerbung nicht um die Stellvertretung bei der Abgabe von Willenserklärungen (§§ 164 ff.), sondern um Hilfspersonen, die für den Hersteller bei Äußerungen über Tatsachen (Eigenschaften der Sache) eingeschaltet werden. Der Entwurf sieht hierfür deshalb den Ausdruck »Gehilfe« vor.

726 Der letzte Teil von Absatz 1 Satz 3 enthält die Ausnahmen des Artikels 2 Abs. 4 der Verbrauchsgüterkaufrichtlinie. Letzterer bestimmt ausdrücklich, dass der Verkäufer die ihn entlastenden Umstände nachweisen muss. Dies übernimmt die Neuregelung durch die Formulierung als Ausnahme (»es sei denn«): Die Beweislast für diese Ausnahmen von der Haftung des Verkäufers trägt dieser selbst. Der Verkäufer kann sich von der Haftung für die Werbeaussagen des Herstellers oder dessen Gehilfen durch den Nachweis befreien, dass er die Werbeaussagen weder kannte noch kennen musste, also seine Unkenntnis auch nicht auf Fahrlässigkeit beruht (vgl. § 122 Abs. 2). Dies dient der Umsetzung des Artikels 2 Abs. 4 erster Spiegelstrich der Richtlinie. Durch das Abstellen auf das Kennenmüssen soll wiederum die Übernahme des von der Richtlinie verwendeten, dem Bürgerlichen Gesetzbuch aber fremden, hier auf die Kenntnis des Verkäufers bezogenen Begriffs »vernünftigerweise« vermieden werden. In der Sache soll den Verkäufer nur eine Unkenntnis entlasten, die nicht auf Fahrlässigkeit beruht. Eine weitere Beschränkung etwa auf grob fahrlässige Unkenntnis, die von dem Wortlaut der Richtlinie wohl noch gedeckt wäre, ist nicht angezeigt. Dabei ist zu berücksichtigen, dass der Verkäufer insoweit Vorteile aus der Werbung zieht, als sie die Kaufentscheidung beeinflusst. Der Verkäufer sollte aber von falschen Werbeaussagen Dritter jedenfalls dann nicht profitieren, wenn ihm ein Fahrlässigkeitsvorwurf hinsichtlich seiner Kenntnis gemacht werden kann.

727 Artikel 2 Abs. 4 dritter Spiegelstrich der Verbrauchsgüterkaufrichtlinie ist in § 434 Abs. 1 Satz 3 a. E. ausdrücklich aufgenommen. Danach haftet der Verkäufer auch dann nicht, wenn die unzutreffende Werbeaussage die Kaufentscheidung nicht beeinflussen, also für die Willensbildung des Käufers nicht maßgeblich sein konnte. Die Beweislast liegt wiederum beim Verkäufer.

728 Nicht ausdrücklich übernommen hatte die Neuregelung Artikel 2 Abs. 4 zweiter Spiegelstrich der Richtlinie. Danach haftet der Verkäufer auch dann nicht, wenn er nachweist, dass die Werbeaussage im Zeitpunkt des Vertragsschlusses berichtigt war. Hier ist nach dem Wortlaut der Richtlinie fraglich, wer

gegenüber wem auf welche Weise berichtigen muss. Nach dem Zweck der Bestimmung, so die Neuregelung, könne es aber nur darauf ankommen, dass eine ursprünglich unzutreffende Werbeaussage im Zeitpunkt des Kaufs so berichtigt ist, dass sie keinen Einfluss mehr auf die Kaufentscheidung haben kann. Das sei nur dann der Fall, wenn die Berichtigung entweder ausdrücklich gegenüber dem Käufer oder jedenfalls so erfolgt ist, dass nach den berechtigten Erwartungen des berichtigenden Verkäufers oder Dritten ein durchschnittlicher Käufer von ihr Kenntnis hätte erlangen müssen. Dem ist der Gesetzgeber nicht gefolgt. Entsprechend dem Änderungsvorschlag des Bundesrates zu Nummer 86 seiner Stellungnahme, dem sich die Bundesregierung in ihrer Gegenäußerung angeschlossen hat, hält er eine ausdrückliche Erwähnung dieses Punktes für angezeigt. Der Gesetzgeber teilt die von der Bundesregierung in der Gegenäußerung zu Nummer 86 dargelegte Auffassung, dass die Berichtigung einer fehlerhaften Werbeaussage nur dann zum Ausschluss von Mängelansprüchen führen kann, wenn sie auf ähnlich effiziente, d.h. ähnlich öffentlichkeitswirksame Weise wie die Werbeaussage selbst erfolgt. Dies ist jetzt ausdrücklich in den Text aufgenommen worden.

Zu Absatz 2

Zu Satz 1

Absatz 2 setzt Artikel 2 Abs. 5 der Verbrauchsgüterkaufrichtlinie um. Er stellt **Montagefehler** ausdrücklich einem **Sachmangel** gleich. Satz 1 betrifft die Montage durch den Verkäufer. Gedacht ist vor allem an die Fälle, in denen eine zunächst mangelfreie Sache geliefert wird, die nur dadurch mangelhaft wird, dass der Verkäufer sie sodann unsachgemäß montiert bzw. bei Käufer aufstellt (z.B. Beschädigung einer Waschmaschine infolge fehlerhaften Wasseranschlusses durch den Verkäufer, wodurch Wasser in Teile der Maschine eindringt, die eigentlich trocken bleiben sollten). Der Kauf einer Sache mit Montageverpflichtung wird auch bisher bereits dem Kaufrecht unterstellt, jedenfalls soweit nicht davon gesprochen werden kann, dass die Montage den Schwerpunkt der vertraglich geschuldeten Leistung bildet (z.B. BGH, NJW 1998, 3197, 3198). Absatz 2 Satz 1 greift dies auf und stellt klar, dass auch bei Mängeln der Sache infolge fehlerhafter Arbeit des Verkäufers bei der vertraglich geschuldeten Montage das kaufrechtliche Gewährleistungsrecht anzuwenden ist.

Darüber hinaus sieht Absatz 2 Satz 1 es aber auch als Sachmangel an, wenn allein die Montage selbst fehlerhaft ist, ohne dass dies zu einer Beeinträchtigung der Beschaffenheit der verkauften Sache führt. Die Vorschrift erfasst damit auch etwa den Fall, dass bei einer vom Verkäufer einzubauenden Küche einzelne Schränke unsachgemäß, z.B. schief, an der Wand angebracht werden, auch wenn die Schränke als solche ohne Weiteres genutzt werden können und diese Montage nicht zu Qualitätsmängeln wie z.B. Rissen oder Kratzern geführt hat. Die Möglichkeiten des Käufers in einem solchen Fall ergeben sich deshalb aus dem Kaufrecht, ohne dass es auf die dogmatische Einordnung des Vertrags als Kauf- oder Werkvertrag oder als gemischter Vertrag ankäme.

D. Kauf- und Werkvertragsrecht

731 Maßgeblich ist, dass der Verkäufer die **Montage** nach dem **Inhalt des Kaufvertrags** schuldet. Der Verkäufer kann die Montageverpflichtung selbst erfüllen oder sich hierzu eines Dritten bedienen. Artikel 2 Abs. 5 der Verbrauchsgüterkaufrichtlinie stellt deshalb einer fehlerhaften Montage durch den Verkäufer selbst eine solche durch einen Dritten »unter Verantwortung« des Verkäufers gleich. In die Terminologie des Bürgerlichen Gesetzbuchs übertragen, handelt es sich bei dem Dritten um einen Erfüllungsgehilfen, da der Verkäufer sich seiner zur Erfüllung einer Verbindlichkeit bedient (vgl. § 278 Satz 1, wo dieser Begriff jedenfalls umschrieben ist und nun auch in der amtlichen Überschrift verwendet wird). Besonders erwähnt werden muss der Erfüllungsgehilfe an dieser Stelle im Kaufrecht, weil § 278 im Rahmen des Vertretenmüssens des Schuldners die Zurechnung fremden Verschuldens betrifft, es in § 434 Abs. 2 Satz 1 aber nicht um das Vertretenmüssen, sondern um eine Zurechnung fremden Verhaltens, nämlich der unsachgemäßen Montage geht.

Zu Satz 2

732 Satz 2 dehnt den Gedanken des Satzes 1 – dem Artikel 2 Abs. 5 S. 2 Verbrauchsgüterkaufrichtlinie folgend – auf den Fall der **mangelhaften Montageanleitung** aus. Voraussetzung ist, dass die Sache zur Montage – nicht notwendigerweise durch den Käufer – bestimmt ist. Damit wird den zunehmenden Kaufverträgen, insbesondere über Möbel, Rechnung getragen, die den Zusammenbau der Kaufsache durch den Letztkäufer vorsehen. Wenngleich auch bei dieser Bestimmung der Verbrauchsgüterkaufrichtlinie insbesondere Gesichtspunkte des Verbraucherschutzes eine Rolle gespielt haben, erscheint es gerechtfertigt, den Gedanken auf sämtliche Kaufverträge auszudehnen. Auch außerhalb von Verbraucherverträgen sind ähnliche Konstellationen denkbar; außerdem ist auch hier die Rückgriffssituation zu bedenken.

733 § 434 Abs. 2 Satz 2 knüpft zunächst allein an den Umstand der Mangelhaftigkeit der Montageanleitung an. Allerdings kann der Verkäufer für einen derartigen Mangel der Montageanleitung nicht einstehen müssen, wenn er sich nicht ausgewirkt hat, der Käufer also zum Beispiel auf Grund eigener Sachkenntnis die Montageanleitung nicht benötigt und die Sache trotzdem richtig montiert hat. Die Verbrauchsgüterkaufrichtlinie setzt deshalb in ihrem Artikel 2 Abs. 5 Satz 2 weiter voraus, dass die Sache auch wegen dieses Anleitungsmangels fehlerhaft montiert worden sein muss. Das greift § 434 Abs. 2 Satz 2 a. E. auf, formuliert die fehlerfreie Montage durch den Käufer allerdings nicht als Voraussetzung, sondern als – vom Verkäufer zu beweisende – Ausnahme (»es sei denn«). Hintergrund ist die Verallgemeinerung des Mangelbegriffs über den Verbrauchsgüterkauf hinaus. Ein effektiver Rückgriff des von einem Verbraucher wegen eines auf fehlerhafter Anleitung beruhenden Montagemangels in Anspruch genommenen Letztverkäufers wäre nicht gegeben, wenn der Mangel der Anleitung nicht auch in dem Verhältnis des Letztverkäufers zu seinem Lieferanten einen Mangel der Kaufsache darstellen und so die kaufrechtlichen Mängelrechte des Letztverkäufers begründen würde. Da der Letztverkäufer aber nicht selbst die Sache montiert hat, kann es also in den kaufrechtlichen Beziehungen zwischen

ihm und seinem Lieferanten nicht auf die Montage durch ihn ankommen. § 434 Abs. 2 Satz 2 setzt deshalb auch nur eine »zur Montage bestimmte« Sache voraus, ohne von einer Montage »durch den Käufer« zu sprechen. Schließlich sind nicht nur die Rückgriffsfälle zu berücksichtigen: Vielmehr muss ein Händler Mängelrechte gegenüber seinem Lieferanten auch hinsichtlich der noch nicht weiterverkauften Ware geltend machen können, wenn er zum Beispiel auf Grund von Kundenbeschwerden bei anderen, bereits verkauften Sachen die Mangelhaftigkeit der noch bei ihm eingelagerten, zum Verkauf bestimmten Sachen erkennt.

Zu Absatz 3

Absatz 3 **stellt** die **Falschlieferung** und die **Zuweniglieferung** ausdrücklich **einem Sachmangel** gleich. Die sich dadurch ergebenden Rechtsfolgen erscheinen sachgerecht. Im Falle der Falschlieferung wird der Anspruch auf Nacherfüllung (§ 439) in der Regel nur in der Form der Lieferung einer mangelfreien anderen Sache in Betracht kommen. Beim Gattungskauf unterscheidet sich dieser Anspruch – mit Ausnahme der Unverhältnismäßigkeitsklausel des § 439 Abs. 3 – nicht wesentlich von dem primären Erfüllungsanspruch, der ohne die Einbeziehung in das Sachmängelrecht in Betracht käme.   734

Wird beim Stückkauf ein **Identitäts-aliud** geliefert, so kommt neben dem Erfüllungsanspruch auf Lieferung der gekauften Sache ein davon verschiedener Nachlieferungsanspruch nicht in Betracht. Beim Qualifikations-aliud ist Nacherfüllung durch Lieferung einer anderen Sache, die die vereinbarte Qualifikation hat, durchaus denkbar und sinnvoll.   735

Der **Nachbesserungsanspruch** wird beim aliud in der Regel ausscheiden, ist aber doch nicht gänzlich undenkbar, etwa wenn eine Maschine durch Einbau eines zusätzlichen Aggregates zu einer Sache umgerüstet werden kann, die einer anderen Gattung angehört.   736

Bei einer **Zuweniglieferung** wird zumeist der primäre Erfüllungsanspruch hinsichtlich der fehlenden Menge ausreichen. Wenn es aber z.B. bei Fliesen wegen möglicher Farbabweichungen darauf ankommt, dass die Gesamtlieferung aus einer Partie stammt, ist die Nacherfüllung durch völlige Neulieferung in der nunmehr richtigen Menge die geeignete Rechtsfolge.   737

Wenn bei der Falsch- oder Zuweniglieferung der Nacherfüllungsanspruch nicht in jedem Fall und nicht in beiderlei Form Platz greift, so spricht das nicht dagegen, diese Abweichungen von der Leistungspflicht als Sachmangel zu behandeln. Auch beim Sachmangel im engeren Sinne kommen Fälle vor, in denen weder Nachbesserung noch Neulieferung möglich sind. Ist im Falle einer Zuweniglieferung trotz Fristsetzung die Restmenge nicht geliefert worden und will der Käufer gleichwohl beim Vertrag stehen bleiben, so ist die Minderung (§ 441) eine angemessene Konsequenz aus der Leistungsstörung. Das kann auch für die aliud-Lieferung gelten, wenn die gelieferte Sache von geringerem Wert als die gekaufte, aber für den Käufer verwertbar ist.   738

Nicht unerhebliche Unterschiede zwischen der Anwendung des Sachmängelrechts und des allgemeinen Leistungsstörungsrechts ergeben sich hinsichtlich   739 der Verjährung. Die Gleichstellung erscheint aber auch in dieser Hinsicht durchaus sachgerecht, weil die Interessenlage von Käufer und Verkäufer bei Falsch- und Zuweniglieferung nicht grundsätzlich anders ist als beim Sachmangel im engeren Sinne.

740 **Voraussetzung für** die **Gleichstellung** von Falsch- und Zuweniglieferung mit Sachmängeln ist, dass der Verkäufer die Leistung als **Erfüllung seiner Pflicht erbringt.** Für den Käufer muss erkennbar dieser Zusammenhang zwischen Leistung und Verpflichtung bestehen, und es darf sich nicht um eine Teilleistung oder eine Leistung auf Grund einer anderen Verbindlichkeit handeln.

741 Die Neuregelung übernimmt die Unterscheidung zwischen genehmigungsfähigen und nicht genehmigungsfähigen Abweichungen aus § 378 HGB nicht übernehmen. Zum einen liegt der Grund für die Ausgrenzung der nicht genehmigungsfähigen Abweichung in der den Käufer stark belastenden Untersuchungs- und Rügeobliegenheit. Zum anderen hat die Rechtsprechung die vom Gesetzgeber restriktiv gemeinte Ausnahmeregelung in einer Weise ausgedehnt, dass die Entscheidungsergebnisse kaum vorhersehbar sind (vgl. Staub/Brüggemann, HGB, § 378 Rdn. 4). Die Handhabung durch die Rechtsprechung hat ihren Grund in der vielfach als zu kurz angesehenen Verjährungsfrist des bisherigen § 477. Wenn dagegen, wie in der Neuregelung vorgesehen, die Verjährungsregelung die Interessen beider Seiten in angemessener Weise zum Ausgleich bringt, besteht auch bei deutlicheren Abweichungen kein Grund, sie anders als Sachmängel im engeren Sinne zu behandeln, die ja ebenfalls von der Sollbeschaffenheit ganz erheblich abweichen können.

742 Der bisherige § 459 Abs. 1 Satz 2 nimmt unerhebliche Fehler von der Gewährleistung aus. Absatz 2 dieser Vorschrift kennt aber keine entsprechende Einschränkung der Haftung für zugesicherte Eigenschaften; auch die Haftung für Rechtsmängel ist nicht entsprechend beschränkt. Die auf das gemeine Recht zurückgehende Begrenzung (»minima non curat praetor«, Motive II S. 225) soll nicht unverändert übernommen werden. Da die Unterscheidung zwischen Fehlern und dem Fehlen zugesicherter Eigenschaften nicht beibehalten werden soll, ist eine Änderung erforderlich. Die Erheblichkeitsschranke generell für Sachmängel einzuführen, wäre nicht sachgerecht, weil die Haftung für Sachmängel dadurch geringer angesetzt würde, als das allgemein für Leistungspflichten vorgesehen ist. Wenn der Nacherfüllungsanspruch bei unerheblichen Mängeln entfiele, wäre der Erfüllungsanspruch des Käufers von vornherein und ohne Rechtfertigung entwertet. Es erscheint vielmehr angezeigt, nach Rechtsbehelfen zu differenzieren. In Übereinstimmung mit dem allgemeinen Leistungsstörungsrecht (§ 323 Abs. 5 Satz 2) soll der Rücktritt ausgeschlossen werden, wenn ein Mangel unerheblich ist, bezogen sowohl auf Sachmängel als auch auf Rechtsmängel. Eine Einschränkung der Rechte des Käufers bei einer geringfügigen Vertragswidrigkeit sieht Artikel 3 Abs. 6 der Verbrauchsgüterkaufrichtlinie ebenfalls nur für den Anspruch auf Vertragsauflösung, also den Rücktritt vor. Der Anspruch auf Schadensersatz und das Minderungsrecht werden dagegen nach der Neuregelung auch durch einen unerheblichen Mangel ausgelöst. Eine solche Differenzierung ist angemessen, weil das Rücktrittsrecht die Interessen

des Verkäufers stärker berührt als die Minderung. Den Schadensersatzanspruch auch bei unerheblichen Mängeln zu gewähren, ist gerechtfertigt, weil dieser Rechtsbehelf verschuldensabhängig ausgestaltet ist.

Eine zusätzliche Regelung über die Beweislast ist im Hinblick auf Sachmängel trotz der im Vergleich zu dem derzeitigen § 459 Abs. 1 Satz 1 andersartigen Formulierung nicht erforderlich. Im geltenden Recht wird die Beweislast für das Vorhandensein von Sachmängeln nach § 363 beurteilt (BGH, NJW 1985, 2328, 2329). Zwar nennt diese Vorschrift nur die falsche und die unvollständige Leistung und nicht die mangelhafte Leistung. Aus der Entstehungsgeschichte ist jedoch abzuleiten, dass sie gerade den Fall des Sachmangels erfassen soll. Danach trifft ab Annahme als Erfüllung die Beweislast für Sachmängel den Käufer, bis zu diesem Zeitpunkt den Verkäufer. Bei dieser sachgerechten Regelung muss es bleiben. Dazu bedarf es nicht einer ergänzenden gesetzlichen Regelung. § 363 in der von der Rechtsprechung und der h. L. vertretenen Interpretation reicht aus. 743

§ 435 – Rechtsmangel

Die Sache ist frei von Rechtsmängeln, wenn Dritte in Bezug auf die Sache keine oder nur die im Kaufvertrag übernommenen Rechte gegen den Käufer geltend machen können. Einem Rechtsmangel steht es gleich, wenn im Grundbuch ein Recht eingetragen ist, das nicht besteht.

Vorbemerkung

Ebenso wie der Sachmangel in § 434 ist auch der Rechtsmangel im Gesetz zu definieren. Derzeit ergibt sich aus § 434, dass ein Rechtsmangel vorliegt, wenn Dritte hinsichtlich des Kaufgegenstandes Rechte gegen den Käufer geltend machen können. Nach dem derzeitigen § 435 Abs. 1 hat beim Grundstückskauf der Verkäufer im Grundbuch eingetragene Rechte, die nicht bestehen, auf seine Kosten zur Löschung zu bringen. Dabei handelt es sich um eine besondere Erscheinungsform des Rechtsmangels. 744

Die Schwächen des bisherigen Rechts liegen nicht in der Definition des Rechtsmangels, die für sich genommen sachgerecht ist. Die Schwierigkeiten ergeben sich aus den unterschiedlichen Rechtsfolgen bei Sach- und Rechtsmängeln. Durch diese Unterschiede erlangt die Abgrenzung zwischen Sach und Rechtsmängeln erhebliches Gewicht. Die Rechtsprechung neigt dazu, die Abgrenzung mit Rücksicht auf die im Einzelfall angemessen erscheinende Rechtsfolge vorzunehmen (für die Einordnung öffentlich-rechtlicher Belastungen vgl. etwa BGHZ 67, 134 ff.; für Baubeschränkungen: BGH NJW 1992, 1384). Darunter leidet die Vorhersehbarkeit von Entscheidungsergebnissen. 745

Probleme der **Abgrenzung** zwischen **Sach-** und **Rechtsmängeln** haben in anderen Rechtsordnungen eine weit geringere Bedeutung, weil entweder die 746

D. *Kauf- und Werkvertragsrecht*

Rechtsmängelhaftung für den Käufer weniger günstig ausgestaltet ist als im Bürgerlichen Gesetzbuch und deshalb kein Anreiz zum Ausweichen auf dieses Rechtsinstitut besteht oder weil es praktisch keine Haftungsunterschiede zwischen beiden Mängelarten gibt (vgl. Basedow, Die Reform des deutschen Kaufrechts, S. 52 f.).

747 Die einheitlichen Kaufrechte (Artikel 52 EKG, Artikel 41 f. UN-Kaufrecht) haben den gleichen Anknüpfungspunkt wie das Bürgerliche Gesetzbuch, indem sie von bestehenden Rechten Dritter an der Sache ausgehen. Sie erstrecken den Rechtsmangel aber darüber hinausgehend auf von einem Dritten beanspruchte Rechte, wenngleich dies in der amtlichen deutschen Übersetzung des Artikel 41 Satz 1 des UN-Kaufrechts nicht klar zum Ausdruck kommt. Im Übrigen besteht zwar ein weitgehender Gleichlauf zwischen Sach- und Rechtsmängelhaftung, jedoch mit der Einschränkung, dass bei Sachmängeln die Anforderungen an den Ausschluss der Haftung durch Kenntnis strenger sind (Artikel 35 Abs. 3 UN-Kaufrecht) und die zweijährige Ausschlussfrist (Artikel 39 Abs. 2 UN-Kaufrecht) für Rechtsmängel nicht gilt. In Artikel 42 beschränkt das UN-Kaufrecht die Rechtsmängelhaftung hinsichtlich gewerblicher Schutzrechte und anderen geistigen Eigentums auf Rechte im Niederlassungsstaat des Käufers und in Staaten, in denen die Ware verwendet oder weiterverkauft werden soll.

Zu Satz 1

748 Da die **Haftung für Rechtsmängel** – anders als die für Sachmängel – schon bisher in das System des allgemeinen Leistungsstörungsrechts eingefügt ist, ist keine grundlegende Änderung gegenüber dem geltenden Recht erforderlich. Der Satz 1 kann weitgehend den Inhalt des bisherigen § 434 übernehmen. Der Wortlaut der Vorschrift soll jedoch, soweit das dem Gegenstand angemessen ist, der Beschreibung des Sachmangels in § 434 angeglichen werden.

749 Nicht gesondert erwähnt werden sollen öffentlich-rechtliche Beschränkungen. Auch sie können nach allgemeiner Ansicht einen Rechtsmangel darstellen (BGHZ 67, 134, 137). Die Frage sollte nicht durch den Gesetzgeber entschieden werden. Wenn die Haftung für Sach- und Rechtsmängel in den Voraussetzungen und Rechtsfolgen weitgehend einander angeglichen wird, verringert sich die praktische Bedeutung des Problems.

750 Wie sich aus dem derzeitigen § 442 ergibt, liegt nach geltendem Recht ein Rechtsmangel nicht bereits darin, dass ein Dritter ein Recht geltend macht. Nur ein tatsächlich bestehendes Recht bildet einen Rechtsmangel. Hierbei soll es bleiben. Der Regelung des Artikel 41 UN-Kaufrecht, die die ernsthafte Geltendmachung eines Rechts dem Bestehen eines Rechts gleichstellt, will die Neuregelung insoweit nicht folgen. Denkbar sind allerdings Interessenlagen, in denen der Verkäufer dafür einsteht, dass Dritte keine Rechte geltend machen. Jedenfalls kann die Vertragsauslegung eine solche Haftung ergeben. Der Verkäufer hat dann die erhobenen Ansprüche abzuwehren.

751 Im Gegensatz zum Sachmangel kommt es gegenwärtig nach § 434 beim Rechtsmangel auf Vereinbarungen über einen Verwendungszweck nicht an. Ein Recht, das ein Dritter hinsichtlich der Sache gegen den Käufer geltend machen

kann, stellt auch dann einen Rechtsmangel dar, wenn es den Käufer bei der von ihm konkret vorgesehenen Verwendung der Sache nicht beeinträchtigen kann, d.h. der Begriff des Rechtsmangels wird ausschließlich objektiv verstanden. Diese Lösung des geltenden Rechts will die Neuregelung beibehalten.

Es ist zwar erwogen worden, auch den Begriff des Rechtsmangels mit Blick auf den Verwendungszweck einzuengen. Der Ansatz des Artikels 41 des UN-Kaufrechts ließe sich dahingehend verallgemeinern, dass Rechte, die Dritte gegen den Käufer geltend machen können, außer Betracht bleiben, wenn sie den Käufer bei der gewöhnlichen oder der nach dem Vertrag vorausgesetzten Verwendung nicht beeinträchtigen. Dies erscheint jedoch nicht zweckmäßig. Während sich die Tauglichkeit einer Sache nur im Verhältnis zu einem Verwendungszweck bestimmen lässt, ist das Ziel der Rechtsverschaffung umfassend, damit der Käufer, wie in § 903 für den Eigentümer vorgesehen, in die Lage versetzt wird, nach Belieben mit der Sache zu verfahren. Deshalb sollte ein Käufer sich darauf verlassen können, dass Rechte Dritter auch dann nicht entgegenstehen, wenn er die Sache später in anderer Weise verwenden will, als es bei Abschluss des Kaufvertrags vorgesehen und erkennbar war, nicht zuletzt weil eine andere Verwendung u. U. erst zu einem Zeitpunkt konkret werden kann, zu dem der Käufer Ansprüche aus der Mängelhaftung nicht mehr durchsetzen kann. Eine Sonderregelung für Rechte aus dem Bereich des gewerblichen Rechtsschutzes und des Urheberrechts, wie sie das UN-Kaufrecht enthält, erscheint zwar für den internationalen Warenkauf sachgerecht, für nach dem Bürgerlichen Gesetzbuch abzuwickelnde Kaufverträge könnte sie jedoch allenfalls in ganz seltenen Fällen Bedeutung erlangen. Bei derartigen Fallkonstellationen kann im Wege vernünftiger Vertragsauslegung auch ohne gesetzliche Bestimmung festgestellt werden, ob der Verkäufer für die Freiheit von Rechten Dritter umfassend oder mit territorialer Beschränkung haften soll.

Unerhebliche Beeinträchtigungen sollen auch aus der Rechtsmängelhaftung nicht generell ausgeklammert werden. Aus den gleichen Erwägungen wie zum Sachmangel sollen sie nur ein Rücktrittsrecht nicht begründen können.

Zu Satz 2

In Satz 2 soll die Bestimmung des derzeitigen § 435 Abs. 1 in der Weise übernommen werden, dass die Buchrechte, also eingetragene, aber nicht bestehende Rechte, einem Rechtsmangel gleichgestellt werden. Sie verschlechtern die Rechtsposition des Käufers zwar nicht unmittelbar, können ihn jedoch bei einer Verfügung über das Grundstück behindern und bergen die Gefahr, im Wege gutgläubigen Erwerbs zum wirklichen Recht zu erstarken. Der Käufer hat deshalb ein berechtigtes Interesse an der Grundbuchberichtigung. Es erscheint sachgerecht, dass Buchrechte die gleichen Rechtsfolgen nach sich ziehen wie sonstige Rechtsmängel.

Der letzte Halbsatz des bisherigen § 435 Abs. 1 ist nicht mehr erforderlich. Wenn die Vorschrift sich nicht mehr unmittelbar auf Rechte an Grundstücken als Kaufobjekte bezieht, so braucht die Regelung nicht ausdrücklich auf solche Rechte Dritter begrenzt zu werden, die im Falle ihres Bestehens das dem Käufer zu beschaffende Recht beeinträchtigen würden, weil bei Grundstücken alle Rechte Dritter einen Rechtsmangel darstellen.

756 Die in § 435 Abs. 1 bislang neben den Grundstücken genannten Rechte an Grundstücken sind in die Regelung nicht zu übernehmen, weil die Vorschriften der §§ 434 ff. unmittelbar nur für den Kauf von Sachen gelten sollen. Auf den Kauf von Rechten sollen diese Bestimmungen gemäß § 453 Abs. 1 entsprechend angewendet werden.

2. Rechtsbehelfe des Käufers

Texte

757 Die Rechtsbehelfe des Käufers werden neu geordnet. Die einschlägigen Vorschriften sind die §§ 437 bis 442 und 444 sowie für den Verbrauchsgüterkauf zusätzlich die §§ 474 bis 476 BGB n. F.. Diese lauten:

§ 437 Rechte des Käufers bei Mängeln

Ist die Sache mangelhaft, kann der Käufer, wenn die Voraussetzungen der folgenden Vorschriften vorliegen und soweit nicht ein anderes bestimmt ist,
1. nach § 439 Nacherfüllung verlangen,
2. nach den §§ 440, 323 und 326 Abs. 5 von dem Vertrag zurücktreten oder nach § 441 den Kaufpreis mindern und
3. nach den §§ 440, 280, 281, 283 und 311a Schadensersatz oder nach § 284 Ersatz vergeblicher Aufwendungen verlangen.

§ 438 Verjährung der Mängelansprüche

(1) Die in § 437 Nr. 1 und 3 bezeichneten Ansprüche verjähren
1. in 30 Jahren, wenn der Mangel
    a) in einem dinglichen Recht eines Dritten, auf Grund dessen Herausgabe der Kaufsache verlangt werden kann, oder
    b) in einem sonstigen Recht, das im Grundbuch eingetragen ist,
    besteht,
2. in fünf Jahren
    a) bei einem Bauwerk und
    b) bei einer Sache, die entsprechend ihrer üblichen Verwendungsweise für ein Bauwerk verwendet worden ist und dessen Mangelhaftigkeit verursacht hat, und
3. im Übrigen in zwei Jahren.

(2) Die Verjährung beginnt bei Grundstücken mit der Übergabe, im Übrigen mit der Ablieferung der Sache.

(3) Abweichend von Absatz 1 Nr. 2 und 3 und Absatz 2 verjähren die Ansprüche in der regelmäßigen Verjährungsfrist, wenn der Verkäufer den Mangel arglistig verschwiegen hat. Im Fall des Absatzes 1 Nr. 2 tritt die Verjährung jedoch nicht vor Ablauf der dort bestimmten Frist ein.

(4) Für das in § 437 bezeichnete Rücktrittsrecht gilt § 218. Der Käufer kann trotz einer Unwirksamkeit des Rücktritts nach § 218 Abs. 1 die Zahlung des Kaufpreises insoweit verweigern, als er auf Grund des Rücktritts dazu berechtigt sein würde. Macht er von diesem Recht Gebrauch, kann der Verkäufer vom Vertrag zurücktreten.

(5) Auf das in § 437 bezeichnete Minderungsrecht finden § 218 und Absatz 4 Satz 2 entsprechende Anwendung.

§ 439 Nacherfüllung

(1) Der Käufer kann als Nacherfüllung nach seiner Wahl die Beseitigung des Mangels oder die Lieferung einer mangelfreien Sache verlangen.

(2) Der Verkäufer hat die zum Zweck der Nacherfüllung erforderlichen Aufwendungen, insbesondere Transport-, Wege-, Arbeits- und Materialkosten zu tragen.

(3) Der Verkäufer kann die vom Käufer gewählte Art der Nacherfüllung unbeschadet des § 275 Abs. 2 und 3 verweigern, wenn sie nur mit unverhältnismäßigen Kosten möglich ist. Dabei sind insbesondere der Wert der Sache in mangelfreiem Zustand, die Bedeutung des Mangels und die Frage zu berücksichtigen, ob auf die andere Art der Nacherfüllung ohne erhebliche Nachteile für den Käufer zurückgegriffen werden könnte. Der Anspruch des Käufers beschränkt sich in diesem Fall auf die andere Art der Nacherfüllung; das Recht des Verkäufers, auch diese unter den Voraussetzungen des Satzes 1 zu verweigern, bleibt unberührt.

(4) Liefert der Verkäufer zum Zweck der Nacherfüllung eine mangelfreie Sache, so kann er vom Käufer Rückgewähr der mangelhaften Sache nach Maßgabe der §§ 346 bis 348 verlangen.

§ 440 Besondere Bestimmungen für Rücktritt und Schadensersatz

Außer in den Fällen des § 281 Abs. 2 und des § 323 Abs. 2 bedarf es der Fristsetzung auch dann nicht, wenn der Verkäufer beide Arten der Nacherfüllung gemäß § 439 Abs. 3 verweigert oder wenn die dem Käufer zustehende Art der Nacherfüllung fehlgeschlagen oder ihm unzumutbar ist. Eine Nachbesserung gilt nach dem erfolglosen zweiten Versuch als fehlgeschlagen, wenn sich nicht insbesondere aus der Art der Sache oder des Mangels oder den sonstigen Umständen etwas anderes ergibt.

§ 441 Minderung

(1) Statt zurückzutreten, kann der Käufer den Kaufpreis durch Erklärung gegenüber dem Verkäufer mindern. Der Ausschlussgrund des § 323 Abs. 5 Satz 2 findet keine Anwendung.

(2) Sind auf der Seite des Käufers oder auf der Seite des Verkäufers mehrere beteiligt, so kann die Minderung nur von allen oder gegen alle erklärt werden.

(3) Bei der Minderung ist der Kaufpreis in dem Verhältnis herabzusetzen, in welchem zurzeit des Vertragsschlusses der Wert der Sache in mangelfreiem Zustand zu dem wirklichen Wert gestanden haben würde. Die Minderung ist, soweit erforderlich, durch Schätzung zu ermitteln.

(4) Hat der Käufer mehr als den geminderten Kaufpreis gezahlt, so ist der Mehrbetrag vom Verkäufer zu erstatten. § 346 Abs. 1 und § 347 Abs. 1 finden entsprechende Anwendung.

§ 442 Kenntnis des Käufers

(1) Die Rechte des Käufers wegen eines Mangels sind ausgeschlossen, wenn er bei Vertragsschluss den Mangel kennt. Ist dem Käufer ein Mangel infolge grober Fahrlässigkeit unbekannt geblieben, kann der Käufer Rechte wegen dieses Mangels nur geltend machen, wenn der Verkäufer den Mangel arglistig verschwiegen oder eine Garantie für die Beschaffenheit der Sache übernommen hat.

(2) Ein im Grundbuch eingetragenes Recht hat der Verkäufer zu beseitigen, auch wenn es der Käufer kennt.

§ 443 Beschaffenheits- und Haltbarkeitsgarantie

(1) Übernimmt der Verkäufer oder ein Dritter eine Garantie für die Beschaffenheit der Sache oder dafür, dass die Sache für eine bestimmte Dauer eine bestimmte Beschaffenheit behält (Haltbarkeitsgarantie), so stehen dem Käufer im Garantiefall unbeschadet der gesetzlichen Ansprüche die Rechte aus der Garantie zu den in der Garantieerklärung und der einschlägigen Werbung angegebenen Bedingungen gegenüber demjenigen zu, der die Garantie eingeräumt hat.

(2) Soweit eine Haltbarkeitsgarantie übernommen worden ist, wird vermutet, dass ein während ihrer Geltungsdauer auftretender Sachmangel die Rechte aus der Garantie begründet.

§ 444 Haftungsausschluss

Auf eine Vereinbarung, durch welche die Rechte des Käufers wegen eines Mangels ausgeschlossen oder beschränkt werden, kann sich der Verkäufer nicht berufen, wenn er den Mangel arglistig verschwiegen oder eine Garantie für die Beschaffenheit der Sache übernommen hat.

§ 445 Haftungsbegrenzung bei öffentlichen Versteigerungen

Wird eine Sache auf Grund eines Pfandrechts in einer öffentlichen Versteigerung unter der Bezeichnung als Pfand verkauft, so stehen dem Käufer Rechte wegen eines Mangels nur zu, wenn der Verkäufer den Mangel arglistig verschwiegen oder eine Garantie für die Beschaffenheit der Sache übernommen hat.

§ 453 Rechtskauf

(1) Die Vorschriften über den Kauf von Sachen finden auf den Kauf von Rechten und sonstigen Gegenständen entsprechende Anwendung.

(2) Der Verkäufer trägt die Kosten der Begründung und Übertragung des Rechts.

(3) Ist ein Recht verkauft, das zum Besitz einer Sache berechtigt, so ist der Verkäufer verpflichtet, dem Käufer die Sache frei von Sach- und Rechtsmängeln zu übergeben.

Untertitel 3   Verbrauchsgüterkauf

§ 474 Begriff des Verbrauchsgüterkaufs

(1) Kauft ein Verbraucher von einem Unternehmer eine bewegliche Sache (Verbrauchsgüterkauf), gelten ergänzend die folgenden Vorschriften. Dies gilt nicht für gebrauchte Sachen, die in einer öffentlichen Versteigerung verkauft werden, an der der Verbraucher persönlich teilnehmen kann.

(2) Die §§ 445 und 447 finden auf die in diesem Untertitel geregelten Kaufverträge keine Anwendung.

§ 475 Abweichende Vereinbarungen

(1) Auf eine vor Mitteilung eines Mangels an den Unternehmer getroffene Vereinbarung, die zum Nachteil des Verbrauchers von den §§ 433 bis 435, 437, 439 bis 443, sowie

von den Vorschriften dieses Untertitels abweicht, kann der Unternehmer sich nicht berufen. Die in Satz 1 bezeichneten Vorschriften finden auch Anwendung, wenn sie durch anderweitige Gestaltungen umgangen werden.

(2) Die Verjährung der in § 437 bezeichneten Ansprüche kann vor Mitteilung eines Mangels an den Unternehmer nicht durch Rechtsgeschäft erleichtert werden, wenn die Vereinbarung zu einer Verjährungsfrist ab dem gesetzlichen Verjährungsbeginn von weniger als zwei Jahren, bei gebrauchten Sachen von weniger als einem Jahr führt.

(3) Die Absätze 1 und 2 gelten unbeschadet der §§ 307 bis 309 nicht für den Ausschluss oder die Beschränkung des Anspruchs auf Schadensersatz.

§ 476 Beweislastumkehr

Zeigt sich innerhalb von sechs Monaten seit Gefahrübergang ein Sachmangel, so wird vermutet, dass die Sache bereits bei Gefahrübergang mangelhaft war, es sei denn, diese Vermutung ist mit der Art der Sache oder des Mangels unvereinbar.

§ 477 Sonderbestimmungen für Garantien

(1) Eine Garantieerklärung (§ 443) muss einfach und verständlich abgefasst sein. Sie muss enthalten
1. den Hinweis auf die gesetzlichen Rechte des Verbrauchers sowie darauf, dass sie durch die Garantie nicht eingeschränkt werden und
2. den Inhalt der Garantie und alle wesentlichen Angaben, die für die Geltendmachung der Garantie erforderlich sind, insbesondere die Dauer und den räumlichen Geltungsbereich des Garantieschutzes sowie Namen und Anschrift des Garantiegebers.

(2) Der Verbraucher kann verlangen, dass ihm die Garantieerklärung in Textform mitgeteilt wird.

(3) Die Wirksamkeit der Garantieverpflichtung wird nicht dadurch berührt, dass eine der vorstehenden Anforderungen nicht erfüllt wird.

Erläuterung der Vorschriften über die Rechtsbehelfe des Käufers

§ 437 – Ansprüche und Rechte des Käufers bei Mängeln

Ist die Sache mangelhaft, kann der Käufer, wenn die Voraussetzungen der folgenden Vorschriften vorliegen und soweit nicht ein anderes bestimmt ist,
1. nach § 439 Nacherfüllung verlangen,
2. nach den §§ 440, 323 und 326 Abs. 5 von dem Vertrag zurücktreten oder nach § 441 den Kaufpreis mindern und
3. nach den §§ 440, 280, 281, 283 und 311a Schadensersatz oder nach § 284 Ersatz vergeblicher Aufwendungen verlangen.

§ 437 zählt die Rechte und Ansprüche auf, die dem Käufer bei der Lieferung einer mit einem Rechts- oder Sachmangel behafteten Sache durch den Verkäufer zustehen. Die grundlegende Änderung gegenüber dem geltenden Recht besteht darin, dass es ein besonderes Gewährleistungsrecht nicht mehr geben soll. Viel-

D. Kauf- und Werkvertragsrecht

mehr wird die Lieferung einer mangelhaften Sache als Nichterfüllung der Verkäuferpflichten verstanden, wie bereits oben in der Begründung zu § 433 Abs. 1 Satz 2 erläutert wurde. Die Folgen für die Verpflichtung des Verkäufers und die Rechte und Ansprüche des Käufers ergeben sich deshalb aus dem allgemeinen Leistungsstörungsrecht, das durch die §§ 439 bis 441 lediglich in einzelnen Beziehungen im Hinblick auf die Besonderheiten des Kaufrechts modifiziert wird. Im Einzelnen sieht § 437 folgende Möglichkeiten des Käufers vor:

Zu Nummer 1 – Nacherfüllung

759 Nach § 433 Abs. 1 S. 2 hat der Verkäufer dem Käufer die Sache **frei von Sach- und Rechtsmängeln** zu verschaffen. Verletzt der Verkäufer diese Pflicht, steht dem Käufer ein Anspruch auf Rest- oder Nacherfüllung zu. Dieser Anspruch kann auf Nachbesserung oder auf Neulieferung einer mangelfreien Sache gerichtet sein.

760 Nach bisherigem Recht gehört die Gewährleistung für Rechtsmängel zur Erfüllungspflicht des Verkäufers (bisheriger § 434). Hinsichtlich der Gewährleistung für Sachmängel wird zwischen Stückkauf und Gattungskauf unterschieden. Beim Stückkauf bedeutet die Übergabe und Übereignung einer fehlerhaften Sache nach h. M. Erfüllung des Kaufvertrags; Nacherfüllungsansprüche gibt es nicht. Wird dagegen beim Kauf einer nur der Gattung nach bestimmten Sache eine fehlerhafte Sache geliefert, so steht dem Käufer derzeit nach § 480 Abs. 1 Satz 1 ein Anspruch auf Ersatzlieferung zu; dieser Anspruch ist ein (Nach-) Erfüllungsanspruch. Ein Anspruch auf Mängelbeseitigung besteht dagegen auch in diesem Fall nicht. Anders ist die gesetzliche Regelung beim Werkvertrag: Hier kann der Besteller grundsätzlich auch Mängelbeseitigung verlangen (§ 633 alt).

761 Im bisherigen Recht stehen Wandelung (Rückgängigmachen des Kaufs) und Minderung (Herabsetzung des Kaufpreises) als Käuferrechte im Vordergrund (bisheriger § 462). Der Verkäufer kann diese Rechte durch eine zweite Andienung nicht verhindern. Selbst der Anspruch auf Ersatzlieferung gemäß dem bisherigen § 480 Abs. 1 steht dem Käufer nach seiner Wahl neben Wandelung und Minderung zu. Anders ist auch hier die Rechtslage beim Werkvertrag. Bevor der Besteller weitergehende Rechte geltend machen kann, muss er dem Unternehmer eine Frist zur Mängelbeseitigung setzen; der Unternehmer kann so weitergehende Rechte des Bestellers durch Mängelbeseitigung abwenden (bisheriger § 634).

762 Diese Rechtslage entspricht jedenfalls heute in vielen Fällen nicht mehr dem Rechtsempfinden der Kaufvertragsparteien. Bei Lieferung einer fehlerhaften Sache stehen im Rechtsbewusstsein des Käufers Nacherfüllungsansprüche im Vordergrund; er erwartet, dass die fehlerhafte Kaufsache repariert oder umgetauscht wird. Insbesondere das Fehlen eines Mängelbeseitigungsanspruchs trägt den heutigen Gegebenheiten beim Verkauf komplex zusammengesetzter technischer Geräte nicht Rechnung. Das AGB-Gesetz billigt gegenwärtig in § 11 Nr. 10 Buchstabe b die Vereinbarung des Rechts auf Nacherfüllung, sofern dem Käufer das Recht erhalten bleibt, bei deren Fehlschlagen Wandelung oder Minderung zu verlangen. In der Praxis sehen die Allgemeinen Geschäftsbedingungen zu-

meist ein Recht des Käufers auf Nacherfüllung vor, sei es durch Nachbesserung und/oder Neulieferung. Dies entspricht regelmäßig sowohl den Interessen des Verkäufers als auch den Erwartungen des Käufers. Diese Interessenlage vernachlässigt das Bürgerliche Gesetzbuch, wenn es dem Verkäufer keine Möglichkeit zur zweiten Andienung gibt.

Ein Vergleich mit ausländischen Rechtsordnungen zeigt, dass überwiegend ein Recht des Käufers auf Mängelbeseitigung oder Ersatzlieferung anerkannt ist (Basedow, Die Reform des deutschen Kaufrechts, S. 63 ff.). Auch das UN-Kaufrecht gibt dem Käufer das Recht, vom Verkäufer Nachbesserung oder Ersatzlieferung zu verlangen, Artikel 46 Abs. 2 und 3. Nach Artikel 47 kann der Käufer dem Verkäufer eine angemessene Nachfrist zur Erfüllung seiner Pflichten setzen; vor Ablauf dieser Frist kann er grundsätzlich keinen Rechtsbehelf wegen Forderungsverletzung ausüben. Der Verkäufer hat deshalb während dieser Frist die Möglichkeit der zweiten Andienung. Artikel 3 Abs. 3 der Verbrauchsgüterkaufrichtlinie sieht ebenfalls vor, dass der Käufer zunächst Nachbesserung oder Ersatzlieferung verlangen kann. 763

Dem trägt § 439 mit der Einführung eines Nacherfüllungsanspruchs Rechnung, dessen nähere Ausgestaltung dort erläutert wird. 764

Zu Nummer 2 – Rücktritt und Minderung

Rücktritt

Hat die verkaufte Sache einen **Sachmangel**, so kann der Käufer bisher nach § 462 Rückgängigmachung des Kaufs verlangen, dessen Vollzug und Durchführung in den bisherigen §§ 465-467 geregelt ist. Das Recht zur Wandelung steht dem Käufer sofort zu, d. h. er braucht dem Verkäufer keine Gelegenheit zur Nacherfüllung zu geben. Nach dem derzeitigen § 465 wird die Wandelung dadurch vollzogen, dass der Verkäufer sich auf Verlangen des Käufers mit ihr einverstanden erklärt. Bis zum Vollzug kann der Käufer von einer zunächst verlangten Wandelung wieder Abstand nehmen und stattdessen Minderung verlangen. Die Durchführung der Wandelung richtet sich mit einigen Besonderheiten nach den Rücktrittsvorschriften (bisheriger § 467). Nach dem bisherigen § 459 Abs. 1 Satz 2 kommt eine Wandelung nicht in Betracht, wenn der Wert oder die Tauglichkeit einer Sache durch einen Fehler nur unerheblich gemindert ist; dies gilt allerdings nicht, soweit die Wandelung nach dem bisherigen § 459 Abs. 2 auf das Fehlen einer zugesicherten Eigenschaft gestützt werden kann. 765

Hat die verkaufte Sache einen **Rechtsmangel** (bisheriger § 434), so stehen derzeit dem Käufer nach § 440 Abs. 1 die Rechte des allgemeinen Leistungsstörungsrechts zu; ein Rücktrittsrecht kann sich aus den bisherigen §§ 325, 326 ergeben. 766

Insbesondere im Zusammenhang mit der Wandelung wird gegenüber dem geltenden Recht **beklagt**, dass der Verkäufer **kein »Recht zur zweiten Andienung«** hat, obwohl dies zumeist im Interesse beider Vertragsparteien liegt. Im Übrigen wird bemängelt, dass die Wandelung gegenüber dem Rücktritt eigenständig geregelt ist, und zwar in einer unnötig umfangreichen und komplizierten Weise, die den Bedürfnissen der Praxis nicht gerecht wird. So hat der derzeitige 767

§ 465 zu verschiedenen Theorien über den Vollzug der Wandelung geführt (vgl. MünchKomm/Westermann, § 462 Rdn. 3 ff. m. w. N.). Nach dieser Vorschrift, die die Wandelung als Vertrag ausgestaltet, wäre das Recht des Käufers auf Wandelung ein Anspruch auf Vertragsschluss (so die heute nicht mehr vertretenen Vertragstheorien). Dies führt zu Schwierigkeiten, wenn der Verkäufer sich mit der Wandelung nicht freiwillig einverstanden erklärt. Erst nach rechtskräftiger Verurteilung zum Einverständnis wäre die Wandelung vollzogen und damit der Weg frei für eine – möglicherweise erneute gerichtliche – Durchsetzung von Ansprüchen aus der Wandelung. Dass dies vermieden werden muss, ist heute allgemeine Meinung. Nach den Herstellungstheorien soll deshalb die Gestaltungserklärung des Käufers genügen, um die Rechtsfolgen der Wandelung herbeizuführen; § 465 soll nur den Sinn haben, es dem Verkäufer zu ermöglichen, durch sein Einverständnis den Käufer an die Wandelung zu binden. Die Theorien der richterlichen Gestaltungsakte oder modifizierten Vertragstheorien gehen davon aus, dass der Käufer sogleich Ansprüche aus der Wandelung geltend machen kann. Ein zuerkennender Richterspruch enthält die Umgestaltung des Kaufvertrags in ein Rückabwicklungsverhältnis. Die Rechtsprechung hat in diesem Theorienstreit keine Stellung bezogen. Es ist aber ständige gerichtliche Praxis, dass der Käufer im Streitfall sogleich seine Ansprüche aus der Wandelung gerichtlich geltend machen kann (vgl. RGZ 101, 64, 72; MünchKomm/Westermann, § 462 Rdn. 7 m. w. N.).

768 Artikel 3 Abs. 2 der Verbrauchsgüterkaufrichtlinie spricht von einem Anspruch des Käufers auf Vertragsauflösung, Absatz 5 nennt im Einzelnen die Voraussetzungen, unter denen der Käufer die Vertragsauflösung verlangen kann. Ein Recht zur Vertragsauflösung bei mangelhafter Lieferung findet sich auch in ausländischen Rechtsordnungen und in den internationalen Kaufrechten; es gehört zum Grundbestand der Käuferrechte.

769 Die Neuregelung verzichtet auf eine eigenständige gesetzliche Regelung der Wandelung und stellt insoweit die Einheit zwischen allgemeinem Leistungsstörungsrecht und Gewährleistungsrecht her. Es sieht vor, im Kaufrecht die Voraussetzungen für das Recht des Käufers zum Rücktritt vom Vertrag durch eine Verweisung auf die das Rücktrittsrecht des Gläubigers enthaltenden Vorschriften des allgemeinen Leistungsstörungsrechts zu regeln. Es sieht davon ab, den Wortlaut dieser Vorschriften in einer angepassten Fassung zu wiederholen.

770 Nummer 1 erklärt zunächst § 323 – die Rücktrittsvorschrift des allgemeinen Leistungsstörungsrechts – für anwendbar. Das Recht des Käufers zum Rücktritt vom Vertrag wegen eines Mangels der Sache setzt danach grundsätzlich voraus, dass eine dem Verkäufer vom Käufer gesetzte angemessene Frist zur Nacherfüllung erfolglos abgelaufen ist (§ 323 Abs. 1 Satz 1). Die Neuregelung weicht damit in einem entscheidenden Punkt vom geltenden Recht ab, das dem Käufer die sofortige Wandelung gestattet. Sie entspricht der derzeitigen gesetzlichen Regelung beim Rechtsmangel (bisherige §§ 440 Abs. 1, 326) und stimmt mit der des Werkvertrags (bisheriger § 634) überein. Nur in Ausnahmefällen erhält der Käufer ein Recht zum sofortigen Rücktritt (§§ 440, 323 Abs. 2, 326 Abs. 1 Satz 3).

Die Fristsetzung des § 323 Abs. 1 bezieht sich auf den Erfüllungsanspruch des Käufers aus § 433 Abs. 1 Satz 2, der auf die Verschaffung einer sach- und rechtsmangelfreien Sache gerichtet ist. Die Besonderheit gegenüber der vollständigen Nichtleistung besteht bei der Schlechtleistung, als die sich die Lieferung einer mangelhaften Sache darstellt, darin, dass der Verkäufer in diesem Fall bereits einen Erfüllungsversuch unternommen hat. Dies kann nicht ohne Auswirkungen auf den Inhalt des Leistungsanspruchs bleiben. So kann in dieser Situation der geschuldete Leistungserfolg auf verschiedene Weise herbeigeführt werden: Es kommt eine Nachbesserung der mangelhaften oder die Lieferung einer anderen, mangelfreien Sache in Betracht. Die sich hieraus ergebenden Modifikationen des Erfüllungsanspruchs sind in § 439 geregelt, der Anspruch ist als »Nacherfüllungsanspruch« bezeichnet, wie bereits oben zu § 437 Nr. 1 erwähnt. Die nach § 323 Abs. 1 Satz 1 erforderliche Fristsetzung bezieht sich auf diesen Nacherfüllungsanspruch, was auch in seiner ausdrücklichen Erwähnung in § 323 Abs. 1 Satz 1 zum Ausdruck kommt. Es ist keineswegs so, dass der Käufer trotz eines mit Fristsetzung verbundenen Nacherfüllungsbegehrens anschließend, um zum Rücktritt zu gelangen, etwa nach der allgemeinen Vorschrift des § 323 Abs. 1 noch einmal eine Frist zur wie auch immer davon zu unterscheidenden »Leistung« setzen müsste. Gegenstand der Fristsetzung nach § 323 Abs. 1 ist bei Lieferung einer mangelhaften Sache durch den Verkäufer der inhaltlich für das Kaufrecht in § 439 näher beschriebene Nacherfüllungsanspruch des Käufers.

771

Der **Verkäufer bekommt** so eine **letzte Chance**, den mit der Rückabwicklung des Vertrags verbundenen wirtschaftlichen Nachteil abzuwenden. Die Möglichkeit des Verkäufers, die Rückabwicklung des Vertrags durch fristgerechte Nachbesserung oder Neulieferung abzuwenden, ist auch für den Käufer interessengerecht. Er erhält, was er vertraglich zu beanspruchen hat. Vorrang vor dem Rücktritt vom Vertrag hat damit die Nacherfüllung durch den Verkäufer, wenn auch die Wahl zwischen den beiden Arten der Nacherfüllung dem Käufer zusteht, § 437 Abs. 1. Dies entspricht auch dem Stufenverhältnis, das Artikel 3 Abs. 3 Satz 1 der Verbrauchsgüterkaufrichtlinie für die verschiedenen Gewährleistungsrechte des Käufers vorsieht. Auch danach kann der Käufer nicht sofort die Vertragsauflösung oder die Minderung des Kaufpreises verlangen, sondern ist in einer ersten Stufe auf die Geltendmachung der Nacherfüllung in von ihm zu bestimmender Form beschränkt.

772

Als **Rücktritt** ist das Recht des Käufers zur Aufhebung des Vertrags – anders als die Wandelung – ein **Gestaltungsrecht**. Der Käufer ist an den erklärten Rücktritt gebunden und kann ihn nicht nach seinem freien Willen zurücknehmen und z.B. nach der Rücktrittserklärung stattdessen Minderung verlangen. Anders ist dies für den Schadensersatzanspruch, dessen Geltendmachung auch nach Rücktritt § 325 ausdrücklich zulässt. Es besteht kein Bedürfnis dafür, dem Käufer das Recht einzuräumen, auch nach Erklärung des Rücktritts diesen zu widerrufen, um zur Minderung überzugehen. Denn auch dann, wenn der Käufer an der Entscheidung für den Rücktritt festgehalten wird, erhält er das, was ihm zusteht. Vor einer übereilten (falschen) Entscheidung wird der Käufer ge-

773

schützt, weil der Rücktritt nicht sofort, sondern erst nach Ablauf der dem Verkäufer zur Nacherfüllung gesetzten Frist erklärt werden kann.

774 Damit sind die Vorgaben des Artikels 3 Abs. 5 Spiegelstrich 2 in Verbindung mit Artikel 3 Abs. 3 S. 3 der Verbrauchsgüterkaufrichtlinie umgesetzt: Dort sind die Voraussetzungen genannt, unter denen der Verbraucher (Käufer) Minderung oder Vertragsauflösung verlangen kann. Diese Rechte sollen ihm erst in zweiter Linie nach der vorrangig geltend zu machenden Nacherfüllung zustehen. Das Gesetz gewährleistet den Vorrang der Nacherfüllung dadurch, dass der Käufer erst nach Setzen einer angemessenen Frist zurücktreten kann. Das entspricht Artikel 3 Abs. 3 S. 3 der Verbrauchsgüterkaufrichtlinie, der bestimmt, dass die Nacherfüllung innerhalb einer angemessenen Frist erfolgen muss. Geschieht dies nicht, so kann der Käufer nach §§ 438 Abs. 1, 323 Abs. 1 vom Vertrag zurücktreten, ebenso wie dies Artikel 3 Abs. 5, 2. Spiegelstrich der Verbrauchsgüterkaufrichtlinie vorsieht. Dort ist als Voraussetzung für den Rücktritt genannt, dass der Verkäufer nicht innerhalb einer angemessenen Frist Abhilfe geschaffen hat.

775 Es ist in der Verbrauchsgüterkaufrichtlinie allerdings nicht die Rede davon, dass der Käufer dem Verkäufer eine Frist setzen muss. Daraus haben Ernst (ZRP 2001, 1 ff., 9) und Gsell (Ernst/Gsell, ZIP 2000, 1410, 1418) den Schluss gezogen, das nationale Recht dürfe dem Käufer nicht die Obliegenheit auferlegen, dem Verkäufer eine Frist zur Nachbesserung oder Ersatzlieferung zu setzen. Das trifft indessen nicht zu. Auch nach der Verbrauchsgüterkaufrichtlinie wird von dem Käufer erwartet, dass er seinen Nacherfüllungsanspruch gegenüber dem Verkäufer anmeldet und sich dabei zwischen den beiden Arten der Nacherfüllung (Nachbesserung oder Nachlieferung) entscheidet. Während die Richtlinie offenlässt, was unter einer »angemessenen Frist« zu verstehen ist, gibt das Gesetz dem Käufer die Möglichkeit, diese Frist selbst zu bestimmen. Auch nach der Konzeption der Richtlinie muss der Käufer entscheiden, wann eine »angemessene Frist« abgelaufen ist, weil davon abhängt, dass er zu der nächsten Stufe der Mängelrechte übergehen, also zurücktreten oder mindern kann. Wenn § 323 Abs. 1 dem Käufer von vornherein die Möglichkeit gibt, die Frist selbst zu bestimmen, so stellt dies deshalb keine richtlinienwidrige Schlechterstellung des Verbrauchers (Käufers) dar. Selbst wenn im Übrigen ein Nacherfüllungsverlangen zunächst nicht mit einer Fristsetzung verbunden war, so ist damit kein Rechtsverlust des Käufers verbunden. Nach allgemeinem Leistungsstörungsrecht hätte er vielmehr allenfalls die Fristsetzung zu wiederholen, unbeschadet der Frage, ob nicht eine Fristsetzung im Einzelfall dann nach § 323 Abs. 2 Nr. 1 oder 3 entbehrlich ist. In aller Regel wird jedenfalls bei der Bemessung der dann noch »angemessenen« Frist die bereits zuvor erfolgte, wenn auch zunächst »fristlose« Aufforderung zur Nacherfüllung nicht unberücksichtigt bleiben können.

776 Auch wenn man dies noch nicht als ausreichend zur Umsetzung der Verbrauchsgüterkaufrichtlinie ansehen sollte, so ist § 440 zu beachten, der Ausnahmen von dem Erfordernis der Fristsetzung vorsieht. Letzteres entfällt dann, wenn die Nacherfüllung »fehlgeschlagen« ist. Damit wird an einen bereits bisher in § 11 Nr. 10 Buchstabe b AGBG verwendeten und von Rechtsprechung und Wissenschaft inzwischen mit Inhalt gefüllten Begriff angeknüpft, dessen Reichweite nicht geändert werden soll. Von einem »Fehlschlagen« der Nachbesserung wird man daher auch künftig ausgehen müssen, wenn der Verkäufer trotz Aufforderung durch den Käufer die Nacherfüllung nicht in angemessener Frist vorgenommen hat, auch wenn eine Fristsetzung durch den Käufer im Einzelfall mit der Aufforderung nicht verbunden war (vgl. Palandt/Heinrichs, § 11 AGBG Rdn. 57).

Der Entwurf hatte in § 323 Abs. 1 noch Einflussnahme vom Rücktrittsrecht nach erfolglosem Ablauf einer Frist für den Fall vorgesehen, dass der Schuldner nicht mit den Rücktritt rechnen musste. Dies wäre zwar mit der Verbrauchsgüterkaufrichtlinie zu vereinbaren gewesen. Der Gesetzgeber hat sich gegen diese Regelung entschieden. Gleichwohl gibt es Sondersituationen, in denen sich aus einer ausdrücklichen Erklärung des Gläubigers (Käufers) oder aus den Umständen ergibt, dass die Fristsetzung nicht als »endgültig«, weil den Weg zu den Sekundäransprüchen eröffnend gemeint war. Das sind seltene Ausnahmefälle, deren Voraussetzungen zudem der Schuldner (Verkäufer) darzulegen und zu beweisen hat, wie sich aus der Fassung des § 323 Abs. 1 (»es sei denn«) ergibt. Auch die Verbrauchsgüterkaufrichtlinie verlangt von dem Verbraucher eine hinreichend deutliche Geltendmachung seiner Mängelansprüche. Nichts anderes ergibt sich aus dem letzten Halbsatz von § 323 Abs. 1. Schließlich ist auch in diesem Zusammenhang auf § 440 zu verweisen. Bei einem »Fehlschlagen« der Nachbesserung ist eine Fristsetzung schlechthin entbehrlich, so dass sich in diesem Fall auch die angesprochene weitere, mit der Fristsetzung verbundene Frage eines »Rechnenmüssens« des Schuldners mit dem Rücktritt nicht stellt.

777

§ 326 Abs. 1 Satz 3, auf den § 437 Nr. 2 auch verweist, sieht eine Rücktrittsmöglichkeit ohne Fristsetzung ferner dann vor, wenn die Nacherfüllung (anfänglich oder nachträglich) unmöglich ist. Eine Fristsetzung macht dann von vornherein keinen Sinn. Auch Artikel 3 Abs. 3 Satz 1 der Verbrauchsgüterkaufrichtlinie sieht einen Nacherfüllungsanspruch als »erste« Stufe der Mängelrechte des Käufers nur für den Fall vor, dass die Nacherfüllung nicht unmöglich ist. Der Käufer kann dann nach Artikel 3 Abs. 5, 1. Spiegelstrich sofort zur »zweiten« Stufe übergehen, also zurücktreten.

778

§ 326 Abs. 1 Satz 3 bezieht sich auf die Schlechtleistung, nicht auf die in § 326 Abs. 1 Satz 2 genannte Teilleistung. Das Gesetz unterscheidet beide Fälle auch an anderer Stelle, nämlich in § 323 Abs. 5 und § 281 Abs. 1 Sätze 2 und 3. Teilleistung in § 326 Abs. 1 Satz 2 ist deshalb nach der allgemeinen Regelung nur die quantitative, nicht aber die qualitative Teilleistung. Nur für letztere gilt § 323 Abs. 1 Satz 3. Bei der Lieferung einer mangelhaften Sache hat der Käufer deshalb bei Unmöglichkeit der Nacherfüllung gemäß § 437 Nr. 2 in Verbindung mit § 326 Abs. 1 Satz 3, § 323 das Recht zum Rücktritt ohne Fristsetzung. Wegen der Erweiterung des Mangelbegriffs im Kaufrecht und damit auch der Erweiterung des Begriffs der »nicht vertragsgemäßen« Leistung durch § 434 Abs. 3 gilt dieses Rücktrittsrecht im Kaufrecht – insofern abweichend von den allgemeinen Regeln – allerdings auch für die Teilleistung.

779

D. Kauf- und Werkvertragsrecht

780 Bei einer »**unerheblichen Minderung des Wertes** oder der **Tauglichkeit**« im Sinne des bisherigen § 459 Abs. 1 Satz 2 bzw. bei einer »geringfügigen Vertragswidrigkeit« im Sinne des Artikel 3 Abs. 6 der Verbrauchsgüterkaufrichtlinie ist der Rücktritt vom Kaufvertrag ausgeschlossen. Dies ergibt sich jetzt aus § 323 Abs. 4 Satz 2, der den Ausschluss des Rücktrittsrechts bei einer unerheblichen Pflichtverletzung vorsieht. Das gilt auch bei einem Rücktrittsrecht aus § 326 Abs. 1 Satz 3 in Verbindung mit § 323.

781 Nach bisherigem Recht gilt der Ausschluss des Rücktrittsrechts nicht, wenn der Verkäufer eine Eigenschaft zugesichert hat. Insoweit ist eine Änderung nicht beabsichtigt. Hier findet § 323 Abs. 5 Satz 2 keine Anwendung, da bei der Zusicherung einer Eigenschaft und der darin liegenden Übernahme einer Garantie für das Vorhandensein bestimmter Eigenschaften nicht von einer »unerheblichen« Pflichtverletzung gesprochen werden kann, selbst wenn der Wert oder die Tauglichkeit der Sache nur unerheblich gemindert ist.

782 Artikel 3 Abs. 5 Spiegelstrich 3 der Verbrauchsgüterkaufrichtlinie wird gelegentlich so verstanden, dass der Verbraucher auch ein Recht auf Rücktritt oder Minderung erhalten muss, wenn die Nacherfüllung zwar erfolgreich, aber mit erheblichen Unannehmlichkeiten für den Verbraucher verbunden war (z. B. Ernst/Gsell, ZIP 2000, 1410, 1417/1418; Roth in: Ernst/Zimmermann, S. 225, 242-244). In diesem Sinne ist die etwas missverständliche Formulierung der Richtlinie aber nicht gemeint gewesen. Ein Rücktritt nach vollständiger Erfüllung der geschuldeten Leistung ergibt keinen Sinn. Hierzu ist auch auf die Entstehungsgeschichte der Bestimmung hinzuweisen. Artikel 3 Abs. 4 des Gemeinsamen Standpunktes vom 24. September 1998 (Amtsblatt EG Nr. C 333 S. 46) lautete:

> »Hat der Verbraucher weder Anspruch auf Nachbesserung noch auf Ersatzlieferung oder hat der Verkäufer nicht innerhalb einer angemessenen Frist und ohne erhebliche Unannehmlichkeiten für den Verbraucher Abhilfe geschaffen, so kann der Verbraucher eine angemessene Minderung des Kaufpreises oder eine Vertragsauflösung verlangen.«

783 Hier wird durch die Zusammenfassung in einem Satz und den engen Zusammenhang mit der Versäumung einer »angemessenen Frist« deutlich, dass nur die Fälle erfasst werden sollen, in denen es an einer Abhilfe fehlt. Denn ein Recht des Verbrauchers auf Vertragsauflösung oder Herabsetzung des Kaufpreises setzt danach voraus, dass innerhalb einer angemessenen Frist gerade keine Abhilfe geschaffen wurde. In der Begründung des Rates (ABl. EG Nr. C 333 S. 54) ist in einer Fußnote die Notwendigkeit einer Überprüfung einiger Sprachfassungen dieses Absatzes erwähnt. Das bezog sich auf die Verknüpfung der beiden Gesichtspunkte »angemessene Frist« und »erhebliche Unannehmlichkeiten«, die in der endgültigen Fassung nach Aufteilung des Absatzes in drei Spiegelstriche mit einem »oder« erfolgte.

784 Diese Entstehungsgeschichte belegt ergänzend zu der gültigen Fassung der Richtlinie, dass die Spiegelstriche 2 und 3 des jetzigen Artikels 3 Abs. 5 nicht unterschiedlich behandelt werden können. Wollte man im Fall des Spiegelstrichs 3 z. B. eine Rücktrittsmöglichkeit einräumen, so müsste das auch im Fall des

Spiegelstrichs 2 so geschehen. Dann könnte auch derjenige Käufer zurücktreten, der den gekauften defekten PKW dem Händler zur Nachbesserung gegeben hat und ihn nach zwei Tagen ordnungsgemäß repariert zurückerhält, wenn man für die Reparatur eine Frist von einem Tag für angemessen ansieht. Das kann nicht richtig sein und ist auch von der Richtlinie nicht gewollt. Vielmehr kann es nur darauf ankommen, dass eine angemessene Frist nach Aufforderung zur Nacherfüllung verstreicht, ohne dass die Nacherfüllung erfolgreich vorgenommen wird. Dann muss der Käufer das Recht zur Vertragsauflösung oder zur Herabsetzung des Kaufpreises erhalten (in diesem Sinne auch: Micklitz, EuZW 1999, 485, 488; Welser/Jud, Zur Reform des Gewährleistungsrechts, Verhdlg. d. öst. JT, 2000, Bd. II/1 S. 86). Das ist nach dem Entwurf – wie bereits ausgeführt – gewährleistet. Artikel 3 Abs. 5 Spiegelstrich 3 ist dann so zu verstehen, dass dem Verbraucher diese Rechte auch zustehen müssen, sobald erkennbar wird, dass die Nacherfüllung mit erheblichen Unannehmlichkeiten verbunden ist. Das kann sich bereits von vornherein oder während des Laufs einer angemessenen Frist so herausstellen. Geregelt ist dies in § 440 letzter Fall, der ein Rücktrittsrecht (in Verbindung mit § 441 Abs. 1 auch ein Minderungsrecht) des Käufers unabhängig von einer Fristsetzung begründet, wenn die Nacherfüllung dem Käufer unzumutbar ist. Dann kommt es auf das Setzen einer Frist oder den Ablauf einer bereits gesetzten Frist nicht mehr an. Schließlich sei noch darauf verwiesen, dass die mit der Nacherfüllung verbundenen »erheblichen Unannehmlichkeiten«, von denen die Verbrauchsgüterkaufrichtlinie spricht, nicht selten auf eine Nebenpflichtverletzung des Verkäufers zurückzuführen sein werden, so dass der Käufer unter den Voraussetzungen des § 280 Abs. 1 Schadensersatz verlangen kann.

Minderung

Hat die gelieferte Sache einen Mangel, so kann der Käufer ein Interesse daran haben, sie zu behalten und den Kaufpreis herabzusetzen. Diesem Ziel dient die Minderung. Dabei ist zunächst die Frage zu behandeln, ob die Minderung als Rechtsbehelf in das allgemeine Leistungsstörungsrecht neben Rücktritt und Schadensersatz eingestellt werden soll. Entscheidend dagegen spricht, dass die Minderung für einzelne Vertragstypen, insbesondere für den Dienstvertrag, als Rechtsbehelf ausgeschlossen bleiben muss. Für den **Kauf-** und **Werkvertrag** bedarf es daher einer **besonderen Vorschrift** über die **Minderung**. 785

Voraussetzung und Durchführung der Minderung sind bisher in den §§ 462, 465 wie für die Wandelung geregelt. Bis zum Vollzug eines dieser Rechte stehen Wandelung und Minderung dem Käufer alternativ zu. Die Durchführung der Minderung regeln im geltenden Recht die §§ 472, 473. 786

Die Minderung des Kaufpreises ist in fast allen kontinentalen Kaufrechten und auch in den internationalen Kaufrechten vorgesehen. Sie besteht meist in einer **proportionalen Herabsetzung des Kaufpreises**, wie sie auch bisher in § 472 vorgesehen ist. Für die Wertermittlung kommt es zum Teil auf den Zeitpunkt des Vertragsschlusses an (wie bisher in § 472); teilweise ist dagegen der Zeitpunkt der Lieferung entscheidend (so Artikel 50 UN-Kaufrecht). Artikel 3 787

Abs. 2 und 5 der Verbrauchsgüterkaufrichtlinie geben dem Käufer ebenfalls das Recht auf Minderung.

788 Demgemäss sieht auch § 441 das Recht des Käufers vor, den Kaufpreis zu mindern. § 437 Nr. 2 verweist auf diese Vorschrift, und zwar als ein alternativ zu dem Rücktritt bestehendes Gestaltungsrecht des Käufers (»oder«). Eine Minderung kraft Gesetzes gibt es nach dem Entwurf auch nicht bei Unmöglichkeit der Nacherfüllung. Das folgt daraus, dass § 326 Abs. 1 Satz 1, aus dem sich eine derartige Rechtsfolge ergeben könnte, auf den Fall der Schlechtleistung, also der nicht vertragsgemäßen Leistung keine Anwendung findet. Vielmehr erklärt § 326 Abs. 1 Satz 2 ausdrücklich nur für die Teilleistung § 441 Abs. 3 für entsprechend anwendbar, eine Bestimmung, die – wie soeben ausgeführt – im Kaufrecht wegen § 434 Abs. 3 ohnehin keine Anwendung findet. Bei Lieferung einer mangelhaften Sache gibt es vielmehr nach den allgemeinen Regeln nur ein Rücktrittsrecht, entweder unmittelbar aus § 323 nach Fristsetzung oder – bei Unmöglichkeit der Nacherfüllung – ohne Fristsetzung aus § 326 Abs. 1 Satz 3 in Verbindung mit § 323. Eine Möglichkeit zur Minderung folgt auch in diesem Fall nur aus der kaufrechtlichen Vorschrift des § 437 Nr. 2 in Verbindung mit § 441.

789 Die weiteren Erläuterungen zum Minderungsrecht finden sich in den Anmerkungen zu § 441.

Zu Nummer 3

Schadensersatz

790 § 437 Nr. 3 enthält die Verweisung auf die Vorschriften, nach denen der Käufer bei Lieferung einer mangelhaften Sache durch den Verkäufer Schadensersatz verlangen kann. Wie schon das Rücktrittsrecht ist auch der Schadensersatzanspruch des Käufers nicht mehr speziell im Kaufrecht geregelt, sondern ergibt sich aus den Vorschriften des allgemeinen Leistungsstörungsrechts. Lediglich in § 440 finden sich besondere Bestimmungen zur Entbehrlichkeit der Fristsetzung, die durch kaufrechtliche Besonderheiten veranlasst sind. Nähere Erläuterungen folgen insoweit in den Anmerkungen zu § 440.

791 Verletzt der Verkäufer seine Pflicht aus § 433 Abs. 1 S. 2, dem Käufer die Sache frei von Sach- und Rechtsmängeln zu verschaffen, erleidet der Käufer einen Schaden, weil die Sache wegen des Mangels nicht den Wert hat, den sie ohne Mangel hätte (eigentlicher Mangelschaden). Darüber hinaus kann dem Käufer ein Schaden entstehen, der über den den Mangel begründenden Nachteil an der verkauften Sache hinausgeht, z.B. weil sich der Käufer an einem schadhaften Maschinenteil verletzt. Der Schaden des Käufers kann auch darin liegen, dass der Verkäufer die Nacherfüllung verzögert, z. B . die Maschine nicht innerhalb angemessener Frist repariert und es dadurch zu einem Produktionsausfall kommt. Letztlich kann der Käufer auch geschädigt sein, weil wegen des Mangels ein Weiterverkauf der Sache zu besonders günstigen Bedingungen scheitert.

792 Die Rechtsordnung muss regeln, ob und unter welchen Voraussetzungen der Käufer Ersatz seines Schadens verlangen kann. Die Verbrauchsgüterkaufrichtli-

nie enthält hierzu keine Vorgaben, sondern überlässt die **Ausgestaltung** des **Schadensersatzanspruchs** den **Mitgliedsstaaten**.

Bei Vorliegen eines Rechtsmangels ergeben sich nach altem Recht **Schadensersatz**ansprüche über den bisherigen § 440 aus den **Vorschriften** des **allgemeinen Leistungsstörungsrechts**. Bei Sachmängeln sieht das Gesetz derzeit Schadensersatzansprüche des Käufers nach den bisherigen §§ 463, 480 Abs. 2 nur vor, wenn der Verkäufer eine falsche Eigenschaftszusicherung abgegeben oder sich arglistig verhalten hat. Das Bürgerliche Gesetzbuch kennt außerhalb dieser Vorschriften keinen allgemeinen Schadensersatzanspruch des Käufers, wenn er durch die Lieferung einer fehlerhaften Sache einen Schaden erleidet, selbst wenn der Verkäufer den Mangel zu vertreten hat. Trotzdem gibt der Satz, der Verkäufer hafte nur bei Zusicherung oder Arglist auf Schadensersatz, den tatsächlichen Rechtszustand falsch wieder.

793

In der Erkenntnis, dass die Rechtsbehelfe der Wandelung und Minderung den Käufer nicht hinreichend vor solchen Schäden schützen, die über den den Mangel begründenden Nachteil der verkauften Sache hinausgehen, hat die Rechtsprechung neben den bisherigen §§ 463, 480 Abs. 2 ein Anspruchssystem entwickelt, das über Umwege das Regel/Ausnahmeverhältnis nahezu umgekehrt hat. Gewohnheitsrechtlich gilt heute eine Haftung des Verkäufers für schuldhaft verursachte Mangelfolgeschäden aus dem Gesichtspunkt der positiven Forderungsverletzung. Hat der Verkäufer eine besondere Beratung des Käufers übernommen, eine Aufklärungspflicht verletzt oder eine fahrlässig falsche Angabe über Eigenschaften der Kaufsache gemacht, kommt eine Haftung nach den Regeln über culpa in contrahendo in Betracht. Die unrichtige Erklärung, die verkaufte Maschine könne an einem bestimmten vorgesehenen Platz aufgestellt werden, kann Grundlage eines Anspruchs wegen Verschuldens bei Vertragsanbahnung sein (BGH, NJW 1962, 1198 f.).

794

Hieraus folgt bereits der Modernisierungsbedarf. Der Sache nach geht es um die Übernahme des allgemeinen Grundsatzes, dass der Schuldner, der die Pflichtverletzung zu vertreten hat, dem Gläubiger schadensersatzpflichtig ist. Für eine Privilegierung des Verkäufers durch eine kaufrechtliche Sonderregelung besteht kein Anlass.

795

Die Bewältigung dieser Problematik ist im alten Recht bis heute nicht gelungen. Schon in der allgemeinen Begründung ist im Einzelnen dargestellt, dass die Konkurrenz der Haftung wegen falscher Zusicherung oder Arglist zur Haftung aus positiver Forderungsverletzung bis heute nicht überzeugend gelöst ist. Hingewiesen sei auf die vielfach spitzfindige Unterscheidung von Mangelschäden und Mangelfolgeschäden und die vom Ergebnis her fragwürdige Rechtsprechung, nach der eine Haftung aus positiver Forderungsverletzung für Mangelschäden nicht in Betracht kommt. Die Herausnahme der eigentlichen Mangelschäden aus der Haftung ist nicht nachvollziehbar. Auch hat die Rechtsprechung den Tatbestand des bisherigen § 463 durch Annahme von stillschweigenden und schlüssigen Eigenschaftszusicherungen in einer Weise aufgeweicht, die von Westermann (MünchKomm/Westermann, § 463 Rdn. 33) als eine versteckte Korrektur bezeichnet wird, die »nicht überzeugend und methodisch nicht ehr-

796

lich ist«. Die Unsicherheit über Bestehen und Umfang solcher Schadensersatzansprüche belastet die Rechtssicherheit in unerträglichem Maße.

797 Das Gesetz übernimmt im Wesentlichen die Ergebnisse der Rechtsprechung zum Schadensersatz. Neu ist die Einführung einer Schadensersatzhaftung des Verkäufers auch für den »eigentlichen Mangelschaden« bei einem auch nur fahrlässigen Verhalten des Verkäufers. Hierin allein liegt die entscheidende Änderung gegenüber dem geltenden Recht.

798 Zunächst ist auf § 280 verwiesen. Aus dessen Absatz 1 ergibt sich ein Anspruch des Käufers auf Ersatz des Schadens, der ihm dadurch entstanden ist, dass der Verkäufer seine Pflicht zur Lieferung einer mangelfreien Sache aus § 433 Abs. 1 Satz 2 verletzt hat; dieser Anspruch ist ausgeschlossen, wenn der Verkäufer die mangelhafte Lieferung nicht zu vertreten hat.

799 Dadurch, dass § 280 Abs. 3 für den an die Stelle der Leistung tretenden Schadensersatz, also nach bisheriger Terminologie den Nichterfüllungsschaden, das Vorliegen besonderer Voraussetzungen verlangt, folgt, dass der Schadensersatzanspruch aus § 280 Abs. 1 nicht den Schaden erfasst, der im Mangel der Sache selbst liegt. Insoweit kann der Käufer Schadensersatz nur beim Vorliegen der sich aus § 281 ergebenden zusätzlichen Erfordernisse verlangen; nach § 281 Abs. 1 ist regelmäßig der ergebnislose Ablauf einer zuvor gesetzten Frist zur Nacherfüllung erforderlich. Auf § 281 wird in § 437 Nr. 3 ebenfalls verwiesen.

800 Nach § 280 Abs. 1 sind die über das Erfüllungsinteresse des Käufers hinausgehenden Vermögensnachteile des Käufers auszugleichen. Es geht um den Ersatz solcher Schäden, die nach geltendem Recht unter dem Gesichtspunkt der positiven Forderungsverletzung ersatzfähig sind, die also durch die Mangelhaftigkeit der Kaufsache an anderen Rechtsgütern als der Kaufsache selbst eingetreten sind (Körperschäden, Vermögensschäden). Ersatz des eigentlichen Mangelschadens kann der Käufer nach § 281 grundsätzlich erst nach erfolglosem Ablauf einer Frist zur Nacherfüllung verlangen. Der Anspruch ist auf den »kleinen Schadensersatz« beschränkt, d. h. auf Ersatz des durch den Mangel verursachten Minderwerts der Kaufsache. Der Käufer kann in Bezug auf den Mangel auch sog. Großen Schadensersatz verlangen. Wegen der ganzen Leistung kann der Käufer großen Schadensersatz nur unter den Voraussetzungen des § 281 Abs. 1 Satz 2 oder 3 BGB n. F. verlangen.

801 Die Einführung eines Anspruchs des Käufers auf Nacherfüllung bei einem Sachmangel verlangt eine Sanktion, wenn der Verkäufer die Nacherfüllung verzögert und dies von ihm zu vertreten ist.

802 Beim Vorliegen eines Rechtsmangels kann der Käufer nach altem Recht den Verkäufer in Verzug setzen und Ersatz des Verzugsschadens verlangen. Beim Werkvertrag stehen dem Besteller neben dem Mängelbeseitigungsanspruch aus dem bisherigen § 633 Abs. 2 die Rechte aus dem allgemeinen Schuldrecht zu, insbesondere also auch ein Anspruch darauf, bei Verzug des Unternehmers mit der Mängelbeseitigung Ersatz des Verzugsschadens zu erhalten.

803 § 437 Nr. 3 verweist auch auf § 280 Abs. 2, der den Ersatz von Verzögerungsschaden von den zusätzlichen Voraussetzungen des § 286 abhängig macht. Das entfaltet insoweit keine Wirkung, als die Pflichtverletzung im Sinne des § 280

Abs. 1 Satz 1 darin liegt, dass der Verkäufer entgegen seiner vertraglichen Verpoflichtung aus § 433 Abs. 1 Satz 2 eine mangelhafte Sache geliefert hat. Eine Anwendung des § 286 ist insoweit in § 280 Abs. 1 nicht vorgesehen. Liefert der Verkäufer also beispielsweise schuldhaft eine mangelhafte Maschine und verzögert sich deswegen deren Inbetriebnahme, so ist der Betriebsausfallschaden unabhängig von den weiteren Voraussetzungen des Verzugs unmittelbar nach § 280 Abs. 1 zu ersetzen. Den weitergehenden Schaden, der durch eine Verzögerung der Nacherfüllung entsteht, hat der Verkäufer allerdings gemäß § 437 Nr. 3 in Verbindung mit § 280 Abs. 1 und 2 nur unter den zusätzlichen Voraussetzungen des § 286 zu ersetzen. Bevor der Käufer insoweit einen Verzögerungsschaden geltend machen kann, muss also Verzug des Verkäufers mit der Erfüllung des Anspruchs des Käufers aus § 439 gegeben sein. Das spielt in den Fällen des mangelbedingten Nutzungsausfallschadens keine Rolle, wie soeben anhand eines Beispiels ausgeführt; von Bedeutung ist diese Voraussetzung des Verzugs insbesondere für den Ersatz von Rechtsverfolgungskosten, die dem Käufer durch die Geltendmachung des Nacherfüllungsanspruchs aus § 439 entstehen. Praktisch wird es hier jedoch kaum zu Problemen kommen, weil in der Aufforderung zur Nacherfüllung, erst recht in Verbindung mit einer Fristsetzung in aller Regel eine Mahnung zu sehen sein wird.

§ 437 Nr. 3 BGB n. F. nimmt außerdem die Vorschriften in Bezug, die im allgemeinen Leistungsstörungsrecht die Schadensersatzpflicht des Schuldners bei Unmöglichkeit der Leistung regeln, nämlich die §§ 283 und 311a BGB n. F. Damit sind in dem hier maßgeblichen Zusammenhang die Fälle angesprochen, in denen die Erfüllung des Anspruchs aus § 439 unmöglich ist. Der Käufer kann dann auch ohne Fristsetzung, die in diesem Fall sinnlos ist, gemäß § 283 Satz 1 Schadensersatz statt der Leistung verlangen, statt der ganzen Leistung, also großen Schadensersatz aber nur gemäß § 283 Satz 2 in Verbindung mit § 281 Abs. 1 Sätzen 2 und 3 bei Interessefortfall bzw. Erheblichkeit des nicht zu beseitigenden Mangels. § 311a Abs. 2 betrifft die anfängliche Unmöglichkeit. 804

Ersatz vergeblicher Aufwendungen

Schließlich hat auch der Käufer die Möglichkeit, gemäß § 284 BGB n. F. an der Stelle des Schadensersatzes statt der Leistung Ersatz vergeblicher Aufwendungen zu verlangen. Auch auf diese Vorschrift wird in § 437 Nr. 3 verwiesen. Hierunter fallen auch die Vertragskosten, die nach dem bisherigen § 467 Satz 2 im Falle der Wandelung zu ersetzen sind. Eine besondere Vorschrift im Kaufrecht ist deshalb entbehrlich. Verbunden ist damit allerdings eine sachliche Änderung: Die Vertragskosten konnte der Käufer bisher nach § 467 Satz 2 verschuldens*un*abhängig als Folge der Wandelung ersetzt verlangen. Künftig folgt aus § 284 in Verbindung mit §§ 281, 280 Abs. 1 Satz 2, dass dieser Anspruch von einem – wenn auch vermuteten – Verschulden des Verkäufers abhängt. Diese Änderung ist sachlich gerechtfertigt. Der bisherige § 467 Satz 2 stellte einen Fremdkörper im Recht der Wandelung dar. Er geht über die bloße Rückgewähr der gegenseitig empfangenen Leistungen hinaus und gibt dem Käufer einen Anspruch auf Ersatz von Nachteilen, die er im Zusammenhang mit dem 805

Vertragsschluss gehabt hat, befriedigt also ein Interesse des Käufers, das ansonsten im Rahmen eines Schadensersatzanspruchs verfolgt werden müsste. Es ist deshalb gerechtfertigt, diese Sonderregel abzuschaffen und einen Anspruch der Vertragskosten nur im Rahmen der durch § 284 ergänzten allgemeinen Regeln über den Schadensersatzanspruch bei Pflichtverletzung vorzusehen.

806 Im Übrigen ergeben sich daraus insgesamt gegenüber dem bisherigen Recht im Wesentlichen folgende Änderungen:

807 **Liegen** derzeit die **Voraussetzungen** des bisherigen § 463 für einen **Schadensersatzanspruch** des Käufers vor, so hat der Käufer die Wahl zwischen dem Behalten der fehlerhaften Sache und der Liquidation des Minderwerts (kleiner Schadensersatz) und Ersatz des durch die Nichterfüllung des gesamten Vertrags entstandenen Schadens (großer Schadensersatz) unter Zurückweisung der Kaufsache. Den »großen Schadensersatz« kann der Käufer künftig nur verlangen, wenn er an der Teilleistung kein Interesse hat bzw. bei Schlechtleistung, insbesondere Mängeln, wenn sie erheblich sind, § 437 Nr. 3 in Verbindung mit §§ 280, 281 Abs. 1 Satz 2 oder 3.

808 Die Einführung einer allgemeinen Schadensersatzpflicht des Verkäufers (für zu vertretende Pflichtverletzung) führt zu einer Ersatzpflicht für den eigentlichen Mangelschaden, und zwar nach § 281 Abs. 1 Satz 1 als »kleiner Schadensersatz« oder »kleiner großer Schadensersatz« und nach § 281 Abs. 1 Sätze 2 und 3 als »ganz großer Schadensersatz« wegen der ganzen Leistung, also nicht nur wegen des betreffenden Teils, jeweils nach Fristsetzung zur Nacherfüllung. Hierin liegt der Kern der Neugestaltung der Schadensersatzansprüche im Kaufrecht.

809 Derzeit kann der Käufer nach § 463 Schadensersatz nur ausnahmsweise verlangen, nämlich dann, wenn der verkauften Sache eine zugesicherte Eigenschaft fehlt oder der Verkäufer einen Fehler arglistig verschwiegen hat. Diese Voraussetzungen werden aufgegeben. Andererseits haftet der Verkäufer nach § 281 Abs. 1 in Verbindung mit § 280 Abs. 1 Satz 2 nicht, wenn er die Pflichtverletzung nicht zu vertreten hat. Die verschuldensunabhängige Schadensersatzhaftung des bisherigen § 463 verliert ihre Sonderstellung; sie geht auf in § 276 Abs. 1 Satz 1, nach dem eine Garantiehaftung ohne Verschulden eingreifen kann. Sichert der Verkäufer bestimmte Eigenschaften der Kaufsache zu und übernimmt damit eine Garantie für deren Vorhandensein, so ergibt sich eine nach näherer Maßgabe des Garantieinhalts strengere Haftung im Sinne des § 276 Abs. 1 Satz 1. Schließlich kann der Käufer abweichend von dem bisherigen § 463 Schadensersatz statt der Leistung erst verlangen, wenn er dem Verkäufer zuvor eine angemessene Frist für die Nacherfüllung bestimmt hat. Entsprechend der Regelung für den Rücktritt und die Minderung erhält der Verkäufer noch eine Gelegenheit, durch Nachbesserung oder Neulieferung die ihn wirtschaftlich härter treffende Schadensersatzpflicht abzuwenden.

810 Die Bedeutung der **Haftungsverschärfung** des Verkäufers sollte nicht überschätzt werden. Eine allgemeine Schadensersatzpflicht entspricht zunächst für den Bereich der Rechtsmängel dem geltenden Recht; aber auch für den Bereich der Sachmängel führt sie im Ergebnis nicht so weit über das geltende Recht hinaus, wie es zunächst scheinen mag.

Will der Käufer die Sache behalten, kann er derzeit nach den bisherigen §§ 462, 472 wegen eines Mangels den Kaufpreis mindern, also für den Minderwert Ausgleich in Geld verlangen. Für die Berechnung der Minderung gilt zwar grundsätzlich, dass die Aufwendungen des Käufers zur Beseitigung des Mangels nicht zum Maßstab genommen werden können. Gleichwohl können solche Kosten zumindest Anhaltspunkte für die Wertberechnung sein. Der Minderungsbetrag deckt sich daher weitgehend mit dem »kleinen Schadensersatz«, für den anerkannt ist, dass der Käufer den Betrag fordern kann, den er für die Beseitigung des Mangels benötigt. 811

Über Schäden, die im Mangel der Sache selbst liegen, hinaus begreift die h. M. aber auch solche Schäden als Mangelschäden, die als reine Vermögensschäden in einem unmittelbaren Zusammenhang mit dem Mangel der Kaufsache stehen, wie etwa Nutzungsausfall, entgangener Gewinn usw.. Auch diese Schäden sollen nach den Grundsätzen der positiven Forderungsverletzung nicht ersatzfähig sein, sondern nur unter den Voraussetzungen der bisherigen §§ 463, 480 Abs. 2. Hier kommt es zu einer Änderung des geltenden Rechts. 812

Dies ist angemessen. Der derzeitige Rechtszustand wird allgemein als unbefriedigend bezeichnet. Es ist in der Tat nicht einzusehen, warum der Käufer Ersatz für schuldhaft verursachte Mangelfolgeschäden, nicht jedoch für die unmittelbaren Mangelschäden erhalten soll. Ohne eine gesetzgeberische Korrektur ist die Rechtsprechung nicht in der Lage, im Wege weiterer Rechtsfortbildung den entscheidenden (richtigen) Schritt hin zur Anerkennung einer Schadensersatzhaftung des Verkäufers auch für unmittelbare Mangelschäden zu tun. 813

Eine für den Verkäufer unzumutbare Haftungsverschärfung folgt auch nicht daraus, dass § 280 Abs. 1 Satz 2 hinsichtlich des Vertretenmüssens des Schuldners (Verkäufers) eine Beweislastumkehr vorsieht. Nach dieser Vorschrift muss der Verkäufer darlegen und ggf. beweisen, dass er die Mangelhaftigkeit der gelieferten Sache nicht zu vertreten hat. Zugrunde liegt eine Verallgemeinerung des bereits bisher in § 282 enthaltenen Gedankens. Diese Vorschrift wird bereits heute weitgehend auf die Ansprüche aus positiver Vertragsverletzung entsprechend angewandt (vgl. Palandt/Heinrichs, § 282 Rdn. 8 und 10). 814

Schließlich ist § 437 Nr. 3 durch ein »und« mit der vorhergehenden Nummer 2, die den Rücktritt und die Minderung betrifft, verbunden. Damit kommt zum Ausdruck, dass Schadensersatz auch neben dem Rücktritt oder der Minderung verlangt werden kann, vgl. auch § 325. 815

§ 438 – Verjährung der Mängelansprüche

(1) Die in § 437 Nr. 1 und 3 bezeichneten Ansprüche verjähren
1. in 30 Jahren, wenn der Mangel
   a) in einem dinglichen Recht eines Dritten, auf Grund dessen Herausgabe der Kaufsache verlangt werden kann, oder
   b) in einem sonstigen Recht, das im Grundbuch eingetragen ist, besteht,

2. in fünf Jahren
   a) bei einem Bauwerk und
   b) bei einer Sache, die entsprechend ihrer üblichen Verwendungsweise für ein Bauwerk verwendet worden ist und dessen Mangelhaftigkeit verursacht hat, und
3. im Übrigen in zwei Jahren.

(2) Die Verjährung beginnt bei Grundstücken mit der Übergabe, im Übrigen mit der Ablieferung der Sache.

(3) Abweichend von Absatz 1 Nr. 2 und 3 und Absatz 2 verjähren die Ansprüche in der regelmäßigen Verjährungsfrist, wenn der Verkäufer den Mangel arglistig verschwiegen hat. Im Fall des Absatzes 1 Nr. 2 tritt die Verjährung jedoch nicht vor Ablauf der dort bestimmten Frist ein.

(4) Für das in § 437 bezeichnete Rücktrittsrecht gilt § 218. Der Käufer kann trotz einer Unwirksamkeit des Rücktritts nach § 218 Abs. 1 die Zahlung des Kaufpreises insoweit verweigern, als er auf Grund des Rücktritts dazu berechtigt sein würde. Macht er von diesem Recht Gebrauch, kann der Verkäufer vom Vertrag zurücktreten.

(5) Auf das in § 437 bezeichnete Minderungsrecht finden § 218 und Absatz 4 Satz 2 entsprechende Anwendung.

Vorbemerkung

816   § 438 regelt die Verjährung der in § 437 genannten Ansprüche auf Nacherfüllung, Schadensersatz und Ersatz vergeblicher Aufwendungen. Unterschiede zwischen Sach- und Rechtsmängeln werden entsprechend dem allgemeinen Ansatz auch hier mit einer Ausnahme (Absatz 1 Nr. 1) nicht vorgesehen. Die Unwirksamkeit der in § 437 genannten Rücktritts- und Minderungsrechte im Falle der Verjährung des Nacherfüllungsanspruchs bestimmt sich nach § 218 und den hierauf verweisenden Absatz 5.

817   Diese Vorschriften treten an die Stelle des bisherigen § 477. Der bisherige § 477 baut allerdings auf der bisherigen Konstruktion der Wandelung und der Minderung auf, wonach diese keine Gestaltungsrechte darstellen. Dies soll sich nach der Neuregelung ändern. Der an die Stelle der Wandelung tretende Rücktritt und die Minderung sind Gestaltungsrechte. Gestaltungsrechte verjähren nicht, nur Ansprüche (§ 194). Dieser Grundsatz muss beim Rücktritt und der Minderung in der Sache durchbrochen werden. Dies geschieht, da es sich beim Rücktritt um ein allgemeines Rechtsinstitut handelt, im Allgemeinen Teil des Bürgerlichen Gesetzbuchs in dem neuen § 218. Die Verjährungsfristen für die dem Rücktritt und der Minderung zugrundeliegenden Mängelansprüche soll aber ihren Platz im Kaufrecht finden, weil sie anderen Strukturen folgen, als die allgemeine Verjährungsfrist für die übrigen Ansprüche.

818   Der bisherige § 478 bleibt in der Sache erhalten. Die Erhaltung der aus der Mangelhaftigkeit folgenden Rücktritts- und Minderungsrechte regeln jetzt § 438 Abs. 4 Satz 2 und der hierauf verweisende Absatz 5.

Was den Anwendungsbereich der Vorschrift angeht, so bezieht sie sich auf den Kauf von Sachen (§§ 433 ff.). Doch finden die für diesen Bereich vorgesehenen Vorschriften auf den Kauf von Rechten und sonstigen Gegenständen entsprechende Anwendung (§ 453 Abs. 1 und 3). Das muss auch für das Verjährungsrecht gelten, so dass etwa für den Beginn der Verjährung von Ansprüchen zu prüfen ist, welcher Zeitpunkt im Kauf von Rechten und sonstigen Gegenständen dem in § 438 Abs. 2 bestimmten Zeitpunkt entspricht. Bei Ansprüchen wegen Mangels eines verkauften Unternehmens dürfte auf den Zeitpunkt des Betriebsübergangs abzustellen sein. Wird eine Forderung verkauft, beginnt die Verjährung der Mängelansprüche mit der Abtretung. Ist Gegenstand des Kaufvertrags ein Recht, das zum Besitz einer Sache berechtigt (z. B. ein Dauerwohnrecht), ist der Verkäufer nach § 453 Abs. 3 zur Übergabe der Sache verpflichtet. Da dies der Pflicht des Verkäufers beim Kauf von Sachen nach § 433 Abs. 1 Satz 1 entspricht, kann hinsichtlich des Verjährungsbeginns § 438 Abs. 2 ohne Anpassung angewandt werden. 819

Zu Absatz 1

Zu Nummer 1

Nach der Nummer 1 **verjähren** die **Ansprüche** auf **Nacherfüllung, Schadensersatz** und Ersatz vergeblicher Aufwendungen **in 30 Jahren**, wenn der Mangel in einem dinglichen Recht eines Dritten besteht, auf Grund dessen Herausgabe der Kaufsache verlangt werden kann (sog. Eviktionsfälle). 820

Für diesen besonderen Rechtsmangel hatte die Schuldrechtskommission keine Ausnahme vorgesehen. Dies ist auf Kritik gestoßen (Ernst/Gsell, ZIP 2000, 1812; Mansel in: Ernst/Zimmermann, 333 ff., 353). Diese Kritik erscheint berechtigt. Um ihr Rechnung zu tragen, ist aber kein eigenständiges Sonderregime für Rechtsmängel geboten (so aber Ernst/Gsell aaO). Es genügt, wenn in der Eviktionssituation Abhilfe geschaffen wird (so Mansel aaO) Nach § 197 Abs. 1 Nr. 1 verjähren Herausgabeansprüche aus Eigentum und anderen dinglichen Rechten erst in 30 Jahren. Ohne den durch die Nummer 1 herbeigeführten Fristengleichlauf müsste der Käufer ansonsten das Risiko tragen, dass seine Ansprüche gegen den Verkäufer mit Ablauf der zweijährigen Verjährungsfrist nach der Nummer 3 verjähren, er jedoch noch weitere 28 Jahre dem Herausgabeanspruch eines Dritten ausgesetzt wäre. Wietere Ausnahmeregelungen für Rechtsmängel sind nicht geboten. 821

Zu Nummer 2

Bauhandwerker haften nach § 634a Abs. 1 Nr. 1 **stets innerhalb der fünf Jahre** dauernden Verjährungsfrist für ein mangelhaftes Bauwerk. Beruht die Mangelhaftigkeit des Bauwerks auf der Mangelhaftigkeit von Sachen, die ein Bauhandwerker seinerseits von einem Lieferanten erworben hat, ist der Bauhandwerker bislang in seinen Regressmöglichkeiten stark beschränkt, denn seine Ansprüche gegenüber seinem Lieferanten verjähren gemäß dem bisherigen § 477 in sechs Monaten. Daher hatte schon die Schuldrechtskommission insoweit eine Verjährungsfrist von 5 Jahren vorgeschlagen (§ 195 Abs. 3 KE). Diese ist von dem 822

Deutschen Juristentag 1994 in Münster begrüßt worden (Verhdl. Bd. II/1 K 106).

823 Daher sieht die Neuregelung in Nummer 2 einen Fristengleichlauf mit § 634a Abs. 1 Nr. 1 vor: Auch die Ansprüche wegen eines Mangels einer Sache, die entsprechend ihrer üblichen Verwendungsweise für ein Bauwerk verwendet worden ist und dessen Mangelhaftigkeit verursacht hat, verjähren in fünf Jahren.

824 Die fünfjährige Verjährungsfrist ist jedoch **nicht nur** für **Ansprüche** der **Bauhandwerker gegen ihre Lieferanten** maßgebend. Die vorgeschlagene Regelung erfasst bewusst auch Ansprüche der Zwischenhändler (Mansel aaO, S. 361). Ein Zwischenhändler ist in Regressfällen gegenüber einem anderen Zwischenhändler oder einem Hersteller von Baumaterialien in der gleichen schutzwürdigen Lage wie ein Bauhandwerker. Ferner gilt die Frist der Nummer 2 auch dann, wenn der Bauherr die Sachen selbst erworben hat und Regressfragen im Verhältnis Bauhandwerker/Lieferant keine Rolle spielen, denn auch in diesen Fällen wird der Bauherr die Mängel häufig erst nach dem Einbau erkennen.

825 Soweit ein effektiver Gleichlauf der Fristen zwischen Nummer 2 und § 634a Abs. 1 Nr. 1 nicht erreicht werden kann, weil der Verjährungsbeginn von Ansprüchen nach § 634a Abs. 1 Nr. 1 insbesondere wegen der Zwischenlagerung der Baumaterialien beim Bauhandwerker zeitlich dem Verjährungsbeginn von Ansprüchen nach Nummer 2 nachfolgt, muss dieses verbleibende Regressrisiko der Bauhandwerker tragen, da die tatsächliche Verwendung der Baumaterialien in seinem Verantwortungsbereich liegt und nur er das Risiko eines nicht sofort nach Lieferung erfolgenden Einbaus des Baumaterials überschauen kann (so auch die Schuldrechtskommission, Bericht, S. 52).

826 Die Frist gilt für Ansprüche wegen eines Mangels einer Sache, die »entsprechend ihrer üblichen Verwendungsweise für ein Bauwerk verwendet worden ist und dessen Mangelhaftigkeit verursacht hat«.

827 Der Begriff »**entsprechend ihrer üblichen Verwendungsweise**« zwingt zu einer **objektiven Betrachtungsweise**. Es kommt daher nicht darauf an, ob der Lieferant im Einzelfall von der konkreten Verwendung Kenntnis hat. Die Bezugnahme auf die »übliche« Verwendung bezweckt eine Beschränkung des Anwendungsbereichs: Nicht erfasst sind Sachen, deren bauliche Verwendung außerhalb des Üblichen liegt, etwa wenn ein Künstler extravagante Sachen verwendet, um einem Gebäude eine künstlerische Note zu verleihen.

828 Hinsichtlich der Frage, ob eine Sache »für ein Bauwerk« verwendet worden ist, kann auf die zu dem bisherigen § 638 Abs. 1 Satz 1 (künftig § 634a Abs. 1 Nr. 1) entwickelten Kriterien zurückgegriffen werden. Danach ist ein Bauwerk eine unbewegliche, durch Verwendung von Arbeit und Material in Verbindung mit dem Erdboden hergestellte Sache. Erfasst sind nicht nur Neuerrichtungen, sondern auch Erneuerungs- und Umbauarbeiten an einem bereits errichteten Bauwerk, wenn sie für Konstruktion, Bestand, Erhaltung oder Benutzbarkeit des Gebäudes von wesentlicher Bedeutung sind und wenn die eingebauten Teile mit dem Gebäude fest verbunden werden (Palandt/Sprau, § 638 Rdn. 9 bis 11). Beim bloßen Austausch einer Badezimmerarmatur beispielsweise liegt demnach

keine Verwendung »für ein Bauwerk« vor. Es bleibt dann bei der allgemeinen Verjährungsfrist für Mängelansprüche von zwei Jahren gemäß der Nummer 3.

Eine weitere, bedeutende Beschränkung des Anwendungsbereiches der fünfjährigen Verjährungsfrist wird durch das Erfordernis eines Kausalzusammenhangs vorgenommen: Die fünfjährige Verjährungsfrist gilt nur bei denjenigen Sachen, deren Mangelhaftigkeit zugleich auch ursächlich für die Mangelhaftigkeit des Bauwerkes ist. Liegt der Mangel in der Einbauleistung und nicht in der Fehlerhaftigkeit des Baumaterials greift die lange Verjährungsfrist nicht. Entsprechendes würde gelten, wenn das Baumaterial gerade wegen ihrer Mangelhaftigkeit oder aus anderen Gründen im konkreten Einzelfall nicht bei einem Bauwerk verwendet wurde. Dann kann es seine Mangelhaftigkeit auch nicht verursachen. In solchen Fällen ist eine lange Verjährungsfrist nicht gerechtfertigt, weil die allgemeine Frist (Nummer 3) ausreicht. 829

Zu Nummer 3

Nach der Nummer 3 gilt im Übrigen eine Verjährungsfrist von zwei Jahren. Diese Frist entspricht den Vorgaben der Verbrauchsgüterkaufrichtlinie, deren Frist hier allerdings verallgemeinert wird. 830

Übereinstimmung besteht darin, dass die **Gewährleistungsfristen des bisherigen § 477 zu kurz** sind. Nicht selten ist die Sechsmonatsfrist des bisherigen § 477 Abs. 1 bereits abgelaufen, bevor der Käufer von dem Mangel der ihm gelieferten beweglichen Sache überhaupt Kenntnis erlangen konnte. Wer seine im Frühsommer preisgünstig gekauften Ski in den Weihnachtsferien erstmalig benutzt und dann einen Mangel der Sicherheitsbindung feststellt, kann daher seine Gewährleistungsansprüche gegen den Verkäufer wegen Fristablaufs nicht mehr durchsetzen. Auch dann, wenn der Käufer die fehlerhafte Ware sofort nach Lieferung verwendet, tritt der Mangel häufig erst nach Ablauf der Frist des bisherigen § 477 Abs. 1 zutage, so etwa dann, wenn die vom Verkäufer gelieferten Spanplatten vom Käufer zwar sofort in einer Turnhalle verlegt werden, ihre mangelnde Biege- und Querzugsfähigkeit zu offenkundigen Schäden des Hallenbodens aber erst geführt hat, nachdem die Turnhalle mehrere Monate lang in Gebrauch war (vgl. BGHZ 77, 215). Zur Lösung der sich daraus ergebenden Schwierigkeiten hat man vorgeschlagen, bei verborgenen Mängeln den Lauf der Verjährungsfrist nicht schon mit der Ablieferung der Kaufsache, sondern erst in dem Zeitpunkt beginnen zu lassen, in dem der Fehler vom Käufer entdeckt worden ist oder entdeckt werden konnte. Angesichts des in der Tat eindeutigen Wortlauts des bisherigen § 477 hat die Rechtsprechung sich jedoch gegen diese Lösung entschieden (vgl. BGHZ 77, 215, 221 f.). Sie hat stattdessen, um dem Käufer zu helfen, andere Wege beschritten. So haben die Tatsachengerichte gelegentlich aus den Umständen des Falles eine konkludente Parteivereinbarung über die Hinausschiebung des Beginns der Verjährung herausgelesen. Auch haben die Gerichte bei der Frage, ob eine fehlerhafte Sache oder ein aliud geliefert worden sei oder ob ein Sachmangel oder ein Rechtsmangel vorliege, sich manchmal deshalb für aliud-Lieferung oder einen Rechtsmangel entschieden, weil sich auf diese Weise die Anwendung der bisherigen §§ 459 ff. – und damit 831 auch die Anwendung des bisherigen § 477 – vermeiden ließ. Solche Überlegungen dürften vielfach auch Pate gestanden haben, wenn die Rechtsprechung den Verkäufer eines Unternehmens, der falsche Angaben über seinen Umsatz oder Gewinn gemacht hat, nicht aus dem Gesichtspunkt der Sachmängelhaftung, sondern aus Verschulden bei Vertragsanbahnung hat haften lassen. Ähnlich liegt es dort, wo die Rechtsprechung die fehlerhafte Beratung des Käufers über die Verwendungsmöglichkeilen der Kaufsache nicht als ein auf Sachmängel, sondern als ein auf sonstige Pflichtverletzungen bezogenes Verschulden des Verkäufers angesehen und auf diese Weise erreicht hat, dass die Ansprüche des Käufers nicht nach dem bisherigen § 477, sondern nach dem bisherigen § 195 verjähren. Schließlich hat der BGH in manchen Fällen einem Käufer, dessen Gewährleistungsansprüche verjährt waren, dadurch geholfen, dass er ihm Ansprüche gegen den Verkäufer aus unerlaubter Handlung eröffnete, die gemäß dem bisherigen § 852 erst in drei Jahren nach Kenntnis verjähren. So soll der Käufer die Kosten, die ihm durch die Reparatur oder Wiederherstellung der fehlerhaft gelieferten Kaufsache entstehen, gemäß § 823 Abs. 1 und dem bisherigen § 852 vom Verkäufer ersetzt verlangen können, sofern der Kaufsache nur ein »funktionell begrenzter« Mangel angehaftet und sich erst nach Belieferung des Käufers in die »im Übrigen mangelfreien Teile« der Kaufsache »weitergefressen« habe (BGHZ 67, 3-9). Im Schrifttum ist kritisiert worden, dass durch die Zulassung deliktischer Ansprüche die wohlerwogene Risikoverteilung des Kaufrechts aus den Angeln gehoben werde. Der BGH hat jedoch an seiner Rechtsprechung festgehalten und auf die Kritik dadurch reagiert, dass er zur Umschreibung der Schäden, die mit Hilfe des bisherigen § 823 Abs. 1 liquidiert werden können, andere Kriterien entwickelt hat, die freilich ihrerseits nur wieder andere Abgrenzungsprobleme aufwerfen (vgl. z.B. BGH, NJW 1985, 2420).

832 Die Verjährungsfristen für die Mängelansprüche müssen daher deutlich verlängert werden. Die vorgesehene Verlängerung von bisher sechs Monaten auf zwei Jahre bringt für Verkäufer und Werkunternehmer zwar zusätzliche Belastungen mit sich; diese müssen aber hingenommen werden, damit die Vertragspartner eine faire Chance erhalten, ihre Ansprüche geltend zu machen. Sie werden sich auch in Grenzen halten, weil jedenfalls bei industriellen Massengütern Mängel ganz überwiegend während der ersten 6 Monate auftreten (Wilhelm Consulting, Study on the possible economic impact of the proposal for a directive on the sale of consumer goods and associated guaranties, Regensburg, 1998, S. 26, 61, 62; Gass in: Diederichsen u. (Hrsg.) FS Rolland, 1999, S. 129, 135). Der historische Ursprung der kurzen Sechsmonatsfrist – die Wandelungsklage des römischen Rechts musste innerhalb von sechs Monaten ausgeübt werden – kann heute eine so kurze Frist nicht mehr rechtfertigen.

833 Bei Kaufverträgen zwischen einem Unternehmer und einem Verbraucher als Käufer sieht Artikel 5 Abs. 1 der Verbrauchsgüterkaufrichtlinie für die Haftung des Verkäufers für die Vertragswidrigkeit des Verbrauchsguts eine Frist von zwei Jahren ab Lieferung vor. Diese Richtlinienvorgabe betrifft den Nacherfüllungsanspruch, das Minderungs- und das Rücktrittsrecht. Für die von der Richtlinie erfassten Fälle ist diese Mindestvorgabe ohnehin in deutsches Recht umzu-

setzen. Die Nummer 3 dient hinsichtlich des Nacherfüllungsanspruchs der Umsetzung dieser Bestimmung der Verbrauchsgüterkaufrichtlinie. Zugleich wird mit der Nummer 3 in Verbindung mit § 218 Abs. 1 Satz 1 die Richtlinie auch hinsichtlich des Rücktrittsrechts erfüllt: Vor Ablauf der zweijährigen Verjährungsfrist des Nacherfüllungsanspruchs kann sich der Unternehmer nicht auf die Unwirksamkeit des Rücktritts berufen. Das gleiche gilt für das Minderungsrecht auf Grund der in § 441 Abs. 5 enthaltenen Verweisung auf § 218.

Mit der Nummer 3 werden auch der Schadensersatzanspruch und der Anspruch auf Ersatz vergeblicher Aufwendungen der zweijährigen Verjährungsfrist unterstellt. Es wäre nicht sinnvoll, die aus der Mangelhaftigkeit einer Sache herrührenden Ansprüche einem unterschiedlichen Verjährungsregime zu unterwerfen. 834

Aus den genannten Gründen ist eine deutliche Verlängerung der Gewährleistungsfristen aber auch für Verträge außerhalb des Verbrauchsgüterkaufs geboten. Da die gesetzlichen Gewährleistungsfristen allgemein als zu kurz empfunden werden, sind im Übrigen bereits derzeit in der Praxis regelmäßig Vereinbarungen etwa in Allgemeinen Geschäftsbedingungen anzutreffen, mit denen die Gewährleistungsfristen für zahlreiche auch eher alltägliche Kaufgeschäfte verlängert werden. In Verträgen über den Verkauf von größeren Anlagen werden die Gewährleistungsfristen mindestens auf ein Jahr festgesetzt, wenn sie nicht darüber hinaus auf zwei oder sogar drei Jahre verlängert werden. 835

Die **verlängerten Gewährleistungsfristen** von zwei Jahren kann zwar nicht in allen, wohl aber **in vielen Fällen verkürzt werden**. So kann im Verbrauchsgüterkauf bei gebrauchten Sachen die Verjährungsfrist auf ein Jahr verkürzt werden (§ 475 Abs. 2). Außerhalb des Verbrauchsgüterkaufs gestattet § 202 Abs. 1 grundsätzlich eine jede Verkürzung durch Rechtsgeschäft, ausgenommen bei Haftung wegen Vorsatz; geschieht dies durch Allgemeine Geschäftsbedingungen, beträgt bei neuen Sachen die Untergrenze ein Jahr (§ 309 Nr. 8 Buchstabe b Doppelbuchstabe ff E). Sonderregelungen hinsichtlich des Rückgriffs im Verbrauchsgüterkauf werden durch § 478 Abs. 5 und § 479 aufgestellt. Hinsichtlich der Einzelheiten der vorstehend genannten Vorschriften wird auf die jeweilige Begründung verwiesen. 836

Für andere Ansprüche bleibt es bei der regelmäßigen Verjährungsfrist. Sollte die Rechtsprechung angesichts der verbleibenden Unterschiede in Länge und Beginn zwischen der Verjährungsfrist nach der Nummer 3 und der Regelverjährungsfrist an ihrer Rechtsprechung etwa zum »weiterfressenden« Mangel festhalten, würde dennoch ein Wertungswiderspruch anders als bisher weitgehend vermieden, weil die dann geltende regelmäßige Verjährung auf ein ausreichendes Maß reduziert wird. 837

Zu Absatz 2

Nach Absatz 2 beginnt die Verjährung der Mängelansprüche bei Grundstücken mit der Übergabe, im Übrigen mit der Ablieferung der Sache. Dieser Verjährungsbeginn entspricht dem bisherigen § 477 Abs. 1 Satz 1. Die Anknüpfung an die Ablieferung der Sache bei beweglichen Sachen steht im Einklang mit Arti- 838 kel 5 Abs. 1 Satz 1 der Verbrauchsgüterkaufrichtlinie, die als maßgeblichen Zeitpunkt für den Fristbeginn die »Lieferung« des Verbrauchsguts bestimmt.

839 Neu ist, dass entsprechend der grundsätzlichen Gleichbehandlung von Sach- und Rechtsmängeln der Verjährungsbeginn nach Absatz 2 auch für die Ansprüche wegen eines Rechtsmangels gilt. Diese Gleichbehandlung sollte auch im Verjährungsrecht durchgehalten werden, selbst wenn etwa für den Bereich der Verjährung von Ansprüchen aus der Rechtsmängelgewährleistung bei Grundstücken der Zeitpunkt der Umschreibung im Grundbuch näher liegen könnte. Für Ansprüche aus Pflichtverletzungen, die mit der Mängelhaftung nichts zu tun haben, insbesondere also für die Ansprüche aus Vertragsverstößen des Käufers, bleibt es bei dem in § 199 bestimmten Beginn der Verjährung.

840 Nicht übernommen wird der von der Schuldrechtskommission vorgeschlagene § 195 Abs. 2 Satz 2 KE, wonach die Verjährung der Ansprüche aus einem Kaufvertrag wegen des Mangels eines Bauwerks frühestens fünf Jahre nach der Fertigstellung des Bauwerks eintreten sollte.

841 Die Schuldrechtskommission knüpft mit dieser **besonderen Ablaufhemmung** an die Rechtsprechung des BGH an, wonach es nach geltendem Recht möglich sein soll, die fünfjährige Verjährungsfrist des bisherigen § 638 Abs. 1 selbst dann auf den Erwerb einer neuen Eigentumswohnung anzuwenden, wenn diese bei Vertragsschluss bereits fertiggestellt war (BGHZ 68, 372 unter Hinweis auf die st. Rspr. seit BGHZ 60, 362, 364). Hierzu hat die Schuldrechtskommission in ihrem Bericht (S. 50) ausgeführt, dass diese mit dem Gesetzeswortlaut nicht zu vereinbarende Rechtsprechung im Ergebnis jedenfalls insoweit Zustimmung verdiene, als es nicht einzusehen sei, dass derjenige, der ein Bauwerk vor der Fertigstellung erwerbe, für die Dauer von fünf Jahren Gewährleistungsansprüche geltend machen könne, während diese Frist bei einem bereits fertiggestellten neuen Bauwerk nach dem bisherigen § 477 Abs. 1 nur ein Jahr betrage.

842 Die Schuldrechtskommission versuchte jedoch mit ihrem Vorschlag isoliert das Verjährungsproblem zu lösen und blieb damit hinter der Rechtsprechung des BGH zurück. Der BGH wendet nämlich in diesen Fällen nicht nur die Verjährungsfrist des bisherigen § 638 Abs. 1 auf die Gewährleistung wegen Sachmängeln des Bauwerks an. Vielmehr sollen die Gewährleistungsrechte insoweit insgesamt nach Werkvertragsrecht zu beurteilen sein (BGH, NJW 1973, 1235). Das hat nach geltendem Recht insbesondere zur Folge, dass auch bei einem gekauften Bauwerk dem Verkäufer das Recht zur Nachbesserung zusteht, bevor Wandelung oder Minderung erklärt werden können (bisherige §§ 633 und 634), was im Kaufvertragsrecht nur bei entsprechender Vereinbarung der Fall ist (bisheriger § 476a). Auch wenn der Entwurf in § 439 die Nacherfüllung im Kaufvertragsrecht allgemein einführt, verbleiben weiterhin Unterschiede zum Werkvertragsrecht: So steht nach § 635 Abs. 1 dem Unternehmer das Wahlrecht zwischen der Nacherfüllung durch Mängelbeseitigung oder durch Neuherstellung zu; im Kaufvertragsrecht ist es genau umgekehrt (§ 439 Abs. 1). Vor allem aber hat nur der Besteller ein Selbstvornahmerecht, wohingegen dem Käufer ein solches Recht nicht zusteht.

Zudem hat sich in der Diskussion der von der Schuldrechtskommission gewählte Zeitpunkt des **Beginns der 5-Jahres-Frist** als problematisch herausgestellt. Die Schuldrechtskommission beanstandet in ihrem Bericht (S. 50 f.), dass der BGH im Rahmen der entsprechenden Anwendung des Werkmängelgewährleistungsrechts hinsichtlich des Beginns der fünfjährigen Verjährungsfrist auf die Übergabe des Bauwerks an den Käufer abstellt. Mit der Anknüpfung an die »Fertigstellung« des Bauwerks wollte die Schuldrechtskommission den Fristbeginn von den konkreten Umständen in dem Verhältnis zwischen Käufer und Verkäufer abkoppeln. Allein das – ab Fertigstellung gerechnete – »Alter« eines Bauwerks sollte maßgebend sein für die Frage, ob der Käufer die verjährungsrechtliche Begünstigung in Form der Ablaufhemmung erhält oder nicht. Dies führt jedoch zu erheblichen Folgeproblemen: Vielfach hat nämlich der Verkäufer das Bauwerk nicht selbst hergestellt, sondern ein von ihm beauftragtes Bauunternehmen. Bei Streit um den Fertigstellungszeitpunkt müsste im Prozess zwischen Käufer und Verkäufer Beweis darüber erhoben werden, wann in einem anderen Vertragsverhältnis, nämlich dem zwischen dem Verkäufer und dem Bauunternehmen, das Bauwerk fertiggestellt wurde. Zusätzliche Schwierigkeiten würden dadurch hervorgerufen, dass es im Werkvertragsverhältnis zu dem Bauunternehmen regelmäßig nicht auf die Fertigstellung, sondern auf die Abnahme ankommt. Allgemein statt an die Fertigstellung an die Abnahme zu knüpfen, würde wiederum den Fällen nicht gerecht, in denen der Verkäufer das Bauwerk selbst herstellt und es infolgedessen keine Abnahme gibt. Schließlich ist problematisch, wie die Fälle der Teil-Fertigstellung nach dem Regelungsvorschlag der Schuldrechtskommission behandelt würden: So stellt sich die Frage, ob unterschiedliche Fertigstellungszeitpunkte etwa bei zwei Flügeln eines Bauwerks auch auf den Beginn der Ablaufhemmung im Verhältnis zwischen Käufer und Verkäufer durchschlagen sollen. 843

Nach alledem erscheint es günstiger, die sachgerechte Lösung solcher Fallkonstellationen auch künftig der Rechtsprechung zu überlassen und auf eine Kodifizierung zu verzichten. 844

Zu Absatz 3

Nach Absatz 3 verjähren abweichend von Absatz 1 Nr. 2 und 3 die Ansprüche in der regelmäßigen Verjährungsfrist, wenn der Verkäufer den Mangel arglistig verschwiegen hat. Auch nach dem bisherigen § 477 Abs. 1 Satz 1 findet in den Arglistfällen die regelmäßige Verjährungsfrist Anwendung. 845

Mit der Anwendung der regelmäßigen Verjährungsfrist verbunden ist ihr Beginn nach § 199. Dass in den Arglistfällen die Verjährung nicht nach Absatz 2 bereits mit der Ablieferung bzw. der Übergabe, sondern erst beginnt, wenn der Käufer auch von dem Mangel Kenntnis erlangt oder ohne grobe Fahrlässigkeit erlangen müsste (§ 199 Abs. 1 Nr. 2), ist die wichtigste Folge der Regelung des Absatzes 3. Damit wird der Gefahr begegnet, dass die Verjährung der Mängelansprüche zu laufen beginnt, obwohl der Käufer gerade wegen des arglistigen Handelns des Verkäufers den Mangel nicht zeitnah nach der Ablieferung der Sache entdecken kann. 846

Zu Absatz 4

847 Nach Absatz 4 kann der Käufer trotz einer Unwirksamkeit des Rücktritts nach § 218 Abs. 1 die Zahlung des Kaufpreises insoweit verweigern, als er auf Grund des Rücktritts dazu berechtigt sein würde. Damit wird der bisherige § 478 in veränderter Form übernommen.

848 Ist die zweijährige Verjährungsfrist des Nacherfüllungsanspruchs nach Absatz 1 Nr. 3 abgelaufen, kann der Verkäufer nach § 218 Abs. 1 Satz 1 die Unwirksamkeit des Rücktritts herbeiführen. Der Kaufpreisanspruch des Verkäufers unterliegt der dreijährigen Regelverjährungsfrist nach § 196. Angesichts des Fristenunterschieds erscheint es sachgerecht, dem Käufer auch künftig die Mängeleinrede gegenüber dem Kaufpreisanspruch zu erhalten. Absatz 4 gilt durch die Verweisung in § 441 Abs. 5 auch für die Minderung.

849 Verzichtet wird auf das Erfordernis der Mängelanzeige des bisherigen § 478 Abs. 1 Satz 1. Es ist nicht unüblich, dass der Verkäufer dem Käufer nachlässt, den Kaufpreis erst in mehr als sechs Monaten zu zahlen. Die Bereitschaft des Verkäufers zur Einräumung von Zahlungszielen hängt jedoch davon ab, ob er damit rechnen muss, vom Käufer wegen Mangelhaftigkeit der Sache belangt zu werden. Sinn der geltenden Mängelanzeigeregelung ist es, dem Verkäufer mit Ablauf der sechsmonatigen Verjährungsfrist des bisherigen § 477 Abs. 1 Satz 1 die Sicherheit zu geben, dass Mängelansprüche nicht mehr geltend gemacht werden.

850 Mit der zweijährigen Verjährungsfrist nach Absatz 1 Nr. 3 wäre ein Mängelanzeigeerfordernis sinnentleert, da es nur sehr selten vorkommen dürfte, dass der Verkäufer mehr als zwei Jahre auf die Beitreibung seines Kaufpreisanspruchs verzichtet.

851 Die das Anzeigeerfordernis betreffenden Regelungen des bisherigen § 478 Abs. 1 Satz 2 und des bisherigen § 478 Abs. 2 werden dementsprechend gleichfalls nicht übernommen.

Zu Absatz 5

Absatz 5 erstreckt die Regelung des Absatz 4 Satz 2 auf die Minderung.

§ 439 – Nacherfüllung

(1) **Der Käufer kann als Nacherfüllung nach seiner Wahl die Beseitigung des Mangels oder die Lieferung einer mangelfreien Sache verlangen.**

(2) **Der Verkäufer hat die zum Zweck der Nacherfüllung erforderlichen Aufwendungen, insbesondere Transport-, Wege-, Arbeits- und Materialkosten zu tragen.**

(3) **Der Verkäufer kann die vom Käufer gewählte Art der Nacherfüllung unbeschadet des § 275 Abs. 2 und 3 verweigern, wenn sie nur mit unverhältnismäßigen Kosten möglich ist. Dabei sind insbesondere der Wert der Sache in mangelfreiem Zustand, die Bedeutung des Mangels und die Frage zu berücksichtigen, ob auf die andere Art der Nacherfüllung ohne erhebliche Nachteile für den Käufer zurückgegriffen werden könnte. Der Anspruch des**

Käufers beschränkt sich in diesem Fall auf die andere Art der Nacherfüllung; das Recht des Verkäufers, auch diese unter den Voraussetzungen des Satzes 1 zu verweigern, bleibt unberührt.

(4) Liefert der Verkäufer zum Zweck der Nacherfüllung eine mangelfreie Sache, so kann er vom Käufer Rückgewähr der mangelhaften Sache nach Maßgabe der §§ 346 bis 348 verlangen.

Zu Absatz 1

Absatz 1 beseitigt die oben aufgezeigten Mängel des geltenden Rechts und dient der Umsetzung des Artikels 3 Abs. 2 S. 1 der Verbrauchsgüterkaufrichtlinie. Gleichzeitig bindet er das Haftungssystem des Verkäufers für Sachmängel in das allgemeine Leistungsstörungsrecht ein, gleicht Rechtsmängel- und Sachmängelhaftung einander an und macht die Unterscheidung zwischen Stückkauf und Gattungskauf verzichtbar. Die Vorschrift führt vor allem das geltende Recht wieder an die Rechtswirklichkeit heran, weil der Käufer beim Auftreten eines Mangels regelmäßig nicht die Rückgängigmachung des Vertrags oder die Herabsetzung des Kaufpreises wünscht, sondern die Reparatur oder den Umtausch. 852

Absatz 1 nennt nicht ausdrücklich den Vorrang der Nacherfüllung vor den eigentlichen Gewährleistungsansprüchen des Käufers. Bestehen und Inhalt des Nacherfüllungsanspruchs aus § 439 Abs. 1 einerseits und das Recht zu Rücktritt oder Minderung bzw. der Schadensersatzanspruch andererseits sind zwar miteinander verbunden, aber doch nicht völlig identisch. So setzt der Nacherfüllungsanspruch anders als die eigentlichen Gewährleistungsrechte des Käufers keine Fristsetzung voraus. Umgekehrt bezieht sich eine für das Rücktritts-, Minderungs- oder Schadensersatzbegehren erforderliche Fristsetzung auf gerade diesen Nacherfüllungsanspruch, wie oben zu § 437 bereits ausgeführt. 853

Absatz 1 bestimmt, dass der Käufer Nacherfüllung verlangen kann, wenn die Sache mangelhaft ist. Die Vorschrift gilt für den Rechtsmangel und den Sachmangel. Die Pflicht zur Nacherfüllung trifft den Verkäufer unabhängig davon, ob er den Mangel zu vertreten hat oder nicht. Gesetzlich ist zudem klargestellt, dass Nacherfüllung entweder in der Form der Beseitigung des Mangels oder in der Form der ersatzweisen Lieferung einer mangelfreien Sache verlangt werden kann. Die Wahl zwischen beiden Formen der Nacherfüllung steht dem Käufer zu. 854

Die Schuldrechtskommission hatte an dieser Stelle das Recht des Verkäufers vorgesehen, bei einem Nacherfüllungsverlangen des Käufers zwischen den beiden Formen der Nacherfüllung zu wählen. Das Gesetz weicht insoweit von den Kommissionsvorschlägen ab. Maßgeblich hierfür ist zunächst, dass Artikel 3 Abs. 3 Satz 1 der Verbrauchsgüterkaufrichtlinie das Wahlrecht zwischen Ersatzlieferung und Nachbesserung ausdrücklich dem Verbraucher (Käufer) gibt. Für den Verbrauchsgüterkauf müsste daher ohnehin von dem Kommissionsvorschlag abgewichen werden. 855

Es handelt sich hierbei aber nicht um eine Regelung, deren typischer verbraucherschützender Charakter eine Aufnahme in das für jedermann geltende Kaufrecht verbieten müsste. Vielmehr gibt es gute Gründe für eine allgemeine Vorschrift entsprechenden Inhalts: Es ist der Verkäufer, der mit der Lieferung einer 856 mangelhaften Sache seine Pflichten aus dem Kaufvertrag verletzt hat (§ 433 Abs. 1 S. 2). Zwar entspricht es in dieser Situation in erster Linie dem Interesse des Käufers, eine mangelfreie Sache zu bekommen, unabhängig davon, wie dieses Ziel durch den Verkäufer erreicht wird. Es ist aber auch zu berücksichtigen, dass der Käufer eine mangelfreie Sache ohne die Pflichtverletzung des Verkäufers bereits geliefert erhalten hätte. Es ist die Pflichtverletzung des Verkäufers, die dazu führt, dass der Vertrag nicht wie vorgesehen abgewickelt werden kann. Dann ist es legitim, zunächst den Käufer entscheiden zu lassen, auf welche Weise das Vertragsziel der Lieferung einer mangelfreien Sache doch noch erreicht werden kann. Es sollte der Beurteilung des Käufers überlassen bleiben, inwieweit er sich etwa auf Nachbesserungsversuche eines möglicherweise inzwischen als unzuverlässig erkannten Verkäufers noch einlassen möchte. Gegen Missbräuche seitens des Käufers, z. B. ein schikanöses Verlangen von Nachlieferung trotz mit einfachsten Mitteln einwandfrei zu bewirkender Reparatur, ist der Verkäufer ausreichend durch die Möglichkeiten zur Verweigerung der Nacherfüllung gemäß Absatz 3 geschützt.

857 Nach dem alten § 459 Abs. 1 Satz 2 kann der Käufer weder Wandelung noch Minderung verlangen, wenn der Fehler unerheblich ist. Einen entsprechenden Ausschluss beim Nacherfüllungsanspruch sieht der Entwurf nicht vor. Er wäre anderenfalls nicht mit der Verbrauchsgüterkaufrichtlinie zu vereinbaren. Ausgeschlossen ist nach deren Artikel 3 Abs. 6 bei einer geringfügigen Vertragswidrigkeit lediglich der Anspruch des Käufers auf Vertragsauflösung. Dies führt zu anderen Ergebnissen als nach dem derzeitigen § 459 Abs. 1 Satz 2. Während das deutsche Recht einer geringfügigen Vertragswidrigkeit die Qualität eines Sachmangels abspricht, ist das in anderen Rechten, insbesondere im englischen und in den skandinavischen Rechten anders. Hier ist auch der geringfügige Mangel ein rechtlich erheblicher Mangel. Er führt nur nicht zur Auflösung des Vertrags. Diese Konzeption hat sich bei den Beratungen über den Richtlinienentwurf durchgesetzt. Sie war im ursprünglichen Entwurf der Europäischen Kommission noch nicht in der jetzigen Klarheit enthalten. Dort war allerdings auch schon davon die Rede, dass die Mitgliedstaaten bei geringfügigen Vertragswidrigkeiten vorsehen könnten, dass nur bestimmte Rechte in Anspruch genommen werden könnten (vgl. Vorschlag vom 23. August 1996 – ABl. EG Nr. C 307 S. 8, dort Artikel 3 Abs. 4 Unterabsatz 2). Die jetzt beschlossene Formulierung schließt bei einem geringfügigen Mangel nur den Anspruch auf Vertragsauflösung aus, nicht aber auch die übrigen Rechte des Käufers. Das bedeutet zwar nicht, dass der Käufer in jedem Fall einen Anspruch auf Nachbesserung haben muss. Wenn man diesen ausschließen will, muss man dem Käufer aber einen alternativen gleichwertigen Rechtsbehelf gewähren. Die Übertragung dieser Regel auf das »allgemeine« Kaufrecht ist gerechtfertigt: Es lässt sich kein Grund finden, warum der Käufer einen auch nur unerheblichen Mangel hinnehmen soll, wenn der Verkäufer ihn beseitigen kann. Der Ausschluss der Gewährleistungsansprüche bei einem unerheblichen Fehler im geltenden Recht ist vor dem Hintergrund des Rechts des Käufers auf sofortige Wandelung oder Minderung zu sehen. Ist das Verlangen des Käufers auf Beseitigung des Mangels oder Lieferung einer mangelfreien Ersatzsache rechtsmissbräuchlich oder bringt die Beseitigung für den Verkäufer einen unverhältnismäßigen Aufwand, kann sie nach Absatz 3 verweigert werden. Dem Käufer bleibt das Recht zur Minderung des Kaufpreises; ein Rücktritt wird dagegen regelmäßig nach § 437 Nr. 2 in Verbindung mit § 323 Abs. 4 Satz 2 ausgeschlossen sein.

Zu Absatz 2

Die Vorschrift übernimmt den bisherigen § 476a Satz 1 und entspricht Artikel 3 Abs. 4 der Verbrauchsgüterkaufrichtlinie. Da erstere Vorschrift die vertragliche Vereinbarung eines Rechts auf Nachbesserung voraussetzt, kann der bisherige § 476a Satz 2, der von einem »bestimmungsgemäßen«, also einem vertraglich vereinbarten Gebrauch spricht, für das gesetzliche Recht auf Nachbesserung nicht übernommen werden. Die Ausnahme in dem bisherigen § 476a Satz 2 soll den Verkäufer billigerweise von solchen Nachbesserungskosten freistellen, die zu tragen ihm unzumutbar ist. Nach dem bisherigen Satz 1 der Vorschrift wird der Verkäufer von seiner Pflicht, die dort genannten Aufwendungen zu tragen, auch dann nicht frei, wenn sie unverhältnismäßig hoch sind. Der Entwurf sieht in § 439 Abs. 3 ein Recht des Verkäufers vor, die Nacherfüllung zu verweigern, wenn sie nur mit unverhältnismäßigen Aufwendungen möglich ist. Damit ist eine dem bisherigen § 476a Satz 2 entsprechende Ausnahmeregelung entbehrlich. Sie würde im Übrigen für den Verbrauchsgüterkauf auch gegen Artikel 3 Abs. 4 der Verbrauchsgüterkaufrichtlinie verstoßen. Der bisherige § 476a Satz 2 führt nämlich dazu, dass die durch Verbringung der Sache erhöhten Mehraufwendungen bei der Nachbesserung vom Verkäufer dem Käufer nicht zu erstatten sind bzw. vom Verkäufer dem Käufer in Rechnung gestellt werden dürfen. Die Richtlinie sieht das nicht vor, sondern verlangt die Einführung einer unentgeltlichen Nacherfüllung außerhalb des Verweigerungsrechts des Verkäufers nach Artikel 3 Abs. 3.

858

Zu Absatz 3

Zu Satz 1

Die **Nacherfüllung** (einschließlich der damit verbundenen Aufwendungen im Sinne des Absatzes 2) kann **im Einzelfall** den Verkäufer **unangemessen belasten**. Das gilt insbesondere für den nichtgewerblichen Verkäufer oder den Händler ohne Reparaturwerkstatt. Sie kann dem Verkäufer auch unmöglich sein. Artikel 3 Abs. 3 S. 1 der Verbrauchsgüterkaufrichtlinie sieht deshalb vor, dass der Verbraucher (Käufer) Nachbesserung oder Ersatzlieferung nur verlangen kann, sofern dies nicht unmöglich oder unverhältnismäßig ist.

859

Die Unmöglichkeit der Nacherfüllung ist in § 439 Abs. 3 nicht besonders erwähnt. Ihre Folgen ergeben sich vielmehr aus den allgemeinen Vorschriften. Nach § 275 Abs. 1 ist bei Unmöglichkeit der Anspruch des Käufers auf Nacherfüllung ausgeschlossen. Wenn die Unmöglichkeit sich auf eine Art der Nacherfüllung, also auf die Nachlieferung oder Nachbesserung, beschränkt, so ist auch nur insoweit ein Ausschluss des Nacherfüllungsanspruchs anzunehmen (vgl. »Soweit« in § 275 Abs. 1). Der Anspruch des Käufers beschränkt sich dann auf

860

die noch mögliche Art der Nacherfüllung, wenn der Verkäufer nicht insoweit von einem Leistungsverweigerungsrecht etwa nach § 439 Abs. 3 Satz 1 oder nach § 275 Abs. 2 Gebrauch macht. Das gilt zum Beispiel im Regelfall bei dem Kauf einer bestimmten gebrauchten Sache, so dass hier eine Nachlieferung zumeist von vornherein ausscheiden wird, vgl. auch Erwägungsgrund (16) der Verbrauchsgüterkaufrichtlinie.

861 Liegt Unmöglichkeit nach § 275 Abs. 1 nicht vor, kann die **Nacherfüllung** doch **mit** einem **erheblichen Aufwand verbunden** sein. Dann kommt nach den allgemeinen Vorschriften ein Leistungsverweigerungsrecht nach § 275 Abs. 2 in Betracht, das aber nur in besonders gelagerten Ausnahmefällen, die wertungsmäßig der Unmöglichkeit in § 275 Abs. 1 nahe kommen, in Betracht kommt. § 439 Abs. 3 Satz 1 stellt eine besondere Ausprägung dieses allgemeinen Rechtsgedankens im Kaufrecht und eine gegenüber § 275 Abs. 2 niedrigere Schwelle für die Begründung einer Einrede des Verkäufers dar. Daran ist mit der Aufnahme des Wortes »auch« in § 439 Abs. 3 Satz 1 gedacht. Voraussetzung ist, dass der Verkäufer für die Nacherfüllung in der vom Käufer gewählten Art Aufwendungen machen muss, die unverhältnismäßig sind. Es handelt sich dabei um einen Gesichtspunkt, der über den Verbraucherkauf hinaus Bedeutung hat. Denn die Interessenlage des Käufers gebietet es nicht, ihm den Nacherfüllungsanspruch auch dann zu geben, wenn sie vom Verkäufer unverhältnismäßige Anstrengungen erfordert. Der Käufer wird hier auf seine Ansprüche auf Rücktritt und Minderung (sowie ggf. Schadensersatz) verwiesen.

862 Satz 1 lehnt sich an die entsprechende Regelung des bisherigen § 633 Abs. 2 Satz 3 im Werkvertragsrecht an, ersetzt allerdings mit Blick auf die Formulierung in Artikel 3 Abs. 3 Satz 2 der Verbrauchsgüterkaufrichtlinie das Wort »Aufwand« durch die Bezeichnung »Kosten«.

863 Verweigern kann der Verkäufer »die vom Käufer gewählte Nacherfüllung«. Das heißt, das Verweigerungsrecht des Verkäufers bezieht sich selbstverständlich auf die von dem Käufer begehrte Art der Nacherfüllung (Nachbesserung oder Ersatzlieferung). Verlangt der Käufer zum Beispiel Nachbesserung und sind die Aufwendungen des Verkäufers hierfür als unverhältnismäßig zu beurteilen, etwa weil er keine eigenen Reparaturmöglichkeiten hat, so ist damit keine Entscheidung über die Frage getroffen, ob der Käufer stattdessen Ersatzlieferung verlangen kann oder ob auch insoweit eine auf § 439 Abs. 3 Satz 1 gestützte Einrede des Verkäufers besteht. Klargestellt wird dies noch durch § 439 Abs. 3 Satz 3.

Zu Satz 2

864 Satz 2 beruht auf Artikel 3 Abs. 3 Satz 2 der Verbrauchsgüterkaufrichtlinie und gibt einige Kriterien vor, anhand derer die Unverhältnismäßigkeit einer der beiden Formen der Nacherfüllung zu beurteilen ist. Beispielhaft ist als zu berücksichtigender Umstand zunächst genannt der Wert der Sache in mangelfreiem Zustand. Bei geringwertigen Sachen des Alltags wird eine Nachbesserung häufig mit unverhältnismäßigen Aufwendungen verbunden sein, so dass in der Regel nur Ersatzlieferung in Betracht kommen wird (zum Beispiel Schraube mit Ge-

windefehler). Im Übrigen sieht Satz 2 ebenso wie Artikel 3 Abs. 3 Satz 2 der Verbrauchsgüterkaufrichtlinie die Bedeutung der Vertragswidrigkeit, das heißt des Mangels, als Entscheidungsmaßstab vor und bezieht die andere Form der Nacherfüllung in die Wertungsüberlegungen zur Verhältnismäßigkeit mit ein. Kann also etwa der Mangel bei einer Waschmaschine durch einfaches Auswechseln einer Schraube behoben werden, so könnte eine vom Käufer verlangte Lieferung einer neuen Waschmaschine vom Verkäufer wegen damit verbundener unverhältnismäßiger Aufwendungen verweigert werden.

Zu Satz 3

Satz 3 enthält die bereits oben angesprochene Klarstellung des Verhältnisses der beiden Arten der Nacherfüllung zueinander. Die in § 439 Abs. 3 Satz 1 vorgesehene Verhältnismäßigkeitsprüfung bezieht sich allein auf die vom Käufer gewählte Art der Nacherfüllung. Ist sie zu Recht von dem Verkäufer verweigert worden, so hat dies nicht einen Ausschluss des Nacherfüllungsanspruchs des Käufers insgesamt zur Folge. Vielmehr beschränkt sich der Nacherfüllungsanspruch dann auf die andere Art der Nacherfüllung, wenn der Verkäufer nicht auch sie verweigern kann. Erst dann kann der Käufer zurücktreten oder mindern, ggf. Schadensersatz statt der Leistung verlangen.

865

Zu Absatz 4

Ohne besondere gesetzliche Regelung könnte zweifelhaft sein, auf Grund welcher Vorschrift der Verkäufer die Rückgabe der mangelhaften Sache vom Käufer verlangen kann, wenn er zum Zwecke der Nacherfüllung eine mangelfreie Ersatzsache geliefert hat. Ebenso wie bisher § 480 Abs. 1 Satz 2 in Verbindung mit § 467 Satz 1 steht dem Verkäufer ein Rückgewähranspruch nach den Vorschriften über den Rücktritt zu. Deshalb muss der Käufer, dem der Verkäufer eine neue Sache zu liefern und der die zunächst gelieferte fehlerhafte Sache zurückzugeben hat, gemäß §§ 439 Abs. 4, 346 Abs. 1 auch die Nutzungen, also gemäß § 100 auch die Gebrauchsvorteile, herausgeben. Das rechtfertigt sich daraus, dass der Käufer mit der Nachlieferung eine neue Sache erhält und nicht einzusehen ist, dass er die zurückzugebende Sache in dem Zeitraum davor unentgeltlich soll nutzen können und so noch Vorteile aus der Mangelhaftigkeit soll ziehen können. Von Bedeutung ist die Nutzungsherausgabe ohnehin nur in den Fällen, in denen der Käufer die Sache trotz der Mangelhaftigkeit noch nutzen kann.

866

Mit der Verbrauchsgüterkaufrichtlinie ist eine derartige Verpflichtung des Verbrauchers (Käufers) vereinbar. Zwar bestimmt deren Artikel 3 Abs. 2 ausdrücklich den Anspruch des Verbrauchers auf eine »unentgeltliche« Herstellung des vertragsgemäßen Zustands. Das bedeutet nach deren Artikel 3 Abs. 4, dass der Verkäufer die »für die Herstellung des vertragsgemäßen Zustands des Verbrauchsgutes notwendigen Kosten« zu tragen hat. Der vertragsgemäße Zustand wird indes durch die Lieferung der neuen Ersatzsache hergestellt. Dass der Käufer hierfür keine Kosten zu tragen hat, ergibt sich aus § 439 Abs. 2. Zu den Ko-

867

sten kann aber nicht die Herausgabe von Nutzungen der vom Verbraucher benutzten mangelhaften Sache gezählt werden.

868 Zunächst ist der vertragsgemäße Zustand bereits durch die Nachlieferung hergestellt, so dass die **Herausgabe der mangelhaften Sache von** Artikel 3 Abs. 4 der **Verbrauchsgüterkaufrichtlinie nicht erfasst** wird. Des Weiteren werden dem Verbraucher auch nicht Kosten, auch nicht solche der Rückgabe der gebrauchten, mangelhaften Sache auferlegt. Es geht vielmehr um die Herausgabe der Vorteile, die der Verbraucher (Käufer) aus dem Gebrauch der Sache gezogen hat, was auch gerade der Herstellung des vertragsgemäßen Zustands dient. Ohne die Mangelhaftigkeit hätte der Käufer nämlich auch die gekaufte Sache nicht unentgeltlich nutzen können. Abnutzungen durch den bestimmungsgemäßen Gebrauch wären vielmehr zu seinen Lasten gegangen. Im Übrigen wird die Mangelhaftigkeit der Sache bei der Bemessung der Gebrauchsvorteile nicht unberücksichtigt bleiben können.

869 Schließlich wird diese Wertung durch den Erwägungsgrund (15) der Verbrauchsgüterkaufrichtlinie bestätigt. Danach können die Mitgliedstaaten vorsehen, dass »eine dem Verbraucher zu leistende Erstattung gemindert werden kann, um der Benutzung der Ware Rechnung zu tragen, die durch den Verbraucher seit ihrer Lieferung erfolgt ist«. Auch wenn diese Ausführungen durch die Bezugnahme auf die Minderung einer »dem Verbraucher zu leistenden Erstattung« auch unmittelbar auf die Rückabwicklung des Vertrags nach dessen Auflösung bezogen ist, so zeigen sie doch, dass die Richtlinie eine derartige Verpflichtung des Verbrauchers ausdrücklich billigt. Die Interessenlage ist bei der Rückgabe einer mangelhaften Sache im Zusammenhang mit einer Nachlieferung durch den Verkäufer nicht anders. Die Verbrauchsgüterkaufrichtlinie regelt derartige Abwicklungsfragen eben nicht (vgl. auch Erwägungsgrund (15) Satz 2).

§ 440 – Besondere Bestimmungen für Rücktritt und Schadensersatz

Außer in den Fällen des § 281 Abs. 2 und des § 323 Abs. 2 bedarf es der Fristsetzung auch dann nicht, wenn der Verkäufer beide Arten der Nacherfüllung gemäß § 439 Abs. 3 verweigert oder wenn die dem Käufer zustehende Art der Nacherfüllung fehlgeschlagen oder ihm unzumutbar ist. Eine Nachbesserung gilt nach dem erfolglosen zweiten Versuch als fehlgeschlagen, wenn sich nicht insbesondere aus der Art der Sache oder des Mangels oder den sonstigen Umständen etwas anderes ergibt.

Zu Satz 1

870 Wie bereits in der Begründung zu § 437 ausgeführt, bestimmt sich das Recht des Käufers, vom Kaufvertrag zurückzutreten und ggf. Schadensersatz zu verlangen, nach den allgemeinen Vorschriften. Diese sehen in § 323 Abs. 1 für den Rücktritt und in § 281 Abs. 1 für den Anspruch auf Schadensersatz statt der Leistung für den Gläubiger (Käufer) die Notwendigkeit vor, dem Verkäufer eine Frist zur Nacherfüllung zu setzen. Der Fristsetzung bedarf es nur in Aus-

nahmefällen nicht. Einen Katalog dieser Fälle enthalten § 281 Abs. 2 und § 323 Abs. 2. Die Besonderheiten des Kaufvertrags geben keinen Anlass, diesen Katalog einzuschränken.

§ 440 **ergänzt** dies vielmehr **für** den **Kaufvertrag** zunächst und vor allem um den Fall, dass die **Nacherfüllung fehlgeschlagen** ist. Diese Ergänzung ist erforderlich, weil nach § 281 Abs. 2 und § 323 Abs. 2 Nr. 3 eine Fristsetzung nur entbehrlich ist, wenn aus besonderen Gründen unter Abwägung der »beiderseitigen« Interessen die sofortige Geltendmachung von Schadensersatz statt der Leistung oder der sofortige Rücktritt gerechtfertigt ist. Ist die Nacherfüllung in Form der Nachbesserung oder Nachlieferung fehlgeschlagen, kann dem Käufer eine (weitere) Fristsetzung aber nicht zugemutet werden; für sein Recht zum sofortigen Rücktritt vom Vertrag kommt es auf das mögliche Interesse des Verkäufers, am Vertrag festzuhalten, nicht mehr an. Dabei kommt es nur darauf an, dass die »dem Käufer zustehende« Art der Nacherfüllung fehlgeschlagen ist. Dem Käufer steht die Art der Nacherfüllung zu, die er gewählt und die der Verkäufer nicht zu Recht verweigert hat. Es ist dem Käufer nicht zuzumuten, nach vergeblichen Nachbesserungsversuchen des Verkäufers erst noch weitere, in ihrem Erfolg wieder ungewisse Nachlieferungsversuche des Verkäufers abzuwarten, bevor er Sekundäransprüche geltend machen kann

871

Den Begriff »Fehlschlagen« hat das AGB-Gesetz im bisherigen § 11 Nr. 10 Buchstabe b eingeführt. Ein »Fehlschlagen« ist nach der bisherigen Rechtsprechung zu diesem Begriff im Wesentlichen anzunehmen bei objektiver oder subjektiver Unmöglichkeit, Unzulänglichkeit, unberechtigter Verweigerung, ungebührlicher Verzögerung und bei einem misslungenen Versuch der Nachbesserung bzw. Ersatzlieferung (BGH, NJW 1994, 1004, 1005; BGHZ 93, 29, 62, 63; Hensen in: Ulmer/Brandner/Hensen § 11 Nr. 10 Buchstabe b Rdn. 35). Daneben sind Fälle anerkannt, in denen eine Nachbesserung wegen Unzumutbarkeit für den Käufer nicht in Betracht kommt (Hensen aaO Rdn. 45 m. w. N.).

872

Wegen des mittlerweile eingeführten Begriffs übernimmt der Entwurf das »Fehlschlagen« der Nacherfüllung zur Umschreibung des Falles, in dem es der Bestimmung einer Frist nicht bedarf. Damit sind zugleich die Fälle erfasst, in denen – trotz entsprechender Versuche nicht davon gesprochen werden kann, dass der Verkäufer Abhilfe geschaffen hat, Artikel 3 Abs. 5, 2. Spiegelstrich der Verbrauchsgüterkaufrichtlinie.

873

Ob man **begrifflich unter** dem »**Fehlschlagen**« der Nacherfüllung auch **den Fall** der **Unzumutbarkeit** fassen kann, ist **nicht zweifelsfrei**. Das Gesetz nennt ihn deshalb in Ergänzung der Vorschläge der Schuldrechtskommission als zweiten Fall des Absatzes 2. Dies dient gleichzeitig der Umsetzung von Artikel 3 Abs. 5, 3. Spiegelstrich der Verbrauchsgüterkaufrichtlinie, der den Fall behandelt, dass eine Abhilfe mit erheblichen Unannehmlichkeiten für den Verbraucher verbunden ist. In dem Merkmal der »Zumutbarkeit« ist auch die nähere Konkretisierung aus Artikel 3 Abs. 3 S. 3 der Verbrauchsgüterkaufrichtlinie zusammengefasst, dem zufolge für die Beurteilung der »erheblichen Unannehmlichkeit« auf die Art der Sache und den Zweck abzustellen ist, für den der Ver-

874

D. Kauf- und Werkvertragsrecht

braucher die Sache benötigt. Dies wird bei der Frage der Zumutbarkeit im Zusammenhang mit § 440 mit zu berücksichtigen sein.

875   Artikel 3 Abs. 5, 1. Spiegelstrich der Verbrauchsgüterkaufrichtlinie behandelt den Fall, dass der Verbraucher (Käufer) keinen Anspruch auf Nacherfüllung hat. Hierfür nennt Artikel 3 Abs. 3 S. 1 die beiden Fälle der Unmöglichkeit und der Unverhältnismäßigkeit der Nacherfüllung, die der Entwurf – wie ausgeführt – in den §§ 275 und 439 Abs. 3 behandelt. Soweit die Unmöglichkeit dabei bislang als Unterfall des »Fehlschlagens« der Nacherfüllung angesehen wird, wird dies künftig durch die Anwendung der allgemeinen Regeln des Leistungsstörungsrechts abgelöst. Wie in der Begründung zu §§ 437, 439 bereits ausgeführt, ergeben sich die Rechtsfolgen bei Unmöglichkeit der Nacherfüllung aus § 437 Nr. 2 bzw. 3 in Verbindung mit § 326 Abs. 1 Satz 3 (Rücktrittsmöglichkeit ohne Fristsetzung) bzw. §§ 283, 311a Abs. 2 (Schadensersatz statt der Leistung ohne Fristsetzung). Dabei ist das bereits in der Begründung zu § 439 Abs. 3 erläuterte Verhältnis der beiden Arten der Nacherfüllung zueinander zu beachten: Eine Fristsetzung wird nur entbehrlich, wenn beide Arten der Nacherfüllung und damit die Nacherfüllung insgesamt entbehrlich ist. Nur dann kann man davon sprechen, dass »die Leistung«, also hier die Erfüllung des Nacherfüllungsanspruchs unmöglich ist.

876   Darüber hinaus ist die Einrede des Verkäufers aus § 439 Abs. 3 in § 440 ausdrücklich genannt. Entsprechend dem oben zu § 439 bereits erläuterten und soeben im Zusammenhang mit der Unmöglichkeit aufgegriffenen Verhältnis der beiden Arten der Nacherfüllung zueinander ist eine Fristsetzung auch hier nach dem ausdrücklichen Wortlaut des § 440 nur dann entbehrlich, wenn der Verkäufer beide Arten der Nacherfüllung gemäß § 439 Abs. 3 verweigert. Besteht seine Einrede nur hinsichtlich der einen Art der Nacherfüllung, so muss ihm der Käufer – wie bei der Unmöglichkeit – zur Erfüllung der anderen Art eine Frist setzen, bevor er zurücktreten oder Schadensersatz statt der Leistung verlangen kann. Zu beachten ist weiterhin, dass der Verkäufer die Nacherfüllung verweigert haben muss. Es genügt nicht, dass die Voraussetzungen der Einredelage des § 439 Abs. 3 vorliegen, der Verkäufer muss sich auch darauf berufen. Damit wird dem Umstand Rechnung getragen, dass der Verkäufer ein Interesse daran haben kann nachzuerfüllen, auch wenn ihm dies nur mit Anstrengungen möglich ist, die eine Verweigerung nach § 439 Abs. 3 rechtfertigen würden.

877   Erwogen worden ist auch die Frage, ob dem Käufer ein Recht zum sofortigen Rücktritt nicht nur in den Fällen des Satzes 1, sondern **auch bei** den sog. **Alltagsgeschäften** eingeräumt werden soll. Das Gesetz hat sich letztlich aus folgenden Gründen für die einheitliche Lösung des § 323 Abs. 1 entschieden: Zum einen sind die Alltagsgeschäfte nicht hinreichend bestimmt und sachgerecht gesetzlich zu beschreiben. Zum anderen würde eine abweichende Sonderregelung für Sachmängel die angestrebte Einheit mit dem allgemeinen Leistungsstörungsrecht durchbrechen, den wünschenswerten Gleichlauf des kauf- und werkvertraglichen Gewährleistungsrechts erheblich stören und für den Rücktritt beim Vorliegen eines Rechtsmangels, bei dem die Fristsetzung als Voraussetzung für den Rücktritt unverzichtbar ist, eine weitere Spezialvorschrift verlangen.

Auch wenn auf eine Ausnahme zum Erfordernis der Fristsetzung für Alltagsgeschäfte verzichtet wird, bleibt das berechtigte Interesse des Käufers an einer zügigen Rückabwicklung solcher Verträge gewahrt. § 281 Abs. 1 und § 323 Abs. 1 erfordern eine »angemessene« Frist. Die Angemessenheit der Frist beurteilt sich vorrangig nach dem Interesse des Käufers, der gerade bei den Alltagsgeschäften die kurzfristige Reparatur oder den sofortigen Austausch der mangelhaften Sache beanspruchen kann. Bei den Alltagsgeschäften werden häufig die Voraussetzungen des § 281 Abs. 2 Fall 2 bzw. des § 323 Abs. 2 Nr. 3 vorliegen, nach denen die sofortige Geltendmachung von Schadensersatz statt der Leistung bzw. der sofortige Rücktritt, also ohne Bestimmung einer Frist, möglich ist.

878

Zu Satz 2

Eine der Erscheinungsformen des Fehlschlagens ist die ungebührliche Verzögerung. Für die Nachbesserung stellt sich immer wieder die Frage, **wieviele Versuche** der **Käufer hinnehmen muss**. Diese Frage lässt sich nicht allgemeingültig beantworten. Entscheidend ist vielmehr, dass der Mangel in dem von der Verbrauchsgüterkaufrichtlinie vorgegebenen angemessenen Zeitraum tatsächlich behoben wird. Die Zahl der Nachbesserungsversuche ist eher zweitrangig, aber auch nicht ohne Bedeutung, weil die Zahl der erforderlichen Versuche auch die Bemessung des angemessenen Zeitraums bestimmt. Zur praktischen Erleichterung soll die Richtgröße von zwei Versuchen in Satz 2 ausdrücklich angesprochen werden. Halbsatz 2 bringt zum Ausdruck, dass immer auch auf die Umstände geachtet werden muss, die zu einer niedrigeren oder höheren Zahl von Versuchen führen können.

879

§ 441 – Minderung

(1) Statt zurückzutreten, kann der Käufer den Kaufpreis durch Erklärung gegenüber dem Verkäufer mindern. Der Ausschlussgrund des § 323 Abs. 5 Satz 2 findet keine Anwendung.

(2) Sind auf der Seite des Käufers oder auf der Seite des Verkäufers mehrere beteiligt, so kann die Minderung nur von allen oder gegen alle erklärt werden.

(3) Bei der Minderung ist der Kaufpreis in dem Verhältnis herabzusetzen, in welchem zurzeit des Vertragsschlusses der Wert der Sache in mangelfreiem Zustand zu dem wirklichen Wert gestanden haben würde. Die Minderung ist, soweit erforderlich, durch Schätzung zu ermitteln.

(4) Hat der Käufer mehr als den geminderten Kaufpreis gezahlt, so ist der Mehrbetrag vom Verkäufer zu erstatten. § 346 Abs. 1 und § 347 Abs. 1 finden entsprechende Anwendung.

Zu Absatz 1

Zu Satz 1

880 § 441 regelt das Recht des Käufers, den Kaufpreis bei Lieferung einer mangelhaften Sache zu mindern. Wie bereits in der Begründung zu § 437 ausgeführt, handelt es sich um ein besonderes kaufrechtliches, im allgemeinen Leistungsstörungsrecht nicht vorhandenes Rechtsinstitut, das in ähnlicher Form auch im bisherigen Bürgerlichen Gesetzbuch geregelt ist.

881 Die Regelung der Minderung in Absatz 1 Satz 1 weicht in drei Punkten vom geltenden Recht ab:
– Der Käufer kann den Kaufpreis auch beim Vorliegen eines Rechtsmangels in gleicher Weise wie beim Vorliegen eines Sachmangels mindern.
– Der Käufer ist zur Minderung erst nach erfolgloser Fristsetzung zur Nacherfüllung berechtigt.
– Die Minderung ist Gestaltungsrecht.

Maßgeblich hierfür sind die folgenden Gründe:

882 Bei Grundstückskaufverträgen gibt es in der Praxis Fallgestaltungen, in denen es dem Verkäufer mangels Zustimmung des Berechtigten nicht gelingt, dem Käufer das Eigentum am Grundstück frei von einem eingetragenen Recht zu verschaffen. Geht es um die Löschung einer »lästigen« Dienstbarkeit (Wege- oder Leitungsrecht), ist der Käufer regelmäßig nicht an einem Rücktritt vom Vertrag interessiert. Weit interessengerechter ist für ihn eine Herabsetzung des Kaufpreises um den wirtschaftlichen Wert der Beeinträchtigung. Dies spricht dafür, auch beim Rechtsmangel die Minderung in gleicher Weise wie beim Sachmangel vorzusehen.

883 Die Gründe, die dafür sprechen, dem Käufer das Recht zum Rücktritt vom Kaufvertrag erst zu geben, wenn der Verkäufer Gelegenheit zur Nacherfüllung gehabt hat, sprechen auch bei der Minderung für das Erfordernis erfolgloser Fristsetzung. Die Ausgangslage unterscheidet sich nicht von derjenigen bei Rücktritt des Käufers vom Vertrag. In dem Wortlaut des § 441 Abs. 1 Satz 1 kommt diese Voraussetzung dadurch zum Ausdruck, dass der Käufer die Minderung »statt« des Rücktritts erklären kann. Um mindern zu können, muss der Käufer also zunächst die Voraussetzungen für den Rücktritt herbeiführen, also im Regelfall eine Frist setzen, § 323 Abs. 1. Für die Ausnahmen von der Notwendigkeit einer Fristsetzung gelten dabei dieselben Ausnahmen wie beim Rücktritt (vor allem § 323 Abs. 2 und § 440). Auch bevor der Käufer den Kaufpreis mindern kann, muss er also zunächst Nacherfüllung verlangen. Auch hier steht gemäß § 439 Abs. 1 ihm und nicht dem Verkäufer das Wahlrecht zwischen den verschiedenen Arten der Nacherfüllung zu. Dies entspricht Artikel 3 Abs. 2 bis 5 der Verbrauchsgüterkaufrichtlinie, die insoweit nicht zwischen Minderung und Vertragsauflösung unterscheiden.

884 Wenn die Minderung zu einem Gestaltungsrecht wird, werden die Probleme des bisherigen § 465 vermieden. Die auch insoweit vorgenommene Angleichung an das Rücktrittsrecht ist angemessen.

Zu Satz 2

Eine weitere Änderung gegenüber dem geltenden Recht und eine Abweichung von den Regelungen über den Rücktritt ist in Satz 2 enthalten. Danach ist die **Minderung auch bei Unerheblichkeit des Mangels** nicht ausgeschlossen, weil der dies für den Rücktritt regelnde § 323 Abs. 4 Satz 2 für nicht anwendbar erklärt wird.

885

Das entspricht der Verbrauchsgüterkaufrichtlinie, die ebenfalls nur in diesem Punkt das Recht des Käufers zur Vertragsauflösung und Herabsetzung des Kaufpreises abweichend regelt. Artikel 3 Abs. 6 der Richtlinie bestimmt, dass der Verbraucher bei einer »geringfügigen Vertragswidrigkeit« lediglich keinen Anspruch auf Vertragsauflösung hat. Das Minderungsrecht muss ihm aber auch dann erhalten bleiben.

886

Zu Absatz 2

Auf Grund der Ausgestaltung der Minderung als Gestaltungsrecht kann die Vorschrift des bisherigen § 474 nicht beibehalten werden. Vielmehr ist – wie in § 351 (bisher § 356) für den Rücktritt – eine Unteilbarkeit der Minderung vorzusehen. Bei der Beteiligung mehrerer soll die Minderung deshalb nicht auf einzelne beschränkt werden; sie kann nur einheitlich erklärt werden.

887

Zu Absatz 3

Die Vorschrift übernimmt den bisherigen § 472 Abs. 1 (Berechnung der Minderung) mit Änderungen.

888

Satz 2 eröffnet die Möglichkeit, den Minderungsbetrag – soweit erforderlich – durch Schätzung zu ermitteln. Eine solche Schätzung wird bereits jetzt von der Rechtsprechung vorgenommen (vgl. BGHZ 77, 320, 326). Auch ist die Schätzung eines Betrags dem geltenden Recht nicht unbekannt (vgl. §§ 738 Abs. 2, 2311 Abs. 2 S. 1).

889

Zu Absatz 4

Hat der Käufer den Kaufpreis bereits ganz oder teilweise bezahlt, steht ihm nach der Minderung ein Anspruch auf Rückzahlung des geleisteten Mehrbetrags zu. Absatz 4 regelt diesen Anspruch nicht durch bloße Verweisung auf die Rücktrittsvorschriften, sondern durch eine selbständige Anspruchsgrundlage. Ergänzend finden die Rücktrittsvorschriften des § 346 Abs. 1 und des § 347 Abs. 1 Anwendung.

890

§ 442 – Kenntnis des Käufers

(1) Die Rechte des Käufers wegen eines Mangels sind ausgeschlossen, wenn er bei Vertragsschluss den Mangel kennt. Ist dem Käufer ein Mangel infolge grober Fahrlässigkeit unbekannt geblieben, kann der Käufer Rechte wegen dieses Mangels nur geltend machen, wenn der Verkäufer den Mangel argli-

stig verschwiegen oder eine Garantie für die Beschaffenheit der Sache übernommen hat.

(2) Ein im Grundbuch eingetragenes Recht hat der Verkäufer zu beseitigen, auch wenn es der Käufer kennt.

892 Die Vorschrift fasst die bisherigen §§ 439, 460 inhaltlich teilweise abweichend zu einer Vorschrift zusammen und dient der Umsetzung des Artikels 2 Abs. 3 der Verbrauchsgüterkaufrichtlinie.

Zu Absatz 1

Zu Satz 1

893 Absatz 1 Satz 1 sieht einen **Ausschluss der Gewährleistungsrechte** des Käufers vor, wenn dieser den Mangel bei Vertragsschluss kennt. »Kenntnis« bedeutet positive Kenntnis vom Mangel. Während bisher § 439 Abs. 1 für die Rechtsmängelhaftung auf die positive Kenntnis des Käufers abstellt, führt nach dem bisherigen § 460 Satz 2 bei der Sachmängelhaftung auch grobe Fahrlässigkeit des Käufers hinsichtlich des Vorhandenseins eines Mangels zum Ausschluss der Haftung des Verkäufers. § 460 Satz 2 nimmt hiervon jedoch die Fälle aus, in denen der Verkäufer die Abwesenheit des Fehlers zugesichert oder den Fehler arglistig verschwiegen hat. Maßgeblich ist der Zeitpunkt des Vertragsschlusses.

894 § 442 Abs. 1 Satz 1 übernimmt die bisherigen § 460 Satz 1 und § 439 Abs. 1 in eine einheitlichen sowohl Rechts- als auch Sachmängel betreffende Vorschrift. Dies deckt sich auch mit Artikel 2 Abs. 3 Fall 1 der Verbrauchsgüterkaufrichtlinie. Danach liegt keine Vertragswidrigkeit, d. h. kein Mangel vor, wenn der Verbraucher (Käufer) zum Zeitpunkt des Vertragsschlusses Kenntnis von der Vertragswidrigkeit hatte.

Zu Satz 2

895 § 442 Abs. 1 Satz 2 übernimmt inhaltlich den bisherigen § 460 Satz 2 und **dehnt ihn auf** die **Haftung** des **Verkäufers für Rechtsmängel** aus. Der Käufer hat daher dann, wenn ihm ein Mangel bei Vertragsschluss infolge grober Fahrlässigkeit unbekannt geblieben ist, Rechte wegen dieses Mangels nur dann, wenn der Verkäufer den Mangel arglistig verschwiegen oder eine Garantie für das Vorhandensein einer Eigenschaft übernommen hat. Die Schuldrechtskommission hatte in § 442 KE diese Regelung aufgegeben. Dem folgt die Neuregelung nicht. Die bislang dem § 460 Satz 2 zugrundeliegende gesetzgeberische Wertung, nach der bei Zusicherung oder Arglist grobfahrlässige Unkenntnis des Mangels nicht zum Haftungsausschluss führt, ist richtig und sollte beibehalten werden (Reinking, DAR 2001, 8, 10; Ehmann/Rust, JZ 1999, 853, 857; Krebs, DB Beilage 14/2000, 18). Dabei ist auch die Erstreckung auf Rechtsmängel schon angesichts der generell angestrebten Gleichbehandlung von Rechts- und Sachmängeln gerechtfertigt. Es ist kein Grund erkennbar, der die von dem bisherigen § 439 Abs. 1 geregelte Beschränkung auf die Kenntnis des Käufers erfordern würde. Dies gilt gerade vor dem Hintergrund, dass Rechts- und Sachmängel oft kaum zuverlässig und eindeutig begrifflich voneinander zu unterscheiden sind.

Unverändert konnte der bisherige § 460 Satz 2 indes schon deshalb nicht **896** übernommen werden, weil dort von dem Fehlen einer zugesicherten Eigenschaft die Rede ist, während das Gesetz diesem Umstand nicht mehr im Rahmen des Mangelbegriffs eigens erwähnt, wie oben zu § 434 ausgeführt. Das bedeutet aber nicht, dass es die Zusicherung tatsächlich nicht mehr geben wird. Ihre Bedeutung liegt aber jetzt an anderer Stelle im Gesetz, nämlich bei der inhaltlichen Bestimmung dessen, was der Schuldner (Verkäufer) gemäß § 276 Abs. 1 Satz 1 zu vertreten hat. Dort werden die bisherigen Fälle der Zusicherung einer Eigenschaft mit der Übernahme einer Garantie durch den Schuldner erwähnt. Deshalb wird auch in § 442 Abs. 1 Satz 2 eine daran ausgerichtete Formulierung übernommen. In der Sache entspricht dies der Zusicherung einer Eigenschaft des bisherigen Rechts. Dabei geht es nicht darum, dass über den Gefahrübergang hinaus eine Garantie für die Beschaffenheit bzw. Haltbarkeit übernommen wird (vgl. § 443), sondern allein um das, was auch bisher unter der Zusicherung einer Eigenschaft verstanden wurde: Die Erklärung des Verkäufers, dass die Kaufsache (bei Gefahrübergang) eine bestimmte Eigenschaft habe, verbunden mit der Erklärung, verschuldensunabhängig für alle Folgen ihres Fehlens einstehen zu wollen.

Das ist von Artikel 2 Abs. 3 Fall 2 der Verbrauchsgüterkaufrichtlinie gedeckt. **897** Danach liegt auch dann keine Vertragswidrigkeit, d. h. kein Mangel vor, wenn der Käufer bei Vertragsschluss »vernünftigerweise nicht in Unkenntnis« über die Mangelhaftigkeit der Kaufsache sein konnte. Dies lässt sich nach der Terminologie des Bürgerlichen Gesetzbuchs in dem Sinne einer Ausdehnung des Haftungsausschlusses auf grob fahrlässige Unkenntnis des Käufers von einem Mangel verstehen. Die durch die Sache gebotene Beschränkung dieses Ausschlusses und damit die Haftung des Verkäufers bei Arglist oder Übernahme einer Garantie trotz grober Fahrlässigkeit des Käufers ist deshalb mit der Verbrauchsgüterkaufrichtlinie vereinbar. § 442 Abs. 1 Satz 2 ist wegen des nicht gänzlich einschränkungslosen Ausschlusses der Verkäuferhaftung sogar günstiger für den Verbraucher (Käufer), was die Richtlinie, da nur Mindeststandards enthaltend, zulässt.

In Anpassung an die Terminologie des Bürgerlichen Gesetzbuchs wird auch **898** hier, ebenso wie bereits in § 434 Abs. 1 Satz 2 Nr. 2 (vgl. auch die Begründung dazu), nicht das dem Bürgerlichen Gesetzbuch fremde Merkmal »vernünftigerweise« aus der Verbrauchsgüterkaufrichtlinie übernommen. In der Sache entspricht dies der grob fahrlässigen Unkenntnis, die das Bürgerliche Gesetzbuch auch an anderer Stelle kennt, so z. B. in § 932 Abs. 2.

Zu Absatz 2

Die Vorschrift übernimmt den bisherigen § 439 Abs. 2 in einer überarbeiteten **899** Fassung. Bei Grundstückskaufverträgen wird dem Käufer die Kenntnis der im Grundbuch eingetragenen Rechte durch den Notar vermittelt; diese Kenntnis darf in keinem Fall zum Anspruchsverlust führen.

Der Anwendungsbereich des bisherigen § 439 Abs. 2 wird über die dort ge- **900** nannten Grundpfandrechte hinaus auf alle im Grundbuch eingetragenen Rechte

(Dienstbarkeiten, Vorkaufsrechte, Reallasten) erstreckt. Auch wenn in Grundstückskaufverträgen die Frage der Übernahme im Grundbuch eingetragener Rechte ausdrücklich geregelt wird, ist es sachgerecht, eine umfassende Verpflichtung des Verkäufers zur Lastenfreistellung auch bei Kenntnis des Käufers gesetzlich zu begründen. Der ausdrücklichen Erwähnung der Vormerkung bedarf es nicht. Unabhängig vom Streit über das Wesen der Vormerkung entspricht es allgemeiner Meinung, dass die Vorschriften über Grundstücksrechte (z.B. § 894) auf die Vormerkung entsprechend anwendbar sind.

§ 444 – Haftungsausschluss

Auf eine Vereinbarung, durch welche die Rechte des Käufers wegen eines Mangels ausgeschlossen oder beschränkt werden, kann sich der Verkäufer nicht berufen, wenn er den Mangel arglistig verschwiegen oder eine Garantie für die Beschaffenheit der Sache übernommen hat.

901 Die Vorschrift fasst die bisherigen §§ 443 und 476 zusammen. Zugleich geht in dieser Vorschrift der bisherige § 11 Nr. 11 AGBG auf. Sie sieht vor, dass der Verkäufer sich auf eine Vereinbarung, durch welche die Gewährleistungsrechte des Käufers eingeschränkt oder ausgeschlossen werden, bei eigener Arglist oder Übernahme einer Garantie nicht berufen kann. Eine eigenständige Bedeutung hat diese Vorschrift nur, soweit ein Ausschluss oder eine Beschränkung der Gewährleistungsrechte des Käufers überhaupt zulässig ist, was vor allem beim Verbrauchsgüterkauf weitgehend nicht der Fall ist, § 475. Hinsichtlich der Reichweite der in der Vorschrift genannten Garantie kann auf die obigen Ausführungen zu § 442 Bezug genommen werden. Auch hier ist inhaltlich die im bisherigen Recht erwähnte Zusicherung einer Eigenschaft gemeint.

902 Es ist vorzugswürdig, nicht die Nichtigkeit der Vereinbarung anzuordnen, sondern die Rechtsfolge dahingehend festzuschreiben, dass sich der Verkäufer nicht auf die Vereinbarung berufen kann. Dadurch wird zweifelsfrei, dass die Unwirksamkeit der Vereinbarung über den Gewährleistungsausschluss keinesfalls zur Unwirksamkeit des gesamten Kaufvertrags führt.

903 Das geltende Recht spricht davon, dass durch die Vereinbarung die Verpflichtung zur Gewährleistung wegen eines Mangels »erlassen« wird. Wie in dem bisherigen § 11 Nr. 10 Buchstabe a AGBG (jetzt: § 309 Nr. 8 Buchstabe a) soll dieser Begriff durch »ausgeschlossen« ersetzt werden.

§ 445 – Haftungsbegrenzung bei öffentlichen Versteigerungen

Wird eine Sache auf Grund eines Pfandrechts in einer öffentlichen Versteigerung unter der Bezeichnung als Pfand verkauft, so stehen dem Käufer Rechte wegen eines Mangels nur zu, wenn der Verkäufer den Mangel arglistig verschwiegen oder eine Garantie für die Beschaffenheit der Sache übernommen hat.

Die Schaffung einer Ausnahmevorschrift für öffentliche Versteigerungen entspricht der Gegenäußerung der Bundesregierung zu Nummer 103 der Stellungnahme des Bundesrates. Entsprechend den Ausführungen zu § 276 BGB-BE soll aber auch in § 445 BGB-BE auf den Begriff der Zusicherung verzichtet und der Text nur an die Formulierung des § 443 Abs. 1 BGB-BE angepasst werden. Schließlich soll ebenfalls in § 445 BGB-BE statt des Begriffs »Ansprüche« der Oberbegriff »Rechte« verwandt werden. 904

§ 453 – Rechtskauf

(1) Die Vorschriften über den Kauf von Sachen finden auf den Kauf von Rechten und sonstigen Gegenständen entsprechende Anwendung.
(2) Der Verkäufer trägt die Kosten der Begründung und Übertragung des Rechts.
(3) Ist ein Recht verkauft, das zum Besitz einer Sache berechtigt, so ist der Verkäufer verpflichtet, dem Käufer die Sache frei von Sach- und Rechtsmängeln zu übergeben.

Vorbemerkung

Das geltende Kaufvertragsrecht betrifft den Kauf von Sachen (unter Einschluss von Grundstücken, Schiffen und Schiffsbauwerken), enthält aber auch besondere Regeln für den Kauf von Rechten (bisherige §§ 433 Abs. 1 Satz 2, 437f.), für den Kauf von Rechten an Grundstücken und anderen Sachen (bisherige §§ 435, 449) sowie für den Kauf von Rechten, die zum Besitz einer Sache berechtigen (bisherige §§ 441, 451). Daneben spricht die geltende Regelung gelegentlich vom Kauf von Gegenständen (bisherige §§ 434, 444); das Kaufvertragsrecht ist ferner entsprechend anzuwenden auf »kaufähnliche« Verträge, die auf die entgeltliche Veräußerung oder Belastung eines Gegenstandes gerichtet sind (bisherige §§ 445, 493). Die Neuregelung beschränkt sich, wie oben bereits erwähnt, im Interesse der Klarheit und Übersichtlichkeit darauf, in den Vorschriften der §§ 433 ff. E zunächst ausschließlich den Sachkauf zu regeln, mit einigen Sonderregelungen für den Kauf von Grundstücken. § 453 sieht die entsprechende Anwendung der Vorschriften über den Sachkauf auf den Kauf von Rechten und sonstigen Gegenständen vor. Die Regelung, nach der Kaufvertragsrecht auf »kaufähnliche« Verträge anzuwenden ist, kann – wie bereits oben ausgeführt – als entbehrlich entfallen. 905

D. Kauf- und Werkvertragsrecht

Zu Absatz 1

906 Im Einklang mit dem geltenden Recht sieht § 453 Abs. 1 vor, dass die **Vorschriften über** den **Sachkauf** auch auf den **Kauf von Rechten entsprechend anzuwenden** sind. Daraus ergibt sich, dass der Verkäufer eines Rechts verpflichtet ist, dem Käufer das Recht frei von Rechtsmängeln zu verschaffen. Wie beim Sachkauf kann der Verkäufer auch beim Rechtskauf ausdrücklich oder stillschweigend Garantien etwa für den Bestand des Rechts übernehmen, § 276 Abs. 1 Satz 1. Handelt es sich um den Verkauf von Rechten an Grundstücken, Schiffen oder Schiffsbauwerken, so sind insbesondere die Vorschriften der §§ 436 und 447 Abs. 2 entsprechend anzuwenden.

907 Gemäß Absatz 1 sind die Vorschriften über den Sachkauf auch auf den Kauf »sonstiger Gegenstände« entsprechend anzuwenden. Damit folgt die Vorschrift der Rechtsprechung, die schon heute die Vorschriften des Kaufvertragsrechts, soweit sie passen, z.B. auf die entgeltliche Übertragung von Unternehmen oder Unternehmensteilen, von freiberuflichen Praxen, von Elektrizität und Fernwärme, von (nicht geschützten) Erfindungen, technischem Know-how, Software, Werbeideen usw. anwendet. Soweit es um den Unternehmenskauf geht, hat der BGH die Haftung des Verkäufers, der unzutreffende Angaben über Umsatz oder Ertrag des verkauften Unternehmens gemacht hatte, zwar nicht nach den Vorschriften über die Sachmängelhaftung, sondern nach den Regeln über das Verschulden bei Vertragsanbahnung beurteilt (BGH, NJW 1970, 653; ferner NJW 1990, 1659; NJW-RR 1989, 307). Die Gründe, die ihn dazu veranlasst haben, sind aber nach den Vorschriften des Entwurfs weithin entfallen, da diese dem Käufer ein Nachbesserungsrecht gewähren, ihm ein Schadensersatzanspruch auch bei Fahrlässigkeit des Verkäufers zustehen kann, die Berechnung der Minderung erleichtert und auch eine angemessene Regelung der Verjährungsfrage bereitgestellt wird.

Zu Absatz 2

908 Die Kosten der Begründung und der Übertragung des verkauften Rechts muss gemäß Absatz 2 der Verkäufer tragen, ebenso wie im geltenden Recht nach § 448 Abs. 2.

Zu Absatz 3

909 Absatz 3 bestimmt, dass beim Verkauf eines Rechtes, das zum Besitz einer Sache berechtigt, der Verkäufer auch verpflichtet ist, die Sache zu übergeben. Das entspricht dem bisherigen § 433 Abs. 1 Satz 2 Fall 2. Nach der Neufassung des § 433 Abs. 1 Satz 2 ist der Verkäufer beim Sachkauf zur mangelfreien Eigentumsverschaffung verpflichtet. Soweit beim Rechtskauf das verkaufte Recht den Käufer zum Besitz einer Sache berechtigt, stellt Absatz 3 deshalb klar, dass der Verkäufer verpflichtet ist, dem Käufer auch die Sache frei von Sach- und Rechtsmängeln zu übergeben. Das bedeutet, dass beim Verkauf eines Erbbaurechts der Verkäufer nicht nur das Erbbaurecht frei von Rechtsmängeln dem Käufer verschaffen, sondern ihm auch das Grundstück, das mit dem Erbbau-

recht belastet ist, frei von Rechts- und Sachmängeln übergeben muss (vgl. BGH, NJW 1986, 1605).

§ 474 – Begriff des Verbrauchsgüterkaufs

(1) Kauft ein Verbraucher von einem Unternehmer eine bewegliche Sache (Verbrauchsgüterkauf), gelten ergänzend die folgenden Vorschriften. Dies gilt nicht für gebrauchte Sachen, die in einer öffentlichen Versteigerung verkauft werden, an der der Verbraucher persönlich teilnehmen kann.
(2) Die §§ 445 und 447 finden auf die in diesem Untertitel geregelten Kaufverträge keine Anwendung.

Zu Absatz 1

In der ersten Vorschrift dieses neuen Untertitels ist der Anwendungsbereich der nachfolgenden Bestimmungen über den Verbrauchsgüterkauf geregelt. Der persönliche Anwendungsbereich entspricht weitgehend dem der Verbrauchsgüterkaufrichtlinie. Diese betrifft Kaufverträge zwischen einem Verkäufer, der im Rahmen seiner beruflichen oder gewerblichen Tätigkeit Verbrauchsgüter verkauft (Artikel 1 Abs. 2 Buchstabe c, und einem Verbraucher als Käufer. Unter einem Verbraucher versteht Artikel 1 Abs. 2 Buchstabe a der Verbrauchsgüterkaufrichtlinie jede natürliche Person, die Verbrauchsgüter zu einem Zweck kauft, der nicht ihrer beruflichen oder gewerblichen Tätigkeit zugerechnet werden kann.

910

Für die in einer einleitenden Bestimmung zum Verbrauchsgüterkauf notwendigen Definitionen der betroffenen Personen kann nun auf die mit dem Fernabsatzgesetz in das Bürgerliche Gesetzbuch eingefügten §§ 13 und 14 Bezug genommen werden. Nach § 13 ist Verbraucher jede natürliche Person, die ein Rechtsgeschäft zu einem Zweck vornimmt, der weder ihrer gewerblichen noch ihrer selbständigen beruflichen Tätigkeit zugerechnet werden kann. Diese Definition deckt sich mit derjenigen in Artikel 1 Abs. 2 Buchstabe a der Verbrauchsgüterkaufrichtlinie nahezu vollständig, weicht allerdings in einem Punkt hiervon ab: Anders als nach der Richtlinie nimmt § 13 nur die selbständige berufliche Tätigkeit aus dem Verbraucherbegriff aus. Das ist sachlich gerechtfertigt. Die Erwähnung der beruflichen neben der gewerblichen Tätigkeit hat in erster Linie den Zweck, auch die freien Berufe zu erfassen, die traditionell nicht als Gewerbe angesehen werden (Rechtsanwälte, Steuerberater usw.). Es sollten aber nicht die Personen aus dem Verbraucherbegriff ausgenommen werden, die als abhängig Beschäftigte eine Sache zu einem Zweck kaufen, der (auch) ihrer beruflichen Tätigkeit dient, z.B. der Lehrer, der sich einen Computer anschafft, um damit Klassenarbeiten zu entwerfen, oder der Angestellte, der eine Kaffeemaschine für sein Büro kauft. Das gilt auch für die Rechtsbeziehungen des Arbeitnehmers zu seinem Arbeitgeber. Solche Fälle sind nicht mit denjenigen vergleichbar, in denen selbständig als Unternehmer am Wirtschaftsleben Beteiligte

911

D. *Kauf- und Werkvertragsrecht*

Verträge abschließen. Sie sollen deshalb den besonderen Vorschriften über Verbrauchergeschäfte unterstellt werden.

912 Mit Artikel 1 Abs. 2 Buchstabe a der Verbrauchsgüterkaufrichtlinie ist dies vereinbar. Es wird damit nämlich gegenüber der Richtlinie der Verbraucherbegriff ausgedehnt, also ein **höheres Schutzniveau für die Verbraucher** im Sinne des Artikels 8 Abs. 2 der Verbrauchsgüterkaufrichtlinie erreicht. Unternehmer ist spiegelbildlich dazu gemäß § 14 Abs. 1 eine Person, die bei Vornahme eines Rechtsgeschäfts in Ausübung ihrer gewerblichen oder selbständigen beruflichen Tätigkeit handelt. Dies entspricht – mit der oben bereits behandelten zulässigen Erweiterung – der Definition des Verkäufers in Artikel 1 Abs. 2 Buchstabe c der Verbrauchsgüterkaufrichtlinie.

913 Die §§ 474 ff. finden mithin keine Anwendung bei Kaufverträgen von Unternehmern oder Verbrauchern untereinander oder dann, wenn ein Verbraucher eine Sache an einen Unternehmer verkauft.

914 Der sachliche Anwendungsbereich der nachfolgenden Vorschriften betrifft nur den Kauf beweglicher Sachen. Es entspricht Artikel 1 Abs. 2 Buchstabe b der Verbrauchsgüterkaufrichtlinie, dass der Kauf von Grundstücken nicht geregelt werden soll. Allerdings enthält diese Bestimmung einige Ausnahmen vom Begriff der Verbrauchsgüter: Sachen, die auf Grund von Zwangsvollstreckungsmaßnahmen oder anderen gerichtlichen Maßnahmen verkauft werden, Wasser und Gas, sofern nicht in begrenztem Volumen oder bestimmter Menge abgefüllt, sowie Strom.

915 Für Sachen, die auf Grund von **Zwangsvollstreckungsmaßnahmen** verkauft werden, braucht gesetzlich in § 474 keine Ausnahme vom Verbrauchsgüterbegriff vorgesehen zu werden. Hier schließt § 806 ZPO ohnehin die Gewährleistungsansprüche des Erwerbers aus, so dass die nachfolgenden Vorschriften für diesen Bereich keine Rolle spielen.

916 Im Übrigen müssen **Sachen nach dem Sachbegriff** des § 90 **im Raum abgrenzbar** sein, vor allem durch Fassung in einem Behältnis. Sachen sind daher z.B. nicht freie Luft und fließendes Wasser (Palandt/Heinrichs, § 90 Rdn. 1). Jedenfalls mit der Abfüllung in ein begrenztes Volumen oder in einer bestimmten Menge, die Artikel 1 Abs. 2 Buchstabe b der Richtlinie anspricht, werden Wasser und Gas zu (beweglichen) Sachen, so dass – der Richtlinie gemäß – die nachfolgenden Vorschriften anzuwenden sind.

917 **Elektrizität** ist nach dem Verständnis des Bürgerlichen Gesetzbuchs keine Sache und also ebenso wie nach der Richtlinie – **vom Anwendungsbereich** der besonderen Vorschriften über den Verbrauchsgüterkauf **ausgenommen**.

918 Es bleibt daher insoweit bei den bisherigen Verordnungen über die Allgemeinen Bedingungen für die Versorgung von Tarifkunden mit Elektrizität, Gas und Wasser. Dies dürfte auch für die Verordnung über die Allgemeinen Bedingungen für die Versorgung von Tarifkunden mit Fernwärme gelten. Fernwärme ist zwar in der Verbrauchsgüterkaufrichtlinie nicht ausdrücklich erwähnt, aber ein Aggregatzustand von Wasser.

Zu Absatz 2

§ 474 Abs. 1 spricht von einer »ergänzenden Anwendung« der folgenden Vorschriften. Für den Verbrauchsgüterkauf gelten deshalb zunächst und vor allem die vorangehenden Untertitel 1 und 2 (§§ 433 bis 473). § 474 Abs. 2 macht hiervon eine Ausnahme. Die Vorschrift des § 446, die den Gefahrübergang beim Versendungskauf betrifft, soll auf Verbrauchsgüterkaufverträge keine Anwendung finden.

919

Nach § 447 geht die Gefahr beim Versendungskauf bereits dann auf den Käufer über, wenn der Verkäufer die Sache der Transportperson übergibt. § 474 Abs. 2 hat zur Folge, dass der in § 446 niedergelegte Grundsatz (Gefahrübergang mit Übergabe bzw. Annahmeverzug) künftig auch dann gilt, wenn der Verkäufer die Sache an den Käufer versandt und sie zu diesem Zweck einem Spediteur oder Frachtführer übergeben hat. Das bedeutet, dass auch in diesem Fall die Gefahr erst dann auf den Käufer übergeht, wenn er den Besitz an der Sache erlangt hat.

920

Für dieses Ergebnis spricht zunächst die grundsätzliche Erwägung, dass das Risiko des zufälligen Untergangs oder der zufälligen Verschlechterung der Ware von der Vertragspartei getragen werden sollte, die eher als die andere imstande ist, dieses Risiko abzuwenden oder zu verringern oder Vorsorge gegen die Schadensfolgen eines Untergangs oder einer Verschlechterung der Ware zu treffen. Das ist regelmäßig der Verkäufer, weil er über die Art und den Weg der Beförderung entscheiden, den Beförderer auswählen und die Ware auf Grund seiner Vertragsbeziehungen zu ihm noch während ihrer Beförderung umdisponieren kann. Vor allem ist der Verkäufer besser als der Käufer in der Lage, das Beförderungsrisiko in dem nach Sachlage gebotenen Umfang unter Versicherungsschutz zu bringen. Das Auseinanderfallen von demjenigen, der vertragliche Ansprüche wegen einer Beschädigung der Sache beim Transport hat (Verkäufer), und demjenigen, der aus einer solchen Beschädigung den Schaden erleidet, weil er die Gefahr trägt (Käufer), hat zu im Bürgerlichen Gesetzbuch nicht vorgesehenen dogmatischen Konstruktionen Anlass gegeben, da sich diese Fälle mit den Mitteln des geltenden Rechts nicht zufriedenstellend lösen lassen (sog. »Schadensliquidation im Drittinteresse«). Wenn die aufgeworfenen Probleme mit dem durch das Transportrechtsreformgesetz vom 25. Juni 1998 (BGBl. I S. 1588) neugefassten § 421 Abs. 1 Satz 2 HGB auch entschärft sein dürften, sprechen doch die einer gewerblichen Beförderung zugrundeliegenden Vertragsbeziehungen dafür, dass die Sache auf Gefahr des Verkäufers reisen sollte. Dann besteht eine vertragliche Haftung auf Schadensersatz in dem Verhältnis, in dem ein Vertrag geschlossen wurde, nämlich im Verhältnis Verkäufer – Transportperson.

921

Soweit es um den Kauf durch einen Verbraucher geht, entspricht es heute auch der Verkehrsauffassung, dass die Ware im Falle ihrer Versendung auf Gefahr des Verkäufers reist. Wer als Privatmann zur Lieferung in seine Wohnung Waren bei einem Versandhändler oder Möbel in einem Kaufhaus kauft, geht davon aus, dass er den Kaufpreis nur dann zu bezahlen braucht, wenn die Ware bei ihm eingetroffen ist. Diese Auffassung wird auch von den Verkäufern ge-

922

teilt, weil es in den genannten Fällen praktisch nicht vorkommt, dass der Verkäufer auf Bezahlung der unterwegs verlorengegangenen oder beschädigten Ware beharrt und dem Käufer gemäß dem bisherigen § 281 (jetzt § 285) lediglich die Ansprüche abtritt, die ihm gegen seinen Versicherer oder auf Grund der sog. Drittschadensliquidation gegen den Beförderer zustehen.

923 Die **Einschränkung des Anwendungsbereichs** des § 446 hat auch den weiteren Vorteil, dass bei einer großen Zahl von Versendungskäufen eine Reihe von Streitfragen gegenstandslos werden, die sich an die Auslegung dieser Vorschrift knüpfen. Sie betreffen etwa die Frage, ob die Bestimmung nur im Falle der Versendung durch selbständige Dritte oder auch bei der Versendung durch eigene Leute des Verkäufers anzuwenden ist und ob die Vorschrift auch den Fall der Versendung innerhalb derselben politischen Gemeinde und ferner den Fall erfasst, in dem die Ware von einem Ort aus versandt worden ist, der nicht der Erfüllungsort (oder ein anderer vereinbarter Ort) ist. Schließlich wird auch Streit darüber vermieden, ob die Ware im Einzelfall als »auf Verlangen des Käufers« versandt anzusehen ist, ob sie schon vor der Aushändigung an die Transportperson mangelhaft war oder sich erst danach »verschlechtert« hat und ob der Untergang oder die Verschlechterung der Ware während ihrer Beförderung auf einem Zufall oder auf einem Verschulden des Verkäufers beruht. Gerade die Notwendigkeit eines besonderen Verlangens des Käufers auf Versendung belegt, dass § 446 jedenfalls bei dem Kauf durch einen Verbraucher der Rechtswirklichkeit kaum noch entspricht. In den weitaus meisten Fällen, die beim Verbrauchsgüterkauf im täglichen Leben unter den bisherigen § 447 gefasst werden, ist ein Verkäufer beteiligt, der ausschließlich als Versandhändler tätig ist, ohne eine Möglichkeit für den Käufer vorzusehen, die gekaufte Sache selbst abzuholen. In diesen Fällen des Versandhandels bleibt dem Käufer gar nichts anderes übrig, als den Versand durch den Verkäufer hinzunehmen. Das besondere »Verlangen des Käufers«, das die Grundlage für einen vorzeitigen Gefahrübergang bildet, bleibt in diesen Fällen nicht selten reine Fiktion. Gerade dieser Gesichtspunkt zeigt, dass jedenfalls Verbrauchsgüterkaufverträge von dem Anwendungsbereich des § 446 ausgenommen werden sollten.

924 Obwohl die soeben aufgeführten Bedenken gegen § 446 zum Teil grundsätzlicher Art sind, wird doch für den Verkehr unter Unternehmern eine Beibehaltung der Vorschrift als zweckmäßig angesehen und entspricht auch internationalen Standards (vgl. Artikel 67 UN-Kaufrecht). Bei Verbrauchsgüterkaufverträgen kommen jedoch die aufgezeigten weiteren Gesichtspunkte hinzu, so dass jedenfalls insoweit § 446 nicht angewendet werden sollte.

§ 475 – Abweichende Vereinbarungen

(1) Auf eine vor Mitteilung eines Mangels an den Unternehmer getroffene Vereinbarung, die zum Nachteil des Verbrauchers von den §§ 433 bis 435, 437, 439 bis 443, sowie von den Vorschriften dieses Untertitels abweicht, kann der Unternehmer sich nicht berufen. Die in Satz 1 bezeichneten Vor-

schriften finden auch Anwendung, wenn sie durch anderweitige Gestaltungen umgangen werden.

(2) Die Verjährung der in § 437 bezeichneten Ansprüche kann vor Mitteilung eines Mangels an den Unternehmer nicht durch Rechtsgeschäft erleichtert werden, wenn die Vereinbarung zu einer Verjährungsfrist ab dem gesetzlichen Verjährungsbeginn von weniger als zwei Jahren, bei gebrauchten Sachen von weniger als einem Jahr führt.

(3) Die Absätze 1 und 2 gelten unbeschadet der §§ 307 bis 309 nicht für den Ausschluss oder die Beschränkung des Anspruchs auf Schadensersatz.

Zu Absatz 1

Zu Satz 1

§ 475 dient der Umsetzung von Artikel 7 Abs. 1 der Verbrauchsgüterkaufrichtlinie. Danach sind die von der Richtlinie dem Verbraucher gewährten Rechte nicht zu dessen Nachteil abdingbar. Da die §§ 307 bis 309 (bisher §§ 9 bis 11 AGBG) nicht sämtliche Individualverträge mit Verbrauchern erfassen, bedürfen sie der Ergänzung. Diese Funktion übernimmt § 475. Die in § 475 Abs. 1 Satz 1 in Bezug genommenen Vorschriften sind diejenigen des Kaufrechts, deren Inhalt durch die Umsetzung der Verbrauchsgüterkaufrichtlinie bestimmt ist. 925

§ 475 Abs. 1 Satz 1 übernimmt ausdrücklich die Einschränkung aus Artikel 7 Abs. 1 Satz 1 der Verbrauchsgüterkaufrichtlinie, der zufolge nur vor Mitteilung des Mangels an den Verkäufer erfolgte Vereinbarungen betroffen sind. Damit werden insbesondere Vergleiche von dem Verbot abweichender Vereinbarungen nicht erfasst. 926

Zu Satz 2

Eine Ausnahme von dem absolut zwingenden Charakter der gesetzlichen Regelung der Käuferrechte macht § 475 Abs. 1 Satz 2 für den Schadensersatzanspruch. Dieser ist von der Richtlinie nicht erfasst. Insoweit soll – wie bisher – eine Kontrolle über die §§ 307 bis 309 (bisher §§ 9 bis 11 AGBG) und ggf. § 444 ausreichen. Das gilt auch für die sonstigen, in § 475 Abs. 1 Satz 1 nicht in Bezug genommenen Vorschriften des Kaufrechts, die von der Verbrauchsgüterkaufrichtlinie nicht erfasst werden. 927

Zu Satz 3

§ 475 Abs. 1 Satz 3 betrifft mit einer in Verbraucherschutzgesetzen üblichen Formulierung die Umsetzung von Artikel 7 Abs. 1 Satz 1 der Verbrauchsgüterkaufrichtlinie insoweit, als die dem Verbraucher gewährten Rechte durch eine Vereinbarung auch nicht »mittelbar« außer Kraft gesetzt werden dürfen. 928

Zu Absatz 2

Absatz 2 dient der Umsetzung von Artikel 7 Abs. 1 der Verbrauchsgüterkaufrichtlinie insoweit, als dort die Verjährung der Mängelansprüche des Verbrau- 929 chers angesprochen ist. Artikel 5 Abs. 1 der Verbrauchsgüterkaufrichtlinie sieht eine Verjährungsfrist von nicht weniger als zwei Jahren ab dem Zeitpunkt der Lieferung vor. Durch Rechtsgeschäft darf mithin diese Verjährungsfrist bei einem Verbrauchsgüterkauf nicht unterschritten werden. Dem trägt Absatz 2 Rechnung und bestimmt gleichzeitig, dass nicht nur eine ausdrückliche Verkürzung der Verjährungsfrist unwirksam ist, sondern auch sonstige Vereinbarungen über eine Erleichterung der Verjährung, wenn sie im Ergebnis eine kürzere Frist als zwei Jahre ab Lieferung der Kaufsache zur Folge haben. Das wäre zum Beispiel bei einer Vorverlegung des Verjährungsbeginns denkbar. Für **gebrauchte Sachen** enthält die Bestimmung eine Untergrenze von einem Jahr, die nicht unterschritten werden darf; dies lässt Artikel 7 Abs. 1 Satz 2 der Verbrauchsgüterkaufrichtlinie ausdrücklich zu. Diese Ausnahmeregelung gilt grundsätzlich auch beim Kauf von **Tieren**, insbesondere beim Kauf von Pferden und Schafen, für die bisher das Viehkaufrecht mit seiner kurzen Verjährungsfrist von 6 Wochen anzuwenden ist. Auch bei Tieren wird indessen ein Unterschied zwischen »neu« und »gebraucht« vorzunehmen sein. Das bedeutet, dass Tiere verjährungsrechtlich nicht generell wie gebrauchte Sachen behandelt werden können. Im bisherigen Recht spielt diese Unterscheidung bei der Anwendung von § 11 Nr. 10 AGBG eine Rolle. Der Entwurf will an der Rechtsprechung zu der Frage, unter welchen Voraussetzungen Tiere als »neu« anzusehen sind, nichts ändern. So werden auch künftig und im Zusammenhang mit § 475 Abs. 2 etwa junge Haustiere oder lebende Fische als »neu« angesehen werden müssen (vgl. BGH, NJW-RR 1986, 52: Forellen; LG Aschaffenburg, NJW 1990, 915: neun Wochen alte Hundewelpen).

930 Über die Mindestanforderungen der Verbrauchsgüterkaufrichtlinie geht Absatz 2 insoweit hinaus, als nicht nur die Ansprüche des Verbrauchers, die ihm die Verbrauchsgüterkaufrichtlinie bei Mangelhaftigkeit der Kaufsache gewährt, betroffen sind. Die Richtlinie regelt zwar die Ansprüche auf Nacherfüllung, auf Minderung des Kaufpreises und Rückgängigmachung des Kaufvertrags, nicht aber den Schadensersatzanspruch des Käufers einer mangelhaften Sache. Auch auf letzteren bezieht sich aber Absatz 2 durch die Bezugnahme auf den gesamten § 437. Die Gewährleistungsrechte des Käufers sollten hinsichtlich der Verjährung einheitlich behandelt werden; Gründe für eine Differenzierung bei der Zulässigkeit von verjährungserleichternden Vereinbarungen sind nicht ersichtlich.

§ 476 – Beweislastumkehr

Zeigt sich innerhalb von sechs Monaten seit Gefahrübergang ein Sachmangel, so wird vermutet, dass die Sache bereits bei Gefahrübergang mangelhaft war, es sei denn, diese Vermutung ist mit der Art der Sache oder des Mangels unvereinbar.

931 Die Vorschrift übernimmt die Vermutung aus Artikel 5 Abs. 3 der Verbrauchsgüterkaufrichtlinie. Es handelt sich um eine Umkehr der Beweislast zugunsten

des Verbrauchers hinsichtlich der Mängel, die innerhalb von sechs Monaten nach der Lieferung offenbar werden. Nach allgemeinen Beweislastgrundsätzen, die bei Lieferung einer mangelhaften Sache – wie erwähnt – aus § 363 hergeleitet werden, muss der Käufer die Voraussetzungen seines Gewährleistungsanspruchs behaupten und beweisen. Dazu gehört auch, dass der Mangel bei Gefahrübergang vorhanden war und nicht erst später infolge des anschließenden (übermäßigen) Gebrauchs der Sache durch den Käufer entstanden ist.

In diesem Zusammenhang stellt Artikel 3 Abs. 1 der Verbrauchsgüterkaufrichtlinie zwar für den Zeitpunkt der Vertragswidrigkeit auf die Lieferung ab. Die Mitgliedstaaten müssen wegen der Bezugnahmen auf den Zeitpunkt der Lieferung in der Richtlinie ihre Vorschriften über den Gefahrübergang nicht ändern, wie Erwägungsgrund (14) klarstellt. Demgemäss stellt § 434 Abs. 1 wie das bisherige Recht auch ausdrücklich auf den Gefahrübergang als maßgeblichen Zeitpunkt zur Beurteilung der Mangelfreiheit der Sache ab. Ein anderer Zeitpunkt kommt aus Sachgründen auch gar nicht in Betracht, wie in der Begründung zu § 434 näher ausgeführt ist. In aller Regel wird es sich dabei ohnehin um den Zeitpunkt der Lieferung der Sache handeln, da gemäß § 446 Satz 1 die Gefahr des zufälligen Untergangs und der zufälligen Verschlechterung mit der Übergabe der Sache auf den Käufer übergeht. Nur in den Fällen des § 446 Satz 3, der den Annahmeverzug der Übergabe gleichstellt, ist das anders. Mit dem Annahmeverzug überträgt das Gesetz dem Käufer die Verantwortung für die Sache, obwohl eine Übergabe noch nicht stattgefunden hat. Dann kann dieser Zeitpunkt aber auch im Zusammenhang der Beweislastumkehr des § 474 für den Beginn der sechsmonatigen Frist nicht ohne Bedeutung sein. Andernfalls könnte der Käufer durch seinen Annahmeverzug den Beginn der Frist zum Nachteil des Verkäufers beliebig hinauszögern. 932

Mit den Vorgaben der Verbrauchsgüterkaufrichtlinie steht die Regelung in § 474 in Einklang. Die Richtlinie regelt nämlich die **Folgen** des **Annahmeverzugs** des Käufers **nicht**, sondern überlässt dies den Mitgliedstaaten. 933

Da Grundlage der Vorschrift die **schlechteren Beweismöglichkeiten** des **Verbrauchers** und die – jedenfalls in engem zeitlichen Zusammenhang mit der Übergabe – **ungleich besseren Erkenntnismöglichkeiten** des Unternehmers sind und sie daher einen spezifisch **verbraucherschützenden Charakter** hat, empfiehlt es sich nicht, sie in die allgemeinen Vorschriften des Kaufrechts einzustellen, sondern ihren Anwendungsbereich auf den Verbrauchsgüterkauf zu beschränken. 934

Die **Vermutung** gilt nach ihrem letzten Halbsatz **nicht**, wenn sie mit der Art der Sache oder der Art des Mangels **nicht vereinbar** ist. Ersteres betrifft vor allem gebrauchte Sachen, die auch von der Verbrauchsgüterkaufrichtlinie erfasst werden. Bei gebrauchten Sachen besteht schon wegen des sehr unterschiedlichen Grades der Abnutzung kein entsprechender allgemeiner Erfahrungssatz. Mit der Art des Mangels wird die Vermutung zum Beispiel häufig bei Tierkrankheiten unvereinbar sein, weil wegen der Ungewissheiten über den Zeitraum zwischen Infektion und Ausbruch der Krankheit nicht selten ungewiss bleiben wird, ob eine Ansteckung bereits vor oder erst nach Lieferung des Tieres an den Käufer 935 erfolgt ist. Eine Vermutung dahin, dass der Mangel zu einem bestimmten Zeitpunkt vorgelegen hat, lässt sich dann nicht rechtfertigen. Das muss aber nicht unbedingt auch für andere Fehler eines Tieres gelten.

§ 477 – Sonderbestimmungen für Garantien

(1) Eine Garantieerklärung (§ 443) muss einfach und verständlich abgefasst sein. Sie muss enthalten
1. den Hinweis auf die gesetzlichen Rechte des Verbrauchers sowie darauf, dass sie durch die Garantie nicht eingeschränkt werden und
2. den Inhalt der Garantie und alle wesentlichen Angaben, die für die Geltendmachung der Garantie erforderlich sind, insbesondere die Dauer und den räumlichen Geltungsbereich des Garantieschutzes sowie Namen und Anschrift des Garantiegebers.

(2) Der Verbraucher kann verlangen, dass ihm die Garantieerklärung in Textform mitgeteilt wird.

(3) Die Wirksamkeit der Garantieverpflichtung wird nicht dadurch berührt, dass eine der vorstehenden Anforderungen nicht erfüllt wird.

Vorbemerkung

936   Die Vorschrift regelt die inhaltlichen und formellen Anforderungen an eine von dem Hersteller, dem Verkäufer oder einem Dritten gegebene Garantie. Sie dient der Umsetzung von Artikel 6 Abs. 2, 3 und 5 der Verbrauchsgüterkaufrichtlinie. Von der Möglichkeit des Artikels 6 Abs. 4 der Richtlinie vorzuschreiben, dass die Garantie in einer oder mehreren Amtssprachen der Gemeinschaft abgefasst werden muss, soll kein Gebrauch gemacht werden. Dazu, dass die Garantie ihren Inhalt verständlich darstellen muss (Artikel 6 Abs. 2 der Richtlinie, § 477 Abs. 1 Satz 1), gehört auch, dass sie in einer Sprache abgefasst ist, die für den Verbraucher verständlich ist. Das ist in Deutschland in der Regel die deutsche Sprache. Ist die **Verständlichkeit in einer anderen Sprache ausnahmsweise gewährleistet**, kann auch diese Sprache gewählt werden. Dies kann z.B. bei einfach gehaltenen Teilgarantien in englischer Sprache für PC der Fall sein. Ob das ausreicht, hängt entscheidend von den zu erwartenden Erkenntnismöglichkeiten des Adressatenkreises und dem Inhalt der Garantie ab. Insbesondere muss sichergestellt sein, dass alle Pflichtangaben nach § 477 Abs. 1 Satz 2 auch tatsächlich in einfacher und verständlicher Form vermittelt werden. Das kann ggf. auch durch die Verwendung zusätzlicher Mitteilungen in deutscher Sprache erreicht werden. Die Verwendung der deutschen Sprache zwingend vorzuschreiben, besteht ebenso wenig Veranlassung wie dafür, die Verwendung anderer Amtssprachen vorzusehen.

937   Artikel 6 Abs. 1 der Verbrauchsgüterkaufrichtlinie sieht vor, dass die Garantie den Garantiegeber zu den angegebenen Bedingungen binden muss. Diese Folge

der Garantieerklärung muss auch außerhalb des Verbrauchsgüterkaufs gelten; sie ist deshalb in § 443 Abs. 1 in das für jedermann geltende Kaufrecht übernommen worden. Eine Aufnahme einer entsprechenden Regelung nur in die Vorschriften über den Verbrauchsgüterkauf könnte ansonsten zu dem Missverständnis verleiten, dass die Garantie bei sonstigen Kaufverträgen nicht verbindlich ist.

Im Übrigen regelt Artikel 6 der Verbrauchsgüterkaufrichtlinie in seinen Absätzen 2 und 3 Anforderungen an die inhaltliche und formelle Ausgestaltung der Garantieerklärung, die dem Schutz des Verbrauchers dienen. Dieser soll vor einer Irreführung durch unklar formulierte Garantiebedingungen geschützt werden. Das rechtfertigt es, die der Umsetzung dienende Vorschrift allein auf den Verbrauchsgüterkauf zu beziehen. Der geschäftlich erfahrene Unternehmer ist – soweit er überhaupt Adressat einer Garantieerklärung ist – nicht in demselben Umfang schutzwürdig wie ein Verbraucher. 938

Zu Absatz 1

Zu Satz 1

Satz 1 schreibt vor, dass die Garantie gemäß § 443 einfach und verständlich abgefasst sein muss. Das greift die Anforderung der Verbrauchsgüterkaufrichtlinie in Artikel 6 Abs. 2 Spiegelstrich 2 auf. Wenn danach der Inhalt der Garantie in einfache und verständliche Formulierungen gefasst sein muss, so sollte dies indes den gesamten Inhalt der Garantieerklärung betreffen, auch den nach Artikel 6 Abs. 2 Spiegelstrich 1 vorgesehenen Hinweis auf die unberührt bleibenden gesetzlichen Rechte des Verbrauchers als Käufer. Deshalb stellt Absatz 1 Satz 1 diesen Grundsatz an den Beginn der Vorschrift. Die Folge einer unklaren Fassung kann die Anwendung der Unklarheitenregel (§ 305c Abs. 2) oder des neu in das Gesetz aufgenommenen Transparenzgebots (§ 307 Abs. 1 Satz 2) sein. Im Ergebnis würde ein unklare Garantie zugunsten des Verbrauchers ausgelegt werden. 939

Zu Satz 2

Satz 2 dient der Umsetzung von Artikel 6 Abs. 2 der Verbrauchsgüterkaufrichtlinie im Übrigen. Nach Nummer 1 muss die **Garantie** einen **Hinweis auf die gesetzlichen Rechte** des Verbrauchers sowie darauf enthalten, dass diese Rechte durch die Garantie nicht eingeschränkt werden. Der Verbraucher soll dadurch klar erkennen können, dass die Garantie ein zusätzliches Leistungsversprechen enthält, das über die gesetzlichen Rechte hinausgeht, diese aber nicht ersetzt. Damit wird vermieden, dass der Verbraucher wegen einer unklaren Fassung der Garantieerklärung davon abgehalten wird, die ihm zustehenden gesetzlichen Rechte geltend zu machen. Die wesentlichen, in § 475 Abs. 1 Satz 1 aufgeführten gesetzlichen Rechte können ohnehin nicht vertraglich ausgeschlossen werden. Aber auch im Übrigen darf nicht der Eindruck erweckt werden, als führe bereits die Gewährung einer Garantie zu einer Ersetzung des gesetzlichen Haftungssystems durch ein vertragliches Leistungsversprechen. 940

941 Nach Nummer 2 muss für den Verbraucher verständlich (Satz 1) aus der Garantieerklärung erkennbar sein, was ihm inhaltlich für welchen Garantiefall an zusätzlichen Rechten eingeräumt werden. Wegen der Vielzahl von denkbaren Garantieinhalten kann es insoweit nur auf die Erklärung des Garantiegebers im jeweiligen Einzelfall ankommen. Die Garantie entzieht sich deshalb auch – wie bereits zu § 443 ausgeführt – einer inhaltlichen Regelung durch den Gesetzgeber. Nummer 2 dient vor diesem Hintergrund dazu, eine Irreführung des Verbrauchers zu vermeiden.

942 Erforderlich sind neben einer Umschreibung der Garantierechte auch Angaben, die für ihre Geltendmachung erforderlich sind. Beispiele dafür nennt Nummer 2 a. E.: Dauer und räumlicher Geltungsbereich, Name und Anschrift des Garantiegebers.

Zu Absatz 2

943 Absatz 2 entspricht Artikel 6 Abs. 3 der Verbrauchsgüterkaufrichtlinie. Danach ist dem Verbraucher auf dessen Wunsch die Garantie in schriftlicher Form oder auf einem anderen dauerhaften Datenträger zur Verfügung zu stellen. Der Begriff des dauerhaften Datenträgers ist in § 360 definiert. In der Praxis wird ohnehin bereits jetzt in aller Regel eine schriftliche Garantieurkunde zusammen mit der Kaufsache ausgehändigt.

Zu Absatz 3

944 Nach Absatz 3, der Artikel 6 Abs. 5 der Richtlinie entspricht, hat die Nichteinhaltung einer der Anforderungen der Absätze 1 und 2 nicht die Folge, dass die Garantieverpflichtung unwirksam ist. Andernfalls wäre der Verbraucher in unangemessener Weise schlechter gestellt allein dadurch, dass der Unternehmer seinen Verpflichtungen bei Erteilung der Garantie nicht oder nur unzureichend nachkommt. Der Schutz des Verbrauchers gebietet es vielmehr, letzterem die Rechte aus der Garantie auch dann zu geben, wenn die Garantiebedingungen unklar oder missverständlich formuliert oder nur mündlich mitgeteilt werden. Es mag dann im Einzelfall zu Unklarheiten bei dem Verbraucher bzw. zu Beweisschwierigkeiten über den Inhalt der Garantie kommen, denen durch die Absätze 1 und 2 gerade vorgebeugt werden soll. Das rechtfertigt aber nicht, die Nichtigkeit der Garantieverpflichtung anzunehmen, weil dadurch der Verbraucher, dessen Schutz die Bestimmungen in erster Linie dienen, rechtlos gestellt wäre.

945 Das schließt nicht aus, dass der Käufer bei einem Verstoß die Verletzung von Schutz- und Aufklärungspflichten und gemäß §§ 311 Abs. 2, 241 Abs. 2, 280 Ansprüche geltend macht. Diese können unter allerdings extremen Umständen zu einer Rückabwicklung des Vertrags führen. Voraussetzung hierfür wäre allerdings, dass die fehlerhafte Unterrichtung über die Garantie ursächlich für den Abschluss des Vertrags war.

946 Allerdings kommt ein Verstoß gegen das Gesetz gegen den unlauteren Wettbewerb (UWG) unter zwei Gesichtspunkten in Betracht: Zum einen können unklare und missverständliche Garantiebedingungen zum Zwecke irreführender

Werbung im Sinne des § 3 UWG eingesetzt werden. Dass auch Garantiezusagen unter diese Vorschrift fallen können, ist seit langem anerkannt (Baumbach/Hefermehl, Wettbewerbsrecht, § 3 UWG Rdn. 153). Zum anderen kommt ein Verstoß gegen die Generalklausel des § 1 UWG unter dem Gesichtspunkt des Rechtsbruchs in Betracht. Allerdings ist nicht jede Wettbewerbshandlung, die einen Verstoß gegen eine gesetzliche Vorschrift darstellt, schon allein aus diesem Grund sittenwidrig im Sinne des § 1 UWG. Vielmehr muss sich der Verstoß auch auf den Wettbewerb auswirken (Baumbach/Hefermehl, Wettbewerbsrecht, § 1 UWG Rdn. 610f.). Der Schutz des Wettbewerbs ist zwar nicht primäre Zielrichtung der Vorschrift. Vielmehr geht es um den Schutz des Verbrauchers vor ungenauen Garantiebedingungen und die damit mögliche Ungewissheit über die Rechte bei Lieferung einer mangelhaften Kaufsache. Hiermit werden jedoch regelmäßig Auswirkungen auf den Wettbewerb verbunden und von dem Garantiegeber auch beabsichtigt sein, stellt die Garantie gegenüber dem Verbraucher doch ein nicht unerhebliches Werbeargument dar.

Außerdem begründet ein Verstoß gegen § 477 für sich genommen und unabhängig von einem Verstoß gegen § 1 UWG schon einen Unterlassungsanspruch nach § 2 des neuen Unterlassungsklagegesetzes (früher § 22 Abs. 1 AGBG).

3. Rückgriffsansprüche des Händlers beim Verbrauchsgüterkauf

Texte

Der Entwurf sieht erstmals besondere Rückgriffsansprüche in der Lieferkette vor, wenn der letzte Käufer ein Verbraucher ist. Die einschlägigen Regelungen enthalten §§ 478, 479 BGB n.F.. Sie lauten:

§ 478 Rückgriff des Unternehmers

(1) Wenn der Unternehmer die verkaufte neu hergestellte Sache als Folge ihrer Mangelhaftigkeit zurücknehmen musste oder der Verbraucher den Kaufpreis gemindert hat, bedarf es für die in § 437 bezeichneten Rechte des Unternehmers gegen den Unternehmer, der ihm die Sache verkauft hatte (Lieferant), wegen des vom Verbraucher geltend gemachten Mangels einer sonst erforderlichen Fristsetzung nicht.

(2) Der Unternehmer kann beim Verkauf einer neu hergestellten Sache von seinem Lieferanten Ersatz der Aufwendungen verlangen, die der Unternehmer im Verhältnis zum Verbraucher nach § 439 Abs. 2 zu tragen hatte, wenn der vom Verbraucher geltend gemachte Mangel bereits beim Übergang der Gefahr auf den Unternehmer vorhanden war.

(3) In den Fällen der Absätze 1 und 2 findet § 476 mit der Maßgabe Anwendung, dass die Frist mit dem Übergang der Gefahr auf den Verbraucher beginnt.

(4) Auf eine vor Mitteilung eines Mangels an den Lieferanten getroffene Vereinbarung, die zum Nachteil des Unternehmers von den §§ 433 bis 435, 437, 439 bis 443 sowie von den Absätzen 1 bis 3 und von § 479 abweicht, kann sich der Lieferant nicht berufen, wenn dem Rückgriffsgläubiger kein gleichwertiger Ausgleich eingeräumt wird. Satz 1 gilt unbeschadet des § 307 nicht für den Ausschluss oder die Beschränkung des Anspruchs auf Schadensersatz. Die in Satz 1 bezeichneten Vorschriften finden auch Anwendung, wenn sie durch anderweitige Gestaltungen umgangen werden.

(5) Die Absätze 1 bis 4 finden auf die Ansprüche des Lieferanten und der übrigen Käufer in der Lieferkette gegen die jeweiligen Verkäufer entsprechende Anwendung, wenn die Schuldner Unternehmer sind.
(6) § 377 des Handelsgesetzbuchs bleibt unberührt.

§ 479 Verjährung von Rückgriffsansprüchen

(1) Die in § 478 Abs. 2 bestimmten Aufwendungsersatzansprüche verjähren in zwei Jahren ab Ablieferung der Sache.
(2) Die Verjährung der in den §§ 437 und 478 Abs. 2 bestimmten Ansprüche des Unternehmers gegen seinen Lieferanten wegen des Mangels einer an einen Verbraucher verkauften neu hergestellten Sache tritt frühestens zwei Monate nach dem Zeitpunkt ein, in dem der Unternehmer die Ansprüche des Verbrauchers erfüllt hat. Diese Ablaufhemmung endet spätestens fünf Jahre nach dem Zeitpunkt, in dem der Lieferant die Sache dem Unternehmer abgeliefert hat.
(3) Die vorstehenden Absätze finden auf die Ansprüche des Lieferanten und der übrigen Käufer in der Lieferkette gegen die jeweiligen Verkäufer entsprechende Anwendung, wenn die Schuldner Unternehmer sind.

Erläuterung der Vorschriften über den Händlerrückgriff

§ 478 – Rückgriff des Unternehmers

(1) Wenn der Unternehmer die verkaufte neu hergestellte Sache als Folge ihrer Mangelhaftigkeit zurücknehmen musste oder der Verbraucher den Kaufpreis gemindert hat, bedarf es für die in § 437 bezeichneten Rechte des Unternehmers gegen den Unternehmer, der ihm die Sache verkauft hatte (Lieferant), wegen des vom Verbraucher geltend gemachten Mangels einer sonst erforderlichen Fristsetzung nicht.
(2) Der Unternehmer kann beim Verkauf einer neu hergestellten Sache von seinem Lieferanten Ersatz der Aufwendungen verlangen, die der Unternehmer im Verhältnis zum Verbraucher nach § 439 Abs. 2 zu tragen hatte, wenn der vom Verbraucher geltend gemachte Mangel bereits beim Übergang der Gefahr auf den Unternehmer vorhanden war.
(3) In den Fällen der Absätze 1 und 2 findet § 476 mit der Maßgabe Anwendung, dass die Frist mit dem Übergang der Gefahr auf den Verbraucher beginnt.
(4) Auf eine vor Mitteilung eines Mangels an den Lieferanten getroffene Vereinbarung, die zum Nachteil des Unternehmers von den §§ 433 bis 435, 437, 439 bis 443 sowie von den Absätzen 1 bis 3 und von § 479 abweicht, kann sich der Lieferant nicht berufen, wenn dem Rückgriffsgläubiger kein gleichwertiger Ausgleich eingeräumt wird. Satz 1 gilt unbeschadet des § 307

nicht für den Ausschluss oder die Beschränkung des Anspruchs auf Schadensersatz. Die in Satz 1 bezeichneten Vorschriften finden auch Anwendung, wenn sie durch anderweitige Gestaltungen umgangen werden.
(5) Die Absätze 1 bis 4 finden auf die Ansprüche des Lieferanten und der übrigen Käufer in der Lieferkette gegen die jeweiligen Verkäufer entsprechende Anwendung, wenn die Schuldner Unternehmer sind.
(6) § 377 des Handelsgesetzbuchs bleibt unberührt.

Vorbemerkung

§ 478 dient der Umsetzung von Artikel 4 der Verbrauchsgüterkaufrichtlinie. Danach muss der wegen der Mangelhaftigkeit der verkauften Sache von einem Verbraucher in Anspruch genommene Letztverkäufer einen Rückgriffsanspruch gegen einen oder mehrere Glieder der Vertriebskette, also insbesondere Hersteller oder Großhändler, haben. Inhalt und Umfang dieses Anspruchs gibt die Richtlinie nicht vor, sondern überlässt die Regelung insoweit den Mitgliedstaaten. Aus Artikel 4 Satz 1 der Verbrauchsgüterkaufrichtlinie ist aber eindeutig abzuleiten, dass das nationale Recht überhaupt eine Möglichkeit für den Letztverkäufer vorsehen muss, Rückgriff zu nehmen. Damit soll verhindert werden, **dass** der **Einzelhändler allein** die **Nachteile eines verbesserten Verbraucherschutzes** auch dann zu tragen hat, wenn der Grund für seine Haftung, nämlich der Mangel der Sache, nicht in seinem Bereich entstanden ist, sondern etwa – wie es in der Praxis die Regel sein wird – auf einen Fehler im Herstellungsprozess zurückzuführen ist. Es ist erwogen worden, auf eine besondere Regelung zu verzichten. Dies würde aber zur Folge haben, dass der Unternehmer praktisch keinen ausreichenden Rückgriff hat. Das gilt jedenfalls dann, wenn die Verjährungsfrist für Sachmängel bei 2 Jahren angesetzt wird. Die Schaffung einer Rückgriffsregelung ist allgemein gefordert worden (Roth in: Ernst/Zimmermann, S. 225 ff., 250 f.; Ernst/Gsell, ZIP 2000, 1410, 1421 f.; Westermann in: Schulze/Schulte-Nölke, S. 115, 138 und in: Grundmann/Medicus/Rolland, S. 250 ff., 277; Reinking, DAR 2001, 8, 15; Schmidt-Kessel, ÖJZ 2000, 668, 672 f.) und soll deshalb mit § 478 verwirklicht werden.

949

Dem § 478 liegt die Überlegung zugrunde, dass ein derartiger Rückgriff innerhalb der jeweiligen Vertragsbeziehungen vorgenommen werden sollte. Die Bestimmung verzichtet deshalb darauf, (gesetzliche) Ansprüche zwischen Personen zu begründen, die keinen Vertrag geschlossen haben. Ein unmittelbarer Anspruch des Letztverkäufers gegen den Hersteller ist daher durch die Vorschrift jedenfalls dann nicht begründet, wenn bei dem Vertrieb der mangelhaften Sache eine unmittelbare vertragliche Beziehung zwischen beiden nicht besteht, der Letztverkäufer die Sache also etwa von einem Großhändler bezogen hat. Hintergrund dieser Lösung ist, dass ein gesetzlicher Anspruch außerhalb der Vertragsbeziehungen der Lieferkette eine vertragliche Regelung des Rückgriffsanspruchs unmöglich machen würde. Parteien, die keinen Vertrag über die Lieferung geschlossen haben, können die Rückgriffsbeziehung als »Annex« auch

950

nicht vertraglich gestalten. Es erscheint aber angesichts der Vielfalt der Vertriebsformen und der unterschiedlichen zugrundeliegenden vertraglichen Beziehungen unter den beteiligten Kaufleuten sinnvoll, vertragliche Vereinbarungen zur Gestaltung der Rückgriffsansprüche zuzulassen – wenn auch mit der Einschränkung, die sich aus § 478 Abs. 5 ergibt.

Zu Absatz 1

951 § 478 Abs. 1 baut auf der Überlegung auf, dass der Letztverkäufer die Sache seinerseits von einem Dritten (Großhändler) gekauft hat. Ihm stehen deshalb die in § 437 bezeichneten Rechte und Ansprüche wie jedem anderen Käufer auch zu. Dem »Rückgriff« des Letztverkäufers dienen deshalb in erster Linie seine eigenen kaufrechtlichen Rechte und Ansprüche. Satz 1 setzt dies voraus und begründet also keinen neuartigen Anspruch des Letztverkäufers, sondern enthält gewisse Erleichterungen zugunsten des Letztverkäufers bei der Geltendmachung der Rechte und Ansprüche aus § 437.

952 Ausgangsvoraussetzung ist, dass der Letztverkäufer die mangelhafte Sache infolge des Mangels von dem Verbraucher im Rahmen der Nachlieferung (§ 439 Abs. 4), nach Rücktritt des Verbrauchers oder nach Erfüllung eines Verlangens des Verbrauchers nach »großem Schadensersatz« zurücknehmen musste. Ziel der Vorschrift ist es in dieser Situation, dass der Letztverkäufer die Sache möglichst problemlos an seinen Lieferanten »durchreichen«, also weitergeben kann. Zu diesem Zweck bestimmt Satz 1, dass es für die eigenen kaufrechtlichen Rechte und Ansprüche des Letztverkäufers einer sonst, also insbesondere nach § 323 Abs. 1 erforderlichen Fristsetzung nicht bedarf. Der Letztverkäufer kann also unmittelbar nach Rücknahme der mangelhaften Sache seinerseits von dem Kaufvertrag mit seinem Lieferanten zurücktreten, ohne diesem noch eine Gelegenheit zu einer in dieser Situation zumeist sinnlosen Nacherfüllung geben zu müssen.

953 Dabei enthält Absatz 1 einige Einschränkungen: Maßgeblich ist, dass die Rücknahme der Sache durch den Letztverkäufer Folge der Mangelhaftigkeit ist. Wenn der Vertrag aus anderen Gründen, zum Beispiel wegen eines vertraglich vereinbarten Rücktrittsrechts oder wegen der Ausübung eines Widerrufsrechts des Verbrauchers rückabgewickelt wird, findet die Vorschrift keine Anwendung. Verdeutlicht wird dies auch durch die Voraussetzung, dass der Letztverkäufer die Sache zurücknehmen »musste«, die Rücknahme also Folge eines entsprechenden Anspruchs des Verbrauchers war. § 478 Absatz 1 gilt also nicht, wenn der Letztverkäufer die Sache etwa aus Kulanz zum Beispiel im Rahmen eines in der Praxis üblichen »Umtauschs« zurückgenommen hat. Schließlich findet die Vorschrift nur auf »neu hergestellte« Sachen Anwendung. Bei gebrauchten Sachen liegt in aller Regel keine geschlossene Vertriebskette vor, die Erleichterungen bei dem Rückgriff rechtfertigen könnte.

954 Da § 478 Abs. 1 selbst keine Anspruchsgrundlage darstellt, sondern nur Modifikationen der an anderer Stelle geregelten Ansprüche des Käufers wegen der Lieferung einer mangelhaften Sache enthält, müssen selbstverständlich für einen derartigen Rückgriffsanspruch die Voraussetzungen gegeben sein, die das Gesetz

an anderer Stelle für die jeweiligen Ansprüche aufstellt. Voraussetzung ist für alle in § 437 bezeichneten Rechte und Ansprüche die Lieferung einer bei Gefahrübergang mangelhaften Sache durch den Verkäufer.

In diesem Zusammenhang kommt der **einheitlichen Gestaltung** des **Mangelbegriffs** in § 434 eine besondere Rolle zu. Der Rückgriff darf nämlich nicht daran scheitern, dass ein und derselbe Umstand im Verhältnis zu einem Verbraucher als Letztkäufer einen Mangel darstellt, während dies im Verhältnis von Unternehmern untereinander nicht der Fall ist. Etwas anderes kann (und muss) nur dann gelten, wenn besondere Vereinbarungen über die Beschaffenheit zugrunde liegen, die natürlich auch in den einzelnen Vertragsbeziehungen voneinander abweichen können. So kann zum Beispiel eine Waschmaschine, die einen Kratzer aufweist, von dem Hersteller unter Hinweis auf diesen Defekt mit einem entsprechenden Preisnachlass an einen Händler verkauft worden sein. Ein Mangel liegt wegen der entsprechenden Beschaffenheitsvereinbarung dann in diesem Verhältnis nicht vor. Verschweigt der Händler den Kratzer gegenüber seinem Kunden und verkauft die Maschine als einwandfrei weiter, so ist in diesem Vertragsverhältnis sehr wohl ein Mangel gegeben. Die Nachteile hieraus kann der Händler dann aber selbstverständlich nicht an den Hersteller weitergeben.

955

Schwieriger können die Fälle zu lösen sein, in denen ein **Mangel nach Auslieferung** einer Sache **durch** den **Hersteller entsteht, diesem** aber dennoch **zugerechnet** werden muss. Das kann der Fall sein bei Werbeaussagen, die – weil unzutreffend – nach § 434 Abs. 1 Satz 3 die Mangelhaftigkeit begründen, wenn sie erst nach der Auslieferung der Sache durch den Hersteller oder gar erst nach deren Weiterverkauf durch den Großhändler an den Einzelhändler erfolgen. In einem derartigen Fall verletzt der Hersteller aber eine Pflicht aus dem Vertrag mit seinem Abnehmer, weil er nicht zu dessen Lasten nachträglich einen Sachmangel herbeiführen darf. Er haftet deshalb dem Händler aus § 280 Abs. 1. In den Schutzbereich dieses Vertrags sind auch weitere Händler in der Vertragskette einbezogen, zu deren Nachteil sich ein derartiges Verhalten des Herstellers auswirkt.

956

Zu Absatz 2

Absatz 2 stellt im Unterschied zu Absatz 1 eine eigene Anspruchsgrundlage dar. Geregelt ist ein Anspruch des Letztverkäufers gegen seinen Lieferanten auf **Ersatz der Aufwendungen**, die er gegenüber dem Verbraucher gemäß § 439 Abs. 2 zu tragen hat. Dabei handelt es sich um die Aufwendungen für die Nacherfüllung. Diese Kosten hätte ohne den § 478 Abs. 2 regelmäßig der Letztverkäufer zu tragen. Bei einer Herstellergarantie oder beim Vertragshändlervertrag könnte man erwägen, ob der Händler vom Hersteller Ersatz seiner Nachbesserungs- oder Ersatzlieferungskosten nach den Grundätzen der Geschäftsbesorgung nach § 675 Abs. 1 i.V.m. § 670 verlangen kann (dazu: von Westphalen, DB 1999, 2553, 2555 ff.). Dies ist aber für den Nacherfüllungswand nach § 439 aus dem Vertrag zwischen Händler und Kunden kaum begründbar. Ersetzt verlangen könnte der Händler seinen Aufwand ansonsten von seinem Lieferanten nur im

957

Rahmen eines Schadensersatzanspruchs, der aber verschuldensabhängig ist und deshalb nicht stets in Betracht kommt, durch Absatz 2 Satz 1 andererseits aber auch nicht berührt wird. Um auch bei fehlendem Verschulden des Lieferanten eine Weitergabe dieser Aufwendungen zu erreichen, bestimmt § 478 einen hierauf bezogenen, verschuldensunabhängigen Ersatzanspruch.

958 Zu ersetzen sind nur die Aufwendungen, die der Letztverkäufer gemäß § 439 Abs. 2 »zu tragen hatte«. Übernimmt der Letztverkäufer etwa zur Kundenpflege aus Kulanz darüber hinaus Kosten, die ihn an sich zur Verweigerung der Nacherfüllung gemäß § 439 Abs. 3 berechtigen würden, so kann er diese auch nicht nach § 478 Abs. 2 von seinem Lieferanten ersetzt verlangen.

959 Auch der Anspruch aus § 478 Abs. 2 setzt selbstverständlich voraus, dass der Mangel bereits bei Lieferung der Sache an den Letztverkäufer vorhanden war und nicht erst etwa durch falsche Lagerung bei diesem selbst entstanden ist. Im Unterschied zu Absatz 1 muss dies hier ausdrücklich ausgesprochen werden, weil Absatz 2 eine eigene Anspruchsgrundlage mit eigenen Voraussetzungen enthält und nicht auf an anderer Stelle geregelte Ansprüche, die diese Voraussetzung bereits enthalten, Bezug nimmt. Aus denselben Gründen, die schon zu Absatz 1 ausgeführt wurden, enthält auch Absatz 2 eine Beschränkung auf neu hergestellte Sachen.

Zu Absatz 3

960 Absatz 3 bestimmt, dass § 476, also die Beweiserleichterung zugunsten des Verbrauchers, entsprechende Anwendung findet. Damit sollen die Fälle erfasst werden, in denen sich der genaue Zeitpunkt der Mangelhaftigkeit nicht mehr nachweisen lässt. Dann kommt dem Verbraucher bei seinen Ansprüchen gegen den Letztverkäufer die Vermutung des § 476 zugute, wenn der Mangel sich innerhalb der ersten sechs Monate nach dem Gefahrübergang gezeigt hat. Der Letztverkäufer, der gegenüber dem Verbraucher diese Vermutung schon nicht hat entkräften können, könnte in aller Regel auch gegenüber seinem Lieferanten nicht den Nachweis erbringen, dass der Mangel schon bei Lieferung an ihn, den Letztverkäufer, vorlag. Deshalb muss in dem Umfang, in dem der Verbraucher von der Beweislastumkehr des § 476 profitiert, diese auch dem Letztverkäufer zugute kommen. Das wird dadurch erreicht, dass § 478 Abs. 1 Satz 2 die entsprechende Anwendung des § 476 in der Weise vorsieht, dass die sechsmonatige Frist auch im Verhältnis des Letztverkäufers zu seinem Lieferanten erst mit dem Weiterverkauf der Sache an den Verbraucher beginnt. Diese Verlängerung der Vermutung des § 476 ist gerechtfertigt, weil es in § 478 Abs. 1 nur um neu hergestellte Sachen geht, so dass eine Benutzung der Sache durch den Letztverkäufer, die zur Mangelhaftigkeit geführt haben könnte, ausscheidet.

Zu Absatz 4

961 Die **Rückgriffsrechte** sollen **grundsätzlich dispositiv** sein. Absatz 4 schränkt diese Abdingbarkeit der vorstehenden Absätze und des diese ergänzenden, die Verjährung betreffenden § 479 allerdings zum Schutze der meist schwächeren Händler ein. Da hier nur Ansprüche zwischen Unternehmern geregelt werden,

wurde davon abgesehen, die Ansprüche im Rückgriffsverhältnis in vollem Umfang zwingend auszugestalten. Im unternehmerischen Bereich sollten vertragliche Vereinbarungen weiter möglich bleiben, damit den Besonderheiten der jeweiligen Situation angemessen Rechnung getragen werden kann. § 478 Abs. 4 will vor diesem Hintergrund allerdings verhindern, dass Vereinbarungen einseitig zu Lasten des Einzelhändlers ausfallen, etwa indem die soeben erläuterten Ansprüche vollständig ausgeschlossen werden oder die Verjährung der Ansprüche des Einzelhändlers einseitig unangemessen reduziert wird. Die Vorschrift versteht sich als Ergänzung und Erweiterung zu § 307 und bestimmt, dass entsprechende Klauseln nicht nur nach den für Allgemeine Geschäftsbedingungen geltenden Grundsätzen auf ihre Angemessenheit zu überprüfen sind, sondern ein gleichwertiger Ausgleich dem Rückgriffsgläubiger eingeräumt werden muss, zu dessen Nachteil von § 478 Abs. 1 bis 3 oder von § 479 abgewichen wird. Dabei sollen, um der Vielgestaltigkeit der Vertragsbeziehungen Rechnung zu tragen, keine ins Einzelne gehenden Vorgaben gemacht werden. Denkbar sind zum Beispiel pauschale Abrechnungssysteme, in denen zwar Einzelansprüche des Händlers aus § 478 Abs. 2 ausgeschlossen werden, die aber insgesamt auch den berechtigten Interessen des Handels Rechnung tragen.

Zu Absatz 5

Absatz 5 dehnt die vorstehend erläuterten Grundsätze auf die auf die übrigen Verträge einer Lieferkette aus. Dadurch wird erreicht, dass die Nachteile aus der Mangelhaftigkeit einer Sache letztlich der zu tragen hat, in dessen Bereich der Mangel entstanden ist. Allerdings sollen hiervon nur Unternehmer betroffen sein, § 478 Abs. 5 letzter Halbsatz. Nur insoweit erscheint die Anwendung der auf die Bedürfnisse des Handels zugeschnittenen Absätze 1 und 2 gerechtfertigt. Allerdings werden die Fälle, in denen ein Verbraucher eine »neu hergestellte Sache«, also ohne sie zuvor auch nur kurz benutzt zu haben, weiterverkauft, ohnehin eher selten sein.

962

Zu Absatz 6

Die Kaufverträge zwischen dem Händler und dem Lieferanten sowie zwischen den anderen Gliedern der Lieferkette bis hin zum Hersteller sind Handelskäufe und unterliegen daher den diesbezüglichen besonderen Bestimmungen des Handelsgesetzbuchs. Zu diesen gehört auch § 377 HGB. Nach dieser Vorschrift hat der Handelskäufer die vom Handelsverkäufer abgelieferte Ware, soweit dies nach ordnungsgemäßem Geschäftsgang tunlich ist, unverzüglich nach Erhalt der Ware zu untersuchen und, wenn sich hierbei ein Mangel zeigt, diesen auch unverzüglich anzuzeigen. Entsprechendes gilt, wenn sich ein Mangel später zeigt. An dieser Pflicht soll sich nichts ändern. Denn im Zeitpunkt der Ablieferung der Ware steht deren weiteres Schicksal, insbesondere deren Weiterverkauf, noch nicht fest. Es ist deshalb sachgerecht, hier keine Unterscheidungen zwischen den verschiedenen Handelskäufen vorzunehmen und es hier generell bei der Rügepflicht zu belassen.

963

D. Kauf- und Werkvertragsrecht

964 Der Ausschuss hat erwogen, ob die kaufmännische Untersuchungs- und Rügepflicht aus § 377 HGB überhaupt neben der Rückgriffsregelung aus § 478 BGB n. F. bestehen bleiben sollte. Er bejaht diese Frage. Die Verpflichtung des Kaufmanns zur Untersuchung und ggf. Rüge dabei entdeckter Mängel hat unabhängig davon ihre Berechtigung, ob bzw. auf welche Weise die Ware weiter verkauft wird, ob also insbesondere ein Verbraucher am Ende der Vertriebskette steht. Dabei soll nicht nur die gesetzliche Regelung des § 377 HGB, sondern auch die Zulässigkeit hiervon abweichender Vereinbarungen unberührt bleiben. Bereits zu dem geltenden Recht hat die Rechtsprechung entschieden, dass Vertragsklauseln über Ausschlussfristen, die die Rügemöglichkeit praktisch vollständig beseitigen, unwirksam sind (s. etwa BGHZ 115, 324 zu der Vereinbarung einer Ausschlussfrist von drei Tagen für die Rüge versteckter und erkennbarer Mängel). Es ist also sichergestellt, dass dem seinen Untersuchungs- und Rügepflichten nachkommenden Kaufmann der Rückgriff erhalten bleibt.

§ 479 – Verjährung von Rückgriffsansprüchen

(1) Die in § 478 Abs. 2 bestimmten Aufwendungsersatzansprüche verjähren in zwei Jahren ab Ablieferung der Sache.
(2) Die Verjährung der in den §§ 437 und 478 Abs. 2 bestimmten Ansprüche des Unternehmers gegen seinen Lieferanten wegen des Mangels einer an einen Verbraucher verkauften neu hergestellten Sache tritt frühestens zwei Monate nach dem Zeitpunkt ein, in dem der Unternehmer die Ansprüche des Verbrauchers erfüllt hat. Diese Ablaufhemmung endet spätestens fünf Jahre nach dem Zeitpunkt, in dem der Lieferant die Sache dem Unternehmer abgeliefert hat.
(3) Die vorstehenden Absätze finden auf die Ansprüche des Lieferanten und der übrigen Käufer in der Lieferkette gegen die jeweiligen Verkäufer entsprechende Anwendung, wenn die Schuldner Unternehmer sind.

Zu Absatz 1

965 Absatz 1 enthält die Verjährungsfrist für die in § 478 Abs. 2 bestimmten Ansprüche. Dabei handelt es sich um die Ansprüche des Unternehmers gegen seinen Lieferanten auf Ersatz der Aufwendungen, die der Unternehmer im Verhältnis zu dem Verbraucher nach § 439 Abs. 2 zu tragen hatte. Erfasst sind auch die entsprechenden Ansprüche des Lieferanten und der übrigen Käufer in der Lieferkette, wie sich aus der Anführung auch des § 478 Abs. 3 ergibt. Diese Ansprüche sollen nach § 479 Abs. 1 in zwei Jahren verjähren. Dies entspricht der allgemein in § 438 Abs. 1 Nr. 3 bestimmten Verjährungsfrist für die Mängelansprüche des Käufers. Da dort nur die Ansprüche auf Nacherfüllung, Schadensersatz und Ersatz vergeblicher Aufwendungen aus § 437 Nr. 1 und 3 erwähnt sind, bedarf es einer besonderen Vorschrift, die auch für die Verjährung der Aufwendungsersatzansprüche aus § 478 Abs. 2 und 3 eine eigene Frist bestimmt.

966 Die Frist beginnt mit der Ablieferung der Sache. Gemeint ist die Ablieferung durch den Lieferanten an den Unternehmer bzw. im Falle des § 478 Abs. 3 an den sonstigen Käufer innerhalb der Lieferkette. Das entspricht dem allgemein für die Verjährung von Mängelansprüchen in § 438 Abs. 2 für bewegliche Sachen, um die es hier wegen § 474 Abs.1 allein geht, bestimmten Zeitpunkt. Er muss hier besonders erwähnt werden, weil der Verjährungsbeginn sich sonst nach den allgemeinen Vorschriften richten würde und die Verjährung deshalb gemäß § 200 Satz 1 erst mit der Fälligkeit des Aufwendungsersatzanspruchs, also mit dem Anfall der zu ersetzenden Aufwendungen, beginnen würde. Dadurch würde der Aufwendungsersatzanspruch aber hinsichtlich der Verjährung erheblich besser behandelt als die eigentlich im Vordergrund stehenden Mängelansprüche aus § 437 Nr. 1 und 3. Um dieses nicht zu rechtfertigende Ergebnis zu vermeiden, knüpft § 479 Abs. 1 für den Verjährungsbeginn ebenso wie § 438 Abs. 2 an die Ablieferung an. Damit wird ein Gleichlauf bei der Verjährung sämtlicher vertraglicher Ansprüche erreicht, die aus der Lieferung einer mangelhaften Sache folgen.

Zu Absatz 2

Zu Satz 1

967 § 479 Abs. 2 Satz 1 enthält eine **Ablaufhemmung** für die Verjährung der in den §§ 437 und 478 Abs. 2 bestimmten Ansprüche. Damit wird eine notwendige Ergänzung zu den Rückgriffsansprüchen aus § 478 geschaffen. Die Verjährung der in den § 437 und 478 Abs. 2 geregelten Ansprüche beginnt – wie soeben ausgeführt – einheitlich mit der Ablieferung der Sache in dem jeweiligen Vertragsverhältnis. Diese kann – insbesondere bei einem frühen Glied der Lieferkette – erheblich früher liegen als die Ablieferung an den Verbraucher. So kann es zum Beispiel vorkommen, dass der Verbraucher erst deutlich nach Ablauf der zwei Jahre im Verhältnis Hersteller – Großhändler seine Mängelansprüche gegenüber seinem Verkäufer geltend macht. Um einen effektiven Rückgriff zu erzielen, den Artikel 4 der Verbrauchsgüterkaufrichtlinie erfordert, ist es aber notwendig, Vorkehrungen dagegen zu treffen, dass in einer nennenswerten Anzahl der Fälle die Rückgriffsansprüche bereits verjährt sind, wenn der jeweilige Gläubiger zum ersten Mal von der Mangelhaftigkeit der Sache erfährt.

968 § 479 Abs. 2 Satz 1 sieht deshalb vor, dass die Verjährung, deren Frist nach § 479 Abs. 1 bzw. § 438 Abs. 1 Nr. 3 zwei Jahre beträgt, nicht vor Ablauf von zwei Monaten nach dem Zeitpunkt eintritt, in dem der Unternehmer die Ansprüche des Verbrauchers erfüllt hat. Hat also der Unternehmer zum Beispiel die Sache vor ihrem Weiterverkauf an einen Verbraucher sechs Monate bei sich eingelagert und wendet sich der Verbraucher erst kurz vor Ablauf der zweijährigen Verjährungsfrist an den Unternehmer, so wären die Ansprüche des Unternehmers gegen den Lieferanten an sich bereits verjährt, weil bereits mehr als zwei Jahre nach dem Kauf der Sache durch den Unternehmer verstrichen sind. § 479 Abs. 2 Satz 1 verhindert aber den Eintritt der Verjährung; der Unternehmer hat jetzt noch zwei Monate nach Erfüllung der Ansprüche des Verbrauchers Zeit, um seine Rückgriffsansprüche gegen den Lieferanten geltend zu machen.

D. Kauf- und Werkvertragsrecht

Zu Satz 2

969 Die Regelung des Satzes 1 kann insbesondere für den Hersteller, aber auch für andere Glieder einer Vertriebskette, zu misslichen Folgen führen. Sie wissen häufig nicht genau, wieviel Zeit verstreicht, bis die Sache zu dem Verbraucher gelangt. Nach Satz 1 könnte es aber bei entsprechend **langen Lagerzeiten** bei Groß- oder Einzelhändlern vorkommen, dass der Hersteller im Wege des Rückgriffs **noch weit über zwei Jahre** nach dem Zeitpunkt hinaus, in dem er die Sache seinem Käufer (Großhändler) abgeliefert hat, in Anspruch genommen wird. Um dieses Risiko im Interesse einer unternehmerischen Kalkulierbarkeit zu begrenzen, sieht § 479 Abs. 2 Satz 2 eine Obergrenze für die Ablaufhemmung vor. Spätestens fünf Jahre nach der Ablieferung der Sache durch den Lieferanten an den Unternehmer endet die in § 479 Abs. 2 Satz 1 geregelte Ablaufhemmung. Wenn nicht andere Gründe, zum Beispiel die Hemmung durch ein gerichtliches Verfahren, entgegenstehen, tritt also in diesem Zeitpunkt die Verjährung ein, auch wenn später noch Aufwendungen des Unternehmers gegenüber dem Verbraucher entstehen. Das belastet den Händler nicht unangemessen, weil er die Lagerzeiten bei sich beeinflussen und so im eigenen Interesse einen zu späten Weiterverkauf der Sache vermeiden kann. Es entspricht ohnehin der neueren Entwicklung, die Lagerzeiten im Handel zu reduzieren.

Zu Absatz 3

970 Absatz 3 dehnt die soeben beschriebenen Grundsätze für die Verjährung auf die anderen Vertragsverhältnisse in der Lieferkette aus, wie dies schon § 478 Abs. 3 für die Anspruchsbegründung vorsieht.

4. Änderungen im Werkvertragsrecht

Texte

971 Mit dem Entwurf werden die Vorschriften des Werkvertragsrechts über die Mängelhaftung an die Veränderungen im allgemeinen Schuldrecht angepasst. Die Neuerungen sind in den neu gefassten und neu eingefügten §§ 633 bis 638 BGB n. F. enthalten. Diese lauten:

§ 633 Sach- und Rechtsmangel

(1) Der Unternehmer hat dem Besteller das Werk frei von Sach- und Rechtsmängeln zu verschaffen.

(2) Das Werk ist frei von Sachmängeln, wenn es die vereinbarte Beschaffenheit hat. Soweit die Beschaffenheit nicht vereinbart ist, ist das Werk frei von Sachmängeln,
1. wenn es sich für die nach dem Vertrag vorausgesetzte, sonst
2. für die gewöhnliche Verwendung eignet und eine Beschaffenheit aufweist, die bei Werken der gleichen Art üblich ist und die der Besteller nach der Art des Werks erwarten kann.

Einem Sachmangel steht es gleich, wenn der Unternehmer ein anderes als das bestellte Werk oder das Werk in zu geringer Menge herstellt.

(3) Das Werk ist frei von Rechtsmängeln, wenn Dritte in Bezug auf das Werk keine oder nur die im Vertrag übernommenen Rechte gegen den Besteller geltend machen können.

§ 634   Rechte des Bestellers bei Mängeln

Ist das Werk mangelhaft, kann der Besteller, wenn die Voraussetzungen der folgenden Vorschriften vorliegen und soweit nicht ein anderes bestimmt ist,
1. nach § 635 Nacherfüllung verlangen,
2. nach § 637 den Mangel selbst beseitigen und Ersatz der erforderlichen Aufwendungen verlangen,
3. nach den §§ 636, 323 und 326 Abs. 5 von dem Vertrag zurücktreten oder nach § 638 die Vergütung mindern und
4. nach den §§ 636, 280, 281, 283 und 311a Schadensersatz oder nach § 284 Ersatz vergeblicher Aufwendungen verlangen.

§ 634a   Verjährung der Mängelansprüche

(1) Die in § 634 Nr. 1, 2 und 4 bezeichneten Ansprüche verjähren
1. vorbehaltlich der Nummer 2 in zwei Jahren bei einem Werk, dessen Erfolg in der Herstellung, Wartung oder Veränderung einer Sache oder in der Erbringung von Planungs- oder Überwachungsleistungen hierfür besteht,
2. in fünf Jahren bei einem Bauwerk und einem Werk, dessen Erfolg in der Erbringung von Planungs- oder Überwachungsleistungen hierfür besteht, und
3. im Übrigen in der regelmäßigen Verjährungsfrist.

(2) Die Verjährung beginnt in den Fällen des Absatzes 1 Nr. 1 und 2 mit der Abnahme.

(3) Abweichend von Absatz 1 Nr. 1 und 2 und Absatz 2 verjähren die Ansprüche in der regelmäßigen Verjährungsfrist, wenn der Unternehmer den Mangel arglistig verschwiegen hat. Im Fall des Absatzes 1 Nr. 2 tritt die Verjährung jedoch nicht vor Ablauf der dort bestimmten Frist ein.

(4) Für das in § 634 bezeichnete Rücktrittsrecht gilt § 218. Der Besteller kann trotz einer Unwirksamkeit des Rücktritts nach § 218 Abs. 1 die Zahlung der Vergütung insoweit verweigern, als er auf Grund des Rücktritts dazu berechtigt sein würde. Macht er von diesem Recht Gebrauch, kann der Unternehmer vom Vertrag zurücktreten.

(5) Auf das in § 634 bezeichnete Minderungsrecht finden § 218 und Absatz 4 Satz 2 entsprechende Anwendung.

§ 635   Nacherfüllung

(1) Verlangt der Besteller Nacherfüllung, so kann der Unternehmer nach seiner Wahl den Mangel beseitigen oder ein neues Werk herstellen.

(2) Der Unternehmer hat die zum Zweck der Nacherfüllung erforderlichen Aufwendungen, insbesondere Transport-, Wege-, Arbeits- und Materialkosten zu tragen.

(3) Der Unternehmer kann die Nacherfüllung unbeschadet des § 275 Abs. 2 und 3 verweigern, wenn sie nur mit unverhältnismäßigen Kosten möglich ist.

(4) Stellt der Unternehmer ein neues Werk her, so kann er vom Besteller Rückgewähr des mangelhaften Werks nach Maßgabe der §§ 346 bis 348 verlangen.

D. Kauf- und Werkvertragsrecht

§ 636 Besondere Bestimmungen für Rücktritt und Schadensersatz

Außer in den Fällen der §§ 281 Abs. 2 und 323 Abs. 2 bedarf es der Fristsetzung auch dann nicht, wenn der Unternehmer die Nacherfüllung gemäß § 635 Abs. 3 verweigert oder wenn die Nacherfüllung fehlgeschlagen oder dem Besteller unzumutbar ist.

§ 637 Selbstvornahme

(1) Der Besteller kann wegen eines Mangels des Werks nach erfolglosem Ablauf einer von ihm zur Nacherfüllung bestimmten angemessenen Frist den Mangel selbst beseitigen und Ersatz der erforderlichen Aufwendungen verlangen, wenn nicht der Unternehmer die Nacherfüllung zu Recht verweigert.

(2) § 323 Abs. 2 findet entsprechende Anwendung. Der Bestimmung einer Frist bedarf es auch dann nicht, wenn die Nacherfüllung fehlgeschlagen oder dem Besteller unzumutbar ist.

(3) Der Besteller kann von dem Unternehmer für die zur Beseitigung des Mangels erforderlichen Aufwendungen Vorschuss verlangen.

§ 638 Minderung

(1) Statt zurückzutreten, kann der Besteller die Vergütung durch Erklärung gegenüber dem Unternehmer mindern. Der Ausschlussgrund des § 323 Abs. 5 Satz 2 findet keine Anwendung.

(2) Sind auf der Seite des Bestellers oder auf der Seite des Unternehmers mehrere beteiligt, so kann die Minderung nur von allen oder gegen alle erklärt werden.

(3) Bei der Minderung ist die Vergütung in dem Verhältnis herabzusetzen, in welchem zurzeit des Vertragsschlusses der Wert des Werks in mangelfreiem Zustand zu dem wirklichen Wert gestanden haben würde. Die Minderung ist, soweit erforderlich, durch Schätzung zu ermitteln.

(4) Hat der Besteller mehr als die geminderte Vergütung gezahlt, so ist der Mehrbetrag vom Unternehmer zu erstatten. § 346 Abs. 1 und § 347 Abs. 1 finden entsprechende Anwendung.

§ 639 Haftungsausschluss

Auf eine Vereinbarung, durch welche die Rechte des Bestellers wegen eines Mangels ausgeschlossen oder beschränkt werden, kann sich der Unternehmer nicht berufen, wenn er den Mangel arglistig verschwiegen oder eine Garantie für die Beschaffenheit des Werks übernommen hat.

Erläuterung der Änderungen im Werkvertragsrecht

Zu den §§ 633 bis 639

972 Die §§ 633 bis 639 betreffen die Haftung des Werkunternehmers für Mängel des Werks. Sie sollen mit der Neufassung an die geänderten Vorschriften über die Mängelhaftung des Verkäufers angepasst werden. Die notwendigen sachlichen

Änderungen sind dabei deutlich geringer als im Kaufrecht, da letzteres mit der Einführung eines Nacherfüllungsanspruchs und der Abhängigkeit des Rücktritts und der Minderung von einer Fristsetzung bereits an die Konzeption der Mängelgewährleistung im Werkvertragsrecht angepasst wurde. Allerdings lassen sich Änderungen schon deshalb nicht vermeiden, weil das Werkvertragsrecht etwa für die Wandelung und die Minderung in dem bisherigen § 634 Abs. 4 auf die entsprechenden kaufrechtlichen Vorschriften verweist, diese aber nicht in der in Bezug genommenen Form fortbestehen. So liegt der Fassung auch des bisherigen § 634 Abs. 1 Satz 3 die Konzeption von einem »Anspruch« auf Wandelung oder Minderung zugrunde; der bisherige § 634 Abs. 4 verweist für den Vollzug der Wandelung auf den aufgehobenen § 465. Eine Anpassung der Gewährleistungsvorschriften im Kauf- und Werkvertragsrecht ist aber auch schon wegen der großen Ähnlichkeit der beiden Vertragstypen in weiten Bereichen wünschenswert.

Die nachfolgenden Vorschriften ersetzen die §§ 633 bis 638; § 639 wird durch den bisherigen § 637 ersetzt (Nummer 39) und damit in seiner bisherigen Fassung aufgehoben.

973

§ 633 – Sach- und Rechtsmangel

(1) Der Unternehmer hat dem Besteller das Werk frei von Sach- und Rechtsmängeln zu verschaffen.

(2) Das Werk ist frei von Sachmängeln, wenn es die vereinbarte Beschaffenheit hat. Soweit die Beschaffenheit nicht vereinbart ist, ist das Werk frei von Sachmängeln,
1. wenn es sich für die nach dem Vertrag vorausgesetzte, sonst
2. für die gewöhnliche Verwendung eignet und eine Beschaffenheit aufweist, die bei Werken der gleichen Art üblich ist und die der Besteller nach der Art des Werks erwarten kann.

Einem Sachmangel steht es gleich, wenn der Unternehmer ein anderes als das bestellte Werk oder das Werk in zu geringer Menge herstellt.

(3) Das Werk ist frei von Rechtsmängeln, wenn Dritte in Bezug auf das Werk keine oder nur die im Vertrag übernommenen Rechte gegen den Besteller geltend machen können.

Zu Absatz 1

Absatz 1 entspricht der Regelung zum Kaufvertrag in § 433 Abs. 1 Satz 2. Hinsichtlich der Sachmängel ersetzt sie den alten § 633 Abs. 1.

974

Für Rechtsmängel enthält das Werkvertragsrecht bislang keine Bestimmung. Sie spielen beim Werkvertrag eine geringere Rolle als beim Kaufvertrag, insbesondere wenn der Werklieferungsvertrag außer Betracht gelassen wird. Aber auch beim Werkvertrag im engeren Sinne kommen Rechtsmängel vor, vor allem im Hinblick auf Rechte aus dem Bereich des Urheberrechts und des gewerblichen Rechtsschutzes. Insoweit werden im alten Recht die bisherigen §§ 434 ff.

975

entsprechend angewendet. Wenn jedoch das Gewährleistungsrecht im Werkvertragsrecht überarbeitet wird, ist es zweckmäßig, hier auch die Haftung für Rechtsmängel ausdrücklich zu regeln. Da die Unterschiede zwischen Kauf- und Werkvertrag sich nicht auf Sach- und Rechtsmängel auswirken, ist eine gleichartige Regelung wie im Kaufrecht möglich. Die zum Kaufvertrag dargestellten Überlegungen gelten auch hier. Da beim Werkvertrag die Sachmängelfreiheit schon gegenwärtig zu den Leistungspflichten des Werkunternehmers gehört, tritt insofern keine Änderung gegenüber dem geltenden Recht ein.

Zu Absatz 2

Zu Satz 1

976 Satz 1 stimmt mit der Umschreibung des Sachmangels beim Kauf in § 434 Abs. 1 Satz 1 überein. Maßgeblich ist zunächst, ob das Werk die vereinbarte Beschaffenheit hat. So wie im geltenden Recht die entsprechende Definition des bisherigen § 633 Abs. 1 derjenigen für den Kauf in dem bisherigen § 459 Abs. 1 Satz 1 gleicht, soll auch in Zukunft zwischen den entsprechenden Regelungen für beide Vertragstypen kein Unterschied bestehen.

Zu Satz 2

977 Satz 2 erfasst den Fall, dass eine bestimmte **Beschaffenheit nicht vertraglich vereinbart** ist, und stellt hierfür auf die Eignung zunächst für die nach dem Vertrag vorausgesetzte, dann für die gewöhnliche Verwendung ab. Dies entspricht dem Vorschlag der Schuldrechtskommission und dem Ausgangspunkt in § 434 Abs. 1 Satz 2 für das Kaufrecht. Letztgenannte Vorschrift enthält allerdings noch eine Ergänzung, die auf die übliche Beschaffenheit verweist und hierbei in § 434 Abs. 1 Satz 3 die Haftung für Werbeaussagen des Verkäufers oder Herstellers mit einbezieht und auf Artikel 2 Abs. 2 Buchstabe d der Verbrauchsgüterkaufrichtlinie zurückgeht. Dies wird für das Werkvertragsrecht nicht übernommen. Die Regelung ist auf den Verkauf von Massenwaren zugeschnitten, die typischerweise Gegenstand der Werbung insbesondere durch den Hersteller sind. Für Werkverträge spielt sie keine Rolle, insbesondere nachdem gemäß § 651 bei der Lieferung herzustellender Sachen in sehr weitgehendem Umfang Kaufrecht und damit auch § 434 Abs. 1 Satz 2 und 3 anzuwenden ist. Einen von dem Werkunternehmer als Vertragspartner zu unterscheidenden Hersteller, der eine Werbung durchführen könnte, gibt es im Werkvertragsrecht nicht, da gerade die Herstellung selbst Vertragsgegenstand ist. Eine eventuelle Werbung durch den Werkunternehmer selbst müsste sich an den Vertragspartner, den Besteller, richten. Soweit hier von konkreten Eigenschaften des Werks die Rede ist, wird regelmäßig eine Beschaffenheitsvereinbarung anzunehmen sein.

978 Erwogen, im Ergebnis aber verworfen worden ist der Vorschlag von Weyers (Gutachten Bd. III S. 281), in die Vorschrift eine ausdrückliche Regelung des Inhalts einzustellen, dass grundsätzlich die anerkannten Regeln der Technik einzuhalten sein sollen. Dass, soweit nicht etwas anderes vereinbart ist, die anerkannten Regeln der Technik einzuhalten sind, ist nicht zweifelhaft. Eine ausdrückli-

che Erwähnung bringt deshalb keinen Nutzen. Sie könnte andererseits zu dem Missverständnis verleiten, dass der Werkunternehmer seine Leistungspflicht schon dann erfüllt hat, sobald nur diese Regeln eingehalten sind, auch wenn das Werk dadurch nicht die vertragsgemäße Beschaffenheit erlangt hat. Eine solche Risikoverteilung wäre nicht sachgerecht. Das Risiko, dass sich die anerkannten Regeln der Technik als unzulänglich erweisen, muss der sachnähere Werkunternehmer tragen, nicht der Besteller.

Zu Satz 3

Satz 3 stellt eine Übereinstimmung zum Kaufrecht (§ 434 Abs. 3) auch hinsichtlich der Falschlieferung und der Zuweniglieferung her. Beide Erscheinungsformen spielen zwar beim Werkvertrag eine geringere Rolle als beim Kaufvertrag, sind aber auch hier nicht ohne Bedeutung. 979

Zu Absatz 3

Die Vorschrift übernimmt für den Werkvertrag die Beschreibung des Rechtsmangels aus § 435 Satz 1. 980

§ 634 – Rechte des Bestellers bei Mängeln

Ist das Werk mangelhaft, kann der Besteller, wenn die Voraussetzungen der folgenden Vorschriften vorliegen und soweit nicht ein anderes bestimmt ist,
1. nach § 635 Nacherfüllung verlangen,
2. nach § 637 den Mangel selbst beseitigen und Ersatz der erforderlichen Aufwendungen verlangen,
3. nach den §§ 636, 323 und 326 Abs. 5 von dem Vertrag zurücktreten oder nach § 638 die Vergütung mindern und
4. nach den §§ 636, 280, 281, 283 und 311a Schadensersatz oder nach § 284 Ersatz vergeblicher Aufwendungen verlangen.

§ 634 übernimmt für das Werkvertragsrecht eine dem § 437 entsprechende Regelung. Auf die Ausführungen zur Begründung dieser Bestimmung kann deshalb an dieser Stelle zunächst Bezug genommen werden. Es sind lediglich die folgenden ergänzenden Bemerkungen veranlasst: 981

Zu Nummer 1
Nacherfüllung

Durch den Werkvertrag wird der Werkunternehmer verpflichtet, das vereinbarte Werk mangelfrei herzustellen. Kommt er dieser Verpflichtung nicht nach, kann der Besteller Nacherfüllung verlangen. Zu entscheiden ist, ob der Werkunternehmer diesen Anspruch des Bestellers auch durch Herstellung eines neuen Werks erfüllen kann und wem die Wahl zwischen Mängelbeseitigung oder Neuherstellung zusteht. 982

983   Im alten Recht kann der Besteller nach dem bisherigen § 633 Abs. 2 Satz 1 die Beseitigung des Mangels verlangen, wenn das Werk mit Fehlern behaftet ist oder nicht die zugesicherten Eigenschaften hat. Der zur Nachbesserung verpflichtete Werkunternehmer hat gemäß dem bisherigen § 633 Abs. 2 Satz 2 in Verbindung mit § 476a auch die zum Zwecke der Nachbesserung erforderlichen Aufwendungen zu tragen. Erfordert die Beseitigung des Mangels einen unverhältnismäßigen Aufwand, kann sie der Werkunternehmer verweigern (bisheriger § 633 Abs. 2 Satz 3).

984   Der Besteller hat gemäß dem bisherigen § 633 Abs. 2 nur einen Anspruch auf Mängelbeseitigung. Nach dem Wortlaut der Vorschrift kann er eine Neuherstellung selbst dann nicht verlangen, wenn die Nachbesserung für ihn unzumutbar ist. Andererseits ist auch dem Werkunternehmer nicht freigestellt, ob er das fehlerhafte Werk nachbessert oder ein neues Werk herstellt.

985   Der Entwurf regelt den Nacherfüllungsanspruch im Einzelnen in § 635, auf den § 634 Nr. 1 verweist. Die Grundstruktur ähnelt derjenigen der entsprechenden kaufrechtlichen Vorschrift des § 439, weicht allerdings hinsichtlich der Frage, wem das Wahlrecht zwischen den verschiedenen Arten der Nacherfüllung zustehen soll, von der kaufrechtlichen Lösung bewusst ab. Die weiteren Einzelheiten finden sich in den Erläuterungen zu § 635.

Zu Nummer 2

Selbstvornahme

986   Kommt der Werkunternehmer dem Nacherfüllungsbegehren des Bestellers nicht nach oder schlägt die Nacherfüllung fehl, stellt sich die Frage, ob und unter welchen Voraussetzungen der Besteller den Mangel selbst beseitigen kann. Auch erscheint klärungsbedürftig, ob der Besteller die durch die Selbstbeseitigung entstehenden Kosten zunächst aufwenden muss oder ob er vom Werkunternehmer einen Vorschuss verlangen kann.

987   Im alten Recht bestimmt der bisherige § 633 Abs. 3, dass der Besteller den Mangel selbst beseitigen und Ersatz der erforderlichen Aufwendung verlangen kann, wenn der Werkunternehmer mit der Beseitigung des Mangels im Verzug ist. Das Ersatzvornahmerecht des Bestellers setzt Verzug des Werkunternehmers mit der Mängelbeseitigung voraus. Notwendig ist also stets, dass der Werkunternehmer dem Mängelbeseitigungsverlangen des Bestellers schuldhaft nicht nachgekommen ist. Dieses von einem Verschulden des Werkunternehmers abhängige Selbstvornahmerecht ist nicht sachgerecht. Auch fehlt eine Regelung, ob der Besteller, der den Mangel selbst beseitigen will, vom Werkunternehmer einen Vorschuss für die erforderlichen Aufwendungen verlangen kann.

988   § 637 übernimmt den Regelungsgehalt des bisherigen § 633 Abs. 3, **verzichtet** aber auf das **Erfordernis des Verzugs** im Sinne einer schuldhaften Verzögerung der Mängelbeseitigung und ergänzt die Vorschrift um den Anspruch des Bestellers auf Vorschuss für die zur Beseitigung des Mangels erforderlichen Aufwendungen.

989   § 634 Nr. 2 nennt diese Vorschrift, auf deren Erläuterung wegen der weiteren Einzelheiten verwiesen wird.

Zu Nummer 3
Rücktritt

Kommt der Werkunternehmer dem Nacherfüllungsbegehren des Bestellers nicht nach oder schlägt die Nacherfüllung fehl und macht der Besteller von seinem Selbstbeseitigungsrecht keinen Gebrauch, ist dem Besteller die Möglichkeit einzuräumen, sich vom Vertrag zu lösen. Auch wenn der Rücktritt im Werkvertragsrecht mitunter praktische Schwierigkeiten auslöst und insbesondere bei Verträgen über Errichtung von Bauwerken auf einem Grundstück des Bestellers technisch nicht durchführbar ist, kann auf ein Rücktrittsrecht des Bestellers im Gesetz nicht verzichtet werden. Das gebietet zunächst das Interesse des Bestellers, dem bei einem Mangel des Werkes mit einer Minderung des Werklohns nicht immer gedient ist, solange nicht wegen vollständiger Wertlosigkeit des Werkes der Werklohn voll herauszugeben ist. Die Rückabwicklung des Vertrags statt Minderung des Werklohns kann auch für den Werkunternehmer interessengerecht sein, zum Beispiel für den Bauträger, der neben der Errichtung des Bauwerks die Übereignung des Grundstücks schuldet und nach Rücktritt des Bestellers vom Vertrag das Objekt anderweitig verwerten kann. Ist Gegenstand des Werkvertrags z. B. eine Maschine, ist dem Besteller mit einer Kürzung des Werklohns nicht gedient, wenn die technisch komplizierte Reparatur nur von Leuten des Werkunternehmers vorgenommen werden kann, der sie aber verweigert hat. Hier muss dem Besteller die Möglichkeit bleiben, vom Vertrag zurückzutreten, um sich die Maschine bei einem anderen Werkunternehmer zu beschaffen. 990

§ 634 Nr. 2 betrifft in seinem zweiten Fall deshalb die Aufhebung des Werkvertrags durch den Besteller bei Mangelhaftigkeit des Werks. Zu erörtern ist, unter welchen Voraussetzungen der Besteller vom Vertrag zurücktreten kann. 991

Nach geltendem Recht gewährt der bisherige § 634 Abs. 1 dem Besteller nach erfolglosem Ablauf einer dem Werkunternehmer zur Mängelbeseitigung gesetzten Frist mit Ablehnungsandrohung einen Anspruch auf Wandelung des Vertrags; der Anspruch auf Beseitigung des Mangels ist ausgeschlossen. Ist die Beseitigung des Mangels unmöglich oder wird sie vom Werkunternehmer verweigert oder hat der Besteller ein besonderes Interesse an der Geltendmachung des Wandelungsanspruchs, bedarf es keiner Fristsetzung (bisheriger § 634 Abs. 2). Bei unerheblichen Mängeln ist die Wandelung ausgeschlossen (bisheriger § 634 Abs. 3). 992

Das **Wandelungsrecht** des Bestellers ist als **Anspruch auf Rückgängigmachung** des Vertrags ausgestaltet. Auch muss die gesetzte Nachfrist stets mit einer Ablehnungsandrohung verbunden sein. Diese Regelungen erschweren in der Praxis die Durchführung der Wandelung. Insbesondere entspricht die vom Besteller gesetzte Frist häufig nicht den Anforderungen des bisherigen § 634 Abs. 1 Satz 1. 993

Nummer 2 Fall 2 verweist für das Rücktrittsrecht auf die Vorschriften des allgemeinen Leistungsstörungsrechts, die auch für das Rücktrittsrecht des Bestellers ein angemessenes Regelungsmodell enthalten. Inhaltlich stimmt das mit dem Rücktritt nach dem bisherigen § 634 Abs. 1 und 3 überein, ersetzt wird aber das Recht zur Wandelung durch ein Rücktrittsrecht, das Gestaltungsrecht des Be- 994 stellers wird. Durch die Bezugnahme auf § 323 kommt zum Ausdruck, dass – wie nach dem bisherigen § 634 Abs. 1 Satz 3 – der Besteller erst nach fruchtlosem Ablauf einer von ihm dem Werkunternehmer zur Nacherfüllung bestimmten Frist vom Vertrag zurücktreten kann (§ 323 Abs. 1). Auch wird damit erreicht, dass – wie nach dem bisherigen § 634 Abs. 3 – der Rücktritt wegen eines unerheblichen Mangels ausgeschlossen ist (vgl. § 323 Abs. 5 Satz 2). Auf Grund der Verweisung ist der Rücktritt auch dann nicht möglich, wenn der Besteller für den Mangel des Werks allein oder weit überwiegend verantwortlich ist (vgl. § 323 Abs. 5). Weiter ist durch die Bezugnahme auf § 323 Abs. 4 der Besteller bereits vor dem Eintritt der Fälligkeit zum Rücktritt berechtigt, wenn offensichtlich ist, dass die Voraussetzungen für das Rücktrittsrecht eintreten werden. Schließlich ist bei Unmöglichkeit der Nacherfüllung gemäß § 326 Abs. 1 Satz 2, Abs. 5 die Möglichkeit zum Rücktritt ohne Fristsetzung eröffnet, wie nach dem bisherigen § 634 Abs. 2.

Minderung

995 Will der Besteller trotz mangelhafter Herstellung des Werks durch den Werkunternehmer am Vertrag festhalten, kann ihm nicht zugemutet werden, den vereinbarten Werklohn in voller Höhe zu leisten. In diesem Fall stellt sich die Frage, ob und unter welchen Voraussetzungen er den Werklohn entsprechend herabsetzen kann und welche Rechtsfolgen sich aus einer solchen Minderung des Werklohns ergeben. Dies regelt § 638, auf den § 634 Nr. 3 Fall 2 verweist.

996 Im alten Recht gewährt der bisherige § 634 Abs. 1 dem Besteller nach erfolglosem Ablauf einer dem Werkunternehmer zur Mängelbeseitigung gesetzten Frist einen Anspruch auf Herabsetzung der Vergütung; der Anspruch auf Beseitigung des Mangels ist ausgeschlossen. Ist die Beseitigung des Mangels unmöglich oder wird sie vom Werkunternehmer verweigert oder hat der Besteller ein besonderes Interesse an der Geltendmachung des Minderungsanspruchs, bedarf es keiner Fristbestimmung (bisheriger § 634 Abs. 2). Das Minderungsrecht ist als Anspruch auf Herabsetzung der Vergütung ausgestaltet. Die gesetzte Frist muss stets mit einer Ablehnungsandrohung verbunden sein. Diese Regelung sowie die Berechnung des Minderungsbetrags gemäß den bisherigen §§ 634 Abs. 4, 472 erschweren in der Praxis die Durchführung der Minderung. § 638 sieht hier Änderungen vor. Wegen der weiteren Einzelheiten wird auf die Erläuterungen zu dieser Vorschrift Bezug genommen.

Zu Nummer 4

Schadensersatz oder Ersatz vergeblicher Aufwendungen

997 Stellt der Werkunternehmer ein mangelhaftes Werk her, verletzt er eine Vertragspflicht. Hat er diese Pflichtverletzung zu vertreten, kann der Besteller Schadensersatz verlangen. Zu entscheiden ist, unter welchen weiteren Voraussetzungen dieser Schadensersatzanspruch geltend gemacht werden kann und welche Rechtsfolgen er nach sich zieht.

998 Im alten Recht kann der Besteller nach dem bisherigen § 635 statt der Wandelung oder Minderung Schadensersatz wegen Nichterfüllung verlangen, wenn der

Mangel des Werks auf einem vom Werkunternehmer zu vertretenden Umstand beruht. Der bisherige § 635 gewährt dem Besteller einen Schadensersatzanspruch nur statt der Wandelung oder Minderung, nach deren Vollzug kann er Schadensersatz nicht mehr verlangen. Die Alternativität von Wandelung/Minderung und Schadensersatz ist – wie beim Kaufvertrag – unbefriedigend und wird zu Recht kritisiert (Nachweise bei MünchKomm/Soergel § 638 Rdn. 9; Soergel/Teichmann § 638 Rdn. 17; Palandt/Sprau, § 638 Rdn. 3).

Weit mehr Schwierigkeiten bereitet der Praxis die Abgrenzung des Schadensersatzanspruchs aus dem bisherigen § 635 zu den Ansprüchen aus positiver Forderungsverletzung wegen der Schäden, die mit Mängeln zusammenhängen (Mangelfolgeschäden). Die Abgrenzung ist erforderlich, weil für Ansprüche aus positiver Forderungsverletzung die kurzen Verjährungsfristen des bisherigen § 638 nicht gelten, sie auch nicht den Voraussetzungen des bisherigen § 634 Abs. 1 Satz 1 unterliegen. Alle Versuche, den »engeren« Mangelfolgeschaden, dessen Ersatz sich nach § 635 mit den kurzen Verjährungsfristen des § 638 richtet, von den »entfernteren« Mangelfolgeschäden, deren Ersatz nach den Regeln der positiven Forderungsverletzung innerhalb von dreißig Jahren verlangt werden kann, abzugrenzen, sind nicht überzeugend und für die Rechtsanwendung wenig hilfreich. Die kasuistische Rechtsprechung hat keine eindeutigen Abgrenzungskriterien geschaffen (und konnte dies wohl auch nicht), da die Grenze zwischen mittelbaren, entfernteren Folgeschäden zu unmittelbaren, engeren Mangelfolgeschäden nur in jedem Einzelfall unter Berücksichtigung der Besonderheiten der Werkleistung gezogen werden kann. 999

§ 634 Nr. 3 regelt den Anspruch des Bestellers auf Schadensersatz wegen Nichterfüllung bei Mangelhaftigkeit des Werks durch eine alle Schadensersatzansprüche umfassende Verweisung auf die allgemeinen Vorschriften. 1000

Durch die Verweisung auf § 280 wird klargestellt, dass der **Besteller, wenn die Pflichtverletzung vom Werkunternehmer** zu **vertreten ist, Ersatz seines Schadens** verlangen kann, gleichgültig ob der Schaden durch den Mangel entstanden ist, nicht mit dem Mangel zusammenhängt oder zwar mit dem Mangel zusammenhängt, aber dessen entferntere Folge ist. Damit wird die überaus unbefriedigende Unterscheidung zwischen Mangelschaden, Mangelfolgeschaden und sonstigen Schäden entbehrlich. Zugleich ist damit die Möglichkeit geschaffen, für alle Schadensersatzansprüche wegen eines Mangels des Werks eine einheitliche Verjährungsfrist zu schaffen. 1001

Die Verweisung auf § 281 bedeutet, dass der Besteller wegen eines Mangels des Werks selbst Schadensersatz erst verlangen kann, wenn die dem Werkunternehmer zur Nacherfüllung gesetzte Frist erfolglos abgelaufen ist. Diese Regelung entspricht dem geltenden Recht (bisheriger § 634 Abs. 1). 1002

Abweichend vom alten Recht (bisheriger § 635) kann der Besteller Schadensersatz auch neben seinen weiteren Rechten auf Grund der Pflichtverletzung (Rücktritt oder Minderung) verlangen, wie § 325 klarstellt. Im Übrigen kann wegen der Parallelität der Regelung im Kaufrecht auf die Erläuterungen zu § 437 Nr. 3 Bezug genommen werden. 1003

D. *Kauf- und Werkvertragsrecht*

§ 634a – Verjährung der Mängelansprüche

(1) Die in § 634 Nr. 1, 2 und 4 bezeichneten Ansprüche verjähren
1. vorbehaltlich der Nummer 2 in zwei Jahren bei einem Werk, dessen Erfolg in der Herstellung, Wartung oder Veränderung einer Sache oder in der Erbringung von Planungs- oder Überwachungsleistungen hierfür besteht,
2. in fünf Jahren bei einem Bauwerk und einem Werk, dessen Erfolg in der Erbringung von Planungs- oder Überwachungsleistungen hierfür besteht, und
3. im Übrigen in der regelmäßigen Verjährungsfrist.

(2) Die Verjährung beginnt in den Fällen des Absatzes 1 Nr. 1 und 2 mit der Abnahme.

(3) Abweichend von Absatz 1 Nr. 1 und 2 und Absatz 2 verjähren die Ansprüche in der regelmäßigen Verjährungsfrist, wenn der Unternehmer den Mangel arglistig verschwiegen hat. Im Fall des Absatzes 1 Nr. 2 tritt die Verjährung jedoch nicht vor Ablauf der dort bestimmten Frist ein.

(4) Für das in § 634 bezeichnete Rücktrittsrecht gilt § 218. Der Besteller kann trotz einer Unwirksamkeit des Rücktritts nach § 218 Abs. 1 die Zahlung der Vergütung insoweit verweigern, als er auf Grund des Rücktritts dazu berechtigt sein würde. Macht er von diesem Recht Gebrauch, kann der Unternehmer vom Vertrag zurücktreten.

(5) Auf das in § 634 bezeichnete Minderungsrecht finden § 218 und Absatz 4 Satz 2 entsprechende Anwendung.

Zu Absatz 1

1004   Absatz 1 regelt die Verjährungsfristen der in § 634 bezeichneten Ansprüche auf Nacherfüllung, Aufwendungsersatz und Schadensersatz. Die Unwirksamkeit der in § 634 genannten Rücktritts- und Minderungsrechte im Falle der Verjährung des Nacherfüllungsanspruchs bestimmt sich nach § 218 und den hierauf verweisenden § 638 Abs. 5 (siehe hierzu auch die Vorbemerkungen zu § 438).

Zu Nummer 1

1005   In Nummer 1 wird bestimmt, welche Ansprüche in 2 Jahren verjähren. Das sind Ansprüche wegen Fehlern eines Werks, dessen in der Herstellung, Wartung oder Veränderung einer Sache, die kein Bauwerk ist, besteht. Diesen Ansprüche werden gleichgestellt Ansprüche wegen mangelhafter Planungs- und Überwachungsleistungen mit denen wegen mangelhafter Ausführung des Werks selbst auch auf den Bereich der Herstellung, Wartung oder Veränderung einer anderen Sache ausgedehnt. Die Mängelansprüche gegen den Gartenplaner sollen genauso wie die gegen den nur ausführenden Gartenbauer der zweijährigen Verjährungsfrist unterfallen. Ähnliches würde etwa für die Herstellung von größeren Maschinen gelten. Die Verjährung von Ansprüchen gegen denjenigen, der sie konstruiert und insbesondere ihre Auslegung plant, soll genauso lang sein wie die

Verjährung von Ansprüchen gegen den, der diese Planung ausführt und die Anlage baut.

Zu Nummer 2

In Nummer 2 wird die fünfjährige Verjährungsfrist des bisherigen § 638 Abs. 1 für Ansprüche wegen eines Mangels eines Bauwerks übernommen. Der Entwurf sieht keine Veranlassung, an dieser Frist etwas zu ändern. Dabei ist durchaus berücksichtigt, dass Mängel bei der Herstellung eines Bauwerks auch erst nach Ablauf von fünf Jahren auftreten können. In der Praxis wird in Fällen, in denen dies zuvor absehbar ist, eine Verlängerung der Verjährungsfrist vereinbart werden können. Im Gegensatz zur Grundregel des geltenden Rechts (§ 225) sieht nämlich das Gesetz wie bereits erwähnt – in § 202 Abs. 2 die Möglichkeit einer Verlängerung der Verjährungsfrist bis zu einer Obergrenze von 30 Jahren vor. Berücksichtigt man andererseits, dass in einer Vielzahl von Fällen die Abgrenzung zwischen Mängeln und Abnutzungsschäden Schwierigkeiten bereitet, so muss die Verjährungsfrist von fünf Jahren als ein angemessener Ausgleich der Parteiinteressen angesehen werden. Diese Verjährungsfrist gilt auch für auf eine Bauwerk bezogenen Planungs- und Überwachungsleistungen.

1006

Zu Nummer 3

Nach der Nummer 3 verjähren die Mängelansprüche bei einem Werk, das in einem anderen Erfolg als dem der Herstellung oder Veränderung einer Sache besteht, in der regelmäßigen Verjährungsfrist von drei Jahren (§ 195). Dementsprechend richtet sich der Verjährungsbeginn u. a. nach dem Kenntnis- oder Erkennbarkeitskriterium gemäß § 199 Abs. 1 Nr. 2.

1007

Damit wird verjährungsrechtlich eine Trennlinie zwischen körperlichen Arbeitsprodukten und unkörperlichen Arbeitsergebnissen gezogen. Entlehnt ist diese Differenzierung dem § 631 Abs. 2.

1008

Für die große Mehrzahl der Werkleistungen ist es im Interesse der Sicherheit des Geschäftsverkehrs erforderlich, hinsichtlich des Beginns der Verjährung von Mängelansprüchen allein auf das objektive Kriterium der Abnahme abzustellen (siehe Absatz 2) und damit in Kauf zu nehmen, dass Mängelansprüche verjähren können, bevor der Besteller überhaupt von ihnen Kenntnis genommen hat. Diese Auswirkungen werden bei körperlichen Arbeitsprodukten dadurch abgemildert, dass die Feststellung etwaiger Mängel gerade wegen der Verkörperung zumeist mit geringeren Schwierigkeiten behaftet ist. Bei unkörperlichen Arbeitsergebnissen hingegen ist es für den Besteller tendenziell schwieriger, etwaige Mängel festzustellen.

1009

Zu Absatz 2

Nach Absatz 2 beginnt die in Absatz 1 Nr. 1 und 2 bestimmte Verjährung der Werkmängelansprüche mit der Abnahme. Dies entspricht dem bisherigen § 638 Abs. 1 Satz 2. Soweit die Ansprüche in den Fällen des Absatzes 1 Nr. 3 in der regelmäßigen Verjährungsfrist verjähren, richtet sich der Verjährungsbeginn naturgemäß nach § 199 Abs. 1, wonach die Fälligkeit des Anspruchs und die

1010

Kenntnis bzw. grob fahrlässige Unkenntnis von den anspruchsbegründenden Umständen und der Person des Schuldners maßgebend sind.

Zu Absatz 3

1011   Nach Absatz 3 verjähren abweichend von Absatz 1 Nr. 1 und 2 die Ansprüche in der regelmäßigen Verjährungsfrist, wenn der Unternehmer den Mangel arglistig verschwiegen hat. Auch nach dem bisherigen § 638 Abs. 1 Satz 1 findet in den Arglistfällen die regelmäßige Verjährungsfrist Anwendung. Die Regelung des Absatzes 3 entspricht der kaufvertraglichen Parallelvorschrift des § 438 Abs. 3, auf dessen Begründung Bezug genommen wird. Durch Satz 2 wird eine Besserstellung des arglistig handelnden Werkunternehmers, die nach dem Regierungsentwurf in bestimmten Fällen eintreten konnte, vermieden.

Zu Absatz 4

1012   Absatz 4 tritt an die Stelle der in dem bisherigen § 639 Abs. 1 enthaltenen Verweisung auf den bisherigen § 478. Hinsichtlich der Ausgestaltung der Vorschrift wird auf die Begründung zu § 438 Abs. 4 verwiesen.

Zu Absatz 5

1013   Absatz 5 erklärt die §§ 218 und 634a Abs. 4, die das Rücktrittsrecht betreffen, für entsprechend anwendbar. Dadurch wird – wie auch im Kaufrecht (§ 438 Abs. 5) – die verjährungsrechtliche Konsequenz aus der Umgestaltung der Minderung zu einem Gestaltungsrecht gezogen. Der Werkunternehmer kann sich also auch gegenüber der Minderungserklärung des Bestellers mit der Wirkung des § 218 auf die Verjährung des Nacherfüllungsanspruchs gemäß § 634a E berufen und gegenüber einem noch nicht verjährten Vergütungsanspruch die Einrede gemäß § 634a Abs. 4 erheben, die mit gewissen Modifikationen (Verzicht auf die Mängelanzeige) geltendem Recht entspricht (bisher § 639 Abs. 1, § 478).

§ 635 – Nacherfüllung

(1) Verlangt der Besteller Nacherfüllung, so kann der Unternehmer nach seiner Wahl den Mangel beseitigen oder ein neues Werk herstellen.

(2) Der Unternehmer hat die zum Zweck der Nacherfüllung erforderlichen Aufwendungen, insbesondere Transport-, Wege-, Arbeits- und Materialkosten zu tragen.

(3) Der Unternehmer kann die Nacherfüllung unbeschadet des § 275 Abs. 2 und 3 verweigern, wenn sie nur mit unverhältnismäßigen Kosten möglich ist.

(4) Stellt der Unternehmer ein neues Werk her, so kann er vom Besteller Rückgewähr des mangelhaften Werks nach Maßgabe der §§ 346 bis 348 verlangen.

Zu Absatz 1

Die Vorschrift räumt dem Besteller bei einem Mangel des Werks einen Nacherfüllungsanspruch ein. Verlangt der Besteller Nacherfüllung, hat der Unternehmer nach seiner Wahl das Werk nachzubessern oder ein neues Werk herzustellen.

Inhaltlich stimmt die Regelung mit dem alten Recht überein. Zwar gewährt der bisherige § 633 Abs. 2 Satz 1 dem Besteller nur einen Anspruch auf Mängelbeseitigung. Auch ist ein Wahlrecht des Unternehmers nicht ausdrücklich vorgesehen. Rechtsprechung und Schrifttum gehen jedoch einhellig davon aus, dass eine umfassende Mängelbeseitigung auch zu einem vollständigen Ersatz der bisher mangelhaft erbrachten Leistungen durch neue mangelfreie führen kann, wenn anders der mit der Mängelbeseitigung verfolgte Zweck verfehlt würde (BGHZ 96, 111, 118; Palandt/Sprau Rdn. 3 vor § 633). Ebenso wird es dem Unternehmer nach Treu und Glauben gestattet, ein von ihm nachzubesserndes Werk neu herzustellen (BGHZ 96, 111, 119). Diese in Rechtsprechung und Schrifttum vertretene Auffassung soll in der Neuregelung zum Ausdruck kommen. Abweichend vom Wortlaut des bisherigen § 633 Abs. 2 Satz 1 kann daher der Besteller bei Mangelhaftigkeit des Werks nicht Beseitigung des Mangels, sondern allgemein Nacherfüllung verlangen. Dem Unternehmer steht es frei, ob er dem Nacherfüllungsbegehren des Bestellers durch Nachbesserung nachkommt oder ob er falls das für ihn günstiger ist – das Werk völlig neu herstellt.

Das **Wahlrecht soll nicht** dem **Besteller zustehen**. Die gegenteilige Entscheidung beim Kaufvertrag zugunsten des Käuferwahlrechts in § 439 Abs. 1 beruht im Wesentlichen auf den Vorgaben der Verbrauchsgüterkaufrichtlinie. Da § 651 sämtliche der Richtlinie unterfallenden Werkverträge dem Kaufrecht unterstellt, bestehen insoweit auch keine Umsetzungsverpflichtungen im Werkvertragsrecht mehr. Hinsichtlich der verbleibenden Werkverträge ist der deutsche Gesetzgeber daher nicht mehr durch die Richtlinie gebunden. Die Interessenlage ist beim Werkvertrag auch anders: Sein Inhalt geht nämlich über einen bloßen Austausch bereits bestehender Leistungsgegenstände hinaus. Das Werk selbst muss vielmehr erst noch hergestellt werden. Da deshalb der Werkunternehmer viel enger mit dem Produktionsprozess selbst befasst ist als der Verkäufer, sollte auch ihm die Wahl überlassen bleiben, auf welche Weise er dem Nacherfüllungsbegehren des Bestellers nachkommt. In der Regel kann auch der Unternehmer auf Grund seiner größeren Sachkunde leichter entscheiden, ob der Mangel durch Nachbesserung behoben werden kann oder ob es hierfür notwendig ist, das Werk insgesamt neu herzustellen – eine Maßnahme, die letztlich sogar kostengünstiger sein kann.

Die berechtigten Interessen des Bestellers werden dadurch nicht in unzumutbarer Weise beeinträchtigt: Er hat ein Recht darauf, dass das Werk mangelfrei hergestellt wird. Ob dies durch Nachbesserung oder Neuherstellung geschieht, ist für ihn grundsätzlich ohne Bedeutung. Ist die eine oder die andere Art der Nacherfüllung für ihn nicht zumutbar, kann er auch ohne eine ausdrückliche Klarstellung im Gesetzestext aus dem Grundsatz von Treu und Glauben die

1014

1015

1016

1017

Annahme der vom Hersteller angebotenen Nacherfüllung ablehnen. Das Risiko, eine falsche Wahl zu treffen, wird dem Besteller genommen.

Zu Absatz 2

1018 Absatz 2 sieht vor, dass der Werkunternehmer die zum Zweck der Nacherfüllung erforderlichen Aufwendungen zu tragen hat. Die Bestimmung entspricht dem geltenden Recht (bisheriger § 633 Abs. 2 Satz 2 in Verbindung mit § 476a Satz 1) und dem § 439 Abs. 2 im Kaufrecht.

Zu Absatz 3

1019 Die Vorschrift begrenzt den Anspruch des Bestellers auf Nacherfüllung.

1020 Aus der allgemeinen Vorschrift des § 275 ergibt sich, dass der Werkunternehmer nicht zur Nacherfüllung verpflichtet ist, soweit und solange sie ihm nicht möglich (§ 275 Abs. 1) oder nicht zumutbar (§ 275 Abs. 2) ist. Diese Regelung stimmt inhaltlich mit dem bisherigen § 633 Abs. 2 Satz 3 überein. Zwar sieht das geltende Recht eine Verweigerung der Mängelbeseitigung durch den Unternehmer nur dann vor, wenn sie einen unverhältnismäßigen Aufwand erfordert. Eine solche Unverhältnismäßigkeit wird von der Rechtsprechung aber vor allem angenommen, wenn die Mängelbeseitigung für den Unternehmer nach Treu und Glauben nicht zumutbar ist (BGH, NJW 1973, 138, 139). Es ist daher sachgerecht, wenn die Regeln des allgemeinen Leistungsstörungsrechts insoweit auch für die Verpflichtung des Werkunternehmers zur Nacherfüllung gelten. Auf diese Weise wird der Nacherfüllungsanspruch des Bestellers insbesondere in den Fällen eingeschränkt, in denen der Mangel des Werks auf einem Verschulden eines Lieferanten des Werkunternehmers beruht und der Werkunternehmer die Mangelhaftigkeit des Werks nicht zu vertreten hat. Hier wird dem Werkunternehmer eine Nacherfüllung regelmäßig nicht zumutbar sein.

1021 § 635 Abs. 3 ergänzt daher die allgemeine Vorschrift des § 275 in ähnlicher Weise, wie das oben zu § 439 im Kaufrecht dargestellt wurde. Abweichungen ergeben sich nur daraus, dass sich hier die Unmöglichkeit bzw. die Einreden aus § 275 Abs. 2 bzw. § 635 Abs. 3 von vornherein auf den Nacherfüllungsanspruch insgesamt und nicht auf die einzelnen Arten der Nacherfüllung beziehen, weil der Anspruch des Bestellers nur auf Nacherfüllung, nicht aber auf eine ihrer Arten gerichtet ist. Mit § 635 Abs. 3 wird die Pflicht des Werkunternehmers zur Nacherfüllung eingeschränkt, wenn ein Mangel des Werks nur durch unverhältnismäßige Kosten beseitigt werden kann. In einem solchen Fall soll der Werkunternehmer auch dann von der Nacherfüllung befreit sein, wenn ihm diese unter Umständen noch zumutbar ist.

Zu Absatz 4

1022 Absatz 4 räumt dem Werkunternehmer, der Nacherfüllung in Form der Herstellung eines neuen Werks leistet, einen Anspruch auf Rückgewähr des mangelhaften Werks nach den §§ 346 bis 348 ein, da anderenfalls fraglich sein könnte, ob er das mangelhafte Werk vom Besteller nach den Vorschriften des Rücktrittsrechts oder nach den Bestimmungen über die ungerechtfertigte Bereicherung herausverlangen kann. Die Vorschrift entspricht § 439 Abs. 4 im Kaufrecht.

§ 636 – Besondere Bestimmungen für Rücktritt und Schadensersatz

Außer in den Fällen der §§ 281 Abs. 2 und 323 Abs. 2 bedarf es der Fristsetzung auch dann nicht, wenn der Unternehmer die Nacherfüllung gemäß § 635 Abs. 3 verweigert oder wenn die Nacherfüllung fehlgeschlagen oder dem Besteller unzumutbar ist.

Die Vorschrift entspricht inhaltlich und in ihrer Funktion dem § 440 Satz 1 im Kaufrecht, weshalb zunächst auf die dort zur Erläuterung erfolgten Ausführungen Bezug genommen werden kann. Durch die in § 636 geregelte Verweisung auf § 281 Abs. 2 wird zum Ausdruck gebracht, dass – wie auch in dem bisherigen § 634 Abs. 2 vorgesehen – in gewissen, in § 281 Abs. 2 aufgeführten Fällen die Bestimmung einer Frist entbehrlich ist. Darüber hinaus bedarf es einer Frist auch dann nicht, wenn die Nacherfüllung fehlgeschlagen oder dem Besteller unzumutbar ist. Entsprechendes gilt wegen der Verweisung auf § 323 Abs. 2 für den Rücktritt vom Werkvertrag und – wegen § 638 Abs. 1 Satz 1 – für die Minderung des Werklohns. 1023

§ 637 – Selbstvornahme

(1) Der Besteller kann wegen eines Mangels des Werks nach erfolglosem Ablauf einer von ihm zur Nacherfüllung bestimmten angemessenen Frist den Mangel selbst beseitigen und Ersatz der erforderlichen Aufwendungen verlangen, wenn nicht der Unternehmer die Nacherfüllung zu Recht verweigert.
(2) § 323 Abs. 2 findet entsprechende Anwendung. Der Bestimmung einer Frist bedarf es auch dann nicht, wenn die Nacherfüllung fehlgeschlagen oder dem Besteller unzumutbar ist.
(3) Der Besteller kann von dem Unternehmer für die zur Beseitigung des Mangels erforderlichen Aufwendungen Vorschuss verlangen.

Zu Absatz 1

Absatz 1 sieht entsprechend dem alten Recht vor, dass der Besteller unter gewissen Voraussetzungen berechtigt ist, selbst den Mangel zu beseitigen und Ersatz der hierfür notwendigen Aufwendungen zu verlangen. An diesem Mängelbeseitigungsrecht, das für die Praxis von großer Bedeutung ist, hält der Entwurf weiter fest. 1024

Abweichend von dem bisherigen § 633 Abs. 3 wird das Ersatzvornahmerecht des Bestellers aber nicht von dem Verzug des Werkunternehmers mit der Mängelbeseitigung, sondern von dem erfolglosen Ablauf einer vom Besteller gesetz- 1025 ten angemessenen Frist zur Nacherfüllung abhängig gemacht. Bereits nach geltendem Recht kann Verzug des Werkunternehmers mit der Mängelbeseitigung nur dann angenommen werden, wenn dem Werkunternehmer nach Zugang der Mahnung eine angemessene Frist für die Behebung des Mangels eingeräumt wurde (vgl. MünchKomm/Soergel, § 633 Rdn. 143). Es ist daher sachgerecht, in Zukunft nicht mehr auf Verzug des Bestellers, sondern allein auf eine Fristsetzung abzustellen. Danach kommt es nicht mehr darauf an, ob die ausgebliebene Nacherfüllung vom Werkunternehmer zu vertreten ist oder nicht. Dies kann der Besteller in aller Regel nicht beurteilen. Auf Grund der Unzuverlässigkeit des Werkunternehmers wird er nicht mehr das Vertrauen haben, dass dieser die erforderliche Nachbesserung ordnungsgemäß ausführen wird. Der Besteller hat bereits dann ein berechtigtes Interesse, selbst den Mangel beseitigen zu lassen. Mit dem Erfordernis der Fristsetzung werden einheitliche Voraussetzungen für das Selbstvornahmerecht des Bestellers, den Rücktritt des Bestellers vom Vertrag und die Minderung des Werklohns durch den Besteller geschaffen.

1026   Hat der Werkunternehmer die Nacherfüllung verweigert, weil sie einen unverhältnismäßigen Aufwand erfordert (§ 635 Abs. 3), muss auch das Recht des Bestellers, den Mangel selbst zu beseitigen und vom Werkunternehmer Ersatz unverhältnismäßig hoher Aufwendungen zu verlangen, ausgeschlossen sein. Dies bestimmt der letzte Halbsatz des Absatzes 1.

Zu Absatz 2

Zu Satz 1

1027   Satz 1 verweist auf § 323 Abs. 2. In den dort genannten Ausnahmefällen setzt das Ersatzvornahmerecht des Bestellers deshalb nicht die Bestimmung und den Ablauf einer Frist voraus. Der Besteller braucht eine Frist zur Nacherfüllung danach nicht zu setzen, wenn sie offensichtlich erfolglos wäre, der Werkunternehmer also zur Mängelbeseitigung nicht in der Lage ist. Einer Fristsetzung bedarf es auch dann nicht, wenn dem Werkvertrag ein Fixgeschäft zugrunde liegt, z.B. bei einem Vertrag über eine bis zu einem bestimmten Zeitpunkt fertigzustellende Autoreparatur. Schließlich bedarf es keiner Fristsetzung, wenn sie aus besonderen Gründen unter Abwägung der beiderseitigen Interessen entbehrlich erscheint.

Zu Satz 2

1028   Zusätzlich sieht Satz 2 vor, dass eine Frist auch dann nicht bestimmt werden muss, wenn die Mängelbeseitigung fehlgeschlagen oder dem Besteller unzumutbar ist. Dies entspricht der bereits im Kaufrecht zu § 439 Abs. 2 und oben zu § 636 im Zusammenhang mit dem Ausschluss des Rücktrittsrechts erörterten Regelung. Eine Unzumutbarkeit wird hier allerdings nicht häufig in Betracht kommen: Sie kann sich in diesem Zusammenhang nur auf die Unzumutbarkeit der Nacherfüllung gerade durch den Werkunternehmer beziehen, da der Besteller den mit der Nacherfüllung herbeizuführenden Erfolg, nämlich das mangelfreie Werk, ja gerade im Wege der Ersatzvornahme erreichen will. Man kann hier – wie auch schon im Kaufrecht – die Unzumutbarkeit auch als einen Unterfall des Fehlschlagens verstehen. Im Interesse eines Gleichlaufs mit dem

Kaufrecht, dort veranlasst durch die Verbrauchsgüterkaufrichtlinie, soll dieses Kriterium dennoch neben dem Fehlschlagen gesondert genannt werden.

Zu Absatz 3

Nach h. M. (vgl. BGHZ 47, 272; 68, 373, 378; Palandt/Sprau, § 633 Rdn. 9) kann der Besteller von dem Werkunternehmer die Zahlung eines Vorschusses für die voraussichtlich entstehenden Mängelbeseitigungskosten verlangen. Dieser Vorschussanspruch soll in Anlehnung an § 669 ausdrücklich geregelt werden.

§ 638 – Minderung

(1) Statt zurückzutreten, kann der Besteller die Vergütung durch Erklärung gegenüber dem Unternehmer mindern. Der Ausschlussgrund des § 323 Abs. 5 Satz 2 findet keine Anwendung.

(2) Sind auf der Seite des Bestellers oder auf der Seite des Unternehmers mehrere beteiligt, so kann die Minderung nur von allen oder gegen alle erklärt werden.

(3) Bei der Minderung ist die Vergütung in dem Verhältnis herabzusetzen, in welchem zurzeit des Vertragsschlusses der Wert des Werks in mangelfreiem Zustand zu dem wirklichen Wert gestanden haben würde. Die Minderung ist, soweit erforderlich, durch Schätzung zu ermitteln.

(4) Hat der Besteller mehr als die geminderte Vergütung gezahlt, so ist der Mehrbetrag vom Unternehmer zu erstatten. § 346 Abs. 1 und § 347 Abs. 1 finden entsprechende Anwendung.

Zu Absatz 1

Zu Satz 1

Satz 1 entspricht dem alten Recht (bisheriger § 634 Abs. 1 und 3), regelt die Minderung aber als Gestaltungsrecht. Er sieht durch die Bezugnahme auf das Rücktrittsrecht (»Statt zurückzutreten«) ebenso wie § 441 Abs. 1 Satz 1 im Kaufrecht vor, dass der Besteller – wie nach dem bisherigen § 634 Abs. 1 Satz 3 – erst nach fruchtlosem Ablauf einer von ihm dem Werkunternehmer zur Nacherfüllung bestimmten angemessenen Frist mindern kann.

Zu Satz 2

Satz 2 erklärt – ebenso wie § 441 Abs. 1 Satz 2 im Kaufrecht – den Ausschlussgrund des § 323 Abs. 5 Satz 2 für die Minderung nicht für anwendbar. Deshalb ist ebenso wie für die Minderung im geltenden Recht (bisheriger § 634 Abs. 3), jedoch anders als beim Rücktrittsrecht nach § 634 Nr. 2 in Verbindung mit § 323 eine Herabsetzung des Werklohns durch den Besteller grundsätzlich auch dann möglich, wenn der Mangel den Wert oder die Tauglichkeit des Werks nur unerheblich mindert.

Zu Absatz 2

1032   Absatz 2 betrifft die Minderung bei Besteller- oder Unternehmermehrheit. Auf Grund der Regelung der Minderung als Gestaltungsrecht kann die Vorschrift des bisherigen § 474, die über den bisherigen § 634 Abs. 4 auch für den Werkvertrag anwendbar ist, nicht beibehalten werden. Vielmehr ist entsprechend § 351 (bisheriger § 356) – eine Unteilbarkeit der Minderung vorzusehen (vgl. schon die Erläuterung zu § 441 Abs. 2 im Kaufrecht). Bei der Beteiligung mehrerer soll die Minderung deshalb nicht auf einzelne beschränkt werden; sie kann nur einheitlich erklärt werden. Besonderheiten aus einem Innenverhältnis (etwa Gesamthandsverhältnis oder Wohnungseigentümergemeinschaft) bleiben unberührt.

Zu Absatz 3

1033   Absatz 3 regelt die Berechnung der Minderung in einer dem § 441 Abs. 3 im Kaufrecht entsprechender Weise. Satz 2 bestimmt ebenso wie § 441 Abs. 3 Satz 3 für das Kaufrecht, dass erforderlichenfalls der Minderungsbetrag durch Schätzung zu ermitteln ist.

Zu Absatz 4

1034   Hat der Besteller den Werklohn bereits ganz oder teilweise gezahlt, steht ihm nach der Minderung gemäß Absatz 4 ein Anspruch auf Rückzahlung des geleisteten Mehrbetrags nach Rücktrittsrecht zu. Auch dies entspricht dem Kaufrecht, § 441 Abs. 4.

E. Elektronischer Geschäftsverkehr, Integration der Verbraucherschutzgesetze

I. Wichtigste Änderungen im Überblick

1. AGB-Gesetz

Das AGB-Gesetz wird in Gestalt der neuen §§ 305 bis 310 BGB n.F. in das BGB integriert. Die neuen Vorschriften folgen nach Struktur und Aufbau dem AGB-Gesetz und werden auch als Block integriert, um dem Anwender den Übergang zu erleichtern. Es ergeben sich **einige Änderungen:** 1036
- Die Vorschriften über die Einbeziehung gelten künftig generell für Versicherungsverträge und nicht nur für nicht genehmigungspflichtige Versicherungsverträge. Die Ausnahme von den Einbeziehungsvorschriften für den Bereich der Deutschen Post und der Telekommunikationsgesellschaften wird auf das unabdingbare Maß (Briefkästen, call by call-Verfahren usw.) reduziert.
- Die Möglichkeit, die Haftung für Körperschäden auf grobe Fahrlässigkeit zu reduzieren, wird abgeschafft, weil die Richtlinie 93/13/EWG (sog. Klauselrichtlinie) dies nicht zulässt.
- In § 307 Abs. 2 Nr. 3 BGB n.F. wird das Transparenzgebot nunmehr gesetzlich normiert.
- Die bisherigen Nummern 8 bis 11 des § 11 AGB-Gesetz werden zusammengefasst, weil sie auf der bisherigen Struktur des Leistungsstörungs- und Gewährleistungsrechts aufbauen. Wesentliche Änderungen ergeben sich hierdurch aber nicht.

2. Verbraucherkreditgesetz

Das Verbraucherkreditgesetz ist im Anschluss an den Kaufvertrag in das BGB integriert worden (§§ 491 ff. BGB n.F.). Dabei sind die Vorschriften des Verbraucherkreditgesetzes mit den Vorschriften über das Gelddarlehen (jetzt §§ 488 ff. BGB n.F.) verbunden worden. Hierbei ergeben sich zwei entscheidende Änderungen: 1037
- Die Struktur der Vorschriften ist anders: Während Kredit nach dem Verbraucherkreditgesetz nicht nur das Darlehen, sondern auch die sog. Finanzierungshilfe ist, ist das Darlehen nach den neuen Vorschriften nur das reine Gelddarlehen. Die Regelungen über Finanzierungshilfen folgen im Anschluss gesondert (§§ 499 ff. BGB).
- In § 490 BGB n.F. wird das außerordentliche Kündigungsrecht bei Hypothekendarlehen normiert, das die Rechtsprechung entwickelt hat.

3. Fernabsatz und Haustürwiderruf

1038 Die Vorschriften des Fernabsatzgesetzes und des Haustürwiderrufsgesetzes werden weitgehend unverändert in das BGB überführt. Hierbei sollen allerdings – um den Gesetzestext zu entschlacken – im BGB nur die Grundaussagen getroffen, wohingegen die Details der Informationspflichten in der sog. »Verordnung über Informationspflichten« untergebracht werden, die nach Artikel 4 des Entwurfs entsprechend geändert werden soll. Ferner sollen die Vorschriften über die Voraussetzungen des Widerrufsrechts und dessen Rechtsfolgen weiter vereinheitlicht werden (etwa § 355 Abs. 3 BGB n.F. und §§ 358, 359 BGB n.F. bei sog. verbundenen Geschäften).

4. E-Commerce

1039 Im § 312e BGB n.F. sollen die Vertragspflichten beim elektronischen Geschäftsverkehr geregelt werden. Auch hier enthält das BGB selbst nur die Grundaussagen, während die Detailausführungen sich wiederum in der Verordnung über Informationspflichten finden. Die Sanktion einer Verletzung der Informationspflichten erfolgt nach den allgemeinen Vorschriften. Wichtig ist, dass sich § 312e BGB n.F. nicht nur auf Geschäfte zwischen Unternehmern und Verbrauchern bezieht, sondern auch bei reinen Unternehmerverträgen gilt.

5. Teilzeitwohnrechtegesetz

1040 Das Teilzeitwohnrechtegesetz wird ebenfalls weitgehend unverändert in das BGB überführt. Auch hier enthält das BGB nur die Grundaussage, während die Details in der Verordnung über Informationspflichten enthalten sind.

II. Konkordanzliste Verbraucherschutzrecht

Bisher	Jetzt	Inhalt
	Untertitel 2 Widerrufs- und Rückgaberecht bei Verbraucherverträgen	
§§ 361a und 361b	§§ 355 bis 357, 360	
§ 361a Abs. 1	§ 355 Abs. 1 und 2	Letztlich ohne inhaltliche Änderungen. Anpassung an die neue »Textform« (§ 126b BGB-neu).
§ 361a Abs. 2	§ 357	Der Widerrufsberechtigte haftet bei ordnungsgemäßer Belehrung auch für eine durch die ordnungsgemäße Ingebrauchnahme der Sache entstandene Wertminderung (§ 357 Abs. 3 BGB-neu), wenn diese nicht

Bisher	Jetzt	Inhalt
		allein prüfungsbedingt ist; er haftet im Falle des zufälligen Untergangs grundsätzlich auf Wertersatz, es sei denn, fehlerhafte Belehrung; im Übrigen ohne inhaltliche Änderungen.
§ 361a Abs. 3	entfällt	Durch die Einführung der »Textform« in § 126b BGB-neu ist der »dauerhafte Datenträger« inhaltlich weitestgehend ersetzt worden. Die Vorschrift des § 361a Abs. 3 BGB konnte daher entfallen.
§ 361b	§ 355 Abs. 1, §§ 356, 357	Ohne inhaltliche Änderungen.
Fünfter Titel Darlehen	Titel 3 Darlehensvertrag; Finanzierungshilfen und Ratenlieferungsverträge zwischen einem Unternehmer und einem Verbraucher und Titel 7 Sachdarlehensvertrag	
§ 607	§§ 488, 607	Der Darlehensvertrag wird nunmehr in § 488 Abs. 1 BGB-neu als Konsensualvertrag ausgestaltet; dabei ist das Gelddarlehen in den §§ 488 ff. BGB-neu, das Sachdarlehen in den §§ 607 ff. BGB-neu geregelt; der bisherige § 607 Abs. 2 BGB (Vereinbarungsdarlehen) entfällt als gesetzliche Regelung.
§ 608	§ 488 Abs. 2, 609	§ 488 Abs. 1 BGB-neu geht grundsätzlich von einer Verzinsungspflicht aus; Regelung in § 488 Abs. 2 BGB-neu knüpft daher an die vereinbarten Zinsen an; beim Sachdarlehen heißt es statt Zinsen »Entgelt«; im Übrigen keine inhaltlichen Änderungen.
§ 609	§§ 488 Abs. 3, 608	
§ 609 Abs. 1	§ 488 Abs. 3 Satz 1, § 608 Abs. 1	Ohne inhaltliche Änderungen.

Bisher	Jetzt	Inhalt
§ 609 Abs. 2	§ 488 Abs. 3 Satz 2, 608 Abs. 2	Die Kündigungsfrist beträgt bei Gelddarlehen einheitlich drei Monate; die Unterscheidung nach dem Betrag (mehr als 200 Euro) entfällt; das Sachdarlehen kann gemäß § 608 Abs. 2 BGB-neu jederzeit gekündigt werden.
§ 609 Abs. 3	§ 488 Abs. 3 Satz 3	Ohne inhaltliche Änderungen.
§ 609a	§ 489	Der bisherige § 609a Abs. 4 BGB wird in § 489 Abs. 4 BGB-neu auf ausländische Gebietskörperschaften erweitert. Im Übrigen ohne inhaltliche Änderungen.
§ 610	§ 490	Das Widerrufsrecht des bisherigen § 610 BGB wird durch ein außerordentliches Kündigungsrecht in § 490 Abs. 1 BGB-neu ersetzt; dieses besteht über den bisherigen § 610 BGB hinaus bei (drohender) Vermögensverschlechterung ggf. auch nach Auszahlung des Darlehensbetrags. § 490 Abs. 2 BGB-neu kodifiziert den von der Rechtsprechung entwickelten Anspruch auf Aufhebung eines grundpfandrechtlich gesicherten Darlehensvertrags für den Fall, dass der Darlehensnehmer ein Bedürfnis nach anderweitiger Verwertung des Grundstücks hat. § 490 Abs. 2 BGB-neu räumt dem Darlehensnehmer in diesem Fall ein außerordentliches Kündigungsrecht und dem Darlehensgeber einen Anspruch auf Vorfälligkeitsentschädigung ein.
Achter Titel Mäklervertrag	Titel 10 Maklervertrag	
	Untertitel 1 Allgemeine Vorschriften	
§§ 652 bis 655	§§ 652 bis 655	unverändert
	Untertitel 2 Darlehensvermittlungsvertrag zwischen einem Unternehmer und einem Verbraucher	

Bisher	Jetzt	Inhalt
	§§ 655a bis 655e	Entspricht im Wesentlichen den derzeitigen Vorschriften im Verbraucherkreditgesetz zum Kreditvermittlungsvertrag; siehe im Einzelnen die Erläuterungen unten zum Verbraucherkreditgesetz.
AGB-Gesetz	BGB, Unterlassungsklagengesetz, EGBGB	
Erster Abschnitt Sachlich-rechtliche Vorschriften	BGB, Buch 2, Abschnitt 2 Gestaltung rechtsgeschäftlicher Schuldverhältnisse durch Allgemeine Geschäftsbedingungen	
1. Unterabschnitt. Allgemeine Vorschriften		
§ 1	§ 305 Abs. 1	Ohne inhaltliche Änderungen.
§ 2	§ 305 Abs. 2 und 3	Berücksichtigung einer körperlichen Behinderung der anderen Vertragspartei im Rahmen der Verschaffung der Kenntnisnahmemöglichkeit (§ 305 Abs. 2 Nr. 2 BGB-neu); i. Ü. ohne inhaltliche Änderungen.
§ 3	§ 305c Abs. 1	Ohne inhaltliche Änderungen.
§ 4	§ 305b	Ohne inhaltliche Änderungen.
§ 5	§ 305c Abs. 2	Ohne inhaltliche Änderungen.
§ 6	§ 306	Ohne inhaltliche Änderungen.
§ 7	§ 306a	Ohne inhaltliche Änderungen.
2. Unterabschnitt. Unwirksame Klauseln		
§ 8	§ 307 Abs. 3 Satz 1	Im Grundsatz ohne inhaltliche Änderungen. Aber ausdrückliche Klarstellung in Satz 2, dass das nun-

Bisher	Jetzt	Inhalt
		mehr in § 307 Abs. 1 Satz 2 BGB-neu gesetzlich geregelte Transparenzgebot nicht von der Ausnahme des bisherigen § 8 erfasst wird.
§ 9	§ 307 Abs. 1 und 2	Bei intransparenten Klauseln kann eine unangemessene Benachteiligung anzunehmen sein (§ 307 Abs. 1 Satz 2 BGB-neu); i. Ü. ohne inhaltliche Änderungen.
§ 10	§ 308	Klauselverbot hinsichtlich fingierter Erklärungen gilt nicht im Fall der Einbeziehung der VOB/B als Ganzes (§ 308 Nr. 5 letzter Halbsatz BGB-neu, zugleich Integration des bisherigen § 23 Abs. 2 Nr. 5 AGBG); i. Ü. ohne inhaltliche Änderungen.
§ 11	§ 309	
§ 11 Nr. 1 bis 4	§ 309 Nr. 1 bis 4	Ohne inhaltliche Änderungen.
§ 11 Nr. 5	§ 309 Nr. 5	Schadenspauschale unwirksam, wenn dem anderen Vertragsteil nicht der Nachweis eines niedrigeren Schadens gestattet wird (§ 309 Nr. 5 Buchstabe b BGB-neu); i. Ü. ohne inhaltliche Änderungen.
§ 11 Nr. 6	§ 309 Nr. 6	Ohne inhaltliche Änderungen.
§ 11 Nr. 7	§ 309 Nr. 7	Unwirksamkeit des Haftungsausschlusses auch bei leicht fahrlässig verschuldeten Körperschäden (§ 309 Nr. 7 Buchstabe a BGB-neu); Integration des bisherigen § 23 Abs. 2 Nr. 3 und 4 AGBG; i. Ü. ohne inhaltliche Änderungen.
§ 11 Nr. 8 und 9	§ 309 Nr. 8 Buchstabe a	Das Freizeichnungsverbot hinsichtlich des Lösungsrechts vom Vertrag knüpft statt an Verzug und Unmöglichkeit nunmehr an die zu vertretende Pflichtverletzung; da dazu nach der Neukonzeption des Kaufrechts auch die Lieferung oder Herstellung einer mangelhaften Sache gehört, wofür in § 309 Nr. 8 Buchstabe b BGB-neu besondere Klauselverbote gelten, gilt § 309 Nr. 8 Buchstabe a BGB-neu dafür nicht. Der derzeitige § 11 Nr. 8 Buchstabe b AGBG entfällt; damit ist indessen keine inhaltliche Änderung verbunden, da dessen Regelungsinhalt im bisherigen § 9 AGBG (jetzt § 307 BGB-neu) enthalten ist. Der bisherige Nr. 9 (Teilverzug und Teilunmöglichkeit) geht in § 307 und § 309 Nr. 8 Buchstabe a BGB-neu au. Integration des bisherigen § 23 Abs. 2 Nr. 3 AGBG.
§ 11 Nr. 10	§ 309 Nr. 8 Buchstabe b	Anwendungsbereich: Sach- und Rechtsmängel; Zulässigkeit der Verkürzung der zweijährigen Verjäh-

Bisher	Jetzt	Inhalt
		rungsfrist für Mängelansprüche außerhalb des Verbrauchsgüterkaufs auf ein Jahr; Verbot der Verkürzung der fünfjährigen Verjährungsfrist bei Bauwerksmängeln und mangelhaften Baumaterialien, ausgenommen im Falle der Einbeziehung der VOB/B als Ganzes (zugleich Integration des bisherigen § 23 Abs. 2 Nr. 5 AGBG).
§ 11 Nr. 11	Entfällt	Rechtsgedanke des bisherigen § 11 Nr. 11 AGBG findet sich in § 444 BGB-neu wieder
§ 11 Nr. 12	§ 309 Nr. 9	Ohne inhaltliche Änderungen; zugleich Integration des bisherigen § 23 Abs. 2 Nr. 6 AGBG.
§ 11 Nr. 13 bis 16	§ 309 Nr. 10 bis 13	Ohne inhaltliche Änderungen.
§ 12	(schon früher weggefallen)	
Zweiter Abschnitt Verfahren	**Unterlassungsklagengesetz**	
§ 13	§§ 1 und 3 UKlaG	
§ 13 Abs. 1	§ 1 UKlaG	Ohne inhaltliche Änderungen.
§ 13 Abs. 2 und 3	§ 3 UKlaG	Wegfall des Erfordernisses einer wesentlichen Wettbewerbsbeeinträchtigung bei Klagen gegen AGBs (§ 3 Abs. 1 Nr. 2 UKlaG); i. Ü. ohne inhaltliche Änderungen.
§ 13 Abs. 4	Entfällt	Die Unterlassungs- und Widerrufsansprüche unterfallen künftig der regelmäßigen Verjährungsfrist von drei Jahren.
§ 14	§ 6 UklaG	Ohne inhaltliche Änderungen. Zusätzlich findet sich in § 6 Abs. 3 UKlaG eine Neuregelung zur Postulationsfähigkeit.
§ 15	§§ 5 und 8 Abs. 1 UklaG	Ohne inhaltliche Änderungen.
§ 16	§ 8 Abs. 2 UKlaG	Ohne inhaltliche Änderungen.
§ 17	§ 9 UklaG	Ohne inhaltliche Änderungen.
§ 18	§ 7 UklaG	Ohne inhaltliche Änderungen.

Bisher	Jetzt	Inhalt
§ 19	§ 10 UklaG	Ohne inhaltliche Änderungen.
§ 20	Entfällt	Überleitungsregelung in § 16 Abs. 2 UKlaG.
§ 21	§ 11 UklaG	Ohne inhaltliche Änderungen.
Dritter Abschnitt Sicherung der Anwendung von Verbraucherschutzvorschriften	Unterlassungsklagengesetz	
§ 22	§§ 2 und 3 UKlaG	
§ 22 Abs. 1	§ 2 Abs. 1 Satz 1 UklaG	Ohne inhaltliche Änderungen.
§ 22 Abs. 2	§ 2 Abs. 2 UklaG	Einbeziehung der Vorschriften über den Verbrauchsgüterkauf und der Vorschriften zur Umsetzung der Artikel 5, 10 und 11 der E-Commerce-Richtlinie in den Katalog der Verbraucherschutzgesetze; i. Ü. ohne inhaltliche Änderungen.
§ 22 Abs. 3	§ 3 UKlaG	Ohne inhaltliche Änderungen.
§ 22 Abs. 4	§ 2 Abs. 3 UklaG	Ohne inhaltliche Änderungen.
§ 22 Abs. 5	Entfällt	Die Unterlassungs- und Widerrufsansprüche unterfallen künftig der regelmäßigen Verjährungsfrist von drei Jahren.
§ 22 Abs. 6	§ 2 Abs. 1 Satz 2 und § 12 UklaG	Ohne inhaltliche Änderungen.
§ 22a	§ 4 UklaG	Die Eintragungserfordernisse sind strenger: Es dürfen nur noch Einrichtungen eingetragen werden, die seit mindestens einem Jahr bestehen – und auf Grund ihrer bisherigen Tätigkeit die Gewähr für eine sachgerechte Aufgabenerfüllung (Aufklärung und Beratung der Verbraucher) zu erfüllen. Zusätzliche Verfahrensmöglichkeiten für das Bundesverwaltungsamt. Im Übrigen ohne inhaltliche Änderungen.

Bisher	Jetzt	Inhalt
Vierter Abschnitt Anwendungsbereich	BGB, Buch 2, Abschnitt 2 Gestaltung rechtsgeschäftlicher Schuldverhältnisse durch Allgemeine Geschäftsbedingungen	
§ 23	§§ 305a und 308 Nr. 5, § 309 Nr. 7 bis 9 und § 310 Abs. 2 und 4	
§ 23 Abs. 1	§ 310 Abs. 4	Die bisherige Ausnahme für das Arbeitsrecht entfällt (beachte aber für das Verfahrensrecht § 15 UKlaG) und bleibt nur für Tarifverträge, Betriebs- und Dienstvereinbarungen aufrechterhalten.
§ 23 Abs. 2 Nr. 1	§ 305a Nr. 2	Ohne inhaltliche Änderungen.
§ 23 Abs. 2 Nr. 1a	§ 305a Nr. 3 Buchstabe b	Beschränkung der Freistellung von den Erfordernissen einer wirksamen Einbeziehung von AGBs auf Vertragsschlüsse im Call-by-Call-Verfahren sowie auf Verträge über in einem Mal erbrachte Mehrwert- und Informationsdienste.
§ 23 Abs. 2 Nr. 1b	§ 305a Nr. 3 Buchstabe a	Beschränkung der Freistellung von den Erfordernissen einer wirksamen Einbeziehung von AGBs auf Vertragsschlüsse durch Einwurf von Postsendungen in Briefkästen.
§ 23 Abs. 2 Nr. 2	§ 310 Abs. 2	Erweiterung auf Verträge von Fernwärme- und Wasserversorgungsunternehmen; i. Ü. ohne inhaltliche Änderungen.
§ 23 Abs. 2 Nr. 3	§ 309 Nr. 7 und 8	Ohne inhaltliche Änderungen.
§ 23 Abs. 2 Nr. 4	§ 309 Nr. 7	Ohne inhaltliche Änderungen.
§ 23 Abs. 2 Nr. 5	§ 308 Nr. 5 und § 309 Nr. 8 Buchstabe b Doppelbuchstabe ff	Beschränkung der Klauselverbotsfreistellung auf den Fall der Einbeziehung der VOB/B als Ganzes.
§ 23 Abs. 2 Nr. 6	§ 309 Nr. 9	Ohne inhaltliche Änderungen.

Bisher	Jetzt	Inhalt
§ 23 Abs. 3	Entfällt	Die bisherige Freistellung vom Erfordernis einer wirksamen Einbeziehung von AGBs bei Versicherungsverträgen, Bausparverträgen und bei einem Rechtsverhältnis zwischen einem Anteilinhaber und einer Kapitalanlagegesellschaft entfällt.
§ 24	§ 310 Abs. 1	Ohne inhaltliche Änderungen.
§ 24a	§ 310 Abs. 3	Ohne inhaltliche Änderungen.
Fünfter Abschnitt Schluss- und Übergangsvorschriften	EGBGB und Unterlassungsklagengesetz	
§§ 25 und 26	Entfallen	Ohne Relevanz.
§ 27	Artikel 243 EGBGB	Ohne inhaltliche Änderungen.
§ 27a	Artikel 244 EGBGB	Ohne inhaltliche Änderungen.
§ 28	Entfällt	Ohne Relevanz. Für Altverträge gilt ohnehin das bisherige AGB-Gesetz und damit auch die dortige Übergangsregelung.
§ 29	§ 14 UklaG	Erweiterung der Schlichtungsstellenzuständigkeit auf Streitigkeiten aus dem Girovertrag; i. Ü. ohne inhaltliche Änderungen; Überleitungsvorschrift in § 16 Abs. 3 UKlaG.
§ 30	Entfällt	Ohne Relevanz.
/.../	§ 13 UKlaG	Neuer Auskunftsanspruch von Verbänden gegen Post- und Telekommunikationsanbieter auf Mitteilung des Namens und der zustellungsfähigen Adresse eines am Post- und Telekommunikationsverkehr Beteiligten: Wichtig bei Inhabern von Postfach- und Internetadressen.
/../	§ 16 Abs. 1 UKlaG	Anhängige Verfahren werden nach den Vorschriften des UKlaG abgeschlossen.

Konkordanzliste Haustürwiderrufsgesetz

Standort nach geltendem Recht	Standort nach dem Entwurf eines Gesetzes zur Modernisierung des Schuldrechts	Anmerkungen
Haustürwiderrufsgesetz	BGB und ZPO	
§ 1	§ 312	§ 312 Abs. 1 BGB-neu übernimmt ohne inhaltliche Änderungen den Inhalt des bisherigen § 1 HTWG. Nach § 312 Abs. 2 BGB-neu muss der Unternehmer den Verbraucher auf die Rechtsfolgen des Widerrufs (vor allem Wertersatz) hinweisen.
§ 2	§ 355 Abs. 3	Die Erlöschensfrist bei fehlerhafter Belehrung beträgt einheitlich sechs Monate ab Vertragsschluss bzw. ab Lieferung der Ware
§§ 3 und 4	Bereits früher weggefallen	
§ 5	§ 312a und § 312f	Der Inhalt des bisherigen § 5 Abs. 1 und 4 HTWG findet sich jetzt in § 312f BGB-neu; der Inhalt des § 5 Abs. 2 und 3 findet sich in § 312a BGB-neu; ohne inhaltliche Änderungen.
§ 6	§ 312 Abs. 2 Halbsatz 1	Ohne inhaltliche Änderungen.
§ 7	§ 29c ZPO	Ausschließlicher Gerichtsstand nur für Klagen gegen Verbraucher; im Übrigen ohne inhaltliche Änderungen
§ 8	Entfällt	Ohne Relevanz
§ 9	Entfällt	Fortgeltung im Rahmen der neuen Übergangsvorschrift in Artikel 229 § 5 EGBGB-neu.

Konkordanzliste Fernabsatzgesetz

Standort nach geltendem Recht	Standort nach dem Entwurf eines Gesetzes zur Modernisierung des Schuldrechts	Anmerkungen
Fernabsatzgesetz	BGB, Verordnung über Informationspflichten nach Bürgerlichem Recht	
§ 1	§ 312b	Die Vorschriften über Fernabsatzverträge gelten zukünftig auch beim Abschluss von Darlehensvermittlungsverträgen (§ 312b Abs. 3 Nr. 3 BGB-neu). Im Übrigen ohne inhaltliche Änderungen.
§ 2	§ 312c i.V.m. § 1 der Verordnung über Informationspflichten nach Bürgerlichem Recht	
§ 2 Abs. 1	§ 312c Abs. 1 i.V.m. § 1 Abs. 1 Nr. 1 Informationspflichtenverordnung sowie § 312c Abs. 4	Ohne inhaltliche Änderungen, aber hinsichtlich der Unterrichtung über die Identität des Unternehmers wird auf die Informationspflichtenverordnung verwiesen.
§ 2 Abs. 2	§ 312c Abs. 1 Nr. 1 i.V.m. § 1 Abs. 1 Informationspflichtenverordnung	Ohne inhaltliche Änderungen, aber die einzelnen Informationen, über die der Unternehmer zu unterrichten hat, befinden sich in § 1 Abs. 1 Informationspflichtenverordnung.
§ 2 Abs. 3 Satz 1 und 2	§ 312c Abs. 2 i.V.m. § 1 Abs. 2 Informationspflichtenverordnung	Ohne inhaltliche Änderungen, aber die bislang in § 2 Abs. 3 Satz 2 FernAbsG aufgeführten Informationen finden sich jetzt in § 1 Abs. 2 Informationspflichtenverordnung. Im Übrigen Anpassung an die Textform (Wegfall des dauerhaften Datenträgers)
§ 2 Abs. 3 Satz 3 und 4	§ 312c Abs. 3	Ohne inhaltliche Änderungen.
§ 2 Abs. 4	§ 312c Abs. 4	Ohne inhaltliche Änderungen.

Standort nach geltendem Recht	Standort nach dem Entwurf eines Gesetzes zur Modernisierung des Schuldrechts	Anmerkungen
§ 3	§ 312d	
§ 3 Abs. 1 Satz 1	§ 312d Abs. 1 Satz 1	Ohne inhaltliche Änderungen.
§ 3 Abs. 1 Satz 2	§ 312d Abs. 2	Ohne inhaltliche Änderungen.
§ 3 Abs. 1 Satz 3	§§ 355 Abs. 3, 312d Abs. 3	Die bisher in § 3 Abs. 1 Satz 3 Nr. 1 und 2a FernAbsG geregelte Erlöschensfrist von 4 Monaten bei fehlerhafter Belehrung geht in der einheitlichen Erlöschensfrist des § 355 Abs. 3 BGB-neu von sechs Monaten auf; die bisher in § 3 Abs. 1 Satz 3 Nr. 2b FernAbsG geregelte Frist bleibt in § 312d Abs. 3 BGB-neu erhalten.
§ 3 Abs. 2	§ 312d Abs. 4	Ohne inhaltliche Änderungen.
§ 3 Abs. 3	§ 312d Abs. 1 Satz 2	Ohne inhaltliche Änderungen.
§ 4	§ 358 Abs. 1 und 3 bis 5	Der bisherige § 4 FernAbsG geht in der einheitlichen Vorschrift des § 358 BGB-neu für verbundene Geschäfte ohne inhaltliche Änderungen auf.
§ 5	§ 312f	Ohne inhaltliche Änderungen.
§ 6	Entfällt	Fortgeltung im Rahmen der neuen Übergangsvorschrift in Artikel 229 § 5 EGBGB-neu.

Konkordanzliste Teilzeit-Wohnrechtegesetz

Standort nach geltendem Recht	Standort nach dem Entwurf eines Gesetzes zur Modernisierung des Schuldrechts	Anmerkungen
Teilzeit-Wohnrechtegesetz	BGB, Verordnung über Informationspflichten nach Bürgerlichem Recht	
§ 1	§ 481	Ohne inhaltliche Änderungen.
§ 2	§§ 482 und 483 Abs. 1	Ohne inhaltliche Änderungen.
§ 3	§§ 483 und 484	Ohne inhaltliche Änderungen.
§ 4	§ 484 Abs. 1 Satz 4, § 2 der Verordnung über Informationspflichten nach Bürgerlichem Recht	Ohne inhaltliche Änderungen.
§ 5	§ 485	Es gilt die einheitliche Erlöschensfrist des § 355 Abs. 3 BGB-neu für den Fall der fehlenden oder nicht ordnungsgemäßen Widerrufsbelehrung; i. Ü. ohne inhaltliche Änderungen.
§ 6	§ 358 Abs. 1 und 3 bis 5	Ohne inhaltliche Änderungen.
§ 7	§ 486	Anzahlungsverbot wird auf die gesamte Widerrufsfrist ausgedehnt; i. Ü. ohne inhaltliche Änderungen.
§ 8	(schon früher weggefallen)	
§ 9	§ 487	Ohne inhaltliche Änderungen.
§§ 10 bis 12	Entfallen	Für §§ 10 und 12 ohne Relevanz. § 11 gilt im Rahmen der neuen Übergangsvorschrift in Artikel 229 § 5 EGBGB-neu fort.

Konkordanzliste Verbraucherkreditgesetz

Standort nach geltendem Recht	Standort nach dem Entwurf eines Gesetzes zur Modernisierung des Schuldrechts	Anmerkungen
Verbraucherkreditgesetz	BGB	
§ 1		
§ 1 Abs. 1	§ 491 Abs. 1, § 507, § 655a	Ohne inhaltliche Änderungen. Der erweiterte Anwendungsbereich auch auf Existenzgründer findet sich nun in § 507 BGB-neu.
§ 1 Abs. 2	§ 488 Abs. 1 und § 499 Abs. 1	Ohne inhaltliche Änderungen; die Vorschriften über Darlehensverträge und sonstige Finanzierungshilfen werden getrennt.
§ 1 Abs. 3	§ 655a	Ohne inhaltliche Änderungen.
§ 2	§ 505	Die Ausnahmen vom Anwendungsbereich (§ 491 Abs. 2 und 3 BGB-neu) gelten auch für Ratenlieferungsverträge.
§ 2 i.V.m. § 4 Abs. 1 Satz 1 und Abs. 3	§ 505 Abs. 2	Anpassung an die zukünftig mögliche elektronische Form und die Textform; i. Ü. ohne inhaltliche Änderungen.
§ 2 i.V.m. § 7 Abs. 1 und 2	§ 505 Abs. 1 i.V.m. § 355, dieser wiederum i.V.m. §§ 356 und 357	Es gilt die einheitliche Erlöschensfrist des § 355 Abs. 3 BGB-neu für den Fall der fehlenden oder nicht ordnungsgemäßen Widerrufsbelehrung; i. Ü. ohne inhaltliche Änderungen.
§ 2 i.V.m. § 8	Entfällt	Der Verweis auf den bisherigen § 8 VerbrKrG entfällt angesichts der zukünftig möglichen elektronischen Form.
§ 3	§ 491 Abs. 2 und 3, § 499 Abs. 1, § 500, 507	Die Ausnahme für Existenzgründungsdarlehen die Euro 50.000,00 übersteigen, findet sich jetzt in § 507 BGB-neu.
§ 3 Abs. 1	§ 491 Abs. 2, § 499 Abs. 1	Ohne inhaltliche Änderungen; die bisherige Ausnahme des § 3 Abs. 1 Nr. 3 VerbrKrG wird in § 499 Abs. 1 BGB-neu integriert.
§ 3 Abs. 2	§ 491 Abs. 3, § 500	Ohne inhaltliche Änderungen; die bisherige Nr. 1 des § 3 Abs. 2 VerbrKrG wird positiv statt bisher negativ formuliert und in § 500 BGB-neu integriert.

Standort nach geltendem Recht	Standort nach dem Entwurf eines Gesetzes zur Modernisierung des Schuldrechts	Anmerkungen
§ 4	§§ 492, 502 Abs. 1	
§ 4 Abs. 1 Satz 1 bis 4	§ 492 Abs. 1 Satz 1 bis 4	Ohne inhaltliche Änderungen.
§ 4 Abs. 1 Satz 5 Nr. 1	§ 492 Abs. 1 Satz 5	Ohne inhaltliche Änderungen.
§ 4 Abs. 1 Satz 5 Nr. 2	§ 502 Abs. 1 Satz 1	Ohne inhaltliche Änderungen.
§ 4 Abs. 1 Satz 6	§ 502 Abs. 1 Satz 2	Ohne inhaltliche Änderungen.
§ 4 Abs. 2	§ 492 Abs. 2	Ohne inhaltliche Änderungen.
§ 4 Abs. 3	§ 492 Abs. 3	Ohne inhaltliche Änderungen.
/.../	§ 492 Abs. 4	Die Formerfordernisse des § 492 Abs. 1 und 2 BGB-neu gelten zukünftig auch für Vollmachten, es sei denn, es handelt sich um Prozessvollmachten oder notariell beurkundete Vollmachten.
§ 5	§ 493	Ohne inhaltliche Änderungen.
§ 6	§§ 494, 502 Abs. 3	
§ 6 Abs. 1	§§ 494 Abs. 1, § 502 Abs. 3 Satz 1	Nichtigkeit wird auch auf Vollmacht erstreckt; im Übrigen ohne inhaltliche Änderungen.
§ 6 Abs. 2	§ 494 Abs. 2	Ohne inhaltliche Änderungen.
§ 6 Abs. 3	§ 502 Abs. 3 Satz 2 bis 4	Ohne inhaltliche Änderungen.
§ 6 Abs. 4	§ 494 Abs. 3, § 502 Abs. 3 Satz 5	Ohne inhaltliche Änderungen.
§ 7	§§ 355 Abs. 3, 358, 495, 503 Abs. 1	
§ 7 Abs. 1 Satz 1	§ 495 Abs. 1	Ohne inhaltliche Änderungen.
§ 7 Abs. 1 Satz 2	§ 503 Abs. 1	Ohne inhaltliche Änderungen.

Standort nach geltendem Recht	Standort nach dem Entwurf eines Gesetzes zur Modernisierung des Schuldrechts	Anmerkungen
§ 7 Abs. 2	§ 355 Abs. 3	Es gilt nunmehr die einheitliche Erlöschensfrist des § 355 Abs. 3 BGB-neu von sechs Monaten ab Vertragsschluss.
§ 7 Abs. 3	§ 495 Abs. 2	Ohne inhaltliche Änderungen.
§ 7 Abs. 4 Satz 1	§ 495 Abs. 3 Satz 1	Ohne inhaltliche Änderungen.
§ 7 Abs. 4 Satz 2	§ 358	In § 358 BGB-neu wird eine einheitliche Norm geschaffen, die das Widerrufsrecht im Fall verbundener Geschäfte regelt. Die in den einzelnen Gesetzen enthaltenen Einzelregelungen entfallen daher, ohne dass damit inhaltliche Änderungen im Ergebnis verbunden sind.
§ 8	§ 502 Abs. 2 und § 358	
§ 8 Abs. 1	§ 502 Abs. 2	Reduziert auf Teilzahlungsgeschäfte im Fernabsatz; im Übrigen ohne inhaltliche Änderungen.
§ 8 Abs. 2	§ 358	Die Sonderregelung des bisherigen § 8 Abs. 2 VerbrKrG für finanzierte Fernabsatzgeschäfte geht in § 358 BGB-neu, der einheitliche Regelungen für verbundene Geschäfte schafft, auf, ohne dass damit inhaltliche Änderungen verbunden sind.
§ 9	§§ 358 und 359	In § 358 BGB-neu werden einheitliche Regelungen für verbundene Geschäfte geschaffen, die die bisherigen Regelungen des § 9 VerbrKrG, § 4 FernAbsG und § 6 TzWrG in einer Vorschrift zusammenfassen.
§ 9 Abs. 1 und Abs. 4	§ 358 Abs. 3	Ohne inhaltliche Änderungen.
§ 9 Abs. 2	§ 358 Abs. 2, Abs. 4 Satz 3, Abs. 5, 495 Abs. 2 Satz 2	Ohne inhaltliche Änderungen.
§ 9 Abs. 3	§ 359	Verallgemeinerung auf alle verbundenen Verträge; im Übrigen keine inhaltlichen Änderungen.
§ 10	§ 496	Ohne inhaltliche Änderungen.
§ 11	§ 497	

Standort nach geltendem Recht	Standort nach dem Entwurf eines Gesetzes zur Modernisierung des Schuldrechts	Anmerkungen
§ 11 Abs. 1	§ 497 Abs. 1	Einführung eines pauschalen Verzugszinses von 2,5 % über Basiszinssatz für Verbraucherhypothekardarlehen; im Übrigen ohne inhaltliche Änderungen.
§ 11 Abs. 2	§ 497 Abs. 2	Ohne inhaltliche Änderungen.
§ 11 Abs. 3	§ 497 Abs. 3	Die Verjährung der Ansprüche auf Darlehensrückerstattung und Zinsen ist ab Verzugseintritt bis zur Titulierung, höchstens allerdings zehn Jahre von der Anspruchsentstehung an gehemmt. Im Übrigen ohne inhaltliche Änderungen.
§ 12	§ 498	Ohne inhaltliche Änderungen.
§ 13	§ 503 Abs. 2 und §§ 355 bis 357	Ohne inhaltliche Änderungen.
§ 14	§ 504	Ohne inhaltliche Änderungen.
§ 15	§ 655b	Zukünftig ist auch der Abschluss in elektronischer Form möglich, daher Übergabeerfordernis in Textform; im Übrigen ohne inhaltliche Änderung.
§ 16	§ 655c	Ohne inhaltliche Änderungen.
§ 17	§ 655d	Ohne inhaltliche Änderungen.
§ 18	§§ 506, 655e	Ohne inhaltliche Änderungen.
§ 19	Entfällt	Fortgeltung im Rahmen der neuen Übergangsvorschrift in Artikel 229 § 5 EGBGB-neu.

III. Texte und Erläuterung der neuen Vorschriften

1. Einzelheiten zu Fernabsatz und E-Commerce

Texte

1041 Das Fernabsatz wird mit den neuen §§ 312b bis 312d und 312f BGB n.F. in das BGB integriert. Die §§ 312e und 312f BGB n.F. setzen die Vorgaben der

E-Commerce-Richtlinie im Bereich des Vertragsrechts in das deutsche Recht um. Die neuen Vorschriften lauten:

Untertitel 2   Besondere Vertriebsformen

§ 312   Widerrufsrecht bei Haustürgeschäften

(1) Bei einem Vertrag zwischen einem Unternehmer und einem Verbraucher, der eine entgeltliche Leistung zum Gegenstand hat und zu dessen Abschluss der Verbraucher
1. durch mündliche Verhandlungen an seinem Arbeitsplatz oder im Bereich einer Privatwohnung,
2. anlässlich einer vom Unternehmer oder von einem Dritten zumindest auch im Interesse des Unternehmers durchgeführten Freizeitveranstaltung oder
3. im Anschluss an ein überraschendes Ansprechen in Verkehrsmitteln oder im Bereich öffentlich zugänglicher Verkehrsflächen

bestimmt worden ist (Haustürgeschäft), steht dem Verbraucher ein Widerrufsrecht gemäß § 355 zu. Dem Verbraucher kann anstelle des Widerrufsrechts ein Rückgaberecht nach § 356 eingeräumt werden, wenn zwischen dem Verbraucher und dem Unternehmer im Zusammenhang mit diesem oder einem späteren Geschäft auch eine ständige Verbindung aufrechterhalten werden soll.

(2) Die erforderliche Belehrung über das Widerrufs- oder Rückgaberecht muss auf die Rechtsfolgen des § 357 Abs. 1 und 3 hinweisen.

(3) Das Widerrufs- oder Rückgaberecht besteht unbeschadet anderer Vorschriften nicht bei Versicherungsverträgen oder wenn
1. im Fall von Absatz 1 Nr. 1 die mündlichen Verhandlungen, auf denen der Abschluss des Vertrags beruht, auf vorhergehende Bestellung des Verbrauchers geführt worden sind oder
2. die Leistung bei Abschluss der Verhandlungen sofort erbracht und bezahlt wird und das Entgelt 40 Euro nicht übersteigt oder
3. die Willenserklärung des Verbrauchers von einem Notar beurkundet worden ist.

§ 312a   Verhältnis zu anderen Vorschriften

Unterfällt ein Haustürgeschäft zugleich den Regelungen über Verbraucherdarlehensverträge oder Finanzierungshilfen (§§ 491 bis 504) oder über Teilzeit-Wohnrechteverträge (§§ 481 bis 487) oder erfüllt ein Haustürgeschäft zugleich die Voraussetzungen eines Geschäfts nach § 11 oder § 15h des Gesetzes über den Vertrieb ausländischer Investmentanteile und über die Besteuerung der Erträge aus ausländischen Investmentanteilen, nach § 23 des Gesetzes über Kapitalanlagegesellschaften oder nach § 4 des Gesetzes zum Schutz der Teilnehmer am Fernunterricht, so finden nur die Vorschriften über diese Geschäfte Anwendung.

§ 312b   Fernabsatzverträge

(1) Fernabsatzverträge sind Verträge über die Lieferung von Waren oder über die Erbringung von Dienstleistungen, die zwischen einem Unternehmer und einem Verbraucher unter ausschließlicher Verwendung von Fernkommunikationsmitteln abgeschlossen werden, es sei denn, dass der Vertragsschluss nicht im Rahmen eines für den Fernabsatz organisierten Vertriebs- oder Dienstleistungssystems erfolgt.

(2) Fernkommunikationsmittel sind Kommunikationsmittel, die zur Anbahnung oder zum Abschluss eines Vertrags zwischen einem Verbraucher und einem Unternehmer ohne gleichzeitige körperliche Anwesenheit der Vertragsparteien eingesetzt werden kön-

nen, insbesondere Briefe, Kataloge, Telefonanrufe, Telekopien, E-Mails sowie Rundfunk, Tele- und Mediendienste.

(3) Die Vorschriften über Fernabsatzverträge finden keine Anwendung auf Verträge
1. über Fernunterricht (§ 1 Fernunterrichtsschutzgesetz),
2. über die Teilzeitnutzung von Wohngebäuden (§ 481),
3. über Finanzgeschäfte, insbesondere Bankgeschäfte, Finanz- und Wertpapierdienstleistungen und Versicherungen sowie deren Vermittlung, ausgenommen Darlehensvermittlungsverträge,
4. über die Veräußerung von Grundstücken und grundstücksgleichen Rechten, die Begründung, Veräußerung und Aufhebung von dinglichen Rechten an Grundstücken und grundstücksgleichen Rechten sowie über die Errichtung von Bauwerken,
5. über die Lieferung von Lebensmitteln, Getränken oder sonstigen Haushaltsgegenständen des täglichen Bedarfs, die am Wohnsitz, am Aufenthaltsort oder am Arbeitsplatz eines Verbrauchers von Unternehmern im Rahmen häufiger und regelmäßiger Fahrten geliefert werden,
6. über die Erbringung von Dienstleistungen in den Bereichen Unterbringung, Beförderung, Lieferung von Speisen und Getränken sowie Freizeitgestaltung, wenn sich der Unternehmer bei Vertragsschluss verpflichtet, die Dienstleistungen zu einem bestimmten Zeitpunkt oder innerhalb eines genau angegebenen Zeitraums zu erbringen,
7. die geschlossen werden
   a) unter Verwendung von Warenautomaten oder automatisierten Geschäftsräumen oder
   b) mit Betreibern von Telekommunikationsmitteln auf Grund der Benutzung von öffentlichen Fernsprechern, soweit sie deren Benutzung zum Gegenstand haben.

§ 312c   Unterrichtung des Verbrauchers bei Fernabsatzverträgen

(1) Der Unternehmer hat den Verbraucher rechtzeitig vor Abschluss eines Fernabsatzvertrags in einer dem eingesetzten Fernkommunikationsmittel entsprechenden Weise klar und verständlich zu informieren über
1. die Einzelheiten des Vertrags, für die dies in der Rechtsverordnung nach Artikel 240 des Einführungsgesetzes zum Bürgerlichen Gesetzbuche bestimmt ist, und
2. den geschäftlichen Zweck des Vertrags.
Bei Telefongesprächen muss der Unternehmer seine Identität und den geschäftlichen Zweck des Vertrags bereits zu Beginn des Gesprächs ausdrücklich offenlegen.

(2) Der Unternehmer hat dem Verbraucher die in der Rechtsverordnung nach Artikel 240 des Einführungsgesetzes zum Bürgerlichen Gesetzbuche bestimmten Informationen in dem dort bestimmten Umfang und der dort bestimmten Art und Weise alsbald, spätestens bis zur vollständigen Erfüllung des Vertrags, bei Waren spätestens bei Lieferung an den Verbraucher, in Textform mitzuteilen.

(3) Absatz 2 gilt nicht für Dienstleistungen, die unmittelbar durch Einsatz von Fernkommunikationsmitteln erbracht werden, sofern diese Leistungen in einem Mal erfolgen und über den Betreiber der Fernkommunikationsmittel abgerechnet werden. Der Verbraucher muss sich in diesem Fall aber über die Anschrift der Niederlassung des Unternehmers informieren können, bei der er Beanstandungen vorbringen kann.

(4) Weitergehende Einschränkungen bei der Verwendung von Fernkommunikationsmitteln und weitergehende Informationspflichten auf Grund anderer Vorschriften bleiben unberührt.

§ 312d Widerrufs- und Rückgaberecht bei Fernabsatzverträgen

(1) Dem Verbraucher steht bei einem Fernabsatzvertrag ein Widerrufsrecht nach § 355 zu. Anstelle des Widerrufsrechts kann dem Verbraucher bei Verträgen über die Lieferung von Waren ein Rückgaberecht nach § 356 eingeräumt werden.

(2) Die Widerrufsfrist beginnt abweichend von § 355 Abs. 2 Satz 1 nicht vor Erfüllung der Informationspflichten gemäß § 312c Abs. 2, bei der Lieferung von Waren nicht vor dem Tag ihres Eingangs beim Empfänger, bei der wiederkehrenden Lieferung gleichartiger Waren nicht vor dem Tag des Eingangs der ersten Teillieferung und bei Dienstleistungen nicht vor dem Tag des Vertragsschlusses; § 355 Abs. 2 Satz 2 findet keine Anwendung.

(3) Das Widerrufsrecht erlischt bei einer Dienstleistung auch, wenn der Unternehmer mit der Ausführung der Dienstleistung mit ausdrücklicher Zustimmung des Verbrauchers vor Ende der Widerrufsfrist begonnen hat oder der Verbraucher diese selbst veranlasst hat.

(4) Das Widerrufsrecht besteht, soweit nicht ein anderes bestimmt ist, nicht bei Fernabsatzverträgen
1. zur Lieferung von Waren, die nach Kundenspezifikation angefertigt werden oder eindeutig auf die persönlichen Bedürfnisse zugeschnitten sind oder die auf Grund ihrer Beschaffenheit nicht für eine Rücksendung geeignet sind oder schnell verderben können oder deren Verfalldatum überschritten würde,
2. zur Lieferung von Audio- oder Videoaufzeichnungen oder von Software, sofern die gelieferten Datenträger vom Verbraucher entsiegelt worden sind,
3. zur Lieferung von Zeitungen, Zeitschriften und Illustrierten,
4. zur Erbringung von Wett- und Lotterie-Dienstleistungen oder
5. die in der Form von Versteigerungen (§ 156) geschlossen werden.

§ 312e Pflichten im elektronischen Geschäftsverkehr

(1) Bedient sich ein Unternehmer zum Zwecke des Abschlusses eines Vertrags über die Lieferung von Waren oder über die Erbringung von Dienstleistungen eines Tele- oder Mediendienstes (Vertrag im elektronischen Geschäftsverkehr), hat er dem Kunden
1. angemessene, wirksame und zugängliche technische Mittel zur Verfügung zu stellen, mit deren Hilfe der Kunde Eingabefehler vor Abgabe seiner Bestellung erkennen und berichtigen kann,
2. die in der Rechtsverordnung nach Artikel 241 des Einführungsgesetzes zum Bürgerlichen Gesetzbuche bestimmten Informationen rechtzeitig vor Abgabe von dessen Bestellung klar und verständlich mitzuteilen,
3. den Zugang von dessen Bestellung unverzüglich auf elektronischem Wege zu bestätigen und
4. die Möglichkeit zu verschaffen, die Vertragsbestimmungen einschließlich der Allgemeinen Geschäftsbedingungen bei Vertragsschluss abzurufen und in wiedergabefähiger Form zu speichern.

Bestellung und Empfangsbestätigung im Sinne von Satz 1 Nr. 3 gelten als zugegangen, wenn die Parteien, für die sie bestimmt sind, sie unter gewöhnlichen Umständen abrufen können.

(2) Absatz 1 Satz 1 Nr. 1 bis 3 findet keine Anwendung, wenn der Vertrag ausschließlich durch individuelle Kommunikation geschlossen wird. Absatz 1 Satz 1 Nr. 1 bis 3 und Satz 2 finden keine Anwendung, wenn zwischen Vertragsparteien, die nicht Verbraucher sind, etwas anderes vereinbart wird.

(3) Weitergehende Informationspflichten auf Grund anderer Vorschriften bleiben unberührt. Steht dem Kunden ein Widerrufsrecht gemäß § 355 zu, beginnt die Widerrufsfrist abweichend von § 355 Abs. 2 Satz 1 nicht vor Erfüllung der in Absatz 1 Satz 1 geregelten Pflichten.

§ 312f Abweichende Vereinbarungen

Von den Vorschriften dieses Untertitels darf, soweit nicht ein anderes bestimmt ist, nicht zum Nachteil des Verbrauchers oder Kunden abgewichen werden. Die Vorschriften dieses Untertitels finden, soweit nicht ein anderes bestimmt ist, auch Anwendung, wenn sie durch anderweitige Gestaltungen umgangen werden.

Diese Regelungen werden ergänzt durch die §§ 1 und 3 der Verordnung über Informationspflichten nach Bürgerlichem recht, die durch Artikel 4 des Entwurfs eingeführt werden. Diese lauten:

§ 1 Informationspflichten bei Fernabsatzverträgen

(1) Der Unternehmer muss den Verbraucher gemäß § 312c Abs. 1 Nr. 1 des Bürgerlichen Gesetzbuchs vor Abschluss eines Fernabsatzvertrags mindestens informieren über:
1. seine Identität,
2. seine Anschrift,
3. wesentliche Merkmale der Ware oder Dienstleistung, sowie darüber, wie der Vertrag zustande kommt,
4. die Mindestlaufzeit des Vertrags, wenn dieser eine dauernde oder regelmäßig wiederkehrende Leistung zum Inhalt hat,
5. einen Vorbehalt, eine in Qualität und Preis gleichwertige Leistung (Ware oder Dienstleistung) zu erbringen, und einen Vorbehalt, die versprochene Leistung im Fall ihrer Nichtverfügbarkeit nicht zu erbringen,
6. den Preis der Ware oder Dienstleistung einschließlich aller Steuern und sonstiger Preisbestandteile,
7. gegebenenfalls zusätzlich anfallende Liefer- und Versandkosten,
8. Einzelheiten hinsichtlich der Zahlung und der Lieferung oder Erfüllung,
9. das Bestehen eines Widerrufs- oder Rückgaberechts,
10. Kosten, die dem Verbraucher durch die Nutzung der Fernkommunikationsmittel entstehen, sofern sie über die üblichen Grundtarife, mit denen der Verbraucher rechnen muss, hinausgehen und
11. die Gültigkeitsdauer befristeter Angebote, insbesondere hinsichtlich des Preises.

(2) Der Unternehmer hat dem Verbraucher gemäß § 312c Abs. 2 des Bürgerlichen Gesetzbuchs die in Absatz 1 Nr. 1 bis 9 bestimmten Informationen in Textform mitzuteilen.

(3) Der Unternehmer hat dem Verbraucher gemäß § 312c Abs. 2 des Bürgerlichen Gesetzbuchs ferner folgende weitere Informationen in Textform und in einer hervorgehobenen und deutlich gestalteten Form mitzuteilen:
1. Informationen über die Bedingungen, Einzelheiten der Ausübung und Rechtsfolgen des Widerrufs- oder Rückgaberechts sowie über den Ausschluss des Widerrufs- oder Rückgaberechts,
2. die Anschrift der Niederlassung des Unternehmers, bei der der Verbraucher Beanstandungen vorbringen kann, sowie eine ladungsfähige Anschrift des Unternehmers und bei juristischen Personen, Personenvereinigungen oder –gruppen auch den Namen eines Vertretungsberechtigten,

3. Informationen über Kundendienst und geltende Gewährleistungs- und Garantiebedingungen und
4. die Kündigungsbedingungen bei Verträgen, die ein Dauerschuldverhältnis betreffen und für eine längere Zeit als ein Jahr oder für unbestimmte Zeit geschlossen werden.

Abschnitt 2 Informationspflichten bei Verträgen im elektronischen Geschäftsverkehr

§ 3 Kundeninformationspflichten des Unternehmers bei Verträgen im elektronischen Geschäftsverkehr

Bei Verträgen im elektronischen Geschäftsverkehr muss der Unternehmer den Kunden gemäß § 312e Abs. 1 Satz 1 Nr. 2 des Bürgerlichen Gesetzbuchs informieren
1. über die einzelnen technischen Schritte, die zu einem Vertragsschluss führen,
2. darüber, ob der Vertragstext nach dem Vertragsschluss von dem Unternehmer gespeichert wird und ob er dem Kunden zugänglich ist,
3. darüber, wie er mit den gemäß § 312e Abs. 1 Satz 1 Nr. 1 des Bürgerlichen Gesetzbuchs zur Verfügung gestellten technischen Mitteln Eingabefehler vor Abgabe der Bestellung erkennen und berichtigen kann,
4. über die für den Vertragsschluss zur Verfügung stehenden Sprachen und
5. über sämtliche einschlägigen Verhaltenskodizes, denen sich der Unternehmer unterwirft, sowie die Möglichkeit eines elektronischen Zugangs zu diesen Regelwerken.

Erläuterung der Vorschriften zu Fernabsatz und E-Commerce

§ 312b – Fernabsatzverträge

(1) Fernabsatzverträge sind Verträge über die Lieferung von Waren oder über die Erbringung von Dienstleistungen, die zwischen einem Unternehmer und einem Verbraucher unter ausschließlicher Verwendung von Fernkommunikationsmitteln abgeschlossen werden, es sei denn, dass der Vertragsschluss nicht im Rahmen eines für den Fernabsatz organisierten Vertriebs- oder Dienstleistungssystems erfolgt.

(2) Fernkommunikationsmittel sind Kommunikationsmittel, die zur Anbahnung oder zum Abschluss eines Vertrags zwischen einem Verbraucher und einem Unternehmer ohne gleichzeitige körperliche Anwesenheit der Vertragsparteien eingesetzt werden können, insbesondere Briefe, Kataloge, Telefonanrufe, Telekopien, E-Mails sowie Rundfunk, Tele- und Mediendienste.

(3) Die Vorschriften über Fernabsatzverträge finden keine Anwendung auf Verträge
1. über Fernunterricht (§ 1 Fernunterrichtsschutzgesetz),
2. über die Teilzeitnutzung von Wohngebäuden (§ 481),

3. über Finanzgeschäfte, insbesondere Bankgeschäfte, Finanz- und Wertpapierdienstleistungen und Versicherungen sowie deren Vermittlung, ausgenommen Darlehensvermittlungsverträge,
4. über die Veräußerung von Grundstücken und grundstücksgleichen Rechten, die Begründung, Veräußerung und Aufhebung von dinglichen Rechten an Grundstücken und grundstücksgleichen Rechten sowie über die Errichtung von Bauwerken,
5. über die Lieferung von Lebensmitteln, Getränken oder sonstigen Haushaltsgegenständen des täglichen Bedarfs, die am Wohnsitz, am Aufenthaltsort oder am Arbeitsplatz eines Verbrauchers von Unternehmern im Rahmen häufiger und regelmäßiger Fahrten geliefert werden,
6. über die Erbringung von Dienstleistungen in den Bereichen Unterbringung, Beförderung, Lieferung von Speisen und Getränken sowie Freizeitgestaltung, wenn sich der Unternehmer bei Vertragsschluss verpflichtet, die Dienstleistungen zu einem bestimmten Zeitpunkt oder innerhalb eines genau angegebenen Zeitraums zu erbringen,
7. die geschlossen werden
   a) unter Verwendung von Warenautomaten oder automatisierten Geschäftsräumen oder
   b) mit Betreibern von Telekommunikationsmitteln auf Grund der Benutzung von öffentlichen Fernsprechern, soweit sie deren Benutzung zum Gegenstand haben.

1042 § 312b entspricht wörtlich § 1 FernAbsG. Redaktionell geändert wird lediglich die Einleitung des ersten Satzes.

Zu § 312c – Unterrichtung des Verbrauchers beim Abschluss von Fernabsatzverträgen

Vorbemerkung

1044 Der bisherige § 2 FernAbsG wird durch § 312c – ohne inhaltliche Änderung – lediglich redaktionell neu gefasst. Die Neufassung beruht insbesondere darauf, dass die sich bislang in § 2 FernAbsG in den Absätzen 2 und 3 befindlichen Informationspflichten in die Verordnung über Informationspflichten nach bürgerlichem Recht, dort § 1 Abs. 1 und 2, ausgelagert werden. Zugleich soll durch die Neuformulierung die Unterscheidung zwischen **vor**vertraglichen Informationspflichten (§ 312c **Abs. 1**) und **nach Vertragsschluss** bestehenden Unterrichtungspflichten (§ 312c **Abs. 2**) deutlicher gemacht werden.

Zu Absatz 1

1045 Absatz 1 fasst die Absätze 1 und 2 des bisherigen § 2 FernAbsG zusammen und setzt damit in sprachlich geraffter Form den Inhalt des Artikels 4 der Richtlinie 97/7/EG über den Verbraucherschutz bei Vertragsabschlüssen im Fernabsatz um. Der Unternehmer muss den Verbraucher danach rechtzeitig vor Vertragsschluss, klar und verständlich sowie in einer dem eingesetzten Fernkommunikationsmittel entsprechenden Weise (dies kann also telefonisch, per E-Mail oder postalisch geschehen) **erstens** über die in der Informationsverordnung nach Artikel 240 des Einführungsgesetzes zum Bürgerlichen Gesetzbuche bestimmten Einzelheiten des Vertrags und **zweitens** über den gewerblichen Zweck des Vertrags informieren.

Im Interesse einer **besseren Lesbarkeit** wird nach dem Vorbild des Reiserechts (dort § 651a Abs. 5 in Verbindung mit der Verordnung über Informationspflichten von Reiseveranstaltern) und des Überweisungsrechts (dort § 675a Abs. 2 in Verbindung mit der Verordnung über Kundeninformationspflichten) darauf verzichtet, den Informationspflichtenkatalog in das Bürgerliche Gesetzbuch aufzunehmen. Stattdessen wird auf die Informationspflichtenverordnung verwiesen, deren Rechtsgrundlage mit dem neuen Artikel 240 des Einführungsgesetzes zum Bürgerlichen Gesetzbuche geschaffen wird und die die bisherigen Verordnungen zu einer einheitlichen Verordnung zusammenfassen soll. Die Ermächtigung wird mit diesem Gesetz in der Weise umgesetzt, dass die bestehenden Informationspflichten in die Verordnung über Informationspflichten der Reiseveranstalter aufgenommen werden und diese zu einer allgemeinen Informationspflichtenverordnung umgestaltet wird.

1046

Der bisher in § 2 Abs. 1 FernAbsG vorkommende Begriff des »geschäftlichen Zwecks« wird im Sinne einer Klarstellung durch die Formulierung »gewerblichen Zweck« ersetzt. Dies entspricht dem in der Fernabsatzrichtlinie verwandten Begriffs des »kommerziellen« Zwecks, der deutlich machte, dass es insoweit um die Offenlegung der Gewinnerzielungsabsicht des Unternehmers geht. Dies wird mit dem »gewerblichen« Zweck besser wiedergegeben.

1047

Satz 2 des Absatzes 1 macht deutlich, dass der Unternehmer bei der telefonischen Vertragsanbahnung bereits zu Beginn des Gesprächs seine Identität und den gewerblichen Zweck des Vertrags, auf dessen Abschluss die Kontaktaufnahme gerichtet ist, gegenüber dem Verbraucher offen legen muss. Dies bedeutet eine teilweise zeitliche Vorverlegung der in Satz 1 bestimmten Informationspflichten des Unternehmers für den Fall der telefonischen Kontaktaufnahme: Der Unternehmer darf hinsichtlich der Informationen über seine Identität und den gewerblichen Zweck des Vertrags nicht die Zeit bis kurz vor Vertragsschluss abwarten, sondern muss diese Informationen sogleich zu Anfang des Telefonats und ausdrücklich offen legen. Dies entspricht Artikel 4 Abs. 3 der Fernabsatzrichtlinie.

1048

Der bisherige Satz 3 des § 2 Abs. 1 FernAbsG geht im Absatz 4 des neuen § 312c auf.

1049

Zu Absatz 2

Absatz 2 bestimmt, welche Informationspflichten der Unternehmer auch noch nach Vertragsschluss hat. Er entspricht damit in seiner Funktion und Wirkung dem bisherigen § 2 Abs. 3 FernAbsG. Auf die Wiedergabe des Katalogs nach § 2 Abs. 3 Satz 2 FernAbsG wird indessen erneut verzichtet. Stattdessen wird

1050

355

dieser Katalog in die umgestaltete Informationspflichtenverordnung integriert. Eine Änderung und Ergänzung ist auf Grund der erwähnten Verordnungsermächtigung möglich.

1051 Absatz 2 verpflichtet den Unternehmer zu Zweierlei:

– Zunächst muss der Unternehmer, soweit er dies nicht schon vor Vertragsschluss getan hat, dem Verbraucher die vorvertraglich im Sinne von Absatz 1 erteilten Informationen alsbald nach Vertragsschluss auch auf einem dauerhaften Datenträger zur Verfügung stellen. Dies betrifft allerdings nicht alle vorvertraglichen, sondern nur die in § 1 Abs. 1 Nr. 1 bis 9 der Informationspflichtenverordnung aufgeführten Informationen. Diese Einschränkung ergibt sich aus dem ersten Halbsatz des Absatzes 2 (»Soweit nicht ein anderes bestimmt ist«) und der Verweisung auf die Informationspflichtenverordnung. Diese bestimmt nämlich in ihrem § 1 Abs. 2, dass der Unternehmer dem Verbraucher lediglich die in § 1 Abs. 1 Nr. 1 bis 9 aufgeführten Informationen auf dauerhaftem Datenträger zur Verfügung stellen muss.

– Sodann muss der Unternehmer dem Verbraucher weitere Informationen, nämlich solche, zu deren Erteilung er vorvertraglich noch nicht gemäß Absatz 1 verpflichtet war, ebenfalls alsbald nach Vertragsschluss auf einem dauerhaften Datenträger zur Verfügung stellen. Diese (zusätzlichen) Informationen fanden sich bislang im Katalog des bisherigen § 2 Abs. 3 FernAbsG und finden sich nunmehr in wörtlicher Übernahme in § 1 Abs. 3 der Informationspflichtenverordnung. Aus diesem folgt auch, dass der Verbraucher auf diese Informationen – entsprechend dem bisherigen § 2 Abs. 3 Satz 2 FernAbsG – in hervorgehobener und deutlich gestalteter Form aufmerksam gemacht werden muss.

Zu Absatz 3

1052 Absatz 3 entspricht dem bisherigen § 2 Abs. 3 Satz 3 FernAbsG. Lediglich die Verweisung auf die vorangehenden Sätze ist durch die Verweisung auf Absatz 2 angepasst worden.

Zu Absatz 4

1053 Absatz 4 fasst den bisherigen Inhalt des § 2 Abs. 1 Satz 3 und Abs. 4 FernAbsG in einem Absatz zusammen. Die dort genannten weitergehenden Einschränkungen und Informationspflichten können sich insbesondere aus § 312e aus der Regelung zum Vertragsschluss im elektronischen Geschäftsverkehr ergeben.

§ 312d – Widerrufsrecht und Rückgaberecht bei Fernabsatzverträgen

(1) Dem Verbraucher steht bei einem Fernabsatzvertrag ein Widerrufsrecht nach § 355 zu. Anstelle des Widerrufsrechts kann dem Verbraucher bei Verträgen über die Lieferung von Waren ein Rückgaberecht nach § 356 eingeräumt werden.

(2) Die Widerrufsfrist beginnt abweichend von § 355 Abs. 2 Satz 1 nicht vor Erfüllung der Informationspflichten gemäß § 312c Abs. 2, bei der Lieferung von Waren nicht vor dem Tag ihres Eingangs beim Empfänger, bei der wiederkehrenden Lieferung gleichartiger Waren nicht vor dem Tag des Eingangs der ersten Teillieferung und bei Dienstleistungen nicht vor dem Tag des Vertragsschlusses; § 355 Abs. 2 Satz 2 findet keine Anwendung.

(3) Das Widerrufsrecht erlischt bei einer Dienstleistung auch, wenn der Unternehmer mit der Ausführung der Dienstleistung mit ausdrücklicher Zustimmung des Verbrauchers vor Ende der Widerrufsfrist begonnen hat oder der Verbraucher diese selbst veranlasst hat.

(4) Das Widerrufsrecht besteht, soweit nicht ein anderes bestimmt ist, nicht bei Fernabsatzverträgen
1. zur Lieferung von Waren, die nach Kundenspezifikation angefertigt werden oder eindeutig auf die persönlichen Bedürfnisse zugeschnitten sind oder die auf Grund ihrer Beschaffenheit nicht für eine Rücksendung geeignet sind oder schnell verderben können oder deren Verfalldatum überschritten würde,
2. zur Lieferung von Audio- oder Videoaufzeichnungen oder von Software, sofern die gelieferten Datenträger vom Verbraucher entsiegelt worden sind,
3. zur Lieferung von Zeitungen, Zeitschriften und Illustrierten,
4. zur Erbringung von Wett- und Lotterie-Dienstleistungen oder
5. die in der Form von Versteigerungen (§ 156) geschlossen werden.

§ 312d entspricht im Wesentlichen dem bisherigen § 3 FernAbsG.

Zu Absatz 1

Absatz 1 Satz 1 entspricht dem bisherigen § 3 Abs. 1 Satz 1 FernAbsG. Lediglich die Verweisung wird angepasst. Absatz 1 Satz 2 entspricht dem bisherigen § 3 Abs. 3 FernAbsG, wobei auch hier die Verweisung angepasst wird. Durch das Vorziehen der Regelung in den Absatz 1 Satz 2 kann die bislang in § 3 Abs. 3 Satz 2 FernAbsG enthaltene Verweisung entfallen, da durch die Voranstellung deutlich ist, dass sich die Folgeabsätze sowohl auf das Widerrufs- als auch auf ein eventuelles Rückgaberecht beziehen.

Zu Absatz 2

Absatz 2 entspricht dem bisherigen § 3 Abs. 1 Satz 2 FernAbsG. Lediglich die Verweisungen werden angepasst. Der bisherige 2. Halbsatz wird durch die Regelung, dass § 355 Abs. 2 Satz 2 keine Anwendung findet, ersetzt.

Zu Absatz 3

Absatz 3 entspricht in verkürzter Form dem bisherigen § 3 Abs. 1 Satz 3 FernAbsG. Wegen der Vereinheitlichung der Frist über das Erlöschen des Widerrufsrechts im Fall unterbliebener Belehrung in § 355 Abs. 3 (siehe insoweit die vorstehenden Ausführungen zu § 312 bzw. zum Wegfall des bisherigen § 2

HTWG) konnten die in der geltenden Fassung des § 3 Abs. 1 Satz 3 FernAbsG enthaltenen Sonderfristen über das Erlöschen weitestgehend entfallen. Es verbleibt lediglich die Sonderregelung für den Fall, dass der Unternehmer die Ausführung der Dienstleistung mit Zustimmung vor Ende der Widerrufsfrist beginnt oder der Verbraucher diese Dienstleistung selbst veranlasst hat. Im Gesetzestext wird nunmehr klargestellt, dass der Verbraucher der **Ausführung der Dienstleistung ausdrücklich** zustimmen muss.

Zu Absatz 4

1058 Absatz 4 entspricht dem bisherigen § 3 Abs. 2 FernAbsG. Lediglich die darin enthaltene Formulierung »mangels anderer Vereinbarung und unbeschadet anderer gesetzlicher Bestimmungen« wird an den sonstigen Sprachgebrauch im Bürgerlichen Gesetzbuch angepasst und durch den Halbsatz »soweit nicht ein anderes bestimmt ist« ersetzt.

§ 312e – Pflichten im elektronischen Geschäftsverkehr

(1) Bedient sich ein Unternehmer zum Zwecke des Abschlusses eines Vertrags über die Lieferung von Waren oder über die Erbringung von Dienstleistungen eines Tele- oder Mediendienstes (Vertrag im elektronischen Geschäftsverkehr), hat er dem Kunden
1. angemessene, wirksame und zugängliche technische Mittel zur Verfügung zu stellen, mit deren Hilfe der Kunde Eingabefehler vor Abgabe seiner Bestellung erkennen und berichtigen kann,
2. die in der Rechtsverordnung nach Artikel 241 des Einführungsgesetzes zum Bürgerlichen Gesetzbuche bestimmten Informationen rechtzeitig vor Abgabe von dessen Bestellung klar und verständlich mitzuteilen,
3. den Zugang von dessen Bestellung unverzüglich auf elektronischem Wege zu bestätigen und
4. die Möglichkeit zu verschaffen, die Vertragsbestimmungen einschließlich der Allgemeinen Geschäftsbedingungen bei Vertragsschluss abzurufen und in wiedergabefähiger Form zu speichern.
Bestellung und Empfangsbestätigung im Sinne von Satz 1 Nr. 3 gelten als zugegangen, wenn die Parteien, für die sie bestimmt sind, sie unter gewöhnlichen Umständen abrufen können.
(2) Absatz 1 Satz 1 Nr. 1 bis 3 findet keine Anwendung, wenn der Vertrag ausschließlich durch individuelle Kommunikation geschlossen wird. Absatz 1 Satz 1 Nr. 1 bis 3 und Satz 2 finden keine Anwendung, wenn zwischen Vertragsparteien, die nicht Verbraucher sind, etwas anderes vereinbart wird.
(3) Weitergehende Informationspflichten auf Grund anderer Vorschriften bleiben unberührt. Steht dem Kunden ein Widerrufsrecht gemäß § 355 zu, beginnt die Widerrufsfrist abweichend von § 355 Abs. 2 Satz 1 nicht vor Erfüllung der in Absatz 1 Satz 1 geregelten Pflichten.

Vorbemerkung

Mit § 312e werden die Artikel 10 und 11 der E-Commerce-Richtlinie umgesetzt. Die Richtlinie, die im Übrigen durch den Entwurf eines Gesetzes über rechtliche Rahmenbedingungen für den elektronischen Geschäftsverkehr (»Elektronischer Geschäftsverkehr-Gesetz«) sowie durch das Gesetz zur Anpassung der Formvorschriften des Privatrechts und anderer Vorschriften an den modernen Rechtsgeschäftsverkehr in Verbindung mit der Neufassung des Signaturgesetzes umgesetzt wird, schafft die wesentlichen wirtschafts- und zivilrechtlichen Rahmenbedingungen für den elektronischen Geschäftsverkehr (Internet und andere neue Informations- und Kommunikationsdienste). Sie soll neben der Rechtssicherheit für die Anbieter auch einen effektiven Schutz für die »Kunden«, die als Verbraucher oder Unternehmer auf elektronischem Weg angebotene Waren und Dienstleistungen elektronisch »bestellen«, gewährleisten. Der Anwendungsbereich der Richtlinie erstreckt sich nicht auf Rundfunk und Telekommunikation und stellt auch keine Anforderungen an die Waren als solche, an deren Lieferung oder an Dienste, die nicht auf elektronischem Weg erbracht werden. Die Richtlinie ergänzt das auf die Dienste der Informationsgesellschaft anwendbare Gemeinschaftsrecht und lässt dabei insbesondere das Schutzniveau für den Verbraucherschutz, wie es sich aus Gemeinschaftsrechtsakten und einzelstaatlichen Rechtsvorschriften zu deren Umsetzung ergibt, unberührt.

1059

Von **zentraler Bedeutung** für die Umsetzung der Richtlinie in deutsches Recht ist die Definition »**Dienste der Informationsgesellschaft**« in Artikel 2a der E-Commerce-Richtlinie. Diese umfasst einen weiten Bereich von wirtschaftlichen Tätigkeiten im elektronischen Rechts- und Geschäftsverkehr, die nach geltender Rechtslage unter den Anwendungsbereich des § 2 Teledienstegesetz (TDG) und – soweit es sich um Mediendienste handelt – unter § 2 Abs. 2 Nr. 4 Mediendienste-Staatsvertrag (MDStV) fallen. Diese Gesetze erfassen in Entsprechung des Anwendungsbereichs der E-Commerce-Richtlinie nur solche Angebote und Dienstleistungen, die auf Abruf im Fernabsatz und in elektronischer Form erbracht werden. Ferner sind die Bereiche Rundfunk und Telekommunikation – entsprechend der E-Commerce-Richtlinie – ausdrücklich vom Anwendungsbereich des TDG und MDStV ausgenommen. Der Entwurf des Elektronischer Geschäftsverkehr-Gesetzes greift daher auf die dort definierten Begriffe der Tele- und Mediendienste zurück, ohne die »Dienste der Informationsgesellschaft« eigenständig zu definieren.

1060

Dem schließt sich § 312e schon aus Gründen des Definitionsgleichlaufs bei der Richtlinienumsetzung an. Dies führt in den von § 312e geregelten Fällen **nicht zu einer Ausweitung des Anwendungsbereichs.** Denn zwar geht der Anwendungsbereich des TDG und des MDStV insoweit über den Anwendungsbereich der E-Commerce-Richtlinie hinaus, als er sich nicht nur auf wirtschaftlich ausgerichtete Informations- und Kommunikationsdienste des elektronischen Geschäftsverkehrs beschränkt und neben elektronischen Abrufdiensten im Fernabsatz auch elektronische Verteildienste erfasst. Solche von der E-Commerce-Richtlinie nicht erfassten Dienste werden freilich von § 312e schon dadurch aus-

1061

geschlossen, dass die Vorschrift lediglich Regelungen für **Unternehmer**, die sich zwecks Abschlusses eines Vertrags eines Tele- oder Mediendienstes bedienen, aufstellt und damit die gewerbsmäßige Ausrichtung voraussetzt. Zugleich wird mit der Formulierung »zwecks Abschlusses eines Vertrags« deutlich gemacht, dass sich der Unternehmer nicht nur eines bloßen elektronischen Verteildienstes, sondern eines Tele- oder Mediendienstes bedienen muss, den der Kunde auch elektronisch zum Zwecke einer Bestellung **individuell abrufen** kann. Der Anwendungsbereich wird damit genau auf das Maß zurückgeführt, auf den sich die Richtlinie bezieht. Der Verzicht auf eine eigenständige Definition des »Dienstes der Informationsgesellschaft« führt mithin nicht zu einer über den von der Richtlinie vorgegebenen Anwendungsbereich hinausgehende Umsetzung.

1062 Artikel 10 der E-Commerce-Richtlinie verpflichtet den Unternehmer, seinen künftigen Vertragspartner (= Kunden) vor Abschluss des Vertrags über die technischen Modalitäten des Vertragsschlusses und die von dem Anbieter beachteten Verhaltenskodizes aufzuklären. Nach Vertragsschluss hat er ihm die Vertragsbedingungen in abrufbarer und wiedergabefähiger Form zur Verfügung zu stellen. Gemäß Artikel 11 Abs. 1, 1. Spiegelstrich der E-Commerce-Richtlinie muss der Unternehmer seinem Kunden darüber hinaus unverzüglich den Eingang der Bestellung bestätigen.

1063 Derartige vor- und nachvertragliche Informationspflichten sind dem EG- und dem deutschen Recht bekannt. Ähnliche Informationspflichten wie in Artikel 10 sind sowohl in der Teilzeit-Wohnrechte- als auch in der Fernabsatzrichtlinie enthalten und haben über die Umsetzungsgesetze, das Teilzeit-Wohnrechtegesetz und das Fernabsatzgesetz, bereits Eingang in das deutsche Bürgerliche Recht gefunden. Während die vor- und nachvertraglichen Informationspflichten nach dem Teilzeit-Wohnrechtegesetz und nach dem Fernabsatzgesetz nur gegenüber Verbrauchern gelten, gelten die Informationspflichten nach Artikel 10 und 11 der E-Commerce-Richtlinie jedoch auch im Verhältnis zu Unternehmern. Auch wenn sich insoweit ein Unterschied zu den Regelungen über Haustürgeschäfte und Fernabsatzverträge ergibt, besteht eine enge Verknüpfung zwischen den sich aus der E-Commerce-Richtlinie ergebenden Pflichten und denjenigen für Fernabsatzverträge. Denn in aller Regel wird es sich bei einem Vertrag, der »im elektronischen Geschäftsverkehr« zwischen einem Unternehmer und einem Verbraucher zustande kommt, um einen Fernabsatzvertrag im Sinne von § 312b handeln. Im Übrigen knüpfen die Artikel 10, 11 der E-Commerce-Richtlinie wie die Fernabsatzrichtlinie und die Richtlinie über Haustürgeschäfte – horizontal – an eine besondere Vertragsschluss-Situation außerhalb von Geschäftsräumen an und beziehen sich damit nicht auf einen spezifischen Vertragstyp. Die Vorschrift zur Umsetzung der Artikel 10, 11 sollte daher bei den Vorschriften über Haustürgeschäfte und Fernabsatzverträge im Allgemeinen Teil des Schuldrecht geregelt werden.

Zu Absatz 1

Absatz 1 in Verbindung mit § 3 der Informationspflichtenverordnung setzt die Regelungen des Artikels 10 Abs. 1 bis 3 sowie des Artikels 11 Abs. 1 und 2 der E-Commerce-Richtlinie in sprachlich gestraffter Form um. Die Regelungstechnik des Absatzes 1 entspricht der bereits in § 312c E gewählten Form: Im Gesetzestext wird lediglich die generelle Unterrichtungsverpflichtung des Unternehmers geregelt, während die einzelnen zu erteilenden Informationen in der Informationspflichtenverordnung bestimmt werden.

1064

Im ersten Halbsatz des Absatzes 1 wird der Anwendungsbereich der Vorschrift definiert. Danach ist § 312e immer dann einschlägig, wenn sich ein Unternehmer zum Zwecke des Abschlusses eines Vertrags über die Lieferung von Waren oder über die Erbringung von Dienstleistungen eines Tele- oder Mediendienstes bedient. Der Begriff »Teledienst« ist in § 2 TDG definiert und umfasst danach elektronische Informations- und Kommunikationsdienste, die für eine individuelle Nutzung von kombinierbaren Daten wie Zeichen, Bilder oder Töne bestimmt sind und denen eine Übermittlung mittels Telekommunikation zugrunde liegt. Dazu gehören insbesondere Angebote zur Nutzung des Internets (§ 2 Abs. 2 Nr. 3 TDG), Angebote von Waren und Dienstleistungen in elektronisch abrufbaren Datenbanken mit interaktivem Zugriff und unmittelbarer Bestellmöglichkeit (§ 2 Abs. 2 Nr. 5 TDG) oder Angebote zur Information und Kommunikation wie Datendienste zur Verbreitung von Informationen über Waren und Dienstleistungsangebote (§ 2 Abs. 2 Nr. 2 TDG). Unter »Mediendiensten« sind gemäß § 2 MDStV Informations- und Kommunikationsdienste in Text, Ton oder Bild – mit Ausnahme von Rundfunk – zu verstehen, die sich an die Allgemeinheit richten und unter Benutzung elektromagnetischer Schwingungen ohne Verbindungsleistung oder längs oder mittels eines Leiters verbreitet werden.

1065

Wie bereits in der Vorbemerkung ausgeführt, sind die Begriffe des Tele- und Mediendienstes im Hinblick auf den Sinn und Zweck des § 312e und im Lichte der E-Commerce-Richtlinie zu verstehen: Dies bedeutet, dass unter § 312e nur solche Tele- und Mediendienste fallen, die der Nutzer bzw. Empfänger individuell elektronisch und zum Zwecke einer Bestellung abrufen kann. Bloße »Verteildienste«, das heißt Tele- und Mediendienste, die im Wege einer Übertragung von Daten ohne individuelle Anforderung gleichzeitig für eine unbegrenzte Zahl von Nutzern erbracht werden, fallen dagegen nicht in den Anwendungsbereich. Diese Reduktion folgt insbesondere daraus, dass § 312e Abs. 1 voraussetzt, dass sich der Unternehmer **zum Zwecke des Vertragsschlusses** eines Tele- oder Mediendienstes bedient, ergibt sich aber auch aus der Regelung des § 312e insgesamt: Die Vorschrift knüpft gerade an eine Vertragsanbahnungs- bzw. Vertragsabschluss-Situation zwischen dem Unternehmer als Anbieter und dem Kunden als Empfänger an und bestimmt für diese Fälle bestimmte Unterrichtungspflichten des Unternehmers. Der Vorschrift ist mithin immanent, dass der Kunde und zukünftige Vertragspartner den Tele- oder Mediendienst, dessen sich der Unternehmer zum Absatz seiner Waren oder Dienstleistungen bedient, elektronisch individuell abrufen kann und dies auch tut. Entsprechend wird der »Dienst der

1066

Informationsgesellschaft« in Artikel 1 Nr. 2 der Richtlinie 98/34/EG in der Fassung vom 20. Juli 1998 über ein Informationsverfahren auf dem Gebiet der Normen und technischen Vorschriften sowie in Artikel 2 der Richtlinie über den rechtlichen Schutz von zugangskontrollierten Diensten und von Zugangskontrolldiensten (98/48/EG vom 20. November 1998) als »jede in der Regel gegen Entgelt elektronisch im Fernabsatz und auf individuellen Abruf eines Empfängers erbrachte Dienstleistung« definiert.

1067 Die Anwendung des § 312e setzt mithin voraus, dass der Vertragsabschluss unter Einsatz elektronischer Kommunikationsmittel erfolgt. Nicht erfasst werden daher insbesondere der Brief und der Telefonverkehr. Ferner wird vorausgesetzt, dass der Tele- oder Mediendienst vom Empfänger zum Zwecke der Abgabe einer Bestellung individuell abgerufen wird. Dies schließt – anders als bei Fernabsatzverträgen – elektronische Medien aus, die Angebote an eine unbestimmte Zahl von Empfängern senden, wie das etwa beim Fernsehen, beim Hörfunk und beim Teletext der Fall ist. Dagegen setzt die Anwendung von § 312e **nicht** voraus, dass auch die Durchführung des Vertrags »online«, also auf elektronischem Wege erfolgt. Für § 312e ist vielmehr lediglich erforderlich, dass der **Vertragsschluss** unter Einsatz elektronischer Mittel erfolgt, während die **Erbringung** der vom Unternehmer geschuldeten Leistung auch »offline«, also wie im herkömmlichen Versandhandel stattfinden kann.

1068 Die Anwendung des § 312e setzt im Übrigen nicht voraus, dass der (zukünftige) Vertragspartner ein Verbraucher ist. Anbieter muss allerdings ein Unternehmer sein.

1069 Absatz 1 enthält in den Nummern 1 bis 4 einen **Katalog der Pflichten**, die der Unternehmer im Falle des Abschlusses eines Vertrags im elektronischen Geschäftsverkehr zu beachten hat. Die in den Nummern 1 bis 4 aufgeführten Pflichten sind zeitlich geordnet. Im Einzelnen:

1070 **Nummer 1** setzt Artikel 11 Abs. 2 der E-Commerce-Richtlinie unter im Wesentlichen wörtlicher Übernahme des Richtlinientextes um, indem er bestimmt, dass der Unternehmer dem Kunden **angemessene, wirksame und zugängliche technische Mittel** zur Verfügung stellen muss, mit deren Hilfe der Kunde **vor Abgabe seiner Bestellung Eingabefehler** erkennen und **berichtigen** kann. Dieser Pflicht muss der Unternehmer bereits zum Zeitpunkt der bloßen Eröffnung einer Bestellmöglichkeit nachkommen, also etwa, sobald er seinen Warenkatalog ins Internet stellt und mit einem elektronisch abrufbaren Bestellformular versieht. Neben der technischen Zurverfügungstellung, die in der Nummer 1 geregelt ist, muss der Unternehmer den Kunden auch über das Bestehen und die Art dieser technischen Mittel informieren. Diese Informationspflicht findet sich in § 3 Nr. 3 der Informationspflichtenverordnung.

1071 **Nummer 2** in Verbindung mit § 3 Nr. 1 bis 5 der Informationspflichtenverordnung bestimmt unter im Wesentlichen wörtlicher Übernahme des Richtlinientextes des Artikels 10 Abs. 1 und 2 der E-Commerce-Richtlinie **den Umfang der vorvertraglichen Informationspflichten** des Unternehmers. Im Interesse einer besseren Lesbarkeit wird auch hier darauf verzichtet, den Informationspflichtenkatalog in das Bürgerliche Gesetzbuch aufzunehmen. Stattdessen wird in § 312e Abs. 1 Nr. 2 lediglich die generelle Informationsverpflichtung des Unternehmers bestimmt und im Übrigen auf die Informationspflichtenverordnung verwiesen, deren Rechtsgrundlage mit dem neuen Artikel 241 des Einführungsgesetzes zum Bürgerlichen Gesetzbuche geschaffen wird. Die Informationspflichtenverordnung enthält in ihrem § 3 in den Nummern 1 bis 5 die in § 10 Abs. 1 und 2 der E-Commerce-Richtlinie aufgeführten einzelnen Informationen. Danach muss der Unternehmer den Kunden über die einzelnen technischen Schritte, die zu einem Vertragsschluss führen (Nr. 1 = Art. 10 Abs. 1 Buchstabe a der E-Commerce-Richtlinie), darüber, ob der der Vertrag gespeichert wird und ob er dem Kunden zugänglich ist (Nr. 2 = Art. 10 Abs. 1 Buchstabe b der E-Commerce-Richtlinie), welche Möglichkeiten der Erkennung und Korrektur von Eingabefehlern bestehen (Nr. 3 = Art. 10 Abs. 1 Buchstabe c der E-Commerce-Richtlinie), welche Sprachen für den Vertragsschluss zur Verfügung stehen (Nr. 4 = Art. 10 Abs. 1 Buchstabe d der E-Commerce-Richtlinie) und schließlich über die einschlägigen Verhaltenskodizes, denen sich der Unternehmer unterwirft und ihre elektronische Abrufbarkeit (Nr. 5 = Art. 10 Abs. 2 der E-Commerce-Richtlinie) vor Vertragsschluss informieren. Mit letzteren sind bestimmte Verhaltensregelwerke gemeint, denen sich ein Unternehmer – zumeist zu Werbezwecken – unabhängig vom Vertragsschluss mit dem einzelnen Kunden freiwillig unterwirft, um damit im Wettbewerb eine besondere Unternehmens- und/oder Produktqualität dokumentieren zu können.

Nummer 3 setzt Artikel 11 Abs. 1, 1. Spiegelstrich der E-Commerce-Richtlinie um, indem er vorsieht, dass der **Unternehmer** den **Zugang der Bestellung des Kunden unverzüglich elektronisch zu bestätigen hat**. Der Richtlinienbegriff des »Eingangs« ist an die Begrifflichkeit des Bürgerlichen Gesetzbuchs in § 130 angepasst und durch das Wort »Zugang« ersetzt worden. 1072

Nummer 4 setzt Artikel 11 Abs. 3 der E-Commerce-Richtlinie um, indem er bestimmt, dass der Unternehmer dem **Kunden die Möglichkeit verschaffen** muss, die **Vertragsbedingungen einschließlich der einbezogenen Allgemeinen Geschäftsbedingungen abzurufen und in wiedergabefähiger Form abzuspeichern**. Da sich aus der Richtlinie nichts zum Zeitpunkt ergibt, wann der Unternehmer diese Verpflichtung zu erfüllen hat, greift der Entwurf auf die Parallelbestimmung in § 312c Abs. 2 über Fernabsatzverträge zurück und bestimmt, dass die Vertragsbestimmungen alsbald nach Vertragsschluss, spätestens bis zur vollständigen Erfüllung des Vertrags, bei Waren spätestens bei Lieferung für den Kunden abrufbar und speicherbar sein müssen. Durch den Zusatz »einbezogene« Allgemeinen Geschäftsbedingungen wird deutlich, dass die Einbeziehungsvoraussetzungen des bisherigen § 2 Abs. 1 AGBG (= § 305 Abs. 2) nicht berührt werden, so dass diese nur dann Vertragsbestandteil werden, wenn der Kunde bereits vor Vertragsschluss auf sie hingewiesen und ihm die Möglichkeit verschafft wird, in zumutbarer Weise von ihrem Inhalt Kenntnis zu nehmen. Dies wird der Unternehmer im elektronischen Geschäftsverkehr freilich eben dadurch erreichen, dass er dem Kunden eine Möglichkeit aufzeigt, wie er die Vertragsbedingungen herunterladen (= abrufen) und speichern kann. Die Erfordernisse des § 305 Abs. 2 für die Einbeziehung Allgemeiner Geschäftsbedingun- 1073 gen und die Verpflichtung aus der Nummer 4 des § 312e Abs. 2 dürften sich daher – bis auf den Zeitpunkt der Kenntnisnahmemöglichkeit – beim Vertragsschluss im elektronischen Geschäftsverkehr entsprechen. Die Nummer 4 geht allerdings insoweit über die Einbeziehungsvoraussetzungen des § 305 Abs. 2 hinaus, als sie die nicht abdingbare Verpflichtung aufstellt, die Vertragsbedingungen auch **Unternehmern** durch die Möglichkeit des Abrufs zur Verfügung zu stellen.

1074 Satz 2 des Absatzes 1 setzt Artikel 11 Abs. 1 2. Spiegelstrich der E-Commerce-Richtlinie unter im Wesentlichen wörtlicher Übernahme des Richtlinientextes um. Die Zugangsfiktion wird lediglich in Ergänzung des Richtlinientextes an die Voraussetzung gekoppelt, dass die Parteien die Bestellung und Empfangsbestätigung »unter gewöhnlichen Umständen« abrufen können. Dies entspricht der Rechtsprechung zum Zugang einer Willenserklärung in § 130 (vgl. nur BGHZ 67, 271; NJW 80, 990).

Zu Absatz 2

1075 Absatz 2 schränkt zum einen den Anwendungsbereich des Absatzes 1 Nr. 1 bis 3 ein und legt zum anderen fest, inwieweit eine vertragliche Abbedingung der Regelungen des Absatzes 1 zulässig ist.

1076 Absatz 2 Nr. 1 greift dabei Artikel 10 Abs. 4 und Artikel 11 Absatz 3 der E-Commerce-Richtlinie auf, wonach die Informationspflichten aus Artikel 10 Abs. 1 und 2 (= § 312e Abs. 1 Satz 1 Nr. 1) und die Verpflichtungen aus Artikel 11 Abs. 1, 1. Spiegelstrich, und Abs. 2 (= § 312e Abs. 1 Satz 1 Nr. 2 und 3) nicht anwendbar sind auf Verträge, die ausschließlich durch den Austausch individueller – elektronischer – Kommunikation wie zum Beispiel durch E-Mail geschlossen werden. Damit sollen Vertragsabschlüsse, bei denen der Unternehmer direkt mit dem jeweiligen Kunden Kontakt aufnimmt, indem er diesem zum Beispiel an dessen E-Mail-Adresse ein Verkaufsangebot elektronisch übersendet, von den Pflichten des § 312e E entlastet werden. Denn derartige Vertragsschlüsse ähneln solchen per Brief oder am Telefon und weisen nicht die spezifischen Besonderheiten des Online-Einkaufs auf. Für diesen ist nämlich gerade typisch, dass sich der Unternehmer unter Verwendung eines elektronischen Kommunikationsdienstes an eine unbegrenzte Zahl nicht individualisierter potenzieller Kunden wendet, indem er etwa seinen Verkaufskatalog ins Internet stellt.

1077 Absatz 2 Nr. 2 übernimmt die Einschränkungen in Artikel 10 Abs. 1 und 2 und Artikel 11 Abs. 1 und 2 der E-Commerce-Richtlinie, wonach die dort geregelten Verpflichtungen gelten sollen »außer im Fall abweichender Vereinbarungen zwischen Parteien, die nicht Verbraucher sind«. Bei der Umsetzung wird aus Gründen der besseren Lesbarkeit eine positive Formulierung gewählt, die auf die Unternehmereigenschaft und damit auf § 14 BGB abstellt. Eine entsprechende abweichende Vereinbarung kann für einen individuellen Vertrag, sie kann aber auch für eine Vielzahl von Verträgen im Voraus abgeschlossen werden. Absatz 2 Nr. 2 legt die beteiligten Unternehmer auf keine Variante fest. Der häufigere Fall wird voraussichtlich der Fall sein, dass sich der Anbieterunternehmer mit dem Vertragspartner generell über das Verfahren beim Abschluss von Verträgen im elektronischen Geschäftsverkehr verständigt. Dann wäre die abweichende Vereinbarung Gegenstand einer solchen Rahmenvereinbarung. Soll eine abweichende Vereinbarung individuell getroffen werden, müssten sich die Beteiligten zunächst über die Vertragsprozedur einigen und dann den eigentlichen Vertragsschluss vornehmen.

Unabdingbar ist dagegen die **Pflicht des Unternehmers** aus § 312e Abs. 1 Satz 1 Nr. 4, dem Kunden die **Vertragsbestimmungen in speicherbarer Form zur Verfügung zu stellen.** Auch die Zugangsfiktion kann nicht abbedungen werden. Beides ergibt sich aus den Vorgaben der E-Commerce-Richtlinie. Ist der Kunde ein **Verbraucher,** sind jegliche Abweichungen von § 312e E unzulässig. Die vorstehend ausgeführte Unabdingbarkeit folgt aus § 312f E, der insgesamt für die Vorschriften des Untertitels 2 ein Abweichungsverbot zu Lasten des Verbrauchers oder Kunden enthält, soweit nicht ein anderes bestimmt ist.

1078

Zu Absatz 3

Absatz 3 Satz 1 hat lediglich deklaratorische Bedeutung. Weitergehende Informationspflichten werden sich insbesondere aus den Vorschriften über Fernabsatzverträge ergeben, wenn der Kunde ein Verbraucher ist und die weiteren Voraussetzungen des § 312b Abs. 1 (ausschließliche Verwendung von Fernkommunikationsmitteln; für den Fernabsatz organisiertes Vertriebs- und Dienstleistungssystem) gegeben sind. Das letztere dürfte freilich in aller Regel der Fall sein. Denn die Besonderheit des online-Vertriebs ist gerade, dass der Unternehmer und der Kunde ausschließlich im Wege des Fernabsatzes miteinander kommunizieren. Und ein Unternehmer, der seine Produkte über das Internet anbietet, hat sein Vertriebssystem bereits dadurch so organisiert, dass Verträge im Fernabsatz geschlossen und abgewickelt werden können.

1079

Bei Verbraucherverträgen im elektronischen Geschäftsverkehr wird dem Verbraucher daher (bei anderen Verträgen als Verträgen über Finanzdienstleistungen) in aller Regel auch ein Widerrufsrecht gemäß §§ 312d, 355 zustehen. Für diesen Fall bestimmt Absatz 3 Satz 2 – ohne freilich dem Verbraucher ein eigenes Widerrufsrecht einzuräumen –, dass die Widerrufsfrist erst nach Erfüllung der in § 312e Abs. 1 Satz 1 geregelten Pflichten beginnt. Diese Regelung entspricht der parallelen Bestimmung des § 312d Abs. 2 für Fernabsatzverträge. Es ist nämlich kein Grund ersichtlich, warum der Lauf der Widerrufsfrist bei einem im elektronischen Geschäftsverkehr geschlossenen Fernabsatzvertrag nur von der Erfüllung der Informationspflichten des § 312c Abs. 1 und 2, dagegen nicht von den in diesen Fällen gleichermaßen vom Unternehmer zu beachtenden Pflichten des § 312e Abs. 1 abhängig sein sollte. Hier muss den Unternehmer dieselbe Sanktion des hinausgeschobenen Fristbeginns treffen.

1080

Dies bedeutet freilich nicht, dass weitere Sanktionen bei einem Verstoß gegen die in § 312e Abs. 1 Satz 1 normierten Pflichten ausgeschlossen sind. Die Neuregelung sieht lediglich davon ab, die Rechtsfolgen, die sich aus einem Pflichtenverstoß des Unternehmers im Übrigen ergeben können, statisch in dieser Vorschrift zu regeln. Dies hat seinen Grund darin, dass die in § 312e Abs. 1 Satz 1

1081

geregelten Pflichten von derart unterschiedlicher Gewichtung und Art sind, dass die Bestimmung ein und derselben Rechtsfolge wie zum Beispiel die Einräumung eines Widerrufsrechts oder die Nichtigkeit des Vertrags nicht sachgerecht wäre. Die Rechtsfolgen eines Pflichtenverstoßes sollen sich daher nach den allgemeinen Bestimmungen des Schuldrechts richten. Diese sehen ein differenziertes und effektives Sanktionssystem für den Fall des Verstoßes gegen vorvertragliche Informations- und sonstige vertragliche Pflichtverletzungen vor. Im Folgenden soll lediglich auf einige Grundprinzipien hingewiesen werden:

Nichtigkeit

1082 Der Verstoß gegen eine oder auch mehrere Pflichten des § 312e Abs. 1 Satz 1 kann indessen nicht die schärfste zivilrechtliche Sanktion, nämlich die Nichtigkeit des Vertrags, auslösen. Eine solche Rechtsfolge wäre nämlich nur anzunehmen, wenn dies dem Willen des Gesetzgebers und dem Zweck der Vorschrift entsprechen würde. An beidem fehlt es hier. Die Vorschrift soll den Kunden schützen. Würde die Nichtbeachtung der Informations- und Verhaltenspflichten die Nichtigkeit des Vertrags zur Folge haben, hätte der Kunde nicht einmal einen (durchsetzbaren) Anspruch auf nachträgliche Information. Das wäre genau Gegenteil des Gewollten. Deshalb ist ein Vertrag nicht nichtig (so auch Grigoleit, WM 2001, 597, 600). Es ist erwogen, dies ausdrücklich klarzustellen. Eine solche Klarstellung würde aber eine an sich klare Rechtslage ungewollt in Zweifel ziehen und auch Unklarheiten hinsichtlich der anderen möglichen Folgen begründen. Deshalb wird davon Abstand genommen.

Erklärungsmangel, Anfechtung wegen Irrtums

1083 Die Verletzung der Informationspflichten, aber auch der Pflicht, einen Korrekturmechanismus vorzuhalten, kann beim Kunden in extremen Fällen dazu führen, dass er sich gar nicht bewusst ist, überhaupt eine rechtsgeschäftliche Erklärung abgegeben zu haben. Dann liegt keine rechtsverbindliche Willenserklärung vor, und der Kunde ist nicht verpflichtet. Gewöhnlich wird eine Verletzung solcher Pflichten aber »nur« zu einem Erklärungsirrtum führen. Dieser berechtigt ihn nach § 119 zur Anfechtung des Vertrags wegen Irrtums. Der Anbieter könnte dann rein formal nach § 122 Ersatz des Vertrauensschadens verlangen. Dies wäre aber ein widersprüchliches Verhalten, was seinen Anspruch nach § 242 ausschließt. Es ist erwogen worden, dies klarzustellen. Davon ist aber abgesehen worden, weil dies keiner Erklärung bedarf.

Haftung aus §§ 311 Abs. 2, 241 Abs. 2

1084 Mit der Nichteinhaltung der besonderen Pflichten beim E-Commerce kann der Anbieter auch Schutz- und Rücksichtnahmepflichten gegenüber dem Kunden verletzen. Wenn dies zu einem Schaden führen sollte, könnte dafür eine Haftung aus § 311 Abs. 2 in Verbindung mit § 280 und § 241 Abs. 1 (Culpa in contrahendo) begründet sein. Der Anbieter hätte dann dem Kunden den Schaden zu ersetzen. Das kann gemäß § 249 einen Anspruch auf Rückabwicklung, unter Umständen sogar die Anpassung des abgeschlossenen Vertrags (dazu Palandt/

Heinrichs, § 276 Rdn. 102) begründen. Voraussetzung dafür ist aber, dass die Pflichtverletzung des Anbieters für den Abschluss oder ungünstigen Abschluss des Vertrags ursächlich war. War sie das nicht, versäumt der Anbieter es etwa lediglich, den Kunden über die für den Vertragsschluss zur Verfügung stehenden, aber nicht genutzten Sprachen oder über die Verhaltenskodizes, denen er sich unterworfen hat, oder darüber zu unterrichten, ob der Vertragstext nach dem Vertragsschluss speicherbar ist, wird man hieraus einen Anspruch des Kunden auf Rückabwicklung oder Anpassung des Vertrags nicht ableiten können.

Nachträgliche Unterrichtung

Der Kunde kann jedenfalls aus dem abgeschlossenen Vertrag später die nachträgliche Erfüllung der Informationspflichten, soweit diese dann noch sinnvoll beansprucht werden kann (z. B. die Verhaltenskodizes, denen sich der Unternehmer unterworfen hat), oder die Zurverfügungstellung der Vertragsbedingungen in wiedergaberfähiger Form verlangen. 1085

Unterlassungsklage

Verstöße gegen die in Absatz 1 bestimmten Pflichten begründen im Übrigen auch die Möglichkeit einer Unterlassungsklage nach § 13 UWG und nach § 2 des Unterlassungsklagegesetzes, das an die Stelle des bisherigen § 22 AGBG tritt. Die Nichteinhaltung der Verpflichtungen gemäß Absatz 1 ist bei Verbraucherverträgen im elektronischen Geschäftsverkehr ein Verstoß gegen ein Verbraucherschutzgesetz, das ohne weiteres einen Unterlassungsanspruch nach § 2 des Unterlassungsklagegesetzes (bisher § 22 Abs. 1 AGBG) begründet. Da sich der Anbieter durch die Missachtung der Informationsverpflichtungen auch einen zumindest formalen Wettbewerbsvorteil verschafft, der gesetzeswidrig ist, stellt eine systematische Verletzung der Pflichten des Absatzes 1 regelmäßig auch einen Verstoß gegen die Grundsätze des lauteren Wettbewerbs dar, der einen Unterlassungsanspruch nach § 13 UWG begründet. 1086

§ 312f – Abweichende Vereinbarungen

Von den Vorschriften dieses Untertitels darf, soweit nicht ein anderes bestimmt ist, nicht zum Nachteil des Verbrauchers oder Kunden abgewichen werden. Die Vorschriften dieses Untertitels finden, soweit nicht ein anderes bestimmt ist, auch Anwendung, wenn sie durch anderweitige Gestaltungen umgangen werden.
Diese Regelungen werden ergänzt durch die §§ 1 und 3 der Verordnung über Informationspflichten nach Bürgerlichem recht, die durch Artikel 4 des Entwurfs eingeführt werden. Diese lauten:

§ 312f fasst die bisherigen Abweichungs- und Umgehungsverbote des § 5 FernAbsG und des § 5 HTWG zusammen und bestimmt, dass von den Vorschriften des Untertitels 1 weder zu Lasten des Verbrauchers noch zu Lasten des Kunden 1087 abgewichen werden darf. Damit sind auch Abweichungen von § 312e über die dort zugelassene Abdingbarkeit hinaus unzulässig.

§ 1 – Informationspflichten bei Fernabsatzverträgen

(1) Der Unternehmer muss den Verbraucher gemäß § 312c Abs. 1 Nr. 1 des Bürgerlichen Gesetzbuchs vor Abschluss eines Fernabsatzvertrags mindestens informieren über:
1. seine Identität,
2. seine Anschrift,
3. wesentliche Merkmale der Ware oder Dienstleistung, sowie darüber, wie der Vertrag zustande kommt,
4. die Mindestlaufzeit des Vertrags, wenn dieser eine dauernde oder regelmäßig wiederkehrende Leistung zum Inhalt hat,
5. einen Vorbehalt, eine in Qualität und Preis gleichwertige Leistung (Ware oder Dienstleistung) zu erbringen, und einen Vorbehalt, die versprochene Leistung im Fall ihrer Nichtverfügbarkeit nicht zu erbringen,
6. den Preis der Ware oder Dienstleistung einschließlich aller Steuern und sonstiger Preisbestandteile,
7. gegebenenfalls zusätzlich anfallende Liefer- und Versandkosten,
8. Einzelheiten hinsichtlich der Zahlung und der Lieferung oder Erfüllung,
9. das Bestehen eines Widerrufs- oder Rückgaberechts,
10. Kosten, die dem Verbraucher durch die Nutzung der Fernkommunikationsmittel entstehen, sofern sie über die üblichen Grundtarife, mit denen der Verbraucher rechnen muss, hinausgehen und
11. die Gültigkeitsdauer befristeter Angebote, insbesondere hinsichtlich des Preises.

(2) Der Unternehmer hat dem Verbraucher gemäß § 312c Abs. 2 des Bürgerlichen Gesetzbuchs die in Absatz 1 Nr. 1 bis 9 bestimmten Informationen in Textform mitzuteilen.

(3) Der Unternehmer hat dem Verbraucher gemäß § 312c Abs. 2 des Bürgerlichen Gesetzbuchs ferner folgende weitere Informationen in Textform und in einer hervorgehobenen und deutlich gestalteten Form mitzuteilen:
1. Informationen über die Bedingungen, Einzelheiten der Ausübung und Rechtsfolgen des Widerrufs- oder Rückgaberechts sowie über den Ausschluss des Widerrufs- oder Rückgaberechts,
2. die Anschrift der Niederlassung des Unternehmers, bei der der Verbraucher Beanstandungen vorbringen kann, sowie eine ladungsfähige Anschrift des Unternehmers und bei juristischen Personen, Personenvereinigungen oder -gruppen auch den Namen eines Vertretungsberechtigten,
3. Informationen über Kundendienst und geltende Gewährleistungs- und Garantiebedingungen und

4. die Kündigungsbedingungen bei Verträgen, die ein Dauerschuldverhältnis betreffen und für eine längere Zeit als ein Jahr oder für unbestimmte Zeit geschlossen werden.

Ermächtigungsgrundlage dieser Vorschrift ist Art. 240 EGBGB. Sie enthält den bislang im geltenden § 2 Abs. 2 und 3 FernAbsG aufgeführten Informationspflichtenkatalog unter im Wesentlichen wörtlicher Übernahme des Richtlinien- bzw. des Gesetzestextes.

1088

§ 3 – Kundeninformationspflichten des Unternehmers bei Verträgen im elektronischen Geschäftsverkehr

Bei Verträgen im elektronischen Geschäftsverkehr muss der Unternehmer den Kunden gemäß § 312e Abs. 1 Satz 1 Nr. 2 des Bürgerlichen Gesetzbuchs informieren
1. über die einzelnen technischen Schritte, die zu einem Vertragsschluss führen,
2. darüber, ob der Vertragstext nach dem Vertragsschluss von dem Unternehmer gespeichert wird und ob er dem Kunden zugänglich ist,
3. darüber, wie er mit den gemäß § 312e Abs. 1 Satz 1 Nr. 1 des Bürgerlichen Gesetzbuchs zur Verfügung gestellten technischen Mitteln Eingabefehler vor Abgabe der Bestellung erkennen und berichtigen kann,
4. über die für den Vertragsschluss zur Verfügung stehenden Sprachen und
5. über sämtliche einschlägigen Verhaltenskodizes, denen sich der Unternehmer unterwirft, sowie die Möglichkeit eines elektronischen Zugangs zu diesen Regelwerken.

Ermächtigungsgrundlage dieser Vorschrift ist Artikel 241 EGBGB. § 3 enthält unter im Wesentlichen wörtlicher Übernahme des Richtlinientextes den Informationspflichtenkatalog, wie er sich aus Art. 10 Abs. 1 Buchstabe a bis d (= § 3 Nr. 1 bis 4) und Abs. 2 (= § 3 Nr. 5) der E-Commerce-Richtlinie ergibt. Zum Inhalt der einzelnen Informationspflichten vgl. die Ausführungen oben zu § 312e E.

1089

2. Integration des AGB-Gesetzes

Texte

Das AGB-Gesetz wird in seinem inhaltlichen Teil – dies sind die §§ 1 bis 11 und 23 bis 24a des AGB-Gesetzes – durch die §§ 305 bis 310 BGB n.F. in das BGB integriert. Der verfahrensrechtliche Teil – das sind die §§ 13 bis 22a und 29 des AGB-Gesetzes – wird zu einem eigenständigen Unterlassungsklagengesetz. Die Verordnungsermächtigungen der §§ 27 und 27a sowie die Überlei-

1090

tungs- und Inkrafttretensvorschriften der §§ 28 und 30 des AGB-Gesetzes finden Eingang in das EGBGB. Die neuen Dauervorschriften lauten:

Bürgerliches Gesetzbuch

Abschnitt 2 Gestaltung rechtsgeschäftlicher Schuldverhältnisse durch Allgemeine Geschäftsbedingungen

§ 305 Einbeziehung Allgemeiner Geschäftsbedingungen in den Vertrag

(1) Allgemeine Geschäftsbedingungen sind alle für eine Vielzahl von Verträgen vorformulierten Vertragsbedingungen, die eine Vertragspartei (Verwender) der anderen Vertragspartei bei Abschluss eines Vertrags stellt. Gleichgültig ist, ob die Bestimmungen einen äußerlich gesonderten Bestandteil des Vertrags bilden oder in die Vertragsurkunde selbst aufgenommen werden, welchen Umfang sie haben, in welcher Schriftart sie verfasst sind und welche Form der Vertrag hat. Allgemeine Geschäftsbedingungen liegen nicht vor, soweit die Vertragsbedingungen zwischen den Vertragsparteien im Einzelnen ausgehandelt sind.

(2) Allgemeine Geschäftsbedingungen werden nur dann Bestandteil eines Vertrags, wenn der Verwender bei Vertragsschluss
1. die andere Vertragspartei ausdrücklich oder, wenn ein ausdrücklicher Hinweis wegen der Art des Vertragsschlusses nur unter unverhältnismäßigen Schwierigkeiten möglich ist, durch deutlich sichtbaren Aushang am Ort des Vertragsschlusses auf sie hinweist und
2. der anderen Vertragspartei die Möglichkeit verschafft, in zumutbarer Weise, die auch eine für den Verwender erkennbare körperliche Behinderung der anderen Vertragspartei angemessen berücksichtigt, von ihrem Inhalt Kenntnis zu nehmen,
und wenn die andere Vertragspartei mit ihrer Geltung einverstanden ist.

(3) Die Vertragsparteien können für eine bestimmte Art von Rechtsgeschäften die Geltung bestimmter Allgemeiner Geschäftsbedingungen unter Beachtung der in Absatz 2 bezeichneten Erfordernisse im Voraus vereinbaren.

§ 305a Einbeziehung in besonderen Fällen

Auch ohne Einhaltung der in § 305 Abs. 2 Nr. 1 und 2 bezeichneten Erfordernisse werden einbezogen, wenn die andere Vertragspartei mit ihrer Geltung einverstanden ist,
1. die mit Genehmigung der zuständigen Verkehrsbehörde oder auf Grund von internationalen Übereinkommen erlassenen Tarife und Ausführungsbestimmungen der Eisenbahnen und die nach Maßgabe des Personenbeförderungsgesetzes genehmigten Beförderungsbedingungen der Straßenbahnen, Obusse und Kraftfahrzeuge im Linienverkehr in den Beförderungsvertrag,
2. die im Amtsblatt der Regulierungsbehörde für Telekommunikation und Post veröffentlichten und in den Geschäftsstellen des Verwenders bereitgehaltenen Allgemeinen Geschäftsbedingungen
   a) in Beförderungsverträge, die außerhalb von Geschäftsräumen durch den Einwurf von Postsendungen in Briefkästen abgeschlossen werden,
   b) in Verträge über Telekommunikations-, Informations- und andere Dienstleistungen, die unmittelbar durch Einsatz von Fernkommunikationsmitteln und während der Erbringung einer Telekommunikationsdienstleistung in einem Mal erbracht werden, wenn die Allgemeinen Geschäftsbedingungen der anderen Vertragspartei nur unter unverhältnismäßigen Schwierigkeiten vor dem Vertragsschluss zugänglich gemacht werden können.

§ 305b Vorrang der Individualabrede

Individuelle Vertragsabreden haben Vorrang vor Allgemeinen Geschäftsbedingungen.

§ 305c Überraschende und mehrdeutige Klauseln

(1) Bestimmungen in Allgemeinen Geschäftsbedingungen, die nach den Umständen, insbesondere nach dem äußeren Erscheinungsbild des Vertrags, so ungewöhnlich sind, dass der Vertragspartner des Verwenders mit ihnen nicht zu rechnen braucht, werden nicht Vertragsbestandteil.

(2) Zweifel bei der Auslegung Allgemeiner Geschäftsbedingungen gehen zu Lasten des Verwenders.

§ 306 Rechtsfolgen bei Nichteinbeziehung und Unwirksamkeit

(1) Sind Allgemeine Geschäftsbedingungen ganz oder teilweise nicht Vertragsbestandteil geworden oder unwirksam, so bleibt der Vertrag im Übrigen wirksam.

(2) Soweit die Bestimmungen nicht Vertragsbestandteil geworden oder unwirksam sind, richtet sich der Inhalt des Vertrags nach den gesetzlichen Vorschriften.

(3) Der Vertrag ist unwirksam, wenn das Festhalten an ihm auch unter Berücksichtigung der nach Absatz 2 vorgesehenen Änderung eine unzumutbare Härte für eine Vertragspartei darstellen würde.

§ 306a Umgehungsverbot

Die Vorschriften dieses Abschnitts finden auch Anwendung, wenn sie durch anderweitige Gestaltungen umgangen werden.

§ 307 Inhaltskontrolle

(1) Bestimmungen in Allgemeinen Geschäftsbedingungen sind unwirksam, wenn sie den Vertragspartner des Verwenders entgegen den Geboten von Treu und Glauben unangemessen benachteiligen. Eine unangemessene Benachteiligung kann sich auch daraus ergeben, dass die Bestimmung nicht klar und verständlich ist.

(2) Eine unangemessene Benachteiligung ist im Zweifel anzunehmen, wenn eine Bestimmung
1. mit wesentlichen Grundgedanken der gesetzlichen Regelung, von der abgewichen wird, nicht zu vereinbaren ist oder
2. wesentliche Rechte oder Pflichten, die sich aus der Natur des Vertrags ergeben, so einschränkt, dass die Erreichung des Vertragszwecks gefährdet ist.

(3) Die Absätze 1 und 2 sowie die §§ 308 und 309 gelten nur für Bestimmungen in Allgemeinen Geschäftsbedingungen, durch die von Rechtsvorschriften abweichende oder diese ergänzende Regelungen vereinbart werden. Andere Bestimmungen können nach Absatz 1 Satz 2 in Verbindung mit Absatz 1 Satz 1 unwirksam sein.

§ 308 Klauselverbote mit Wertungsmöglichkeit

In Allgemeinen Geschäftsbedingungen ist insbesondere unwirksam
1. (Annahme- und Leistungsfrist)
   eine Bestimmung, durch die sich der Verwender unangemessen lange oder nicht hinreichend bestimmte Fristen für die Annahme oder Ablehnung eines Angebots oder die Erbringung einer Leistung vorbehält; ausgenommen hiervon ist der Vorbehalt, erst nach Ablauf der Widerrufs- oder Rückgabefrist nach § 355 Abs. 1 und 2 und § 356 zu leisten;

2. (Nachfrist)
eine Bestimmung, durch die sich der Verwender für die von ihm zu bewirkende Leistung abweichend von Rechtsvorschriften eine unangemessen lange oder nicht hinreichend bestimmte Nachfrist vorbehält;
3. (Rücktrittsvorbehalt)
die Vereinbarung eines Rechts des Verwenders, sich ohne sachlich gerechtfertigten und im Vertrag angegebenen Grund von seiner Leistungspflicht zu lösen; dies gilt nicht für Dauerschuldverhältnisse;
4. (Änderungsvorbehalt)
die Vereinbarung eines Rechts des Verwenders, die versprochene Leistung zu ändern oder von ihr abzuweichen, wenn nicht die Vereinbarung der Änderung oder Abweichung unter Berücksichtigung der Interessen des Verwenders für den anderen Vertragsteil zumutbar ist;
5. (Fingierte Erklärungen)
eine Bestimmung, wonach eine Erklärung des Vertragspartners des Verwenders bei Vornahme oder Unterlassung einer bestimmten Handlung als von ihm abgegeben oder nicht abgegeben gilt, es sei denn, dass
   a) dem Vertragspartner eine angemessene Frist zur Abgabe einer ausdrücklichen Erklärung eingeräumt ist und
   b) der Verwender sich verpflichtet, den Vertragspartner bei Beginn der Frist auf die vorgesehene Bedeutung seines Verhaltens besonders hinzuweisen;
dies gilt nicht für Verträge, in die Teil B der Verdingungsordnung für Bauleistungen insgesamt einbezogen ist;
6. (Fiktion des Zugangs)
eine Bestimmung, die vorsieht, dass eine Erklärung des Verwenders von besonderer Bedeutung dem anderen Vertragsteil als zugegangen gilt;
7. (Abwicklung von Verträgen)
eine Bestimmung, nach der der Verwender für den Fall, dass eine Vertragspartei vom Vertrag zurücktritt oder den Vertrag kündigt,
   a) eine unangemessen hohe Vergütung für die Nutzung oder den Gebrauch einer Sache oder eines Rechts oder für erbrachte Leistungen oder
   b) einen unangemessen hohen Ersatz von Aufwendungen verlangen kann;
8. (Nichtverfügbarkeit der Leistung)
die nach Nummer 3 zulässige Vereinbarung eines Vorbehalts des Verwenders, sich von der Verpflichtung zur Erfüllung des Vertrags bei Nichtverfügbarkeit der Leistung zu lösen, wenn sich der Verwender nicht verpflichtet,
   a) den Vertragspartner unverzüglich über die Nichtverfügbarkeit zu informieren und
   b) Gegenleistungen des Vertragspartners unverzüglich zu erstatten.

§ 309 Klauselverbote ohne Wertungsmöglichkeit

Auch soweit eine Abweichung von den gesetzlichen Vorschriften zulässig ist, ist in Allgemeinen Geschäftsbedingungen unwirksam
1. (Kurzfristige Preiserhöhungen)
eine Bestimmung, welche die Erhöhung des Entgelts für Waren oder Leistungen vorsieht, die innerhalb von vier Monaten nach Vertragsschluss geliefert oder erbracht werden sollen; dies gilt nicht bei Waren oder Leistungen, die im Rahmen von Dauerschuldverhältnissen geliefert oder erbracht werden;
2. (Leistungsverweigerungsrechte)
eine Bestimmung, durch die

a) das Leistungsverweigerungsrecht, das dem Vertragspartner des Verwenders nach § 320 zusteht, ausgeschlossen oder eingeschränkt wird oder
b) ein dem Vertragspartner des Verwenders zustehendes Zurückbehaltungsrecht, soweit es auf demselben Vertragsverhältnis beruht, ausgeschlossen oder eingeschränkt, insbesondere von der Anerkennung von Mängeln durch den Verwender abhängig gemacht wird;

3. (Aufrechnungsverbot)
eine Bestimmung, durch die dem Vertragspartner des Verwenders die Befugnis genommen wird, mit einer unbestrittenen oder rechtskräftig festgestellten Forderung aufzurechnen;

4. (Mahnung, Fristsetzung)
eine Bestimmung, durch die der Verwender von der gesetzlichen Obliegenheit freigestellt wird, den anderen Vertragsteil zu mahnen oder ihm eine Frist für die Leistung oder Nacherfüllung zu setzen;

5. (Pauschalierung von Schadensersatzansprüchen)
die Vereinbarung eines pauschalierten Anspruchs des Verwenders auf Schadensersatz oder Ersatz einer Wertminderung, wenn
a) die Pauschale den in den geregelten Fällen nach dem gewöhnlichen Lauf der Dinge zu erwartenden Schaden oder die gewöhnlich eintretende Wertminderung übersteigt oder
b) dem anderen Vertragsteil nicht ausdrücklich der Nachweis gestattet wird, ein Schaden oder eine Wertminderung sei überhaupt nicht entstanden oder wesentlich niedriger als die Pauschale;

6. (Vertragsstrafe)
eine Bestimmung, durch die dem Verwender für den Fall der Nichtabnahme oder verspäteten Abnahme der Leistung, des Zahlungsverzugs oder für den Fall, dass der andere Vertragsteil sich vom Vertrag löst, Zahlung einer Vertragsstrafe versprochen wird;

7. (Haftungsausschluss bei Verletzung von Leben, Körper, Gesundheit und bei grobem Verschulden)
a) (Verletzung von Leben, Körper, Gesundheit)
ein Ausschluss oder eine Begrenzung der Haftung für Schäden aus der Verletzung des Lebens, des Körpers oder der Gesundheit, die auf einer fahrlässigen Pflichtverletzung des Verwenders oder einer vorsätzlichen oder fahrlässigen Pflichtverletzung eines gesetzlichen Vertreters oder Erfüllungsgehilfen des Verwenders beruhen;
b) (Grobes Verschulden)
ein Ausschluss oder eine Begrenzung der Haftung für sonstige Schäden, die auf einer grob fahrlässigen Pflichtverletzung des Verwenders oder auf einer vorsätzlichen oder grob fahrlässigen Pflichtverletzung eines gesetzlichen Vertreters oder Erfüllungsgehilfen des Verwenders beruhen;
die Buchstaben a und b gelten nicht für Haftungsbeschränkungen in den nach Maßgabe des Personenbeförderungsgesetzes genehmigten Beförderungsbedingungen und Tarifvorschriften der Straßenbahnen, Obusse und Kraftfahrzeuge im Linienverkehr, soweit sie nicht zum Nachteil des Fahrgastes von der Verordnung über die Allgemeinen Beförderungsbedingungen für den Straßenbahn- und Obusverkehr sowie den Linienverkehr mit Kraftfahrzeugen vom 27. Februar 1970 abweichen; Buchstabe b gilt nicht für Haftungsbeschränkungen für staatlich genehmigte Lotterie- oder Ausspielverträge;

8. (Sonstige Haftungsausschlüsse bei Pflichtverletzung)
   a) (Ausschluss des Rechts, sich vom Vertrag zu lösen)
      eine Bestimmung, die bei einer vom Verwender zu vertretenden, nicht in einem Mangel der Kaufsache oder des Werks bestehenden Pflichtverletzung das Recht des anderen Vertragsteils, sich vom Vertrag zu lösen, ausschließt oder einschränkt; dies gilt nicht für die in der Nummer 7 bezeichneten Beförderungsbedingungen und Tarifvorschriften unter den dort genannten Voraussetzungen;
   b) (Mängel)
      eine Bestimmung, durch die bei Verträgen über Lieferungen neu hergestellter Sachen und über Werkleistungen
      aa) (Ausschluss und Verweisung auf Dritte)
          die Ansprüche gegen den Verwender wegen eines Mangels insgesamt oder bezüglich einzelner Teile ausgeschlossen, auf die Einräumung von Ansprüchen gegen Dritte beschränkt oder von der vorherigen gerichtlichen Inanspruchnahme Dritter abhängig gemacht werden;
      bb) (Beschränkung auf Nacherfüllung)
          die Ansprüche gegen den Verwender insgesamt oder bezüglich einzelner Teile auf ein Recht auf Nacherfüllung beschränkt werden, sofern dem anderen Vertragsteil nicht ausdrücklich das Recht vorbehalten wird, bei Fehlschlagen der Nacherfüllung zu mindern oder, wenn nicht eine Bauleistung Gegenstand der Mängelhaftung ist, nach seiner Wahl vom Vertrag zurückzutreten;
      cc) (Aufwendungen bei Nacherfüllung)
          die Verpflichtung des Verwenders ausgeschlossen oder beschränkt wird, die zum Zwecke der Nacherfüllung erforderlichen Aufwendungen, insbesondere Transport-, Wege-, Arbeits- und Materialkosten, zu tragen;
      dd) (Vorenthalten der Nacherfüllung)
          der Verwender die Nacherfüllung von der vorherigen Zahlung des vollständigen Entgelts oder eines unter Berücksichtigung des Mangels unverhältnismäßig hohen Teils des Entgelts abhängig macht;
      ee) (Ausschlussfrist für Mängelanzeige)
          der Verwender dem anderen Vertragsteil für die Anzeige nicht offensichtlicher Mängel eine Ausschlussfrist setzt, die kürzer ist als die nach dem Doppelbuchstaben ff zulässige Frist;
      ff) (Erleichterung der Verjährung)
          die Verjährung von Ansprüchen gegen den Verwender wegen eines Mangels in den Fällen des § 438 Abs. 1 Nr. 2 und des § 634a Abs. 1 Nr. 2 erleichtert oder in den sonstigen Fällen eine weniger als ein Jahr betragende Verjährungsfrist ab dem gesetzlichen Verjährungsbeginn erreicht wird; dies gilt nicht für Verträge, in die Teil B der Verdingungsordnung für Bauleistungen insgesamt einbezogen ist;
9. (Laufzeit bei Dauerschuldverhältnissen)
   bei einem Vertragsverhältnis, das die regelmäßige Lieferung von Waren oder die regelmäßige Erbringung von Dienst- oder Werkleistungen durch den Verwender zum Gegenstand hat,
   a) eine den anderen Vertragsteil länger als zwei Jahre bindende Laufzeit des Vertrags,
   b) eine den anderen Vertragsteil bindende stillschweigende Verlängerung des Vertragsverhältnisses um jeweils mehr als ein Jahr oder

c) zu Lasten des anderen Vertragsteils eine längere Kündigungsfrist als drei Monate vor Ablauf der zunächst vorgesehenen oder stillschweigend verlängerten Vertragsdauer;

dies gilt nicht für Verträge über die Lieferung als zusammengehörig verkaufter Sachen, für Versicherungsverträge sowie für Verträge zwischen den Inhabern urheberrechtlicher Rechte und Ansprüche und Verwertungsgesellschaften im Sinne des Gesetzes über die Wahrnehmung von Urheberrechten und verwandten Schutzrechten;

10. (Wechsel des Vertragspartners)

eine Bestimmung, wonach bei Kauf-, Dienst- oder Werkverträgen ein Dritter anstelle des Verwenders in die sich aus dem Vertrag ergebenden Rechte und Pflichten eintritt oder eintreten kann, es sei denn, in der Bestimmung wird

a) der Dritte namentlich bezeichnet oder

b) dem anderen Vertragsteil das Recht eingeräumt, sich vom Vertrag zu lösen;

11. (Haftung des Abschlussvertreters)

eine Bestimmung, durch die der Verwender einem Vertreter, der den Vertrag für den anderen Vertragsteil abschließt,

a) ohne hierauf gerichtete ausdrückliche und gesonderte Erklärung eine eigene Haftung oder Einstandspflicht oder

b) im Fall vollmachtsloser Vertretung eine über § 179 hinausgehende Haftung auferlegt;

12. (Beweislast)

eine Bestimmung, durch die der Verwender die Beweislast zum Nachteil des anderen Vertragsteils ändert, insbesondere indem er

a) diesem die Beweislast für Umstände auferlegt, die im Verantwortungsbereich des Verwenders liegen, oder

b) den anderen Vertragsteil bestimmte Tatsachen bestätigen lässt;

Buchstabe b gilt nicht für Empfangsbekenntnisse, die gesondert unterschrieben oder mit einer gesonderten qualifizierten elektronischen Signatur versehen sind;

13. (Form von Anzeigen und Erklärungen)

eine Bestimmung, durch die Anzeigen oder Erklärungen, die dem Verwender oder einem Dritten gegenüber abzugeben sind, an eine strengere Form als die Schriftform oder an besondere Zugangserfordernisse gebunden werden.

§ 310 Anwendungsbereich

(1) § 305 Abs. 2 und 3 und die §§ 308 und 309 finden keine Anwendung auf Allgemeine Geschäftsbedingungen, die gegenüber einem Unternehmer, einer juristischen Person des öffentlichen Rechts oder einem öffentlich-rechtlichen Sondervermögen verwendet werden. § 307 Abs. 1 und 2 findet in den Fällen des Satzes 1 auch insoweit Anwendung, als dies zur Unwirksamkeit von in den §§ 308 und 309 genannten Vertragsbestimmungen führt; auf die im Handelsverkehr geltenden Gewohnheiten und Gebräuche ist angemessen Rücksicht zu nehmen.

(2) Die §§ 308 und 309 finden keine Anwendung auf Verträge der Elektrizitäts-, Gas-, Fernwärme- und Wasserversorgungsunternehmen über die Versorgung von Sonderabnehmern mit elektrischer Energie, Gas, Fernwärme und Wasser aus dem Versorgungsnetz, soweit die Versorgungsbedingungen nicht zum Nachteil der Abnehmer von Verordnungen über Allgemeine Bedingungen für die Versorgung von Tarifkunden mit elektrischer Energie, Gas, Fernwärme und Wasser abweichen. Satz 1 gilt entsprechend für Verträge über die Entsorgung von Abwasser.

(3) Bei Verträgen zwischen einem Unternehmer und einem Verbraucher (Verbraucherverträge) finden die Vorschriften dieses Abschnitts mit folgenden Maßgaben Anwendung:
1. Allgemeine Geschäftsbedingungen gelten als vom Unternehmer gestellt, es sei denn, dass sie durch den Verbraucher in den Vertrag eingeführt wurden;
2. § 305c Abs. 2 und die §§ 306 und 307 bis 309 dieses Gesetzes sowie Artikel 29a des Einführungsgesetzes zum Bürgerlichen Gesetzbuche finden auf vorformulierte Vertragsbedingungen auch dann Anwendung, wenn diese nur zur einmaligen Verwendung bestimmt sind und soweit der Verbraucher auf Grund der Vorformulierung auf ihren Inhalt keinen Einfluss nehmen konnte;
3. bei der Beurteilung der unangemessenen Benachteiligung nach § 307 Abs. 1 und 2 sind auch die den Vertragsschluss begleitenden Umstände zu berücksichtigen.

(4) Dieser Abschnitt findet keine Anwendung bei Verträgen auf dem Gebiet des Erb-, Familien- und Gesellschaftsrechts sowie auf Tarifverträge, Betriebs- und Dienstvereinbarungen. Bei der Anwendung auf Arbeitsverträge sind die im Arbeitsrecht geltenden Besonderheiten angemessen zu berücksichtigen; § 305 Abs. 2 und 3 ist nicht anzuwenden. Tarifverträge, Betriebs- und Dienstvereinbarungen stehen Rechtsvorschriften im Sinne von § 307 Abs. 3 gleich.

Gesetz über Unterlassungsklagen bei Verbraucherrechts- und anderen Verstößen (Unterlassungsklagengesetz – UKlaG)

Abschnitt 1   Ansprüche bei Verbraucherrechts- und anderen Verstößen

§ 1   Unterlassungs- und Widerrufsanspruch bei Allgemeinen Geschäftsbedingungen

Wer in Allgemeinen Geschäftsbedingungen Bestimmungen, die nach den §§ 307 bis 309 des Bürgerlichen Gesetzbuchs unwirksam sind, verwendet oder für den rechtsgeschäftlichen Verkehr empfiehlt, kann auf Unterlassung und im Fall des Empfehlens auch auf Widerruf in Anspruch genommen werden.

§ 2   Unterlassungsanspruch bei verbraucherschutzgesetzwidrigen Praktiken

(1) Wer in anderer Weise als durch Verwendung oder Empfehlung von Allgemeinen Geschäftsbedingungen Vorschriften zuwiderhandelt, die dem Schutz der Verbraucher dienen (Verbraucherschutzgesetze), kann im Interesse des Verbraucherschutzes auf Unterlassung in Anspruch genommen werden. Werden die Zuwiderhandlungen in einem geschäftlichen Betrieb von einem Angestellten oder einem Beauftragten begangen, so ist der Unterlassungsanspruch auch gegen den Inhaber des Betriebs begründet.

(2) Verbraucherschutzgesetze im Sinne dieser Vorschrift sind insbesondere
1. die Vorschriften des Bürgerlichen Gesetzbuchs, die für Verbrauchsgüterkäufe, Haustürgeschäfte, Fernabsatzverträge, Teilzeit-Wohnrechteverträge, Reiseverträge, Verbraucherdarlehensverträge sowie für Finanzierungshilfen, Ratenlieferungsverträge und Darlehensvermittlungsverträge zwischen einem Unternehmer und einem Verbraucher gelten,
2. die Vorschriften zur Umsetzung der Artikel 5, 10 und 11 der Richtlinie 2000/31/EG des Europäischen Parlaments und des Rates vom 8. Juni 2000 über bestimmte rechtliche Aspekte der Dienste der Informationsgesellschaft, insbesondere des elektronischen Geschäftsverkehrs, im Binnenmarkt (ABl. EG Nr. L 178 S. 1),
3. das Fernunterrichtsschutzgesetz,

4. die Vorschriften des Bundes- und Landesrechts zur Umsetzung der Artikel 10 bis 21 der Richtlinie 89/552/EWG des Rates vom 3. Oktober 1989 zur Koordinierung bestimmter Rechts- und Verwaltungsvorschriften der Mitgliedstaaten über die Ausübung der Fernsehtätigkeit (ABl. EG Nr. L 298 S. 23), geändert durch die Richtlinie des Europäischen Parlaments und des Rates 97/36/EG (ABl. EG Nr. L 202 S. 60),
5. die entsprechenden Vorschriften des Arzneimittelgesetzes sowie Artikel 1 §§ 3 bis 13 des Gesetzes über die Werbung auf dem Gebiete des Heilwesens,
6. § 23 des Gesetzes über Kapitalanlagegesellschaften und die §§ 11 und 15h des Auslandinvestmentgesetzes.

(3) Der Anspruch auf Unterlassung kann nicht geltend gemacht werden, wenn die Geltendmachung unter Berücksichtigung der gesamten Umstände missbräuchlich ist, insbesondere wenn sie überwiegend dazu dient, gegen den Zuwiderhandelnden einen Anspruch auf Ersatz von Aufwendungen oder Kosten der Rechtsverfolgung entstehen zu lassen.

§ 3 Anspruchsberechtigte Stellen

(1) Die in den §§ 1 und 2 bezeichneten Ansprüche auf Unterlassung und auf Widerruf stehen zu:
1. qualifizierten Einrichtungen, die nachweisen, dass sie in die Liste qualifizierter Einrichtungen nach § 4 oder in dem Verzeichnis der Kommission der Europäischen Gemeinschaften nach Artikel 4 der Richtlinie 98/27/EG des Europäischen Parlaments und des Rates vom 19. Mai 1998 über Unterlassungsklagen zum Schutz der Verbraucherinteressen (ABl. EG Nr. L 166 S. 51) in der jeweils geltenden Fassung eingetragen sind,
2. rechtsfähigen Verbänden zur Förderung gewerblicher Interessen, soweit ihnen eine erhebliche Zahl von Gewerbetreibenden angehört, die Waren oder gewerbliche Leistungen gleicher oder verwandter Art auf demselben Markt vertreiben, soweit sie insbesondere nach ihrer personellen, sachlichen und finanziellen Ausstattung imstande sind, ihre satzungsgemäßen Aufgaben der Verfolgung gewerblicher Interessen tatsächlich wahrzunehmen, und, bei Klagen nach § 2, soweit der Anspruch eine Handlung betrifft, die geeignet ist, den Wettbewerb auf diesem Markt wesentlich zu beeinträchtigen, und
3. den Industrie- und Handelskammern oder den Handwerkskammern.

Der Anspruch kann nur an Stellen im Sinne des Satzes 1 abgetreten werden.

(2) Die in Absatz 1 Nr. 1 bezeichneten Einrichtungen können Ansprüche auf Unterlassung und auf Widerruf nach § 1 nicht geltend machen, wenn Allgemeine Geschäftsbedingungen gegenüber einem Unternehmer (§ 14 des Bürgerlichen Gesetzbuchs) verwendet oder wenn Allgemeine Geschäftsbedingungen zur ausschließlichen Verwendung zwischen Unternehmern empfohlen werden.

§ 4 Qualifizierte Einrichtungen

(1) Das Bundesverwaltungsamt führt eine Liste qualifizierter Einrichtungen. Diese Liste wird mit dem Stand zum 1. Januar eines jeden Jahres im Bundesanzeiger bekannt gemacht und der Kommission der Europäischen Gemeinschaften unter Hinweis auf Artikel 4 Abs. 2 der Richtlinie 98/27/EG zugeleitet.

(2) In die Liste werden auf Antrag rechtsfähige Verbände eingetragen, zu deren satzungsmäßigen Aufgaben es gehört, die Interessen der Verbraucher durch Aufklärung und Beratung nicht gewerbsmäßig und nicht nur vorübergehend wahrzunehmen, wenn sie in diesem Aufgabenbereich tätige Verbände oder mindestens 75 natürliche Personen als

Mitglieder haben, seit mindestens einem Jahr bestehen und auf Grund ihrer bisherigen Tätigkeit Gewähr für eine sachgerechte Aufgabenerfüllung bieten. Es wird unwiderleglich vermutet, dass Verbraucherzentralen und andere Verbraucherverbände, die mit öffentlichen Mitteln gefördert werden, diese Voraussetzungen erfüllen. Die Eintragung in die Liste erfolgt unter Angabe von Namen, Anschrift, Registergericht, Registernummer und satzungsmäßigem Zweck. Sie ist mit Wirkung für die Zukunft aufzuheben, wenn
1. der Verband dies beantragt oder
2. die Voraussetzungen für die Eintragung nicht vorlagen oder weggefallen sind.

Ist auf Grund tatsächlicher Anhaltspunkte damit zu rechnen, dass die Eintragung nach Satz 4 zurückzunehmen oder zu widerrufen ist, so soll das Bundesverwaltungsamt das Ruhen der Eintragung für einen bestimmten Zeitraum von längstens drei Monaten anordnen. Widerspruch und Anfechtungsklage haben im Fall des Satzes 5 keine aufschiebende Wirkung.

(3) Entscheidungen über Eintragungen erfolgen durch einen Bescheid, der dem Antragsteller zuzustellen ist. Das Bundesverwaltungsamt erteilt den Verbänden auf Antrag eine Bescheinigung über ihre Eintragung in die Liste. Es bescheinigt auf Antrag Dritten, die daran ein rechtliches Interesse haben, dass die Eintragung eines Verbands in die Liste aufgehoben worden ist.

(4) Ergeben sich in einem Rechtsstreit begründete Zweifel an dem Vorliegen der Voraussetzungen nach Absatz 2 bei einer eingetragenen Einrichtung, so kann das Gericht das Bundesverwaltungsamt zur Überprüfung der Eintragung auffordern und die Verhandlung bis zu dessen Entscheidung aussetzen.

(5) Das Bundesverwaltungsamt steht bei der Wahrnehmung der in dieser Vorschrift geregelten Aufgabe unter der Fachaufsicht des Bundesministeriums der Justiz.

(6) Das Bundesministerium der Justiz wird ermächtigt, durch Rechtsverordnung, die der Zustimmung des Bundesrates nicht bedarf, die Einzelheiten des Eintragungsverfahrens, insbesondere die zur Prüfung der Eintragungsvoraussetzungen erforderlichen Ermittlungen, sowie die Einzelheiten der Führung der Liste zu regeln.

Abschnitt 2 Verfahrensvorschriften

Unterabschnitt 1 Allgemeine Vorschriften

§ 5 Anwendung der Zivilprozessordnung und anderer Vorschriften

Auf das Verfahren sind die Vorschriften der Zivilprozessordnung und die §§ 23a, 23b und 25 des Gesetzes gegen den unlauteren Wettbewerb anzuwenden, soweit sich aus diesem Gesetz nicht etwas anderes ergibt.

§ 6 Zuständigkeit

(1) Für Klagen nach diesem Gesetz ist das Landgericht ausschließlich zuständig, in dessen Bezirk der Beklagte seine gewerbliche Niederlassung oder in Ermangelung einer solchen seinen Wohnsitz hat. Hat der Beklagte im Inland weder eine gewerbliche Niederlassung noch einen Wohnsitz, so ist das Gericht des inländischen Aufenthaltsorts zuständig, in Ermangelung eines solchen das Gericht, in dessen Bezirk die nach den §§ 307 bis 309 des Bürgerlichen Gesetzbuchs unwirksamen Bestimmungen in Allgemeinen Geschäftsbedingungen verwendet wurden oder gegen Verbraucherschutzgesetze verstoßen wurde.

(2) Die Landesregierungen werden ermächtigt, zur sachdienlichen Förderung oder schnelleren Erledigung der Verfahren durch Rechtsverordnung einem Landgericht für die

Bezirke mehrerer Landgerichte Rechtsstreitigkeiten nach diesem Gesetz zuzuweisen. Die Landesregierungen können die Ermächtigung durch Rechtsverordnung auf die Landesjustizverwaltungen übertragen.

(3) Wird gegen eine Entscheidung des Gerichts Berufung eingelegt, so können sich die Parteien vor dem Berufungsgericht auch von Rechtsanwälten vertreten lassen, die bei dem Oberlandesgericht zugelassen sind, vor das die Berufung ohne die Regelung nach Absatz 2 gehören würde. Die Mehrkosten, die einer Partei dadurch erwachsen, dass sie sich nach Satz 1 durch einen nicht beim Prozessgericht zugelassenen Rechtsanwalt vertreten lässt, sind nicht zu erstatten.

(4) Die vorstehenden Absätze gelten nicht für Klagen, die einen Anspruch der in § 13 bezeichneten Art zum Gegenstand haben.

§ 7 Veröffentlichungsbefugnis

Wird der Klage stattgegeben, so kann dem Kläger auf Antrag die Befugnis zugesprochen werden, die Urteilsformel mit der Bezeichnung des verurteilten Beklagten auf dessen Kosten im Bundesanzeiger, im Übrigen auf eigene Kosten bekannt zu machen. Das Gericht kann die Befugnis zeitlich begrenzen.

Unterabschnitt 2 Besondere Vorschriften für Klagen nach § 1

§ 8 Klageantrag und Anhörung

(1) Der Klageantrag muss bei Klagen nach § 1 auch enthalten:
1. den Wortlaut der beanstandeten Bestimmungen in Allgemeinen Geschäftsbedingungen;
2. die Bezeichnung der Art der Rechtsgeschäfte, für die die Bestimmungen beanstandet werden.

(2) Das Gericht hat vor der Entscheidung über eine Klage nach § 1 zu hören
1. die zuständige Aufsichtsbehörde für das Versicherungswesen, wenn Gegenstand der Klage Bestimmungen in Allgemeinen Versicherungsbedingungen sind, oder
2. das Bundesaufsichtsamt für das Kreditwesen, wenn Gegenstand der Klage Bestimmungen in Allgemeinen Geschäftsbedingungen sind, die das Bundesaufsichtsamt für das Kreditwesen nach Maßgabe des Gesetzes über Bausparkassen, des Gesetzes über Kapitalanlagegesellschaften, des Hypothekenbankgesetzes oder des Gesetzes über Schiffspfandbriefbanken zu genehmigen hat.

§ 9 Besonderheiten der Urteilsformel

Erachtet das Gericht die Klage nach § 1 für begründet, so enthält die Urteilsformel auch:
1. die beanstandeten Bestimmungen der Allgemeinen Geschäftsbedingungen im Wortlaut;
2. die Bezeichnung der Art der Rechtsgeschäfte, für welche die den Unterlassungsanspruch begründenden Bestimmungen der Allgemeinen Geschäftsbedingungen nicht verwendet werden dürfen;
3. das Gebot, die Verwendung inhaltsgleicher Bestimmungen in Allgemeinen Geschäftsbedingungen zu unterlassen;
4. für den Fall der Verurteilung zum Widerruf das Gebot, das Urteil in gleicher Weise bekannt zu geben, wie die Empfehlung verbreitet wurde.

§ 10 Einwendung wegen abweichender Entscheidung

Der Verwender, dem die Verwendung einer Bestimmung untersagt worden ist, kann im Wege der Klage nach § 767 der Zivilprozessordnung einwenden, dass nachträglich eine Entscheidung des Bundesgerichtshofs oder des Gemeinsamen Senats der Obersten Gerichtshöfe des Bundes ergangen ist, welche die Verwendung dieser Bestimmung für dieselbe Art von Rechtsgeschäften nicht untersagt, und dass die Zwangsvollstreckung aus dem Urteil gegen ihn in unzumutbarer Weise seinen Geschäftsbetrieb beeinträchtigen würde.

§ 11 Wirkungen des Urteils

Handelt der verurteilte Verwender einem auf § 1 beruhenden Unterlassungsgebot zuwider, so ist die Bestimmung in den Allgemeinen Geschäftsbedingungen als unwirksam anzusehen, soweit sich der betroffene Vertragsteil auf die Wirkung des Unterlassungsurteils beruft. Er kann sich jedoch auf die Wirkung des Unterlassungsurteils nicht berufen, wenn der verurteilte Verwender gegen das Urteil die Klage nach § 10 erheben könnte.

Unterabschnitt 3 Besondere Vorschriften für Klagen nach § 2

§ 12 Einigungsstelle

Für Klagen nach § 2 gelten § 27a des Gesetzes gegen den unlauteren Wettbewerb und die darin enthaltene Verordnungsermächtigung entsprechend.

§ 13 Anspruch auf Mitteilung des Namens und der zustellungsfähigen Anschrift

(1) Wer geschäftsmäßig Post-, Telekommunikations-, Tele- oder Mediendienste erbringt oder an der Erbringung solcher Dienste mitwirkt, hat den nach § 3 Abs. 1 Nr. 1 und 3 anspruchsberechtigten Stellen und Wettbewerbsverbänden auf deren Verlangen den Namen und die zustellungsfähige Anschrift eines am Post-, Telekommunikations-, Tele- oder Mediendiensteverkehr Beteiligten mitzuteilen, wenn die Stelle oder der Wettbewerbsverband schriftlich versichert, dass diese Angaben
1. zur Durchsetzung eines Anspruchs nach den §§ 1 oder 2 benötigt werden und
2. anderweitig nicht zu beschaffen sind.
(2) Der Anspruch besteht nur, soweit die Auskunft ausschließlich anhand der bei dem Auskunftspflichtigen vorhandenen Bestandsdaten erteilt werden kann. Die Auskunft darf nicht deshalb verweigert werden, weil der Beteiligte, dessen Angaben mitgeteilt werden sollen, in die Übermittlung nicht einwilligt.
(3) Die Wettbewerbsverbände haben einer anderen nach § 3 Abs. 1 Nr. 2 anspruchsberechtigten Stelle auf deren Verlangen die nach Absatz 1 erhaltenen Angaben herauszugeben, wenn sie eine Versicherung in der in Absatz 1 bestimmten Form und mit dem dort bestimmten Inhalt vorlegt.
(4) Der Auskunftspflichtige kann von dem Anspruchsberechtigten einen angemessenen Ausgleich für die Erteilung der Auskunft verlangen. Der Beteiligte hat, wenn der gegen ihn geltend gemachte Anspruch nach den §§ 1 oder 2 begründet ist, dem Anspruchsberechtigten den gezahlten Ausgleich zu erstatten.
(5) Wettbewerbsverbände sind
1. die Zentrale zur Bekämpfung unlauteren Wettbewerbs und
2. Verbände der in § 3 Abs. 1 Nr. 2 bezeichneten Art, die branchenübergreifend und überregional tätig sind.

Die in Satz 1 Nr. 2 bezeichneten Verbände werden durch Rechtsverordnung des Bundesministeriums der Justiz, die der Zustimmung des Bundesrates nicht bedarf, für Zwecke dieser Vorschrift festgelegt.

Abschnitt 3   Behandlung von Kundenbeschwerden

§ 14   Kundenbeschwerden

(1) Bei Streitigkeiten aus der Anwendung der §§ 675a bis 676g und 676h Satz 1 des Bürgerlichen Gesetzbuchs können die Beteiligten unbeschadet ihres Rechts, die Gerichte anzurufen, eine Schlichtungsstelle anrufen, die bei der Deutschen Bundesbank einzurichten ist. Die Deutsche Bundesbank kann mehrere Schlichtungsstellen einrichten. Sie bestimmt, bei welcher ihrer Dienststellen die Schlichtungsstellen eingerichtet werden.

(2) Das Bundesministerium der Justiz regelt durch Rechtsverordnung die näheren Einzelheiten des Verfahrens der nach Absatz 1 einzurichtenden Stellen nach folgenden Grundsätzen:
1. Durch die Unabhängigkeit der Einrichtung muss unparteiisches Handeln sichergestellt sein.
2. Die Verfahrensregeln müssen für Interessierte zugänglich sein.
3. Die Beteiligten müssen Tatsachen und Bewertungen vorbringen können, und sie müssen rechtliches Gehör erhalten.
4. Das Verfahren muss auf die Verwirklichung des Rechts ausgerichtet sein.

Die Rechtsverordnung regelt in Anlehnung an § 51 des Gesetzes über das Kreditwesen auch die Pflicht der Kreditinstitute, sich an den Kosten des Verfahrens zu beteiligen.

(3) Das Bundesministerium der Justiz wird ermächtigt, im Einvernehmen mit den Bundesministerien der Finanzen und für Wirtschaft und Technologie durch Rechtsverordnung mit Zustimmung des Bundesrates die Streitschlichtungsaufgabe nach Absatz 1 auf eine oder mehrere geeignete private Stellen zu übertragen, wenn die Aufgabe dort zweckmäßiger erledigt werden kann.

Abschnitt 4   Anwendungsbereich

§ 15   Ausnahme für das Arbeitsrecht

Dieses Gesetz findet auf das Arbeitsrecht keine Anwendung.

Abschnitt 5   Überleitungsvorschriften

§ 16   Überleitungsvorschrift zur Aufhebung des AGB-Gesetzes

(1) Soweit am 1. Januar 2002 Verfahren nach dem AGB-Gesetz in der Fassung der Bekanntmachung vom 29. Juni 2000 (BGBl. I S. 946) anhängig sind, werden diese nach den Vorschriften dieses Gesetzes abgeschlossen.

(2) Das beim Bundeskartellamt geführte Entscheidungsregister nach § 20 des AGB-Gesetzes steht bis zum Ablauf des 31. Dezember 2004 unter den bis zum Ablauf des 31. Dezember 2001 geltenden Voraussetzungen zur Einsicht offen. Die in dem Register eingetragenen Entscheidungen werden 20 Jahre nach ihrer Eintragung in das Register, spätestens mit dem Ablauf des 31. Dezember 2004 gelöscht.

(3) Schlichtungsstellen im Sinne von § 14 Abs. 1 sind auch die auf Grund des bisherigen § 29 Abs. 1 des AGB-Gesetzes eingerichteten Stellen.

(4) Die nach § 22a des AGB-Gesetzes eingerichtete Liste qualifizierter Einrichtungen wird nach § 4 fortgeführt. Mit Ablauf des 31. Dezember 2001 eingetragene Verbände brauchen die Jahresfrist des § 4 Abs. 2 Satz 1 nicht einzuhalten.

Erläuterung der Vorschriften zur AGB-Kontrolle und zu Unterlassungsklagen

Bürgerliches Gesetzbuch

§ 305 – Einbeziehung allgemeiner Geschäftsbedingungen in den Vertrag

(1) Allgemeine Geschäftsbedingungen sind alle für eine Vielzahl von Verträgen vorformulierten Vertragsbedingungen, die eine Vertragspartei (Verwender) der anderen Vertragspartei bei Abschluss eines Vertrags stellt. Gleichgültig ist, ob die Bestimmungen einen äußerlich gesonderten Bestandteil des Vertrags bilden oder in die Vertragsurkunde selbst aufgenommen werden, welchen Umfang sie haben, in welcher Schriftart sie verfasst sind und welche Form der Vertrag hat. Allgemeine Geschäftsbedingungen liegen nicht vor, soweit die Vertragsbedingungen zwischen den Vertragsparteien im Einzelnen ausgehandelt sind.

(2) Allgemeine Geschäftsbedingungen werden nur dann Bestandteil eines Vertrags, wenn der Verwender bei Vertragsschluss
1. die andere Vertragspartei ausdrücklich oder, wenn ein ausdrücklicher Hinweis wegen der Art des Vertragsschlusses nur unter unverhältnismäßigen Schwierigkeiten möglich ist, durch deutlich sichtbaren Aushang am Ort des Vertragsschlusses auf sie hinweist und
2. der anderen Vertragspartei die Möglichkeit verschafft, in zumutbarer Weise, die auch eine für den Verwender erkennbare körperliche Behinderung der anderen Vertragspartei angemessen berücksichtigt, von ihrem Inhalt Kenntnis zu nehmen,

und wenn die andere Vertragspartei mit ihrer Geltung einverstanden ist.

(3) Die Vertragsparteien können für eine bestimmte Art von Rechtsgeschäften die Geltung bestimmter Allgemeiner Geschäftsbedingungen unter Beachtung der in Absatz 2 bezeichneten Erfordernisse im Voraus vereinbaren.

Zu Absatz 1

1091 Absatz 1 entspricht wörtlich dem bisherigen § 1 Abs. 1 und 2 AGBG. Der bisher auf zwei Absätze verteilte Inhalt der Vorschrift wird wortgleich in einem Absatz zusammengeführt. Inhaltliche Abweichungen ergeben sich hierdurch nicht.

Zu Absatz 2

Absatz 2 entspricht wörtlich dem bisherigen § 2 Abs. 1 AGBG. Er enthält in der Nummer 2 lediglich eine **klarstellende Ergänzung** zur **Frage der Einbeziehung von Allgemeinen Geschäftsbedingungen, wenn die andere Vertragspartei** auf Grund einer **körperlichen Behinderung** in ihrer **Wahrnehmungsfähigkeit beeinträchtigt** ist (insbesondere Menschen mit einer Sehbehinderung). In Rechtsprechung und Lehre wird dieser Fall entweder gar nicht oder lediglich ganz am Rande behandelt, so dass hier Klarstellungsbedarf besteht. Die von der Rechtsprechung zur Frage der zumutbaren Kenntnisverschaffung entwickelten allgemeinen Grundsätze passen nämlich bei Vertragspartnern, die in ihrer Wahrnehmungsfähigkeit eingeschränkt sind, regelmäßig nicht. Menschen mit einer Sehbehinderung werden trotz ausdrücklichen Hinweises auf die Geltung der Allgemeinen Geschäftsbedingungen und ihres Aushangs oder ihres Ausliegens in Papierform am Ort des Vertragsschlusses in aller Regel nicht die Möglichkeit haben, von deren Inhalt in zumutbarer Weise Kenntnis zu nehmen. Vielmehr bedürfen sie insoweit weiterer Hilfsmittel wie etwa der Übergabe der Allgemeinen Geschäftsbedingungen in einer Form, die ihnen die Kenntnisnahme vor Vertragsschluss ermöglicht. Dies kann im Einzelfall durch Übergabe in elektronischer oder akustischer Form oder auch in Braille-Schrift erfolgen. Die Ergänzung des Gesetzestextes soll dem Rechtsanwender dieses Zusatzerfordernis vor Augen halten und verdeutlichen, dass die Beantwortung der Frage der zumutbaren Kenntnisverschaffung nicht allein objektiv am »durchschnittlichen« Kunden gemessen werden darf, sondern auch eine körperlich bedingte Einschränkung der Wahrnehmungsfähigkeit der jeweiligen Vertragspartei berücksichtigen muss. Dies bedeutet freilich nicht, dass dem Verwender auferlegt würde, seine Allgemeinen Geschäftsbedingungen – je nach Kunden und Sehkraft – in unterschiedlichen Schriftgrößen bereitzuhalten. Insoweit muss es weiterhin bei einem verobjektivierten Maßstab bleiben, wonach Zumutbarkeit zu bejahen ist, wenn die Allgemeinen Geschäftsbedingungen nach Art und Größe des Schriftbildes für einen Durchschnittskunden nicht nur mit Mühe lesbar sind. Von diesem verobjektivierten Maßstab ist indessen dann abzuweichen, wenn die andere Vertragspartei an der Wahrnehmung auf Grund einer körperlichen Behinderung gehindert ist und dem Verwender diese Behinderung erkennbar war. Auch müssen Allgemeine Geschäftsbedingungen wie bisher nicht auf die konkreten mentalen Erkenntnismöglichkeiten des Einzelnen zugeschnitten sein.

1092

Zu Absatz 3

Absatz 3 entspricht wortgleich dem bisherigen § 2 Abs. 2 AGBG.

1093

§ 305a – Einbeziehung in besonderen Fällen

Auch ohne Einhaltung der in § 305 Abs. 2 Nr. 1 und 2 bezeichneten Erfordernisse werden einbezogen, wenn die andere Vertragspartei mit ihrer Geltung einverstanden ist,

1. die mit Genehmigung der zuständigen Verkehrsbehörde oder auf Grund von internationalen Übereinkommen erlassenen Tarife und Ausführungsbestimmungen der Eisenbahnen und die nach Maßgabe des Personenbeförderungsgesetzes genehmigten Beförderungsbedingungen der Straßenbahnen, Obusse und Kraftfahrzeuge im Linienverkehr in den Beförderungsvertrag,
2. die im Amtsblatt der Regulierungsbehörde für Telekommunikation und Post veröffentlichten und in den Geschäftsstellen des Verwenders bereitgehaltenen Allgemeinen Geschäftsbedingungen
   a) in Beförderungsverträge, die außerhalb von Geschäftsräumen durch den Einwurf von Postsendungen in Briefkästen abgeschlossen werden,
   b) in Verträge über Telekommunikations-, Informations- und andere Dienstleistungen, die unmittelbar durch Einsatz von Fernkommunikationsmitteln und während der Erbringung einer Telekommunikationsdienstleistung in einem Mal erbracht werden, wenn die Allgemeinen Geschäftsbedingungen der anderen Vertragspartei nur unter unverhältnismäßigen Schwierigkeiten vor dem Vertragsschluss zugänglich gemacht werden können.

1094 Nach dem bisherigen § 2 AGBG, der inhaltsgleich in § 305 Absatz 2 aufgeht, können Allgemeine Geschäftsbedingungen in einen Vertrag nur einbezogen werden, wenn der andere Vertragspartner auf diese allgemeinen Geschäftsbedingungen hingewiesen und ihm eine zumutbare Möglichkeit der Kenntnisnahme von den Allgemeinen Geschäftsbedingungen verschafft wird. Dieser Grundsatz soll gegenüber dem geltenden Recht verstärkt werden. Das AGB-Gesetz lässt im bisherigen § 23 Abs. 2 Nr. 1, 1a und 1b sowie § 23 Abs. 3 Ausnahmen von diesem Grundsatz zu. Das führt dazu, dass in den dort aufgeführten Fallgruppen eine Einbeziehung von allgemeinen Geschäftsbedingungen auch möglich ist, wenn der andere Teil nicht auf die allgemeinen Geschäftsbedingungen hingewiesen wird und auch keine zumutbare Möglichkeit der Kenntnisnahme erhält. In einem Teil dieser Fälle erscheinen die bisher bestehenden Ausnahmen auch weiterhin gerechtfertigt. In einem anderen Teil ist das allerdings nicht der Fall. Im Einzelnen ist hierzu Folgendes zu bemerken:

Zu Nummer 1

1095 Nach bisherigem § 23 Abs. 2 Nr. 1 ist der geltende § 2 AGBG nicht anzuwenden auf die mit Genehmigung der zuständigen Verkehrsbehörde oder auf Grund von internationalen Übereinkommen erlassenen Tarif- und Ausführungsbestimmungen der Eisenbahn und die nach Maßgabe des Personenbeförderungsgesetzes genehmigten Beförderungsbedingungen der Straßenbahnen, O-Busse und Kraftfahrzeuge im Linienverkehr. Diese Ausnahme ist wegen der fortbestehenden Sonderbedingungen in diesem Bereich auch weiterhin gerechtfertigt. Sie wird in Nummer 2 vollinhaltlich übernommen. Eine wörtliche Übernahme kommt wegen der anderen Regelungsstruktur nicht in Betracht.

Zu Nummer 2

Der bisherige § 2 AGBG ist **derzeit** auch **nicht anwendbar** für die Einbeziehung der allgemeinen Geschäftsbedingungen der Anbieter von **Telekommunikationsleistungen** sowie der Deutschen Post AG für Leistungen im Rahmen des Beförderungsvorbehalts nach dem Postgesetz, sofern sie in ihrem Wortlaut im Amtsblatt der Regulierungsbehörde veröffentlicht worden sind und bei den Geschäftsstellen der Anbieter zur Einsichtnahme bereitgehalten werden. Diese Ausnahme ist vom Gesetzgeber allerdings nicht als Dauerregelung gedacht. Sie sollte den betroffenen Unternehmen nur den Einstieg in ein privatwirtschaftliches Wirtschaften erlauben. Deshalb ist sie nach dem geltenden § 30 Satz 3 AGBG auch bis zum Ablauf des 31. Dezember 2002 befristet. Mit Rücksicht auf diese ohnehin bestehende Befristung sollen die beiden Ausnahmen im Grundsatz aufgehoben werden. An deren Stelle treten zwei engere Ausnahmen, die an die Art des jeweiligen Vertragsschlusses anknüpfen (Einwurf in Briefkästen, Call-by-Call-Verfahren) und bei denen die Einhaltung der Erfordernisse des bisherigen § 2 Abs. 1 AGBG aus praktischen Gründen nicht gefordert werden kann. Im Einzelnen:

1096

Die Ausnahmeregelung des bisherigen § 23 Abs. 2 Nr. 1a und 1b AGBG hatte ihre Rechtfertigung in der Art der Verträge (Massengeschäft) und der starken öffentlichen Kontrolle durch die Regulierungsbehörde (vgl. § 23 Telekommunikationsgesetz), die unverhältnismäßige Nachteile zu Lasten des Kunden ausschloss. Die Grenzen solcher Kontrolle und der Grundsatz der Gleichbehandlung gegenüber anderen Branchen, die fernmündlich Massengeschäfte unter Berücksichtigung des bisherigen § 2 AGBG abschließen, **zwingen** zu einer **Aufgabe der Privilegien** für die **Nachfolgeunternehmen der früheren Teilunternehmen** der **Deutschen Bundespost**. Gerade das für die Beibehaltung der Privilegierung vorgebrachte Argument, dass sonst telefonische und sonstige Vertragsabschlüsse unter Nutzung neuer Medien erschwert würden, macht das derzeit bestehende Ungleichgewicht deutlich: Während alle anderen Unternehmen beim Abschluss von Verträgen per Telefon oder per Internet die Erfordernisse des bisherigen § 2 Abs. 1 AGBG einhalten müssen, brauchen dies die Unternehmen der Telekommunikationsbranche nicht. Dieser Unterschied ist auch vor dem Hintergrund, dass die Allgemeinen Geschäftsbedingungen im Amtsblatt der Regulierungsbehörde veröffentlicht sein müssen, nicht mehr zu rechtfertigen. Für den Kunden bedeutet dies nämlich einen erheblichen Verlust an Transparenz, der lediglich für eine Übergangszeit hinnehmbar war. Dem Kunden steht in aller Regel das Amtsblatt der Regulierungsbehörde nicht zur Verfügung. Die Geschäftsstelle seines Unternehmens wird er normalerweise nicht aufsuchen, da er mit »seinem« Telekommunikationsunternehmen zumeist telefonisch, brieflich oder auf elektronischem Wege kommunizieren wird. Für ihn besteht also ein dringendes Interesse daran, dass ihm – wie beim Vertragsabschluss mit anderen Unternehmen mittels Fernkommunikationsmitteln auch – die allgemeinen Geschäftsbedingungen und etwaige Änderungen bekannt gemacht werden. Nur wenn er ausdrücklich auf die Möglichkeit der Kenntnisnahme vor Vertragsabschluss verzichtet, kann also die Zurverfügungstellung der Allgemeinen

1097

Geschäftsbedingungen unterbleiben. Im Übrigen ist zu berücksichtigen, dass zukünftig bei Vertragsschlüssen im elektronischen Geschäftsverkehr ohnehin alle Unternehmen verpflichtet sein werden, ihren Kunden sämtliche Vertragsbedingungen zur Verfügung zu stellen und dass sie bereits jetzt bei Verträgen im »Fernabsatz« die im Fernabsatzgesetz bestimmten Informationspflichten zu beachten haben. Schwierigkeiten für die Unternehmen sind nicht zu befürchten. Ihnen wird nur zugemutet, was allen anderen Unternehmen seit Jahrzehnten problemlos praktizieren.

1098 Der **Wegfall der Privilegierung** führt auch dazu, dass die Telekommunikationsunternehmen – wie derzeit bereits alle anderen Unternehmen auch – grundsätzlich die Einbeziehungsvoraussetzungen des bisherigen § 2 Abs. 1 AGBG auch bei Änderungen ihrer Allgemeinen Geschäftsbedingungen im Rahmen eines laufenden Vertragsverhältnisses einhalten müssen, während sie derzeit gemäß § 28 Abs. 3 Telekommunikationskundenschutzverordnung (1997) die Möglichkeit hatten, ihre Kunden über Änderungen ihrer Allgemeinen Geschäftsbedingungen »in geeigneter Weise« zu informieren, ohne diesen die gesamten – geänderten – Geschäftsbedingungen zur Verfügung stellen zu müssen, solange der Kunde im Falle der Änderung zu seinen Ungunsten auf ein bestehendes Kündigungsrecht hingewiesen wurde. Auch wenn diese Regelung vor dem Hintergrund entstanden ist, dass die Telekommunikationsunternehmen hinsichtlich der Einbeziehungsvoraussetzungen des bisherigen § 2 Abs. 1 AGBG privilegiert sind, sind ähnliche Änderungsklauseln auch in den Geschäftsbedingungen von Unternehmen, die den Erfordernissen des bisherigen § 2 Abs. 1 AGBG unterworfen sind, seit langem als zulässig anerkannt. So sieht etwa Nr. 1 Abs. 2 AGB-Banken vor, dass Änderungen der Geschäftsbedingungen dem Kunden schriftlich bekannt zu geben sind und als vom Kunden genehmigt gelten, wenn der Kunde nicht binnen angemessener Frist widerspricht. Derartige Änderungsklauseln sind dann zulässig, wenn der Verwender sich in der Änderungsklausel verpflichtet, den Kunden bei Beginn der Frist auf die Bedeutung seines Verhaltens besonders hinzuweisen, und der Verwender im Übrigen den Kunden über die Änderungen in hervorgehobener Form, etwa durch eine synoptische Gegenüberstellung oder durch Hervorhebung der Änderungen in Fettdruck oder durch ein Ergänzungsblatt der AGB, besonders informiert (Ulmer in: Ulmer/Brandner/Hensen, § 2 Rdn. 64; obiter auch BGH, NJW 1998, 3188, 3190 für Telekom). Unzulässig sind nur Klauseln, in denen sich der Unternehmer ein einseitiges Anpassungsrecht vorbehält (BGH, NJW 1999, 1865, 1866). Vor diesem Hintergrund bestand kein Anlass, in die Vorschriften zur Regelung des Rechts der Allgemeinen Geschäftsbedingungen eine dem § 28 Abs. 3 Telekommunikationskundenschutzverordnung entsprechende Bestimmung aufzunehmen. Vielmehr können die Telekommunikationsunternehmen trotz des Wegfalls der Einbeziehungsprivilegierung zukünftig weiterhin in Übereinstimmung zu den in der Rechtsprechung entwickelten Grundsätzen entsprechende Änderungsklauseln in ihre Allgemeinen Geschäftsbedingungen aufnehmen, um auf diese Weise den praktischen Schwierigkeiten, die mit der Änderung von Allgemeinen Geschäftsbedingungen im Massengeschäft verbunden sind und die zur Aufnahme einer Änderungsklausel zwingen, entgegnen zu können.

§ 305a Nr. 3 lässt indessen auf Dauer und nicht mehr, wie bisher, befristet, zwei eng begrenzte Ausnahmen von den Einbeziehungsvoraussetzungen des bisherigen § 2 Abs. 1 AGBG für Allgemeine Geschäftsbedingungen, die im Amtsblatt der Regulierungsbehörde für Telekommunikation und Post veröffentlicht sind und in den Geschäftsstellen des Verwenders bereitgehalten werden, zu: 1099

Zu Buchstabe a

Buchstabe a erfasst alle Fälle, in denen der **Vertragsschluss durch Einwurf** einer **Postsendung** in einen **Briefkasten zustande** kommt. Damit wird dem Umstand Rechnung getragen, dass ein Großteil der Verträge über die Beförderung von Postsendungen im postalischen Massenverkehr nicht durch Abgabe einer Postsendung am Schalter einer Postfiliale, sondern durch den Einwurf in die von der Deutschen Post AG bundesweit aufgestellten Briefkästen geschlossen wird. Der Beförderungsvertrag kommt dabei unmittelbar durch die Einlegung der Postsendung in den Briefkasten (= Übergabe an die Deutsche Post AG) zustande. Diese besondere Form des Vertragsschlusses bringt es mit sich, dass dem Kunden die maßgeblichen Geschäftsbedingungen aus praktischen Gründen nicht zur Kenntnis gebracht werden können. Denn ein Bekleben der Briefkästen birgt nicht nur die Gefahr des Überschreibens oder der Beseitigung durch dritte Personen, sondern ist auch auf Grund des Umfangs der Allgemeinen Geschäftsbedingungen praktisch nicht durchführbar, so dass eine Privilegierung unverzichtbar ist. Diese betrifft nicht nur die Deutsche Post AG, sondern im Hinblick auf eine Liberalisierung der Postmärkte auch alle sonstigen (privaten) Postdienstleister, sofern sie zukünftig Briefkästen aufstellen. Die bisherige Begrenzung der Privilegierung auf die Deutsche Post AG ist daher zugunsten sonstiger Postdienstleister aufgehoben worden. 1100

Zu Buchstabe b

Buchstabe b erfasst **Vertragsschlüsse im sog. Call-by-Call-Verfahren** sowie Verträge über Mehrwert- und Informationsdienste, die während der Dauer einer Telefonverbindung, welche das jeweilige Telekommunikationsunternehmen bereithält, »in einem Mal« erbracht werden. Die Formulierung ist an die Ausnahmeregelung im bisherigen § 3 Abs. 2 Satz 3 FernAbsG angelehnt und soll dem Umstand Rechnung tragen, dass der Telekommunikationsanbieter im offenen Call-by-Call-Verfahren (vgl. § 43 Abs. 6 Telekommunikationsgesetz), das lediglich in der Herstellung einer Telefonverbindung besteht, und bei der Erbringung von Mehrwertdiensten (z.B. 0190-Verbindungen) oder Informationsdiensten (z.B. Telefonauskunft) keine Möglichkeit hat, dem Anrufer den Inhalt der Allgemeinen Geschäftsbedingungen ohne erheblichen Zeitverlust für den anrufenden Kunden bekannt zu machen. Hier besteht aber von Seiten des Kunden gerade ein Bedürfnis nach einer möglichst schnellen Verbindung bzw. einer möglichst schnellen Erbringung der jeweiligen Dienstleistung, so dass der mit der Erleichterung der Einbeziehungsvoraussetzungen verbundene Transparenzver- 1101 lust hier hinnehmbar und vom Kunden gerade gewollt ist. Die Privilegierung setzt voraus, dass die Dienstleistung unmittelbar durch den Einsatz von Fernkommunikationsmitteln (derzeit definiert in § 1 Abs. 2 FernAbsG = § 312b Abs. 2) und vollständig während der Erbringung einer Telekommunikationsdienstleistung, die in der Regel im Aufrechterhalten einer Telefonverbindung besteht, erfolgt. Denn hier ist es den Telekommunikationsunternehmen in aller Regel nur unter unverhältnismäßigen Schwierigkeiten möglich, ihre Allgemeinen Geschäftsbedingungen dem Kunden vor Vertragsschluss zugänglich zu machen. Die im 2. Halbsatz des Buchstaben b aufgeführte Bedingung ist hier also zu vermuten. Dagegen sind telefonische Verträge über Dienstleistungen, die erst nach Beendigung der Telefonverbindung erfüllt werden, nicht erfasst.

§ 305b – Vorrang der Individualabrede

Individuelle Vertragsabreden haben Vorrang vor Allgemeinen Geschäftsbedingungen.

1102 § 305b entspricht wörtlich dem bisherigen § 4 AGBG.

§ 305c – Überraschende und mehrdeutige Klauseln

(1) Bestimmungen in Allgemeinen Geschäftsbedingungen, die nach den Umständen, insbesondere nach dem äußeren Erscheinungsbild des Vertrags, so ungewöhnlich sind, dass der Vertragspartner des Verwenders mit ihnen nicht zu rechnen braucht, werden nicht Vertragsbestandteil.
(2) Zweifel bei der Auslegung Allgemeiner Geschäftsbedingungen gehen zu Lasten des Verwenders.

Zu Absatz 1

1103 Absatz 1 entspricht wörtlich dem bisherigen § 3 AGBG.

Zu Absatz 2

1104 Absatz 2 entspricht wörtlich dem bisherigen § 5 AGBG.

§ 306 – Rechtsfolgen bei Nichteinbeziehung und Unwirksamkeit

(1) Sind Allgemeine Geschäftsbedingungen ganz oder teilweise nicht Vertragsbestandteil geworden oder unwirksam, so bleibt der Vertrag im Übrigen wirksam.
(2) Soweit die Bestimmungen nicht Vertragsbestandteil geworden oder unwirksam sind, richtet sich der Inhalt des Vertrags nach den gesetzlichen Vorschriften.

(3) Der Vertrag ist unwirksam, wenn das Festhalten an ihm auch unter Berücksichtigung der nach Absatz 2 vorgesehenen Änderung eine unzumutbare Härte für eine Vertragspartei darstellen würde.

§ 306 entspricht wörtlich dem bisherigen § 6 AGBG. 1105

§ 306a – Umgehungsverbot

Die Vorschriften dieses Abschnitts finden auch Anwendung, wenn sie durch anderweitige Gestaltungen umgangen werden.

§ 306a entspricht inhaltlich dem bisherigen § 7 AGBG. Durch die Integration 1106 des AGB-Gesetzes in das Bürgerliche Gesetzbuch war die Formulierung »Dieses Gesetz« durch die Formulierung »Die Vorschriften dieses Abschnitts« zu ersetzen. Eine inhaltliche Änderung ist damit nicht verbunden.

§ 307 – Inhaltskontrolle

(1) Bestimmungen in Allgemeinen Geschäftsbedingungen sind unwirksam, wenn sie den Vertragspartner des Verwenders entgegen den Geboten von Treu und Glauben unangemessen benachteiligen. Eine unangemessene Benachteiligung kann sich auch daraus ergeben, dass die Bestimmung nicht klar und verständlich ist.
(2) Eine unangemessene Benachteiligung ist im Zweifel anzunehmen, wenn eine Bestimmung
1. mit wesentlichen Grundgedanken der gesetzlichen Regelung, von der abgewichen wird, nicht zu vereinbaren ist oder
2. wesentliche Rechte oder Pflichten, die sich aus der Natur des Vertrags ergeben, so einschränkt, dass die Erreichung des Vertragszwecks gefährdet ist.
(3) Die Absätze 1 und 2 sowie die §§ 308 und 309 gelten nur für Bestimmungen in Allgemeinen Geschäftsbedingungen, durch die von Rechtsvorschriften abweichende oder diese ergänzende Regelungen vereinbart werden. Andere Bestimmungen können nach Absatz 1 Satz 2 in Verbindung mit Absatz 1 Satz 1 unwirksam sein.

Zu Absatz 1

Absatz 1 Satz 1 entspricht wörtlich dem bisherigen § 9 Abs. 1 AGBG. Er über- 1107 nimmt den Grundsatz, dass allgemeine Geschäftsbedingungen den anderen Teil nicht unangemessen benachteiligen dürfen.

Das Gesetz stellt das derzeit nur von der Rechtsprechung entwickelte Trans- 1108 parenzgebot in § 307 Abs. 1 BGB n. F. ein. Der Entwurf hatte das Transparenzgebot noch in § 307 Abs. 2 BGB eingestellt. Durch den neuen Standort wird das

Zusammenspiel zwischen § 305c und § 307 Abs. 1 und 2 BGB n.F. deutlicher gestaltet. Es wird vielmehr sowohl bei der Anwendung des bisherigen § 5 des AGB-Gesetzes als auch des bisherigen § 9 Abs. 1 AGBG berücksichtigt. Die Formulierung »klar und verständlich« ist dem Richtlinientext entnommen und entspricht dem von der Rechtsprechung bereits vor Erlass der Richtlinie entwickelten Grundsatz, dass Allgemeine Geschäftsbedingungen die Rechte und Pflichten des Vertragspartners durch eine entsprechende Ausgestaltung und geeignete Formulierung der Vertragsbedingungen durchschaubar, richtig, bestimmt und möglichst klar darstellen müssen (grundlegend BGHZ 106, 42, 49). Dieses Transparenzgebot kommt derzeit im Gesetz nicht vor, weil man es aus dem bisherigen § 9 AGBG ableitet (Brandner in: Ulmer/Brandner/Hensen, § 9 Rdn. 87 ff.; ders. MDR 1997, 312, 313). Diese Lösung zwingt aber zu richtlinienkonformer Auslegung, was gerade im Zusammenhang mit dem bisherigen § 8 AGBG nicht unproblematisch ist (Brandner aaO, § 8 Rdn. 8a, 45). Außerdem ist das Transparenzgebot eine ganz eigenständige Prüfungskategorie (Brandner aaO). Deshalb wird das Transparenzgebot jetzt ausdrücklich angesprochen. Damit ist keine inhaltliche Änderung, sondern lediglich eine Klarstellung des ohnehin von der Rechtsprechung stringent angewandten Transparenzgebots verbunden.

1109 Das allerdings genügt nach dem Urteil des EuGH in der Rechtssache C-144/99 Niederlande gegen Kommission vom 10. Mai 2001 (NJW 2001, 2244 = EuZW 2001, 437, 438) nicht mehr (so auch Leible, EuZW 2001, 438, 439). Deshalb hat der Entwurf das Transparenzgebot in den Katalog des § 307 Abs. 2 BGB n.F. eingestellt. Das aber führt nach Ansicht des Ausschusses dazu, dass für § 305c Abs. 2 BGB n.F. kaum noch Raum bleibt. Außerdem geht dies schon über die bisherige Rechtsprechung und wohl auch über Artikel 5 der Richtlinie 93/13/EWG hinaus. Beide gehen nicht davon aus, dass eine intransparente Klausel im Zweifel unwirksam ist. Dies könnte auch zu Lasten des Vertragspartners des Verwenders gehen, wenn nämlich die Anwendung des § 305c Abs. 2 BGB n.F. zu einem für diesen günstigeren Ergebnis führen würde als die Anwendung des an sich »stärkeren« § 307 Abs. 2 BGB n.F.. Der Verstoß gegen das Transparenzgebot soll deshalb in § 307 Abs. 1 BGB n.F. als möglicher Fall einer unangemessenen Benachteiligung genannt und nicht mehr in § 307 Abs. 2 Nr. 3 BGB n.F. als ein Fall bezeichnet werden, in dem die Klausel im Zweifel unwirksam ist.

Zu Absatz 2

1110 Absatz 2 entspricht bis zur Nummer 2 wörtlich dem bisherigen § 9 Abs. 2 AGBG, wonach eine unangemessene Benachteiligung im Zweifel dann anzunehmen ist, wenn die Geschäftsbedingungen mit den wesentlichen Grundgedanken der gesetzlichen Regelung, von der abgewichen wird, nicht zu vereinbaren ist oder wenn wesentliche Pflichten, die sich aus der Natur des Vertrags ergeben, so eingeschränkt werden, dass die Erreichung des Vertragszwecks gefährdet ist.

Zu Absatz 3

Absatz 3 entspricht im Wesentlichen wörtlich dem bisherigen § 8 AGBG, der der Inhaltskontrolle des AGB-Gesetzes dort Grenzen setzt, wo allgemeine Geschäftsbedingungen von einer gesetzlichen Regelung weder abweichen noch diese ergänzen. Angepasst wurde die Verweisung an die bisherigen §§ 9 bis 11 AGBG, die zu § 307 Abs. 1 und 2 Nr. 1 und 2 sowie den §§ 308 und 309 werden.

1111

Dagegen wird das im vorstehenden Absatz erläuterte und in Nummer 3 des § 307 Abs. 2 nunmehr gesetzlich geregelte Transparenzgebot ausdrücklich nicht von der Ausnahme des Absatz 3 erfasst. Damit wird der Zweck des bisherigen § 8 AGBG, der lediglich der **Inhaltskontrolle, nicht aber** der **Transparenzkontrolle** in bestimmten Fällen Grenzen setzen wollte, verdeutlicht und eine bislang bestehende Lücke bei der Umsetzung von Artikel 4 Abs. 2 der Richtlinie 93/13/EWG geschlossen. Danach sind nämlich sog. preisbestimmende und leistungsbestimmende Klauseln lediglich dann von der Inhaltskontrolle befreit, wenn sie »klar und verständlich« abgefasst sind, also den Anforderungen des Transparenzgebots genügen. Diese Vorbedingung der Kontrollfreiheit entspricht zwar im Ergebnis der gegenwärtigen Rechtsprechung des BGH, in der dieser Grundsatz freilich nicht immer so deutlich wird. Im Übrigen sollte sich das Richtlinienerfordernis auch aus dem Wortlaut des Gesetzes entnehmen lassen, was derzeit nicht der Fall ist. Denn § 8 AGBG schloss bislang die Anwendung des § 9 AGBG **insgesamt** und damit auch die darin enthaltene Transparenzkontrolle für preisbestimmende, leistungsbeschreibende und deklaratorische, den Rechtsvorschriften entsprechende Klauseln aus. Die vorgeschlagene Neufassung des bisherigen § 8 AGBG macht nunmehr deutlich, dass das Transparenzgebot auch bei derartigen Klauseln gilt, wenn es auch bei deklaratorischen Klauseln nur äußerst selten zur Anwendung kommen dürfte. Umso bedeutender ist die Klarstellung für preisbestimmende und leistungsbeschreibende Vertragsklauseln, weil das Gebot einer klaren, verständlichen, insbesondere nicht irreführenden Regelung hier besonders wichtig ist. Nur wenn der Verbraucher die Preis- und Leistungsbestimmung im Einzelnen verstehen und nachvollziehen kann, hat er die Möglichkeit, eine »informierte« Auswahl unter den verschiedenen Angeboten zu treffen.

1112

Da im Grundsatz davon auszugehen ist, **dass alle** Bestimmungen in Allgemeinen Geschäftsbedingungen an den **Maßstäben der bisherigen §§ 9 bis 11 AGBG** gemessen werden müssen und dass der bisherige § 8 AGBG lediglich eine Ausnahme von der Inhaltskontrolle für bestimmte Klauseln zulässt, ist die Reihenfolge der bisherigen §§ 8 und 9 AGBG getauscht worden. Zunächst soll sich nunmehr in § 307 Abs. 1 und 2 der Grundsatz der Inhalts- und Transparenzkontrolle, sodann in § 307 Abs. 3 die Ausnahme dazu finden.

1113

§ 308 – Klauselverbote mit Wertungsmöglichkeit

In Allgemeinen Geschäftsbedingungen ist insbesondere unwirksam
1. (Annahme- und Leistungsfrist)
   eine Bestimmung, durch die sich der Verwender unangemessen lange oder nicht hinreichend bestimmte Fristen für die Annahme oder Ablehnung eines Angebots oder die Erbringung einer Leistung vorbehält; ausgenommen hiervon ist der Vorbehalt, erst nach Ablauf der Widerrufs- oder Rückgabefrist nach § 355 Abs. 1 und 2 und § 356 zu leisten;
2. (Nachfrist)
   eine Bestimmung, durch die sich der Verwender für die von ihm zu bewirkende Leistung abweichend von Rechtsvorschriften eine unangemessen lange oder nicht hinreichend bestimmte Nachfrist vorbehält;
3. (Rücktrittsvorbehalt)
   die Vereinbarung eines Rechts des Verwenders, sich ohne sachlich gerechtfertigten und im Vertrag angegebenen Grund von seiner Leistungspflicht zu lösen; dies gilt nicht für Dauerschuldverhältnisse;
4. (Änderungsvorbehalt)
   die Vereinbarung eines Rechts des Verwenders, die versprochene Leistung zu ändern oder von ihr abzuweichen, wenn nicht die Vereinbarung der Änderung oder Abweichung unter Berücksichtigung der Interessen des Verwenders für den anderen Vertragsteil zumutbar ist;
5. (Fingierte Erklärungen)
   eine Bestimmung, wonach eine Erklärung des Vertragspartners des Verwenders bei Vornahme oder Unterlassung einer bestimmten Handlung als von ihm abgegeben oder nicht abgegeben gilt, es sei denn, dass
   a) dem Vertragspartner eine angemessene Frist zur Abgabe einer ausdrücklichen Erklärung eingeräumt ist und
   b) der Verwender sich verpflichtet, den Vertragspartner bei Beginn der Frist auf die vorgesehene Bedeutung seines Verhaltens besonders hinzuweisen;
   dies gilt nicht für Verträge, in die Teil B der Verdingungsordnung für Bauleistungen insgesamt einbezogen ist;
6. (Fiktion des Zugangs)
   eine Bestimmung, die vorsieht, dass eine Erklärung des Verwenders von besonderer Bedeutung dem anderen Vertragsteil als zugegangen gilt;
7. (Abwicklung von Verträgen)
   eine Bestimmung, nach der der Verwender für den Fall, dass eine Vertragspartei vom Vertrag zurücktritt oder den Vertrag kündigt,
   a) eine unangemessen hohe Vergütung für die Nutzung oder den Gebrauch einer Sache oder eines Rechts oder für erbrachte Leistungen oder
   b) einen unangemessen hohen Ersatz von Aufwendungen verlangen kann;

8. (Nichtverfügbarkeit der Leistung)
die nach Nummer 3 zulässige Vereinbarung eines Vorbehalts des Verwenders, sich von der Verpflichtung zur Erfüllung des Vertrags bei Nichtverfügbarkeit der Leistung zu lösen, wenn sich der Verwender nicht verpflichtet,
   a) den Vertragspartner unverzüglich über die Nichtverfügbarkeit zu informieren und
   b) Gegenleistungen des Vertragspartners unverzüglich zu erstatten.

§ 308 entspricht, von zwei Ausnahmen abgesehen, wörtlich dem bisherigen § 10 AGBG. Zu den Ausnahmen ist Folgendes zu bemerken: 1114
– In Nr. 2 wird die Verweisung auf den bisherigen § 326 vermieden und stattdessen von einer Abweichung von Rechtsvorschriften gesprochen. Dies ist zwingend, da der bisherige § 326 im Zuge der Modernisierung des Leistungsstörungsrechts entfällt.
– In Nr. 5 wird eine Ausnahme für Verträge vorgesehen, in die Teil B der Verdingungsordnung für Bauleistungen (VOB/B) als Ganzes einbezogen ist. Diese Ausnahme ergibt sich bisher schon aus § 23 Abs. 2 Nr. 5 AGBG, wo es heißt, dass § 10 Nr. 5 AGBG nicht gilt für Leistungen, für die die VOB Vertragsgrundlage ist. Die Formulierung der Ausnahme an dieser Stelle macht dem Rechtsanwender die Zuordnung leichter. Zugleich wird die Ausnahme konkreter formuliert, indem diese nunmehr voraussetzt, dass die VOB/B **insgesamt** in den Vertrag einbezogen ist. Damit wird der gefestigten Rechtsprechungspraxis Rechnung getragen, die das Eingreifen der im bisherigen § 23 Abs. 2 Nr. 5 AGBG zugunsten der VOB geregelten Ausnahmen davon abhängig macht, dass die VOB/B insgesamt, das heißt ohne ins Gewicht fallende Einschränkungen übernommen worden ist (BGHZ 96, 129, 133; 100, 391, 399; BGH, NJW 1986, 713, 714; NJW 1987, 2373, 2374; NJW-RR 1989, 85, 86). Diese Rechtsprechung soll nunmehr – ohne inhaltliche Änderung – im Gesetzeswortlaut seine Entsprechung finden. Die Privilegierung erfasst die VOB/B in ihrer jeweils zum Zeitpunkt des Vertragsschlusses gültigen Fassung, da davon ausgegangen wird, dass die VOB/B in ihrer jeweils geltenden Fassung einen insgesamt angemessenen Interessenausgleich zwischen den an Bauverträgen Beteiligten schafft (MünchKomm/Soergel, § 631 Rdn. 38 ff).

Weitere Änderungen ergeben sich nicht. 1115

§ 309 – Klauselverbote ohne Wertungsmöglichkeit

Auch soweit eine Abweichung von den gesetzlichen Vorschriften zulässig ist, ist in Allgemeinen Geschäftsbedingungen unwirksam
1. (Kurzfristige Preiserhöhungen)
eine Bestimmung, welche die Erhöhung des Entgelts für Waren oder Leistungen vorsieht, die innerhalb von vier Monaten nach Vertragsschluss

393

geliefert oder erbracht werden sollen; dies gilt nicht bei Waren oder Leistungen, die im Rahmen von Dauerschuldverhältnissen geliefert oder erbracht werden;
2. (Leistungsverweigerungsrechte)
eine Bestimmung, durch die
   a) das Leistungsverweigerungsrecht, das dem Vertragspartner des Verwenders nach § 320 zusteht, ausgeschlossen oder eingeschränkt wird oder
   b) ein dem Vertragspartner des Verwenders zustehendes Zurückbehaltungsrecht, soweit es auf demselben Vertragsverhältnis beruht, ausgeschlossen oder eingeschränkt, insbesondere von der Anerkennung von Mängeln durch den Verwender abhängig gemacht wird;
3. (Aufrechnungsverbot)
eine Bestimmung, durch die dem Vertragspartner des Verwenders die Befugnis genommen wird, mit einer unbestrittenen oder rechtskräftig festgestellten Forderung aufzurechnen;
4. (Mahnung, Fristsetzung)
eine Bestimmung, durch die der Verwender von der gesetzlichen Obliegenheit freigestellt wird, den anderen Vertragsteil zu mahnen oder ihm eine Frist für die Leistung oder Nacherfüllung zu setzen;
5. (Pauschalierung von Schadensersatzansprüchen)
die Vereinbarung eines pauschalierten Anspruchs des Verwenders auf Schadensersatz oder Ersatz einer Wertminderung, wenn
   a) die Pauschale den in den geregelten Fällen nach dem gewöhnlichen Lauf der Dinge zu erwartenden Schaden oder die gewöhnlich eintretende Wertminderung übersteigt oder
   b) dem anderen Vertragsteil nicht ausdrücklich der Nachweis gestattet wird, ein Schaden oder eine Wertminderung sei überhaupt nicht entstanden oder wesentlich niedriger als die Pauschale;
6. (Vertragsstrafe)
eine Bestimmung, durch die dem Verwender für den Fall der Nichtabnahme oder verspäteten Abnahme der Leistung, des Zahlungsverzugs oder für den Fall, dass der andere Vertragsteil sich vom Vertrag löst, Zahlung einer Vertragsstrafe versprochen wird;
7. (Haftungsausschluss bei Verletzung von Leben, Körper, Gesundheit und bei grobem Verschulden)
   a) (Verletzung von Leben, Körper, Gesundheit)
   ein Ausschluss oder eine Begrenzung der Haftung für Schäden aus der Verletzung des Lebens, des Körpers oder der Gesundheit, die auf einer fahrlässigen Pflichtverletzung des Verwenders oder einer vorsätzlichen oder fahrlässigen Pflichtverletzung eines gesetzlichen Vertreters oder Erfüllungsgehilfen des Verwenders beruhen;
   b) (Grobes Verschulden)
   ein Ausschluss oder eine Begrenzung der Haftung für sonstige Schäden, die auf einer grob fahrlässigen Pflichtverletzung des Verwenders

oder auf einer vorsätzlichen oder grob fahrlässigen Pflichtverletzung eines gesetzlichen Vertreters oder Erfüllungsgehilfen des Verwenders beruhen;
die Buchstaben a und b gelten nicht für Haftungsbeschränkungen in den nach Maßgabe des Personenbeförderungsgesetzes genehmigten Beförderungsbedingungen und Tarifvorschriften der Straßenbahnen, Obusse und Kraftfahrzeuge im Linienverkehr, soweit sie nicht zum Nachteil des Fahrgastes von der Verordnung über die Allgemeinen Beförderungsbedingungen für den Straßenbahn- und Obusverkehr sowie den Linienverkehr mit Kraftfahrzeugen vom 27. Februar 1970 abweichen; Buchstabe b gilt nicht für Haftungsbeschränkungen für staatlich genehmigte Lotterie- oder Ausspielverträge;

8. (Sonstige Haftungsausschlüsse bei Pflichtverletzung)
   a) (Ausschluss des Rechts, sich vom Vertrag zu lösen)
      eine Bestimmung, die bei einer vom Verwender zu vertretenden, nicht in einem Mangel der Kaufsache oder des Werks bestehenden Pflichtverletzung das Recht des anderen Vertragsteils, sich vom Vertrag zu lösen, ausschließt oder einschränkt; dies gilt nicht für die in der Nummer 7 bezeichneten Beförderungsbedingungen und Tarifvorschriften unter den dort genannten Voraussetzungen;
   b) (Mängel)
      eine Bestimmung, durch die bei Verträgen über Lieferungen neu hergestellter Sachen und über Werkleistungen
      aa) (Ausschluss und Verweisung auf Dritte)
         die Ansprüche gegen den Verwender wegen eines Mangels insgesamt oder bezüglich einzelner Teile ausgeschlossen, auf die Einräumung von Ansprüchen gegen Dritte beschränkt oder von der vorherigen gerichtlichen Inanspruchnahme Dritter abhängig gemacht werden;
      bb) (Beschränkung auf Nacherfüllung)
         die Ansprüche gegen den Verwender insgesamt oder bezüglich einzelner Teile auf ein Recht auf Nacherfüllung beschränkt werden, sofern dem anderen Vertragsteil nicht ausdrücklich das Recht vorbehalten wird, bei Fehlschlagen der Nacherfüllung zu mindern oder, wenn nicht eine Bauleistung Gegenstand der Mängelhaftung ist, nach seiner Wahl vom Vertrag zurückzutreten;
      cc) (Aufwendungen bei Nacherfüllung)
         die Verpflichtung des Verwenders ausgeschlossen oder beschränkt wird, die zum Zwecke der Nacherfüllung erforderlichen Aufwendungen, insbesondere Transport-, Wege-, Arbeits- und Materialkosten, zu tragen;
      dd) (Vorenthalten der Nacherfüllung)
         der Verwender die Nacherfüllung von der vorherigen Zahlung des vollständigen Entgelts oder eines unter Berücksichtigung des

Mangels unverhältnismäßig hohen Teils des Entgelts abhängig macht;

ee) (Ausschlussfrist für Mängelanzeige)
der Verwender dem anderen Vertragsteil für die Anzeige nicht offensichtlicher Mängel eine Ausschlussfrist setzt, die kürzer ist als die nach dem Doppelbuchstaben ff zulässige Frist;

ff) (Erleichterung der Verjährung)
die Verjährung von Ansprüchen gegen den Verwender wegen eines Mangels in den Fällen des § 438 Abs. 1 Nr. 2 und des § 634a Abs. 1 Nr. 2 erleichtert oder in den sonstigen Fällen eine weniger als ein Jahr betragende Verjährungsfrist ab dem gesetzlichen Verjährungsbeginn erreicht wird; dies gilt nicht für Verträge, in die Teil B der Verdingungsordnung für Bauleistungen insgesamt einbezogen ist;

9. (Laufzeit bei Dauerschuldverhältnissen)
bei einem Vertragsverhältnis, das die regelmäßige Lieferung von Waren oder die regelmäßige Erbringung von Dienst- oder Werkleistungen durch den Verwender zum Gegenstand hat,
a) eine den anderen Vertragsteil länger als zwei Jahre bindende Laufzeit des Vertrags,
b) eine den anderen Vertragsteil bindende stillschweigende Verlängerung des Vertragsverhältnisses um jeweils mehr als ein Jahr oder
c) zu Lasten des anderen Vertragsteils eine längere Kündigungsfrist als drei Monate vor Ablauf der zunächst vorgesehenen oder stillschweigend verlängerten Vertragsdauer;
dies gilt nicht für Verträge über die Lieferung als zusammengehörig verkaufter Sachen, für Versicherungsverträge sowie für Verträge zwischen den Inhabern urheberrechtlicher Rechte und Ansprüche und Verwertungsgesellschaften im Sinne des Gesetzes über die Wahrnehmung von Urheberrechten und verwandten Schutzrechten;

10. (Wechsel des Vertragspartners)
eine Bestimmung, wonach bei Kauf-, Dienst- oder Werkverträgen ein Dritter anstelle des Verwenders in die sich aus dem Vertrag ergebenden Rechte und Pflichten eintritt oder eintreten kann, es sei denn, in der Bestimmung wird
a) der Dritte namentlich bezeichnet oder
b) dem anderen Vertragsteil das Recht eingeräumt, sich vom Vertrag zu lösen;

11. (Haftung des Abschlussvertreters)
eine Bestimmung, durch die der Verwender einem Vertreter, der den Vertrag für den anderen Vertragsteil abschließt,
a) ohne hierauf gerichtete ausdrückliche und gesonderte Erklärung eine eigene Haftung oder Einstandspflicht oder
b) im Fall vollmachtsloser Vertretung eine über § 179 hinausgehende Haftung auferlegt;

12. (Beweislast)
 eine Bestimmung, durch die der Verwender die Beweislast zum Nachteil des anderen Vertragsteils ändert, insbesondere indem er
 a) diesem die Beweislast für Umstände auferlegt, die im Verantwortungsbereich des Verwenders liegen, oder
 b) den anderen Vertragsteil bestimmte Tatsachen bestätigen lässt;
 Buchstabe b gilt nicht für Empfangsbekenntnisse, die gesondert unterschrieben oder mit einer gesonderten qualifizierten elektronischen Signatur versehen sind;
13. (Form von Anzeigen und Erklärungen)
 eine Bestimmung, durch die Anzeigen oder Erklärungen, die dem Verwender oder einem Dritten gegenüber abzugeben sind, an eine strengere Form als die Schriftform oder an besondere Zugangserfordernisse gebunden werden.

§ 309 folgt im Wesentlichen dem bisherigen § 11 AGBG. Die Vorschrift bedarf allerdings an einigen Stellen der Anpassung an die Veränderungen des Leistungsstörungsrechts. Zudem besteht zum Teil Fortschreibungsbedarf auf Grund der Klauselrichtlinie oder der Weiterentwicklung in der Rechtsprechung. Ferner sollen die im bisherigen § 23 Abs. 2 AGBG enthaltenen Abweichungen von einzelnen Nummern in die Nummern integriert werden. Im Einzelnen ist Folgendes zu bemerken: 1116

Zum Einleitungssatz

Im Einleitungssatz sollte nach dem Entwurf durch die Aufzählung der Vorschriften §§ 202, 312f, 475, 478 Abs.5, 487, 506, 651l und 655e BGB n.F., die sämtlich ein Abweichungs- und/oder Umgehungsverbot enthalten, deutlich gemacht werden, dass diese der Inhaltskontrolle des § 309 vorgehen. Das Gesetz greift dies nicht auf, weil die Liste unvollständig wäre. Die Sachaussage bleibt erhalten.   1117

Zu den Nummern 1 bis 3

Die Nummern 1 bis 3 werden ohne Veränderungen wörtlich übernommen.   1118

Zu Nummer 4

Hier liegt die Abweichung in der Vermeidung des Begriffs Nachfrist. Sie ist technisch durch die Änderung des Leistungsstörungsrechts geboten, das künftig keine Nachfrist, sondern nur noch eine Frist für die Leistung kennt. Sachliche Änderungen ergeben sich dadurch aber nicht.   1119

Zu Nummer 5

Zu Buchstabe a

Nummer 5 Buchstabe a entspricht wörtlich dem bisherigen § 11 Nr. 5 Buchstabe a AGBG.   1120

Zu Buchstabe b

1121 In Nummer 5 Buchstabe b wird dagegen der bisherige Gesetzeswortlaut dahingehend umgekehrt, dass nunmehr die Wirksamkeit einer Schadenspauschale in Allgemeinen Geschäftsbedingungen voraussetzt, dass dem anderen Vertragsteil ausdrücklich der Nachweis eines niedrigeren Schadens gestattet wird.

1122 Dies entspricht den von der Rechtsprechung auch bei der bisherigen Formulierung des Gesetzestextes gefundenen Ergebnissen, weil sich die Praxis vom Wortlaut des Klauselverbot weit entfernt und zu einer Einzelfallrechtsprechung geführt hat, die sich kaum sicher vorhersagen lässt. Denn der Wortlaut des bisherigen Buchstaben b ließ zunächst – genau umgekehrt – vermuten, dass eine Schadenspauschale nur dann unwirksam ist, wenn dem anderen Vertragsteil ausdrücklich der Nachweis eines niedrigeren Schadens abgeschnitten wird. Klauseln, die dem Kunden diesen Beweis ausdrücklich abschneiden, waren indessen bereits vor Inkrafttreten des AGB-Gesetzes selten. Es hat sich daher eine umfangreiche, kaum mehr überschaubare Rechtsprechung entwickelt, die in einer Vielzahl von Einzelentscheidungen begründet, warum die jeweilige Pauschalierungsklausel gemessen am bisherigen § 11 Nr. 5 Buchstabe b unwirksam ist, obwohl sich daraus keineswegs ausdrücklich das Abschneiden eines Nachweises ergibt (siehe zum Überblick über die Rechtsprechung Hensen in: Ulmer/Brandner/Hensen, § 11 Nr. 5 Rdn. 18 ff). Die Schwierigkeit der Rechtsprechung liegt darin, dass sie ihr Ergebnis daran orientiert, ob der rechtsunkundige Durchschnittskunde nach der Fassung der Schadenspauschale davon ausgehen musste, dass er sich im Einzelfall nicht auf einen wesentlich niedrigeren Schaden berufen könne. Wann der juristische Laie eben dies aus einer Klausel herauslesen muss und ob daher eine Schadenspauschale von der Rechtsprechung für wirksam oder unwirksam gehalten werden mag, ist indessen weder für den Verwender noch für dessen Rechtsberater vorhersehbar. So hält die Rechtsprechung Klauseln mit Formulierungen wie »ist mit x% zu verzinsen« (BGH, NJW 1984, 2941; ZIP 1996, 1997), »die Kosten betragen« (BGH, NJW 1985, 634) oder »der Verwender ist berechtigt zu verlangen« (OLG Oldenburg, MDR 2000,20) für unwirksam, während die Formulierungen »wird ein Aufschlag von x% erhoben« (BGH, NJW 1985, 321) oder »wird mit ... berechnet« (BGH, WM 1986, 1467) zulässig sein sollen. Die Aussagegehalte der vorgenannten Klauseln dürften indessen für den Nichtjuristen deckungsgleich sein. Die dadurch sowohl für den Verwender als auch für den Verbraucher entstandene Rechtsunsicherheit soll durch die Umkehrung der Klausel ausgeräumt werden. Künftig ist eine Klausel nur zulässig, wenn sie den Nachweis eines geringeren Schadens ausdrücklich zulässt. Dies ist zwar formal strenger als die bisherige Regelung. Dafür ist sie klar und eindeutig. Verwender müssen schon jetzt den Nachweis zulassen, wenn sie Pauschalierungen anwenden wollen. Und im Zweifel müssen sie auch schon jetzt die künftig geforderte klare Formulierung verwenden, um dies sicherzustellen. Im Ergebnis erleichtert die Umkehrung die Rechtsanwendung.

Zu Nummer 6

1123 Die Nummer 6 entspricht wörtlich dem bisherigen § 11 Nr. 6 AGBG.

Zu den Nummern 7 und 8

Vorbemerkung

Die bisher in § 11 Nr. 7 bis 10 AGBG enthaltenen Klauselverbote sind an die Änderungen im Leistungsstörungsrecht und im Kauf- und Werkvertragsrecht anzupassen. Dies zieht eine redaktionelle Umstrukturierung nach sich, mit der aber auch geringe inhaltliche Änderungen verbunden sind, die wiederum zwingend aus den Änderungen des Schuldrechts folgen.   1124

Zunächst sind die Überschriften der Nummern 7 und 8 zu ändern. Ferner sollen die bisherigen Nummern 9 und 10 des bisherigen § 11 AGBG in der neuen Nummer 8 des § 309 integriert werden. Beide Änderungen gehen darauf zurück, dass es nunmehr bei § 309 Nr. 7 und 8 um Klauselverbote für Haftungsausschlüsse bei **Pflichtverletzung** geht. Da durch die Änderung des Leistungsstörungsrechts der Begriff der »Pflichtverletzung« als »Basisbe-griff« jede Art der Vertragsverletzung erfasst, unabhängig davon, ob es sich um die Verletzung einer Hauptleistungspflicht, einer Nebenpflicht oder um die Lieferung einer mangelhaften Sache handelt, sind die bisher in § 11 Nr. 7 bis 10 AGBG enthaltenen Klauselverbote nicht mehr durch die Art der Pflichtverletzung zu unterscheiden (etwa Unmöglichkeit, Verzug, Verletzung einer Hauptleistungspflicht, Gewährleistung), sondern nach der Art bzw. des Vorliegens des Verschuldens, nach der Art des Schadens oder auch nach der vom Haftungsausschluss erfassten Art der Ansprüche. Dies ist auch in den Überschriften deutlich zu machen. Da nach der Neukonzeption des Kaufrechts die Lieferung einer mangelhaften Sache ebenfalls eine Pflichtverletzung darstellt, gehören die bisherigen Klauselverbote zur Mängelgewährleistung nunmehr inhaltlich zu der Nummer 8 (»Sonstige Haftungsausschlüsse bei Pflichtverletzung«) und sollen daher dort unter Buchstabe b aufgeführt werden.   1125

Zu Nummer 7

Die Nummer 7 entspricht inhaltlich im Wesentlichen dem bisherigen § 11 Nr. 7 AGBG. Folgende Anpassungen sind vorgenommen worden: 1126

In der Nummer 7 erfolgt hinsichtlich des Haftungsausschlusses bei grobem Verschulden zunächst lediglich eine redaktionelle Änderung dadurch, dass der Begriff der Vertragsverletzung durch »Pflichtverletzung« ersetzt wird. Damit ist keine inhaltliche Änderung verbunden. Zwar erfasst der Begriff der Pflichtverletzung nunmehr auch die Bereiche der Schlechtleistung im Kaufrecht. Bereits bislang wurden indessen von § 11 Nr. 7 AGBG alle Arten schuldhafter Leistungsstörungen, aus denen Schadensersatzansprüche erwachsen, erfasst, also insbesondere die positive Vertragsverletzung, culpa in contrahendo, Verzug und Unmöglichkeit, aber auch auf Verschulden beruhende Schadensersatzansprüche aus Gewährleistung, insbesondere aus den bisherigen § 635, § 538 Abs. 1 BGB und § 13 Nr. 7 VOB/B (Hensen in: Ulmer/Brandner/Hensen, § 11 Nr. 7 Rdn. 9; Palandt/Heinrichs, § 11 AGBG Rdn. 35). Die Einbeziehung von Schadensersatzansprüchen aus Mängeln beim Kauf ist daher folgerichtig und nach der Neukonzeption des Kaufrechts zwingend. Der besonderen Erwähnung des Ver-   1127 schuldens bei den Vertragsverhandlungen bedarf es im Übrigen nicht mehr, da in § 311 Abs. 2 Nr. 1 nunmehr geregelt ist, dass ein Schuldverhältnis mit Rechten und Pflichten auch durch die Aufnahme von Vertragsverhandlungen entsteht und die Verletzung auch solcher Pflichten nach §§ 241 Abs. 2, 280 zur Haftung führen kann.

1128 Neu ist in der Nummer 7 die **Aufteilung in Haftungsausschlüsse hinsichtlich Körperschäden (Buchstabe a) und** hinsichtlich **sonstiger Schäden (Buchstabe b)**. Während bei letzteren – wie nach der derzeitigen Fassung von § 11 Nr. 7 AGBG – eine Freizeichnung nur bei grobem Verschulden unwirksam ist, soll der neugefasste Buchstabe a klarstellen, dass die Haftung für Körperschäden auch bei leichter Fahrlässigkeit nicht einschränkbar ist.

1129 Diese Ergänzung der Nummer 7 geht auf Nummer 1a des Anhangs der Richtlinie 93/13/EWG zurück, wonach Klauseln, die darauf abzielen oder zur Folge haben, dass die gesetzliche Haftung des Gewerbetreibenden ausgeschlossen oder eingeschränkt wird, wenn der Verbraucher auf Grund einer Handlung oder Unterlassung des Gewerbetreibenden sein Leben verliert oder einen Körperschaden erleidet, für missbräuchlich erklärt werden können. Diese Klausel ist in der Richtlinie gewissermaßen weich formuliert. In der Rechtssache Océano (C240-44/98, EuZW 2000, 506, 508) hat der EuGH indes entschieden, dass das nationale Recht der Mitgliedstaaten so auszulegen und anzuwenden ist, dass auch solche »weichen« Klauselverbote durchgesetzt werden und ein Verstoß hiergegen im Zweifel zur Unwirksamkeit solcher Klauseln führen muss. Dies hat die herrschende Meinung in Deutschland für das Klauselverbot des bisherigen § 11 Nr. 7 Buchstabe a AGBG rezipiert, der so ausgelegt wird, wie es die Richtlinie vorsieht (Hensen in: Ulmer/Brandner/ Hensen, § 11 Nr. 7 Rdn. 43). Entgegen dem Wortlaut wird der bisherige § 11 Nr. 7 AGBG daher so ausgelegt, dass bei Verbraucherverträgen jedwede Haftungsbegrenzung in Allgemeinen Geschäftsbedingungen für den Fall verschuldeter Körperschäden unwirksam ist. Durch die Änderung wird das spezielle Freizeichnungsverbot des bisherigen § 11 Nr.7 AGBG in § 309 Nr. 7 Buchstabe a BGB n.F. mithin lediglich auf den Stand gebracht, den es der Sache nach schon hat.

1130 Die Neufassung der Nummer 7 führt also nunmehr dazu, dass – abgesehen von den bislang in § 23 Abs. 2 Nr. 3 und 4 AGBG vorgesehenen Ausnahmen, die im folgenden Absatz erläutert werden – jedwede Haftungsfreizeichnung für Körperschäden bei leichter Fahrlässigkeit (Buchstabe a) und für sonstige Schäden bei grober Fahrlässigkeit bzw. Vorsatz (Buchstabe b) ausgeschlossen ist. Dies entspricht der derzeitigen Rechtslage bei richtlinienkonformer Auslegung des (§ 9 des) AGB-Gesetzes und erfasst auch die Verkürzung von Verjährungsfristen.

1131 Im Übrigen wurde die Nummer 7 bereits bisher nach § 23 Abs. 2 Nrn. 3 und 4 AGBG für bestimmte Bereiche eingeschränkt. Diese Einschränkungen werden der besseren Übersichtlichkeit wegen in die Nummer 7 eingefügt, wobei die Entwicklung der Rechtsprechung berücksichtigt wird: Nach bisherigen § 23 Abs. 2 Nr. 3 AGBG dürfen nach Maßgabe des Personenbeförderungsgesetzes genehmigte Beförderungsbedingungen und Tarifvorschriften der Straßenbahnen,

O-Busse und Kraftfahrzeuge im Linienverkehr von Nummer 7 abweichen, sofern sie dabei nicht die Vorschriften der Verordnung über die allgemeinen Beförderungsbedingungen für den Straßenbahn-, O-Bus- sowie den Linienverkehr mit Kraftfahrzeugen vom 27. Februar 1970 verletzen. Diese Ausnahme wird wörtlich in Nummer 7 integriert. Nach dem bisherigen § 23 Abs. 2 Nr. 4 AGBG dürfen ferner die Bedingungen für staatlich genehmigte Lotterieverträge und Ausspielverträge von § 11 Nr. 7 AGBG abweichen und einen weitergehenden Haftungsausschluss vorsehen. Zweck dieser Maßnahme war es seinerzeit, die Lotterie- und Ausspielunternehmen, aber auch die Mitspieler vor betrügerischen Manipulationen beim Vertragsschluss zu schützen. Der Text der Vorschrift geht über diese Zielsetzung weit hinaus und würde es grundsätzlich erlauben, für die Verträge insgesamt einen stärkeren Haftungsausschluss vorzusehen. Die Rechtsprechung hat deshalb § 23 Abs. 2 Nr. 4 AGBG teleologisch reduziert und lässt entsprechende Haftungsbeschränkungen nur im Rahmen der Zweckrichtung zu. Mit dieser Einschränkung wird der bisherige § 23 Abs. 2 Nr. 4 AGBG in Nummer 7 integriert.

Die Einschränkung der Haftungsbeschränkungen für staatlich genehmigte Lotterie- und Ausspielverträge auf die Fälle des groben Verschuldens (Buchstabe b) entspricht der Gegenäußerung der Bundesregierung zu Nummer 46 der Stellungnahme des Bundesrates. Des weiteren entfällt die Einschränkung, wonach solche Haftungsbeschränkungen nur zulässig sind, soweit sie dem Schutz des Verwenders und der Mitspieler vor betrügerischen Manipulationen dienen. Der Gesetzgeber ist nämlich der Meinung, dass insoweit inhaltlich wieder zu der bisherigen Rechtslage des § 23 Abs. 2 Nr. 4 des AGB-Gesetzes zurückgekehrt werden sollte. Toto- und Lottounternehmen schließen ihre Haftung für grobe Fahrlässigkeit und Vorsatz insbesondere der Annahmestellen, die Erfüllungsgehilfen der Unternehmen sind, aus (MünchKomm, 3. Aufl. 1993, § 23 AGBG Rnr. 55). Leitet der Betreiber einer Annahmestelle grob fahrlässig einen Wettschein eines lauteren Teilnehmers nicht weiter, würde ein Haftungsausschluss nach der Fassung des Regierungsentwurfs unwirksam sein, weil er im konkreten Einzelfall nicht dem Schutz vor betrügerischen Manipulationen gedient hätte. Auch in solchen Fällen muss sich das Unternehmen jedoch freizeichnen können, weil sich vielfach nicht klären lässt, ob der Betreiber einer Annahmestelle nur versehentlich einen Wettschein eines lauteren Teilnehmers nicht weitergeleitet hat, oder ob ein betrügerisches Zusammenwirken zwischen ihm und dem Spieler vorlag. Beispiel hierfür ist der Fall, dass nach Ziehung der Gewinnzahlen ein Wettschein fingiert wird, der Annahmestellenbetreiber sodann behauptet, den Wettschein grob fahrlässig nicht weitergeleitet zu haben und damit seinem »Kumpanen« einen Anspruch auf den Gewinn verschafft, der sodann zwischen den Betrügern geteilt wird. Da dies zu Lasten der wirklichen Gewinner ginge, ist ein Haftungsausschluss auch aus der Sicht der Teilnehmer sachgerecht, da die Vorteile der Freizeichnung die mit ihnen ausnahmsweise verbundenen Nachteile überwiegen. Soweit die Ausnahme von dem Verbot des Buchstaben b weiter greift als der damit verfolgte Regelungszweck, ist dem im Rahmen der Inhaltskontrolle nach § 307 BGB n. F. gegenüber sonstigen, nicht

1132

durch die besondere Risikosituation bei der Veranstaltung von Glücksspielen veranlassten oder im Interesse der Spielergesamtheit liegenden Haftungsausschlüssen Rechnung zu tragen (vgl. Ulmer/Brandner/Hensen, AGB-Gesetz, 9. Aufl. 2001, § 23 Rnr. 42).

Zu Nummer 8

1133 Die Nummer 8 fasst im **Buchstaben a** die **derzeitigen Klauselverbote** des § 11 Nr. 8 (Verzug und Unmöglichkeit) und Nr. 9 (Teilverzug, Teilunmöglichkeit) AGBG und im **Buchstaben b** die derzeitigen Klauselverbote des § 11 Nr. 10 (Gewährleistung) AGBG unter der Überschrift »**Sonstige Haftungsausschlüsse bei Pflichtverletzung**« zusammen. Dies erklärt sich – wie oben bereits ausgeführt worden ist – durch das rechtliche Konzept des Entwurfs, das nunmehr am Begriff der »Pflichtverletzung« anknüpft, wodurch eine nicht nur textliche, sondern auch inhaltliche Anpassung und Neustrukturierung der bisherigen Klauselverbote des § 11 Nr. 8 bis 10 AGBG erforderlich wird. Der Entwurf bewahrt deren Regelungsgehalte indessen soweit wie möglich. Im Einzelnen:

Zu Buchstabe a

1134 Der bisherige § 11 Nr. 8 AGBG sichert die Rechte des Gläubigers aus den bisherigen §§ 325 und 326 wegen Verzugs und Unmöglichkeit. In vorformulierten Verträgen bleibt das Recht auf Rücktritt vom Vertrag vollen Umfangs erhalten; das Recht des Gläubigers auf Schadensersatz kann in AGB nicht ausgeschlossen, aber bei leichter Fahrlässigkeit – mit Ausnahme der Haftung für Körperschäden, siehe oben – begrenzt werden. Die überwiegende Meinung erstreckt das Freizeichnungsverbot bereits nach geltendem Recht trotz des ausdrücklichen Wortlauts des bisherigen § 11 Nr. 8 AGBG auch auf ein aus positiver Vertragsverletzung folgendes Lösungsrecht vom Vertrag (Hensen in: Ulmer/Brandner/Hensen, § 11 Nr. 8 Rdn. 11, OLG Oldenburg, NJW-RR 1992, 1527). Diese Ausweitung wird durch die Nummer 1b im Anhang der Klauselrichtlinie zu Artikel 3 bestätigt, in der die Rede davon ist, dass der Unternehmer seine vertraglichen Verpflichtungen ganz oder teilweise oder mangelhaft erfüllt, womit jede Form der Vertragsverletzung erfasst wird.

1135 § 309 Nr. 8 Buchstabe a schließt sich dieser Auffassung, die ganz auf der Linie der vorgeschlagenen Neukonzeption des Leistungsstörungsrechts liegt, an, indem er an die **zu vertretende Pflichtverletzung** anknüpft und für diesen Fall verbietet, das Lösungsrecht des anderen Vertragsteils vom Vertrag, also Rücktritt und Kündigung, einzuschränken oder auszuschließen. Die Voraussetzung des Vertretenmüssens war, um den Regelungsgehalt der bisherigen Bestimmung im bisherigen § 11 Nr. 8 Buchstabe a AGBG möglichst zu bewahren, erforderlich, da gemäß § 323 bereits jede Pflichtverletzung unabhängig vom Verschulden den Rücktritt eröffnet. Insgesamt entspricht damit die Neuformulierung dem Regelungsgehalt des bisherigen Klauselverbots des § 11 Nr. 8 Buchstabe a AGBG.

1136 Der Entwurf hatte mit einem **Doppelbuchstabe bb** – in Entsprechung zum derzeitigen Freizeichnungsverbot des bisherigen § 11 Nr. 8 Buchstabe b AGBG

– die Freizeichnungsmöglichkeiten für die Rechte auf Schadensersatz statt der Leistung aus den §§ 280, 281, 283 oder aus § 311a Abs. 2 ein. Damit ist zweierlei klargestellt:

Das Freizeichnungsverbot des Doppelbuchstaben bb erfasst zum einen lediglich Pflichtverletzungen, die die vertragliche Hauptleistung betreffen (sonst hätte auch auf § 282 »Verletzung einer sonstigen Pflicht« verwiesen werden müssen), und zum anderen erstreckt es sich nur auf Schadensersatzansprüche **statt der Leistung,** nach derzeitiger Begrifflichkeit also auf Schadensersatzansprüche wegen Nichterfüllung.

1137

Das Erstere (Verletzung einer Hauptleistungspflicht) entspricht dem derzeitigen Klauselverbot des § 11 Nr. 8 Buchstabe b AGBG. Dieses soll sich nämlich nach überwiegender Auffassung zwar auch auf Schadensersatzansprüche aus positiver Vertragsverletzung erstrecken, dies aber nur, soweit es um die Verletzung von Hauptleistungspflichten geht (Hensen aaO § 11 Nr. 8 Rdn. 11; OLG Oldenburg, NJW-RR 1992, 1527). Ob der bisherige § 11 Nr. 8 Buchstabe b AGBG dagegen teleologisch auf Schadensersatzansprüche wegen Nichterfüllung zu reduzieren oder auch auf den Verzugsschaden nach dem bisherigen § 286 Abs. 1 BGB bzw. § 280 zu erstrecken ist, ist umstritten (dafür derzeit BGHZ 86, 284, 293; dagegen Hensen aaO § 11 Nr. 8 Rdn. 12). Der Entwurf folgt insoweit der engeren Auffassung von Ulmer, die auch von der Schuldrechtskommission (Abschlussbericht, S. 278) vertreten wurde. Auch dort wurde das Klauselverbot des bisherigen § 11 Nr. 8b AGBG auf das »Recht des anderen Vertragsteils, Schadensersatz **wegen Nichtausführung des Vertrags** zu verlangen«, beschränkt.

1138

Die Haftungsbegrenzung bei leichter Fahrlässigkeit mit der Ausnahme der Körperschäden bleibt weiterhin durch die Beibehaltung der Formulierung »oder entgegen der Nummer 7 einschränkt« nach Doppelbuchstabe bb möglich.

1139

In den Klauselverboten des § 309 Nr. 8 Buchstabe a E geht das bislang in § 11 Nr. 9 AGBG enthaltene Freizeichnungsverbot für die Fälle des Teilverzugs und der Teilunmöglichkeit auf. Die bisherige Nummer 9 sollte lediglich die vorhergehende Nummer 8 des bisherigen § 11 AGBG ergänzen und in deren Regelungsgefüge den Fall des Interessefortfalls bei nur teilweiser Vertragserfüllung einbauen. Dies ist durch die Neuformulierung in § 309 Nr. 8 Buchstabe a E nicht mehr nötig. Denn der Doppelbuchstabe aa erfasst auch die Fälle des Rücktritts wegen teilweiser Nichterfüllung (§ 323 Abs. 4 Satz 1) und der Doppelbuchstabe bb die Fälle eines Schadensersatzanspruchs statt der Leistung wegen teilweiser Nicht- oder Schlechterfüllung (§§ 281 Abs. 1 Satz 3, 311a Abs. 2 Satz 2).

1140

Schließlich wird in Nummer 8 Buchstabe a die Ausnahme des bisherigen § 23 Abs. 2 Nr. 3 AGBG, gemäß der im Rahmen der Verordnung vom 27. Februar 1970 in den Beförderungsbedingungen für Straßenbahnen, O-Busse und Linienverkehr mit Kraftfahrzeugen Abweichungen vorgesehen werden dürfen, eingefügt. Inhaltliche Änderungen ergeben sich hierdurch nicht.

1141

Zu Buchstabe b

Vorbemerkung

1142 Der bisherige § 11 Nr. 10 AGBG, der nunmehr in § 309 Nr. 8 Buchstabe b geregelt werden soll, zählte bislang zu den zentralen Klauselverboten des AGB-Gesetzes. Dieses erleidet – worauf Pfeiffer in seiner Stellungnahme zum DE (in: Ernst/Zimmermann, S. 481 ff., 513) zutreffend hingewiesen hat – in seinem unmittelbaren Anwendungsbereich durch die Umsetzung der Richtlinie über den Verbrauchsgüterkauf und dem daraus folgenden Umstand, dass die Rechte wegen eines Mangels der Kaufsache zukünftig bei Verkäufen einer beweglichen Sache von einem Unternehmer an einen Verbraucher (Verbrauchsgüterkaufverträge gemäß § 474) und ebenso für Verträge über die Lieferung herzustellender oder zu erzeugender beweglicher Sachen (§ 651) nicht mehr dispositiv sind, einen erheblichen Bedeutungsverlust. Da die Vorschrift im Unternehmensverkehr gemäß dem bisherigen § 24 AGBG (= § 310 Abs. 1) jedenfalls nicht unmittelbar anzuwenden ist und Formularverträge im Verhältnis Verbraucher-Verbraucher über die Lieferung neuer Waren äußerst selten vorkommen dürften, verbleiben im unmittelbaren Anwendungsbereich im Wesentlichen nur noch Verträge über Bauleistungen, für die wiederum die zentrale Vorschrift des § 11 Nr. 10 Buchstabe b AGBG (= § 309 Nr. 8 Buchstabe b Doppelbuchstabe bb) nicht gilt und sinnvollerweise auch nicht gelten kann. Trotz dieses Bedeutungsverlustes im unmittelbaren Anwendungsbereich bleiben die Regelungen des bisherigen § 11 Nr. 10 AGBG bzw. § 309 Nr. 8 Buchstabe b auf Grund ihrer Ausstrahlungswirkung auf den mittelbaren Anwendungsbereich (Heranziehung der Rechtsgedanken zur Beurteilung von Klauseln im Unternehmensverkehr) von erheblicher Bedeutung. Da zudem weder die Schaffung einer besonderen Vorschrift für Bauverträge noch eigenständige Klauselverbote im Unternehmensverkehr sinnvoll erscheinen und auch die Fälle der Verwendung von Formularverträgen zwischen Verbrauchern geregelt werden müssen, belässt es der Entwurf in § 309 Nr. 8 Buchstabe b bei einer Vorschrift, die dem bisherigen Zuschnitt des § 11 Nr. 10 AGBG und auch dessen Regelungsgehalt im Wesentlichen entspricht (dafür auch Pfeiffer aaO).

1143 Allerdings wird Nummer 8 Buchstabe b auf Ansprüche wegen Rechtsmängeln erweitert. Diese Anpassung ist erforderlich, weil die Neukonzeption des Kaufrechts zwar begrifflich noch zwischen »Sachmangel« und »Rechtsmangel« unterscheidet, aber die Rechtsfolgen – in Abweichung zum geltenden Gewährleistungsrecht beim Kauf – völlig parallel gestaltet.

1144 Des Weiteren wird durch die einleitenden Worte im Buchstaben b »Im Übrigen« das Konkurrenzverhältnis zu den Freizeichnungsverboten des Buchstaben a deutlich gemacht: Klauseln, die die Ansprüche wegen Mängeln neu hergestellter Sachen betreffen, sind danach sowohl am Buchstaben a als auch am Buchstaben b zu messen. Buchstabe a kommt dabei immer dann zum Tragen, wenn es um die Freizeichnung von Ansprüchen geht, die auf einem vom Verwender **zu vertretenden** Mangel (= zu vertretende Pflichtverletzung) beruhen, und der Buchstabe b greift ein, wenn die Ansprüche betroffen sind, die auf einem vom

Verwender **nicht zu vertretenden** Mangel beruhen. Dem folgt das Gesetz nicht. Klauselverbote bei Mängeln werden in Buchstabe b abschließend geregelt. Neben Buchstabe b der Nummer 8 soll nur Nummer 7, nicht aber noch ein zusätzliches Freizeichnungsverbot gelten.

Die Neufassung der bislang in § 11 Nr. 10 AGBG enthaltenen Klauselverbote in § 309 Nr. 8 Buchstabe b BGB n.F. ist bis auf Doppelbuchstabe ff im Wesentlichen redaktioneller Art. Insbesondere werden die Begriffe »Nachbesserung« und »Ersatzlieferung« entsprechend der Begrifflichkeit des § 439 durch den Begriff »Nacherfüllung« ersetzt. Eine inhaltliche Änderung ergibt sich daraus nicht. Im Einzelnen: 1145

Doppelbuchstabe aa

Die Regelung entspricht dem bisherigen § 11 Nr. 10a AGBG. 1146

Doppelbuchstabe bb

Die Regelung entspricht dem bisherigen § 11 Nr. 10b AGBG. Die Vorschrift läuft freilich bei allen Verbrauchsgüterkaufverträgen leer, da hier das Wahlrecht des Käufers zwischen Nachbesserung und Ersatzlieferung (= »Nacherfüllung«) ohnehin nicht abdingbar ist. In den anderen Fällen soll es bei dem jetzigen Regelungsgehalt des § 11 Nr. 10b AGBG bleiben, so dass die Beschränkung auf eine der Nacherfüllungsmöglichkeiten weiterhin zulässig bleiben soll, sofern denn dem anderen Vertragsteil ausdrücklich das Recht vorbehalten wird, bei Fehlschlagen der jeweils eingeräumten Nacherfüllungsmöglichkeit zu mindern oder vom Vertrag zurückzutreten. Die Ersetzung der Formulierung »Herabsetzung der Vergütung verlangen« durch »zu mindern« stellt lediglich eine redaktionelle Anpassung dar. 1147

Doppelbuchstabe cc

Die Regelung entspricht dem bisherigen § 11 Nr. 10 Buchstabe c AGBG. 1148

Doppelbuchstabe dd

Die Regelung entspricht dem bisherigen § 11 Nr. 10 Buchstabe d AGBG. 1149

Doppelbuchstabe ee

Die Regelung entspricht dem bisherigen § 11 Nr. 10 Buchstabe e AGBG. Auswirkungen hat die grundsätzliche Gleichstellung von Falsch- und Zuweniglieferung mit Sachmängeln in § 434 Abs. 3 auf den bisherigen § 11 Nr. 10 Buchstabe e AGBG. Wenn nach dieser Vorschrift in Kaufverträgen über neu hergestellte Sachen Klauseln unwirksam sind, die für die Anzeige nicht offensichtlicher Mängel eine kurze Ausschlussfrist bestimmen, so ergibt sich daraus zugleich, dass solche Ausschlussfristen bei offensichtlichen Mängeln grundsätzlich möglich sind. § 434 Abs. 3 bedeutet daher auch eine Erweiterung des Anwendungsbereichs derartiger Klauseln. 1150

Doppelbuchstabe ff

Gemäß § 202 sollen Verkürzungen der Verjährungsfristen – außerhalb von Verbrauchsgüterkaufverträgen – regelmäßig zulässig sein. Dagegen bestimmt § 475 Abs. 2, dass eine Verjährungserleichterung im Verbrauchsgüterkauf wegen Mängeln der Sache nur bei gebrauchten Sachen und auch nur bis zu einer Verkürzung von einem Jahr zulässig ist.

1151 Die Regelung des Doppelbuchstabens ff bestimmt nunmehr, dass auch außerhalb von Verbrauchsgüterkaufverträgen für die Verjährung von Ansprüchen wegen Mängeln neu hergestellter Sachen im Kauf- und Werkvertragsrecht eine einjährige Mindestfrist einzuhalten ist. Dies gilt allerdings nicht für die fünfjährige Verjährungsfrist für Bau- und Baustoffmängel gemäß §§ 438 Abs. 1 Nr. 2, 634a Abs. 1 Nr. 1, die, soweit nicht die VOB/B als Ganzes einbezogen wird, wie bisher »AGB-fest« sein soll. Der Geltungsbereich der im Doppelbuchstaben ff festgelegten einjährigen Mindestfrist beschränkt sich daher im Wesentlichen auf die Lieferung neu hergestellter Sachen außerhalb von Verbrauchsgüterkaufverträgen und außerhalb der Verwendung gegenüber einem Unternehmer (§ 310 Abs. 1). Beim Verkauf gebrauchter Sachen (außerhalb von Verbrauchsgüterkäufen) ist deshalb eine darüber hinausgehende Verkürzung der Verjährungsfrist ebenso wie sogar ein völliger Gewährleistungsausschluss grundsätzlich zulässig (Palandt/Heinrichs, § 11 Nr. 10 Buchstabe f AGBG Rdn. 72).

1152 Wie oben bereits ausgeführt, ist bei der Anwendung von Doppelbuchstabe ff zu beachten, dass die Verkürzung der Verjährungsfristen wegen eines Mangels in Allgemeinen Geschäftsbedingungen auch an den Klauselverboten des § 309 Nr. 7 BGB n. F. zu messen ist. Denn nach überwiegender Ansicht stellt auch die Verkürzung von Verjährungsfristen eine Haftungsbeschränkung bzw. -begrenzung dar (OLG Düsseldorf, NJW-RR 95, 440; Palandt/Heinrichs, § 11 AGBG, Rdn. 37). Danach ist eine Verkürzung der Verjährungsfristen für den Rücktrittsanspruch auf Grund eines vom Verwender zu vertretenden Mangels überhaupt nicht, für den Schadensersatzanspruch statt der Leistung nur in den Grenzen der Nummer 7 möglich. Dies ist wegen des in diesen Fällen vorausgesetzten Verschuldens des Verwenders sachgerecht.

1153 Der Neuregelung im Doppelbuchstaben ff liegen im Übrigen folgende Erwägungen zugrunde:

1154 Der geltende § 11 Nr. 10 Buchstabe f AGBG verbietet Regelungen in Allgemeinen Geschäftsbedingungen, durch die bei Verträgen über die Lieferung neu hergestellter Sachen und Werkleistungen die »gesetzlichen Gewährleistungsfristen« der bisherigen §§ 477, 638 verkürzt werden. Über ihren Wortlaut hinaus finden die beiden Vorschriften Anwendung auf alle Ansprüche des Käufers oder Bestellers, die unmittelbar aus der Mangelhaftigkeit der Sache oder Leistung hergeleitet werden, also gerichtet sind auf Nachbesserung, Minderung, Wandelung, auf Nachlieferung, Aufwendungsersatz, auf Schadensersatz wegen Fehlens zugesicherter Eigenschaften oder wegen Verschuldens bei Vertragsschluss und positiver Vertragsverletzung (Staudinger/Schlosser § 11 Nr. 10f AGBG Rdn. 82 m.w.N.; Hensen in: Ulmer/Brandner/Hensen, § 11 Nr. 10f Rdn. 78). Der geltende § 11 Nr. 10 Buchstabe f AGBG verbietet nicht nur ausdrückliche Verjährungsverkürzungen, sondern darüber hinaus alle Regelungen, die auch nur mittelbar auf eine Verkürzung der in den bisherigen §§ 477, 638 genannten Verjährungsfristen hinauslaufen. Darunter fällt beispielsweise die Vorverlegung des Verjährungsbeginns oder die Nichtberücksichtigung gesetzlicher Hemmungs- und Unterbrechungsgründe (BGH, NJW-RR 1987,144; NJW 1981, 867, 868). Eine Sonderregelung gilt lediglich für Ausschlussfristen bei offensichtlichen Mängeln. § 11 Nr. 10 Buchstabe e AGBG verbietet bislang nur bei nicht offensichtlichen Mängeln, dem anderen Vertragsteil für die Anzeige eine Ausschlussfrist zu setzen, die kürzer ist als die gesetzliche Verjährungsfrist. Daraus folgt, dass bei offensichtlichen Mängeln die Ausschlussfrist auch kürzer sein kann und eine derartige mittelbare Verkürzung der Verjährungsfrist nicht gegen § 11 Nr. 10 Buchstabe f AGBG verstößt (Hensen aaO Rdn. 80).

Das Gesetz sieht eine Änderung der Verjährungsfristen für Gewährleistungsansprüche vor. An die Stelle der kurzen Sechsmonatsfrist soll eine Zweijahresfrist treten, die sämtliche Ansprüche wegen Mängeln erfasst. Die Fünfjahresfrist für Werkmängel an Bauwerken soll beibehalten auf Kaufverträge über neu hergestellte Bauwerke und auf Gewährleistungsansprüche aus der Lieferung fehlerhafter Baumaterialien ausgedehnt werden (§§ 438 Abs. 1 Nr. 2, 634a Abs. 1 Nr. 1). Das Gesetz trägt dieser Verlängerung der beiden kürzeren Verjährungsfristen dadurch Rechnung, dass es insoweit das uneingeschränkte Verbot einer formularmäßigen Verjährungsverkürzung aufhebt und bei Ansprüchen wegen Verletzung einer vertraglichen Pflicht nur noch eine Verkürzung auf weniger als ein Jahr verbietet. Durch die Regelung des bisherigen § 11 Nr. 10 Buchstabe f AGBG sollte verhindert werden, dass der Vertragspartner durch Allgemeine Geschäftsbedingungen in der Durchsetzung berechtigter Gewährleistungsansprüche unangemessen beeinträchtigt wird. Eine formularmäßige Verkürzung der ohnehin recht knapp bemessenen Sechsmonats- und Einjahresfristen war deshalb ausgeschlossen, weil diese Fristen auf die Zeiträume abgestimmt waren, in denen Mängel erfahrungsgemäß hervortreten und geltend gemacht werden können (Staudinger/Schlosser § 11 Nr. 10 Buchstabe f AGBG Rdn. 80). Die Verlängerung der Verjährungsfrist auf zwei Jahre hat diese Interessenlage geändert. Das Interesse des Klauselverwenders, möglichst bald Klarheit über den Umfang möglicher Gewährleistungsansprüche zu erhalten, kann je nach Lage des Falles eine formularmäßige Verkürzung der Verjährungsfristen auf weniger als zwei Jahre rechtfertigen. Besonders bei den Massengeschäften des täglichen Lebens wird dies häufig der Fall sein. Allerdings ist auch hier zu prüfen, ob der Umfang der Verkürzung nicht den Vertragspartner unangemessen benachteiligt und deshalb gegen den bisherigen § 9 Abs. 1 AGBG verstößt. Dies gilt besonders bei einer Verkürzung der in § 438 Abs. 1 Nr. 1 bestimmten 30-jährigen Verjährungsfrist für Ansprüche auf Nacherfüllung und Schadensersatz wegen eines Mangels, der in einem dinglichen Recht eines Dritten auf Herausgabe der Kaufsache besteht. In diesen Fällen dürfte die Verjährungsverkürzung auf die in Doppelbuchstabe ff genannte Mindestfrist regelmäßig unangemessen benachteiligend sein.

1155

1156 Zum Schutz des Vertragspartners war es erforderlich, eine Untergrenze festzulegen, über die hinaus die zweijährige Verjährungsfrist in keinem Fall durch AGB verkürzt werden kann. Dafür erschien eine Frist von einem Jahr angemessen. Sie berücksichtigt, dass im Einzelfall bereits früher die Sechsmonatsfrist nicht ausreichte, um Gewährleistungsansprüche rechtzeitig geltend machen zu können. Das eingeschränkte Verbot der Verjährungsverkürzung bezieht sich – entsprechend dem bisher geltenden Recht – nicht nur auf die »eigentlichen« Gewährleistungsansprüche wie Minderung und Wandelung, sondern auf alle Ansprüche aus vertraglichen Leistungsstörungen, die aus der Mangelhaftigkeit einer Sache oder Leistung hergeleitet werden. Sonstige Ansprüche wegen Verletzung einer vertraglichen Pflicht, die hiermit nicht in Zusammenhang stehen, werden vom neuen Doppelbuchstaben ff nicht erfasst. Das ergibt sich aus der Überschrift »Mängel«.

1157 Unverändert bleibt das – freilich durch den bisherigen § 23 Abs. 2 Nr. 5 AGBG eingeschränkte – Verbot der formularmäßigen Verkürzung der Verjährungsfrist bei Bauwerksmängeln. Gerade bei neu errichteten Bauwerken treten Mängel erfahrungsgemäß oft sehr spät auf. Dies war einer der Gründe, für derartige Ansprüche die fünfjährige Verjährungsfrist beizubehalten und die Verjährungsregelung auch auf Gewährleistungsansprüche aus dem Verkauf neu errichteter Bauwerke und aus der Lieferung mangelhafter Baumaterialien zu erstrecken. Jede formularmäßige Verkürzung dieser Verjährungsfristen würde den Vertragspartner unangemessen benachteiligen, weil die Gefahr bestünde, dass berechtigte Mängelansprüche bereits verjährt wären, bevor ein Mangel erstmals erkennbar wird.

Zu Nummer 9

1158 Aufgabe des bisherigen Inhalts

1159 Der bisherige § 11 Nr. 11 AGBG findet in § 309 keine Entsprechung mehr. Dies entspricht dem generellen Verzicht auf die Kategorie der zugesicherten Eigenschaft. Der Rechtsgedanke des bisherigen § 11 Nr. 11 AGBG findet sich indessen in § 444 wieder.

Zum neuen Inhalt

1160 Nummer 9 entspricht wörtlich dem bisherigen § 11 Nr. 12 AGBG. Allerdings wird dieser Nummer die Ausnahme des bisherigen § 23 Abs. 2 Nr. 6 AGBG in wörtlicher Übernahme angefügt.

Zu Nummern 10 bis 13

1161 Die Nummern 10 bis 13 entsprechen fast wörtlich dem bisherigen § 11 Nr. 13 bis 16 AGBG. In der Nummer 12 ist gegenüber dem bisherigen § 11 Nr. 16 AGBG lediglich eine sprachliche Bereinigung vorgenommen worden; inhaltliche Änderungen ergeben sich daraus nicht.

§ 310 – Anwendungsbereich

(1) § 305 Abs. 2 und 3 und die §§ 308 und 309 finden keine Anwendung auf Allgemeine Geschäftsbedingungen, die gegenüber einem Unternehmer, einer juristischen Person des öffentlichen Rechts oder einem öffentlich-rechtlichen Sondervermögen verwendet werden. § 307 Abs. 1 und 2 findet in den Fällen des Satzes 1 auch insoweit Anwendung, als dies zur Unwirksamkeit von in den §§ 308 und 309 genannten Vertragsbestimmungen führt; auf die im Handelsverkehr geltenden Gewohnheiten und Gebräuche ist angemessen Rücksicht zu nehmen.
(2) Die §§ 308 und 309 finden keine Anwendung auf Verträge der Elektrizitäts-, Gas-, Fernwärme- und Wasserversorgungsunternehmen über die Versorgung von Sonderabnehmern mit elektrischer Energie, Gas, Fernwärme und Wasser aus dem Versorgungsnetz, soweit die Versorgungsbedingungen nicht zum Nachteil der Abnehmer von Verordnungen über Allgemeine Bedingungen für die Versorgung von Tarifkunden mit elektrischer Energie, Gas, Fernwärme und Wasser abweichen. Satz 1 gilt entsprechend für Verträge über die Entsorgung von Abwasser.
(3) Bei Verträgen zwischen einem Unternehmer und einem Verbraucher (Verbraucherverträge) finden die Vorschriften dieses Abschnitts mit folgenden Maßgaben Anwendung:
1. Allgemeine Geschäftsbedingungen gelten als vom Unternehmer gestellt, es sei denn, dass sie durch den Verbraucher in den Vertrag eingeführt wurden;
2. § 305c Abs. 2 und die §§ 306 und 307 bis 309 dieses Gesetzes sowie Artikel 29a des Einführungsgesetzes zum Bürgerlichen Gesetzbuche finden auf vorformulierte Vertragsbedingungen auch dann Anwendung, wenn diese nur zur einmaligen Verwendung bestimmt sind und soweit der Verbraucher auf Grund der Vorformulierung auf ihren Inhalt keinen Einfluss nehmen konnte;
3. bei der Beurteilung der unangemessenen Benachteiligung nach § 307 Abs. 1 und 2 sind auch die den Vertragsschluss begleitenden Umstände zu berücksichtigen.
(4) Dieser Abschnitt findet keine Anwendung bei Verträgen auf dem Gebiet des Erb-, Familien- und Gesellschaftsrechts sowie auf Tarifverträge, Betriebs- und Dienstvereinbarungen. Bei der Anwendung auf Arbeitsverträge sind die im Arbeitsrecht geltenden Besonderheiten angemessen zu berücksichtigen; § 305 Abs. 2 und 3 ist nicht anzuwenden. Tarifverträge, Betriebs- und Dienstvereinbarungen stehen Rechtsvorschriften im Sinne von § 307 Abs. 3 gleich.

Zu Absatz 1

Absatz 1 entspricht fast wörtlich dem bisherigen § 24 AGBG. Es werden lediglich die Verweisungen auf die Vorschriften des AGB-Gesetzes durch Verwei-

1162

sungen auf die Vorschriften des neuen Abschnitts 2 ersetzt. Die Verweisung auf § 29a EGBGB entfällt, da sie überflüssig ist: Der von Art. 29a EGBGB intendierte Schutz gegen eine Abwahl der EU-Verbraucherschutzstandards ist bei der Verwendung von Allgemeinen Geschäftsbedingungen gegenüber Unternehmern verzichtbar. Denn die Klauselrichtlinie 93/13/EWG, deren Transformationsbestimmungen nach Art. 29a Abs. 1 und 4 Nr. 1 EGBGB trotz Rechtswahl weiterhin Anwendung finden sollen, hat allein vorformulierte Vertragsbedingungen im Visier, die ein Unternehmer gegenüber Verbrauchern stellt (Dörner in: Schulze/Schulte-Nölke, S. 186 ff., 199).

Zu Absatz 2

1163 Absatz 2 übernimmt die bisherige Ausnahme des § 23 Abs. 2 Nr. 3 AGBG. Danach gelten die bisherigen §§ 10, 11 AGBG (= §§ 308, 309) nicht für Verträge mit Sonderabnehmern von Strom und Gas, es sei denn, dass die Verträge Abweichungen von den Verordnungen über Allgemeine Bedingungen für die Versorgung mit Elektrizität bzw. Gas, die für den Regelfall der typisierten Vertragsbeziehungen der Versorgungsunternehmen zu Tarifkunden den Inhalt der Versorgungsverträge bestimmen, vorsehen. Hinter dieser Ausnahme steht der Gedanke, dass Sonderabnehmer, auch wenn sie Verbraucher sind, keines stärkeren Schutzes bedürfen als Tarifabnehmer, so dass es den Versorgungsunternehmen frei stehen muss, ihre Allgemeinen Geschäftsbedingungen mit Sonderabnehmern entsprechend den Allgemeinen Versorgungsbedingungen auszugestalten.

1164 Der Anwendungsbereich dieser Ausnahme ist durch die zunehmende Liberalisierung auf dem Energieversorgungsmarkt gestiegen. Daraus folgt nämlich, dass zunehmend auch Verbraucher mit Versorgungsunternehmen Verträge abschließen, die nicht von vornherein den Allgemeinen Bedingungen für die Versorgung mit Elektrizität, Gas usw. unterliegen, und insoweit zu »Sonderabnehmern« werden. Das Bedürfnis für eine Parallelgestaltung der Vertragsbedingungen der Versorgungsunternehmen gegenüber Verbrauchern als Tarifkunden und Verbrauchern als Sonderabnehmern besteht mithin weiterhin, so dass das Gesetz die Ausnahmeregelung beibehält.

1165 Zugleich wird die Ausnahmeregelung des Absatzes 2 um eine **entsprechende Regelung** für Verträge mit **Sonderabnehmern** über die **Versorgung von Wasser** und **Fernwärme** sowie die Entsorgung von **Abwasser** ergänzt. Insoweit lag nämlich nach bisherigem Recht eine »planwidrige Lücke« (Ulmer in: Ulmer/Brandner/Hensen, § 23 Rdn. 39) vor. Auch für diese Bereiche sieht nämlich der geltende § 27 AGBG, der als Artikel 242 in das Einführungsgesetz zum Bürgerlichen Gesetzbuche integriert wird, eine Ermächtigungsgrundlage zum Erlass von Rechtsverordnungen zur Regelung der Ver- bzw. Entsorgungsbedingungen vor. Die entsprechenden Verordnungen über die Allgemeinen Versorgungsbedingungen für Wasser und Fernwärme für Verträge zwischen Versorgungsunternehmen und ihren (Tarif)Kunden sind inzwischen auch mit Wirkung vom 1. April 1980 erlassen worden. Der Erlass einer entsprechenden Verordnung über die Allgemeinen Entsorgungsbedingungen für Abwasser ist vorgesehen. Gründe, die für eine divergierende Regelung sprechen könnten, sind nicht ersichtlich, so dass der Gesetzgeber die Lücke im Rahmen einer Fortschreibung der Vorschriften zur Regelung des Rechts der Allgemeinen Geschäftsbedingungen geschlossen hat.

Zu Absatz 3

Absatz 3 entspricht wörtlich dem bisherigen § 24a AGBG. Auch hier werden lediglich die Verweisungen auf Vorschriften des AGB-Gesetzes durch Verweisungen auf die Bestimmungen des neuen Abschnitts 2 ersetzt. Neu ist hier die bislang fehlende Definition von Verbraucherverträgen. 1166

Zu Absatz 4

Absatz 4 entspricht mit einer Ausnahme – dem Arbeitsrecht – dem § 23 Abs. 1 des AGB-Gesetzes. 1167

Die teilweise Zurücknahme der Ausnahme für Arbeitsverträge entspricht der Gegenäußerung der Bundesregierung zu Nummer 50 der Stellungnahme des Bundesrates. Die dort dargestellten Gründe hat sich der Gesetzgeber zueigen gemacht. Klargestellt wurde in redaktioneller Hinsicht, dass sich Satz 2 nicht unmittelbar auf Arbeitsverträge beziehen und deren besondere Ausgestaltung fordern soll, sondern auf die Anwendung der Vorschriften auf Arbeitsverträge. Der Gesetzgeber verbindet mit der vorgesehenen Formulierung die Erwartung, dass den Besonderheiten spezifischer Bereiche des Arbeitsrechts wie z.B. des kirchlichen Arbeitsrechts angemessen Rechnung getragen werden kann. Er ist darüber hinaus der Ansicht, dass mit der Ausweitung der AGB-rechtlichen Inhaltskontrolle auf dem Gebiet des Arbeitsrechts nicht gleichermaßen eine Ausweitung im Verfahrensrecht einhergehen sollte. Deshalb gilt das Unterlassungsklagegesetz nach seinem § 15 nicht für das Arbeitsrecht. Das System der Unterlassungsansprüche ist nämlich im Bereich des Arbeitsrechts in der im Unterlassungsklagegesetz vorgesehenen Form in zweierlei Hinsicht jedenfalls in seiner derzeitigen Fassung nicht geeignet. Zum einen bestimmt § 6 UKlaG die Zuständigkeit der ordentlichen Gerichte, was ohne die nunmehr in § 15 UKlaG vorgesehene Ausnahme dazu führen würde, dass sich Zivilgerichte mit der Frage unwirksamer Klauseln in Arbeitsverträgen beschäftigen müssten, obwohl dies ein Bereich ist, der typischerweise den Arbeitsgerichten vorbehalten ist. In diesem Zusammenhang wäre auch die schwierige Frage zu entscheiden, ob derartige Klagen im streitigen Verfahren oder im arbeitsgerichtlichen Beschlussverfahren entschieden werden sollten. Eine Anwendung des UKlaG würde auch weit über den Bereich hinausgehen, für den bisher im Arbeitsrecht eine Unterlassungsklage diskutiert wird. Dies bedarf ebenso einer besonderen Diskussion wie die Frage, wer solche Ansprüche sollte geltend machen können. Nach § 3 UKlaG sind Verbraucherschutzverbände, soweit sie in der Liste qualifizierter Einrichtungen eingetragen sind, Wettbewerbsverbände sowie die Industrie- und Handelskammern aktivlegitimiert. Da Arbeitnehmer auch Verbraucher sind, könnten sich theoretisch auch Gewerkschaften als qualifizierte Einrichtungen in die Liste des Bundesverwaltungsamts eintragen lassen. Ob es aber zweckmäßig 1168 ist, auf Arbeitnehmerseite andere Verbände als Gewerkschaften für klagebefugt zu erklären, ist zweifelhaft. Daher soll das Gesetz nicht für das Arbeitsrecht gelten. Das ändert an den bestehenden Klagemöglichkeiten der Gewerkschaften nichts und steht auch der richterlichen Rechtsfortbildung nicht entgegen.

Unterlassungsklagengesetz

Vorbemerkung

1169 Die materiellen Vorschriften des AGB-Gesetzes werden – wie oben ausgeführt – in das Bürgerliche Gesetzbuch als die neuen §§ 305 bis 310 eingefügt werden. Die im AGB-Gesetz enthaltenen Ermächtigungen zum Erlass von Rechtsverordnungen werden – wie oben ausgeführt – zum Gegenstand eines neuen Teils des Einführungsgesetzes zum Bürgerlichen Gesetzbuche. Die verfahrensrechtlichen Vorschriften des AGB-Gesetzes schließlich sollen zu einem neuen Verfahrensgesetz, dem Gesetz über Unterlassungsklagen bei Verbraucherrechts- und anderen Verstößen (Unterlassungsklagengesetz – UKlaG) zusammengefasst werden.

Zu Abschnitt 1 – Ansprüche bei Verbraucherrechts- und anderen Verstößen

§ 1 – Unterlassungs- und Widerrufsanspruch bei Allgemeinen Geschäftsbedingungen

Wer in Allgemeinen Geschäftsbedingungen Bestimmungen, die nach den §§ 307 bis 309 des Bürgerlichen Gesetzbuchs unwirksam sind, verwendet oder für den rechtsgeschäftlichen Verkehr empfiehlt, kann auf Unterlassung und im Fall des Empfehlens auch auf Widerruf in Anspruch genommen werden.

1170 § 1 bestimmt, dass der Verwender und der Empfehler von Allgemeinen Geschäftsbedingungen, die den §§ 307 bis 309 des Bürgerlichen Gesetzbuchs widersprechen, auf Unterlassung und im Fall des Empfehlens auch auf Widerruf in Anspruch genommen werden können. Die Vorschrift entspricht nach Funktion und auch im Wortlaut dem bisherigen § 13 Abs. 1 AGBG. Geändert wurde lediglich die Verweisung auf die §§ 9 bis 11 AGBG, die als §§ 307 bis 309 in das Bürgerliche Gesetzbuch integriert werden.

1171 Die besondere Verjährungsregelung im bisherigen § 13 Abs. 4 AGBG erscheint auf Grund der Neuregelung des Verjährungsrechts im BGB entbehrlich und ist deshalb nicht übernommen worden. Es gelten §§ 195, 199.

§ 2 – Unterlassungsanspruch bei verbraucherschutzgesetzwidrigen Praktiken

(1) Wer in anderer Weise als durch Verwendung oder Empfehlung von Allgemeinen Geschäftsbedingungen Vorschriften zuwiderhandelt, die dem Schutz der Verbraucher dienen (Verbraucherschutzgesetze), kann im Interesse des Verbraucherschutzes auf Unterlassung in Anspruch genommen werden. Werden die Zuwiderhandlungen in einem geschäftlichen Betrieb von einem Angestellten oder einem Beauftragten begangen, so ist der Unterlassungsanspruch auch gegen den Inhaber des Betriebs begründet.

(2) Verbraucherschutzgesetze im Sinne dieser Vorschrift sind insbesondere
1. die Vorschriften des Bürgerlichen Gesetzbuchs, die für Verbrauchsgüterkäufe, Haustürgeschäfte, Fernabsatzverträge, Teilzeit-Wohnrechteverträge, Reiseverträge, Verbraucherdarlehensverträge sowie für Finanzierungshilfen, Ratenlieferungsverträge und Darlehensvermittlungsverträge zwischen einem Unternehmer und einem Verbraucher gelten,
2. die Vorschriften zur Umsetzung der Artikel 5, 10 und 11 der Richtlinie 2000/31/EG des Europäischen Parlaments und des Rates vom 8. Juni 2000 über bestimmte rechtliche Aspekte der Dienste der Informationsgesellschaft, insbesondere des elektronischen Geschäftsverkehrs, im Binnenmarkt (ABl. EG Nr. L 178 S. 1),
3. das Fernunterrichtsschutzgesetz,
4. die Vorschriften des Bundes- und Landesrechts zur Umsetzung der Artikel 10 bis 21 der Richtlinie 89/552/EWG des Rates vom 3. Oktober 1989 zur Koordinierung bestimmter Rechts- und Verwaltungsvorschriften der Mitgliedstaaten über die Ausübung der Fernsehtätigkeit (ABl. EG Nr. L 298 S. 23), geändert durch die Richtlinie des Europäischen Parlaments und des Rates 97/36/EG (ABl. EG Nr. L 202 S. 60),
5. die entsprechenden Vorschriften des Arzneimittelgesetzes sowie Artikel 1 §§ 3 bis 13 des Gesetzes über die Werbung auf dem Gebiete des Heilwesens,
6. § 23 des Gesetzes über Kapitalanlagegesellschaften und die §§ 11 und 15h des Auslandinvestmentgesetzes.

(3) Der Anspruch auf Unterlassung kann nicht geltend gemacht werden, wenn die Geltendmachung unter Berücksichtigung der gesamten Umstände missbräuchlich ist, insbesondere wenn sie vorwiegend dazu dient, gegen den Zuwiderhandelnden einen Anspruch auf Ersatz von Aufwendungen oder Kosten der Rechtsverfolgung entstehen zu lassen.

Zu Absatz 1

§ 2 regelt den Unterlassungsanspruch bei verbraucherschutzgesetzwidrigen Praktiken. Absatz 1 Satz 1 entspricht nach Funktion und Wortlaut dem durch das Gesetz über Fernabsatzverträge und andere Fragen des Verbraucherrechts sowie zur Umstellung auf Euro vom 27. Juni 2000 (BGBl. I S. 897) geschaffenen bisherigen § 22 Abs. 1 Satz 1 AGBG. Neu ist die Wendung »in anderer Weise

1172

als durch Verwendung oder Empfehlung von Allgemeinen Geschäftsbedingungen«. Mit dieser Wendung wird inhaltlich der bisherige § 22 Abs. 1 Satz 2 AGBG aufgenommen, der deshalb auch nicht übernommen werden soll.

1173 Absatz 1 Satz 2 nimmt die in dem bisherigen § 22 Abs. 6 AGBG enthaltene Verweisung auf § 13 Abs. 4 des Gesetzes gegen den unlauteren Wettbewerb auf. Statt der Verweisung wird diese kurze Vorschrift mit Absatz 1 Satz 2 wörtlich wiederholt.

1174 Auch die besondere Verjährungsregelung in dem bisherigen § 22 Abs. 5 AGBG erscheint aus dem bereits zu § 1 genannten Grund entbehrlich und soll deshalb nicht übernommen werden.

Zu Absatz 2

1175 Absatz 2 entspricht in seiner Funktion und seinem Inhalt dem bisherigen § 22 Abs. 2 AGBG. Die bisherigen Nummern 5 bis 7 und 9 werden als Nummern 3 bis 6 wörtlich übernommen. Die bisherigen Nummern 1 bis 4 können dagegen nicht wörtlich übernommen werden, weil die darin bezeichneten Verbraucherschutzgesetze ebenfalls in das Bürgerliche Gesetzbuch integriert werden. Statt ihrer werden in der neu gefassten Nummer 1 die Vorschriften des Bürgerlichen Gesetzbuchs genannt, die an die Stelle dieser Sondergesetze getreten sind. In diese Nummer wird auch die bisherige Nummer 8 integriert. Schließlich wurden in Umsetzung der Verbrauchsgüterkaufrichtlinie (Richtlinie 1999/44/EG) zusätzlich auch die Vorschriften über den Verbrauchsgüterkauf in Abs. 2 aufgenommen.

1176 In einer neuen Nummer 2 werden schließlich im Hinblick auf die Regelung des Artikel 18 der E-Commerce-Richtlinie ausdrücklich die Vorschriften zur Umsetzung der Artikel 5, 10 und 11 der Richtlinie über den elektronischen Geschäftsverkehr aufgenommen.

Zu Absatz 3

1177 Absatz 3 entspricht in Funktion und Wortlaut dem bisherigen § 22 Abs. 4 AGBG.

§ 3 – Anspruchsinhaber

(1) Die in den §§ 1 und 2 bezeichneten Ansprüche auf Unterlassung und auf Widerruf stehen zu:
1. qualifizierten Einrichtungen, die nachweisen, dass sie in die Liste qualifizierter Einrichtungen nach § 4 oder in dem Verzeichnis der Kommission der Europäischen Gemeinschaften nach Artikel 4 der Richtlinie 98/27/EG des Europäischen Parlaments und des Rates vom 19. Mai 1998 über Unterlassungsklagen zum Schutz der Verbraucherinteressen (ABl. EG Nr. L 166 S. 51) in der jeweils geltenden Fassung eingetragen sind,
2. rechtsfähigen Verbänden zur Förderung gewerblicher Interessen, soweit ihnen eine erhebliche Zahl von Gewerbetreibenden angehört, die Waren

oder gewerbliche Leistungen gleicher oder verwandter Art auf demselben Markt vertreiben, soweit sie insbesondere nach ihrer personellen, sachlichen und finanziellen Ausstattung imstande sind, ihre satzungsgemäßen Aufgaben der Verfolgung gewerblicher Interessen tatsächlich wahrzunehmen, und, bei Klagen nach § 2, soweit der Anspruch eine Handlung betrifft, die geeignet ist, den Wettbewerb auf diesem Markt wesentlich zu beeinträchtigen, und

3. den Industrie- und Handelskammern oder den Handwerkskammern.

Der Anspruch kann nur an Stellen im Sinne des Satzes 1 abgetreten werden.

(2) Die in Absatz 1 Nr. 1 bezeichneten Einrichtungen können Ansprüche auf Unterlassung und auf Widerruf nach § 1 nicht geltend machen, wenn Allgemeine Geschäftsbedingungen gegenüber einem Unternehmer (§ 14 des Bürgerlichen Gesetzbuchs) verwendet oder wenn Allgemeine Geschäftsbedingungen zur ausschließlichen Verwendung zwischen Unternehmern empfohlen werden.

Zu Absatz 1

Absatz 1 beschreibt die Gläubiger der in den §§ 1 und 2 bestimmten Ansprüche. Die Vorschrift entspricht mit einer Ausnahme wörtlich den bisherigen §§ 13 Abs. 2 und 22 Abs. 3 AGBG, die ihrerseits identisch formuliert sind. Die Ausnahme betrifft Absatz 1 Satz 1 Nr. 2. Hier wird am Ende klargestellt, dass das Erfordernis einer wesentlichen Wettbewerbsbeeinträchtigung auf diesem Markt nicht bei Klagen gegen Allgemeine Geschäftsbedingungen gelten soll. Hier macht dieses Kriterium keinen über die im Übrigen genannten Voraussetzungen hinausgehenden Sinn. Stattdessen könnte seine Erwähnung zu Missverständnissen führen, weshalb es nur bei Klagen nach § 2 gelten soll.

Zu Absatz 2

Absatz 2 entspricht in Funktion und Wortlaut dem bisherigen § 13 Abs. 3 AGBG. Angepasst wird lediglich die Verweisung auf den bisherigen § 24 Satz 1 Nr. 1 des AGBG, der durch § 14 des BGB abgelöst worden ist.

§ 4 – Qualifizierte Einrichtungen

(1) Das Bundesverwaltungsamt führt eine Liste qualifizierter Einrichtungen. Diese Liste wird mit dem Stand zum 1. Januar eines jeden Jahres im Bundesanzeiger bekannt gemacht und der Kommission der Europäischen Gemeinschaften unter Hinweis auf Artikel 4 Abs. 2 der Richtlinie 98/27/EG zugeleitet.

(2) In die Liste werden auf Antrag rechtsfähige Verbände eingetragen, zu deren satzungsmäßigen Aufgaben es gehört, die Interessen der Verbraucher durch Aufklärung und Beratung nicht gewerbsmäßig und nicht nur vorübergehend wahrzunehmen, wenn sie in diesem Aufgabenbereich tätige Verbände oder mindestens 75 natürliche Personen als Mitglieder haben, seit

mindestens einem Jahr bestehen und auf Grund ihrer bisherigen Tätigkeit Gewähr für eine sachgerechte Aufgabenerfüllung bieten. Es wird unwiderleglich vermutet, dass Verbraucherzentralen und andere Verbraucherverbände, die mit öffentlichen Mitteln gefördert werden, diese Voraussetzungen erfüllen. Die Eintragung in die Liste erfolgt unter Angabe von Namen, Anschrift, Registergericht, Registernummer und satzungsmäßigem Zweck. Sie ist mit Wirkung für die Zukunft aufzuheben, wenn
1. der Verband dies beantragt oder
2. die Voraussetzungen für die Eintragung nicht vorlagen oder weggefallen sind.

Ist auf Grund tatsächlicher Anhaltspunkte damit zu rechnen, dass die Eintragung nach Satz 4 zurückzunehmen oder zu widerrufen ist, so soll das Bundesverwaltungsamt das Ruhen der Eintragung für einen bestimmten Zeitraum von längstens drei Monaten anordnen. Widerspruch und Anfechtungsklage haben im Fall des Satzes 5 keine aufschiebende Wirkung.

(3) Entscheidungen über Eintragungen erfolgen durch einen Bescheid, der dem Antragsteller zuzustellen ist. Das Bundesverwaltungsamt erteilt den Verbänden auf Antrag eine Bescheinigung über ihre Eintragung in die Liste. Es bescheinigt auf Antrag Dritten, die daran ein rechtliches Interesse haben, dass die Eintragung eines Verbands in die Liste aufgehoben worden ist.

(4) Ergeben sich in einem Rechtsstreit begründete Zweifel an dem Vorliegen der Voraussetzungen nach Absatz 2 bei einer eingetragenen Einrichtung, so kann das Gericht das Bundesverwaltungsamt zur Überprüfung der Eintragung auffordern und die Verhandlung bis zu dessen Entscheidung aussetzen.

(5) Das Bundesverwaltungsamt steht bei der Wahrnehmung der in dieser Vorschrift geregelten Aufgabe unter der Fachaufsicht des Bundesministeriums der Justiz.

(6) Das Bundesministerium der Justiz wird ermächtigt, durch Rechtsverordnung, die der Zustimmung des Bundesrates nicht bedarf, die Einzelheiten des Eintragungsverfahrens, insbesondere die zur Prüfung der Eintragungsvoraussetzungen erforderlichen Ermittlungen, sowie die Einzelheiten der Führung der Liste zu regeln.

1180 § 4 entspricht in Funktion und Wortlaut dem bisherigen § 22a AGBG. Es gibt folgende Abweichungen:
– Der Gesetzgeber ist der Ansicht, dass die Voraussetzungen für die Eintragung in die Liste qualifizierter Einrichtungen konkretisiert werden sollten, indem in die Liste des Bundesverwaltungsamts nur noch solche Verbraucherverbände eingetragen werden dürfen, die den Verbraucherschutz auch aktiv und ernsthaft wahrnehmen. Es hat sich in der Vergangenheit nämlich gezeigt, dass das neue Listenverfahren von Abmahnvereinen missbraucht wird. Dies zwingt aus Sicht des Gesetzgebers zu einer Präzisierung der Eintragungsvoraussetzungen. Es soll stärker als bisher sichergestellt werden, dass die eingetragenen Verbände ihre Aufgaben auch unter Berücksichtigung ihrer

bisherigen Tätigkeit sachgerecht ausüben, wie das bei den klassischen Verbraucherverbänden der Fall ist. Dazu soll künftig gefordert werden, dass die Verbände vor der Eintragung 1 Jahr bestehen. Außerdem soll ausdrücklich gefordert werden, dass der Verband Gewähr dafür bietet, seinen satzungsmäßigen Zweck auch tatsächlich nicht gewerbsmäßig und nicht nur vorübergehend zu erfüllen.
- Das neue Eintragungsverfahren zeichnet sich dadurch aus, dass die Eintragung in die Liste die Aktivlegitimation des Verbands begründet. Es muss deshalb sichergestellt sein, dass ein Verband, mit dessen Streichung aus der Liste zu rechnen ist, nicht noch Prozesse anstrengen kann, die er eigentlich gar nicht mehr führen dürfte. Dazu reicht das allgemeine verwaltungsrechtliche Instrumentarium nicht, weil es dem Bundesverwaltungsamt keinerlei Handhabe gibt, während der Zeit seiner Prüfung ein Ruhen der Eintragung anzuordnen oder eine andere Sicherungsmaßnahme zu ergreifen. Dem soll durch eine Sonderregelung abgeholfen werden, die dem Bundesverwaltungsamt die Möglichkeit gibt, bei Bestehen solcher Anhaltspunkte das Ruhen der Eintragung anzuordnen und damit die unberechtigte Prozessführung durch fehlerhaft eingetragene Verbände zu verhindern. Diese Anordnung soll bei einem entsprechenden Verdacht ergehen und kraft Gesetzes sofort vollziehbar sein. Sie soll allerdings auf 3 Monate befristet sein, weil das Bundesverwaltungsamt in dieser Zeit eine endgültige Entscheidung sollte treffen können. Die Frist entspricht der für die Untätigkeitsklage nach § 75 VwGO vorgesehenen Frist.
- Das Bundesministerium der Justiz soll die näheren Einzelheiten des Verfahrens regeln können, was insbesondere wegen der Einzelheiten der Sachaufklärung und des Führens der Liste als notwendig erscheint.

Zu Abschnitt 2 – Verfahrensvorschriften

Zu Unterabschnitt 1 – Allgemeine Vorschriften

§ 5 – Anwendung der Zivilprozessordnung

Auf das Verfahren sind die Vorschriften der Zivilprozessordnung und die §§ 23a, 23b und 25 des Gesetzes gegen den unlauteren Wettbewerb anzuwenden, soweit sich aus diesem Gesetz nicht etwas anderes ergibt.

Die Vorschrift entspricht wörtlich dem bisherigen § 15 Abs. 1 AGBG, der nach dem bisherigen § 22 Abs. 6 AGBG auch für Klagen nach dieser Vorschrift, dem jetzigen § 2, gilt.

1181

E. Elektronischer Geschäftsverkehr, Integration der Verbraucherschutzgesetze

§ 6 – Zuständigkeit

(1) Für Klagen nach diesem Gesetz ist das Landgericht ausschließlich zuständig, in dessen Bezirk der Beklagte seine gewerbliche Niederlassung oder in Ermangelung einer solchen seinen Wohnsitz hat. Hat der Beklagte im Inland weder eine gewerbliche Niederlassung noch einen Wohnsitz, so ist das Gericht des inländischen Aufenthaltsorts zuständig, in Ermangelung eines solchen das Gericht, in dessen Bezirk die nach den §§ 307 bis 309 des Bürgerlichen Gesetzbuchs unwirksamen Bestimmungen in Allgemeinen Geschäftsbedingungen verwendet wurden oder gegen Verbraucherschutzgesetze verstoßen wurde.
(2) Die Landesregierungen werden ermächtigt, zur sachdienlichen Förderung oder schnelleren Erledigung der Verfahren durch Rechtsverordnung einem Landgericht für die Bezirke mehrerer Landgerichte Rechtsstreitigkeiten nach diesem Gesetz zuzuweisen. Die Landesregierungen können die Ermächtigung durch Rechtsverordnung auf die Landesjustizverwaltungen übertragen.
(3) Wird gegen eine Entscheidung des Gerichts Berufung eingelegt, so können sich die Parteien vor dem Berufungsgericht auch von Rechtsanwälten vertreten lassen, die bei dem Oberlandesgericht zugelassen sind, vor das die Berufung ohne die Regelung nach Absatz 2 gehören würde. Die Mehrkosten, die einer Partei dadurch erwachsen, dass sie sich nach Satz 1 durch einen nicht beim Prozessgericht zugelassenen Rechtsanwalt vertreten lässt, sind nicht zu erstatten.
(4) Die vorstehenden Absätze gelten nicht für Klagen, die einen Anspruch der in § 13 bezeichneten Art zum Gegenstand haben.

1182 Die Vorschrift entspricht mit einer Ausnahme in Funktion und Wortlaut dem bisherigen § 14 AGBG. Die Ausnahme betrifft den letzten Halbsatz. Er ist eingefügt worden, weil § 14 nach dem bisherigen § 22 Abs. 6 AGBG auch für das Verfahren nach jener Vorschrift, dem jetzigen § 2, gilt und dies im Text auch sinnfällig zum Ausdruck kommen soll.

1183 Die Zuständigkeitsregelung soll nicht für Klagen nach der Auskunftsregelung des § 13 gelten.

§ 7 – Veröffentlichungsbefugnis

Wird der Klage stattgegeben, so kann dem Kläger auf Antrag die Befugnis zugesprochen werden, die Urteilsformel mit der Bezeichnung des verurteilten Beklagten auf dessen Kosten im Bundesanzeiger, im Übrigen auf eigene Kosten bekannt zu machen. Das Gericht kann die Befugnis zeitlich begrenzen.

§ 7 entspricht wörtlich dem bisherigen § 18 AGBG. § 23 UWG trifft eine ähnliche Regelung, der bei Klagen nach dem bisherigen § 22 AGBG leer läuft und daher auf Klagen nach § 1 begrenzt wird.

Zu Unterabschnitt 2 – Besondere Vorschriften für Klagen nach § 1

§ 8 – Klageantrag und Anhörung

(1) Der Klageantrag muss bei Klagen nach § 1 auch enthalten:
1. den Wortlaut der beanstandeten Bestimmungen in Allgemeinen Geschäftsbedingungen;
2. die Bezeichnung der Art der Rechtsgeschäfte, für die die Bestimmungen beanstandet werden.

(2) Das Gericht hat vor der Entscheidung über eine Klage nach § 1 zu hören
1. die zuständige Aufsichtsbehörde für das Versicherungswesen, wenn Gegenstand der Klage Bestimmungen in Allgemeinen Versicherungsbedingungen sind, oder
2. das Bundesaufsichtsamt für das Kreditwesen, wenn Gegenstand der Klage Bestimmungen in Allgemeinen Geschäftsbedingungen sind, die das Bundesaufsichtsamt für das Kreditwesen nach Maßgabe des Gesetzes über Bausparkassen, des Gesetzes über Kapitalanlagegesellschaften, des Hypothekenbankgesetzes oder des Gesetzes über Schiffspfandbriefbanken zu genehmigen hat.

Zu Absatz 1

Absatz 1 entspricht wörtlich dem bisherigen § 15 Abs. 2 AGBG. Diese Vorschrift gilt nicht für das Verfahren nach dem bisherigen § 22 AGBG. Die in dessen Absatz 6 vorgesehene Verweisung erfasst vom Wortlaut her zwar auch diese Bestimmung. Indessen kann diese Vorschrift bei Klagen nach dem bisherigen § 22 AGBG, dem jetzigen § 2, nicht umgesetzt werden, weil es in den dort behandelten Fällen vergleichbare Elemente, die in der Klageschrift erwähnt werden könnten, nicht gibt. Die Vorschrift wird daher auf Klagen nach § 1, dem bisherigen § 13 AGBG, begrenzt.

Zu Absatz 2

Absatz 1 entspricht wörtlich dem bisherigen § 16 AGBG. Auch diese Vorschrift läuft bei Klagen nach dem bisherigen § 22 AGBG, dem jetzigen § 2, leer und wird daher auf die Fälle des jetzigen § 1 begrenzt.

§ 9 – Besonderheiten der Urteilsformel

Erachtet das Gericht die Klage nach § 1 für begründet, so enthält die Urteilsformel auch:
1. die beanstandeten Bestimmungen der Allgemeinen Geschäftsbedingungen im Wortlaut;
2. die Bezeichnung der Art der Rechtsgeschäfte, für welche die den Unterlassungsanspruch begründenden Bestimmungen der Allgemeinen Geschäftsbedingungen nicht verwendet werden dürfen;
3. das Gebot, die Verwendung inhaltsgleicher Bestimmungen in Allgemeinen Geschäftsbedingungen zu unterlassen;
4. für den Fall der Verurteilung zum Widerruf das Gebot, das Urteil in gleicher Weise bekannt zu geben, wie die Empfehlung verbreitet wurde.

1187 § 9 entspricht wörtlich dem bisherigen § 17 AGBG, der bei Klagen nach dem bisherigen § 22 AGBG leer läuft und daher auf Klagen nach § 1 begrenzt wird.

§ 10 – Einwendung wegen abweichender Entscheidung

Der Verwender, dem die Verwendung einer Bestimmung untersagt worden ist, kann im Wege der Klage nach § 767 der Zivilprozessordnung einwenden, dass nachträglich eine Entscheidung des Bundesgerichtshofs oder des Gemeinsamen Senats der Obersten Gerichtshöfe des Bundes ergangen ist, welche die Verwendung dieser Bestimmung für dieselbe Art von Rechtsgeschäften nicht untersagt, und dass die Zwangsvollstreckung aus dem Urteil gegen ihn in unzumutbarer Weise seinen Geschäftsbetrieb beeinträchtigen würde.

1188 § 10 entspricht wörtlich dem bisherigen § 19 AGBG, der bei Klagen nach dem bisherigen § 22 AGBG leer läuft und daher auf Klagen nach § 1 begrenzt wird.

§ 11 – Wirkungen des Urteils

Handelt der verurteilte Verwender einem auf § 1 beruhenden Unterlassungsgebot zuwider, so ist die Bestimmung in den Allgemeinen Geschäftsbedingungen als unwirksam anzusehen, soweit sich der betroffene Vertragsteil auf die Wirkung des Unterlassungsurteils beruft. Er kann sich jedoch auf die Wirkung des Unterlassungsurteils nicht berufen, wenn der verurteilte Verwender gegen das Urteil die Klage nach § 10 erheben könnte.

1189 § 11 entspricht wörtlich dem bisherigen § 21 AGBG, der bei Klagen nach dem bisherigen § 22 AGBG leer läuft und daher auf Klagen nach § 1 begrenzt wird.

Zu Unterabschnitt 3 – Besondere Vorschriften für Klagen nach § 2

§ 12 – Einigungsstelle

Für Klagen nach § 2 gelten § 27a des Gesetzes gegen den unlauteren Wettbewerb und die darin enthaltene Verordnungsermächtigung entsprechend.

§ 12 entspricht dem bisherigen § 22 Abs. 6 AGBG, der für Klagen nach dem bisherigen § 22 des AGB-Gesetzes, dem jetzigen § 2, den § 27a UWG für entsprechend anwendbar erklärt. Die in der Vorschrift auch noch enthaltene Verweisung auf § 13 Abs. 4 UWG ist in § 2 Abs. 1 Satz 2 aufgegangen.

1190

§ 13 – Anspruch auf Mitteilung des Namens und der zustellungsfähifgen Anschrift

(1) Wer geschäftsmäßig Post-, Telekommunikations-, Tele- oder Mediendienste erbringt oder an der Erbringung solcher Dienste mitwirkt, hat den nach § 3 Abs. 1 Nr. 1 und 3 anspruchsberechtigten Stellen und Wettbewerbsverbänden auf deren Verlangen den Namen und die zustellungsfähige Anschrift eines am Post-, Telekommunikations-, Tele- oder Mediendiensteverkehr Beteiligten mitzuteilen, wenn die Stelle oder der Wettbewerbsverband schriftlich versichert, dass diese Angaben
1. zur Durchsetzung eines Anspruchs nach den §§ 1 oder 2 benötigt werden und
2. anderweitig nicht zu beschaffen sind.

(2) Der Anspruch besteht nur, soweit die Auskunft ausschließlich anhand der bei dem Auskunftspflichtigen vorhandenen Bestandsdaten erteilt werden kann. Die Auskunft darf nicht deshalb verweigert werden, weil der Beteiligte, dessen Angaben mitgeteilt werden sollen, in die Übermittlung nicht einwilligt.

(3) Die Wettbewerbsverbände haben einer anderen nach § 3 Abs. 1 Nr. 2 anspruchsberechtigten Stelle auf deren Verlangen die nach Absatz 1 erhaltenen Angaben herauszugeben, wenn sie eine Versicherung in der in Absatz 1 bestimmten Form und mit dem dort bestimmten Inhalt vorlegt.

(4) Der Auskunftspflichtige kann von dem Anspruchsberechtigten einen angemessenen Ausgleich für die Erteilung der Auskunft verlangen. Der Beteiligte hat, wenn der gegen ihn geltend gemachte Anspruch nach den §§ 1 oder 2 begründet ist, dem Anspruchsberechtigten den gezahlten Ausgleich zu erstatten.

(5) Wettbewerbsverbände sind
1. die Zentrale zur Bekämpfung unlauteren Wettbewerbs und
2. Verbände der in § 3 Abs. 1 Nr. 2 bezeichneten Art, die branchenübergreifend und überregional tätig sind.

E. Elektronischer Geschäftsverkehr, Integration der Verbraucherschutzgesetze

Die in Satz 1 Nr. 2 bezeichneten Verbände werden durch Rechtsverordnung des Bundesministeriums der Justiz, die der Zustimmung des Bundesrates nicht bedarf, für Zwecke dieser Vorschrift festgelegt.

Zu Absatz 1

1191 Absatz 1 begründet den erforderlichen Auskunftsanspruch. Er richtet sich gegen die Unternehmen, die geschäftsmäßig Post-, Telekommunikations-, Tele- oder Mediendienste erbringen oder daran mitwirken. Mit dieser umfassenden Umschreibung wird dem Umstand Rechnung getragen, dass sich das vom Bundesrat angesprochene Ermittlungsproblem nicht nur bei Postfachadressen, sondern medienübergreifend, also zum Beispiel auch bei Telefonnummern oder bei Internetadressen stellt. Ein ganz aktuelles Problem stellen unerwünschte Werbefaxe dar, die keinen Absender ausweisen, sondern nur eine Faxnummer oder gar nur eine Servicenummer. Gerade auch hier ist ein Auskunftsanspruch notwendig, weshalb diese Fälle in den vorgeschlagenen § 13 einbezogen werden. Der Anspruch richtet sich gegen das Unternehmen, das die Adresse oder die Nummer, hinter der sich das verbraucherrechtswidrig handelnde Unternehmen verbirgt, diesem zur Verfügung stellt. Damit trägt die Vorschrift der hier üblichen, stark arbeitsteiligen Unternehmensstruktur Rechnung. Bei einer Postfachadresse liegen die Dinge einfach; hier richtet sich der Anspruch gegen die Deutsche Post AG. Bei einer Internetadresse käme es demgegenüber darauf an, wie sie registriert ist. Lautet sie auf ».de« könnte Auskunft von der Denic eG verlangt werden. Wird sie dagegen unterhalb dieses Domainlevels betrieben, würde sich der Anspruch gegen den konkreten Diensteanbieter (provider) richten. Mitwirkende sind nur beteiligte Unternehmer, nicht dagegen die Arbeitnehmer eines Diensteanbieters.

1192 Der Anspruch auf Auskunft ist zweckgebunden. Er dient allein der Durchsetzung der Unterlassungsansprüche nach §§ 1 oder 2 und soll auch nur bestehen, wenn Namen und ladungsfähige Anschrift des verbraucherrechtswidrig handelnden Unternehmens nicht anderweitig, z.B. über das Handelsregister, in Erfahrung gebracht werden können. Da dem Diensteanbieter aber nicht zugemutet werden kann, das Vorliegen dieser Voraussetzungen festzustellen, sieht Absatz 1 vor, dass der Anspruch allein davon abhängt, dass die anspruchsberechtigte Stelle eine entsprechende schriftliche Versicherung vorlegt. Für die inhaltliche Richtigkeit ist die auskunftsbegehrende Stelle allein verantwortlich. Sie ist auch allein dafür verantwortlich, dass die Angaben im Sinne der Zweckgebundenheit, also nur zur Durchsetzung von Unterlassungsansprüchen gemäß §§ 1 oder 2 UKlaG verwandt werden und vorbehaltlich des Absatzes 3 nicht an andere, nach dieser Vorschrift nicht anspruchsberechtigte Personen weitergegeben werden.

1193 Demgegenüber obliegt es dem Diensteanbieter, die Auskunftsberechtigung im Übrigen, nämlich die Anspruchsberechtigung nach § 3 Abs. 1 Nr. 1 oder 3 UKlaG festzustellen. Dazu muss sich der Diensteanbieter etwa vergewissern, ob es sich bei dem Verband um eine qualifizierte Einrichtung handelt, die in der Liste nach § 4 UKlaG eingetragen ist.

Zu Absatz 2

Der **Dienstanbieter** soll Namen und Anschrift **nur mitteilen** müssen, wenn er sie **tatsächlich** von seinem Kunden **abgefragt** hat. Er hat also keine Verpflichtung, diese Angaben zu beschaffen oder im normalen Geschäftsbetrieb zu erheben. Zu berücksichtigen war auch, dass die Dienstanbieter Namen und Anschrift des betroffenen Unternehmens unter Umständen nur anhand von Verbindungsdaten ermitteln können. Das soll dem Dienstanbieter nicht zugemutet werden. Außerdem unterliegen Verbindungsdaten nach Artikel 10 Abs. 1 GG i. V. m. § 85 Abs. 1 TKG dem Fernmeldegeheimnis, welches durch das hier vorliegende Unterlassungsklagegesetz nicht eingeschränkt werden soll. Ist die Ermittlung indessen anhand von Bestandsdaten möglich, so ist der Dienstanbieter hierzu auf Verlangen auch verpflichtet. Dies ist der Inhalt von Absatz 2 Satz 1.

1194

Absatz 2 Satz 2 stellt klar, dass der Dienstanbieter zur Mitteilung von Namen und Anschrift auch dann verpflichtet ist, wenn das betroffene Unternehmen dem vorher widersprochen hat oder aus Anlass des Auskunftsverlangens widerspricht. Dementsprechend kann der Dienstanbieter die Erfüllung des Auskunftsanspruchs auch nicht von einer vorherigen Rücksprache mit dem betroffenen Unternehmen abhängig machen. Dieses muss sich vielmehr unmittelbar mit der anfragenden Stelle auseinandersetzen.

1195

Zu Absatz 3

Nach Absatz 1 sind die Wettbewerbsverbände im Sinne von § 3 Abs. 1 Nr. 2 UKlaG nicht generell auskunftsberechtigt. Der Grund für diese auf den ersten Blick überraschende Lösung liegt darin, dass die Dienstanbieter die Anspruchsberechtigung gerade dieser Verbände nur schwer erkennen können. Die überwiegende Zahl dieser Verbände ist nämlich lediglich für Verbraucherrechtsverstöße in ihrem Marktsegment anspruchsberechtigt; das darin liegende Beurteilungsrisiko kann dem Dienstanbieter nicht aufgebürdet werden. Deshalb soll der Auskunftsanspruch nur der Wettbewerbszentrale und Verbänden zustehen, die in vergleichbarer Weise branchenübergreifend und überregional anspruchsberechtigt sind. Dennoch sollen auch die übrigen in § 3 Abs. 1 Nr. 2 UKlaG aufgeführten Wettbewerbsverbände Zugang zu Namen und Anschrift von verbraucherrechtswidrig handelnden Unternehmen erhalten. Das bewirkt Absatz 3, der einen mittelbaren Auskunftsanspruch dieser Verbände gegen die unmittelbar selbst auskunftsberechtigten Verbände begründet. Diese sind berechtigt und verpflichtet, Namen und Anschrift der betroffenen Unternehmen weiterzugeben. Voraussetzung ist auch hier eine Versicherung des anfragenden Verbands, dass die Angaben zur Durchsetzung von Unterlassungsansprüchen nach §§ 1 oder 2 UKlaG benötigt werden und nicht anderweitig zu erlangen sind. Wie die Dienstanbieter müssen die unmittelbar auskunftsberechtigten Wettbewerbsverbände prüfen, ob der anfragende Verband im Übrigen anspruchsberechtigt nach § 3 Abs. 1 Nr. 2 UKlaG ist. Dies erfordert eine Prüfung, ob der anfragende Verband auch einen Verbraucherrechtsverstoß in dem von ihm vertretenen Marktsegment geltend machen will.

1196

Zu Absatz 4

1197 Im Einzelfall kann die Mitteilung der abgefragten Angaben bei dem Diensteanbieter einen gewissen Ermittlungsaufwand verursachen. Dafür soll er nach Absatz 4 Satz 1 einen angemessenen Ausgleich verlangen können. Mit dieser Formulierung trägt das Gesetz einerseits dem Umstand Rechnung, dass die Erteilung dieser Auskünfte dem öffentlichen Interesse an der effektiven Durchsetzung des Verbraucherrechts und damit letztlich auch dem Interesse der Gemeinschaft aller Unternehmen an der Einhaltung gleicher Wettbewerbsbedingungen dient. Andererseits soll nicht unberücksichtigt bleiben, dass der Ermittlungsaufwand je nach Lage des Falles erheblich sein kann. An beiden Gesichtspunkten ist die Bemessung des Ausgleichs auszurichten.

1198 Den durch den Ersatzanspruch der Diensteanbieter und der Wettbewerbsverbände im Sinne dieser Vorschrift entstehenden Aufwand sollen die auskunftsberechtigten Verbände nicht endgültig zu tragen haben. Denn letztlich sind diese Kosten eine Folge des verbraucherrechtswidrigen Verhalten des betroffenen Unternehmens. Deshalb bestimmt Absatz 4 Satz 2, dass das betroffene Unternehmen diesen Aufwand zu erstatten hat, wenn der Unterlassungsanspruch, dem die Auskunft dienen soll, begründet ist.

Zu Absatz 5

1199 Unmittelbar anspruchsberechtigt nach dieser Vorschrift sollen nur Wettbewerbsverbände sein, die branchenübergreifend und überregional tätig sind. Diese Voraussetzung ist bei der Zentrale zur Bekämpfung unlauteren Wettbewerbs gegeben. Deshalb ist sie nach Absatz 5 Satz 1 Nr. 1 als anspruchsberechtigt genannt. Dieselbe Berechtigung sollen aber auch alle anderen vergleichbaren Verbände haben (Absatz 5 Satz 1 Nr. 2). Damit die Diensteanbieter wissen, wem sie Auskunft zu erteilen haben, sollen diese Verbände durch Rechtsverordnung bestimmt werden (Absatz 5 Satz 2). In diese Verordnung sind alle sonstigen Wettbewerbsverbände aufzunehmen, auf die die in Absatz 5 Satz 1 Nr. 2 genannten Voraussetzungen zutreffen. Die übrigen Wettbewerbsverbände gemäß § 3 Abs. 1 Nr. 2 verfügen zur Durchsetzung ihrer Unterlassungsansprüche nur über den mittelbaren Auskunftsanspruch nach Absatz 3.

Zu Abschnitt 3 – Behandlung von Kundenbeschwerden

§ 14 – Kundenbeschwerden

(1) Bei Streitigkeiten aus der Anwendung der §§ 675a bis 676g und 676h Satz 1 des Bürgerlichen Gesetzbuchs können die Beteiligten unbeschadet ihres Rechts, die Gerichte anzurufen, eine Schlichtungsstelle anrufen, die bei der Deutschen Bundesbank einzurichten ist. Die Deutsche Bundesbank kann mehrere Schlichtungsstellen einrichten. Sie bestimmt, bei welcher ihrer Dienststellen die Schlichtungsstellen eingerichtet werden.

(2) Das Bundesministerium der Justiz regelt durch Rechtsverordnung die näheren Einzelheiten des Verfahrens der nach Absatz 1 einzurichtenden Stellen nach folgenden Grundsätzen:
1. Durch die Unabhängigkeit der Einrichtung muss unparteiisches Handeln sichergestellt sein.
2. Die Verfahrensregeln müssen für Interessierte zugänglich sein.
3. Die Beteiligten müssen Tatsachen und Bewertungen vorbringen können, und sie müssen rechtliches Gehör erhalten.
4. Das Verfahren muss auf die Verwirklichung des Rechts ausgerichtet sein. Die Rechtsverordnung regelt in Anlehnung an § 51 des Gesetzes über das Kreditwesen auch die Pflicht der Kreditinstitute, sich an den Kosten des Verfahrens zu beteiligen.
(3) Das Bundesministerium der Justiz wird ermächtigt, im Einvernehmen mit den Bundesministerien der Finanzen und für Wirtschaft und Technologie durch Rechtsverordnung mit Zustimmung des Bundesrates die Streitschlichtungsaufgabe nach Absatz 1 auf eine oder mehrere geeignete private Stellen zu übertragen, wenn die Aufgabe dort zweckmäßiger erledigt werden kann.

§ 14 entspricht mit drei Ausnahmen wörtlich dem bisherigen § 29 AGBG. 1200
Bei der Bezeichnung der Streitigkeiten wird § 676h Satz 1 BGB zusätzlich aufgenommen. Er betrifft auch eine Streitigkeit aus dem Girovertrag und sollte deshalb von der Streitschlichtung erfasst werden. Nicht erfasst werden Streitigkeiten nach § 676h Satz 2 BGB, weil sie Unternehmen betreffen, die nicht unbedingt Banken sind und deshalb mit den Streitigkeiten nach den §§ 675a bis 676g BGB keine Berührung haben. 1201

Die zweite Ausnahme betrifft den bisherigen § 29 Abs. 2 Satz 2 AGBG. Diese Vorschrift, die das Bundesministerium der Justiz zum rechtzeitigen Erlass der Verordnung nach dieser Vorschrift anhalten sollte, ist sachlich durch den fristgerechten Erlass der Schlichtungsstellenverfahrensverordnung vom 27. Oktober 1999 (BGBl. I S. 2068) überholt und deshalb ersatzlos entfallen. 1202

Die dritte Ausnahme betrifft Absatz 3. Hier ist der Umfang der Übertragungsmöglichkeiten eingeschränkt worden. Die Übertragung kann nur noch auf private Stellen übertragen werden.

Abschnitt 4 – Anwendungsbereich

§ 15 – Ausnahme für das Arbeitsrecht

Dieses Gesetz findet auf das Arbeitsrecht keine Anwendung.

Das System der Unterlassungsansprüche erscheint nach Auffassung des Ausschusses im Bereich des Arbeitsrechts in dieser Form nicht zweckmäßig, worauf in den Ausführungen zu § 310 Abs. 4 BGB bereits hingewiesen worden ist. § 15 1203 sieht daher eine Ausnahme vom Anwendungsbereich des Unterlassungsklagengesetzes für den Bereich des Arbeitsrechts vor. Diese Ausnahme gilt allein für dieses Verfahrensgesetz und nicht für die inhaltlichen Bestimmungen über die Kontrolle allgemeiner Vertragsbedingungen, die in § 310 BGB besonders geregelt ist.

Zu Abschnitt 4 – Überleitungsvorschriften

§ 16 – Überleitungsvorschrift

(1) Soweit am 1. Januar 2002 Verfahren nach dem AGB-Gesetz in der Fassung der Bekanntmachung vom 29. Juni 2000 (BGBl. I S. 946) anhängig sind, werden diese nach den Vorschriften dieses Gesetzes abgeschlossen.
(2) Das beim Bundeskartellamt geführte Entscheidungsregister nach § 20 des AGB-Gesetzes steht bis zum Ablauf des 31. Dezember 2004 unter den bis zum Ablauf des 31. Dezember 2001 geltenden Voraussetzungen zur Einsicht offen. Die in dem Register eingetragenen Entscheidungen werden 20 Jahre nach ihrer Eintragung in das Register, spätestens mit dem Ablauf des 31. Dezember 2004 gelöscht.
(3) Schlichtungsstellen im Sinne von § 14 Abs. 1 sind auch die auf Grund des bisherigen § 29 Abs. 1 des AGB-Gesetzes eingerichteten Stellen.
(4) Die nach § 22a des AGB-Gesetzes eingerichtete Liste qualifizierter Einrichtungen wird nach § 4 fortgeführt. Mit Ablauf des 31. Dezember 2001 eingetragene Verbände brauchen die Jahresfrist des § 4 Abs. 2 Satz 1 nicht einzuhalten.

Zu Absatz 1

1204 Das Gesetz kann und soll nach Absatz 1 auf alle noch nicht rechtskräftig erledigten Verfahren angewendet werden, weil die Verfahrensvorschriften inhaltsgleich übernommen werden. Hinsichtlich der materiellen Vorschriften des AGB-Gesetzes gilt dagegen die allgemeine Überleitungsvorschrift des Artikels 229, § 4 des Einführungsgesetzes zum Bürgerlichen Gesetzbuche.

Zu Absatz 2

1205 Der bisherige § 20 AGBG über das Entscheidungsregister soll nicht übernommen werden. Zum einen haben sich datenschutzrechtliche Bedenken gegen die namentliche Registrierung der Parteien ergeben. Zum anderen aber hat das Register seine ihm zugedachte Bedeutung verloren. Es sollte in der Anfangsphase des AGB-Gesetzes die Transparenz der Rechtsprechung sicherstellen und erreichen, dass das AGB-Gesetz in der Rechtswirklichkeit auch durchgesetzt werden kann. Dies ist in vollem Umfang gelungen. Heute ist dazu ein Register aber nicht mehr notwendig. Die Entscheidungen zur AGB-Kontrolle werden in den Fachzeitschriften veröffentlicht und in den Kommentierungen behandelt. Sie werden durch die Integration des AGB-Gesetzes in das Bürgerliche Gesetzbuch künftig auch in allen Kommentierungen des Bürgerlichen Gesetzbuchs aufzufinden sein. Die Nachfrage beim Entscheidungsregister hat dementsprechend stark nachgelassen. Der mit seiner Führung sowohl bei den Gerichten, die meldepflichtig sind, als auch beim Bundeskartellamt verbundene Aufwand ist nicht mehr notwendig und soll daher entfallen.

Damit stellt sich die Frage nach den Regelungen für das Auslaufen dieses Registers. Sie enthält § 14. Durch die Nichtaufnahme einer entsprechenden Regelung in das Gesetz und die parallele Aufhebung des AGB-Gesetzes entfällt die bisher bestehende Mitteilungspflicht der Gerichte vom 1. Januar 2002 an. Das Register soll indes unter den bisherigen Einsichtsvoraussetzungen weiterhin zur Verfügung stehen (Satz 1). Allerdings sollen die eingetragenen Entscheidungen 20 Jahre nach ihrer Eintragung in das Register, spätestens nach dem 31. Dezember 2004 gelöscht werden (Satz 3). Damit wird das Register mit dem Ablauf des Jahres 2004 aufgelöst sein. 1206

Zu Absatz 3

Absatz 3 stellt klar, dass die auf Grund des bisherigen § 29 Abs. 1 AGBG eingerichteten Schlichtungsstellen auch nach Inkrafttreten des Unterlassungsklagengesetzes weiterhin maßgeblich sind, also nicht neu eingerichtet zu werden brauchen. 1207

Zu Absatz 4

Absatz 4 bestimmt, dass das bisherige Register qualifizierter Einrichtungen beim Bundesverwaltungsamt durch dieses fortgeführt wird. 1208

F. Überleitungsregelungen

1209 Die Überleitungsregelungen zu den Änderungen des Bürgerlichen Gesetzbuchs durch das Gesetz zur Modernisierung des Schuldrechts sind in Artikel 229 §§ 5 bis 7 EGBGB enthalten. Diese Vorschriften lauten:

Artikel 229 Weitere Überleitungsvorschriften

....

§ 5 Allgemeine Überleitungsvorschrift zum Gesetz zur Modernisierung des Schuldrechts vom ...

Auf Schuldverhältnisse, die vor dem 1. Januar 2002 entstanden sind, sind das Bürgerliche Gesetzbuch, das AGB-Gesetz, das Handelsgesetzbuch, das Verbraucherkreditgesetz, das Fernabsatzgesetz, das Fernunterrichtsschutzgesetz, das Gesetz über den Widerruf von Haustürgeschäften und ähnlichen Geschäften, das Teilzeit-Wohnrechtegesetz, die Verordnung über Kundeninformationspflichten, die Verordnung über Informationspflichten von Reiseveranstaltern und die Verordnung betreffend die Hauptmängel und Gewährfristen beim Viehhandel, soweit nicht ein anderes bestimmt ist, in der bis zu diesem Tag geltenden Fassung anzuwenden. Satz 1 gilt für Dauerschuldverhältnisse mit der Maßgabe, dass anstelle der in Satz 1 bezeichneten Gesetze vom 1. Januar 2003 an nur das Bürgerliche Gesetzbuch, das Handelsgesetzbuch, das Fernunterrichtsschutzgesetz und die Verordnung über Informationspflichten nach Bürgerlichem Recht in der dann geltenden Fassung anzuwenden sind.

§ 6 Überleitungsvorschrift zum Verjährungsrecht nach dem Gesetz zur Modernisierung des Schuldrechts vom ...

(1) Die Vorschriften des Bürgerlichen Gesetzbuchs über die Verjährung in der seit dem 1. Januar 2002 geltenden Fassung finden auf die an diesem Tag bestehenden und noch nicht verjährten Ansprüche Anwendung. Der Beginn, die Hemmung, die Ablaufhemmung und der Neubeginn der Verjährung bestimmen sich jedoch für den Zeitraum vor dem 1. Januar 2002 nach dem Bürgerlichen Gesetzbuch in der bis zu diesem Tag geltenden Fassung. Wenn nach Ablauf des 31. Dezember 2001 ein Umstand eintritt, bei dessen Vorliegen nach dem Bürgerlichen Gesetzbuch in der vor dem 1. Januar 2002 geltenden Fassung eine vor dem 1. Januar 2002 eintretende Unterbrechung der Verjährung als nicht erfolgt oder als erfolgt gilt, so ist auch insoweit das Bürgerliche Gesetzbuch in der vor dem 1. Januar 2002 geltenden Fassung anzuwenden.

(2) Soweit die Vorschriften des Bürgerlichen Gesetzbuchs in der seit dem 1. Januar 2002 geltenden Fassung anstelle der Unterbrechung der Verjährung deren Hemmung vorsehen, so gilt eine Unterbrechung der Verjährung, die nach den anzuwendenden Vorschriften des Bürgerlichen Gesetzbuchs in der vor dem 1. Januar 2002 geltenden Fassung vor dem 1. Januar 2002 eintritt und mit Ablauf des 31. Dezember 2001 noch nicht beendigt ist, als mit dem Ablauf des 31. Dezember 2001 beendigt, und die neue Verjährung ist mit Beginn des 1. Januar 2002 gehemmt.

(3) Ist die Verjährungsfrist nach dem Bürgerlichen Gesetzbuch in der seit dem 1. Januar 2002 geltenden Fassung länger als nach dem Bürgerlichen Gesetzbuch in der bis zu diesem Tag geltenden Fassung, so ist die Verjährung mit dem Ablauf der im Bürgerlichen Gesetzbuch in der bis zu diesem Tag geltenden Fassung bestimmten Frist vollendet.

(4) Ist die Verjährungsfrist nach dem Bürgerlichen Gesetzbuch in der seit dem 1. Januar 2002 geltenden Fassung kürzer als nach dem Bürgerlichen Gesetzbuch in der bis zu diesem Tag geltenden Fassung, so wird die kürzere Frist von dem 1. Januar 2002 an berechnet. Läuft jedoch die im Bürgerlichen Gesetzbuch in der bis zu diesem Tag geltenden Fassung bestimmte längere Frist früher als die im Bürgerlichen Gesetzbuch in der seit diesem Tag geltenden Fassung bestimmten Frist ab, so ist die Verjährung mit dem Ablauf der im Bürgerlichen Gesetzbuch in der bis zu diesem Tag geltenden Fassung bestimmten Frist vollendet.

(5) Die vorstehenden Absätze sind entsprechend auf Fristen anzuwenden, die für die Geltendmachung, den Erwerb oder den Verlust eines Rechts maßgebend sind.

(6) Die vorstehenden Absätze gelten für die Fristen nach dem Handelsgesetzbuch und dem Umwandlungsgesetz entsprechend.

§ 7 Überleitungsvorschrift zu Zinsvorschriften nach dem Gesetz zur Modernisierung des Schuldrechts vom ...

(1) Soweit sie als Bezugsgröße für Zinsen und andere Leistungen in Rechtsvorschriften des Bundes auf dem Gebiet des Bürgerlichen Rechts und des Verfahrensrechts der Gerichte, in nach diesem Gesetz vorbehaltenem Landesrecht und in Vollstreckungstiteln und Verträgen auf Grund solcher Vorschriften verwendet werden, treten mit Wirkung vom 1. Januar 2002

1. an die Stelle des Basiszinssatzes nach dem Diskontsatz-Überleitungs-Gesetz vom 9. Juni 1998 (BGBl. I S. 1242) der Basiszinssatz des Bürgerlichen Gesetzbuchs,
2. an die Stelle des Diskontsatzes der Deutschen Bundesbank der Basiszinssatz (§ 247 des Bürgerlichen Gesetzbuchs),
3. an die Stelle des Zinssatzes für Kassenkredite des Bundes der um 1,5 Prozentpunkte erhöhte Basiszinssatz des Bürgerlichen Gesetzbuchs,
4. an die Stelle des Lombardsatzes der Deutschen Bundesbank der Zinssatz der Spitzenrefinanzierungsfazilität der Europäischen Zentralbank (SRF-Zinssatz),
5. an die Stelle der »Frankfurt Interbank Offered Rate«-Sätze für die Beschaffung von Ein- bis Zwölfmonatsgeld von ersten Adressen auf dem deutschen Markt auf ihrer seit dem 2. Juli 1990 geltenden Grundlage (FIBOR-neu-Sätze) die »EURO Interbank Offered Rate«-Sätze für die Beschaffung von Ein- bis Zwölfmonatsgeld von ersten Adressen in den Teilnehmerstaaten der Europäischen Währungsunion (EURIBOR-Sätze) für die entsprechende Laufzeit,
6. an die Stelle des »Frankfurt Interbank Offered Rate«-Satzes für die Beschaffung von Tagesgeld (»Overnight«) von ersten Adressen auf dem deutschen Markt (»FIBOR-Overnight«-Satz) der »EURO Overnight Index Average«-Satz für die Beschaffung von Tagesgeld (»Overnight«) von ersten Adressen in den Teilnehmerstaaten der Europäischen Währungsunion (EONIA-Satz) und
7. bei Verwendung der »Frankfurt Interbank Offered Rate«-Sätze für die Geldbeschaffung von ersten Adressen auf dem deutschen Markt auf ihrer seit dem 12. August 1985 geltenden Grundlage (FIBOR-alt-Sätze)
    a) an die Stelle des FIBOR-alt-Satzes für Dreimonatsgeld der EURIBOR-Satz für Dreimonatsgeld, multipliziert mit der Anzahl der Tage der jeweiligen Dreimonatsperiode und dividiert durch 90,

b) an die Stelle des FIBOR-alt-Satzes für Sechsmonatsgeld der EURIBOR-Satz für Sechsmonatsgeld, multipliziert mit der Anzahl der Tage der jeweiligen Sechsmonatsperiode und dividiert durch 180 und
c) wenn eine Anpassung der Bestimmungen über die Berechnung unterjähriger Zinsen nach § 5 Satz 1 Nr. 3 des Gesetzes zur Umstellung von Schuldverschreibungen auf Euro vom 9. Juni 1998 (BGBl. I S. 1242, 1250) erfolgt, an die Stelle aller FIBOR-alt-Sätze die EURIBOR-Sätze für die entsprechende Laufzeit.

Satz 1 Nr. 3 bis 6 ist auf Zinsperioden nicht anzuwenden, die auf einen vor Ablauf des 31. Dezember 1998 festgestellten FIBOR-Satz Bezug nehmen; insoweit verbleibt es bei den zu Beginn der Zinsperiode vereinbarten FIBOR-Sätzen. Soweit Zinsen für einen Zeitraum vor dem 1. Januar 1999 geltend gemacht werden, bezeichnet eine Bezugnahme auf den Basiszinssatz den Diskontsatz der Deutschen Bundesbank in der in diesem Zeitraum maßgebenden Höhe. Die in den vorstehenden Sätzen geregelte Ersetzung von Zinssätzen begründet keinen Anspruch auf vorzeitige Kündigung, einseitige Aufhebung oder Abänderung von Verträgen und Abänderung von Vollstreckungstiteln. Das Recht der Parteien, den Vertrag einvernehmlich zu ändern, bleibt unberührt.

(2) Für die Zeit vor dem 1. Januar 2002 sind das Diskontsatz-Überleitungs-Gesetz vom 9. Juni 1998 (BGBl. I S. 1242) und die auf seiner Grundlage erlassenen Rechtsverordnungen in der bis zu diesem Tag geltenden Fassung anzuwenden.

(3) Eine Veränderung des Basiszinssatzes gemäß § 247 Abs. 1 Satz 2 des Bürgerlichen Gesetzbuchs erfolgt erstmals zum 1. Januar 2002.

(4) Die Bundesregierung wird ermächtigt, durch Rechtsverordnung mit Zustimmung des Bundesrates
1. die Bezugsgröße für den Basiszinssatz gemäß § 247 des Bürgerlichen Gesetzbuchs und
2. den SRF-Zinssatz als Ersatz für den Lombardsatz der Deutschen Bundesbank
durch einen anderen Zinssatz der Europäischen Zentralbank zu ersetzen, der dem Basiszinssatz, den durch diesen ersetzten Zinssätzen und dem Lombardsatz in ihrer Funktion als Bezugsgrößen für Zinssätze eher entspricht.

Erläuterung der Überleitungsregelungen

§ 5 – Allgemeine Überleitungsvorschrift zum Gesetz zur Modernisierung des Schuldrechts vom ...

Auf Schuldverhältnisse, die vor dem 1. Januar 2002 entstanden sind, sind das Bürgerliche Gesetzbuch, das AGB-Gesetz, das Handelsgesetzbuch, das Verbraucherkreditgesetz, das Fernabsatzgesetz, das Fernunterrichtsschutzgesetz, das Gesetz über den Widerruf von Haustürgeschäften und ähnlichen Geschäften, das Teilzeit-Wohnrechtegesetz, die Verordnung über Kundeninformationspflichten, die Verordnung über Informationspflichten von Reiseveranstaltern und die Verordnung betreffend die Hauptmängel und Gewährfristen beim Viehhandel, soweit nicht ein anderes bestimmt ist, in der bis zu diesem Tag geltenden Fassung anzuwenden. Satz 1 gilt für Dauerschuldverhältnisse mit der Maßgabe, dass anstelle der in Satz 1 bezeichneten Gesetze vom 1. Januar 2003 an nur das Bürgerliche Gesetzbuch, das Handelsgesetzbuch, das Fernunterrichtsschutzgesetz und die Verordnung über Informationspflichten nach Bürgerlichem Recht in der dann geltenden Fassung anzuwenden sind.

§ 5 enthält die allgemeinen Überleitungsvorschriften. Er wird ergänzt um §§ 6 und 7, die die speziellen Überleitungsregelungen für die Verjährung (§ 6) und die Zinsvorschriften(§ 7) enthalten 1210

Zu Satz 1

Grundsätzlich sollen die neuen Vorschriften nur für Neuverträge gelten. Dies bestimmt Satz 1, wonach auf Schuldverhältnisse, die vor dem 1. Januar 2002 entstanden sind, das Bürgerliche Gesetzbuch sowie die bis dahin bestehenden Sondergesetze (nämlich das AGB-Gesetz, das Verbraucherkreditgesetz, das Fernabsatzgesetz, das Teilzeit-Wohnrechtegesetz, das Haustürwiderrufsgesetz und die Viehhauptmängelverordnung) in der bis zu diesem Tag geltenden Fassung anzuwenden sind, soweit nicht in Satz 2 und in den neuen §§ 6 und 7 etwas anderes bestimmt ist. In Satz 1 gehen die besonderen Übergangsvorschriften der bisherigen § 19 VerbrKrG, § 6 FernAbsG, § 9 HTWG und § 11 TzWrG auf. 1211

Zu Satz 2

Auf Dauerschuldverhältnisse sollen die neuen Vorschriften für die Zukunft angewendet werden. Dies ist sachlich gerechtfertigt, weil die neuen Vorschriften das bisherige Recht ohne Wertungsbrüche fortentwickeln. Außerdem soll vermieden werden, dass auf Jahre hinaus doppeltes Recht gilt. Um den Parteien aber die Möglichkeit zu geben, ihre Verträge an das neue Recht anzupassen, soll das Bürgerliche Gesetzbuch in seiner neuen Fassung nicht unmittelbar, sondern, zeitlich versetzt, erst ab dem 1. Januar 2003 für Dauerschuldverhältnisse gelten. 1212

Für den Begriff des Dauerschuldverhältnisses kann und soll auf das allgemeine Begriffsverständnis zurückgegriffen werden, wie es für die in § 314 BGB n.F. kodifizierte Rechtsprechung aber auch zu § 10 r. 3, § 11 Nr. 1, 12 AGBG entwickelt worden ist. Danach ist ein Dauerschuldverhältnis ein Schuldverhältnis, das sich nicht in einem einmaligen Leistungsaustausch erschöpft, sondern während seiner Laufzeit ständig neue Leistungs-, Neben- und Schutzpflichten begründet, Typisch sind dass ein dauerndes Verhalten oder wiederkehrende Leistungen geschuldet werden und dass der Gesamtumfang der Leistung entscheidend durch die Dauer der Leistungsbeziehung beeinflusst werden (Palandt/Heinrichs, BGB, Einl. § 241 RdNr. 17; Erman /Hefermehl/Werner, § 11 Nr. 12 AGBG RdNr. 3 jeweils m.w.N.). Dauerschuldverhältnisse sind daher Miete, Pacht, Leihe, Darlehensvertrag, Dienstvertrag, Verwahrung oder Gesellschaft. Unter bestimmten Umständen kann auch ein Factoring ein Dauerschuldverhältnis sein (BGH, NJW 1980, 44). Zu den Dauerschuldverhältnisse gehören auch 1213

Sukzessivlieferungsverträge und Wiederkehrschuldverhältnisse. **Kein Dauerschuldverhältnis** liegt dagegen vor, wenn eine Sachgesamtheit in Einzellieferungen bezogen wird (BGH, NJW 1993, 2052, 2053; Ulmer/Brandner/Hensen, AGBG, § 11 Nr. 12 RdNr. 5). Auch die Lieferung einer von vornherein bestimmten Menge Waren, die in einzelnen Lieferungen abgerufen wird, ist kein Dauerschuldverhältnis.

§ 6 – Überleitungsvorschrift zum Verjährungsrecht nach dem Gesetz zur Modernisierung des Schuldrechts vom ...

(1) Die Vorschriften des Bürgerlichen Gesetzbuchs über die Verjährung in der seit dem 1. Januar 2002 geltenden Fassung finden auf die an diesem Tag bestehenden und noch nicht verjährten Ansprüche Anwendung. Der Beginn, die Hemmung, die Ablaufhemmung und der Neubeginn der Verjährung bestimmen sich jedoch für den Zeitraum vor dem 1. Januar 2002 nach dem Bürgerlichen Gesetzbuch in der bis zu diesem Tag geltenden Fassung. Wenn nach Ablauf des 31. Dezember 2001 ein Umstand eintritt, bei dessen Vorliegen nach dem Bürgerlichen Gesetzbuch in der vor dem 1. Januar 2002 geltenden Fassung eine vor dem 1. Januar 2002 eintretende Unterbrechung der Verjährung als nicht erfolgt oder als erfolgt gilt, so ist auch insoweit das Bürgerliche Gesetzbuch in der vor dem 1. Januar 2002 geltenden Fassung anzuwenden.

(2) Soweit die Vorschriften des Bürgerlichen Gesetzbuchs in der seit dem 1. Januar 2002 geltenden Fassung anstelle der Unterbrechung der Verjährung deren Hemmung vorsehen, so gilt eine Unterbrechung der Verjährung, die nach den anzuwendenden Vorschriften des Bürgerlichen Gesetzbuchs in der vor dem 1. Januar 2002 geltenden Fassung vor dem 1. Januar 2002 eintritt und mit Ablauf des 31. Dezember 2001 noch nicht beendigt ist, als mit dem Ablauf des 31. Dezember 2001 beendigt, und die neue Verjährung ist mit Beginn des 1. Januar 2002 gehemmt.

(3) Ist die Verjährungsfrist nach dem Bürgerlichen Gesetzbuch in der seit dem 1. Januar 2002 geltenden Fassung länger als nach dem Bürgerlichen Gesetzbuch in der bis zu diesem Tag geltenden Fassung, so ist die Verjährung mit dem Ablauf der im Bürgerlichen Gesetzbuch in der bis zu diesem Tag geltenden Fassung bestimmten Frist vollendet.

(4) Ist die Verjährungsfrist nach dem Bürgerlichen Gesetzbuch in der seit dem 1. Januar 2002 geltenden Fassung kürzer als nach dem Bürgerlichen Gesetzbuch in der bis zu diesem Tag geltenden Fassung, so wird die kürzere Frist von dem 1. Januar 2002 an berechnet. Läuft jedoch die im Bürgerlichen Gesetzbuch in der bis zu diesem Tag geltenden Fassung bestimmte längere Frist früher als die im Bürgerlichen Gesetzbuch in der seit diesem Tag geltenden Fassung bestimmten Frist ab, so ist die Verjährung mit dem Ablauf der im Bürgerlichen Gesetzbuch in der bis zu diesem Tag geltenden Fassung bestimmten Frist vollendet.

(5) Die vorstehenden Absätze sind entsprechend auf Fristen anzuwenden, die für die Geltendmachung, den Erwerb oder den Verlust eines Rechts maßgebend sind.

(6) Die vorstehenden Absätze gelten für die Fristen nach dem Handelsgesetzbuch und dem Umwandlungsgesetz entsprechend.

§ 6 enthält die speziell verjährungsrechtlichen Übergangsbestimmungen nach dem Vorbild von Artikel 231 § 6 und von Artikel 169 EGBGB. 1214

Zu Absatz 1

Satz 1 enthält die Grundregel. Danach findet das neue Verjährungsrecht des Bürgerlichen Gesetzbuchs auf die am 1. Januar 2001 bestehenden und noch nicht verjährten Ansprüche Anwendung. Zu diesen Ansprüchen gehören nicht nur die sich aus dem Bürgerlichen Gesetzbuch ergebenden Ansprüche, sondern auch solche Ansprüche, die in anderen Gesetzen geregelt sind und sich lediglich hinsichtlich der Verjährung ganz oder in dem durch das jeweilige Gesetz bestimmten Umfang nach den Vorschriften des Bürgerlichen Gesetzbuchs richten. 1215

Diese Grundregel wird durch Sonderregelungen ergänzt, die dem Vertrauensschutz Rechnung tragen. Nach Satz 2 bestimmen sich der Beginn, die Hemmung und der Neubeginn der Verjährung für den Zeitraum vor dem 1. Januar 2002 nach dem Bürgerlichen Gesetzbuch in der bis zu diesem Tag geltenden Fassung, wobei unter »Neubeginn« nach der bisherigen Terminologie die Unterbrechung der Verjährung zu verstehen ist. 1216

Während Satz 2 das Vertrauen in den Fortbestand unter alten Recht »erworbener Hemmungen und Unterbrechungen schützt, soll Satz 3 ein »Überschießen« des Vertrauensschutzes verhindern und erreichen, dass dieses Vertrauen nicht in einem weiter gehendem Maße geschützt wird, als dies unter altem Recht der Fall war. Die bisherigen Verjährungsvorschriften des BGB sehen vielfach vor, dass bei Vorliegen bestimmter Umstände die Unterbrechung der Verjährung als nicht erfolgt gilt. Die wichtigste Regelung ist die des bisherigen § 212 Abs. 1 BGB. Danach gilt die Unterbrechung durch Klageerhebung als nicht erfolgt, wenn die Klage zurückgenommen oder durch ein nicht in der Sache selbst entscheidendes Urteil rechtskräftig abgewiesen wird. Nach Satz 2 würde die Unterbrechung unter neuem Recht zunächst erhalten bleiben. Dies wäre aber nicht angemessen, wenn unter neuem Recht eben diese Klage zurückgenommen wird, was nach altem Recht den nachträglichen Fortfall der Unterbrechung zur Folge hätte. Satz 3 bestimmt deshalb, dass eine vor dem 1. Januar 2002 bewirkte Unterbrechung rückwirkend durch einen nach Ablauf des 31. Dezember 2001 eintretenden Umstand entfällt, da es um eine im Zeitraum vor dem 1. Januar 2002 erfolgte Unterbrechung geht. Der Satz 3 enthält eine ebensolche Klarstellung auch für den umgekehrten Fall, dass nämlich eine vor dem 1. Januar 2002 bewirkte Unterbrechung rückwirkend durch einen nach Ablauf des 31. Dezember 2001 eintretenden Umstand als erfolgt gilt. Beispiel hierfür ist der bisherige § 212 Abs. 2 BGB: Wenn der Gläubiger nach Zurücknahme der Klage oder ihrer Abweisung durch Prozessurteil binnen sechs Monaten von 1217

F. Überleitungsregelungen

neuem Klage erhebt, gilt die Verjährung als durch die Erhebung der ersten Klage unterbrochen.

Zu Absatz 2

1218 Der im Gesetz jetzt zusätzliche vorgesehene Absatz 2 greift eine Besonderheit der Unterbrechungstatbestände des bisherigen Rechts auf. Diese Unterbrechungstatbestände erschöpfen sich in ihrer Wirkung nicht allein darin, dass sie zu einem Neubeginn der Verjährung führen. Vielmehr beginn diese neue Verjährungsfrist bis zum Ende der Unterbrechung nicht zu laufen. Das ist in der Sache eine zusätzliche Hemmung. Diese Wirkung hat der Neubeginn künftig nicht mehr. Sie muss aber, um den Vertrauensschutz sicherzustellen, für solche Altfälle im Ergebnis erhalten bleiben. Diese erreicht Absatz 2 in zwei Schritten: Im ersten Schritt wird die Unterbrechung alten Rechts mit dem Ablauf des 31. Dezember 2001 kraft Gesetzes beendet, auch wenn sie nach altem Recht noch nicht beendet gewesen wäre. Gleichzeitig tritt kraft Gesetzes auf Grund des alten Unterbrechungstatbestand eine Hemmung nach dem entsprechenden Hemmungstatbestand des neuen Rechts ein. Die Wirkung dieser Hemmung richten sich nach neuem Recht. Eine altrechtliche Unterbrechung durch Klage wird also durch Gesetz mit dem 31. Dezember 2001 beendet, auch wenn das Verfahren noch andauert. Eben dieses Verfahren löst aber auch kraft Gesetzes ab dem 1. Januar 2002 eine Hemmung aus, wie sie § 204 BGB n.F. für die Klage vorsieht.

Zu Absatz 3

1219 Absatz 3 regelt den Vertrauensschutz bei der Bemessung der Verjährungsfristen: Ist die Verjährungsfrist nach dem neuen Verjährungsrecht des Bürgerlichen Gesetzbuchs länger als nach den bisherigen Vorschriften, so verbleibt es bei der kürzeren Frist. Diese Vorschrift stellt ein Novum gegenüber Artikel 231 § 6 und Artikel 169 EGBGB dar. Sie dient dem Schutz des Schuldners. So verbleibt es, um den wichtigsten Anwendungsfall zu nennen, bei den am 1. Januar 2002 bestehenden und noch nicht verjährten kaufvertraglichen Gewährleistungsansprüchen bei der sechsmonatigen Verjährungsfrist nach dem bisherigen § 477 Abs. 1 BGB.

Zu Absatz 4

1220 Absatz 4 regelt den gegenüber Absatz 3 umgekehrten Fall, nämlich dass die Verjährungsfrist nach dem neuen Verjährungsrecht des Bürgerlichen Gesetzbuchs kürzer ist als nach den bisherigen Vorschriften. Um zu vermeiden, dass entsprechend dem nach Absatz 1 Satz 1 grundsätzlich anzuwendenden neuen Verjährungsrecht die kürzere neue Frist am 1. Januar 2002 bereits abgelaufen ist, bestimmt Satz 1, dass die kürzere Frist erst am 1. Januar 2001 zu laufen beginnt. Die Vorschrift setzt dabei voraus, dass die Frist unter Anlegung der neuen Maßstäbe überhaupt zu laufen begonnen hat. Hätte sie noch nicht begonnen, beginnt sie mit dem Zeitpunkt zu laufen, den das neue Recht vorsieht. Beispiel: Anspruch aus pVV nach altem Recht. Die bisherige Verjährung von 30 Jahren wird auf die regelmäßige Verjährung nach §§ 195, 199 BGB n. F. gekürzt. Hat der Gläubiger die nach § 199 Abs. 1 BGB n. F. geforderte Kenntnis, beginnt sie am 1. Januar 2002. Hat er diese Kenntnis noch nicht, beginnt sie mit dem Schluss des Jahres zu laufen, in dem der Gläubiger diese Kenntnis erlangt.

Läuft jedoch die nach den bisherigen Vorschriften bestimmte längere Frist früher als die Frist des neuen Verjährungsrechts des Bürgerlichen Gesetzbuchs ab, so bestimmt Satz 2, dass die Verjährung mit dem Ablauf der längeren bisherigen Frist vollendet ist. Ein Beispiel wäre ein Anspruch aus pVV, dessen bisherigen Verjährungsfrist von 20 Jahren schon bis auf eine Rest von 2 Jahren abgelaufen ist. Hier bleibt es bei den 2 Jahren. 1221

Zu Absatz 5

Nach Absatz 5 sind die Absätze 1 bis 3 entsprechend auf Fristen anzuwenden, die für die Geltendmachung, den Erwerb oder den Verlust eines Anspruchs oder Rechts maßgebend sind. Zu den wichtigsten Anwendungsfällen gehören die Ausschlussfristen für die Anfechtung nach den bisherigen und neuen §§ 121 und 124 BGB. 1222

Zu Absatz 6

Der neue Absatz 6 stellt klar, dass die Bestimmungen des Artikels 229 § 6 EGBGB auch für die im HGB geregelten Fristen Anwendung finden. 1223

§ 7 – Überleitungsvorschrift zu Zinsvorschriften nach dem Gesetz zur Modernisierung des Schuldrechts vom ...

(1) Soweit sie als Bezugsgröße für Zinsen und andere Leistungen in Rechtsvorschriften des Bundes auf dem Gebiet des Bürgerlichen Rechts und des Verfahrensrechts der Gerichte, in nach diesem Gesetz vorbehaltenem Landesrecht und in Vollstreckungstiteln und Verträgen auf Grund solcher Vorschriften verwendet werden, treten mit Wirkung vom 1. Januar 2002
1. an die Stelle des Basiszinssatzes nach dem Diskontsatz-Überleitungs-Gesetz vom 9. Juni 1998 (BGBl. I S. 1242) der Basiszinssatz des Bürgerlichen Gesetzbuchs,
2. an die Stelle des Diskontsatzes der Deutschen Bundesbank der Basiszinssatz (§ 247 des Bürgerlichen Gesetzbuchs),
3. an die Stelle des Zinssatzes für Kassenkredite des Bundes der um 1,5 Prozentpunkte erhöhte Basiszinssatz des Bürgerlichen Gesetzbuchs,
4. an die Stelle des Lombardsatzes der Deutschen Bundesbank der Zinssatz der Spitzenrefinanzierungsfazilität der Europäischen Zentralbank (SRF-Zinssatz),
5. an die Stelle der »Frankfurt Interbank Offered Rate«-Sätze für die Beschaffung von Ein- bis Zwölfmonatsgeld von ersten Adressen auf dem deutschen Markt auf ihrer seit dem 2. Juli 1990 geltenden Grundlage (FIBOR-neu-Sätze) die »EURO Interbank Offered Rate«-Sätze für die Be-

schaffung von Ein- bis Zwölfmonatsgeld von ersten Adressen in den Teilnehmerstaaten der Europäischen Währungsunion (EURIBOR-Sätze) für die entsprechende Laufzeit,
6. an die Stelle des »Frankfurt Interbank Offered Rate«-Satzes für die Beschaffung von Tagesgeld (»Overnight«) von ersten Adressen auf dem deutschen Markt (»FIBOR-Overnight«-Satz) der »EURO Overnight Index Average«-Satz für die Beschaffung von Tagesgeld (»Overnight«) von ersten Adressen in den Teilnehmerstaaten der Europäischen Währungsunion (EONIA-Satz) und
7. bei Verwendung der »Frankfurt Interbank Offered Rate«-Sätze für die Geldbeschaffung von ersten Adressen auf dem deutschen Markt auf ihrer seit dem 12. August 1985 geltenden Grundlage (FIBOR-alt-Sätze)
    a) an die Stelle des FIBOR-alt-Satzes für Dreimonatsgeld der EURIBOR-Satz für Dreimonatsgeld, multipliziert mit der Anzahl der Tage der jeweiligen Dreimonatsperiode und dividiert durch 90,
    b) an die Stelle des FIBOR-alt-Satzes für Sechsmonatsgeld der EURIBOR-Satz für Sechsmonatsgeld, multipliziert mit der Anzahl der Tage der jeweiligen Sechsmonatsperiode und dividiert durch 180 und
    c) wenn eine Anpassung der Bestimmungen über die Berechnung unterjähriger Zinsen nach § 5 Satz 1 Nr. 3 des Gesetzes zur Umstellung von Schuldverschreibungen auf Euro vom 9. Juni 1998 (BGBl. I S. 1242, 1250) erfolgt, an die Stelle aller FIBOR-alt-Sätze die EURIBOR-Sätze für die entsprechende Laufzeit.
Satz 1 Nr. 3 bis 6 ist auf Zinsperioden nicht anzuwenden, die auf einen vor Ablauf des 31. Dezember 1998 festgestellten FIBOR-Satz Bezug nehmen; insoweit verbleibt es bei den zu Beginn der Zinsperiode vereinbarten FIBOR-Sätzen. Soweit Zinsen für einen Zeitraum vor dem 1. Januar 1999 geltend gemacht werden, bezeichnet eine Bezugnahme auf den Basiszinssatz den Diskontsatz der Deutschen Bundesbank in der in diesem Zeitraum maßgebenden Höhe. Die in den vorstehenden Sätzen geregelte Ersetzung von Zinssätzen begründet keinen Anspruch auf vorzeitige Kündigung, einseitige Aufhebung oder Abänderung von Verträgen und Abänderung von Vollstreckungstiteln. Das Recht der Parteien, den Vertrag einvernehmlich zu ändern, bleibt unberührt.
(2) Für die Zeit vor dem 1. Januar 2002 sind das Diskontsatz-Überleitungs-Gesetz vom 9. Juni 1998 (BGBl. I S. 1242) und die auf seiner Grundlage erlassenen Rechtsverordnungen in der bis zu diesem Tag geltenden Fassung anzuwenden.
(3) Eine Veränderung des Basiszinssatzes gemäß § 247 Abs. 1 Satz 2 des Bürgerlichen Gesetzbuchs erfolgt erstmals zum 1. Januar 2002.
(4) Die Bundesregierung wird ermächtigt, durch Rechtsverordnung mit Zustimmung des Bundesrates
1. die Bezugsgröße für den Basiszinssatz gemäß § 247 des Bürgerlichen Gesetzbuchs und

2. den SRF-Zinssatz als Ersatz für den Lombardsatz der Deutschen Bundesbank

durch einen anderen Zinssatz der Europäischen Zentralbank zu ersetzen, der dem Basiszinssatz, den durch diesen ersetzten Zinssätzen und dem Lombardsatz in ihrer Funktion als Bezugsgrößen für Zinssätze eher entspricht.

Vorbemerkung

§ 7 enthält die Überleitungsregelung für Zinsvorschriften. Hier hat sich im Laufe des Gesetzgebungsverfahren die Struktur verändert. Ursprünglich war beabsichtigt, das Diskontsatz-Überleitungs-Gesetz und seine Durchführungsverordnungen insgesamt aufzuheben. Davon ist Abstand genommen worden. Das Gesetz lässt diese Vorschriften unberührt, nimmt aber mit dem äußerlich kaum veränderten § 7 den gesamten Bereich des Zivilrechts und des gerichtlichen Verfahrensrechts aus dem Anwendungsbereich der bisherigen Vorschriften aus. Diese Lösung ist keine Dauerlösung. Vielmehr wird die ursprüngliche Absicht des Gesetzgebers alsbald nachgeholt werden müssen. Bis dahin gibt es aber, worauf in der Praxis zu achten sein wird, zwei Basiszinssätze: für den Bereich des Zivilrechts und des Gerichtsverfahrensrechts den Basiszinssatz nach § 247 BGB n. F. und für den Bereich des öffentlichen rechts den Basiszinssatz nach dem Diskontsatz-Überleitungs-Gesetz. Entsprechendes gilt für die anderen Bezugsgrößen, deren Ersetzung in § 7 für den Bereich des Zivilrechts und des Gerichtsverfahrensrechts eigenständig geregelt ist. Ein Unterschied in der Sache ergibt sich nur beim Basiszinssatz: Während der zivilrechtliche Basiszinssatz zweimal im Jahr angepasst wird und nach dem 2-Wochen-tender der EZB variiert, wird der öffentlich-rechtliche Basiszinssatz dreimal im Jahr geändert und variiert nach dem 3-Monats-Tender der EZB.

Zu Absatz 1

Durch dieses Gesetz soll der Basiszinssatz als dauerhafte Bezugsgröße in das Bürgerliche Gesetzbuch integriert und dieser neue Basiszinssatz den Basiszinssatz nach dem Diskontsatz-Überleitungs-Gesetz für den Bereich des Zivilrechts und des Gerichtsverfahrensrechts ablösen. Hierbei werden der Anpassungsrhythmus und die Bezugsgröße, wenn auch nur geringfügig, verändert. Dazu ist eine Überleitungsregelung erforderlich, die inhaltlich den Überleitungsvorschriften des Diskontsatz-Überleitungs-Gesetzes und der auf seiner Grundlage erlassenen Rechtsverordnungen entspricht. Das ist Inhalt von Absatz 1.

Satz 1 regelt die Ersetzungswirkung, wie sie § 1 Abs. 1 DÜG, § 1 der Lombardsatz-Überleitungs-Verordnung und § 1 der FIBOR-Überleitungs-Verordnung bei Einführung des Basiszinssatzes geregelt haben. Satz 2 Halbsatz 1 ist § 2 Abs. 1 der FIBOR-Überleitungsverordnung und § 2 der Lombardsatz-Überleitungs-Verordnung nachempfunden. Satz 2 Halbsatz 2 ist § 2 Abs. 2 der FIBOR-Überleitungsverordnung nachgebildet. Satz 3 entspricht funktionell § 2 DÜG und die Sätze 4 und 5 dem § 3 Abs. 1 und § 4 DÜG.

Zu Absatz 2

1227 Absatz 2 stellt klar, dass für die Vergangenheit die bisherigen Überleitungsvorschriften weiterhin maßgeblich bleiben.

Zu Absatz 3

1228 Absatz 3 will verhindern, dass die turnusmäßige Anpassung des Basiszinssatz zum 1. Januar 2002 wegen des Rechtswechsels unmotiviert ausfällt. Deshalb ändert sich der Basiszinssatz nach § 247 BGB n. F. je nach der Entwicklung der Bezugsgröße schon bei seinem Inkrafttreten.

Zu Absatz 4

1229 Das Diskontsatz-Überleitungs-Gesetz enthält bislang die Möglichkeit, die Bezugsgröße für den Basiszinssatz und den SRF-Zinssatz als Ersatz für den Lombardsatz als Bezugsgrößen für Zinssätze durch andere Zinssätze der Europäischen Zentralbank zu ersetzen. Von dieser Ermächtigung hat die Bundesregierung zwar bislang schon erschöpfend Gebrauch gemacht. Sie könnte ihre – hier fortgeschriebenen – Festlegungen allerdings in Zukunft wieder ändern, wenn sich dies als notwendig erweisen sollte. Diese Möglichkeit soll mit Absatz 4 im bisherigen Umfang auch für das Zivilrechts und das Zivilverfahrensrecht aufrechterhalten werden.

G. Praxishilfen

I. Praktische Hinweise zu wesentlichen neuen Vorschriften

Vorschrift des BGB	Hinweis
§ 195	Die Vorschrift ist nur im Zusammenhang mit § 199 verständlich.
§ 196	Bei Grundstückskaufverträgen und bei Sicherungsabreden sollte auf die jetzt früher eintretende Verjährung geachtet werden.
§ 197	Wichtig ist die fortbestehende Vollstreckungsverjährung (Abs. 1 Nr. 3, 4) Nach wie vor gibt es eine kurze Verjährung für Zinsen, Abs. 2. Zu beachten die Ausnahme in § 497 Abs. 3
§ 199	Die Vorschrift ist die Schlüsselvorschrift des neuen Verjährungsrechts. Sie kombiniert den bisher § 852 mit dem bisherigen § 201. Zur Auslegung und Anwendung kann auf Rechtsprechung und Literatur zu dem bisherigen § 852 zurückgegriffen werden. Es sollte aber die Kontrollüberlegung angestellt werden, ob diese Grundsätze auch unter Berücksichtigung des Umstandes gerechtfertigt sind, dass die Vorschrift auch für vertragliche und gesetzliche Ansprüche gilt. Bei den Höchstfristen der Absätze 2 und 3 ergibt sich ein Qualifikationsproblem. Die ungeschriebenen Rechtsgüter des § 823 Abs. 1 müssen in Absatz 2 bzw. 3 eingeordnet werden. Persönlichkeitsrecht in Absatz 2 und eingerichteter und geschützter Gewerbebetrieb in Absatz 3.
§ 202	Die Vorschrift bestimmt einen Paradigmenwechsel. Nicht nur die Verkürzung, sondern auch die Verlängerung der Verjährung ist künftig zulässig, und zwar bei allen, nicht nur bei den kurzen Fristen. § 202 kompensiert auch bisher bestehende, künftig aber fortfallende Hemmungstatbestände, z.B. § 639 Abs. 2 BGB a.F. Künftig wird stärker als bisher auf sprachliche Präzision und vor allem auf eine Trennung von Pactum den non petendo, Verjährungsvereinbarung und Anerkenntnis zu achten sein.
§ 203	Verhandlungen werden künftig als Hemmungstatbestand anerkannt. Auch hier ist Rückgriff auf Rechtsprechung und Literatur zu dem wegfallenden § 852 Abs. 2 BGB a.F. möglich. Auch hier ist eine Kontrollüberlegung anzustellen, ob die bisherige Auslegung immer passt. Die Vorschrift gilt jetzt auch für alle Verträge. In der Praxis wird eine eindeutiges Verhalten stärker als bisher notwendig werden. Dies gilt gerade auch beim Kauf.

G. Praxishilfen

Vorschrift des BGB	Hinweis
§ 204	§ 204 bestimmt einen Paradigmenwechsel. Die bekannten Unterbrechungstatbestände bringen künftig keinen Neubeginn der Verjährung, sondern »nur noch« eine Hemmung. Das bedingt eine Umstellung in der Praxis. § 204 enthält einige neue Hemmungstatbestände, nämlich Güteantrag (Nr. 4), selbständiges Beweisverfahren (Nr. 5), vereinbartes Begutachtungsverfahren (Nr. 6), einstweilige Verfügung/Arrest (Nr. 9) und PKH (Nr. 14), hier allerdings mit einer wichtigen Änderung.
§ 212	Die Vorschrift markiert einen Paradigmenwechsel. Künftig gibt es nur noch 2 Tatbestände, die einen Neubeginn der Verjährung auslösen. Anders als bisher ist der Neubeginn aber nicht mit einer indirekten Hemmung verbunden.
§ 218	Die Vorschrift stellt sicher, dass die Umgestaltung von Rücktritt und Minderung zu Gestaltungsrechten keine unerwünschten Auswirkungen bei der Verjährung hat. Diese rechte verjähren zwar nicht. § 218 führt aber zum gleichen Ergebnis
§ 275	Die Neufassung führt nicht zu Änderungen in der Sache. Die Vorschrift greift aber die Rechtsprechung zur faktischen Unmöglichkeit auf (Absätze 2 und 3)
§ 276	Die Vorschrift ist zwar inhaltlich unverändert geblieben. Sie hat aber trotzdem künftig größere Bedeutung als bisher. Zunächst ersetzt § 276 BGB n. F. den fortfallenden § 279 BGB a. F. § 276 nimmt aber jetzt auf Garantie und Beschaffungsrisiko Bezug. Damit macht er deutlich, dass künftig auch die fortfallenden Garantiehaftungen nach §§ 463, 437 BGB a. F. durch vertragliche Vereinbarungen ersetzt werden können und müssen, wenn auch ohne Fahrlässigkeit gehaftet werden soll. Hierbei ist Vorsicht geboten. Wenn eine Garantie besteht, kann sie nicht begrenzt werden, § 444 BGB n. F. Man muss die Garantie von vornherein auf das Leistbare reduzieren.
§ 280	Schlüsselvorschrift. Sie ist künftig der einzige Haftungstatbestand. Neben § 280 gibt es nur noch den Haftungstatbestand des § 311a Abs. 2 BGB n. F. Die Vorschrift verlangt, zwischen den Schadensersatzzielen zu trennen. Ersatz von Schäden grundsätzlich unmittelbar nach § 280 Abs. 1. Reine Verzögerungsschäden nach § 280 Abs. 1, 2 mit § 286 und Schadensersatz statt der Leistung nach § 280 Abs. 1, 3 mit §§ 281 – 283.
§ 281	Schlüsselvorschrift. Sie ersetzt § 326 und pVV. Künftig reicht die Fristsetzung, keine Ablehnungsandrohung mehr. Künftig gibt es auch keine Begrenzung der Gläubigerrechte. Gläubiger kann auch

I. Praktische Hinweise zu wesentlichen neuen Vorschriften

Vorschrift des BGB	Hinweis
	nach Ablauf der Frist zwischen Erfüllung, Schadensersatz statt der Leistung und Rücktritt wählen. Hierin keine echte Wahlschuld. Ius variandi erlischt mit Verlangen von Schadensersatz statt der Leistung bzw. Rücktrittserklärung.
§ 284	Gibt Ersatz für frustrierte Aufwendung (z.B. im Stadthallenfall), ersetzt § 467 BGB a.F., der wegfällt. Daher Ersatz von Vertragskosten künftig nur nach §§ 280, 284 BGB n.F.
§ 286	Verzug im förmlichen Sinne nur nötig für reinen Verzögerungsschaden gemäß §§ 280 Abs. 2, 288 BGB n.F. Verzug tritt wieder wie vor dem 1. 5. 2000 bei allen Forderung durch Mahnung ein. Die 30-Tages-Regelung wird zur »Spätestens-Regelung«, aber begrenzt auf Entgeltforderungen. Sie wird ergänzt durch eine Regelung für den Fall, dass der Zugang der Rechnung bestritten wird. Dann soll Zugang der Ware oder Dienstleistung maßgeblich sein. Vereinbarungen zum Verzug werden durch § 286 Abs. 2 Nr. 2 BGB n.F. vereinfacht. Verzug kann innerhalb einer nach dem Kalender zu berechnenden Zeit nach einem Ereignis eintreten, wenn das so vereinbart wird.
§ 288	Verzugszins für Geschäftsverkehr wird nochmals angehoben.
§ 305a	Ausnahmen von bisherigen § 2 AGBG (jetzt § 305 Abs., 2 BGB n.F.) werden eingeschränkt, nicht mehr für Versicherungen und Bausparkassen eingeschränkt für Deutsche Post AG und Telekommunikationsunternehmen.
§ 307	Bei der allgemeinen Inhaltskontrolle von AGB wird das Transparenzgebot ausdrücklich geregelt (Absatz 1 Satz 2).
§ 309	Wichtige Änderung bei Haftungsbeschränkung. Keine Beschränkung der Haftung für Körperschäden (Nr. 7 Buchstabe a). Künftig generell keine Beschränkung der Haftung für Schadensersatz bei groben verschulden (Nr. 7 Buchstabe b). Haftungsbeschränkung bei Mängeln künftig nur nach Nr. 8 Buchstabe b. Für Schadensersatz gilt nur Nr. 7
§ 310	AGB-Kontrolle künftig auch bei Arbeitsverträge, aber keine Anwendung des Unterlassungsklagengesetzes.
§ 311	Regelung der CIC in Absatz 2 und speziell der Sachwalterhaftung in Absatz 3. Haftungsmaßstab ist § 241 Abs. 2. Haftungsnorm ist § 280 Abs. 1
§ 311a	Einzige Haftungsnorm neben § 280. Die Vorschrift ist anzuwenden vor allem beim Verkauf nicht bestehender Rechte oder nicht nachbesserbarer anderer Sachen. Zu beachten: Auch hier gibt es eine Garantie gemäß § 276 BGB

441

Vorschrift des BGB	Hinweis
	n. F. Das geht, weil die Garantie z. B. für den Bestand des Rechts auch die Garantier für die in § 311a Abs. 2 vorausgesetzt Kenntnis von dem Nichtbestehen des Rechts
§ 323	Schlüsselvorschrift für den Rücktritt bei Schlechtleistung und Verzögerung. Drei wichtigre Änderungen: Es kommt auf Verschulden nicht an. Es kommt nicht auf die förmlichen Voraussetzungen des Verzugs, sondern allein auf eine Fristsetzung an. Rücktritt schließt Schadenersatz nicht mehr aus (§325).
§ 346	Das Rücktrittsrecht gilt jetzt immer für jeden Rücktritt, den gesetzlichen und den vertraglichen. Es gilt auch für die Rückabwicklung im Rahmen des großen Schadensersatzes.
	Untergang oder Verschlechterung schließt Rücktritt nicht mehr aus. Rücktrittsschuldner haftet dafür auf Wertersatz. Aber Zurückspringen der Gefahr beim Rücktritt kraft Gesetzes in § 346 Ab. 3 Nr. 3 BGB n. F.
	Kein Privileg des gesetzlich zum Rücktritt Berechtigten, wenn dieser sein Rücktrittsrecht kennt.
§ 355	Übernimmt § 361 a BGB a. F. neu sind zwei Punkte:
	§ 355 Abs. 3 enthält jetzt einheitliche Regelung für den Fall, dass Informations- und Belehrungspflicht nicht eingehalten.
	§§ 358, 359 vereinheitlichen die Vorschriften zum finanzierten Geschäft und zum Einwendungsdurchgriff.
§ 434 Abs. 1	Die Vorschrift belässt es im Grundsatz bei dem traditionelle subjektiven Fehlerbegriff. Die Leistungsbeschreibung wird aber künftig viel wichtiger als bisher, weil Haftungsbeschränkungen deutlich schwerer werden, § 475 BGB Neu ist Absatz 1 Satz 3. Zu den gewöhnlichen Eigenschaften, die eine Sache in Ermanglung von Vereinbarungen haben muss, gehören auch die Eigenschaften, die aus öffentlichen Aussagen des Herstellers insbesondere in Werbung und Etikettierung hervorgehen. Dieser Gesichtspunkt muss neben den üblichen wettbewerbsrechtlichen Gesichtspunkten bei der Marketingberatung berücksichtigt werden. Neu sind auch die IKEA- und die Montageklausel in § 434 Abs. 3. Vor allem die IKEA-Klausel macht es notwendig, die Leistungsbeschreibungen zu prüfen. Es sollte darauf geachtet werden, ob Bausätze auch für Verbraucher geeignet sind. Wichtig ist auch Absatz 3. Das Aliud und das Zuwenig steht dem Mangel gleich.

Vorschrift des BGB	Hinweis
§ 437	Die Norm ist Programmnorm, keine eigene Anspruchsnorm. Für das Verständnis ist die Verknüpfung zum allgemeinen Leistungsstörungsrecht entscheidend. Das allgemeine Leistungsstörungsrecht gilt bis zur Ablieferung bzw. Übergabe (§ 438 Abs. 2 BGB n. F.). Sobald irgendetwas geliefert wird, und sei es auch ein Aliud, § 434 Abs. 3, gilt das allgemeine Leistungsstörungsrecht mit den Modifikationen der §§ 437 ff.. Dies sind vor allem § 439 und § 438 BGB n. F. Die Anwendung des allgemeinen Leistungsstörungsrechts hat zwei wesentliche Konsequenzen für die Praxis: Zum einen entfallen die Garantiehaftungen nach §§ 463, 437 BGB a. F. Zum anderen gilt jetzt eine Verschuldenshaftung mit vermutetem Verschulden. Es wird deshalb ganz entscheidend darauf ankommen, welche Prüfungspflichten der Verkäufer hat. Muss er die Ware prüfen, wird er bei Mängeln einer Haftung kaum ausweichen können.
§ 438	Kurze Verjährungsfristen für alle Mängelansprüche, unabhängig vom jeweils betroffenen Rechtsgut. Neu sind die beiden Fristen. In der Regel 2 Jahren, bei Bauwerken und eingebauten Bauteilen 5 Jahren.
§ 442	Die Norm ist nicht neu, wohl aber die Streichung des bisherigen § 464 BGB a. F.
§ 444	Die Norm verallgemeinert § 11 Nr. 11 AGBG, der jetzt auch für Individualverträge gilt.
§ 449	Neu ist die Verallgemeinerung von § 13 Abs. 3 VerbrKrG in Absatz 2.
§ 453	Die Vorschrift verlangt insbesondere die adaptierende Anwendung von § 438 BGB n. F.
§ 475	Beim Verbrauchsgüterkauf kann die Rechtsstellung des Verbrauchers nicht verschlechtert werden. Dies gilt auch bei gebrauchten Güter. Hier ist künftig nur noch eine Verkürzung der Verjährung auf 1 Jahr zulässig, nicht jedoch der bisher weit verbreitete Gewährleistungsausschluss.
§§ 478, 479	Die Rückgriffsvorschriften sind neu. Sie schützen den Händler, schränken aber die Möglichkeiten der Unternehmen ein, die Haftung für Mängel einzuschränken. Schlüsselnorm dafür ist § 478 Abs. 4 Satz 1 BGB n. F. Danach ist der Rückgriff zwar dispositiv, aber nur, wenn eine gleichwertige Alternative angeboten wird.
§ 491	Verbraucherdarlehensvertrag ist allein das Gelddarlehen. Die Finanzierungshilfe wird gesondert geregelt, §§ 499 ff. BGB n. F.
§ 492	Neu ist Absatz 4, wonach auch die Vollmacht zum Abschluss eines Verbraucherdarlehensvertrag der Form des § 492 BGB n. F.

Vorschrift des BGB	Hinweis
	unterliegt, also schriftlich mit den Einzelangaben. Ausnahmen nur für Prozessvollmacht und notarielle beurkundete Vollmacht. Dies bringt Veränderungen auch bei der sog. Vorsorgvollmacht. Sie ist umfassend nur, wenn sie notariell beurkundet wird.
§ 502	Neu ist Absatz 2. Er erleichtert den Abschluss von Teilzahlungsgeschäften im Fernabsatz. Das Schriftformerfordernis wird gelockert
§ 607	Die bisherigen Darlehensvorschriften gelten nur noch für das Sachdarlehen. Das Gelddarlehen ist künftig in §§ 488 ff. BGB n. F.
§ 615	Satz 3 normiert in der Sache eine Ausnahme von § 323 BGB n. F.
§ 619a	In der Sache Ausnahme von § 280 Abs. 1 Satz 2 BGB n. F.
§ 634	Funktionell identisch mit § 437
§ 634a	Funktionell identisch mit § 438. Die Vorschrift macht die Unterscheidung zwischen nahen und entfernten Mangelfolgeschäden.
§ 651	Mehr Werkverträge als bisher unterfallen dem Kaufrecht. Es handelt sich um Werkverträge über bewegliche unvertretbare neue Sachen.

II. Hinweise zu EG-konform auszulegenden neuen Vorschriften

Vorbemerkung

1230   Nach dem Gesetz zur Modernisierung des Schuldrechts setzt das BGB folgende EG-Richtlinien um:

1. Richtlinie 76/207/EWG des Rates vom 9. Februar 1976 zur Verwirklichung des Grundsatzes der Gleichbehandlung von Männern und Frauen hinsichtlich des Zugangs zur Beschäftigung, zur Berufsbildung und zum beruflichen Aufstieg sowie in Bezug Auf die Arbeitsbedingungen (ABl. EG Nr. L 39 S. 40),
2. Richtlinie 77/187/EWG des Rates vom 14. Februar 1977 zur Angleichung der Rechtsvorschriften der Mitgliedstaaten über die Wahrung von Ansprüchen der Arbeitnehmer beim Übergang von Unternehmen, Betrieben oder Betriebsteilen (ABl. EG Nr. L 61 S. 26),
3. Richtlinie 85/577/EWG des Rates vom 20. Dezember 1985 betreffend den Verbraucherschutz im Falle von außerhalb von Geschäftsräumen geschlossenen Verträgen (ABl. EG Nr. L 372 S. 31),
4. Richtlinie 87/102/EWG des Rates zur Angleichung der Rechts- und Verwaltungsvorschriften der Mitgliedstaaten über den Verbraucherkredit (ABl. EG Nr. L 42 S. 48),

II. Hinweise zu EG-konform auszulegenden neuen Vorschriften

zuletzt geändert durch die Richtlinie 98/7/EG des Europäischen Parlaments und des Rates vom 16. Februar 1998 zur Änderung der Richtlinie 87/102/EWG zur Angleichung der Rechts- und Verwaltungsvorschriften der Mitgliedstaaten über den Verbraucherkredit (ABl. EG Nr. L 101 S. 17),

5. Richtlinie 90/314/EWG des Europäischen Parlaments und des Rates vom 13. Juni 1990 über Pauschalreisen (ABl. EG Nr. L 158 S.59),
6. Richtlinie 93/13/EWG des Rates vom 5. April 1993 über missbräuchliche Klauseln in Verbraucherverträgen (ABl. EG Nr. L 95 S. 29),
7. Richtlinie 94/47/EG des Europäischen Parlaments und des Rates vom 26. Oktober 1994 zum Schutz der Erwerber im Hinblick auf bestimmte Aspekte von Verträgen über den Erwerb von Teilzeitnutzungsrechten an Immobilien (ABl. EG Nr. L 280 S. 82),
8. der Richtlinie 97/5/EG des Europäischen Parlaments und des Rates vom 27. Januar 1997 über grenzüberschreitende Überweisungen (ABl. EG Nr. L 43 S. 25),
9. Richtlinie 97/7/EG des Europäischen Parlaments und des Rates vom 20. Mai 1997 über den Verbraucherschutz bei Vertragsabschlüssen im Fernabsatz (ABl. EG Nr. L 144 S. 19),
10. Artikel 3 bis 5 der Richtlinie 98/26/EG des Europäischen Parlaments und des Rates über die Wirksamkeit von Abrechnungen in Zahlungs- und Wertpapierliefer- und -abrechnungssystemen vom 19. Mai 1998 (ABL. EG Nr. L 166 S. 45),
11. Richtlinie 1999/44/EG des Europäischen Parlaments und des Rates vom 25. Mai 1999 zu bestimmten Aspekten des Verbrauchsgüterkaufs und der Garantien für Verbrauchsgüter (ABl. EG Nr. L 171 S. 12),
12. Richtlinie 2000/35/EG des Europäischen Parlaments und des Rates vom 29. Juni 2000 zur Bekämpfung von Zahlungsverzug im Geschäftsverkehr (ABl. EG Nr. L 200 S. 35),
13. Artikel 10, 11 und 18 der Richtlinie 2000/31/EG des Europäischen Parlaments und des Rates vom 8. Juni 2000 über bestimmte rechtliche Aspekte der Dienste der Informationsgesellschaft, insbesondere des elektronischen Geschäftsverkehrs, im Binnenmarkt (»Richtlinie über den elektronischen Geschäftsverkehr«, ABl. EG Nr. L 178 S. 1).

Die Vorschriften zur Umsetzung von EU-Richtlinien sind generell nicht autonom, sondern richtlinienkonform auszulegen. Das gilt naturgemäß auch für die Vorschriften des Gesetzes zur Modernisierung des Schuldrechts. Hier besteht die Besonderheit, dass die Umsetzung zu einem großen Teil nicht durch isolierte Sondervorschriften, sondern durch Vorschriften erfolgt, die über die von den Richtlinien erfassten Fälle hinaus auch für andere Sachverhalte gelten. Das ändert an dem Zwang zur richtlinienkonformen Anwendung der Umsetzungsvorschriften nichts. Im Gegenteil. Die Vorschriften müssen nach der Rechtsprechung des EuGH dann insgesamt richtlinienkonform ausgelegt werden (EuGH, Slg. 1997 I, 1461, 4201 – 4102,Slg. 1997 I, 4291, 4304; dazu auch W.-H- Roth in: Medicus/Rolland, Europäisches Kaufgewährleistungsrecht, 2000 S. 113 ff., 128 f.). Das bedeutet aber auch, dass in geeigneten Fällen Vorabentscheidungsersuchen an den EuGH nach Art. 234 EG-Vertrag gerichtet werden sollten und von letztinstanzlich entscheidenden Gerichten gestellt werden müssen, wenn sich Auslegungsfragen ergeben. Der Zwang zur richtlinienkonformen Auslegung

1231

ist im BGB nicht gleichmäßig »verteilt«. Zu beachten ist dieser Grundsatz im wesentlichen wie folgt:

Betroffene Vorschriften

Vorschriften des BGB	Richtlinienvorschriften ...
§§ 13, 14	RL 85/577/EWG, RL 87/102/EWG, RL 93/13/EWG, RL 94/47/EWG, RL 97/7/EG, RL 1999/44/EG
§ 122	RL 2000/31/EG
§ 241a	Art. 9 RL 97/7/EG
§ 247	RL 2000/35/EG
§ 281	mittelbar durch Art. 3 RL 1999/44/EG
§ 286	RL 2000/35/EG
§ 288	RL 2000/35/EG
§§ 305 ff.	RL 93/13/EWG, bei § 307 zusätzlich auch Art. 3 Abs. 3 RL 2000/35/EG, BGB geht weiter als RL
§ 311 Abs. 2, 3	RL 2000/31/EG, RL 97/7/EG
§§ 312, 312a	RL 85/577/EWG, BGB geht weiter als RL
§§ 312b – 312d	RL 97/7/EG, BGB geht weiter als RL
§ 312e	RL 2000/31/EG
§ 312f	RL 85/577/EWG, RL 97/7/EG, RL 2000/31/EG
§ 323	Art. 3 RL 1999/44/EG
§ 326	Art. 3 RL 1999/44/EG
§§ 346, 347	RL 1999/44/EG
§§ 355 – 359	RL 85/577/EWG, RL 97/7/EG, RL 94/47/EWG, BGB geht weiter als RLen
§§ 433 – 453	RL 1999/44/EG, bei § 449 auch RL 2000/35/EG, BGB geht weiter als RL
§§ 476 – 479	RL 1999/44/EG
§§ 481 – 487	RL 94/47/EWG, RL 97/7/EG
§§ 491 – 498	RL 87/102/EWG, BGB geht weiter als RL

II. Hinweise zu EG-konform auszulegenden neuen Vorschriften

§§ 499 – 507	RL 87/102/EWG, BGB geht weiter als RL
§§ 611a, 611b , 612a	RL 76/207/EWG
§ 613a	RL 77/187/EWG
§ 651	RL 1999/44/EG
§§ 651a – 651k	RL 90/314/EWG
§ 651m	RL 90/314/EWG
§ 675a	RL 97/5/EG, BGB geht weiter als RL
§ 676	RL 98/26/EG
§ 676a	RL 97/5/EG, RL 98/26/EG, BGB geht teilweise weiter als RL
§§ 676b, 676c	RL 97/57EG, BGB geht weiter als RL
§ 676d	RL 97/5/EG, RL 98/26/EG, BGB geht teilweise weiter als RL
§§ 676e – 676g	RL 97/5/EG, BGB geht weiter als RL
§ 676h	Art. 8 RL 97/7/EG

III. Übersichten

1. Regelmäßige Verjährungsfrist

Frist:	3 Jahre, § 195

Beginn:	3 Elemente:
	– Entstehen (= Fälligkeit) des Anspruchs,
	– Kenntnis oder grob fahrlässige Unkenntnis von
	  = Umständen, die den Anspruch begründen, und
	  = Person des Schuldners,
	– Ablauf des Jahres, in dem die ersten beiden Elemente eintreten.

Höchstfristen:	3 – Schadensersatz wegen Körper, Gesundheit, Leben, Freiheit, Persönlichkeitsrecht: 30 Jahre ab Begehung und Pflichtverletzung – Schadensersatz wegen Eigentum und Vermögen: 10 Jahre ab Begehung, 30 Jahre ab Begehung und Pflichtverletzung – sonstige Ansprüche: 10 Jahre ab Entstehung

2. Pflichtverletzung

Haftungsnorm:	§ 280 Abs. 1
Voraussetzungen:	❑ Schuldverhältnis – Vertrag (§ 311 Abs. 1 BGB) oder vorvertragliches Verhältnis (§ 311 Abs. 2 und 3 BGB)
	❑ Pflichtverletzung – Vertragspflicht oder Schutzpflicht gemäß § 241 Abs. 2 BGB ❑ Vertretenmüssen – Vermutung nach § 280 Abs. 1 Satz 2 BGB

3. Schadensersatz

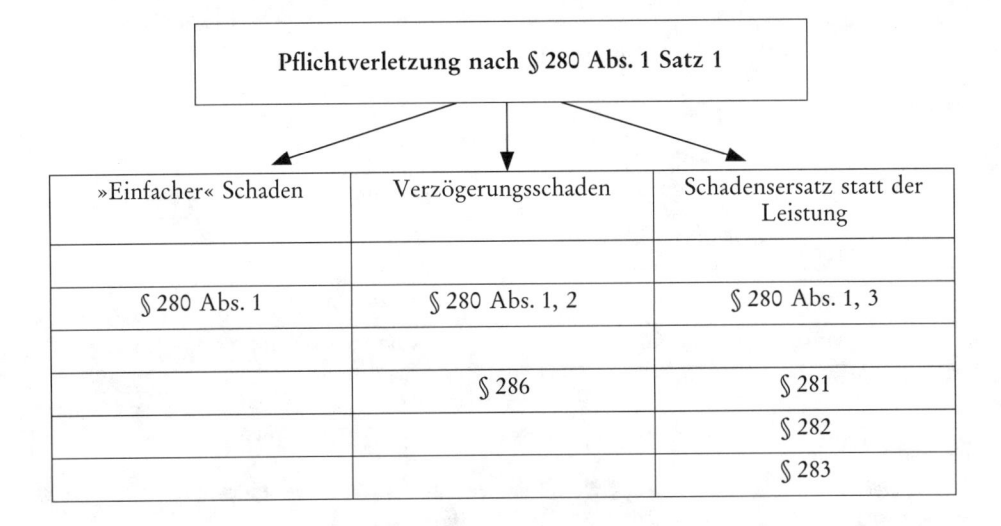

	Pflichtverletzung nach § 280 Abs. 1 Satz 1	
»Einfacher« Schaden	Verzögerungsschaden	Schadensersatz statt der Leistung
§ 280 Abs. 1	§ 280 Abs. 1, 2	§ 280 Abs. 1, 3
	§ 286	§ 281
		§ 282
		§ 283

4. Verzögerung der Leistung

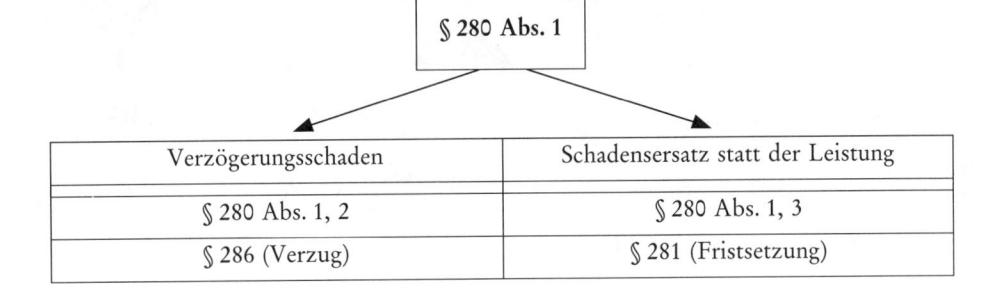

	§ 280 Abs. 1
Verzögerungsschaden	Schadensersatz statt der Leistung
§ 280 Abs. 1, 2	§ 280 Abs. 1, 3
§ 286 (Verzug)	§ 281 (Fristsetzung)

5. Leistungsstörungen bei Kauf und Werkvertrag

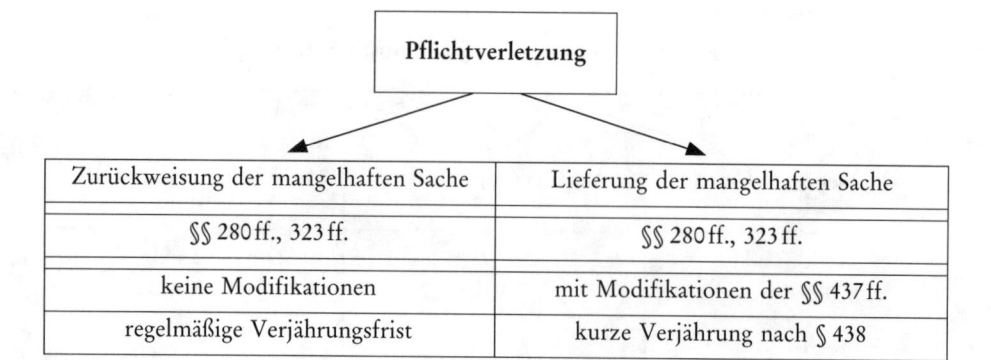

	Pflichtverletzung	
Zurückweisung der mangelhaften Sache		Lieferung der mangelhaften Sache
§§ 280 ff., 323 ff.		§§ 280 ff., 323 ff.
keine Modifikationen		mit Modifikationen der §§ 437 ff.
regelmäßige Verjährungsfrist		kurze Verjährung nach § 438

Gesetzestexte

Bürgerliches Gesetzbuch (Auszug §§ 194 – 941) sowie andere durch das Gesetz zur Modernisierung des Schuldrechts berührte Vorschriften)
Gesetzestext in der Fassung der Beschlussempfehlung des Rechtsausschusses (6. Ausschuss) des Deutschen Bundestages vom 25.09.2001 (BT-Druck. 14/7052 vom 10.10.2001). Das Gesetz zur Modernisierung des Schuldrechts wurde am 11.10.2001 in dieser Fassung vom Deutschen Bundestag verabschiedet.

Abschnitt 5 Verjährung

Titel 1 Gegenstand und Dauer der Verjährung

§ 194 Gegenstand der Verjährung

(1) Das Recht, von einem anderen ein Tun oder Unterlassen zu verlangen (Anspruch), unterliegt der Verjährung.

(2) Ansprüche aus einem familienrechtlichen Verhältnis unterliegen der Verjährung nicht, soweit sie auf die Herstellung des dem Verhältnis entsprechenden Zustandes für die Zukunft gerichtet sind.

§ 195 Regelmäßige Verjährungsfrist

Die regelmäßige Verjährungsfrist beträgt drei Jahre.

§ 196 Verjährungsfrist bei Rechten an einem Grundstück

Ansprüche auf Übertragung des Eigentums an einem Grundstück sowie auf Begründung, Übertragung oder Aufhebung eines Rechts an einem Grundstück oder auf Änderung des Inhalts eines solchen Rechts sowie die Ansprüche auf die Gegenleistung verjähren in zehn Jahren.

§ 197 Dreißigjährige Verjährungsfrist

(1) In 30 Jahren verjähren, soweit nicht ein anderes bestimmt ist,
1. Herausgabeansprüche aus Eigentum und anderen dinglichen Rechten,
2. familien- und erbrechtliche Ansprüche,
3. rechtskräftig festgestellte Ansprüche,
4. Ansprüche aus vollstreckbaren Vergleichen oder vollstreckbaren Urkunden und
5. Ansprüche, die durch die im Insolvenzverfahren erfolgte Feststellung vollstreckbar geworden sind.

(2) Soweit Ansprüche nach Absatz 1 Nr. 2 regelmäßig wiederkehrende Leistungen oder Unterhaltsleistungen und Ansprüche nach Absatz 1 Nr. 3 bis 5 künftig fällig werdende regelmäßig wiederkehrende Leistungen zum Inhalt haben, tritt an die Stelle der Verjährungsfrist von 30 Jahren die regelmäßige Verjährungsfrist.

§ 198 Verjährung bei Rechtsnachfolge

Gelangt eine Sache, hinsichtlich derer ein dinglicher Anspruch besteht, durch Rechtsnachfolge in den Besitz eines Dritten, so kommt die während des Besitzes des Rechtsvorgängers verstrichene Verjährungszeit dem Rechtsnachfolger zugute.

§ 199 Beginn der regelmäßigen Verjährungsfrist und Höchstfristen

(1) Die regelmäßige Verjährungsfrist beginnt mit dem Schluss des Jahres, in dem
1. der Anspruch entstanden ist, und
2. der Gläubiger von den den Anspruch begründenden Umständen und der Person des Schuldners Kenntnis erlangt oder ohne grobe Fahrlässigkeit erlangen müsste.

(2) Schadensersatzansprüche, die auf der Verletzung des Lebens, des Körpers, der Gesundheit oder der Freiheit beruhen, verjähren ohne Rücksicht auf ihre Entstehung und die Kenntnis oder grob fahrlässige Unkenntnis in 30 Jahren von der Begehung der Handlung, der Pflichtverletzung oder dem sonstigen, den Schaden auslösenden Ereignis an.

(3) Sonstige Schadensersatzansprüche verjähren
1. ohne Rücksicht auf die Kenntnis oder grob fahrlässige Unkenntnis in zehn Jahren von ihrer Entstehung an, und
2. ohne Rücksicht auf ihre Entstehung und die Kenntnis oder grob fahrlässige Unkenntnis in 30 Jahren von der Begehung der Handlung, der Pflichtverletzung oder dem sonstigen, den Schaden auslösenden Ereignis an.

Maßgeblich ist die früher endende Frist.

(4) Andere Ansprüche als Schadensersatzansprüche verjähren ohne Rücksicht auf die Kenntnis oder grob fahrlässige Unkenntnis in zehn Jahren von ihrer Entstehung an.

(5) Geht der Anspruch auf ein Unterlassen, so tritt an die Stelle der Entstehung die Zuwiderhandlung.

§ 200 Beginn anderer Verjährungsfristen

Die Verjährungsfrist von Ansprüchen, die nicht der regelmäßigen Verjährungsfrist unterliegen, beginnt mit der Entstehung des Anspruchs, soweit nicht ein anderer Verjährungsbeginn bestimmt ist. § 199 Abs. 5 findet entsprechende Anwendung.

§ 201 Beginn der Verjährungsfrist von festgestellten Ansprüchen

Die Verjährung von Ansprüchen der in § 197 Abs. 1 Nr. 3 bis 5 bezeichneten Art beginnt mit der Rechtskraft der Entscheidung, der Errichtung des vollstreckbaren Titels oder der Feststellung im Insolvenzverfahren, nicht jedoch vor der Entstehung des Anspruchs. § 199 Abs. 5 findet entsprechende Anwendung.

§ 202 Unzulässigkeit von Vereinbarungen über die Verjährung

(1) Die Verjährung kann bei Haftung wegen Vorsatzes nicht im Voraus durch Rechtsgeschäft erleichtert werden.

(2) Die Verjährung kann durch Rechtsgeschäft nicht über eine Verjährungsfrist von 30 Jahren ab dem gesetzlichen Verjährungsbeginn hinaus erschwert werden.

Titel 2 Hemmung, Ablaufhemmung und Neubeginn der Verjährung

§ 203 Hemmung der Verjährung bei Verhandlungen

Schweben zwischen dem Schuldner und dem Gläubiger Verhandlungen über den Anspruch oder die den Anspruch begründenden Umstände, so ist die Verjährung gehemmt, bis der eine oder der andere Teil die Fortsetzung der Verhandlungen verweigert. Die Verjährung tritt frühestens drei Monate nach dem Ende der Hemmung ein.

§ 204 Hemmung der Verjährung durch Rechtsverfolgung

(1) Die Verjährung wird gehemmt durch
1. die Erhebung der Klage auf Leistung oder auf Feststellung des Anspruchs, auf Erteilung der Vollstreckungsklausel oder auf Erlass des Vollstreckungsurteils,
2. die Zustellung des Antrags im vereinfachten Verfahren über den Unterhalt Minderjähriger,
3. die Zustellung des Mahnbescheids im Mahnverfahren,
4. die Veranlassung der Bekanntgabe des Güteantrags, der bei einer durch die Landesjustizverwaltung eingerichteten oder anerkannten Gütestelle oder, wenn die Parteien den Einigungsversuch einvernehmlich unternehmen, bei einer sonstigen Gütestelle, die Streitbeilegungen betreibt, eingereicht ist; wird die Bekanntgabe demnächst nach der Einreichung des Antrags veranlasst, so tritt die Hemmung der Verjährung bereits mit der Einreichung ein,
5. die Geltendmachung der Aufrechnung des Anspruchs im Prozess,
6. die Zustellung der Streitverkündung,
7. die Zustellung des Antrags auf Durchführung eines selbständigen Beweisverfahrens,
8. den Beginn eines vereinbarten Begutachtungsverfahrens oder die Beauftragung des Gutachters in dem Verfahren nach § 641a,
9. die Zustellung des Antrags auf Erlass eines Arrestes, einer einstweiligen Verfügung oder einer einstweiligen Anordnung, oder, wenn der Antrag

nicht zugestellt wird, dessen Einreichung, wenn der Arrestbefehl, die einstweilige Verfügung oder die einstweilige Anordnung innerhalb eines Monats seit Verkündung oder Zustellung an den Gläubiger dem Schuldner zugestellt wird,
10. die Anmeldung des Anspruchs im Insolvenzverfahren oder im Schifffahrtsrechtlichen Verteilungsverfahren,
11. den Beginn des schiedsrichterlichen Verfahrens,
12. die Einreichung des Antrags bei einer Behörde, wenn die Zulässigkeit der Klage von der Vorentscheidung dieser Behörde abhängt und innerhalb von drei Monaten nach Erledigung des Gesuchs die Klage erhoben wird; dies gilt entsprechend für bei einem Gericht oder bei einer in Nummer 4 bezeichneten Gütestelle zu stellende Anträge, deren Zulässigkeit von der Vorentscheidung einer Behörde abhängt,
13. die Einreichung des Antrags bei dem höheren Gericht, wenn dieses das zuständige Gericht zu bestimmen hat und innerhalb von drei Monaten nach Erledigung des Gesuchs die Klage erhoben oder der Antrag, für den die Gerichtsstandsbestimmung zu erfolgen hat, gestellt wird, und
14. die Veranlassung der Bekanntgabe des erstmaligen Antrags auf Gewährung von Prozesskostenhilfe; wird die Bekanntgabe demnächst nach der Einreichung des Antrags veranlasst, so tritt die Hemmung der Verjährung bereits mit der Einreichung ein.

(2) Die Hemmung nach Absatz 1 endet sechs Monate nach der rechtskräftigen Entscheidung oder anderweitigen Beendigung des eingeleiteten Verfahrens. Gerät das Verfahren dadurch in Stillstand, dass die Parteien es nicht betreiben, so tritt an die Stelle der Beendigung des Verfahrens die letzte Verfahrenshandlung der Parteien, des Gerichts oder der sonst mit dem Verfahren befassten Stelle. Die Hemmung beginnt erneut, wenn eine der Parteien das Verfahren weiter betreibt.

(3) Auf die Frist nach Absatz 1 Nr. 9, 12 und 13 finden die §§ 206, 210 und 211 entsprechende Anwendung.

§ 205 Hemmung der Verjährung bei Leistungsverweigerungsrecht

Die Verjährung ist gehemmt, solange der Schuldner auf Grund einer Vereinbarung mit dem Gläubiger vorübergehend zur Verweigerung der Leistung berechtigt ist.

§ 206 Hemmung der Verjährung bei höherer Gewalt

Die Verjährung ist gehemmt, solange der Gläubiger innerhalb der letzten sechs Monate der Verjährungsfrist durch höhere Gewalt an der Rechtsverfolgung gehindert ist.

§ 207 Hemmung der Verjährung aus familiären und ähnlichen Gründen

(1) Die Verjährung von Ansprüchen zwischen Ehegatten ist gehemmt, solange die Ehe besteht. Das Gleiche gilt für Ansprüche zwischen

1. Lebenspartnern, solange die Lebenspartnerschaft besteht,
2. Eltern und Kindern und dem Ehegatten eines Elternteils und dessen Kindern während der Minderjährigkeit der Kinder,
3. Vormund und dem Mündel während der Dauer des Vormundschaftsverhältnisses,
4. dem Betreuten und dem Betreuer während der Dauer des Betreuungsverhältnisses, und
5. dem Pflegling und dem Pfleger während der Dauer der Pflegschaft.

Die Verjährung von Ansprüchen des Kindes gegen den Beistand ist während der Dauer der Beistandschaft gehemmt.

(2) § 208 bleibt unberührt.

§ 208 Hemmung der Verjährung bei Ansprüchen wegen Verletzung der sexuellen Selbstbestimmung

Die Verjährung von Ansprüchen wegen Verletzung der sexuellen Selbstbestimmung ist bis zur Vollendung des 21. Lebensjahres des Gläubigers gehemmt. Lebt der Gläubiger von Ansprüchen wegen Verletzung der sexuellen Selbstbestimmung bei Beginn der Verjährung mit dem Schuldner in häuslicher Gemeinschaft, so ist die Verjährung auch bis zur Beendigung der häuslichen Gemeinschaft gehemmt.

§ 209 Wirkung der Hemmung

Der Zeitraum, während dessen die Verjährung gehemmt ist, wird in die Verjährungsfrist nicht eingerechnet.

§ 210 Ablaufhemmung bei nicht voll Geschäftsfähigen

(1) Ist eine geschäftsunfähige oder in der Geschäftsfähigkeit beschränkte Person ohne gesetzlichen Vertreter, so tritt eine für oder gegen sie laufende Verjährung nicht vor dem Ablauf von sechs Monaten nach dem Zeitpunkt ein, in dem die Person unbeschränkt geschäftsfähig oder der Mangel der Vertretung behoben wird. Ist die Verjährungsfrist kürzer als sechs Monate, so tritt der für die Verjährung bestimmte Zeitraum an die Stelle der sechs Monate.

(2) Absatz 1 findet keine Anwendung, soweit eine in der Geschäftsfähigkeit beschränkte Person prozessfähig ist.

§ 211 Ablaufhemmung in Nachlassfällen

Die Verjährung eines Anspruchs, der zu einem Nachlass gehört oder sich gegen einen Nachlass richtet, tritt nicht vor dem Ablauf von sechs Monaten nach dem Zeitpunkt ein, in dem die Erbschaft von dem Erben angenommen oder das Insolvenzverfahren über den Nachlass eröffnet wird oder von dem an der Anspruch von einem oder gegen einen Vertreter geltend gemacht werden kann. Ist die Verjährungsfrist kürzer als sechs Monate, so tritt der für die Verjährung bestimmte Zeitraum an die Stelle der sechs Monate.

§ 212 Neubeginn der Verjährung

(1) Die Verjährung beginnt erneut, wenn
1. der Schuldner dem Gläubiger gegenüber den Anspruch durch Abschlagszahlung, Zinszahlung, Sicherheitsleistung oder in anderer Weise anerkennt, oder
2. eine gerichtliche oder behördliche Vollstreckungshandlung vorgenommen oder beantragt wird.

(2) Der erneute Beginn der Verjährung infolge einer Vollstreckungshandlung gilt als nicht eingetreten, wenn die Vollstreckungshandlung auf Antrag des Gläubigers oder wegen Mangels der gesetzlichen Voraussetzungen aufgehoben wird.

(3) Der erneute Beginn der Verjährung durch den Antrag auf Vornahme einer Vollstreckungshandlung gilt als nicht eingetreten, wenn dem Antrag nicht stattgegeben oder der Antrag vor der Vollstreckungshandlung zurückgenommen oder die erwirkte Vollstreckungshandlung nach Absatz 2 aufgehoben wird.

§ 213 Hemmung, Ablaufhemmung und erneuter Beginn der Verjährung bei anderen Ansprüchen

Die Hemmung, die Ablaufhemmung und der erneute Beginn der Verjährung gelten auch für Ansprüche, die aus demselben Grund wahlweise neben dem Anspruch oder an seiner Stelle gegeben sind.

Titel 3   Rechtsfolgen der Verjährung

§ 214 Wirkung der Verjährung

(1) Nach Eintritt der Verjährung ist der Schuldner berechtigt, die Leistung zu verweigern.

(2) Das zur Befriedigung eines verjährten Anspruchs Geleistete kann nicht zurückgefordert werden, auch wenn in Unkenntnis der Verjährung geleistet worden ist. Das gleiche gilt von einem vertragsmäßigen Anerkenntnis sowie einer Sicherheitsleistung des Schuldners.

§ 215 Aufrechnung und Zurückbehaltungsrecht nach Eintritt der Verjährung

Die Verjährung schließt die Aufrechnung und die Geltendmachung eines Zurückbehaltungsrechts nicht aus, wenn der Anspruch in dem Zeitpunkt noch nicht verjährt war, in dem erstmals aufgerechnet oder die Leistung verweigert werden konnte.

§ 216 Wirkung der Verjährung bei gesicherten Ansprüchen

(1) Die Verjährung eines Anspruchs, für den eine Hypothek, eine Schiffshypothek oder ein Pfandrecht besteht, hindert den Gläubiger nicht, seine Befriedigung aus dem belasteten Gegenstand zu suchen.

(2) Ist zur Sicherung eines Anspruchs ein Recht verschafft worden, so kann die Rückübertragung nicht auf Grund der Verjährung des Anspruchs gefordert werden. Ist das Eigentum vorbehalten, so kann der Rücktritt vom Vertrag auch erfolgen, wenn der gesicherte Anspruch verjährt ist.

(3) Die Absätze 1 und 2 finden keine Anwendung auf die Verjährung von Ansprüchen auf Zinsen und andere wiederkehrende Leistungen.

§ 217 Verjährung von Nebenleistungen

Mit dem Hauptanspruch verjährt der Anspruch auf die von ihm abhängenden Nebenleistungen, auch wenn die für diesen Anspruch geltende besondere Verjährung noch nicht eingetreten ist.

§ 218 Unwirksamkeit des Rücktritts

(1) Der Rücktritt wegen nicht oder nicht vertragsgemäß erbrachter Leistung ist unwirksam, wenn der Anspruch auf die Leistung oder der Nacherfüllungsanspruch verjährt ist und der Schuldner sich hierauf beruft. Dies gilt auch, wenn der Schuldner nach § 275 Abs. 1 bis 3, § 439 Abs. 3 oder § 635 Abs. 3 nicht zu leisten braucht und der Anspruch auf die Leistung oder der Nacherfüllungsanspruch verjährt wäre. § 216 Abs. 2 Satz 2 bleibt unberührt.

(2) § 214 Abs. 2 findet entsprechende Anwendung.«

§ 241 wird wie folgt geändert:

    a) Der bisherige Wortlaut der Vorschrift wird Absatz 1.
    b) Folgender Absatz 2 wird angefügt:
    »(2) Das Schuldverhältnis kann nach seinem Inhalt jeden Teil zur Rücksicht auf die Rechte, Rechtsgüter und Interessen des anderen Teils verpflichten.«

4a. § 244 Abs. 1 wird wie folgt gefasst:

»(1) Ist eine in einer anderen Währung als Euro ausgedrückte Geldschuld im Inland zu zahlen, so kann die Zahlung in Euro erfolgen, es sei denn, dass Zahlung in der anderen Währung ausdrücklich vereinbart ist.«

Nach § 246 wird folgender § 247 eingefügt:

§ 247 Basiszinssatz

(1) Der Basiszinssatz beträgt 3,62 Prozent. Er verändert sich zum 1. Januar und 1. Juli eines jeden Jahres um die Prozentpunkte, um welche die Bezugsgröße seit der letzten Veränderung des Basiszinssatzes gestiegen oder gefallen ist. Bezugsgröße ist der Zinssatz für die jüngste Hauptrefinanzierungsoperation der Europäischen Zentralbank vor dem ersten Kalendertag des betreffenden Halbjahres.

(2) Die Deutsche Bundesbank gibt den geltenden Basiszinssatz unverzüglich nach den in Absatz 1 Satz 2 genannten Zeitpunkten im Bundesanzeiger bekannt.«

Die §§ 275 und 276 werden wie folgt gefasst:

§ 275 Ausschluss der Leistungspflicht

(1) Der Anspruch auf Leistung ist ausgeschlossen, soweit diese für den Schuldner oder für jedermann unmöglich ist.

(2) Der Schuldner kann die Leistung verweigern, soweit diese einen Aufwand erfordert, der unter Beachtung des Inhalts des Schuldverhältnisses und der Gebote von Treu und Glauben in einem groben Missverhältnis zu dem Leistungsinteresse des Gläubigers steht. Bei der Bestimmung der dem Schuldner zuzumutenden Anstrengungen ist auch zu berücksichtigen, ob der Schuldner das Leistungshindernis zu vertreten hat.

(3) Der Schuldner kann die Leistung ferner verweigern, wenn er die Leistung persönlich zu erbringen hat und sie ihm unter Abwägung des seiner Leistung entgegenstehenden Hindernisses mit dem Leistungsinteresse des Gläubigers nicht zugemutet werden kann.

(4) Die Rechte des Gläubigers bestimmen sich nach den §§ 280, 283 bis 285, 311a und 326.

§ 276 Verantwortlichkeit des Schuldners

(1) Der Schuldner hat Vorsatz und Fahrlässigkeit zu vertreten, wenn eine strengere oder mildere Haftung weder bestimmt noch aus dem sonstigen Inhalt des Schuldverhältnisses, insbesondere aus der Übernahme einer Garantie oder eines Beschaffungsrisikos zu entnehmen ist. Die Vorschriften der §§ 827 und 828 finden entsprechende Anwendung.

(2) Fahrlässig handelt, wer die im Verkehr erforderliche Sorgfalt außer Acht lässt.

(3) Die Haftung wegen Vorsatzes kann dem Schuldner nicht im Voraus erlassen werden.«

In § 278 Satz 2 wird die Angabe »§ 276 Abs. 2« durch die Angabe »§ 276 Abs. 3« ersetzt.

§ 279 wird aufgehoben.

Die §§ 280 bis 288 werden wie folgt gefasst:

§ 280 Schadensersatz wegen Pflichtverletzung

(1) Verletzt der Schuldner eine Pflicht aus dem Schuldverhältnis, so kann der Gläubiger Ersatz des hierdurch entstehenden Schadens verlangen. Dies gilt nicht, wenn der Schuldner die Pflichtverletzung nicht zu vertreten hat.

(2) Schadensersatz wegen Verzögerung der Leistung kann der Gläubiger nur unter der zusätzlichen Voraussetzung des § 286 verlangen.

(3) Schadensersatz statt der Leistung kann der Gläubiger nur unter den zusätzlichen Voraussetzungen des § 281, des § 282 oder des § 283 verlangen.

§ 281 Schadensersatz statt der Leistung wegen nicht oder nicht wie geschuldet erbrachter Leistung

(1) Soweit der Schuldner die fällige Leistung **nicht oder nicht wie geschuldet** erbringt, kann der Gläubiger unter den Voraussetzungen des § 280 Abs. 1 Schadensersatz statt der Leistung verlangen, wenn er dem Schuldner erfolglos eine angemessene Frist zur Leistung oder Nacherfüllung bestimmt hat. Hat der Schuldner eine Teilleistung bewirkt, so kann der Gläubiger Schadensersatz statt der ganzen Leistung nur verlangen, wenn er an der Teilleistung kein Interesse hat. Hat der Schuldner die Leistung nicht wie geschuldet bewirkt, so kann der Gläubiger Schadensersatz statt der ganzen Leistung nicht verlangen, wenn die Pflichtverletzung unerheblich ist.

(2) Die Fristsetzung ist entbehrlich, wenn der Schuldner die Leistung ernsthaft und endgültig verweigert oder wenn besondere Umstände vorliegen, die unter Abwägung der beiderseitigen Interessen die sofortige Geltendmachung des Schadenersatzanspruchs rechtfertigen.

(3) Kommt nach der Art der Pflichtverletzung eine Fristsetzung nicht in Betracht, so tritt an deren Stelle eine Abmahnung.

(4) Der Anspruch auf die Leistung ist ausgeschlossen, sobald der Gläubiger statt der Leistung Schadensersatz verlangt hat.

(5) Verlangt der Gläubiger Schadensersatz statt der ganzen Leistung, so ist der Schuldner zur Rückforderung des Geleisteten nach den §§ 346 bis 348 berechtigt.

§ 282 Schadensersatz statt der Leistung wegen Verletzung nach § 241 Abs. 2

Verletzt der Schuldner eine Pflicht nach § 241 Abs. 2 kann der Gläubiger unter den Voraussetzungen des § 280 Abs. 1 Schadensersatz statt der Leistung verlangen, wenn ihm die Leistung durch den Schuldner nicht mehr zuzumuten ist.

§ 283 Schadensersatz statt der Leistung bei Ausschluss der Leistungspflicht

Braucht der Schuldner nach § 275 Abs. 1 bis 3 nicht zu leisten, kann der Gläubiger unter den Voraussetzungen des § 280 Abs. 1 Schadensersatz statt der Leistung verlangen. § 281 Abs. 1 Satz 2 und 3 und Abs. 5 finden entsprechende Anwendung.

§ 284 Ersatz vergeblicher Aufwendungen

Anstelle des Schadensersatzes statt der Leistung kann der Gläubiger Ersatz der Aufwendungen verlangen, die er im Vertrauen auf den Erhalt der Leistung gemacht hat und billigerweise machen durfte, es sei denn, deren Zweck wäre auch ohne die Pflichtverletzung des Schuldners nicht erreicht worden.

§ 285 Herausgabe des Ersatzes

(1) Erlangt der Schuldner infolge des Umstandes, auf Grund dessen er die Leistung nach § 275 Abs. 1 bis 3 nicht zu erbringen braucht, für den geschuldeten Gegenstand einen Ersatz oder einen Ersatzanspruch, so kann der Gläubiger Herausgabe des als Ersatz Empfangenen oder Abtretung des Ersatzanspruchs verlangen.

(2) Kann der Gläubiger statt der Leistung Schadensersatz verlangen, so mindert sich dieser, wenn er von dem in Absatz 1 bestimmten Recht Gebrauch macht, um den Wert des erlangten Ersatzes oder Ersatzanspruchs.

§ 286 Verzug des Schuldners

(1) Leistet der Schuldner auf eine Mahnung des Gläubigers nicht, die nach dem Eintritt der Fälligkeit erfolgt, so kommt er durch die Mahnung in Verzug. Der Mahnung stehen die Erhebung der Klage auf die Leistung sowie die Zustellung eines Mahnbescheids im Mahnverfahren gleich.

(2) Der Mahnung bedarf es nicht, wenn
1. für die Leistung eine Zeit nach dem Kalender bestimmt ist,
2. der Leistung ein Ereignis vorauszugehen hat und eine angemessene Zeit für die Leistung in der Weise bestimmt ist, dass sie sich von dem Ereignis an nach dem Kalender berechnen lässt,
3. der Schuldner die Leistung ernsthaft und endgültig verweigert,
4. aus besonderen Gründen unter Abwägung der beiderseitigen Interessen der sofortige Eintritt des Verzugs gerechtfertigt ist.

(3) Der Schuldner einer Entgeltforderung kommt spätestens in Verzug, wenn er nicht innerhalb von 30 Tagen nach Fälligkeit und Zugang einer Rechnung oder gleichwertigen Zahlungsaufstellung leistet; dies gilt gegenüber einem Schuldner, der Verbraucher ist, nur, wenn auf diese Folgen in der Rechnung oder Zahlungsaufstellung besonders hingewiesen worden ist. Wenn der Zeitpunkt des Zugangs der Rechnung oder Zahlungsaufstellung unsicher ist, kommt der Schuldner, der nicht Verbraucher ist, spätestens 30 Tage nach Fälligkeit und Empfang der Gegenleistung in Verzug.

(4) Der Schuldner kommt nicht in Verzug, solange die Leistung infolge eines Umstandes unterbleibt, den er nicht zu vertreten hat.

§ 287 Verantwortlichkeit während des Verzugs

Der Schuldner hat während des Verzugs jede Fahrlässigkeit zu vertreten. Er haftet wegen der Leistung auch für Zufall, es sei denn, dass der Schaden auch bei rechtzeitiger Leistung eingetreten sein würde.

§ 288 Verzugszinsen

(1) Eine Geldschuld ist während des Verzugs zu verzinsen. Der Verzugszinssatz beträgt für das Jahr fünf Prozentpunkte über dem Basiszinssatz.

(2) Bei Rechtsgeschäften, an denen ein Verbraucher nicht beteiligt ist, beträgt der Zinssatz für Entgeltforderungen acht Prozentpunkte über dem Basiszinssatz.

(3) Der Gläubiger kann aus einem anderen Rechtsgrund höhere Zinsen verlangen.

(4) Die Geltendmachung eines weiteren Schadens ist nicht ausgeschlossen.«

In § 291 Satz 2 wird die Angabe »§ 288 Abs. 1« durch die Angabe »§ 288 Abs. 1 Satz 2, Abs. 2, Abs. 3« ersetzt.

§ 296 wird wie folgt gefasst:

§ 296 Entbehrlichkeit des Angebots

Ist für die von dem Gläubiger vorzunehmende Handlung eine Zeit nach dem Kalender bestimmt, so bedarf es des Angebots nur, wenn der Gläubiger die Handlung rechtzeitig vornimmt. Das Gleiche gilt, wenn der Handlung ein Ereignis vorauszugehen hat und eine angemessene Zeit für die Handlung in der Weise bestimmt ist, dass sie sich von dem Ereignis an nach dem Kalender berechnen lässt.«

Dem zweiten Abschnitt des zweiten Buches wird folgender Abschnitt vorangestellt:

Abschnitt 2 Gestaltung rechtsgeschäftlicher Schuldverhältnisse durch Allgemeine Geschäftsbedingungen

§ 305 Einbeziehung Allgemeiner Geschäftsbedingungen in den Vertrag

(1) Allgemeine Geschäftsbedingungen sind alle für eine Vielzahl von Verträgen vorformulierten Vertragsbedingungen, die eine Vertragspartei (Verwender) der anderen Vertragspartei bei Abschluss eines Vertrags stellt. Gleichgültig ist, ob die Bestimmungen einen äußerlich gesonderten Bestandteil des Vertrags bilden oder in die Vertragsurkunde selbst aufgenommen werden, welchen Umfang sie haben, in welcher Schriftart sie verfasst sind und welche Form der Vertrag hat. Allgemeine Geschäftsbedingungen liegen nicht vor, soweit die Vertragsbedingungen zwischen den Vertragsparteien im einzelnen ausgehandelt sind.

(2) Allgemeine Geschäftsbedingungen werden nur dann Bestandteil eines Vertrags, wenn der Verwender bei Vertragsschluss
1. die andere Vertragspartei ausdrücklich oder, wenn ein ausdrücklicher Hinweis wegen der Art des Vertragsschlusses nur unter unverhältnismäßigen Schwierigkeiten möglich ist, durch deutlich sichtbaren Aushang am Ort des Vertragsschlusses auf sie hinweist und
2. der anderen Vertragspartei die Möglichkeit verschafft, in zumutbarer Weise, die auch eine für den Verwender erkennbare körperliche Behinderung der anderen Vertragspartei angemessen berücksichtigt, von ihrem Inhalt Kenntnis zu nehmen,
und wenn die andere Vertragspartei mit ihrer Geltung einverstanden ist.

(3) Die Vertragsparteien können für eine bestimmte Art von Rechtsgeschäften die Geltung bestimmter Allgemeiner Geschäftsbedingungen unter Beachtung der in Absatz 2 bezeichneten Erfordernisse im Voraus vereinbaren.

§ 305a Einbeziehung in besonderen Fällen

Auch ohne Einhaltung der in § 305 Abs. 2 Nr. 1 und 2 bezeichneten Erfordernisse werden einbezogen, wenn die andere Vertragspartei mit ihrer Geltung einverstanden ist, als einbezogen
1. die mit Genehmigung der zuständigen Verkehrsbehörde oder auf Grund von internationalen Übereinkommen erlassenen Tarife und Ausführungsbestimmungen der Eisenbahnen und die nach Maßgabe des Personenbeförderungsgesetzes genehmigten Beförderungsbedingungen der Straßenbahnen, Obusse und Kraftfahrzeuge im Linienverkehr in den Beförderungsvertrag,
2. die im Amtsblatt der Regulierungsbehörde für Telekommunikation und Post veröffentlichten und in den Geschäftsstellen des Verwenders bereitgehaltenen Allgemeinen Geschäftsbedingungen
    a) in Beförderungsverträge, die außerhalb von Geschäftsräumen durch den Einwurf von Postsendungen in Briefkästen abgeschlossen werden,
    b) in Verträge über Telekommunikations-, Informations- und andere Dienstleistungen, die unmittelbar durch Einsatz von Fernkommunikationsmitteln und während der Erbringung einer Telekommunikationsdienstleistung in einem Mal erbracht werden, wenn die Allgemeinen Geschäftsbedingungen der anderen Vertragspartei nur unter unverhältnismäßigen Schwierigkeiten vor dem Vertragsschluss zugänglich gemacht werden können.

§ 305b Vorrang der Individualabrede

Individuelle Vertragsabreden haben Vorrang vor Allgemeinen Geschäftsbedingungen.

§ 305c Überraschende und mehrdeutige Klauseln

(1) Bestimmungen in Allgemeinen Geschäftsbedingungen, die nach den Umständen, insbesondere nach dem äußeren Erscheinungsbild des Vertrags, so ungewöhnlich sind, dass der Vertragspartner des Verwenders mit ihnen nicht zu rechnen braucht, werden nicht Vertragsbestandteil.

(2) Zweifel bei der Auslegung Allgemeiner Geschäftsbedingungen gehen zu Lasten des Verwenders.

§ 306 Rechtsfolgen bei Nichteinbeziehung und Unwirksamkeit

(1) Sind Allgemeine Geschäftsbedingungen ganz oder teilweise nicht Vertragsbestandteil geworden oder unwirksam, so bleibt der Vertrag im Übrigen wirksam.

(2) Soweit die Bestimmungen nicht Vertragsbestandteil geworden oder unwirksam sind, richtet sich der Inhalt des Vertrags nach den gesetzlichen Vorschriften.

(3) Der Vertrag ist unwirksam, wenn das Festhalten an ihm auch unter Berücksichtigung der nach Absatz 2 vorgesehenen Änderung eine unzumutbare Härte für eine Vertragspartei darstellen würde.

§ 306a Umgehungsverbot

Die Vorschriften dieses Abschnitts finden auch Anwendung, wenn sie durch anderweitige Gestaltungen umgangen werden.

§ 307 Inhaltskontrolle

(1) Bestimmungen in Allgemeinen Geschäftsbedingungen sind unwirksam, wenn sie den Vertragspartner des Verwenders entgegen den Geboten von Treu und Glauben unangemessen benachteiligen. Eine unangemessene Benachteiligung kann sich auch daraus ergeben, dass die Bestimmung nicht klar und verständlich ist.

(2) Eine unangemessene Benachteiligung ist im Zweifel anzunehmen, wenn eine Bestimmung
1. mit wesentlichen Grundgedanken der gesetzlichen Regelung, von der abgewichen wird, nicht zu vereinbaren ist, oder
2. wesentliche Rechte oder Pflichten, die sich aus der Natur des Vertrags ergeben, so einschränkt, dass die Erreichung des Vertragszwecks gefährdet ist.

(3) Die Absätze 1 und 2 sowie die §§ 308 und 309 gelten nur für Bestimmungen in Allgemeinen Geschäftsbedingungen, durch die von Rechtsvorschriften abweichende oder diese ergänzende Regelungen vereinbart werden. Andere Bestimmungen können nach Absatz 1 Satz 2 in Verbindung mit Abs. 1 Satz 1 unwirksam sein.

§ 308 Klauselverbote mit Wertungsmöglichkeit

In Allgemeinen Geschäftsbedingungen ist insbesondere unwirksam
1. (Annahme- und Leistungsfrist)
   eine Bestimmung, durch die sich der Verwender unangemessen lange oder nicht hinreichend bestimmte Fristen für die Annahme oder Ablehnung eines Angebots oder die Erbringung einer Leistung vorbehält; ausgenommen hiervon ist der Vorbehalt, erst nach Ablauf der Widerrufs- oder Rückgabefrist nach § 355 Abs. 1 und 2 und § 356 zu leisten;
2. (Nachfrist)
   eine Bestimmung, durch die sich der Verwender für die von ihm zu bewirkende Leistung abweichend von Rechtsvorschriften eine unangemessen lange oder nicht hinreichend bestimmte Nachfrist vorbehält;
3. (Rücktrittsvorbehalt)
   die Vereinbarung eines Rechts des Verwenders, sich ohne sachlich gerechtfertigten und im Vertrag angegebenen Grund von seiner Leistungspflicht zu lösen; dies gilt nicht für Dauerschuldverhältnisse;
4. (Änderungsvorbehalt)
   die Vereinbarung eines Rechts des Verwenders, die versprochene Leistung zu ändern oder von ihr abzuweichen, wenn nicht die Vereinbarung der Änderung oder Abweichung unter Berücksichtigung der Interessen des Verwenders für den anderen Vertragsteil zumutbar ist;

5. (Fingierte Erklärungen)
eine Bestimmung, wonach eine Erklärung des Vertragspartners des Verwenders bei Vornahme oder Unterlassung einer bestimmten Handlung als von ihm abgegeben oder nicht abgegeben gilt, es sei denn, dass
   a) dem Vertragspartner eine angemessene Frist zur Abgabe einer ausdrücklichen Erklärung eingeräumt ist und
   b) der Verwender sich verpflichtet, den Vertragspartner bei Beginn der Frist auf die vorgesehene Bedeutung seines Verhaltens besonders hinzuweisen;
dies gilt nicht für Verträge, in die Teil B der Verdingungsordnung für Bauleistungen insgesamt einbezogen ist;
6. (Fiktion des Zugangs)
eine Bestimmung, die vorsieht, dass eine Erklärung des Verwenders von besonderer Bedeutung dem anderen Vertragsteil als zugegangen gilt;
7. (Abwicklung von Verträgen)
eine Bestimmung, nach der der Verwender für den Fall, dass eine Vertragspartei vom Vertrag zurücktritt oder den Vertrag kündigt,
   a) eine unangemessen hohe Vergütung für die Nutzung oder den Gebrauch einer Sache oder eines Rechts oder für erbrachte Leistungen oder
   b) einen unangemessen hohen Ersatz von Aufwendungen verlangen kann;
8. (Nichtverfügbarkeit der Leistung)
die nach Nummer 3 zulässige Vereinbarung eines Vorbehalts des Verwenders, sich von der Verpflichtung zur Erfüllung des Vertrags bei Nichtverfügbarkeit der Leistung zu lösen, wenn sich der Verwender nicht verpflichtet,
   a) den Vertragspartner unverzüglich über die Nichtverfügbarkeit zu informieren und
   b) Gegenleistungen des Vertragspartners unverzüglich zu erstatten.

§ 309 Klauselverbote ohne Wertungswertungsmöglichkeit

Auch soweit eine Abweichung von den gesetzlichen Vorschriften zulässig ist, ist in Allgemeinen Geschäftsbedingungen unwirksam
1. (Kurzfristige Preiserhöhungen)
eine Bestimmung, welche die Erhöhung des Entgelts für Waren oder Leistungen vorsieht, die innerhalb von vier Monaten nach Vertragsschluss geliefert oder erbracht werden sollen; dies gilt nicht bei Waren oder Leistungen, die im Rahmen von Dauerschuldverhältnissen geliefert oder erbracht werden;
2. (Leistungsverweigerungsrechte)
eine Bestimmung, durch die
   a) das Leistungsverweigerungsrecht, das dem Vertragspartner des Verwenders nach § 320 zusteht, ausgeschlossen oder eingeschränkt wird, oder
   b) ein dem Vertragspartner des Verwenders zustehendes Zurückbehaltungsrecht, soweit es auf demselben Vertragsverhältnis beruht, ausge-

schlossen oder eingeschränkt, insbesondere von der Anerkennung von Mängeln durch den Verwender abhängig gemacht wird;
3. (Aufrechnungsverbot)
eine Bestimmung, durch die dem Vertragspartner des Verwenders die Befugnis genommen wird, mit einer unbestrittenen oder rechtskräftig festgestellten Forderung aufzurechnen;
4. (Mahnung, Fristsetzung)
eine Bestimmung, durch die der Verwender von der gesetzlichen Obliegenheit freigestellt wird, den anderen Vertragsteil zu mahnen oder ihm eine Frist für die Leistung oder Nacherfüllung zu setzen;
5. (Pauschalierung von Schadensersatzansprüchen)
die Vereinbarung eines pauschalierten Anspruchs des Verwenders auf Schadensersatz oder Ersatz einer Wertminderung, wenn
   a) die Pauschale den in den geregelten Fällen nach dem gewöhnlichen Lauf der Dinge zu erwartenden Schaden oder die gewöhnlich eintretende Wertminderung übersteigt, oder
   b) dem anderen Vertragsteil nicht ausdrücklich der Nachweis gestattet wird, ein Schaden oder eine Wertminderung sei überhaupt nicht entstanden oder wesentlich niedriger als die Pauschale;
6. (Vertragsstrafe)
eine Bestimmung, durch die dem Verwender für den Fall der Nichtabnahme oder verspäteten Abnahme der Leistung, des Zahlungsverzugs oder für den Fall, dass der andere Vertragsteil sich vom Vertrag löst, Zahlung einer Vertragsstrafe versprochen wird;
7. (Haftungsausschluss bei Verletzung von Leben, Körper, Gesundheit und bei grobem Verschulden)
   a) (Verletzung von Leben, Körper, Gesundheit)
   ein Ausschluss oder eine Begrenzung der Haftung für Schäden aus der Verletzung des Lebens, des Körpers oder der Gesundheit, die auf einer fahrlässigen Pflichtverletzung des Verwenders oder einer vorsätzlichen oder fahrlässigen Pflichtverletzung eines gesetzlichen Vertreters oder Erfüllungsgehilfen des Verwenders beruhen;
   b) (grobes Verschulden)
   ein Ausschluss oder eine Begrenzung der Haftung für sonstige Schäden, die auf einer grob fahrlässigen Pflichtverletzung des Verwenders oder auf einer vorsätzlichen oder grob fahrlässigen Pflichtverletzung eines gesetzlichen Vertreters oder Erfüllungsgehilfen des Verwenders beruhen; die Buchstaben a und b gelten nicht für Haftungsbeschränkungen in den nach Maßgabe des Personenbeförderungsgesetzes genehmigten Beförderungsbedingungen und Tarifvorschriften der Straßenbahnen, Obusse und Kraftfahrzeuge im Linienverkehr, soweit sie nicht zum Nachteil des Fahrgastes von der Verordnung über die Allgemeinen Beförderungsbedingungen für den Straßenbahn- und Obusverkehr sowie den Linienverkehr mit Kraftfahrzeugen vom 27. Februar 1970 abweichen;

Buchstabe b gilt nicht für Haftungsbeschränkungen für staatlich genehmigte Lotterie-oder Ausspielverträge;
8. (Sonstige Haftungsausschlüsse bei Pflichtverletzung)
   a) (Ausschluss des Rechts, sich vom Vertrag zu lösen)
      eine Bestimmung, die bei einer vom Verwender zu vertretenden, nicht in einem Mangel der Kaufsache oder des Werks bestehenden Pflichtverletzung das Recht des anderen Vertragsteils, sich vom Vertrag zu lösen, ausschließt oder einschränkt; dies gilt nicht für die in der Nummer 7 bezeichneten Beförderungsbedingungen und Tarifvorschriften, unter den dort genannten Voraussetzungen;
   b) (Mängel)
      eine Bestimmung, durch die bei Verträgen über Lieferungen neu hergestellter Sachen und über Werkleistungen
      aa) (Ausschluss und Verweisung auf Dritte)
          die Ansprüche gegen den Verwender wegen eines Mangels insgesamt oder bezüglich einzelner Teile ausgeschlossen, auf die Einräumung von Ansprüchen gegen Dritte beschränkt oder von der vorherigen gerichtlichen Inanspruchnahme Dritter abhängig gemacht werden;
      bb) (Beschränkung auf Nacherfüllung)
          die Ansprüche gegen den Verwender insgesamt oder bezüglich einzelner Teile auf ein Recht auf Nacherfüllung beschränkt werden, sofern dem anderen Vertragsteil nicht ausdrücklich das Recht vorbehalten wird, bei Fehlschlagen der Nacherfüllung zu mindern oder, wenn nicht eine Bauleistung Gegenstand der Mängelhaftung ist, nach seiner Wahl vom Vertrag zurückzutreten;
      cc) (Aufwendungen bei Nacherfüllung)
          die Verpflichtung des Verwenders ausgeschlossen oder beschränkt wird, die zum Zwecke der Nacherfüllung erforderlichen Aufwendungen, insbesondere Transport-, Wege-, Arbeits- und Materialkosten, zu tragen;
      dd) (Vorenthalten der Nacherfüllung)
          der Verwender die Nacherfüllung von der vorherigen Zahlung des vollständigen Entgelts oder eines unter Berücksichtigung des Mangels unverhältnismäßig hohen Teils des Entgelts abhängig macht;
      ee) (Ausschlussfrist für Mängelanzeige)
          der Verwender dem anderen Vertragsteil für die Anzeige nicht offensichtlicher Mängel eine Ausschlussfrist setzt, die kürzer ist als die nach dem Doppelbuchstaben ff zulässige Frist;
      ff) (Erleichterung der Verjährung)
          die Verjährung von Ansprüchen gegen den Verwender wegen eines Mangels in den Fällen des § 438 Abs. 1 Nr. 2 und des § 634a Abs. 1 Nr. 2 erleichtert oder in den sonstigen Fällen eine weniger als ein Jahr betragende Verjährungsfrist ab dem gesetzlichen Verjährungsbeginn erreicht wird; dies gilt nicht für Verträge, in die Teil B der Verdingungsordnung für Bauleistungen insgesamt einbezogen ist;

9. (Laufzeit bei Dauerschuldverhältnissen)
bei einem Vertragsverhältnis, das die regelmäßige Lieferung von Waren oder die regelmäßige Erbringung von Dienst- oder Werkleistungen durch den Verwender zum Gegenstand hat,
   a) eine den anderen Vertragsteil länger als zwei Jahre bindende Laufzeit des Vertrags,
   b) eine den anderen Vertragsteil bindende stillschweigende Verlängerung des Vertragsverhältnisses um jeweils mehr als ein Jahr, oder
   c) zu Lasten des anderen Vertragsteils eine längere Kündigungsfrist als drei Monate vor Ablauf der zunächst vorgesehenen oder stillschweigend verlängerten Vertragsdauer;
dies gilt nicht für Verträge über die Lieferung als zusammengehörig verkaufter Sachen, für Versicherungsverträge sowie für Verträge zwischen den Inhabern urheberrechtlicher Rechte und Ansprüche und Verwertungsgesellschaften im Sinne des Gesetzes über die Wahrnehmung von Urheberrechten und verwandten Schutzrechten;

10. (Wechsel des Vertragspartners)
eine Bestimmung, wonach bei Kauf-, Dienst- oder Werkverträgen ein Dritter anstelle des Verwenders in die sich aus dem Vertrag ergebenden Rechte und Pflichten eintritt oder eintreten kann, es sei denn, in der Bestimmung wird
   a) der Dritte namentlich bezeichnet, oder
   b) dem anderen Vertragsteil das Recht eingeräumt, sich vom Vertrag zu lösen;

11. (Haftung des Abschlussvertreters)
eine Bestimmung, durch die der Verwender einem Vertreter, der den Vertrag für den anderen Vertragsteil abschließt,
   a) ohne hierauf gerichtete ausdrückliche und gesonderte Erklärung eine eigene Haftung oder Einstandspflicht, oder
   b) im Fall vollmachtsloser Vertretung eine über § 179 hinausgehende Haftung auferlegt;

12. (Beweislast)
eine Bestimmung, durch die der Verwender die Beweislast zum Nachteil des anderen Vertragsteils ändert, insbesondere indem er
   a) diesem die Beweislast für Umstände auferlegt, die im Verantwortungsbereich des Verwenders liegen, oder
   b) den anderen Vertragsteil bestimmte Tatsachen bestätigen lässt;
Buchstabe b gilt nicht für Empfangsbekenntnisse, die gesondert unterschrieben oder mit einer gesonderten qualifizierten elektronischen Signatur versehen sind;

13. (Form von Anzeigen und Erklärungen)
eine Bestimmung, durch die Anzeigen oder Erklärungen, die dem Verwender oder einem Dritten gegenüber abzugeben sind, an eine strengere Form als die Schriftform oder an besondere Zugangserfordernisse gebunden werden.

§ 310 Anwendungsbereich

(1) § 305 Abs. 2 und 3 und die §§ 308 und 309 finden keine Anwendung auf Allgemeine Geschäftsbedingungen, die gegenüber einem Unternehmer, einer juristischen Person des öffentlichen Rechts oder einem öffentlich-rechtlichen Sondervermögen verwendet werden. § 307 Abs. 1 und 2 findet in den Fällen des Satzes 1 auch insoweit Anwendung, als dies zur Unwirksamkeit von in den §§ 308 und 309 genannten Vertragsbestimmungen führt; auf die im Handelsverkehr geltenden Gewohnheiten und Gebräuche ist angemessen Rücksicht zu nehmen.

(2) Die §§ 308 und 309 finden keine Anwendung auf Verträge der Elektrizitäts-, Gas-, Fernwärme- und Wasserversorgungsunternehmen über die Versorgung von Sonderabnehmern mit elektrischer Energie, Gas, Fernwärme und Wasser aus dem Versorgungsnetz, soweit die Versorgungsbedingungen nicht zum Nachteil der Abnehmer von Verordnungen über Allgemeine Bedingungen für die Versorgung von Tarifkunden mit elektrischer Energie, Gas, Fernwärme und Wasser abweichen. Satz 1 gilt entsprechend für Verträge über die Entsorgung von Abwasser.

(3) Bei Verträgen zwischen einem Unternehmer und einem Verbraucher (Verbraucherverträge) finden die Vorschriften dieses Abschnitts mit folgenden Maßgaben Anwendung:
1. Allgemeine Geschäftsbedingungen gelten als vom Unternehmer gestellt, es sei denn, dass sie durch den Verbraucher in den Vertrag eingeführt wurden;
2. § 305c Abs. 2 und die §§ 306 und 307 bis 309 dieses Gesetzes sowie Artikel 29a des Einführungsgesetzes zum Bürgerlichen Gesetzbuche finden auf vorformulierte Vertragsbedingungen auch dann Anwendung, wenn diese nur zur einmaligen Verwendung bestimmt sind und soweit der Verbraucher auf Grund der Vorformulierung auf ihren Inhalt keinen Einfluss nehmen konnte;
3. bei der Beurteilung der unangemessenen Benachteiligung nach § 307 Abs. 1 und 2 sind auch die den Vertragsschluss begleitenden Umstände zu berücksichtigen.

(4) Dieser Abschnitt findet keine Anwendung bei Verträgen auf dem Gebiet des Erb-, Familien- und Gesellschaftsrechts sowie auf Tarifverträge, Betriebs- und Dienstvereinbarungen. Bei der Anwendung auf Arbeitsverträgen sind die im Arbeitsrecht geltenden Besonderheiten angemessen zu berücksichtigen; § 305 Abs. 2 und 3 ist nicht anzuwenden. Tarifverträge, Betriebs- und Dienstvereinbarungen stehen Rechtsvorschriften im Sinne von § 307 Abs. 3 gleich.«

Im zweiten Buch wird der bisherige zweite Abschnitt der dritte Abschnitt; die §§ 305 bis 314 und die Gliederungsüberschrift des ersten Titels werden durch folgende Vorschriften und Gliederungsüberschriften ersetzt:

Titel 1 Begründung, Inhalt und Beendigung

Untertitel 1 Begründung

§ 311 Rechtsgeschäftliche und rechtsgeschäftsähnliche Schuldverhältnisse

(1) Zur Begründung eines Schuldverhältnisses durch Rechtsgeschäft sowie zur Änderung des Inhalts eines Schuldverhältnisses ist ein Vertrag zwischen den Beteiligten erforderlich, soweit nicht das Gesetz ein anderes vorschreibt.

(2) Ein Schuldverhältnis mit Pflichten nach § 241 Abs. 2 entsteht auch durch
1. die Aufnahme von Vertragsverhandlungen,
2. die Anbahnung eines Vertrags, bei welcher der eine Teil im Hinblick auf eine etwaige rechtsgeschäftliche Beziehung dem anderen Teil die Möglichkeit zur Einwirkung auf seine Rechte, Rechtsgüter und Interessen gewährt oder ihm diese anvertraut, oder
3. ähnliche geschäftliche Kontakte.

(3) Ein Schuldverhältnis mit Pflichten nach § 241 Abs. 2 kann auch zu Personen entstehen, die nicht selbst Vertragspartei werden sollen. Ein solches Schuldverhältnis entsteht insbesondere, wenn der Dritte in besonderem Maße Vertrauen für sich in Anspruch nimmt und dadurch die Vertragsverhandlungen oder den Vertragsschluss erheblich beeinflusst.

§ 311a Leistungshindernis bei Vertragsschluss

(1) Der Wirksamkeit eines Vertrags steht es nicht entgegen, dass der Schuldner nach § 275 Abs. 1 bis 3 nicht zu leisten braucht und das Leistungshindernis schon bei Vertragsschluss vorliegt.

(2) Der Gläubiger kann nach seiner Wahl Schadensersatz statt der Leistung oder Ersatz seiner Aufwendungen in dem in § 284 bestimmten Umfang verlangen. Dies gilt nicht, wenn der Schuldner das Leistungshindernis bei Vertragsschluss nicht kannte und seine Unkenntnis auch nicht zu vertreten hat. § 281 Abs. 1 Satz 2 und 3 und Abs. 5 finden entsprechende Anwendung.

§ 311b Verträge über Grundstücke, das Vermögen und den Nachlass

(1) Ein Vertrag, durch den sich der eine Teil verpflichtet, das Eigentum an einem Grundstück zu übertragen oder zu erwerben, bedarf der notariellen Beurkundung. Ein ohne Beachtung dieser Form geschlossener Vertrag wird seinem ganzen Inhalt nach gültig, wenn die Auflassung und die Eintragung in das Grundbuch erfolgen.

(2) Ein Vertrag, durch den sich der eine Teil verpflichtet, sein künftiges Vermögen oder einen Bruchteil seines künftigen Vermögens zu übertragen oder mit einem Nießbrauch zu belasten, ist nichtig.

(3) Ein Vertrag, durch den sich der eine Teil verpflichtet, sein gegenwärtiges Vermögen oder einen Bruchteil seines gegenwärtigen Vermögens zu übertragen oder mit einem Nießbrauch zu belasten, bedarf der notariellen Beurkundung.

(4) Ein Vertrag über den Nachlass eines noch lebenden Dritten ist nichtig. Das gleiche gilt von einem Vertrag über den Pflichtteil oder ein Vermächtnis aus dem Nachlass eines noch lebenden Dritten.

(5) Absatz 4 gilt nicht für einen Vertrag, der unter künftigen gesetzlichen Erben über den gesetzlichen Erbteil oder den Pflichtteil eines von ihnen geschlossen wird. Ein solcher Vertrag bedarf der notariellen Beurkundung.

§ 311c Erstreckung auf Zubehör

Verpflichtet sich jemand zur Veräußerung oder Belastung einer Sache, so erstreckt sich diese Verpflichtung im Zweifel auch auf das Zubehör der Sache.

Untertitel 2 Besondere Vertriebsformen

§ 312 Widerrufsrecht bei Haustürgeschäften

(1) Bei einem Vertrag zwischen einem Unternehmer und einem Verbraucher, der eine entgeltliche Leistung zum Gegenstand hat und zu dessen Abschluss der Verbraucher
1. durch mündliche Verhandlungen an seinem Arbeitsplatz oder im Bereich einer Privatwohnung,
2. anlässlich einer vom Unternehmer oder von einem Dritten zumindest auch im Interesse des Unternehmers durchgeführten Freizeitveranstaltung oder
3. im Anschluss an ein überraschendes Ansprechen in Verkehrsmitteln oder im Bereich öffentlich zugänglicher Verkehrsflächen bestimmt worden ist (Haustürgeschäft), steht dem Verbraucher ein Widerrufsrecht gemäß § 355 zu. Dem Verbraucher kann anstelle des Widerrufsrechts ein Rückgaberecht nach § 356 eingeräumt werden, wenn zwischen dem Verbraucher und dem Unternehmer im Zusammenhang mit diesem oder einem späteren Geschäft auch eine ständige Verbindung aufrechterhalten werden soll.

(2) Die erforderliche Belehrung über das Widerrufs- oder Rückgaberecht muss auf die Rechtsfolgen des § 357 Abs. 1 und 3 hinweisen.

(3) Das Widerrufs- oder Rückgaberecht besteht unbeschadet anderer Vorschriften nicht bei Versicherungsverträgen oder wenn
1. im Fall von Absatz 1 Nr. 1 die mündlichen Verhandlungen, auf denen der Abschluss des Vertrags beruht, auf vorhergehende Bestellung des Verbrauchers geführt worden sind oder
2. die Leistung bei Abschluss der Verhandlungen sofort erbracht und bezahlt wird und das Entgelt 40 Euro nicht übersteigt oder
3. die Willenserklärung des Verbrauchers von einem Notar beurkundet worden ist.

§ 312a Verhältnis zu anderen Vorschriften

Unterfällt ein Haustürgeschäft zugleich den Regelungen über Verbraucherdarlehensverträge oder Finanzierungshilfen (§§ 491 bis 504) oder über Teilzeit-Wohnrechteverträge (§§ 481 bis 487), oder erfüllt ein Haustürgeschäft zugleich die Voraussetzungen eines Geschäfts nach §§ 11 oder 15h des Gesetzes über den Vertrieb ausländischer Investmentanteile und über die Besteuerung der Erträge aus ausländischen Investmentanteilen, nach § 23 des Gesetzes über Kapitalanlagegesellschaften oder nach § 4 des Gesetzes zum Schutz der Teilnehmer am Fernunterricht, so finden nur die Vorschriften über diese Geschäfte Anwendung.

§ 312b Fernabsatzverträge

(1) Fernabsatzverträge sind Verträge über die Lieferung von Waren oder über die Erbringung von Dienstleistungen, die zwischen einem Unternehmer und einem Verbraucher unter ausschließlicher Verwendung von Fernkommunikationsmitteln abgeschlossen werden, es sei denn, dass der Vertragsschluss nicht im Rahmen eines für den Fernabsatz organisierten Vertriebs- oder Dienstleistungssystems erfolgt.

(2) Fernkommunikationsmittel sind Kommunikationsmittel, die zur Anbahnung oder zum Abschluss eines Vertrags zwischen einem Verbraucher und einem Unternehmer ohne gleichzeitige körperliche Anwesenheit der Vertragsparteien eingesetzt werden können, insbesondere Briefe, Kataloge, Telefonanrufe, Telekopien, E-Mails sowie Rundfunk, Tele- und Mediendienste.

(3) Die Vorschriften über Fernabsatzverträge finden keine Anwendung auf Verträge

1. über Fernunterricht (§ 1 Fernunterrichtsschutzgesetz),
2. über die Teilzeitnutzung von Wohngebäuden (§ 481),
3. über Finanzgeschäfte, insbesondere Bankgeschäfte, Finanz- und Wertpapierdienstleistungen und Versicherungen sowie deren Vermittlung, ausgenommen Darlehensvermittlungsverträge,
4. über die Veräußerung von Grundstücken und grundstücksgleichen Rechten, die Begründung, Veräußerung und Aufhebung von dinglichen Rechten an Grundstücken und grundstücksgleichen Rechten sowie über die Errichtung von Bauwerken,
5. über die Lieferung von Lebensmitteln, Getränken oder sonstigen Haushaltsgegenständen des täglichen Bedarfs, die am Wohnsitz, am Aufenthaltsort oder am Arbeitsplatz eines Verbrauchers von Unternehmern im Rahmen häufiger und regelmäßiger Fahrten geliefert werden,
6. über die Erbringung von Dienstleistungen in den Bereichen Unterbringung, Beförderung, Lieferung von Speisen und Getränken sowie Freizeitgestaltung, wenn sich der Unternehmer bei Vertragsschluss verpflichtet, die Dienstleistungen zu einem bestimmten Zeitpunkt oder innerhalb eines genau angegebenen Zeitraums zu erbringen,
7. die geschlossen werden

a) unter Verwendung von Warenautomaten oder automatisierten Geschäftsräumen oder
b) mit Betreibern von Telekommunikationsmitteln auf Grund der Benutzung von öffentlichen Fernsprechern, soweit sie deren Benutzung zum Gegenstand haben.

§ 312c Unterrichtung des Verbrauchers bei Fernabsatzverträgen

(1) Der Unternehmer hat den Verbraucher rechtzeitig vor Abschluss eines Fernabsatzvertrags in einer dem eingesetzten Fernkommunikationsmittel entsprechenden Weise klar und verständlich zu informieren über
1. die Einzelheiten des Vertrags, für die dies in der Rechtsverordnung nach Artikel 240 des Einführungsgesetzes zum Bürgerlichen Gesetzbuche bestimmt ist, und
2. den geschäftlichen Zweck des Vertrags.

Bei Telefongesprächen muss der Unternehmer seine Identität und den geschäftlichen Zweck des Vertrags bereits zu Beginn des Gesprächs ausdrücklich offenlegen.

(2) Der Unternehmer hat dem Verbraucher die in der Rechtsverordnung nach Art. 240 des Einführungsgesetzes zum Bürgerlichen Gesetzbuche bestimmten Informationen in dem dort bestimmten Umfang und der dort bestimmten Art und Weise alsbald, spätestens bis zur vollständigen Erfüllung des Vertrags, bei Waren spätestens bei Lieferung an den Verbraucher, in Textform mitzuteilen.

(3) Absatz 2 gilt nicht für Dienstleistungen, die unmittelbar durch Einsatz von Fernkommunikationsmitteln erbracht werden, sofern diese Leistungen in einem Mal erfolgen und über den Betreiber der Fernkommunikationsmittel abgerechnet werden. Der Verbraucher muss sich in diesem Fall aber über die Anschrift der Niederlassung des Unternehmers informieren können, bei der er Beanstandungen vorbringen kann.

(4) Weitergehende Einschränkungen bei der Verwendung von Fernkommunikationsmitteln und weitergehende Informationspflichten auf Grund anderer Vorschriften bleiben unberührt.

§ 312d Widerrufs- und Rückgaberecht bei Fernabsatzverträgen

(1) Dem Verbraucher steht bei einem Fernabsatzvertrag ein Widerrufsrecht nach § 355 zu. Anstelle des Widerrufsrechts kann dem Verbraucher bei Verträgen über die Lieferung von Waren ein Rückgaberecht nach § 356 eingeräumt werden.

(2) Die Widerrufsfrist beginnt abweichend von § 355 Abs. 2 Satz 1 nicht vor Erfüllung der Informationspflichten gemäß § 312c Abs. 2, bei der Lieferung von Waren nicht vor dem Tag ihres Eingangs beim Empfänger, bei der wiederkehrenden Lieferung gleichartiger Waren nicht vor dem Tag des Eingangs der ersten Teillieferung und bei Dienstleistungen nicht vor dem Tag des Vertragsschlusses; § 355 Abs. 2 Satz 2 findet keine Anwendung.

(3) Das Widerrufsrecht erlischt bei einer Dienstleistung auch, wenn der Unternehmer mit der Ausführung der Dienstleistung mit ausdrücklicher Zustim-

mung des Verbrauchers vor Ende der Widerrufsfrist begonnen hat oder der Verbraucher diese selbst veranlasst hat.

(4) Das Widerrufsrecht besteht, soweit nicht ein anderes bestimmt ist, nicht bei Fernabsatzverträgen
1. zur Lieferung von Waren, die nach Kundenspezifikation angefertigt werden oder eindeutig auf die persönlichen Bedürfnisse zugeschnitten sind oder die auf Grund ihrer Beschaffenheit nicht für eine Rücksendung geeignet sind oder schnell verderben können oder deren Verfalldatum überschritten würde,
2. zur Lieferung von Audio- oder Videoaufzeichnungen oder von Software, sofern die gelieferten Datenträger vom Verbraucher entsiegelt worden sind,
3. zur Lieferung von Zeitungen, Zeitschriften und Illustrierten,
4. zur Erbringung von Wett- und Lotterie-Dienstleistungen oder
5. die in der Form von Versteigerungen (§ 156) geschlossen werden.

§ 312e Pflichten im elektronischen Geschäftsverkehr

(1) Bedient sich ein Unternehmer zum Zwecke des Abschlusses eines Vertrags über die Lieferung von Waren oder über die Erbringung von Dienstleistungen eines Tele- oder Mediendienstes (Vertrag im elektronischen Geschäftsverkehr), hat er dem Kunden
1. angemessene, wirksame und zugängliche technische Mittel zur Verfügung zu stellen, mit deren Hilfe der Kunde Eingabefehler vor Abgabe seiner Bestellung erkennen und berichtigen kann,
2. die in der Rechtsverordnung nach Artikel 241 des Einführungsgesetzes zum Bürgerlichen Gesetzbuch bestimmten Informationen rechtzeitig vor Abgabe von dessen Bestellung klar und verständlich mitzuteilen,
3. den Zugang von dessen Bestellung unverzüglich auf elektronischem Wege zu bestätigen und
4. die Möglichkeit zu verschaffen, die Vertragsbestimmungen einschließlich der Allgemeinen Geschäftsbedingungen bei Vertragsschluss abzurufen und in wiedergabefähiger Form zu speichern.

Bestellung und Empfangsbestätigung im Sinne von Satz 1 Nr. 3 gelten als zugegangen, wenn die Parteien, für die sie bestimmt sind, sie unter gewöhnlichen Umständen abrufen können.

(2) Absatz 1 Satz 1 Nr. 1 bis 3 findet keine Anwendung, wenn der Vertrag ausschließlich durch individuelle Kommunikation geschlossen wird. Absatz 1 Satz 1 Nr. 1 bis 3 und Satz 2 finden keine Anwendung, wenn zwischen Vertragsparteien, die nicht Verbraucher sind, etwas anderes vereinbart wird.

(3) Weitergehende Informationspflichten auf Grund anderer Vorschriften bleiben unberührt. Steht dem Kunden ein Widerrufsrecht gemäß § 355 zu, beginnt die Widerrufsfrist abweichend von § 355 Abs. 2 Satz 1 nicht vor Erfüllung der in Absatz 1 Satz 1 geregelten Pflichten.

§ 312f Abweichende Vereinbarungen

Von den Vorschriften dieses Untertitels darf, soweit nicht ein anderes bestimmt ist, nicht zum Nachteil des Verbrauchers oder Kunden abgewichen werden. Die Vorschriften dieses Untertitels finden, soweit nicht ein anderes bestimmt ist, auch Anwendung, wenn sie durch anderweitige Gestaltungen umgangen werden.

Untertitel 3 Anpassung und Beendigung von Verträgen

§ 313 Störung der Geschäftsgrundlage

(1) Haben sich Umstände, die zur Grundlage des Vertrags geworden sind, nach Vertragsschluss schwerwiegend verändert und hätten die Parteien den Vertrag nicht oder mit anderem Inhalt geschlossen, wenn sie diese Veränderung vorausgesehen hätten, so kann Anpassung des Vertrags verlangt werden, soweit einem Teil unter Berücksichtigung aller Umstände des Einzelfalles, insbesondere der vertraglichen oder gesetzlichen Risikoverteilung, das Festhalten am unveränderten Vertrag nicht zugemutet werden kann.

(2) Einer Veränderung der Umstände steht es gleich, wenn wesentliche Vorstellungen, die zur Grundlage des Vertrags geworden sind, sich als falsch herausstellen.

(3) Ist eine Anpassung des Vertrags nicht möglich oder einem Teil nicht zumutbar, so kann der benachteiligte Teil vom Vertrag zurücktreten. An die Stelle des Rücktrittsrechts tritt für Dauerschuldverhältnisse das Recht zur Kündigung.

§ 314 Kündigung von Dauerschuldverhältnissen aus wichtigem Grund

(1) Dauerschuldverhältnisse kann jeder Vertragsteil aus wichtigem Grund ohne Einhaltung einer Kündigungsfrist kündigen. Ein wichtiger Grund liegt vor, wenn dem kündigenden Teil unter Berücksichtigung aller Umstände des Einzelfalls und unter Abwägung der beiderseitigen Interessen die Fortsetzung des Vertragsverhältnisses bis zur vereinbarten Beendigung oder bis zum Ablauf einer Kündigungsfrist nicht zugemutet werden kann.

(2) Besteht der wichtige Grund in der Verletzung einer Pflicht aus dem Vertrag, ist die Kündigung erst nach erfolglosem Ablauf einer zur Abhilfe bestimmten Frist oder nach erfolgloser Abmahnung zulässig. § 323 Abs. 2 findet entsprechende Anwendung.

(3) Der Berechtigte kann nur innerhalb einer angemessenen Frist kündigen, nachdem er vom Kündigungsgrund Kenntnis erlangt hat.

(4) Die Berechtigung, Schadensersatz zu verlangen, wird durch die Kündigung nicht ausgeschlossen.

Untertitel 4 Einseitige Leistungsbestimmungsrechte«

§ 321 wird wie folgt gefasst:

§ 321 Unsicherheitseinrede

(1) Wer aus einem gegenseitigen Vertrag vorzuleisten verpflichtet ist, kann die ihm obliegende Leistung verweigern, wenn nach Abschluss des Vertrags erkennbar wird, dass sein Anspruch auf die Gegenleistung durch mangelnde Leistungsfähigkeit des anderen Teils gefährdet wird. Das Leistungsverweigerungsrecht entfällt, wenn die Gegenleistung bewirkt oder Sicherheit für sie geleistet wird.

(2) Der Vorleistungspflichtige kann eine angemessene Frist bestimmen, in welcher der andere Teil Zug um Zug gegen die Leistung nach seiner Wahl die Gegenleistung zu bewirken oder Sicherheit zu leisten hat. Nach erfolglosem Ablauf der Frist kann der Vorleistungspflichtige vom Vertrag zurücktreten. § 323 findet entsprechende Anwendung.«

Die §§ 323 bis 326 werden wie folgt gefasst:

§ 323 Rücktritt wegen nicht oder nicht vertragsgemäß erbrachter Leistung

(1) Erbringt bei einem gegenseitigen Vertrag der Schuldner eine fällige Leistung nicht oder nicht vertragsgemäß, so kann der Gläubiger, wenn er dem Schuldner erfolglos eine angemessene Frist zur Leistung oder Nacherfüllung bestimmt hat, vom Vertrag zurücktreten.

(2) Die Fristsetzung ist entbehrlich, wenn
1. der Schuldner die Leistung ernsthaft und endgültig verweigert,
2. der Schuldner die Leistung zu einem im Vertrag bestimmten Termin oder innerhalb einer bestimmten Frist nicht bewirkt und der Gläubiger im Vertrag den Fortbestand seines Leistungsinteresses an die Rechtzeitigkeit der Leistung gebunden hat oder
3. besondere Umstände vorliegen, die unter Abwägung der beiderseitigen Interessen den sofortigen Rücktritt rechtfertigen.

(3) Kommt nach der Art der Pflichtverletzung eine Fristsetzung nicht in Betracht, so tritt an deren Stelle eine Abmahnung.

(4) Der Gläubiger kann bereits vor dem Eintritt der Fälligkeit der Leistung zurücktreten, wenn offensichtlich ist, dass die Voraussetzungen des Rücktritts eintreten werden.

(5) Hat der Schuldner eine Teilleistung bewirkt, so kann der Gläubiger vom ganzen Vertrag nur zurücktreten, wenn er an der Teilleistung kein Interesse hat. Hat der Schuldner die Leistung nicht vertragsgemäß bewirkt, so kann der Gläubiger vom Vertrag nicht zurücktreten, wenn die Pflichtverletzung unerheblich ist.

(6) Der Rücktritt ist ausgeschlossen, wenn der Gläubiger für den Umstand, der ihn zum Rücktritt berechtigen würde, allein oder weit überwiegend verantwortlich ist, oder wenn der vom Schuldner nicht zu vertretende Umstand zu einer Zeit eintritt, zu welcher der Gläubiger im Verzug der Annahme ist.

§ 324 Rücktritt wegen Verletzung einer Pflicht nach § 241 Abs. 2

Verletzt der Schuldner bei einem gegenseitigen Vertrag eine Pflicht nach § 241 Abs. 2, so kann der Gläubiger zurücktreten, wenn ihm ein Festhalten am Vertrag nicht mehr zuzumuten ist.

§ 325 Schadensersatz und Rücktritt

Das Recht, bei einem gegenseitigen Vertrag Schadensersatz zu verlangen, wird durch den Rücktritt nicht ausgeschlossen.

§ 326 Befreiung von der Gegenleistung und Rücktritt beim Ausschluss der Leistungspflicht

(1) Braucht der Schuldner nach § 275 Abs. 1 bis 3 nicht zu leisten, entfällt der Anspruch auf die Gegenleistung; bei einer Teilleistung findet § 441 Abs. 3 entsprechende Anwendung. Satz 1 gilt nicht, wenn der Schuldner im Fall der nicht vertragsgemäßen Leistung die Nacherfüllung nach § 275 Abs. 1 bis 3 nicht zu erbringen braucht.

(2) Ist der Gläubiger für den Umstand, auf Grund dessen der Schuldner nach § 275 Abs. 1 bis 3 nicht zu leisten braucht, allein oder weit überwiegend verantwortlich oder tritt dieser vom Schuldner nicht zu vertretende Umstand zu einer Zeit ein, zu welcher der Gläubiger im Verzug der Annahme ist, so behält der Schuldner den Anspruch auf die Gegenleistung. Er muss sich jedoch dasjenige anrechnen lassen, was er infolge der Befreiung von der Leistung erspart oder durch anderweitige Verwendung seiner Arbeitskraft erwirbt oder zu erwerben böswillig unterlässt.

(3) Verlangt der Gläubiger nach § 285 Herausgabe des für den geschuldeten Gegenstand erlangten Ersatzes oder Abtretung des Ersatzanspruchs, so bleibt er zur Gegenleistung verpflichtet. Diese mindert sich jedoch nach Maßgabe des § 441 Abs. 3 insoweit, als der Wert des Ersatzes oder des Ersatzanspruchs hinter dem Wert der geschuldeten Leistung zurückbleibt.

(4) Soweit die nach dieser Vorschrift nicht geschuldete Gegenleistung bewirkt ist, kann das Geleistete nach den §§ 346 bis 348 zurückgefordert werden.

(5) Braucht der Schuldner nach § 275 Abs. 1 bis 3 nicht zu leisten, kann der Gläubiger zurücktreten; auf den Rücktritt findet § 323 mit der Maßgabe entsprechende Anwendung, dass die Fristsetzung entbehrlich ist.«

§ 327 wird aufgehoben.

Die Überschrift des fünften Titels des bisherigen zweiten Abschnitts des zweiten Buches wird wie folgt gefasst:

Titel 5   Rücktritt, Widerrufs- und Rückgaberecht bei Verbraucherverträgen«

Dem § 346 wird folgende Gliederungseinheit vorangestellt:

Untertitel 1   Rücktritt«

Die §§ 346 und 347 werden wie folgt gefasst:

§ 346   Wirkungen des Rücktritts

(1) Hat sich eine Vertragspartei vertraglich den Rücktritt vorbehalten oder steht ihr ein gesetzliches Rücktrittsrecht zu, so sind im Fall des Rücktritts die empfangenen Leistungen zurückzugewähren und die gezogenen Nutzungen herauszugeben.

(2) Statt der Rückgewähr hat der Schuldner Wertersatz zu leisten, soweit
1. die Rückgewähr oder die Herausgabe nach der Natur des Erlangten ausgeschlossen ist,
2. er den empfangenen Gegenstand verbraucht, veräußert, belastet, verarbeitet oder umgestaltet hat,
3. der empfangene Gegenstand sich verschlechtert hat oder untergegangen ist; jedoch bleibt die durch die bestimmungsgemäße Ingebrauchnahme entstandene Verschlechterung außer Betracht.

Ist im Vertrag eine Gegenleistung bestimmt, ist sie bei der Berechnung des Wertersatzes zugrunde zu legen.

(3) Die Pflicht zum Wertersatz entfällt,
1. wenn sich der zum Rücktritt berechtigende Mangel erst während der Verarbeitung oder Umgestaltung des Gegenstandes gezeigt hat,
2. soweit der Gläubiger die Verschlechterung oder den Untergang zu vertreten hat oder der Schaden bei ihm gleichfalls eingetreten wäre,
3. wenn im Fall eines gesetzlichen Rücktrittsrechts die Verschlechterung oder der Untergang beim Berechtigten eingetreten ist, obwohl dieser diejenige Sorgfalt beobachtet hat, die er in eigenen Angelegenheiten anzuwenden pflegt.

Eine verbleibende Bereicherung ist herauszugeben.

(4) Der Gläubiger kann wegen Verletzung einer Pflicht aus Absatz 1 nach Maßgabe der §§ 280 bis 283 Schadensersatz verlangen.

§ 347   Nutzungen und Verwendungen nach Rücktritt

(1) Zieht der Schuldner Nutzungen entgegen den Regeln einer ordnungsmäßigen Wirtschaft nicht, obwohl ihm das möglich gewesen wäre, so ist er dem Gläubiger zum Wertersatz verpflichtet. Im Fall eines gesetzlichen Rücktrittsrechts hat der Berechtigte hinsichtlich der Nutzungen nur für diejenige Sorgfalt einzustehen, die er in eigenen Angelegenheiten anzuwenden pflegt.

(2) Gibt der Schuldner den Gegenstand zurück, leistet er Wertersatz oder ist seine Wertersatzpflicht gemäß § 346 Abs. 3 Nr. 1 oder 2 ausgeschlossen, so sind ihm notwendige Verwendungen zu ersetzen. Andere Aufwendungen sind zu ersetzen, soweit der Gläubiger durch diese bereichert wird.«

Die §§ 350 bis 354 werden aufgehoben.

§ 355 wird § 350 und wie folgt gefasst:

§ 350   Erlöschen des Rücktrittsrechts nach Fristsetzung

Ist für die Ausübung des vertraglichen Rücktrittsrechts eine Frist nicht vereinbart, so kann dem Berechtigten von dem anderen Teil für die Ausübung eine angemessene Frist bestimmt werden. Das Rücktrittsrecht erlischt, wenn nicht der Rücktritt vor dem Ablauf der Frist erklärt wird.«

§ 356 wird § 351.

§ 357 wird § 352 und wird wie folgt gefasst:

§ 352   Aufrechnung nach Nichterfüllung

Der Rücktritt wegen Nichterfüllung einer Verbindlichkeit wird unwirksam, wenn der Schuldner sich von der Verbindlichkeit durch Aufrechnung befreien konnte und unverzüglich nach dem Rücktritt die Aufrechnung erklärt.«

§ 358 wird aufgehoben.

Die §§ 359 und 360 werden die §§ 353 und 354.

Nach dem neuen § 354 wird folgender Untertitel eingefügt:

Untertitel 2   Widerrufs- und Rückgaberecht bei Verbraucherverträgen

§ 355   Widerrufsrecht bei Verbraucherverträgen

(1) Wird einem Verbraucher durch Gesetz ein Widerrufsrecht nach dieser Vorschrift eingeräumt, so ist er an seine auf den Abschluss des Vertrags gerichtete Willenserklärung nicht mehr gebunden, wenn er sie fristgerecht widerrufen hat. Der Widerruf muss keine Begründung enthalten und ist in Textform oder durch Rücksendung der Sache innerhalb von zwei Wochen gegenüber dem Unternehmer zu erklären; zur Fristwahrung genügt die rechtzeitige Absendung.

(2) Die Frist beginnt mit dem Zeitpunkt, zu dem dem Verbraucher eine deutlich gestaltete Belehrung über sein Widerrufsrecht, die ihm entsprechend den Erfordernissen des eingesetzten Kommunikationsmittels seine Rechte deutlich macht, in Textform mitgeteilt worden ist, die auch Namen und Anschrift desjenigen, gegenüber dem der Widerruf zu erklären ist, und einen Hinweis auf den Fristbeginn und die Regelung des Absatzes 1 Satz 2 enthält. Sie ist vom Verbraucher bei anderen als notariell beurkundeten Verträgen gesondert zu unterschreiben oder mit einer qualifizierten elektronischen Signatur zu versehen. Ist der Vertrag schriftlich abzuschließen, so beginnt die Frist nicht zu laufen, bevor dem Verbraucher auch eine Vertragsurkunde, der schriftliche Antrag des Ver-

brauchers oder eine Abschrift der Vertragsurkunde oder des Antrags zur Verfügung gestellt werden. Ist der Fristbeginn streitig, so trifft die Beweislast den Unternehmer.

(3) Das Widerrufsrecht erlischt spätestens sechs Monate nach Vertragsschluss. Bei der Lieferung von Waren beginnt die Frist nicht vor dem Tag ihres Eingangs beim Empfänger.

§ 356 Rückgaberecht bei Verbraucherverträgen

(1) Das Widerrufsrecht nach § 355 kann, soweit dies ausdrücklich durch Gesetz zugelassen ist, beim Vertragsschluss auf Grund eines Verkaufsprospekts im Vertrag durch ein uneingeschränktes Rückgaberecht ersetzt werden. Voraussetzung ist, dass
1. im Verkaufsprospekt eine deutlich gestaltete Belehrung über das Rückgaberecht enthalten ist,
2. der Verbraucher den Verkaufsprospekt in Abwesenheit des Unternehmers eingehend zur Kenntnis nehmen konnte und
3. dem Verbraucher das Rückgaberecht in Textform eingeräumt wird.

(2) Das Rückgaberecht kann innerhalb der Widerrufsfrist, die jedoch nicht vor Erhalt der Sache beginnt, und nur durch Rücksendung der Sache oder, wenn die Sache nicht als Paket versandt werden kann, durch Rücknahmeverlangen ausgeübt werden § 355 Abs. 1 Satz 2 findet entsprechend Anwendung.

§ 357 Rechtsfolgen des Widerrufs und der Rückgabe

(1) Auf das Widerrufs- und das Rückgaberecht finden, soweit nicht ein anderes bestimmt ist, die Vorschriften über den gesetzlichen Rücktritt entsprechende Anwendung. Die in § 286 Abs. 3 bestimmte Frist beginnt mit der Widerrufs- oder Rückgabeerklärung des Verbrauchers.

(2) Der Verbraucher ist bei Ausübung des Widerrufsrechts zur Rücksendung verpflichtet, wenn die Sache durch Paket versandt werden kann. Kosten und Gefahr der Rücksendung trägt bei Widerruf und Rückgabe der Unternehmer. Wenn ein Widerrufsrecht besteht, dürfen dem Verbraucher bei einer Bestellung bis zu einem Betrag von 40 Euro die regelmäßigen Kosten der Rücksendung vertraglich auferlegt werden, es sei denn, dass die gelieferte Ware nicht der bestellten entspricht.

(3) Der Verbraucher hat abweichend von § 346 Abs. 2 Satz 1 Nr. 3 Wertersatz für eine durch die bestimmungsgemäße Ingebrauchnahme der Sache entstandene Verschlechterung zu leisten, wenn er spätestens bei Vertragsschluss in Textform auf diese Rechtsfolge und eine Möglichkeit hingewiesen worden ist, sie zu vermeiden. Dies gilt nicht, wenn die Verschlechterung ausschließlich auf die Prüfung der Sache zurückzuführen ist. § 346 Abs. 3 Satz 1 Nr. 3 findet keine Anwendung, wenn der Verbraucher über sein Widerrufsrecht ordnungsgemäß belehrt worden ist oder hiervon anderweitig Kenntnis erlangt hat.

(4) Weitergehende Ansprüche bestehen nicht.

§ 358 Verbundene Verträge

(1) Hat der Verbraucher seine auf den Abschluss eines Vertrags über die Lieferung einer Ware oder die Erbringung einer anderen Leistung durch einen Unternehmer gerichtete Willenserklärung wirksam widerrufen, so ist er auch an seine auf den Abschluss eines mit diesem Vertrag verbundenen Verbraucherdarlehensvertrags gerichtete Willenserklärung nicht mehr gebunden.

(2) Hat der Verbraucher seine auf den Abschluss eines Verbraucherdarlehensvertrags gerichtete Willenserklärung wirksam widerrufen, so ist er auch an seine auf den Abschluss eines mit diesem Verbraucherdarlehensvertrag verbundenen Vertrags über die Lieferung einer Ware oder die Erbringung einer anderen Leistung gerichtete Willenserklärung nicht mehr gebunden. Kann der Verbraucher die auf den Abschluss des verbundenen Vertrags gerichtete Willenserklärung nach Maßgabe dieses Untertitels widerrufen, gilt allein Absatz 1 und sein Widerrufsrecht aus § 495 Abs. 1 ist ausgeschlossen. Erklärt der Verbraucher im Fall des Satzes 2 dennoch den Widerruf des Verbraucherdarlehensvertrags, gilt dies als Widerruf des verbundenen Vertrags gegenüber dem Unternehmer gemäß Absatz 1.

(3) Ein Vertrag über die Lieferung einer Ware oder die Erbringung einer anderen Leistung und ein Verbraucherdarlehensvertrag sind verbunden, wenn das Darlehen ganz oder teilweise der Finanzierung des anderen Vertrags dient und beide Verträge eine wirtschaftliche Einheit bilden. Eine wirtschaftliche Einheit ist insbesondere anzunehmen, wenn der Unternehmer selbst die Gegenleistung des Verbrauchers finanziert, oder im Fall der Finanzierung durch einen Dritten, wenn sich der Darlehensgeber bei der Vorbereitung oder dem Abschluss des Verbraucherdarlehensvertrags der Mitwirkung des Unternehmers bedient.

(4) § 357 gilt für den verbundenen Vertrag entsprechend. Im Falle des Absatzes 1 sind jedoch Ansprüche auf Zahlung von Zinsen und Kosten aus der Rückabwicklung des Verbraucherdarlehensvertrags gegen den Verbraucher ausgeschlossen. Der Darlehensgeber tritt im Verhältnis zum Verbraucher hinsichtlich der Rechtsfolgen des Widerrufs oder der Rückgabe in die Rechte und Pflichten des Unternehmers aus dem verbundenen Vertrag ein, wenn das Darlehen dem Unternehmer bei Wirksamwerden des Widerrufs oder der Rückgabe bereits zugeflossen ist.

(5) Die erforderliche Belehrung über das Widerrufs- oder Rückgaberecht muss auf die Rechtsfolgen nach Absatz 1 und Absatz 2 Satz 1 und 2 hinweisen.

§ 359 Einwendung bei verbundenen Verträgen

Der Verbraucher kann die Rückzahlung des Darlehens verweigern, soweit Einwendungen aus dem verbundenen Vertrag ihn gegenüber dem Unternehmer, mit dem er den verbundenen Vertrag geschlossen hat, zur Verweigerung seiner Leistung berechtigen würden. Dies gilt nicht, wenn das finanzierte Entgelt 200 Euro nicht überschreitet, sowie bei Einwendungen, die auf einer zwischen diesem Unternehmer und dem Verbraucher nach Abschluss des Verbraucherdarlehensvertrags vereinbarten Vertragsänderung beruhen. Kann der Verbraucher

Nacherfüllung verlangen, so kann er die Rückzahlung des Darlehens erst verweigern, wenn die Nacherfüllung fehlgeschlagen ist.«

Die §§ 361 bis 361b werden aufgehoben.

§ 390 Satz 2 wird aufgehoben.

In § 425 Abs. 2 werden die Wörter »Unterbrechung und Hemmung« durch die Wörter »Neubeginn, Hemmung und Ablaufhemmung« ersetzt.

Im zweiten Buch werden der bisherige dritte und der vierte bis sechste Abschnitt die Abschnitte 4 bis 7.

Im zweiten Buch wird der bisherige siebente Abschnitt der Abschnitt 8 und dessen erster Titel wird durch folgende Titel ersetzt:

Titel 1   Kauf, Tausch

Untertitel 1   Allgemeine Vorschriften

§ 433   Vertragstypische Pflichten beim Kaufvertrag

(1) Durch den Kaufvertrag wird der Verkäufer einer Sache verpflichtet, dem Käufer die Sache zu übergeben und das Eigentum an der Sache zu verschaffen. Der Verkäufer hat dem Käufer die Sache frei von Sach- und Rechtsmängeln zu verschaffen.

(2) Der Käufer ist verpflichtet, dem Verkäufer den vereinbarten Kaufpreis zu zahlen und die gekaufte Sache abzunehmen.

§ 434   Sachmangel

(1) Die Sache ist frei von Sachmängeln, wenn sie bei Gefahrübergang die vereinbarte Beschaffenheit hat. Soweit die Beschaffenheit nicht vereinbart ist, ist die Sache frei von Sachmängeln,
1. wenn sie sich für die nach dem Vertrag vorausgesetzte Verwendung eignet, sonst
2. wenn sie sich für die gewöhnliche Verwendung eignet und eine Beschaffenheit aufweist, die bei Sachen der gleichen Art üblich ist und die der Käufer nach der Art der Sache erwarten kann.

Zu der Beschaffenheit nach Satz 2 Nr. 2 gehören auch Eigenschaften, die der Käufer nach den öffentlichen Äußerungen des Verkäufers, des Herstellers (§ 4 Abs. 1 und 2 des Produkthaftungsgesetzes) oder seines Gehilfen insbesondere in der Werbung oder bei der Kennzeichnung über bestimmte Eigenschaften der Sache erwarten kann, es sei denn, dass der Verkäufer die Äußerung nicht kannte und auch nicht kennen musste, dass sie im Zeitpunkt des Vertragsschlusses in gleichwertiger Weise berichtigt war oder dass sie die Kaufentscheidung nicht beeinflussen konnte.

(2) Ein Sachmangel ist auch dann gegeben, wenn die vereinbarte Montage durch den Verkäufer oder dessen Erfüllungsgehilfen unsachgemäß durchgeführt worden ist. Ein Sachmangel liegt bei einer zur Montage bestimmten Sache fer-

ner vor, wenn die Montageanleitung mangelhaft ist, es sei denn, die Sache ist fehlerfrei montiert worden.

(3) Einem Sachmangel steht es gleich, wenn der Verkäufer eine andere Sache oder eine zu geringe Menge liefert.

§ 435 Rechtsmangel

Die Sache ist frei von Rechtsmängeln, wenn Dritte in Bezug auf die Sache keine oder nur die im Kaufvertrag übernommenen Rechte gegen den Käufer geltend machen können. Einem Rechtsmangel steht es gleich, wenn im Grundbuch ein Recht eingetragen ist, das nicht besteht.

§ 436 Öffentliche Lasten von Grundstücken

(1) Soweit nicht anders vereinbart, ist der Verkäufer eines Grundstücks verpflichtet, Erschließungsbeiträge und sonstige Anliegerbeiträge für die Maßnahmen zu tragen, die bis zum Tage des Vertragsschlusses bautechnisch begonnen sind, unabhängig vom Zeitpunkt des Entstehens der Beitragsschuld.

(2) Der Verkäufer eines Grundstücks haftet nicht für die Freiheit des Grundstücks von anderen öffentlichen Abgaben und von anderen öffentlichen Lasten, die zur Eintragung in das Grundbuch nicht geeignet sind.

§ 437 Rechte des Käufers bei Mängeln

Ist die Sache mangelhaft, kann der Käufer, wenn die Voraussetzungen der folgenden Vorschriften vorliegen und soweit nicht ein anderes bestimmt ist,
1. nach § 439 Nacherfüllung verlangen,
2. nach den §§ 440, 323, 326 Abs. 5 von dem Vertrag zurücktreten oder nach § 441 den Kaufpreis mindern und
3. nach den §§ 440, 280, 281, 283 und 311a Schadensersatz oder nach § 284 Ersatz vergeblicher Aufwendungen verlangen.

§ 438 Verjährung der Mängelansprüche

(1) Die in § 437 Nr. 1 und 3 bezeichneten Ansprüche verjähren
1. in 30 Jahren, wenn der Mangel
   a) in einem dinglichen Recht eines Dritten, auf Grund dessen Herausgabe der Kaufsache verlangt werden kann, oder
   b) in einem sonstigen Recht, das im Grundbuch eingetragen ist, besteht,
2. in fünf Jahren
   a) bei einem Bauwerk und
   b) bei einer Sache, die entsprechend ihrer üblichen Verwendungsweise für ein Bauwerk verwendet worden ist und dessen Mangelhaftigkeit verursacht hat, und
3. im Übrigen in zwei Jahren.

(2) Die Verjährung beginnt bei Grundstücken mit der Übergabe, im Übrigen mit der Ablieferung der Sache.

(3) Abweichend von Absatz 1 Nr. 2 und 3 und Absatz 2 verjähren die Ansprüche in der regelmäßigen Verjährungsfrist, wenn der Verkäufer den Mangel arglistig verschwiegen hat. Im Falle des Absatzes 1 Nr. 2 tritt die Verjährung jedoch nicht vor Ablauf der dort bestimmten Frist ein.

(4) Für das in § 437 bezeichnete Rücktrittsrecht gilt § 218. Der Käufer kann trotz einer Unwirksamkeit des Rücktritts nach § 218 Abs. 1 die Zahlung des Kaufpreises insoweit verweigern, als er auf Grund des Rücktritts dazu berechtigt sein würde. Macht er von diesem Recht Gebrauch, kann der Verkäufer vom Vertrag zurücktreten.

(5) Auf das in § 437 bezeichnete Minderungsrecht finden § 218 und Absatz 4 Satz 2 entsprechende Anwendung.

§ 439 Nacherfüllung

(1) Der Käufer kann als Nacherfüllung nach seiner Wahl die Beseitigung des Mangels oder die Lieferung einer mangelfreien Sache verlangen.

(2) Der Verkäufer hat die zum Zweck der Nacherfüllung erforderlichen Aufwendungen, insbesondere Transport-, Wege-, Arbeits- und Materialkosten zu tragen.

(3) Der Verkäufer kann die vom Käufer gewählte Art der Nacherfüllung unbeschadet des § 275 Abs. 2 verweigern, wenn sie nur mit unverhältnismäßigen Kosten möglich ist. Dabei sind insbesondere der Wert der Sache in mangelfreiem Zustand, die Bedeutung des Mangels und die Frage zu berücksichtigen, ob auf die andere Art der Nacherfüllung ohne erhebliche Nachteile für den Käufer zurückgegriffen werden könnte. Der Anspruch des Käufers beschränkt sich in diesem Fall auf die andere Art der Nacherfüllung; das Recht des Verkäufers, auch diese unter den Voraussetzungen des Satzes 1 zu verweigern, bleibt unberührt.

(4) Liefert der Verkäufer zum Zweck der Nacherfüllung eine mangelfreie Sache, so kann er vom Käufer Rückgewähr der mangelhaften Sache nach Maßgabe der §§ 346 bis 348 verlangen.

§ 440 Besondere Bestimmungen für Rücktritt und Schadensersatz

Außer in den Fällen des § 281 Abs. 2 und des § 323 Abs. 2 bedarf es der Fristsetzung auch dann nicht, wenn der Verkäufer beide Arten der Nacherfüllung gemäß § 439 Abs. 3 verweigert oder wenn die dem Käufer zustehende Art der Nacherfüllung fehlgeschlagen oder ihm unzumutbar ist. Eine Nachbesserung gilt nach dem erfolglosen zweiten Versuch als fehlgeschlagen, wenn sich nicht insbesondere aus der Art der Sache oder des Mangels oder den sonstigen Umständen etwas anderes ergibt.

§ 441 Minderung

(1) Statt zurückzutreten, kann der Käufer den Kaufpreis durch Erklärung gegenüber dem Verkäufer mindern. Der Ausschlussgrund des § 323 Abs. 5 Satz 2 findet keine Anwendung.

(2) Sind auf der Seite des Käufers oder auf der Seite des Verkäufers mehrere beteiligt, so kann die Minderung nur von allen oder gegen alle erklärt werden.

(3) Bei der Minderung ist der Kaufpreis in dem Verhältnis herabzusetzen, in welchem zur Zeit des Vertragsschlusses der Wert der Sache in mangelfreiem Zustand zu dem wirklichen Wert gestanden haben würde. Die Minderung ist, soweit erforderlich, durch Schätzung zu ermitteln.

(4) Hat der Käufer mehr als den geminderten Kaufpreis gezahlt, so ist der Mehrbetrag vom Verkäufer zu erstatten. § 346 Abs. 1 und § 347 Abs. 1 finden entsprechende Anwendung.

§ 442 Kenntnis des Käufers

(1) Die Rechte des Käufers wegen eines Mangels sind ausgeschlossen, wenn er bei Vertragsschluss den Mangel kennt. Ist dem Käufer ein Mangel infolge grober Fahrlässigkeit unbekannt geblieben, kann der Käufer Rechte wegen dieses Mangels nur geltend machen, wenn der Verkäufer den Mangel arglistig verschwiegen oder eine Garantie für die Beschaffenheit der Sache übernommen hat.

(2) Ein im Grundbuch eingetragenes Recht hat der Verkäufer zu beseitigen, auch wenn es der Käufer kennt.

§ 443 Beschaffenheits- und Haltbarkeitsgarantie

(1) Übernimmt der Verkäufer oder ein Dritter eine Garantie für die Beschaffenheit der Sache oder dafür, dass die Sache für eine bestimmte Dauer eine bestimmte Beschaffenheit behält (Haltbarkeitsgarantie), so stehen dem Käufer im Garantiefall unbeschadet der gesetzlichen Ansprüche die Rechte aus der Garantie zu den in der Garantieerklärung und der einschlägigen Werbung angegebenen Bedingungen gegenüber demjenigen zu, der die Garantie eingeräumt hat.

(2) Soweit eine Haltbarkeitsgarantie übernommen worden ist, wird vermutet, dass ein während ihrer Geltungsdauer auftretender Sachmangel die Rechte aus der Garantie begründet.

§ 444 Haftungsausschluss

Auf eine Vereinbarung, durch welche die Rechte des Käufers wegen eines Mangels ausgeschlossen oder beschränkt werden, kann sich der Verkäufer nicht berufen, wenn er den Mangel arglistig verschwiegen oder eine Garantie für die Beschaffenheit der Sache übernommen hat.

§ 445 Haftungsbegrenzung bei öffentlichen Versteigerungen

Wird eine Sache auf Grund eines Pfandrechts in einer öffentlichen Versteigerung unter der Bezeichnung als Pfand verkauft, so stehen dem Käufer Rechte wegen eines Mangels nur zu, wenn der Verkäufer den Mangel arglistig verschwiegen oder eine Garantie für die Beschaffenheit der Sache übernommen hat.

§ 446 Gefahr- und Lastenübergang

Mit der Übergabe der verkauften Sache geht die Gefahr des zufälligen Untergangs und der zufälligen Verschlechterung auf den Käufer über. Von der Übergabe an gebühren dem Käufer die Nutzungen und trägt er die Lasten der Sache. Der Übergabe steht es gleich, wenn der Käufer im Verzug der Annahme ist.

§ 447 Gefahrübergang beim Versendungskauf

(1) Versendet der Verkäufer auf Verlangen des Käufers die verkaufte Sache nach einem anderen Ort als dem Erfüllungsort, so geht die Gefahr auf den Käufer über, sobald der Verkäufer die Sache dem Spediteur, dem Frachtführer oder der sonst zur Ausführung der Versendung bestimmten Person oder Anstalt ausgeliefert hat.

(2) Hat der Käufer eine besondere Anweisung über die Art der Versendung erteilt und weicht der Verkäufer ohne dringenden Grund von der Anweisung ab, so ist der Verkäufer dem Käufer für den daraus entstehenden Schaden verantwortlich.

§ 448 Kosten der Übergabe und vergleichbare Kosten

(1) Der Verkäufer trägt die Kosten der Übergabe der Sache, der Käufer die Kosten der Abnahme und der Versendung der Sache nach einem anderen Ort als dem Erfüllungsort.

(2) Der Käufer eines Grundstücks trägt die Kosten der Beurkundung des Kaufvertrags und der Auflassung, der Eintragung ins Grundbuch und der zu der Eintragung erforderlichen Erklärungen.

§ 449 Eigentumsvorbehalt

(1) Hat sich der Verkäufer einer beweglichen Sache das Eigentum bis zur Zahlung des Kaufpreises vorbehalten, so ist im Zweifel anzunehmen, dass das Eigentum unter der aufschiebenden Bedingung vollständiger Zahlung des Kaufpreises übertragen wird (Eigentumsvorbehalt).

(2) Auf Grund des Eigentumsvorbehalts kann der Verkäufer die Sache nur herausverlangen, wenn er vom Vertrag zurückgetreten ist.

(3) Die Vereinbarung eines Eigentumsvorbehalts ist nichtig, soweit der Eigentumsübergang davon abhängig gemacht wird, dass der Käufer Forderungen eines Dritten, insbesondere eines mit dem Verkäufer verbundenen Unternehmens, erfüllt.

§ 450 Ausgeschlossene Käufer bei bestimmten Verkäufen

(1) Bei einem Verkauf im Wege der Zwangsvollstreckung dürfen der mit der Vornahme oder Leitung des Verkaufs Beauftragte und die von ihm zugezogenen Gehilfen einschließlich des Protokollführers den zu verkaufenden Gegenstand weder für sich persönlich oder durch einen anderen noch als Vertreter eines anderen kaufen.

(2) Absatz 1 gilt auch bei einem Verkauf außerhalb der Zwangsvollstreckung, wenn der Auftrag zu dem Verkauf auf Grund einer gesetzlichen Vorschrift erteilt worden ist, die den Auftraggeber ermächtigt, den Gegenstand für Rechnung eines anderen verkaufen zu lassen, insbesondere in den Fällen des Pfandverkaufs und des in den §§ 383 und 385 zugelassenen Verkaufs, sowie bei einem Verkauf aus einer Insolvenzmasse.

§ 451 Kauf durch ausgeschlossenen Käufer

(1) Die Wirksamkeit eines dem § 450 zuwider erfolgten Kaufs und der Übertragung des gekauften Gegenstandes hängt von der Zustimmung der bei dem Verkauf als Schuldner, Eigentümer oder Gläubiger Beteiligten ab. Fordert der Käufer einen Beteiligten zur Erklärung über die Genehmigung auf, so findet § 177 Abs. 2 entsprechende Anwendung.

(2) Wird infolge der Verweigerung der Genehmigung ein neuer Verkauf vorgenommen, so hat der frühere Käufer für die Kosten des neuen Verkaufs sowie für einen Mindererlös aufzukommen.

§ 452 Schiffskauf

Die Vorschriften dieses Untertitels über den Kauf von Grundstücken finden auf den Kauf von eingetragenen Schiffen und Schiffsbauwerken entsprechende Anwendung.

§ 453 Rechtskauf

(1) Die Vorschriften über den Kauf von Sachen finden auf den Kauf von Rechten und sonstigen Gegenständen entsprechende Anwendung.

(2) Der Verkäufer trägt die Kosten der Begründung und Übertragung des Rechts.

(3) Ist ein Recht verkauft, das zum Besitz einer Sache berechtigt, so ist der Verkäufer verpflichtet, dem Käufer die Sache frei von Sach- und Rechtsmängeln zu übergeben.

Untertitel 2 Besondere Arten des Kaufs

Kapitel 1 Kauf auf Probe

§ 454 Zustandekommen des Kaufvertrags

(1) Bei einem Kauf auf Probe oder auf Besichtigung steht die Billigung des gekauften Gegenstandes im Belieben des Käufers. Der Kauf ist im Zweifel unter der aufschiebenden Bedingung der Billigung geschlossen.

(2) Der Verkäufer ist verpflichtet, dem Käufer die Untersuchung des Gegenstandes zu gestatten.

§ 455 Billigungsfrist

Die Billigung eines auf Probe oder auf Besichtigung gekauften Gegenstandes kann nur innerhalb der vereinbarten Frist und in Ermangelung einer solchen nur bis zum Ablauf einer dem Käufer von dem Verkäufer bestimmten angemessenen Frist erklärt werden. War die Sache dem Käufer zum Zwecke der Probe oder der Besichtigung übergeben, so gilt sein Schweigen als Billigung.

Kapitel 2   Wiederkauf

§ 456   Zustandekommen des Wiederkaufs

(1) Hat sich der Verkäufer in dem Kaufvertrag das Recht des Wiederkaufs vorbehalten, so kommt der Wiederkauf mit der Erklärung des Verkäufers gegenüber dem Käufer, dass er das Wiederkaufsrecht ausübe, zustande. Die Erklärung bedarf nicht der für den Kaufvertrag bestimmten Form.

(2) Der Preis, zu welchem verkauft worden ist, gilt im Zweifel auch für den Wiederkauf.

§ 457   Haftung des Wiederverkäufers

(1) Der Wiederverkäufer ist verpflichtet, dem Wiederkäufer den gekauften Gegenstand nebst Zubehör herauszugeben.

(2) Hat der Wiederverkäufer vor der Ausübung des Wiederkaufsrechts eine Verschlechterung, den Untergang oder eine aus einem anderen Grund eingetretene Unmöglichkeit der Herausgabe des gekauften Gegenstandes verschuldet oder den Gegenstand wesentlich verändert, so ist er für den daraus entstehenden Schaden verantwortlich. Ist der Gegenstand ohne Verschulden des Wiederverkäufers verschlechtert oder ist er nur unwesentlich verändert, so kann der Wiederkäufer Minderung des Kaufpreises nicht verlangen.

§ 458   Beseitigung von Rechten Dritter

Hat der Wiederverkäufer vor der Ausübung des Wiederkaufsrechts über den gekauften Gegenstand verfügt, so ist er verpflichtet, die dadurch begründeten Rechte Dritter zu beseitigen. Einer Verfügung des Wiederverkäufers steht eine Verfügung gleich, die im Wege der Zwangsvollstreckung oder der Arrestvollziehung oder durch den Insolvenzverwalter erfolgt.

§ 459   Ersatz von Verwendungen

Der Wiederverkäufer kann für Verwendungen, die er auf den gekauften Gegenstand vor dem Wiederkauf gemacht hat, insoweit Ersatz verlangen, als der Wert des Gegenstandes durch die Verwendungen erhöht ist. Eine Einrichtung, mit der er die herauszugebende Sache versehen hat, kann er wegnehmen.

§ 460   Wiederkauf zum Schätzungswert

Ist als Wiederkaufpreis der Schätzungswert vereinbart, den der gekaufte Gegenstand zur Zeit des Wiederkaufs hat, so ist der Wiederverkäufer für eine Verschlechterung, den Untergang oder die aus einem anderen Grund eingetretene

Unmöglichkeit der Herausgabe des Gegenstandes nicht verantwortlich, der Wiederkäufer zum Ersatz von Verwendungen nicht verpflichtet.

§ 461 Mehrere Wiederkaufsberechtigte

Steht das Wiederkaufsrecht mehreren gemeinschaftlich zu, so kann es nur im Ganzen ausgeübt werden. Ist es für einen der Berechtigten erloschen oder übt einer von ihnen sein Recht nicht aus, so sind die übrigen berechtigt, das Wiederkaufsrecht im Ganzen auszuüben.

§ 462 Ausschlussfrist

Das Wiederkaufsrecht kann bei Grundstücken nur bis zum Ablauf von 30, bei anderen Gegenständen nur bis zum Ablauf von drei Jahren nach der Vereinbarung des Vorbehalts ausgeübt werden. Ist für die Ausübung eine Frist bestimmt, so tritt diese an die Stelle der gesetzlichen Frist.

Kapitel 3 Vorkauf

§ 463 Voraussetzungen der Ausübung

Wer in Ansehung eines Gegenstandes zum Vorkauf berechtigt ist, kann das Vorkaufsrecht ausüben, sobald der Verpflichtete mit einem Dritten einen Kaufvertrag über den Gegenstand geschlossen hat.

§ 464 Ausübung des Vorkaufrechts

(1) Die Ausübung des Vorkaufsrechts erfolgt durch Erklärung gegenüber dem Verpflichteten. Die Erklärung bedarf nicht der für den Kaufvertrag bestimmten Form.

(2) Mit der Ausübung des Vorkaufsrechts kommt der Kauf zwischen dem Berechtigten und dem Verpflichteten unter den Bestimmungen zustande, welche der Verpflichtete mit dem Dritten vereinbart hat.

§ 465 Unwirksame Vereinbarungen

Eine Vereinbarung des Verpflichteten mit dem Dritten, durch welche der Kauf von der Nichtausübung des Vorkaufsrechts abhängig gemacht oder dem Verpflichteten für den Fall der Ausübung des Vorkaufsrechts der Rücktritt vorbehalten wird, ist dem Vorkaufsberechtigten gegenüber unwirksam.

§ 466 Nebenleistungen

Hat sich der Dritte in dem Vertrag zu einer Nebenleistung verpflichtet, die der Vorkaufsberechtigte zu bewirken außerstande ist, so hat der Vorkaufsberechtigte statt der Nebenleistung ihren Wert zu entrichten. Lässt sich die Nebenleistung nicht in Geld schätzen, so ist die Ausübung des Vorkaufsrechts ausgeschlossen; die Vereinbarung der Nebenleistung kommt jedoch nicht in Betracht, wenn der Vertrag mit dem Dritten auch ohne sie geschlossen sein würde.

§ 467 Gesamtpreis

Hat der Dritte den Gegenstand, auf den sich das Vorkaufsrecht bezieht, mit anderen Gegenständen zu einem Gesamtpreis gekauft, so hat der Vorkaufsberechtigte einen verhältnismäßigen Teil des Gesamtpreises zu entrichten. Der Verpflichtete kann verlangen, dass der Vorkauf auf alle Sachen erstreckt wird, die nicht ohne Nachteil für ihn getrennt werden können.

§ 468 Stundung des Kaufpreises

(1) Ist dem Dritten in dem Vertrag der Kaufpreis gestundet worden, so kann der Vorkaufsberechtigte die Stundung nur in Anspruch nehmen, wenn er für den gestundeten Betrag Sicherheit leistet.

(2) Ist ein Grundstück Gegenstand des Vorkaufs, so bedarf es der Sicherheitsleistung insoweit nicht, als für den gestundeten Kaufpreis die Bestellung einer Hypothek an dem Grundstück vereinbart oder in Anrechnung auf den Kaufpreis eine Schuld, für die eine Hypothek an dem Grundstück besteht, übernommen worden ist. Entsprechendes gilt, wenn ein eingetragenes Schiff oder Schiffsbauwerk Gegenstand des Vorkaufs ist.

§ 469 Mitteilungspflicht, Ausübungsfrist

(1) Der Verpflichtete hat dem Vorkaufsberechtigten den Inhalt des mit dem Dritten geschlossenen Vertrags unverzüglich mitzuteilen. Die Mitteilung des Verpflichteten wird durch die Mitteilung des Dritten ersetzt.

(2) Das Vorkaufsrecht kann bei Grundstücken nur bis zum Ablauf von zwei Monaten, bei anderen Gegenständen nur bis zum Ablauf einer Woche nach dem Empfang der Mitteilung ausgeübt werden. Ist für die Ausübung eine Frist bestimmt, so tritt diese an die Stelle der gesetzlichen Frist.

§ 470 Verkauf an gesetzlichen Erben

Das Vorkaufsrecht erstreckt sich im Zweifel nicht auf einen Verkauf, der mit Rücksicht auf ein künftiges Erbrecht an einen gesetzlichen Erben erfolgt.

§ 471 Verkauf bei Zwangsvollstreckung oder Insolvenz

Das Vorkaufsrecht ist ausgeschlossen, wenn der Verkauf im Wege der Zwangsvollstreckung oder aus einer Insolvenzmasse erfolgt.

§ 472 Mehrere Vorkaufsberechtigte

Steht das Vorkaufsrecht mehreren gemeinschaftlich zu, so kann es nur im Ganzen ausgeübt werden. Ist es für einen der Berechtigten erloschen oder übt einer von ihnen sein Recht nicht aus, so sind die übrigen berechtigt, das Vorkaufsrecht im Ganzen auszuüben.

§ 473 Unübertragbarkeit

Das Vorkaufsrecht ist nicht übertragbar und geht nicht auf die Erben des Berechtigten über, sofern nicht ein anderes bestimmt ist. Ist das Recht auf eine bestimmte Zeit beschränkt, so ist es im Zweifel vererblich.

Untertitel 3 Verbrauchsgüterkauf

§ 474 Begriff des Verbrauchsgüterkaufs

(1) Kauft ein Verbraucher von einem Unternehmer eine bewegliche Sache (Verbrauchsgüterkauf), gelten ergänzend die folgenden Vorschriften. Dies gilt nicht für gebrauchte Sachen, die in einer öffentlichen Versteigerung verkauft werden, an der der Verbraucher persönlich teilnehmen kann.

(2) Die §§ 445 und 447 finden auf die in diesem Untertitel geregelten Kaufverträge keine Anwendung.

§ 475 Abweichende Vereinbarungen

(1) Auf eine vor Mitteilung eines Mangels an den Unternehmer getroffene Vereinbarung, die zum Nachteil des Verbrauchers von den §§ 433 bis 435, 437, 439 bis 443, sowie von den Vorschriften dieses Untertitels abweicht, kann der Unternehmer sich nicht berufen. Die in Satz 1 bezeichneten Vorschriften finden auch Anwendung, wenn sie durch anderweitige Gestaltungen umgangen werden.

(2) Die Verjährung der in § 437 bezeichneten Ansprüche kann vor Mitteilung eines Mangels an den Unternehmer nicht durch Rechtsgeschäft erleichtert werden, wenn die Vereinbarung zu einer Verjährungsfrist ab dem gesetzlichen Verjährungsbeginn von weniger als zwei Jahren, bei gebrauchten Sachen von weniger als einem Jahr führt.

(3) Die Absätze 1 und 2 gelten unbeschadet der §§ 307 bis 309 nicht für den Ausschluss oder die Beschränkung des Anspruchs auf Schadensersatz.

§ 476 Beweislastumkehr

Zeigt sich innerhalb von sechs Monaten seit Gefahrübergang ein Sachmangel, so wird vermutet, dass die Sache bereits bei Gefahrübergang mangelhaft war, es sei denn, diese Vermutung ist mit der Art der Sache oder des Mangels unvereinbar.

§ 477 Sonderbestimmungen für Garantien

(1) Eine Garantieerklärung (§ 443) muss einfach und verständlich abgefasst sein. Sie muss enthalten
1. den Hinweis auf die gesetzlichen Rechte des Verbrauchers sowie darauf, dass sie durch die Garantie nicht eingeschränkt werden und
2. den Inhalt der Garantie und alle wesentlichen Angaben, die für die Geltendmachung der Garantie erforderlich sind, insbesondere die Dauer und den

räumlichen Geltungsbereich des Garantieschutzes sowie Namen und Anschrift des Garantiegebers.

(2) Der Verbraucher kann verlangen, dass ihm die Garantieerklärung in Textform mitgeteilt wird.

(3) Die Wirksamkeit der Garantieverpflichtung wird nicht dadurch berührt, dass eine der vorstehenden Anforderungen nicht erfüllt wird.

§ 478 Rückgriff des Unternehmers

(1) Wenn der Unternehmer die verkaufte neu hergestellte Sache als Folge ihrer Mangelhaftigkeit zurücknehmen musste oder der Verbraucher den Kaufpreis gemindert hat, bedarf es für die in § 437 bezeichneten Ansprüche und Rechte des Unternehmers gegen den Unternehmer, der ihm die Sache verkauft hatte (Lieferant), wegen des vom Verbraucher geltend gemachten Mangels einer sonst erforderlichen Fristsetzung nicht.

(2) Der Unternehmer kann beim Verkauf einer neu hergestellten Sache von seinem Lieferanten Ersatz der Aufwendungen verlangen, die der Unternehmer im Verhältnis zum Verbraucher nach § 439 Abs. 2 zu tragen hatte, wenn der vom Verbraucher geltend gemachte Mangel bereits beim Übergang der Gefahr auf den Unternehmer vorhanden war.

(3) In den Fällen der Absätze 1 und 2 findet § 476 mit der Maßgabe Anwendung, dass die Frist mit dem Übergang der Gefahr auf den Verbraucher beginnt.

(4) Auf eine vor Mitteilung eines Mangels an den Lieferanten getroffene Vereinbarung, die zum Nachteil des Unternehmers von den §§ 433 bis 435, 437, 439 bis 443 sowie von den Absätzen 1 bis 3 und von § 479 abweicht, kann sich der Lieferant nicht berufen, wenn dem Rückgriffsgläubiger kein gleichwertiger Ausgleich eingeräumt wird. Satz 1 gilt unbeschadet des § 307 nicht für den Ausschluss oder die Beschränkung des Anspruchs auf Schadensersatz. Die in Satz 1 bezeichneten Vorschriften finden auch Anwendung, wenn sie durch anderweitige Gestaltungen umgangen werden.

(5) Die Absätze 1 bis 4 finden auf die Ansprüche des Lieferanten und der übrigen Käufer in der Lieferkette gegen die jeweiligen Verkäufer entsprechende Anwendung, wenn die Schuldner Unternehmer sind.

(6) § 377 des Handelsgesetzbuchs bleibt unberührt.

§ 479 Verjährung von Rückgriffsansprüchen

(1) Die in § 478 Abs. 2 bestimmten Aufwendungsersatzansprüche verjähren in zwei Jahren ab Ablieferung der Sache.

(2) Die Verjährung der in den §§ 437 und 478 Abs. 2 bestimmten Ansprüche des Unternehmers gegen seinen Lieferanten wegen des Mangels einer an einen Verbraucher verkauften neu hergestellten Sache tritt frühestens zwei Monate nach dem Zeitpunkt ein, in dem der Unternehmer die Ansprüche des Verbrauchers erfüllt hat. Diese Ablaufhemmung endet spätestens fünf Jahre nach dem Zeitpunkt, in dem der Lieferant die Sache dem Unternehmer abgeliefert hat.

(3) Die vorstehenden Absätze finden auf die Ansprüche des Lieferanten und der übrigen Käufer in der Lieferkette gegen die jeweiligen Verkäufer entsprechende Anwendung, wenn die Schuldner Unternehmer sind.

Untertitel 4 Tausch

§ 480 Tausch

Auf den Tausch finden die Vorschriften über den Kauf entsprechende Anwendung.

Titel 2 Teilzeit-Wohnrechteverträge

§ 481 Begriff des Teilzeit-Wohnrechtevertrags

(1) Teilzeit-Wohnrechteverträge sind Verträge, durch die ein Unternehmer einem Verbraucher gegen Zahlung eines Gesamtpreises das Recht verschafft oder zu verschaffen verspricht, für die Dauer von mindestens drei Jahren ein Wohngebäude jeweils für einen bestimmten oder zu bestimmenden Zeitraum des Jahres zu Erholungs- oder Wohnzwecken zu nutzen. Das Recht kann ein dingliches oder anderes Recht sein und insbesondere auch durch eine Mitgliedschaft in einem Verein oder einen Anteil an einer Gesellschaft eingeräumt werden.

(2) Das Recht kann auch darin bestehen, die Nutzung eines Wohngebäudes jeweils aus einem Bestand von Wohngebäuden zu wählen.

(3) Einem Wohngebäude steht ein Teil eines Wohngebäudes gleich.

§ 482 Prospektpflicht bei Teilzeit-Wohnrechteverträgen

(1) Wer als Unternehmer, der den Abschluss von Teilzeit-Wohnrechteverträgen anbietet, hat jedem Verbraucher, der Interesse bekundet, einen Prospekt auszuhändigen.

(2) Der in Absatz 1 bezeichnete Prospekt muss eine allgemeine Beschreibung des Wohngebäudes oder des Bestandes von Wohngebäuden sowie die in der Rechtsverordnung nach Artikel 242 des Einführungsgesetzes zum Bürgerlichen Gesetzbuche bestimmten Angaben enthalten.

(3) Der Unternehmer kann vor Vertragsschluss eine Änderung gegenüber den im Prospekt enthaltenen Angaben vornehmen, soweit dies auf Grund von Umständen erforderlich wird, auf die er keinen Einfluss nehmen konnte.

(4) In jeder Werbung für den Abschluss von Teilzeit-Wohnrechteverträgen ist anzugeben, dass der Prospekt erhältlich ist und wo er angefordert werden kann.

§ 483 Vertrags- und Prospektsprache bei Teilzeit-Wohnrechteverträgen

(1) Der Vertrag ist in der Amtssprache oder, wenn es dort mehrere Amtssprachen gibt, in der vom Verbraucher gewählten Amtssprache des Mitgliedstaats der Europäischen Union oder des Vertragsstaats des Übereinkommens über den Europäischen Wirtschaftsraums abzufassen, in dem der Verbraucher seinen Wohnsitz hat. Ist der Verbraucher Angehöriger eines anderen Mitgliedstaats, so kann er statt der Sprache seines Wohnsitzstaats auch die oder eine der Amts-

sprachen des Staats, dem er angehört, wählen. Die Sätze 1 und 2 gelten auch für den Prospekt.

(2) Ist der Vertrag vor einem deutschen Notar zu beurkunden, so gelten die §§ 5 und 16 des Beurkundungsgesetzes mit der Maßgabe, dass dem Verbraucher eine beglaubigte Übersetzung des Vertrags in der von ihm nach Absatz 1 gewählten Sprache auszuhändigen ist.

(3) Teilzeit-Wohnrechteverträge, die Absatz 1 Satz 1 und 2 oder Absatz 2 nicht entsprechen, sind nichtig.

§ 484 Schriftform bei Teilzeit-Wohnrechteverträgen

(1) Der Teilzeit-Wohnrechtevertrag bedarf der schriftlichen Form, soweit nicht in anderen Vorschriften eine strengere Form vorgeschrieben ist. Der Abschluss des Vertrags in elektronischer Form ist ausgeschlossen. Die in dem in § 482 bezeichneten, dem Verbraucher ausgehändigten Prospekt enthaltenen Angaben werden Inhalt des Vertrags, soweit die Parteien nicht ausdrücklich und unter Hinweis auf die Abweichung vom Prospekt eine abweichende Vereinbarung treffen. Solche Änderungen müssen dem Verbraucher vor Abschluss des Vertrags mitgeteilt werden. Unbeschadet der Geltung der Prospektangaben gemäß Satz 2 muss die Vertragsurkunde die in der in § 482 Abs. 2 bezeichneten Rechtsverordnung bestimmten Angaben enthalten.

(2) Der Unternehmer hat dem Verbraucher eine Vertragsurkunde oder Abschrift der Vertragsurkunde auszuhändigen. Er hat ihm ferner, wenn die Vertragssprache und die Sprache des Staates, in dem das Wohngebäude belegen ist, verschieden sind, eine beglaubigte Übersetzung des Vertrags in der oder einer zu den Amtssprachen der Europäischen Union oder des Übereinkommens über den Europäischen Wirtschaftsraum zählenden Sprache des Staates auszuhändigen, in dem das Wohngebäude belegen ist. Die Pflicht zur Aushändigung einer beglaubigten Übersetzung entfällt, wenn sich das Nutzungsrecht auf einen Bestand von Wohngebäuden bezieht, die in verschiedenen Staaten belegen sind.

§ 485 Widerrufsrecht bei Teilzeit-Wohnrechteverträgen

(1) Dem Verbraucher steht bei einem Teilzeit-Wohnrechtevertrag ein Widerrufsrecht nach § 355 zu.

(2) Die erforderliche Belehrung über das Widerrufsrecht muss auch die Kosten angeben, die der Verbraucher im Falle des Widerrufs gemäß Absatz 5 Satz 2 zu erstatten hat.

(3) Ist dem Verbraucher der in § 482 bezeichnete Prospekt vor Vertragsschluss nicht oder nicht in der dort vorgeschriebenen Sprache ausgehändigt worden, so beträgt die Frist zur Ausübung des Widerrufsrechts abweichend von § 355 Abs. 1 Satz 2 einen Monat.

(4) Fehlt im Vertrag eine der Angaben, die in der in § 482 Abs. 2 bezeichneten Rechtsverordnung bestimmt werden, so beginnt die Frist zur Ausübung des Widerrufsrechts erst, wenn dem Verbraucher diese Angabe schriftlich mitgeteilt wird.

(5) Eine Vergütung für geleistete Dienste sowie für die Überlassung der Nutzung von Wohngebäuden ist abweichend von § 357 Abs. 1 und 3 ausgeschlossen. Bedurfte der Vertrag der notariellen Beurkundung, so hat der Verbraucher dem Unternehmer die Kosten der Beurkundung zu erstatten, wenn dies im Vertrag ausdrücklich bestimmt ist. In den Fällen der Absätze 3 und 4 entfällt die Verpflichtung zur Erstattung von Kosten; der Verbraucher kann vom Unternehmer Ersatz der Kosten des Vertrags verlangen.

§ 486 Anzahlungsverbot bei Teilzeit-Wohnrechteverträgen

Der Unternehmer darf Zahlungen des Verbrauchers vor Ablauf der Widerrufsfrist nicht fordern oder annehmen. Für den Verbraucher günstigere Vorschriften bleiben unberührt.

§ 487 Abweichende Vereinbarungen

Von den Vorschriften dieses Untertitels darf nicht zum Nachteil des Verbrauchers abgewichen werden. Die Vorschriften dieses Untertitels finden, soweit nicht ein anderes bestimmt ist, auch Anwendung, wenn sie durch anderweitige Gestaltungen umgangen werden.

Titel 3 Darlehensvertrag, Finanzierungshilfen und Ratenlieferungsverträge zwischen einem Unternehmer und einem Verbraucher

Untertitel 1 Darlehensvertrag

§ 488 Vertragstypische Pflichten beim Darlehensvertrag

(1) Durch den Darlehensvertrag wird der Darlehensgeber verpflichtet, dem Darlehensnehmer einen Geldbetrag in der vereinbarten Höhe zur Verfügung zu stellen. Der Darlehensnehmer ist verpflichtet, einen geschuldeten Zins zu zahlen und bei Fälligkeit das zur Verfügung gestellte Darlehen zurückzuerstatten.

(2) Die vereinbarten Zinsen sind, soweit nicht ein anderes bestimmt ist, nach dem Ablauf je eines Jahres und, wenn das Darlehen vor dem Ablauf eines Jahres zurückzuerstatten ist, bei der Rückerstattung zu entrichten.

(3) Ist für die Rückerstattung des Darlehens eine Zeit nicht bestimmt, so hängt die Fälligkeit davon ab, dass der Darlehensgeber oder der Darlehensnehmer kündigt. Die Kündigungsfrist beträgt drei Monate. Sind Zinsen nicht geschuldet, so ist der Darlehensnehmer auch ohne Kündigung zur Rückerstattung berechtigt.

§ 489 Ordentliches Kündigungsrecht des Darlehensnehmers

(1) Der Darlehensnehmer kann einen Darlehensvertrag, bei dem für einen bestimmten Zeitraum ein fester Zinssatz vereinbart ist, ganz oder teilweise kündigen,
1. wenn die Zinsbindung vor der für die Rückzahlung bestimmten Zeit endet und keine neue Vereinbarung über den Zinssatz getroffen ist, unter Einhaltung einer Kündigungsfrist von einem Monat frühestens für den Ablauf des

Tages, an dem die Zinsbindung endet; ist eine Anpassung des Zinssatzes in bestimmten Zeiträumen bis zu einem Jahr vereinbart, so kann der Darlehensnehmer jeweils nur für den Ablauf des Tages, an dem die Zinsbindung endet, kündigen;
2. wenn das Darlehen einem Verbraucher gewährt und nicht durch ein Grund- oder Schiffspfandrecht gesichert ist, nach Ablauf von sechs Monaten nach dem vollständigen Empfang unter Einhaltung einer Kündigungsfrist von drei Monaten;
3. in jedem Fall nach Ablauf von zehn Jahren nach dem vollständigen Empfang unter Einhaltung einer Kündigungsfrist von sechs Monaten; wird nach dem Empfang des Darlehens eine neue Vereinbarung über die Zeit der Rückzahlung oder den Zinssatz getroffen, so tritt der Zeitpunkt dieser Vereinbarung an die Stelle des Zeitpunkts der Auszahlung.

(2) Der Darlehensnehmer kann einen Darlehensvertrag mit veränderlichem Zinssatz jederzeit unter Einhaltung einer Kündigungsfrist von drei Monaten kündigen.

(3) Eine Kündigung des Darlehensnehmers nach den Absätzen 1 oder 2 gilt als nicht erfolgt, wenn er den geschuldeten Betrag nicht binnen zwei Wochen nach Wirksamwerden der Kündigung zurückzahlt.

(4) Das Kündigungsrecht des Darlehensnehmers nach den Absätzen 1 und 2 kann nicht durch Vertrag ausgeschlossen oder erschwert werden. Dies gilt nicht bei Darlehen an den Bund, ein Sondervermögen des Bundes, ein Land, eine Gemeinde, einen Gemeindeverband, die Europäischen Gemeinschaften oder ausländische Gebietskörperschaften.

§ 490 Außerordentliches Kündigungsrecht

(1) Wenn in den Vermögensverhältnissen des Darlehensnehmers oder in der Werthaltigkeit einer für das Darlehen gestellten Sicherheit eine wesentliche Verschlechterung eintritt oder einzutreten droht, durch die die Rückerstattung des Darlehens, auch unter Verwertung der Sicherheit, gefährdet wird, kann der Darlehensgeber den Darlehensvertrag vor Auszahlung des Darlehens im Zweifel stets, nach Auszahlung nur in der Regel fristlos kündigen.

(2) Der Darlehensnehmer kann einen Darlehensvertrag, bei dem für einen bestimmten Zeitraum ein fester Zinssatz vereinbart und das Darlehen durch ein Grund- oder Schiffspfandrecht gesichert ist, unter Einhaltung der Fristen des § 489 Abs. 1 Nr. 2 vorzeitig kündigen, wenn seine berechtigten Interessen dies gebieten. Ein solches Interesse liegt insbesondere vor, wenn der Darlehensnehmer ein Bedürfnis nach einer anderweitigen Verwertung der zur Sicherung des Darlehens beliehenen Sache hat. Der Darlehensnehmer hat dem Darlehensgeber denjenigen Schaden zu ersetzen, der diesem aus der vorzeitigen Kündigung entsteht (Vorfälligkeitsentschädigung).

(3) Die Vorschriften der §§ 313 und 314 bleiben unberührt.

§ 491 Verbraucherdarlehensvertrag

(1) Für entgeltliche Darlehensverträge zwischen einem Unternehmer als Darlehensgeber und einem Verbraucher als Darlehensnehmer (Verbraucherdarlehensvertrag) gelten vorbehaltlich der Absätze 2 und 3 ergänzend die folgenden Vorschriften.

(2) Die folgenden Vorschriften finden keine Anwendung auf Verbraucherdarlehensverträge,
1. bei denen das auszuzahlende Darlehen (Nettodarlehensbetrag) 200 Euro nicht übersteigt;
2. die ein Arbeitgeber mit seinem Arbeitnehmer zu Zinsen abschließt, die unter den marktüblichen Sätzen liegen;
3. die im Rahmen der Förderung des Wohnungswesens und des Städtebaus auf Grund öffentlich-rechtlicher Bewilligungsbescheide oder auf Grund von Zuwendungen aus öffentlichen Haushalten unmittelbar zwischen der die Fördermittel vergebenden öffentlich-rechtlichen Anstalt und dem Darlehensnehmer zu Zinssätzen abgeschlossen werden, die unter den marktüblichen Sätzen liegen.

(3) Keine Anwendung finden ferner
1. die §§ 358, 359, § 492 Abs. 1 Satz 5 Nr. 2, § 495, § 497 Abs. 2 und 3 und § 498 auf Verbraucherdarlehensverträge, bei denen die Gewährung des Darlehens von der Sicherung durch ein Grundpfandrecht abhängig gemacht wird und zu Bedingungen erfolgt, die für grundpfandrechtlich abgesicherte Darlehensverträge und deren Zwischenfinanzierung üblich sind; der Sicherung durch ein Grundpfandrecht steht es gleich, wenn von einer solchen Sicherung gemäß § 7 Abs. 3 bis 5 des Gesetzes über Bausparkassen abgesehen wird;
2. § 358 Abs. 1, 2, 4 und 5 und die §§ 492 bis 495 auf Verbraucherdarlehensverträge, die in ein nach den Vorschriften der Zivilprozessordnung errichtetes gerichtliches Protokoll aufgenommen oder notariell beurkundet sind, wenn das Protokoll oder die notarielle Urkunde den Jahreszins, die bei Abschluss des Vertrags in Rechnung gestellten Kosten des Darlehens sowie die Voraussetzungen enthält, unter denen der Jahreszins oder die Kosten geändert werden können;
3. die § 358 Abs. 2, 4 und 5 und § 359 auf Verbraucherdarlehensverträge, die der Finanzierung des Erwerbs von Wertpapieren, Devisen, Derivaten oder Edelmetallen dienen.

§ 492 Schriftform, Vertragsinhalt

(1) Verbraucherdarlehensverträge sind, soweit nicht eine strengere Form vorgeschrieben ist, schriftlich abzuschließen. Der Abschluss des Vertrags in elektronischer Form ist ausgeschlossen. Der Schriftform ist genügt, wenn Antrag und Annahme durch die Vertragsparteien jeweils getrennt schriftlich erklärt werden. Die Erklärung des Darlehensgebers bedarf keiner Unterzeichnung, wenn sie mit

Hilfe einer automatischen Einrichtung erstellt wird. Die vom Darlehensnehmer zu unterzeichnende Vertragserklärung muss angeben
1. den Nettodarlehensbetrag, gegebenenfalls die Höchstgrenze des Darlehens;
2. den Gesamtbetrag aller vom Darlehensnehmer zur Tilgung des Darlehens sowie zur Zahlung der Zinsen und sonstigen Kosten zu entrichtenden Teilzahlungen, wenn der Gesamtbetrag bei Abschluss des Verbraucherdarlehensvertrags für die gesamte Laufzeit der Höhe nach feststeht. Ferner ist bei Darlehen mit veränderlichen Bedingungen, die in Teilzahlungen getilgt werden, ein Gesamtbetrag auf der Grundlage der bei Abschluss des Vertrags maßgeblichen Darlehensbedingungen anzugeben. Kein Gesamtbetrag ist anzugeben bei Darlehen, bei denen die Inanspruchnahme bis zu einer Höchstgrenze freigestellt ist;
3. die Art und Weise der Rückzahlung des Darlehens oder, wenn eine Vereinbarung hierüber nicht vorgesehen ist, die Regelung der Vertragsbeendigung;
4. den Zinssatz und alle sonstigen Kosten des Darlehens, die, soweit ihre Höhe bekannt ist, im einzelnen zu bezeichnen, im Übrigen dem Grunde nach anzugeben sind, einschließlich etwaiger vom Darlehensnehmer zu tragender Vermittlungskosten;
5. den effektiven Jahreszins oder, wenn eine Änderung des Zinssatzes oder anderer preisbestimmender Faktoren vorbehalten ist, den anfänglichen effektiven Jahreszins; zusammen mit dem anfänglichen effektiven Jahreszins ist auch anzugeben, unter welchen Voraussetzungen preisbestimmende Faktoren geändert werden können und auf welchen Zeitraum Belastungen, die sich aus einer nicht vollständigen Auszahlung oder aus einem Zuschlag zu dem Darlehen ergeben, bei der Berechnung des effektiven Jahreszinses verrechnet werden;
6. die Kosten einer Restschuld- oder sonstigen Versicherung, die im Zusammenhang mit dem Verbraucherdarlehensvertrag abgeschlossen wird;
7. zu bestellende Sicherheiten.

(2) Effektiver Jahreszins ist die in einem Prozentsatz des Nettodarlehensbetrags anzugebende Gesamtbelastung pro Jahr. Die Berechnung des effektiven und des anfänglichen effektiven Jahreszinses richtet sich nach § 6 der Verordnung zur Regelung der Preisangaben.

(3) Der Darlehensgeber hat dem Darlehensnehmer eine Abschrift der Vertragserklärungen zur Verfügung zu stellen.

(4) Die Absätze 1 und 2 gelten auch für die Vollmacht, die ein Darlehensnehmer zum Abschluss eines Verbraucherdarlehensvertrags erteilt. Satz 1 gilt nicht für die Prozessvollmacht und eine Vollmacht, die notariell beurkundet ist.

§ 493 Überziehungskredit

(1) Die Bestimmungen des § 492 gelten nicht für Verbraucherdarlehensverträge, bei denen ein Kreditinstitut einem Darlehensnehmer das Recht einräumt, sein laufendes Konto in bestimmter Höhe zu überziehen, wenn außer den Zinsen für das in Anspruch genommene Darlehen keine weiteren Kosten in Rechnung gestellt werden und die Zinsen nicht in kürzeren Perioden als drei Mona-

ten belastet werden. Das Kreditinstitut hat den Darlehensnehmer vor der Inanspruchnahme eines solchen Darlehens zu unterrichten über
1. die Höchstgrenze des Darlehens;
2. den zum Zeitpunkt der Unterrichtung geltenden Jahreszins;
3. die Bedingungen, unter denen der Zinssatz geändert werden kann;
4. die Regelung der Vertragsbeendigung.

Die Vertragsbedingungen nach Satz 2 Nr. 1 bis 4 sind dem Darlehensnehmer spätestens nach der ersten Inanspruchnahme des Darlehens zu bestätigen. Ferner ist der Darlehensnehmer während der Inanspruchnahme des Darlehens über jede Änderung des Jahreszinses zu unterrichten. Die Bestätigung nach Satz 3 und die Unterrichtung nach Satz 4 haben in Textform zu erfolgen; es genügt, wenn sie auf einem Kontoauszug erfolgen.

(2) Duldet das Kreditinstitut die Überziehung eines laufenden Kontos und wird das Konto länger als drei Monate überzogen, so hat das Kreditinstitut den Darlehensnehmer über den Jahreszins, die Kosten sowie die diesbezüglichen Änderungen zu unterrichten; dies kann in Form eines Ausdrucks auf einem Kontoauszug erfolgen.

§ 494 Rechtsfolgen von Formmängeln

(1) Der Verbraucherdarlehensvertrag und die auf Abschluss eines solchen Vertrags vom Verbraucher erteilte Vollmacht sind nichtig, wenn die Schriftform insgesamt nicht eingehalten ist oder wenn eine der in § 492 Abs. 1 Satz 5 Nr. 1 bis 6 vorgeschriebenen Angaben fehlt.

(2) Ungeachtet eines Mangels nach Absatz 1 wird der Verbraucherdarlehensvertrag gültig, soweit der Darlehensnehmer das Darlehen empfängt oder in Anspruch nimmt. Jedoch ermäßigt sich der dem Verbraucherdarlehensvertrag zugrunde gelegte Zinssatz (§ 492 Abs. 1 Satz 5 Nr. 4) auf den gesetzlichen Zinssatz, wenn seine Angabe, die Angabe des effektiven oder anfänglichen effektiven Jahreszinses (§ 492 Abs. 1 Satz 5 Nr. 5) oder die Angabe des Gesamtbetrags (§ 492 Abs. 1 Satz 5 Nr. 2) fehlt. Nicht angegebene Kosten werden vom Darlehensnehmer nicht geschuldet. Vereinbarte Teilzahlungen sind unter Berücksichtigung der verminderten Zinsen oder Kosten neu zu berechnen. Ist nicht angegeben, unter welchen Voraussetzungen preisbestimmende Faktoren geändert werden können, so entfällt die Möglichkeit, diese zum Nachteil des Darlehensnehmers zu ändern. Sicherheiten können bei fehlenden Angaben hierüber nicht gefordert werden; dies gilt nicht, wenn der Nettodarlehensbetrag 50 000 Euro übersteigt.

(3) Ist der effektive oder der anfängliche effektive Jahreszins zu niedrig angegeben, so vermindert sich der dem Verbraucherdarlehensvertrag zugrunde gelegte Zinssatz um den Prozentsatz, um den der effektive oder anfängliche effektive Jahreszins zu niedrig angegeben ist.

§ 495 Widerrufsrecht

(1) Dem Darlehensnehmer steht bei einem Verbraucherdarlehensvertrag ein Widerrufsrecht nach § 355 zu.

(2) Hat der Darlehensnehmer das Darlehen empfangen, gilt der Widerruf als nicht erfolgt, wenn er das Darlehen nicht binnen zwei Wochen entweder nach Erklärung des Widerrufs oder nach Auszahlung des Darlehens zurückzahlt. Dies gilt nicht im Fall des § 358 Abs. 2. Die erforderliche Belehrung über das Widerrufsrecht muss auf die Rechtsfolge nach Satz 1 hinweisen.

(3) Die Absätze 1 und 2 finden keine Anwendung auf die in § 493 Abs. 1 Satz 1 genannten Verbraucherdarlehensverträge, wenn der Darlehensnehmer nach dem Vertrag das Darlehen jederzeit ohne Einhaltung einer Kündigungsfrist und ohne zusätzliche Kosten zurückzahlen kann.

§ 496 Einwendungsverzicht, Wechsel- und Scheckverbot

(1) Eine Vereinbarung, durch die der Darlehensnehmer auf das Recht verzichtet, Einwendungen, die ihm gegenüber dem Darlehensgeber zustehen, gemäß § 404 einem Abtretungsgläubiger entgegenzusetzen oder eine ihm gegen den Darlehensgeber zustehende Forderung gemäß § 406 auch dem Abtretungsgläubiger gegenüber aufzurechnen, ist unwirksam.

(2) Der Darlehensnehmer darf nicht verpflichtet werden, für die Ansprüche des Darlehensgebers aus dem Verbraucherdarlehensvertrag eine Wechselverbindlichkeit einzugehen. Der Darlehensgeber darf vom Darlehensnehmer zur Sicherung seiner Ansprüche aus dem Verbraucherdarlehensvertrag einen Scheck nicht entgegennehmen. Der Darlehensnehmer kann vom Darlehensgeber jederzeit die Herausgabe eines Wechsels oder Schecks, der entgegen Satz 1 oder 2 begeben worden ist, verlangen. Der Darlehensgeber haftet für jeden Schaden, der dem Darlehensnehmer aus einer solchen Wechsel- oder Scheckbegebung entsteht.

§ 497 Behandlung der Verzugszinsen, Anrechnung von Teilleistungen

(1) Soweit der Darlehensnehmer mit Zahlungen, die er auf Grund des Verbraucherdarlehensvertrags schuldet, in Verzug kommt, hat er den geschuldeten Betrag gemäß § 288 Abs. 1 zu verzinsen, es sei denn, es handelt sich um einen grundpfandrechtlich gesicherten Verbraucherdarlehensvertrag gemäß § 491 Abs. 3 Nr. 1. Bei diesen Verträgen beträgt der Verzugszinssatz für das Jahr zweieinhalb Prozentpunkte über dem Basiszinssatz. Im Einzelfall kann der Darlehensgeber einen höheren oder der Darlehensnehmer einen niedrigeren Schaden nachweisen.

(2) Die nach Eintritt des Verzugs anfallenden Zinsen sind auf einem gesonderten Konto zu verbuchen und dürfen nicht in ein Kontokorrent mit dem geschuldeten Betrag oder anderen Forderungen des Darlehensgebers eingestellt werden. Hinsichtlich dieser Zinsen gilt § 289 Satz 2 mit der Maßgabe, dass der Darlehensgeber Schadensersatz nur bis zur Höhe des gesetzlichen Zinssatzes (§ 246) verlangen kann.

(3) Zahlungen des Darlehensnehmers, die zur Tilgung der gesamten fälligen Schuld nicht ausreichen, werden abweichend von § 367 Abs. 1 zunächst auf die Kosten der Rechtsverfolgung, dann auf den übrigen geschuldeten Betrag (Absatz 1) und zuletzt auf die Zinsen (Absatz 2) angerechnet. Der Darlehensgeber darf Teilzahlungen nicht zurückweisen. Die Verjährung der Ansprüche auf Dar-

lehensrückerstattung und Zinsen ist vom Eintritt des Verzugs nach Absatz 1 an bis zu ihrer Feststellung in einer in § 197 Abs. 1 Nr. 3 bis 5 bezeichneten Art gehemmt, jedoch nicht länger als 10 Jahre von ihrer Entstehung an. Auf die Ansprüche auf Zinsen findet § 197 Abs. 2 keine Anwendung. Die Sätze 1 bis 4 finden keine Anwendung, soweit Zahlungen auf Vollstreckungstitel geleistet werden, deren Hauptforderung auf Zinsen lautet.

§ 498 Gesamtfälligstellung bei Teilzahlungsdarlehen

(1) Wegen Zahlungsverzugs des Darlehensnehmers kann der Darlehensgeber den Verbraucherdarlehensvertrag bei einem Darlehen, das in Teilzahlungen zu tilgen ist, nur kündigen, wenn
1. der Darlehensnehmer mit mindestens zwei aufeinanderfolgenden Teilzahlungen ganz oder teilweise und mindestens zehn Prozent, bei einer Laufzeit des Verbraucherdarlehensvertrags über drei Jahre mit fünf Prozent des Nennbetrags des Darlehens oder des Teilzahlungspreises in Verzug ist und
2. der Darlehensgeber dem Darlehensnehmer erfolglos eine zweiwöchige Frist zur Zahlung des rückständigen Betrags mit der Erklärung gesetzt hat, dass er bei Nichtzahlung innerhalb der Frist die gesamte Restschuld verlange.

Der Darlehensgeber soll dem Darlehensnehmer spätestens mit der Fristsetzung ein Gespräch über die Möglichkeiten einer einverständlichen Regelung anbieten.

(2) Kündigt der Darlehensgeber den Verbraucherdarlehensvertrag, so vermindert sich die Restschuld um die Zinsen und sonstigen laufzeitabhängigen Kosten des Darlehens, die bei staffelmäßiger Berechnung auf die Zeit nach Wirksamwerden der Kündigung entfallen.

Untertitel 2 Finanzierungshilfen zwischen einem Unternehmer und einem Verbraucher

§ 499 Zahlungsaufschub, sonstige Finanzierungshilfe

(1) Die Vorschriften der §§ 358, 359 und 492 Abs. 1 bis 3 und der §§ 494 bis 498 finden vorbehaltlich der Absätze 2 und 3 entsprechende Anwendung auf Verträge, durch die ein Unternehmer einem Verbraucher einen entgeltlichen Zahlungsaufschub von mehr als drei Monaten oder eine sonstige entgeltliche Finanzierungshilfe gewährt.

(2) Für Finanzierungsleasingverträge und Verträge, die die Lieferung einer bestimmten Sache oder die Erbringung einer bestimmten anderen Leistung gegen Teilzahlungen zum Gegenstand haben (Teilzahlungsgeschäfte), gelten vorbehaltlich des Absatzes 3 die in den §§ 500 bis 504 geregelten Besonderheiten.

(3) Die Vorschriften dieses Untertitels finden in dem in § 491 Abs. 2 und 3 bestimmten Umfang keine Anwendung. Bei einem Teilzahlungsgeschäft tritt an die Stelle des in § 491 Abs. 2 Nr. 1 genannten Nettodarlehensbetrags der Barzahlungspreis.

§ 500 Finanzierungsleasingverträge

Auf Finanzierungsleasingverträge zwischen einem Unternehmer und einem Verbraucher finden lediglich die Vorschriften der §§ 358, 359, 492 Abs. 1 Satz 1 bis 4, § 492 Abs. 2 und 3 und § 495 Abs. 1 sowie der §§ 496 bis 498 entsprechende Anwendung.

§ 501 Teilzahlungsgeschäfte

Auf Teilzahlungsgeschäfte zwischen einem Unternehmer und einem Verbraucher finden lediglich die Vorschriften der §§ 358, 359, 492 Abs. 1 Satz 1 bis 4, § 492 Abs. 2 und 3, § 495 Abs. 1 sowie der §§ 496 bis 498 entsprechende Anwendung. Im Übrigen gelten die folgenden Vorschriften.

§ 502 Erforderliche Angaben, Rechtsfolgen von Formmängeln bei Teilzahlungsgeschäften

(1) Die vom Verbraucher zu unterzeichnende Vertragserklärung muss bei Teilzahlungsgeschäften angeben
1. den Barzahlungspreis;
2. den Teilzahlungspreis (Gesamtbetrag von Anzahlung und allen vom Verbraucher zu entrichtenden Teilzahlungen einschließlich Zinsen und sonstiger Kosten);
3. Betrag, Zahl und Fälligkeit der einzelnen Teilzahlungen;
4. den effektiven Jahreszins;
5. die Kosten einer Versicherung, die im Zusammenhang mit dem Teilzahlungsgeschäft abgeschlossen wird;
6. die Vereinbarung eines Eigentumsvorbehalts oder einer anderen zu bestellenden Sicherheit.

Der Angabe eines Barzahlungspreises und eines effektiven Jahreszinses bedarf es nicht, wenn der Unternehmer nur gegen Teilzahlungen Sachen liefert oder Leistungen erbringt.

(2) Die Erfordernisse des Absatzes 1, des § 492 Abs. 1 Satz 1 bis 4 und des § 492 Abs. 3 gelten nicht für Teilzahlungsgeschäfte im Fernabsatz, wenn die in Absatz 1 Satz 1 Nr. 1 bis 5 bezeichneten Angaben mit Ausnahme des Betrags der einzelnen Teilzahlungen dem Verbraucher so rechtzeitig in Textform mitgeteilt sind, dass er die Angaben vor dem Abschluss des Vertrags eingehend zur Kenntnis nehmen kann.

(3) Das Teilzahlungsgeschäft ist nichtig, wenn die Schriftform des § 492 Abs. 1 Satz 1 bis 4 nicht eingehalten ist oder wenn eine der im Absatz 1 Satz 1 Nr. 1 bis 5 vorgeschriebenen Angaben fehlt. Ungeachtet eines Mangels nach Satz 1 wird das Teilzahlungsgeschäft gültig, wenn dem Verbraucher die Sache übergeben oder die Leistung erbracht wird. Jedoch ist der Barzahlungspreis höchstens mit dem gesetzlichen Zinssatz zu verzinsen, wenn die Angabe des Teilzahlungspreises oder des effektiven Jahreszinses fehlt. Ist ein Barzahlungspreis nicht genannt, so gilt im Zweifel der Marktpreis als Barzahlungspreis. Die Bestellung von Sicherheiten kann bei fehlenden Angaben hierüber nicht gefor-

dert werden. Ist der effektive oder der anfängliche effektive Jahreszins zu niedrig angegeben, so vermindert sich der Teilzahlungspreis um den Prozentsatz, um den der effektive oder anfängliche effektive Jahreszins zu niedrig angegeben ist.

§ 503 Rückgaberecht, Rücktritt bei Teilzahlungsgeschäften

(1) Anstelle des dem Verbraucher gemäß § 495 Abs. 1 zustehenden Widerrufsrechts kann dem Verbraucher ein Rückgaberecht nach § 356 eingeräumt werden.

(2) Der Unternehmer kann von einem Teilzahlungsgeschäft wegen Zahlungsverzugs des Verbrauchers nur unter den in § 498 Abs. 1 bezeichneten Voraussetzungen zurücktreten. Der Verbraucher hat dem Unternehmer auch die infolge des Vertrags gemachten Aufwendungen zu ersetzen. Bei der Bemessung der Vergütung von Nutzungen einer zurückzugewährenden Sache ist auf die inzwischen eingetretene Wertminderung Rücksicht zu nehmen. Nimmt der Unternehmer die auf Grund des Teilzahlungsgeschäfts gelieferte Sache wieder an sich, gilt dies als Ausübung des Rücktrittsrechts, es sei denn, der Unternehmer einigt sich mit dem Verbraucher, diesem den gewöhnlichen Verkaufswert der Sache im Zeitpunkt der Wegnahme zu vergüten. Satz 4 gilt entsprechend, wenn ein Vertrag über die Lieferung einer Sache mit einem Verbraucherdarlehensvertrag verbunden ist (§ 358 Abs. 2) und wenn der Darlehensgeber die Sache an sich nimmt; im Falle des Rücktritts bestimmt sich das Rechtsverhältnis zwischen dem Darlehensgeber und dem Verbraucher nach den Sätzen 2 und 3.

§ 504 Vorzeitige Zahlung bei Teilzahlungsgeschäften

Erfüllt der Verbraucher vorzeitig seine Verbindlichkeiten aus dem Teilzahlungsgeschäft, so vermindert sich der Teilzahlungspreis um die Zinsen und sonstigen laufzeitabhängigen Kosten, die bei gestaffelter Berechnung auf die Zeit nach der vorzeitigen Erfüllung entfallen. Ist ein Barzahlungspreis gemäß § 502 Abs. 1 Satz 2 nicht anzugeben, so ist der gesetzliche Zinssatz (§ 246) zugrunde zu legen. Zinsen und sonstige laufzeitabhängige Kosten kann der Unternehmer jedoch für die ersten neun Monate der ursprünglich vorgesehenen Laufzeit auch dann verlangen, wenn der Verbraucher seine Verbindlichkeiten vor Ablauf dieses Zeitraums erfüllt.

Untertitel 3 Ratenlieferungsverträge zwischen einem Unternehmer und einem Verbraucher

§ 505 Ratenlieferungsverträge

(1) Dem Verbraucher steht vorbehaltlich des Satzes 2 bei Verträgen mit einem Unternehmer, in denen die Willlenserklärung des Verbrauchers auf den Abschluss eines Vertrags gerichtet ist, der
1. die Lieferung mehrerer als zusammengehörend verkaufter Sachen in Teilleistungen zum Gegenstand hat und bei dem das Entgelt für die Gesamtheit der Sachen in Teilzahlungen zu entrichten ist, oder

2. die regelmäßige Lieferung von Sachen gleicher Art zum Gegenstand hat, oder
3. die Verpflichtung zum wiederkehrenden Erwerb oder Bezug von Sachen zum Gegenstand hat,
ein Widerrufsrecht gemäß § 355 zu. Dies gilt nicht in dem in § 491 Abs. 2 und 3 bestimmten Umfang. Dem in § 491 Abs. 2 Nr. 1 genannten Nettodarlehensbetrag entspricht die Summe aller vom Verbraucher bis zum frühestmöglichen Kündigungszeitpunkt zu entrichtenden Teilzahlungen.

(2) Der Ratenlieferungsvertrag nach Absatz 1 bedarf der schriftlichen Form. Satz 1 gilt nicht, wenn dem Verbraucher die Möglichkeit verschafft wird, die Vertragsbestimmungen einschließlich der Allgemeinen Geschäftsbedingungen bei Vertragsschluss abzurufen und in wiedergabefähiger Form zu speichern. Der Unternehmer hat dem Verbraucher den Vertragsinhalt in Textform mitzuteilen.

Untertitel 4 Unabdingbarkeit, Anwendung auf Existenzgründer

§ 506 Abweichende Vereinbarungen

Von den Vorschriften der §§ 491 bis 505 darf nicht zum Nachteil des Verbrauchers abgewichen werden. Diese Vorschriften finden auch Anwendung, wenn sie durch anderweitige Gestaltungen umgangen werden.

§ 507 Anwendung auf Existenzgründer

Die §§ 491 bis 506 gelten auch für natürliche Personen, die sich ein Darlehen, einen Zahlungsaufschub oder eine sonstige Finanzierungshilfe für die Aufnahme einer gewerblichen oder selbständigen beruflichen Tätigkeit gewähren lassen oder zu diesem Zweck einen Ratenlieferungsvertrag schlie-ßen, es sei denn, der Nettodarlehensbetrag oder Barzahlungspreis übersteigt 50 000 Euro«

In dem neuen Abschnitt 8 des zweiten Buches werden der bisherige zweite und dritte Titel sowie der vierte Titel die Titel 4 bis 6.

§ 523 Abs. 2 Satz 2 wird wie folgt gefasst:

»Die für die Haftung des Verkäufers für Rechtsmängel geltenden Vorschriften des § 433 Abs. 1 und der §§ 435, 436, 444, 452, 453 finden entsprechende Anwendung.«

In § 536 Abs. 1 Satz 1 wird das Wort »Fehler« jeweils durch das Wort »Mangel« ersetzt.

In § 536a Abs. 1 und in § 536c Abs. 2 Satz 2 Nr. 2 werden jeweils die Wörter »wegen Nichterfüllung« gestrichen.

In § 543 Abs. 4 Satz 1 wird die Angabe »§§ 536b, 536d und §§ 469 bis 471« durch die Angabe »§§ 536b und 536d« ersetzt.

In § 548 wird Abs. 3 aufgehoben.

In § 563 Abs. 3 Satz 2 wird die Angabe »§ 206« durch die Angabe »§ 210« ersetzt.

Dem § 604 wird folgender Absatz angefügt:

»(5) Die Verjährung des Anspruchs auf Rückgabe der Sache beginnt mit der Beendigung der Leihe.«

In dem neuen Abschnitt 8 des zweiten Buches wird der bisherige fünfte Titel der Titel 7 und wie folgt gefasst:

Titel 7 Sachdarlehensvertrag

§ 607 Vertragstypische Pflichten beim Sachdarlehensvertrag

(1) Durch den Sachdarlehensvertrag wird der Darlehensgeber verpflichtet, dem Darlehensnehmer eine vereinbarte vertretbare Sache zu überlassen. Der Darlehensnehmer ist zur Zahlung eines Darlehensentgelts und bei Fälligkeit zur Rückerstattung von Sachen gleicher Art, Güte und Menge verpflichtet.

(2) Die Vorschriften dieses Titels finden keine Anwendung auf die Überlassung von Geld.

§ 608 Kündigung

(1) Ist für die Rückerstattung der überlassenen Sache eine Zeit nicht bestimmt, hängt die Fälligkeit davon ab, dass der Darlehensgeber oder der Darlehensnehmer kündigt.

(2) Ein auf unbestimmte Zeit abgeschlossener Sachdarlehensvertrag kann, soweit nicht ein anderes vereinbart ist, jederzeit vom Darlehensgeber oder Darlehensnehmer ganz oder teilweise gekündigt werden.

§ 609 Entgelt

Ein Entgelt hat der Darlehensnehmer spätestens bei Rückerstattung der überlassenen Sache zu bezahlen.«

In dem neuen Abschnitt 8 des zweiten Buches werden der bisherige sechste und siebente Titel sowie der achte bis fünfundzwanzigste Titel die Titel 8 bis 27.

Dem § 615 wird folgender Satz angefügt:

»Die Sätze 1 und 2 gelten entsprechend in den Fällen, in denen der Arbeitgeber das Risiko des Arbeitsausfalls trägt.«

Nach § 619 wird folgende Vorschrift eingefügt:

§ 619a Beweislast bei Haftung des Arbeitnehmers

Abweichend von § 280 Abs. 1 hat der Arbeitnehmer dem Arbeitgeber Ersatz für den aus der Verletzung einer Pflicht aus dem Arbeitsverhältnis entstehenden Schaden nur zu leisten, wenn er die Pflichtverletzung zu vertreten hat.«

Dem § 632 wird folgender Absatz angefügt:
»(3) Ein Kostenanschlag ist im Zweifel nicht zu vergüten.«

Die §§ 633 bis 638 werden wie folgt gefasst:

§ 633 Sach- und Rechtsmangel

(1) Der Unternehmer hat dem Besteller das Werk frei von Sach- und Rechtsmängeln zu verschaffen.

(2) Das Werk ist frei von Sachmängeln, wenn es die vereinbarte Beschaffenheit hat. Soweit die Beschaffenheit nicht vereinbart, so ist das Werk frei von Sachmängeln,
1. wenn es sich für die nach dem Vertrag vorausgesetzte, sonst
2. für die gewöhnliche Verwendung eignet und eine Beschaffenheit aufweist, die bei Werken der gleichen Art üblich ist und die der Besteller nach der Art des Werks erwarten kann.

Einem Sachmangel steht es gleich, wenn der Unternehmer ein anderes als das bestellte Werk oder das Werk in zu geringer Menge herstellt.

(3) Das Werk ist frei von Rechtsmängeln, wenn Dritte in Bezug auf das Werk keine oder nur die im Vertrag übernommenen Rechte gegen den Besteller geltend machen können.

§ 634 Rechte des Bestellers bei Mängeln

Ist das Werk mangelhaft, kann der Besteller, wenn die Voraussetzungen der folgenden Vorschriften vorliegen und soweit nicht ein anderes bestimmt ist,
1. nach § 635 Nacherfüllung verlangen,
2. nach § 637 den Mangel selbst beseitigen und Ersatz der erforderlichen Aufwendungen verlangen,
3. nach den §§ 636, 323 und 326 Abs. 5 von dem Vertrag zurücktreten oder nach § 638 die Vergütung mindern und
4. nach den §§ 636, 280, 281, 283 und 311a Schadensersatz oder nach § 284 Ersatz vergeblicher Aufwendungen verlangen.

§ 635 Verjährung der Mängelansprüche

(1) Die in § 634 Nr. 1, 2 und 4 bezeichneten Ansprüche verjähren
1. vorbehaltlich der Nummer 2 in zwei Jahren bei einem Werk, dessen Erfolg in der Herstellung, Wartung oder Veränderung einer Sache oder in der Erbringung von Planungs- oder Überwachungsleistungen hierfür besteht,

2. in fünf Jahren bei einem Bauwerk und einem Werk, dessen Erfolg in der Erbringung von Planungs- oder Überwachungsleistungen hierfür besteht, und
3. im Übrigen in der regelmäßigen Verjährungsfrist.

(2) Die Verjährung beginnt in den Fällen des Absatzes 1 Nr. 1 und 2 mit der Abnahme.

(3) Abweichend von Absatz 1 Nr. 1 und 2 und Absatz 2 verjähren die Ansprüche in der regelmäßigen Verjährungsfrist, wenn der Unternehmer den Mangel arglistig verschwiegen hat. Im Fall des Absatzes 1 Nr. 2 tritt die Verjährung jedoch nicht vor Ablauf der dort bestimmten Frist ein.

(4) Für das in § 634 bezeichnete Rücktrittsrecht gilt § 218. Der Besteller kann trotz einer Unwirksamkeit des Rücktritts nach § 218 Abs. 1 die Zahlung der Vergütung insoweit verweigern, als er auf Grund des Rücktritts dazu berechtigt sein würde. Macht er von diesem Recht Gebrauch, kann der Unternehmer vom Vertrag zurücktreten.

(5) Auf das in § 634 bezeichnete Minderungsrecht finden § 218 und Absatz 4 Satz 2 entsprechende Anwendung.

§ 635 Nacherfüllung

(1) Verlangt der Besteller Nacherfüllung, so kann der Unternehmer nach seiner Wahl den Mangel beseitigen oder ein neues Werk herstellen.

(2) Der Unternehmer hat die zum Zweck der Nacherfüllung erforderlichen Aufwendungen, insbesondere Transport-, Wege-, Arbeits- und Materialkosten zu tragen.

(3) Der Unternehmer kann die Nacherfüllung unbeschadet des § 275 Abs. 2 und 3 verweigern, wenn sie nur mit unverhältnismäßigen Kosten möglich ist.

(4) Stellt der Unternehmer ein neues Werk her, so kann er vom Besteller Rückgewähr des mangelhaften Werks nach Maßgabe der §§ 346 bis 348 verlangen.

§ 636 Besondere Bestimmungen für Rücktritt und Schadensersatz

Außer in den Fällen der §§ 281 Abs. 2 und 323 Abs. 2 bedarf es der Fristsetzung auch dann nicht, wenn der Unternehmer die Nacherfüllung gemäß § 635 Abs. 3 verweigert oder wenn die Nacherfüllung fehlgeschlagen oder dem Besteller unzumutbar ist.

§ 637 Selbstvornahme

(1) Der Besteller kann wegen eines Mangels des Werks nach erfolglosem Ablauf einer von ihm zur Nacherfüllung bestimmten angemessenen Frist den Mangel selbst beseitigen und Ersatz der erforderlichen Aufwendungen verlangen, wenn nicht der Unternehmer die Nacherfüllung zu Recht verweigert.

(2) § 323 Abs. 2 findet entsprechende Anwendung. Der Bestimmung einer Frist bedarf es auch dann nicht, wenn die Nacherfüllung fehlgeschlagen oder dem Besteller unzumutbar ist.

(3) Der Besteller kann von dem Unternehmer für die zur Beseitigung des Mangels erforderlichen Aufwendungen Vorschuss verlangen.

§ 638 Minderung

(1) Statt zurückzutreten, kann der Besteller die Vergütung durch Erklärung gegenüber dem Unternehmer mindern. Der Ausschlussgrund des § 323 Abs. 5 Satz 2 findet keine Anwendung.

(2) Sind auf der Seite des Bestellers oder auf der Seite des Unternehmers mehrere beteiligt, so kann die Minderung nur von allen oder gegen alle erklärt werden.

(3) Bei der Minderung ist die Vergütung in dem Verhältnis herabzusetzen, in welchem zur Zeit des Vertragsschlusses der Wert des Werks in mangelfreiem Zustand zu dem wirklichen Wert gestanden haben würde. Die Minderung ist, soweit erforderlich, durch Schätzung zu ermitteln.

(4) Hat der Besteller mehr als die geminderte Vergütung gezahlt, so ist der Mehrbetrag vom Unternehmer zu erstatten. § 346 Abs. 1 und § 347 Abs. 1 finden entsprechende Anwendung.«

Der bisherige § 637 wird § 639 und wie folgt gefasst:

§ 639 Haftungsausschluss

Auf eine Vereinbarung, durch welche die Rechte des Bestellers wegen eines Mangels ausgeschlossen oder beschränkt werden, kann sich der Unternehmer nicht berufen, wenn er den Mangel arglistig verschwiegen oder eine Garantie für die Beschaffenheit des Werks übernommen hat.«

In § 640 Abs. 2 werden die Wörter »so stehen ihm die in den §§ 633, 634 bestimmten Ansprüche« durch die Wörter »so stehen ihm die in § 634 Nr. 1 bis 3 bezeichneten Rechte« ersetzt.

In § 646 wird die Angabe »§§ 638, 641, 644, 645« durch die Angabe »des § 634a Abs. 2 und der §§ 641, 644 und 645« ersetzt.

§ 651 wird wie folgt gefasst:

§ 651 Anwendung des Kaufrechts

Auf einen Vertrag, der die Lieferung herzustellender oder zu erzeugender beweglicher Sachen zum Gegenstand hat, finden die Vorschriften über den Kauf Anwendung. § 442 Abs. 1 Satz 1 findet bei diesen Verträgen auch Anwendung, wenn der Mangel auf den vom Besteller gelieferten Stoff zurückzuführen ist. Soweit es sich bei den herzustellenden oder zu erzeugenden beweglichen Sachen um nicht vertretbare Sachen handelt, sind auch die §§ 642, 643, 645, 649 und 650 mit der Maßgabe anzuwenden, dass an die Stelle der Abnahme der nach den §§ 446 und 447 maßgebliche Zeitpunkt tritt.«

§ 651a wird wie folgt geändert:

a) Nach Absatz 2 wird folgender Absatz eingefügt:
»(3) Der Reiseveranstalter hat dem Reisenden bei oder unverzüglich nach Vertragsschluss eine Urkunde über den Reisevertrag (Reisebestätigung) zur Verfügung zu stellen. Die Reisebestätigung und ein Prospekt, den der Reiseveranstalter zur Verfügung stellt, müssen die in einer Rechtsverordnung nach Artikel 238 des Einführungsgesetzes zum Bürgerlichen Gesetzbuche bestimmten Angaben enthalten.«

b) Der bisherige Absatz 3 wird Absatz 4 und dessen Satz 3 wird wie folgt gefasst:

§ 309 Nr. 1 bleibt unberührt.«

c) Der bisherige Absatz 4 wird Absatz 5.

In § 651d Abs. 1 wird wie folgt geändert:

a) Die Angabe »§ 472« durch die Angabe »§ 638 Abs. 3« ersetzt.
b) Es wird folgender Satz angefügt:
»§ 638 Abs. 4 findet entsprechende Anwendung.«

In § 651e Abs. 3 Satz 2 wird die Angabe »§ 471« durch die Angabe »§ 638 Abs. 3« ersetzt.

§ 651g Abs. 2 wird wie folgt geändert:

a) In Satz 1 werden die Wörter »sechs Monaten« durch die Wörter »zwei Jahren« ersetzt.
b) Satz 3 wird aufgehoben.

§ 651m wird wie folgt gefasst:

§ 651m   Abweichende Vereinbarungen

Von den Vorschriften der §§ 651a bis 651l kann vorbehaltlich des Satzes 2 nicht zum Nachteil des Reisenden abgewichen werden. Die in § 651g Abs. 2 bestimmte Verjährung kann erleichtert werden, vor Mitteilung eines Mangels an den Reiseveranstalter jedoch nicht, wenn die Vereinbarung zu einer Verjährungsfrist ab dem in § 651g Abs. 2 Satz 2 bestimmten Verjährungsbeginn von weniger als einem Jahr führt.«

Dem § 652 wird folgende Gliederungsüberschrift vorangestellt:

Untertitel 1 Allgemeine Vorschriften

Nach § 655 wird folgender Untertitel eingefügt:

Untertitel 2 Darlehensvermittlungsvertrag zwischen einem Unternehmer und einem Verbraucher

§ 655a Darlehensvermittlungsvertrag

Für einen Vertrag, nach dem es ein Unternehmer unternimmt, einem Verbraucher gegen Entgelt einen Verbraucherdarlehensvertrag zu vermitteln oder ihm die Gelegenheit zum Abschluss eines Verbraucherdarlehensvertrags nachzuweisen, gelten vorbehaltlich des Satzes 2 die folgenden Vorschriften. Dies gilt nicht in dem in § 491 Abs. 2 bestimmten Umfang.

§ 655b Schriftform

(1) Der Darlehensvermittlungsvertrag bedarf der schriftlichen Form. In dem Vertrag ist vorbehaltlich sonstiger Informationspflichten insbesondere die Vergütung des Darlehensvermittlers in einem Prozentsatz des Darlehens anzugeben; hat der Darlehensvermittler auch mit dem Unternehmer eine Vergütung vereinbart, so ist auch diese anzugeben. der Vertrag darf nicht mit dem Antrag auf Hingabe des Darlehens verbunden werden. Der Darlehensvermittler hat dem Verbraucher den Vertragsinhalt in Textform mitzuteilen.

(2) Ein Darlehensvermittlungsvertrag, der den Anforderungen des Absatzes 1 Satz 1 bis 3 nicht genügt, ist nichtig.

§ 655c Vergütung

Der Verbraucher ist zur Zahlung der Vergütung nur verpflichtet, wenn infolge der Vermittlung oder des Nachweises des Darlehensvermittlers das Darlehen an den Verbraucher geleistet wird und ein Widerruf des Verbrauchers nach § 355 nicht mehr möglich ist. Soweit der Verbraucherdarlehensvertrag mit Wissen des Darlehensvermittlers der vorzeitigen Ablösung eines anderen Darlehens (Umschuldung) dient, entsteht ein Anspruch auf die Vergütung nur, wenn sich der effektive Jahreszins oder der anfängliche effektive Jahreszins nicht erhöht; bei der Berechnung des effektiven oder des anfänglichen effektiven Jahreszinses für das abzulösende Darlehen bleiben etwaige Vermittlungskosten außer Betracht.

§ 655d Nebenentgelte

Der Darlehensvermittler darf für Leistungen, die mit der Vermittlung des Verbraucherdarlehensvertrags oder dem Nachweis der Gelegenheit zum Abschluss eines Verbraucherdarlehensvertrags zusammenhängen, außer der Vergütung nach § 655c Satz 1 ein Entgelt nicht vereinbaren. Jedoch kann vereinbart werden, dass dem Darlehensvermittler entstandene, erforderliche Auslagen zu erstatten sind.

§ 655e Abweichende Vereinbarungen, Anwendung auf Existenzgründer

(1) Von den Vorschriften dieses Untertitels darf nicht zum Nachteil des Verbrauchers abgewichen werden. Die Vorschriften dieses Untertitels finden auch Anwendung, wenn sie durch anderweitige Gestaltungen umgangen werden.

(2) Dieser Untertitel gilt auch für Darlehensvermittlungsverträge zwischen einem Unternehmer und einem Existenzgründer im Sinne von § 507.«

Dem § 656 wird folgende Gliederungsüberschrift vorangestellt:

Untertitel 3 Ehevermittlung

§ 675a wird wie folgt geändert:

a) In Absatz 1 Satz 2 werden die Wörter »nach Absatz 2« durch die Wörter »nach Artikel 239 des Einführungsgesetzes zum Bürgerlichen Gesetzbuche« ersetzt.
b) Absatz 2 wird aufgehoben.
c) Absatz 3 wird Absatz 2.

Dem § 695 wird folgender Satz angefügt:

»Die Verjährung des Anspruchs auf Rückgabe der Sache beginnt mit der Rückforderung.«

Dem § 696 wird folgender Satz angefügt:

»Die Verjährung des Anspruchs beginnt mit dem Verlangen auf Rücknahme.«

In § 700 Abs. 1 werden die Wörter »die Vorschriften über das Darlehen« jeweils durch die Wörter »bei Geld die Vorschriften über den Darlehensvertrag, bei anderen Sachen die Vorschriften über den Sachdarlehensvertrag« ersetzt.

Dem § 771 wird folgender Satz angefügt:

»Erhebt der Bürge die Einrede der Vorausklage, ist die Verjährung des Anspruchs des Gläubigers gegen den Bürgen gehemmt, bis der Gläubiger eine Zwangsvollstreckung gegen den Hauptschuldner ohne Erfolg versucht hat.«

In § 778 werden die Wörter »Kredit zu geben« durch die Wörter »ein Darlehen oder eine Finanzierungshilfe zu gewähren« und die Wörter »aus der Kreditgewährung« durch die Wörter »aus dem Darlehen oder der Finanzierungshilfe« ersetzt.

§ 786 wird aufgehoben.

In § 802 Satz 3 wird die Angabe »§§ 203, 206, 207« durch die Angabe »§§ 206, 210, 211« ersetzt.

In § 813 Abs. 1 Satz 2 wird die Angabe »§ 222 Abs. 2« durch die Angabe »§ 214 Abs. 2« ersetzt.

§ 852 wird wie folgt gefasst:

§ 852 Herausgabeanspruch nach Eintritt der Verjährung

Hat der Ersatzpflichtige durch eine unerlaubte Handlung auf Kosten des Verletzten etwas erlangt, so ist er auch nach Eintritt der Verjährung des Anspruchs auf Ersatz des aus einer unerlaubten Handlung entstandenen Schadens zur Herausgabe nach den Vorschriften über die Herausgabe einer ungerechtfertigten Bereicherung verpflichtet. Dieser Anspruch verjährt in zehn Jahren von der Entstehung an, ohne Rücksicht auf die Entstehung in 30 Jahren von der Begehung der Verletzungshandlung oder dem sonstigen, den Schaden auslösenden Ereignis an.«

§ 939 wird wie folgt gefasst:

§ 939 Hemmung der Ersitzung

(1) Die Ersitzung ist gehemmt, wenn der Herausgabeanspruch gegen den Eigenbesitzer oder im Falle eines mittelbaren Eigenbesitzes gegen den Besitzer, der sein Recht zum Besitz von dem Eigenbesitzer ableitet, in einer nach den §§ 203 und 204 zur Hemmung der Verjährung geeigneten Weise geltend gemacht wird. Die Hemmung tritt jedoch nur zugunsten desjenigen ein, welcher sie herbeiführt.

(2) Die Ersitzung ist ferner gehemmt, solange die Verjährung des Herausgabeanspruchs nach den §§ 205 bis 207 oder ihr Ablauf nach den §§ 210 und 211 gehemmt ist.«

§ 941 wird wie folgt gefasst:

§ 941 Unterbrechung durch Vollstreckungshandlung

Die Ersitzung wird durch Vornahme oder Beantragung einer gerichtlichen oder behördlichen Vollstreckungshandlung unterbrochen. § 212 Abs. 2 und 3 gilt entsprechend.«

In § 943 wird das Wort »zustatten« durch das Wort »zugute« ersetzt.

In § 1002 Abs. 2 wird die Angabe »§§ 203, 206, 207« durch die Angabe »§§ 206, 210, 211« ersetzt.

Im dritten Buch wird der vierte Abschnitt aufgehoben; der fünfte bis neunte Abschnitt werden die Abschnitte 4 bis 8.

In § 1098 Abs. 1 Satz 1 wird die Angabe »§§ 504 bis 514« durch die Angabe »§§ 463 bis 473« ersetzt.

In § 1170 Abs. 1 Satz 1 werden die Wörter »§ 208 zur Unterbrechung der Verjährung« durch die Wörter »§ 212 Abs. 1 Nr. 1 zum Neubeginn der Verjährung« ersetzt.

In § 1317 Abs. 1 Satz 3 wird die Angabe »§§ 203, 206 Abs. 1 Satz 1« durch die Angabe »§§ 206, 210 Abs. 1 Satz 1« ersetzt.

In § 1600b Abs. 6 Satz 2 wird die Angabe »§§ 203, 206« durch die Angabe »§§ 206, 210« ersetzt.

§ 1615l wird wie folgt geändert:
a) Absatz 4 wird aufgehoben.
b) Der bisherige Absatz 5 wird Absatz 4; in ihm wird Satz 2 wie folgt gefasst:
»In diesem Fall gilt Absatz 3 entsprechend.«

Im zweiten Abschnitt des vierten Buches werden der siebente und neunte Titel die Titel 6 und 7.

In § 1762 Abs. 2 Satz 3 wird die Angabe »§§ 203, 206« durch die Angabe »§§ 206, 210« ersetzt.

Im ersten Titel des dritten Abschnitts des vierten Buches wird die Überschrift »VI. Familienrat« gestrichen und die Überschrift »VII. Beendigung der Vormundschaft« durch folgende Gliederungsüberschrift ersetzt:

Untertitel 6   Beendigung der Vormundschaft

In § 1903 Abs. 1 Satz 2 wird die Angabe »§ 206« durch die Angabe »§ 210« ersetzt.

In § 1944 Abs. 2 Satz 3 wird die Angabe »§§ 203, 206« durch die Angabe »§§ 206, 210« ersetzt.

In § 1954 Abs. 2 Satz 2 wird die Angabe »§§ 203, 206, 207« durch die Angabe »§§ 206, 210, 211« ersetzt.

In § 1997 wird die Angabe »des § 203 Abs. 1 und des § 206« durch die Angabe »der §§ 206, 210« ersetzt.

In § 2082 Abs. 2 Satz 2 wird die Angabe »§§ 203, 206, 207« durch die Angabe »§§ 206, 210, 211« ersetzt.

§ 2171 wird wie folgt geändert:
a) Der bisherige Wortlaut des Satzes 1 wird Absatz 1; hierbei werden nach dem Wort »Erbfalls« die Wörter »für jedermann« eingefügt.
b) Der bisherige Satz 2 wird aufgehoben.
c) Es werden folgende Absätze angefügt
(2) Die Unmöglichkeit der Leistung steht der Gültigkeit des Vermächtnisses nicht entgegen, wenn die Unmöglichkeit behoben werden kann und das

Vermächtnis für den Fall zugewendet ist, dass die Leistung möglich wird.

(3) Wird ein Vermächtnis, das auf eine unmögliche Leistung gerichtet ist, unter einer anderen aufschiebenden Bedingung oder unter Bestimmung eines Anfangstermins zugewendet, so ist das Vermächtnis gültig, wenn die Unmöglichkeit vor dem Eintritt der Bedingung oder des Termins behoben wird.«

§ 2182 Abs. 1 wird wie folgt gefasst:

(1) Ist eine nur der Gattung nach bestimmte Sache vermacht, so hat der Beschwerte die gleichen Verpflichtungen wie ein Verkäufer nach den Vorschriften des § 433 Abs. 1 Satz 1, der §§ 436, 452 und 453. Er hat die Sache dem Vermächtnisnehmer frei von Rechtsmängeln im Sinne des § 435 zu verschaffen. § 444 findet entsprechende Anwendung.

In § 2183 Satz 2 wird das Wort »Fehler« durch das Wort »Sachmangel« ersetzt.

In § 2283 Abs. 2 Satz 2 wird die Angabe »§§ 203, 206« durch die Angabe »§§ 206, 210« ersetzt.

In § 2376 Abs. 2 wird das Wort »Fehler« durch das Wort »Sachmängel« ersetzt.

(2) Dem Bürgerlichen Gesetzbuch in der im Bundesgesetzblatt Teil III, Gliederungsnummer 400-2, veröffentlichten bereinigten Fassung, zuletzt geändert durch Absatz 1, wird die aus der Anlage zu dieser Vorschrift ersichtliche Inhaltsübersicht vorangestellt. Die Untergliederungen des Bürgerlichen Gesetzbuchs erhalten die Bezeichnung und Fassung, die sich jeweils aus der Inhaltsübersicht in der Anlage zu dieser Vorschrift ergibt. Die Vorschriften des Bürgerlichen Gesetzbuchs erhalten die Überschriften, die sich jeweils aus der Inhaltsübersicht in der Anlage zu dieser Vorschrift ergeben.

Artikel 2 Änderung des Einführungsgesetzes zum Bürgerlichen Gesetzbuche

Das Einführungsgesetz zum Bürgerlichen Gesetzbuche in der Fassung der Bekanntmachung vom 21. September 1994 (BGBl. I S. 2494; 1997 I S. 1061), zuletzt geändert durch ... , wird wie folgt geändert:
1. Artikel 29a wird wie folgt geändert:
    a) In Absatz 3 werden die Wörter »Das Teilzeit-Wohnrechtegesetz ist« durch die Wörter »Die Vorschriften des Bürgerlichen Gesetzbuchs über Teilzeit-Wohnrechteverträge sind« ersetzt.
    b) In Absatz 4 wird am Ende der Punkt durch ein Komma ersetzt und folgende Nummer 4 angefügt:
    »4. die Richtlinie 1999/44/EG des Europäischen Parlaments und des Rates vom 25. Mai 1999 zu bestimmten Aspekten des Verbrauchsgüter-

kaufs und der Garantien für Verbrauchsgüter (ABl. EG Nr. L 171 S. 12).«

Artikel 229 wird wie folgt geändert:

a) § 2 Abs. 3 wird aufgehoben.

b) Es werden dem Artikel 229 folgende Vorschriften angefügt:

§ 5 Allgemeine Überleitungsvorschrift zum Gesetz zur Modernisierung des Schuldrechts vom ... *(einsetzen: Tag der Ausfertigung des Gesetzes zur Modernisierung des Schuldrechts)*

Auf Schuldverhältnisse, die vor dem 1. Januar 2002 entstanden sind, sind das Bürgerliche Gesetzbuch, das AGB-Gesetz, das Handelsgesetzbuch, das Verbraucherkreditgesetz, das Fernabsatzgesetz, das Fernunterrichtsgesetz, das Gesetz über den Widerruf von Haustürgeschäften und ähnlichen Geschäften, das Teilzeit-Wohnrechtegesetz, die Verordnung über Informationspflichten von Reiseveranstaltern und die Verordnung betreffend die Hauptmängel und Gewährfristen beim Viehhandel, soweit nicht ein anderes bestimmt ist, in der bis zu diesem Tag geltenden Fassung anzuwenden.

Satz 1 gilt für Dauerschuldverhältnisse mit der Maßgabe, dass anstelle der in Satz 1 bezeichneten Gesetze vom 1. Januar 2003 an nur das Bürgerliche Gesetzbuch, das Handelsgesetzbuch, das Fernunterrichtsgesetz und die Verordnung über Informationspflichten nach dem Bürgerlichen Gesetzbuch in der dann geltenden Fassung anzuwenden sind.

§ 6 Überleitungsvorschrift zum Verjährungsrecht nach dem Gesetz zur Modernisierung des Schuldrechts vom ... (einsetzen: Tag der Ausfertigung des Gesetzes zur Modernisierung des Schuldrechts)

(1) Die Vorschriften des Bürgerlichen Gesetzbuchs über die Verjährung in der seit dem 1. Januar 2002 geltenden Fassung finden auf die an diesem Tag bestehenden und noch nicht verjährten Ansprüche Anwendung. Der Beginn, die Hemmung, die Ablaufhemmung und der Neubeginn der Verjährung bestimmen sich jedoch für den Zeitraum vor dem 1. Januar 2002 nach dem Bürgerlichen Gesetzbuch in der bis zu diesem Tag geltenden Fassung.

Wenn nach Ablauf des 31. Dezember 2001 ein Umstand eintritt, bei dessen Vorliegen nach dem Bürgerlichen Gesetzbuch in der vor dem 1. Januar 2002 geltenden Fassung eine vor dem 1. Januar 2002 eintretenden Unterbrechung der Verjährung als nicht erfolgt oder als erfolgt gilt, so ist auch insoweit das Bürgerliche Gesetzbuch in der vor dem 1. Januar 2002 geltenden Fassung anzuwenden.

(2) Soweit die Vorschriften des Bürgerlichen Gesetzbuchs in der seit dem 1. Januar 2002 geltenden Fassung anstelle der Unterbrechung der Verjährung deren Hemmung vorsehen, so gilt eine Unterbrechung der Verjährung, die nach den anzuwendenden Vorschriften des Bürgerlichen Gesetzbuchs in der vor dem 1. Januar 2002 geltenden Fassung vor dem 1. Januar 2002 eintritt und mit Ablauf des 31. Dezember 2001 noch nicht beendigt ist, als mit dem Ablauf des 31. De-

zember 2001 beendigt, und die neue Verjährung ist mit Beginn des 1. Januar 2002 gehemmt.

(3) Ist die Verjährungsfrist nach dem Bürgerlichen Gesetzbuch in der seit dem 1. Januar 2002 geltenden Fassung länger als nach dem Bürgerlichen Gesetzbuch in der bis zu diesem Tag geltenden Fassung, so ist die Verjährung mit dem Ablauf der im Bürgerlichen Gesetzbuch in der bis zu diesem Tag geltenden Fassung bestimmten Frist vollendet.

(4) Ist die Verjährungsfrist nach dem Bürgerlichen Gesetzbuch in der seit dem 1. Januar 2002 geltenden Fassung kürzer als nach dem Bürgerlichen Gesetzbuch in der bis zu diesem Tag geltenden Fassung, so wird die kürzere Frist von dem 1. Januar 2002 an berechnet. Läuft jedoch die im Bürgerlichen Gesetzbuch in der bis zu diesem Tag geltenden Fassung bestimmte längere Frist früher als die im Bürgerlichen Gesetzbuch in der seit diesem Tag geltenden Fassung bestimmte Frist ab, so ist die Verjährung mit dem Ablauf der im Bürgerlichen Gesetzbuch in der bis zu diesem Tag geltenden Fassung bestimmten Frist vollendet.

(5) Die vorstehenden Absätze sind entsprechend auf Fristen anzuwenden, die für die Geltendmachung, den Erwerb oder den Verlust eines Rechts maßgebend sind.

(6) Die vorstehenden Absätze gelten für die Fristen nach dem Handelsgesetzbuch und dem Umwandlungsgesetz entsprechend.

§ 7 Überleitungsvorschrift zu Zinsvorschriften nach dem Gesetz zur Modernisierung des Schuldrechts vom ... (einsetzen: Tag der Ausfertigung des Gesetzes zur Modernisierung des Schuldrechts)

(1) Soweit sie als Bezugsgröße für Zinsen und andere Leistungen in Rechtsvorschriften des Bundes auf dem Gebiet des Bürgerlichen Rechts und des Verfahrensrechts der Gerichte, in nach diesem Gesetz vorbehaltenen Landesrecht und in Vollstreckungstiteln und Verträgen auf Grund solcher Vorschriften verwendet werden, treten mit Wirkung vom 1. Januar 2002
1. an die Stelle des Basiszinssatzes nach dem Diskontsatz-Überleitungsgesetz vom 9. Juni 1998 (BGBl. I S. 1242) der Basiszinssatz des Bürgerlichen Gesetzbuchs,
2. an die Stelle des Diskontsatzes der Deutschen Bundesbank der Basiszinssatz (§ 247 des Bürgerlichen Gesetzbuchs),
3. an die Stelle des Zinssatzes für Kassenkredite des Bundes der um 1,5 Prozentpunkte erhöhte Basiszinssatz des Bürgerlichen Gesetzbuchs,
4. an die Stelle des Lombardsatzes der Deutschen Bundesbank der Zinssatz der Spitzenrefinanzierungsfazilität der Europäischen Zentralbank (SRF-Zinssatz),
5. an die Stelle der »Frankfurt Interbank Offered Rate«-Sätze für die Beschaffung von Ein- bis Zwölfmonatsgeld von ersten Adressen auf dem deutschen Markt auf ihrer seit dem 2. Juli 1990 geltenden Grundlage (FIBOR-neu-Sätze) die »EURO Interbank Offered Rate«-Sätze für die Beschaffung von Ein- bis Zwölfmonatsgeld von ersten Adressen in den Teilnehmerstaaten

der Europäischen Währungsunion (EURIBOR-Sätze) für die entsprechende Laufzeit,
6. an die Stelle der »Frankfurt Interbank Offered Rate«-Satz für die Beschaffung von Tagesgeld (»Overnight«) von ersten Adressen auf dem deutschen Markt (»FIBOR-Overnight«-Satz) der »EURO Overnight Index Average«-Satz für die Beschaffung von Tagesgeld (»Overnight«) von ersten Adressen in den Teilnehmerstaaten der Europäischen Währungsunion (EONIA-Satz) und
7. bei Verwendung der »Frankfurt Interbank Offered Rate«-Sätze für die Geldbeschaffung von ersten Adressen auf dem deutschen Markt auf ihrer seit dem 12. August 1985 geltenden Grundlage (FIBOR-alt-Sätze)
   a) an die Stelle des FIBOR-alt-Satzes für Dreimonatsgeld der EURIBOR-Satz für Dreimonatsgeld, multipliziert mit der Anzahl der Tage der jeweiligen Dreimonatsperiode und dividiert durch 90,
   b) an die Stelle des FIBOR-alt-Satzes für Sechsmonatsgeld der EURIBOR-Satz für Sechsmonatsgeld, multipliziert mit der Anzahl der Tage der jeweiligen Sechsmonatsperiode und dividiert durch 180 und
   c) wenn eine Anpassung der Bestimmungen über die Berechung unterjähriger Zinsen nach § 5 Satz 1 Nr. 3 des Gesetzes zur Umstellung von Schuldverschreibungen auf Euro vom 9. Juni 1998 (BGBl. I S. 1242, 1250) erfolgt, an die Stelle aller FIBOR-alt-Sätze die EURIBOR-Sätze für die entsprechende Laufzeit.

Satz 1 Nr. 3 bis 6 ist auf Zinsperioden nicht anzuwenden, die auf einen vor Ablauf des 31. Dezember 1998 festgestellten FIBOR-Satz Bezug nehmen; insoweit verbleibt es bei den zu Beginn der Zinsperiode vereinbarten FIBOR-Sätzen. Soweit Zinsen für einen Zeitraum vor dem 1. Januar 1999 geltend gemacht werden, bezeichnet eine Bezugnahme auf den Basiszinssatz den Diskontsatz der Deutschen Bundesbank in der in diesem Zeitraum maßgebenden Höhe. Die in den vorstehenden Sätzen geregelte Ersetzung von Zinssätzen begründet keinen Anspruch auf vorzeitige Kündigung, einseitige Aufhebung oder Abänderung von Verträgen und Abänderung von Vollstreckungstiteln. Das Recht der Parteien, den Vertrag einvernehmlich zu ändern, bleibt unberührt.

(2) Für die Zeit vor dem 1. Januar 2002 sind das Diskontsatz-Überleitungs-Gesetz vom 9. Juni 1998 (BGBl. I S. 1242) und die auf seiner Grundlage erlassenen Rechtsverordnungen in der bis zu diesem Tag geltenden Fassung anzuwenden.

(3) Eine Veränderung des Basiszinssatzes gemäß § 247 Abs. 1 Satz 2 des Bürgerlichen Gesetzbuchs erfolgt erstmals zum 1. Januar 2002.

(4) Die Bundesregierung wird ermächtigt, durch Rechtsverordnung mit Zustimmung des Bundesrates
1. die Bezugsgröße für den Basiszinssatz gem. § 247 des Bürgerlichen Gesetzbuchs und
2. den SRF-Zinssatz als Ersatz für den Lombardsatz der Deutschen Bundesbank durch einen anderen Zinssatz der Europäischen Zentralbank zu ersetzen, der dem Basiszinssatz, den durch diesen ersetzten Zinssätzen und dem

Lombardsatz in ihrer Funktion als Bezugsgröße für Zinssätze eher entspricht.
3. Dem Siebten Teil werden folgende Vorschriften angefügt:

Artikel 239 Informationspflichten für Kreditinstitute

Das Bundesministerium der Justiz wird ermächtigt, durch Rechtsverordnung ohne Zustimmung des Bundesrates über § 675a Abs. 1 des Bürgerlichen Gesetzbuchs hinausgehende Angaben festzulegen, über die Unternehmen ihre Kunden zu unterrichten haben, soweit dies zur Erfüllung der Pflichten aus der Richtlinie 97/5/EG des Europäischen Parlaments und des Rates vom 27. Januar 1997 über grenzüberschreitende Überweisungen (ABl. EG Nr. L 43 S. 25) oder anderen Vorschriften des Gemeinschaftsrechts, die den Regelungsbereich des § 675a Abs. 1 des Bürgerlichen Gesetzbuchs betreffen, erforderlich ist oder wird. Hierbei kann auch die Form der Bekanntgabe der Angaben festgelegt werden.

Artikel 240 Informationspflichten für Fernabsatzverträge

Das Bundesministerium der Justiz wird ermächtigt, im Einvernehmen mit dem Bundesministerium für Wirtschaft und Technologie durch Rechtsverordnung ohne Zustimmung des Bundesrates unter Beachtung der vorgeschriebenen Angaben nach der Richtlinie 97/7/EG des Europäischen Parlaments und des Rates vom 20. Mai 1997 über den Verbraucherschutz bei Vertragsabschlüssen im Fernabsatz (ABl. EG Nr. L 144 S. 19) festzulegen:
1. über welche Einzelheiten des Vertrags, insbesondere zur Person des Unternehmers, zur angebotenen Leistung und zu den allgemeinen Geschäftsbedingungen, Verbraucher vor Abschluss eines Fernabsatzvertrags zu informieren sind,
2. welche Informationen nach Nr. 1 Verbrauchern zu welchem Zeitpunkt in Textform mitzuteilen sind, und
3. welche weiteren Informationen, insbesondere zu Widerrufs- und Kündigungsrechten, zum Kundendienst und zu Garantiebedingungen, Verbrauchern nach Vertragsschluss in Textform mitzuteilen und in welcher Weise sie hervorzuheben sind.

Artikel 241 Informationspflichten für Verträge im elektronischen Geschäftsverkehr

Das Bundesministerium der Justiz wird ermächtigt, im Einvernehmen mit dem Bundesministerium für Wirtschaft und Technologie durch Rechtsverordnung ohne Zustimmung des Bundesrates unter Beachtung der vorgeschriebenen Angaben nach der Richtlinie 2000/31/EG des Europäischen Parlaments und des Rates vom 8. Juni 2000 über bestimmte rechtliche Aspekte der Dienste der Informationsgesellschaft, insbesondere des elektronischen Geschäftsverkehrs, im Binnenmarkt (»Richtlinie über den elektronischen Geschäftsverkehr«, ABl. EG Nr. L 178 S. 1) festzulegen, welche Informationen dem Kunden über technische Einzelheiten des Vertragsschlusses im elektronischen Geschäftsverkehr, insbesondere zur Korrektur von Eingabefehlern, über den Zugang zu Vertragstext und Verhaltenskodizes sowie über die Vertragssprache vor Abgabe seiner Bestellung zu erteilen sind.

Artikel 242 Informations- und Prospektpflichten bei Teilzeit-Wohnrechteverträgen

Das Bundesministerium der Justiz wird ermächtigt, durch Rechtsverordnung ohne Zustimmung des Bundesrates unter Beachtung der Richtlinie 94/47/EG des Europäischen Parlaments und des Rates vom 26. Oktober 1994 zum Schutz der Erwerber im Hinblick auf bestimmte Aspekte von Verträgen über den Erwerb von Teilzeitnutzungsrechten an Immobilien (ABl. EG Nr. L 280 S. 83) festzulegen,
1. welche Angaben dem Verbraucher bei Teilzeit-Wohnrechteverträgen gemacht werden müssen, damit er den Inhalt des Teilzeitwohnrechts und die Einzelheiten auch der Verwaltung des Gebäudes, in dem es begründet werden soll, erfassen kann,
2. welche Angaben dem Verbraucher in dem Prospekt über Teilzeit-Wohnrechteverträge zusätzlich gemacht werden müssen, um ihn über seine Rechtsstellung beim Abschluss solcher Verträge aufzuklären, und
3. welche Angaben in einen Teilzeit-Wohnrechtevertrag zusätzlich aufgenommen werden müssen, um eindeutig zu regeln, welchen Umfang das Recht hat, das der Verbraucher erwerben soll.

Artikel 243 Ver- und Entsorgungsbedingungen

Das Bundesministerium für Wirtschaft und Technologie kann im Einvernehmen mit dem Bundesministerium der Justiz durch Rechtsverordnung mit Zustimmung des Bundesrates die Allgemeinen Bedingungen für die Versorgung mit Wasser und Fernwärme sowie die Entsorgung von Abwasser einschließlich von Rahmenregelungen über die Entgelte ausgewogen gestalten und hierbei unter angemessener Berücksichtigung der beiderseitigen Interessen
1. die Bestimmungen der Verträge einheitlich festsetzen,
2. Regelungen über den Vertragsschluss, den Gegenstand und die Beendigung der Verträge treffen, sowie
3. die Rechte und Pflichten der Vertragsparteien festlegen.

Satz 1 gilt entsprechend für Bedingungen öffentlich-rechtlich gestalteter Ver- und Entsorgungsverhältnisse mit Ausnahme der Regelung des Verwaltungsverfahrens.

Artikel 244 Abschlagszahlungen beim Hausbau

Das Bundesministerium der Justiz wird ermächtigt, im Einvernehmen mit dem Bundesministerium für Wirtschaft und Technologie durch Rechtsverordnung ohne Zustimmung des Bundesrates auch unter Abweichung von § 632a des Bürgerlichen Gesetzbuchs zu regeln, welche Abschlagszahlungen bei Werkverträgen verlangt werden können, die die Errichtung eines Hauses oder eines vergleichbaren Bauwerks zum Gegenstand haben, insbesondere wie viele Abschläge vereinbart werden können, welche erbrachten Gewerke hierbei mit welchen Prozentsätzen der Gesamtbausumme angesetzt werden können, welcher Abschlag für eine in dem Vertrag enthaltene Verpflichtung zur Verschaffung des Eigentums angesetzt werden kann und welche Sicherheit dem Besteller hierfür zu leisten ist.«

Artikel 245 Belehrung über Widerrufs und Rückgaberecht

Das Bundesministerium der Justiz wird ermächtigt, durch Rechtsverordnung, die der Zustimmung des Bundesrates nicht bedarf,
1. Inhalt und Gestaltung der dem Verbraucher gemäß § 355 Abs. 2 Satz 1, § 356 Abs. 1 Satz 1 Nr. 1 und den diese ergänzenden Vorschriften des Bürgerlichen Gesetzbuchs mitzuteilenden Belehrung über das Widerrufs- und Rückgaberecht festzulegen und
2. zu bestimmen, wie diese Belehrung mit den auf Grund der Artikel 240 bis 242 zu erteilenden Informationen zu verbinden ist.«

Artikel 3 »Gesetz über Unterlassungsklagen bei Verbraucherrechts- und anderen Verstößen (Unterlassungsklagengesetz – UKlaG)

Abschnitt 1 Ansprüche bei Verbraucherrechts- und anderen Verstößen

§ 1 Unterlassungs- und Widerrufsanspruch bei Allgemeinen Geschäftsbedingungen

Wer in Allgemeinen Geschäftsbedingungen Bestimmungen, die nach den §§ 307 bis 309 des Bürgerlichen Gesetzbuchs unwirksam sind, verwendet oder für den rechtsgeschäftlichen Verkehr empfiehlt, kann auf Unterlassung und im Fall des Empfehlens auch auf Widerruf in Anspruch genommen werden.

§ 2 Unterlassungsanspruch bei verbraucherschutzgesetzwidrigen Praktiken

(1) Wer in anderer Weise als durch Verwendung oder Empfehlung von Allgemeinen Geschäftsbedingungen Vorschriften zuwiderhandelt, die dem Schutz der Verbraucher dienen (Verbraucherschutzgesetze), kann im Interesse des Verbraucherschutzes auf Unterlassung in Anspruch genommen werden. Werden die Zuwiderhandlungen in einem geschäftlichen Betrieb von einem Angestellten oder einem Beauftragten begangen, so ist der Unterlassungsanspruch auch gegen den Inhaber des Betriebs begründet.

(2) Verbraucherschutzgesetze im Sinne dieser Vorschrift sind insbesondere
1. die Vorschriften des Bürgerlichen Gesetzbuchs, die für Verbrauchsgüterkäufe, Haustürgeschäfte, Fernabsatzverträge, Teilzeit-Wohnrechteverträge, Reiseverträge, Verbraucherdarlehensverträge sowie für Finanzierungshilfen, Ratenlieferungsverträge und Darlehensvermittlungsverträge zwischen einem Unternehmer und einem Verbraucher gelten,
2. die Vorschriften zur Umsetzung der Artikel 5, 10 und 11 der Richtlinie 2000/31/EG des Europäischen Parlaments und des Rates vom 8. Juni 2000

über bestimmte rechtliche Aspekte der Dienste der Informationsgesellschaft, insbesondere des elektronischen Geschäftsverkehrs, im Binnenmarkt (ABl. EG Nr. L 178 S. 1),
3. das Fernunterrichtsschutzgesetz,
4. die Vorschriften des Bundes- und Landesrechts zur Umsetzung der Artikel 10 bis 21 der Richtlinie 89/552/EWG des Rates vom 3. Oktober 1989 zur Koordinierung bestimmter Rechts- und Verwaltungsvorschriften der Mitgliedstaaten über die Ausübung der Fernsehtätigkeit (ABl. EG Nr. L 298 S. 23), geändert durch die Richtlinie des Europäischen Parlaments und des Rates 97/36/EG (ABl. EG Nr. L 202 S. 60),
5. die entsprechenden Vorschriften des Arzneimittelgesetzes sowie Artikel 1 §§ 3 bis 13 des Gesetzes über die Werbung auf dem Gebiete des Heilwesens,
6. § 23 des Gesetzes über Kapitalanlagegesellschaften und die §§ 11 und 15h des Auslandinvestmentgesetzes.

(3) Der Anspruch auf Unterlassung kann nicht geltend gemacht werden, wenn die Geltendmachung unter Berücksichtigung der gesamten Umstände missbräuchlich ist, insbesondere wenn sie vorwiegend dazu dient, gegen den Zuwiderhandelnden einen Anspruch auf Ersatz von Aufwendungen oder Kosten der Rechtsverfolgung entstehen zu lassen.

§ 3 Anspruchsberechtigte Stellen

(1) Die in den §§ 1 und 2 bezeichneten Ansprüche auf Unterlassung und auf Widerruf stehen zu:
1. qualifizierten Einrichtungen, die nachweisen, dass sie in die Liste qualifizierter Einrichtungen nach § 4 oder in dem Verzeichnis der Kommission der Europäischen Gemeinschaften nach Artikel 4 der Richtlinie 98/27/EG des Europäischen Parlaments und des Rates vom 19. Mai 1998 über Unterlassungsklagen zum Schutz der Verbraucherinteressen (ABl. EG Nr. L 166 S. 51) in der jeweils geltenden Fassung eingetragen sind,
2. rechtsfähigen Verbänden zur Förderung gewerblicher Interessen, soweit ihnen eine erhebliche Zahl von Gewerbetreibenden angehört, die Waren oder gewerbliche Leistungen gleicher oder verwandter Art auf demselben Markt vertreiben, soweit sie insbesondere nach ihrer personellen, sachlichen und finanziellen Ausstattung imstande sind, ihre satzungsgemäßen Aufgaben der Verfolgung gewerblicher Interessen tatsächlich wahrzunehmen, und, bei Klagen nach § 2, soweit der Anspruch eine Handlung betrifft, die geeignet ist, den Wettbewerb auf diesem Markt wesentlich zu beeinträchtigen, und
3. den Industrie- und Handelskammern oder den Handwerkskammern.

Der Anspruch kann nur an Stellen im Sinne des Satzes 1 abgetreten werden.

(2) Die in Absatz 1 Nr. 1 bezeichneten Einrichtungen können Ansprüche auf Unterlassung und auf Widerruf nach § 1 nicht geltend machen, wenn Allgemeine Geschäftsbedingungen gegenüber einem Unternehmer (§ 14 des Bürgerlichen Gesetzbuchs) verwendet oder wenn Allgemeine Geschäftsbedingungen zur ausschließlichen Verwendung zwischen Unternehmern empfohlen werden.

§ 4 Qualifizierte Einrichtungen

(1) Das Bundesverwaltungsamt führt eine Liste qualifizierter Einrichtungen. Diese Liste wird mit dem Stand zum 1. Januar eines jeden Jahres im Bundesanzeiger bekannt gemacht und der Kommission der Europäischen Gemeinschaften unter Hinweis auf Artikel 4 Abs. 2 der Richtlinie 98/27/EG zugeleitet.

(2) In die Liste werden auf Antrag rechtsfähige Verbände eingetragen, zu deren satzungsmäßigen Aufgaben es gehört, die Interessen der Verbraucher durch Aufklärung und Beratung nicht gewerbsmäßig und nicht nur vorübergehend wahrzunehmen, wenn sie in diesem Aufgabenbereich tätige Verbände oder mindestens 75 natürliche Personen als Mitglieder haben, seit mindestens einem Jahr bestehen und auf Grund ihrer bisherigen Tätigkeit Gewähr für eine sachgerechte Aufgabenerfüllung bieten. Es wird unwiderleglich vermutet, dass Verbraucherzentralen und andere Verbraucherverbände, die mit öffentlichen Mitteln gefördert werden, diese Voraussetzungen erfüllen. Die Eintragung in die Liste erfolgt unter Angabe von Namen, Anschrift, Registergericht, Registernummer und satzungsmäßigem Zweck. Sie ist mit Wirkung für die Zukunft aufzuheben, wenn
1. der Verband dies beantragt oder
2. die Voraussetzungen für die Eintragung nicht vorlagen oder weggefallen sind.

Ist auf Grund tatsächlicher Anhaltspunkte damit zu rechnen, dass die Eintragung nach Satz 4 zurückzunehmen oder zu widerrufen ist, so soll das Bundesverwaltungsamt das Ruhen der Eintragung für einen bestimmten Zeitraum von längstens drei Monaten anordnen. Widerspruch und Anfechtungsklage haben im Fall des Satzes 5 keine aufschiebende Wirkung.

(3) Entscheidungen über Eintragungen erfolgen durch einen Bescheid, der dem Antragsteller zuzustellen ist. Das Bundesverwaltungsamt erteilt den Verbänden auf Antrag eine Bescheinigung über ihre Eintragung in die Liste. Es bescheinigt auf Antrag Dritten, die daran ein rechtliches Interesse haben, dass die Eintragung eines Verbands in die Liste aufgehoben worden ist.

(4) Ergeben sich in einem Rechtsstreit begründete Zweifel an dem Vorliegen der Voraussetzungen nach Absatz 2 bei einer eingetragenen Einrichtung, so kann das Gericht das Bundesverwaltungsamt zur Überprüfung der Eintragung auffordern und die Verhandlung bis zu dessen Entscheidung aussetzen.

(5) Das Bundesverwaltungsamt steht bei der Wahrnehmung der in dieser Vorschrift geregelten Aufgabe unter der Fachaufsicht des Bundesministeriums der Justiz.

(6) Das Bundesministerium der Justiz wird ermächtigt, durch Rechtsverordnung, die der Zustimmung des Bundesrates nicht bedarf, die Einzelheiten des Eintragungsverfahrens, insbesondere die zur Prüfung der Ein-tragungsvoraussetzungen erforderlichen Ermittlungen, sowie die Einzelheiten der Führung der Liste zu regeln.

Abschnitt 2 Verfahrensvorschriften

Unterabschnitt 1 Allgemeine Vorschriften

§ 5 Anwendung der Zivilprozessordnung und anderer Vorschriften

Auf das Verfahren sind die Vorschriften der Zivilprozessordnung und die §§ 23a, 23b und 25 des Gesetzes gegen den unlauteren Wettbewerb anzuwenden, soweit sich aus diesem Gesetz nicht etwas anderes ergibt.

§ 6 Zuständigkeit

(1) Für Klagen nach diesem Gesetz ist das Landgericht ausschließlich zuständig, in dessen Bezirk der Beklagte seine gewerbliche Niederlassung oder in Ermangelung einer solchen seinen Wohnsitz hat. Hat der Beklagte im Inland weder eine gewerbliche Niederlassung noch einen Wohnsitz, so ist das Gericht des inländischen Aufenthaltsorts zuständig, in Ermangelung eines solchen das Gericht, in dessen Bezirk die nach den §§ 307 bis 309 des Bürgerlichen Gesetzbuchs unwirksamen Bestimmungen in Allgemeinen Geschäftsbedingungen verwendet wurden oder gegen Verbraucherschutzgesetze verstoßen wurde.

(2) Die Landesregierungen werden ermächtigt, zur sachdienlichen Förderung oder schnelleren Erledigung der Verfahren durch Rechtsverordnung einem Landgericht für die Bezirke mehrerer Landgerichte Rechtsstreitigkeiten nach diesem Gesetz zuzuweisen. Die Landesregierungen können die Ermächtigung durch Rechtsverordnung auf die Landesjustizverwaltungen übertragen.

(3) Wird gegen eine Entscheidung des Gerichts Berufung eingelegt, so können sich die Parteien vor dem Berufungsgericht auch von Rechtsanwälten vertreten lassen, die bei dem Oberlandesgericht zugelassen sind, vor das die Berufung ohne die Regelung nach Absatz 2 gehören würde. Die Mehrkosten, die einer Partei dadurch erwachsen, dass sie sich nach Satz 1 durch einen nicht beim Prozessgericht zugelassenen Rechtsanwalt vertreten lässt, sind nicht zu erstatten.

(4) Die vorstehenden Absätze gelten nicht für Klagen, die einen Anspruch der in § 13 bezeichneten Art zum Gegenstand haben.

§ 7 Veröffentlichungsbefugnis

Wird der Klage stattgegeben, so kann dem Kläger auf Antrag die Befugnis zugesprochen werden, die Urteilsformel mit der Bezeichnung des verurteilten Beklagten auf dessen Kosten im Bundesanzeiger, im Übrigen auf eigene Kosten bekannt zu machen. Das Gericht kann die Befugnis zeitlich begrenzen.

Unterabschnitt 2 Besondere Vorschriften für Klagen nach § 1

§ 8 Klageantrag und Anhörung

(1) Der Klageantrag muss bei Klagen nach § 1 auch enthalten:
1. den Wortlaut der beanstandeten Bestimmungen in Allgemeinen Geschäftsbedingungen;

2. die Bezeichnung der Art der Rechtsgeschäfte, für die die Bestimmungen beanstandet werden.

(2) Das Gericht hat vor der Entscheidung über eine Klage nach § 1 zu hören
1. die zuständige Aufsichtsbehörde für das Versicherungswesen, wenn Gegenstand der Klage Bestimmungen in Allgemeinen Versicherungsbedingungen sind, oder
2. das Bundesaufsichtsamt für das Kreditwesen, wenn Gegenstand der Klage Bestimmungen in Allgemeinen Geschäftsbedingungen sind, die das Bundesaufsichtsamt für das Kreditwesen nach Maßgabe des Gesetzes über Bausparkassen, des Gesetzes über Kapitalanlagegesellschaften, des Hypothekenbankgesetzes oder des Gesetzes über Schiffspfandbriefbanken zu genehmigen hat.

§ 9 Besonderheiten der Urteilsformel

Erachtet das Gericht die Klage nach § 1 für begründet, so enthält die Urteilsformel auch:
1. die beanstandeten Bestimmungen der Allgemeinen Geschäftsbedingungen im Wortlaut;
2. die Bezeichnung der Art der Rechtsgeschäfte, für welche die den Unterlassungsanspruch begründenden Bestimmungen der Allgemeinen Geschäftsbedingungen nicht verwendet werden dürfen;
3. das Gebot, die Verwendung inhaltsgleicher Bestimmungen in Allgemeinen Geschäftsbedingungen zu unterlassen;
4. für den Fall der Verurteilung zum Widerruf das Gebot, das Urteil in gleicher Weise bekannt zu geben, wie die Empfehlung verbreitet wurde.

§ 10 Einwendung wegen abweichender Entscheidung

Der Verwender, dem die Verwendung einer Bestimmung untersagt worden ist, kann im Wege der Klage nach § 767 der Zivilprozessordnung einwenden, dass nachträglich eine Entscheidung des Bundesgerichtshofs oder des Gemeinsamen Senats der Obersten Gerichtshöfe des Bundes ergangen ist, welche die Verwendung dieser Bestimmung für dieselbe Art von Rechtsgeschäften nicht untersagt, und dass die Zwangsvollstreckung aus dem Urteil gegen ihn in unzumutbarer Weise seinen Geschäftsbetrieb beeinträchtigen würde.

§ 11 Wirkungen des Urteils

Handelt der verurteilte Verwender einem auf § 1 beruhenden Unterlassungsgebot zuwider, so ist die Bestimmung in den Allgemeinen Geschäftsbedingungen als unwirksam anzusehen, soweit sich der betroffene Vertragsteil auf die Wirkung des Unterlassungsurteils beruft. Er kann sich jedoch auf die Wirkung des Unterlassungsurteils nicht berufen, wenn der verurteilte Verwender gegen das Urteil die Klage nach § 10 erheben könnte.

Unterabschnitt 3   Besondere Vorschriften für Klagen nach § 2

§ 12   Einigungsstelle

Für Klagen nach § 2 gelten § 27a des Gesetzes gegen den unlauteren Wettbewerb und die darin enthaltene Verordnungsermächtigung entsprechend.

§ 13   Anspruch auf Mitteilung des Namens und der zustellungsfähigen Anschrift

(1) Wer geschäftsmäßig Post-, Telekommunikations-, Tele- oder Mediendienste erbringt oder an der Erbringung solcher Dienste mitwirkt, hat den nach § 3 Abs. 1 Nr. 1 und 3 anspruchsberechtigten Stellen und Wettbewerbsverbänden auf deren Verlangen den Namen und die zustellungsfähige Anschrift eines am Post-, Tele-kommunikations-, Tele- oder Mediendiensteverkehr Beteiligten mitzuteilen, wenn die Stelle oder der Wettbewerbsverband schriftlich versichert, dass diese Angaben
1. zur Durchsetzung eines Anspruchs nach §§ 1 oder 2 benötigt werden und
2. anderweitig nicht zu beschaffen sind.

(2) Der Anspruch besteht nur, soweit die Auskunft ausschließlich anhand der bei dem Auskunftspflichtigen vorhandenen Bestandsdaten erteilt werden kann. Die Auskunft darf nicht deshalb verweigert werden, weil der Beteiligte, dessen Angaben mitgeteilt werden sollen, in die Übermittlung nicht einwilligt.

(3) Die Wettbewerbsverbände haben einer anderen nach § 3 Abs. 1 Nr. 2 anspruchsberechtigten Stelle auf deren Verlangen die nach Absatz 1 erhaltenen Angaben
herauszugeben, wenn sie eine Versicherung in der in Absatz 1 bestimmten Form und mit dem dort bestimmten Inhalt vorlegt.

(4) Der Auskunftspflichtige kann von dem Anspruchsberechtigten einen angemessenen Ausgleich für die Erteilung der Auskunft verlangen. Der Beteiligte hat, wenn der gegen ihn geltend gemachte Anspruch nach §§ 1 oder 2 begründet ist, dem Anspruchsberechtigten den gezahlten Ausgleich zu erstatten.

(5) Wettbewerbsverbände sind
1. die Zentrale zur Bekämpfung unlauteren Wettbewerbs und
2. Verbände der in § 3 Abs. 1 Nr. 2 bezeichneten Art, die branchenübergreifend und überregional tätig sind.

Die in Satz 1 Nr. 2 bezeichneten Verbände werden durch Rechtsverordnung des Bundesministeriums der Justiz, die der Zustimmung des Bundesrates nicht bedarf, für Zwecke dieser Vorschrift festgelegt.

Abschnitt 3   Behandlung von Kundenbeschwerden

§ 14   Kundenbeschwerden

(1) Bei Streitigkeiten aus der Anwendung der §§ 675a bis 676g und 676h Satz 1 des Bürgerlichen Gesetzbuchs können die Beteiligten unbeschadet ihres Rechts, die Gerichte anzurufen, eine Schlichtungsstelle anrufen, die bei der Deutschen Bundesbank einzurichten ist. Die Deutsche Bundesbank kann meh-

rere Schlichtungsstellen einrichten. Sie bestimmt, bei welcher ihrer Dienststellen die Schlichtungsstellen eingerichtet werden.

(2) Das Bundesministerium der Justiz regelt durch Rechtsverordnung die näheren Einzelheiten des Verfahrens der nach Absatz 1 einzurichtenden Stellen nach folgenden Grundsätzen:
1. Durch die Unabhängigkeit der Einrichtung muss unparteiisches Handeln sichergestellt sein.
2. Die Verfahrensregeln müssen für Interessierte zugänglich sein.
3. Die Beteiligten müssen Tatsachen und Bewertungen vorbringen können, und sie müssen rechtliches Gehör erhalten.
4. Das Verfahren muss auf die Verwirklichung des Rechts ausgerichtet sein.

Die Rechtsverordnung regelt in Anlehnung an § 51 des Gesetzes über das Kreditwesen auch die Pflicht der Kreditinstitute, sich an den Kosten des Verfahrens zu beteiligen.

(3) Das Bundesministerium der Justiz wird ermächtigt, im Einvernehmen mit den Bundesministerien der Finanzen und für Wirtschaft und Technologie durch Rechtsverordnung mit Zustimmung des Bundesrates die Streitschlichtungsaufgabe nach Absatz 1 auf eine oder mehrere geeignete private Stellen zu übertragen, wenn die Aufgabe dort zweckmäßiger erledigt werden kann.

Abschnitt 4 Anwendungsbereich

§ 15 Ausnahme für das Arbeitsrecht

Dieses Gesetz findet auf das Arbeitsrecht keine Anwendung.

Abschnitt 5 Überleitungsvorschriften

§ 16 Überleitungsvorschrift zur Aufhebung des AGB-Gesetzes

(1) Soweit am 1. Januar 2002 Verfahren nach dem AGB-Gesetz in der Fassung der Bekanntmachung vom 29. Juni 2000 (BGBl. I S. 946) anhängig sind, werden diese nach den Vorschriften dieses Gesetzes abgeschlossen.

(2) Das beim Bundeskartellamt geführte Entscheidungsregister nach § 20 des AGB-Gesetzes steht bis zum Ablauf des 31. Dezember 2004 unter den bis zum Ablauf des 31. Dezember 2001 geltenden Voraussetzungen zur Einsicht offen. Die in dem Register eingetragenen Entscheidungen werden 20 Jahre nach ihrer Eintragung in das Register, spätestens mit dem Ablauf des 31. Dezember 2004 gelöscht.

(3) Schlichtungsstellen im Sinne von § 14 Abs. 1 sind auch die auf Grund des bisherigen § 29 Abs. 1 des AGB-Gesetzes eingerichteten Stellen.

(4) Die nach § 22a des AGB-Gesetzes eingerichtete Liste qualifizierter Einrichtungen wird nach § 4 fortgeführt. Mit Ablauf des 31. Dezember 2001 eingetragene Verbände brauchen die Jahresfrist des § 4 Abs. 2 Satz 1 nicht einzuhalten.«

Artikel 4 Änderung der Verordnung über Informationspflichten von Reiseveranstaltern

Die Verordnung über Informationspflichten von Reiseveranstaltern vom 14. November 1994 (BGBl. I S. 3436), zuletzt geändert durch..., wird wie folgt geändert:
1. Die Überschrift wird wie folgt gefasst:
»Verordnung über Informationspflichten nach Bürgerlichem Recht«
2. Dem § 1 werden folgende Abschnitte vorangestellt:

Abschnitt 1 Informationspflichten bei Verbraucherverträgen

§ 1 Informationspflichten bei Fernabsatzverträgen

(1) Der Unternehmer muss den Verbraucher gemäß § 312c Abs. 1 Nr. 1 des Bürgerlichen Gesetzbuchs vor Abschluss eines Fernabsatzvertrags mindestens informieren über:
1. seine Identität,
2. seine Anschrift,
3. wesentliche Merkmale der Ware oder Dienstleistung sowie darüber, wann der Vertrag zu Stande kommt,
4. die Mindestlaufzeit des Vertrags, wenn dieser eine dauernde oder regelmäßig wiederkehrende Leistung zum Inhalt hat,
5. einen Vorbehalt, eine in Qualität und Preis gleichwertige Leistung (Ware oder Dienstleistung) zu erbringen, und einen Vorbehalt, die versprochene Leistung im Fall ihrer Nichtverfügbarkeit nicht zu erbringen,
6. den Preis der Ware oder Dienstleistung einschließlich aller Steuern und sonstiger Preisbestandteile,
7. gegebenenfalls zusätzlich anfallende Liefer- und Versandkosten,
8. Einzelheiten hinsichtlich der Zahlung und der Lieferung oder Erfüllung,
9. das Bestehen eines Widerrufs- oder Rückgaberechts,
10. Kosten, die dem Verbraucher durch die Nutzung der Fernkommunikationsmittel entstehen, sofern sie über die üblichen Grundtarife, mit denen der Verbraucher rechnen muss, hinausgehen, und
11. die Gültigkeitsdauer befristeter Angebote, insbesondere hinsichtlich des Preises.

(2) Der Unternehmer hat dem Verbraucher gemäß § 312c Abs. 2 des Bürgerlichen Gesetzbuchs die in Absatz 1 Nr. 1 bis 9 bestimmten Informationen in Textform mitzuteilen.

(3) Der Unternehmer hat dem Verbraucher gemäß § 312c Abs. 2 des Bürgerlichen Gesetzbuchs ferner folgende weitere Informationen in Textform und in einer hervorgehobenen und deutlich gestalteten Form mitzuteilen:
1. Informationen über die Bedingungen, Einzelheiten der Ausübung und Rechtsfolgen des Widerrufs- oder Rückgaberechts sowie über den Ausschluss des Widerrufs- oder Rückgaberechts,
2. die Anschrift der Niederlassung des Unternehmers, bei der der Verbraucher Beanstandungen vorbringen kann, sowie eine ladungsfähige Anschrift des

Unternehmers und bei juristischen Personen, Personenvereinigungen oder -gruppen auch den Namen eines Vertretungsberechtigten,
3. Informationen über Kundendienst und geltende Gewährleistungs- und Garantiebedingungen, und
4. die Kündigungsbedingungen bei Verträgen, die ein Dauerschuldverhältnis betreffen und für eine längere Zeit als ein Jahr oder für unbestimmte Zeit geschlossen werden.

§ 2 Informationspflichten bei und Vertragsinhalt von Teilzeit-Wohnrechteverträgen

(1) Außer den in § 482 Abs. 2 des Bürgerlichen Gesetzbuchs bezeichneten Angaben müssen ein Prospekt nach § 482 Abs. 1 des Bürgerlichen Gesetzbuchs und der Teilzeit-Wohnrechtevertrag folgende Angaben enthalten:
1. Namen und Wohnsitz des Unternehmers des Nutzungsrechts und des Eigentümers des Wohngebäudes oder der Wohngebäude, bei Gesellschaften, Vereinen und juristischen Personen Firma, Sitz und Name des gesetzlichen Vertreters, sowie rechtliche Stellung des Unternehmers in Bezug auf das oder die Wohngebäude;
2. die genaue Beschreibung des Nutzungsrechts nebst Hinweis auf die erfüllten oder noch zu erfüllenden Voraussetzungen, die nach dem Recht des Staates, in dem das Wohngebäude belegen ist, für die Ausübung des Nutzungsrechts gegeben sein müssen;
3. dass der Verbraucher kein Eigentum und kein dingliches Wohn-/Nutzungsrecht erwirbt, sofern dies tatsächlich nicht der Fall ist;
4. eine genaue Beschreibung des Wohngebäudes und seiner Belegenheit, sofern sich das Nutzungsrecht auf ein bestimmtes Wohngebäude bezieht;
5. bei einem in Planung oder im Bau befindlichen Wohngebäude, sofern sich das Nutzungsrecht auf ein bestimmtes Wohngebäude bezieht,
   a) Stand der Bauarbeiten und der Arbeiten an den gemeinsamen Versorgungseinrichtungen wie zum Beispiel Gas-, Elektrizitäts-, Wasser- und Telefonanschluss;
   b) eine angemessene Schätzung des Termins für die Fertigstellung;
   c) Namen und Anschrift der zuständigen Baugenehmigungsbehörde und Aktenzeichen der Baugenehmigung; soweit nach Landesrecht eine Baugenehmigung nicht erforderlich ist, ist der Tag anzugeben, an dem nach landesrechtlichen Vorschriften mit dem Bau begonnen werden darf;
   d) ob und welche Sicherheiten für die Fertigstellung des Wohngebäudes und für die Rückzahlung vom Verbraucher geleisteter Zahlungen im Falle der Nichtfertigstellung bestehen;
6. Versorgungseinrichtungen wie zum Beispiel Gas-, Elektrizitäts-, Wasser- und Telefonanschluss und Dienstleistungen wie zum Beispiel Instandhaltung und Müllabfuhr, die dem Verbraucher zur Verfügung stehen oder stehen werden, und ihre Nutzungsbedingungen;

7. gemeinsame Einrichtungen wie Schwimmbad oder Sauna, zu denen der Verbraucher Zugang hat oder erhalten soll, und gegebenenfalls ihre Nutzungsbedingungen;
8. die Grundsätze, nach denen Instandhaltung, Instandsetzung, Verwaltung und Betriebsführung des Wohngebäudes oder der Wohngebäude erfolgen;
9. den Preis, der für das Nutzungsrecht zu entrichten ist; die Berechnungsgrundlagen und den geschätzten Betrag der laufenden Kosten, die vom Verbraucher für die in den Nummern 6 und 7 genannten Einrichtungen und Dienstleistungen sowie für die Nutzung des jeweiligen Wohngebäudes, insbesondere für Steuern und Abgaben, Verwaltungsaufwand, Instandhaltung, Instandsetzung und Rücklagen zu entrichten sind; und
10. ob der Verbraucher an einer Regelung für den Umtausch und/oder die Weiterveräußerung des Nutzungsrechts in seiner Gesamtheit oder für einen bestimmten Zeitraum teilnehmen kann und welche Kosten hierfür anfallen, falls der Unternehmer oder ein Dritter einen Umtausch und/oder die Weiterveräußerung vermitteln.

(2) Der Prospekt muss außerdem folgende Angaben enthalten:
1. einen Hinweis auf das Recht des Verbrauchers zum Widerruf gemäß §§ 485, 355 des Bürgerlichen Gesetzbuchs, Namen und Anschrift desjenigen, gegenüber dem der Widerruf zu erfolgen hat, einen Hinweis auf die Widerrufsfrist und die schriftliche Form der Widerrufserklärung sowie darauf, dass die Widerrufsfrist durch rechtzeitige Absendung der Widerrufserklärung gewahrt wird. Gegebenenfalls muss der Prospekt auch die Kosten angeben, die der Verbraucher im Falle des Widerrufs in Übereinstimmung mit § 485 Abs. 5 Satz 2 zu erstatten hat;
2. einen Hinweis, wie weitere Informationen zu erhalten sind.

(3) Der Teilzeit-Wohnrechtevertrag muss zusätzlich zu den in Absatz 1 bezeichneten Angaben ferner angeben:
1. Namen und Wohnsitz des Verbrauchers;
2. die genaue Bezeichnung des Zeitraums des Jahres, innerhalb dessen das Nutzungsrecht jeweils ausgeübt werden kann, die Geltungsdauer des Nutzungsrechts nach Jahren und die weiteren für die Ausübung des Nutzungsrechts erforderlichen Einzelheiten;
3. die Erklärung, dass der Erwerb und die Ausübung des Nutzungsrechts mit keinen anderen als den im Vertrag angegebenen Kosten, Lasten oder Verpflichtungen verbunden ist;
4. Zeitpunkt und Ort der Unterzeichnung des Vertrags durch jede Vertragspartei.

Abschnitt 2 Informationspflichten bei Verträgen im elektronischen Geschäftsverkehr

§ 3 Kundeninformationspflichten des Unternehmers bei Verträgen im elektronischen Geschäftsverkehr

Bei Verträgen im elektronischen Geschäftsverkehr gemäß § 312e Abs. 1 Satz 1 Nr. 2 des Bürgerlichen Gesetzbuchs muss der Unternehmer den Kunden informieren
1. über die einzelnen technischen Schritte, die zu einem Vertragsschluss führen,
2. darüber, ob der Vertragstext nach dem Vertragsschluss von dem Unternehmer gespeichert wird und ob er dem Kunden zugänglich ist,
3. darüber, wie er mit den gemäß § 312e Abs. 1 Satz 1 Nr. 1 des Bürgerlichen Gesetzbuchs zur Verfügung gestellten technischen Mitteln Eingabefehler vor Abgabe der Bestellung erkennen und berichtigen kann,
4. über die für den Vertragsschluss zur Verfügung stehenden Sprachen und
5. über sämtliche einschlägigen Verhaltenskodizes, denen sich der Unternehmer unterwirft, sowie die Möglichkeit eines elektronischen Zugangs zu diesen Regelwerken.«
6. Nach dem neuen § 3 wird folgende Gliederungsüberschrift eingefügt:

Abschnitt 3 Informationspflichten von Reiseveranstaltern«

4. Die bisherigen §§ 1 bis 3 und die §§ 4 bis 6 werden die §§ 4 bis 9.
5. Nach dem neuen § 9 wird folgender Abschnitt eingefügt:

Abschnitt 4 Informationspflichten von Kreditinstituten

§ 10 Kundeninformationspflichten von Kreditinstituten

(1) Kreditinstitute haben ihren tatsächlichen und möglichen Kunden die Informationen über die Konditionen für Überweisungen in Textform und in leicht verständlicher Form mitzuteilen. Diese Informationen müssen mindestens folgendes umfassen:
A. vor Ausführung einer Überweisung
1. Beginn und Länge der Zeitspanne, die erforderlich ist, bis bei der Ausführung eines mit dem Kreditinstitut geschlossenen Überweisungsvertrags der Überweisungsbetrag dem Konto des Kreditinstituts des Begünstigten gutgeschrieben wird;
2. die Zeitspanne, die bei Eingang einer Überweisung erforderlich ist, bis der dem Konto des Kreditinstituts gutgeschriebene Betrag dem Konto des Begünstigten gutgeschrieben wird;
3. die Berechnungsweise und die Sätze aller vom Kunden an das Kreditinstitut zu zahlenden Entgelte und Auslagen;
4. gegebenenfalls das von dem Kreditinstitut zugrunde gelegte Wertstellungsdatum;

5. die den Kunden zur Verfügung stehenden Beschwerde- und Abhilfeverfahren sowie die Einzelheiten ihrer Inspruchnahme;
6. die bei der Umrechnung angewandten Referenzkurse;
B. nach Ausführung der Überweisung
1. eine Bezugsangabe, anhand derer der Überweisende die Überweisung bestimmen kann;
2. den Überweisungsbetrag,
3. den Betrag sämtlicher vom Überweisenden zu zahlenden Entgelte und Auslagen;
4. gegebenenfalls das von dem Kreditinstitut zugrunde gelegte Wertstellungsdatum.

(2) Hat der Überweisende mit dem überweisenden Kreditinstitut vereinbart, dass die Kosten für die Überweisung ganz oder teilweise vom Begünstigten zu tragen sind, so ist dieser von seinem Kreditinstitut hiervon in Kenntnis zu setzen.

(3) Ist eine Umrechnung in eine andere Währung erfolgt, so unterrichtet das Kreditinstitut, das diese Umrechnung vorgenommen hat, seinen Kunden über den von ihm angewandten Wechselkurs.

§ 11 Betroffene Überweisungen

Die Informationspflichten nach § 10 gelten nur, soweit die §§ 675a bis 676g des Bürgerlichen Gesetzbuchs auf Überweisungen Anwendung finden.«

Der bisherige § 7 wird § 12; ihm wird folgende Gliederungsüberschrift vorangestellt:

Abschnitt 5 Schlussvorschriften«

Artikel 5 Änderung anderer Vorschriften

(1) § 23 Nr. 2 Buchstabe c des Gerichtsverfassungsgesetzes in der Fassung der Bekanntmachung vom 9. Mai 1975 (BGBl. I S. 1077), das zuletzt durch ... geändert worden ist, wird gestrichen.

(1a) Das Gesetz zur Reform des Zivilprozesses vom 27. Juli 2001 (BGBl. I S. 1887), zuletzt geändert durch ... wird wie folgt geändert:
1. In Artikel 1 Nr. 58 wird § 371 wie folgt gefasst:

§ 371 Beweis durch Augenschein

(1) Der Beweis durch Augenschein wird durch Bezeichnung des Gegenstandes des Augenscheins und durch die Angabe der zu beweisenden Tatsachen angetreten. Ist ein elektronisches Dokument Gegenstand des Beweises, wird der Beweis durch Vorlegung oder Übermittlung der Datei angetreten.

(2) Befindet sich der Gegenstand nach der Behauptung des Beweisführers nicht in seinem Besitz, so wird der Beweis außerdem durch den Antrag angetre-

ten, zur Herbeischaffung des Gegenstandes eine Frist zu setzen oder eine Anordnung nach § 144 zu erlassen. Die §§ 422 bis 432 gelten entsprechend.

(3) Vereitelt eine Partei die ihr zumutbare Einnahme des Augenscheins, so können die Behauptungen des Gegners über die Beschaffenheit des Gegenstandes als bewiesen angesehen werden.«

In Artikel 2 Nr. 72 werden

a) in § 559 Abs. 1 Satz 1 die Wörter »Tatbestand des« gestrichen und
b) in § 561 die Wörter »Ergeben die Entscheidungsgründe« durch die Wörter »Ergibt die Begründung des Berufungsurteils« ersetzt.

In Artikel 3 Nr. 3 werden in § 26 Nr. 8 die Wörter »mit der Revision geltend zu machenden Beschwerde« durch die Wörter »mit der Revision geltend zu machenden Beschwer« ersetzt.

In Artikel 30 Nr. 17 Buchstabe b wird in § 87 Abs. 3 Satz 2 die Angabe »§ 83a Abs. 1a« durch die Angabe »§ 83 Abs. 1a« ersetzt.

In Artikel 36 Abs. 2 Nr. 13 wird § 61a Abs. 3 wie folgt gefasst:

»(3) Die Gebühren richten sich nach § 11 Abs. 1 Satz 4 und 5.«

Artikel 37 wird wie folgt gefasst:

Artikel 37   Änderung des Artikels XI des Gesetzes zur Änderung und Ergänzung kostenrechtlicher Vorschriften

In Artikel XI § 1 Abs. 2 Satz 3 des Gesetzes zur Änderung und Ergänzung kostenrechtlicher Vorschriften in der im Bundesgesetzblatt Teil III, Gliederungsnummer 360-3, veröffentlichten bereinigten Fassung, das zuletzt durch Artikel 4 § 10 des Gesetzes vom 20. August 1975 (BGBl. I S. 2189) geändert worden ist, wird die Angabe »§ 14 Abs. 3 bis 5« durch die Angabe »§ 14 Abs. 3 bis 7« ersetzt.«

Artikel 52 wird wie folgt gefasst:

Artikel 52   Neubekanntmachung der Zivilprozessordnung

Das Bundesministerium der Justiz kann den Wortlaut der Zivilprozessordnung in der vom 1. Juli 2002 an geltenden Fassung im Bundesgesetzblatt neu bekannt machen.«

(2) Artikel 1 § 3 Nr. 8 des Rechtsberatungsgesetzes in der im Bundesgesetzblatt Teil III, Gliederungsnummer 303-12, veröffentlichten bereinigten Fassung, das zuletzt durch … geändert worden ist, wird wie folgt gefasst:
8. die außergerichtliche Besorgung von Rechtsangelegenheiten von Verbrauchern und, wenn dies im Interesse des Verbraucherschutzes erforderlich ist, die

gerichtliche Einziehung fremder und zu Einziehungszwecken abgetretener Forderungen von Verbrauchern durch Verbraucherzentralen und andere Verbraucherverbände, die mit öffentlichen Mitteln gefördert werden, im Rahmen ihres Aufgabenbereichs.

(2a) Das Gesetz betreffend die Einführung der Zivilprozessordnung in der im Bundesgesetzblatt Teil III, Gliederungsnummer 310-2, veröffentlichten bereinigten Fassung, zuletzt geändert durch ..., wird wie folgt geändert:

Nach § 24 wird folgende Vorschrift eingefügt:

§ 24a

Das Bundesministerium der Justiz wird ermächtigt, durch Rechtsverordnung mit Zustimmung des Bundesrates Vordrucke zur Vereinfachung und Vereinheitlichung der Zustellung nach den Vorschriften
der Zivilprozessordnung in der durch Gesetz vom 25. Juni 2001 (BGBl. I S. 1206) geänderten Fassung einzuführen.«

Nach § 27 wird folgende Vorschrift eingefügt:

§ 28

(1) Das Mahnverfahren findet nicht statt für Ansprüche eines Unternehmers aus einem Vertrag, für den das Verbraucherkreditgesetz gilt, wenn der nach dem Verbraucherkreditgesetz anzugebende effektive oder anfängliche effektive Jahreszins den bei Vertragsschluss geltenden Basiszinssatz um mehr als zwölf Prozentpunkte übersteigt.

(2) § 690 Abs. 1 Nr. 3 der Zivilprozessordnung findet auf Verträge, für die das Verbraucherkreditgesetz gilt, mit der Maßgabe Anwendung, dass an die Stelle der Angabe des nach den §§ 492, 502 des Bürgerlichen Gesetzbuchs anzugebenden effektiven oder anfänglichen effektiven Jahreszinses die Angabe des nach dem Verbraucherkreditgesetz anzugebenden effektiven oder anfänglichen effektiven Jahreszinses tritt.«

(3) Die Zivilprozessordnung in der im Bundesgesetzblatt Teil III, Gliederungsnummer 310.4, veröffentlichten bereinigten Fassung, zuletzt geändert durch ..., wird wie folgt geändert:

Nach § 29b wird folgender § 29c eingefügt:

§ 29c Besonderer Gerichtsstand für Haustürgeschäfte

(1) Für Klagen aus Haustürgeschäften (§ 312 des Bürgerlichen Gesetzbuchs) ist das Gericht zuständig, in dessen Bezirk der Verbraucher zur Zeit der Klageerhebung seinen Wohnsitz, in Ermangelung eines solchen seinen gewöhnlichen Aufenthalt hat. Für Klagen gegen den Verbraucher ist dieses Gericht ausschließlich zuständig.

(2) § 33 Abs. 2 findet auf Widerklagen der anderen Vertragspartei keine Anwendung.

(3) Eine von Absatz 1 abweichende Vereinbarung ist zulässig für den Fall, dass der Verbraucher nach Vertragsschluss seinen Wohnsitz oder gewöhnlichen Aufenthalt aus dem Geltungsbereich dieses Gesetzes verlegt oder sein Wohnsitz oder gewöhnlicher Aufenthalt im Zeitpunkt der Klageerhebung nicht bekannt ist.«

In § 104 Abs. 1 Satz 2 werden die Wörter »fünf Prozentpunkten über dem Basiszinssatz nach § 1 des Diskontsatz-Überleitungsgesetzes vom 9. Juni 1998 (BGBl. I S. 1242)« durch die Wörter »fünf Prozentpunkten über dem Basiszins« ersetzt.'

2. In § 207 Abs. 1 werden die Wörter »und der Lauf der Verjährung oder einer Frist unterbrochen wird« durch die Wörter »oder unterbrochen wird oder die Verjährung neu beginnt oder nach § 204 des Bürgerlichen Gesetzbuchs gehemmt wird« ersetzt.

3. In § 270 Abs. 3, § 691 Abs. 2 und § 693 Abs. 2 werden jeweils die Wörter »oder die Verjährung unterbrochen« durch die Wörter »werden oder die Verjährung neu beginnen oder nach § 204 des Bürgerlichen Gesetzbuchs gehemmt« ersetzt.

§ 688 Abs. 2 Nr. 1 wird wie folgt gefasst:

»1. für Ansprüche eines Unternehmers aus einem Vertrag gemäß den §§ 491 bis 504 des Bürgerlichen Gesetzbuchs, wenn der nach §§ 492, 502 des Bürgerlichen Gesetzbuchs anzugebende effektive oder anfängliche effektive Jahreszins den bei Vertragsschluss geltenden Basiszinssatz um mehr als zwölf Prozentpunkte übersteigt;«

§ 690 Abs. 1 Nr. 3 wird wie folgt gefasst:

3. die Bezeichnung des Anspruchs unter bestimmter Angabe der verlangten Leistung; Haupt- und Nebenforderungen sind gesondert und einzeln zu bezeichnen, Ansprüche aus Verträgen gemäß den §§ 491 bis 504 des Bürgerlichen Gesetzbuchs gelten, auch unter Angabe des Datums des Vertragsschlusses und des nach den §§ 492, 502 des Bürgerlichen Gesetzbuchs anzugebenden effektiven oder anfänglichen effektiven Jahreszinses;«

(4) In Artikel 1 Nr. 2 des Gesetzes zur Reform des Verfahrens bei Zustellungen im gerichtlichen Verfahren vom 25. Juni 2001 (BGBl. I S. 1206), das zuletzt durch ... geändert worden ist, werden in § 167 die Wörter »oder die Verjährung unterbrochen« durch die Wörter »werden oder die Verjährung neu beginnen oder nach § 204 des Bürgerlichen Gesetzbuchs gehemmt« ersetzt.

(5) In § 6 Abs. 1 Satz 1 des Grundbuchbereinigungsgesetzes vom 20. Dezember 1993 (BGBl. I S. 2182), das zuletzt durch ... geändert worden ist, werden

die Wörter »in einer nach dem Bürgerlichen Gesetzbuch zur Unterbrechung der Verjährung geeigneten Weise anerkannt« durch die Wörter »in einer nach § 212 Abs. 1 Nr. 1 des Bürgerlichen Gesetzbuchs für den Neubeginn der Verjährung geeigneten Weise anerkannt« ersetzt.

(6) Das Gerichtskostengesetz in der Fassung der Bekanntmachung vom 15. Dezember 1975 (BGBl. I S. 3047), zuletzt geändert durch ..., wird wie folgt geändert:
1. § 10 wird wie folgt geändert:
   a) Absatz 2 wird wie folgt geändert:
   aa) In Satz 1 werden die Wörter »der Anspruch entstanden« durch die Wörter »die Zahlung erfolgt« ersetzt.
   bb) Folgender Satz wird angefügt:
   »Durch die Einlegung der Erinnerung oder Beschwerde mit dem Ziel der Rückerstattung wird die Verjährung wie durch Klageerhebung gehemmt.«
   b) Absatz 3 wird wie folgt geändert:
   aa) Satz 2 wird wie folgt gefasst:
   »Die Verjährung der Ansprüche auf Zahlung von Kosten beginnt auch durch die Aufforderung zur Zahlung oder durch eine dem Schuldner mitgeteilte Stundung erneut.«
   bb) Satz 4 wird wie folgt gefasst:
   »Bei Kostenbeträgen unter 25 Euro beginnt die Verjährung weder erneut noch wird sie oder ihr Ablauf gehemmt.«
2. In § 12 Abs. 1 Satz 2 werden die Wörter »Gesetzes zur Regelung des Rechts der Allgemeinen Geschäftsbedingungen« durch das Wort »Unterlassungsklagengesetzes« ersetzt.

(7) Die Kostenordnung in der im Bundesgesetzblatt Teil III, Gliederungsnummer 361-1, veröffentlichten bereinigten Fassung, zuletzt geändert durch ..., wird wie folgt geändert:
1. § 17 wird wie folgt geändert:
   a) Absatz 2 wird wie folgt geändert:
   aa) In Satz 1 werden die Wörter »der Anspruch entstanden« durch die Wörter »die Zahlung erfolgt« ersetzt.
   bb) Folgender Satz wird angefügt:
   »Durch die Einlegung der Erinnerung oder Beschwerde mit dem Ziel der Rückerstattung wird die Verjährung wie durch Klageerhebung gehemmt.«
   b) Absatz 3 wird wie folgt geändert:
   aa) Satz 2 wird wie folgt gefasst:
   »Die Verjährung der Ansprüche auf Zahlung von Kosten beginnt auch durch die Aufforderung zur Zahlung oder durch eine dem Schuldner mitgeteilte Stundung erneut; ist der Aufenthalt des Kostenschuldners

unbekannt, so genügt die Zustellung durch Aufgabe zur Post unter seiner letzten bekannten Anschrift.«

bb) Satz 3 wird wie folgt gefasst:
»Bei Kostenbeträgen unter 25 Euro beginnt die Verjährung weder erneut noch wird sie oder ihr Ablauf gehemmt.«

2. In § 143 Abs. 1 wird die Angabe »§ 17 Abs. 1, 2, 3 Satz 1 und Abs. 4 (Verjährung; Verzinsung)« durch die Angabe »§ 17 Abs. 4 (Verzinsung)« ersetzt.

(8) § 8 des Gesetzes über Kosten der Gerichtsvollzieher vom 19. April 2001 (BGBl. I S. 623), das zuletzt durch ... geändert worden ist, wird wie folgt geändert:

1. Absatz 2 wird wie folgt geändert:
    a) In Satz 1 werden die Wörter »der Anspruch entstanden« durch die Wörter »die Zahlung erfolgt« ersetzt.
    b) Folgender Satz wird angefügt:
    »Durch die Einlegung der Erinnerung oder Beschwerde mit dem Ziel der Rückerstattung wird die Verjährung wie durch Klageerhebung gehemmt.«
2. Absatz 3 wird wie folgt geändert:
    a) Satz 2 wird wie folgt gefasst:
    »Die Verjährung der Ansprüche auf Zahlung von Kosten beginnt auch durch die Aufforderung zur Zahlung oder durch eine dem Kostenschuldner mitgeteilte Stundung erneut.«
    b) In Satz 4 werden die Wörter »wird die Verjährung nicht unterbrochen« durch die Wörter »beginnt die Verjährung weder erneut noch wird sie oder ihr Ablauf gehemmt« ersetzt.

(9) § 15 Abs. 4 und 5 des Gesetzes über die Entschädigung von Zeugen und Sachverständigen in der Fassung der Bekanntmachung vom 1. Oktober 1969 (BGBl. I S. 1756), das zuletzt durch ... geändert worden ist, wird durch folgende Absätze ersetzt:
»(4) Auf die Verjährung sind die Vorschriften des Bürgerlichen Gesetzbuchs anzuwenden. Die Verjährung wird nicht von Amts wegen berücksichtigt.

(5) Die Verjährung der Entschädigungsansprüche beginnt mit dem Ablauf des Kalenderjahrs, in dem der Anspruch erstmalig geltend gemacht werden kann. Durch den Antrag auf richterliche Festsetzung (§ 16 Abs. 1) wird die Verjährung wie durch Klageerhebung gehemmt.

(6) Für die Verjährung der Ansprüche auf Erstattung zuviel gezahlter Entschädigung gilt § 10 Abs. 2 Satz 1, Abs. 3 Satz 2 bis 4 des Gerichtskostengesetzes entsprechend.«

(10) § 19 Abs. 7 der Bundesgebührenordnung für Rechtsanwälte in der im Bundesgesetzblatt Teil III, Gliederungsnummer 368-1, veröffentlichten bereinigten Fassung, die zuletzt durch ... geändert worden ist, wird wie folgt gefasst:

»(7) Durch den Antrag auf Festsetzung der Vergütung wird die Verjährung wie durch Klageerhebung gehemmt.«

(11) In § 57 Abs. 6 S. 3 des Gesetzes zur Anpassung schuldrechtlicher Nutzungsverhältnisse an Grundstücken im Beitrittsgebiet (Schuldrechtsanpassungsgesetz – SchuldRAnpG) vom 21. September 1994 (BGBl. I S. 2538), das zuletzt durch ... geändert worden ist, wird die Angabe »§§ 504 bis 514« ersetzt durch die Angabe »§§ 463 bis 473«.

(12) In § 66 Abs. 1 Satz 1 des Gesetzes über Rechte an eingetragenen Schiffen und Schiffsbauwerken in der im Bundesgesetzblatt Teil III, Gliederungsnummer 403-4 veröffentlichten bereinigten Fassung, das zuletzt durch ... geändert worden ist, werden die Wörter »in einer nach § 208 des Bürgerlichen Gesetzbuchs zur Unterbrechung der Verjährung geeigneten Weise anerkannt« durch die Wörter »in einer nach § 212 Abs. 1 Nr. 1 des Bürgerlichen Gesetzbuchs für den Neubeginn der Verjährung geeigneten Weise anerkannt« ersetzt.

(13) In § 66 Abs. 1 Satz 1 des Gesetzes über Rechte an Luftfahrzeugen in der im Bundesgesetzblatt Teil III, Gliederungsnummer 403-9, veröffentlichten bereinigten Fassung, das zuletzt durch ... geändert worden ist, werden die Wörter »in einer nach § 208 des Bürgerlichen Gesetzbuchs zur Unterbrechung der Verjährung geeigneten Weise anerkannt« durch die Wörter »in einer nach § 212 Abs. 1 Nr. 1 des Bürgerlichen Gesetzbuchs für den Neubeginn der Verjährung geeigneten Weise anerkannt« ersetzt.

(14) Das Gesetz zur Sachenrechtsbereinigung im Beitrittsgebiet vom 21. September 1994 (BGBl. I S. 2457), zuletzt geändert durch ..., wird wie folgt geändert:
1. § 72 Abs. 1 Satz 2 wird wie folgt gefasst:
»Die in § 437 des Bürgerlichen Gesetzbuchs bezeichneten Rechte sind ausgeschlossen, es sei denn, dass eine Gewährleistung wegen abweichender Grundstücksgröße im Vertrag ausdrücklich vereinbart wird.«
2. § 80 wird wie folgt geändert:
    a) Die Überschrift wird wie folgt gefasst:

§ 80 Ansprüche wegen Pflichtverletzung«

   b) Satz 1 wird wie folgt gefasst:
      »Dem Grundstückseigentümer stehen nach fruchtlosem Ablauf einer zur Leistung gesetzten Frist statt der in §§ 281 und 323 des Bürgerlichen Gesetzbuchs bezeichneten Rechte die folgenden Rechte zu.«
3. § 82 Abs. 3 Satz 3 Halbsatz 2 wird wie folgt gefasst:
   »die Verjährung der Ansprüche wird durch die Einleitung des erforderlichen notariellen Vermittlungsverfahrens wie durch Klageerhebung gehemmt.«
4. In § 84 Abs. 2 Satz 1 werden die Wörter »nach § 326 Abs. 1 Satz 1 des Bürgerlichen Gesetzbuchs« durch die Wörter »zur Leistung« ersetzt.

5. In § 121 Abs. 6 Satz 1 werden die Wörter »§ 323 Abs. 3 und« gestrichen.

(15) In § 20 Abs. 8 des Vermögensgesetzes in der Fassung der Bekanntmachung vom 4. August 1997 (BGBl. I S. 1974), das zuletzt durch ... geändert worden ist, wird die Angabe »§§ 504 bis 513« durch die Angabe »§§ 463 bis 472« ersetzt.

(16) Das Handelsgesetzbuch in der im Bundesgesetzblatt Teil III, Gliederungsnummer 4100-1, veröffentlichten bereinigten Fassung, zuletzt geändert durch ..., wird wie folgt geändert:
1. § 26 Abs. 1 und § 160 Abs. 1 werden wie folgt geändert:
   a) In Satz 1 werden jeweils die Wörter »gerichtlich geltend gemacht sind; bei öffentlich-rechtlichen Verbindlichkeiten genügt zur Geltendmachung der Erlass eines Verwaltungsakts« durch die Wörter »in einer in § 197 Abs. 1 Nr. 3 bis 5 des Bürgerlichen Gesetzbuchs bezeichneten Art festgestellt sind oder eine gerichtliche oder behördliche Vollstreckungshandlung vorgenommen oder beantragt wird; bei öffentlich-rechtlichen Verbindlichkeiten genügt der Erlass eines Verwaltungsakts« ersetzt.
   b) In Satz 3 wird jeweils die Angabe »§§ 203, 206, 207, 210, 212 bis 216 und 220« durch die Angabe »§§ 204, 206, 210, 211 und 212 Abs. 2 und 3« ersetzt.
2. In § 26 Abs. 2 und § 160 Abs. 2 werden jeweils die Wörter »gerichtlichen Geltendmachung« durch die Wörter »Feststellung in einer in § 197 Abs. 1 Nr. 3 bis 5 des Bürgerlichen Gesetzbuchs bezeichneten Art« ersetzt.
3. In § 27 Abs. 2 Satz 2 und in § 139 Abs. 3 Satz 2 wird jeweils die Angabe »§ 206« durch die Angabe »§ 210« ersetzt.
§ 159 Abs. 4 wird wie folgt gefasst:
»(4) Der Neubeginn der Verjährung und ihre Hemmung nach § 204 des Bürgerlichen Gesetzbuchs gegenüber der aufgelösten Gesellschaft wirken auch gegenüber den Gesellschaftern, die der Gesellschaft zur Zeit der Auflösung angehört haben.«
5. § 375 Abs. 2 Satz 1 wird wie folgt gefasst:
«Ist der Käufer mit der Erfüllung dieser Verpflichtung in Verzug, so kann der Verkäufer die Bestimmung statt des Käufers vornehmen oder gemäß §§ 280, 281 des Bürgerlichen Gesetzbuchs Schadensersatz statt der Leistung verlangen oder gemäß § 323 des Bürgerlichen Gesetzbuchs vom Vertrag zurücktreten.«
6. § 378 wird aufgehoben.
7. § 381 Abs. 2 wird wie folgt gefasst:
»(2) Sie finden auch auf einen Vertrag Anwendung, der die Lieferung herzustellender oder zu erzeugender beweglicher Sachen zum Gegenstand hat.«
8. § 382 wird aufgehoben.
9. § 417 Abs. 1 wird wie folgt gefasst:
»(1) Verlädt der Absender das Gut nicht innerhalb der Ladezeit oder stellt er, wenn er zur Verladung nicht verpflichtet ist, das Gut nicht innerhalb der

Ladezeit zur Verfügung, so kann ihm der Frachtführer eine angemessene Frist setzen, innerhalb derer das Gut verladen oder zur Verfügung gestellt werden soll.«

10. § 612 Abs. 1 wird wie folgt gefasst:
»(1) Ansprüche aus Frachtverträgen sowie aus Konnossementen, die den Vorschriften dieses Abschnitts unterliegen, verjähren in einem Jahr seit der Auslieferung der Güter (§ 611 Abs. 1 Satz 1) oder seit dem Zeitpunkt, zu dem sie hätten ausgeliefert werden müssen.«

11. In § 759 Abs. 3 Satz 2 wird wie folgt gefasst:
»Eine Hemmung, eine Ablaufhemmung oder ein Neubeginn der Frist aus anderen Gründen findet nicht statt.«

12. § 901 wird wie folgt geändert:
 a) Nummer 4 wird aufgehoben.
 b) Die bisherige Nummer 5 wird Nummer 4.

(17) Das Umwandlungsgesetz vom 28. Oktober 1994 (BGBl. I S. 3210), zuletzt geändert durch ..., wird wie folgt geändert:

1. In § 45 Abs. 1, § 133 Abs. 3, § 157 Abs. 1 und § 224 Abs. 2 werden jeweils die Wörter »gerichtlich geltend gemacht sind; bei öffentlich-rechtlichen Verbindlichkeiten genügt zur Geltendmachung der Erlass eines Verwaltungsakts« durch die Wörter »in einer in § 197 Abs. 1 Nr. 3 bis 5 des Bürgerlichen Gesetzbuchs bezeichneten Art festgestellt sind oder eine gerichtliche oder behördliche Vollstreckungshandlung vorgenommen oder beantragt wird; bei öffentlich-rechtlichen Verbindlichkeiten genügt der Erlass eines Verwaltungsakts« ersetzt.

2. In § 45 Abs. 2 Satz 2, § 133 Abs. 4 Satz 2, § 157 Abs. 2 Satz 2 und § 224 Abs. 3 Satz 2 wird jeweils die Angabe »§§ 203, 206, 207, 210, 212 bis 216 und 220« durch die Angabe »§§ 204, 206, 210, 211 und 212 Abs. 2 und 3« ersetzt.

3. In § 45 Abs. 3, § 133 Abs. 5, § 157 Abs. 3 und § 224 Abs. 4 werden jeweils die Wörter »gerichtlichen Geltendmachung« durch die Wörter »Feststellung in einer in § 197 Abs. 1 Nr. 3 bis 5 des Bürgerlichen Gesetzbuchs bezeichneten Art« ersetzt.

(18) Artikel 53 des Scheckgesetzes in der im Bundesgesetzblatt Teil III, Gliederungsnummer 4132-1 veröffentlichten bereinigten Fassung, zuletzt geändert durch ..., wird wie folgt gefasst:

Artikel 53

Der Neubeginn der Verjährung und ihre Hemmung nach § 204 des Bürgerlichen Gesetzbuchs wirken nur gegen den Scheckverpflichteten, in Ansehung dessen die Tatsache eingetreten ist, welche den Neubeginn oder die Hemmung bewirkt.«

(19) Artikel 71 des Wechselgesetzes in der im Bundesgesetzblatt Teil III, Gliederungsnummer 4133-1, veröffentlichten bereinigten Fassung, das zuletzt durch .. geändert worden ist, wird wie folgt gefasst:

Artikel 71

Der Neubeginn der Verjährung und ihre Hemmung nach § 204 des Bürgerlichen Gesetzbuchs wirken nur gegen den Wechselverpflichteten, in Ansehung dessen die Tatsache eingetreten ist, welche den Neubeginn oder die Hemmung bewirkt.«

(20) Das Patentgesetz in der Fassung der Bekanntmachung vom 16. Dezember 1980 (BGBl. 1981 I S.1), zuletzt geändert durch ..., wird wie folgt geändert:
1. § 33 Abs. 3 wird wie folgt gefasst:
»(3) Auf die Verjährung finden die Vorschriften des Abschnitts 5 des Buches 1 des Bürgerlichen Gesetzbuchs entsprechende Anwendung mit der Maßgabe, dass die Verjährung frühestens ein Jahr nach Erteilung des Patents eintritt. Hat der Verpflichtete durch die Verletzung auf Kosten des Berechtigten etwas erlangt, findet § 852 des Bürgerlichen Gesetzbuchs entsprechende Anwendung.«
2. § 141 wird wie folgt gefasst:

§ 141

Auf die Verjährung der Ansprüche wegen Verletzung des Patentrechts finden die Vorschriften des Abschnitts 5 des Buches 1 des Bürgerlichen Gesetzbuchs entsprechende Anwendung. Hat der Verpflichtete durch die Verletzung auf Kosten des Berechtigten etwas erlangt, findet § 852 des Bürgerlichen Gesetzbuchs entsprechende Anwendung.«
3. Es wird folgender Abschnitt angefügt:

Zwölfter Abschnitt   Übergangsvorschriften

§ 147

Artikel 229 § 6 des Einführungsgesetzes zum Bürgerlichen Gesetzbuche findet mit der Maßgabe entsprechende Anwendung, dass § 33 Abs. 3 und § 141 in der bis zum 1. Januar 2002 geltenden Fassung den Vorschriften des Bürgerlichen Gesetzbuchs über die Verjährung in der bis zum 1. Januar 2002 geltenden Fassung gleichgestellt sind.«

(21) Das Gebrauchsmustergesetz in der Fassung der Bekanntmachung vom 28. August 1986 (BGBl. I S. 1455), zuletzt geändert durch ..., wird wie folgt geändert:

§ 24c wird wie folgt gefasst:

§ 24c

Auf die Verjährung der Ansprüche wegen Verletzung des Schutzrechts finden die Vorschriften des Abschnitts 5 des Buches 1 des Bürgerlichen Gesetzbuchs entsprechende Anwendung. Hat der Verpflichtete durch die Verletzung auf Kosten des Berechtigten etwas erlangt, findet § 852 des Bürgerlichen Gesetzbuchs entsprechende Anwendung.«

Es wird folgende Vorschrift angefügt:

§ 31

Artikel 229 § 6 des Einführungsgesetzes zum Bürgerlichen Gesetzbuche findet mit der Maßgabe entsprechende Anwendung, dass § 24c in der bis zum 1. Januar 2002 geltenden Fassung den Vorschriften des Bürgerlichen Gesetzbuchs über die Verjährung in der bis zum 1. Januar 2002 geltenden Fassung gleichgestellt ist.«

(22) Das Markengesetz vom 25. Oktober 1994 (BGBl. I S. 3082), zuletzt geändert durch ..., wird wie folgt geändert:

§ 20 wird wie folgt gefasst:

§ 20   Verjährung

Auf die Verjährung der in den §§ 14 bis 19 genannten Ansprüche finden die Vorschriften des Abschnitts 5 des Buches 1 des Bürgerlichen Gesetzbuchs entsprechende Anwendung. Hat der Verpflichtete durch die Verletzung auf Kosten des Berechtigten etwas erlangt, findet § 852 des Bürgerlichen Gesetzbuchs entsprechende Anwendung.«
2. Dem § 165 wird wie folgender Absatz angefügt:
»(3) Artikel 229 § 6 des Einführungsgesetzes zum Bürgerlichen Gesetzbuche findet mit der Maßgabe entsprechende Anwendung, dass § 20 in der bis zum 1. Januar 2002 geltenden Fassung den Vorschriften des Bürgerlichen Gesetzbuchs über die Verjährung in der bis zum 1. Januar 2002 geltenden Fassung gleichgestellt ist.«

(23) Das Halbleiterschutzgesetz vom 22. Otober 1987 (BGBl. I S. 2294), zuletzt geändert durch ..., wird wie folgt geändert:
1.   § 9 wird wie folgt geändert:
     a)   Absatz 1 Satz 4 wird aufgehoben.
     b)   Es wird folgender Absatz angefügt:
          »(3) Auf die Verjährung der Ansprüche wegen Verletzung des Schutzrechts finden die Vorschriften des Abschnitts 5 des Buches 1 des Bürgerlichen Gesetzbuchs entsprechende Anwendung. Hat der Verpflichtete

durch die Verletzung auf Kosten des Berechtigten etwas erlangt, findet § 852 des Bürgerlichen Gesetzbuchs entsprechende Anwendung.«
2. § 26 wird wie folgt geändert:
   a) Der bisherige Wortlaut wird Absatz 1.
   b) Es wird folgender Absatz angefügt:
   (2) Artikel 229 § 6 des Einführungsgesetzes zum Bürgerlichen Gesetzbuche findet mit der Maßgabe entsprechende Anwendung, dass § 9 Abs. 1 Satz 3 in der bis zum 1. Januar 2002 geltenden Fassung den Vorschriften des Bürgerlichen Gesetzbuchs über die Verjährung in der bis zum 1. Januar 2002 geltenden Fassung gleichgestellt ist.«

(24) Das Gesetz gegen den unlauteren Wettbewerb in der im Bundesgesetzblatt Teil III, Gliederungsnummer 43-1 veröffentlichten bereinigten Fassung, zuletzt geändert durch ..., wird wie folgt geändert:
1. § 13 wird wie folgt geändert:
   a) In Absatz 2 Nr. 3 wird die Angabe »22a des AGB-Gesetzes« durch die Angabe »§ 4 des Unterlassungsklagengesetzes« ersetzt.
   b) Es wird folgender Absatz angefügt:
   »(7) § 13 des Unterlassungsklagengesetzes und die darin enthaltene Verordnungsermächtigung gelten mit der Maßgabe entsprechend, dass an die Stelle von § 3 Abs. 1 Nr. 1 und 3 des Unterlassungsklagengesetzes § 13 Abs. 2 Nr. 3 und 4 dieses Gesetzes, an die Stelle von § 3 Abs. 1 Nr. 2 des Unterlassungsklagengesetzes § 13 Abs. 2 Nr. 2 dieses Gesetzes und an die Stelle der in §§ 1 und 2 des Unterlassungsklagengesetzes geregelten Unterlassungsansprüche die in § 13 Abs. 2 dieses Gesetzes bestimmten Unterlassungsansprüche treten.«
2. In § 13a Abs. 3 Satz 1 werden die Wörter »nach § 361a Abs. 2 Satz 1, 3, 4 und 6 des Bürgerlichen Gesetzbuchs und § 5 Abs. 4 des Gesetzes über den Widerruf von Haustürgeschäften und ähnlichen Geschäften« durch die Wörter »nach § 312f und § 357 Abs. 1 Satz 1 und Abs. 2 des Bürgerlichen Gesetzbuchs« ersetzt.
3. § 27a Abs. 9 wird wie folgt gefasst:
   »(9) Durch die Anrufung der Einigungsstelle wird die Verjährung in gleicher Weise wie durch Klageerhebung gehemmt. Kommt ein Vergleich nicht zustande, so ist der Zeitpunkt, zu dem das Verfahren beendet ist, von der Einigungsstelle festzustellen. Der Vorsitzende hat dies den Parteien mitzuteilen.«

(25) Das Urheberrechtsgesetz vom 9. September 1965 (BGBl. I S. 1273), zuletzt geändert durch ..., wird wie folgt geändert:

§ 26 Abs. 7 wird aufgehoben.

§ 36 Abs. 2 wird aufgehoben.

§ 102 wird wie folgt gefasst:

§ 102 Verjährung

Auf die Verjährung der Ansprüche wegen Verletzung des Urheberrechts oder eines anderen nach diesem Gesetz geschützten Rechts finden die Vorschriften des Abschnitts 5 des Buches 1 des Bürgerlichen Gesetzbuchs entsprechende Anwendung. Hat der Verpflichtete durch die Verletzung auf Kosten des Berechtigten etwas erlangt, findet § 852 des Bürgerlichen Gesetzbuchs entsprechende Anwendung.«

Nach § 137h wird folgende Vorschrift eingefügt:

§ 137i Übergangsregelung zum Gesetz zur Modernisierung des Schuldrechts

Artikel 229 § 6 des Einführungsgesetzes zum Bürgerlichen Gesetzbuche findet mit der Maßgabe entsprechende Anwendung, dass § 26 Abs. 7, § 36 Abs. 2 und § 102 in der bis zum 1. Januar 2002 geltenden Fassung den Vorschriften des Bürgerlichen Gesetzbuchs über die Verjährung in der bis zum 1. Januar 2002 geltenden Fassung gleichgestellt sind.«

(25a) § 14 Abs. 7 des Urheberrechtswahrnehmungsgesetzes vom 9. September 1965 (BGBl. I S. 1294), das zuletzt durch ... geändert worden ist, wird wie folgt gefasst:

»(7) Durch die Anrufung der Schiedsstelle wird die Verjährung in gleicher Weise wie durch Klageerhebung gehemmt.«

(26) § 37 des Gesetzes über das Verlagsrecht in der im Bundesgesetzblatt Teil III, Gliederungsnummer 441 – 1, veröffentlichten bereinigten Fassung, das zuletzt durch ... geändert worden ist, wird wie folgt geändert:
1. In Satz 1 wird das Wort »vertragsmäßige« gestrichen und die Angabe »356« durch die Angabe »351« ersetzt.
2. Satz 2 wird aufgehoben.

(27) Das Geschmacksmustergesetz in der im Bundesgesetzblatt Teil III, Gliederungsnummer 442 – 1 veröffentlichten bereinigten Fassung, zuletzt geändert durch ..., wird wie folgt geändert:
1. § 14a wird wie folgt geändert:
    a) In Absatz 3 werden die Wörter »die Verjährung (§ 102),« gestrichen.
    b) Es wird folgender Absatz angefügt:
       »(4) Auf die Verjährung der Ansprüche wegen Verletzung des Geschmacksmusterrechts finden die Vorschriften des Abschnitts 5 des Buches 1 des Bürgerlichen Gesetzbuchs entsprechende Anwendung. Hat der Verpflichtete durch die Verletzung auf Kosten des Berechtigten etwas erlangt, findet § 852 des Bürgerlichen Gesetzbuchs entsprechende Anwendung.«

2. Dem § 17 wird folgender Absatz angefügt:
»(4) Artikel 229 § 6 des Einführungsgesetzes zum Bürgerlichen Gesetzbuche findet mit der Maßgabe entsprechende Anwendung, dass § 14a Abs. 3 in der bis zum 1. Januar 2002 geltenden Fassung den Vorschriften des Bürgerlichen Gesetzbuchs über die Verjährung in der bis zum 1. Januar 2002 geltenden Fassung gleichgestellt ist.«

(28) In § 128 Abs. 1 Satz 2 des Gesetzes über den Versicherungsvertrag in der im Bundesgesetzblatt Teil III, Gliederungsnummer 7632 – 1, veröffentlichten bereinigten Fassung, das zuletzt durch ... geändert worden ist, wird das Wort »Hauptmangels« durch das Wort »Mangels« ersetzt.

(29) § 3 Nr. 3 Satz 4 des Pflichtversicherungsgesetzes vom 5. April 1965 (BGBl. I S. 213), das zuletzt durch ... geändert worden ist, wird wie folgt gefasst:
»Die Hemmung, die Ablaufhemmung und der Neubeginn der Verjährung des Anspruchs gegen den Versicherer wirken auch gegenüber dem ersatzpflichtigen Versicherungsnehmer und umgekehrt.«

(30) Artikel 3 des Gesetzes zu dem Übereinkommen der Vereinten Nationen vom 11. April 1980 über Verträge über den internationalen Warenkauf sowie zur Änderung des Gesetzes zu dem Übereinkommen vom 19. Mai 1956 über den Beförderungsvertrag im internationalen Straßengüterverkehr (CMR) vom 5. Juli 1989 (BGBl. 1989 II S. 586), das zuletzt durch ... geändert worden ist, wird wie folgt gefasst:

Artikel 3

Auf die Verjährung der dem Käufer nach Artikel 45 des Übereinkommens von 1980 zustehenden Ansprüche wegen Vertragswidrigkeit der Ware ist § 438 Abs. 3 des Bürgerlichen Gesetzbuchs auch anzuwenden, wenn die Vertragswidrigkeit auf Tatsachen beruht, die der Verkäufer kannte oder über die er nicht in Unkenntnis sein konnte und die er dem Käufer nicht offenbart hat.«

(31) Das Fernunterrichtsschutzgesetz in der Fassung der Bekanntmachung vom 4. Dezember 2000 (BGBl. I S. 1670), zuletzt geändert durch ..., wird wie folgt geändert:

§ 4 wird wie folgt gefasst:

§ 4 Widerrufsrecht des Teilnehmers

(1) Dem Teilnehmer steht ein Widerrufsrecht nach § 355 des Bürgerlichen Gesetzbuchs zu. Abweichend von § 355 Abs. 2 Satz 1 des Bürgerlichen Gesetzbuchs beginnt die Widerrufsfrist nicht vor Zugang der ersten Lieferung des Fernlehrmaterials. Für finanzierte Fernunterrichtsverträge gilt § 358 des Bürgerlichen Gesetzbuchs entsprechend.

(2) Das Widerrufsrecht erlischt in dem Zeitpunkt, in dem die Vertragsparteien den Fernunterrichtsvertrag vollständig erfüllt haben, spätestens jedoch mit Ablauf des ersten Halbjahres nach Eingang der ersten Lieferung.
(3) Abweichend von § 346 Abs. 1 in Verbindung mit § 357 Abs. 1 des Bürgerlichen Gesetzbuchs ist der Wert der Überlassung des Gebrauchs oder der Benutzung der Sachen oder der Erteilung des Unterrichts bis zur Ausübung des Widerrufs nicht zu vergüten.«

§ 6 wird wie folgt geändert:

a) In Absatz 3 wird die Angabe »350 bis 354« gestrichen und die Angabe »356« durch die Angabe »351« ersetzt.
b) In Absatz 4 Satz 2 wird die Angabe »§§ 12 und 13 des Verbraucherkreditgesetzes« durch die Angabe »§§ 498 und 503 Abs. 2 des Bürgerlichen Gesetzbuchs« ersetzt.

§ 9 wird wie folgt gefasst:

§ 9 Widerrufsfrist bei Fernunterricht gegen Teilzahlungen

Wird der Fernunterricht gegen Teilzahlungen im Sinne von § 499 Abs. 2 des Bürgerlichen Gesetzbuchs erbracht, so beginnt der Lauf der Frist nach § 4 Abs. 1 dieses Gesetzes erst, wenn dem Teilnehmer eine Abschrift ausgehändigt wird, die auch die in § 502 Abs. 1 Satz 1 des Bürgerlichen Gesetzbuchs genannten Angaben enthält.«

(32) Das Bundesberggesetz vom 21. August 1980 (BGBl. I S. 1310), zuletzt geändert durch ..., wird wie folgt geändert:

§ 117 Abs. 2 wird wie folgt gefasst:

»(2) Auf die Verjährung des Anspruchs auf Ersatz des Bergschadens finden die Vorschriften des Abschnitts 5 des Buches 1 des Bürgerlichen Gesetzbuchs entsprechende Anwendung.«

Nach § 170 wird folgende Vorschrift eingefügt:

§ 170a Verjährung bei Bergschäden

Artikel 229 § 6 des Einführungsgesetzes zum Bürgerlichen Gesetzbuche findet mit der Maßgabe entsprechende Anwendung, dass § 117 Abs. 2 in der bis zum 1. Januar 2002 geltenden Fassung den Vorschriften des Bürgerlichen Gesetzbuchs über die Verjährung in der bis zum 1. Januar 2002 geltenden Fassung gleichgestellt ist.«

(33) Das Sortenschutzgesetz vom 11. Dezember 1985 (BGBl. I S. 2170), zuletzt geändert durch ..., wird wie folgt geändert:

§ 37c wird wie folgt gefasst:

§ 37c Verjährung

Auf die Verjährung der Ansprüche wegen Verletzung eines nach diesem Gesetz geschützten Rechts finden die Vorschriften des Abschnitts 5 des Buches 1 des Bürgerlichen Gesetzbuchs entsprechende Anwendung. Hat der Verpflichtete durch die Verletzung auf Kosten des Berechtigten etwas erlangt, findet § 852 des Bürgerlichen Gesetzbuchs entsprechende Anwendung.«

Dem § 41 wird folgender Absatz angefügt:

(7) Artikel 229 § 6 des Einführungsgesetzes zum Bürgerlichen Gesetzbuche findet mit der Maßgabe entsprechende Anwendung, dass § 37c in der bis zum 1. Januar 2002 geltenden Fassung den Vorschriften des Bürgerlichen Gesetzbuchs über die Verjährung in der bis zum 1. Januar 2002 geltenden Fassung gleichgestellt ist.«

(34) Das Baugesetzbuch in der Fassung der Bekanntmachung vom 27. August 1997 (BGBl. I S. 2141, 1998 I S. 137), zuletzt geändert durch ..., wird wie folgt geändert:

§ 28 wird wie folgt geändert:

a) In Absatz 2 wird die Angabe »§§ 504, 505 Abs. 2, 506 bis 509 und 512« durch die Angabe »§§ 463, 464 Abs. 2, §§ 465 bis 468 und 471« ersetzt.
b) In Absatz 3 wird die Angabe »§§ 346 bis 354 und 356« durch die Angabe »§§ 346 bis 349 und 351« ersetzt.

In § 51 Abs. 4 wird die Angabe »§§ 346 bis 354 und 356« durch die Angabe »§§ 346 bis 349 und 351« ersetzt.

(35) Das Gesetz zur Verbesserung der betrieblichen Altersversorgung vom 19. Dezember 1974 (BGBl. I S. 3610), zuletzt geändert durch ... wird wie folgt geändert:

In § 17 Abs. 3 wird die Angabe »§§ 1a, 2 bis 5, 16, 27 und 28« durch die Angabe »§§ 1a, 2 bis 5, 16, 18a Satz 1, §§ 27 und 28« ersetzt.

In § 18 Abs. 2 wird die Angabe »§ 1« durch die Angabe »§ 1b« ersetzt.

Nach § 18 wird folgende Vorschrift eingefügt:

§ 18a Verjährung

Der Anspruch auf Leistungen aus der betrieblichen Altersversorgung verjährt in 30 Jahren. Ansprüche auf regelmäßig wiederkehrende Leistungen unterliegen der regelmäßigen Verjährungsfrist nach den Vorschriften des Bürgerlichen Gesetzbuchs.«

Artikel 6 Aufhebung von Vorschriften

Es werden aufgehoben:
1. die Verordnung über Kundeninformationspflichten vom 30. Juli 1999 (BGBl. I S. 1730), zuletzt geändert durch ...,
2. die Verordnung betreffend die Hauptmängel und Gewährfristen beim Viehhandel in der im Bundesgesetzblatt Teil III, Gliederungsnummer 402-3, veröffentlichten bereinigten Fassung, zuletzt geändert durch ...,
3. das Verbraucherkreditgesetz in der Fassung der Bekanntmachung vom 29. Juni 2000 (BGBl. I S. 941),
4. das AGB-Gesetz in der Fassung der Bekanntmachung vom 29. Juni 2000 (BGBl. I S. 946),
5. das Gesetz über den Widerruf von Haustürgeschäften und ähnlichen Geschäften in der Fassung der Bekanntmachung vom 29. Juni 2000 (BGBl. I S. 956),
6. das Teilzeit-Wohnrechtegesetz in der Fassung der Bekanntmachung vom 29. Juni 2000 (BGBl. I S. 958),
7. das Fernabsatzgesetz vom 27. Juni 2000 (BGBl. I S. 897),
8. § 32 Abs. 2 des D-Markbilanzgesetzes in der Fassung der Bekanntmachung vom 28. Juli 1994 (BGBl. I S. 1842), das zuletzt durch ... geändert worden ist,
9. § 24 des Saatgutverkehrsgesetzes in der Fassung des Gesetzes vom 25. November 1993 (BGBl. I S. 1917), das zuletzt durch ... geändert worden ist.

Artikel 7 Rückkehr zum einheitlichen Verordnungsrang

Die auf Artikel 4 beruhenden Teile der dort geänderten Rechtsverordnungen können auf Grund der jeweils einschlägigen Ermächtigungen durch Rechtsverordnung geändert werden.

Artikel 8 Neubekanntmachungserlaubnis

Das Bundesministerium der Justiz wird ermächtigt, den ab dem 1. Januar 2002 geltenden Wortlaut des Bürgerlichen Gesetzbuchs und der Verordnung über Informationspflichten von Reiseveranstaltern im Bundesgesetzblatt bekannt zu machen.

Artikel 9 Inkrafttreten, Außerkrafttreten

(1) Artikel 5 Abs. 1a und 2a Nr. 1 und Abs. 4 tritt am Tage nach der Verkündung in Kraft. Artikel 5 Abs. 6 und 7 tritt am 2. Januar 2002 in Kraft. Im Übrigen tritt dieses Gesetz am 1. Januar 2002 in Kraft.

(2) Der durch Artikel 5 Abs. 2a Nr. 1 eingefügte § 24a des Gesetzes betreffend die Einführung der Zivilprozessordnung tritt am 1. Juli 2002 außer Kraft.

EU-Richtlinien

EU-Richtlinie zum Verbrauchsgüterkauf

Richtlinie 1999/44/EG des Europäischen Parlaments und des Rates vom 25. Mai 1999 zu bestimmten Aspekten des Verbrauchsgüterkaufs und der Garantien für Verbrauchsgüter (»Verbrauchsgüterkauf-Richtlinie«)
Amtsblatt Nr. L 171 vom 07/07/1999 S. 0012 – 0016

Text der Richtlinie

DAS EUROPÄISCHE PARLAMENT UND DER RAT DER EUROPÄISCHEN UNION

gestützt auf den Vertrag zur Gründung der Europäischen Gemeinschaft, insbesondere auf Artikel 95,
auf Vorschlag der Kommission[1],
nach Stellungnahme des Wirtschafts- und Sozialausschusses[2],
gemäss dem Verfahren des Artikels 251 des Vertrags, aufgrund des vom Vermittlungsausschuss am 18. März 1999 gebilligten gemeinsamen Entwurfs[3],
in Erwägung nachstehender Gründe:

(1) Nach Artikel 153 Absätze 1 und 3 des Vertrags leistet die Gemeinschaft durch die Massnahmen, die sie nach Artikel 95 des Vertrags erlässt, einen Beitrag zur Erreichung eines hohen Verbraucherschutzniveaus.

(2) Der Binnenmarkt umfasst einen Raum ohne Binnengrenzen, in dem der freie Verkehr von Waren, Personen, Dienstleistungen und Kapital gewährleistet ist. Der freie Warenverkehr betrifft nicht nur den gewerblichen Handel, sondern auch Privatpersonen. Dies bedeutet, dass es den Verbrauchern aus einem Mitgliedstaat möglich sein muss, auf der Grundlage angemessener einheitlicher Mindestvorschriften über den Kauf von Verbrauchsgütern im Hoheitsgebiet eines anderen Mitgliedstaats frei einzukaufen.

(3) Die Rechtsvorschriften der Mitgliedstaaten über den Kauf von Verbrauchsgütern weisen Unterschiede auf; dies hat zur Folge, dass die einzelstaatlichen Absatzmärkte für Verbrauchsgüter uneinheitlich sind und bei den Verkäufern Wettbewerbsverzerrungen eintreten können.

(4) Dem Verbraucher, der die Vorzüge des Binnenmarkts dadurch nutzen möchte, dass er sich Waren in einem anderen Mitgliedstaat als in seinem Wohnsitzland beschafft, fällt eine fundamentale Aufgabe bei der Vollendung des Binnenmarkts zu; es muss verhindert werden, dass neue künst-

---

[1] ABl. C 307 vom 16.10.1996, S. 8, und ABl. C 148 vom 14.5.1998, S. 12.
[2] ABl. C 66 vom 3.3.1997, S. 5.
[3] Stellungnahme des Europäischen Parlaments vom 10. März 1998 (ABl. C 104 vom 6.4.1998, S. 30), Gemeinsamer Standpunkt des Rates vom 24. September 1998 (ABl. C 333 vom 30.10.1998, S. 46) und Beschluss des Europäischen Parlaments vom 17. Dezember 1998 (ABl. C 98 vom 9.4.1999, S. 226). Beschluss des Europäischen Parlaments vom 5. Mai 1999 und Beschluss des Rates vom 17. Mai 1999.

liche Grenzen entstehen und die Märkte abgeschottet werden. Die Möglichkeiten der Verbraucher haben durch die neuen Kommunikationstechnologien, die einen leichten Zugang zu den Vertriebssystemen in anderen Mitgliedstaaten oder in Drittländern bieten, deutlich zugenommen. Ohne eine Mindestharmonisierung der Bestimmungen über den Verbrauchsgüterkauf könnte die Weiterentwicklung des Warenkaufs mit Hilfe der neuen Fernkommunikationstechniken behindert werden.

(5) Die Schaffung eines gemeinsamen Mindestsockels von Verbraucherrechten, die unabhängig vom Ort des Kaufs der Waren in der Gemeinschaft gelten, stärkt das Vertrauen der Verbraucher und gestattet es ihnen, die durch die Schaffung des Binnenmarkts gebotenen Vorzüge besser zu nutzen.

(6) Schwierigkeiten der Verbraucher und Konflikte mit den Verkäufern haben ihre Ursache vor allem in der Vertragswidrigkeit von Waren. Infolgedessen erweist sich eine Angleichung der einzelstaatlichen Rechtsvorschriften über den Verbrauchsgüterkauf in dieser Hinsicht als geboten. Eine solche Angleichung darf jedoch nicht die Bestimmungen und Grundsätze des innerstaatlichen Rechts über die Regelung der vertraglichen und ausservertraglichen Haftung beeinträchtigen.

(7) Waren müssen vor allem vertragsgemäss sein. Der Grundsatz der Vertragsmässigkeit kann als gemeinsames Element der verschiedenen einzelstaatlichen Rechtstraditionen betrachtet werden. Im Rahmen bestimmter einzelstaatlicher Rechtstraditionen ist es möglicherweise nicht möglich, sich allein auf diesen Grundsatz zu stützen, um ein Mindestmass an Verbraucherschutz zu gewährleisten. Insbesondere im Rahmen solcher Rechtstraditionen könnte es nützlich sein, zusätzliche innerstaatliche Bestimmungen vorzusehen, um den Verbraucherschutz für den Fall zu gewährleisten, dass die Parteien sich entweder nicht auf spezifische Vertragsklauseln geeinigt haben oder aber Vertragsklauseln vorgesehen oder Vereinbarungen getroffen haben, aufgrund deren die Rechte des Verbrauchers unmittelbar oder mittelbar ausser Kraft gesetzt oder eingeschränkt werden. Soweit sich diese Rechte aus dieser Richtlinie ergeben, sind solche Vertragsklauseln oder Vereinbarungen für den Verbraucher nicht bindend.

(8) Um die Anwendung des Grundsatzes der Vertragsmässigkeit zu erleichtern, ist es sinnvoll, eine widerlegbare Vermutung der Vertragsmässigkeit einzuführen, die die meisten normalen Situationen abdeckt. Diese Vermutung stellt keine Einschränkung des Grundsatzes der Vertragsfreiheit dar. In Ermangelung spezifischer Vertragsklauseln sowie im Fall der Anwendung der Mindestschutzklausel können die in dieser Vermutung genannten Elemente verwendet werden, um die Vertragswidrigkeit der Waren zu bestimmen. Die Qualität und die Leistung, die der Verbraucher vernünftigerweise erwarten kann, hängen unter anderem davon ab, ob die Güter neu oder gebraucht sind. Die in der Vermutung genannten Elemente gelten kumulativ. Ist ein bestimmtes Element aufgrund der Umstände des betreffenden Falls offenkundig unanwendbar, so behalten die übrigen Elemente der Vermutung dennoch ihre Gültigkeit.

(9) Der Verkäufer muss dem Verbraucher gegenüber unmittelbar für die Vertragsmässigkeit der Güter haften. Dieser klassische Grundsatz ist in den Rechtsvorschriften der Mitgliedstaaten verankert. Der Verkäufer muss allerdings nach Massgabe des innerstaatlichen Rechts den Hersteller, einen früheren Verkäufer innerhalb derselben Vertragskette oder eine andere Zwischenperson in Regress nehmen können, es sei denn, dass er auf dieses Recht verzichtet hat. Diese Richtlinie berührt nicht den Grundsatz der Vertragsfreiheit in den Beziehungen zwischen dem Verkäufer, dem Hersteller, einem früheren Verkäufer oder einer anderen Zwischenperson. Die einzelstaatlichen Rechtsvorschriften bestimmen, gegen wen und wie der Verkäufer Regress nehmen kann.

(10) Bei Vertragswidrigkeit eines Gutes muss der Verbraucher das Recht haben, die unentgeltliche Herstellung des vertragsgemässen Zustands des Gutes zu verlangen, wobei er zwischen einer Nachbesserung und einer Ersatzlieferung wählen kann; andernfalls muss er Anspruch auf Minderung des Kaufpreises oder auf Vertragsauflösung haben.

(11) Zunächst kann der Verbraucher vom Verkäufer die Nachbesserung des Gutes oder eine Ersatzlieferung verlangen, es sei denn, dass diese Abhilfen unmöglich oder unverhältnismässig wären. Ob eine Abhilfe unverhältnismässig ist, müsste objektiv festgestellt werden. Unverhältnismässig sind Abhilfen, die im Vergleich zu anderen unzumutbare Kosten verursachen; bei der Beantwortung der Frage, ob es sich um unzumutbare Kosten handelt, sollte entscheidend sein, ob die Kosten der Abhilfe deutlich höher sind als die Kosten einer anderen Abhilfe.

(12) In Fällen von Vertragswidrigkeit kann der Verkäufer dem Verbraucher zur Erzielung einer gütlichen Einigung stets jede zur Verfügung stehende Abhilfemöglichkeit anbieten. Die Entscheidung über die Annahme oder Ablehnung des betreffenden Vorschlags bleibt dem Verbraucher anheimgestellt.

(13) Um es dem Verbraucher zu ermöglichen, den Binnenmarkt zu nutzen und Verbrauchsgüter in einem anderen Mitgliedstaat zu erwerben, sollte empfohlen werden, dass der Hersteller von Verbrauchsgütern, die in mehreren Mitgliedstaaten verkauft werden, im Interesse des Verbrauchers dem Verbrauchsgut eine Liste mit mindestens einer Ansprechadresse in jedem Mitgliedstaat, in dem die Ware vertrieben wird, beifügt.

(14) Die Bezugnahmen auf den Zeitpunkt der Lieferung bedeuten nicht, dass die Mitgliedstaaten ihre Vorschriften über den Gefahrübergang ändern müssen.

(15) Die Mitgliedstaaten können vorsehen, dass eine dem Verbraucher zu leistende Erstattung gemindert werden kann, um der Benutzung der Ware Rechnung zu tragen, die durch den Verbraucher seit ihrer Lieferung erfolgt ist. Die Regelungen über die Modalitäten der Durchführung der Vertragsauflösung können im innerstaatlichen Recht festgelegt werden.

(16) Gebrauchte Güter können aufgrund ihrer Eigenart im allgemeinen nicht ersetzt werden. Bei diesen Gütern hat der Verbraucher deshalb in der Re-

gel keinen Anspruch auf Ersatzlieferung. Die Mitgliedstaaten können den Parteien gestatten, für solche Güter eine kürzere Haftungsdauer zu vereinbaren.

(17) Es ist zweckmässig, den Zeitraum, innerhalb dessen der Verkäufer für Vertragswidrigkeiten haftet, die zum Zeitpunkt der Lieferung des Gutes bestanden, zu begrenzen. Die Mitgliedstaaten können ferner eine Frist vorsehen, innerhalb deren die Verbraucher ihre Ansprüche geltend machen können, sofern diese Frist nicht vor Ablauf von zwei Jahren ab dem Zeitpunkt der Lieferung endet. Wird in innerstaatlichen Rechtsvorschriften für den Beginn einer Frist ein anderer Zeitpunkt als die Lieferung des Gutes festgelegt, so darf die Gesamtdauer der in den innerstaatlichen Rechtsvorschriften festgelegten Frist einen Zeitraum von zwei Jahren ab dem Zeitpunkt der Lieferung nicht unterschreiten.

(18) Für den Fall einer Nachbesserung oder einer Ersatzlieferung sowie für den Fall von Verhandlungen zwischen dem Verkäufer und dem Verbraucher über eine gütliche Regelung können die Mitgliedstaaten gemäss ihren innerstaatlichen Rechtsvorschriften gegebenenfalls die Hemmung oder Unterbrechung des Zeitraums, während dessen Vertragswidrigkeiten offenbar werden müssen, und der Verjährungsfrist vorsehen.

(19) Den Mitgliedstaaten sollte die Möglichkeit eingeräumt werden, eine Frist festzusetzen, innerhalb deren die Verbraucher den Verkäufer über Vertragswidrigkeiten unterrichten müssen. Die Mitgliedstaaten können ein höheres Niveau des Verbraucherschutzes gewährleisten, indem sie keine derartige Verpflichtung einführen. In jedem Fall sollten die Verbraucher für die Unterrichtung des Verkäufers über das Vorliegen einer Vertragswidrigkeit überall in der Gemeinschaft über einen Zeitraum von mindestens zwei Monaten verfügen.

(20) Die Mitgliedstaaten sollten vorbeugende Massnahmen ergreifen, damit eine solche Unterrichtungsfrist die Verbraucher bei grenzüberschreitenden Käufen nicht benachteiligt. Alle Mitgliedstaaten sollten die Kommission über ihre in bezug auf diese Bestimmung gewählte Lösung unterrichten. Die Kommission sollte die Auswirkungen der unterschiedlichen Anwendung dieser Bestimmung auf die Verbraucher und den Binnenmarkt beobachten. Informationen über die von einem Mitgliedstaat gewählte Lösung sollten den übrigen Mitgliedstaaten, den Verbrauchern und den Verbraucherorganisationen gemeinschaftsweit zugänglich gemacht werden. Daher sollte im Amtsblatt der Europäischen Gemeinschaften eine Übersicht über die Lage in allen Mitgliedstaaten veröffentlicht werden.

(21) Bei bestimmten Warengattungen ist es üblich, dass die Verkäufer oder die Hersteller auf ihre Erzeugnisse Garantien gewähren, die die Verbraucher gegen alle Mängel absichern, die innerhalb einer bestimmten Frist offenbar werden können. Diese Praxis kann zu mehr Wettbewerb am Markt führen. Solche Garantien stellen zwar rechtmässige Marketinginstrumente dar, sollten jedoch den Verbraucher nicht irreführen. Um sicherzustellen, dass der Verbraucher nicht irregeführt wird, sollten die Garantien bestimmte

Informationen enthalten, unter anderem eine Erklärung, dass die Garantie nicht die gesetzlichen Rechte des Verbrauchers berührt.

(22) Die Vertragsparteien dürfen die den Verbrauchern eingeräumten Rechte nicht durch Vereinbarung einschränken oder ausser Kraft setzen, da dies den gesetzlichen Schutz aushöhlen würde. Dieser Grundsatz hat auch für Klauseln zu gelten, denen zufolge dem Verbraucher jede zum Zeitpunkt des Vertragsschlusses bestehende Vertragswidrigkeit des Verbrauchsguts bekannt war. Der dem Verbraucher aufgrund dieser Richtlinie gewährte Schutz darf nicht dadurch geschmälert werden, dass das Recht eines Nichtmitgliedstaats als das auf den betreffenden Vertrag anzuwendende Recht gewählt worden ist.

(23) Die diesbezüglichen Rechtsvorschriften und die Rechtsprechung der Mitgliedstaaten zeugen von dem zunehmenden Bemühen, den Verbrauchern ein hohes Schutzniveau zu gewährleisten. Angesichts dieser Entwicklung und der zu erwartenden Erfahrung mit der Durchführung dieser Richtlinie kann es sich als notwendig erweisen, eine stärkere Harmonisierung in Erwägung zu ziehen, die insbesondere eine unmittelbare Haftung des Herstellers für ihm zuzuschreibende Mängel vorsieht.

(24) Die Mitgliedstaaten sollten auf dem unter diese Richtlinie fallenden Gebiet strengere Bestimmungen zur Gewährleistung eines noch höheren Verbraucherschutzniveaus erlassen oder beibehalten können.

(25) Entsprechend der Empfehlung der Kommission vom 30. März 1998 betreffend die Grundsätze für Einrichtungen, die für die aussergerichtliche Beilegung von Verbraucherrechtsstreitigkeiten zuständig sind[4], können die Mitgliedstaaten Einrichtungen schaffen, die eine unparteiische und effiziente Beschwerdebehandlung im nationalen und grenzüberschreitenden Rahmen gewährleisten und die von den Verbrauchern als Vermittler in Anspruch genommen werden können.

(26) Zum Schutz der Kollektivinteressen der Verbraucher ist es angebracht, diese Richtlinie in das im Anhang der Richtlinie 98/27/EG des Europäischen Parlaments und des Rates vom 19. Mai 1998 über Unterlassungsklagen zum Schutz der Verbraucherinteressen[5] enthaltene Richtlinienverzeichnis aufzunehmen -

HABEN FOLGENDE RICHTLINIE ERLASSEN:

Artikel 1   Geltungsbereich und Begriffsbestimmungen

(1) Zweck dieser Richtlinie ist die Angleichung der Rechts- und Verwaltungsvorschriften der Mitgliedstaaten zu bestimmten Aspekten des Verbrauchsgüterkaufs und der Garantien für Verbrauchsgüter zur Gewährleistung eines einheitlichen Verbraucherschutz-Mindestniveaus im Rahmen des Binnenmarkts.

(2) Im Sinne dieser Richtlinie bezeichnet der Ausdruck

---

4 ABl. L 115 vom 17.4.1998, S. 31.
5 ABl. L 166 vom 11.6.1998, S. 51.

a) »Verbraucher« jede natürliche Person, die im Rahmen der unter diese Richtlinie fallenden Verträge zu einem Zweck handelt, der nicht ihrer beruflichen oder gewerblichen Tätigkeit zugerechnet werden kann;
b) »Verbrauchsgüter« bewegliche körperliche Gegenstände, mit Ausnahme von
   – Gütern, die aufgrund von Zwangsvollstreckungsmassnahmen oder anderen gerichtlichen Massnahmen verkauft werden,
   – Wasser und Gas, wenn sie nicht in einem begrenzten Volumen oder in einer bestimmten Menge abgefüllt sind,
   – Strom;
c) »Verkäufer« jede natürliche oder juristische Person, die aufgrund eines Vertrags im Rahmen ihrer beruflichen oder gewerblichen Tätigkeit Verbrauchsgüter verkauft;
d) »Hersteller« den Hersteller von Verbrauchsgütern, deren Importeur für das Gebiet der Gemeinschaft oder jede andere Person, die sich dadurch, dass sie ihren Namen, ihre Marke oder ein anderes Kennzeichen an den Verbrauchsgütern anbringt, als Hersteller bezeichnet;
e) »Garantie« jede von einem Verkäufer oder Hersteller gegenüber dem Verbraucher ohne Aufpreis eingegangene Verpflichtung, den Kaufpreis zu erstatten, das Verbrauchsgut zu ersetzen oder nachzubessern oder in sonstiger Weise Abhilfe zu schaffen, wenn das Verbrauchsgut nicht den in der Garantieerklärung oder in der einschlägigen Werbung genannten Eigenschaften entspricht;
f) »Nachbesserung« bei Vertragswidrigkeit die Herstellung des vertragsgemässen Zustands des Verbrauchsgutes.

(3) Die Mitgliedstaaten können festlegen, dass unter »Verbrauchsgütern« keine gebrauchten Güter zu verstehen sind, die in einer öffentlichen Versteigerung verkauft werden, bei der die Verbraucher die Möglichkeit haben, dem Verkauf persönlich beizuwohnen.

(4) Als Kaufverträge im Sinne dieser Richtlinie gelten auch Verträge über die Lieferung herzustellender oder zu erzeugender Verbrauchsgüter.

Artikel 2 Vertragsmässigkeit

(1) Der Verkäufer ist verpflichtet, dem Verbraucher dem Kaufvertrag gemässe Güter zu liefern.

(2) Es wird vermutet, dass Verbrauchsgüter vertragsgemäss sind, wenn sie
a) mit der vom Verkäufer gegebenen Beschreibung übereinstimmen und die Eigenschaften des Gutes besitzen, das der Verkäufer dem Verbraucher als Probe oder Muster vorgelegt hat;
b) sich für einen bestimmten vom Verbraucher angestrebten Zweck eignen, den der Verbraucher dem Verkäufer bei Vertragsschluss zur Kenntnis gebracht hat und dem der Verkäufer zugestimmt hat;
c) sich für die Zwecke eignen, für die Güter der gleichen Art gewöhnlich gebraucht werden;
d) eine Qualität und Leistungen aufweisen, die bei Gütern der gleichen Art üblich sind und die der Verbraucher vernünftigerweise erwarten kann, wenn

die Beschaffenheit des Gutes und gegebenenfalls die insbesondere in der Werbung oder bei der Etikettierung gemachten öffentlichen Äusserungen des Verkäufers, des Herstellers oder dessen Vertreters über die konkreten Eigenschaften des Gutes in Betracht gezogen werden.

(3) Es liegt keine Vertragswidrigkeit im Sinne dieses Artikels vor, wenn der Verbraucher zum Zeitpunkt des Vertragsschlusses Kenntnis von der Vertragswidrigkeit hatte oder vernünftigerweise nicht in Unkenntnis darüber sein konnte oder wenn die Vertragswidrigkeit auf den vom Verbraucher gelieferten Stoff zurückzuführen ist.

(4) Der Verkäufer ist durch die in Absatz 2 Buchstabe d) genannten öffentlichen Äusserungen nicht gebunden, wenn er
– nachweist, dass er die betreffende Äusserung nicht kannte und vernünftigerweise nicht davon Kenntnis haben konnte,
– nachweist, dass die betreffende Äusserung zum Zeitpunkt des Vertragsschlusses berichtigt war, oder
– nachweist, dass die Kaufentscheidung nicht durch die betreffende Äusserung beeinflusst sein konnte.

(5) Ein Mangel infolge unsachgemässer Montage des Verbrauchsgutes wird der Vertragswidrigkeit gleichgestellt, wenn die Montage Bestandteil des Kaufvertrags über das Verbrauchsgut war und vom Verkäufer oder unter dessen Verantwortung vorgenommen wurde. Das gleiche gilt, wenn das zur Montage durch den Verbraucher bestimmte Erzeugnis vom Verbraucher montiert worden ist und die unsachgemässe Montage auf einen Mangel in der Montageanleitung zurückzuführen ist.

Artikel 3   Rechte des Verbrauchers

(1) Der Verkäufer haftet dem Verbraucher für jede Vertragswidrigkeit, die zum Zeitpunkt der Lieferung des Verbrauchsgutes besteht.

(2) Bei Vertragswidrigkeit hat der Verbraucher entweder Anspruch auf die unentgeltliche Herstellung des vertragsgemässen Zustands des Verbrauchsgutes durch Nachbesserung oder Ersatzlieferung nach Massgabe des Absatzes 3 oder auf angemessene Minderung des Kaufpreises oder auf Vertragsauflösung in bezug auf das betreffende Verbrauchsgut nach Massgabe der Absätze 5 und 6.

(3) Zunächst kann der Verbraucher vom Verkäufer die unentgeltliche Nachbesserung des Verbrauchsgutes oder eine unentgeltliche Ersatzlieferung verlangen, sofern dies nicht unmöglich oder unverhältnismässig ist. Eine Abhilfe gilt als unverhältnismässig, wenn sie dem Verkäufer Kosten verursachen würde, die
– angesichts des Werts, den das Verbrauchsgut ohne die Vertragswidrigkeit hätte,
– unter Berücksichtigung der Bedeutung der Vertragswidrigkeit und
– nach Erwägung der Frage, ob auf die alternative Abhilfemöglichkeit ohne erhebliche Unannehmlichkeiten für den Verbraucher zurückgegriffen werden könnte,
verglichen mit der alternativen Abhilfemöglichkeit unzumutbar wären.

Die Nachbesserung oder die Ersatzlieferung muss innerhalb einer angemessenen Frist und ohne erhebliche Unannehmlichkeiten für den Verbraucher erfolgen, wobei die Art des Verbrauchsgutes sowie der Zweck, für den der Verbraucher das Verbrauchsgut benötigte, zu berücksichtigen sind.

(4) Der Begriff »unentgeltlich« in den Absätzen 2 und 3 umfasst die für die Herstellung des vertragsgemässen Zustands des Verbrauchsgutes notwendigen Kosten, insbesondere Versand-, Arbeits- und Materialkosten.

(5) Der Verbraucher kann eine angemessene Minderung des Kaufpreises oder eine Vertragsauflösung verlangen,
- wenn der Verbraucher weder Anspruch auf Nachbesserung noch auf Ersatzlieferung hat oder
- wenn der Verkäufer nicht innerhalb einer angemessenen Frist Abhilfe geschaffen hat oder
- wenn der Verkäufer nicht ohne erhebliche Unannehmlichkeiten für den Verbraucher Abhilfe geschaffen hat.

(6) Bei einer geringfügigen Vertragswidrigkeit hat der Verbraucher keinen Anspruch auf Vertragsauflösung.

Artikel 4 Rückgriffsrechte

Haftet der Letztverkäufer dem Verbraucher aufgrund einer Vertragswidrigkeit infolge eines Handelns oder Unterlassens des Herstellers, eines früheren Verkäufers innerhalb derselben Vertragskette oder einer anderen Zwischenperson, so kann der Letztverkäufer den oder die Haftenden innerhalb der Vertragskette in Regress nehmen. Das innerstaatliche Recht bestimmt den oder die Haftenden, den oder die der Letztverkäufer in Regress nehmen kann, sowie das entsprechende Vorgehen und die Modalitäten.

Artikel 5 Fristen

(1) Der Verkäufer haftet nach Artikel 3, wenn die Vertragswidrigkeit binnen zwei Jahren nach der Lieferung des Verbrauchsgutes offenbar wird. Gilt nach dem innerstaatlichen Recht für die Ansprüche nach Artikel 3 Absatz 2 eine Verjährungsfrist, so endet sie nicht vor Ablauf eines Zeitraums von zwei Jahren ab dem Zeitpunkt der Lieferung.

(2) Die Mitgliedstaaten können vorsehen, dass der Verbraucher den Verkäufer zur Inanspruchnahme seiner Rechte über die Vertragswidrigkeit binnen zwei Monaten nach dem Zeitpunkt, zu dem er die Vertragswidrigkeit festgestellt hat, unterrichten muss.

Die Mitgliedstaaten unterrichten die Kommission über ihre bezüglich dieses Absatzes gewählte Lösung. Die Kommission überwacht die Auswirkungen dieser den Mitgliedstaaten eingeräumten Möglichkeit auf die Verbraucher und den Binnenmarkt.

Die Kommission erstellt bis zum 7. Januar 2003 einen Bericht über die von den Mitgliedstaaten bezüglich dieses Absatzes gewählte Lösung. Dieser Bericht wird im Amtsblatt der Europäischen Gemeinschaften veröffentlicht.

(3) Bis zum Beweis des Gegenteils wird vermutet, dass Vertragswidrigkeiten, die binnen sechs Monaten nach der Lieferung des Gutes offenbar werden, bereits zum Zeitpunkt der Lieferung bestanden, es sei denn, diese Vermutung ist mit der Art des Gutes oder der Art der Vertragswidrigkeit unvereinbar.

Artikel 6 Garantien

(1) Die Garantie muss denjenigen, der sie anbietet, zu den in der Garantieerklärung und der einschlägigen Werbung angegebenen Bedingungen binden.
(2) Die Garantie muss
- darlegen, dass der Verbraucher im Rahmen der geltenden innerstaatlichen Rechtsvorschriften über den Verbrauchsgüterkauf gesetzliche Rechte hat, und klarstellen, dass diese Rechte von der Garantie nicht berührt werden;
- in einfachen und verständlichen Formulierungen den Inhalt der Garantie und die wesentlichen Angaben enthalten, die für die Inanspruchnahme der Garantie notwendig sind, insbesondere die Dauer und den räumlichen Geltungsbereich des Garantieschutzes sowie Namen und Anschrift des Garantiegebers.

(3) Auf Wunsch des Verbrauchers muss diesem die Garantie schriftlich zur Verfügung gestellt werden oder auf einem anderen daürhaften Datenträger enthalten sein, der dem Verbraucher zur Verfügung steht und ihm zugänglich ist.
(4) Die Mitgliedstaaten, in denen das Verbrauchsgut in Verkehr gebracht wird, können, soweit dies mit den Vorschriften des Vertrags vereinbar ist, für ihr Gebiet vorschreiben, dass die Garantie in einer oder in mehreren Sprachen abzufassen ist, die der jeweilige Mitgliedstaat unter den Amtssprachen der Gemeinschaft auswählt.
(5) Werden für eine Garantie die Anforderungen der Absätze 2, 3 oder 4 nicht erfüllt, so berührt dies in keinem Fall die Gültigkeit dieser Garantie; der Verbraucher kann sie weiterhin geltend machen und ihre Einhaltung verlangen.

Artikel 7 Unabdingbarkeit

(1) Vertragsklauseln oder mit dem Verkäufer vor dessen Unterrichtung über die Vertragswidrigkeit getroffene Vereinbarungen, durch welche die mit dieser Richtlinie gewährten Rechte unmittelbar oder mittelbar ausser Kraft gesetzt oder eingeschränkt werden, sind für den Verbraucher gemäss dem innerstaatlichen Recht nicht bindend.

Im Fall gebrauchter Güter können die Mitgliedstaaten vorsehen, dass der Verkäufer und der Verbraucher sich auf Vertragsklauseln oder Vereinbarungen einigen können, denen zufolge der Verkäufer weniger lange haftet als in Artikel 5 Absatz 1 vorgesehen. Diese kürzere Haftungsdauer darf ein Jahr nicht unterschreiten.

(2) Die Mitgliedstaaten treffen die erforderlichen Massnahmen, damit dem Verbraucher der durch diese Richtlinie gewährte Schutz nicht dadurch vorenthalten wird, dass das Recht eines Nichtmitgliedstaats als das auf den Vertrag anzuwendende Recht gewählt wird, sofern dieser Vertrag einen engen Zusammenhang mit dem Gebiet der Mitgliedstaaten aufweist.

Artikel 8 Innerstaatliches Recht und Mindestschutz

(1) Andere Ansprüche, die der Verbraucher aufgrund innerstaatlicher Rechtsvorschriften über die vertragliche oder ausservertragliche Haftung geltend machen kann, werden durch die aufgrund dieser Richtlinie gewährten Rechte nicht berührt.

(2) Die Mitgliedstaaten können in dem unter diese Richtlinie fallenden Bereich mit dem Vertrag in Einklang stehende strengere Bestimmungen erlassen oder aufrechterhalten, um ein höheres Schutzniveau für die Verbraucher sicherzustellen.

Artikel 9

Die Mitgliedstaaten ergreifen geeignete Massnahmen zur Unterrichtung der Verbraucher über das innerstaatliche Recht, mit dem diese Richtlinie umgesetzt wird, und rufen, falls angebracht, Berufsorganisationen dazu auf, die Verbraucher über ihre Rechte zu unterrichten.

Artikel 10

Der Anhang der Richtlinie 98/27/EG wird wie folgt ergänzt:
»10. Richtlinie 1999/44/EG des Europäischen Parlaments und des Rates vom 25. Mai 1999 zu bestimmten Aspekten des Verbrauchsgüterkaufs und der Garantien für Verbrauchsgüter (ABl. L 171 vom 7.7.1999, S. 12).«

Artikel 11 Umsetzung

(1) Die Mitgliedstaaten setzen die Rechts- und Verwaltungsvorschriften in Kraft, die erforderlich sind, um dieser Richtlinie spätestens ab dem 1. Januar 2002 nachzukommen. Sie setzen die Kommission unverzüglich davon in Kenntnis.

Wenn die Mitgliedstaaten diese Vorschriften erlassen, nehmen sie in den Vorschriften selbst oder durch einen Hinweis bei der amtlichen Veröffentlichung auf diese Richtlinie Bezug. Die Mitgliedstaaten regeln die Einzelheiten der Bezugnahme.

(2) Die Mitgliedstaaten teilen der Kommission den Wortlaut der innerstaatlichen Rechtsvorschriften mit, die sie auf dem unter diese Richtlinie fallenden Gebiet erlassen.

Artikel 12 Überprüfung

Die Kommission überprüft die Anwendung dieser Richtlinie spätestens zum 7. Juli 2006 und legt dem Europäischen Parlament und dem Rat einen Bericht vor. In dem Bericht ist unter anderem zu prüfen, ob Veranlassung besteht, eine unmittelbare Haftung des Herstellers einzuführen; der Bericht ist gegebenenfalls mit Vorschlägen zu versehen.

Artikel 13 Inkrafttreten

Diese Richtlinie tritt am Tag ihrer Veröffentlichung im Amtsblatt der Europäischen Gemeinschaften in Kraft.

Artikel 14

Diese Richtlinie ist an die Mitgliedstaaten gerichtet.
Geschehen zu Brüssel am 25. Mai 1999.
Im Namen des Europäischen Parlaments

Der Präsident
J. M. GIL-ROBLES

Im Namen des Rates
Der Präsident
H. EICHEL

EU-Richtlinie zum Zahlungsverzug

Richtlinie 2000/35/EG des Europäischen Parlaments und des Rates vom 29. Juni 2000 zur Bekämpfung von Zahlungsverzug im Geschäftsverkehr Amtsblatt EG Nr. L 200 vom 08/08/2000 S. 35 – 38

Text der Richtlinie

DAS EUROPÄISCHE PARLAMENT UND DER RAT DER EUROPÄISCHEN UNION –

gestützt auf den Vertrag zur Gründung der Europäischen Gemeinschaft, insbesondere auf Artikel 95,
auf Vorschlag der Kommission[1],
nach Stellungnahme des Wirtschafts- und Sozialausschusses[2],
gemäss dem Verfahren des Artikels 251 des Vertrags[3], aufgrund des vom Vermittlungsausschuss am 4. Mai 2000 gebilligten gemeinsamen Entwurfs,
in Erwägung nachstehender Gründe:

(1) In seiner Entschliessung zum Integrierten Programm für die KMU und das Handwerk[4] forderte das Europäische Parlament die Kommission auf, Vorschläge zur Behandlung des Problems des Zahlungsverzugs zu unterbreiten.

(2) Am 12. Mai 1995 verabschiedete die Kommission eine Empfehlung über die Zahlungsfristen im Handelsverkehr[5].

(3) In seiner Entschliessung zu der Empfehlung der Kommission über die Zahlungsfristen im Handelsverkehr[6] forderte das Europäische Parlament die Kommission auf, die Umwandlung ihrer Empfehlung in einen Vorschlag für eine Richtlinie des Rates in Erwägung zu ziehen, der möglichst bald vorgelegt werden sollte.

(4) Am 29. Mai 1997 verabschiedete der Wirtschafts- und Sozialausschuss eine Stellungnahme[7] zu dem Grünbuch der Kommission: »Das öffentliche Auftragswesen in der Europäischen Union: Überlegungen für die Zukunft«.

(5) Am 4. Juni 1997 veröffentlichte die Kommission einen Aktionsplan für den Binnenmarkt, in dem betont wird, dass sich der Zahlungsverzug immer mehr zu einem ernsthaften Hindernis für den Erfolg des Binnenmarktes entwickelt.

---

1 ABl. C 168 vom 3.6.1998, S. 13, und ABl. C 374 vom 3.12.1998, S. 4.
2 ABl. C 407 vom 28.12.1998, S. 50.
3 Stellungnahme des Europäischen Parlaments vom 17. September 1998 (ABl. C 313 vom 12.10.1998, S. 142). Gemeinsamer Standpunkt des Rates vom 29. Juli 1999 (ABl. C 284 vom 6.10.1999, S. 1) und Beschluss des Europäischen Parlaments vom 16. Dezember 1999 (noch nicht im Amtsblatt veröffentlicht). Beschluss des Europäischen Parlaments vom 15. Juni 2000 und Beschluss des Rates vom 18. Mai 2000.
4 ABl. C 323 vom 21.11.1994, S. 19.
5 ABl. L 127 vom 10.6.1995, S. 19.
6 ABl. C 211 vom 22.7.1996, S. 43.
7 ABl. C 287 vom 22.9.1997, S. 92.

(6) Am 17. Juli 1997 veröffentlichte die Kommission einen Bericht über Zahlungsverzug im Handelsverkehr[8], in dem die Ergebnisse einer Bewertung der Auswirkungen ihrer Empfehlung vom 12. Mai 1995 zusammengefasst sind.

(7) Den Unternehmen, insbesondere kleinen und mittleren, verursachen übermässig lange Zahlungsfristen und Zahlungsverzug grosse Verwaltungs- und Finanzlasten. Überdies zählen diese Probleme zu den Hauptgründen für Insolvenzen, die den Bestand der Unternehmen gefährden, und führen zum Verlust zahlreicher Arbeitsplätze.

(8) In einigen Mitgliedstaaten weichen die vertraglich vorgesehenen Zahlungsfristen erheblich vom Gemeinschaftsdurchschnitt ab.

(9) Die Unterschiede zwischen den Zahlungsbestimmungen und -praktiken in den Mitgliedstaaten beeinträchtigen das reibungslose Funktionieren des Binnenmarktes.

(10) Dies hat eine beträchtliche Einschränkung des Geschäftsverkehrs zwischen den Mitgliedstaaten zur Folge. Es widerspricht Artikel 14 des Vertrags, da Unternehmer in der Lage sein sollten, im gesamten Binnenmarkt unter Bedingungen Handel zu treiben, die gewährleisten, dass grenzüberschreitende Geschäfte nicht grössere Risiken mit sich bringen als Inlandsverkäufe. Es käme zu Wettbewerbsverzerrungen, wenn es für den Binnen- und den grenzüberschreitenden Handel Regeln gäbe, die sich wesentlich voneinander unterscheiden.

(11) Aus den jüngsten Statistiken geht hervor, dass sich die Zahlungsdisziplin in vielen Mitgliedstaaten seit Annahme der Empfehlung vom 12. Mai 1995 im günstigsten Falle nicht verbessert hat.

(12) Das Ziel der Bekämpfung des Zahlungsverzugs im Binnenmarkt kann von den Mitgliedstaaten nicht ausreichend verwirklicht werden, wenn sie einzeln tätig werden; es kann daher besser auf Gemeinschaftsebene erreicht werden. Diese Richtlinie geht nicht über das zur Erreichung dieses Ziels Erforderliche hinaus. Sie entspricht daher insgesamt den Erfordernissen des Subsidiaritäts- und des Verhältnismässigkeitsprinzips nach Artikel 5 des Vertrags.

(13) Diese Richtlinie ist auf die als Entgelt für Handelsgeschäfte geleisteten Zahlungen beschränkt und umfasst weder Geschäfte mit Verbrauchern noch die Zahlung von Zinsen im Zusammenhang mit anderen Zahlungen, z.B. unter das Scheck- und Wechselrecht fallenden Zahlungen oder Schadensersatzzahlungen einschliesslich Zahlungen von Versicherungsgesellschaften.

(14) Die Tatsache, dass diese Richtlinie die freien Berufe einbezieht, bedeutet nicht, dass die Mitgliedstaaten sie für nicht unter diese Richtlinie fallende Zwecke als Unternehmen oder Kaufleute zu behandeln haben.

(15) Diese Richtlinie definiert zwar den Begriff »vollstreckbarer Titel«, regelt jedoch weder die verschiedenen Verfahren der Zwangsvollstreckung eines

---

8 ABl. C 216 vom 17.7.1997, S. 10.

solchen Titels noch die Bedingungen, unter denen die Zwangsvollstreckung eines solchen Titels eingestellt oder ausgesetzt werden kann.

(16) Zahlungsverzug stellt einen Vertragsbruch dar, der für die Schuldner in den meisten Mitgliedstaaten durch niedrige Verzugszinsen und/oder langsame Beitreibungsverfahren finanzielle Vorteile bringt. Ein durchgreifender Wandel, der auch eine Entschädigung der Gläubiger für die ihnen entstandenen Kosten vorsieht, ist erforderlich, um diese Entwicklung umzukehren und um sicherzustellen, dass die Folgen des Zahlungsverzugs von der Überschreitung der Zahlungsfristen abschrecken.

(17) Die angemessene Entschädigung für die Beitreibungskosten ist unbeschadet nationaler Bestimmungen festzulegen, nach denen ein nationales Gericht dem Gläubiger zusätzlichen Schadenersatz für den durch den Zahlungsverzug eines Schuldners entstandenen Verlust zusprechen kann, wobei auch zu berücksichtigen ist, dass diese entstandenen Kosten schon durch die Verzugszinsen ausgeglichen sein können.

(18) Diese Richtlinie berücksichtigt das Problem langer vertraglicher Zahlungsfristen und insbesondere das Vorhandensein bestimmter Gruppen von Verträgen, für die eine längere Zahlungsfrist in Verbindung mit einer Beschränkung der Vertragsfreiheit oder ein höherer Zinssatz gerechtfertigt sein kann.

(19) Der Missbrauch der Vertragsfreiheit zum Nachteil des Gläubigers sollte nach dieser Richtlinie verboten sein. Falls eine Vereinbarung in erster Linie dem Zweck dient, dem Schuldner zusätzliche Liquidität auf Kosten des Gläubigers zu verschaffen, oder falls der Generalunternehmer seinen Lieferanten und Subunternehmern Zahlungsbedingungen aufzwingt, die auf der Grundlage der ihm selbst gewährten Bedingungen nicht gerechtfertigt sind, können diese Umstände als Faktoren gelten, die einen solchen Missbrauch darstellen. Innerstaatliche Vorschriften zur Regelung des Vertragsabschlusses oder der Gültigkeit von Vertragsbestimmungen, die für den Schuldner unbillig sind, bleiben von dieser Richtlinie unberührt.

(20) Die Folgen des Zahlungsverzugs können jedoch nur abschreckend wirken, wenn sie mit Beitreibungsverfahren gekoppelt sind, die für den Gläubiger schnell und wirksam sind. Nach dem Grundsatz der Nichtdiskriminierung in Artikel 12 des Vertrags sollten diese Verfahren allen in der Gemeinschaft niedergelassenen Gläubigern zur Verfügung stehen.

(21) Es ist wünschenswert, dass sichergestellt ist, dass Gläubiger einen Eigentumsvorbehalt auf nichtdiskriminierender Grundlage in der ganzen Gemeinschaft geltend machen können, falls der Eigentumsvorbehalt gemäss den anwendbaren nationalen Vorschriften, wie sie durch das internationale Privatrecht bestimmt werden, rechtswirksam ist.

(22) Die Richtlinie sollte den gesamten Geschäftsverkehr unabhängig davon regeln, ob er zwischen privaten oder öffentlichen Unternehmen oder zwischen Unternehmen und öffentlichen Stellen erfolgt, wobei zu berücksichtigen ist, dass letztere in grossem Umfang Zahlungen an Unternehmen lei-

sten. Sie sollte deshalb auch den gesamten Geschäftsverkehr zwischen Generalunternehmern und ihren Lieferanten und Subunternehmern regeln.
(23) Artikel 5 dieser Richtlinie schreibt vor, dass das Beitreibungsverfahren für unbestrittene Forderungen innerhalb eines kurzen Zeitraums im Einklang mit den nationalen Rechtsvorschriften abgeschlossen wird, verlangt jedoch nicht, dass die Mitgliedstaaten ein besonderes Verfahren einführen oder ihre geltenden gesetzlichen Verfahren in bestimmter Weise ändern -

HABEN FOLGENDE RICHTLINIE ERLASSEN:

Artikel 1 Anwendungsbereich

Diese Richtlinie ist auf alle Zahlungen, die als Entgelt im Geschäftsverkehr zu leisten sind, anzuwenden.

Artikel 2 Begriffsbestimmungen

Im Sinne dieser Richtlinie bezeichnet der Ausdruck
1. »Geschäftsverkehr« Geschäftsvorgänge zwischen Unternehmen oder zwischen Unternehmen und öffentlichen Stellen, die zu einer Lieferung von Gütern oder Erbringung von Dienstleistungen gegen Entgelt führen;
»öffentliche Stelle« jeden öffentlichen Auftraggeber oder Auftraggeber im Sinne der Richtlinien über das öffentliche Auftragswesen (92/50/EWG[9], 93/36/EWG[10], 93/37/EWG[11] und 93/38/EWG[12]);
»Unternehmen« jede im Rahmen ihrer unabhängigen wirtschaftlichen oder beruflichen Tätigkeit handelnde Organisation, auch wenn die Tätigkeit von einer einzelnen Person ausgeübt wird;
2. »Zahlungsverzug« die Nichteinhaltung der vertraglich oder gesetzlich vorgesehenen Zahlungsfrist;
3. »Eigentumsvorbehalt« die vertragliche Vereinbarung, nach der der Verkäufer bis zur vollständigen Bezahlung Eigentümer des Kaufgegenstands bleibt;
4. »von der Europäischen Zentralbank auf ihre Hauptrefinanzierungsoperationen angewendeter Zinssatz« den Zinssatz, der bei Festsatztendern auf diese Operationen angewendet wird. Wurde eine Hauptrefinanzierungsoperation nach einem variablen Tenderverfahren durchgeführt, so bezieht sich dieser Zinssatz auf den marginalen Zinssatz, der sich aus diesem Tender ergibt. Dies gilt für Begebungen mit einheitlichem und mit variablem Zinssatz;
5. »vollstreckbarer Titel« Entscheidungen, Urteile oder Zahlungsbefehle eines Gerichts oder einer anderen zuständigen Behörde, nach denen eine Zahlung unverzüglich oder in Raten zu leisten ist und mit denen der Gläubiger seine Forderung gegen den Schuldner im Wege der Zwangsvollstreckung beitreiben kann; hierzu gehören auch Entscheidungen, Urteile oder Zahlungsbe-

---

9 ABl. L 209 vom 24.7.1992, S. 1.
10 ABl. L 199 vom 9.8.1993, S. 1.
11 ABl. L 199 vom 9.8.1993, S. 54.
12 ABl. L 199 vom 9.8.1993, S. 84.

fehle, die vorläufig vollstreckbar sind und dies auch dann bleiben, wenn der Schuldner dagegen einen Rechtsbehelf einlegt.

Artikel 3 Zinsen bei Zahlungsverzug

(1) Die Mitgliedstaaten stellen folgendes sicher:
a) Zinsen gemäss Buchstabe d) sind ab dem Tag zu zahlen, der auf den vertraglich festgelegten Zahlungstermin oder das vertraglich festgelegte Ende der Zahlungsfrist folgt.
b) Ist der Zahlungstermin oder die Zahlungsfrist nicht vertraglich festgelegt, so sind Zinsen, ohne dass es einer Mahnung bedarf, automatisch zu zahlen:
   i) 30 Tage nach dem Zeitpunkt des Eingangs der Rechnung oder einer gleichwertigen Zahlungsaufforderung beim Schuldner oder,
   ii) wenn der Zeitpunkt des Eingangs der Rechnung oder einer gleichwertigen Zahlungsaufforderung unsicher ist, 30 Tage nach dem Zeitpunkt des Empfangs der Güter oder Dienstleistungen, oder
   iii) wenn der Schuldner die Rechnung oder die gleichwertige Zahlungsaufforderung vor dem Empfang der Güter oder Dienstleistungen erhält, 30 Tage nach dem Empfang der Güter oder Dienstleistungen, oder
   iv) wenn ein Abnahme- oder Überprüfungsverfahren, durch das die Übereinstimmung der Güter oder Dienstleistungen mit dem Vertrag festgestellt werden soll, gesetzlich oder vertraglich vorgesehen ist und wenn der Schuldner die Rechnung oder die gleichwertige Zahlungsaufforderung vor oder zu dem Zeitpunkt, zu dem die Abnahme oder Überprüfung erfolgt, erhält, 30 Tage nach letzterem Zeitpunkt.
c) Der Gläubiger ist berechtigt, bei Zahlungsverzug Zinsen insoweit geltend zu machen, als er
   i) seine vertraglichen und gesetzlichen Verpflichtungen erfüllt hat und
   ii) den fälligen Betrag nicht rechtzeitig erhalten hat, es sei denn, dass der Schuldner für die Verzögerung nicht verantwortlich ist.
d) Die Höhe der Verzugszinsen (»gesetzlicher Zinssatz«), zu deren Zahlung der Schuldner verpflichtet ist, ergibt sich aus der Summe des Zinssatzes, der von der Europäischen Zentralbank auf ihre jüngste Hauptrefinanzierungsoperation, die vor dem ersten Kalendertag des betreffenden Halbjahres durchgeführt wurde, angewendet wurde (»Bezugszinssatz«), zuzüglich mindestens 7 Prozentpunkten (»Spanne«), sofern vertraglich nichts anderes bestimmt ist. Für Mitgliedstaaten, die nicht an der dritten Stufe der Wirtschafts- und Währungsunion teilnehmen, ist der Bezugszinssatz der entsprechende Zinssatz ihrer Zentralbank. In beiden Fällen findet der Bezugszinssatz, der am ersten Kalendertag in dem betreffenden Halbjahr in Kraft ist, für die folgenden sechs Monate Anwendung.
e) Der Gläubiger hat gegenüber dem Schuldner Anspruch auf angemessenen Ersatz aller durch den Zahlungsverzug des Schuldners bedingten Beitreibungskosten, es sei denn, dass der Schuldner für den Zahlungsverzug nicht verantwortlich ist. Bei diesen Beitreibungskosten sind die Grundsätze der Transparenz und der Verhältnismässigkeit im Hinblick auf den betreffenden

Schuldbetrag zu beachten. Die Mitgliedstaaten können unter Wahrung der genannten Grundsätze einen Höchstbetrag für die Beitreibungskosten für unterschiedliche Schuldhöhen festlegen.

(2) Für bestimmte, in den nationalen Rechtsvorschriften zu definierende Vertragsarten können die Mitgliedstaaten die Frist, nach deren Ablauf Zinsen zu zahlen sind, auf höchstens 60 Tage festsetzen, sofern sie den Vertragsparteien die Überschreitung dieser Frist untersagen oder einen verbindlichen Zinssatz festlegen, der wesentlich über dem gesetzlichen Zinssatz liegt.

(3) Die Mitgliedstaaten bestimmen, dass eine Vereinbarung über den Zahlungstermin oder die Folgen eines Zahlungsverzugs, die nicht im Einklang mit Absatz 1 Buchstaben b) bis d) und Absatz 2 steht, entweder nicht geltend gemacht werden kann oder einen Schadensersatzanspruch begründet, wenn sie bei Prüfung aller Umstände des Falles, einschliesslich der guten Handelspraxis und der Art der Ware, als grob nachteilig für den Gläubiger anzusehen ist. Bei der Entscheidung darüber, ob eine Vereinbarung grob nachteilig für den Gläubiger ist, wird unter anderem berücksichtigt, ob der Schuldner einen objektiven Grund für die Abweichung von den Bestimmungen des Absatzes 1 Buchstaben b) bis d) und des Absatzes 2 hat. Wenn eine derartige Vereinbarung für grob nachteilig befunden wurde, sind die gesetzlichen Bestimmungen anzuwenden, es sei denn, die nationalen Gerichte legen andere, faire Bedingungen fest.

(4) Die Mitgliedstaaten sorgen dafür, dass im Interesse der Gläubiger und der Wettbewerber angemessene und wirksame Mittel vorhanden sind, damit der Verwendung von Klauseln, die als grob nachteilig im Sinne von Absatz 3 zu betrachten sind, ein Ende gesetzt wird.

(5) Die in Absatz 4 erwähnten Mittel schliessen auch Rechtsvorschriften ein, wonach Organisationen, die ein berechtigtes Interesse daran haben, kleine und mittlere Unternehmen zu vertreten, oder die offiziell als Vertreter solcher Unternehmen anerkannt sind, im Einklang mit den nationalen Rechtsvorschriften die Gerichte oder die zuständigen Verwaltungsbehörden mit der Begründung anrufen können, dass Vertragsklauseln, die im Hinblick auf eine allgemeine Verwendung abgefasst wurden, grob nachteilig im Sinne von Absatz 3 sind, so dass sie angemessene und wirksame Mittel anwenden können, um der Verwendung solcher Klauseln ein Ende zu setzen.

Artikel 4   Eigentumsvorbehalt

(1) Die Mitgliedstaaten sehen in Einklang mit den anwendbaren nationalen Vorschriften, wie sie durch das internationale Privatrecht bestimmt werden, vor, dass der Verkäufer bis zur vollständigen Bezahlung das Eigentum an Gütern behält, wenn zwischen Käufer und Verkäufer vor der Lieferung der Güter ausdrücklich eine Eigentumsvorbehaltsklausel vereinbart wurde.

(2) Die Mitgliedstaaten können Vorschriften verabschieden oder beibehalten, die bereits vom Schuldner geleistete Anzahlungen betreffen.

Artikel 5 Beitreibungsverfahren für unbestrittene Forderungen

(1) Die Mitgliedstaaten tragen dafür Sorge, dass ein vollstreckbarer Titel unabhängig von dem Betrag der Geldforderung in der Regel binnen 90 Kalendertagen ab Einreichung der Klage oder des Antrags des Gläubigers bei Gericht oder einer anderen zuständigen Behörde erwirkt werden kann, sofern die Geldforderung oder verfahrensrechtliche Aspekte nicht bestritten werden. Dieser Verpflichtung haben die Mitgliedstaaten im Einklang mit ihren jeweiligen nationalen Rechts- und Verwaltungsvorschriften nachzukommen.

(2) Die jeweiligen nationalen Rechts- und Verwaltungsvorschriften müssen für alle in der Europäischen Gemeinschaft niedergelassenen Gläubiger die gleichen Bedingungen vorsehen.

(3) In die Frist des Absatzes 1 von 90 Kalendertagen sind nachstehende Zeiträume nicht einzubeziehen:
a) die Fristen für Zustellungen,
b) alle vom Gläubiger verursachten Verzögerungen, wie etwa der für die Korrektur von Anträgen benötigte Zeitraum.

(4) Dieser Artikel berührt nicht die Bestimmungen des Brüsseler Übereinkommens über die gerichtliche Zuständigkeit und die Vollstreckung gerichtlicher Entscheidungen in Zivil- und Handelssachen[13].

Artikel 6 Umsetzung

(1) Die Mitgliedstaaten erlassen die erforderlichen Rechts- und Verwaltungsvorschriften, um dieser Richtlinie vor dem 8. August 2002 nachzukommen. Sie setzen die Kommission unverzüglich davon in Kenntnis.

Wenn die Mitgliedstaaten diese Vorschriften erlassen, nehmen sie in den Vorschriften selbst oder durch einen Hinweis bei der amtlichen Veröffentlichung auf diese Richtlinie Bezug. Die Mitgliedstaaten regeln die Einzelheiten der Bezugnahme.

(2) Die Mitgliedstaaten können Vorschriften beibehalten oder erlassen, die für den Gläubiger günstiger sind als die zur Erfüllung dieser Richtlinie notwendigen Massnahmen.

(3) Bei der Umsetzung dieser Richtlinie können die Mitgliedstaaten folgendes ausnehmen:
a) Schulden, die Gegenstand eines gegen den Schuldner eingeleiteten Insolvenzverfahrens sind,
b) Verträge, die vor dem 8. August 2002 geschlossen worden sind, und
c) Ansprüche auf Zinszahlungen von weniger als 5 EUR.

(4) Die Mitgliedstaaten teilen der Kommission den Wortlaut der wichtigsten innerstaatlichen Rechtsvorschriften mit, die sie auf dem unter diese Richtlinie fallenden Gebiet erlassen.

(5) Zwei Jahre nach dem 8. August 2002 überprüft die Kommission unter anderem den gesetzlichen Zinssatz, die vertraglich vorgesehenen Zahlungsfristen und den Zahlungsverzug, um die Auswirkungen auf den Geschäftsverkehr zu

---

13 Konsolidierte Fassung in ABl. C 27 vom 26.1.1998, S. 3.

ermitteln und die praktische Handhabung der Rechtsvorschriften zu beurteilen. Die Ergebnisse dieser Überprüfung und anderer Untersuchungen werden dem Europäischen Parlament und dem Rat mitgeteilt, erforderlichenfalls zusammen mit Vorschlägen zur Verbesserung dieser Richtlinie.

Artikel 7   Inkrafttreten

Diese Richtlinie tritt am Tag ihrer Veröffentlichung im Amtsblatt der Europäischen Gemeinschaften in Kraft.

Artikel 8   Adressaten

Diese Richtlinie ist an die Mitgliedstaaten gerichtet.
Geschehen zu Luxemburg am 29. Juni 2000.
Im Namen des Europäischen Parlaments
Die Präsidentin
N. Fontaine
Im Namen des Rates
Der Präsident
M. Marques da Costa

Richtlinie 2000/31/EG des Europäischen Parlaments und des Rates vom 8. Juni 2000

über bestimmte rechtliche Aspekte der Dienste der Informationsgesellschaft, insbesondere des elektronischen Geschäftsverkehrs, im Binnenmarkt (»Richtlinie über den elektronischen Geschäftsverkehr«)

DAS EUROPÄISCHE PARLAMENT UND DER RAT DER EUROPÄISCHEN UNION –

gestützt auf den Vertrag zur Gründung der Europäischen Gemeinschaft, insbesondere auf Artikel 47 Absatz 2 und die Artikel 55 und 95,
auf Vorschlag der Kommission[1],
nach Stellungnahme des Wirtschafts- und Sozialausschusses[2],
gemäss dem Verfahren des Artikels 251 des Vertrags[3]
in Erwägung nachstehender Gründe:

(1) Ziel der Europäischen Union ist es, einen immer engeren Zusammenschluss der europäischen Staaten und Völker zu schaffen, um den wirtschaftlichen und sozialen Fortschritt zu sichern. Der Binnenmarkt umfasst nach Artikel 14 Absatz 2 des Vertrags einen Raum ohne Binnengrenzen, in dem der freie Verkehr von Waren und Dienstleistungen sowie die Niederlassungsfreiheit gewährleistet sind. Die Weiterentwicklung der Dienste der Informationsgesellschaft in dem Raum ohne Binnengrenzen ist ein wichtiges Mittel, um die Schranken, die die europäischen Völker trennen, zu beseitigen.

(2) Die Entwicklung des elektronischen Geschäftsverkehrs in der Informationsgesellschaft bietet erhebliche Beschäftigungsmöglichkeiten in der Gemeinschaft, insbesondere in kleinen und mittleren Unternehmen, und wird das Wirtschaftswachstum sowie die Investitionen in Innovationen der europäischen Unternehmen anregen; diese Entwicklung kann auch die Wettbewerbsfähigkeit der europäischen Wirtschaft stärken, vorausgesetzt, dass das Internet allen zugänglich ist.

(3) Das Gemeinschaftsrecht und die charakteristischen Merkmale der gemeinschaftlichen Rechtsordnung sind ein wichtiges Instrument, damit die europäischen Bürger und Unternehmen uneingeschränkt und ohne Behinderung durch Grenzen Nutzen aus den Möglichkeiten des elektronischen Geschäftsverkehrs ziehen können. Diese Richtlinie zielt daher darauf ab, ein hohes Niveau der rechtlichen Integration in der Gemeinschaft sicherzustellen, um einen wirklichen Raum ohne Binnengrenzen für die Dienste der Informationsgesellschaft zu verwirklichen.

---

1 ABl. C 30 vom 5.2.1999, S. 4.
2 ABl. C 169 vom 16.6.1999, S. 36.
3 Stellungnahme des Europäischen Parlaments vom 6. Mai 1999 (ABl. C 279 vom 1.10.1999, S. 389). Gemeinsamer Standpunkt des Rates vom 28. Februar 2000 und Beschluss des Europäischen Parlaments vom 4. Mai 2000 (noch nicht im Amtsblatt veröffentlicht).

(4) Es ist wichtig zu gewährleisten, dass der elektronische Geschäftsverkehr die Chancen des Binnenmarktes voll nutzen kann und dass somit ebenso wie mit der Richtlinie 89/552/EWG des Rates vom 3. Oktober 1989 zur Koordinierung bestimmter Rechts- und Verwaltungsvorschriften der Mitgliedstaaten über die Ausübung der Fernsehtätigkeit[4] ein hohes Niveau der gemeinschaftlichen Integration erzielt wird.

(5) Die Weiterentwicklung der Dienste der Informationsgesellschaft in der Gemeinschaft wird durch eine Reihe von rechtlichen Hemmnissen für das reibungslose Funktionieren des Binnenmarktes behindert, die die Ausübung der Niederlassungsfreiheit und des freien Dienstleistungsverkehrs weniger attraktiv machen. Die Hemmnisse bestehen in Unterschieden der innerstaatlichen Rechtsvorschriften sowie in der Rechtsunsicherheit hinsichtlich der auf Dienste der Informationsgesellschaft jeweils anzuwendenden nationalen Regelungen. Solange die innerstaatlichen Rechtsvorschriften in den betreffenden Bereichen nicht koordiniert und angepasst sind, können diese Hemmnisse gemäss der Rechtsprechung des Gerichtshofes der Europäischen Gemeinschaften gerechtfertigt sein. Rechtsunsicherheit besteht im Hinblick darauf, in welchem Ausmass die Mitgliedstaaten über Dienste aus einem anderen Mitgliedstaat Kontrolle ausüben dürfen.

(6) In Anbetracht der Ziele der Gemeinschaft, der Artikel 43 und 49 des Vertrags und des abgeleiteten Gemeinschaftsrechts gilt es, die genannten Hemmnisse durch Koordinierung bestimmter innerstaatlicher Rechtsvorschriften und durch Klarstellung von Rechtsbegriffen auf Gemeinschaftsebene zu beseitigen, soweit dies für das reibungslose Funktionieren des Binnenmarktes erforderlich ist. Diese Richtlinie befasst sich nur mit bestimmten Fragen, die Probleme für das Funktionieren des Binnenmarktes aufwerfen, und wird damit in jeder Hinsicht dem Subsidiaritätsgebot gemäss Artikel 5 des Vertrags gerecht.

(7) Um Rechtssicherheit zu erreichen und das Vertrauen der Verbraucher zu gewinnen, muss diese Richtlinie einen klaren allgemeinen Rahmen für den Binnenmarkt bezüglich bestimmter rechtlicher Aspekte des elektronischen Geschäftsverkehrs festlegen.

(8) Ziel dieser Richtlinie ist es, einen rechtlichen Rahmen zur Sicherstellung des freien Verkehrs von Diensten der Informationsgesellschaft zwischen den Mitgliedstaaten zu schaffen, nicht aber, den Bereich des Strafrechts als solchen zu harmonisieren.

(9) In vieler Hinsicht kann der freie Verkehr von Diensten der Informationsgesellschaft die besondere gemeinschaftsrechtliche Ausprägung eines allgemeineren Grundsatzes darstellen, nämlich des Rechts auf freie Meinungsäusserung im Sinne des Artikels 10 Absatz 1 der von allen Mitgliedstaaten ratifizierten Konvention zum Schutze der Menschenrechte und Grundfreiheiten. Richtlinien, die das Angebot von Diensten der Informationsgesell-

---

[4] ABl. L 298 vom 17.10.1989, S. 23. Richtlinie geändert durch die Richtlinie 97/36/EG des Europäischen Parlaments und des Rates (ABl. L 202 vom 30.7.1997, S. 60).

schaft betreffen, müssen daher sicherstellen, dass diese Tätigkeit gemäss jenem Artikel frei ausgeübt werden kann und nur den Einschränkungen unterliegt, die in Absatz 2 des genannten Artikels und in Artikel 46 Absatz 1 des Vertrages niedergelegt sind. Die grundlegenden Regeln und Prinzipien des einzelstaatlichen Rechts, die die freie Meinungsäusserung betreffen, sollen von dieser Richtlinie unberührt bleiben.

(10) Gemäss dem Grundsatz der Verhältnismässigkeit sind in dieser Richtlinie nur diejenigen Massnahmen vorgesehen, die zur Gewährleistung des reibungslosen Funktionierens des Binnenmarktes unerlässlich sind. Damit der Binnenmarkt wirklich zu einem Raum ohne Binnengrenzen für den elektronischen Geschäftsverkehr wird, muss diese Richtlinie in den Bereichen, in denen ein Handeln auf Gemeinschaftsebene geboten ist, ein hohes Schutzniveau für die dem Allgemeininteresse dienenden Ziele, insbesondere für den Jugendschutz, den Schutz der Menschenwürde, den Verbraucherschutz und den Schutz der öffentlichen Gesundheit, gewährleisten. Nach Artikel 152 des Vertrags ist der Schutz der öffentlichen Gesundheit ein wesentlicher Bestandteil anderer Gemeinschaftspolitiken.

(11) Diese Richtlinie lässt das durch Gemeinschaftsrechtsakte eingeführte Schutzniveau, insbesondere für öffentliche Gesundheit und den Verbraucherschutz, unberührt. Unter anderem bilden die Richtlinie 93/13/EWG des Rates vom 5. April 1993 über missbräuchliche Klauseln in Verbraucherverträgen[5] und die Richtlinie 97/7/EG des Europäischen Parlaments und des Rates vom 20. Mai 1997 über den Verbraucherschutz bei Vertragsabschlüssen im Fernabsatz[6] wichtige Errungenschaften für den Verbraucherschutz im Bereich des Vertragsrechts. Jene Richtlinien gelten voll und ganz auch für die Dienste der Informationsgesellschaft. Zum Rechtsstand auf Gemeinschaftsebene, der uneingeschränkt für die Dienste der Informationsgesellschaft gilt, gehören insbesondere auch die Richtlinien 84/450/EWG des Rates vom 10. September 1984 über irreführende und vergleichende Werbung[7], die Richtlinie 87/102/EWG des Rates vom 22. Dezember 1986 zur Angleichung der Rechts- und Verwaltungsvorschriften der Mitgliedstaaten über den Verbraucherkredit[8], die Richtlinie 93/22/EWG des Rates vom 10. Mai 1993 über Wertpapierdienstleistungen[9], die Richtlinie 90/314/EWG des Rates vom 13. Juni 1990 über Pauschalreisen[10], die Richtlinie 98/6/EG des Europäischen Parlaments und des Rates vom 16. Februar 1998 über den Schutz der Verbraucher bei der An-

---

5 ABl. L 95 vom 21.4.1993, S. 29.
6 ABl. L 144 vom 4.6.1997, S. 19.
7 ABl. L 250 vom 19.9.1984, S. 17. Richtlinie geändert duch die Richtlinie 97/55/EG des Europäischen Parlaments und des Rates (ABl. L 290 vom 23.10.1997, S. 18).
8 ABl. L 42 vom 12.2.1987, S. 48. Richtlinie zuletzt geändert durch die Richtlinie 98/7/EG des Europäischen Parlaments und des Rates (ABl. L 101 vom 1.4.1998, S. 17).
9 ABl. L 141 vom 11.6.1993, S. 27. Richtlinie zuletzt geändert durch die Richtlinie 97/9/EG des Europäischen Parlaments und des Rates (ABl. L 84 vom 26.3.1997, S. 22).
10 ABl. L 158 vom 23.6.1990, S. 59.

gabe der Preise der ihnen angebotenen Erzeugnisse[11], die Richtlinie 92/59/EWG des Rates vom 29. Juni 1992 über die allgemeine Produktsicherheit[12], die Richtlinie 94/47/EG des Europäischen Parlaments und des Rates vom 26. Oktober 1994 zum Schutz der Erwerber im Hinblick auf bestimmte Aspekte von Verträgen über den Erwerb von Teilzeitnutzungsrechten an Immobilien[13], die Richtlinie 98/27/EG des Europäischen Parlaments und des Rates vom 19. Mai 1998 über Unterlassungsklagen zum Schutz der Verbraucherinteressen[14], die Richtlinie 85/374/EWG des Rates vom 25. Juli 1985 zur Angleichung der Rechts- und Verwaltungsvorschriften der Mitgliedstaaten über die Haftung für fehlerhafte Produkte[15], die Richtlinie 1999/44/EG des Europäischen Parlaments und des Rates vom 25. Mai 1999 zu bestimmten Aspekten des Verbrauchsgüterkaufs und der Garantien für Verbrauchsgüter[16], die künftige Richtlinie des Europäischen Parlaments und des Rates über den Fernabsatz von Finanzdienstleistungen an Verbraucher, und die Richtlinie 92/28/EWG des Rates vom 31. März 1992 über die Werbung für Humanarzneimittel[17]. Die vorliegende Richtlinie sollte die im Rahmen des Binnenmarktes angenommene Richtlinie 98/43/EG des Europäischen Parlaments und des Rates vom 6. Juli 1998 zur Angleichung der Rechts- und Verwaltungsvorschriften der Mitgliedstaaten über Werbung und Sponsoring zugunsten von Tabakerzeugnissen[18] und die Richtlinien über den Gesundheitsschutz unberührt lassen. Diese Richtlinie ergänzt die Informationserfordernisse, die durch die vorstehend genannten Richtlinien und insbesondere durch die Richtlinie 97/7/EG eingeführt wurden.

(12) Bestimmte Tätigkeiten müssen aus dem Geltungsbereich dieser Richtlinie ausgenommen werden, da gegenwärtig in diesen Bereichen der freie Dienstleistungsverkehr aufgrund der Bestimmungen des Vertrags bzw. des abgeleiteten Gemeinschaftsrechts nicht sicherzustellen ist. Dieser Ausschluss darf Massnahmen, die zur Gewährleistung des reibungslosen Funktionierens des Binnenmarkts erforderlich sein könnten, nicht berühren. Das Steuerwesen, insbesondere die Mehrwertsteuer, die auf eine grosse Zahl von Diensten erhoben wird, die in den Anwendungsbereich dieser Richtlinie fallen, muss von ihrem Anwendungsbereich ausgenommen werden.

(13) Mit dieser Richtlinie sollen weder Regelungen über steuerliche Verpflichtungen festgelegt werden, noch greift sie der Ausarbeitung von Gemein-

---

11 ABl. L 80 vom 18.3.1998, S. 27.
12 ABl. L 228 vom 11.8.1992, S. 24.
13 ABl. L 280 vom 29.10.1994, S. 83.
14 ABl. L 166 vom 11.6.1998, S. 51. Richtlinie geändert durch die Richtlinie 1999/44/EG (ABl. L 171 vom 7.7.1999, S. 12).
15 ABl. L 210 vom 7.8.1985, S. 29. Richtlinie geändert durch die Richtlinie 1999/34/EG (ABl. L 141 vom 4.6.1999, S. 20).
16 ABl. L 171 vom 7.7.1999, S. 12.
17 ABl. L 113 vom 30.4.1992, S. 13.
18 ABl. L 213 vom 30.7.1998, S. 9.

schaftsrechtsakten zu den steuerlichen Aspekten des elektronischen Geschäftsverkehrs vor.

(14) Der Schutz natürlicher Personen bei der Verarbeitung personenbezogener Daten ist ausschliesslich Gegenstand der Richtlinie 95/46/EG des Europäischen Parlaments und des Rates vom 24. Oktober 1995 zum Schutz natürlicher Personen bei der Verarbeitung personenbezogener Daten und zum freien Datenverkehr[19] und der Richtlinie 97/66/EG des Europäischen Parlaments und des Rates vom 15. Dezember 1997 über die Verarbeitung personenbezogener Daten und den Schutz der Privatsphäre im Bereich der Telekommunikation[20], beide Richtlinien sind uneingeschränkt auf die Dienste der Informationsgesellschaft anwendbar. Jene Richtlinien begründen bereits einen gemeinschaftsrechtlichen Rahmen für den Bereich personenbezogener Daten, so dass diese Frage in der vorliegenden Richtlinie nicht geregelt werden muss, um das reibungslose Funktionieren des Binnenmarkts und insbesondere den freien Fluss personenbezogener Daten zwischen den Mitgliedstaaten zu gewährleisten. Die Grundsätze des Schutzes personenbezogener Daten sind bei der Umsetzung und Anwendung dieser Richtlinie uneingeschränkt zu beachten, insbesondere in bezug auf nicht angeforderte kommerzielle Kommunikation und die Verantwortlichkeit von Vermittlern. Die anonyme Nutzung offener Netze wie des Internets kann diese Richtlinie nicht unterbinden.

(15) Die Vertraulichkeit der Kommunikation ist durch Artikel 5 der Richtlinie 97/66/EG gewährleistet. Gemäss jener Richtlinie untersagen die Mitgliedstaaten jede Art des Abfangens oder Überwachens dieser Kommunikation durch andere Personen als Sender und Empfänger, es sei denn, diese Personen sind gesetzlich dazu ermächtigt.

(16) Die Ausklammerung von Gewinnspielen aus dem Anwendungsbereich dieser Richtlinie betrifft nur Glücksspiele, Lotterien und Wetten mit einem einen Geldwert darstellenden Einsatz. Preisausschreiben und Gewinnspiele, mit denen der Verkauf von Waren oder Dienstleistungen gefördert werden soll und bei denen etwaige Zahlungen nur dem Erwerb der angebotenen Waren oder Dienstleistungen dienen, werden hiervon nicht erfasst.

(17) Das Gemeinschaftsrecht enthält in der Richtlinie 98/34/EG des Europäischen Parlaments und des Rates vom 22. Juni 1998 über ein Informationsverfahren auf dem Gebiet der Normen und technischen Vorschriften und der Vorschriften für die Dienste der Informationsgesellschaft[21] sowie in der Richtlinie 98/84/EG des Europäischen Parlaments und des Rates vom 20. November 1998 über den rechtlichen Schutz von zugangskontrollierten Diensten und von Zugangskontrolldiensten[22] bereits eine Definition der

---

19 ABl. L 281 vom 23.11.1995, S. 31.
20 ABl. L 24 vom 30.1.1998, S. 1.
21 ABl. L 204 vom 21.7.1998, S. 37. Richtlinie geändert durch die Richtlinie 98/48/EG (ABl. L 217 vom 5.8.1998, S. 18).
22 ABl. L 320 vom 28.11.1998, S. 54.

Dienste der Informationsgesellschaft. Diese Definition umfasst alle Dienstleistungen, die in der Regel gegen Entgelt im Fernabsatz mittels Geräten für die elektronische Verarbeitung (einschliesslich digitaler Kompression) und Speicherung von Daten auf individuellen Abruf eines Empfängers erbracht werden. Nicht unter diese Definition fallen die Dienstleistungen, auf die in der Liste von Beispielen in Anhang V der Richtlinie 98/34/EG Bezug genommen wird und die ohne Verarbeitung und Speicherung von Daten erbracht werden.

(18) Die Dienste der Informationsgesellschaft umfassen einen weiten Bereich von wirtschaftlichen Tätigkeiten, die online vonstatten gehen. Diese Tätigkeiten können insbesondere im Online-Verkauf von Waren bestehen. Tätigkeiten wie die Auslieferung von Waren als solche oder die Erbringung von Offline-Diensten werden nicht erfasst. Die Dienste der Informationsgesellschaft beschränken sich nicht nur auf Dienste, bei denen online Verträge geschlossen werden können, sondern erstrecken sich, soweit es sich überhaupt um eine wirtschaftliche Tätigkeit handelt, auch auf Dienste, die nicht von denjenigen vergütet werden, die sie empfangen, wie etwa Online-Informationsdienste, kommerzielle Kommunikation oder Dienste, die Instrumente zur Datensuche, zum Zugang zu Daten und zur Datenabfrage bereitstellen. Zu den Diensten der Informationsgesellschaft zählen auch Dienste, die Informationen über ein Kommunikationsnetz übermitteln, Zugang zu einem Kommunikationsnetz anbieten oder Informationen, die von einem Nutzer des Dienstes stammen, speichern. Fernsehsendungen im Sinne der Richtlinie 89/552/EWG und Radiosendungen sind keine Dienste der Informationsgesellschaft, da sie nicht auf individuellen Abruf erbracht werden. Dagegen sind Dienste, die von Punkt zu Punkt erbracht werden, wie Video auf Abruf oder die Verbreitung kommerzieller Kommunikationen mit elektronischer Post, Dienste der Informationsgesellschaft. Die Verwendung der elektronischen Post oder gleichwertiger individueller Kommunikationen zum Beispiel durch natürliche Personen ausserhalb ihrer gewerblichen, geschäftlichen oder beruflichen Tätigkeit, einschliesslich ihrer Verwendung für den Abschluss von Verträgen zwischen derartigen Personen, ist kein Dienst der Informationsgesellschaft. Die vertragliche Beziehung zwischen einem Arbeitnehmer und seinem Arbeitgeber ist kein Dienst der Informationsgesellschaft. Tätigkeiten, die ihrer Art nach nicht aus der Ferne und auf elektronischem Wege ausgeübt werden können, wie die gesetzliche Abschlussprüfung von Unternehmen oder ärztlicher Rat mit einer erforderlichen körperlichen Untersuchung eines Patienten, sind keine Dienste der Informationsgesellschaft.

(19) Die Bestimmung des Ortes der Niederlassung des Anbieters hat gemäss den in der Rechtsprechung des Gerichtshofs entwickelten Kriterien zu erfolgen, nach denen der Niederlassungsbegriff die tatsächliche Ausübung einer wirtschaftlichen Tätigkeit mittels einer festen Einrichtung auf unbestimmte Zeit umfasst. Diese Bedingung ist auch erfüllt, wenn ein Unternehmen für einen festgelegten Zeitraum gegründet wird. Erbringt ein Un-

ternehmen Dienstleistungen über eine Web-Site des Internets, so ist es weder dort niedergelassen, wo sich die technischen Mittel befinden, die diese Web-Site beherbergen, noch dort, wo die Web-Site zugänglich ist, sondern an dem Ort, an dem es seine Wirtschaftstätigkeit ausübt. In Fällen, in denen ein Anbieter an mehreren Orten niedergelassen ist, ist es wichtig zu bestimmen, von welchem Niederlassungsort aus der betreffende Dienst erbracht wird. Ist im Falle mehrerer Niederlassungsorte schwierig zu bestimmen, von welchem Ort aus ein bestimmter Dienst erbracht wird, so gilt als solcher der Ort, an dem sich der Mittelpunkt der Tätigkeiten des Anbieters in bezug auf diesen bestimmten Dienst befindet.

(20) Die Definition des Begriffs des Nutzers eines Dienstes umfasst alle Arten der Inanspruchnahme von Diensten der Informationsgesellschaft sowohl durch Personen, die Informationen in offenen Netzen wie dem Internet anbieten, als auch durch Personen, die im Internet Informationen für private oder berufliche Zwecke suchen.

(21) Eine künftige gemeinschaftliche Harmonisierung auf dem Gebiet der Dienste der Informationsgesellschaft und künftige Rechtsvorschriften, die auf einzelstaatlicher Ebene in Einklang mit dem Gemeinschaftsrecht erlassen werden, bleiben vom Geltungsbereich des koordinierten Bereichs unberührt. Der koordinierte Bereich umfasst nur Anforderungen betreffend Online-Tätigkeiten, beispielsweise Online-Informationsdienste, Online-Werbung, Online-Verkauf und Online-Vertragsabschluss; er betrifft keine rechtlichen Anforderungen der Mitgliedstaaten bezüglich Waren, beispielsweise Sicherheitsnormen, Kennzeichnungspflichten oder Haftung für Waren, und auch keine Anforderungen der Mitgliedstaaten bezüglich der Lieferung oder Beförderung von Waren, einschliesslich der Lieferung von Humanarzneimitteln. Der koordinierte Bereich umfasst nicht die Wahrnehmung des Vorkaufsrechts durch öffentliche Behörden in bezug auf bestimmte Güter wie beispielsweise Kunstwerke.

(22) Die Aufsicht über Dienste der Informationsgesellschaft hat am Herkunftsort zu erfolgen, um einen wirksamen Schutz der Ziele des Allgemeininteresses zu gewährleisten. Deshalb muss dafür gesorgt werden, dass die zuständige Behörde diesen Schutz nicht allein für die Bürger ihres Landes, sondern für alle Bürger der Gemeinschaft sichert. Um das gegenseitige Vertrauen der Mitgliedstaaten zu fördern, muss die Verantwortlichkeit des Mitgliedstaates des Herkunftsortes der Dienste klar herausgestellt werden. Um den freien Dienstleistungsverkehr und die Rechtssicherheit für Anbieter und Nutzer wirksam zu gewährleisten, sollten die Dienste der Informationsgesellschaft zudem grundsätzlich dem Rechtssystem desjenigen Mitgliedstaates unterworfen werden, in dem der Anbieter niedergelassen ist.

(23) Diese Richtlinie zielt weder darauf ab, zusätzliche Regeln im Bereich des internationalen Privatrechts hinsichtlich des anwendbaren Rechts zu schaffen, noch befasst sie sich mit der Zuständigkeit der Gerichte; Vorschriften des anwendbaren Rechts, die durch Regeln des Internationalen Privatrechts

bestimmt sind, dürfen die Freiheit zur Erbringung von Diensten der Informationsgesellschaft im Sinne dieser Richtlinie nicht einschränken.

(24) Unbeschadet der Regel, dass Dienste der Informationsgesellschaft an der Quelle zu beaufsichtigen sind, ist es im Zusammenhang mit dieser Richtlinie gerechtfertigt, dass die Mitgliedstaaten unter den in dieser Richtlinie festgelegten Bedingungen Massnahmen ergreifen dürfen, um den freien Verkehr für Dienste der Informationsgesellschaft einzuschränken.

(25) Nationale Gerichte, einschliesslich Zivilgerichte, die mit privatrechtlichen Streitigkeiten befasst sind, können im Einklang mit den in dieser Richtlinie festgelegten Bedingungen Massnahmen ergreifen, die von der Freiheit der Erbringung von Diensten der Informationsgesellschaft abweichen.

(26) Die Mitgliedstaaten können im Einklang mit den in dieser Richtlinie festgelegten Bedingungen ihre nationalen strafrechtlichen Vorschriften und Strafprozessvorschriften anwenden, um Ermittlungs- und andere Massnahmen zu ergreifen, die zur Aufklärung und Verfolgung von Straftaten erforderlich sind, ohne diese Massnahmen der Kommission mitteilen zu müssen.

(27) Diese Richtlinie trägt zusammen mit der künftigen Richtlinie des Europäischen Parlaments und des Rates über den Fernabsatz von Finanzdienstleistungen an Verbraucher dazu bei, einen rechtlichen Rahmen für die Online-Erbringung von Finanzdienstleistungen zu schaffen. Diese Richtlinie greift künftigen Initiativen im Bereich der Finanzdienstleistungen, insbesondere in bezug auf die Harmonisierung der Verhaltensregeln für diesen Bereich, nicht vor. Die durch diese Richtlinie geschaffene Möglichkeit für die Mitgliedstaaten, die Freiheit der Erbringung von Diensten der Informationsgesellschaft unter bestimmten Umständen zum Schutz der Verbraucher einzuschränken, erstreckt sich auch auf Massnahmen im Bereich der Finanzdienstleistungen, insbesondere Massnahmen zum Schutz von Anlegen.

(28) Die Verpflichtung der Mitgliedstaaten, den Zugang zur Tätigkeit eines Anbieters von Diensten der Informationsgesellschaft keiner Zulassung zu unterwerfen, gilt nicht für Postdienste, die unter die Richtlinie 97/67/EG des Europäischen Parlaments und des Rates vom 15. Dezember 1997 über gemeinsame Vorschriften für die Entwicklung des Binnenmarktes der Postdienste der Gemeinschaft und die Verbesserung der Dienstequalität[23] fallen und in der materiellen Auslieferung ausgedruckter Mitteilungen der elektronischen Post bestehen; freiwillige Akkreditierungssysteme, insbesondere für Anbieter von Diensten für die Zertifizierung elektronischer Signaturen, sind hiervon ebenfalls nicht betroffen.

(29) Kommerzielle Kommunikationen sind von entscheidender Bedeutung für die Finanzierung der Dienste der Informationsgesellschaft und die Entwicklung vielfältiger neuer und unentgeltlicher Dienste. Im Interesse des Verbraucherschutzes und der Lauterkeit des Geschäftsverkehrs müssen die

---

23 ABl. L 15 vom 21.1.1998, S. 14.

verschiedenen Formen kommerzieller Kommunikation, darunter Preisnachlässe, Sonderangebote, Preisausschreiben und Gewinnspiele, bestimmten Transparenzerfordernissen genügen. Diese Transparenzerfordernisse lassen die Richtlinie 97/7/EG unberührt. Diese Richtlinie ist ferner ohne Auswirkung auf die Richtlinien, die bereits im Bereich der kommerziellen Kommunikationen bestehen, insbesondere die Richtlinie 98/43/EG.

(30) Die Zusendung nicht angeforderter kommerzieller Kommunikationen durch elektronische Post kann für Verbraucher und Anbieter von Diensten der Informationsgesellschaft unerwünscht sein und das reibungslose Funktionieren interaktiver Netze beeinträchtigen. Die Frage der Zustimmung der Empfänger bestimmter Formen der nicht angeforderten kommerziellen Kommunikation ist nicht Gegenstand dieser Richtlinie, sondern ist, insbesondere in den Richtlinien 97/7/EG und 97/66/EG, bereits geregelt. In Mitgliedstaaten, die nicht angeforderte kommerzielle Kommunikationen über elektronische Post zulassen, sollten geeignete Initiativen der Branche zum Herausfiltern entsprechender Mitteilungen gefördert und erleichtert werden. Darüber hinaus müssen nicht angeforderte kommerzielle Kommunikationen auf jeden Fall klar als solche erkennbar sein, um die Transparenz zu verbessern und die Funktionsfähigkeit derartiger Filtersysteme der Branche zu fördern. Durch elektronische Post zugesandte nicht angeforderte kommerzielle Kommunikationen dürfen keine zusätzlichen Kommunikationskosten für den Empfänger verursachen.

(31) Mitgliedstaaten, die in ihrem Hoheitsgebiet niedergelassenen Diensteanbietern die Versendung nicht angeforderter kommerzieller Kommunikation mit elektronischer Post ohne vorherige Zustimmung des Empfängers gestatten, müssen dafür Sorge tragen, dass die Diensteanbieter regelmässig sog. Robinson-Listen konsultieren, in die sich natürliche Personen eintragen können, die keine derartigen Informationen zu erhalten wünschen, und dass die Diensteanbieter diese Listen beachten.

(32) Um Hindernisse für die Entwicklung grenzüberschreitender Dienste innerhalb der Gemeinschaft zu beseitigen, die Angehörige der reglementierten Berufe im Internet anbieten könnten, muss die Wahrung berufsrechtlicher Regeln, insbesondere der Regeln zum Schutz der Verbraucher oder der öffentlichen Gesundheit, auf Gemeinschaftsebene gewährleistet sein. Zur Festlegung der für kommerzielle Kommunikation geltenden Berufsregeln sind vorzugsweise gemeinschaftsweit geltende Verhaltenskodizes geeignet. Die Erstellung oder gegebenenfalls die Anpassung solcher Regeln sollte unbeschadet der Autonomie von Berufsvereinigungen und -organisationen gefördert werden.

(33) Diese Richtlinie ergänzt gemeinschaftliche und einzelstaatliche Rechtsvorschriften für reglementierte Berufe, wobei in diesem Bereich ein kohärenter Bestand anwendbarer Regeln beibehalten wird.

(34) Jeder Mitgliedstaat hat seine Rechtsvorschriften zu ändern, in denen Bestimmungen festgelegt sind, die die Verwendung elektronisch geschlossener Verträge behindern könnten; dies gilt insbesondere für Formerfordernisse.

Die Prüfung anpassungsbedürftiger Rechtsvorschriften sollte systematisch erfolgen und sämtliche Phasen bis zum Vertragsabschluss umfassen, einschliesslich der Archivierung des Vertrages. Diese Änderung sollte bewirken, dass es möglich ist, elektronisch geschlossene Verträge zu verwenden. Die rechtliche Wirksamkeit elektronischer Signaturen ist bereits Gegenstand der Richtlinie 1999/93/EG des Europäischen Parlaments und des Rates vom 13. Dezember 1999 über gemeinschaftliche Rahmenbedingungen für elektronische Signaturen[24]. Die Empfangsbestätigung durch den Diensteanbieter kann darin bestehen, dass dieser die bezahlte Dienstleistung online erbringt.

(35) Diese Richtlinie lässt die Möglichkeit der Mitgliedstaaten unberührt, allgemeine oder spezifische rechtliche Anforderungen für Verträge, die auf elektronischem Wege erfüllt werden können, insbesondere Anforderungen für sichere elektronische Signaturen, aufrechtzuerhalten oder festzulegen.

(36) Die Mitgliedstaaten können Beschränkungen für die Verwendung elektronisch geschlossener Verträge in bezug auf Verträge beibehalten, bei denen die Mitwirkung von Gerichten, Behörden oder öffentliche Befugnisse ausübenden Berufen gesetzlich vorgeschrieben ist. Diese Möglichkeit gilt auch für Verträge, bei denen die Mitwirkung von Gerichten, Behörden oder öffentliche Befugnisse ausübenden Berufen erforderlich ist, damit sie gegenüber Dritten wirksam sind, und für Verträge, bei denen eine notarielle Beurkundung oder Beglaubigung gesetzlich vorgeschrieben ist.

(37) Die Verpflichtung der Mitgliedstaaten, Hindernisse für die Verwendung elektronisch geschlossener Verträge zu beseitigen, betrifft nur Hindernisse, die sich aus rechtlichen Anforderungen ergeben, nicht jedoch praktische Hindernisse, die dadurch entstehen, dass in bestimmten Fällen elektronische Mittel nicht genutzt werden können.

(38) Die Verpflichtung der Mitgliedstaaten, Hindernisse für die Verwendung elektronisch geschlossener Verträge zu beseitigen, ist im Einklang mit den im Gemeinschaftsrecht niedergelegten rechtlichen Anforderungen an Verträge zu erfüllen.

(39) Die in dieser Richtlinie in bezug auf die bereitzustellenden Informationen und die Abgabe von Bestellungen vorgesehenen Ausnahmen von den Vorschriften für Verträge, die ausschliesslich durch den Austausch von elektronischer Post oder durch damit vergleichbare individülle Kommunikation geschlossen werden, sollten nicht dazu führen, dass Anbieter von Diensten der Informationsgesellschaft diese Vorschriften umgehen können.

(40) Bestehende und sich entwickelnde Unterschiede in den Rechtsvorschriften und der Rechtsprechung der Mitgliedstaaten hinsichtlich der Verantwortlichkeit von Diensteanbietern, die als Vermittler handeln, behindern das reibungslose Funktionieren des Binnenmarktes, indem sie insbesondere die Entwicklung grenzüberschreitender Dienste erschweren und Wettbewerbsverzerrungen verursachen. Die Diensteanbieter sind unter bestimmten Vor-

---

24 ABl. L 13 vom 19.1.2000, S. 12.

aussetzungen verpflichtet, tätig zu werden, um rechtswidrige Tätigkeiten zu verhindern oder abzustellen. Die Bestimmungen dieser Richtlinie sollten eine geeignete Grundlage für die Entwicklung rasch und zuverlässig wirkender Verfahren zur Entfernung unerlaubter Informationen und zur Sperrung des Zugangs zu ihnen bilden. Entsprechende Mechanismen könnten auf der Grundlage freiwilliger Vereinbarungen zwischen allen Beteiligten entwickelt und sollten von den Mitgliedstaaten gefördert werden. Es liegt im Interesse aller an der Erbringung von Diensten der Informationsgesellschaft Beteiligten, dass solche Verfahren angenommen und umgesetzt werden. Die in dieser Richtlinie niedergelegten Bestimmungen über die Verantwortlichkeit sollten die verschiedenen Beteiligten nicht daran hindern, innerhalb der von den Richtlinien 95/46/EG und 97/66/EG gezogenen Grenzen technische Schutz- und Erkennungssysteme und durch die Digitaltechnik ermöglichte technische Überwachungsgeräte zu entwickeln und wirksam anzuwenden.

(41) Diese Richtlinie schafft ein Gleichgewicht zwischen den verschiedenen Interessen und legt die Grundsätze fest, auf denen Übereinkommen und Standards in dieser Branche basieren können.

(42) Die in dieser Richtlinie hinsichtlich der Verantwortlichkeit festgelegten Ausnahmen decken nur Fälle ab, in denen die Tätigkeit des Anbieters von Diensten der Informationsgesellschaft auf den technischen Vorgang beschränkt ist, ein Kommunikationsnetz zu betreiben und den Zugang zu diesem zu vermitteln, über das von Dritten zur Verfügung gestellte Informationen übermittelt oder zum alleinigen Zweck vorübergehend gespeichert werden, die Übermittlung effizienter zu gestalten. Diese Tätigkeit ist rein technischer, automatischer und passiver Art, was bedeutet, dass der Anbieter eines Dienstes der Informationsgesellschaft weder Kenntnis noch Kontrolle über die weitergeleitete oder gespeicherte Information besitzt.

(43) Ein Diensteanbieter kann die Ausnahmeregelungen für die »reine Durchleitung« und das »Caching« in Anspruch nehmen, wenn er in keiner Weise mit der übermittelten Information in Verbindung steht. Dies bedeutet unter anderem, dass er die von ihm übermittelte Information nicht verändert. Unter diese Anforderung fallen nicht Eingriffe technischer Art im Verlauf der Übermittlung, da sie die Integrität der übermittelten Informationen nicht verändern.

(44) Ein Diensteanbieter, der absichtlich mit einem der Nutzer seines Dienstes zusammenarbeitet, um rechtswidrige Handlungen zu begehen, leistet mehr als »reine Durchleitung« und »Caching« und kann daher den hierfür festgelegten Haftungsausschluss nicht in Anspruch nehmen.

(45) Die in dieser Richtlinie festgelegten Beschränkungen der Verantwortlichkeit von Vermittlern lassen die Möglichkeit von Anordnungen unterschiedlicher Art unberührt. Diese können insbesondere in gerichtlichen oder behördlichen Anordnungen bestehen, die die Abstellung oder Verhinderung einer Rechtsverletzung verlangen, einschliesslich der Entfernung rechtswidriger Informationen oder der Sperrung des Zugangs zu ihnen.

(46) Um eine Beschränkung der Verantwortlichkeit in Anspruch nehmen zu können, muss der Anbieter eines Dienstes der Informationsgesellschaft, der in der Speicherung von Information besteht, unverzüglich tätig werden, sobald ihm rechtswidrige Tätigkeiten bekannt oder bewusst werden, um die betreffende Information zu entfernen oder den Zugang zu ihr zu sperren. Im Zusammenhang mit der Entfernung oder der Sperrung des Zugangs hat er den Grundsatz der freien Meinungsäusserung und die hierzu auf einzelstaatlicher Ebene festgelegten Verfahren zu beachten. Diese Richtlinie lässt die Möglichkeit der Mitgliedstaaten unberührt, spezifische Anforderungen vorzuschreiben, die vor der Entfernung von Informationen oder der Sperrung des Zugangs unverzüglich zu erfüllen sind.

(47) Die Mitgliedstaaten sind nur dann gehindert, den Diensteanbietern Überwachungspflichten aufzuerlegen, wenn diese allgemeiner Art sind. Dies betrifft nicht Überwachungspflichten in spezifischen Fällen und berührt insbesondere nicht Anordnungen, die von einzelstaatlichen Behörden nach innerstaatlichem Recht getroffen werden.

(48) Diese Richtlinie lässt die Möglichkeit unberührt, dass die Mitgliedstaaten von Diensteanbietern, die von Nutzern ihres Dienstes bereitgestellte Informationen speichern, verlangen, die nach vernünftigem Ermessen von ihnen zu erwartende und in innerstaatlichen Rechtsvorschriften niedergelegte Sorgfaltspflicht anzuwenden, um bestimmte Arten rechtswidriger Tätigkeiten aufzudecken und zu verhindern.

(49) Die Mitgliedstaaten und die Kommission haben zur Ausarbeitung von Verhaltenskodizes zu ermutigen. Dies beeinträchtigt nicht die Freiwilligkeit dieser Kodizes und die Möglichkeit der Beteiligten, sich nach freiem Ermessen einem solchen Kodex zu unterwerfen.

(50) Es ist wichtig, dass die vorgeschlagene Richtlinie zur Harmonisierung bestimmter Aspekte des Urheberrechts und der verwandten Schutzrechte in der Informationsgesellschaft und die vorliegende Richtlinie innerhalb des gleichen Zeitrahmens in Kraft treten, so dass zur Frage der Haftung der Vermittler bei Verstössen gegen das Urheberrecht und verwandte Schutzrechte auf Gemeinschaftsebene ein klares Regelwerk begründet wird.

(51) Gegebenenfalls müssen die Mitgliedstaaten innerstaatliche Rechtsvorschriften ändern, die die Inanspruchnahme von Mechanismen zur aussergerichtlichen Beilegung von Streitigkeiten auf elektronischem Wege behindern könnten. Diese Änderung muss bewirken, dass diese Mechanismen de facto und de jure tatsächlich wirksam funktionieren können, und zwar auch bei grenzüberschreitenden Rechtsstreitigkeiten.

(52) Die effektive Wahrnehmung der durch den Binnenmarkt gebotenen Freiheiten macht es erforderlich, den Opfern einen wirksamen Zugang zu Möglichkeiten der Beilegung von Streitigkeiten zu gewährleisten. Schäden, die in Verbindung mit den Diensten der Informationsgesellschaft entstehen können, sind durch ihre Schnelligkeit und ihre geographische Ausbreitung gekennzeichnet. Wegen dieser spezifischen Eigenheit und der Notwendigkeit, darüber zu wachen, dass die nationalen Behörden das Vertrauen, das

sie sich gegenseitig entgegenbringen müssen, nicht in Frage stellen, verlangt diese Richtlinie von den Mitgliedstaaten, dafür zu sorgen, dass angemessene Klagemöglichkeiten zur Verfügung stehen. Die Mitgliedstaaten sollten prüfen, ob ein Bedürfnis für die Schaffung eines Zugangs zu gerichtlichen Verfahren auf elektronischem Wege besteht.

(53) Die Richtlinie 98/27/EG, die auf Dienste der Informationsgesellschaft anwendbar ist, sieht einen Mechanismus für Unterlassungsklagen zum Schutz kollektiver Verbraucherinteressen vor. Dieser Mechanismus trägt zum freien Verkehr von Diensten der Informationsgesellschaft bei, indem er ein hohes Niveau an Verbraucherschutz gewährleistet.

(54) Die in dieser Richtlinie vorgesehenen Sanktionen lassen andere nach einzelstaatlichem Recht vorgesehene Sanktionen oder Rechtsbehelfe unberührt. Die Mitgliedstaaten sind nicht verpflichtet, strafrechtliche Sanktionen für Zuwiderhandlungen gegen innerstaatliche Rechtsvorschriften, die aufgrund dieser Richtlinie erlassen wurden, vorzusehen.

(55) Diese Richtlinie lässt das Recht unberührt, das für die sich aus Verbraucherverträgen ergebenden vertraglichen Schuldverhältnisse gilt. Dementsprechend kann diese Richtlinie nicht dazu führen, dass dem Verbraucher der Schutz entzogen wird, der ihm von den zwingenden Vorschriften für vertragliche Verpflichtungen nach dem Recht des Mitgliedstaates, in dem er seinen gewöhnlichen Wohnsitz hat, gewährt wird.

(56) Im Hinblick auf die in dieser Richtlinie vorgesehene Ausnahme für vertragliche Schuldverhältnisse in bezug auf Verbraucherverträge ist zu beachten, dass diese Schuldverhältnisse auch Informationen zu den wesentlichen Elementen des Vertrags erfassen; dazu gehören auch die Verbraucherrechte, die einen bestimmenden Einfluss auf die Entscheidung zum Vertragschluss haben.

(57) Nach ständiger Rechtsprechung des Gerichtshofs ist ein Mitgliedstaat weiterhin berechtigt, Massnahmen gegen einen in einem anderen Mitgliedstaat niedergelassenen Diensteanbieter zu ergreifen, dessen Tätigkeit ausschliesslich oder überwiegend auf das Hoheitsgebiet des ersten Mitgliedstaates ausgerichtet ist, wenn die Niederlassung gewählt wurde, um die Rechtsvorschriften zu umgehen, die auf den Anbieter Anwendung fänden, wenn er im Hoheitsgebiet des ersten Mitgliedstaats niedergelassen wäre.

(58) Diese Richtlinie soll keine Anwendung auf Dienste von Anbietern finden, die in einem Drittland niedergelassen sind. Angesichts der globalen Dimension des elektronischen Geschäftsverkehrs ist jedoch dafür Sorge zu tragen, dass die gemeinschaftlichen Vorschriften mit den internationalen Regeln in Einklang stehen. Die Ergebnisse der Erörterungen über rechtliche Fragen in internationalen Organisationen (unter anderem WTO, OECD, UNCITRAL) bleiben von dieser Richtlinie unberührt.

(59) Trotz der globalen Natur elektronischer Kommunikationen ist eine Koordinierung von nationalen Regulierungsmassnahmen auf der Ebene der Europäischen Union notwendig, um eine Fragmentierung des Binnenmarktes zu vermeiden und einen angemessenen europäischen Rechtsrahmen zu

schaffen. Diese Koordinierung sollte auch zur Herausbildung einer gemeinsamen und starken Verhandlungsposition in internationalen Gremien beitragen.

(60) Im Sinne der ungehinderten Entwicklung des elektronischen Geschäftsverkehrs muss dieser Rechtsrahmen klar, unkompliziert und vorhersehbar sowie vereinbar mit den auf internationaler Ebene geltenden Regeln sein, um die Wettbewerbsfähigkeit der europäischen Industrie nicht zu beeinträchtigen und innovative Massnahmen in diesem Sektor nicht zu behindern.

(61) Damit der elektronische Markt in einem globalisierten Umfeld wirksam funktionieren kann, bedarf es einer Abstimmung zwischen der Europäischen Union und den grossen nichteuropäischen Wirtschaftsräumen mit dem Ziel, die Rechtsvorschriften und Verfahren kompatibel zu gestalten.

(62) Die Zusammenarbeit mit Drittländern sollte im Bereich des elektronischen Geschäftsverkehrs intensiviert werden, insbesondere mit den beitrittswilligen Ländern, den Entwicklungsländern und den übrigen Handelspartnern der Europäischen Union.

(63) Die Annahme dieser Richtlinie hält die Mitgliedstaaten nicht davon ab, den verschiedenen sozialen, gesellschaftlichen und kulturellen Auswirkungen Rechnung zu tragen, zu denen das Entstehen der Informationsgesellschaft führt. Insbesondere darf sie nicht Massnahmen verhindern, die die Mitgliedstaaten im Einklang mit dem Gemeinschaftsrecht erlassen könnten, um soziale, kulturelle und demokratische Ziele unter Berücksichtigung ihrer sprachlichen Vielfalt, der nationalen und regionalen Besonderheiten sowie ihres Kulturerbes zu erreichen und den Zugang der Öffentlichkeit zu der breitestmöglichen Palette von Diensten der Informationsgesellschaft zu gewährleisten und zu erhalten. Im Zuge der Entwicklung der Informationsgesellschaft muss auf jeden Fall sichergestellt werden, dass die Bürger der Gemeinschaft Zugang zu dem in einem digitalen Umfeld vermittelten europäischen Kulturerbe erhalten können.

(64) Die elektronische Kommunikation stellt für die Mitgliedstaaten ein hervorragendes Instrument zur Bereitstellung von öffentlichen Dienstleistungen in den Bereichen Kultur, Bildung und Sprache dar.

(65) Wie der Rat in seiner Entschliessung vom 19. Januar 1999 über die Verbraucherdimension der Informationsgesellschaft[25] festgestellt hat, muss dem Schutz der Verbraucher in diesem Bereich besondere Aufmerksamkeit gewidmet werden. Die Kommission wird untersuchen, in welchem Umfang die bestehenden Regeln des Verbraucherschutzes im Zusammenhang mit der Informationsgesellschaft unzulänglich sind, und gegebenenfalls die Lücken in der bestehenden Gesetzgebung sowie die Aspekte, die ergänzende Massnahmen erforderlich machen könnten, aufzeigen. Gegebenenfalls sollte die Kommission spezifische zusätzliche Vorschläge unterbreiten, um die festgestellten Unzulänglichkeiten zu beheben –

---

25 ABl. C 23 vom 28.1.1999, S. 1.

HABEN FOLGENDE RICHTLINIE ERLASSEN:
KAPITEL I ALLGEMEINE BESTIMMUNGEN
Artikel 1 Zielsetzung und Anwendungsbereich

(1) Diese Richtlinie soll einen Beitrag zum einwandfreien Funktionieren des Binnenmarktes leisten, indem sie den freien Verkehr von Diensten der Informationsgesellschaft zwischen den Mitgliedstaaten sicherstellt.

(2) Diese Richtlinie sorgt, soweit dies für die Erreichung des in Absatz 1 genannten Ziels erforderlich ist, für eine Angleichung bestimmter für die Dienste der Informationsgesellschaft geltender innerstaatlicher Regelungen, die den Binnenmarkt, die Niederlassung der Diensteanbieter, kommerzielle Kommunikationen, elektronische Verträge, die Verantwortlichkeit von Vermittlern, Verhaltenskodizes, Systeme zur aussergerichtlichen Beilegung von Streitigkeiten, Klagemöglichkeiten sowie die Zusammenarbeit zwischen den Mitgliedstaaten betreffen.

(3) Diese Richtlinie ergänzt das auf die Dienste der Informationsgesellschaft anwendbare Gemeinschaftsrecht und lässt dabei das Schutzniveau insbesondere für die öffentliche Gesundheit und den Verbraucherschutz, wie es sich aus Gemeinschaftsrechtsakten und einzelstaatlichen Rechtsvorschriften zu deren Umsetzung ergibt, unberührt, soweit die Freiheit, Dienste der Informationsgesellschaft anzubieten, dadurch nicht eingeschränkt wird.

(4) Diese Richtlinie schafft weder zusätzliche Regeln im Bereich des internationalen Privatrechts, noch befasst sie sich mit der Zuständigkeit der Gerichte.

(5) Diese Richtlinie findet keine Anwendung auf
a) den Bereich der Besteuerung,
b) Fragen betreffend die Dienste der Informationsgesellschaft, die von den Richtlinien 95/46/EG und 97/66/EG erfasst werden,
c) Fragen betreffend Vereinbarungen oder Verhaltensweisen, die dem Kartellrecht unterliegen,
d) die folgenden Tätigkeiten der Dienste der Informationsgesellschaft:
   - Tätigkeiten von Notaren oder Angehörigen gleichwertiger Berufe, soweit diese eine unmittelbare und besondere Verbindung zur Ausübung öffentlicher Befugnisse aufweisen;
   - Vertretung eines Mandanten und Verteidigung seiner Interessen vor Gericht;
   - Gewinnspiele mit einem einen Geldwert darstellenden Einsatz bei Glücksspielen, einschliesslich Lotterien und Wetten.

(6) Massnahmen auf gemeinschaftlicher oder einzelstaatlicher Ebene, die unter Wahrung des Gemeinschaftsrechts der Förderung der kulturellen und sprachlichen Vielfalt und dem Schutz des Pluralismus dienen, bleiben von dieser Richtlinie unberührt.

Artikel 2 Begriffsbestimmungen

Im Sinne dieser Richtlinie bezeichnet der Ausdruck

a) »Dienste der Informationsgesellschaft« Dienste im Sinne von Artikel 1 Nummer 2 der Richtlinie 98/34/EG in der Fassung der Richtlinie 98/48/EG;
b) »Diensteanbieter« jede natürliche oder juristische Person, die einen Dienst der Informationsgesellschaft anbietet;
c) »niedergelassener Diensteanbieter« ein Anbieter, der mittels einer festen Einrichtung auf unbestimmte Zeit eine Wirtschaftätigkeit tatsächlich ausübt; Vorhandensein und Nutzung technischer Mittel und Technologien, die zum Anbieten des Dienstes erforderlich sind, begründen allein keine Niederlassung des Anbieters;
d) »Nutzer« jede natürliche oder juristische Person, die zu beruflichen oder sonstigen Zwecken einen Dienst der Informationsgesellschaft in Anspruch nimmt, insbesondere um Informationen zu erlangen oder zugänglich zu machen;
e) »Verbraucher« jede natürliche Person, die zu Zwecken handelt, die nicht zu ihren gewerblichen, geschäftlichen oder beruflichen Tätigkeiten gehören;
f) »kommerzielle Kommunikation« alle Formen der Kommunikation, die der unmittelbaren oder mittelbaren Förderung des Absatzes von Waren und Dienstleistungen oder des Erscheinungsbilds eines Unternehmens, einer Organisation oder einer natürlichen Person dienen, die eine Tätigkeit in Handel, Gewerbe oder Handwerk oder einen reglementierten Beruf ausübt; die folgenden Angaben stellen als solche keine Form der kommerziellen Kommunikation dar:
   – Angaben, die direkten Zugang zur Tätigkeit des Unternehmens bzw. der Organisation oder Person ermöglichen, wie insbesondere ein Domain-Name oder eine Adresse der elektronischen Post;
   – Angaben in bezug auf Waren und Dienstleistungen oder das Erscheinungsbild eines Unternehmens, einer Organisation oder Person, die unabhängig und insbesondere ohne finanzielle Gegenleistung gemacht werden;
g) »reglementierter Beruf« alle Berufe im Sinne von Artikel 1 Buchstabe d) der Richtlinie 89/48/EWG des Rates vom 21. Dezember 1988 über eine allgemeine Regelung zur Anerkennung der Hochschuldiplome, die eine mindestens dreijährige Berufsausbildung abschliessen[26], oder im Sinne von Artikel 1 Buchstabe f) der Richtlinie 92/51/EWG des Rates vom 18. Juni 1992 über eine zweite allgemeine Regelung zur Anerkennung beruflicher Befähigungsnachweise in Ergänzung zur Richtlinie 89/48/EWG[27];
h) »koordinierter Bereich« die für die Anbieter von Diensten der Informationsgesellschaft und die Dienste der Informationsgesellschaft in den Rechtssystemen der Mitgliedstaaten festgelegten Anforderungen, ungeachtet der Frage, ob sie allgemeiner Art oder speziell für sie bestimmt sind.
i) Der koordinierte Bereich betrifft vom Diensteanbieter zu erfüllende Anforderungen in bezug auf

---

[26] ABl. L 19 vom 24.1.1989, S. 16.
[27] ABl. L 209 vom 24.7.1992, S. 25. Richtlinie zuletzt geändert durch die Richtlinie 97/38/EWG der Kommission (ABl. L 184 vom 12.7.1997, S. 31).

- die Aufnahme der Tätigkeit eines Dienstes der Informationsgesellschaft, beispielsweise Anforderungen betreffend Qualifikationen, Genehmigung oder Anmeldung;
- die Ausübung der Tätigkeit eines Dienstes der Informationsgesellschaft, beispielsweise Anforderungen betreffend das Verhalten des Diensteanbieters, Anforderungen betreffend Qualität oder Inhalt des Dienstes, einschliesslich der auf Werbung und Verträge anwendbaren Anforderungen, sowie Anforderungen betreffend die Verantwortlichkeit des Diensteanbieters.

ii) Der koordinierte Bereich umfasst keine Anforderungen wie
- Anforderungen betreffend die Waren als solche;
- Anforderungen betreffend die Lieferung von Waren;
- Anforderungen betreffend Dienste, die nicht auf elektronischem Wege erbracht werden.

Artikel 3 Binnenmarkt

(1) Jeder Mitgliedstaat trägt dafür Sorge, dass die Dienste der Informationsgesellschaft, die von einem in seinem Hoheitsgebiet niedergelassenen Diensteanbieter erbracht werden, den in diesem Mitgliedstaat geltenden innerstaatlichen Vorschriften entsprechen, die in den koordinierten Bereich fallen.

(2) Die Mitgliedstaaten dürfen den freien Verkehr von Diensten der Informationsgesellschaft aus einem anderen Mitgliedstaat nicht aus Gründen einschränken, die in den koordinierten Bereich fallen.

(3) Die Absätze 1 und 2 finden keine Anwendung auf die im Anhang genannten Bereiche.

(4) Die Mitgliedstaaten können Massnahmen ergreifen, die im Hinblick auf einen bestimmten Dienst der Informationsgesellschaft von Absatz 2 abweichen, wenn die folgenden Bedingungen erfüllt sind:
a) Die Massnahmen
   i) sind aus einem der folgenden Gründe erforderlich:
      - Schutz der öffentlichen Ordnung, insbesondere Verhütung, Ermittlung, Aufklärung und Verfolgung von Straftaten, einschliesslich des Jugendschutzes und der Bekämpfung der Hetze aus Gründen der Rasse, des Geschlechts, des Glaubens oder der Nationalität, sowie von Verletzungen der Menschenwürde einzelner Personen,
      - Schutz der öffentlichen Gesundheit,
      - Schutz der öffentlichen Sicherheit, einschliesslich der Wahrung nationaler Sicherheits- und Verteidigungsinteressen,
      - Schutz der Verbraucher, einschliesslich des Schutzes von Anlegern;
   ii) betreffen einen bestimmten Dienst der Informationsgesellschaft, der die unter Ziffer i) genannten Schutzziele beeinträchtigt oder eine ernsthafte und schwerwiegende Gefahr einer Beeinträchtigung dieser Ziele darstellt;
   iii) stehen in einem angemessenen Verhältnis zu diesen Schutzzielen.

b) Der Mitgliedstaat hat vor Ergreifen der betreffenden Massnahmen unbeschadet etwaiger Gerichtsverfahren, einschliesslich Vorverfahren und Schritten im Rahmen einer strafrechtlichen Ermittlung,
- den in Absatz 1 genannten Mitgliedstaat aufgefordert, Massnahmen zu ergreifen, und dieser hat dem nicht Folge geleistet oder die von ihm getroffenen Massnahmen sind unzulänglich;
- die Kommission und den in Absatz 1 genannten Mitgliedstaat über seine Absicht, derartige Massnahmen zu ergreifen, unterrichtet.

(5) Die Mitgliedstaaten können in dringlichen Fällen von den in Absatz 4 Buchstabe b) genannten Bedingungen abweichen. In diesem Fall müssen die Massnahmen so bald wie möglich und unter Angabe der Gründe, aus denen der Mitgliedstaat der Auffassung ist; dass es sich um einen dringlichen Fall handelt, der Kommission und dem in Absatz 1 genannten Mitgliedstaat mitgeteilt werden.

(6) Unbeschadet der Möglichkeit des Mitgliedstaates, die betreffenden Massnahmen durchzuführen, muss die Kommission innerhalb kürzestmöglicher Zeit prüfen, ob die mitgeteilten Massnahmen mit dem Gemeinschaftsrecht vereinbar sind; gelangt sie zu dem Schluss, dass die Massnahme nicht mit dem Gemeinschaftsrecht vereinbar ist, so fordert sie den betreffenden Mitgliedstaat auf, davon Abstand zu nehmen, die geplanten Massnahmen zu ergreifen, bzw. bereits ergriffene Massnahmen unverzüglich einzustellen.

KAPITEL II GRUNDSÄTZE

Abschnitt 1   Niederlassung und Informationspflichten

Artikel 4   Grundsatz der Zulassungsfreiheit

(1) Die Mitgliedstaaten stellen sicher, dass die Aufnahme und die Ausübung der Tätigkeit eines Anbieters von Diensten der Informationsgesellschaft nicht zulassungspflichtig ist und keiner sonstigen Anforderung gleicher Wirkung unterliegt.

(2) Absatz 1 gilt unbeschadet der Zulassungsverfahren, die nicht speziell und ausschliesslich Dienste der Informationsgesellschaft betreffen oder die in den Anwendungsbereich der Richtlinie 97/13/EG des Europäischen Parlaments und des Rates vom 10. April 1997 über einen gemeinsamen Rahmen für Allgemein- und Einzelgenehmigungen für Telekommunikationsdienste[28] fallen.

Artikel 5   Allgemeine Informationspflichten

(1) Zusätzlich zu den sonstigen Informationsanforderungen nach dem Gemeinschaftsrecht stellen die Mitgliedstaaten sicher, dass der Diensteanbieter den Nutzern des Dienstes und den zuständigen Behörden zumindest die nachstehend aufgeführten Informationen leicht, unmittelbar und ständig verfügbar macht:
a)   den Namen des Diensteanbieters;

---

[28]   ABl. L 117 vom 7.5.1997, S. 15.

b) die geographische Anschrift, unter der der Diensteanbieter niedergelassen ist;
c) Angaben, die es ermöglichen, schnell mit dem Diensteanbieter Kontakt aufzunehmen und unmittelbar und effizient mit ihm zu kommunizieren, einschliesslich seiner Adresse der elektronischen Post;
d) wenn der Diensteanbieter in ein Handelsregister oder ein vergleichbares öffentliches Register eingetragen ist, das Handelsregister, in das der Diensteanbieter eingetragen ist, und seine Handelsregisternummer oder eine gleichwertige in diesem Register verwendete Kennung;
e) soweit für die Tätigkeit eine Zulassung erforderlich ist, die Angaben zur zuständigen Aufsichtsbehörde;
f) hinsichtlich reglementierter Berufe:
gegebenenfalls der Berufsverband, die Kammer oder eine ähnliche Einrichtung, dem oder der der Diensteanbieter angehört,
die Berufsbezeichnung und der Mitgliedstaat, in der sie verliehen worden ist;
eine Verweisung auf die im Mitgliedstaat der Niederlassung anwendbaren berufsrechtlichen Regeln und Angaben dazu, wie sie zugänglich sind;
g) in Fällen, in denen der Diensteanbieter Tätigkeiten ausübt, die der Mehrwertsteuer unterliegen, die Identifikationsnummer gemäss Artikel 22 Absatz 1 der Sechsten Richtlinie 77/388/EWG des Rates vom 17. Mai 1977 zur Harmonisierung der Rechtsvorschriften der Mitgliedstaaten über die Umsatzsteuer – Gemeinsames Mehrwertsteuersystem: einheitliche steuerpflichtige Bemessungsgrundlage[29].

(2) Zusätzlich zu den sonstigen Informationsanforderungen nach dem Gemeinschaftsrecht tragen die Mitgliedstaaten zumindest dafür Sorge, dass, soweit Dienste der Informationsgesellschaft auf Preise Bezug nehmen, diese klar und unzweideutig ausgewiesen werden und insbesondere angegeben wird, ob Steuern und Versandkosten in den Preisen enthalten sind.

Abschnitt 2 Kommerzielle Kommunikationen

Artikel 6 Informationspflichten

Zusätzlich zu den sonstigen Informationsanforderungen nach dem Gemeinschaftsrecht stellen die Mitgliedstaaten sicher, dass kommerzielle Kommunikationen, die Bestandteil eines Dienstes der Informationsgesellschaft sind oder einen solchen Dienst darstellen, zumindest folgende Bedingungen erfüllen:
a) Kommerzielle Kommunikationen müssen klar als solche zu erkennen sein;
b) die natürliche oder juristische Person, in deren Auftrag kommerzielle Kommunikationen erfolgen, muss klar identifizierbar sein;
c) soweit Angebote zur Verkaufsförderung wie Preisnachlässe, Zugaben und Geschenke im Mitgliedstaat der Niederlassung des Diensteanbieters zulässig sind, müssen sie klar als solche erkennbar sein, und die Bedingungen für

---

[29] ABl. L 145 vom 13.6.1977, S. 1. Richtlinie zuletzt geändert durch die Richtlinie 1999/85/EG (ABl. L 277 vom 28.10.1999, S. 34).

ihre Inanspruchnahme müssen leicht zugänglich sein sowie klar und unzweideutig angegeben werden;
d) soweit Preisausschreiben oder Gewinnspiele im Mitgliedstaat der Niederlassung des Diensteanbieters zulässig sind, müssen sie klar als solche erkennbar sein, und die Teilnahmebedingungen müssen leicht zugänglich sein sowie klar und unzweideutig angegeben werden.

Artikel 7 Nicht angeforderte kommerzielle Kommunikationen

(1) Zusätzlich zu den sonstigen Anforderungen des Gemeinschaftsrechts stellen Mitgliedstaaten, die nicht angeforderte kommerzielle Kommunikation mittels elektronischer Post zulassen, sicher, dass solche kommerziellen Kommunikationen eines in ihrem Hoheitsgebiet niedergelassenen Diensteanbieters bei Eingang beim Nutzer klar und unzweideutig als solche erkennbar sind.

(2) Unbeschadet der Richtlinien 97/7/EG und 97/66/EG ergreifen die Mitgliedstaaten Massnahmen um sicherzustellen, dass Diensteanbieter, die nicht angeforderte kommerzielle Kommunikation durch elektronische Post übermitteln, regelmässig sog. Robinson-Listen konsultieren, in die sich natürliche Personen eintragen können, die keine derartigen kommerziellen Kommunikationen zu erhalten wünschen, und dass die Diensteanbieter diese Listen beachten.

Artikel 8 Reglementierte Berufe

(1) Die Mitgliedstaaten stellen sicher, dass die Verwendung kommerzieller Kommunikationen, die Bestandteil eines von einem Angehörigen eines reglementierten Berufs angebotenen Dienstes der Informationsgesellschaft sind oder einen solchen Dienst darstellen, gestattet ist, soweit die berufsrechtlichen Regeln, insbesondere zur Wahrung von Unabhängigkeit, Würde und Ehre des Berufs, des Berufsgeheimnisses und eines lauteren Verhaltens gegenüber Kunden und Berufskollegen, eingehalten werden.

(2) Unbeschadet der Autonomie von Berufsvereinigungen und -organisationen ermutigen die Mitgliedstaaten und die Kommission die Berufsvereinigungen und -organisationen dazu, Verhaltenskodizes auf Gemeinschaftsebene aufzustellen, um zu bestimmen, welche Arten von Informationen im Einklang mit den in Absatz 1 genannten Regeln zum Zwecke der kommerziellen Kommunikation erteilt werden können.

(3) Bei der Ausarbeitung von Vorschlägen für Gemeinschaftsinitiativen, die erforderlich werden könnten, um das Funktionieren des Binnenmarktes im Hinblick auf die in Absatz 2 genannten Informationen zu gewährleisten, trägt die Kommission den auf Gemeinschaftsebene geltenden Verhaltenskodizes gebührend Rechnung und handelt in enger Zusammenarbeit mit den einschlägigen Berufsvereinigungen und -organisationen.

(4) Diese Richtlinie findet zusätzlich zu den Gemeinschaftsrichtlinien betreffend den Zugang zu und die Ausübung von Tätigkeiten im Rahmen der reglementierten Berufe Anwendung.

Abschnitt 3 Abschluss von Verträgen auf elektronischem Weg
Artikel 9 Behandlung von Verträgen

(1) Die Mitgliedstaaten stellen sicher, dass ihr Rechtssystem den Abschluss von Verträgen auf elektronischem Wege ermöglicht. Die Mitgliedstaaten stellen insbesondere sicher, dass ihre für den Vertragsabschluss geltenden Rechtsvorschriften weder Hindernisse für die Verwendung elektronischer Verträge bilden noch dazu führen, dass diese Verträge aufgrund des Umstandes, dass sie auf elektronischem Wege zustande gekommen sind, keine rechtliche Wirksamkeit oder Gültigkeit haben.

(2) Die Mitgliedstaaten können vorsehen, dass Absatz 1 auf alle oder bestimmte Verträge einer der folgenden Kategorien keine Anwendung findet:
a) Verträge, die Rechte an Immobilien mit Ausnahme von Mietrechten begründen oder übertragen;
b) Verträge, bei denen die Mitwirkung von Gerichten, Behörden oder öffentliche Befugnisse ausübenden Berufen gesetzlich vorgeschrieben ist;
c) Bürgschaftsverträge und Verträge über Sicherheiten, die von Personen ausserhalb ihrer gewerblichen, geschäftlichen oder beruflichen Tätigkeit eingegangen werden;
d) Verträge im Bereich des Familienrechts oder des Erbrechts.

(3) Die Mitgliedstaaten teilen der Kommission mit, für welche der in Absatz 2 genannten Kategorien sie Absatz 1 nicht anwenden. Die Mitgliedstaaten übermitteln der Kommission alle fünf Jahre einen Bericht über die Anwendung des Absatzes 2, aus dem hervorgeht, aus welchen Gründen es ihres Erachtens weiterhin gerechtfertigt ist, auf die unter Absatz 2 Buchstabe b) fallende Kategorie Absatz 1 nicht anzuwenden.

Artikel 10 Informationspflichten

(1) Zusätzlich zu den sonstigen Informationspflichten aufgrund des Gemeinschaftsrechts stellen die Mitgliedstaaten sicher, dass – ausser im Fall abweichender Vereinbarungen zwischen Parteien, die nicht Verbraucher sind – vom Diensteanbieter zumindest folgende Informationen klar, verständlich und unzweideutig erteilt werden, bevor des Nutzer des Dienstes die Bestellung abgibt:
a) die einzelnen technischen Schritte, die zu einem Vertragsabschluss führen;
b) Angaben dazu, ob der Vertragstext nach Vertragsabschluss vom Diensteanbieter gespeichert wird und ob er zugänglich sein wird;
c) die technischen Mittel zur Erkennung und Korrektur von Eingabefehlern vor Abgabe der Bestellung;
d) die für den Vertragsabschluss zur Verfügung stehenden Sprachen.

(2) Die Mitgliedstaaten stellen sicher, dass – ausser im Fall abweichender Vereinbarungen zwischen Parteien, die nicht Verbraucher sind – der Diensteanbieter alle einschlägigen Verhaltenskodizes angibt, denen er sich unterwirft, einschliesslich Informationen darüber, wie diese Kodizes auf elektronischem Wege zugänglich sind.

(3) Die Vertragsbestimmungen und die allgemeinen Geschäftsbedingungen müssen dem Nutzer so zur Verfügung gestellt werden, dass er sie speichern und reproduzieren kann.

(4) Die Absätze 1 und 2 gelten nicht für Verträge, die ausschliesslich durch den Austausch von elektronischer Post oder durch damit vergleichbare individuelle Kommunikation geschlossen werden.

Artikel 11 Abgabe einer Bestellung

(1) Die Mitgliedstaaten stellen sicher, dass – ausser im Fall abweichender Vereinbarungen zwischen Parteien, die nicht Verbraucher sind – im Fall einer Bestellung durch einen Nutzer auf elektronischem Wege folgende Grundsätze gelten:
– Der Diensteanbieter hat den Eingang der Bestellung des Nutzers unverzüglich auf elektronischem Wege zu bestätigen;
– Bestellung und Empfangsbestätigung gelten als eingegangen, wenn die Parteien, für die sie bestimmt sind, sie abrufen können.

(2) Die Mitgliedstaaten stellen sicher, dass – ausser im Fall abweichender Vereinbarungen zwischen Parteien, die nicht Verbraucher sind – der Diensteanbieter dem Nutzer angemessene, wirksame und zugängliche technische Mittel zur Verfügung stellt, mit denen er Eingabefehler vor Abgabe der Bestellung erkennen und korrigieren kann.

(3) Absatz 1 erster Gedankenstrich und Absatz 2 gelten nicht für Verträge, die ausschliesslich durch den Austausch von elektronischer Post oder durch vergleichbare individuelle Kommunikation geschlossen werden.

Abschnitt 4 Verantwortlichkeit der Vermittler

Artikel 12 Reine Durchleitung

(1) Die Mitgliedstaaten stellen sicher, dass im Fall eines Dienstes der Informationsgesellschaft, der darin besteht, von einem Nutzer eingegebene Informationen in einem Kommunikationsnetz zu übermitteln oder Zugang zu einem Kommunikationsnetz zu vermitteln, der Diensteanbieter nicht für die übermittelten Informationen verantwortlich ist, sofern er
a) die Übermittlung nicht veranlasst,
b) den Adressaten der übermittelten Informationen nicht auswählt und
c) die übermittelten Informationen nicht auswählt oder verändert.

(2) Die Übermittlung von Informationen und die Vermittlung des Zugangs im Sinne von Absatz 1 umfassen auch die automatische kurzzeitige Zwischenspeicherung der übermittelten Informationen, soweit dies nur zur Durchführung der Übermittlung im Kommunikationsnetz geschieht und die Information nicht länger gespeichert wird, als es für die Übermittlung üblicherweise erforderlich ist.

(3) Dieser Artikel lässt die Möglichkeit unberührt, dass ein Gericht oder eine Verwaltungsbehörde nach den Rechtssystemen der Mitgliedstaaten vom Diensteanbieter verlangt, die Rechtsverletzung abzustellen oder zu verhindern.

Artikel 13   Caching

(1) Die Mitgliedstaaten stellen sicher, dass im Fall eines Dienstes der Informationsgesellschaft, der darin besteht, von einem Nutzer eingegebene Informationen in einem Kommunikationsnetz zu übermitteln, der Diensteanbieter nicht für die automatische, zeitlich begrenzte Zwischenspeicherung verantwortlich ist, die dem alleinigen Zweck dient, die Übermittlung der Information an andere Nutzer auf deren Anfrage effizienter zu gestalten, sofern folgende Voraussetzungen erfüllt sind:
a) Der Diensteanbieter verändert die Information nicht;
b) der Diensteanbieter beachtet die Bedingungen für den Zugang zu der Information;
c) der Diensteanbieter beachtet die Regeln für die Aktualisierung der Information, die in weithin anerkannten und verwendeten Industriestandards festgelegt sind;
d) der Diensteanbieter beeinträchtigt nicht die erlaubte Anwendung von Technologien zur Sammlung von Daten über die Nutzung der Information, die in weithin anerkannten und verwendeten Industriestandards festgelegt sind;
e) der Diensteanbieter handelt zügig, um eine von ihm gespeicherte Information zu entfernen oder den Zugang zu ihr zu sperren, sobald er tatsächliche Kenntnis davon erhält, dass die Information am ursprünglichen Ausgangsort der Übertragung aus dem Netz entfernt wurde oder der Zugang zu ihr gesperrt wurde oder ein Gericht oder eine Verwaltungsbehörde die Entfernung oder Sperrung angeordnet hat.

(2) Dieser Artikel lässt die Möglichkeit unberührt, dass ein Gericht oder eine Verwaltungsbehörde nach den Rechtssystemen der Mitgliedstaaten vom Diensteanbieter verlangt, die Rechtsverletzung abzustellen oder zu verhindern.

Artikel 14   Hosting

(1) Die Mitgliedstaaten stellen sicher, dass im Fall eines Dienstes der Informationsgesellschaft, der in der Speicherung von durch einen Nutzer eingegebenen Informationen besteht, der Diensteanbieter nicht für die im Auftrag eines Nutzers gespeicherten Informationen verantwortlich ist, sofern folgende Voraussetzungen erfüllt sind:
a) Der Anbieter hat keine tatsächliche Kenntnis von der rechtswidrigen Tätigkeit oder Information, und, in bezug auf Schadenersatzansprüche, ist er sich auch keiner Tatsachen oder Umstände bewusst, aus denen die rechtswidrige Tätigkeit oder Information offensichtlich wird, oder
b) der Anbieter wird, sobald er diese Kenntnis oder dieses Bewusstsein erlangt, unverzüglich tätig, um die Information zu entfernen oder den Zugang zu ihr zu sperren.

(2) Absatz 1 findet keine Anwendung, wenn der Nutzer dem Diensteanbieter untersteht oder von ihm beaufsichtigt wird.

(3) Dieser Artikel lässt die Möglichkeit unberührt, dass ein Gericht oder eine Verwaltungsbehörde nach den Rechtssystemen der Mitgliedstaaten vom Dien-

steanbieter verlangt, die Rechtsverletzung abzustellen oder zu verhindern, oder dass die Mitgliedstaaten Verfahren für die Entfernung einer Information oder die Sperrung des Zugangs zu ihr festlegen.

Artikel 15   Keine allgemeine Überwachungspflicht

(1) Die Mitgliedstaaten erlegen Anbietern von Diensten im Sinne der Artikel 12, 13 und 14 keine allgemeine Verpflichtung auf, die von ihnen übermittelten oder gespeicherten Informationen zu überwachen oder aktiv nach Umständen zu forschen, die auf eine rechtswidrige Tätigkeit hinweisen.

(2) Die Mitgliedstaaten können Anbieter von Diensten der Informationsgesellschaft dazu verpflichten, die zuständigen Behörden unverzüglich über mutmassliche rechtswidrige Tätigkeiten oder Informationen der Nutzer ihres Dienstes zu unterrichten, oder dazu verpflichten, den zuständigen Behörden auf Verlangen Informationen zu übermitteln, anhand deren die Nutzer ihres Dienstes, mit denen sie Vereinbarungen über die Speicherung geschlossen haben, ermittelt werden können.

KAPITEL III   UMSETZUNG

Artikel 16   Verhaltenskodizes

(1) Die Mitgliedstaaten und die Kommission ermutigen
a) die Handels-, Berufs- und Verbraucherverbände und -organisationen, auf Gemeinschaftsebene Verhaltenkodizes aufzustellen, die zur sachgemässen Anwendung der Artikel 5 bis 15 beitragen;
b) zur freiwilligen Übermittlung der Entwürfe für Verhaltenskodizes auf der Ebene der Mitgliedstaaten oder der Gemeinschaft an die Kommission;
c) zur elektronischen Abrufbarkeit der Verhaltenskodizes in den Sprachen der Gemeinschaft;
d) die Handels-, Berufs- und Verbraucherverbände und -organisationen, die Mitgliedstaaten und die Kommission darüber zu unterrichten, zu welchen Ergebnissen sie bei der Bewertung der Anwendung ihrer Verhaltenskodizes und von deren Auswirkungen auf die Praktiken und Gepflogenheiten des elektronischen Geschäftsverkehrs gelangen;
e) zur Aufstellung von Verhaltenskodizes zum Zwecke des Jugendschutzes und des Schutzes der Menschenwürde.

(2) Die Mitgliedstaaten und die Kommission ermutigen dazu, die Verbraucherverbände und -organisationen bei der Ausarbeitung und Anwendung von ihre Interessen berührenden Verhaltenskodizes im Sinne von Absatz 1 Buchstabe a) zu beteiligen. Gegebenenfalls sind Vereinigungen zur Vertretung von Sehbehinderten und allgemein von Behinderten zu hören, um deren besonderen Bedürfnissen Rechnung zu tragen.

Artikel 17   Aussergerichtliche Beilegung von Streitigkeiten

(1) Die Mitgliedstaaten stellen sicher, dass ihre Rechtsvorschriften bei Streitigkeiten zwischen einem Anbieter eines Dienstes der Informationsgesellschaft und

einem Nutzer des Dienstes die Inanspruchnahme der nach innerstaatlichem Recht verfügbaren Verfahren zur aussergerichtlichen Beilegung, auch auf geeignetem elektronischem Wege, nicht erschweren.

(2) Die Mitgliedstaaten ermutigen Einrichtungen zur aussergerichtlichen Beilegung von Streitigkeiten, insbesondere in Fragen des Verbraucherrechts, so vorzugehen, dass angemessene Verfahrensgarantien für die Beteiligten gegeben sind.

(3) Die Mitgliedstaaten ermutigen Einrichtungen zur aussergerichtlichen Beilegung von Streitigkeiten, die Kommission über signifikante Entscheidungen, die sie hinsichtlich der Dienste der Informationsgesellschaft erlassen, zu unterrichten und ihr alle sonstigen Informationen über Praktiken und Gepflogenheiten des elektronischen Geschäftsverkehrs zu übermitteln.

Artikel 18 Klagemöglichkeiten

(1) Die Mitgliedstaaten stellen sicher, dass die nach innerstaatlichem Recht verfügbaren Klagemöglichkeiten im Zusammenhang mit Diensten der Informationsgesellschaft es ermöglichen, dass rasch Massnahmen, einschliesslich vorläufiger Massnahmen, getroffen werden können, um eine mutmassliche Rechtsverletzung abzustellen und zu verhindern, dass den Betroffenen weiterer Schaden entsteht.

(2) Der Anhang der Richtlinie 98/27/EG wird durch folgende Nummer ergänzt:

»11. Richtlinie 2000/31/EG des Europäischen Parlaments und des Rates vom 8. Juni 2000 über bestimmte rechtliche Aspekte der Dienste der Informationsgesellschaft, insbesondere des elektronischen Geschäftsverkehrs, im Binnenmarkt ('Richtlinie über den elektronischen Geschäftsverkehr') (ABl. L 178 vom 17.7.2000, S. 1).«

Artikel 19 Zusammenarbeit

(1) Die Mitgliedstaaten müssen geeignete Aufsichts- und Untersuchungsinstrumente für die wirksame Umsetzung dieser Richtlinie besitzen und stellen sicher, dass die Diensteanbieter ihnen die erforderlichen Informationen zur Verfügung stellen.

(2) Die Mitgliedstaaten arbeiten mit den anderen Mitgliedstaaten zusammen; hierzu benennen sie eine oder mehrere Verbindungsstellen, deren Anschrift sie den anderen Mitgliedstaaten und der Kommission mitteilen.

(3) Die Mitgliedstaaten kommen Amtshilfe- und Auskunftsbegehren anderer Mitgliedstaaten oder der Kommission im Einklang mit ihren innerstaatlichen Rechtsvorschriften so rasch wie möglich nach, auch auf geeignetem elektronischem Wege.

(4) Die Mitgliedstaaten richten Verbindungsstellen ein, die zumindest auf elektronischem Wege zugänglich sind und bei denen Nutzer von Diensten und Diensteanbieter

a) allgemeine Informationen über ihre vertraglichen Rechte und Pflichten sowie über die bei Streitfällen zur Verfügung stehenden Beschwerde- und

Rechtsbehelfsmechanismen, einschliesslich der praktischen Aspekte der Inanspruchnahme dieser Mechanismen, erhalten können;
b) Anschriften von Behörden, Vereinigungen und Organisationen erhalten können, von denen sie weitere Informationen oder praktische Unterstützung bekommen können.

(5) Die Mitgliedstaaten ermutigen dazu, die Kommission über alle signifikanten behördlichen und gerichtlichen Entscheidungen, die in ihrem Hoheitsgebiet über Streitigkeiten im Zusammenhang mit Diensten der Informationsgesellschaft ergehen, sowie über die Praktiken und Gepflogenheiten des elektronischen Geschäftsverkehrs zu unterrichten. Die Kommission teilt derartige Entscheidungen den anderen Mitgliedstaaten mit.

Artikel 20 Sanktionen

Die Mitgliedstaaten legen die Sanktionen fest, die bei Verstössen gegen die einzelstaatlichen Vorschriften zur Umsetzung dieser Richtlinie anzuwenden sind, und treffen alle geeigneten Massnahmen, um ihre Durchsetzung sicherzustellen. Die Sanktionen müssen wirksam, verhältnismässig und abschreckend sein.

KAPITEL IV SCHLUSSBESTIMMUNGEN

Artikel 21 Überprüfung

(1) Die Kommission legt dem Europäischen Parlament, dem Rat und dem Wirtschfts- und Sozialausschuss vor dem 17. juli 2003 und danach alle zwei Jahre einen Bericht über die Anwendung dieser Richtlinie vor und unterbreitet gegebenenfalls Vorschläge für die Anpassung dieser Richtlinie an die rechtlichen, technischen und wirtschaftlichen Entwicklungen im Bereich der Dienste der Informationsgesellschaft, insbesondere in bezug auf die Verbrechensverhütung, den Jugendschutz, den Verbraucherschutz und das einwandfreie Funktionieren des Binnenmarktes.

(2) Im Hinblick auf das etwaige Erfordernis einer Anpassung dieser Richtlinie wird in dem Bericht insbesondere untersucht, ob Vorschläge in bezug auf die Haftung der Anbieter von Hyperlinks und von Instrumenten zur Lokalisierung von Informationen, Verfahren zur Meldung und Entfernung rechtswidriger Inhalte (»notice and take down«-Verfahren) und eine Haftbarmachung im Anschluss an die Entfernung von Inhalten erforderlich sind. In dem Bericht ist auch zu untersuchen, ob angesichts der technischen Entwicklungen zusätzliche Bedingungen für die in den Artikeln 12 und 13 vorgesehene Haftungsfreistellung erforderlich sind und ob die Grundsätze des Binnenmarkts auf nicht angeforderte kommerziellen Kommunikationen mittels elektronischer Post angewendet werden können.

Artikel 22 Umsetzung

(1) Die Mitgliedstaaten setzen die erforderlichen Rechts- und Verwaltungsvorschriften in Kraft, um dieser Richtlinie vor dem 17. Januar 2002 nachzukommen. Sie setzen die Kommission unverzüglich davon in Kenntnis.

(2) Wenn die Mitgliedstaaten die in Absatz 1 genannten Vorschriften erlassen, nehmen sie in den Vorschriften selbst oder durch einen Hinweis bei der amtlichen Veröffentlichung auf diese Richtlinie Bezug. Die Mitgliedstaaten regeln die Einzelheiten der Bezugnahme.

Artikel 23 Inkrafttreten

Diese Richtlinie tritt am Tag ihrer Veröffentlichung im Amtsblatt der Europäischen Gemeinschaften in Kraft.

Artikel 24 Adressaten

Diese Richtlinie ist an die Mitgliedstaaten gerichtet.
Geschehen zu Luxemburg am 8. Juni 2000.

Im Namen des Europäischen Parlaments
Die Präsidentin
N. Fontaine

Im Namen des Rates
Der Präsident
G. d'Oliveira Martins

ANHANG AUSNAHMEN IM RAHMEN VON ARTIKEL 3

Bereiche gemäss Artikel 3 Absatz 3, auf die Artikel 3 Absätze 1 und 2 keine Anwendung findet:
- Urheberrecht, verwandte Schutzrechte, Rechte im Sinne der Richtlinie 87/54/EWG[1] und der Richtlinie 96/9/EG[2] sowie gewerbliche Schutzrechte;
- Ausgabe elektronischen Geldes durch Institute, auf die die Mitgliedstaaten eine der in Artikel 8 Absatz 1 der Richtlinie 2000/46/EG[3] vorgesehenen Ausnahmen angewendet haben;
- Artikel 44 Absatz 2 der Richtlinie 85/611/EWG[4];
- Artikel 30 und Titel IV der Richtlinie 92/49/EWG[5], Titel IV der Richtlinie 92/96/EWG[6] sowie die Artikel 7 und 8 der Richtlinie 88/357/EWG[7] und Artikel 4 der Richtlinie 90/619/EWG[8];
- Freiheit der Rechtswahl für Vertragsparteien;
- vertragliche Schuldverhältnisse in bezug auf Verbraucherverträge;
- formale Gültigkeit von Verträgen, die Rechte an Immobilien begründen oder übertragen, sofern diese Verträge nach dem Recht des Mitgliedstaates, in dem sich die Immobilie befindet, zwingenden Formvorschriften unterliegen;
- Zulässigkeit nicht angeforderter kommerzieller Kommunikation mittels elektronischer Post.

---

1 ABl. L 24 vom 27.1.1987, S. 36.
2 ABl. L 77 vom 27.3.1996, S. 20.
3 Noch nicht im Amtsblatt veröffentlicht.
4 ABl. L 375 vom 31.12.1985, S. 3. Richtlinie zuletzt geändert durch die Richtlinie 95/26/EG (ABl. L 168 vom 18.7.1995, S. 7).
5 ABl. L 228 vom 11.8.1992, S. 1. Richtlinie zuletzt geändert durch die Richtlinie 95/26/EG.
6 ABl. L 360 vom 9.12.1992, S. 1. Richtlinie zuletzt geändert durch die Richtlinie 95/26/EG.
7 ABl. L 172 vom 4.7.1988, S. 1. Richtlinie zuletzt geändert durch die Richtlinie 92/49/EG.
8 ABl. L 330 vom 29.11.1990, S. 50. Richtlinie zuletzt geändert durch die Richtlinie 92/96/EG.

Abkürzungen und Literatur

AGBG	AGB-Gesetz in der Fassung der Bekanntmachung vom 29. Juni 2000, BGBl. I S. 946
Anders, H.	Die Pflichtverletzung im System des Leistungsstörungsrechts als Modell de lege ferenda, Berlin 2001
Baumbach/Lauterbach/ Albers/Hartmann	Zivilprozessordnung, Kommentar, 59. Aufl., 2000
Bericht	Abschlussbericht der Kommission zur Überarbeitung des Schuldrechts hrsg. vom Bundesministerium der Justiz, 1992
Bucher	Schweizerisches Obligationenrecht, Allgemeiner Teil, 2. Aufl. 1988
Erman/Bearb.	Erman, Kommentar zum Bürgerlichen Gesetzbuch, 10. Aufl. 2000
Ernst/Zimmermann	Ernst/Zimmermann (Hrsg.), Zivilrechtswissenschaft und Schuldrechtsreform, 2001
Grundmann/Medicus/ Rolland	Grundmann/Medicus/Rolland, Europäisches Kaufgewährleistungsrecht, 2000
Haug	Henner Haug, Die Neuregelung des Verjährungsrechts, 1999
Huber, Gutachten,	Ulrich Huber, Leistungsstörungen in: Gutachten und Vorschläge zur Überarbeitung des Schuldrechts, hrsg. vom Bundesministerium der Justiz, Bd. I, 1981, S. 647 ff.
Huber, Ulrich	Ulrich Huber, Leistungsstörungen, Bd. I und II, 1999
IHR	Internationales Handelsrecht – Zeitschrift für die wirtschaftliche Praxis –
KE	Entwurf der Schuldrechtskommission
Münch/Komm/Bearb.	Münchener Kommentar zum Bürgerlichen Gesetzbuch, 3. Aufl.
Palandt/Bearb.	Kommentar zum Bürgerlichen Gesetzbuch, 60. Aufl. 2001

Peters/Zimmermann	Frank Peters/Reinhard Zimmermann, Der Einfluss von Verjährungsfristen auf Schuldverhältnisse, Möglichkeiten der Vereinheitlichung von Verjährungsfristen in: Gutachten und Vorschläge zur Überarbeitung des Schuldrechts, hrsg. vom Bundesministerium der Justiz, Bd. I, 1981, S. 77 ff.
Principles of European Contract Law	Lando/Beale (Hrsg.), Principles of European Contract Law, Parts I and II 2000; der Teil Verjährungsrecht ist darin noch nicht enthalten und in ZEuP 2001, 400 ff. gesondert vorab veröffentlicht
Principles of International Commercial Contracts	hrsg. 1994 von UNIDROIT
RE	Regierungsentwurf
Schlechtriem/Bearb.	Kommentar zum Einheitlichen UN-Kaufrecht – CISG – 3. Aufl. 2000
Schulze/Schulte-Nölke	Schulze/Schulte-Nölke (Hrsg.), Die Schuldrechtsreform vor dem Hintergrund des Gemeinschaftsrechts, noch unveröffentlicht, hier zitiert nach der Satzvorlage vom März 2001
Soergel/Bearb.	Soergel, Kommentar zum Bürgerlichen Gesetzbuch, 11. Aufl.
Staudinger/Bearb.	Staudinger, Kommentar zum Bürgerlichen Gesetzbuch, 13. Aufl.
Ulmer/Brandner/Hensen	Ulmer/Brandner/Hensen, AGB-Gesetz, 9. Aufl. 2001
Weyers	Hans-Leo Weyers, Werkvertrag – Welche Ergänzungen und Fortentwicklungen sind im Werkvertragsrecht im Hinblick auf die technischen, wirtschaftlichen und juristischen Weiterentwicklungen der Rechtswirklichkeit geboten? in: Gutachten und Vorschläge zur Überarbeitung des Schuldrechts, hrsg. vom Bundesministerium der Justiz, Bd. II, 1981, S. 1115 ff.
Zöller/Bearb.	Zivilprozessordnung, 22. Aufl., 2001
Zweigert/Kötz	Konrad Zweigert/Hein Kötz, Einführung in die Rechtsvergleichung, 3. Aufl. 1996

Sachregister

AGB-Gesetz 1036, 1090 ff.
– Anwendungsbereich 1162 ff.
– Einbeziehung in den Vertrag 1091 ff.
– Inhaltskontrolle 1107 ff.
– Integration ins BGB 1090 ff.
– Klauselverbote mit/ohne Wertungsmöglichkeit 1114 ff.
– Rechtsfolgen bei Nichteinbeziehung und Unwirksamkeit 1105
– Überraschende Klauseln 1103
– Umgehungsverbot 1106
– Vorrang der Individualabrede 1102
Äquivalenzstörungen 620
Aufrechnung nach Nichterfüllung 613
Aufwendungen, vergebliche 805 ff.
Culpa in contrahendo 460 ff.
Dauerschuldverhältnisse 640 ff
– Begriff 651 ff.
– Kündigung 640 ff.
E-Commerce 6, 1039, 1041 ff.
Einführung 1 ff.
Elektronischer Geschäftsverkehr 1059 ff.
– Gesetzestexte 1041
– Fernabsatzverträge 1042 ff.
– Pflichten 1059
Falschlieferung 734
Fehlerbegriff 707 ff.
– Montagefehler 729
– subjektiver 707
Fernabsatzgesetz 1038, 1041 ff.
– Informationspflichten bei Verträgen 1088 f.
– Verträge 1042 ff.
– Widerrufsrecht bei Verträgen 1054 ff.
Frist, regelmäßige 18, 48 ff.
Garantie 936 ff.
Geschäftsgrundlage, Störung/Wegfall 615 ff.
– Äquivalenzstörungen 620
– Leistungserschwernisse 621
– Zweckstörungen 622 ff.
Geschäftsverkehr, elektronischer 1059 ff.

Haftung, Arbeitnehmer Beweislast 433
Händlerrückgriff 949 ff.
Haustürwiderrufsgesetz 1038
Hemmung 20, 120 ff.
– Ablaufhemmung bei nicht voll Geschäftsfähigen 202 ff.
– Ablaufhemmung in Nachlassfällen 208
– aus familiären oder ähnlichen Gründen 195 ff.
– Beendigung 173 ff.
– bei Ansprüchen wegen Verletzung der sexuellen Selbstbestimmung 197 ff.
– bei Ausschluss der Leistungspflicht 363 ff.
– bei höherer Gewalt 190 ff.
– bei Leistungsverweigerungsrecht 187 ff.
– bei Verhandlungen 122
– Gesetzestexte 120
– Wirkung 201
Hemmungsgründe 141 ff
– durch Anmeldung des Anspruchs im Insolvenzverfahren 161
– durch Bekanntgabe Güteantrag 148 ff.
– durch Geltendmachung der Aufrechnung im Prozess 152
– durch Klageerhebung 141 ff.
– durch Rechtsverfolgung 134 ff.
– durch Verhandlungen 122
– durch Zustellung der Streitverkündung 153
– durch Zustellung Mahnbescheid 147
Herausgabe des Ersatzes 381 ff.
Käufer 757 ff.
– Rechtsbehelfe 757 ff.
– Mängelansprüche 758 ff.
Kaufrecht 12 f., 675 ff.
– Erfüllungsanspruch und Sachmängel 658 ff.
– Gesetzestexte 665, 757
– Mängelhaftung 660 ff.
– Konkordanzliste 664
– Pflichten 66 ff.
– Sachmangel 690 ff.

Kaufvertrag 666 ff.
Konkordanzlisten
- Fernabsatzgesetz 1040
- Haustürwiderufsgesetz 1040
- Kaufrecht 664
- Leistungsstörungsrecht 262
- Rücktrittsrecht 262
- Teilzeitwohnrechtegesetz 1040
- Verbraucherkreditgesetz 1040
- Verbraucherschutzrecht 1040
- Verjährungsrecht 21

Leistungserschwernisse 621
Leistungspflicht 273 ff.
- Ausschluss 273 ff., 415 ff.
- Gegenleistung bei Ausschluss der – 533 ff.

Leistungsstörungsrecht 10 f., 254 ff., 663
- Gesetzestexte 262, 295
- Konkordanzliste 262, 664

Mängelansprüche 758 ff.
- abweichende Vereinbarung 925 ff.
- Begrenzung 904
- Beweislastumkehr 931 ff.
- Haftungsausschluss 901 ff.
- Kenntnis des Käufers 892 ff
- Verjährung 816 ff

Minderung 765 ff., 785 ff., 995 f., 880 ff., 1030 ff.
Nacherfüllungsanspruch 759, 852 ff.
Neubeginn 120 ff.
Pflichten aus Schuldverhältnis 446 ff.
Principles of European Contract Law 46 f., 281 f.

Rechtskauf 905 ff.
Rechtsmangel 744 ff.
Rücktritt 479 ff., 499 ff., 765 ff., 990 ff.
- besondere Bestimmungen 870 ff.
- Folgen 544 ff.
- Gesetzestext 479, 544
- Nutzungen und Verwendungen nach – 604 ff.
- und Befreiung von Gegenleistungspflicht 479 ff.
- und Schadensersatz 529 ff
- wegen nicht oder nicht vertragsgemäß erbrachter Leistung 499 ff
- wegen Verletzung einer sonstigen Pflicht 527
- Wirkungen 545

Rücktrittsrecht 254 ff.
- Gesetzestexte 262, 295
- Konkordanzliste 262
- Vergebliche Aufwendungen 368 ff

Sachmangel 690 ff.
- Beschaffenheit 711
- besondere Bestimmungen 870
- Beweislastumkehr bei Gefahrübergang 931 ff.
- Falsch-/Zuweniglieferung 700
- subjektiver Fehlerbegriff 696 ff.

Schadensersatz 296 ff., 790 ff., 870 ff., 997 ff.
- bei Ausschluss Leistungspflicht 363
- statt Leistung wegen nicht erbrachter Leistung 332
- wegen Pflichtverletzung 358

Schuldverhältnisse 459 ff.
Selbstvornahme 1024 ff.
Störung der Geschäftsgrundlage 615 ff.
Teilzeitwohnrechtegesetz 1040
Umsetzung von EG-Richtlinien 1 ff.
Unmöglichkeit 272 ff.
- faktische/praktische 285
- Gleichstellung objektive- und subjektive – 275
- Gleichstellung von nachträglicher – und anfänglicher – 276
- Gleichstellung von nicht zu vertretener- und zu vertretener- 277 ff.
- Schadensersatz 295 ff.
- Vertretenmüssen 295 ff

Unterbrechung 20
Unterlassungsklagegesetz 1169 ff.
- Wirkungen des Urteils 1189
- ZPO-Anwendung 1181 ff.

Verbraucherkreditgesetz 1037
Verbraucherschutzgesetze, Integration 14 f.
Verbrauchsgüterkauf 910 ff.
- Begriff 910 ff.
- Gesetzestexte 948
- Richtlinie 2 f.
- Rückgriffsansprüche des Händlers beim 948 ff.

Verbrauchsgüterrichtlinie 2 f.
Verjährung 8 f., 17 ff.
- Aufrechnung 224 ff.
- bei festgestellten Ansprüchen 64 ff., 106
- bei Händlerrückgriff 965 ff.
- bei Herausgabeansprüchen 64 ff.
- bei Rechten an einem Grundstück 60 ff.

- bei Rechtsnachfolge 78 ff.
- bei Rücktritt 246 ff.
- Gegenstand 23 ff.
- Gesetzestexte 22, 222
- Neubeginn 209 ff.
- Regelfrist 48 ff.
- Vereinbarung über – 107 ff.
- von Mängelansprüchen 409
- von Nebenleistungen 241 ff.
- Wirkung bei dinglich gesicherten Ansprüchen 230 ff.
- Wirkungen 222 ff.
- Zurückbehaltungsrecht 224 ff.

Verjährungsbeginn 80 ff.
- bei anderen Verjährungsfristen 105
- bei Ansprüchen auf Schadensersatz wegen anderer Rechtsgüter 97
- bei familien- und erbrechtlichen Ansprüchen 64 ff.
- bei festgestellten Ansprüchen 64 ff., 106

Vertretenmüssen 296 ff., 434 ff.
Verzug 386 ff.
- des Schuldners 386 ff.
- Verantwortlichkeit während – 405 ff.

Wegfall der Geschäftsgrundlage 615 ff.
Werkvertragsrecht 12 f., 971 ff.
- Anwendungsbereich 662
- Gesetzestexte 971
- Minderung 995 f., 1030 ff.
- Nacherfüllung 982 ff., 1014 ff.
- Rechte des Bestellers bei Mängeln 981 ff.
- Rücktritt 990 ff.
- Rücktritt, besondere Bestimmungen 1023
- Sach- und Rechtsmangel 974 ff.
- Schadensersatz 997 ff.
- Schadensersatz, besondere Bestimmungen 1023
- Selbstvornahme 986 ff., 1024 ff.
- Verjährung Mängelansprüche 1004 ff.

Zahlungsverzugsrichtlinie 4 f.
Zinsen 408 ff.
Zuweniglieferung 734
Zweckstörungen 622 ff.

599